新譯唐六典（四）

朱永嘉
蕭木 注譯

三民書局 印行

國家圖書館出版品預行編目資料

新譯唐六典／朱永嘉，蕭木注譯.－－初版一刷.－－
臺北市；三民，2002
面；　公分──(古籍今注新譯叢書)

ISBN 957-14-3275-X　(精裝)
ISBN 957-14-3276-8　(平裝)

1. 人事制度－中國－唐(618－907)

573.414　　89009727

網路書店位址　http://www.sanmin.com.tw

© 新譯唐六典(四)

注譯者　朱永嘉　蕭　木
發行人　劉振強
著作財產權人　三民書局股份有限公司
臺北市復興北路三八六號
發行所　三民書局股份有限公司
地址／臺北市復興北路三八六號
電話／二五〇〇六六〇〇
郵撥／〇〇〇九九九八──五號
印刷所　三民書局股份有限公司
門市部　復北店／臺北市復興北路三八六號
重南店／臺北市重慶南路一段六十一號
初版一刷　西元二〇〇二年十一月
編　號　S 03198D
基本定價　拾參元肆角
行政院新聞局登記證局版臺業字第〇二〇〇號

4710841100192　(平裝)

新譯唐六典 目次

第四冊

卷二二

少府軍器監

卷目

少府監

監一人
少監二人
丞四人
主簿二人
錄事二人
府二十七人
史十七人
計史三人
亭長八人
掌固六人❶

中尚署

令一人
丞四人
府九人
史十八人
監作四人
典事四人
掌固四人

左尚署

令一人
丞五人
府七人
史二十人
監作六人
典事十八人
掌固十四人❷

右尚署

令一人
丞四人

---

❶掌固六人　《新唐書・百官志》同此，《舊唐書・職官志》作「四人」。
❷掌固十四人　《新唐書・百官志》同此，《舊唐書・職官志》作「四人」。

府七人
史二十人
監作六人
典事三人❸
掌固十人

織染署

令一人
丞二人
府六人
史十四人
監作六人
典事十一人
掌固五人

掌冶署

令一人
丞二人
府六人
史十二人
監作二人❹
典事二十三人
掌固四人

諸冶監

每冶監各一人
丞各一人
錄事各一人
府各一人
史各二人
監作四人❺
典事二人
掌固四人

北都軍器監

監一人
少監一人
丞二人
主簿一人
錄事一人

---

❸典事三人　新舊《唐書》官志並作「十三人」。
❹監作二人　《新唐書・百官志》同此，《舊唐書・職官志》作「四人」。
❺監作四人　指「各四人」。省「各」字。此下「典事二人」、「掌固四人」亦同。

府十人
史十八人
典事四人
亭長二人
掌固四人

甲坊署

令一人
丞一人
府二人
史五人
監作二人
典事二人

弩坊署

令一人
丞二人
府二人
史五人
監作二人
典事二人

諸鑄錢監

監各一人
副監各一人
丞各一人
監事各一人
錄事各一人
府各三人
史各四人
典事各五人

互市監❻

每市監一人
丞各一人
錄事各一人
府各二人
史各四人
價人各四人
掌固八人❼

---

❻互市監　據正文當為「諸互市監」。
❼掌固八人　亦為「各八人」。省「各」字。

卷旨

少府監在唐代為諸監之一，長官稱監，品秩為從三品，略低於九寺中的太常寺卿而與其餘諸卿相當；其屬官有副監、丞以及主簿、錄事等。

少府之職掌及屬官，前後變化甚大。其官始於秦漢，當時執掌山海地澤之稅，管理帝室財政，凡直接為天子處理政務和生活起居服務的諸類職官，包括尚書、黃門和中書謁者；太官、湯官和太醫；左弋居室、甘泉居室和上林中的十池監；東織、西織、尚方以及主鑄錢幣的上林三官等等，皆其統轄，其組織機構之龐大，屬官之眾多，為諸卿之冠，又居於禁中，可說是皇帝和皇室的大總管。但至東漢，少府的地位便開始下降，魏晉以後，逐漸演變為專管帝室所需器物的手工製作機構。北魏改少府為太府，隋初因而置太府寺，至煬帝時始分太府寺而置少府監，把庫藏與製作分開，少府專管手工製作，領左尚、右尚、內尚、司織、司染、鎧甲、弓弩、掌冶等署，不久又將司織與司染合成織染署，廢鎧甲、弓弩二署。入唐後，武德初又恢復開皇舊制，廢少府監而以其諸署隸太府寺；至貞觀復置少府監，此後不變。唯其名稱曾二度改復：龍朔時改為內府監，武后時再改為尚方監，神龍時仍恢復少府監舊稱。

唐少府統中尚、左尚、右尚、織染、掌冶五署及諸冶、鑄錢、互市等監。其中軍器監，始置於北周，唐於武德初廢少府監時，仍保留了武器監，統甲坊、弩坊二署；貞觀初復置少府監而廢武器監，將甲坊、弩坊二署劃歸少府監；至玄宗重新設置軍器監，並於開元十六年（西元七二八年）將其遷至北都太原，故本卷中列名為北都軍器監。但北都軍器監存在的時間僅有十九年，至天寶六載（西元七四七年）即遷回長安。軍器監長官監的品秩為正四品上，要高於少府監少監的從四品下；其下屬弩坊、甲坊二署的令與少府監其他五署令又是平行的，所以本卷卷名雖為「少府軍器監」，正文卻將軍器監列為少府監的從屬機構之一，這種編排頗為特殊。而《新唐書・百官志》則是將其單列，人們通常亦將軍器監與國子、少府、將作、都水四監合而稱之為唐五監。

唐代把太府與少府分開後，太府管庫藏，少府掌手工器物製作，其政令則統於尚書省戶部的金部郎中。少府屬署製作中所需的原材料，須先申報金部，金部審核後再報度支，列入年度預算，由金部下文給太府寺和少府監，然後少府監才可憑符文與木契至太府寺右藏外庫領取。少府屬署製作所需的勞動力，則由尚書省刑部的都官郎中，按時配發具有相應技藝的官奴婢及匠戶、蕃戶充當。

唐少府所屬機構，除五署外，大多分散在各個州、縣。如諸冶監、諸鑄錢監，設在礦冶所在之州縣；諸互市監則設在沿邊諸州，各隸所轄州府。此外尚有本書所未提及的、開元後設於嶺南廣州的市舶司，掌招徠海上蕃船及貿易事。

唐少府監在京師長安的官署，位於承西門街之東，第六橫街之北；左與右藏外庫院相鄰，西與太府寺僅有安上門街之隔。這種格局，反映了少府監與太府寺之間的緊密關係。軍器監則在承天門街之東，第四橫街之北，亦即右藏外庫院之北，少府監之東北角，其西面與光祿寺相鄰。少府監在東都的官署，位於東城承福門內南北街之西，從南第一橫街之北，其西即為軍器監。從東、西二京軍器監所在位置的安排，亦大致可以看出它本應獨立於少府監之外。

少府監・中尚署・左尚署・右尚署

【篇　旨】本篇敍述少府監所置之監、少監、丞以及主簿、錄事等的定員品秩、沿革和職掌。唐少府所屬有五署和諸冶監等，本篇對五署中的前三署——中尚署、左尚署、右尚署的員品、沿革和職掌，亦以較多篇幅作了介紹。

少府及其所屬，在秦漢時期曾有一個龐雜的機構群（詳卷旨），其後屢經演變，及至唐代，名雖存而實已異，就其主要職掌而言，可說已成為一個皇家手工業產品製作工場。唐時掌管手工業的還另有幾個機構，各有分工。如工部「掌天下百工、屯田、山澤之政令」（七卷一篇），將作監「掌供邦國修建土木工匠之政令」（二三卷一篇）；而少府監，則凡皇帝所用器具、玩賞之物，后妃服飾及郊祀、廟祀所用圭璧、百官儀物等，皆由其製造並供應。篇中對製作過程中所需物料的請領、入庫以及製成品的出給，都規定有嚴密的制度。少府監工匠總數達一萬九千八百餘人，多從諸州徵集而來，不僅要求技能工巧，還必須是材力強壯者。對工匠的培訓和考核，依據不同工種用功多少及難易程度，規定了從最少四十天到最多四年的不等期限，不能如期學成者將受到處罰。

列於本篇的少府所屬五署中的前三署，中尚署掌供郊祀所用圭璧、皇帝器玩及后妃佩飾等。玄宗開元後，別置中尚使以檢校進奉雜作，多以少府監及高品宦官為之，其後相沿不替，中尚署令之職漸被架空。左尚署掌車乘裝備之配製，右尚署則掌鞍轡、兵器、甲冑、紙筆、茵席、履舄等製作。

一

少府監：監一人，從三品。《漢書·百官表》[1]云：「少府，秦官，掌山海池澤之稅，以給供養[2]；有六丞。其屬官有尚書[3]、符節[4]、太醫[5]、太官[6]、湯官[7]、導官[8]、樂府[9]、若盧[10]、考工室[11]、在右[12]、居至[13]、甘泉居室[14]、左右司空[15]、東織、西織[16]、東西匠[17]十二官令丞[18]，又陶人、都水、均官三長丞[19]，又上林中十池監[20]，又中書謁者[21]、黃門[22]、鉤盾[23]、尚方[24]、御府[25]、永巷[26]、內者[27]、宦者[28]七官令、丞[29]，諸僕射、署長、中黃門[30]皆屬焉。」少府者，天子之私府，所以供奉之職皆在焉。王莽改曰共工[31]。後漢復為少府，其尚書[32]、侍中[33]、符節[34]皆屬焉，餘職多所并省[35]。《漢官解詁》[36]云：「少府主供養，陂池、禁錢、服御、口實，掖庭、中宮。」魏因之。晉置功曹、主簿、五官等員[37]；少府，銀章、青綬[38]，五時朝服[39]，進賢兩梁冠[40]，絳朝服[41]，佩水蒼玉[42]，品第三，統材官校尉[43]、中左右三尚方[44]、中黃左右藏[45]、左校[46]、甄官[47]、平準[48]、奚官[49]等令，左校坊[50]、鄴中黃左右藏[51]、油官[52]等丞。及過江，唯置一尚方，又省御府[53]。至哀帝[54]時，桓溫[55]表省少府，以并于丹陽尹[56]。孝武[57]復置。宋少府領左右尚方[58]、御府[59]、東冶、南冶[60]、平準[61]等令、丞。齊又加以領左、右尚鍛署[62]。梁以少府為夏卿[63]，統材官將軍[64]、左右中尚方、甄官、平水[65]、南塘邸稅庫[66]、東西冶[67]、中黃[68]、細作[69]、炭庫[70]、紙官[71]、染署[72]等令、丞，班第十一[73]，品從第四。陳因之。後魏少府、宗正、太僕、廷尉、司農、鴻臚為六次卿，第二品上；太和末，改少府為太府[74]。北齊不置少府，其左中右三尚方[75]、司染[76]、諸冶[77]及細作[78]、甄官[79]等署，並隸太府寺。至隋煬帝大業五年[80]，始分太府為少府監，置監一人，從三品；少監一人，從四品；丞三人[81]；統左尚、中尚、右尚、內尚、司織、司染、鎧甲、弓弩、掌冶等署[82]。其後又改監為令，少監為少令，併司織、司染為織染署，廢鎧甲、弓弩二署。皇朝因為監[83]。龍朔二年[84]改為內府監，咸亨元年[85]復為少府監。光宅元年[86]改為尚方監，神龍元年[87]復舊。開元，又分甲鎧、弓弩別置軍器監[88]；十二年省軍器監[89]，其作工歸少府[90]；尋又於北都置軍器監[91]。

少監二人[92]，從四品下。隋煬帝置少監一人，從第四品，皇朝因置二人。龍朔、咸亨、光宅、神龍並隨監改復。

少府監之職，掌百工伎巧之政令，總中尚、左尚、右尚、織染、掌冶五署之官屬，庀其工徒[93]，謹其繕作；少監為之貳。凡天子之服御，百官之儀制，展采[94]備物，率其屬以供焉。

【章旨】敘述少府監之監、少監的定員、品秩、沿革及職掌。

【注釋】❶漢書百官表　《漢書》，東漢班固撰，一百篇，分一百二十卷，我國第一部紀傳體斷代史。除本紀、列傳外，設八表、十志。〈百官表〉，即〈百官公卿表〉，八表之一。敘述秦漢官制沿革，並排比漢代公卿大臣之升遷降免，簡明而扼要。

❷少府秦官掌山海池澤之稅以給供養　少府，秦始置官職，源於周官太府。少府與大司農的分工是，大司農主管國家財政，少府則專管帝室財政。少府在居延漢簡中寫作「小府」，少、小古義相通。《漢書》注引應劭曰：「名曰禁錢，以給私養，自別為藏，少者，小也，故稱少府。」師古曰：「大司農供軍國之用，少府以養天子也。」其實秦漢時期的小府並不小，其所

藏錢貨超過大司農，機構也大於司農，往往大司農窮乏，軍國用度不足時，便需動用少府禁錢以充國用。❸尚書　少府屬下官署，設有令、丞。《通典・職官四》載其西漢前期演革情況稱：「秦少府遣吏四人在殿中主發書，謂之尚書。尚，主也。漢承秦制，武帝遊宴後庭，始用宦者主中書，以司馬遷為之，中間罷其官，以為中書之職。成帝建始四年（西元前二十九年）罷中書宦者，置尚書五人，一人為僕射，四人分為四曹，掌通圖書、秘記、章奏及封奏，宣示內外而已，其任猶輕。」此後又建三公官，一變丞相總理政務的局面，而為由司徒、司馬、司空三公分權的中央政府，實際權力則總歸於皇帝，而皇帝一人無法獨攬天下之事，因而不得不委政於其近侍尚書，尚書四人分曹治事，領諸郎，掌管機要，職權漸重，終於成為中朝重要宮官。❹符節　少府屬下官署，設有令、丞。《通典・職官三》稱：「秦漢有符節令丞，領符璽郎。文帝二年（西元前一七八年），初與郡守為銅虎符、竹使節之制，又皆屬焉。」符節令秦稱符璽令，《史記・李斯列傳》便有趙高「行符璽令事」之記載。所以改稱符節令，可能出於其時除符、璽外，又有了竹使節的考慮。其下屬有符璽郎，《漢書・霍光傳》就提到有此一職，具體掌管皇帝璽印的則是郎官。❺太醫　少府屬下官署，設有令、丞。太常亦有太醫。二者分工是：太常太醫主治百官之病，少府太醫則主治宮廷之病。居延漢簡有太醫令遂、丞褒，下少府中常方簡。據《漢官》記載，太醫之下屬有「員醫二百九十三人，員吏十九人」。見於《漢書》諸列傳員醫之不同名稱有太醫監（〈外戚傳〉），侍醫（〈貢禹傳〉、〈張禹傳〉及〈藝文志序〉），醫侍詔（〈董賢傳〉）和乳醫（〈霍光傳〉）等。❻太官　亦稱大官，少府屬下官署，設有令、丞。戰國秦置，秦、漢沿置，掌宮廷膳食。如《漢書・東方朔傳》載：「伏日，詔賜從官肉，大官丞日晏不來，朔獨拔劍割肉，即懷肉去。大官奏之。」《漢書・陳湯傳》有「太官獻食丞」，蘇林注曰：「獻丞，主貢獻物也。」太官之下設有溫室、凌室等種植、保鮮設備，如《漢書・召信臣傳》：「太官園種冬生蔥韭菜茹，覆以屋廡，晝夜爇蘊火，待溫氣乃生。」同書〈成帝紀〉：「永始元年（西元前一六年）春正月癸丑，太官凌室火。」❼湯官　少府屬下官署，設有令、丞。《漢舊儀》稱：「太官供食，湯官供餅餌果實。」師古曰：「太官主膳食，湯官主餅餌。」《封泥考略》有「湯官飲監」，當是湯官之屬官。《後漢書・百官志》明確說東漢時省湯官令，但置湯官丞主酒。❽導官　少府屬下官署，設有令、丞。導本作「䆃」。《說文解字注》：「䆃，擇也。擇米曰䆃米。漢人語如此。」《漢書》顏師古注：「導官主擇米。」《漢書》之〈谷永傳〉、〈張湯傳〉等均提到導官。東漢亦設「導官令一人，六百石。本注曰：主舂御米，及作乾糒。導，擇也。丞一人。」（《後漢書・百官志》）唯東漢已改屬大司農。❾樂府　少府屬下官署，設有令、丞。漢武帝時設有三丞。《通典・職官七》稱：「秦漢奉常屬官有大樂令及丞，又少府屬官并有樂府令、丞。」二者分工是：奉常之大樂令、丞掌宗廟祭祀之樂，少府之樂府令、丞主宮廷燕享之樂，亦稱房中祠樂。《漢書・禮樂志》稱武帝時「乃立樂府」。師古注：「樂府之名蓋起于此，哀帝時罷之」。同書又謂哀帝所以罷樂府官，因其「性不好音」，又恐「鄭衛之聲興則淫辟之化流」，因詔除「郊祭樂及古兵法武樂，在經非鄭衛之樂者，條奏，別屬他官」。於是丞相孔光、大司空何武詳細條奏各種樂人，共計「八百二十九人，其三百八十八人不可罷，可領屬大樂；其四百四十一人，不應經法，或鄭衛之聲，皆可罷。奏可」。其中奏罷的四百餘人即少府樂府令所屬；保留的三百餘人則改屬奉常太樂令。

⑩若盧　少府屬下官署，設有令、丞。掌管詔獄。若盧為詔獄名。《資治通鑑・漢紀四十二》注：「前漢有若盧獄，屬少府。《漢舊儀》曰：主鞠將相大臣。東都初省，和帝永元九年（西元九七年）復置。」《漢書》注，鄧展曰：「舊洛陽兩獄，一名若盧，主受親戚婦女。」又，如淳曰：「若盧，官名，藏兵器。《品令》曰：『若盧郎中二十人，主弩射。』」據此則若盧令、丞尚有另一職掌是主藏兵器。《後漢書・龐參傳》：左校令龐參「坐法輸作若盧」。又云：「前坐微法，輸作經時。」這說明若盧獄中設有製作兵器或器物工場，勞作者即為囚犯。《漢書・王吉傳》有吉「補若盧右丞」之句，有右必有左，可知若盧有左、右二丞。其分工可能就是左丞掌詔獄，右丞主庫兵。⑪考工室　少府屬下官署，有令、丞。武帝太初元年（西元前一〇四年）更名考工。《漢書》注引臣瓚曰：「《周禮》冬官為考工，主作器械也。」《漢書・田蚡傳》載田蚡曾「請考工地益宅，上怒曰：遂取武庫。是乃後退。」師古注曰：「考工，少府之屬官也。主作器械。上責其此請，故謂之曰：何不遂取武庫！蚡乃退也。」《再續封泥考略》有「左工室印」和「右工室丞」封泥，可知漢考工室亦分左、右。其屬吏可考者有右丞、椽、佐、嗇夫、護工卒史、般長、倉丞等。東漢時考工轉屬太僕，設「考工令一人，六百石。本注曰：主作兵器弓弩刀鎧之屬，成則傳執金吾入武庫，及主織綬主雜工。左、右丞各一人。」《後漢書・百官志》注引《漢官》曰：「員吏百九人。」其職掌較西漢似稍有變化。⑫在右　據正德本當作「左弋」。左弋即佐弋，少府屬下官署，設有一令九丞。武帝太初元年（西元前一〇四年）更名佽飛。《漢書・宣帝紀》神爵元年（西元前六一年）「佽飛射士」句注引臣瓚曰：「本秦左弋官也，武帝改曰佽飛官。有一令九丞。在上林苑中結矰繳以弋鳧雁，歲萬頭，以供祀宗廟。許慎曰：佽，便利也。便利矰繳以弋鳧雁，故曰佽飛。」《漢書・元帝紀》初元二年（西元前四七年）有「少府佽飛外池」，與上林苑中之內池相對而言。其他禁苑也設有池。佐弋之官署即設於諸苑囿之內，佽飛則伏於池邊弋射鳧雁。西漢古城遺址出土有「佽飛當官」及「次蜚當官」兩種，亦可佐證當年佐弋官署之存在。⑬居至　據正德本當作「居室」。少府屬下官署，設令。漢武帝太初元年（西元前一〇四年）改居室為保宮。《漢書・灌夫傳》有灌夫曾「繫居室」句，顏師古注：「居室，署名也，屬少府，其後改名曰保宮。」同書〈蘇武傳〉載李陵說蘇武時又提到其「老母繫保宮」。有學者據此以為居室即居室獄。但同書〈儒林傳・瑕丘江公〉另有一則記載：「乃

徵周慶、丁姓待詔保宮，使卒授十人。自元康中始講，至甘露元年（西元前五三年）積十餘歲，皆明習。」此係宣帝時事，周、丁二人奉命在保宮中教授生員達十餘年之久，似不應為監獄。顏師古注曰：「保宮，少府之屬官也。」今居室令官署出土遺物不少，有印「居室」、「居甲」、「居丙」以及「居」、「無極」等字樣之瓦片、瓦當，《封泥考略》亦有「居室丞印」之封泥，居室或保宮當是管理宮內房屋之機構。⓮甘泉居室　少府屬下官署，設有令、丞。漢武帝太初元年（西元前一〇四年）改名為昆臺，設五丞。《漢書・衛青傳》：「青嘗從人至甘泉居室，有一鉗徒相青曰：『貴人也，官至封侯。』」注引張晏曰：「居室，甘泉中徒所居焉。」甘泉是秦之離宮，漢武帝時增修為避暑之所。所謂「徒所居」，當指囚徒居於其所，並被役使勞作。⓯左右司空　少府屬官，各有令、丞。主造陶瓦。《漢書・百官公卿表》：「禹作司空，平水土。」顏師古注：「空，穴也。主穿土為穴，以居人也。」《金石萃編》漢十八印有「右空」瓦當，《關中秦漢陶錄》卷二錄有「右空」瓦片。右空或即右司空之簡稱。瓦當、瓦片即是其職掌為造陶瓦之明證。一九五八年在茂陵霍去病墓清理石刻像時，發現有一石邊刻「左司空」三大篆字，則司空兼造石刻。秦始皇陵亦發現印有「左司空」瓦片，又說明左、右司空主造陶瓦在秦代已是如此。⓰東織西織　少官屬下官署，各置令、丞。東織、西織當是東織室、西織室之簡稱。《漢書・宣帝紀》地節四年（西元前六六年）所載有關霍禹謀反詔令中有「東織室令史張赦」一句，注引應劭曰：「舊有東、西織室，織作文繡郊廟之服。」《漢舊儀》云：「凡蠶絲絮，織室以作祭服。祭服者，冕服也。天地宗廟群神五時之服，皇帝得以作縷縫衣，皇后得以作中絮而已。」又謂：「故舊有東、西織室作治。」其址據《三輔黃圖》載錄「織室在未央宮，又有東西織室；作文繡郊廟之服」。東西織室人員眾多，歲費亦大，《漢書・貢禹傳》在貢禹之奏疏中便提到「三工官費五千萬，東西織室亦然」。顏師古注：「三工官謂少府之屬官，考工室也，右工室也，東園匠也。」故成帝河平元年（西元前二八年）因黃河決口而省東織室，但存西織室，單稱織室。東漢時，在少府之御府令下僅置織室丞一人，省令。⓱東西匠　少府屬官。據《漢書・百官公卿表》原文當作「東園匠」。顏師古注：「東園匠主作陵內器物者也。」東園為署名，匠，是官稱。其所製作之陵內器物稱東園秘器。《漢書・董賢傳》載哀帝賞賜董賢器物中，就有「東園秘器，珠襦玉柙」等。《漢舊儀》云：「東園秘器作官梓，素木長二丈，崇廣四尺。珠襦，以珠為襦，如鎧狀，連縫之，以黃金為鏤，腰以下，玉為柙，至足，亦縫以黃金為縷。」《通典・凶禮一》記東漢制，皇帝去世時「守宮令兼東園匠將女執事，黃綿、緹繒、金縷玉匣如故事」。又云：「東園匠、考工令奏東園秘器，表裡洞赤，虡文畫日、月、鳥、龜、龍、虎、連璧、偃月，牙檜梓宮如故事。」⓲十二官令丞　據《漢書・百官公卿表》原文，當為「十六官令、丞」。以上，自尚書至東園匠，共十六官署，各設令、丞各一人，計十六令和十六丞。故「十二」應是「十六」之訛。

⑲陶人都水均官三長丞　均為少府屬官。陶人，據《漢書・百官公卿表》原文，當為「胞人」。顏師古注：「胞人，主掌宰革者也。胞與庖同。」《禮記・祭統》曰：「胞者，肉吏之賤者也。」主修護水利設施或收取漁稅。西漢太常、大司農亦有都水，且中央、郡國皆置，東漢唯置於郡國。均官，西漢太常亦有此官，《漢書》之均官顏師古注：「均官，主山陵上稾之輸入官。」故少府之均官，當主為宮廷徵收諸苑稾草之輸入。以上三官置長、丞，無令，說明其地位低於尚書等十六官。⑳上林中十池監　均為少府屬下官署。上林，苑囿名。秦代已有，秦亡後廢棄。漢武帝時經改造擴充，成為綿亘三百餘里之大苑，中有宮殿七十餘所，又有山川和池沼森林。據《三輔黃圖》載錄上林苑中池沼有初池、麋池、牛首池、蒯池、積草池、東陂池、西陂池、當路池、犬臺池、郎池等十池。《漢舊儀》亦稱：「上林苑中昆明池、鎬池、牛首諸池，取魚鼈給祠祀。」又《漢書・外戚・許皇后傳》，有女醫淳于衍之夫欲求「安池監」之記載。《善齋吉金錄璽印錄》有「上林郎池」一印。以上說明上林苑中之池監尚不止十數，稱「十池監」當係略而言之。㉑中書謁者　少府屬官，置令。漢武帝遊宴後庭，以宦者典尚書事，故置中書謁者令，多選明習法令故事，善於請奏者為之。《後漢書・百官志》本注：「〔尚書令〕承秦所置，武帝用宦者，更為中書謁者令。成帝用士人，復故」。《漢書・成帝紀》建始四年（西元前二九年）春，「罷中書宦官」。注引臣瓚曰：「漢初中人有中謁者令，孝武加中謁者令為中書謁者令，置僕射。宣帝時任中書官弘恭為令，石顯為僕射。元帝即位數年，恭死，顯代為中書令，專權用事，至成帝乃罷其官。」《通典・職官三》亦謂：「成帝建始四年（西元前二九年）改中書謁者令曰中謁者令，更以士人為之，皆屬少府。」故成帝所罷係由宦官出任之中書謁者令，非撤消中書謁者這一機構，中書謁者仍與尚書並存而同屬少府。㉒黃門　指黃門侍郎，少府屬官。給事於皇帝左右，無定員，即因事而設，員數多少不受限制。《通典・職官三》云：「凡禁門黃闥，故號黃門。其官給事於黃闥之內，故曰黃門侍郎。初，秦漢別有給事黃門之職，後漢并為一官，故有給事黃門侍郎。掌侍從左右給事中，使關通內外，及諸王朝見于殿上，引王就坐。」黃門內有諸種人員，以應皇帝隨時召喚。如畫工，見《漢書・霍光傳》「黃門畫者」句，顏師古注：「黃門之署，職近親近，以供天子，百物在焉，故亦有畫工」；馴養馬匹者，見《漢書・金日磾傳》中有「黃門馬監」；倡優，見《漢書・東方朔傳》中有「黃門倡監」等。在黃門等待召喚稱「待詔黃門」。㉓鉤盾　少府屬下官署，置令，並有五丞兩尉。《漢書》顏師古注：「鉤盾，主近苑囿。」近苑囿當指京城附近小苑囿，不包括上林、甘泉等大苑囿。《後漢書・百官志》云：「鉤盾令一人，六百石。本注曰：宦者，典諸近池苑囿遊觀之處。丞、永安丞各一人，三百石。本注曰：宦者。永安，北宮，東北別小宮名，有園觀。苑中丞、果丞、南園丞各一人，二百石。本注曰：苑中丞主苑中離宮。果丞主果園。鴻池，池名，在雒陽東二十里。南園在雒水南。濯龍監、直里監各

一人，四百石。本注曰：濯龍亦園名，近北宮。直里亦園名也，在雒陽城西南角。」㉔尚方　亦稱上方，少府屬下官署，置令、丞。掌司役工徒，製造貴重新奇器物及刀、劍等，專供御用。《後漢書・百官志》：「尚方令一人，六百石。本注曰：掌上手工作御刀劍諸好器物，丞一人。」《漢書・董賢傳》：「賢家僮僕皆受上賜，及武庫禁兵，上方珍寶。」上方珍寶，即尚方所製作之珍寶器皿。出土文物中，漢代尚方所製器物頗多。如《漢金文錄》卷一有武帝元狩元年（西元前一二二年）之昭宮鼎，卷二有太初二年（西元前一〇三年）之駘蕩宮壺，《簠齋吉金錄》卷五有王莽始建國四年（西元一二年）之銅鐘，《陶齋吉金錄》卷六有東漢章帝建初二年（西元七七年）之鐎斗，《阮氏積古齋鍾鼎款識》卷九有和帝永元二年（西元九〇年）之鴈鐙，《小校經閣金文》卷一三有靈帝光和四年（西元一八一年）之銀錠等。㉕御府　少府屬下官署，設令、丞。主管皇帝冕服、刀劍、珍寶，並為帝室儲藏金銀。《漢書・王莽傳》顏師古注：「御府有令、丞，少府之屬官也。掌珍物。」至東漢，職掌稍有別。《後漢書・百官志》：「御府令一人，六百石。本注曰：宦者。典官婢作中衣服及補浣之屬。」㉖永巷　少府屬下官署，設令、丞。掌后妃宮女及宮中獄事。武帝太初元年（西元前一〇四年）改為掖庭。《漢書・高后紀》有皇太后「幽少帝於永巷」句，顏師古注：「永，長也，本謂宮中之長巷也。」長巷深處即後宮，其旁掖庭為婕妤以下及宮女所居之處。漢武帝太初元年（西元前一〇四年）改永巷為掖庭。掖庭令、丞屬官有廬監、女御長等。其職掌中包括為皇帝御幸作準備。《漢舊儀》記其制為：「掖庭令，晝漏未盡八刻，廬監以茵次上婕妤以下至後庭，訪白錄所錄，所推當御見。刻盡，去簪珥，蒙被入禁中，五刻罷即留。女御長入，扶以出。御幸賜銀鐶。」東漢把掖庭令一分為二，設「掖庭令一人，六百石。本注曰：宦者。掌後宮貴人采女事。左右丞、暴室丞各一人。本注曰：宦者、暴室丞主中婦人疾病者，就此室治；其皇后、貴人有罪，亦就此室」；「永巷令一人，六百石。本注曰：宦者。典官婢侍使。丞一人。本注曰：宦者」。㉗內者　少府屬官，設令，亦稱內謁者令；有左、右丞各一人。《漢書・百官公卿表》及其注均未對此職作何說明。《後漢書・百官志》載少府屬官中有「內者令一人，六百石。本注曰：掌宮中布張諸衣物。左、右丞各一人。」《漢官儀》稱：「內者主帷帳。」內者的職掌是管理宮中的各種布置。《漢書・王莽傳》記有內者令實際操此職務之事：「未央宮置酒，內者令為傅太后張幄，坐于太皇太后坐旁。莽案行，責內者令曰：定陶太后藩妾，何以得與至尊並！徹去更設坐。」㉘宦者　少府屬下官署，設令，有七丞。掌宮中宦者。《漢書・蘇武傳》有宣帝召蘇武「待詔宦者署」句，顏師古注：「《百官公卿表》少府屬官有宦者令、丞，以其署親近，故令於此待詔也。」宦者為宮中從事職役之閹人，因所在不同宮名而有不同稱謂，如《續封泥考略》卷一有「北宮宦者」封泥即其中之一。諸宮之宦者統屬於少府宦者令、丞，其官衙即宦者署。㉙七官令丞　據《漢書・百官公卿表》原文當為「八官令、丞」。指以上所列共八官，皆設令、丞。㉚諸僕射署長中黃門　句首「諸」字通貫全句，即指少府所屬諸僕射、諸署長、諸中黃門。僕射，《漢書・百官公卿表》稱其為「秦官，自侍中、尚書、博士、郎官皆有。古重武官，有主射以督課之，軍屯吏、騶、宰、永巷宮人皆有，取其領事之號」。少府所屬諸僕射，有尚書僕射、永巷宮人僕射、謁者僕射等。諸署長，泛指列卿下屬諸署長官，其秩位低於署令。少府所屬諸署長，如《後漢書・百官志》：「黃門署長、玉堂署長各一人。丙署長七人。皆四百石，黃綬。本注曰：宦者。各主中宮別處。」東漢係沿襲西漢之制。西漢見於《漢書・儒林・孟喜傳》有孟喜為「曲臺署長」。師古注曰：「曲臺，殿名，署者，主供其事也」。曲臺殿在未央宮，可能屬少府。諸中黃門，是給某些給事禁中之宦者所加頭銜，以區別於一般宦者，因與帝王更為親近而顯示出一定身份。顏師古注曰：「中黃門，奄人居禁中在黃門之內給事者也。」《後漢書・百官志》：少府屬下有「中黃門，比千石。本注曰：宦者，無員。後增比三百石，掌給事禁中」。無員，指人數上無定員限制。㉛王莽改曰共工　王莽，字巨書，魏郡元城（今河北大名東）人。漢元帝王皇后之姪，西漢末以外戚秉掌國政，後稱帝，改國號為新，在位十五年，終年六十八歲。王莽於始建國元年（西元八年）更改官名，改「少府曰共工」。㉜尚書　東漢之尚書其機構遠比注❸所言西漢之尚書要龐大，職權亦更重。《後漢書・百官志》云：「尚書六人，六百石。本注曰：〔西漢〕成帝初置尚書四人，分為四曹：常侍曹尚書主公卿事；二千石曹尚書主郡國二千石事；民曹尚書主凡吏上書事；客曹尚書主外國夷狄事。〔東漢〕世祖承遵，後分二千石曹，又分客曹為南主客曹、北主客曹，凡六曹。左、右丞各一人，四百石。本注曰：掌錄文書期會。左丞主吏民章報及騶伯史。右丞假署印綬及紙筆墨財用庫藏。侍郎三十六人，四百石。本注曰：一曹有六人，主作文書起草。令史十八人，二百石。本注曰：曹有三，主書。後增劇曹三人，合二十一人。」㉝侍中　秦官。本為丞相史，有五人往來殿內奏事，故謂之侍中。至漢代侍中為加官，加此銜者可以出入禁中。《漢書・百官公卿表》在敘述中央諸官職後稱：「侍中、左右曹、諸吏、散騎、中常侍，皆加官。所加或列侯、將軍、卿、大夫、將、都尉、尚書、太醫、太官令至郎中，亡員，多至數十人。侍中、中常侍得入禁中。」在秦漢一般以侍中中功高者一人為僕射。侍中受到重視是西漢武帝以後事，至與聞朝政，顧問應對，平議尚書奏事。如孔安國曾為武帝侍中，以其係當世大儒，原侍中職務中有掌皇帝褻器一項，特許改掌唾壺，以示優待，百官欽羨。東漢侍中歸屬少府。《後漢書・百官志》在少府下，有「侍中，比二千石。本注曰：無員，掌侍左右，贊導眾事，顧問應對。法駕出，則多識者一人參乘，餘皆騎在乘輿車後。本有僕射一人，中興轉為祭酒，或置或否。」注引蔡質《漢儀》曰：「侍中、常伯，選舊儒高德，博學淵懿。仰占俯視，切問近對，喻旨公卿，上殿稱制，參乘佩璽秉劍。員本八人，陪見舊有尚書令、僕射下，尚書上；今官出入禁中，更在尚書下。司隸校尉見侍中，執版揖，河南尹亦如之。又侍中舊與中官俱止禁中，武帝時，莽何羅挾刃謀逆，由是侍中出禁外，有事乃入，畢即出。王莽秉政，侍中復入，與中官共止。章帝元和中，侍中郭舉與後宮通，拔佩刀驚上，舉伏誅，侍中由是復出外。」東漢末，侍中逐漸演變為侍中寺，成為門下省之前身。故《通典・職官三》云：「門下省，後漢謂之侍中寺。」其時間約為漢靈帝熹平六年（西元一七七年）。㉞符節　指符節令。西漢改秦符璽令置，詳注❹。東漢沿置。《通典・職官三》：「後漢有符節令，兩梁冠，位次御史中丞，別為一臺，而符節令一人為臺率，掌符節之事，屬少府。」《後漢書・百官志》少府屬官有「符節令一人，六百石。本注曰：為符節臺率，主符節事。凡遣使掌授節。尚符璽郎中四人。本注曰：舊二人在中，主璽及虎符、竹符之半者。符節令史，二百石。本注曰：掌書」。㉟餘職多所并省　意謂東漢之少府，較之西漢，除尚書、侍中、符節外，其餘則有所併省。《後漢書・百官志》在少府條最後本注中，對東漢少府較之西漢之變易有簡略說明：「本注曰：職屬少府者，自太醫、上林凡四官。自侍中至御史皆以文屬焉。承秦，凡山澤陂池之稅，名曰禁錢，屬少府；世祖改屬司農，考工轉屬太僕，都水屬郡國。孝武帝初置水衡都尉，秩比二千石，別主上林苑，有離宮燕休之處；世祖省之，并其職於少府。每立秋貙劉之日，輒暫置水衡都尉，事訖乃罷之。少府本六丞，省五。又省湯官、織室令，置丞。又省上林十池監、胞人長丞、宦者、昆臺、佽飛三令，二十一丞。又省水衡屬官令、長、丞、尉二十餘人。章和以下，中官稍廣，加嘗藥、太官、御者、鉤盾、尚方、考工、別作監，皆六百石，宦者為之，轉為兼副，或省，故錄本官。」東漢少府較之西漢，不僅官署省併頗多，職能也有較大變化。如財政收入悉歸大司農；參與機要國政之尚書、符節等署及侍中、給事黃門侍郎、御史臺等重職，改為僅有名義隸屬關係的文屬；宮廷內部侍奉之職多任宦者，設中常侍、小黃門、中黃門等職及黃門、掖庭、御府、鉤盾諸官署，雖稱隸屬，實際皆得自專，權勢日大。少府之實際職掌則為宮廷日常用物之供應及保管財寶等雜務，領太醫、太官、守宮、上林苑令、丞。㊱漢官解詁　東漢王隆撰《漢官篇》，仿《凡將》、《急就》四字一句，列為小學。胡廣為之解詁，稱《漢官解詁》。此書已佚，清孫星衍輯佚成一卷，以王隆之《漢官篇》為正文，列胡廣注文於其下。㊲晉置功曹主簿五官等員　功曹、主簿、五官，皆為吏員，諸官署多有置，此處則指為少府所屬。功曹，掌選曹功勞，漢代司隸校尉下屬有功曹從事，漢末諸州亦置功曹，魏晉沿置，在列卿諸官署置功曹。主簿，掌文書簿籍之事，漢代中央及州郡縣諸官署多置，魏晉沿置。五官，五官掾之簡稱。漢時為郡國屬吏，地位僅次於功曹，祭祀時居諸吏之首。晉代少府等列卿和領軍、護軍、太子太傅、少傅等及諸郡、國皆置為僚屬。又，句首「晉置」下，據《晉書・職官志》尚有一「丞」字。㊳銀章青綬　魏晉沿漢制，少府等列卿、中二千石、二千石皆佩銀製印章，青色綬帶。青綬，青、白、紅三采，淳青圭，長丈七尺，百二十首。《漢官儀》曰：

「馬防為車騎將軍，銀印青綬。」❸❾五時朝服　百官參加郊祭時所穿之朝服。《晉書・輿服》：「漢制，一歲五郊，天子與執事者所服各如方色。」方色指與東、南、西、北、中五方相應之色，即青、赤、白、黑、黃。同書又云：「百官雖服五時朝服，據今止給四時朝服，闕秋服，三年一易。」秋服為白色。❹⓿進賢兩梁冠　進賢冠，儒者文士之緇布冠。前高七寸，後高三寸，長八寸。有五梁、三梁、二梁、一梁之別，以梁多為貴。卿大夫及二千石以上冠兩梁。❹❶絳朝服　百官上朝時所穿之絳紗朝服。又，《通典・職官九・諸卿下》與此處同，《北堂書鈔》卷五四引《晉書・百官表注》、《宋書・禮志》記卿尹服制，則均無此「絳朝服」三字。❹❷水蒼玉　古代官員按品級佩玉。如一品山玄玉，二品以下水蒼玉。水蒼玉，因其色青而有水紋故名。❹❸材官校尉　材官是西漢步兵的一種稱謂，在平原或山阻地區訓練之步卒稱材官。《漢書・晁錯傳》：「平地通道，則以輕車，材官制之。」魏晉以之名供差遣之中下級武官。晉在少府置材官校尉，統領工匠土木等事。❹❹中左右三尚方　尚方，官署名，秦漢皆置，隸少府，設令、丞。掌使役工徒，製造精美新奇器物及刀、劍等兵器，專供御用。《通典・職官九》稱：「漢末分中、左、右三尚方。」從出土文物看，尚方分置中、左、右時間可能還要早一些。魏晉沿漢制。❹❺中黃左右藏　府庫名。《後漢書・桓帝紀》：「建和三年（西元一四七年），芝草生中黃藏府。」注引《漢官儀》曰：「中黃藏府，掌中幣帛、金銀諸貨物也。」晉少府所屬有中黃藏令，分為左、右二藏府。❹❻左校　秦及漢初有左、右、前、後、中五校，並設有令、丞，屬將作，掌工徒營繕事，後併為左、右校。東漢沿置。西漢成帝陽朔三年（西元前二二年）曾省左校丞，東漢安帝復置，曹魏時併於材官。西晉少府設左校，置令；東晉罷省。❹❼甄官　官署名。掌製造磚石陶瓷之事。東漢將作所屬有前、後、中甄官令、丞。西晉始置署，隸少府。❹❽平準　官署名。秦漢屬大司農，掌平物價。東漢平準設令、丞各一人，除掌物價外，並主練染作色。靈帝熹平四年（西元一七五年）列於內署，以宦官領之。魏晉屬少府，唯掌染事。❹❾奚官　官署名。掌使女奴勞作。古代罪人之子女沒官為奴稱奚。《周禮・天官》有「奚三百人」句，鄭玄注：「古者從坐男女沒入縣官（指國家）為奴，其少才知以為奚。今之侍史、官婢。或曰奚，宦女。」西晉設奚官令，屬少府，掌奚隸工役。❺⓿左校坊　官署名。掌營構梓匠。西晉設左校坊丞，屬少府。東晉省。❺❶鄴中黃左右藏　指在鄴（今河南安陽）所置之中黃左右藏，即內藏府庫。建安十八年（西元二一三年），曹操為魏公，定都於鄴，曹丕代漢，改都洛陽，但鄴仍為五都之一，保留諸宮殿建築及冰井、銅雀、金虎三臺等。晉承魏，故在鄴仍置府藏。❺❷油官　官署名。掌貯油之庫。西晉置丞，隸少府。東晉省少府，改隸丹陽尹。❺❸又省御府　《宋書・百官志》稱：「御府，二漢世典官婢作褻衣服補浣之事，魏晉猶置其職，江左乃省。」❺❹哀帝　東晉皇帝司馬丕，字千齡。在位三年，終年二十五歲。❺❺桓溫　字元子，東晉譙國龍亢（今安徽懷遠西）人。哀帝時，桓溫獨擅東晉朝政，都督中外諸軍事，曾上表以戶口凋零，不當漢之一郡，宜併官省職，即原注下文所言表省少府事。(56)丹陽尹　晉元帝渡江，建都揚州之建業，改丹陽太守為尹，其地位相當於漢之京兆尹。(57)孝武　東晉皇帝司馬曜，字昌明。在位二十三年，終年三十五歲。(58)左右尚方　南朝宋少府置有左尚方令、丞各一人，右尚方令、丞各一人，並掌造軍器。《宋書・百官志》稱：「宋高祖踐阼，以相府作部配臺，謂之左尚方，而本署謂之右尚方焉。」又云：「後廢帝初，省御府，置中署，隸右尚方。漢東京太僕屬官有考工令，主兵器弓弩刀鎧之屬，成則傳執金吾入武庫，及主織綬諸雜工。尚方令唯主作御刀綬劍諸完好器物而已。然則考工令如今尚方，尚方如今中署矣。」(59)御府　南朝宋武帝劉裕「以相府細作配臺，即其各置令一人，丞二人，隸門下。世祖（孝武帝）大明中，改曰御府，置令一人，丞一人」。「後廢帝初，省御府，置中署，隸右尚方」（《宋書・百官志》）。(60)東冶南冶　《宋書・百官志》稱：「東冶，令一人，丞一人。南冶，令一人，丞一人。漢有鐵官，晉置令，掌工徒鼓鑄，隸衛尉。江左以來，省衛尉，度隸少府。宋世雖置衛尉，冶隸少府如故。江南諸郡縣有鐵者，或置冶令，或置丞，多是吳所置。」(61)平準　《宋書・百官志》稱：「平準，令一人，丞一人。掌染。秦官也。漢因之。漢隸司農，不知何世隸少府。宋順帝即位，避帝諱（順帝名準──引者），改曰染署。」平準，兩漢隸司農，其職掌在西漢主平物價，在東漢主練染作采色。靈帝熹平四年（西元一七五年）列於內署，以宦官領之。魏晉轉屬少府。(62)齊又加以領左右尚鍛署　《南齊書・百官志》少府領官稱：「左右尚方令各一人，丞一人；鍛署丞一人。」注曰：「（武帝）永明三年（西元四八五年）省，四年復置。」又，《通典・職官九・諸卿下》齊所加領為「左右銀鍛署」。(63)梁以少府為夏卿　梁仿四時置十二卿，春、夏、秋、冬各三卿，以太府、少府、太僕為夏卿。(64)材官將軍　西漢雜號將軍，統率郡國材官、兵士。西晉設材官校尉，統率工匠。梁改稱材官將軍。(65)平水　即平準署，主司平抑物價和市易之機構。(66)南塘邸稅庫　徵收及貯藏商稅之機構。南塘，京師建康地名。邸，居物之處。向商人徵稅，既有貨幣，亦有實物，故需有貯庫。《隋書・食貨志》：「晉自過江，凡貨賣奴婢馬牛田宅，有文卷，率錢一萬，輸估四百入官，賣者三百，買者一百。無文卷者，隨物所堪，亦百分收四，名為散估，歷宋、齊、梁、陳，如此以為常。」(67)東西冶　宋與齊有東冶令、丞各一人，南冶令、丞各一人，掌冶鐵。梁則改稱東冶與西冶。(68)中黃　即中黃藏，府庫名。掌貯幣帛金銀諸貨物。梁設中黃署，置令、丞。(69)細作　即宋、齊之御府署。東晉末，劉裕相府有作部和細作，掌諸玩好器物之製作。《宋書・百官志》稱：劉裕建宋後，「以相府細作配臺，即其名置令一人，丞二人，隸門下，世祖大明中，改曰御府，置令一人，丞一人。」梁復改稱細作署，掌製作。(70)炭庫　掌木炭之製作和供應。有令、丞。(71)紙官　掌造紙和供紙。有令、丞。(72)染署　與諸書所載各異。如《隋書・百官志》作「柒署」，《隋書》宋版小字本作「柴署」，《冊府元龜・邦計部・總序》則為「漆署」，錄以備考。(73)班第十一　梁武帝天監七年（西元五〇八年）革選，徐勉為吏部尚書，奉命改九品制為十八班制，以班多為貴。少府卿列十一班，相當於從第四品。(74)太和末改少府為太府　太和，北魏孝文帝元宏年號。太和二十三年（西元四九九年）復次職令，六卿中，少府更名為太府，列第三品。(75)左中右三尚方　據《隋書・百官志》，北齊太府寺之左尚方，又別領別局、樂器、器作三局丞；中尚方，又別領別局、涇州絲局、雍州絲局、定州紬綾局四局丞；右尚方，又別領別局丞。(76)司染　《隋書・百官志》稱北齊司染署又別領京坊、河東、信都三局丞。(77)諸冶　《隋書・百官志》載北齊諸冶分諸冶西道和諸冶東道。諸冶東道，又別領滏口、武安、白間三局丞；諸冶西道又別領晉陽冶、泉部、大邳、原仇四局丞。(78)細作　《隋書・百官志》在北齊細作署之下，尚列有左校署。(79)甄官　《隋書・百官志》所載北齊太府寺之甄官署，又別領石窟丞。(80)隋煬帝大業五年　即西元六〇九年。煬帝，隋朝皇帝楊廣，大業為其年號。(81)丞三人　下文少府監丞員品條原注為「丞二人」，《隋書・百官志》亦為二人。當改。(82)統左尚中尚右尚内尚司織司染鎧甲弓弩掌治等署　此句校之於《隋書・百官志》，無「中尚」二字。(83)皇朝因為監　《新唐書・百官志》稱：「武德初廢監，以諸署隸太府寺。貞觀元年（西元六二七年）復置。」《唐會要》卷六六：「武德初，以兵革未定，置軍器監，廢少府監。貞觀元年正月，分太府中尚方、左尚方、右尚方、織染方、掌冶方五署置少府監。通將作、國子為三監。」(84)龍朔二年　即西元六六二年。龍朔為唐高宗李治年號。(85)咸亨元年　即西元六七〇年。咸亨亦為唐高宗李治年號。(86)光宅元年　即西元六八四年。光宅為武則天稱制時年號。(87)神龍元年　即西元七〇五年。神龍為唐中宗李顯年號。(88)開元又分甲鎧弓弩別置軍器監　《職官分紀》卷二二少府監條引《唐六典》原注此句為「開元初又分甲鎧弓弩別置軍器監」。此處脫一「初」字。《舊唐書・玄宗紀》繫此事於開元三年（西元七一五年）「十二月，庚午，以軍器使為軍器監，置官員」。開元，唐玄宗李隆基年號。(89)十二年省軍器監　十二年，指開元十二年（西元七二四年）。《職官分紀》卷二二少府監條引《唐六典》原注此句亦作「十二年」。但他書則記為十一年，如《舊唐書・玄宗本紀》：「開元十一年（西元七二三年）十一月丁亥，廢軍器監官員，少府監加置少監一人，以充之」；《唐會要》卷六六「至開元十一年，罷軍器監，隸入少府監，為甲弩坊，更置少監一員統之，以馮紹貞為之。十四年（西元七二六年）八月二十八日省一員。」(90)其作工歸少府　《職官分紀》卷二二少府監條引《唐六典》原注此句為「其作並歸於少府」。句中「工」當是「並」之訛。(91)尋又於北都置軍器監　北都置軍器監時間當早於省軍器監。《舊唐書・玄宗本紀》：「開元十一年（西元七二三年）五月，己巳，北都置軍器監官員。」(92)少監二人　《唐會要》卷六六：「少監，本一員，太極元年（西元七一二年）二月十八日，加一員。以孔仲思為之。至開元十一年（西元七二三年）罷軍器，隸入少府監，為甲弩坊、更置少監一員以統之，以馮紹貞為之。十四年（西元七二六年）八月二十八日，省一員。」93庀其工徒 庀，備具。指為五署配備足夠之工徒。94展采 意謂趨事；盡職。《史記．司馬相如列傳》：「而後因雜薦紳先生之略述，使獲耀日月之末光絕炎，以展采錯事。」裴駰《集解》：「《漢書音義》曰：『采，官也。使諸儒記功著業，得覩日月末光殊絕之用，以展其官職，設厝其事業者也。』」

【語譯】 少府監：監，定員一人，品秩為從三品。《漢書．百官公卿表》說：「少府，是從秦朝開始設置的官職，職掌是管理山澤陂池的稅收，用來供給皇帝的私養。設有六個丞。少府的屬官有尚書、符節、太醫、太官、湯官、導（䆃）官、樂府、若盧、考工室、在右（左弋）、居至（室）、甘泉居室、左司空、右司空、東織室、西織室和東西（園）匠，共計十二（六）個官署，各置令和丞；又有陶（胞）人、都水、均官三官署，各置長和丞；還有上林苑中設置的十個池監；以及中書謁者、黃門、鉤盾、尚方、御府、永巷、內者、宦者這七（八）個與宦官相關的官署，都設置令和丞；此外一些僕射、署長和中黃門等，也都歸少府統轄。」所謂少府，就是天子的私府，所以凡是與天子供奉相關的職務，都在它管轄範圍之內。王莽曾把少府改名為共工。東漢又恢復稱少府，包括尚書、侍中、符節這樣一些官署都屬它管轄，其餘西漢曾設置少府屬官大多作了併省。《漢官解詁》說：「少府的職掌，主要是保障天子的供養，包括對山澤陂池徵收禁錢，天子的衣服和口食，和對掖庭、中宮的管理。」魏因承漢制。西晉在少府屬官中設有丞、功曹、主簿等吏員；少府卿佩銀章青綬，穿五時朝服，戴進賢兩梁冠，絳朝服，佩水蒼玉，官階列為第三品；統轄材官校尉，中尚方、左尚方、右尚方、中黃左藏、中黃右藏、左校、甄官、平準、奚官等署的令和丞，左校坊、鄴中黃左藏、鄴中黃右藏、油官等丞。過江以後的東晉，只設置尚方一署，後來又省去了御府。到哀帝時，桓溫又上表建議簡省少府，把原來少府下屬的一些機構合併給丹陽尹管轄。孝武帝時又恢復設置少府。南朝宋的少府，統領左尚方、右尚方、御府、東冶、南冶、平準等署的令和丞，到齊時，少府的下屬又增加了左右兩個尚鍛署。梁設置十二卿，少府被列為夏三卿之一，統領的屬官有材官將軍、左中右三尚方、甄官、平水、南塘邸稅庫、東西兩冶、中黃、細作、炭庫、紙官、染（漆）署等令和丞。少府卿官階列為第十一班，也就是從第四品。陳因承梁的建置。北魏設九卿，將少府與宗正、太僕、廷尉、司農、鴻臚列為六次卿；到孝文帝太和末年，又改稱少府為太府。北齊沒有設置少府，原來屬於少府的左、中、右三尚方和司染、各冶以及細作、甄官等署，全都歸屬於太府寺。到隋煬帝大業五年，方始從太府中劃出一部份官署來，另外建立少府監，設置監一人，品秩為從三品；少監一人，從四品；丞三（二）人，從五品。少府監統領左尚、中尚、右尚、內尚、司織、司染、鎧甲、弓弩、掌冶等署。這以後又把監改稱為令，少監為少令，把司織、司染二署合併為織染署，撤銷了鎧甲、弓弩二署。本朝因承隋制，亦設少府監。高宗龍朔二年改名為內府監，咸亨元年又復稱為少府監。武后光宅元年又改名為尚方監，中宗神龍元年再次恢復舊稱。玄宗開元〔初年〕，從少府監分出鎧甲、弓弩二署另外設置軍器監；開元十二（一）年又省去了軍器監，原屬軍器監的製作職務都歸併於少府監。不久，又在北都設置了軍器監。

少監，定員二人，品秩為從四品下。隋煬帝時，少卿的定員為一人，品秩是從第四品。本朝因承隋制，設置二人。在龍朔、咸亨、光宅、神龍年間，這一職名曾隨著監名的更改而更改，恢復而恢復。

少府監的職務是，掌管有關百工伎巧的政令，統領中尚、左尚、右尚、織染、掌冶五署的官屬，配備必需的工徒，督責他們謹慎地從事繕作。少監是監的副職。凡是皇帝的服飾和御用器物，百官有關儀制的用品，都由少府監率領部屬，積極製作具備，保障供應。

【說明】少府在唐代只是為皇帝服御、后妃服飾及百官儀制製作的皇家手工業機構。本章原注對少府的沿革一直向上追溯到漢代的少府，其間經過近千年的演化組合，儘管名稱依舊，二者在職能上已迥然相異。漢代少府的職能比唐代要寬泛得多。圍繞著為帝室宮廷行政和消費的需求，它既要徵收山海池澤之稅，以充帝室財政之費，又要為皇帝聽政處理一些庶務，如所屬有尚書、中書謁者、黃門一類職官，還要為皇帝及后妃日常飲食起居服務，因而屬下有太官、太醫、御府、永巷、掖庭等官署。此外，它還統領著一個專為帝室製作衣冠、御佩、珍玩的龐大的手工業工場，其中包括尚方、考工室、居室、東西織等機構。涉及到皇帝行政和日常生活的一切方面，其性能類似於現今的中央辦公廳；而就其直接掌管著帝室財政而言，在「家天下」的封建制度下，相當程度上又是一個不掛牌的財政部。漢代少府的庫藏要超過掌握國家財政的大司農，有時國家財政上的開支，也不得不仰仗於少府。東漢以後，這種情況逐漸有了改變。

首先是稅收權的剝離，帝室財政與國家財政開始合併，東漢少府中藏府令只掌後宮幣帛金銀貨物的貯藏。其次是行政職能的剝離，如侍中尚書、御史中丞、蘭臺令史這些機構，在東漢都只是文屬於少府。其後尚書、門下、御史都分別成為獨立的行政系統，且權位都重於少府。這樣到魏晉時期，少府的職能只保留了為帝室製作日常生活所需手工業品和貯藏珍貴幣帛這兩項，東晉時少府還一度被省併。南朝宋、齊承晉制。梁設十二卿，其中太府卿和少府卿分管原屬少府的兩項職掌，即由太府卿掌貯藏，少府卿掌製作。北魏轉而依魏晉舊制，仍把這兩項職能合在一起，只是把少府改名為太府。隋初亦沿此制，至煬帝方始把少府從太府寺分離出來，建少府監，職掌集中於服飾器物的製作，少府監成了皇家手工業的管理機構。唐代武德時曾一度廢少府監，以其諸署隸太府寺，即大致是隋初的舊制；至貞觀時，又恢復煬帝時的體制。這便是本章所述的依據。

二

丞四人，從六品下。漢置丞六人，比千石❶。後漢置一人，以明法補❷。魏、晉因之❸。宋、齊、梁、陳皆一人❹，梁班第四❺。後魏少府丞二人，從五品中❻。隋煬帝❼分太府寺置少府監，置丞二人❽。皇朝加至六人❾。龍朔、咸亨、光宅、神龍並隨監改復❿。開元二十三年省置四人⓫。

主簿二人，從七品下。《晉令》⓬：「少府置主簿二人。」宋、齊因之⓭。梁主簿七班之中第三⓮。隋煬帝置主簿一人，皇朝加至四人。龍朔、咸亨、光宅、神龍並隨監改復。開元二十三年減二人。

錄事二人，從九品上。

丞掌判監事。凡五屬所備之物須金石、齒革、羽毛、竹木而成者，則上尚書省，尚書省下所由司以供給⑮焉。凡五署之所入於庫物，各以名數并其州土所生以籍之⑯，季終則上於所由，其副留於監；有出給者，則隨注所供而印署之⑰。凡教諸雜作⑱，計其功之眾寡與其難易而均平之⑲，功多而難者限四年、三年成，其次二年，最少四十日，作為等差，而均其勞逸焉。凡教諸雜作工，業金、銀、銅、鐵鑄⑳、鎢、鑿、鏤、錯、鍚㉑所謂工夫者，限四年成；以外限二年㉒成；平慢者，恨㉓二年成。諸雜作有一年半者，有一年者，有九月者，有三月者，有五十日者，有四十日者。

主簿掌勾檢稽失㉔。凡財物之出納，工人之繕造，簿帳之除附，各有程期；不如期者，舉而按之。

錄事掌受事發辰㉕。

【章旨】敘述少府監丞、主簿、錄事之定員、品秩、沿革和職掌。

【注釋】❶比千石　據《漢書・百官公卿表》及《後漢書・百官志》，西漢少府丞之秩當為千石，東漢則為比千石。❷以明法補　此四字置於此費解。且按本書原注追述諸職官沿革寫作體例，亦不當有此一句。疑是衍文。按上句文例，似應是「秩比千石」。❸魏晉因之　據《晉書・職官志》，晉少府作為列卿之一，置丞一人。❹宋齊梁陳皆一人　《宋書・百官志》及《南齊書・百官志》稱宋、齊少府，各置丞一人；《隋書・百官志》梁十二卿皆置丞，少府十二卿之一，置丞一人；陳承梁制。

❺梁班第四　梁武帝天監七年（西元五〇八年），革選，徐勉為吏部尚書，奉命改九品制為十八班制，以班多為貴。梁少府丞列第四班。❻後魏少府丞二人從五品中　句中「二人」，正德本及廣池本均為「一人」。《魏書・官氏志》載，北魏少府丞屬列卿丞，孝文帝太和十七年（西元四九三年）職員令，列卿丞列從第五品中；太和二十三年（西元四九九年）復次職令，列卿丞位第七品。❼隋煬帝　隋朝皇帝楊廣。在位十四年，終年五十歲。❽置丞二人　《隋書・百官志》少府監「丞從五品，二人」。❾皇朝加至六人　《新唐書・百官志》少府監丞之定員為六人，所據當為貞觀制。至玄宗時減為四人。❿龍朔咸亨光宅神龍並隨監改復　指少府丞這一職名，曾多次隨著少府官署名稱之更改或恢復而更改或恢復。其簡略過程是：高宗龍朔二年（西元六六二年）改為內府監，咸亨元年（西元六七〇年）恢復少府監舊稱；武后光宅元年（西元六八四年）再次改名稱尚方監，中宗神龍元年（西元七〇五年）又改回依舊稱少府監。⓫開元二十三年省置四人　開元二十三年即西元七三五年。開元是唐玄宗李隆基年號。省置四人，相對於貞觀時置六人而言，簡省至置四人，亦即減了二人。⓬晉令　書名。《舊唐書・經籍志》著錄「《晉令》，四十卷，賈充等撰」。⓭宋齊因之　《通典・職官九・諸卿下》：「晉置二人，自後歷代一人，大唐有二人。」⓮梁主簿七班之中第三　《隋書・百官志》稱：梁時「位不登二品者，又為七班。」此所言之「二品」，指鄉品二品。鄉品為魏晉南北朝時士族內部由中正評定的等級，共九品。鄉品二品以上為上品，為官可以入班；鄉品三品以下為寒族，不能入班，故又另作流外七班。十二卿之主簿，列流外七班之第三班。⓯從「凡五屬所備之物」至「尚書省下所由司以供給」　五屬所備之物，正德本及廣池本均作「五署所修之物」。五署，指少府下屬之中尚、左尚、右尚、織染、掌冶五署。所修之物，指其所製作之手工藝品。然五屬亦可理解為五個所屬官署，可互通。五署製作諸種手工產品所需原料，如金石、齒革、羽毛、竹木等，須由少府申報於尚書省，具體則是上報於尚書省戶部之金部郎中。按唐制，戶部之金部掌金寶財貨、庫藏出納，而諸州進貢之土雜貢皆納於太府寺之右藏外庫；故金部收到少府申報，審核後，再下符給少府，少府憑符並持木契至太府寺請領，而右藏外庫則據之「以時支送」。諸司持有木契的數量及對應關係都有嚴格規定。金部置木契二百一十隻，其中二十隻與太府寺合；太府寺置木契九十五隻，其中七十隻與庫官合；十五隻刻少府監字，十四隻雄，付少府監。故少府監便是憑金部所下之符文，及所持有十四隻雄木契依次與太府寺之一雌木契合驗以領取製作所需物料。⓰凡五署之所入於庫物各以名數并其州土所生以籍之　此句言少府五署對從太府寺右藏外庫所支領之物品，必須做好籍帳。唐制，金石、齒革、羽毛、竹木等物，大部份屬於諸州於常貢之外的別索貢。這類出有方土、以時支送的別索貢，不像每歲常貢那樣要在冬至、元正朝會時陳之於殿廷，而是直接收藏於右藏外庫，以供應少府監五署製作之需。所以少府監收到物品後，還須記錄其品名、數量

及所貢之州，上報於金部，以便核對及比部的勾檢。⓱有出給者則隨注所供而印署之　指少府監出給之手工藝製作成品，須由丞注明所供單位，並署印以便核查。少府所製作之產品，專供皇帝服御及百官儀制所需，是內向性地直接進入消費領域，非商品生產。⓲教諸雜作　指在作坊範圍內對諸種手工製作技藝之教習與培訓。⓳計其功之眾寡與其難易而均平之　指各個技術工種之培訓時間，先分別依其用工之多少、製作之難易作出分類，然後從多個習成者所需時間中求出平均值，據以核定為該工種之培訓時限。⓴金銀銅鐵鑄　指金、銀、銅、鐵這四種金屬之鑄造工藝。㉑鎔鑿鏤錯錫　金屬器皿鑄造、製作過程中的各道工藝或工種。鎔，以模型澆鑄。鑿，指鑽鑿工藝。鏤，雕刻裝飾。錯，用金塗飾，即所「錯彩鏤金」。錫，磨鎈一類工藝，使金屬器皿光滑明亮。《大學》「如切如磋」朱熹注：「磋以鑢錫。」又，正德本作「鏃」，義亦近。㉒二年　據正德本當作「三年」。㉓恨　係「限」之訛。㉔勾檢稽失　指由主簿糾查本監公文公事處理中有無錯失或延誤規定日程。㉕受事發辰　指由錄事登錄公文收受或發送之始日，以為事後勾檢之依據。

【語　譯】〔少府監：〕丞，定員四人，品秩為從六品下。西漢少府丞的定員為六人，俸秩是〔比〕一千石。東漢省為一人，「以明法補」（可能是「秩比千石」之誤）。魏、晉因承漢制。南朝的宋、齊、梁、陳都設置丞一人，品秩在梁代列為第四班。北魏少府丞二（一）人，品秩列從第五品中。隋煬帝時，從太府寺劃分出一部份職官來建立了少府監，設置丞二人。本朝加到六人。這一官職的名稱，在龍朔、咸亨、光宅、神龍年間，都曾隨著少府監機構名稱的更改而更改，恢復而恢復。開元二十三年，丞的定員減少到四人。

主簿，定員二人，品秩為從七品下。《晉令》規定：「少府置主簿二人。」南朝的宋、齊因承晉制。梁代主簿的品秩列為流外七班中的第三班。隋煬帝時，少府監主簿定員為一人，本朝增加到四人。這一官職的名稱，在龍朔、咸亨、光宅、神龍年間，都曾隨著少府監機構名稱的更改而更改，恢復而恢復。開元二十三年，減為二人。

錄事，定員二人，品秩為從九品上。

丞的職掌是，主持本監的日常事務。凡是本監下屬五署製作各種品物需要用金石、齒革、羽毛、竹木為原料的，都要向尚書省戶部的金部郎中申報，由尚書省下符文給相關的主管機構，以便按時供給。凡是五署從太府寺各個庫藏支領到的原料，都必須登錄它們的名稱、數量以及所出產土貢的州縣，每到一個季度之末上報給主管庫藏的機構，副本保留在本監。製成品的出給，要在簿籍上隨時注明所供應的單位和物品，並署上印章。關於對各種製作技藝的教習和培訓時間的長短，可以通過用功的多少、製作的難易的評估，分別用平均值來核定。那就是：用功多而製作又困難的，限四年或三年學成，其次為二年，最少是四十日。用以上幾個等級和差別，使勞逸得到均勻。關於教習各種雜作的技藝，凡是學習金銀銅鐵的鑄造和鎢、鑿、鏤、錯、錫這一類人們稱為專門工夫的，規定為四年學成，此外也有可以二（三）年學成的；比較簡單平易的，恨（限）二年學成。至於一般的雜作技藝，也有限一年半學成的，有限一年的，有九個月的，有三個月的，有五十天的，有四十天的。

主簿掌管糾查延誤和錯失方面的事務。凡是財物的出納，工人對物件的修造，籍帳的登錄或註銷，都有規定的期限，未能按期完成的，便要舉報於監司，並案問其原由。錄事掌管登錄公文來往的日期。

【說　明】在唐代，少府監可說是個皇家手工業管理機構。所屬五署除掌治署外，其餘四署所製作的產品，都是直接供給皇帝服御、后妃服飾及百官儀制所需。在這裡，儘管生產者實際上是在為他人需要而生產，但因生產者與消費者之間並未經過等價交換或其他任何交換方式，因而這些產品仍然不屬於商品範疇。代替生產—消費之間那個流通環節的，是一個維護尊卑貴賤等級制度的最高權力機構，由它嚴格按照品級等差將產品分配給帝王、后妃、百官這些特殊消費者。官府先通過賦稅形式，將由農民的剩餘勞動物化而成的原料無償地徵集起來，再經少府監所屬加工製作，即加上附加值，而工匠在交出產品時卻也是接近無償的；最後由權力機構無償地分配給消費者。在這過程中有三個「無償」：最後那個消費者之所以能無償地享受，就因為有前面兩個生產者無償或接近無償地交出了產品。這種特殊的社會政治、經濟現象，很容易使人聯想起某個時期、某些地方曾經實行過而被讚美為似乎包含著什麼主義理想的供給制。如今這新老兩種供給制雖早已退出了歷史舞臺，但其影響的存在恐怕還是一個不容忽視的事實，不少人對國外總統要私人僱醫生，請客也要自己掏腰包覺得不可思議，而對自己國家某些高層領導官邸私府不分，連家屬的服務人員、生活待遇也全由官給卻以為天經地義，便是其中一例。

在少府監所屬諸署裡，生產的基本單位稱「作」。作是依照工藝流程來區劃的，如織染署下屬便有二十五作之多，它反映了紡織品生產的作業過程和各個環節，所以對徒工技藝的培訓，也往往以「作」為單位。關於培訓的期限，除本章正文及原注的規定外，《新唐書・百官志》對此有更詳細的記載，如：「細鏤之工，教以四年；車路樂器之工，三年；平漫刀矟之工，二年；矢鏃竹漆屈柳之工，半焉；冠冕弁幘之工，九月。教作者傳家技，四季以令試之，歲終以監試之，物皆勒工名。」少府監的勞動力來源於自各地徵集來的匠戶，亦有奴婢和番戶及雜戶充工匠者。少府監工匠總數，本書第七卷第一篇工部郎中職掌原注記為「一萬九千八百五十人」；可能由於統計時間不同，《新唐書・百官志》注文所記要少於此數，且作了細分：「短番匠五千二十九人，綾錦坊巧兒三百六十五人，內作使凌匠八十三人，掖庭綾匠百五十人，內作巧兒四十二人，配京都諸司諸使雜匠百二十五人」，合計五千七百九十四人。這些工匠大都從京師附近諸州徵來，不僅技能精巧，還要求身強體壯；規定各地方不得打埋伏，以拙頂巧，濫竽充數。只有在出現了超額人員，或者又和僱了別的工匠，才允許納資代役，折成絹一類輕貨，繳納給少府監。例外的是：凡有特殊技藝能製作專供內庭需用物品的巧匠，一律不得納資代役。所以少府監五署所屬諸作成千上萬工匠，實際上是帶有強制性和依附性的奴隸式的勞動，而且一旦編入匠籍，便世代為匠，再也沒有身份選擇的自由。隨著一些皇陵或古墓的發掘，大批地下文物重見天日，現代人在幸運地觀賞那一件件精美絕倫的帝王后妃的衣冠或陪葬品時，都不禁為中國古代文化的燦爛輝煌驚嘆不已，但又有誰會想到那些製作者們的悲慘命運呢？

三

中尚署：令一人，從六品上。漢少府屬官有尚方令、丞。後漢尚方令一人，六百石，掌上手工作御刀劍、諸好器物及寶玉作器。和帝❶時，蔡倫❷為尚方令，作秘劍，皆有龍泉、太阿❸之目；及諸器械，靡不牢固。其後分為中、左、右三尚方。魏氏因之。晉過江左，唯置一尚方，哀帝❹以隸丹陽尹❺，孝武帝❻復舊。晉代掌造軍器。宋高祖❼踐阼，以相府部配臺❽，謂之左尚方，而本署謂之右尚方，令、丞各一人。武帝❾改右尚方曰御府，又置中署，隸右尚方❿。齊置左、右尚方令、丞各一人。梁置左、中、右尚方三令、丞，其令並從九品⓫；其後廢中尚方，唯存左、右而已。陳因之。北齊太府寺管左、中、右三尚方⓬。隋開皇⓭中，有內、左、右三尚方署，猶屬太府寺。內尚方令二人，正八品下⓮，掌諸織作。煬帝分屬少府。皇朝因置二人，省「方」字，但曰中尚、左尚、右尚⓯。開元十八年⓰省一人，升為從六品上。

丞四人，從八品下。漢、魏已來皆隨署省置。後漢丞一人，四百石。魏、晉、宋、齊皆隨署改易。梁位在七班之下，為三品勳位⓱。隋置丞四人，正九品下⓲。皇朝因之。開元中升其品⓳。

監作四人，從九品下。

【章旨】敘述中尚署令、丞和監作之定員、品秩及沿革。

【注釋】❶和帝　東漢皇帝劉肇，字始。十歲即皇帝位，在位十七年，終年二十七歲。❷蔡倫　字敬仲，桂陽（今湖南郴縣）人。《後漢書．宦者．蔡倫傳》稱其「以永平末始給事掖庭宮，建初中為小黃門。及和帝即位，轉中常侍，豫參帷幄。倫有才學，盡心敦慎，數犯嚴顏，匡弼得失」。「後加位尚方令。永元九年（西元九十七年），監作秘劍及諸器械，莫不精工堅密，為後世法」。❸龍泉太阿　古代寶劍名。相傳先秦，楚有龍泉，秦有太阿、工市，吳有干將、莫邪。《越絕書》曰：「楚王召風胡子，令之吳越，見歐冶子干將，使之為鐵劍三枚，一曰龍泉，二曰太阿，三曰工市。」《晉書．張華傳》載：張華夜見斗中二星之間有紫氣，後使人於豐獄中掘地得二劍，一曰龍泉，一曰太阿。此處則藉以說明蔡倫監作之秘劍有龍泉、太阿之品位。❹哀帝　東晉皇帝司馬丕，字千齡，在位三年，終年二十五歲。❺丹陽尹　丹陽，漢武帝元封二年（西元前一〇九年），置為郡，治宣城之宛陵（今安徽宣城）；晉武帝太康二年（西元二八一年），分丹陽另設宣城郡，治宛陵，而丹陽郡則移治建業（今江蘇南京）。尹，官名。自漢代開始，一般郡之行政長官稱守，都城之行政長官則稱尹，如京兆尹、河南尹。東晉都於建業，故元帝太興元年（西元三一八年），改丹陽守為丹陽尹，領建康等八縣。❻孝武帝　東晉皇帝司馬曜。在位二十四年，終年三十五歲。❼宋高祖　南朝宋開國皇帝劉裕，字德輿，小名寄奴，彭城（今江蘇徐州）人。在位三年，終年六十歲。❽以相府部配臺　近衛校正德本稱：「《通典》『部』上有『作』字。」❾武帝　即注❼宋高祖，武帝為其謚號。但據《宋書・百官志》記載：「世祖大明中，改曰御府。」世祖係孝武帝之廟號。故此處「武帝」當改為「孝武帝」。孝武帝，南朝宋皇帝劉駿，字休龍。在位十一年，終年三十五歲。❿改右尚方曰御府又置中署隸右尚方　《宋書・百官志》載：「宋高祖踐祚，以相府作部配臺謂之左尚方，而本署謂之右尚方焉。又以相府細作配臺，即其名置令一人，丞二人，隸門下。世祖大明中，改曰御府，置令一人，丞一人。」又云：「後廢帝初，省御府，置中署，隸右尚方。」東晉唯置一尚方，入宋，以本署為右尚方，故有左、右二尚方，但無中尚方。武帝時相府細作部入臺仍舊名，隸門下，至孝武帝而改稱御府，後廢帝初又省御府，置中署而隸右尚方。可見左尚方與右尚方始終存在，因而御府改稱中署後才隸右尚方。故此處首句言孝武帝「改右尚方曰御府」恐有誤。語譯姑依原文。⓫其令並從九品　梁武帝天監七年（西元五〇八年），革選，徐勉任吏部尚書，奉命改九品制為十八班制，以班多為貴。左、右尚方令列第一班，與從九品相當。但未列中尚方令，可能革選時，中尚方已被廢省。⓬北齊太府寺管左中右三尚方　北魏改少府為太府，北齊承北魏制，故以太府寺統左、中、右三尚方。⓭開皇　隋文帝楊堅年號。⓮內尚方令二人正八品下　《隋書・百官志》把左尚方、右尚方列為上署，上署令為正八品下，但未列內尚方令之品秩。⓯省方字但曰中尚左尚右尚　因武后曾一度改稱少府監為尚方監，故去「方」字，以免與監名重。《新唐書・百官志》：「唐改內尚方署曰中尚方署，武后改少府監曰尚方監，而中左右尚方、織染方、冶金方五署，皆去『方』以避監。自是不改矣。」⓰開元十八年　即西元七三〇年。開元為唐玄宗李隆基年號。⓱梁位在七班之下為三品勳位　《隋書・百官志》將梁之左尚方五丞及右尚方四丞列於七班以下之三品勳位。三品勳位和三品蘊位一樣，都是由寒門庶族出任之流外卑官濁職，很難有躋身上品並進入流內為官的機會。⓲隋置丞四人正九品下　據《隋書・百官志》，內尚方置丞四人，上署丞列正九品下。⓳開元中升其品　指由正九品下升為從八品下。

【語　譯】中尚署：令，定員一人，品秩為從六品上。西漢少府的屬官，設有尚方令、丞。東漢在少府下有尚方令一人，俸秩為六百石，掌管尚方用手工製作御用的刀劍以及各種玩好器物和珠寶玉器。和帝時，宦官蔡倫加位尚方令，由他監製秘劍，都能達到古代龍泉、太阿那樣高的品位；還監製了各種器械，亦都精美而又堅實牢固。那以後便分為中、左、右三個尚方。魏、晉因承漢制，亦設中、左、右三個尚方。到了過江後的東晉，只設置一個尚方。哀帝時，又省掉了少府，尚方便劃給丹陽尹管轄。孝武帝時又恢復設置少府，尚方仍歸少府管轄。晉代尚方的職掌是製作兵器。南朝宋高祖即皇帝位時，以相府的作部補配於臺，稱為左尚方，而東晉原來的尚方稱之為右尚方，都設有令和丞各一人。〔孝〕武帝時，改稱右尚方為御府，後來又設置中署，隸屬於右尚方。南朝齊在少府設左、右尚方令和丞各一人。梁在少府卿設左、中、右三尚方署，令的品秩都是從九品；後來又省去了中尚方，只保留左、右兩個尚方罷了。陳因承梁制。北齊承北魏，改稱少府為太府，統領左、中、右三尚方。隋文帝開皇年間，設內、左、右三尚方署，依北齊制仍然歸屬於太府寺。內尚方設置令二人，品秩是正八品下，掌管各個織作。到煬帝時，改為分屬於新設的少府。本朝因承隋制，中尚方署設置令二人，後來省掉了署名中的「方」字，就稱中尚署、左尚署、右尚署。玄宗開元十八年令的定員省為一人，品秩則升為從六品上。

丞，定員四人，品秩為從八品下。從漢魏以來，這一職官都是隨著中尚署機構的省略或設置而省略或設置。東漢尚方設丞一人，俸秩是四百石。魏、晉和南朝的宋、齊，都隨著署的改易而改易。梁中尚方丞的品秩，列在流外七班之下的三品勳位。隋內尚署設有丞四人，品秩為正九品下。本朝因承隋制。玄宗開元年間，它的品秩升為從八品下。

監作，定員四人，品秩為從九品下。

四

中尚署令掌供郊祀之圭璧❶，凡冬至祀昊天上帝以蒼璧❷，孟春祈穀❸、孟夏雩祀❹、季秋明堂祀❺並以四圭有邸❻，夏至祭皇地祇以黃琮❼，祀日、月以圭邸❽，祀東方青帝以青圭❾，南方赤帝以赤璋⑩，西方白帝以騶虞⑪，北方黑帝以玄璜⑫，中央黃帝以黃琮⑬，祭神州及岳、鎮、海、瀆、太社、太稷皆以兩圭有邸⑭。**及歲時乘輿器玩⑮，中宮服飾，彫文錯綵，珍麗之制，皆供焉；丞為之貳。**每年二月二日，進鏤牙尺及木畫紫檀尺⑯；寒食，進毬兼雜綵雞子⑰；五月五日，進百索綬帶⑱；夏至，進雷車⑲；七月七日，進七孔金鈿針⑳；十五日，進盂蘭盆㉑；臘日，進口脂、衣香囊㉒。每月進筆及擣衣杵㉓。琴、瑟、琵琶絃㉔，金、銀紙㉕，須則進之，不恒其數也。**其所用金木、齒革、羽毛之屬㉖，任所出州土以時而供送焉。**其紫檀㉗、櫚木㉘、檀香㉙、象牙、翡翠毛㉚、黃嬰毛㉛、青蟲㉜、真珠㉝、紫鑛㉞、水銀㉟出廣州㊱及安南㊲，赤麖皮㊳、琴瑟㊴、赤珪㊵、琥珀㊶、白玉、碧玉、金剛鑽㊷、盆灌㊸、鍮石㊹、胡桐律㊺、大鵬砂㊻出波斯㊼及涼州㊽，麝香㊾出蘭州㊿，銅鉢銅出代州(51)，赤生銅出銅源監(52)也。

【章　旨】敘述中尚署之職掌以及唐郊祀用璧和歲時供御用器玩之制。

【注　釋】❶圭璧　圭，亦作珪，長條形玉器，其末端呈角銳形。璧，平圓形正中有孔之玉器。圭璧為兩種形制之合體，即以璧為本，上琢出一圭，長五寸。古代帝王諸侯朝聘祭祀時所執之玉器，此處則用以祭祀天地。《周禮・春官・典瑞》：「圭璧以祀日月星辰。」鄭玄注：「圭其邸為璧。」邸，本也。《周禮・考工記・玉人》：「圭璧五寸，以祀日月星辰。」五寸即指圭之長度。《後漢書・明帝紀》：「親執圭璧，恭祀天地。」❷凡冬至祀昊天上帝以蒼璧　冬至，陽曆每年十二月二十二日前後，太陽直射南回歸線，為北半球白晝最短之日；夏曆一般在十一月中。昊天上帝，即天帝。其所覆廣大，無不圓匝，是謂至高無上之天帝。天帝神位曰圓丘，以象天之圓匝。蒼璧，以蒼色之圜形玉璧祀天。鄭玄注《周禮・春官・大司樂》曰：「先作樂致神，然後禮之以玉而祀之。」古人以為禮神者必象其類，禮天須象天，故以蒼色之圜璧。❸孟春祈穀　孟春，夏曆正月。古制，是月擇吉日，天子祈穀物豐登於上帝。❹孟夏雩祀　孟夏，夏曆四月。雩祀，於都城南郊為求雨而舉行之祭祀儀式。據《禮記・月令》：周制，建巳月，大雩五方上帝。西漢，遇旱，由太常祝天地宗廟；東漢，自立春至立夏盡立秋，若郡國雨澤稀少，則各掃除社稷，公卿長官以次行雩禮以求雨。唐武德初，每歲孟夏，雩祀昊天上帝於圜丘，景皇帝配，五方上帝、五人帝、五官並從祀。❺季秋明堂祀　季秋，夏曆九月。周制，每歲季秋，祀昊天上帝於明堂，宗祀文王以配上帝。東漢光武帝初營明堂，明帝初祀五帝於明堂。唐武德初定令：每歲季秋祀五方上帝於明堂，以元帝配五人帝，五官並從祀。但明堂之制，至貞觀末尚未議定，故季秋之大享，實際皆於圜丘行祭事。直至武則天稱制，始於東都建成明堂，號為通天宮；至開元時，又把明堂改為乾元殿，季秋大享依舊在圜丘行事。❻四圭有邸　即一璧四圭合體之玉器。圭、邸，參見注❶。《通典・禮二・郊天上》：「禮神之玉，用四珪有邸，尺有二寸。」注引《周禮・考工記・玉人》：「四珪，尺有二寸，以祀天」。鄭司農云：「於中央為璧，圭著其四面，一玉俱成，圭本著於璧，圭末四出。」崔靈恩云：「四珪有邸者，象四方物之初生。以璧為邸者，取其初生之圓匝也。」❼夏至祭皇地祇以黃琮　夏至，陽曆每年六月二十二日前後，太陽直射北回歸線，為北半球黑夜最短之日；夏曆一般在五月中。皇地祇，主崑崙之地神。《通典・禮五・方丘》：「周制，《大司樂》云：『夏日至禮地祇於澤中之方丘。』地祇主崑崙也。必於澤中者，所謂因下以事地。其丘在國之北，就陰位。」唐夏至日祭皇地祇於宮城之北郊十四里，設方丘壇，位於渭水之北側。黃琮，琮為外方內圓之玉器，因用以祀地，故需色黃。《周禮・春官・大宗伯》：「以黃琮禮地。」鄭玄注：「琮八方象地。」賈公彥疏：「地方，地有四方，是八方也。」❽祀日月以圭邸　《通典・禮三・朝日夕月》：「周制，以柴祀日月星辰。日壇曰王宮，月壇曰夜明。禮神之玉以珪璧。」唐制春分朝日於東郊，秋分夕月於西郊。圭邸，參見❶注。❾祀東方青帝以青圭　《禮記・月令》於四立日各迎其王氣之神於其郊，立春之日，天子率三公九卿迎春氣於東郊，所迎之神即東方青帝威靈仰。《周禮・春官・大宗伯》：「以青珪禮東方。」青珪即青圭，青色之圭，長條形玉器。其末端呈鈍角狀，象春物之初生。❿南方赤帝以赤璋　依《禮記・月令》，立夏日天子率三公九卿迎夏氣於南郊，所迎之神即南方赤帝赤熛怒。《周禮・春官・大宗伯》：「以赤璋禮南方。」赤璋，紅色玉器。璋之形制為圭之半，末端呈銳角形，象物之半死。⓫西方白帝以騶虞　依《禮記・月令》立秋日，天子率三公九卿迎秋氣於西郊，所迎之神即西方白帝白招拒。騶虞，獸名，白虎黑紋，不食生物。《周禮・春官・大宗伯》：「白琥禮西方。」白琥，即騶虞，指玉器之形狀似虎而白色，象秋嚴也。⓬北方黑帝以玄璜　依《禮記・月令》立冬日，天子率三公九卿迎冬氣於北郊，所迎之神即北方黑帝叶紀光。《周禮・春官・大宗伯》：「以玄璜禮北方。」鄭玄注：「半璧曰璜，象冬閉藏，地上無物，唯天半見耳。」⓭中央黃帝以

黃琮　依《禮記・月令》季夏土德王日，天子率三公九卿迎王氣於南郊，所迎之神即中央黃帝含樞紐。黃琮，見前❼注。⓮祭神州及岳鎮海瀆太社太稷皆以兩圭有邸　神州，即神州地祇，為王者所卜居吉土，五千里以內之地。或言崑崙東南方五千里之土地為神州。岳，即「嶽」，指五嶽。即東嶽泰山，南嶽衡山，中嶽嵩山，西嶽華山，北嶽恒山。鎮，指四鎮。即東鎮沂山，南鎮會稽山，西鎮吳山，北鎮醫無閭。海，指四海。唐制，祭東海於萊州，祭南海於廣州，祭西海於同州，祭北海於河南府。瀆，指四瀆，即東瀆淮河，南瀆長江，西瀆黃河，北瀆濟河。太社太稷，正德本作「大社大稷」，可通。社者，五土之神。據《周官・地官・司徒》，五土為山林、川澤、丘陵、墳衍、原隰。五土各有所育，群生賴之，故特於吐生物之處，別立其名為社。稷者，於五土之中，特指原隰之祇。五土雖各有所育，而山林、川澤、丘陵、墳衍四者所出多為雜用等物，唯原隰能生五穀，故以五穀之長稷名原隰之神而禮之。社壇在東，稷壇在西，俱北面，壇築牆，開四面門。兩圭有邸，指禮上述諸神用一璧兩圭合體之玉器。《周禮・春官・典瑞》：「兩珪有邸，以祀四望。」崔靈恩云：「社稷同四望，其玉蓋同也。以珪鋭首，象主生物。」唐社稷位於含光門內之右，仲春、仲秋之戊日，祭太社、太稷；社以句龍配，稷以后稷配。⓯歲時乘輿器玩　歲時，指一年中之節日，如端午、臘日等。乘輿，亦謂車駕，指皇帝。這是所謂「以卑達尊」修辭法。蔡邕《獨斷》：「天子至尊，不敢渫瀆言之，故託之於乘輿。」器玩，指節日期間供宮廷遊樂之器物。⓰二月二日進鏤牙尺及木畫紫檀尺　二月二日為春龍節，俗謂此日龍抬頭。唐初關中苦旱，傳說龍耽於池戲耍，忘了降雨。有名水生者，以降龍木打龍，龍抬頭升空而降雨，故鄉間焚香祭龍求龍抬頭播雨。清人富察敦崇《燕京歲時記》：「二月二日，今日呼為龍抬頭，是日食餅者謂之龍鱗餅，食麵者謂之龍鬚麵。閨中停止針線，恐傷龍目。」鏤牙尺，經雕花鏤刻的象牙尺。木畫紫檀尺，象徵降龍木，以懲戒龍使之抬頭降雨。又，《新唐書・百官志》作「二月二日獻牙尺」。⓱寒食進毬兼雜綵雞子　寒食，清明前二日（一說一日）為寒食節。《初學記》卷四寒食條引《荊楚歲時記》：「去冬節一百五日，即有疾風甚雨，謂之寒食，禁火三日。」據曆合在清明前二日。亦有去冬至一百六日。」《晉操》曰：「晉文公與介子綏（推）俱亡，子綏割腕股以啖文公，文公復國，子綏獨無所得。子綏作龍蛇之歌而隱。文公求之，不肯出。乃燔左右木，子綏抱木而死。文公哀之，令人五月五日不得舉火。」周斐《汝南先賢傳》曰：「太原舊俗，以介子推焚骸，一月寒食，莫敢烟爨。」陸翽《鄴中記》曰：「并州俗，冬至後百五日，為介子推斷火，冷食三日，作乾粥，今之糗是也。」進毬兼雜綵雞子，皆與寒食節遊樂有關。毬，亦作「鞠」，即球。唐代在寒食節有蹴毬之習俗。宮廷也盛行蹴毬，唐玄宗即有此愛好，宋・晁說之曾作詩諷之曰：「閶闔千門萬戶開，三郎沉醉打球回。九齡已老韓休死，無復明朝諫疏來。」三郎即指玄宗。《初學記》卷四寒食條引劉向《別錄》曰：「蹴鞠，黃帝所造，本兵勢也。或云起於戰國。」唐代的毬，內空而以氣，即所謂「以胞為裡，虛氣閉而蹴之」，類似今之足球。唐詩中描述蹴毬者頗多，如杜甫有「十年蹴鞠將雛遠」，王維有「蹴鞠屢過飛鳥上」，白居易有「蹴毬塵不起，潑火雨新晴」等句。雜綵雞子，雜，疑係「雞」之訛。雞子，即雞卵。據上引《初學記》載錄，唐代寒食又有鬥雞、鏤雞子、鬥雞子之習俗。唐太宗好鬥雞，杜淹有〈詠寒食鬭雞應秦王教〉詩描述了當時鬥雞場面：「寒食東郊道，揚鞴競出籠；花冠初照日，芥羽正生風。顧敵知心勇，先鳴覺氣雄；長翹頻掃陣，利爪屢通中。飛毛徧綠野，灑血漬芳絲；雖然不戰勝，會自不論功。」（《全唐詩》卷三〇）鏤雞子，鬥雞子，也由來已久。《玉燭寶典》載：「此節（指寒食節）城市尤多鬭雞卵之戲，《左傳》有季郈鬭雞，其來遠矣。古之豪家，食稱畫卵，今代猶染藍茜雜色，仍加雕鏤，遞相餉遺，或置盤俎。」《管子》曰：「雕卵熟斲之，所以發積藏，散萬物。」張衡〈南都賦〉云：「春卵夏筍，秋韭冬菁，便是補益滋味，其鬭卵則莫知所出。」⑱五月五日進百索綬帶　五月五日，端午節。其日相傳因屈原自沉汨羅而以龍船競渡、食粽子為祭外，尚有造百索繫臂之俗。《風俗通》曰：「五月五日，以五綵絲繫臂者，辟兵及鬼，令人不病瘟。」又云：「亦因屈原。」《初學記》稱其「一名長命縷，一名續命縷，一名辟兵繒，一名五色縷，一名朱索。又有條達等織組雜物，以相贈遺」。《玉燭寶典》云：「此節備擬甚多，其來尚矣。又有日月星辰鳥獸之狀，文繡金縷帖畫，貢獻所尊。古詩云：繞臂雙條達。」⑲夏至進雷車　早在漢代，夏至便列為八節之一。八節是上元、上巳、伏日、臘日、春社、秋社、夏至、冬至。唐規定夏至有三日假期。雷車，神話中雷神之車。《莊子·達生》：「其（指委蛇）為物也，惡聞雷車之聲，則捧其首而立。」《搜神後記》卷五：「永和中，義興人姓周……向一更中，聞外有小兒喚阿番聲，女應諾。尋云：『官喚汝推雷車。』女乃辭行，云：『今有事當去。』夜遂大雷雨。」此處可能即是據此神話而製作之器玩。⑳七月七日進七孔金鈿針　七月七日，乞巧節。相傳此夜牛郎織女在天河相會。南朝有在七夕月下穿雙針之習俗。《初學記》引《荊楚歲時記》曰：「七夕婦人結綵縷，穿七孔針，或金銀鍮石為針。」宋孝武七夕詩：「迎風披綵縷，向月貫玄針。」梁劉孝威七夕穿針詩：「縷絲恐風來，衫輕羞指現；故穿雙眼針，特縫合歡扇。」此處中尚署所進之七孔金鈿針，當是此夜宮女月下乞巧所用。㉑十五日進盂蘭盆　七月十五日，道教為中元節，佛教為盂蘭盆節。《初學記》引《荊楚歲時記》曰：「七月十五日，僧尼道俗悉營盆供諸寺。案〈盂蘭盆經〉云：有七葉功德，並幡花歌鼓果食送之，蓋由此。目連見其亡母生餓鬼中，即鉢盛飯餉其母，食未入口，化成火炭，遂不得食。目連大叫，馳還白佛，佛言汝母罪重，非汝一人所奈何，當須十方眾僧威神之力。至七月十五日，嘗為七代父母厄難中者，具百味五果，以著盆中，供養十方大德，佛敕眾僧皆為施主祝願七代父母，行禪定意，然後受食，是時目連母得脫一切餓鬼之苦。目連白佛，未來世佛，弟子行孝順者，亦應奉盂蘭盆供養。佛言大善。故後人因此廣為華飾，乃至刻木割竹，飴蠟剪綵，模花葉元形，極工妙之巧。」此處中尚署所進之盂蘭盆，亦宮廷中用以盛百味五果，供養於佛寺。㉒臘日進口脂衣香囊　臘日，在十二月，獵禽獸以祭先祖。漢代以冬至後第三個戌日為臘日，後來改為十二月八日。《初學記》引《風俗通》曰：「夏曰清祀，殷曰嘉平，周曰大蜡，漢曰臘。臘者，獵也。因獵取獸以祭。」又引《玉燭寶典》曰：「臘者祭先祖，蜡者報百神。同日異祭也。」唐代臘日，大享太廟，同時於太廟之西門內南偏祭司命、中霤、國門、國行、厲、戶、灶等七祀，又蜡祭百神於南郊。口脂，敷於口唇，以防寒凍之油脂。衣香囊，掛於衣內之香囊。臘日祭祀後，皇帝常以口脂、衣香囊等賞賜群臣及宮女。《景龍文館記》載中宗「景龍三年（西元七〇九年）臘日，帝於苑中召群臣賜臘，自北門入於內殿賜食，加口脂、臘脂、或以碧鏤牙筩」。中宗時中書令李嶠有〈謝臘日賜臘脂口脂表〉，玄宗時中書令張九齡有〈謝賜香藥面脂表〉，均言其事；杜甫〈臘日〉詩亦有「口脂面藥隨恩澤，翠管銀罌下九霄」之句。此類禮品皆由中尚署製作後進於宮中，以供皇帝賞賜之用。㉓擣衣杵　洗滌衣服時用以搗衣之棒槌。㉔琴瑟琵琶絃　指琴、瑟、琵琶之絃，即藉以發音之絲線。琴、瑟，均為撥絃樂器。琴，亦稱七絃琴，俗稱古琴，周代已有。瑟，形似琴，但無徽位，通常有二十五絃，春秋時已流行。琵琶，彈撥樂器。《釋名・釋樂器》：「琵琶，本出於胡中馬上所鼓也。推手前用琵，引手卻曰琶，因以為名也。長三尺五寸，四絃。」㉕金銀紙　《新唐書・百官志》作「金、銀暨紙」。㉖其所用金木齒革羽毛之屬　《新唐書・百官志》同此，《舊唐書・職官志》則「木」作「玉」，「羽毛」作「毛羽」。㉗紫檀　亦稱赤檀、血檀。屬豆科，常綠喬木。木材堅重，心材紅色，為貴重傢俱用材。《新增格古要論》：「紫檀木，出交趾、廣西、湖廣，性堅，新者色紅，舊者色紫，有蟹爪紋。新者用水浸之，色能染物。」㉘櫚木　亦稱花櫚木、花梨木。似紫檀，紫紅色，有花紋，性堅硬，可作器具或扇骨。㉙檀香　有黃檀、白檀兩種。屬檀香科，常綠小喬木。木材香氣甚烈，可製精巧器物及以為香料藥材。㉚翡翠毛　翡翠，鳥名。常見者為藍翡翠，體長約三十厘米，其羽毛可供鑲嵌飾品用。㉛黃嬰毛　黃嬰，鳥名。屬鸝科。雄鳥羽毛金黃而有光澤，可供鑲嵌飾品用。㉜青蟲　指雕成蟲形之青色佩玉。《南史・夷貊傳上》記有婆利國（今印度尼西亞之加里曼丹島）貢青蟲之記載。張祜〈吳宮曲〉詩：「玉釵斜白燕，羅帶弄青蟲。」㉝真珠　即珍珠。貝類分泌物形成之粒狀物，有明亮光澤，可作裝飾品或藥用。《舊唐書・波斯傳》稱開元時，波斯遣使來朝，獻無孔真珠。德宗時亦曾遣使獻真珠等。㉞紫鑛　紫色之礦砂。廣東有紫金縣，產紫色礦砂，為含鎢、鐵、錫、銅、硫黃之化合物，可用作染料。㉟水銀　即汞。㊱廣州　州名。治所南海，今廣東廣州市。轄區有十三縣，相當於今廣東之廣州、佛山、番禺、東涴、增城、佛岡、英德、從化、花縣、廣寧等縣市。㊲安南　唐初為交州，高宗調露元年（西元六七九年）改為安南都護府，轄區在今越南之北部和中部。㊳赤麞皮　赤麞之皮。麞，獸名，鹿科。左思〈蜀都賦〉：「屠麞麋。」劉逵注：「麞，麋體大，故屠之。」唐玄宗天寶十二載（西元七五三年），有西域火尋進貢紫麞皮之記載。㊴琴瑟　《隋書・波斯傳》記其國土產有瑟瑟。故此處「琴瑟」當是「瑟瑟」之誤。瑟瑟為玉珠。《新唐書・于闐國傳》稱：「德宗時，遣內給事朱如玉之安西，求玉於于闐，得珪一，珂佩五，瑟瑟百斤。」㊵赤珪　紅色之長條形玉器。㊶琥珀　由碳、氫、氧組成之有機物。為蠟黃或赤褐色之透明或半透明體，有樹脂光澤。產於煤層中，是地質時代由植物樹脂經石化而成。其質優者可作工藝雕刻材料，並可入藥。㊷金剛鑽　即鑽石。㊸盆灌　不詳。㊹鍮石　即黃銅。天然產者名真鍮，以銅與爐甘石（即菱鋅礦）煉成為鍮石。程大昌《演繁露・黃銀》：「世有鍮石者，質實為銅而色如黃金，特差淡耳。」唐時鍮石出於西域，《大唐西域記》卷一一有「波斯出金、銀、鍮石」之記載。一九六七年在高加索西北山區曾發掘過一處被稱為「莫索瓦亞・巴爾卡」的墓葬，出土工藝品四十七件，其中三十三件為鍮製品。八、九世紀時，九姓胡曾以朝貢貿易的形式把鍮石帶入境內，在唐代主要用於鑄造佛像。《酉陽雜俎》續集卷五稱：長安「華嚴院中鍮石盧舍立像，高六尺，古樣精巧」。有時官服裝飾亦用鍮石，如「八品、九品服用青，飾以鍮石」（《新唐書・車服志》）。㊺胡桐律　即胡桐淚。胡楊樹脂。其結晶體名胡楊鹻。唐・劉恂《嶺表錄異》卷中：「胡桐淚，出波斯國，是胡桐樹脂也，名胡桐淚。」集解引蘇恭曰：「胡桐淚，出肅州以西平澤及山谷中，形似黃礬而堅實，有夾爛木者，云是胡桐樹脂淪入土石鹼鹵地者。」㊻大鵬砂　即硼砂。由礦物硼砂製成之結晶。可用以焊金、銀，亦可入藥。㊼波斯　古國名。即蘇木都剌國。其位置在今之伊朗，唐時波斯為大食所侵滅。㊽涼州　州名。治所姑臧，今甘肅武威市。轄神烏、昌松、天寶、嘉麟諸縣，今甘肅永昌以東、天祝以西一帶。㊾麝香　雄麝香腺中乾燥之分泌物，為名貴香料。中醫學因其芳香走竄，用以開竅通絡，活血化瘀，消腫止痛，可治療心絞痛。㊿蘭州　州名。治所子城，今甘肅蘭州。轄境相當於今甘肅之蘭州、臨洮、榆中、皋蘭、永登等縣市。51代州　州名。治雁門，今山西代縣。轄境相當於今山西之代縣、繁峙、五代、原平四縣地。52銅源監　唐所置掌產銅之機構。《新唐書・百官志》稱絳州之翼城（今山西翼城）有澮高山，產銅，因設銅源監。

【語　譯】中尚署令的職掌，包括供應郊祀祭神用的圭璧，凡是冬至祭祀昊天上帝，要用蒼璧；孟春正月祈穀，孟夏四月雩祀，季秋九月明堂祭祀上帝，要用四圭有邸；夏至日祭祀皇地祇，用黃琮；祭祀日、月，用圭邸；祭祀東方青帝威靈仰用青圭，南方赤帝赤熛怒用赤璋，西方白帝白招拒用白琥，北方黑帝叶光紀用玄璜，中央皇帝含樞紐用黃琮；

祭祀神州和五嶽、四鎮、四海、四瀆以及太社、太稷，都是用兩珪有邸。以及歲時節令皇帝所需要的各種器物和玩具，中宮的服飾和各種雕文錯綵的珍麗製品，都由中尚署製作並提供。丞是令的副職。每年的二月二日，要進供鏤牙尺和木畫紫檀尺；寒食節，要進供毬和雜綵、雞卵；五月五日端陽節，要進供百索綬帶；夏至日，要進供雷車；七月七日乞巧節，要進供七孔金鈿針；七月十五日，要進供盂蘭盆；臘日，要進供口脂和衣香囊。此外，每月要進供筆和擣衣杵。至於琴、瑟和琵琶所用的絲絃，金、銀紙，在宮內需要時進供，數量也不固定。本署所需用的金玉、竹木、齒革、羽毛這一類原料，依各所出產的州土，按時提供上送。其中紫檀、櫚木、檀香、象牙、翡翠毛、黃嬰毛、青蟲、真珠、紫礦、水銀，出產於廣州和安南；赤麖皮、琴（瑟）瑟、赤珪、琥珀、白玉、碧玉、金剛鑽、盆瀧、鍮石，胡桐律、大鵬砂，出產於波斯和涼州；麝香出產於蘭州；銅鉢銅出產於代州；赤生銅則由銅源監掌管出產。

【說　明】中尚署製作並進供的物品主要有兩類，一類是郊祀所需用的圭璧，一類是節日皇帝及後宮所需的器玩服飾。本章原注所列物品，只是例舉，實際進供的自然還要廣泛得多，如《新唐書・百官志》中尚署職掌所列製品中就尚有「製魚袋以給百官；蕃客賜寶鈿帶魚袋，則授鴻臚寺丞、主簿」。製作所需的原料，原注同樣亦只是擇要例舉。它們或為諸州每年的常貢，或為別索貢，其中有的貢品，是九姓胡自西域帶來的異方寶貨。凡是來自異方的物品，往往帶有既是貢品、又是商品的二重性。當時來中國的朝貢者，有不少是商隊的首領，冒充國使名義上前來朝貢，實際上是進行一種特殊形式的貿易。特別是在盛唐時期，李唐王朝為了擺闊，其回賜有時甚至超過貢物的原價，商人從中獲得的是比一般貿易還多的好處。原料中有一部份是從廣州通過市舶司來的貢品或由市易得來進行再加工的珍奇異寶。此外，也還有一些來自民間貿易的商品。又，《新唐書・百官志》在中尚署的注文中提到有「金銀作坊院」，當是中尚署下屬諸作坊之一，為本章所未及。

左尚署：令一人，正七品下。後漢末，分尚方為三：中、左、右[1]。魏、晉因之。晉過江，唯尚方而已[2]。宋、齊、梁、陳有左、右尚方[3]。晉、宋已來並四百石，梁班從九品[4]。北齊太府寺左、中、右尚方[5]。隋開皇[6]中，三尚方並屬太府寺，左尚令三人[7]，掌造車輦[8]、繖扇[9]、矟毦[10]、弓箭、弩戟[11]、器仗[12]、刀鏃[13]、膠漆、竹木、骨角、畫素[14]、刻鏤[15]、蠟燭[16]等。皇朝置一人，開元十八年[17]為正七品下。

丞五人，從八品下。前、後漢，魏、晉、宋、齊、梁、陳，皆隨署置，省。《梁選部》[18]：「左尚方丞為三品勳位[19]。」隋左尚方丞八人，正九品下[20]。皇朝置五人，開元十八年為從八品下。

監作六人，從九品下。

左尚署令掌供天子之五輅[21]、五副[22]、七輦[23]、三轝[24]、十有二車[25]，大小方圓華蓋[26]一百五十有六，諸翟尾扇[27]及大小繖翰[28]，辨其名數而頒其制度；丞為之貳。凡皇太后、皇后、內命婦[29]之重翟[30]、厭翟[31]、翟車[32]、安車[33]、四望[34]、金根[35]等車，皇太子之金輅[36]、軺車[37]、四望車，王公已下象輅、革輅、木輅[38]、軺車，公主、王妃、外命婦[39]一品猒翟車，二品、三品犢車[40]，其制各有差。其用金帛、膠漆、材竹之屬，所出方土以時支送。漆出金州[41]，竹出司竹監[42]，松出嵐[43]、勝[44]州，文栢出隴州[45]，梓、楸[46]出京兆府[47]，紫檀[48]出廣州[49]，黃楊[50]出荊州[51]。

【章　旨】敘述左尚署令、丞和監作之定員、品秩、沿革及職掌。

【注　釋】❶後漢末分尚方為三中左右　《通典・職官九》亦有「漢末分中、左、右三尚方」之記載，但對尚方分為中、左、右之由來，亦未加說明。今證以出土器物之著錄，中尚方之稱西漢已有。如《漢金文錄》卷一有武帝元狩元年（西元前一二二年）中尚方造建昭宮鼎，同書卷二有太初二年（西元前一〇三年）中尚方造駘蕩宮壺；《簠齋吉金錄》卷五有王莽始建國四年（西元十二年）中尚方造銅鐘；《陶齋吉金錄》卷六有東漢章帝建初二年（西元七十七年）中尚方鐎斗；《阮氏積古齋鐘鼎款識》卷九有東漢和帝永元二年（西元九十年）中尚方造雁足鐙。《小校經閣金文》卷一三有靈帝光和四年（西元一八一年）左尚方銀錠；《金石索・金索二》一二六頁，有右尚方弩機，年號不清。揆之以常理，既有左必有右，故右尚方之出現，也該在靈帝時期。如此，則至東漢末而中、左、右三尚方該已齊備。❷晉過江唯尚方而已　本篇第三章中尚署令員品條原注：「晉過江左，唯置一尚方。」《宋書・百官志》亦謂：「江左以來，唯一尚方。」故此句中「唯」下似當有「一」字。❸宋齊梁陳有左右尚方　宋置左、右尚方令、丞各一人；齊沿置左、右尚方令、丞各一人；梁置左、中、右尚方令、丞；陳因梁制。❹梁班從九品　此句似有脫漏。梁武帝天監七年（西元五〇八年）革選，改定為十八班制，而九品之制不廢。然則品歸品，班歸班，故不應作「梁班從九品」。梁左尚令列第一班，班與品有大致的對應關係，第一班約相當於從九品。依此，此句「梁班」下當補「第一」二字。❺北齊太府寺左中右尚方　《隋書・百官志》稱：北齊太府寺領左、中、右尚方。左尚方，又別領別局、樂器、器作三局丞；中尚方又別領別局、涇州絲局、雍州絲局、定州紬綾局四局丞；右尚方又別領別局丞。❻開皇　隋文帝楊堅年號。❼左尚令三人　此句定令員數「三人」恐有誤。《隋書・百官志》載隋「太常寺統左藏、左尚方、內尚方、右尚方、司染、右藏、黃藏、掌冶、甄官等署，各置令」。正文未言員數，本注則曰：「二人，左、右尚方則加置二人，黃藏則惟置一人。」其義也含混，然總無「三人」之意。❽車輦　指帝王乘用之車輦。車用馬拉，上古馬尚無單騎，只用以駕車，故車馬常連用。輦，古代以人輓行，無輪，用以在宮中代步。隋唐之輦，則制象軺車，仍不施輪，通幰朱絡，飾以金玉，用人荷之。❾繖扇　繖，即傘，亦稱蓋，有兩種：車蓋和雨蓋。帝王用黃色，故稱黃蓋。扇，《初學記》引崔豹《古今注》曰：「殷高宗有雊雉之祥，服章多用翟羽，故有雉尾扇，周制以為王后夫人車服。輦車有翣，即緝雉羽為扇，以鄣翳風塵也。漢乘輿服之，後以賜梁孝王，魏晉以來以為常，唯諸王得用之。」《西京雜記》曰：「天子夏設羽扇，冬則設繒扇。」❿矟毦　矟，古代一種長矛，柄長一丈八尺，騎兵所用。《釋名・釋兵》：「矛長丈八尺曰矟，馬上所持，言其矟矟便殺也。」毦，當為「毦」。毦，用羽毛製成之裝飾物。服虔《通俗文》曰：「毛飾曰毦。」此處為矟上裝飾物。⓫弩戟　弩，古代一種裝有機括之弓。用弩射箭，射程遠，殺傷力強。唐代弩有臂張弩、角弓弩、木車弩、大木車弩、竹竿弩、大竹竿弩和伏遠弩等七種之多。其中臂張弩和角弓弩屬輕弩，其餘都是強弩。戟，係矛與戈的結合體，一種可鈎可刺之兵器。出現於商周，盛行於戰國。漢以後至南北朝逐漸衰亡，唐時主要用作儀仗。⓬器仗　指各種用為儀仗之兵器。⓭刀鏃　刀，古代兵器名。《說文解字》：「刀，兵也。象形。」《釋名．釋兵》：「刀，到也，以斬伐到其所乃擊之也。其末曰鋒，言若蜂刺之毒利也。其本曰環，形似環也。」唐之刀分儀刀，是皇家禁軍所用；鄣刀，為一般官吏所佩帶；橫刀，又稱佩刀，為軍中戰鬥所用；陌刀，步兵所持之長刀，兩面有刃，刀首尖形，即古之斬馬劍。鏃，指箭頭之尖鏃。大都以銅鐵製成，有相當穿透力。唐之箭鏃也有用鋼製者，刃部較長，能穿透堅甲。⓮畫素　指作畫用之白絹，也包括繪畫顏料。⓯刻鏤　即雕刻。此處則指所雕刻之工藝品。⓰蠟燭　《新唐書．百官志》作「宮中蠟炬雜作，皆領之」。⓱開元十八年　即西元七三〇年。開元為唐玄宗李隆基年號。⓲梁選部　近衛校正德本曰：「據《梁書》，『部』當作『簿』。」是。梁選簿，書名。《隋書．經籍志》及《舊唐書．經籍志》皆著錄有「《梁選簿》三卷，徐勉撰」。⓳左尚方丞為三品勳位　《隋書．百官志》列梁左尚方五丞、右尚方四丞皆為三品勳位。梁官班於十八班之外，對位不登鄉品二品即出身寒微之士族，另列流外七班；七班之外，又有三品蘊位、三品勳位，屬寒門賤士出任之卑官濁職。⓴隋左尚方丞八人正九品下　據《隋書．百官志》，隋左尚方署屬上署，上署丞為正九品下階。㉑五輅　古代王者車輿稱輅。輅亦作「路」。《周禮．春官．巾車》列有「王之五路」。五輅之名為：玉輅，青質，祭祀、納后供之；金輅，赤質，祀還、飲至供之；象輅，黃質，行道供之；革輅，白質，巡狩、臨兵事供之；木輅，黑質，畋獵時供之。五輅之蓋皆從輅色；蓋之裡，皆用黃色。㉒五副　隨於五輅之後之副車，對主乘起護衛作用。如《史記．留侯世家》記張良在博浪沙中狙擊秦始皇，「誤中副車」。本書第十七卷第一篇太僕寺乘黃署令職掌條原注：「《魏志》云：『天子命太祖駕金根，六馬，設五時副車。』」江左乃闕，至梁始備。隋開皇十四年（西元五九四年）始造五輅及副，皇朝因之。」㉓七輦　輦，見前注❽。七輦之名，本書第十一卷第三篇殿中省尚輦奉御職掌原注記為：「一曰大鳳輦，二曰大芳輦，三曰仙遊輦，四曰小輕輦，五曰芳亭輦，六曰大玉輦，七曰小玉輦。」㉔三轝　轝，亦作「輿」。轝車，古代駕馬之大車。《說文解字》：「轝，大車駕馬者也。」唐大駕鹵簿在五輅之間有轝車。三轝之名，據本書第十一卷第三篇殿中省尚輦奉御職掌原注為：五色轝、常平轝和腰轝。㉕十有二車　指屬車。包括副車、佐車、貳車等。漢大駕屬車有八十一乘，至隋減為十二乘。其名可查者有指南車、記里鼓車、白鷺車、鸞旗車、辟惡車、皮軒車、羊車、耕根車、四望車、安車等。㉖華蓋　帝王或貴族官僚所用之傘形遮蔽物。有方形，亦有圓形，有置於車上，或用於乘輿，稱黃蓋。亦有撐於座椅之上者。崔豹《古今注・輿服》：「華蓋，黃帝所作也。與蚩尤戰于涿鹿之野，常有五色雲氣，金枝玉葉，止于帝上，有花葩之象，故因而作華蓋也。」㉗諸翟尾扇　用翟鳥尾羽裝飾之扇。翟，長尾之雉鳥。起自商、周，初用以蔽風塵，漢帝王乘輿用之，魏晉後用者漸廣，后、妃、諸王、皇太子等皆可用，形制、種類亦有所變革。唐分團、方兩種，後又有大、中、小之別：大者長五尺二寸，闊二尺七寸；中、小者遞減二寸。㉘繖翰　畫有各種綵紋之繖傘。㉙內命婦　帝王後宮之四妃、六嬪、九婕妤，以及諸美人、才人、寶林、御女、采女，皇太子之良娣、良媛、承徽、昭訓、奉儀等，諸有品秩之妃嬪皆屬內命婦。㉚重翟　皇后用車。因用兩重之翟羽作為車旁遮蔽物而得名。為皇后隨從皇帝參加祭祀所乘之車。㉛厭翟　皇后用車。厭通「壓」。用翟鳥之羽按順序壓蔽車之兩旁。為皇后隨從皇帝迎賓享宴諸侯所乘。㉜翟車　皇后用車。車側用翟鳥之羽裝飾，但不重疊和依次壓蔽。有幄無蓋。皇后春天行採桑之禮所乘。㉝安車　皇后用車。亦以賜年高之重臣，或以徵召有重望者。比一般立車稍低，可供坐臥，且乘坐安適，故有此名。有蓋，但無翟羽裝飾。皇后朝見皇帝時多乘安車。㉞四望　指四望車。因有車窗可四望而有此名。黑漆輪轂，故亦稱皂輪車。皇后拜臨及臨弔乘之。亦用以禮遇諸王三公及有勳德者。《南齊書・輿服志》：「四望車，亦曰皂輪，以加禮貴臣。」㉟金根　指金根車。帝王、皇后用車。因以金飾車諸部件末端，故稱金根。《後漢書・輿服志上》：「秦并天下，閱三代之禮，或曰殷瑞山車，金根之色。漢承秦制，御為乘輿。」又曰：「太皇太后、皇太后法駕，皆御金根，加交絡帳裳。」㊱金輅　前注㉑王者五輅中亦有金輅，此處則為皇太子用車。凡從祀及參加冬至、元正大朝會和納妃，乘用此車。㊲軺車　一馬所駕之小車。《說文解字》：「軺，小車也。」一名遙車。皇太子常朝及宴享宮臣、出入行道時乘用。㊳象輅革輅木輅　前注㉑王者五輅中亦有此三車，此處則為王公以下官員用車。象輅即以象牙飾車之諸部件末端。親王及武職一品能以象牙為飾，左建旂，右載闟戟。革輅，王公以下二品、三品武職能用此車。木輅，王公以下四品能用此車。㊴公主王妃外命婦　公主包括皇姑、皇姊妹、皇女，此外皇太子女、親王之女皆屬外命婦。王妃包括親王之母、妻，亦屬外命婦。㊵犢車　即牛車。《宋書・禮志五》：「犢車，軿車之流也。漢諸侯貧者乃乘之，其後轉見貴。孫權云『車中八牛』，即犢車也。江左御出，又載儲偫之物。」外命婦三品以下，官員一品以下，皆可乘以白銅飾之犢車。㊶金州　州名。因其地產金而有此名。治所西城，今陝西安康縣。其轄區相當於今陝西之石泉、漢陰、安康、紫陽、旬陽、嵐皋等縣。其土貢有乾漆。㊷司竹監　官署名。唐司農寺有司竹監。其竹園分別在京兆鄠縣（今陝西扈縣）、盩厔（今陝西周至縣）。官營竹園歷代多有，如《史記》有渭川千畝竹；《漢書・王莽傳》有芒竹，顏師古注：芒竹在盩厔南，芒水之曲。漢時在此設竹丞，魏設司竹都尉。此外還有淇園，在今河南之沁縣。春秋時期已是著名大竹園，《詩經》有「瞻彼淇澳，綠竹猗猗」之句，即指此。㊸嵐　州名。治所宜芳，本嵐城，今山西嵐縣之北。其轄區相當於今山西之嵐縣、岢嵐、興縣、靜樂諸縣。土貢為熊鞹和麝香。此處之松當係別索貢。㊹勝　州名。治所榆林，今內蒙古準格爾旗東北十二連城。其轄境相當於今內蒙古之準格爾旗、達拉特旗、伊金霍落旗和東勝。土貢為胡布、芍藥等。此處之松當屬別索貢。㊺隴州　治所汧源，今陝西隴縣。其轄區相當於今陝西之華亭、隴縣、千陽諸縣。土貢為榛實、龍鬚席等。此處之文栢當屬別索貢。栢即「柏」。㊻梓楸　梓木和楸木。都為落葉喬木，生長較快，宜植為行道樹，其材可作傢俱、樂器等。㊼京兆府　唐京師所在之府稱京兆府。領二十縣。其轄區約在今陝西西安市附近。㊽紫檀　亦稱赤檀，常綠喬木。本質堅重，心材紅色，為貴重傢俱用材。《新增格古要論》：「紫檀木，出交趾、廣西、湖廣，質堅，新者色紅，舊者色紫，有蟹爪紋，新者用水濕浸之，色能染物。」㊾廣州　治所南海，今廣東廣州市。轄區有十三縣，相當於今廣東之廣州、佛山、番禺、東莞、增城、佛岡、英德、清遠、從化、花縣、廣實等縣市。紫檀，在廣州屬別索貢。㊿黃楊　亦稱瓜子黃楊，常綠小喬木。木材堅韌緻密，可供雕刻和製木梳，亦栽培作觀賞樹木。(51)荊州　治所江陵，即今湖北江陵縣。轄區相當於今湖北松滋至石首之間的長江流域北部，兼有今荊門、當陽等縣市。

【語　譯】左尚署：令，定員一人，品秩為正七品下。東漢末年，才把尚方分為中、左、右三個尚方。三國魏和西晉因承東漢的體制，亦有中、左、右三尚方；渡江以後的東晉只設置一個尚方。南朝的宋、齊、梁、陳，都設左、右尚方。晉、宋以來，尚方令的品秩都是四百石，梁代列為〔第一〕班，相等於從九品。北齊在太府寺下設有左、中、右三尚方。隋文帝開皇年間，中、左、右三尚方都隸屬於太府寺，其中左尚方設置令三人，掌管製造車輦、繖扇、稍毦（毦）、弓箭、弩戟、刀鏃等各種器物和儀仗，以及膠水、油漆和竹木、骨角製品，雕刻工藝品、畫素、蠟燭等。本朝左尚令設置一人，玄宗開元十八年品秩定為正七品下。

丞，定員五人，品秩為從八品下。西漢、東漢和魏、晉以及宋、齊、梁、陳，左尚方丞這一官職，都是隨著左尚署的設置或廢省而設置或廢省。《梁選部（簿）》記載：「左尚丞的品秩為三品勳位。」隋朝左尚方設置丞八人，品秩是正九品下。本朝置五人，玄宗開元十八年品秩定為從八品下。

監作，定員六人，品秩為九品下。

左尚署令的職務是，掌管製作供皇帝使用的五輅及其副車，七輦、三轝、十二屬車，還有大小不等、方圓各異的華蓋共一百五十六頂，各種翟尾扇和大大小小的繖翰，都要辨別它們的名稱和數量，並向工匠頒佈製作的規制和規程。丞做令的副職。凡是皇太后、皇后、內命婦所乘用的重翟、厭翟、翟車、安車、四望、金根等車，皇太子乘用的金輅、軺車、四望車，王公以下官員乘用的象輅、革輅、木輅、軺車，公主、王妃、外命婦一品可乘用的厭翟車，二品、三品可乘用的犢車，其在製作的規制上，都各有不同的差等。至於製作過程所需用的金屬、布帛、膠水、油漆、木材、毛竹之類原材料，則由出產上述材料的地區依時支送。漆出在金州，竹由司農寺的司竹監提供，松木出產在嵐州和勝州，文栢出產在隴州，梓木和楸木出在京兆府，紫檀出於廣州，黃楊木出於荊州。

六

右尚署：令一人，正七品下。後漢分尚方為三：中、左、右❶。魏、晉因之。晉過江，唯尚方而已❷。宋、齊、梁、陳有左、右尚方❸。北齊亦有三尚方。隋左、右尚方屬太府寺，令三人❹，正八品下❺；煬帝始改隸少府❻焉。皇朝因置令二人，掌造甲胄❼、貝裝❽、刀❾、斧、鉞❿及皮毛雜作、膠墨、紙筆、薦蓆⓫等事。開元十八年⓬省一人，升為正七品下。

丞四人，從八品下。漢、魏已來，與左尚方同⓭。隋右尚方丞六人⓮，皇朝置四人，開元十八年為從八品下。

監作六人，從九品下。

左尚署令⓯掌供天子十有二閑馬⓰之鞍轡⓱，每歲，京兆⓲、河南⓳制革、理材、爍金⓴

以為之，送之於署，令工人增飾而進焉。及五品三部之帳㉑，備其材革，而脩其制度；丞為之貳。凡刀劍、斧鉞、甲冑、紙筆、茵席㉒、履舄㉓之物，靡不畢供。其用綾絹㉔、金鐵、毛革等，所出方土以時支送。白馬尾、白犛牛尾㉕出隴右諸州㉖，翟尾、孔雀尾、白鷺鮮㉗出安南㉘、江東㉙，貂皮㉚出諸軍州㉛。

【章旨】敘述右尚署令、丞和監作之定員、品秩、沿革及職掌。

【注釋】❶後漢分尚方為三中左右　從考古出土若干件器物所著的款識看，「中尚方」西漢已有，「左尚方」出現於東漢靈帝時，「右尚方」也有一件，唯年號不清，揆之以左、右往往並出之常理，估計亦當在靈帝時期。故至東漢末，中、左、右三尚方已齊備。魏、晉三尚方分署係因東漢末之制。❷晉過江唯尚方而已　本篇第三章中尚署令員品條原注：「晉過江左，唯置一尚方。」《宋書·百官志》：「江左以來，唯一尚方。」故此句中「唯」下似當有「一」字。❸宋齊梁陳有左右尚方　宋置左、右尚方令、丞各一人。齊沿置左、右尚方令、丞各一人。梁置左、中、右尚方令、丞。陳因梁制。❹隋左右尚方屬太府寺令三人　此句定令員數為「三人」，恐有誤。《隋書·百官志》稱隋開皇時，太府寺統左、右尚方和內尚方，各置令。正文未言員數，本注則稱「二人」，又云「左、右尚方則加置二人」。唯無「三人」之說。❺正八品下　據《隋書·百官志》左、右尚方令屬上署令，上署令之品秩列為正八品下。❻煬帝始改隸少府　隋煬帝大業三年（西元六〇七年），由太府寺分置少府監，左尚、右尚、內尚皆隸少府監。❼甲冑　古代護體裝備。冑，又稱盔，形如帽，用以護首。甲，亦稱介或函。形似衣服，用以護身。原始的甲冑多用皮革製成，以後冑改用銅製，甲則以鐵片綴成。由材質的改易，稱名亦隨之變化。秦漢後甲稱鎧甲，冑名兜鍪。唐代甲冑有十三種之多，其名為：明光甲、光要甲、細鱗甲、山文甲、烏錘甲、白布甲、皂絹甲、布背甲、步兵甲、皮甲、木甲、鎖子甲和馬甲。其中明光、光要、細鱗、山文、烏錘和鎖子甲，皆以鐵製，鎖子甲更用鐵鏈子銜接，密扣綴合而成衣形，頗為合身和便捷。此外也還保留了皮、布等非金屬製作之甲。唐末懿宗時，河東節度使徐商發明一種紙甲，據說既輕便又堅固，即使強力之箭也難以穿透。❽貝裝　近衛校正德本曰：「『貝』當作『具』。」具裝，器具之裝備。

此處指甲冑之裝備。❾刀　指長刀。以其形似半弦月，又稱偃月刀。至唐代由一面刃發展為兩面刃，稱陌刀，長一丈，重十五斤。《舊唐書》和《新唐書》皆有陌刀作戰之記載，故陌刀當為唐代常備兵器。儀仗則有儀刀、橫刀、黃刀、青刀等，皆係短刀之別名。❿斧鉞　均為劈砍兵器。斧和鉞形制相似，區別在於大小，據《說文解字》大者稱鉞，小者稱斧。古代斧鉞又曾作為兵權之象徵，因而遣將出征有授斧鉞之儀式，如孫權任陸遜為大都督，授予黃鉞。唐代仍保留此類儀式，如本書第五卷第一篇兵部郎中職掌規定：「凡大將出征，皆告廟，授斧鉞，辭齊太公廟。」至唐代，斧之刃部多加室，柄也減短，砍殺力頗大，列為常備兵器之一，依其式樣有柯斧、鳳頭斧等。玄宗天寶末，李嗣業與安祿山戰於香積寺，以步兵三千，持陌刀、長柯斧堵擊，大敗安祿山。⓫薦席　即草席。古以莞（水蔥草）編製稱席，以藁（稻、麥之稈）編製為薦。⓬開元十八年　即西元七三〇年。開元為唐玄宗李隆基年號。⓭漢魏已來與左尚方同　意謂右尚方丞之置、省，與上章左尚方丞之置、省相同。上章原注稱：「前後漢、魏、晉、宋、齊、梁、陳，皆隨署置、省。」按：漢末、魏晉，皆設置中、左、右三尚方，各置令，但未有各置丞之明確記載，按慣例，當各有丞一人。宋，《宋書・百官志》稱其左、右尚方各置令、丞各一人。齊依宋制，亦左、右尚方各置令一人，丞一人，另置鍛署丞一人。梁，據《隋書・百官志》左、中、右尚方皆有令與丞。北齊太府寺所屬左、中、右三尚方皆署令與丞，此外右尚方屬下又別領別局丞。⓮隋右尚方丞六人　據《隋書・百官志》隋開皇時，太府寺所屬右尚方署置丞六人；煬帝時，右尚方署轉歸少府監，其丞之定員無明文記載。⓯左尚署令　本章專敘右尚署令，「左」當是「右」字之訛。⓰天子十有二閑馬　十二閑為唐代專門飼養皇帝御馬之閑廄。十二閑之名稱，本書第十一卷第三篇尚乘奉御職掌載為：「六閑：一曰飛黃，二曰吉良，三曰龍媒，四曰騊駼，五曰駃騠，六曰天苑。左右凡十有二閑，分為二廄：一曰祥麟，二曰鳳苑，以擊飼馬。」武周萬歲通天元年（西元六九六年）五月，置仗內閑廄，至聖曆三年（西元七〇〇年）改置閑廄使，把十二閑分為仗內與仗外，仗內有飛龍、祥麟、鳳苑、鵷鸞、吉良、六群等六廄，奔星、內駒等兩閑；仗外有左飛、右飛、左萬、右萬等四閑，東南內、西南內等兩廄。⓱鞍轡　泛指馬具。鞍，馬鞍，置於馬背以便騎坐之鞍墊。轡，駕馭牲口之嚼子和韁繩。《詩經・鄭風・大叔于田》：「執轡如組，兩驂如舞。」列子曰：「凡御者得之於銜，應之於轡；得之於手，應之於心。」⓲京兆　本雍州，唐開元元年（西元七一三年）改置京兆府，治所長安、萬年，今西安市；領縣二十。轄區相當於今陝西秦嶺以北，乾縣以東，銅川以南，渭南以西地。⓳河南　本洛州，開元元年（西元七一三年）改置河南府，治所洛陽，領縣二十。轄區相當於今王屋山以南，澠池以東，汝河以北，中牟以西地區。⓴制革理材爍金　言鞍轡製作之工藝過程。先將毛皮經鞣料加工處理後成為革，革材再經過整理使之有光澤而柔軟，才能成為製作鞍轡之材料，然後熔治製作金屬配件，組成鞍轡。㉑五品三部之帳 指唐代帳幕之總體。據本書第十一卷第三篇殿中省尚奉御職掌載錄，五品即五個等級之帳幕，其名數為：古帳，八十連；大帳，六十連；次帳，四十連；小次帳，三十連；小帳，二十連。五等之帳各有三部，故謂五品三部。其帳皆以烏氈為表，朱綾為覆，下有紫幃方座，金銅行床，並垂以簾；帳外則設排城為捍蔽。排城以連版為之。㉒茵席 指墊子、褥子、草蓆一類。㉓履舄 履，古代鞋稱履，可用草、麻、皮、絲不同材質製作，單底。貧者穿草履，貴者穿絲履，冬則著皮履。織履時，要邊織邊砸，使之堅實耐穿。舄，加木底之鞋。《釋名．釋衣服》：「複其下曰舄。舄，腊也，行禮久立地，或泥濕，故複其末下，使乾腊也。」《詩經．小雅．車攻》孔穎達疏：「舄有三等，赤舄為上，冕服之舄；下有白舄、墨舄。」㉔綾絹 兩種絲織品。綾，表面光滑，有花紋。《釋名．釋采帛》：「綾，凌也。其文望之如冰凌之理也。」絹，用生絲織成，無花紋，如麥莖，絲厚而紋疏。㉕白犛牛尾 犛，即牦牛，產於青藏高原之高寒地區。此指白色之牦牛尾。㉖隴右諸州 隴右，指隴山以西地區。唐於貞觀時置隴右道，下轄十九州，包括秦、河、渭、鄯、蘭、成、武、洮、岷、廓、疊、宕、涼、沙、瓜、甘、肅、伊、西諸州，以及北庭與安西二大都護府。㉗白鷺鮮 白鷺之羽毛，可作裝飾用。㉘安南 唐初置交州，治交趾。高宗調露元年（西元六七九年）置安南都護府。今越南之北部地區。㉙江東 長江在蕪湖、南京間作西南南、東北北流向，秦漢以後，習慣上稱自此以下之長江南岸地區為江東。三國時江東為孫吳根據地，故當時又稱其所統治全部地區為江東。唐開元時，把江南道分為江南西道和江南東道，江南東道簡稱江東道，包括今江蘇之江南和浙江以及福建之大部份地區。㉚貂皮 貂，鼠屬，亦稱鼦鼠。大如獺，尾粗，毛有一寸長，產於北寒帶之地。其毛皮是高級裘皮衣料，甚珍貴。有紫貂和水貂之別。㉛軍州 唐代邊境地區諸軍駐防之州，由節度使統轄。

【語 譯】 右尚署：令，定員一人，品秩為正七品下。東漢時把尚方署一分為三，就是中、左、右三尚方署。魏晉因承漢制。過江後的東晉，只設單獨一個尚方署。南朝的宋、齊、梁、陳都設有左、右尚方署，北齊則有中、左、右三尚方署。隋朝設左、右尚方，隸屬於太府寺，各置令二人，品秩是正八品下；到煬帝時才改屬少府監。本朝因承隋制，設置令二人，掌管造甲冑、刀劍、斧鉞等兵器儀仗和皮毛雜作，以及膠墨、紙筆、薦席等事項。開元十八年簡省為一人，品秩升為正七品下。

丞，定員四人，品秩為從八品下。右尚方丞漢魏以來的沿革情況，與上章所敘述的左尚方丞相同。隋右尚方有丞六人，本朝設四人。開元十八年品秩定為從八品下。

監作，定員六人，品秩為從九品下。

左（右）尚署令的職掌，是為皇帝的十二閑御馬提供鞍轡，每年，由京兆與河南兩地將毛皮經過鞣皮、整理和熔鑄金屬配件等工藝過程，製成鞍轡的半成品，送繳到右尚署，再由右尚署組織工匠進行增飾製成成品進供御用。以及五種規格、各有三部的帳幕；為此要準備所需材料和皮革，完善相關制度，協調進行製作。丞是令的副職。凡是刀劍、斧鉞、甲冑、紙筆、茵席、履舄之類物品，都必須做到充分供應。製作過程中所需用的材料，如綾絹、金鐵、毛革等，由出產的地區按時上送。白馬尾、白犛牛尾，出產於隴右各州；翟尾、孔雀尾、白鷺鮮，都產於安南和江東，貂皮則出於各軍州。

織染署・掌冶署・諸冶署・北都軍器監・甲坊署・弩坊署・諸鑄錢監・諸互市監

【篇 旨】唐少府監所屬機構，上篇已敘中尚、左尚、右尚三署，本篇所敘則為其餘部分，包括織染署、掌冶署、諸冶署、軍器監和甲坊署、弩坊署以及諸鑄錢監、諸互市監等。篇中對這些機構的令或監的定員、品秩、沿革及職掌，都作了介紹，特別是六章諸鑄錢監條原注，歷述自周秦至隋唐錢幣製造及相關制度的演變，言簡而意賅，不啻是一部中國古代貨幣簡史。

織染署掌供皇帝、太子、群臣的冠冕、組綬，是統領與織紝、染色相關的手工作坊的管理部門。織和染原為兩道不同的工藝，因而最初分別由兩個不同的機構管理。如織，西漢有屬於少府的東、西織室，至東漢則屬於御府下設之織室丞；而染在東漢則是大司農下屬的平準署的職掌之一。至隋煬帝分太府寺而設少府監，才把司織與司染合在一起稱織染署。本篇二章正文，依織染的半成品和製作工藝，將其分為織紝之作、組綬之作、紬線之作、練染之作等五類共二十五作，這是一個分工極細、包括紡織印染諸工藝的手工作坊群，勞動力則來源於官奴婢和番上匠戶。這個龐大的作坊群所製作的極其精緻優美的綾錦文繡，供皇家專用，嚴禁外流。如今我們尚能從墓葬出土的唐代織物中，一窺當時織染工藝那精美絕倫的概貌。

掌冶署掌鎔鑄銅鐵器物之作。唐代銅鐵聽民私採，而官收其稅。各地諸冶監則掌兵農之器的鑄造，以給軍士、屯田和居民。早在秦漢時，便在出鐵的郡國設有鐵官長、丞，歷代多置冶令。唐代礦冶在全國的分布，據《新唐書・百官志》，凡銀、銅、鐵、錫之冶一百六十八，其中銅冶九十六，銀冶五十八，鐵山五。《新唐書・地理志》記全國有鐵共一百零四處，有銅六十二處。由於鑄錢需銅，故唐代對銅礦開採的關注要超過鐵。

北都軍器監掌繕造甲弩之屬。軍器監在唐代的置廢變易，以及它是否應列為少府的下屬機構等情況，我們已在本篇五章之末作了說明，此處從略。另有甲坊署、弩坊署，唐初一度亦曾屬於軍器監，不久即改隸少府，至玄宗而復隸軍器監。

諸鑄錢監掌鑄錢之事。原注概述了周秦至隋唐錢制的沿革。對唐代錢鑪數，記有少府十鑪，置於各地的，有十州（應是十一州）共八十九鑪（應是九十九鑪）。至於諸州的錢監或錢官，則前後變化較大。見於《新唐書・地理志》記載的，有絳州的汾陽監、銅源監、紫泉監，揚州的丹陽監、廣陵監，宣州的梅根監、宛陵監，郴州的桂陽錢監和饒州的永平錢監；益州的銅山，貞觀時亦曾設有錢監。

諸互市監設在緣邊諸州，掌與諸蕃交易之事，各隸所轄州府。唐在北方緣邊諸州互市主要是馬市。是否擁有足夠和精良的馬匹，在很大程度上影響到唐王朝的軍力以至國力，因而馬市之興衰其關係亦非同尋常。對此，我們在有關章節末尾約略作了點說明。

一

織染署：令一人，正八品上。《周官》❶九職❷，「嬪婦化理絲帛」❸。《考工記》❹：「理絲麻而成之，謂之婦功。」漢少府屬官有東織、西織❺，成帝河平元年❻省東織，更名西織曰織室。後漢有織室丞一人❼，此後無聞。北齊中尚方領涇州、雍州絲局丞，定州紬綾局丞❽。後周有司織下大夫一人，掌凡機材之工❾。隋煬帝❿置司織署令、丞，後與司染署併為織染署。《周禮・天官》有「染人⓫，掌染絲帛。凡染，春暴練，夏纁玄⓬」；《冬官》有「設色之工五⓭，謂畫繪⓮、鍾⓯、筐⑯、慌⑰也。」韋昭《辨釋名》⑱云：「平準令主染，有常平之法，故准而酌之⑲。」兩漢並隸司農。晉平準令有監染吏六人，初隸司農，後屬少府。宋順帝名准⑳，始改曰染署令。齊復為平准令㉑，梁、陳為平水令㉒。北齊太府寺有司染署，長秋寺有染局丞㉓。後周有染工上士一人，又有司色下大夫一人㉔。隋初有司染署，隸太府寺㉕，煬帝分屬少府。大業五年㉖，合司織、司染為織染署，令二人。皇朝置一人。

丞二人，正九品上。漢、魏已來，並具於本署㉗。隋並司織、司染為一署，丞四人。皇朝因之，置二人。

監作六人，從九品下。

【章旨】敘述織染署令、丞和監作之定員、品秩及沿革。

【注釋】❶周官 亦稱《周禮》，儒家經典之一。係搜集周王室官制和戰國時各國制度，添附以儒家政治理想，增減排比而成之彙編。❷九職 《周禮·天官·大宰》把一般平民分為九種職業。其文稱：大宰「以九職任萬民：一曰三農，生九穀；二曰園圃，毓草木；三曰虞衡，作山澤之材；四曰藪牧，養蕃鳥獸；五曰百工，飭化八材；六曰商賈，阜通貨賄；七曰嬪婦，化治絲枲；八曰臣妾，聚斂疏材；九曰閒民，無常職，轉移執事。」❸嬪婦化理絲枲 九職中之第七職。嬪婦，泛指婦女。嬪為婦女之美稱。化理絲枲，句中「理」，《周禮》原文作「治」，唐人避高宗李治名諱而改。意謂婦女做操持絲麻一類事。《禮記·內則》：「女子十年不出，姆教婉娩，聽從執麻枲，治絲繭，織紝組訓，學女事以供衣服。」❹考工記 書名。據後人考證，係春秋末齊國人記錄手工技術之官書。西漢河間獻王因《周官》缺〈冬官篇〉而將此書補入。劉歆改稱《周官》為《周禮》，故此書亦名《周禮·考工記》。其內容為記述百工之事，分攻木之工、攻金之工、攻皮之工、設色之工、刮摩之工、搏埴之工六部份，分別對車輿、宮室、兵器以及禮樂諸器之製作作了詳細記載。❺東織西織　東織室、西織室之簡稱。少府屬下專主郊廟文繡衣服織作之機構。《漢書・宣帝紀》地節四年（西元前六十六年）詔書提及東織室令史張赦，注引應劭曰：「舊有東、西織室，織作文繡郊朝之服。」《漢舊儀》曰：「凡蠶絲絮，織室以作祭服。祭服者冕服也。天地宗廟群神五時之服，皇帝得以作縷縫衣，皇后得以作中絮而已。」《三輔黃圖》曰：「織室在未央宮，又有東西織室，作文繡郊廟之服。有令史。」

❻成帝河平元年　即西元前二十八年。成帝，西漢皇帝劉驁，字太孫。在位二十六年，終年四十五歲。河平為其年號。是年黃河決口，流漂二州，因而改元為河平。❼後漢有織室丞一人　《後漢書・百官志》：東漢在少府所屬御府令下，設「丞、織室丞各一人。本注曰：宦者」。❽北齊中尚方領涇州雍州絲局成定州紬綾局丞　句中「成」，據嘉靖本當作「丞」。《隋書・百官志》：「北齊太府寺下統之中尚方，又別領別局、涇州絲局、雍州絲局、定州紬綾局丞」。涇州，北周有涇州，置於今陝西之涇川縣；北齊涇州當是齊、周交界處另建之僑州。雍州，亦在北周境內，今陝西之西安；北齊在今山西之新絳另建東雍州。定州，治所在今河北之定縣，屬北齊境內。❾後周有司織下大夫一人掌凡機材之工　北周仿《周禮》設天、地、春、夏、秋、冬六官府，在冬官府大司空下設有司織下大夫一人，正四命，執掌織事，並管理工匠。另有小司織上士、絲織中士、織采中士、織枲中士等。後周任司織下大夫者，據《隋書》及《周書》載錄，有張羨、史寧、申康等。❿隋煬帝　隋朝皇帝楊廣。在位十四年，終年五十歲。⓫周禮天官有染人　《周禮》有天、地、春、夏、秋、冬六官，其中天官之長為大宰卿，設一人，掌王家內外事務，總百官，贊王命。其屬官眾多，內有染人下士二人，府二人，史二人。掌染絲帛之事。⓬凡染春暴練夏纁玄　語出《周禮・天官・染人》。原文此下尚有「秋染夏，冬獻功」。全文言染事由春準備至冬功成之作業過程。春暴練，暴、練是兩道染前工序。暴，將絲、絹一類擬染物在太陽光下暴曬；練，煮練擬染物，使之所謂「熟」，即柔軟潔白而易染。夏纁玄，夏天染事正式開始，但在夏季止可染纁、玄二色。纁，黃赤色；玄，青黑色。至於因何開始止可染此二色，可能與古人賦予顏色某種特殊含義有關。古時以纁玄為天地之色，因用以製作祭服，似乎顯得特別莊重。秋染夏，至秋天便可染作各種顏色。夏，代指五色。鄭玄注：「謂之夏者，其色以夏狄為飾。《禹貢》曰：羽畎夏狄。」狄亦即翟。夏翟之羽有五色。冬獻功，冬季染事告成，便可向王者進獻。上述一年染事之安排，顯然與現代工藝大異。但《周禮》如此載錄，當也有其所據。也許古代限於技術條件，染事還要較多考慮到諸如光照、氣溫、濕度等自然因素，此外當時主要還是採用植物染料，其採集與提取都與季節有一定關係。⓭冬官有設色之工五　冬官，指《周禮・冬官》，亦即《考工記》，見前注❹。《考工記》總敘百工之事中有「設色之工五」一句，相隔數句後，則已無「五」字，但謂「設色之工，畫、繢、鍾、筐、㡛也」。而其後

文敘述諸設色之工職掌時，畫與繢又合而為一，即設色之工實為四。對此，也有論者以為畫、繢應是二職，一主畫器，一主畫衣。如孫詒讓《周禮正義》卷七九云：「經諸工皆云某人、某氏，故此職〈司服〉注引作繢人。總敘以畫、繢、鍾、筐、㡛為設色工五，則以畫衣、畫器分為二工。而以下文五章及《書》十二章兼備繢繡證之，抑或此『繢』轉為『繪』之借字，經自兼有黹繡之工。〈司幾筵〉筵席有畫純，又有繢純，亦可證。若然，繢人之外，當更有畫人，以其事略同，經遂合記之。」以下注釋、標點及語譯，則仍依今本《周禮．冬官．考工記》，以畫繢為一職。⓮畫繪　《考工記》所列設色工之一，原文作「畫繢」。其所掌即「畫繢之事，雜五色」。《考工記》原文列有東、南、西、北四方之青、赤、白、黑四色和天玄、地黃二色共六色，以及六色之間兩兩相處等多種變化，鄭玄注稱：「此言畫繢六色所象，及布采之第次，繢以為衣。」即為王者衣服上繪或繡具有特殊含義的色彩和圖像。⓯鍾　即鍾氏，《考工記》所列設色工之一。所掌為「染羽」，即為鳥羽染色。原文記有染羽的一套特殊的工藝規程。鄭玄注稱：「羽所以飾旌旗及王后之車。」⓰筐　即筐人，《考工記》所列設色工之一。原文其職事已闕，今已無從考知。⓱㡛　即㡛氏，《考工記》所列設色工之一。其所掌為「湅絲」，亦即練絲。㡛亦作「慌」。《說文解字》：「慌，設色之工，治絲練者。」故稱㡛氏是以事名工。古代練絲有一套特殊的操作工藝，詳《考工記》本條。⓲韋昭辨釋名　韋昭，為避晉司馬昭名諱而改名韋曜，字弘嗣，吳郡雲陽（今江蘇丹陽）人。曾任三國吳尚書郎、太史令、中書郎、博士祭酒、侍講學士、中書僕射等職。因拒絕為吳王孫皓之父孫和作本紀而被收付入獄。辨釋名，書名。係韋昭為辨正《釋名》而作。辨亦作「辯」，互通。《釋名》，東漢劉熙撰，分二十七篇、八卷，體例倣《爾雅》之訓詁書。《三國志．吳書》本傳稱韋曜在獄中曾上書曰：「劉熙所作《釋名》，信多佳者，然物類眾多，難得詳究，故時有得失，而爵位之事，又有非是。愚以官爵，今之所急，不宜乖誤。因自忘至微，又作《官職訓》及《辯釋名》各一卷，欲表上之。新寫始畢，會以無狀，幽囚待命，泯沒之日，恨不上聞，謹以先死列狀，乞上言秘府，於外料取，呈內以聞。」韋昭希以此求免，但仍以七十高齡為孫皓所殺。⓳平準令主染有常平之法故准而酌之　《通典．職官九．諸卿下》少府監織染署令條原注引韋昭《辯釋名》曰：「平準令主染色，染有均平之法，故準而則之。」《太平御覽》卷二三二平準令引韋昭《辯釋名》曰：「釋云：『平準令主染色，色有常平之法，準的是也。』」按：西漢大司農有平準令，掌管委輸京師之物，平抑各地物價，與染色無關。東漢在大司農卿下省去均輸，置平準令一人。《後漢書．百官志》本注曰：「掌知物價，主練染，作采色。」在職能上較之西漢有所變化。《後漢書．集解》引惠棟曰：「劉熙《釋名》云：平準令主染色，色有常平之法，故準面酌之。韋昭辨云：主平物價，使相依準。」即以為平準與染色是兩回事，平準之稱原是指主平物價，使相依準，與染色之事無關。本書此處所引，仍依劉煕之說。⑳宋順帝名准　句末「准」當為「準」。據《宋書・順帝紀》，南朝宋順帝名準，字仲謀，小字智觀。在位三年，終年十三歲。此謂因避宋順帝名諱，故改平準令為染署令，亦使其名實相符。㉑齊復為平準令　《南齊書・百官志》：齊少府屬官有「平准令一人，丞一人」。㉒梁陳為平水令　《隋書・百官志》：梁少府卿下設平水署，置令、丞各一人。陳承梁制。㉓北齊太府寺有司染署長秋寺有染局丞　《隋書・百官志》載北齊太府寺下設司染署，別領京坊、河東、信都三局丞。長秋寺之奚官署下，別有染局丞。㉔後周有染工上士一人又有司色下大夫一人　染工上士，北周仿《周禮・天官・染人》置，為天官府太府中大府屬官。員一人，正三命。掌染絲帛。下設染工中士以佐其職。司色下大夫，冬官府司色司長官，員一人，正四命。掌各種器物、衣料之著色。下設小司色上士以佐其職，領繢工中士、漆工中士、油工中士等員屬。北周任司色下大夫者，據《周書》有裴俠、王康等。㉕隋初有司染署隸太府寺　《隋書・百官志》：隋開皇初，太府寺下屬有司染署，置令二人，丞四人。司染屬上署，其令之品秩為正八品下，丞則屬正九品下。㉖大業五年　即西元六〇九年。大業為隋煬帝楊廣年號。㉗漢魏已來並具於本署　意謂織染署丞一職自漢至隋之沿革狀況，已具說於本署令員品條原注中。但上述原注尚多未及，採諸史著，其沿革簡況是：兩漢均有平準署，各置丞一人。魏、晉承漢制。宋、齊亦置丞一人。梁、陳少府屬下設水平署，置丞一人。北齊太府寺下設司染署，領京坊、河東、信都三局丞；長秋寺下設奚官署，領染局丞。

【語　譯】織染署：令，定員一人，品秩為正八品上。《周官》太宰的職掌中說到要用九種職業來輔導萬民，其中第七種職業便是讓「婦女從事操持絲帛的女工」。《考工記》說：「整理絲麻做成衣料，就稱為婦功。」西漢少府的下屬機構有東織室和西織室，漢成帝河平元年省去了東織，就改稱西織為織室。東漢在御府之下設有織室丞一人。這以後沒有設置織室的記載。到北齊太府寺的中尚方署之下，統轄有涇州、雍州絲局丞，定州紬綾局丞。北周在冬官設有司織下大夫一人，掌管有關機織的工作。隋煬帝時設置有司織署令、丞，後來司織署又與司染署合併稱為織染署。《周禮》在〈天官〉中有染人，執掌有關絲帛染色的事務，並說：「大凡染色，在春天先要將準備染色的絲帛進行煮練和暴曬，到夏天便可開染黃赤色和青黑色」；在〈冬官〉中又說：「染色的工種有五（四）個，那就是畫繢、鍾氏、筐人和㡛氏。」韋昭的《辨釋名》說過：「平準令主管染事，染色有常平之法，所以要以它為標準參考斟酌。」平準署在兩漢都隸屬於大司農。晉代平準令下設有監染吏六人，起初隸屬於司農卿，後來改屬少府卿。宋順帝的名字叫劉准

（準），為了避他的名諱，才把平準署令改稱為染署令。南齊時，又恢復舊名稱平準令，梁和陳在少府卿下設平水令、丞。北齊在太府寺下設司染署，在長秋寺奚官署又有染局丞。北周有司織下大夫一人，又有染工上士一人。隋朝初期在太府寺屬下有司染署，歸太府寺管轄，煬帝時改屬於由太府寺分出另設的少府監。到大業五年，又把司織、司染二署合併為織染署，設置令二人。大唐設置一人。

丞，定員二人，品秩為正九品上。此職漢魏以來的沿革情況，已在前面令的員數品秩條原注中作了說明。隋煬帝時，將司織、司染合併為一署，設置丞四人。本朝因承隋制，設置丞二人。

監作，定員六人，品秩為從九品下。

【說　明】織染署專為皇帝和後宮以及貴族官僚織造冠冕服飾而設。少府所屬的大都是這類專供特需的機構。在商品經濟尚很不發達的條件下，宮廷的許多特殊消費只能通過官手工業的方式來滿足。但在古代歷史上，織和染不僅是兩個不同的工藝，分屬兩個不同的職能部門，而且還帶有性別分工的含義。起初織是女性為主的，《周禮》大宰以九職任萬民，其中第七職便是「嬪婦化治絲枲」。而染則在〈天官〉和〈冬官〉中，另設有染人及五類設色之工。此後相當長時期內，織和染還是兩條平行的發展線。西漢設東、西織室，至東漢在御府令下設織室丞一人。魏、晉及南朝缺少這方面記載。北魏時，織造屬尚方署，此外宮內尚有從事織造的女工，這從《魏書．高祖紀》有太和十一年（西元四八七年）因旱災而下詔「出宮人不執機杼者」的記載中可以得到證明，只是不知道內宮是否設有管理織事的專門機構。同年的十一月同書又載，亦由於旱災，孝文帝還下詔「罷尚方錦繡綾羅之工，四民欲造，任之無禁」。這說明綾羅錦繡一類高檔絲織物，此前是禁止民間織造的，這一回倒是災荒幫了忙才得以開禁。結果卻十分喜人：「河北婦人織紝組訓之事，黼黻錦繡羅綺之工，大優於江東也。」（《顏氏家訓．治家》）你看，北魏只是稍一採取了比較開放的政策，就使其絲織業的技術水平「大優於」南方，這同時也反證了特權和專制制度曾經扼殺了民眾多少智慧和創造力！此外，北魏在民間尚有綾羅戶、羅穀戶、細繭戶這一類以交納紡織品為賦役的匠戶。所以北齊以中尚方領涇州、雍州絲局、定州紬綾局丞，大概所承即是北魏舊制，這些機構便是為當地匠戶徵納綾羅錦繡而設。唐代在內宮有尚功局，掌女工之課程；內侍省有掖庭局，掌宮禁中女工之事，紡織已成為宮女日常主要勞役。

關於專掌染色這一道工藝的機構，當起於東漢的平準署。平準在西漢與均輸一起屬於大司農，主掌京師委輸和平抑物價，至東漢而改由宦官管轄，名義上雖仍知物價，實際主要職掌已轉為練染和設色。所以魏晉以後由司農移屬少府，名曰平準署，實為練染署。由這種名實背離現象引出的一個小插曲，便是本章原注及《通典・職官九》均加以引錄的劉熙《釋名》中的「平準令主染色」那段話。職名「平準」而去掌管「染色」，這顯然是一個矛盾；作者為調和這一矛盾，居然接著說：「染有均平之法，故準而則之。」染色固然亦要劃一整齊，但那與平抑物價的「平準」畢竟風牛馬不相及。關在班房裡吃冤枉官司的韋昭看出了《釋名》的這類瑕疵，因而特地撰作《辨釋名》予以辨正。有趣的是《唐六典》原注作者雖標明所引為《辨釋名》，抄下的卻仍是《釋名》那段話，再次把風牛與風馬混為一談。在歷史上，「平準署」這個名與實離的官署稱謂，歷魏晉而沿襲至南朝，直到劉宋末年，因犯宋順帝劉準的名諱，才將之改稱染署，至北齊而直接稱司染署最終得以名實合一。

以上是織、染分流的發展概況。隋煬帝大業五年（西元六〇九年）分太府設少府監，將司織與司染合在一起，稱織染署，隸於少府監。這樣織染合流，以利於造作過程的統一管理。唐所設織染署即承隋制而來。

唐織染署下在京城和諸州有眾多的作坊。《新唐書・百官志》載錄武后垂拱時，「綾錦坊巧兒三百六十五人，內作使綾匠八十三人，掖庭綾匠百五十人，內作巧兒四十二人」。《太平廣記》卷二五七提到有個李某，「世織綾錦，離亂前，屬東都官錦坊織宮錦巧兒」。這大概就屬於前述綾錦坊巧兒三百六十五人之列。《唐大詔令集》卷一〇八載開元二年（西元七一四年）的一則敕文中記有「兩京及諸州舊有官織錦坊」，「造作錦繡球繩，織成帖縚二色，綺綾羅作龍鳳禽獸等異文字及豎欄錦紋」。除兩京及諸州都設有織錦坊外，還有一支更龐大的隊伍，那就是散在全國各州縣以貢代賦役的織錦戶。有如此眾多人員專事織錦之業，自然也是唐代社會比較繁榮的一種反映，同時也使當時絲織工藝達到了很高的水平。據《資治通鑑・唐紀二十五》載錄，唐中宗時，安樂公主「有織成裙，直錢一億，花卉鳥獸，皆如粟粒，正視旁視，日中影中，各為一色」。儘管工藝如此精美絕倫，但它畢竟又是在一種極不合理的勞動制度下產生的，因此唐代有不少詩人對處於艱難的生存狀態中的織婦，寄予了無限同情。如王建〈織錦曲〉：「大女身為織錦戶，名在縣家供進簿」；元稹〈織婦詞〉：「目擊貢綾戶，有終老不嫁之女」；「東家頭白雙女兒，為解排紋嫁不得」。更有代表性的是白居易的新樂府〈繚綾〉。詩中對繚綾這種絲織品作了生動的讚美：「天上取樣人間織，織為雲外秋雁行；染作江南春水色，廣裁衫袖長制裙，金斗熨波刀剪紋，異彩奇文相隱映，轉側看花花不定。」但凝結著多少人辛勞與心血的繚綾裙一進入皇家宮廷，卻是「曳土踐泥無惜心」，因而使詩人十分痛心，在詩結尾時唱道：「繚綾織成費功績，莫比尋常繒與帛；絲細繰多女手疼，扎扎千聲不盈尺。昭陽殿裡歌舞人，若見織時應也惜！」詩只點到「歌舞人」為止。其實極大多數歌舞人又何嘗不是處於悲淒的生存境遇中呢？所有這一切奢侈的真正享受者詩人不會不看到，只是沒有說出來罷了。

二

織染署令掌供天子、皇太子及群臣之冠冕，辨其制度而供其職務；丞為之貳。天子之冠二：一曰通天冠❶，二曰翼善冠❷；冕❸六：一曰大裘冕❹，二曰衮冕❺，三曰鷩冕❻，四曰毳冕❼，五曰絺冕❽，六曰玄冕❾；弁❿二：一曰武弁⓫，二曰皮弁⓬；幘⓭二：一曰黑介幘⓮，二曰平巾幘⓯；帽⓰一，曰白紗帽⓱。太子之冠三：一曰三梁冠⓲，二曰遠遊冠⓳，三曰進德冠⓴；冕二：一曰衮冕，二曰玄冕；弁一，曰皮弁；幘一，曰平巾幘。臣下之冠五：一曰遠遊冠，二曰進賢冠，三曰獬豸冠㉑，四曰高山冠㉒，五曰卻非冠㉓；冕五㉔：一曰衮冕，二曰鷩冕，三曰毳冕，四曰絺冕，五曰玄冕；弁二：一曰爵弁㉕，二曰武弁；幘三：一曰介幘，二曰平巾幘，三曰平巾綠幘㉖。

凡織紝之作㉗有十，一曰布㉘，二曰絹㉙，三曰絁㉚，四曰紗㉛，五曰綾㉜，六曰羅㉝，七曰錦㉞，八曰綺㉟，九曰繝㊱，十曰褐㊲。組綬之作㊳有五，一曰組㊴，二曰綬㊵，三曰絛㊶，四曰繩㊷，五曰纓㊸。紬線之作㊹有四，一曰紬㊺，二曰線㊻，三曰絃㊼，四曰網㊽。練染之作㊾有六，一曰青㊿，二曰絳(51)，三曰黃(52)，四曰白(53)，五曰皂(54)，六曰紫(55)。凡染大抵以草木而成，有以花、葉，有以莖、實，有以根、皮，出有方土，採以時月，皆率其屬而脩其職焉。

【章　旨】敘述織染署之職掌，並附列唐代冠冕之制以及織紝、組綬、紬線、練染之作。

【注　釋】❶通天冠　帝王元正、冬至受朝賀，祭還，宴群臣、養老等朝儀時所服。《通志略・器服》云：「通天冠，本秦制，其狀不傳。漢因秦名制，高九寸，正豎頂，少斜卻，乃直下為鐵卷，梁前有山，展筩為直筩，駮犀為簪導，乘輿所常服。晉依漢制，前加金博山述，注云：述即鷸也，鷸知天雨，故冠象焉。宋因之，又加黑介幘，舊有冠無幘。齊因之。東昏侯改用玉簪導。梁因之，復加冕于其上，為平天冕。陳因之。北齊因之。隋因之，加金博山附蟬十二首，施珠翠，黑介幘，玉簪導。朔日、元會、冬朝會諸祭還則服之。唐因之。其纓改以翠緌。」《新唐書・百官志》稱其有二十四梁。此冠自漢以來代代相傳，歷代所以大多要增加一點飾物，意在顯示其既繼承傳統，又有所超越。❷翼善冠　類似幞頭的一種禮帽。《通志・器服略》云：「唐貞觀中制，月一日、十五日視朝常服之。又與平巾幘通用。太宗初服翼善冠，賜貴臣進德冠，因謂侍臣曰：幞頭起於周武帝，蓋取便於軍容耳。今四海無虞，此冠頗採古法，兼類幞頭，乃宜常服。開元十七年（西元七二九年）廢不用。」❸冕　指冕服。帝王在不同禮儀場合所服用禮服之通稱。冕服通常由三大件組成：一是冕，玄表朱裡，頂有綖冕板，其前後兩端垂有穿以珠玉之若干旒；二是上身之玄衣；三是下身之纁裳。此外便是冕、衣、裳上各種飾物、花紋以及帶、韍、舄和具劍、佩玉等。所有這些，包括顏色和用料，都有嚴格規定，並含有特定的政治、文化意義，目的無非用以顯示皇帝的至高無上地位。❹大裘冕　祭祀天神地祇服之。無旒，綖冕板廣八寸，長一尺六寸，黑表纁裡，金飾、玉簪導，組帶為纓，色如其綬，黈纊充耳。大裘以黑羔皮為緣，纁裡，黑領，褾、襟緣；朱裳，白紗中單，皂領，青褾、襈、裾；朱韍、赤舄；鹿盧玉具劍，火珠鏢首，白玉雙佩；黑組大雙綬，黑質，黑、黃、赤、白、縹、綠為純，以備天地四方之色，又有小雙綬，色如大綬，間施三玉環；革帶、玉鉤鰈、大帶。❺袞冕　踐祚、饗廟、征還、遣將、飲至、加元服、納后、元日受朝賀、臨軒冊拜王公時服之。綖冕板廣一尺二寸，長二尺四寸，金飾玉簪導，垂白珠十二旒，朱絲組帶為纓，色如綬；衣深青色，裳纁色，花紋十二章，日、月、星辰、山、龍、華蟲、火、宗彝八章在衣，藻、粉米、黼、黻四章在裳；衣白沙中單，其領繡黻，其褾、襈、裾皆青色；韍繡龍、山、火三章，舄加金飾。❻鷩冕　有事遠主則服之。比袞冕少三旒，為九旒，用玉二百一十六粒。服七章：三章在衣，為華蟲、火、宗彝；四章在裳，為藻、粉米、黼、黻。其餘與袞冕相同。❼毳冕　祭海、岳則服之。比鷩冕少二旒，為七旒，用玉一百六十八粒。服少二章，為五章：三章在衣，為宗彝、藻、粉米；二章在裳，為黼和黻。餘同鷩冕。❽絺冕　祭社稷、先農服之。比毳冕少二旒，為五旒，用玉一百二十粒。服三章：衣一章，為粉米；裳二章為黼、黻。又，《通典》作「繡冕」。❾玄冕　䄍祭百神、朝日、夕月服之。比絺冕少二旒，為三旒，用玉七十二粒；服一章，衣無章，裳刺黼一章。❿弁　帝王或貴族男子所服之禮帽。上尖下圓，由若干塊半橢圓形之鹿皮縫合而成，接縫處稱會，綴以珠玉。《釋名・釋首飾》：「弁，如兩手相合抃時也。」《詩經・衛風・淇奧》鄭玄箋稱：「皮弁以合髮，謂弁之縫中，每貫結五采玉十二以為飾」，即「十二有璂」。⓫武弁　帝王講武、出征、蒐狩、大射、禡類、宜社、賞祖、罰社、纂嚴時所服。武官亦可服。據《後漢書・輿服下》，武弁又稱武冠、大冠。附蟬為文，貂尾為飾。趙武靈王倡效胡服，以金璫飾首，前插貂尾為貴職。秦滅趙，以其君冠賜近臣。因趙惠文王也曾服此，故又稱惠文冠。⓬皮弁　帝王朔日受朝時服之。以白鹿皮製之，形如覆杯。《晉書・輿服志》：「皮弁，以鹿皮淺毛黃白色者為之。《禮》：『王皮弁，會五采玉璂，象邸玉笄。』謂之合皮為弁，其縫中名曰會，以采玉朱為璂。璂，結也。天子五采，諸侯三采。天子則縫有十二，公九，侯、伯七，子、男五，孤四，卿大夫三。」帝王戴皮弁時，配以絳紗衣、素裳、革帶，白玉雙佩，鞶囊、小綬，白韈，烏皮履。⓭幘　覆髻之巾。最初幘只是韜裹鬢髮，使之不下垂；至漢文帝時加高顏題，即在額前作山形，又加幘屋，加或長或短之耳，逐漸成為流行常服，唯其時尚不別貴賤，皆可有幘。帝王戴幘始於漢元帝，蔡邕《獨斷》載：「元帝額有壯髮，不欲使人見，始進幘服之，群臣皆隨焉。然尚無巾，如今半幘而已。王莽無髮，乃施巾。」即形成為幘與巾的結合。至隋，又以幘之顏色顯示尊卑：「天子畋獵御戎，文官出遊田里，武官自一品已下至於九品并流外吏，皆同烏，廚人以綠，卒及馭人以赤，舉輦人以黃，駕五輅人逐其吏色。」（《隋書・禮儀志》）⓮黑介幘　幘之耳有長短之分，文者長耳，稱介幘；武者短耳，稱平上幘。黑介幘，即以黑布所製之介幘。唐代皇帝拜陵時服黑介幘，無飾，配以白紗單衣，白裙襦，革帶，素襪，烏皮履。⓯平巾幘　與介幘的區別是短耳，武官用服。唐代皇帝乘馬服平巾幘，以金寶飾，玉簪導，冠支以玉，紫褶，白袴，玉具裝，珠寶鈿帶，有韉。⑯帽　本作「冃」，戴於頭上用以遮護之服物。《說文解字・冃部》：「冃，小兒及蠻夷頭衣也。」段玉裁注：「小兒未冠，夷狄未能言冠，故不冠而帽。」因有所謂有定制為冠、無定制為帽之說。漢魏後帽大興，朝野通服。其後之沿革，據《通志・器服略》稱：「晉因魏制，宋制黑帽，綴紫標，標以繒為之，長四寸，廣一寸。後制高屋白紗帽，齊因之，梁因之，制頗同。至於高下翅之卷小異耳，皆以白紗為之，陳因之。」又云：「隋開皇初，文帝常著烏紗帽，自朝貴已下至于冗吏，通著入朝。後復制白紗高屋帽，其服練裙襦、烏皮履，宴接賓客則服之。〔煬帝〕大業中，令五品以上通服朱紫，是以烏紗帽漸廢，貴賤通服折上巾。唐因之，制白紗帽，又制烏紗帽，視朝聽訟，宴見賓客服之。」⑰白紗帽　《通典・禮六十八》作烏紗帽。《舊唐書・輿服志》作白紗帽，亦烏紗也。《新唐書・車服志》：「白紗帽者，視朝聽訟、宴見賓客之服也，以烏紗為之。白裙、襦，革帶，素襪，烏皮履。」⑱三梁冠　指三梁之進賢冠。《晉書・輿服志》：「進賢冠，古緇布遺象也，斯蓋文儒者之服。前高七寸，後高三寸，長八寸，有五梁、三梁、二梁、一梁。人主元服，始加緇布，則冠五梁進賢。三公及封郡公、縣公、郡侯、縣侯、鄉亭侯，則冠三梁。」唐因前朝之制，皇太子冠三梁。⑲遠遊冠　本為楚人之冠，秦滅楚後採其制，漢時天子及諸王服之。《晉書・輿服志》記其形制「似通天而前無山述，有展筩橫於冠前。皇太子及王者後、帝之兄弟、帝之子封郡王者服之。諸王加官者自服其官之冠服，惟太子及王者後常冠焉。太子則以翠羽為緌，綴以白珠，其餘但青絲而已」。《新唐書・車服志》稱此冠皇太子「謁廟、還宮、元日朔日入朝、釋奠之服。以具服，遠遊冠三梁，加金博山，附蟬九首，施珠翠，黑介幘，髮纓翠緌，犀簪導，絳紗袍，紅裳，白紗中單，黑領，褾、襈裾，白裙、襦，白假帶，方心曲領，絳紗蔽膝，白韈黑舃。朔日入朝，通服袴褶」。⑳進德冠　《通典・禮六十八・序例下》：「進德冠，九璂，加金飾，其常服及白練裙通著之。若服絝褶，則與平巾幘通著之。」㉑獬豸冠　亦作解廌冠，一名法冠。傳為楚文王所製，其上飾有傳說能觸不直者之獬豸。秦漢承之，歷代亦有沿用為法冠。《晉書・輿服志》記其形制稱：「高五寸，以縰為展筩。鐵為柱卷取其不曲撓也。侍御史、廷尉、正、監平，凡執法官皆服之。」獬豸之傳說，據《異物志》云：「北荒之中，有獸名獬豸，一角，性別曲直。見人鬭，觸不直者。聞人爭，咋不正者。楚王嘗獲此獸，因象其形以制衣冠。」《通志・器物略》稱：「漢晉至陳，歷代相因襲不易。隋開皇中，於進賢冠上加二真珠，為獬豸角形。大業中改制一角。唐用一角，為獬豸之形，御史臺監察以上服之。」㉒高山冠　亦稱側注冠。傳為齊王所製，秦漢時為使臣、謁者、僕射所服。《晉書・輿服志》記其形制稱：「高九寸，鐵為卷梁，制似通天。頂直豎，不斜卻，無山述展筩。高山者，《詩》云：『高山仰止』，取其矜莊賓遠者也。中外官、謁者、謁者僕射所服。胡廣曰：『高山，齊王冠也。傳曰：桓公好高冠大帶。秦滅齊，以其君冠賜謁者近臣。』應劭曰：『高山，今法冠也。秦行人使官亦服之。』而《漢官儀》云：『乘輿冠高山之冠，飛翮之纓。』然則天子亦有時服焉。《傅子》曰：『魏明帝以其制似通天、遠遊，故改令卑下。』」《通志·器服略》則云：「魏明帝以其制似通天、遠遊，改令卑下，除去卷筩，似介幘，幘上加物，以象山。行人使者服之。晉、宋、齊、梁、陳歷代因之。隋因魏制參用之。形似進賢，於冠加三峰，謁者、大夫以下服之。梁數依其品降殺。唐因之，內侍省、內謁者監及親王司閤等服之。」㉓卻非冠　《通志·器服略》：「卻非冠，漢制，似長冠，皆縮垂五寸，有纓緌，宮殿門吏僕射等冠之。梁北郊圖執事者縮纓緌，隋依之，門者、禁防同，非服也。唐因之，亭長門僕服之。」㉔冕五　臣屬所用冕服，有下文所列共五式。其稱謂和形制與上文天子六冕中後五冕相同。唐制五品以上高官方可服用。即袞冕，第一品服之；鷩冕，第二品服之；毳冕，第三品服之；絺冕，第四品服之；玄冕，第五品服之。㉕爵弁　弁之一種。爵，通「雀」。因其以雀羽色即赤黑色之鹿皮為之而有此名。在周代為僅次於冕之一種禮冠，唐代為六品以下、九品以上官員從祀所服。其形制似冕而無旒，前後平。《通典·禮六十八·序例下》：「爵弁，色同爵，無旒無章，玄纓，簪導，青衣纁裳，白紗中單，革帶，鉤鰈，大帶，爵韠，白韈，赤履。九品以上服之。注云：凡冕服及爵冕服，助祭及親迎服之。若私家祭祀，三品以上及褒聖侯祭孔宣父服玄冕，五品以上服爵弁，六品以下服進賢冠。凡冕制，以羅為之，其服用紬為之，其韍用繒也。」㉖平巾綠幘　《新唐書·車服志》：「平巾綠幘者，尚食局主膳，典膳局典食，太官署、食官署供膳、奉觶之服也。」㉗織紝之作　指織製絹布之工藝及分類。紝即「絍」，用以織絹布之絲縷。包括蠶絲和麻枲，絲以織絹，麻以織布。《禮記·內則》：「執麻枲，治絲繭，織紝組紃，學女事，以共（通「供」）衣服。」㉘布　指麻布。所用之麻有大麻、苧麻、苘麻、葛麻等，織成之布亦有苧布、葛布、貲布、紵布、火麻布、落麻、焦麻等多種。關於麻布的製作，漢代《氾勝之書》云：「夏至後二十日漚枲，枲和如絲。」北朝《齊民要術》記為「漚欲清水，生熟合宜」，並解釋說：「濁水則麻黑，水少則麻脆，生則難剝，大爛不任，暖泉不冰凍，冬日漚者最為柔順也。」麻布品類有粗細之分：粗者供軍用及庶民常服，細麻布則供上層人士作夏服。本書第二十卷第一篇把唐代各地出產之麻布依地域分為九等，大致是長江兩岸諸州所產麻布多為上等或中上等，四川、山西、陝西一帶所產多為中等，福建、山東等地所產之麻布則列為下等。㉙絹　絲織品依其是否顯示圖案分為平素與顯花兩大類，絹是平素類絲織物之通稱。絹有生熟之分。未經漂煮者稱生絹，唐時多用以作書畫或裝飾，亦可製衣。生絹漂煮脫膠後稱熟絹，也即熟練，質地較厚密，可作秋冬衣料。唐時視布為粗物，故以之供軍；絹是細物，藏入官庫。本書第二十卷第一篇將絹依產地分為八等，其前四等所產之地主要有河北、河南、山東等。在唐代，絹可以用來計算商品價格，即承擔一定的貨幣作用。絹還是農民繳納賦稅的基本單位，如每戶每年納調絹二丈，庸一日可折絹三尺，即六丈絹可抵二十日庸。㉚絁 即絁，與絹相似亦為平素類絲織品。比絹粗厚，通常經細緯粗，適宜製被衾。白居易〈村居苦寒〉詩有「褐裘覆絁被，坐臥有餘溫」之句。唐時絁亦可以作為繳納庸調之實物。《新唐書・食貨志》：「丁歲輸綾絁二丈。」㉛紗 絲線纖細、密度稀疏之平紋織物。《漢書・江充傳》：「充衣紗縠襌衣。」顏師古注：「紗縠，紡絲而織之也，輕者為紗，縐者為縠。」紗之極輕者可稱輕容，其平整者又可名方孔。吐魯番曾有一件「天青地敷彩輕容」出土，確是薄如蟬翼。此外還有隔織紗、灰纈紗等精品，也能從出土文物中找到對應的實例。㉜綾 細薄光潔，其上有冰凌或花卉狀綵文之絲織品。《正字通》：「光如鏡面有花卉狀者，曰綾。」《釋名・釋采帛》：「綾，淩也。其文望之如冰淩之理也。」按照綾的組織，可以分成平紋地暗花綾、斜紋地暗花綾和素綾三類，唐代有文字記載的綾的名稱有上百種之多。白居易〈杭州春望詩〉：「紅袖織綾夸柿蒂，青旗酤酒趁梨花。」今吐魯番出土的唐綾中，百分之九十便是白詩誇耀的這種柿蒂綾。㉝羅 紋理較疏之絲織品。《釋名・釋采帛》：「羅，文羅疏也。」因其絲或練或不練而有熟羅、生羅之分。在唐代凡以經線糾絞、緯線平行交織而成之織物皆統稱之為羅。其前期主要是四絞經羅，後期開始出現單絲羅，王建〈織錦詞〉有「宮中猶著單絲羅」之句。以上品類，在吐魯番出土和敦煌藏經洞中發現的唐代絲織品中，都可找到實例。㉞錦 以彩絲織成諸種圖案花紋之絲織品。《釋名・釋采帛》：「錦，金也，作之用功重，其價如金，故制字帛與金也。」唐代文獻中載錄之錦品類甚多，有以產地命名者，如蜀錦、胡錦、波斯錦；有以用途命名者，如半臂錦、蕃客袍錦、被錦；有以色彩命名者，如緋紅錦、五色錦；還有以不同工藝命名者，如大張錦、大鐧錦、小文子錦等。若從組織紋理而言，唐錦可分為平紋經錦、斜紋經錦、斜紋緯錦、雙層錦、織金錦等多種。㉟綺 即細綾，其紋理多呈交錯之狀。《釋名・釋采帛》：「綺，攲也。其文攲邪不順，經緯之縱橫也。」《漢書・高帝紀下》：「賈人毋得衣錦、繡、綺、縠、絺、紵、罽。」顏師古注：「綺，文繒也，即今之細綾。」㊱繝

據正德本當作「繝」。錦之一種。亦稱暈繝，由染纈產生的一種特殊效果。《續日本紀》云：「染作暈繝色，而其色各種相間，皆橫終幅。假令白次之以紅，次之以赤，次之以紅，次之以白，次之以縹，次之以青，次之以縹，次之以白之類，漸次濃淡，如日月暈氣雜色相間之狀，故謂之暈繝，以後名錦。」繝雖是錦之一種，但在織紝十作別列一目，當因其需有獨特工藝之故。㊲褐 較粗的一種毛麻織品。《急就篇》卷二：「韤鞮卬角褐韈巾。」顏師古注：「韤（韈）足衣也。一曰褐，為編枲為韤也。」枲即麻。《詩經・豳風・七月》：「無衣無褐，何以卒歲?」此褐即指粗毛布。據《通典》、《新唐書・地理志》及《太平寰宇記》所載唐代諸州、府貢物中，就有毛褐、駝褐、兔褐、毼布等多種。從新疆巴楚縣脫庫孜沙來遺址出土的唐

代毛織品看，其中褐多採用平紋組織織成，亦有以斜紋者，則即被稱為斜褐。㊳組綬之作　指織製絲帶之工藝及分類。組綬，古代用以繫佩飾物之絲帶之總稱。《禮記・玉藻》：「天子佩白玉而玄組綬，公侯佩山玄玉而朱組綬。」㊴組　用絲織成而有花紋之闊帶子。《禮記・內則》：「織紝組紃。」鄭玄注：「薄闊為組，似繩者為紃。」孔穎達疏：「組紃俱為條也。」《說文解字》：「組，綬屬也。其小者以為冠纓。」段玉裁注：「屬當作織，成所設也。組可以為綬，組非綬類也。綬織猶冠織，織成之綬，材謂之組，大為組綬，小為組纓，其中之用多矣。」㊵綬　絲織之帶。用以繫韍，亦作繫印環、連結帷幕等用。《說文解字》：「綬，韍維也。」《爾雅・釋器》：「璲，綬也。」郭璞注：「即佩玉之組，所以連結者。」關於綬之由來，《後漢書・輿服志下》稱：「古者君臣佩玉，尊卑有度，上有韍，貴賤有殊。佩所以章德，服之衷也。韍所以執事，禮之共也。故禮有其度，威儀之制三代同之。五霸迭興，戰兵不息，佩非戰器，韍非兵旗，於是解去韍佩，留其繫璲，以為章表。故《詩》曰：『鞙鞙佩璲』，此之謂也。韍佩既廢，秦乃以采組連結於璲，光明章表，轉相結受，故謂之綬。漢承秦制，用而弗改，故加之以雙印佩刀之飾。」秦漢以後，以綬佩印和雙刀，並以其色彩和長度顯示繫佩者之身份。如規定公侯、將軍用紫綬，佩金印，綬帶紫、白二采，長一丈七尺，一百八十首；九卿、中二千石、二千石用青綬，佩銀印，綬帶青、白、紅三采，長一丈七尺，一百二十首。綬則以玉環、帶鉤相連結。㊶條　即絛，用絲編織之帶子或繩子，如絲絛。《禮記・內則》：「織紝組紃。」鄭玄注：「紃，絛也。」孔穎達疏：「組、紃俱為絛，薄、闊為組，似繩者為紃。」㊷繩　《說文解字》：「繩，索也。」《急就篇》注：「繩謂糾兩股以上總而合之者也。」以麻、絲結之者稱繩，以草結之者謂索。㊸纓　繫冠之帶。古代男子成年後束髮加冠，用笄穿過冠圈以固定冠，冠圈兩邊各繫一絲帶，結於頷下，此絲帶即稱纓。《說文解字》：「纓，冠系也。」段玉裁注：「冠系，可以系冠者也。系者，係也。以二組系于冠卷，結頤下，是謂纓。與紘之自下而上系于笄者不同。冠用纓，冕弁用紘。纓以固冠，即以固冠，故曰冠系。」古制，纓，天子紅色，諸侯青色，大夫、士黑色。㊹紬線之作　指製作各種絲線之工藝及分類。㊺紬　較粗之絲織品。亦用為絲織品之總稱。《急就篇》注：「抽引麤繭緒紡而織之曰紬。」《釋名・釋采帛》：「紬，抽也。抽引絲端出細緒也。」㊻線　用兩股或兩股以上單絲加捻而成之線狀物，常作縫製之用。以所用之原料不同而有絲線、麻線、毛線、棉線等多種。㊼絃　弦樂器上用以發音之索。用生絲製成，再敷之以膠。弓上用以發箭之索亦稱弦。弦、絃通。原始之弓弦用獸筋或繩索，後改用絲。《周禮・冬官・弓人》製弓須選六材，其中之一便是絲。《說文解字》：「弓弦也，從弓像絲軫之形也。」㊽綱　網上之總繩。《尚書・盤庚上》：「若網在綱，有條而不紊。」此處當指較粗之繩索。㊾練染之作　指練染絲絹之工藝及分類。生絲或生絹染前須先煮練和暴曬。《急就篇》注：「練者，煮縑而熟之。」《周禮・天官・染人》載有染事在一年中的作業過程：「凡染，春暴練，夏纁玄，秋染夏，冬獻功。」至隋唐時期，練染技術有了很大發展，發明了稱之為「染纈」的染印工藝，可印染出各種花紋圖形，且有夾纈、絞纈、蠟纈等不同品類被廣泛採用。(50)青　青色。其染料古代多取自木藍。木藍，多年生草，一名馬棘，或稱野槐樹。《本草綱目》注稱其「七月開淡紅花，結角長寸許，纍纍如小豆角，其子亦如馬蹄決明子而微小，迥然與諸藍不同，而作靛則一也」。木藍之子可提取靛青染料，因而民間早有種植之習慣。《齊民要術》卷五：「種藍十畝，敵穀田一頃，能自染青者，其利又倍矣。」(51)絳　大紅色。茜草之根，古代曾用以提取絳色之染料。(52)黃　黃色。其染料古代多取自梔子。梔子，茜草科，常綠灌木。其實含有梔子苷，以水淬取可得黃色染料。此法古人早已熟知，如《史記・貨殖列傳》載：「若千畝卮茜，千畦薑韭，此其人皆與千戶侯等。」可提取黃色染料之植物，見於記載的尚有藎草、地黃、黃櫨等。(53)白　指通過漂練工藝使絲帛增白。主要是運用草木灰浸漬，並加之以砧杵搗練。今存有宋徽宗趙佶臨摹唐人張萱〈搗練圖〉，可謂當時搗練工藝的寫生實錄。此外便是使用含有硅鋁化合物的白土作為增白劑。《水經注》載：「房子城西出白土，細滑如膏，可用濯錦，霜顯雪耀，異於常錦。」(54)皂　黑色。其染料古代多取自如皂斗，《周禮・地官・大司徒》鄭眾注為「柞栗之屬，今世間謂柞實為皂斗」。按：柞實，今稱橡子，形為殼斗，因可染皂色而名皂斗。(55)紫　紫色。《齊民要術》卷五《廣志》云：「隴西紫草，染紫之上者。」紫草之根可提取紫色染料。

【語　譯】織染署令的職掌是，主管供應皇帝、皇太子以及百官穿戴的冠冕和衣服，依照相關的禮儀制度，做好職掌所規定的事務。丞是令的副職。天子所用的冠有兩種式樣：一是通天冠，二是翼善冠；所用的冕服有六種式樣：一是大裘冕，二是袞冕，三是鷩冕，四是毳冕，五是絺冕，六是玄冕；所用的弁有兩種式樣：一是武弁，二是皮弁；所用的幘有兩種式樣：一是黑介幘，二是平巾幘；所用的帽有一種式樣，便是白紗帽。太子所用的冠有三種式樣：一是三梁冠，二是遠遊冠，三是進德冠；所用的冕有兩種式樣：一是袞冕，二是玄冕；所用的弁有一種式樣，就是皮弁；所用的幘，亦是一種式樣，就是平巾幘。臣下所用的冠有五種式樣：一是遠遊冠，二是進賢冠，三是獬豸冠，四是高山冠，五是卻非冠；所用的冕有五種式樣：一是袞冕，二是鷩冕，三是毳冕，四是絺冕，五是玄冕；所用的弁有兩種式樣：一是爵弁，二是武弁；所用的幘有三種式樣：一是介幘，二是平巾幘，三是平巾綠幘。關於織紝的製作有十項，一是布，二是絹，三是絁，四是紗，五是綾，六是羅，七是錦，八是綺，九是繝（綱），十是褐。組綬的製作有五項，一是組，二是綬，三是絛，四是繩，五是纓。紬線的製作有四項，一是紬，二是線，三是絃，四是網。練染的製作有六項。一是青色，二是絳色，三是黃色，四是白色，五是黑色，六是紫色。凡是染色用的染料，大都是由草木提取而成，有的用它的花或葉子，有的用它的莖或果實，也有的是用它的根和皮。這些作為染料用的植物，都由所出產的地區，按時採集，上貢給朝廷。這方面的事務，都要由織染署令和丞督率下屬，努力做好各自的職掌。

【說　明】本章二十五作的敘述，是把繅絲、紡紗的工藝排除在外的。這是因為織染署及其所屬可說是一個專事織與染的大作坊，其原料便是作為庸調從諸州徵發來的綿和綾、絁、絹布，因此繅絲和絡并捻這兩道工藝，已先由農民以家庭手工操作的方式完成。從織造的過程看，絲、麻、毛，不同的織品其手工機械的結構固然不同，即使同樣是絲織品，如絹、綾、羅、錦，所使用的手工機械亦有差異，因而需分設不同的作坊來完成。如絹是平紋，綾是斜紋，錦帶有複雜的花紋圖案，在織機上都有不同的要求，有的還須有特殊的提花裝置。唐代的練染工藝也有較大發展，在本章注釋中我們已約略作了點介紹。儘管唐代的各種織機已無法看到實物，有關工藝的文字記載也不夠詳盡和嚴密，但西北地區大量唐代紡織品的出土，使得我們有充分根據可以斷言，當時中國的織染技術處於世界一流的地位。還在二十世紀之初，斯坦因在敦煌莫高窟發現唐代絲綢的消息一傳出，就立即引起全世界的矚目。以後希伯和又把莫高窟餘留的唐代的絲織品擄掠至法國，藏於著名的吉美博物館。近幾十年來，特別是一九五九年在新疆吐魯番地區阿斯塔那和哈喇和卓的古墓群中出土了大量隋唐時期的紡織品，其中有許多聯珠對禽對獸圖案和團花、寶相花、暈繝花等紋飾，可謂精美絕倫。接著附有眾多實物圖片的《絲綢之路——漢唐織物》和《新疆出土文物》兩本專著，便相繼問世。一九八三年在青海湖西的都蘭執水吐蕃墓葬中，不久又在陝西省扶風縣法門寺地宮中，先後出土了大量唐代絲織品。其中有不少稱之為蹙金繡的精品，所用的拈金線直徑僅有零點一毫米，精心繡作的蓮花、靈芝、卐字、雲氣等圖紋，令人嘆為觀止。這些實物的發現，也印證文獻上的一些近乎神奇的記載。如《新唐書．五行志》提到「安樂公主使尚方合百鳥毛織二裙，正視為一色，旁視為一色，日中為一色，影中為一色，而百鳥之狀皆見。以其一獻韋后。公主又以百獸毛為韉面，皆具其鳥獸狀，工費巨萬。公主初出降，益州獻單絲碧羅籠裙，縷金為花鳥，細如絲髮，大如黍米，眼鼻觜甲皆備，瞭視者方見之。」引文中的「尚方」即尚方監，武后時改少府監為尚方監。依職掌，此應屬於織染署的產品。

唐代織染署領有大量番上服役的工匠。《新唐書·百官志》少府的注文中，提到有「短番匠五千二十九人，綾錦坊巧兒三百六十五人，內作使綾匠八十三人，掖庭綾匠百五十人，內作巧兒四十二人」。這已是一個有相當規模的群體，其中一部份當在織染署管轄之下，有的則直接服役於內宮。《舊唐書·楊貴妃傳》載：「宮中供貴妃院織錦刺綉之工，凡七百人，其雕刻鎔造又數百人」，這說明宮內尚有眾多女工，直接受后妃役使從事女紅之事。此外在民間還有更多從事織造的工匠，只是其所織造的品類受到嚴格的限制。本書第三卷第一篇戶部郎中職掌中規定：四民即士、農、工、商，都是世襲各專其業，並各有自己戶籍；原注又稱：「工商皆謂家專其業以求利者，其織紝、組紃之類非也。」即規定「織紝組紃之類」屬織染署職司，非民間可以此貿利者。所以有若干類絲織品，如錦，在唐太宗時期就曾明令禁止民間織造，官員私畜錦甚至還被視為有罪。《資治通鑑·唐鑑二十一》便載有一例：武后長壽二年（西元六九三年）「侍御史侯思止私畜錦，李昭德按之，杖殺於朝堂」。玄宗開元十七年（西元七二九年）三月詔：「違樣綾錦等，頻有處分，如聞尚未懲革，宜令府縣申明前敕，一切禁斷，所由長官不存捉搦，量事貶降。」（《冊府元龜·帝王部·革弊一》）這是針對民間紡織業綾錦花樣所作的限制。代宗大曆六年（西元七七一年）四月敕：「淫巧之工，更虧常制，在外所織造大張錦、硬軟瑞錦、透背及大門錦、竭鑿六破已上錦，獨窠文綾、四尺幅及獨窠吳綾、獨窠司馬綾等，並且禁斷。其常行高麗白錦、雜色錦及常行小文字綾錦等，任依前例造；其綾錦花紋所織盤龍、對鳳、麒麟、獅子、天馬、辟邪、孔雀、仙鶴、芝草、萬（卐）字、雙勝及諸織造差樣文字（梵文）等亦宜禁斷。兩都委御史臺，諸州府委大道節度觀察使切加覺察，如違犯具狀奏聞。」（《冊府元龜·帝王部·號令三》）所禁的不止有錦、綾的一些品類，甚至還包括部分花樣。為滿足皇家的特種消費需要而建置了織染署這樣的專門機構，這對織染技術的發展固然也起到了一定的推動作用，但為維護特權消費而實施的這種技術壟斷專制政策，卻又在更大範圍內束縛了它的推廣和進一步提高。特別是一旦政治形勢發生突變，這些凝結了多少代匠人智慧和心血的技藝往往會轉眼間消失得無影無蹤。這實在是中國科學技術發展史上的一大憾事。

順便提一下：唐代晚期還曾發生過織染署工匠起義反抗的事件。《舊唐書・五行志》：「〔穆宗〕長慶四年（西元八二四年）四月十七日，染坊作人張韶與卜者蘇玄明，於柴草車內藏兵仗，入宮作亂。二人對食於清思殿。是日禁軍誅張韶等三十七人。」此事《新唐書・馬存亮傳》所載更詳：「敬宗初，染署工張韶與卜者蘇玄明善，玄明曰：『我嘗為子卜，子當御殿食，我與焉。吾聞上晝夜獵，出入無度，可圖也。』韶每輸梁材入宮，衛士不呵也。乃陰結諸工百餘人，匿兵車中，若輸材者，入右銀臺門，約昏夜為變。有詰其載者，韶謂謀覺，殺其人，出兵大呼成列，浴堂門閉。時帝擊毬清思殿，驚，將幸右神策。或曰：『賊入宮，不知眾寡，道遠可虞，不如入左軍，近且速。』從之。初，帝常寵右軍中尉梁守謙，每游幸，兩軍角戲帝多欲右勝，而左軍以為望。至是存亮（時任左神策中尉）出迎，捧帝足泣，負而入。以五百騎往迎二太后，比至，賊已斬關入清思殿，升御坐，盜乘輿餘膳，揖玄明偶食，且曰：『如占。』玄明驚曰：『止此乎！』韶惡之，悉以寶器賜其徒，攻弓箭庫，仗士拒之，不勝。存亮遣左神策大將軍康藝全、將軍何文哲、宋叔夜、孟文亮，右神策大將軍康志睦、將軍李泳、尚國忠率騎兵討賊，日暮，射韶及玄明皆死。」這次事變不過鬧了一天就被平息，在織染署歷史上也算是一件大事了吧？一個工匠，加上一個搞意識形態的卜者，得到幾十個人響應，居然真的坐了一下龍椅，吃了一頓御膳，過了一回做皇帝的癮；可惜的是未等黃粱美夢醒來，就雙雙做了神策軍的箭下鬼。這個失敗的結局幾乎是一開始已注定了的。當然也並非絕對沒有成功的可能。即使成功了，也不過是龍椅座上換了個主兒，封建王朝的歷史和平民百姓的命運決不會有任何改變。有一點可以肯定，即到那時肯定會有大批搞意識形態的人爭先恐後地為這個姓張的工匠編造出一本龍種龍脈的譜系和大量「奉天承運」的神話來，接著便是萬千臣民誠恐誠惶地跪下去山呼萬歲。

三

掌治署：令一人，正八品上。《周禮・冬官》❶：「攻金之工六❷，謂築❸、冶❹、鳧❺、梟❻、段❼、桃❽也。」秦及漢，諸郡國出鐵者，置鐵官長、丞❾。晉衛尉屬官有冶令、丞各一人，掌工徒鼓鑄；過江，省衛尉，而冶令始隸少府❿。宋有東冶令、丞，西冶令、丞⓫，齊因之⓬。梁有東冶令、西冶令，從九品下⓭。《選》⓮：「東冶重，西冶輕⓯。」然梁朝之西冶⓰，蓋宋、齊南冶也。陳因之。後魏無聞⓱。北齊太府寺有司冶令、丞⓲。後周有冶工中士一人，又有鉄工中士一人⓳。隋太府寺統掌冶署，令二人，掌金、銀、銅、鉄器之屬，一管諸冶⓴；煬帝㉑改屬少府，令從八品上。皇朝因之，省一人。

丞二人，正九品上。秦、漢已來，具上注。隋太府寺統掌冶丞四人，煬帝改屬少府。皇朝因之，省二人。

監作二人，從九品下。

掌冶署令掌鎔鑄銅鐵器物之事；丞為之貳。凡天下諸州出銅鐵之所，聽人私採，官收其稅。若白鑞㉒，則官為市之。其西邊、北邊諸州禁人無置鐵冶及採鑛㉓，若器用所須，則其名數㉔，移於所由，官供之；私者，私市之。凡諸冶所造器物，皆上於少府監，然後給之。其興農冶監所造者，唯供隴右諸牧監及諸牧使㉕。

【章旨】敘述掌冶署令、丞和監作之定員、品秩、沿革及職掌。

【注釋】❶周禮冬官 指《周禮》之〈冬官篇〉。《周禮》，儒家經典之一，係搜集周王室官制和戰國時各國制度，添附以儒家政治理想，增減排比而成之彙編。全書以天、地、春、夏、秋、冬六官分為六篇。原〈冬官篇〉敘司空之職，早已散佚，漢時補以《考工記》。❷攻金之工六　指專操治金之工種有六個，即下文所言築、冶、鳧、㮚、段、桃，其工藝包括冶煉和鍛製兩類。《周禮・冬官・考工記》對銅錫合金即青銅之冶煉記有六種不同比例：「金有六齊：六分其金而錫居一，謂之鍾鼎之齊；五分其金而錫居一，謂之斧斤之齊；四分其金而錫居一，謂之戈戟之齊；參分其金而錫居一，謂之大刃之齊；五分其金而錫居其二，謂之削殺矢之齊；金錫半，謂之鑒燧之齊。」金即銅。齊通「劑」，指銅、錫所含成分之比。近人將今存商代晚期殷司母戊鼎和青銅劍之銅錫配比作化學分析，結果分別與此處六齊中之「鍾鼎之齊」、「戈戟之齊」相一致或很接近，說明《考工記》中六齊之說，確曾是當時冶煉青銅的技術規範。攻金之六工，即以六齊所冶煉的含有不同配比成分之銅錫合金，鍛製各種兵器或禮器。❸築　指築氏，攻金六工之一。掌製書刀之職。《周禮・冬官・考工記》：「築氏為削長尺博寸，合六而成規。」鄭玄注：「今之書刀。」《釋名・釋兵》：「書刀，給書簡札有所刊削之刀也。」書刀又稱曲刀，長一尺，闊一寸。其曲度是以刀之六倍長度構成一圓周，即十六度。同書又謂：「築氏執下齊。」下齊與上齊相對而言。在注❷六齊中，以銅錫含量之多寡又分上齊和下齊：銅多錫少稱上齊，錫多銅少為下齊。此指築氏所製書刀以下齊為之。❹冶　即冶氏，攻金六工之一。掌制矢鏃、戈、戟之職。其製作工藝《周禮・冬官・考工記》有詳錄。同書又謂：「冶氏執上齊。」上齊，見注❸。此言冶氏所製之兵器以上齊為之。❺鳧　即鳧氏，攻金六工之一。掌鑄鐘之職。《周禮・冬官・考工記》：「鳧氏為鍾。」所以稱鳧氏者，賈公彥疏云：「族有世業，以氏名官，若鳧氏、㮚氏之等是也。」可備一說。又，《考工記》未言造鼎之工，而其六齊之說云：「六分其金而錫居一，謂之鍾鼎之齊。」鐘鼎同齊，則或鑄鼎亦為鳧氏職掌。❻㮚　古「栗」字。指㮚氏，攻金六工之一。掌製量器之職。《周禮・冬官・考工記》：「㮚氏為量。」鄭玄注：「㮚，古文或作歷。」孫詒讓《周禮正義》卷七十八：「疑當從古書作歷氏。歷與〈陶人〉『鬲實五觳』之鬲，聲近字通。」❼段　指段氏，攻金六工之一。掌製田器之職。《周禮・冬官・考工記》段氏之職文已闕，其總敘則曰：「段氏為鎛器。」鄭玄注：「鎛器，田器，錢鎛之屬。」孫詒讓《周禮正義》卷七八：「段氏者，《說文・殳部》云：『段，椎物也。』又〈金部〉云：『鍛，小冶也。』凡鑄金為器必椎擊之，故工謂之段氏。鍛則所用椎段之具也。」❽桃　指桃氏，攻金六工之一。掌製刀劍之職。《周禮・冬官・考工記》：「桃氏為劍。」並附有詳細製作工藝。孫詒讓《周禮正義》卷七八：「桃，名義未詳。疑即『⿸庣斗』之假字。《說文・斗部》云：『⿸庣斗，一曰利也。』《爾雅》曰：『⿸庣斗謂之鍤。』《有司徹》『桃匕』注云：『桃謂之歃。』即用雅訓，而以桃為『⿸庣斗』，是其證也。刀劍鋒銳利有似匕臿，故以名工。」❾諸郡國出鐵者置鐵官長丞　漢武帝元狩四年（西元前一一九年），宣布鹽鐵官營，在郡國出鐵之地設置鐵官。據《漢書・地理志》記載，山陽郡、魏郡之武安縣、千乘郡、濟南郡、東萊郡之東牟縣、瑯玡郡、東海郡之朐縣、臨淮郡之鹽瀆等計四十九處，皆置有鐵官。《鹽鐵論・水旱》大夫與賢良對話中，多次提到「縣官鼓鑄鐵器，大抵多為大器」、「縣官作鐵器多苦惡」、「鐵官賣器不售，或頗賦與民，卒徒作不中呈」，反映了各地皆有鐵官之設，或由縣官管理鼓鑄、鐵器之生產。東漢沿襲西漢，亦在郡縣置鐵官，載錄於《後漢書・郡國志》者即有三十四處，其中與《漢書・地理志》相重者二十七處。❿自「晉衛尉屬官有冶令丞」至「而冶令始隸少府」　東漢末，曹操平定冀州時，曾在河北設置司金都尉，後又置臨冶謁者。在四川之蜀亦置司金中郎將。魏、蜀主冶鐵者皆屬武官，故晉之諸冶屬衛尉。《宋書・百官志》稱：「漢有鐵官，晉置令，掌工徒鼓鑄，隸衛尉。江左以來，省衛尉，度隸少府。宋世雖置衛尉，冶隸少府如故。江南諸郡縣有鐵者，或置冶令，或置丞，多是吳所置。」⓫宋有東冶令丞西冶令丞　句中「西冶」當是「南冶」之訛。原注下文即有「梁朝之西冶，蓋宋齊南冶也」之句。又，《宋書・百官志》亦作「東冶令一人，丞一人。南冶令一人，丞一人」。⓬齊因之　《南齊書・百官志》在少府屬下設有東冶令一人，丞一人；南冶令一人，丞一人。⓭梁有東冶令西冶令從九品下　《隋書・百官志》在梁少府卿下有東、西冶令、丞。東、西冶令列第一班。梁武帝天監七年（西元五〇八年）革選，改九品制為十八班制，以班多為貴。九品相當於一班。《梁書・康絢傳》：「〔天監〕十三年（西元五一四年），堰淮水以灌壽陽。十四年（西元五一五年）堰將合，淮水漂疾，輒復決潰。或謂江淮多有蛟，能乘風決壞崖岸，其性惡鐵，因是引東西二冶鐵器，大則釜鬵，小則鋘鋤，數千萬斤，沉于堰所。」又，《梁書・侯景傳》：「侯景以臺所給仗，多不能精，啟起東冶鍛工，欲更營造。」梁代鹽鐵仍由官營，諸王封國中，鹽鐵及金銀銅錫亦均非所屬。⓮選　正德本「選」下尚有一「部」字。近衛校曰：「『部』當作『簿』。」揆之此下引文，當出自《梁選簿》。故此「選」上應有「梁」字，下當補「簿」字。《舊唐書・百官志》著錄有「《梁選簿》三卷，徐勉撰。」⓯東冶重西冶輕　正德本此上尚有一「舊」字。全句為：「舊，東冶重，西冶輕。」⓰然梁朝之西冶　《職官分紀》卷二二引《唐六典》原注此句尚有一「則」字，即為：「然則梁朝之西冶」。⓱後魏無聞　北魏置鐵官一類事，史著零星亦有所載錄。如《魏書・崔挺傳》：太和十九年（西元四九五年）崔挺任光州刺史，「先是州內少鐵，器用皆求之他境，挺表復鐵官，公私有賴」。又，《魏書・食貨志》：「世宗延昌三年（西元五一四年），有司奏長安驪山有銀礦，二石得銀七兩。恒州上言曰：白登山有銀礦，八石得銀七兩，錫三百餘斤，其色潔白，有踰上品。詔並置銀官，常令採鑄。又漢中舊有金戶千餘家，常於漢水沙淘金，年終總輸。」⓲北齊太府寺有司冶令丞　據《隋書・百官志》，句中「司」當作「諸」。北齊太府寺設諸冶東、西道署，諸冶東道，又別領滏口、武安、白間、三局丞；諸冶西道，又別領晉陽冶、泉部、大邳、原仇四局丞。⑲後周有冶工中士一人又有鐵工中士一人　冶工中士，北周冬官府司金中大夫屬官，掌鐵器之冶鑄，正二命。下設冶工下士以佐其職。鐵工中士，北周司金中大夫屬官中無此職。《通典・職官二十一》北周官品正二命中有鑄工中士、鍛工中士，而無鐵工中士。鐵工或係鍛工、鑄工之誤。⑳一管諸冶　正德本作「并管諸冶」。指掌冶署統管各地之冶官。隋於諸郡縣置冶官，據《隋書・地理志》載錄有四處，即延安郡之金明，今陝西安塞縣北；河南郡之新安，今河南澠池縣東；隆山郡之隆山，今四川彭山縣；蜀郡之綿竹，今四川德陽縣北三十五里。㉑煬帝　隋朝皇帝楊廣，在位十三年，終年五十歲。㉒白蠟　據《舊唐書・職官志》當為「白鑞」。亦稱錫鑞，為鉛錫鉼合金之通稱。《隋書・食貨志》稱：「是時見用之錢，皆須和以錫鑞，錫鑞既賤，求利者多，私鑄之錢不可禁約。其年詔乃禁出錫鑞之處，並不得私有採取。」唐沿隋制，民間所產之錫鑞皆由官市，防止私鑄濫錢惡錢。㉓其西邊北邊諸州禁人無置鐵冶及採鉚　鉚即「礦」字。《周禮・地官》有「卝人」之職，鄭玄注：「卝之言礦也。金玉未成器曰礦。」唐不僅禁止西北沿邊地區冶鐵開礦，而且禁止鐵器出境。《唐會要》卷八六：「開元二年（西元七一四年）閏三月敕，諸錦、綾、羅、縠、繡織成細紬絹絲、犛牛尾、真珠、金鐵，并不得與諸蕃互市，及將入蕃金鐵之物，亦不能將度西北諸關。」德宗建中元年（西元七八〇年）又重申上述規定。㉔則其名數　句中「其」，廣雅本作「具」，與《舊唐書・職官志》「具名移於所由官供之」相合，當據以改。㉕隴右諸牧監及諸牧使　唐在隴右設置八使五十六牧監，為唐代最重要的牧場和監牧場所。張說〈隴右監牧頌德碑〉記其規模稱：「設四十八監以掌之，跨隴右、金城、平涼、天水四郡之地，幅員千里，猶為狹隘；更折八監，布於河曲，豐曠之野，乃能容之。」（《唐會要》卷七二）其地域主要在今甘肅之河西走廊。據《新唐書・兵志》載，隴右諸牧監置使始於高宗儀鳳中，「立四使，南使十五，西使十六，北使七，東使九。諸坊若涇川、亭川、闕水、洛、赤城，南使統之；清泉、溫泉，西使統之；烏氏，北使統之；木硤、萬福，東使統之。它皆失傳。其後益置八監於鹽州，三監於嵐州。鹽州使八，統白馬等坊；嵐州使三，統樓煩、玄池、天池之監」。

【語　譯】掌冶署：令，定員一人，品秩為正八品上。《周禮・冬官》規定：「專做金屬的工種有六個，就是築氏、冶氏、鳧氏、㮚氏、段氏和桃氏。」秦朝和漢代，各郡國中凡是出產鐵的，都設置鐵官長和鐵丞。西晉在衛尉的屬官中有冶令、冶丞各一人，掌管工徒從事冶煉鑄造；過江後的東晉，省去了衛尉，因而首次把冶令隸屬於少府。南朝宋設有東冶令、丞和西（南）冶令、丞，齊因仍宋制。梁朝有東冶令和西冶令，品秩第一班，相等於從九品下。《〔梁〕選〔簿〕》說：「〔舊制〕，東冶地位比較重要，西冶則次一等。」然而，梁朝的西冶，也就是宋、齊的南冶。陳因承梁制。北魏鐵官的建置狀況，缺少記載。北齊在太府寺屬下設有各個冶令和丞。北周司金中大夫之下，設有冶工中士一人，又有鐵工中士一人。隋由太府寺統轄冶署，設有令二人，掌管金、銀、銅、鐵器的冶煉和鑄造，並掌管各個冶監，到煬帝時，掌冶署又劃給少府寺管轄；令的品秩是從八品上。本朝因承隋制，令的員數簡省為一人。

丞，定員二人，品秩為正九品上。秦漢以來丞的沿革在上文原注令的沿革中已經說到。隋朝太府寺統領掌冶署，有丞四人，煬帝時改為屬於少府。本朝因承隋制，丞的定員省為二人。

監作，定員二人，品秩為從九品下。

掌冶署令的職務是，掌管冶煉和鑄造銅鐵器方面的事務。丞是令的副職。全國各州凡是出產銅鐵的處所，都允許私人開採，但官府要徵收賦稅。若是出產白鑞（鑞），那就要歸官府收購。至於西部邊境、北部邊境各個州，禁止私人設鐵冶和開採礦石，如果有日常器用需要，那就開列出品名和數量，向主管機關申報，然後由官府供給；屬於私人需要的，可由私人直接購買。凡是各地冶監所鑄造的器物，都要先上報給少府監，然後供給相關需用部門。其中興農冶監所造的器物，只供應給隴右各牧監和各牧使。

【說 明】中國古代礦冶的管理機構及官員，始見於《周禮・地官》有司徒屬官卝（礦）人，置中士二人，下士四人。其職為「掌金玉錫石之地」。要做兩件事：一是「為之厲禁以守之」，在礦區築起藩籬，立下禁令，並命人守護；二是「若以時取之，則物其地圖以授之」，做好探測並繪出圖形，交付給開採的人。《管子・地數》也有類似的記載：「山有鐵有銀者，謹封而為禁，有動封山者，罪死而不赦。有犯令者，左足入，左足斷；右足入，右足斷。」設置鐵官則始於秦。秦昭襄王十五年（西元前二九二年）在南陽郡置鐵官。關東列國亦有置鐵官的，山東臨淄曾發現「齊鐵官丞」印章，可為佐證。其時以冶鐵致富的商人，見諸史著的也有不少。如蜀卓氏，原為趙人，秦始皇將其遷於臨邛（今四川邛崍縣），即鐵山鼓鑄而大富。臨邛另有程鄭，為山東遷虜，亦因冶鑄而得以富埒卓氏。司馬遷的先祖司馬昌，秦時曾任鐵官，事見《史記・太史公自序》：「司馬靳孫昌，昌為秦主鐵官。」漢武帝元狩四年（西元前一一九年）實施鹽鐵官營，在全國各產鐵之地設置鐵官，見於《漢書・地理志》記載的有四十九處，主要分佈於長江以北地區。《後漢書·郡國志》記載各地設置的鐵官有三十四處，除與《漢書·地理志》相重的二十七處，新增的七處在四川的有三處，雲南二處，甘肅、河北各一處。同書又載，銅的產地有四處：俞元（今雲南澄江縣南裝山）、賁古（今雲南建水縣東南）、朱提（今四川宜賓市西南）、邛都（今四川西昌市東南）；錫的產地有三處：律高（今雲南陸良縣東）、賁古、漢中錫（今湖北鄖西縣）；鉛的產地為兩處：律高的監町山和賁古的羊山；銀的產地有四處，其中二處與產鉛地相重，另兩處一為雙柏（今雲南雙柏縣），一為朱提；金的產地為一處，即永昌郡博南（今雲南永平縣）。一九七四年在河南省澠池縣發現一北魏時期的鐵器藏窖，共出土鐵器四千一百九十五件，從銘文看，出自十多個鑄鐵坊，其地址大多在黃河中游兩岸，如澠池，早在西漢便曾設置鐵官；新安，漢屬弘農郡，有漢代鐵冶的遺址；夏陽，即今陝西韓城縣，自漢至北魏皆是鐵冶所在；絳邑，今山西之曲沃縣，陽城，今河南登封縣的吉城，漢代都曾設過鐵官。有些鐵器的銘文是一個「口」字，這可能是表示今河南省浚縣北邊的相州牽口，「牽口冶」是北魏有名的鑄造精良農器和兵器的作坊。《魏書·食貨志》稱：「其鑄鐵為農器兵刃，在所有之，然以相州牽口冶為工，故常鍊鍛為刀，送於武庫。」經金相考察和化學分析，澠池藏窖出土的鐵器包括有白口鐵、展性鑄鐵、灰口鑄鐵和炒鋼鍛件，還發現有鑄鐵脫炭鋼和類似於現代球墨鑄鐵的球墨組織，反映了從兩漢到北魏，我國冶鐵技術又有了長足的進步。東晉和南朝時期，在江南地區，特別是武昌的鐵冶業，揚州的冶鑄業，嶺南地區的採礦和冶鑄，都發展到了相當規模。唐代的冶煉業，便是在上述歷史基礎上的全面繼承和發展。

四

諸冶監：監各一人，正七品下。秦、漢內使及諸郡有鐵者，則置鐵官長、丞❶。《晉令》❷：「諸冶官庫各置督監一人。」《宋書》云：「江南諸郡縣有鐵者，或置冶令，或丞，皆吳時置也。」❸齊、梁有梅根諸冶令❹。北齊諸冶皆有局丞❺。隋諸冶皆署監❻，監有上、中、下三等，皇朝因之，掌鑄兵農之器，以給軍旅、屯田、居人焉。

丞一人❼，從八品上。

監作四人，從九品下。

諸冶監掌鎔鑄銅鐵之事，以供少府監；丞為之貳。

【章　旨】敘述諸冶監之監和丞之定員、品秩、沿革及職掌。

【注　釋】❶秦漢內使及諸郡有鐵者則置鐵官長丞　句中「內使」，近衛校曰：「『使』當作『史』。」《職官分紀》卷二二引《唐六典》原注此句亦為「內史」。《漢書・百官公卿表》：「內史，周官，秦因之，掌治京師。」《周禮・春官・宗伯》：「內史掌王之八枋之法，以詔王治。」鄭玄注：「太宰既以詔王，內史又居中貳之。」內史為能直接親近帝王之內侍官。漢承秦制，亦以內史掌治京師，《封泥考略》有「內史之印」，即為漢初之物。景帝二年（西元前一五五年）分置左、右內史，武帝太初元年（西元前一〇四年）更名右內史為京兆尹，左內史為左馮翊；武帝太初元年（西元前一〇四年）又將主爵都尉更名為右扶風，與左馮翊、京兆尹合而稱之為三輔，其治所俱在長安古城中。三輔之屬官皆設有鐵官長、丞，據《漢書・地理志》，京兆所轄之鄭縣（今陝西渭南）、左馮翊所轄之夏陽縣（今陝西韓城）、右扶風所轄之雍縣（今陝西鳳翔）、漆縣（今陝西邠縣），便多有鐵官之設。諸郡國設鐵官者，計有四十九處之多。❷晉令　書名。《舊唐書・經籍志》著錄有《晉令》四十卷，賈充撰。❸自「宋書云」至「皆吳時置也」　《宋書》，南朝梁沈約撰，一百卷，紀傳體南朝宋史。修於齊永明五年（西元四八七年），然諸志定稿則已在梁武帝時。引文見《宋書・百官志》。末句「皆吳時置也」，原文為「多是吳所置」。吳在江南諸郡所置之冶令、丞，缺少具體記載，其時江南已產鐵則史著有錄。如《三國志・吳書・諸葛恪傳》：丹陽「山出銅鐵，自鑄甲兵」；陶弘景《古今刀劍錄》：「吳王孫權以黃武五年（西元二二六年）采武昌（今湖北鄂城）銅、鐵，作千口劍，萬口刀」；《宋書・劉粹傳》：粹之弟道濟於文帝元嘉中任益州刺史，「府又立冶，一斷民私鼓鑄，而貴賣鐵器，商旅吁嗟，百姓咸欲為亂」。益州自漢以來，冶鐵之業一直較為發達。❹齊梁有梅根諸冶令　梅根，地處長江南岸，今安徽之銅陵市。《太平寰宇記》卷一〇五記池州銅陵縣，「自齊梁之代為梅根冶以烹銅鐵，……銅山出銅，以供梅根監」。《元和郡縣志》卷二八亦謂「利國山在南陵縣西一百一十里，出銅，供梅根監。梅根監在縣西一百三十五里。銅井山在縣西南八十五里，出銅」。南朝齊在少府設有東冶令、丞和南冶令、丞，梁則在少府下設東、西冶令、丞。齊、梁冶鑄除梅根外，還有鄂州之武昌縣，境內有「白雉山，山高一百二十五丈，其山有芙蓉峰，前有獅子嶺，後有金雞石，南出銅礦，自晉、宋、梁、陳以來置爐烹煉」（《太平寰宇記》卷一一二）。此外益州也曾是當時重要採礦之地，《梁書・張興傳》、《南史・武陵王蕭紀子圓正傳》等均有所提及。❺北齊諸冶皆有局丞　據《隋書・百官志》北齊太府寺諸冶有東、西道署，諸冶東道，別領滏口、武安、白間三局丞；諸冶西道，別領晉陽冶、泉部、大邵、原仇四局丞。❻隋諸冶皆署監　句中「署」，近衛校曰：「『署』當作『置』。」《職官分紀》卷二二引《唐六典》原注此句亦為「置」，廣雅本正作「置」。據《隋書・地理志》，隋置冶官有四處，即延安郡之金明（今陝西安塞縣北），河南郡之新安（今河南澠池縣東），隆山郡之隆山（今四川彭山縣），蜀郡之綿竹（今四川德陽縣北）。此外尚有河東郡安邑之銀冶，位於今山西運城東。若依下文隋諸冶監分為上、中、下三等，則其所置之冶監數決不止於上述所列僅有四、五處，隋志所載或有遺漏。然隋初官冶較之前代又確有較大縮減，南北朝時一些著名冶區，包括梅根、臨邛等都已廢棄。究其原因，一是官冶的勞動力源於強制性徵集，且為苛酷之農奴式勞動，一旦政治上失控，勞動力便自動散失；二是設置官冶往往成為當地沉重的租賦負擔，不問是否有銅鐵或金銀出產，每年皆須依定額上繳，故每次王朝更迭，廢棄官冶常常成為新朝藉以收攬人心的一項「德政」。❼丞一人　指每監各一人。省「各」字。下文「監作四人」同。

【語　譯】各個冶監：監，定員每監一人，品秩為正七品下。秦漢時期在內史和各郡國產鐵的地方，都設有鐵官長和丞。《晉令》規定：「各冶和官庫都設置督監一人。」《宋書》記載：「江南各郡縣出鐵的地方，有的設置冶令，有的設置冶丞，那都是三國吳時期的建置。」齊、梁時，有梅根等幾個冶令。北齊的各個冶下都設有局丞。隋的各個冶都署（置）監，監又分上、中、下三等。本朝因承隋制，各冶監掌管鑄造兵器、農器一類器械，以供給軍隊、屯田和一般農戶和平民使用。

丞，定員每監一人，品秩為從八品上。

監作，定員每監四人，品秩為從九品下。

各冶監掌管冶煉和鑄造銅鐵器物的事務，產品提供給少府監。丞是令的副職。

【說 明】關於唐代初期礦冶的分布及其產量，《新唐書·食貨志》有一個簡要的概括，其文稱：「凡銀、銅鐵、錫之冶一百六十八。陝（治今河南陝縣）、宣（治今安徽宣城）、潤（治今江蘇鎮江）、饒（治今江西波陽）、衢（治今浙江衢縣）、信（治今江西上饒）五州（據上文應作六州），銀冶五十八，銅冶九十六，鐵山五，錫山二，鉛山四。汾州（治今山西汾陽縣）礬山七。麟德二年（西元六六五年），廢陝州銅冶四十八。」這裡列舉的當是官冶之數。唐初銅鐵允許民間私人開採，官府只是收其賦稅，其數量肯定要遠遠多於此數。如此處載錄的鐵山僅五處，而《新唐書·地理志》所載有鐵之處達一百零四處之多，可見絕大部份屬於民營。從以官營為主轉為以民營為主，應該說是一個歷史進步。《鹽鐵論》中大夫與賢良關於鹽鐵應否官營的爭論，反對官營的賢良們列舉了官營的一些缺陷，如在〈水旱篇〉中指出：「縣官作鐵器多苦惡，用費不省，率徒煩而力作不盡。」這是說官營作坊率徒們出工不出力，高成本而低質量，這也是國有經濟的通病。又說：「縣官鼓鑄鐵器，大抵多為大器，務應員程，不給民用。民用鈍弊，割草不痛，是以農夫作劇，得獲者少。」官營作坊顧不上製造農器，難得造一點，也多屬低劣產品，農民用了它不僅增加了勞動強度，還降低了效率。此外還說到，由於官營作坊出售網點少，離農田路程遠，一到農忙季節，農民便有遠水難救近火之嘆，於是出現了這樣的反常現象：一方面農民因缺少鐵器而不得不「木耕手耨」；另一方面鐵官製造的農器又賣不出去。因而主張民營。一旦民營，千家萬戶，就近造作，且「家人相一，父子戮力，各務為善器」。賢良這些話可說是對兩千多年前的「大鍋飯」的弊病頗有深度的揭示，比較符合實際。他們的主張是士農工商各有分工，讓農、工各以產品互換來交換勞動，壓縮國營，發展民營。當然漢武帝施行鹽鐵官營，在那時的歷史條件下，對促使冶鐵業的發展，也收到了一定的效應。但時間一久，官營的弊端就逐漸暴露出來。所以漢武帝一死，「罷鹽鐵」的呼聲即起，因而有漢昭帝始元六年（西元前八十一年）召開議鹽鐵的會議，《鹽鐵論》記載的便是那次會議的實況。賢良們那些話不能說沒有道理，但昭帝時霍光執行的依然是漢武帝時鹽鐵官營的政策，只是規模已逐漸縮小，到東漢諸州郡有記載的鐵官僅有三十四處，比西漢要少得多。降至魏晉南北朝，戰亂連綿，中央政府對地方政府的控制力大為削弱，官冶的數目急劇減少，民營已佔了主要地位。如《魏書·食貨志》稱：「其鑄鐵為農器、兵刃在所有之，然以相州牽口治為工，故常練鍛為刀，送於武庫。」便反映了鑄鐵業已大多屬於民營，只有少數還保持官營，以保障官府兵器的需要。又如《南齊書・劉粹傳》載，其弟道濟在宋文帝元嘉中任益州刺史，在益州「府又立治，一斷民私鼓鑄，而貴賣鐵器，商旅吁嗟，百姓咸欲為亂」。益州歷來是產鐵重地，發展至南朝統治時期，已以民營為主，故一旦官為立治，老百姓便怨聲載道，官營之不得人心可見一斑。

本文開頭所引《新唐書・食貨志》列舉的銀、銅、鐵、錫之冶共一百六十八處，其中佔第一位的是銅冶，有九十六處，其次是銀冶，五十八處，說明唐代官冶以銅、銀為主，而鐵則已多由民營，只保留了少數官冶。為什麼朝廷對銅的注重超過了鐵呢？主要原因是出於鑄錢的需要。自南北朝至唐初，民間貿易和官府徵發的賦稅，絹布佔重要比例，無論交納賦稅、上供進獻、軍費開支、皇帝賞賜、私人贈送，乃至計贓贖罪、行賄懸賞、布施放債、程資賃費等等，大量以絹布端品計算，銅錢往往反而很少通行。但隨著商品和貿易的逐漸發展，絹帛作為貨幣流通畢竟有它的局限性，不僅攜帶、貯藏極為不便，且又往往容易造成誤差，因而在開元二十二年（西元七三四年）三月的敕文中便有了這樣的新規定：「布帛不可以尺寸為交易，菽粟不可以抄勺貿有無。」（《唐會要》卷八九）這說明就流通媒介的功能而言，錢幣比之於粟帛自有其不可替代的優勢。為了滿足不斷增長中的貿易和經濟交往上的需要，必須加快發展鑄幣之業，這就使礦冶中銅的地位超過了鐵。上章正文中提到的白鑞，即鉛鋅礦，規定要由國家收購，也是出於鑄錢的需要。《新唐書・食貨志》所列舉的陝、宣、潤、饒、衢、信這六州，主要也是銅冶。唐代在宣州設鑄錢爐十座，有梅根、宛陵二監錢官，採銅於南陵利國山，即今銅陵縣的銅官山，原是我國礦業開發史上一個著名的古礦。饒州有德興的銅山，《讀史方輿紀要》卷八五：「銅山在〔德興〕縣北三十里，唐置銅場處。山麓有膽泉，亦曰銅泉。土人汲以浸鐵，數日輒類朽木，刮取其屑，鍛煉成銅。」北宋時，每年在這裡收膽銅定額為五萬斤。信州，是上饒鉛山的銅礦，有銅寶山，在鉛山縣西南，也是一個古銅礦區。潤州，治所在今江蘇省鎮江市，銅礦在句容縣。《元和郡縣志》卷二五：句容縣銅冶山，在縣北六十五里，出銅鉛，歷代採鑄。又《新唐書・地理志》稱：溧水、溧陽有銅，信州的弋陽、玉山，衢州的信安郡西安，宣州的南陵、寧國，都有銀。銀與銅在礦藏中往往共生，採銀比採銅要容易一些，但唐朝官府則更鼓勵採銅，因銀那時尚未徧作為貨幣使用。關於當時官冶銀、銅、鐵、錫的產量，據《新唐書・食貨志》載錄，憲宗元和初歲採銀一萬二千兩，銅二十六萬六千斤，鐵二百零七萬斤，錫五萬斤。到宣宗時，歲產銀二萬五千兩，銅六十五萬五千斤，鐵五十三萬二千斤，錫一萬七千斤。銀、銅都有較大增長，鐵和錫則下降了很多。

五

北都軍器監❶：監一人，正四品上。開元初令少府監置，十六年移向北都❷。

少監一人，正五品上。

丞二人，正七品❸。

主簿一人，正八品上。

錄事一人，正九品下❹。

軍器監掌繕造甲弩之屬❺，辨其名物，審其制度，以時納于武庫❻；少監為之貳焉。

丞掌判監事。凡材革出納之數，工徒眾寡之役，皆督課焉。

主簿掌印及勾檢稽失❼。

錄事掌受事發辰❽。

甲坊署：令一人，正八品下。《周禮・考工記》❾曰：「函人❿為甲：犀甲七屬⓫，兕甲⓬

六屬，合甲⑬五屬。凡為甲，必先為容，然後制革⑭，權其上旅與其下旅⑮，而重若一。」隋少府有甲鎧署⑯，皇朝改焉⑰。

丞一人，正九品下。

監作二人，從九品下。

弩坊署：令一人，正八品下。《周禮》：「司弓矢⑱掌四弩⑲。凡弩，狹瘦利攻守，廣大利車戰、野戰⑳。」《考工記》：「弓人取六材必以其時㉑。幹也者，以為遠；角也者，以為疾；筋也者，以為深；膠也者，以為和；絲也者，以為固；漆也者，以為受霜露也。凡取幹之道有七：柘為上，檍次之，檿桑次之，橘次之，木瓜次之，荊次之，竹為下㉒。」隋有弓弩署㉓，皇朝改焉㉔。

丞一人，正九品下。

監作二人，從九品下。

甲坊令、弩坊令各掌其所脩之物，督其繕造，辨其粗良；丞為之貳。凡財物之出納，庫藏之儲備，必謹而守之。

【章旨】敘述北都軍器監之監、丞及甲坊署、弩坊署令、丞之定員、品秩、沿革和職掌。

【注釋】❶北都軍器監　軍器監，官署名，亦為官名。掌兵器甲弩製造。北都，指太原府（今山西太原市），係唐高祖李淵發祥地，故以之為北都，又曾稱為北京。軍器監始置於北周。《周書・武帝紀》：「建德四年（西元五七五年）春正月，初置營軍器監。」隋煬帝時在少府監置鎧甲、弓弩二署。唐代軍器監置廢變易頻頻，諸書所載又稍有異。如《新唐書・百官志》軍器監之注文稱：「武德初，有武器監一人，正八品下。掌兵仗廄牧，少監一人，丞二人，主簿一人。七年（西元六二四年）廢軍器監，八年復置。九年又廢。貞觀六年（西元六三二年）廢武器監。開元以前，軍器皆出右尚署，三年（西元七一五年）置軍器監，十一年（西元七二三年）復廢為甲、弩坊，隸少府，十六年（西元七二八年）復為監。有府八人，史十二人，亭長二人，掌固四人。」《唐會要》卷六六軍器監條載：「武德元年（西元六一八年）置。貞觀元年（西元六二七年）廢，併入少府監。開元三年（西元七一五年）十二月二十四日以軍器使為監，領弩、甲二坊，十一年（西元七二三年）十月二十五日罷。隸入少府監，為甲、弩坊，加少監一員以統之。天寶六載（西元七四七年）五月二十八日復置。乾元元年（西元七五八年）六月十三日又廢〔監〕置使，其監已下並停。」又西京軍器庫條：「乾元元年（西元七五八年）六月，敕軍器監改為軍器使，大使一員，副使二員，判官二員，其使以內官為之。」《冊府元龜・卿監部・總序》則記為「貞觀中廢軍器監，併入少〔府〕監」；「明皇開元初復以少府監甲、弩坊地置軍器使，二年（西元七一四年）又分少府監甲鎧、弓弩別置軍器監，三年以軍器使為監，領甲、弩二坊，十二年（西元七二四年）省軍器監，又置北京軍器庫，十六年（西元七二八年）置軍器監於北都，常以太原尹兼領。二十五年（西元七三七年）廢北京軍器庫，依舊為甲坊。天寶六載（西元七四七年）復軍器監於舊所，置監一人，領甲坊、弩坊兩署。肅宗乾元元年（西元七五八年）又廢軍器監，卻置使，其監以下並停，其使以內官為之。」合三書所記，唐軍器監大體始置於武德初，至貞觀初撤去武器監建置，其職併入少府監，少府下有甲鎧、弓弩二署，軍器製作則歸右尚署。開元初，在少府監之甲、弩坊地置軍器使，不久又把甲、弩坊劃歸軍器使，開元元年（西元七一三年）軍器使改稱軍器監，成為與少府監並列之機構。開元十一年（西元七二三年），恢復太原府為北都，次年又撤銷在長安的軍器監，而於太原置北京軍器庫，至開元十六年（西元七二八年）又在太原設北都軍器監，以太原尹兼領。開元二十五年（西元七三七年）廢北京軍器庫，北都軍器監也處於停頓狀態。至天寶六載（西元七四七年）又在長安恢復軍器監，下領甲坊、弩坊二署，至肅宗乾元元年（西元七五八年）又廢監設使，改由宦官統領，導致宦官勢力膨脹。本章所述北都軍器監當是開元之制，名義上雖屬少府，實際具有半獨立性，其監之品秩為正四品上，遠遠高於少府屬下諸署，甚至也高於少府之少監，僅次少府之監。❷開元初令少府監置十六年移向北都　據《職官分紀》卷二三引《唐六典》原注此句，其中「令」當作「分」。開元，唐玄宗李隆基的年號。十六年，即西元七二四年。❸丞二人正七品　丞二人，《新唐書・百官志》作「丞一人」。正七品，《通典・職官二十二》及新舊《唐書》官志皆為「正七品上」。❹正九品下　《新唐書・百官志》同此，《舊唐書・職官志》

作「從九品上」。❺甲弩之屬　指鎧甲、弓弩一類兵器和裝備。甲弩的製作各有定制。本書第十六卷第一篇衛尉寺武庫令職掌中載有「甲之制十有三」，即明光甲、光要甲、細鱗甲、山文甲、烏鎚甲、白布甲、皂絹甲、布背甲、步兵甲、皮甲、木甲、鎖子甲和馬甲；「弩之制有七」，即擘張弩、角弓弩、木單弩、大木單弩、竹竿弩、大竹竿弩和伏遠弩。另有箭之制四，即竹箭、木箭、兵箭和弩箭。❻武庫　唐屬衛尉寺。貯藏兵仗器械。開元十二年（西元七二四年）在北都設置北京軍器庫，至開元二十五年（西元七三七年）廢省。❼勾檢稽失　指勾檢公文公事處理中有無違反法令制度和延誤規定日程。錄事職掌之一便是登錄公文受發之日期，以便於勾檢稽程。❽受事發辰　受事，指所受理之事。發辰，即發日，受事之始日。❾周禮考工記　《周禮》，儒家經典之一。係搜集周王室官制和戰國時各國制度，添附以儒家政治理想，增減排比而成之彙編。《周禮》全書以六官分成六篇，〈天官冢宰〉、〈地官司徒〉、〈春官宗伯〉、〈夏官司馬〉、〈秋官司寇〉和〈冬官司空〉。由於〈冬官司空〉已佚，漢時補以《考工記》，故漢後《周禮》之末篇便為〈冬官考工記〉。❿函人　《周禮》官名。掌製甲之職，屬攻皮之工。《孟子・公孫丑上》：「矢人惟恐不傷人，函人惟恐傷人。」趙岐注：「函，甲也。」⓫犀甲七屬　犀甲，以犀牛皮製成之甲。屬，連續；附著。甲有上、下旅：腰以上稱上旅，腰以下稱下旅，皆以革片連綴，一片一札，此七屬及下文六屬、五屬，即指每旅以七片、六片、五片連綴成甲。清・江永《周禮疑義舉要》云：「甲，續札為之，節節相續，則一札而表裡有兩重，不甚堅者續欲密，札短而多。」⓬兕甲　兕，古代犀牛一類的獸名。其皮厚實，可以製甲。《國語・晉語八》「射兕於徒林」句韋昭注：「兕似牛而青，善觸人。」兕甲，即是以兕皮製成之甲。⓭合甲　用多層複疊製成之甲。合，亦作「韐」。據《周禮・冬官・考工記》鄭玄注引鄭司農其製作法為：「合甲，削革裡肉，但取其表，合以為甲。」即將革之裡肉削去，單用其表，以兩重相合而為一札，然後連綴之。其所費之工材雖多，其堅亦倍於單甲，故只須五札便能連綴成一旅。犀、兕、合三甲比較，以合甲使用時間最長。《周禮・冬官・考工記》以為：「犀甲壽百年，兕甲壽二百年，合甲壽三百年。」⓮必先為容然後制革　容，指人之體形。甲為人服，故製甲必先量人之體，如此製成之甲，才能合身。⓯權其上旅與其下旅　上旅，甲之腰以上的部份；下旅，甲之腰以下部份，猶衣服之上衣與下裳。製作時，要權衡上旅與下旅之輕重，使之若一。⓰隋少府有甲鎧署　隋於煬帝時分太府寺而置少府監，其屬署有甲鎧署，然不久即廢省。⓱皇朝改焉　指唐朝改稱甲鎧署為甲坊署。⓲司弓矢　《周禮》夏官司馬之屬官。下大夫。為繕人、槀人之長。掌管弓矢守藏出入之職。⓳四弩　即下文所言狹（夾）、瘦（庾）、廣（唐）、大四種弩。弩為以機械力發射之弓。由弩臂、弩弓、弩機組成。前設容弓孔，橫向固定弓體；後部有槽安裝弩機；中間以長溝置箭。弩弓以蓄積彈射力，弩機以扣弦發射。與弓相比，弩之發射較為精確，射程更遠些，殺傷力也較強。又，《周禮・夏官》同是司弓矢條，又謂：「夾弓、庾弓，以授射豻侯鳥獸者；唐弓、大弓，以授學射者。」則四弓之名亦為夾、庾、唐、大。⑳狹瘦利攻守廣大利車戰野戰　據《周禮・夏官・司弓矢》原文應為：「夾庾利攻守，唐大利車戰野戰。」夾、庾、唐、大，即指夾弩、庾弩、唐弩、大弩。㉑取六材必以其時　六材，即下文所言幹、角、筋、膠、絲、漆六種製作弓之材料。採集此六種材料必須遵循其各自之季節時令。如牛角，古人以為，秋天殺之牛其角厚，夏天殺之牛則其角薄。故凡製弓宜於冬剖幹，春治角，夏治筋，秋合三材，初冬定弓體，隆冬析弓漆，再於來春上弦。㉒自「柘為上」至「竹為下」　可製弓幹之七種材料及其優劣次序。柘，落葉小喬木。主幹疏直，木裡有紋。葉較桑葉稍硬，亦可飼蠶。檍，一名杻。《爾雅・釋木》：「杻，檍。」郭璞注：「似棣，細葉，葉新生可飼牛，材中車輞。」檿桑，即山桑。落葉喬木，高三丈餘，葉呈廣卵形，緣有粗鋸齒。橘，指橘樹之木。木瓜，落葉灌木或小喬木，幹高六、七尺，葉為長橢圓形。荊，灌木，種類很多。其條幹古代用以製作弓幹或刑杖。㉓隋有弓弩署　隋於煬帝時分太府寺而置少府監，下統諸署中有弓弩署，不久即廢省。㉔皇朝改焉　指唐朝改稱弓弩署為弩坊署。

【語譯】北都軍器監：監，定員一人，品秩為正四品上。唐玄宗開元初年從少府監劃分出一部份來設置了軍器監，到開元十六年又將軍器監移屬於北都太原府。

少監，定員一人，品秩為正五品上。

丞，定員二人，品秩為正七品〔上〕。

主簿，定員一人，品秩為正八品上。

錄事，定員一人，品秩為正九品下。

軍器監的職掌是，主管修造鎧甲、弓弩一類兵器，辨明各類兵器的名稱，審定它們在製作過程中的各項規章制度，按時把製作完成的兵仗繳納給衛尉寺武庫。少監是監的副職。

丞的職掌是，主管本監內部日常事務。凡是製作需用的皮革等各種材料出納的數量，工徒在監內服役的多少，都由丞按規定督察完成。

主簿掌管印信，以及糾查公文公事處理中，有無違失或延誤程限一類事發生。

錄事負責登錄來往公文收發的始日，以便日後稽核程限。

甲坊署：令，定員一人，品秩為正八品下。《周禮・冬官・考工記》中說：「函人的職掌是製作鎧甲。犀甲用七札連綴而成，兕甲用六札連綴而成，合甲用五札連綴而成。大凡製作鎧甲，都必須先量好人的體形，然後才能裁製革片，還要仔細權衡，使上身與下身的革片重量大致相等。」隋朝在少府監下有甲鎧署，本朝改名為甲坊署。

丞，定員一人，品秩為正九品下。

監作，定員二人，品秩為從九品下。

弩坊署：令，定員一人，品秩為正八品下。《周禮》規定：「司弓矢的職掌之一是掌管四弩。關於弩的性能，狹（夾）弩、瘦（庾）弩，適宜於用來進攻和防守，廣（唐）弩、大弩，適宜於用來車戰和野戰。」《考工記》記載：「弓人製弓要用六種材料，採集這些材料都必須依照它們各自的季節和時令。六種材料中，弓幹的作用，是使箭射得遠；角的作用，是使箭飛得快；筋的作用，是使箭穿得深；膠的作用，是將上面幾種材料黏合起來；絲作為弦，是堅固弓的張力；漆的作用，是使弓能抵禦風霜雨雪的侵蝕。可供選取的幹材有七種，柘木最好，其次是檍木，再其次是檿桑，第四等是橘木，第五等是木瓜樹幹，第六等是荊木，最下等的是竹。」隋朝在少府監下設有弓弩署，本朝將它改名為弩坊署。

丞，定員一人，品秩為正九品下。

監作，定員二人，品秩為從九品下。

甲坊令、弩坊令各自執掌他們所分管修造的物品，督促工徒認真造作，辨別製品的優等和劣等。丞為令的副職。凡是有關財物的出納，倉庫中成品的保藏和材料的儲備，都必須嚴謹地各自恪守職責。

【說　明】關於軍器的製作，在東漢有兩個機構，一是太僕的考工令，《後漢書・百官志》其「本注曰：主作兵器弓弩刀鎧之屬，成則傳執金吾入武庫，及主織綬諸織工。左右丞一人」。一是少府的尚方令，同書之「本注曰：掌手工作御刀劍諸好器物」。二者的分工是，考工所製多為實用性的兵仗，而尚方則專製御用刀劍等玩好器物。隋分太府而設少府監時，東漢太僕考工令的職掌合併於少府。唐代少府下的右尚署，主製作刀劍斧鉞甲冑，性質類似於東漢少府尚方令；而軍器監在唐初設置時，是一個與少府監並行的機構，其下屬有甲坊署和弩坊署，專製供作戰用的甲弩。至貞觀時，廢去了軍器監，而將其所屬弩、甲二坊併入了少府監。開元時又恢復軍器監，並於開元十六年（西元七二八年）移向北都太原府，以太原尹兼領，因而與少府監已不再有隸屬關係。過了不到二十年，即至天寶六載（西元七四七年）又把軍器監從北都搬回京師。本章軍器監冠以「北都」，可知其所據便是開元後期至天寶前期這段時間。實際上軍器監並非少府所屬，而是與之並列的一個機構。這從各自長官的品秩上也可以看出：軍器監之監為正四品上，少府監之監為從三品，大體屬於同一類品位，且官名都稱監，不存在隸屬關係。所以《新唐書・百官志》是把軍器監作為一個獨立的行政單位來敘述的，與少府完全分離。而《舊唐書・職官志》則與《唐六典》同，亦將軍器監列於少府之內。《新唐書》成書於前二書之後，顯然作者是看出了這種體例上的矛盾，因而便作了這樣的改動。

在唐代，兵器的製作和擁有是作了嚴格的限制性規定的，違者將受到嚴懲。《唐律疏議・擅興律》：「諸私有禁兵器者，徒一年半。」注曰：「謂非弓、箭、刀、楯、短矛者。」所謂禁兵器是指弓、箭、刀、楯、短矛這五類以外的兵器，私家不得製作和持有。此條之疏議曰：「私有禁兵器謂甲、弩、矛、矟、具裝等，依令私家不合有，若有矛、矟者各徒一年半。」又，「弩一張，加二等；甲一領及弩三張，流二千里；甲三領及弩五張，絞。私造者各加一等。」引文中所說甲，包括皮製、鐵製兩類，也就是說，規定由甲坊署、弩坊署製作的弩與甲，嚴格禁止民間私人製造和持有，非法持甲者，甚至可以作為十惡不赦的首惡謀反論。武則天廢太子李賢時宣布其罪狀便是「東宮馬坊搜得皂甲數百領，以為反具」（《資治通鑑・唐紀十八》）。又，《冊府元龜・帝王部・發號令三》記德宗貞元八年（西元七九二年）六月詔曰：「鎗甲之屬不畜私家，令式有聞，宜當遵守。如聞京城士庶之家所藏器械，宜令京兆府宣示。」這是舊令重申。《唐律》上還規定：「造未成者，減二等，即私有甲弩，非全成者，杖一百。」甲弩之外非全成者，則不論。可見其對甲弩這二項兵器的重視。

諸鑄錢監：監各一人。《周禮》❶：「泉府上士四人❷，掌市之征布❸。」又：「司市❹以商賈阜貨而行布❺，以泉府同貨而斂賒❻。國凶荒札喪❼，則市無征而作布。」鄭玄❽云：「市不稅，為民之用也❾。金、銅無凶年，因物貴，大鑄泉以饒民。」布及泉，謂錢也。《漢書‧食貨志》❿曰：「太公為周立九府圜法⓫。錢圜函方⓬，輕重以銖⓭，故貨寶於金，利於刀，流於泉。布於布，束於帛⓮。周景王鑄大錢⓯，文曰：『寶貨』⓰，內外皆有周郭⓱。秦兼天下，銅錢文曰『半兩』，重如其文⓲。漢興，以秦錢重難用⓳，令人鑄榆莢錢⓴。文帝以錢益輕，更鑄四銖錢，文為『半兩』；除〈盜鑄錢令〉，使民放鑄㉑。及武帝初，鑄『三銖』錢，重如其文，禁人盜鑄㉒。有司言三銖錢輕，更請郡國鑄五銖錢，文曰『五銖』，周郭其質㉓。又以人多奸鑄，令京師鑄官赤仄，一當五㉔。其後赤仄錢又廢㉕。於是，悉除郡國無鑄錢，專令上林三官鑄錢㉖。自武帝元狩年三官初鑄五銖錢，至平帝元始中，成錢二百八十億萬餘㉗。王莽變漢制，始造大錢，徑寸二分，重十二銖，文曰『大錢五十』；後又多所改作㉘。」及公孫述於蜀鑄錢㉙，人不便之，故謠曰：「黃牛白腹，五銖當復㉚。」後漢光武除王莽所造，復五銖錢㉛。靈帝鑄四出錢㉜。魏初專以粟、帛為貨㉝，明帝復立五銖錢，至西晉不改㉞。吳孫權鑄大錢一當五百文，又鑄一當千錢㉟。蜀先主鑄一直百錢㊱。東晉沈充鑄小錢，謂之「沈郎錢」㊲。宋文帝又鑄四銖錢㊳，體完厚；孝武帝四銖，形小薄㊴。少帝鑄二銖，謂之菜子錢；又有綖環錢，貫之以縷，入水不沉㊵。南齊亦用四銖㊶。梁武帝乃鑄二種錢：內有周郭，文曰「五銖」，重如其文；又除內郭，謂之「女錢」[42]。百姓私用古錢，有直百五銖、女錢、太平百錢、定平一百、五銖稚錢、五銖對文等號，輕重不一[43]。普通中，議罷銅錢，鑄鐵錢[44]。陳初，有梁末兩柱及鵝眼錢，時雜用之[45]；文帝改鑄五銖[46]，宣帝又鑄大貨六銖[47]。後魏太和十九年鑄錢，文曰「太和五銖」[48]；永安二年改鑄，文曰「永安五銖」[49]。東魏齊文襄以錢文「五銖」，名須稱實，一文重五銖，計百錢重一斤四兩二十銖[50]。北齊文宣帝鑄「常平五銖」[51]，重如文。周武帝鑄布泉錢[52]，以一當五，與五銖並行；建德中，復鑄五行大布[53]，一當十。宣帝又鑄「永通萬國」[54]，以一當千。隋高祖以天下錢貨不等，更鑄新錢，背面內外，皆有周郭，文曰「五銖」，重如其文，每一千重四斤一兩[55]。自漢至隋，雖時或輕重，皆用五銖。皇朝武德中，悉除五銖，更鑄「開通元寶」錢[56]。乾封初，又鑄「乾封泉寶」錢[57]，尋廢。開元中，以錢濫惡，江、淮間尤甚，有勑禁斷，今御史往江、淮間收斂，納官鎔之[58]。其求稍廣，州縣恐其錢數不充，隨以好錢繼之，自是，百姓財幣耗損，御史[59]坐是左遷。舊法，每一千重六斤四兩，近所鑄者多重七斤，錢文本歐陽詢[60]所書。錢官，漢氏初屬少府，後屬水衡[61]；後漢屬司農[62]；魏、晉已下，或屬少府，或屬司農[63]。皇朝少府置十鑪，諸州亦皆屬焉。及少府罷鑄錢，諸州遂別。今絳州三十鑪，楊、宣、鄂蔚各十鑪，益、鄧、郴各五鑪，洋州三鑪，定州一鑪[64]。

諸鑄錢監以所在州府都督、刺史判之。

副監一人，上佐判之。

丞一人，判司判之。

監事一人，參軍及縣尉知之。

錄事、府史，士人[65]為之。

【章旨】敘述諸鑄錢監之監、副監、上佐、丞、判司等之定員，以及歷代錢官和鑄錢制度之沿革。

【注釋】❶周禮　儒家經典之一。係搜集周王室官制和戰國時各國制度，添附以儒家政治理想，增減排比而成之彙編。❷泉府上士四人　泉府，《周禮》地官司徒屬官。掌市稅之收入，調節貨物之供求，及賒貸於民等事。泉府設上士四人，中士八人，下士十六人。又，泉即錢幣之意。《周禮・地官・泉府》賈公彥疏：「泉與錢，今古異名。」《漢書・食貨志下》：「故貨，寶于金，利于刀，流于泉。」顏師古注：「流行如泉也。」❸掌市之征布　指泉府掌管市場交易中所徵收諸稅現金的保管和貯藏。依《周禮》，廛人所徵收的類似於現今的房屋稅、貨物稅、印花、罰金、租金等，都要歸總於泉府。布即貨幣。古代中原地區曾通行之原始金屬鑄幣，取象於當時農器鎛或錢（均為臿屬，似今之鏟），即稱鎛或錢，布和泉則分別是其同音借字。故錢、泉、布，古籍多用以指稱貨幣。❹司市　《周禮》地官司徒屬官。掌市易之政務及禁令，為市官之長。下大夫，有二人。其下設上士四人，中士八人，下士十六人。❺以商賈阜貨而行布　司市職掌之一。意謂招徠商賈，充實貨物，從而使交易興旺，錢幣順利流通。❻以泉府同貨而斂賒　司市又一職掌。意謂泉府以所掌之錢幣，用斂、賒兩種方式，調節市場使之供需平衡。同貨，即共貨，指泉府要把商賈所有之貨視為共有，作通盤籌劃。斂賒，貨物滯銷時，泉府便以錢幣去收購，此謂之斂；居民缺少錢幣時，泉府借貸與居民，促使其購物，此稱之為賒。❼札喪　指因疫癘而造成大量死亡。《左傳・昭公十九年》「札瘥夭昏」句，杜預注：「大死曰札，小疫曰瘥。」孔穎達疏：「《周禮・大司樂》云：『大札令弛縣。』鄭玄云：『札，疫癘也。』是札，大疫死也。」❽鄭玄　字康成，東漢北海高密（今山東高密）人。早年曾入太學，習今文經學，後又從馬融學古文經學。以古文經說為主，兼採今文學說，遍注群經。《周禮》即其所注諸經之一。❾市不稅為民之用也　據《周禮》鄭玄注原文，句中「之用」當是「乏困」之訛。其原文為：「有災害物貴，市不税，為民乏困也。」❿漢書食貨志　《漢書》，東漢班固撰，一百篇，分一百二十卷，我國第一部紀傳體斷代史。除本紀、列傳外，又有八表、十志。〈食貨志〉即十志之一，以食（農耕）、貨（錢幣）分述先秦至漢代經濟發展概貌，其宗旨稱：「食足貨通，然後國實民富，而教化成。」⓫太公為周立九府圜法　太公，對呂尚之尊稱。《史記・齊太公世家》：「周西伯獵，果遇太公于渭之陽。」九府，顏師古注曰：「《周官》太府、玉府、外府、泉府、天府、職內、職金、職幣，皆掌財幣之官，故云九府。圜，謂均而通也。」圜法，指有關貨幣流通之管理制度，具體由九府各個職能部門執掌。⓬錢圜函方　指錢之形外周圓、內孔方。《漢書》顏師古注引孟康曰：「外圜而內孔方也。」清・黃生《義府・錢制》則有另說：「《班史》敘太公圜法云：『錢圜函方。』函，舌也，上圜而下長，其長處於舌，故曰函方。」此種外圓而孔方之錢，當即是銅錢。銅錢始行於戰國秦。《史記・六國年表》於秦惠文王二年（西元前三三六年）記有「初行錢」三字，即是我國通行圓錢之最初記載。圓錢初為圓形、圓孔，可能取象於紡輪或玉璧；其後又漸漸改成圓形方孔，並賦予「天圓地方」之含義。《史記・平準書》記秦統一後之貨幣「為三等：黃金以鎰名，為上幣；銅錢識曰『半兩』，重如其文，為下幣。而珠玉、龜貝、銀錫之類為器飾寶藏，不為幣。」黃金主要供皇帝作賞賜用，故秦代通行之貨幣主要便是圓形之銅錢。但錢在古代並非圓形，而是取象於農器，錢原即農器名。《史記・平準書》：「虞夏之幣，或錢，或布，或刀，或龜貝。」此錢即形若古農器錢形之錢。《說文解字・金部》：「錢，銚也，古者田器。」段玉裁注：「云古田器者，古謂之錢，今則但謂之銚，謂之臿。」⓭輕重以銖　指錢以銖為重量單位。《漢書》顏師古注：「言黃金以斤為名，錢則以銖為重。」周代貨幣有金與錢兩類，金之重量單位為斤，錢則為銖。又王鳴盛曰：「錢最輕者一銖，最重者十二銖也。」銖之所含重量，說法不一。《孫子算經》卷上云：「稱之所起，起於黍。十黍為一絫，十絫為一銖，二十四銖為兩，是也。」一般多取此二十四銖為一兩說。⓮自「故貨寶於金」至「束於帛」　對貨幣之重要性及其功能之連類比喻。寶於金，寶貴猶若黃金。利於刀，此為引申比喻：由刀之銳利引申為利害之利。《漢書》注引如淳曰：「名錢為刀者，以其利於民也。」同時刀亦是古代一種貨幣形態，如春秋時齊國便曾行刀幣，其形若刀。流於泉，喻指貨幣之流通功能。《漢書》注引如淳曰：「流行如泉也。」按《周禮・天官・外府》鄭玄注：「取名於水泉，其流行無不徧。」因而泉亦可用來指稱貨幣。《史記・平準書》索隱：「錢本名泉，言貨之流如泉也，故周有泉府之官。」布於布，喻指貨幣之流布功能。《漢書》注引如淳曰：「布於民間。」《史記・平準書》索隱：「布者，言貨流布。故《周禮》有二夫之布。」布，又可作貨幣之代稱。見前注❸。束於帛，喻指貨幣之積聚、儲藏功能。《漢書》注引李奇曰：「束，聚也。」同時帛在古代，亦曾起過市易媒介物的作用。故清人王鳴盛稱：

周人所用貨幣凡有四種，即金、刀、布、帛。⓯周景王鑄大錢　周景王，東周國王姬貴，在位二十五年。大錢，指大面值之錢。《國語》景王二十一年（西元前五二四年）鑄大錢，單穆公及泠州鳩各設辭以諫。其事見《漢書・食貨志》：「周景王時患錢輕，將更鑄大錢。單穆公曰：不可。古者天降災戾，於是乎量資幣，權輕重，以救民。民患輕，則為之作重幣以行之，於是有母權子而行，民皆得焉。若不堪重，則多作輕而行之，亦不廢重，於是乎有子權母而行，小大利之。今王廢輕而作重，民失其資，能無匱乎？民若匱，王用將有所乏；乏將厚取於民；民不給，將有遠志，是離民也。且竭民用以實王府，猶塞川原為潢洿也，竭亡日矣。王其圖之。」諫辭以為鑄幣面值的大小應根據民眾在流通過程中的需求來決定，不該出自主觀臆斷，尤其不可鑄大錢而廢子幣，那樣做實際就是濫發通貨，必將造成民眾匱乏，國用空虛，百姓流離失所。但周景王「弗聽，卒鑄大錢」。⓰文曰寶貨　指所鑄之大錢上刻有「寶貨」二字。⓱內外皆有周郭　句首「內外」，據《漢書・食貨志》原文當作「肉好」。肉、好、周、郭，皆為錢幣專門用語。肉，亦稱錢身地張。指古錢除去內、外郭以外之實體部份。肉體較常制厚者稱厚肉，反之則為薄肉。好，指古錢之串孔，亦稱川、穿、孔、肉串，俗稱錢眼。周郭，簡稱郭。指古錢之邊緣及串孔四周之突起部分。全句意謂：周景王所鑄之大錢，其內外邊緣皆略為隆起。按此形制，當是圓形而有孔之錢，即圓錢，或稱銅錢。然從中原地區出土之古錢幣看，圜錢之出現，當是戰國年間後期事，此前之錢取象於農器錢，即銚，形近今之鍬（參見前⓬注）。一九七三年八月，山西省聞喜縣蒼底村出土七百餘枚「共」字圜錢，貯於戰國時之一陶罐內，皆平素無文，圓形圓孔，肉好無郭，每枚錢重為十四至十八克，其單位為半釿或一釿。此也可為《史記・六國年表》秦惠文王已「行錢」之實物印證。但此處所引《漢書》言周景王時已鑄有「寶貨」二字之圜錢，則至今在出土鑄錢中尚未發現，是否誤記抑或確屬有據，尚待地下考古資料進一步證實。⓲秦兼天下銅錢文曰半兩重如其文　指秦始皇統一全國後，所推行的為圓形方孔的半兩即十二銖錢，故稱重如其文。《史記・六國年表》於秦惠文王二年（西元前三三六年）有「初行錢」之記載，說明此種圜錢原為秦國之制幣，統一後將其施行於全國。其前期為一兩圜錢，後來才改為圓形方孔之半兩錢。出土之秦錢，一兩錢極為稀少，大量為半兩錢。已發現的有「珠重一兩・十四」、「珠重一兩・十三」、「珠重一兩・十二」、「半兩」、「兩甾」等幾種。「兩甾」係半兩錢之變異。「甾」即「錙」字。一錙為六銖，兩錙為十二銖，亦即半兩。⓳秦錢重難用　指秦錢行半兩制。《史記・平準書》索隱引《古今注》稱其形制為：「秦錢半兩，徑一寸二分，重十二銖。」漢以其重難用之原因是：「漢興，接秦之弊，丈夫從軍旅，老弱轉糧饟，作業劇而財匱，自天子不能具鈞駟，而將相或乘牛車，齊民無藏蓋。」即漢初經戰亂，民生凋敝，物價低賤，故以半兩錢為太重，需另鑄輕錢。⓴令人鑄榆莢錢　《漢書・食貨志》原文作「更令民鑄莢錢」。指允許民間自行鑄造重量較輕其形如榆莢之錢。榆莢，形容錢小。《本草綱目・木部》：「榆未生葉時，枝條間先生榆莢，形狀似錢而小，色白成串，俗呼榆錢。」㉑自「文帝以錢益輕」至「使民放鑄」　文帝，西漢皇帝劉恒，在位二十三年，終年四十六歲。文帝五年（西元前一四五年）下令更鑄四銖錢，其文仍為半兩。同時宣佈廢除《盜鑄錢令》，放手讓民間鑄錢。據《漢書・食貨志》記載，文帝採取此項措施意在使錢「益多而輕」，以活躍經濟。但實施過程中弊病亦不少，如同書所錄賈誼諫疏中稱：規定「銅錫為錢」，但私家卻「雜以鉛鐵」；由於此種做法「獲利甚厚」，許多人不顧違者要黥面的危險，紛紛仿效，以致「民人抵罪，多者一縣百數，及吏之所疑，榜笞奔走者甚眾」。再一種情況是，私家所鑄往往輕重不一，因而在流通過程中，不單要清點錢幣枚數，還要稱其重量，發現短缺得設法予以補足。湖北江陵鳳凰山一六八號漢墓曾出土稱錢衡，便是當時市場上專門用來稱錢的「公平秤」。秤桿上的銘文，說明其製作於文帝前元十三年（西元前一六七年），使用時以權錢為砝碼。西安市文管處於一九六五年徵集到一枚可與稱錢衡配套的砝碼錢，圓形方孔，正面有郭，現重六十一點五克，當是一枚四兩砝碼錢。文帝開放私家鑄錢，後來逐漸為若干豪強所壟斷：「吳，諸侯也，以即山鑄錢，富埒天子，其後卒以叛逆。鄧通，大夫也，以鑄錢財過王者。故吳鄧氏錢布天下。」（《史記・平準書》）㉒武帝初鑄三銖錢重如其文禁人盜鑄　武帝，西漢皇帝劉徹，字通。十六歲即皇帝位，在位五十四年，終年七十一歲。《漢書・武帝本紀》：建元元年（西元前一四〇年）「春二月，行三銖錢」；建元五年（西元前一三六年）「罷三銖錢，行半兩錢」。《漢書・食貨志》稱：元狩四年（西元前一一三年）「武帝令縣官銷半兩錢，更鑄三銖錢，重如其文。盜鑄金錢罪皆死，而吏民之犯者不可勝數」。武帝時由於連年討伐匈奴，財政拮据，故以大量鑄錢增加國庫收入，結果是錢輕而物貴，導致經濟秩序混亂。《漢書・食貨志》稱：「自孝文更造四銖錢，至是歲四十餘年，從建元以來，用少，縣官往往即多銅山而鑄錢，民亦盜鑄，不可勝數，錢益多而輕，物益少而貴。」武帝時期，還曾發行過限於王侯宗室朝覲時使用的白鹿皮幣和方、圓、橢三種銀錫白金幣。前者可謂古代紙幣之濫觴，後者則是白銀在我國歷史上首次取得法定貨幣地位。㉓自「有司言三銖錢輕」至「周郭其質」　此事《漢書・武帝紀》繫於元狩五年（西元前一一四年）。所以要改鑄的原由是：「日者有司以幣輕多奸，農傷而末（指工商）眾，又禁（以）〔兼〕併之塗，故改幣以約之。」周郭其質，指錢幣邊緣及串孔四周略為隆起部分製作要規範。參見前⑰注。《漢書・食貨志》原文在「周郭其質」下尚有「令不可摩取鋊（鉛）」一句。意謂若錢之一面有郭，另一面有文字，則若有人磨取銅屑，便會出現不是文字便是郭被磨損的跡象，使之易於發現並制止其再流通。但此類措施仍然無法制止成千成萬的盜鑄錢者。同書又稱：「自造白金五銖錢後五歲，而赦吏民之坐盜鑄金錢死者數十萬人。其不發覺相殺者，不可勝計。赦自出者百餘萬人。然不能半自出，天下大氐無慮皆鑄金錢矣。」

㉔令京師鑄官赤仄一當五　官赤仄，亦稱鍾官赤側。因係武帝時京師鍾官所鑄而有此名。簡稱赤仄或赤側。仄、側可通。赤仄，一說因其以赤銅為郭，一說因其為光邊。《史記・平準書》稱：「公卿請令京師鑄鍾官赤側，一當五，賦官用非赤側不得行。」《集解》引如淳曰：「以赤銅為其郭也。今錢見赤側者，不知作法云何。」《索隱》：「鍾官掌鑄赤側之錢。韋昭云：『側，邊也。』故晉灼云：『以赤銅為郭。今錢見赤側者。』」《集解》引《漢書音義》曰：「俗所謂紫紺錢也。」官赤仄，以一當五，是一種大面值虛價錢，發行的目的無非是用以增加財政收入。㉕其後赤仄錢又廢　《史記・平準書》記其事稱：「是歲也，(御史大夫) 張湯死，而民不思。其後二歲，赤側錢賤，民巧法用之，不便，又廢。」張湯死，是在元鼎二年（西元前一一五年）。其後二年，當是元鼎四年（西元前一一三年）。赤仄錢所以不久即廢，不僅「民巧法用之」，有的地方連郡守也不肯遵照詔令收赤仄錢為賦。《漢書・高惠高后文功臣表》：「曲成圉侯皇柔，元鼎二年（西元前一一五年）坐為汝南太守，知民不用赤側錢為賦，為鬼薪。」同書〈百官公卿表〉：「元鼎三年（西元前一一四年），郿侯周仲居為太常，坐不收赤側錢，收行錢論。」這幾年，漢武帝為支持對匈奴戰爭，多次發行虛價錢幣以圖增加財政收入，結果卻是飲鴆止渴，反而造成經濟秩序的混亂，故而又不得不旋改旋廢。㉖悉除郡國無鑄錢專令上林三官鑄錢　據《漢書・食貨志》原文，句中「除」、「無」應作「禁」、「毋」。禁郡國鑄錢事，當在廢赤仄錢後或大致同時，即元鼎四年（西元前一一三年）或其後一段時間內。上林，指上林苑。漢由水衡都尉掌上林苑，其屬官有上林、均輸、御羞、禁圃、輯濯、鍾官、技巧、六廐、辯銅九官令、丞。上林三官，即指上林苑內與鑄錢相關之三官。《史記・平準書》之《集解》以為可能是「均輸、鍾官、辨銅令」三官；近人陳直則以為，均輸與鑄錢無關，此處上林三官應是鍾官、辯銅、技巧。此說見於其所著《史記新證・平準書第八》：「《集解》以均輸、鍾官、辯銅為上林鑄錢之三官，其說本於張晏。以余考之，當為鍾官、辯銅、技巧三令丞，皆屬於水衡都尉。因水衡設在上林苑，故稱上林三官。鍾官主造錢，見於本文及〈王莽傳〉。《齊魯封泥集存》有「鍾官火丞」封泥，西安漢城又曾出土有『鍾官錢丞』殘封泥（現存西北大學歷史系）。知鍾官令有火丞、錢丞兩丞，與少府屬官樂府令之鍾官，各為一官，不相混淆。特不知鍾官之名稱，與鑄錢之關係。辯銅令則顧名思義，甚為明顯。又《齊魯封泥集存》有『技巧錢丞』封泥。余在西安又得有『巧二』五銖錢陶範題字（見《關中秦漢陶錄》卷四），因推斷技巧令必在三官之列，不當如舊說三官中有均輸令也。其分工之推測，當為鍾官主鑄造，技巧掌刻範技術，辯銅掌原料。」其後，據《漢書・食貨志》稱：「令天下非三官錢不得行，諸郡國所鑄錢皆廢銷之，輸入其銅三官，而民之鑄錢益少，計其費不能相當，唯真工大姦乃盜為之。」以上，西漢自文帝時放民鑄錢，由半兩錢、四銖錢至三銖錢，武帝時初以朝廷鑄錢，郡國亦鑄錢，直到最後專令上林三官鑄錢，即不僅鑄幣

權集中於中央，且有專設的機構鑄造，此當是中國幣制史上一大進步。其間幾經曲折，約費去了三十餘年時間。㉗自武帝元符年三官初鑄五銖錢至平帝元始中成錢二百八十億萬餘　句中「元狩年」，據《漢書・食貨志》原文當為「元狩五年」。元狩五年，即西元前一一八年，元狩為漢武帝年號。但「元狩五年」非「三官初鑄五銖錢」時間。元狩時初鑄五銖錢，尚允許郡國與朝廷同時鑄造。而三官專鑄，據《史記・平準書》則是在御史大夫張湯死後二年，約與廢赤仄錢同時或稍後，即元鼎四年（西元前一一三年）或稍後。平帝元始中，平帝，西漢皇帝劉衎，其年號為元始（西元一年—五年）。成錢二百八十億萬餘，指自武帝至平帝一百二十餘年內所鑄五銖錢之總和。與此數相關可供參閱的資料，如《漢書・王嘉傳》載，元帝時「都內錢四十萬萬，水衡錢二十五萬萬，少府錢十八萬萬」，總計是八十三億。元帝時禁藏積存，且自元帝至平帝尚有三十餘年。陳直《漢書新證・食貨志第四下》稱：「以現在出土之五銖錢範，有紀年題字而論，始於昭帝元鳳四年（西元前七十七年），止於成帝永始三年（西元前十四年）。上不見武帝，下不見哀平年號，當在未發現之列。」㉘自「王莽變漢制」至「後又多所改作」

王莽，字巨君，魏郡元城（今河北大名東）人。漢元帝王皇后之姪，西漢末以外戚執政，初始元年（西元八年）稱帝，改國號為新，年號為始建國。改制失敗，引起全國政治、經濟動盪，最後為進入長安之綠林軍所殺。幣制改革，是王莽改制的一個重要方面。起初是於五銖錢外，更造大錢，直徑一寸二分，重十二銖，文為「大錢五十」。另據《漢書・食貨志》，王莽又造契刀，其環如大錢，身形如刀，長二寸，文為「契刀五百」；錯刀，以黃金錯其文為「一刀直五千」（據實物，文為「一刀平五千」）。加上並行的五銖錢，共四種。不久，又因「劉」字有卯、金、刀，以為有金、有刀於新朝不利，故罷錯刀、契刀及五銖錢，於始建國六年（西元十年）再次改易幣制，仿古制分金、銀、龜、貝、錢、布六類，總名之曰「寶貨」。其中錢貨有六品，除前「大錢五十」外，餘五品為：徑六分，重一銖，文曰「小錢直一」；徑七分，三銖，文曰「么錢一十」；徑八分，五銖，文曰「幼錢二十」；徑九分，七銖，文曰「中錢三十」；徑一寸，九銖，文曰「壯錢四十」。金貨一品，一斤，值錢一萬。銀貨二品：朱提銀重八兩為一流，值錢一千五百八十；它銀一流，值錢一千。龜類即貝貨四品：元龜，岠長一尺二寸，值錢二千一百六十，相當於大貝十朋；公龜，長九寸，值錢五百，相當於壯貝十朋；侯龜，長七寸以上，值錢三百，相當於么貝十朋；子龜，長五寸以上，值錢一百，相當於小貝十朋。貝貨五品：大貝，四寸八分以上，二枚為一朋，值錢二百一十六；壯貝，三寸六分以上，二枚為一朋，值錢五十；么貝，二寸四分以上，二枚為一朋，值錢三十；小貝，二分以上，二枚為一朋，值錢十；未滿一寸二分者，漏度不得為朋，率每枚值錢三。布幣十品，即大布、次布、弟布、壯布、中布、差布、厚布、幼布、么布、小布。大布長二寸四分，重一兩，值千錢。此下依次遞減長一分、重一銖、值一百，直至小布為長一寸五分，重十五銖，值一百。以上六類共二十八品位。如此繁瑣複雜的幣制，當然無法實際施行，王莽以嚴刑峻法強制推行，結果造成「農商失業，食貨俱廢，民涕泣於市道」（《漢書．食貨志》）。天鳳元年（西元十四年），王莽在不得不承認失敗的基礎上，進行第三次幣制改革，罷大、小錢，頒行貨布、貨帛二類貨幣。貨布，長二寸五分，廣一寸，其圜好徑二分半，足枝長八分，間廣二分，其文右曰「貨」，左曰「布」，重二十五銖，值錢二十五；貨泉，圜形方孔，重五銖，其文右曰「貨」，左曰「泉」，每枚值一文。《漢書．食貨志》評論新莽幣制改作時稱其「每壹易錢，民用破業，而大陷刑。莽以私鑄錢死，及非沮寶貨投四裔，犯法者多，不可勝行，乃更輕其法：私鑄作泉布者，與妻子沒入為官奴婢；吏及比伍，知而不舉告，與同罪；非沮寶貨，民罰作一歲，吏免官。犯者俞眾，及五人相坐皆沒入，郡國檻車鐵鎖，傳送長安鍾官，愁苦死者什六七」。㉙公孫述於蜀鑄錢　公孫述，字子陽，扶風茂陵（今陝西省興平縣）人。新莽末，據四川，初稱王，後自立為天子，號成家，色尚白，建元龍興元年（西元二十五年）改益州為司隸校尉，蜀郡為成都尹。東漢建武十二年（西元三十六年）大司馬吳漢、輔威將軍臧宮破成都，述被創，是夜卒。其鑄錢事，《後漢書．公孫述傳》稱：「是時，述廢銅錢，置鐵官錢，百姓貨幣不行。」㉚黃牛白腹五銖當復　蜀中童謠。據《後漢書．公孫述傳》稱：「好事者竊言王莽稱『黃』，述自號『白』；五銖錢，漢貨也。言天下當并還劉氏。」此當是王莽、公孫述相繼失敗後，史家尊奉劉漢的一種正統的觀念的反映；在這裡，五銖錢成了正統王朝的象徵物。㉛後漢光武除王莽所造復五銖錢　光武，東漢皇帝劉秀，字文叔，南陽蔡陽（今河南棗陽縣西南）人，東漢皇朝建立者。建武元年（西元二十五年）稱帝，在位三十二年，終年六十二歲。建武十六年（西元四十年）復五銖錢。《後漢書．馬援傳》：「初，援在隴西上書，言宜如舊鑄五銖錢。事下三府，三府奏以為未可許，事遂寢。及援還，從公府求得前奏，難十餘條，乃隨牒解釋，更具表言。帝從之，天下賴其便。」五銖錢為整個東漢時期通行之錢幣。傳世之五銖錢範，亦證實東漢光武帝、桓帝、靈帝都鑄造過五銖錢。唯從地下發掘材料看，與西漢相比，東漢所鑄之五銖錢質量較差，重量亦不足二．五克。據《洛陽燒溝漢墓》一書載錄，一百六十二座漢墓出土之一萬一千餘枚五銖錢，可分為五型：漢武、昭帝時之五銖為Ⅰ型，平帝五銖為Ⅱ型，Ⅰ、Ⅱ二型直徑是二．五厘米，重量為三．五克。東漢初、中期為Ⅲ型，桓帝時所鑄為Ⅳ型，ⅢⅣ二型直徑為二．五五到二．六厘米，Ⅲ型重量為三至三．二克，Ⅳ型重量為二．五克。靈帝時四出文五鑄錢為Ⅴ型，重量為三．五克。銅質多不純，肉面有砂眼。㉜靈帝鑄四出錢　靈帝，東漢皇帝劉宏，在位二十一年，終年三十四歲。《後漢書．靈帝紀》：中平三年（西元一八六年）「鑄四出文錢」。四出錢，又稱四出文錢、角錢。因錢之背穿四角有四條斜紋與周郭相連而有此名。文面有「五銖」二字，外郭稍寬，銅質不及西漢及東漢早期五銖，且愈鑄愈輕。一般徑二．五厘米，重三．

五克。此錢行時適逢禍患四起，人心不穩，故謠諑紛紜，如《後漢書・宦官・張讓傳》載：「鑄四出文錢，錢皆四道。識者竊言侈虐已甚，形象兆見，此錢成，必四道而去。及京師大亂，錢果流布四海。」《通典・食貨八》亦有類似記載。㉝魏初專以粟帛為貨　《三國志・魏書・文帝紀》：黃初二年（西元二二一年）「以穀貴，罷五銖錢」。《晉書・食貨志》記此事之由來稱：「及獻帝初平中，董卓乃更鑄小錢，由是貨輕而物貴，穀一斛至錢數百萬。至魏武為相，於是罷之，還用五銖。是時不鑄錢既久，貨本不多，又更無增益，故穀賤無已。及黃初二年（西元二二一年），魏文帝罷五銖錢，使百姓以穀帛為市。」可見其時因可以流通之錢幣太少，因而物價低賤，才不得已以穀、帛為市。㉞明帝復立五銖錢至西晉不改　明帝，三國魏皇帝曹叡，字元仲，在位十三年，終年三十六歲。其復立五銖錢事，《晉書・食貨志》稱：「至明帝世，錢廢穀用既久，人間巧偽漸多，競溼穀以要利，作薄絹以為市，雖處以嚴刑而不能禁也。司馬芝等舉朝大議，以為用錢非徒富國，亦所以省刑。今若更鑄五銖錢，則國豐刑省，於事為便。魏明帝乃更立五銖錢，至晉用之，不聞有所改創。」㉟吳孫權鑄大錢一當五百文又鑄一當千錢　孫權，字仲謀，吳郡富春（今浙江富陽）人。繼其兄孫策據有江東立郡，黃龍元年（西元二二九年）稱帝於武昌（今湖北鄂州市），國號吳，旋即遷都建業（今江蘇南京市）。其鑄大錢事，見於《三國志・吳書・吳主傳》：嘉禾五年（西元二三六年）春，「鑄大錢，一當五百。詔使吏民輸銅，計銅畀直，設盜鑄之科」。至「赤烏元年（西元二三八年）春，鑄當千大錢」。但其後又下詔停止施行大錢。裴松之注引《江表傳》曰：赤烏九年（西元二四六年）「權詔曰：『謝宏往日陳鑄大錢，云以廣貨，故聽之。今聞民意不以為便，其省息之，鑄為器物，官勿復出也。私家有者，敕以輸藏，計畀其值，勿有所枉也。』」這兩種大錢官府雖明令廢省，民間仍或有收藏，故在東吳統治地區，今間有出土，大者重十餘克；然文為「大泉當千」竟亦有輕至三・五克者。㊱蜀先主鑄一直百錢　先主，指三國蜀漢昭烈帝劉備。正德本即作「劉備」。劉備，東漢遠支皇族，字玄德，涿郡涿縣（今河北涿州市）人。在東漢末軍閥混戰中，因有諸葛亮之助，得以先後佔領荊州，奪取益州、漢中，於西元二二一年稱帝，都成都，國號漢，年號章武。其鑄「一直百錢」事，《三國志・蜀書・劉巴傳》裴松之注引《零陵先賢傳》云：劉備拔成都時，「軍用不足，備甚憂之。巴曰：『易耳，但當鑄直百錢，平諸物價，令吏為官市。』備從之。數月之間，府庫充實」。今四川及長江以南一些地區，均曾出土「直百錢」和「直百五銖」兩種鑄幣。「直百五銖」較大，其大者徑二・八厘米，重九・五克，最輕亦有不足三克者。「直百錢」大者徑皆在二厘米以內，重約二克，其輕小者不足〇・五克。㊲東晉沈充鑄小錢謂之沈郎錢　沈充，字士居，東晉武康（舊縣名，今浙江北部，已併入德清縣）人。少好兵書，頗以雄豪聞於鄉里，後歸吳興。沈充是以私人鑄錢。其所鑄之錢，銅色青白，「銖」簡作「朱」，徑約一・九厘米，重一克左右。因薄小，故有以榆莢相喻者。《晉書·食貨志》：「晉自中原喪亂，元帝過江用孫氏舊錢，輕重雜行，大者謂之比輪，中者謂之四文，吳興沈充又鑄小錢，謂之沈郎錢，錢既不多，由是少貴。」司馬晉代魏及兼併吳、蜀二國，直至南渡，均沿用歷代舊幣，並無官造新幣，因流通中缺少錢幣，故沈充私鑄小錢，亦能為市易所接納。唐人緬懷六朝舊事的一些詩文中，不乏吟詠沈郎錢之句，如李商隱：「謝家輕絮沈郎錢」，王建：「綠榆枝散沈郎錢」，李賀：「榆莢相催不知數，沈郎青錢夾城路」等。㊳宋文帝又鑄四銖錢　宋文帝，南朝宋皇帝劉義隆，小字車兒，在位三十年，終年四十七歲。其鑄四銖錢事，《宋書·文帝紀》稱：「元嘉七年（西元四三〇年）冬十月，戊午，立錢署，鑄四銖錢。」其錢面橫書「四銖」二字，體較五銖略小，無內郭，穿孔稍大，少數面穿上下各飾一星，徑約二·二厘米，重二至二·二克。因製作用費頗大，無利，故初無盜鑄者。後有人用剪鑿之法，即將流通中之元嘉四銖錢外環剪去，熔而另鑄新錢，而留下僅有內環之所謂剪邊錢或剪輪錢，仍投入市易通用。據《通典·食貨九》記載，此事引起朝廷憂慮，元嘉二十四年（西元四四七年）「錄尚書江夏王義隆建議，以一大錢當兩，以防剪鑿」。即規定剪邊錢僅值新鑄之大錢亦即四銖錢之半，從而使剪鑿者無利可圖。此議得到中領軍沈演之等多人支持，且認為「若以大錢當兩，則國傳難朽之寶，家贏一倍之利，不俟加憲，巧源自絕」；而尚書令何尚之則以為不可：「夫錢之形，大小多品，直云大錢，則未知其格。若止於四銖、五銖，則文皆古篆，既非庸下所識，加或漫滅，尤難分明，公私交亂，爭訟必起。」結果文帝還是「從演之議，遂以一錢當兩，行之經時，公私非便，乃罷」。上述史著載錄，亦可從出土文物中得到印證。如江蘇丹徒出土之東晉窖藏銅錢，總重二百八十餘斤，其中剪邊錢有一百八十斤左右，佔百分之六十；有外環之五銖錢僅二十枚，亦可見當時剪盜風氣之盛。㊴孝武帝四銖形小薄　孝武帝，南朝宋皇帝劉駿，字休龍，小字道民，在位十一年，終年三十五歲。其鑄錢事，《宋書·孝武帝紀》載：「孝建元年（西元四五四年）正月壬戌，更鑄四銖錢。」其錢面文為「孝建」，背文為「四銖」，後來又除去背文，但留面文。其鑄行之初，即已減重，後來薄小益甚，傳世之孝建錢少有二克以上者，多為一克許，即僅二銖重。《宋書·顏竣傳》稱：因「所鑄錢形式薄小，輪郭不成就，於是民間盜鑄者雲起，雜以鉛錫，並不牢固。又剪鑿古錢，以取其銅，錢轉薄小，稍違官式。雖重制嚴刑，民吏官長坐死免者相係，而盜鑄彌甚，百物踴貴，民人患苦之。乃立品格，薄小無輪郭者，悉加禁斷」。但究竟如何使新鑄之錢符合新立之品格，則莫衷一是。據同書記載，興郡公沈慶之建議：「宜聽民鑄錢，郡縣開置錢署，樂鑄之家，皆居署內，平其準式，去其雜偽，官斂輪郭，藏之以為永寶。去春所禁新品，一時施用，今鑄悉依此格。萬稅三千，嚴檢盜鑄，并禁剪鑿。」許多人以為此議行不通。如江夏王劉義恭對「聽民私鑄」之議，便認為「百姓不樂與官相關由來甚久，又多是人士，蓋不願入署。凡盜鑄為利，利在雜偽，偽雜既禁，樂入必寡」；對「萬稅三千」之議，亦以為不可取：「今入署必萬輸三千，私鑄無十三之稅，逐利犯禁，居然不斷。」吏部尚書顏竣認為「開鑄放署」，唯銅乏來源奈何？若「去春所禁，一時施用（即允許小錢流通），則細物（指私鑄小錢）必行而不從公鑄，利已既深，情偽無極，私鑄剪鑿，書不可禁，五銖半兩之屬，不盈一年，必至於盡。財貨未贍，大錢已竭，數歲之間悉為塵土」。故終孝武帝之世，未有一兩全之法，以糾孝建四銖錢之弊。㊵自「少帝鑄二銖」至「入水不沉」　少帝，即廢帝南朝宋皇帝劉子業，小字法師，在位僅一年半，因暴戾為虐，為其左右所殺，時年十七。因南朝宋前後有二廢帝，故劉子業又被稱為前廢帝。又，句中「菜子錢」，《宋書・顏竣傳》作「耒子錢」。關於鑄二銖錢事，其議始於孝武帝末年。據上書記載，當時吏部尚書顏竣力陳鑄此小錢「於官無解於乏，而民姦巧大興」，且「民懲大錢之改，兼畏近日新禁，市井之間必生喧擾，遠利未聞，切患猥及」等理由，以為不可行。但前廢帝即位後，仍詔製二銖錢。同書稱其錢「形式轉細。官錢每出，民間即模效之，而大小厚薄，皆不及也。無輪廓，不磨鑢，如今之剪鑿者，謂之耒子。景和元年（西元四六五年），（興郡公）沈慶之啟通私鑄，由是錢貨亂敗，一千錢長不盈三寸，大小稱此，謂之鵝眼錢。劣於此者，謂之綖環錢。入水不沉，隨手破碎，市井不復料數，十萬錢不盈一掬，斗米一萬，商貨不行。太宗初，唯禁鵝眼、綖環，其餘皆通用。復禁民鑄，官署亦廢之。尋復並斷，唯用古錢」。㊶南齊亦用四銖　指南齊沿用劉宋之四銖錢。其所以不得不沿用前朝幣制，是因整個南齊時期，雖有多次鑄錢之議，然終未能有效地付諸實施。如高帝蕭道成尚在輔政時，即意欲鑄錢，後以禪讓事而未及施行。至建元四年（西元四八二年）又有孔覬上〈鑄錢均貨議〉，高帝已令諸州郡大市銅炭，旋又因晏駕而事寢。竟陵王蕭子良在奏疏中稱當時民間錢幣短缺的情況是：「泉鑄歲遠，類多剪鑿，江東大錢，十不一在。公家所受，必須輪郭完全，遂置本一千，加子七百，猶求請無地，棰革相繼。」（《南齊書・竟陵王子良傳》）官府收賦稅要大錢，農民不得不以一・七枚去換一枚，非但無形中加重了負擔，且又兌換無門。永明五年（西元四八七年），齊武帝在詔書中稱：「農桑不殷於曩日，粟帛輕賤於當年，工商罕兼金之儲，匹夫多飢寒之患。良田圜法久廢，上幣稍寡。所謂民失其資，能無匱乎？」（《南齊書・武帝紀》）由於缺少合格的鑄幣進入流通領域，導致經濟和民生的凋零。永明八年（西元四九〇年）五兵尚書劉悛以為四川有西漢鄧通採銅鑄錢之舊址，仍可開爐鑄錢。其建議稱：「南廣郡界蒙山下，有城名蒙城，可二頃地，有燒爐四所，高一丈，廣一丈五尺，從蒙城渡水南百許步，平地掘土深二尺，得銅，又有古掘銅坑，深二丈，並居宅處猶存。」齊武帝從之，遣使入蜀鑄錢，但結果是：「得千餘萬，功費多，乃止。」（《南齊書・劉悛傳》）㊷自「梁武帝乃鑄二種錢」至「謂之女錢」　梁武帝，梁朝皇帝蕭衍，字叔達，小字練兒，南蘭陵（今江蘇常州西北）人。在位四十八年，終年八十六歲。句中「內有周郭」、「內郭」，據《隋書・食貨志》

當作「肉好周郭」、「肉郭」。肉好，肉，錢身；好，錢孔。肉郭，內郭和外郭。梁武帝鑄二種錢事，在天監五年（西元五〇二年）。一種「肉好周郭」，即面背內外皆有郭；其製作規整，「五銖」二字筆劃粗壯，徑約二・四厘米，重三・四克。另一種除去「肉郭」，即無內外郭，與剪邊五銖頗類，唯剪邊僅留半邊錢文，此錢則字文完好無缺。其制輕薄，因被稱為「女錢」。梁武帝曾多次下詔，非此新鑄二種錢，並不許用。梁初，錢幣實際僅流通於京師、三吳、荊、郢、江、湘、梁、益諸州，其餘州郡多雜用布帛，交趾、廣州一帶則使用金銀。㊸自「百姓私用古錢」至「輕重不一」　梁武帝時，雖詔令非新鑄二種錢不許通用，但民間仍時有雜用諸古錢者，故以「私用」稱之。所列諸古錢中，直百五銖，即前㊱注蜀先主劉備所鑄之錢。女錢，亦稱五銖女錢，多指已剪邊之漢五銖錢，也包括其他剪邊或私鑄無郭之五銖錢。太平百錢，鑄主有東漢末張魯、蜀漢劉備、晉益州刺史趙廞等多說，近代學者多以為鑄於東漢末西晉初。「太」多篆作「大」，「錢」或作「金」；多為光背，少數背飾水波紋；徑約二・五厘米，重約三・五克。定平一百，鑄主亦有十六國時李雄據蜀稱帝時、蜀漢時等多說。形制頗類小型太平百錢，製作粗疏；一般徑約一・二五厘米，重〇・七克左右。至於五銖稚錢、五銖對文，則是當時一些輕薄五銖古錢之俗稱。稚錢意與女錢近似，言其纖弱薄小；對文是指錢孔兩邊文字不全，如五銖之「銖」，僅剩「金」或「朱」，與另一邊之「五」相對成文。㊹普通中議罷銅錢鑄鐵錢　普通，梁武帝年號。梁武帝在普通四年（西元五二三年）開始鑄造鐵錢，這是中國貨幣史上首次由政府大量以鐵鑄錢。其錢體小而厚，背文四出，面穿上或有一橫劃；徑約二厘米，重二・五至三・五克。梁武帝在詔鑄鐵錢的同時，又明令禁止銅錢之流通。結果是「人以鐵賤易得，並皆私鑄。及大同已後，所在鐵錢，遂如丘山，物價騰貴，交易者以車載錢，不復計數，而唯論貫，商旅姦詐，因之求利」（《隋書・食貨志》）。武帝末年侯景之亂時，物價狂漲到「米一斗八十萬」、「賣一狗得錢二十萬」（《魏書・島夷蕭衍傳》）這樣畸形的高價。由於鐵錢類同廢物，民間交易又恢復以各種舊銅錢作為流通手段；舊銅錢的數量自然不可能滿足市易需要，因而又普遍出現「短陌」的現象。《隋書・食貨志》稱：「自破嶺以東，八十為八，名曰東錢。江郢以上，七十為百，名曰西錢。京師以九十為百，名曰長錢。中大同元年（西元五四六年），天子乃詔通用足陌。詔下而人不從，錢陌益少。至于末年，遂以三十五為百云。」㊺陳初有梁末兩柱及鵝眼錢時雜用之　《隋書・食貨志》稱：「陳初，承梁喪亂之後，鐵錢不行。始梁末又有兩柱錢及鵝眼錢，于時人雜用，其價同，但兩柱重而鵝眼輕。私家多鎔錢，又間以錫鐵，兼以粟帛為貨。」兩柱錢，南朝梁元帝承聖中鑄。一說鑄於蕭梁末年。因面穿上下各有一星突起呈柱石狀而有此名。肉薄穿大，面無內郭，製作不甚規整。徑約二・二厘米，重二・三克左右。鵝眼錢，南朝民間鑄行之劣錢，因小如鵝眼，故稱。《宋書・顏竣傳》：「景和元年（西元四六五年），沈慶之啟通私鑄，由是錢貨亂敗，一千錢長不盈三寸，大小稱此，謂之鵝眼錢。」㊻文帝改鑄五銖　文帝，南朝陳皇帝陳蒨，字子華，陳霸先之長子，在位七年。其改鑄五銖事，《隋書・食貨志》記為「文帝天嘉五年（西元五六四年）改鑄五銖。初出，一當鵝眼之十」；《陳書・文帝紀》則繫於「天嘉三年（西元五六二年）閏二月甲子」。文帝所鑄之錢，其面有「五銖」二字，鑄工精緻，輪廓齊整。徑約二・五厘米，重三・四克左右。㊼宣帝又鑄大貨六銖　宣帝，南朝陳皇帝陳頊，字紹世，小字世利。在位十四年，終年五十三歲。其鑄大貨六銖事，《隋書・食貨志》稱：「宣帝太建十一年（西元五七九年），又鑄大貨六銖，以一當五銖之十，與五銖並行。後還當一，人皆不便。乃相與訛言曰：『六銖錢有不利縣官之象。』未幾而帝崩，遂廢六銖而行五銖。竟至陳亡。其嶺南諸州，多以鹽米布交易，俱不用錢云。」這是六朝最後一次鑄造大幣，亦以失敗告終。大貨六銖錢面背肉好，周郭齊整，文字作玉筯篆，結體凝重端莊，徑約二・五厘米，重三克左右，為六朝錢中最精美者。㊽後魏太和十九年鑄錢文曰太和五銖　太和是北魏孝文帝年號。太和十九年，即西元四九五年。是年為孝文帝遷都洛陽之第三年。《魏書・食貨志》稱：「魏初至於太和，錢貨無所周流，高祖始詔天下用錢焉。十九年，冶鑄粗備，文曰『太和五銖』，詔京師及諸州鎮皆通行之。內外百官祿皆準絹給錢，絹匹為錢二百。在所遣錢工備爐冶，民有欲鑄，聽就鑄之，銅必精練，無所和雜。」其錢，「太和五銖」四字作方折篆，直讀。因聽民自鑄，故版式繁雜，大小各異，且多有質疏文晦製作粗陋者。徑約二至二・五厘米，重二・五至三・五克。主要通行於京師一帶，不入於徐揚。又，此「太和五銖」與下文「永安五銖」之間，世宗永平中也曾鑄過一次。《魏書・食貨志》：「世宗永平三年（西元五一〇年）冬，又鑄五銖錢。」其錢「五銖」二字中之「五」，交筆略直，外緣稍闊，面無內郭，徑約二・四厘米，重三・四克左右。㊾永安二年改鑄文曰永安五銖　永安二年，即西元五二九年。永安是北魏孝莊帝元子攸年號。《魏書・食貨志》記其鑄幣經過稱：「建義初，重盜鑄之禁，開糾賞之格。至永安二年秋，詔更改鑄，文曰『永安五銖』。官自立爐，起自九月至三年正月而止。」此錢文篆體方，「永」字之下筆、「安」字之寶蓋及「銖」字右劃，皆與穿郭相合，外郭較寬。除光背外，又有背四出文及穿上銘一「土」字者。徑一・九至三厘米，重二至三克。同書又稱：「官欲貴錢（指永安五銖），乃出藏絹，分遣使人於二市賣之，絹匹止錢二百，而私市者猶三百。利之所在，盜鑄彌眾，巧偽既多，輕重非一，四州方鎮，用各不同。」又，此錢東、西魏均曾仿鑄，至北齊文宣帝時廢。㊿自「東魏齊文襄」至「百錢重一斤四兩二十銖」　齊文襄，高澄，字子惠，高歡長子，東魏之實際秉政者。東魏整頓鑄錢之經過，《魏書・食貨志》有記。文中稱：東魏自「遷鄴之後，輕濫尤多。〔孝靜帝〕武定初，齊文襄王奏革其弊，於是詔遣使人詣州鎮，收銅及錢，悉更改鑄，其文仍舊。然姦僥之徒，越法趨利，未幾之間，漸復細薄。〔武定〕六年（西元五四八年），文襄王以錢文『五銖』，名須稱實，宜稱錢一文重五銖者，聽入市用。計百錢重一斤四兩二十銖，自餘皆準此為數。其京邑二市，天下州鎮郡縣之市，各置二稱（同「秤」），懸於市門，私民所用之稱，皆準市稱以定輕重。凡有私鑄，悉不禁斷，但重五銖，然後聽用。若入市之錢重不五銖，或雖重五銖而多雜鉛鑞，並不聽用。若有輒以小薄雜錢入市，有人糾獲，其錢悉入告者。其小薄之錢若即禁斷，恐人交乏絕。畿內五十日，外州百日為限。群官參議，咸以時穀頗貴，請待有年，上從之而止」。[51]北齊文宣帝鑄常平五銖　文宣帝，北齊皇帝高洋，字子進，高歡之次子。在位十年，終年三十一歲。其鑄五銖錢事，在天保四年（西元五五三年）。錢面「常平五銖」四字篆書，筆法圓曲秀美。徑約二．五厘米，重三．五至四克。製作精良，輪廓規整。《隋書．食貨志》載此錢鑄造及同時整頓幣制之經過稱：「齊神武霸政之初，承魏猶用永安五銖。遷鄴已後，百姓私鑄，體制漸別，遂各以為名，有雍州青赤，梁州生厚、吉錢，河陽生澀、天柱、赤牽之稱。冀州之北，錢皆不行，交貿者皆以絹布。神武帝乃收境內之銅及錢，仍依舊文更鑄，流之四境，未幾之間，漸復細薄，姦偽競起。文宣受禪，除永安之錢，改鑄常平五銖，重如其文。其錢甚貴，且製造甚精。至乾明、皇建之間，往往私鑄。鄴中用錢，有赤熟、青熟、細眉、赤生之異，河南所用，有青薄鉛錫之別。青、齊、徐、兗、梁、豫州輩類各殊。武平已後，私鑄轉甚，或以生鐵和銅，至於齊亡，卒不能禁。」[52]周武帝鑄布泉錢　周武帝，北周皇帝宇文邕，字禰羅突。在位十七年，終年三十六歲。其鑄布泉錢事，《隋書．食貨志》稱：「後周之初，尚用魏錢，及武帝保定元年（西元五六一年）七月，乃更鑄布泉之錢，以一當五，與五銖並行。時梁、益之境，又雜用古錢交易，河西諸郡，或用西域金銀之錢，而官不禁。」北周布泉錢與新莽之布泉名稱相同，但錢面「布泉」二字有別：北周錢為玉筯篆，且「泉」字之中豎不斷；新莽錢為懸針篆，而又斷其中豎。[53]建德中復鑄五行大布　建德，北周武帝宇文邕年號。其鑄五行大布事，《隋書．食貨志》稱：建德三年（西元五七四年）「又鑄五行大布錢，以一當十，大收高估之利，與布泉錢並行」。其錢面篆作「五行大布」，字體秀美，製作精良。然因私鑄盛行，故大小輕重不一。大者徑二．七厘米，重三克；小者徑二．三厘米，重二．一克。同書又載：「建德四年（西元五七五年）七月，又以邊境之上，人多盜鑄，乃禁五行大布不得出入四關，布泉之錢，聽入而不聽出。五年（西元五七六年）正月，以布泉錢漸賤而人不用，遂廢之。初令私鑄者絞，從者遠配為戶。齊平以後，山東之人，猶雜用齊氏舊錢。」[54]宣帝又鑄永通萬國　宣帝，北周皇帝宇文贇，字乾伯。在位僅二年，終年二十二歲。其鑄永通萬國錢事，《隋書．食貨志》稱：「至宣帝大象元年（西元五七九年）十一月，又鑄永通萬國錢，以一當千，與五行大布及五銖，凡三品並用。」永通萬國錢製作極精，文字優美。面背肉好，周郭清晰，銅色青白，可稱魏晉以來錢中之冠。以上北周所鑄三種錢：布泉，一當五；五行大布，一當十；永通萬國，一當千，都屬虛價大錢。鑄造此類新錢，都有謀求高額鑄利之財政目的，故必然招致私鑄盛行，即使頒佈重刑「私鑄者絞」，也不可能完全禁絕。

55自「隋高祖」至「每一千重四斤一兩」　據《隋書・食貨志》及《職官分紀》卷二二引《唐六典》原注，此長句中，「背面內外」當作「背面肉好」；「重四斤一兩」應為「重四斤二兩」。隋高祖，即隋文帝楊堅，隋王朝建立者，弘農華陰（今陝西華陰）人，在位二十四年，終年六十四歲。其鑄新錢事，在開皇元年（西元五八一年），稱開皇五銖。因曾作為樣錢置於各關以禁劣錢，故又稱置樣五銖。面文「五」字交筆較直，近穿處有一豎劃，外緣較寬，面無內郭。徑約二・五厘米，重三・四克左右。一九五二年至一九五八年在湖南長沙發掘的兩晉南北朝至隋共四十七座古墓中，出土的銅錢屬於隋代的有九十三枚，即此開皇五銖。隋文帝為推行新鑄五銖錢，採取了一系列切實而嚴明的措施，因而取得了較好成效。《隋書・食貨志》記其經過稱：「〔開皇〕三年（西元五八三年）四月，詔四面諸關，各付百錢為樣。從關外來，勘樣相似，然後得過；樣不同者，即壞以為銅，入官。詔行新錢已後，前代舊錢有『五行大布』、『永通萬國』及齊『常平』，所在用以貿易不止。四年（西元五八四年），詔仍依舊不禁者，縣令奪半年祿。然百姓習用既久，尚猶不習。五年（西元五八五年）正月，詔又嚴其制。自是錢貨始一，所在流布，百姓便之。是時見用之錢，皆須和以錫鑞。錫鑞既賤，求利者多，私鑄之錢不可禁約。其年，詔乃禁出錫鑞之處，並不得私有採取。十年（西元五九〇年）詔晉王廣，聽於揚州立五鑪鑄錢。其後姦狡稍漸磨鑢錢郭，取銅私鑄，又雜以錫錢，遞相仿效，錢遂輕薄。乃下惡錢之禁。京師及諸州邸肆之上，皆令立榜，置樣為準。不中樣者，不入於市。十八年（西元五九八年）詔漢王諒聽於并州立五鑪鑄錢。是時江南人間錢少，晉王廣又聽於鄂州白紵山有銅礦處，錮銅鑄錢。於是詔聽置十鑪鑄錢。又蜀王秀，聽於益州立五鑪鑄錢。是時錢益惡濫，乃令有司括天下邸肆見錢，非官鑄者皆毀之，其銅入官。而京師以惡錢貿易，為吏所執有死者。數年之間，私鑄頗息。」但隋至末期，弊端又起。同書稱：「大業已後，王綱弛紊，巨姦大猾遂多私鑄，錢轉薄惡。初每千猶重二斤，後漸輕至一斤。或翦鐵鍱，裁皮糊紙以為錢，相雜用之。貨賤物貴，以至於亡。」

56皇朝武德中悉除五銖更鑄開通元寶錢　武德，唐高祖李淵年號。其錢文「開通元寶」四字，上下左右排列，故亦可讀為「開元通寶」。錢文另有「爰創軌模」，意謂創立新的錢制。《新唐書・食貨志》記此錢之鑄造經過稱：李淵初入長安時，「民間行線環錢，其制輕小，凡八九萬纔滿半斛。武德四年（西元六二一年），鑄開元通寶，徑八分，重二銖四參，積十錢重一兩，得輕重大小之中，其文以八分、篆、隸三體。洛、拜、幽、益、桂等州皆置監。賜秦王、齊王三鑪，右僕射裴寂一鑪以鑄。盜鑄者論死，沒其家屬」。此錢由給事中歐陽詢制詞及書，據鄭虔《會粹》稱：「詢初進蠟樣，自文德皇后掐一甲跡，故錢上有掐文。」「開通元寶」的出現，標誌著中國金屬鑄幣脫離了以錢體重量名錢的體系，發展成為高一級的鑄幣形式，此制唐以後還持續流行了近千年。古代多為「即山鑄錢」，即就地採用原銅，無明確成色標準。唐代至玄宗天寶中明文規定鑄錢之合金比例銅為百分之八十三．二，白鑞（即錫）為百分之十四．五六，黑錫（即鉛）為百分之二．一二。每枚制錢重二銖四參，十文重一兩，即二十四銖，這使二十四銖一兩的計量制開始向一兩十錢制轉變，給人們日常的經濟生活帶來了便利。近年來，從考古發掘中已獲得了大量開通元寶錢。如北京郊區發掘的一遼墓中殉葬的古錢多達七萬三千九百餘枚；河北邯鄲峰礦區留旺發現一陶缸古錢重達八十三斤，除少數漢五銖錢及南北朝的錢幣外，絕大多數都是開通元寶。（分別見《考古》一九六二年第十五期和一九六五年第十一期）57乾封初又鑄乾封泉寶錢　乾封，唐高宗李治年號。《新唐書．食貨志》稱：「乾封元年（西元六六六年），改鑄乾封泉寶錢，徑寸，重二銖六分，以一當舊錢十，踰年而舊錢多廢。明年，以商賈不通，米帛踴貴，復行開元通寶錢，天下皆鑄之。」58自「開元中以錢濫惡」至「納官鎔之」　開元，唐玄宗李隆基年號。唐代自高宗至玄宗百餘年間，錢幣濫惡之患連綿不斷，雖屢屢以重刑嚴禁，如高宗永淳元年（西元六八二年）敕令私鑄者抵死，鄰、保、里、坊、村正皆從坐，但江淮間仍有游民依大山陂海以鑄，吏莫能捕。主要原因，唐代前期社會經濟有較大發展，致使流通貨幣常感不足。據《新唐書．食貨志》記載，玄宗時「天下鑪九十九，每鑪歲鑄錢三千三百緡，役丁匠三十，費銅二萬一千二百斤，鑞三千七百斤，錫五百斤，每千錢費七百五十，歲鑄三十二萬七千緡。」即使鑄錢有如此規模，仍不能滿足流通需要，造成錢貴而物輕，其時斗米之價僅在三至十文間，私鑄之厚利使許多人鋌而走險。同書又記玄宗整治惡錢之經過稱：「先天（玄宗第一個年號）之際，兩京錢益濫，郴、衡錢纔有輪郭，鐵錫五銖之屬皆可用之。或鎔錫模錢，須臾百十。開元初，宰相宋璟請禁惡錢，行二銖四參錢，毀舊錢不可用者。江淮有官鑪錢、偏鑪錢、稜錢、時錢，遣監察御史蕭隱之使江淮，率戶出惡錢，捕責甚峻，上青錢皆輸官，小惡者沉江湖，市井不通，物價益貴，隱之坐貶官。宋璟又請出米十萬斛收惡錢，少府毀之。十一年（西元七二三年）詔所在加鑄禁賣銅錫及造銅器者。二十年（西元七三二年），千錢以重六斤四兩為率，每錢重二銖四參，禁缺頓、沙澀、盪染、白彊、黑彊之錢。首者，官為市之，銅一斤，錢八十。」安史之亂後，唐王朝迅速走向衰落，反映在幣制上是再次鑄造虛價大錢。如肅宗乾元元年（西元七五八年）所鑄之乾元重寶，以一當十、當三十、當五十，結果私鑄更加泛濫，「京師人人私鑄，併小錢，壞鐘、像，犯禁者愈眾」；同時「物價騰踴，米斗錢至七千，餓死者滿道」（同上）。59御史　指監察御史蕭隱之。參見上注。60歐陽詢　字信本，潭州臨湘（今湖南湘潭）人。隋時曾為太常博士，入唐官至太子率更令，弘文館學士。善書，初學王羲之，後漸變其體，筆力險勁，為一時之絕，人得其尺牘文字，咸以為楷範。卒年八十五，有《藝文類聚》一百卷。61初屬少府後屬水衡　水衡，指水衡都尉。漢武帝元鼎二年（西元前一一五年）初置，掌上林苑。其屬官中有鍾官、辯銅、技巧（一說均輸，詳前㉖注）三官令丞掌鑄錢，各有分工，所鑄之錢稱上林三官錢。而此三官漢初原皆屬少府。(62)後漢屬司農　《後漢書・百官志》大司農卿條本注曰：「掌諸錢穀金帛諸貨幣。」司農屬下具體執掌鑄幣機構為何，不詳。東漢初年第五倫曾為長安市督鑄錢椽，《後漢書》本傳稱：其「時長安鑄錢多姦巧，乃署倫為督鑄錢椽，領長安市」。劉昭注引《東觀記》曰：「時長安市未有秩，又鑄錢官姦軌所集，無能整齊理之者。〔閻〕興署倫督鑄錢椽，領長安市，其後小人爭訟，皆云：『第五椽所平，市無姦枉。』」(63)魏晉已下或屬少府或屬司農　指魏晉至隋錢官之歸屬有兩種情況。錢官是泛稱，與冶銅鑄錢有關的當是諸冶署。晉衛尉屬官有冶令，東晉冶令隸少府。南朝有東西冶令，北齊太府有司冶令，隋太府掌冶署，煬帝改屬少府，掌鐵冶，亦掌銅冶。至於明確專掌鑄錢之機構，似唯南朝宋文帝元嘉七年（西元四三〇年）所設之錢署，其職能有二：一是官鑄；二是官督民鑄。但錢署之歸屬不明，且屢立屢廢。南齊武帝永明八年（西元四九〇年）一度曾遣使入蜀鑄錢，其隸屬亦不詳。隋於開皇時，曾詔晉王楊廣在揚州、漢王諒在并州、蜀王秀在益州鑄錢，其管理機構之建置情況，則未見記載。(64)自「今絳州三十鑪」至「定州一鑪」　總計所列諸州錢鑪數為八十九。《新唐書・食貨志》稱：「天下鑪九十九」，則此處尚缺十鑪。而唐志所記為「絳州三十，揚、潤、宣、鄂、蔚皆十，益、郴皆五，洋州三，定州一」，計八十四鑪，亦缺五鑪。兩者相較，本書所缺為潤州十鑪，唐志所缺為鄧州五鑪，若互補所缺，則恰好都是九十九鑪。諸州錢鑪數，絳州稱冠，有三十鑪，接近全國總數九十九的三分之一，可見絳州是當時全國最大產銅區。州治在今山西新絳縣。《舊唐書・食貨志》：「第五琦請于絳州汾陽、銅原西監增置五鑪鑄錢，許之。」又《新唐書・地理志》：曲沃南十三里山有銅；翼城有銅源、翔皋二錢坊，有銅；聞喜有銅冶；解州有紫泉監，乾元元年（西元七五八年）置，有銅穴十二。以上各諸處在中條山之北。中條山之南，則陝州平陸有銅穴四十八。中條山南北之產銅區皆以絳州為中心。揚、潤、宣、鄂、蔚各十鑪：揚州，據《新唐書・地理志》：「有丹陽監、廣陵監錢官二。」江都、六合、天長都有銅。潤州，今江蘇省鎮江市。據《元和郡縣志》卷二五：句容縣銅冶山，在縣北六十五里，有銅、鉛，歷代採鑄。《新唐書・地理志》：升州江寧郡上元（今江蘇省南京市）、溧水、溧陽以及蘇州之吳郡（今江蘇省蘇州市）皆有銅。這些產銅區皆在潤州附近。宣州，治所今安徽宣城。《新唐書・地理志》：當塗有銅；南陵利國山（今銅陵縣銅官山）有銅，有梅根、宛陵二監之錢官；池州秋浦（今安徽貴池）、青陽亦都有銅。李白於天寶十三年（西元七五四年）往來於宣城、秋浦、南陵等地，曾作《秋浦歌》十七首，其中第十四首：「爐火照天地，紅星亂紫煙；赧郎明月夜，歌曲動寒川。」生動地描寫了月夜煉銅的景色，亦為當地曾是產銅區留下了見證。鄂州，今湖北武昌、鄂城、大冶、陽新，都曾是鄂州轄境。《隋書・食貨志》：「晉王廣又聽於鄂州白紵山有銅礦處，錮銅鑄錢。」《新唐書·地理志》：永興（今陽新縣治）和武昌（今鄂城縣治）皆有銅。蔚州，治所今河北省蔚縣。《新唐書·地理志》：蔚州屬縣飛狐（今河北淶源）有三河銅冶，有錢官。《元和郡縣志》卷一四：「蔚州飛狐縣三河冶，舊置爐鑄錢，至德以後廢。元和七年（西元八一二年）中書侍郎平章事李吉甫奏：『臣聞三河冶銅山約數十里，銅礦至多，去飛狐錢場二十五里。兩處同用拒馬河水，以水斛銷銅。北方諸處鑄錢人工絕省，所以早日三河冶置四十爐鑄錢，舊跡並存，事堪覆實。』詔從之。其年元月起工至十月，置五爐鑄錢，每歲鑄錢一萬八千貫。」水斛銷銅，指用水排法冶銅。益、鄧、郴各五鑪：益州，今四川成都市治。隋文帝時曾「詔蜀王秀聽於益州之五爐鑄錢」。《新唐書·地理志》：簡州之陽安、金水有銅。金水在今四川省金堂縣東南五十里，梓州有銅山縣，南可象山，西北私鎔山，皆有銅。貞觀二十三年（西元六四九年）置鑄錢官。《元和郡縣志》卷三〇：簡州金水縣銅官山，在縣北四十九里。《太平寰宇記》卷八二：「銅山縣（今中江縣南八十里），唐貞觀二十三年置監，上元元年（西元六七四年）廢監為縣，以銅山為名。私鎔山在縣西二十四里，高一里，出銅；賴應山在縣北三十里，出銅及空青（藍銅礦）。出銅山甚多，略載此三處。銅官山在縣西南六十八里，長二里。」上述簡州、梓州各有銅山縣，實為同一地點，因地跨二州而列於兩州，在今成都市附近，益州之錢監當於此處取銅。鄧州，屬山南道，治所在今河南之南陽。《新唐書·地理志》：鄧州之屬縣南陽有銅。郴州，屬江南西道，治所郴縣，今湖南郴州市；唐置桂陽錢監官，屬縣義章有銅，並有銀和鉛。《舊唐書·食貨志》：「李巽上言：得湖南院申，郴州平陽（今桂陽縣治）、高亭（今永興縣西五十里）兩縣界有平陽冶及馬跡、曲木等古銅坑二百八十餘井。差官檢覆，實有銅錫。今請於桂陽置爐兩所，采銅鑄錢，從之。」《元和郡縣志》卷二九：「郴州平陽銀坑，在縣南三十里。亦出銅礦，供桂陽監鼓鑄。」洋州三爐：洋州，今陝西洋縣治。查相關文獻，未見唐代洋州有出銅之記載。唯相鄰之商州，唐時曾是著名產銅地。《舊唐書·食貨志》：「第五琦上言：今商州（今陝西商縣）有紅崖冶，出銅益多；又有洛源錢監，久廢不理。增工鑿山以取銅，興洛源錢監置十爐鑄之。」《新唐書·地理志》：「商州有洛源監錢官，洛南縣有銅和鐵、金。」定州一鑪：定州，治所安喜，今河北定縣，屬縣唐縣（即今河北唐縣）有銅和鐵。以上十一州共設錢爐九十九。唐代在諸州置爐的多少，前後有很大變化，考之於諸書，也有本書原注未予載錄者，抑或唐代諸州置爐之數，各個時期原本互異。如《唐會要》卷八九「武德四年（西元六二一年）七月十八日，置錢監於洛、并、幽、益等諸州。」其中洛、并、幽三州，本書原注便未曾提及。又，《新唐書·地理志》載錄全國「有銅」共六十二處，分布於四十五州，如饒州有永平監錢官，有銅坑三，樂平縣亦有銅；《新唐書·百官志》：「凡鑄有七監，〔武宗〕會昌中增至八監，每道置鑄錢坑一。〔宣宗〕大中初，三監廢」，其中有不少都在本書原注所列之外。㊅土人 《舊唐書·職官志》作「土人」。

【語　譯】各個鑄錢監：每監都設置監一人。《周禮》規定：「泉府設有上士四人，掌管各項現金稅入的保管和貯藏。」又規定：「司市的職掌中，有一項是招徠商賈，豐富市場商品的供應，促進布幣的流通；還有一項是會同泉府，通盤掌理貨幣與貨物的對應關係，用收購和借貸這兩種辦法，調節市場供需的平衡。當國家遇到大災荒或大疫癘的時候，就要減免稅收，發行貨幣，以減輕災害的影響。」鄭玄在注釋中說：「司市在災年不收稅，是因為民眾過於窮苦和困乏。金與銅的出產，不受年歲豐歉的限制，相反，正是在災年，由於商品的匱乏而價格昂貴，所以應該多鑄錢幣投入流通，來減輕民眾的負擔。」布和泉，都是指作為貨幣的錢。《漢書・食貨志》記載說：「太公呂尚為周代建立貨幣流通的管理機構九府和相關的法制。錢的形狀是外圍圓形內函孔為方形。它的重量是以銖為單位。因此貨幣就像黃金那樣寶貴，像刀那樣鋒利而有利於人，像泉水那樣周流不息，像布那樣流布於民間，像帛那樣可以束聚為人們存儲帶來方便。周景王曾鑄造大錢，錢上印有『寶貨』二字，錢的內外緣都有邊郭。秦滅六國統一天下，發行的銅錢上印有『半兩』二字，每枚的重量與印的文字相同。漢朝初年，以為秦錢有半兩太重，流通不方便，因而允許人們鑄造小錢，稱為榆莢錢。漢文帝時，以為當時通用的錢重量太輕，下令重新鑄造每枚重四銖的新錢，錢面文仍為『半兩』；同時廢除以前頒布的〈盜鑄錢令〉，開放讓民間鑄錢。到了漢武帝初年，又鑄印有『三銖』字樣的新錢，每枚的重量也就是三銖，同時下令禁止人們盜鑄。當時有關官司稟奏說，三銖錢太輕，請求允許各郡國鑄造五銖錢，錢面印文為『五銖』，兩面都有周郭。後來又因為盜鑄的人太多，於是下令在京師鑄造官赤仄錢，一枚當五銖錢五枚。以後又因赤仄錢官民都感到不便而被廢除。從這時候起，一概禁止郡國鑄錢，鑄錢的事由上林苑三官專管。從武帝元狩年（元狩五年）三官開始鑄錢，到平帝元始年間，前後鑄造的錢總計有二百八十億多枚。王莽稱帝後改變了漢制，又一次開始鑄造大錢，直徑是一寸二分，重量是十二銖，錢面的文字為『大錢五十』。這以後，在新莽時期還有多次改作。」到了公孫述在巴蜀鑄造的錢，百姓使用不方便，因而當時有一首民謠唱道：「黃牛偏偏長了個白腹，五銖錢啊，應當恢復。」東漢光武帝登基後，下令廢除王莽所造的錢幣，重新鑄造五銖錢。東漢靈帝時曾鑄造過四出五銖錢。魏文帝時，因穀物太賤，就不用銅錢，單是用粟和帛作為流通的貨幣；到魏明帝時又恢復鑄造五銖錢，一直到西晉都沿用不改。當時，在南方吳國的孫權，曾經鑄造過一當五百、一當一千的大錢。蜀漢劉備鑄造的是一值一百的錢。東晉時，有個名叫沈充的，鑄造一種小錢，人們稱它為「沈郎錢」。南朝宋文帝時鑄造的四銖錢，錢體完好厚實；孝武帝時鑄造的四銖錢，則形體小而又單薄。南朝宋前廢帝即位後，又鑄造二銖錢，錢的品位越來越低劣，因而被稱為「菜（耒）子錢」；還有綖環錢，用絲縷貫穿起來，輕到放在水面都不會沉。南齊通用的還是宋的四銖錢。梁武帝時曾經鑄造過兩種錢：一種內緣（內外緣）有周郭，錢面印文為「五銖」，重量與印文相同。另外一種除去了內郭（內外郭），稱之為「女錢」。而當時民間百姓實際使用的還是古錢幣，其中有值百五銖、女錢、太平百錢、定平一百、五銖稚錢、五銖對文等名號，每枚錢輕重不一。在梁武帝普通年間，還曾一度擬議廢止銅錢，鑄造鐵錢。陳朝初年，雜用由梁朝末年遺留下的兩柱錢和鵝眼錢；到陳文帝時才改鑄五銖錢，宣帝時又鑄造大通貨六銖錢。北魏在孝文帝太和十九年開始鑄造錢幣，錢面印文為「太和五銖」；到孝莊帝永安二年又下詔書改鑄錢幣，印文為「永安五銖」。東魏時，齊文襄王建議整頓幣制上的混亂，他認為必須名實相稱，錢的印文為「五銖」，那就應當每枚重五銖，一百枚錢就是重一斤四兩二十銖。北齊文宣帝時改鑄常平五銖，重量要求與印文一致。北周武帝時鑄造的是布泉錢，一枚值五枚五銖錢；布泉錢與五銖錢一起流通。建德年間，又鑄造五行大布，一枚當十枚五銖錢。到宣帝時又鑄造「永通萬國」錢，可以一當一千。隋朝高祖皇帝感到全國貨幣流通太混亂，又輕重不等，於是就下令更鑄新錢，要求錢體背面內外緣都有周郭，錢面印文為「五銖」，重量要與印文相同，每一千枚重四斤一（二）兩。自漢代至隋代，錢幣的重量，雖然有時輕有時重，但都還是以「五銖」作為基本單位。到大唐武德初年，才全部廢除五銖錢，改鑄「開通元寶」錢。高宗乾封初年，還鑄造過「乾封泉寶」錢，不久就廢止。玄宗開元年間，由於盜鑄和剪鑿，流通中的錢幣過多又粗劣，這種情況在江淮地區尤為嚴重。為此，頒發敕令禁止這類壞錢的通用，並派御史到江淮地區去強制收繳壞錢，一律納給官府重新回爐熔鑄。由於搜求面過寬，州縣害怕收繳到的濫惡錢不夠數，反而用好錢來抵充，這一來，百姓的錢財遭到了耗損，那位御史也因此而被貶官降職。按照舊制，每一千枚銅錢重為六斤四兩，近世所鑄的錢大多要重七斤。錢面上的印文，本是歐陽詢所書寫。掌管鑄錢的官員，漢代最初是隸屬於少府，後來改屬於水衡都尉；東漢時屬於大司農；魏晉以後，有時屬於少府，有時屬於司農。本朝在少府直屬的鑄錢爐有十座；全國各州掌管鑄錢的官員亦屬少府統轄。到了少府不再執掌鑄錢，各州的錢官也就轉歸地方管轄。目前全國各州的錢爐數，絳州有三十座，揚、〔潤〕、宣、鄂、蔚等州各有十座，益、鄧、郴三州各有五座，洋州是三座，定州就只有一座。

各個鑄錢監的監，由所在州府的都督、刺史兼管。

副監，定員一人，由州府的上佐兼任。

丞，定員一人，由州府判司兼任。

監事，定員一人，由參軍或者縣尉掌理。

錄事、府史，由土（士）人擔任。

【說明】秦以前，我國金屬鑄幣各個地區是不統一的。春秋時期，中原和三晉流行的是布幣，山東地區流行的是刀幣，在南方長江流域流行的是蟻鼻錢。大約到戰國後期秦國開始鑄行圜錢，最初是圓形圓孔，後來才發展成圓形方孔，它正好符合古人天圓地方的觀念。秦的圜錢以兩為單位，有一兩的，有半兩的，半兩為二錙，也即十二銖。秦始皇以原秦國的半兩錢為全國統一制幣，在錢面上印有「半兩」二字，通常被稱之為量名錢，以其所含銅的重量作為商品流通的價值尺度，所以凡是鑄造量名錢，都要申明此錢「重如其文」。在商品流通過程中，鑄幣以多少重量最為合適，這在歷史上曾經經過長期摸索才最後趨於定制。在漢初，便感到秦的半兩錢太重，在流通使用過程中有諸多不便，其後便開始了一次又一次的改易。第一次是高后二年（西元前一八六年）七月，鑄行八銖錢，錢文仍為「半兩」，並下令禁止私鑄。四年後，即高后六年（西元前一八二年）鑄第二次，改為「五分錢」，也就是半兩的五分之一，重二銖四絫，或稱為榆莢錢。錢文亦是「半兩」。第三次是文帝五年（西元前一七五年）鑄行四銖錢，錢文仍為「半兩」，同時宣布廢除〈盜鑄錢令〉，許民放鑄，至景帝中元六年（西元前一四四年）復禁民鑄錢。第四次是在武帝建元元年（西元前一四〇年）行三銖錢，重如其文，改變了自秦以來以半兩為錢幣重量單位的成例。第五次是武帝建元五年（西元前一三六年）罷三銖錢，復行「半兩」，即文帝時的四銖重的半兩錢。第六次是武帝元狩四年（西元前一一九年）又鑄三銖錢，同時造皮幣及白金幣。第七次是武帝元狩五年（西元前一一八年）又廢三銖錢，令郡國鑄造五銖錢。第八次是武帝元鼎二年（西元前一一五年）令京師鑄赤仄錢。以一當五。第九次是武帝元鼎四年（西元前一一三年）將郡國的鑄幣權收歸朝廷，專令上林三官鑄造五銖錢。至此，前後經七十餘年反覆改易，終於將銅鑄錢的重量定位於五銖，此後整個兩漢便不再有大的變化。南北朝時期，雖多次鑄造過四銖錢、二銖錢，但至隋依然復歸於五銖錢。

量名錢的前提是必須「重如其文」，如果文為「半兩」，實際重量僅有八銖、四銖，那就成了虛價錢。虛價錢在流通過程只是表現為一個記號，需要依靠國家的強制手段才得以推行。歷代發行虛價錢往往是為了達到一定的財政目的，但任何一個王朝都無法擺脫與虛價錢如影逐形般的伴生物，那就是民間的私鑄與盜鑄。問題要看你國家有沒有切實的措施和足夠的力量來防止和打擊此類行為，而一旦失控，必然招來濫錢惡錢充斥市場，從而造成物價騰飛，民生凋敝，非但影響朝廷財政收入，甚至也會使社會再生產也難乎為繼。所以西漢幾次鑄造虛價錢，都由於私鑄盜鑄的猖獗，最後不得不宣布廢除，遵守量名錢的規則，回到「重如其文」的軌道上來。魏晉以後歷朝鑄幣的變易或恢復，其基本動因，亦莫不出此。據《魏書．食貨志》記載，東魏齊文襄王曾針對虛價錢的弊病提出：「錢文五銖，名須稱實。宜稱錢一文重五銖者，聽入市用」；對私鑄，則「悉不禁斷，但重五銖，然後聽用。若入市之錢，重不五銖，或雖重五銖而多雜鉛鑞，並不聽用」。那就是只抓錢的重量和成色上的規格，至於由誰所鑄造則可不論。這從理論上說自然是可行的，因為真正把住了「重如其文」這一關，私鑄也就不再有暴利可圖，因而一般不會再造成濫惡。但真要付諸實施，必須有強大國力作後盾，並且有一批正直的官吏堅持不懈努力才能做到。事實上齊文襄王的建議始終只停留在口頭上，據同書載錄，當時「群官參議，咸以時穀頗貴，請待有年，上從之而止」；而他本人，還沒有待到「有年」便已去世。把齊文襄王遺願付諸實施的，可說是隋文帝。開皇初，新建立的隋皇朝，依仗強大的政治威力把一切不合乎標準的舊錢由官府銷毀重鑄，「自是錢貨始一，所在流布，百姓便之」（《隋書．食貨志》）。但只要國家政治經濟一旦失控，私鑄盜鑄便會立即死灰復燃，隋末動亂一起，建立不久的新幣制便迅速崩潰了。

鑒於隋末惡錢泛濫，唐初於武德四年（西元六二一年）七月宣布廢除五銖錢，鑄行「開通元寶」（亦稱「開元通寶」）新錢，重二銖四絫，十枚重一兩，一千枚重六斤四兩，史著稱其「輕重大小最為折衷，遠近甚便之」（《舊唐書．

食貨志》）。開元錢的大小輕重，成為後世「制錢」的標準，流行了近千年。

開元錢流通以後，私鑄與惡錢的問題也還存在，只是唐代前期國力較為強盛，對私鑄盜鑄能持續不斷地採取比較有力的打擊措施，因而未能發展到威脅開通元寶流通的地步。再一個情況是，唐代前期經濟繁榮，商貿興旺，流通過程中的主要問題是錢幣供應不足，濫惡錢固然亦引起民眾痛恨，但更高的呼聲則是穀賤傷農。如開元、天寶年間，米價每石也常在一百文左右波動，最高時也沒有超過二百文。為彌補錢幣的不足，唐代前期保留了魏晉以來錢幣與穀帛並用的舊制，租庸調的徵收，規定以實物為主，上供、進獻、賞賜多以絹布，私人之間的交易以及贈送、布施、放債、賃費和計贓、贖罪等，大都以絹布端疋計算。開元二十年（西元七三二年）還專門為此發過一道敕令，文中稱：「綾羅絹布雜貨等交易，皆合通用，如聞市肆必須見錢，深非通理。自今後，與錢貨兼用，違者準法論之。」（《唐會要》卷八八）但是以金屬錢幣取代絹帛畢竟是社會經濟發展的必然趨勢，二者並行只是一種暫時現象。這一點，在當時唐王朝的決策層自然也是看到的，所以取此權宜之策，主要原因便是銅的來源有限，鑄幣的數量無法滿足不斷增長中的流通需求。所以唐玄宗李隆基曾一度想開禁允許私人鑄錢，這從開元二十二年（西元七三四年）三月二十一日的敕文中可以看出：「布帛不可以尺寸為交易，菽粟不可秒忽貿有無，古之為錢，豈無變通？往者漢文之時，已有放鑄之令，亦欲不禁私鑄其理如何？」（《唐會要》卷八九）敕文一是承認錢幣在流通和貿易中，比之於粟帛自有其不可替代的作用；二是想以放開私鑄來增加錢幣中的供應量。但很顯然，敕文是諮詢式的，玄宗還沒有下定決心。由於群臣在議論中多數人不主張放開私鑄，因而也就沒有付諸實施。這樣到同年十月六日下的敕令中，又重申了錢帛兼用的定制：「貨物兼通，將以利用，而布帛為本，錢刀是末，賤本貴末，為弊則深，法教之間，宜有變革。自今已後，所有莊宅，以馬交易，並先用絹、布、綾、羅、絲綿等，其餘市價至一千以上，亦令錢物兼用，違者科罪。」規定大宗的貿易，須以絹布計價，市價一千以上者，則錢物兼用。這一情況到中唐後，才發生了較大變化。唐德宗建中元年（西元七八〇年）實行兩稅法，以錢定稅，錢幣在國家財政中的地位與作用大為加強。其後，隨著商品經濟的進一步發展，通貨的需求量越來越大，而錢重物輕的情勢，又導致人們不願購物而寧願蓄錢，故錢作為貯藏的手段也增強了，因而促使大批錢幣退出了流通領域；與此同時，由於採銅工本上升，銅價昂貴，又促使一部分人反而銷錢為器，諸種因素匯合一起，終於形成了所謂「錢荒」。對此種錢日重而物日輕的狀況，德宗時任中書侍郎的陸贄曾經作過這樣一個比較：建中元年（西元七八〇年）初行兩稅法時，一疋絹的價格為三千二、三百文，到貞元十年（西元七九六年）已下跌到一千五、六百文。憲宗時為中書舍人的李翱，亦作過類似比較：初行兩稅時，絹一疋值錢四千，米一斗值錢二百；四十年後，絹一疋不過八百，米一斗不過五十。穀帛價格如此大幅度下降，必然導致農民負擔加重。儘管朝廷接連採取獎勵採銅、增加鑄錢、嚴禁銷銅錢為器、禁錢出境、禁止蓄錢等措施，但均未能收到預期效果。這樣一直到唐末武宗會昌時，不得不採取了一項「廢浮屠法」的窘迫措施，即在佛教寺院諸種銅製法器上打主意：「永平監官李郁彥請以銅像、鍾、磬、鑪、鐸皆歸巡院，州縣銅益多矣。鹽鐵使以工有常力，不足以加鑄，許諸道觀察使皆得置錢坊。淮南節度使李紳請天下以州名鑄錢，京師為京錢，大小徑寸，如開元通寶，交易禁用舊錢。」（《新唐書・食貨志四》）不久又下令允許舊錢流布，這才使通貨不足的情況得到暫時緩解，文武百僚的俸祿也有一半可以錢幣支領。從近年出土的實物看，會昌開元錢在流通中的數量確實還是不少的，如一九五九年北京南郊的趙德鈞墓中發現的多數便是會昌開元錢，其背面所鑄的地名分別有昌、京、洛、益、藍、襄、荊、越、宣、洪、潭、兗、潤、鄂、平、梓、興、梁、廣、福、桂等（據《考古》一九六二年第五期），說明當時不僅鑄造錢幣數量比較多，鑄地範圍也很廣。但武宗在位僅五年，宣宗繼位後，又一反武宗排佛的政策，將許多新錢再行銷鑄為佛像。因而從總體上看，唐代後期通貨不足的情況依然相當嚴重，民間所謂「短陌錢」的普遍存在，便是證明。錢以百文稱「陌」，千文稱「貫」；近百文者為「長錢」，相差較多則稱「短陌」。不足千文而為貫者稱「蹺墊」，俗亦謂之「扣串」。唐代後期許多地方通常以八十五文為一陌，八百五十文為一貫，有的地方甚至一陌僅有八十文。值得注意的是中唐以後出現了「飛錢」。據《新唐書・食貨志》稱：憲宗貞元時，「商賈至京師，委錢諸道進奏院及諸軍、諸使、富家，以輕裝趨四方，合券乃取之，號『飛錢』」。這「飛錢」又稱「便換」，如《舊唐書・食貨志》即有「茶商等公私便換錢」的記載，它是我國最早出現一種錢幣信用匯票。其法是攜錢人將錢交付各道駐京師的進奏院、各軍使等機構，或交各地商號，受錢的機構或商號則出給半聯票券，另半聯寄往相關地點的機構或商號；這樣付錢人便可逕往該地合券而取得如數錢款。官府開始是禁止，不久便解除禁令，並且也參與興辦匯兌事業。當時的錢荒，以及各地州府往往禁錢幣出境，加上金屬錢幣本身攜帶上的諸多不便，是促使產生飛錢的直接原因；但它問世的意義，卻超越了其時所面對的實際困境。這是因為實物形態的銅鑄幣，即使是貴金屬金或銀鑄幣，也只能與社會的一定歷史階段相適應，隨著社會的繼續向前發展，必然會越來越無法滿足經濟活動對流通貨幣的日益增長的需要。唯有使用紙幣才能從根本上解決這一矛盾。而飛錢的出現，恰好標誌著距離紙幣的誕生已為期不遠。

七

諸互市監：監各一人，從六品下。漢、魏已降，緣邊郡國皆有互市，與夷狄交易❶，致其物產也。並郡縣主之，而不別置官吏。至隋，諸緣邊州置交市監❷，視從第八品；副監，視正第九品。皇朝因置之❸，各隸所管州、府❹。監加至從六品下；改副監為丞，品第八下。光宅❺中改為通市監，後又復舊為互市監。

丞一人，正八品下。隋置交市副監，皇朝改為互市監丞。

諸互市監各掌諸蕃交易之事；丞為之貳。凡互市所得馬、駞、驢、牛等，各別其色，具齒歲、膚第，以言於所隸州、府，州、府為申聞❻。太僕差官吏相與受領，印記。上馬送京師，餘量其眾寡，並遣使送之，任其在路放牧焉。每馬十疋，牛十頭，駞、騾、驢六頭，羊七十口，各給一牧人。若非理喪失，其部使及遞人，改酬其直❼。其營州❽管內蕃馬出貨，選其少壯者，官為市之。

【章　旨】敘述互市監之監、丞之定員、品秩、沿革和職掌。

【注　釋】❶漢魏已降緣邊郡國皆有互市與夷狄交易　關於自漢至魏歷代與周邊國家或地區互市事，史著記載甚多。如《漢書·匈奴傳》：「文帝時匈奴和親，與通關市」；「景帝後與匈奴和親通關市，給遺單于，遣翁主如故約」；「武帝即位，明和親約束，厚遇關市，饒給之」；「宣帝時，北匈奴見南單于來附，懼謀其國，故數乞和親，又遠驅牛馬與漢合市」。東漢亦然。光武帝建武中，「置〔烏桓〕校尉於上谷寧城，開營府，並領鮮卑，賞賜質子，歲時互市」（《後漢書·烏桓鮮卑列傳》）。章帝元和元年（西元八十四年），「武威太守孟雲上言北單于復願與吏人合市，詔書聽云遣驛使迎呼慰納之。北單于乃遣大且渠伊莫訾王等，驅牛馬萬餘頭來與漢賈客交易。諸王大人或前至，所在郡縣為設官邸，賞賜待遇之」（《後漢書·南匈奴列傳》）。漢安帝永初中，鮮卑大人詣闕朝賀，鄧太后「令止烏桓校尉所居寧城下通胡市，因築南北兩部質館」（《後漢書·烏桓鮮卑列傳》）。至三國魏，與西域互市仍不斷。魏明帝大和中，倉慈遷為敦煌太守，其時「西域雜胡欲來貢獻，而諸豪族多逆斷絕；既與貿遷，欺詐侮易，多不得分明，胡常怨望，慈皆勞之。欲詣洛者，為封過所；欲從郡還者，官為平取，輒以府見物與共交市，使吏民護送道路，由是民夷翕然稱其德惠」（《三國志·魏書·倉慈傳》）。北朝時，如韓褒，除西涼州刺史，「每西域商貨至，先盡貧者市之，於是貧富漸均，戶口殷實」（《周書·韓褒傳》）。❷至隋諸緣邊州置交市監　隋文帝時，突厥都藍可汗曾「遣使請緣邊置市，與中國貿易，詔許之」（《隋書·突厥傳》）。又《隋書·百官志》稱：「緣邊交市監及諸屯監，每監置監、副監各一人。」其品秩，監為視從八品，副監為視正九品。同書又載，煬帝時置四方館於建國門外，「東方曰東夷使者，南方曰南蠻使者，西方曰西戎使者，北方曰北狄使者，各一人，掌其方國及互市事。每使者署，典護、錄事、敘職、敘儀、監府、監置、互市監及副參軍各一人。錄事主綱紀，敘職掌其貴賤立功合敘者，敘儀掌大小次序，監府掌其貢獻財貨，監置掌安置其駝馬船車並糾察非違，互市監及副掌互市，參軍事出入交易」。❸皇朝因置之　《新唐書·百官三》稱：「隋以監隸四方館，唐隸少府。貞觀六年（西元六三二年），改交市監曰互市監，副監曰丞。武后垂拱元年（西元六八五年）曰通市監。」有錄事一人，府二人，史四人，價人四人，掌固四人。」❹各隸所管州府　唐承隋制，在緣邊州府，亦置互市監。唐之〈關市令〉云：「諸外蕃與緣邊互市，皆令互〔市〕官司檢校，其市四面穿塹，及立籬院，遣人守門。市易之日卯後，各將貨物畜產，俱赴市所，官司先與蕃人對定物價，然後交易。」（《白氏六帖事類集》卷二四）又，市易之物品有所限制。「開元二年（西元七一四年）閏三月勅：諸錦、綾、羅、縠、繡、織成紬絹絲、犛牛尾、真珠、金、鐵，並不得與諸蕃互市，及將入蕃；

金鐵之物，亦不得將度西北諸關」（《唐會要》卷八六）。《唐律疏議》對互市中違反〈關市令〉者，有相應處罰規定。如其〈衛禁律〉稱：「諸齎禁物私度關者，坐贓論」；「若私家之物禁約不合度關而私度者，減三等」。疏議曰：「依〈關市令〉：錦、綾、羅、縠、紬、綿、絹、絲、布、犛牛尾、真珠、金、銀、鐵，並不得度西邊、北邊諸關及至緣邊諸州興易。從錦綾以下，並是私家應有，若將度西邊、北邊諸關，計贓減坐贓罪三等。其私家不應有，雖未度關，亦沒官。」又「若共化外蕃人私相交易，謂市買博易，或取蕃人之物，及將物與蕃人，計贓一尺徒二年半，三匹加一等，十五匹加役流。」❺光宅　武則天稱制時年號。❻州府為申聞　此句正德本、廣池本等均作正文，非原注。❼若非理喪失其部使及遞人改酬其直　指馬匹和其他牲畜在遣送途中，無正當理由而致丟失和死亡者，其使人即負責押送之官員，和遞人即押解牲畜之牧人，都要受到扣減報酬的處理。❽營州　治所柳城，今遼寧省朝陽市；轄區相當於今遼西地區。因其地北接奚、契丹，與呼倫貝爾草原相鄰，故歷來是東北地區馬市中心。唐天寶中，楊燕奇為平盧衙前兵馬使，「世掌諸蕃互市，恩信著明，夷人慕之」（《韓昌黎集》卷二四〈清邊郡王楊燕奇碑文〉）。所稱「諸蕃互市」，主要是指與奚及契丹之互市貿易。

【語　譯】各互市監：監，定員各一人，品秩為從六品下。漢魏以來，在邊境地區的各國郡國，都設有互市，與各少數族人做交易，藉以招致境外的物產。那些互市都由沿邊的郡縣主管，不再另設官吏。到了隋代，在沿邊各州設置交市監，監的品秩為視從第八品，副監為視正第九品。本朝因承隋制，只是將交市監改名為互市監，沿邊地區的互市監，分別由所在州、府管轄。監的品秩加到從六品下；副監改稱丞，品秩為第八品下。武后光宅年間曾改名為通市監，不久又恢復互市監的舊稱。

丞，定員一人，品秩是正八品下。隋朝設置的稱交市副監，本朝改名為互市監丞。

各互市監的職掌是，各自主管所在地區與各少數族人交易方面的事務；丞是監的副職。凡是由互市得來的馬、駝、驢、牛等牲畜，都要區別毛色，寫明年歲、等第，送報給所隸屬的州、府，由州、府再申聞於朝廷。太僕寺就差遣官吏前往受領，並給牲口烙上印記。上等馬匹要送京師，其餘根據數量多少，派遣使節送往各牧監，允許在沿路放牧。每馬十匹，牛十頭，駝、騾、驢六頭，羊七十隻，給一個牧人。如在押送途中，沒有正當理由而招致牲口走失和死亡的，就要減少負責押送的官員和牧人的報酬。在營州管轄區域內，有少數族人來賣馬的，要挑選其中少壯的，由官府購買。

【說　明】關於互市的沿革，《文獻通考》卷二〇引《宋三朝國史·食貨志》中有一段簡要的概括：「互市者，自漢初與南粵通關市，其後，匈奴和親亦與通市，後漢與烏桓、北單于、鮮卑通交易，後魏的宅中夏，亦于南陲立互市。隋唐之際，常交戎夷，通其貿易，開元定令，載其條目。」唐在北方邊關互市，主要是馬匹。所謂「馬者，兵之用也」，李唐王朝的國力，就要靠馬背來支撐。唐代最大的牧馬基地是隴右監牧，是由唐太宗時得突厥馬二千匹及隋馬三千匹起家，此後除諸牧監自身孳課外，還不斷用互市中得到的馬匹來補充。玄宗在開元九年（西元七二一年）給毗伽可汗的信中特別強調：「國家舊與突厥和好之時，蕃漢非常快活，甲兵休息，互市交通，國家買突厥馬羊，突厥將國家綵帛，彼此豐足，皆有便宜。」所謂「皆有便宜」，自然是商業用語，實際上這個時期唐王朝的互市政治目的很明確，那就是市馬以強軍。因而有時不惜「高估馬價以誘之，諸蕃聞之，競來求市，來輒買之。故蕃馬益少，而漢軍益壯」《冊府元龜·外臣部·通好》）。《新唐書·兵志》還記載到「其後突厥款塞，玄宗厚撫之，歲許朔方軍西受降，城為互市，以金帛市馬，於河東、朔方、隴右牧之，既雜胡種，馬乃益壯」。但如此大批以金帛購馬，在財政上實在是一項沉重的負擔。因而就在玄宗時期，「太常少卿姜晦乃請以空名告身市馬於六胡州，率三匹讎一游擊將軍」（《新唐書·兵志》）。所謂空名告身，就是並無實際職務的官稱任命狀，用以換馬，倒是一筆無本生意，可惜響應者似乎不多，且杯水車薪，無補大局。從下面玄宗給突厥可汗的信中可以看出，唐王朝對馬匹交易不勝負擔之情已溢於言表：「往者先可汗在日，每年納馬不過三四千匹，馬既無多，物亦易辦。此度所納，前後一萬四千……此後將馬來納，必不可多，還如先可汗時約有定準來交易，發遣易為。」（《文苑英華》卷四六八）此時唐國力尚處於強盛期，財政上已經有些難於支持；而在安史之亂後，當曾出兵助唐打敗了安祿山、史思明的回紇，恃功強要以高價和市馬匹時，那就更是苦不堪言了。《舊唐書·回紇傳》對此事是這樣記載的：「回紇恃功，自〔肅宗〕乾元之後，屢遣使以馬和市繒帛，仍歲來市，以馬一匹易絹四十匹，動至數萬馬。其使候遣繼留於鴻臚寺者非一，蕃得帛無厭，我得馬無用。朝廷其苦之。」為什麼「得馬無用」呢？《新唐書·兵志》中有一條材料可作回答：「回紇恃功，歲入馬取絹，馬皆貧弱不可用。」

同書記載回紇遣使以馬求市有多處，自德宗貞元初至文宗太和中這四十餘年間，唐王朝單是償還回紇馬價用去的絹就有一百五十九萬二千疋。而事實上當時與唐有互市關係的不止是回紇，還有突厥、吐蕃、吐谷渾、羌及党項、奚、契丹、渤海、南詔等等。白居易有首〈陰山道〉，對唐代後期互市的無奈和困境作了生動的描述：「五十匹縑一匹馬，縑去馬來無了日。元和二年下新敕，內出金帛酬馬值；仍詔江淮馬價縑，從此不令疏短織。誰知黠虜啟貪心，明年馬來多一倍。」

唐代互市的機構除了在陸上沿邊諸州設互市監外，在沿海的廣州還設有市舶司，主其事者即稱市舶使。《唐會要》卷六六載：「顯慶六年（西元六六一年）二月十六日敕：南中有諸國船，宜令所司，每年四月以前，預支應須市物，委本道長史，舶到十日內，依數交付價值市了，使百姓交易。其官市物，送少府監簡擇進內。」關於市舶司的設置，史書無明確記載。《冊府元龜・帝王部・納諫》提到開元二年（西元七一四年）「右威衛中郎將周慶立為嶺南市舶使，與波斯僧廣造奇巧，將以進內，監選使殿中侍御史柳澤上書諫，帝嘉納之」。同一事件，互見於《舊唐書・玄宗本紀》，但官名為「安南市舶使」。《唐國史補》卷下云：海南舶，「每歲至安南廣州」。二地都屬嶺南，或許市舶使在廣州，而海舶船岸的地點為廣州與安南二處。這說明至少在開元初，市舶司的機構已經存在。「開元十年（西元七二二年），有韋某者，「解褐授內府局丞，尋充市舶使，至于廣府，賝賮納貢，寶貝委積，上甚嘉之」（《文苑英華》卷九三一，《全唐文》卷三七一，于肅〈韋公神道碑〉）。天寶初，盧奐為晉陵太守，「時南海郡，利兼水陸，瓌寶山積，劉巨鱗、彭杲相替為太守，五府節度，皆坐贓巨萬而死。乃特授奐為南海太守，遐方之地，貪吏斂迹，人用安之。以為自開元已來四十年，廣府節度清白者有四，謂宋璟、裴伷先、李朝隱及奐。中使市舶，亦不干法。」（《舊唐書・盧奐傳》）。廣東歷來是海上貿易的中心，在當時，宮廷內用的那些珍奇異寶，不少便是從海上來。此乃利淵所在，出其任者，貪官亦多。後改為多由宦官主其事，更是狐假虎威，橫行不法。如代宗廣德元年（西元七六三年）「宦官市舶使呂太一逐廣南節度使張休，縱下大掠廣州」（《舊唐書・代宗本紀》）。德宗貞元八年（西元七九二年）「嶺南節度使〔李復〕奏，近日海舶珍異，多就安南市易，欲遣判官就安南收市，乞命中使一人與俱」（《資治通鑑・唐紀五十》），說明沒有宦官的直接參預，地方官員已無法管事。有的乾脆潔身自好，採取迴避的態度。如文宗時，盧鈞為嶺南節度使，便「請監軍領市舶使，己一不干預」(《舊唐書》本傳)。除廣州、安南外，泉州、揚州當時亦是海上的貿易重地，有關徵稅一類事宜，則通常由當地節度觀察使兼管。《冊府元龜・帝王部・來遠》：「文宗太和八年(西元八三四年)二月庚寅，其嶺南福建及揚州蕃客委節度觀察使除舶腳收市進奉外，任其來往，自為交易，不得重加率稅。」文中舶腳，指徵收關稅；收市，指官府規定要收購的那部份貨物；進奉則是指交納的那部份貢品。

附圖

一、先秦錢幣(選自《中國古代名物大典》)

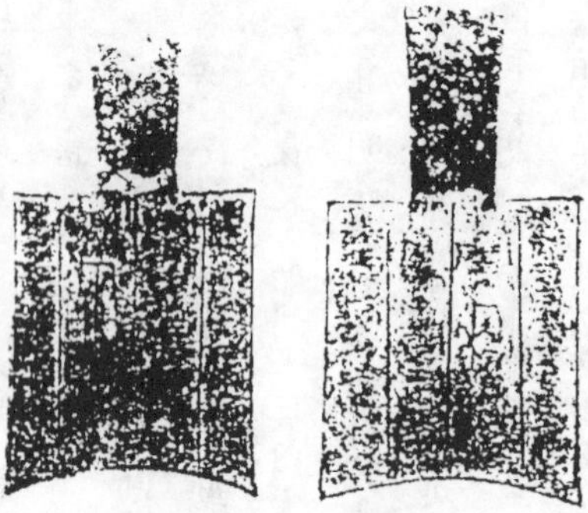

平肩弧足空首布
(東周王畿內鑄幣)

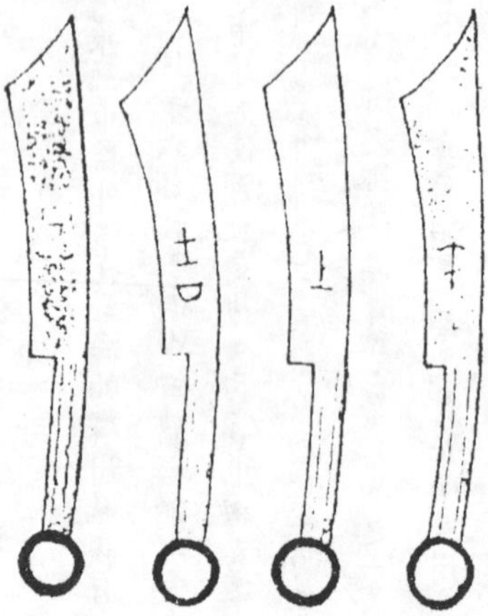

尖首刀
(燕國早期鑄幣)

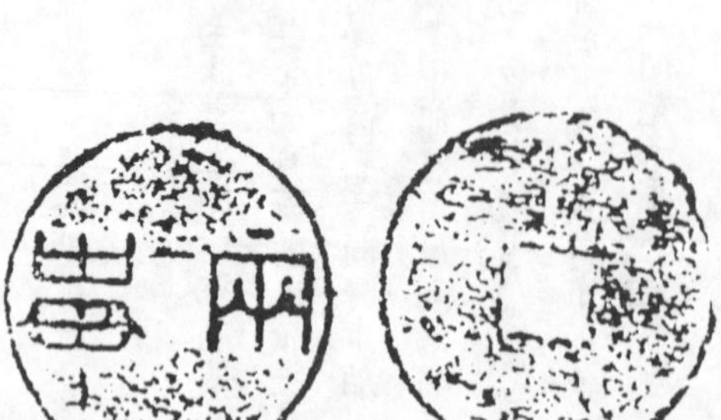

兩甾
(秦國)

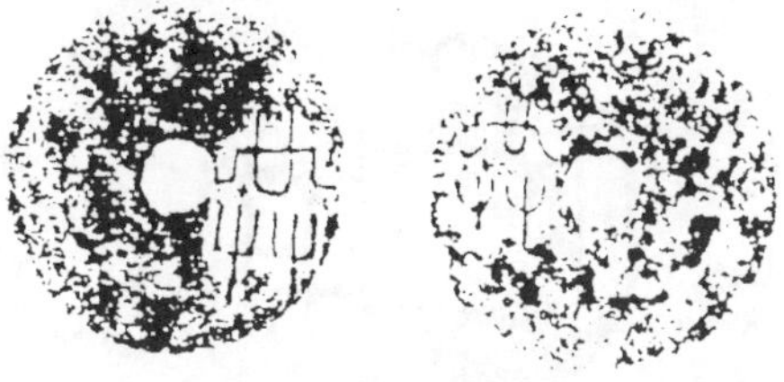

共字錢
（魏國）

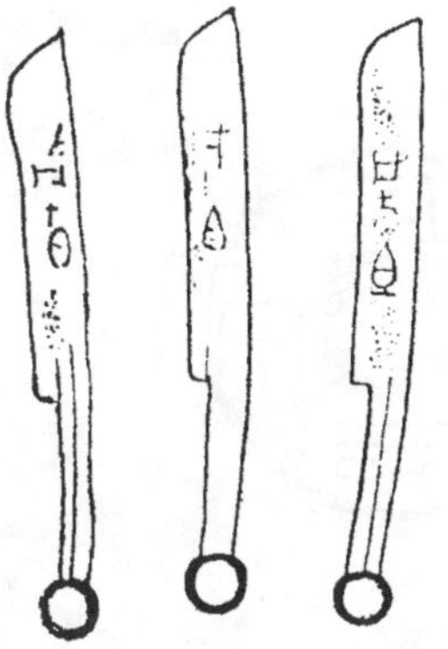

成白刀
（中山國）

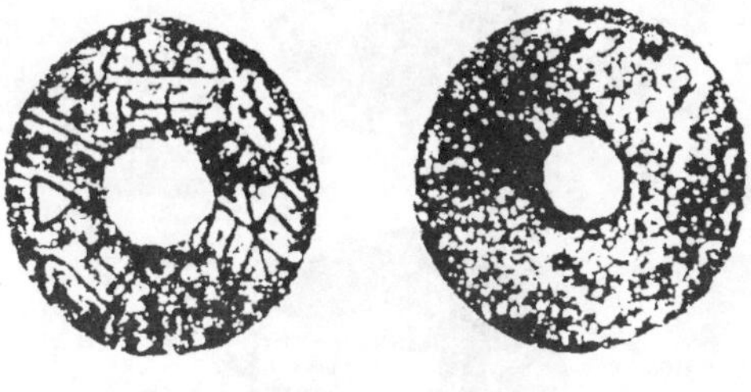

桼垣一釿
（魏國）

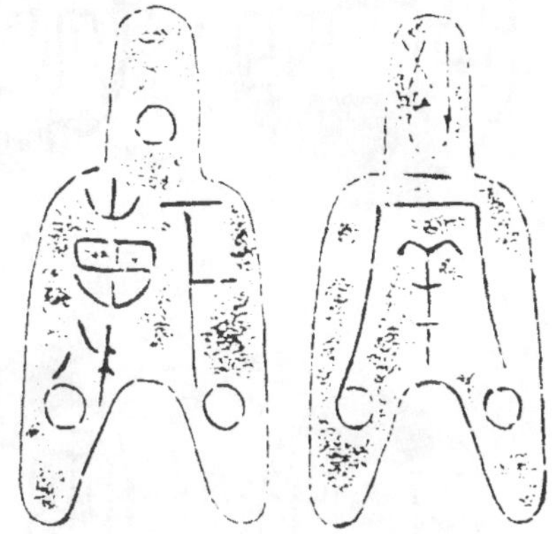

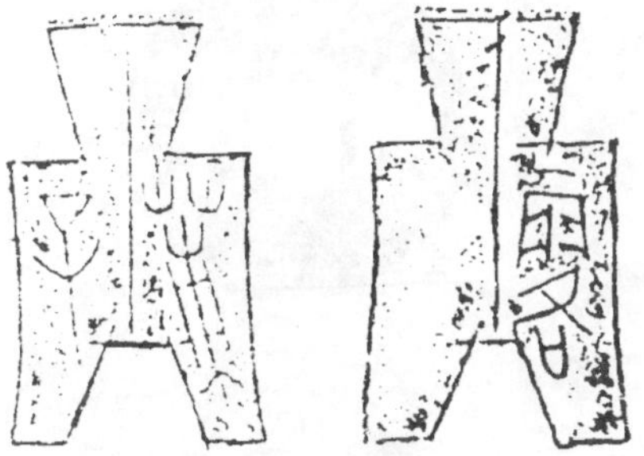

平首方足布
（韓、趙、魏、燕等國）

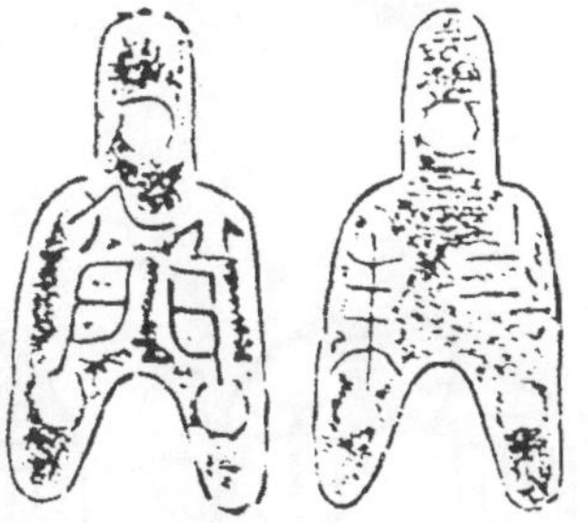

三孔布
（不詳。或為秦、趙、中山國幣）

二、秦至唐錢幣（選自清・李佐賢《古泉匯》）

秦

西漢

蜀 漢

新 莽

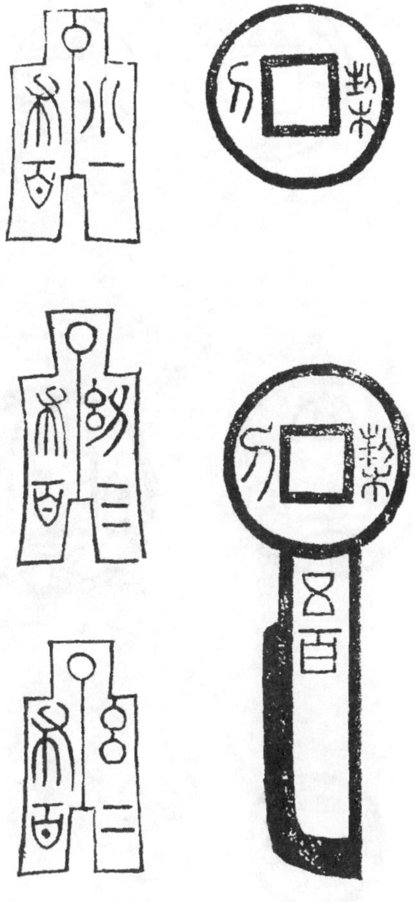

東 吳

晉

宋

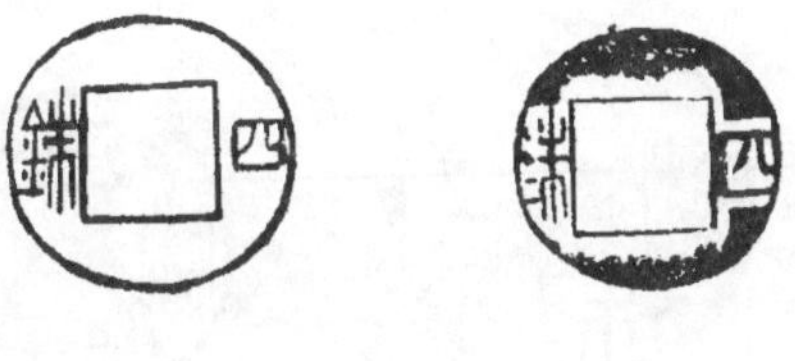

東 漢

北齊

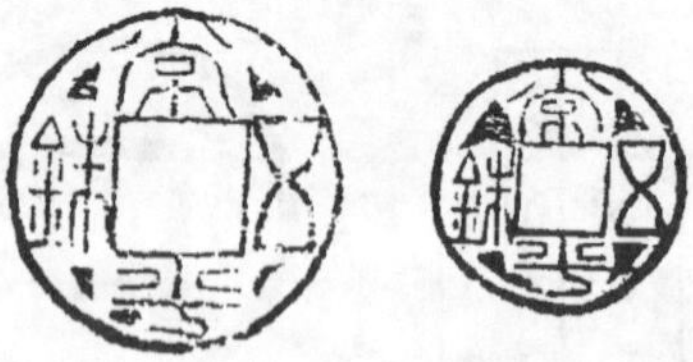

梁

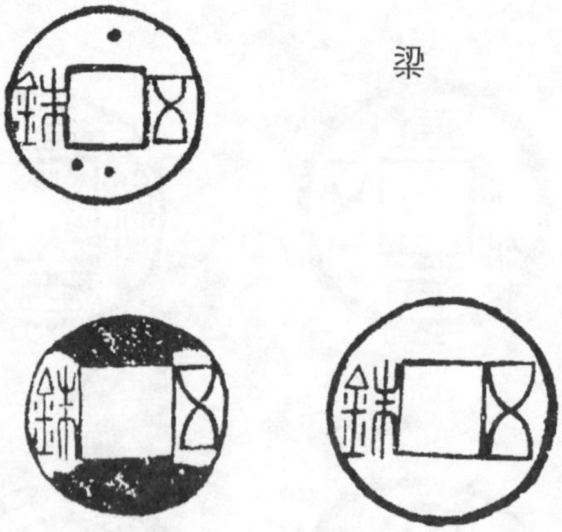

北周

陳

隋

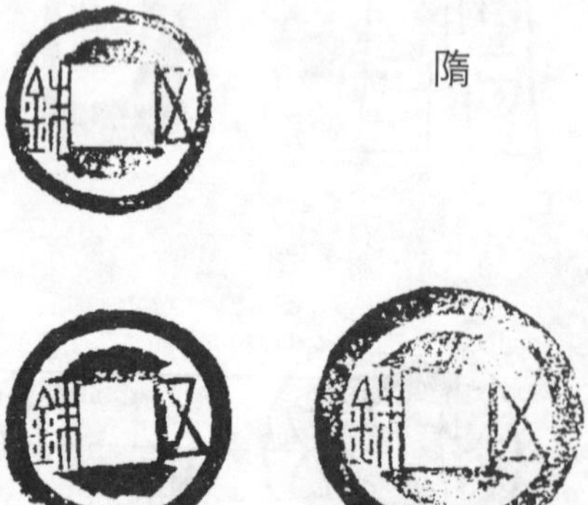

北魏

唐

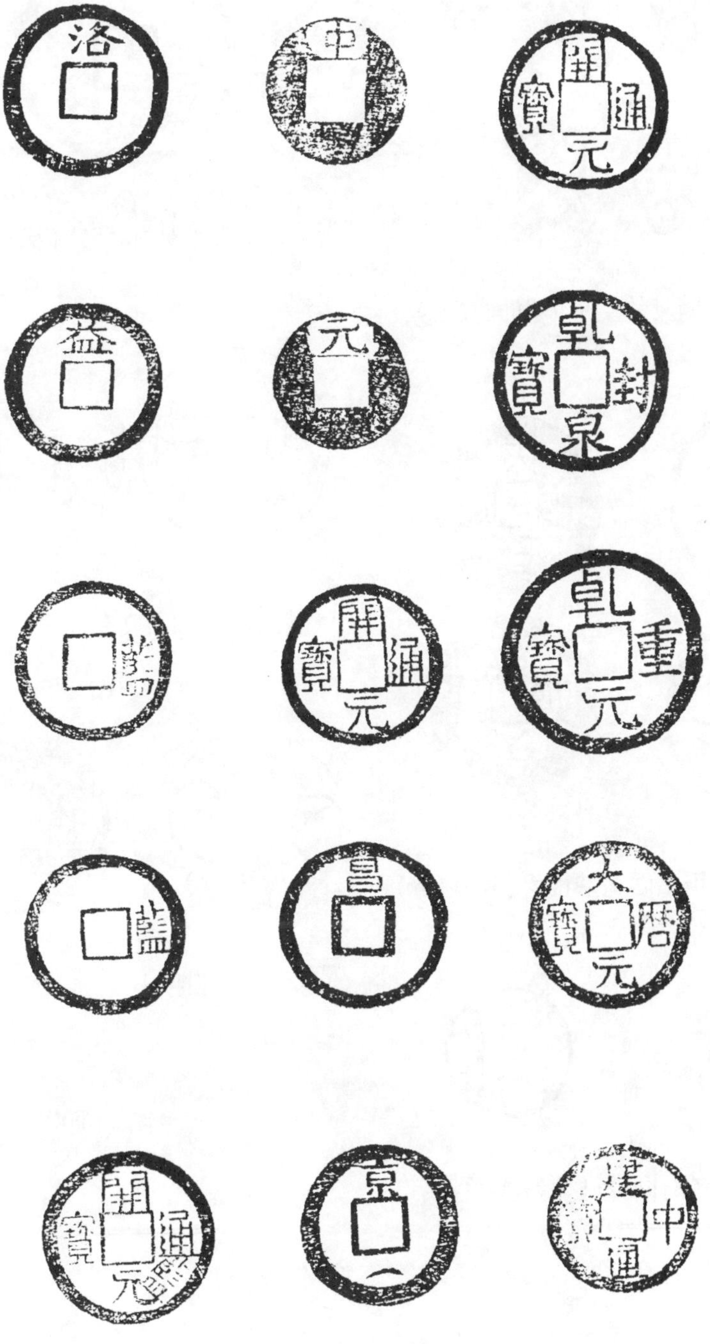

三、錢標稱謂、異錢及鑄錢之範（選自《中國古代名物古典》）

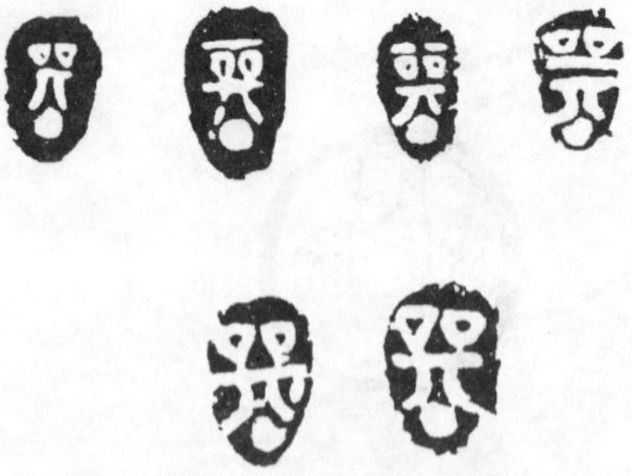

鬼臉錢
（戰國楚國，因其銘文形如丑面故名）

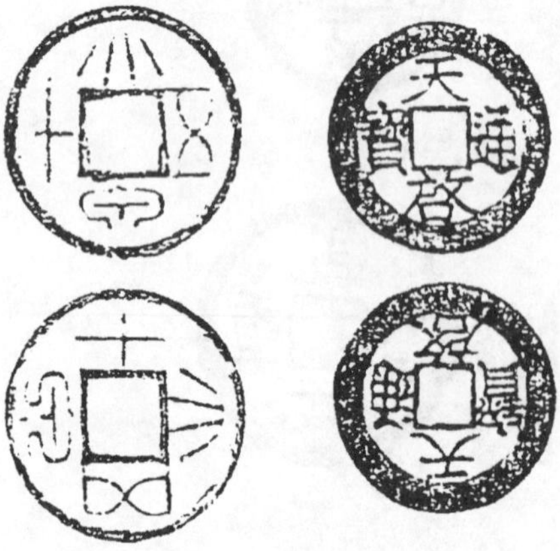

合背錢
（因誤用或有意用二面範鑄成之錢，無背）

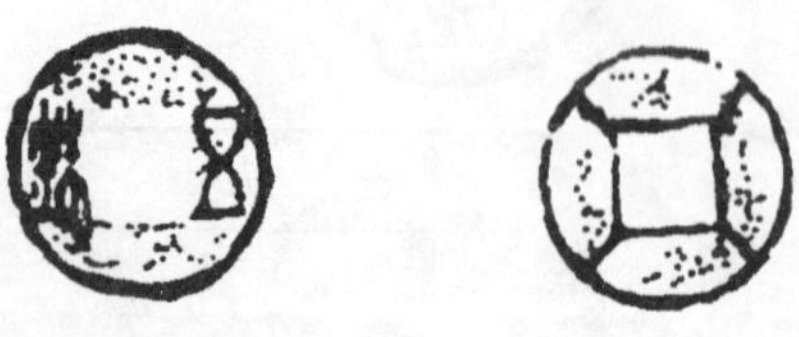

四出
（內郭四角有向外延伸斜線）

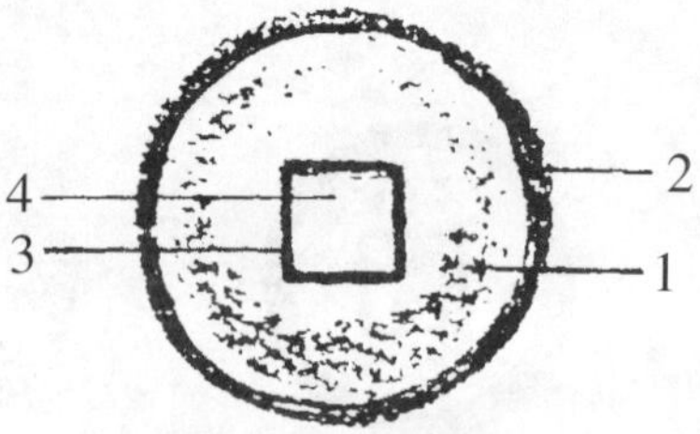

肉郭穿（孔、好）
1. 內 2. 外郭 3. 穿 4. 內郭

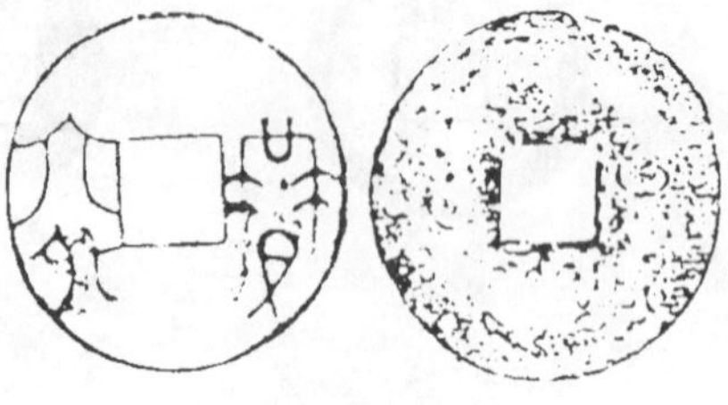

賹六化
（戰國齊國，面文有此三字而名）

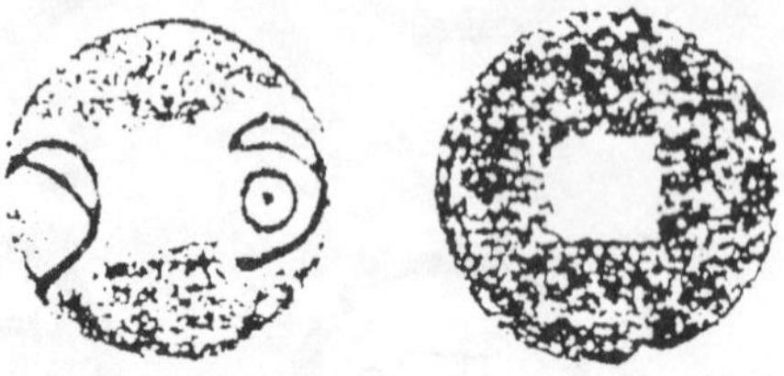

明月
（面文舊釋「明月」，列為戰國秦錢）

漢錢稱錢
(即作為砝碼標準)

孕 星
(錢背月紋內又有星點為飾)

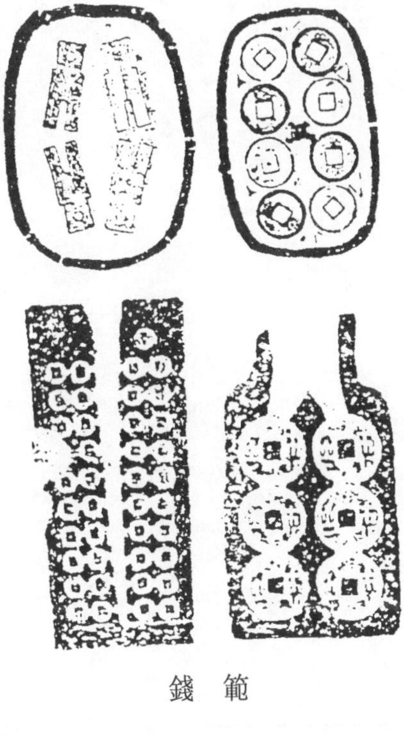

錢 範

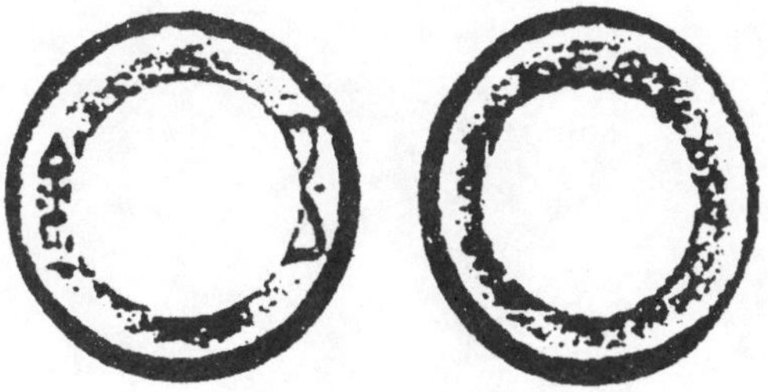

線環錢
(即被鑿去內圈之錢)

雲 紋

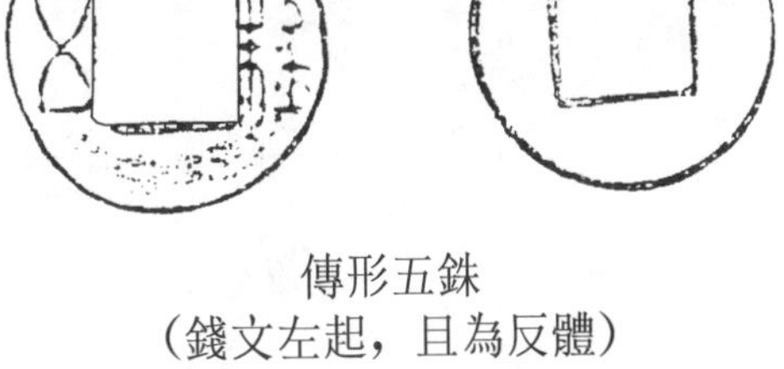

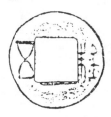

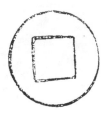

傳形五銖
(錢文左起，且為反體)

卷二三

將作都水監

卷目

將作監

大匠一人
少匠二人
丞四人
主簿二人
錄事二人
府十四人
史二十八人
計史三人
亭長四人
掌固六人

左校署

令二人
丞四人
府六人
史十二人
監作十人

右校署

令二人
丞三人
府五人
史十人
監作十人
典事二十四人❶

中校署

令一人
丞三人
府三人
史六人
監事四人
典事八人
掌固一人❷

❶典事二十四人 《新唐書·百官志》同此，《舊唐書·職官志》作「十四人」。

甄官署

令一人

丞二人

府五人

史十人

監作四人

典事十八人

百工監

監一人

副監一人

丞一人

錄事一人

府一人

史三人

監作四人

典事二十人❸

就谷監

監一人

副監一人

丞一人

錄事一人

府一人

史三人

監作四人

典事二十人❹

庫谷監

監一人

副監一人

丞一人

錄事一人

府一人

史三人

監作四人

典事二十人❺

❷掌固一人　新舊《唐書》官志並作「二人」。

❸典事二十人　《新唐書·百官志》同此，《舊唐書·職官志》作「二十一人」。

❹典事二十人　同❸注。

❺典事二十人　同❸注。

太陰監❻

監一人

副監一人

丞一人

錄事一人

府一人

史三人

監作四人

典事十人

伊陽監

監一人

副監一人

丞一人

錄事一人

府一人

史三人

監作四人

典事十人

府五人

史十人

亭長一人

掌固四人❽

都水監

使者二人

丞二人

主簿一人❼

錄事一人

舟楫署

令一人

丞二人

府三人

史四人

監漕四人

漕史二人

典事三人

---

❻太陰監　正文於「太陰監」前尚有「斜谷監」，原注則無之。據《新唐書·百官志》載錄，武德初置百工監，又置就谷、庫谷、斜谷、太陰、伊陽五監。疑卷目及原注脫一斜谷監。

❼主簿一人　《新唐書·百官志》同此，《舊唐書·職官志》作「二人」。

❽掌固四人　《新唐書·百官志》同此，《舊唐書·職官志》作「三人」。

掌固三人

河渠署

令一人

丞一人

府三人

史六人

河隄謁者六人

典事三人

掌固四人

長上魚師十人❾

短番魚師一百二十人

明資魚師一百二十人

諸津每津令一人

丞一人❿

錄事一人

府一人

史二人

典事三人

津吏五人

---

❾長上魚師十人　句中「魚」，《舊唐書・職官志》作「漁」。下「短番魚師」、「明資魚師」之「魚」，亦同。

❿丞一人　亦謂「每津丞一人」。此下諸官均同。

卷旨

本卷記述唐代諸監中最後二監——將作監和都水監。我們在注譯時，將二監各自列為一篇。將作監這一機構，始於秦的將作少府，漢的將作大匠，在唐高宗、武后時，歷稱繕工監、營繕監，中宗以後復稱將作監。其長官為大匠，從三品，地位與九寺諸卿相當，屬官有少匠、丞和主簿、錄事等，掌管土木工程營建之事。在中國歷史上，隋唐是堪與秦漢並列的大興土木的重要時期。這個時期修建的大興（長安）城、洛陽城等，都是我國建築史上里程碑式的巨大工程，主其事者，便是先後出任將作大匠的宇文愷和閻立德、閻立本兄弟等人，他們都稱得上一代建築、設計大師。篇中將營繕業務分為內作、外作兩類，在唐代，凡有關太極宮、大明宮、興慶宮和中書門下、六軍仗舍、閑廄等的土木營造稱為內作，有關山陵、太廟、郊社諸壇及其他在京諸司官衙的營造稱為外作。凡有營造，無論內作、外作，「大事則聽制敕，小事則俟省符」（一篇二章）。至於內作的歸屬，高宗以後大約總於宦官。唐有內作使，以宦官為之。

唐代將作監轄左校、右校、中校、甄官四署和百工監等六監。其中左校署掌木器製作，以供宮室、樂懸、兵械及喪葬棺槨所需；右校署掌版築、塗泥、粉刷之事，以供營建；中校署掌雜作器具製作以供舟車、廄牧之用；甄官署則掌管製作主要用於陵墓的石刻和陶器明器。諸署各設有令、丞、監作。百工、就谷、庫谷、斜谷、太陰、伊陽六監，都是掌管木材採伐。其中百工監唐初掌舟車營繕與雜作，貞觀時一度廢止，高宗時又另置百工署，掌東都瓦石土木之功，到開元十五年（西元七二七年）改為百工監，原來營作瓦石之職移歸左校、中校、甄官諸署，遷至陳倉，專掌木材的採伐。

都水監的長官為都水使者，品秩為正五品，較其他諸監的地位低，以丞為本部門的長官，不另設副職；

吏員中不設錄事，由主簿兼掌錄事的職務。唐代都水監與將作監的關係，有點類似於軍器監與少府監的關係，幾度分合：武德時都水監曾是將作監下屬的一個署，貞觀六年（西元六三二年）復稱監，長官由令改為使者；高宗時改稱司津監，武后時再次改名為水衡監，使者改稱都尉；中宗神龍元年（西元七〇五年）恢復舊稱，到「開元二十五年，〔都水監〕不隸將作監」（《新唐書・百官志》），才成為一個與諸監並立的獨立機構。

都水監的沿革，可上溯至漢代太常、大司農、少府等所屬的都水長丞及水衡屬官都水等，魏有都水使者又有水衡都尉，都水主水，主要是河渠沼澤的管理；水衡主水軍及船舶器械。隋都水監下設舟楫、河渠二署，唐沿隋制，都水監掌川澤、津梁、渠堰、陂池以及船舶漕運諸事，其在京兆、河南二府者，由都水監管轄；在外地者，歸當地州縣。都水監下屬有舟楫署、河渠署及諸津。舟楫署掌公私舟船及運漕之事，屬官有監漕、漕史等，監漕掌運漕隱失。舟楫署至開元二十三年（西元七三五年）廢止（詳篇旨及相關章節說明）。河渠署掌河渠堤堰之開塞及漁捕之時禁，屬官有河堤謁、漁師等。諸津則掌京兆、河南二府的津渡口及舟船橋梁等相關事務。

將作監官署，在京師的位於皇城承天門街之西，第三橫街之北，安福門之南。在東都的位置不詳。都水監官署，在京師的位於皇城之內，起初在安上門街西側，第六橫街之北，後遷至安上門街之東，第四橫街之北，東與光祿寺為鄰，西則與尚書省隔安上門街相望。東都的都水監，則設在外郭城內的立德坊。

將作監・左校署・右校署・中校署・甄官署・百工等監

【篇旨】本篇所記述的將作監，在唐代專掌土木工程的營造。與它相對應的機構，秦代稱將作少府，漢景帝時改稱將作大匠；東漢在光武帝末一度省去，章帝時復置。魏晉亦置將作大匠，梁改為大匠卿，北魏稱將作大匠，北齊設將作寺，隋開始亦稱將作寺，後改為將作監；唐代前期，先後改稱繕工監、營繕監，不久又恢復舊名將作監。其長官歷稱將作大匠，統領的下屬機構有左校、右校、中校、甄官四署和百工、就谷、庫谷、斜谷、太陰、伊陽六監。左、右、中三校署分別統領木工、泥水工和雜工，甄官署則掌石作和燒造陶土之事；百工以下諸監皆設於各地，專管砍伐營造需用木材。

唐代著名的將作大匠同時也是傑出的建築師和設計師，除卷旨中已提到的閻氏兄弟外，還有太宗時修九成、洛陽二宮的姜行本，高宗時修復洛陽宮的是以司農少卿兼知東都營建的韋機；在將作監勞作的一萬五千名工匠(據七卷一篇原注)，則是具體施工者。這些工匠有的是囚徒，有的是徵集來的匠人。上文提到的三校署之「校」，原是古代軍隊編制的一個單位，對工匠亦採用強制性的軍事編制方式，說明這是一種近乎奴隸制式的勞動，但將作大匠高超的設計構思，卻正是通過工匠們靈巧的雙手轉化為一座座宏大的宮殿建築和無數精緻的工藝製品的。只可惜唐代的建築大多還是木結構，已為戰火所焚毀，後世人只能從其遺址和某些地下發掘一窺其建築的風貌和藝術特徵。我們在本篇的注釋和說明中，較多地吸取了當代的一些考古研究成果，以使讀者在閱讀時有一點感性材料可供參照。

唐代在土木工程營造上，執政令的是尚書省的工部尚書，將作監則是具體管理和組織工程實施的機構。凡投建重大工程項目，隋和唐都實行相關機構長官聯合執掌的辦法。如隋文帝營建大興城時，以尚書左僕射高熲總大綱，宇文愷領營新都副監，劉龍任將作大匠，三人共同參掌其事。煬帝營建東都時，以楊素總其事，宇文愷為營東都副監，後遷將作大匠。唐代閻立德在貞觀時從尚衣奉御遷將作少監，後又以營高祖山陵功升將作大匠，最後任工部尚書，其弟閻立本則以將作大匠代立德為工部尚書。從這些史實中可以看到工部尚書與將作大匠之間的緊密聯繫。

一

將作監：大匠一人，從三品。《左傳》[1]云：「少昊氏五雉為五工正。」[2]《周官》[3]冬官掌百工之職[4]。《漢書・百官表》[5]云：「將作少府，秦官，掌治宮室[6]，有兩丞，左、右中候[7]。景帝改曰將作大匠[8]，秩二千石[9]。屬官有右庫[10]、東園主章[11]，左、右、前、後、中校[12]七令、丞，又主章長、丞[13]。武帝[14]改東園主章曰木工。成帝[15]省中候及左、右、前、後、中校五丞。」後漢光武中元年省[16]，常以謁者[17]兼之；至章帝建初元年又置[18]。魏因之[19]。晉將作大匠置功曹、主簿、五官等員[20]，掌土木之役。過江後及宋、齊並不常置[21]。梁天監七年置十二卿[22]，改將作大匠為大匠卿，是為秋卿，班第十，品正第五[23]。陳因之[24]。後魏太和初，將作大匠從第二品下[25]；二十二年，降為從三品[26]。北齊因之[27]。後周有匠師中大夫一人，掌城郭、宮室之制及諸器物度量[28]；又有司木中大夫一人，掌木工之政令[29]。隋將作寺置大匠一人，從三品；開皇二十年改為將作監，以大匠為大監[30]。煬帝大業五年，正四品；十三年，又改大監為令[31]。皇朝改置大匠、少匠[32]、丞、主簿等員，龍朔元年改為繕工監㉝，咸亨元年㉞復舊。光宅元年㉟改為營繕監，神龍元年㊱復舊。

少匠二人，從四品下。後周官有少匠師下大夫一人㊲。隋初，將作無少匠；開皇二十年改寺為監，大匠為大監，始置副監一人。煬帝改副監為少監；大業三年，改少監為少匠；五年，又改少匠為少監，正五品；十三年，又改為少令。皇朝改置少匠二人㊳。龍朔、咸亨、光宅、神龍隨監改復。

將作大匠之職，掌供邦國修建土木工匠之政令，總四署、三監、百工㊴之官屬，以供其職事；少匠貳焉。凡西京之大內㊵、大明㊶、興慶宮㊷，東都之大內㊸、上陽宮㊹，其內外廓㊺、臺、殿、樓、閣并仗舍等，苑內宮、亭㊻，中書、門下㊼、左右羽林軍㊽、左右萬騎仗㊾、十二閑廄㊿屋宇等，謂之內作。凡山陵(51)及京都之太廟(52)、郊社諸壇廟(53)，京、都諸城門(54)，尚書(55)、殿中(56)、秘書(57)、內侍省(58)，御史臺(59)、九寺(60)、三監(61)、十六衛(62)、諸街使(63)、弩坊(64)、溫湯(65)、東宮諸司(66)、王府官舍屋宇，諸街、橋、道等，並謂之外作。凡有建造營葺，分功度用(67)，皆以委焉。凡修理宮廟，太常先擇日以聞，然後興作。

【章　旨】敘述將作監大匠、少匠之定員、品秩、沿革及職掌。

【注　釋】❶左傳　《春秋左氏傳》之簡稱，儒家經典之一。相傳為春秋左丘明所撰，實出自戰國人之手。起於魯隱公元年（西元前七二二年），終於魯悼公十四年（西元前四五四年），比《春秋》多出十四年。它既是一部有價值的編年體史書，又是一部文字優美的文學著作。❷少昊氏五雉為五工正　語見《左傳．魯昭公十七年》，記魯昭公宴請來朝之郯國君主郯子，席間郯子談了少昊氏以鳥名官之事。少昊氏，傳說中遠古東夷族首領，名摯。郯子與昭公對話時，稱少昊氏為其祖。五雉為工正，少昊氏以鳥名官之一例，即以五種雉鳥之名，作為五種手工製作官吏之名。賈逵《左氏傳解詁》云：「西方曰鷷雉，攻木之工也；東方曰鶅雉，摶埴之工也；南方曰翟雉，攻金之工也；北方曰鵗雉，攻皮之工也；伊、洛而南曰翬雉，設五色之工也。」❸周官　亦名《周禮》，儒家經典之一。係搜集周王室官制和戰國時各國制度，添附以儒家政治理想，增減排比而成之彙編。❹冬官掌百工之職　《周禮》以天、地、春、夏、秋、冬六官分職，冬官司空掌百工之職。但《周禮》之〈冬官篇〉早已散佚，今本〈冬官篇〉係漢時補入，原為《考工記》。❺漢書百官表　《漢書》，東漢班固撰，一百篇，分一百二十卷，我國第一部紀傳體斷代史。全書除十二本紀、七十列傳外，又有八表、十志。〈百官表〉是〈百官公卿表〉之簡稱，即其八表之一，敘述秦漢官制沿革，並以表格形式排比漢代公卿大臣之升降遷免概況。❻將作少府秦官掌治宮室　秦時將作少府除掌治宮室外，也兼及陵墓和京師建築。其官稱，史著常簡作「少府」。如章邯在秦任將作少府，《史記．秦始皇本紀》即稱「少府章邯」。其所率領之二十萬軍隊原為營造阿房宮之隸徒，會秦始皇死，又轉徙至酈山為皇陵覆土，故史稱酈山徒。此例可證修造宮室和陵墓，皆屬將作少府職掌。❼左右中候　掌管督察卒徒勞作之官吏。《漢書．張蒼傳》曾提到此職：「蒼任人為中候，大為姦利，上以為讓，蒼遂病免。」❽景帝改曰將作大匠　景帝，西漢皇帝劉啟，字開，在位十六年，終年四十八歲。改稱將作少府為將作大匠事，在中元六年（西元前一四四年）。亦簡稱將作或大匠。掌領隸徒修建宮室、宗廟、陵寢及其他土木工程，及於道旁植樹。揚雄曾作〈將作大匠箴〉讚曰：「侃侃將作，經構宮室，牆以御風，宇以蔽日，寒暑攸除，鳥鼠攸去。主有宮殿，民有宅居。」❾秩二千石　月俸為一百二十斛。❿右庫　據正德本當作「石庫」。將作大匠下屬官署名。設令、丞。掌建築用石料之加工和保藏。⓫東園主章　官名。掌陵內木材及木器製作。東園為官署名，屬少府，主作陵內器物，稱東園秘品。《漢書》注引如淳曰：「章謂大材也。舊將作大匠主材吏，名章曹掾。」師古曰：「今所謂木鍾者，蓋章聲之轉耳。東園主章掌大材，以供東園大匠。」⓬左右前後中校　分管五個不同區劃隸徒之官署，亦即其官名。校字本義，既是一種軍事編制，亦有監因之義。故《後漢書集解》引李祖楙曰：「左右校，署名，凡臣工坐法，常輸作于此校也。」⓭主章長丞均為將作大匠屬官。掌管將作所用之木料。長為長，丞為之貳。⓮武帝 西漢皇帝劉徹，在位五十四年，終年七十一歲。⓯成帝 西漢皇帝劉驁，字太孫，在位二十六年，終年四十五歲。成帝省中候及左、右、前、後、中校五丞事在陽朔三年（西元前二十三年）。⓰光武中元年省 據《後漢書．百官志》注引蔡質《漢儀》應是「光武帝中元二年省」。中元二年，即西元五十七年。光武帝，東漢皇帝劉秀，在位三十二年，終年六十一歲。中元二年已是光武帝末年，是年「二月戊戌，帝崩於南宮前殿」（《後漢書．光武帝紀》）。⓱謁者 光祿勳之屬官。原掌接待引見賓客，朝會時擔任警衛等事。東漢初或遣以監軍及監領築城和水利工程等，後遂常設監領常備營兵之監營謁者與專掌水利河渠之河堤謁者。⓲章帝建初元年又置 章帝，東漢皇帝劉炟，在位十三年，終年三十三歲。建初元年，即西元七十六年。是年復置將作大匠。《通典．職官．諸卿下》：「章帝建初以任隗為之，掌修作宗廟、路寢、宮室、陵園、木土之功，並樹桐梓之類列於道側。」東漢時，曾任將作大匠者，尚有魏霸、曹褒、李固、孔融（均見《後漢書》各本傳）以及應慎（《職官分紀》注引《續漢書》）等。⓳魏因之 魏因漢制，亦置將作大匠。魏明帝大治洛陽宮，以楊阜為將作大匠。阜以「大禹勤功，務卑宮室」諫。（見《三國志．魏志．楊阜傳》）⑳晉將作大匠置功曹主簿五官等員 據《晉書．職官志》將作大匠作為列卿之一，其下屬置「丞、功曹、主簿、五官等員」。此處「功曹」上缺一「丞」字。㉑過江後及宋齊並不常置 過江後，指晉室南渡長江後所建立之東晉。《晉書．職官志》稱東晉「將作大匠，有事則置，無事則罷」。《宋書．百官志》：「晉氏以來，有事則置，無則省」。《南齊書．百官志》亦謂將作不常置。其間曾任將作大匠者，東晉有毛安之（見《晉書．毛寶傳》），宋時有張永、徐爰（見《宋書》各自本傳）等。㉒梁天監七年置十二卿 天監七年，即西元五〇八年。天監是梁武帝蕭衍年號。置十二卿事，《隋書．百官志》稱：「天監七年，以太常為太常卿，加置宗正卿，以大司農為司農卿，三卿是為春卿；加置太府卿，以少府為少府卿，加置太僕卿，三卿是為夏卿；以衛尉為衛尉卿，廷尉為廷尉卿，將作大匠為大匠卿，三卿是為秋卿；以光祿勳為光祿卿，大鴻臚為鴻臚卿，都水使者為太舟卿，三卿是為冬卿。凡十二卿，皆置丞及功曹、主簿。」又謂：其中「大匠卿，位視太僕，掌土木之工，統左、右校諸署」。又《梁書．武帝紀》：天監七年「五月己亥，詔復置宗正、太僕、大匠、鴻臚，又增太府、太舟，仍先為十二卿」。梁武帝時，有衛尉卿丘仲孚「恩任甚厚。初起雙闕，以仲孚領大匠，事畢，出為安西長史，南郡太守」（《梁書．丘仲孚傳》）。㉓班第十品正第五 梁武帝天監七年（西元五〇八年）革選，吏部尚書徐勉奉命改九品制為十八班制，以班多為貴。大匠卿與太僕卿同列第十班，相當於正五品。㉔陳因之 《隋書．百官志》：陳十二卿皆列第三品，故大匠卿亦為第三品。《陳書．

高祖本紀下》：永定二年（西元五五八年）「秋七月，初侯景之平也，火焚太極殿，承聖中議欲營之，獨闕一柱，至是有樟木大十八圍，長四丈五尺，流泊陶家後渚，監軍鄒子度以聞。詔中書令沈眾兼起部尚書，少府卿蔡儔兼將作大匠，起太極殿」。

㉕後魏太和初將作大匠從第二品下　太和為北魏孝文帝年號。《魏書・高祖紀》太和十七年（西元四九三年）六月乙巳，頒職員令，將作大匠列為從第二品下。同年十月，詔徵司空穆亮與尚書李沖、將作大匠董爵經始洛邑。《魏書・李沖傳》稱：「沖機敏有巧思，北京明堂、圓丘、太廟，及洛都初基，安處郊兆，新起堂寢，皆資於沖。」

㉖二十二年降為從三品　二十二年，指太和二十二年。但據《魏書・官氏志》當為太和二十三年，即西元四九九年。是年復次職令，將作大匠降為從第三品。

㉗北齊因之　《隋書・百官志》：北齊設「將作寺，掌諸營建。大匠一人，丞四人。亦有功曹、主簿、錄事員。若有營作，則立將、副將、長史、司馬、主簿、錄事各一人。又領軍主、副，幢主、副等。」東魏、北齊任將作者有封隆之，「營領構大將，京邑制造，莫不由之。增築南城，周圍二十五里，以漳水近帝城，起長堤以防汎溢之患。又鑿渠引漳水周流城郭，造治水碾磑，並有利於時」（《北齊書・封隆之傳》）。與封隆之一起修建鄴城的尚有任集、辛術（《北齊書・辛術傳》）等。北齊領營構者皆以武職稱，係沿北魏舊制，亦可能與以軍隊為營建之勞動力有關。

㉘後周有匠師中大夫一人掌城郭宮室之制及諸器物度量　匠師中大夫，北周冬官府匠師司長官，正五命。其下屬有小匠師下大夫一人，正四命，小匠師上士一人，正三命，小匠師中士一人，正二命。西魏北周任匠師中大夫者，據《周書》有六官建、郭賢、元偉等。北周負責營建城池宮殿的尚有營作大監、營作副監以及營構監等官職。

㉙司木中大夫一人掌木工之政令　司木中大夫，北周冬官府司木司長官，正五命。任此職者有楊敷（見《周書》本傳）、祖融（見《舊唐書・裴寂傳》）和裴融（見《新唐書・宰相世系表》）等。

㉚開皇二十年改為將作監以大匠為大監　開皇二十年，即西元六〇〇年。《隋書・百官志》：是年「改將作寺為監，以大匠為大監。初加置副監」。

㉛煬帝大業五年正四品十三年又改大監為令　煬帝，隋朝皇帝楊廣，在位十四年，終年五十歲。大業五年，即西元六〇九年；大業十三年，即西元六一七年。大業為隋煬帝年號。《隋書・百官志》：大業三年（西元六〇七年）定令，「將作監改大監、少監為大匠、少匠，丞加為從六品，統左、右校及甄官署。五年，又改大匠為大監，正四品；少匠為少監，正五品。十三年，又改監、少監為令、少令，丞加品至從五品」。

㉜皇朝改置大匠少匠　《新唐書・百官志》：武德初「改令曰大匠，少令曰少匠」。

㉝龍朔元年改為繕工監　龍朔元年，據《新唐書・百官志》當是「龍朔二年」，即西元六六二年。龍朔為唐高宗李治年號。是年改將作監為繕工監，大匠稱大監，少匠稱少監。

㉞咸亨元年　即西元六七〇年。咸亨亦為唐高宗李治年號。

㉟光宅元年　即西元六八四年。光宅為武則天稱制時年號。

㊱神龍元年　即西元七〇五年。神龍是唐中宗李顯年號。

㊲後周官有少

匠師下大夫一人　句中「少」當作「小」。《通典・職官二十一・後周官品》作「小匠師下大夫一人」。小匠師下大夫，北周冬官府匠師司次官，佐匠師中大夫掌城郭宮室建築之制及諸器物度量。《周書・武帝紀》：「建德元年（西元五七二年）冬十月，辛未，遣小匠師楊勰、齊馭唐則使於陳。」㊳皇朝改置少匠二人　《唐會要》卷六六將作監條：「少監，本一員，（武周）大足元年（西元七〇一年）二月六日，加一員，以楊務廉為之。」㊴四署三監百工　均為將作大匠所轄官署。四署，指左校署、中校署、右校署、甄官署。三監，指就谷、庫谷、斜谷等監；百工，即百工監。㊵大內　即太極宮，又稱西內。在皇城之北，北抵苑，東為東宮，西為掖庭宮。㊶大明　即大明宮，又稱東內。在禁苑東側據龍首山；南接都城之北，西接太極宮之東北隅。㊷興慶宮　又稱南內。其址原為大郭城之興慶坊，位於皇城東南隅，與外郭之東垣相接。㊸東都之大內　在東都洛陽皇城之北，貞觀時曾稱洛陽宮，武后時號太初宮。㊹上陽宮　在禁苑之東，東接皇城西南隅之右掖門，北連禁苑，西距穀水，南臨雒水。㊺內外廓　近衛校正德本曰：「廓當作郭。」㊻苑內宮亭　指西京大內三苑，即西內苑、東內苑、禁苑，及東都之東都苑。諸苑內宮和亭眾多，如西京禁苑便有宮、亭二十四所，宮有九曲宮、魚藻宮、未央宮等，亭有桃園亭、坡頭亭、神皐亭等；東都苑之宮、亭如合璧宮、明德宮、金谷亭、芳林亭等。㊼中書門下　太極宮內中書省之官署在右延明門外，門下省之官署在左延明門外。大明宮內中書在月華門外，門下在日華門外。東都洛陽宮章善門內為門下省，明福門內為中書省。㊽左右羽林軍　據本書第七卷第一篇工部郎中職掌條原注：「左、右羽林軍在玄武門之北。」徐松《兩京城坊考》則稱左羽林軍在大明宮之太和門外，右羽林軍在大明宮之九仙門外。㊾左右萬騎仗　句首「仗」下應有「舍」字。上文已有「其內外廓（郭）、臺、殿、樓、閣并仗舍等」之句。仗舍是軍隊宿營住舍和存放兵仗之場所。據《唐會要》卷七二京城諸軍條，貞觀中於玄武門置左右屯營，號百騎，武則天時改稱千騎，睿宗時更改稱萬騎。故左、右萬騎前身即左、右屯營。其仗舍地點，「開元十年（西元七二二年）九月二十七日敕：駕在京，左、右屯營，宜於順義、景風門內安置；北衙亦著兩營，大明北門安置一營，大內北門安置一營。駕在東都，左、右屯營於賓曜右掖門內安置，兼於元武北門左右廂，各據地界，繞宮城分配宿衛。」（《唐會要》卷七二）㊿十二閑廄　屬殿中省之尚乘局。十二閑之名為：飛黃、吉良、龍媒、騊駼、駃騠、天苑，各有左、右。十二閑分為二廄：一曰祥麟，二曰鳳苑。其址在皇城承天門之西，第六橫街北之驊騮馬坊，與司農寺草坊相鄰，其東北方即為殿中省之尚食局和尚輦局。(51)山陵　指唐代高祖之獻陵、太宗之昭陵、高宗之乾陵、中宗之定陵和睿宗之橋陵。(52)京都之太廟　西京太廟在承天門街之東，第七橫街之北，安上門街東第一即為太廟。東都太廟在東朝堂之南，第四橫街之北，太府寺之東。(53)郊社諸壇廟　郊，指圜丘，壇設於京城明德門外，道東二里。社，指社稷壇，在含光門內之右。(54)京都

諸城門　京城東面三門：中曰春明，北曰通化，南曰延興；南面三門：中曰明德，左曰啟夏，右曰安化；西面三門：中曰金光，北曰開遠，南曰延平。皇城在京城之中，南面三門：中曰朱雀，左曰安上，右曰含光；東面二門：北曰延喜，南曰景風；西面二門：北曰安福，南曰順義。宮城在皇城之北，南面五門：中曰承天，東曰長樂和永春，西曰廣運和永安；東面一門：鳳凰門；西面二門：南曰通明門，北曰嘉猷門；北有三門：東宮之玄德門和大內南直承天門之玄武門，亦稱定武門，其東為安禮門。大明宮，南面五門：正南丹鳳門，其東望仙門，次東延政門，其西建福門，次西興安門；東面二門：南為太和門，北為左銀臺門；西面三門：南曰營門，中右銀臺門，北九仙門；北面三門：中玄武門，左銀臺門，右凌霄門。東都之都城南面三門：正南定鼎門，東曰長夏門，西曰厚載門；東面三門：北曰上東門，中曰建春門，南曰永通門；北面二門：東曰安喜門，西曰徽安門。東都之皇城，南面三門：正南曰端門，東曰左掖門，西曰右掖門；東面一門，即賓耀門；西面二門：南曰麗景門，北曰宣輝門。東都之東城三門：南曰承福門，東曰宣仁門，北曰含嘉門。東都之宮城，南面四門：中應天門，東明德門，西長樂門，西南隅雒城南門；東面一門，即重光北門；西面二門：北嘉豫門，南雒城西門；北面二門：中玄武門，東安寧門。曜儀城，有東、西二門。圓璧城三門：南曰圓璧南門，北曰龍光門，東曰圓璧門。(55)尚書　指尚書省官署。其在西京，位於皇城內承天門街之東，第四橫街之北，從西第一即是；其在東都，位於東城承福門內南北街之東，從南第二橫街之北。(56)殿中　指殿中省官署。其在西京，位於皇城內承天門街之東，宮城之南第二橫街之北，門下外省之東；其在東都，位於應天門外第一橫街之南，第二橫街之北，介於門下外省與左監門街之間。(57)秘書　指秘書省官署。其在西京，位於皇城承天門街之西，含光門街之東，第五橫街之北；其在東都，位於西朝堂之南，第四橫街之北，御史臺之西，尚舍局之東。(58)內侍省　指內侍省官署。其在西京，位於掖庭宮西南，通明門外，皇城之西北隅；其在東都，位於皇城西朝堂之南，第三橫街之北，介居右威衛與右領軍衛之間。(59)御史臺　指御史臺官署。其在西京，位於皇城內承天門街之西，第六橫街之北，處於宗正寺與司天監之間；其在東都，位於皇城內西朝堂之南，第四橫街之北，從東第一即是。(60)九寺　指太常、宗正、司農、太府、鴻臚、衛尉、光祿、太僕、大理九寺。九寺之官署，在西京，皆位於皇城之內；在東都，則太常、光祿、司農、大理諸寺在東城內，太府、衛尉、鴻臚、太僕則在皇城內，唯宗正寺在外郭城之尚善坊。(61)三監　當是四監。即少府、將作、國子、都水四監。亦有稱五監者，則增軍器監。此處稱三監，似單指設於西京皇城內之少府、將作、都水三監。另有軍器監亦在皇城內。國子監則在外郭城之朱雀門街東第二街，北當皇城南面之安上門。東都少府監在東城，其旁即為軍器監。將作、都水二監位置未見記載。國子監位於東都外郭城右定鼎門東第一街，從南第二坊，與孔廟相鄰。(62)十六衛　即左、右衛，左、右金吾衛，左、右驍衛，左、右武衛，左、右威衛，左、右領軍衛，左、右監門衛和左、右千牛衛。其官署在西京，唯左、右金吾衛在外郭城，其餘皆在皇城內；在東都亦如此：唯左、右金吾衛在外郭城，其餘皆在皇城內。63諸街使　唐京都皆設左、右街使，管理京城街道。京城外郭城街道只分縱街和橫街，共劃分為一〇八坊和二市。東都城內縱橫各十街。對京都街道的管理，《唐會要》卷八六錄有多道敕令，如開元十九年（西元七三一年）六月敕：「京洛兩都，是惟帝宅，街衢坊市，因須修築，城內不得穿掘為窯，燒造磚瓦，其有公私修造，不得於街巷穿坑取土」；大曆二年（西元七六七年）五月敕：「諸坊市街曲，有侵街打牆，接簷造舍等，先處分一切不許，並令毀拆，宜委〔監察御史〕李勉常加勾當，如有犯者，科違敕罰。其種樹栽植，並已滋茂，亦委李勉勾當處置，不得使有砍伐」；貞元四年（西元七八八年）二月敕：「京城內莊宅使界，諸街坊牆，有破壞，宜令取兩稅錢和僱工匠修築，不得科斂民戶」；太和九年（西元八三五年）八月敕：「諸街添補樹，並委左、右街使栽種，價折領於京兆府，限八月栽畢」等。宋代朱熹以為「唐制最有條理，城中幾坊，每坊各有圍牆如子城。然一坊共一門，出入之街，凡城門坊角有武侯鋪，衛士分守，日暮門閉，五更二點，鼓自內發，諸街鼓城振，坊市門皆啟，若有奸盜，自無所容。蓋坊內皆常居之民，外面人來皆可知」（《朱子語類》卷九〇）。文中「一坊共一門」恐有誤。據地下考古發掘坊內有十字街，是四面開門。64弩坊　亦稱甲弩坊。原為軍器監。開元十一年（西元七二三年）廢軍器監，為甲弩坊，其官署即為原軍器監。其在西京，位於承天門街之東，第四橫街之北，與光祿寺僅一街之隔，東南隅即為皇城之景風門；在東都，位於東城永福門內南北街之西，從南第一橫街之北，少府監西側。65溫湯　據宋敏求《長安志》，溫湯在新豐縣界溫谷，即溫泉。秦漢時稱驪山湯。貞觀十八年（西元六四四年）詔左屯衛將軍姜行本、將作少匠閻立德營建宮殿，御賜名湯泉宮。咸亨二年（西元六七一年）改稱溫泉宮，天寶六載（西元七四七年）再改為華清宮。驪山上下益治湯井為池，臺殿環列山谷。66東宮諸司　有一府，即詹事府；三坊：左、右春坊，內坊；三寺：家令、率更、僕寺；十率府：左、右衛率府，左、右清道率府，左、右司禦率府，左、右內率府，左、右監門率府。西京東宮諸司，皆在皇城之東北區域，東都東宮諸司，亦皆在皇城內。67分功度用　意謂按照工程規模之大小，估算所需勞動力和材料及相關費用，包括建築之設計和施工。貞觀時先後任將作大匠者，有姜行本及閻氏立德、立本兄弟，唐初之重大工程如九成、洛宮二宮，溫泉宮和橋陵、昭陵等，都由他們主持營建。

【語　譯】將作監：大匠，定員一人，品秩為從三品。《左傳》中說：「少昊氏時，用五種雉鳥的名稱，來作為五種管理手工業官員的職稱。」《周官》規定：冬官司空為掌理百工的長官。《漢書·百官公卿表》記載：「將作少府，是秦朝設置的官職，職掌是修建宮室，屬官有兩名丞和左、右、中候。西漢景帝時，改稱將作少府為將作大匠，俸秩為二千石，屬官有右（石）庫、東園主章以及左、右、前、後、中校七令和七丞，還有主章長和丞。武帝時改稱東園主章為木工。成帝時省去了中候以及左、右、前、後、中校五丞。」東漢光武帝中元二年，簡省了將作大匠，它的職務通常由謁者兼任；到章帝建初元年，又重新設置這一官職。三國魏因承漢制。晉時，將作大匠的屬官設有〔丞、〕功曹、主簿、五官等員吏，掌管土木營建方面的事務。過江以後的東晉，以及南朝宋、齊，都不經常設置。梁朝在武帝天監七年設置了十二卿，改稱將作大匠為大匠卿，列為十二卿中的秋卿，品秩居第十班，正第五品。陳因承梁制。北魏初期，將作大匠的品秩列為從第二品下；太和二十二（三）年，降為從三品。北齊因承北魏設將作寺。北周設有匠師中大夫一人，掌管城郭、宮室的建築，以及各種器物的製作和度量；另外還有司木中大夫一人，掌管木工的政令。隋初，在將作寺設置大匠一人，品秩為從三品；隋文帝開皇二十年改名為將作監，大匠改名為大監。煬帝大業五年，品秩降為正四品；到十三年，又改大監為令。本朝時又改名為大匠、少匠，並設置丞、主簿等員吏。高宗龍朔二年，改名為繕工監，到咸亨元年又恢復舊稱。武后光宅元年，又一度改名營繕監，中宗神龍元年再次恢復舊稱。

少匠，定員二人，品秩為從四品下。北周設有小匠師下大夫一人。隋初，將作寺不設置少匠；隋文帝開皇二十年，改寺為監，大匠稱大監，這時方始設置副監一人。煬帝時改稱副監為少監；大業三年，改少監為少匠；五年，仍把少匠改回稱少監，品秩為正五品；十三年又改少監為少令。本朝高祖武德初年改少令為少匠，定員為二人。以後在龍朔、咸亨、光宅、神龍年間，這一職名隨著監名的幾次更改和恢復而更改和恢復。

將作大匠的職掌是，執行有關為邦國修建土木工程方面的政令，統領四署、三監、百工等屬官，使他們各盡職守，以保障修建任務的完成。少匠做大匠的助手。修建的工程，有內作、外作之分。凡是西京的太極宮、大明宮、興慶宮，東都大內、上陽宮的內外城郭以及臺、殿、樓、閣和仗舍等，禁苑內的各個宮、亭，以及中書省、門下省，左、右羽林軍，左、右萬騎仗〔舍〕，十二閑廄的屋宇等，都稱為內作。凡是山陵以及西京、東都的太廟，郊、社所屬的各廟壇，西京、東都的各座城門，尚書、殿中、秘書、內侍等省，御史臺，九寺、三監、十六衛和各街使，弩坊、溫湯，東宮各個官司、王府的官舍屋宇，還有各街、橋、道路等，都稱為外作。每逢有建造修繕方面的任務，估算工程所需要的勞動力、材料和相關費用，都要下達給將作監受理。至於修理宮殿宗廟，那得先由太常選好吉日向上奏報以後，方可啟動工程。

【說　明】長安、洛陽的興建，在中國古代城市建築史上具有劃時代的意義。要弄清楚將作監在隋唐土建工程中的作用和地位，就得大體瞭解一下長安、洛陽兩大京城和宮殿興建的規模和過程。

長安城始建於隋文帝開皇二年（西元五八二年），花了不到兩年時間就初步建成，當時稱大興城，唐代才更名為長安城。據《隋書・地理志》記載，其城「東西十八里一百五十步，南北十五里一百七十五步」，是現存明代西安城的七倍。全城由外郭城（羅城）、宮城和皇城三部份組成。宮城先築，皇城次之，外郭最後完成。宮城和皇城位於都城北部中央，外郭城內有一百零八坊里，從左、右、南三面拱衛宮城和皇城。宮城為皇室居住區，皇城為官府集中地，外郭則為市民居住區。皇城北面因與宮城相接而無牆，二者以橫街相隔。橫街的寬度據記載為三百步，今實測其殘寬也還有二百二十米，實際上是一個很大的長方形廣場。皇城內的街道東西向的有七條，南北向的有五條。外郭城南北向大街十一條，東西向十四條，其中貫穿於城門之門的南北向、東西向各三條大街，號稱「六街」，寬度多在一百米以上，只有一條寬為五十五米。最寬的是從承天門直通皇城朱雀門，到外廓城明德門那一條，達一百五十五米，當時人稱之為「天街」，為貫通長安城南北的主幹大街。每一坊內還有小十字街，將坊劃分出十六個小區。據說日本平城京的坊分為十六町，就是模仿長安城的。城內還有各種進水和排水渠道。這樣一個巨大的城市建設，隋時已初具規模，入唐後，從高宗永徽五年（西元六五四年）開始，前後斷斷續續又進行了六十多年的擴充、增建和修葺。城內的宮殿，有的始建於隋，有的則是唐代新建的。如太極宮始建於隋，續修於唐太宗時。大明宮，太宗貞觀八年（西元六三四年）始建，高宗龍朔二年（西元六六二年）重修。玄宗時，改建興慶坊為興慶宮。至此，太極宮、大明宮、興慶宮構成了所謂「三大內」，前後延續了近百年時間。大明宮內的麟德殿，是唐代帝王舉行宴會的場所。由前、中、後三殿組成，寬十一間，進深十七間，臺基的面積有人稱三倍於北京故宮的太和殿。大曆三年（西元七六八年），代宗在麟德殿宴饗神策軍將士三千五百人；貞元六年（西元七九〇年），德宗又在此與宰臣及北軍諸將軍行擊鞠之戲，由此不難想像麟德殿規模之大。

隋唐的東都洛陽，始建於隋煬帝大業元年（西元六〇五年）。是在漢魏洛陽之西八公里新建的一個城市，從設計、施工到建成，卻僅有一年時間。由於是陪都，所以其規模比大興城要小四分之一。也是由郭城、皇城、宮城三部份組成。宮城位於外郭城的西北隅，南面與皇城相毗連。城垣夯築，從遺址發掘看，厚度達十五至十六米，內外包磚有五層，其高度與寬度是按比例斜收。宮門的建築亦極宏偉。如應天門，東西側有向外凸出的兩堵對稱夯牆，各寬十七點五米，相距八十三米，這就是左右連闕。應天門東面的明德門，門址上有三個門洞，寬達四至四點五米。隔牆寬度也如此。整個城門的寬度在二十五米以上。宮城的主衙是含元殿，殿兩側是宣政殿，為皇帝經常朝會的地方。其北為仁壽殿，再北為觀文殿。據《資治通鑑》卷一八二記載，隋煬帝時觀文殿的殿前為書室十四間，「每三間開方戶，垂錦縵，上有二飛仙，戶外地中施機發，帝幸書室，有宮人執香爐。前行踐機，則飛仙下收縵而上，戶扉及廚扉皆自啟，帝出，則垂閉復故」。皇城在宮城之南，呈長方形，東西五里十七步，南北三里二百九十八步，周十三里三十五步，從東、南、西三面包圍宮城。城牆的寬度，據今人實測為十四至十六米，門樓的建築亦極壯觀。其南面正門為端門，西側是右掖門。從考古發掘看，它有三個門道，總寬二十六米，每個門道的寬度為六米，進深有十七點五米。門道兩側是以磚壁隔柱，上架過梁的建築形式，其上則蓋築門樓。皇城的東側有東城，其北面為含嘉倉城，城牆的厚度有十七米，是一座巨大的糧倉，已探明的糧窖多達二百五十九個，每窖可以儲存糧食五十萬斤左右。外郭城的城牆亦是夯土版築的，其基址的寬度為十五至二十米。韋述《兩京新記》稱洛陽城周的長度，「東面十五里二百一十步，南面十五里七十步，西面十二里一百二十步，北面七里二十步，周六十九里二百十步」。唐代不僅兩京的建築恢宏，各地州府的建築亦頗為宏偉。顧炎武《日知錄．館舍》稱：「予見天下州之為唐舊治者，其城郭必皆寬廣，街道必皆正直；廨舍之為唐舊創者，其基址必皆宏敞。」這可說是對隋唐兩代建築風貌的概括。

長安、洛陽二京城市及宮殿的建築，都離不開將作大匠。隋文帝楊堅決定在長安建新都大興，是在開皇二年（西元五八二年）的六月，詔左僕射高熲、將作大匠劉龍、鉅鹿郡公賀婁子幹、太府少卿高龍叉等主其事，並以宇文愷任營新都副監，決策則是高熲和任將作大匠的劉龍。《唐會要》卷五〇記載：「初宇文愷置都，從朱雀門街南北盡郭，有六條高坡，象〈乾卦〉，故于九二置宮闕，以當帝之居，九三立百司，以應君子之數，九五貴位，不欲常人居之，故置元都觀、興善寺以鎮之。」宇文愷規劃的理論依據是《周易》，其〈乾卦〉稱：「初九，潛龍勿用；九二，見龍在田，利見大人；九三，君子終日乾乾，夕惕若，厲無咎；九四，或躍在淵，無咎；九五，飛龍在天，利見大人；上九，亢龍有悔。」依據卦辭，六個坡中第二、第三、第五最貴重，把宮殿和皇城百司官廨設置於京城的制高點；而初九的潛龍，即龍首原，是整個長安城的最高點，後來唐高宗修建大明宮的含元殿便選址於此。城市和宮殿的建築也是一種語言，在這裡所要表達的便是皇權的一個核心思想——皇帝的神聖和至高無上。為著同樣的目的，自然少不得還要借助於所謂天命。《隋書．庾季才傳》便對此有所記載：「高祖將遷都，夜與高熲、蘇威二人定議，季才旦而奏曰：『臣仰觀玄象，附察圖記，龜兆允襲，必有遷都。且堯都平陽，舜都冀土，是知帝王居止，世代不同，且漢營此城，經今將八百歲，水皆鹹鹵，不甚宜人。願陛下協天人之心，為遷徙之計。』高祖愕然，謂熲等曰：『是何神也！』遂發詔施行。」大興城的建成僅用了不到兩年時間，這實際上是一項突擊性的大工程，是一次很殘酷的白骨累累的人海戰。但按封建專制制度的常例，當隋文帝以「協天人之心」自命而遷入新都之時，臣民們自然只有歡呼的份兒，在建都過程中那些勞動者的悲慘遭遇是不可能留下記載的，某些真實情況有所揭露，往往要等到這個王朝倒臺以後。唐代修的《隋書．食貨志》提到隋文帝時楊素在奉詔監營仁壽宮中，便發生過這樣的事：「素遂夷山堙谷，營構觀宇，崇臺累榭，宛轉相屬。役使嚴急，丁夫多死，疲敝顛仆者，推填坑坎，覆以土石，因而築為平地。死者以萬數。宮成，帝行幸焉。時方暑月，而死人相次於道，素乃一切焚除之。」仁壽宮的規模遠不如大興城，而大興城工程的突擊性又要超過仁壽宮，據此不難想像其建築過程中慘死的丁夫當亦不止萬數！

洛陽城營建於煬帝的大業元年（西元六〇五年），主持營建的仍是楊素與宇文愷，楊素是營作大監，宇文愷先是營東都副監，後又任將作大匠。史著是這樣描述他著手規劃東都時的心態的：「愷揣帝心在宏侈，於是東京制度窮極壯麗。」（《隋書》本傳）對東都的營建及其配套工程，《隋書．食貨志》作了如下記載：「始建東都，以尚書令楊素為營作大監，每月役丁二百萬人」。「新置興洛及迴洛倉，又於皁澗營顯仁宮，苑囿連接，北至新安，南及飛山，西至澠池，周圍數百里」。「開渠，引穀、洛水，自苑西入，而東注于洛。又自柏渚引河，達于淮海，謂之御河。河畔築道，樹以柳。又命黃門侍郎王弘，上儀同於是澄，往江南諸州採大木，引至東都。所經州縣，遞送往返首尾相屬，不絕者千里。而東都役使促迫，僵仆而斃者十四五焉。每月載死丁，東至城皐，西至河陽，車相望於道」。役丁二百萬人，十死四、五，單是營建洛陽便有近百萬人死亡，還不包括一大批配套工程中的死亡數。唐太宗時的侍御史張玄素，隋末曾在景城縣任戶曹，他在一封諫書中說：「臣又嘗見隋室造殿，楹棟宏壯，大木非隨近所有，多從豫章採來。二千人曳一柱，其下施轂，皆以生鐵為之，若用木輪，便即火出。鐵轂既生，行一二里即有破壞，仍數百人別齎鐵轂以隨之，終日不過進三二十里。略計一柱，已用數十萬功，則餘費又過於此。臣聞阿房成，秦人散，章華就，楚眾離；及乾陽畢功，隋人解體。」（《舊唐書》本傳）考慮到這是一個降臣向新主對舊朝作出的評論，通常應當打點折扣；不過玄素秉性耿直，何況他說的「乾陽畢功，隋人解體」，也是事實。短暫的隋王朝，用無數的財力、物力和上百萬人生命的代價，所換來的不是大興城或洛陽城，而是慘痛的亡國教訓。《資治通鑑・唐紀五》在武德四年（西元六二一年）下，記到秦王李世民在打敗王世充之後，作為勝利者踏進隋宮時，大發感慨道：「逞侈心，窮人欲，無亡得乎！」話說得頗有道理，但他接下去做的事竟是「命撤端門樓，焚乾陽殿，毀則天門及闕」！把好端端的乾陽殿付之一炬，這在常人簡直難以想像，但在李世民看來，或許正是用此行動表明隋之必亡，唐之必興。除此之外，還有一種帝王心態促使他這樣做。也不止是李世民，凡是手中握著至高無上權力而不受任何制約的特殊人物，總覺自己可以為所欲為，表現在造宮殿上，就像兒童搭積木，興來時搭起，興盡時推倒，至於什麼無數財力物力和幾百萬條性命，可以一概在所不計。果然，就是這個當年焚毀洛陽宮主殿乾陽殿的李世民，到貞觀四年（西元六三〇年），興來了，下詔發卒重修洛陽宮乾陽殿以備巡幸。上文提到的張玄素給唐太宗的那封諫書，正是在這個背景下提出的。諫書後面還說：「以陛下今時功力，何如隋日？役瘡痍之人，襲亡隋之弊，以此言之，恐甚於煬帝。」（《舊唐書・張玄素傳》）比起別的帝王來，李世民的長處便是比較能夠聽一點諍諫，這一回修洛陽宮的事總算暫時停了下來。但到高宗李治繼位後，麟德二年（西元六六五年）便命司農少卿田仁汪因前址造乾元殿，高一百二十尺，東西三百四十五尺，南北一百七十六尺，其規模不亞於隋煬帝修建的乾陽殿。被李世民焚毀的，由他兒子李治幾乎又照原樣造了起來。有的改了一下名稱，如則天門改成了應天門，有的連名稱也沒有改，如端門。在造了又拆，拆了又造這個過程中，將作大匠都是不可缺少的重要角色。在太宗李世民時，為他修九成宮（原為隋之仁壽宮）、洛陽宮的，先是將作大匠姜行本，後是閻毗之子閻立德、閻立本兄弟。閻毗在煬帝時曾主持修建長城的大工程。貞觀初，閻立德遷將作少監，曾為高祖營橋陵，又營昭陵；貞觀十三年（西元六三九年）任將作大匠，高宗時任工部尚書。閻立本在高宗顯慶時累遷將作大匠。兄弟二人皆善畫，秦王府十八學士圖，凌煙閣功臣圖，均出自閻立本之手。高宗永徽五年（西元六五四年）「以工部尚書閻立德領丁夫四萬築長安羅城」，同年十一月，又「築京城羅郭，和僱京兆百姓四萬一千人，板築三十日而罷，九門各施觀」。替高宗修東都洛陽的是韋機，原任司農少卿，「受詔簡較東都營田園苑之事，帝謂之曰：『兩都是朕東西二宅也。今之宮館隋代所造，歲序既淹，漸將頹毀，欲有修造，又費財力，如何？』機奏曰：『臣任司農，向以十年，前後省費，今見貯錢三十萬貫，若以供葺理，可不勞而就也。』帝大悅，詔機兼統將作少府二司使漸營之」。韋機是以兼統將作、少府司使的身份營造東都的。唐代的營建不同於隋代的，只是沒有那麼迫促，採取逐步營建的方式，所以沒有造成即時的嚴重後果。但新修的洛陽城還是毀於安史之亂。《舊唐書·郭子儀傳》提到兵亂後的洛陽：「宮室焚燒，十不存一。百曹荒廢，曾無尺椽，中間畿內，不滿千戶，井邑榛棘，豺狼所嗥，既乏軍儲，又鮮人力。」長安城則毀於唐末天祐元年（西元九〇四年）。是年，朱全忠挾持唐昭宗移都洛陽「毀長安宮室百司及民間廬舍，取其材，浮渭沿河而下，長安自此遂丘墟矣」（《資治通鑑·唐紀八十》）。在人類文明發展史上，都城與宮殿的建築，不僅是具有整體意義的文化藝術結晶，也是一個時代的標誌。然而在帝王制度下，宮殿與都城作為一種政治性極強的建築物，其命運往往被迫要與一姓或一世的皇權共興衰，多半成為改朝換代的犧牲品。中國的宮殿又都是木構建築容易被火燒毀。從周秦至隋唐，長安、洛陽作為歷代王朝京都的那些巍峨的城樓和宮殿，都沒有能夠完整地保存下來，我們現代人不無遺憾地只能依憑某些地下發掘去想像它們當年那美侖美奐的風貌。應當承認，這樣的建而又毀，毀而又建的過程，除了反映封建制度的狹隘、落後、愚昧一面以外，同時也是一個民族幼稚心理的表現。但無論如何，建設者無辜，隋唐時期主其事者如宇文愷、閻立德、閻立本這些將作大匠，他們完全有資格躋身於人類歷史少數最傑出的建築設計師和工程師之列，成為中華民族的驕傲。

二

丞四人，從六品下。漢將作有丞二人，秩六百石❶。後漢置一人，魏、晉因之。東晉、宋、齊有事則置，無事則罷。梁天監七年置大匠丞一人，班第三❷。陳因之❸。後魏從五品中❹；太和二十二年❺，第七品下。北齊丞四人，從第七品上。後周匠師上士一人❻。隋將作丞二人，從六品❼，大業十三年❽加至從五品。皇朝加丞至四人，從六品下。

主簿二人，從七品下。晉將作置主簿員。江左有事則置，無事則省。梁天監七年復置將作主簿一員，七品班第三❾。北齊將作寺有功曹、主簿員❿；若有營作，又別立長史、司馬、主簿各一員⓫。隋將作主簿二人⓬，皇朝因之。

錄事二人，從九品上。

丞掌判監事。凡內外繕造，百司供給，大事則聽制、勑，小事則俟省符，以諮大匠，而下於署、監，以供其職。凡諸州匠人長上者，則州率其資納之⓭，隨以酬顧。**凡功有長短**⓮，役有輕重。凡計功程者，四月、五月、六月、七月為長功，二月、三月、八月、九月為中功，十月、十一月、十二月、正月為短功。凡啟塞之時，火土之禁，必辨其經制，**而舉其條目**⓯。凡四時之禁：每歲十月以後，盡于二月，不得起治作⓰；冬至以後，盡九月⓱，不得興土工；春、夏不伐木。若臨事要行，理不可廢者，以著別式⑱。凡營造修理，土木瓦石不出於所司者，總料其數，上於尚書省⑲。凡營軍器，皆鐫題年、月及工人姓名⑳，辨其名物，而閱其虛實。

主簿掌印，勾檢稽失㉑。凡官吏之申請糧料、俸食，務在俟使，必由之以發其事㉒。若諸司之應供四署、三監之財物器用違闕，隨而舉焉㉓。

錄事掌受事發辰㉔。

【章旨】敘述將作監丞、主簿、錄事之定員、品秩、沿革和職掌。

【注釋】❶秩六百石　月俸為七十斛。❷梁天監七年置大匠丞一人班第三　天監七年，即西元五〇八年。天監為梁武帝蕭衍年號。是年革選，徐勉任吏部尚書，受命改九品制為十八班制，以班多為貴。太僕丞、大匠丞皆列第三班。❸陳因之　《隋書·百官志》：陳設十二卿，其丞秩六百石，第八品。❹後魏從五品中　北魏孝文帝太和十七年（西元四九三年）六月頒職員令，列卿丞位列從第五品中。此處以大匠丞位比列卿丞，故亦列從五品中。❺太和二十二年　據《魏書·官氏志》當是「太和二十三年」，即西元四九九年。太和是北魏孝文帝年號。是年復次職員令，列卿丞位列第七品下。❻後周匠師上士一人　匠師上士，北周秋官府匠師中大夫屬官，正三命，掌佐匠師中大夫修築城郭宮室之職。又，《通典·職官九·諸卿下》將作監丞條及《通志·職官略》將作監條均作「匠師中士」。❼隋將作丞二人從六品　《隋書·百官志》：隋文帝開皇時，將作丞為從七品上，煬帝大業三年（西元六〇七年）增為從六品。❽大業十三年　即西元六一七年。大業是煬帝年號。❾七品班第三　據《隋書·百官志》應是「七班中第三班」。關於七班，同書的解釋是：「位不登二品者，又為七班」，稱「流外七班」，此是寒微士人為之。從此班者方得進第一班」。位登二品者，指州郡中正授予地方士族品評之鄉品，亦分九品，二品以上者為高門甲族，稱上品；三品以下者，統屬下品，此即《晉書·劉毅傳》所言「上品無寒門，下品無勢族」之由來。故唯有在鄉品中獲得上品亦即位登三品以上者，方能進入流內十八班；鄉品屬三品以下之寒門庶族，只能列入流外七班。至於地望卑賤者，則只能充任三品蘊位、三品勳位一類卑官濁職。⑩北齊將作寺有功曹主簿員　《隋書・百官志》記北齊將作寺「功曹、主簿」下尚有「錄事」。⑪若有營作又別立長史司馬主簿各一員　《隋書・百官志》作「若有營作，則立將、副將、長史、司馬、主簿、錄事各一人」。⑫隋將作主簿二人　《隋書・百官志》隋將作寺為「主簿、錄事各二人」。⑬凡諸州匠人長上者則州率其資納之　匠人有匠籍，將作監所屬之工匠皆散出諸州，長上，指匠人在番上供驅役者。驅役不盡則可以資代役，由州彙總其所納之資，上繳於將作監，用以和僱工匠。本書第七卷第一篇工部郎中職掌條原注規定：「少府監匠一萬九千八百五十人，將作監匠一萬五千人，散出諸州，皆取材力強壯、伎能工巧者，不得隱巧補拙，避重就輕。其驅役不盡及別有和雇者，徵資市輕貨，納于少府、將作監。」⑭功有長短　指一年中隨著四時之變換，每天工匠服役時間有長有短。如夏至前後數月白晝時間長，稱長功；冬至前後數月白晝時間短，稱短工。⑮凡啟塞之時火土之禁必辨其經制而舉其條目　啟塞之時，指工程之開始和終止。火，指冶煉；土，指土工。啟、塞和火、土皆有時令限制，詳下文原注。若非時興造，與非法興造同罪。《唐律疏議・擅興律》諸非法興造條疏議曰：「非法興造，謂法令無文，雖則有文，非時興造亦是。若作池亭賓館之屬，及雜傜役，謂非時科喚丁夫，驅使十傭以上，坐贓論。」此外，亦規定有一些須及時修築，不受時令限制之工程，如堤防等水利設施。《唐律疏議・雜律》諸不修堤防及修而失時者條疏議曰：「依〈營繕令〉：近河大水有隄防之處，刺史縣令以時檢校，若須修理，每秋收訖，量功多少，差人大修理。若暴水汎溢，損壞堤防，交為人患者，先即營修，不拘時限。若有損壞，當時不即修補，或修而失時者，主司杖七十。毀害人家，謂因不修補及修而失時，為水毀害人家，漂失財物者，坐贓論減五等。謂失十匹，杖六十，罪止杖一百。若失眾人之物，亦合倍論；以故殺傷人者，減鬬殺傷罪三等。」注云：「謂水流漂害於人，謂由不修理堤防，而損害人家，及行旅被水漂流而致死傷者，即人自涉而死者，亦所司不坐，即水雨過當，非人力所防者無罪。」經制，指相關制度之規定。條目，指《戶部式》相關條目之規定。如上文功程長短之規定，便可見於《戶部式》。⑯治作　近衛校正德本曰：「『治』當作『冶』」。⑰九月　近衛校正德本曰：「『九』疑當作『正』」。⑱以著別式　正德本作「以從別式」。⑲凡營造修理土木瓦石不出於所司者總料其數上於尚書省　此言將作營造所需土木瓦石等原材料不是本部門所能供應的，須申報於尚書省。尚書省主其事者為工部郎中及員外郎。唐制營造立項有嚴格的審批制度，若應由將作上報而不上報者，則被視為有罪。《唐律疏議・擅興律》諸有所興造應言上而不言上，應待報而不待報條之疏議曰：「修城郭築堤防，興起人功，有所營造，依〈營繕令〉計人功多少，申尚書省，聽報始合役功。或不言上及不待報，各計所役人傭，坐贓論減一等。」若所申報之用料數額不實亦有罪。同書料請財物及人功多少違實者條之疏議曰：「即料請財物及人功多少違實者，謂官有營造，應須市買，料請所需財物，及料用人功，多少故以不實者，笞五十；若事已損費，或已損財物，或已費人功，各併計所費功庸準贓重者坐贓論減一等。」⑳凡營軍器皆鐫題年月及工人姓名　此項規定為古代的一種責任制，不限於軍器；既便於對製作者考核，亦便於使用或消費者識別。本書第二十卷第一篇太府寺兩京諸市署令職掌規定：「其造弓矢、長刀，官為立樣，仍題工人姓名，然後聽鬻之。諸器物亦如之。以偽濫之物交易者，沒官，短不中量者還主。」此制有地下發掘大量實物可證，甚至磚瓦上也刻有工匠姓名。如洛陽含元殿遺址出土之磚瓦，就有不少「匠王興」、「匠胡行」、「宮匠申誕」、「匠楊士相」等銘記。（見宿白〈隋唐長安城和洛陽城〉，載《考古》一九七八年第六期）㉑勾檢稽失　指糾查公文公事處理中有無違反制度或延誤規定日程。㉒凡官吏之申請糧料俸食務在候使必由之以發其事　此係主簿「勾檢稽失」內容之一。句中「務在候使」四字，《職官分紀》卷二二作「差遣假使」；《新唐書．百官志》「候使」亦作「假使」。又，「在」字，近衛校正德本「疑當作『任』」。據此，「務在候使」似係「務任假使」之誤。假使，指臨時差遣或權置之使職。此意亦有史實可證。隋唐時期若營建都城、宮殿一類重大工程，往往另設專職。如宇文愷，先後曾任營宗廟副監、營新都副監，營建仁壽宮時，又為檢校將作大匠。唐高宗時，為重修東都宮苑，以司農少卿韋機兼統將作、少府二司使，亦以使職領將作事務。故全句大意似為：凡是工程中請領官吏、工匠之俸食、糧料等事，必須經由統領工程之使職官員審批，方可啟動其事；若有違反，主簿有責任勾檢。㉓若諸司之應供四署三監之財物器用違闕隨而舉焉　此指主簿「勾檢稽失」又一項內容。將作監諸署、監所需財用器物，由太府寺供應。太府寺持有九十五隻木契，其中五隻刻有「將作監」字樣，四雄一雌，一雌留太府，四雄付將作，將作憑此木契及相應符文向太府寺領取物料。此句則言若太府寺相關官司應供物料有違失缺損等情事，主簿要隨時舉報。㉔受事發辰　指登記收發文之始日，以便稽核是否在規定日程內處理完畢。

【語　譯】〔將作監：〕丞，定員四人，品秩為從六品下。漢代將作少府設有兩丞，俸秩是六百石。東漢設置丞一人，魏、晉因承漢制。東晉和南朝宋、齊，都是有事就設置，無事便停設。梁武帝天監七年，大匠設有丞一人，品秩列為第三班。陳因承梁制。北魏起初丞的品秩定為從第五品中，太和二十二（三）年改為第七品下。北齊時，將作寺設置丞四人，品秩為從第七品上。北周設有匠師上士一人。隋朝將作寺設置丞二人，〔煬帝大業初〕定為從六品，大業十三年加到從五品。本朝丞的定員增加到四人，品秩為從六品下。

主簿，定員二人，品秩為從七品下。西晉將作設有主簿的定員，東晉改為有事時便設置，無事就省略。梁武帝天監七年，重新在將作下設置主簿一員，位列流外七班中的第三班。北齊將作寺設有功曹、主簿的定員，如果有營造任務，再另外增設長史、司馬、主簿各一員。隋朝將作寺設主簿二人。本朝因承隋的這一官制。

錄事，定員二人，品秩為從九品上。

丞的職掌是，主管本監內部日常事務。無論屬於內作或外作的營造修繕任務，對各個官司的供給，屬於大事的，都要聽從制令和敕文；一般小事，亦需要等到尚書省發下符文，請示大匠以後，然後再下達給所屬的署和監，使他們各盡其職。凡是在各州的將作所屬匠人，長上服役有多餘的，允許以納資代役，由所在州依據一定標準收取資費，用來作為和僱的酬資。一年中做的功有長短之分，役作的任務則有輕重之別。計算功程，一年中凡是四月、五月、六月、七月，為長功；二月、三月、八月、九月，為中功；十月、十一月、十二月、正月為短功。關於工程的開工和終止各有定時，火作、土作都有相關的禁令，作為將作丞必須熟悉這些制度，並能夠列舉出令、式上的相應條文。關於一年四時的禁令：每年十月以後到二月底為止，不得進行有關治（冶）鑄的作業；冬至以後，到來年的九（正）月底，不得興建土木；每年的春、夏季節，不得砍伐林木。如果臨事要用，而於理又無法廢止的，可以參照其他式文上的條目。凡是營造修理工程中所需用的土木瓦石一類材料，不是本監所屬官司能夠供應的，那就要估算出所需的總數，上報於尚書省。凡是製造兵器，都要在成品上鐫刻製作的年、月以及工人的姓名，辨別成品的名稱和規格，檢驗它們質量的優劣。

主簿的職務是，掌管本監印章，糾查公文公事處理中有無錯失和延誤。凡是申請工匠的糧料、官員的俸食，必須經由統領工程的使職官員的審批，才能辦這件事。如果各有關官司按規定理應供應本監下屬各署、監的財用器物，而發生了違失缺損一類情事的，主簿要隨時舉報。

錄事，掌理來往公文日期的登錄。

【說　明】在唐代，要確定一個營造項目，是有嚴格的規定程序的，即如本章正文所言：「大事則聽制、敕，小事則俟省符。」當然，這同源淵流長的中國監察制度一樣照例是「監」下、不「監」上的，如果皇帝下「制、敕」決定要建造什麼，那是誰也奈何不得。不過有此規定，對各個官衙多少也是一種制約，還不至於會出現像現今這樣某個官兒興來大筆一批便是一個上百萬元甚至上千萬元建設項目的荒唐事。項目確定後，所需的土木瓦石預算亦要上報於尚書省，經過審批才能施工。如果所請料物、人功不實，預算造得過大，即如今所謂「頭戴三尺帽，準備砍一刀」者，將以贓論罪。此外施工中的禁令還有不少，如春夏季節不得砍伐林木，違反時令興造池亭賓館，非時徵召丁役超過十個勞動日的，都被視為有罪，而且非時興建之罪與非法興建一樣嚴重。所以要在法令作這些規定，對於節制人們在建築上的欲望和盲目的衝動有一定作用，這大概是有鑒於隋時大搞突擊興建的教訓吧？

隋唐時營建較大的工程，一般先要製作模型，既可藉以估算工料，亦便於工匠施工操作。《隋書·何稠傳附黃亘傳》載：「大業時，有黃亘者，不知何許人也，及其弟袞，俱巧思絕人。煬帝每令其兄弟直少府將作，于時改創多務，亘、袞每參典其事。凡有所為，何稠先令亘、袞立樣，工人皆稱其善，莫能有所損益。」這裡的「立樣」，就是模型設計，這一技術歷代承傳，直到清代，工程設計機構還有「樣房」和「算房」之設：樣房製作模型，並依此進行圖樣設計；算房則負責編制工料預算。在施工過程中，有技術的工人作領班，稱為都料匠。柳宗元名篇《梓人傳》便是為一個都料匠立的傳：「有梓人，問其能，曰：吾善度材，視棟宇之制，高深、圓方、短長之宜。吾指使而群工役焉，舍我眾莫能就一宇，故食于官府，吾受祿三倍，作於私家，吾收其值太半焉。」後來這位都料匠去給京兆尹修官署，文中生動地描繪了他從容地指揮眾工匠施工的情景：「委群材，會眾工，或執斧斤，或執刀鋸，皆環立嚮之。梓人左持引，右執杖而中處焉。量棟宇之任，視木之能舉，揮其杖曰：斧彼！執斧者奔而右；顧而指曰：鋸彼！執鋸者趨而左。俄而斤者斲，刀者削，皆視色，俟其言，莫敢自斷者，其不勝任者，怒而退之，亦莫敢慍焉。畫宮于堵，盈尺而曲盡其制。計其毫釐而構大廈，無進退焉。既成，書于上棟曰：某年某月某日某建，則其姓字也。凡執用之工不在列。」（《柳河東集·梓人傳》）

三

左校署：令二人，從八品下。《周官》❶有攻木之工七，謂輪、輿、弓、廬、匠、車、梓❷也。秦、漢有左、右、前、後、中校五令、丞❸，後漢唯置左、右校令、丞各一人❹，令六百石；又有材官校尉❺。魏并左校於材官❻。署❼過江，省將作大匠，而左、右校隸少府；又改材官校尉為將軍，罷左校令。宋、齊、梁、陳又有左校令、丞，別置材官將軍、司馬❽。北齊太府寺有左校署令、丞。後周有掌材上士。隋將作領左校署令二人❾，皇朝因之。

丞四人，正九品下。漢成帝省左、右、前、後、中五校丞。後漢置左、右校丞各一人，秩三百石❿。魏因之。東晉隸少府⓫。宋、齊、梁、北齊皆有丞⓬。後周有掌材中士二人，隋左校丞四人⓭，皇朝因之。

監作十人，從九品下。

左校令掌供營構梓匠⓮之事，致其雜材，差其曲直，制其器用，程其功巧；丞為之貳。凡宮室之制，自天子至於士庶，各有等差。天子之宮殿皆施垂拱、藻井⓯。王公、諸臣三品已上九架，五品已上七架，並廳廈兩頭；六品已下五架⓰。其門舍三品已上五架三間，五品已上三間兩廈，六品已下及庶人一間兩廈。五品已上得制烏頭門。若官修者，左掖⓱為之。私家自修者，制度准此。凡樂縣簨虡⓲，兵仗器械，及喪葬儀制，諸司什物，皆供焉。簨虡謂鎛鍾⓳、編鍾⑳、編磬㉑之屬。器械謂：仗床㉒、戟架㉓、杻械㉔之屬。喪儀謂棺槨㉕、明器㉖

之屬。什物調机案㉗、櫃檻㉘、勅函㉙、行槽、剉碓㉚之屬。

【章　旨】敘述左校署令、丞和監作之定員、品秩、沿革及職掌。

【注　釋】❶周官　又名《周禮》，儒家經典之一。係搜集周王室官制和戰國時各國制度，添附以儒家政治理想，增減排比而成之彙編。❷輪輿弓廬匠車梓　《周禮・冬官・考工記》總敘所列攻木七工匠。賈公彥疏曰：「攻木之工七：輪人為輪蓋，輿人為車輿，弓人為六弓，廬人為柄之等，匠人為宮室城郭溝洫之等，車人為車，梓人為飲器及射候之等。」❸左右前後中校五令丞　將作監工徒甚多，以軍事形式編制，故將作大匠之屬官多為武官名。校字本義，既是軍事編制的一個單位，如漢武帝設八校尉，據《漢官儀》每校尉兵數少者七百人，多者千三百人；校也是一種囚具，即枷，囚徒須戴枷從事勞作。《後漢書集解》引李祖楙曰：「左右校，署名。凡臣工坐法，常輸作于此校也。」西漢至成帝陽朔三年（西元前二十二年）省左、右、前、後、中五校丞，但置令。❹後漢唯置左右校令丞各一人　《後漢書・百官志》劉昭注稱「安帝復也」。指東漢至安帝（西元一〇七—一二五年在位）始復置左右校令、丞。❺材官校尉　官名。三國魏文帝黃初中置。材官原是西漢步兵之稱。《後漢書・光武紀》建武七年（西元三十一年）三月詔中有罷材官等軍之句，劉昭注引《漢官儀》曰：「高祖命天下郡國選能引關蹶張，材力武猛者，以為輕車、騎士、材官、樓船，常以立秋後講肄課試，各有員數。平地用車騎，山阻用材官，水泉用樓船。」材官原指山地作戰之軍，魏時取以為少府屬官之名，掌砍伐材木事。六品，秩比二千石。❻魏并左校於材官　《通典・職官九・諸卿下》將作監左、右校署條作「魏併左校、右校於材官」。此處缺「右校」。❼署　近衛校正德本曰：署「恐當作『晉』」。《職官分紀》卷二三引《唐六典》原注此句亦為「晉」。❽宋齊梁陳又有左校令丞別置材官將軍司馬　南朝宋置材官將軍、司馬各一人，隸起部，亦屬領軍。齊在起部設材官將軍、司馬各一人。梁在少府卿置材官將軍，大匠卿又統左、右校署。陳承梁制。❾隨將作領左校署令二人　「隨」當作「隋」。《隋書・百官志》稱：將作寺「統左右校署令各二人」。隋左、右校署令屬中等署令，品秩為從八品。❿秩三百石　月俸為四十斛。⓫魏因之東晉隸少府　《通典・職官九・諸卿下》將作監左右校署條：「魏併左校、右校於材官。」而材官在魏即隸少府。據《晉書・職官志》，晉少府統材官校尉、左校令及左校坊丞。《宋書・百官志》：「晉江左改材官校尉曰材官將軍，又罷左校令。」⓬宋齊梁北齊皆有丞　上文已言「宋、齊、梁、陳又有左校令丞」，故此句「梁」下亦應有「陳」字。又，宋、齊，在起部有材官將軍，下設司馬一人，相當於丞。梁，據《隋書・百官志》，在少府卿下設材官將軍，未言置司馬；另在大匠卿下又置左、右校署，亦未言置丞。北齊左校署令屬太府寺，設丞。⑬隋左校丞四人　據《隋書・百官志》，隋左校署有丞四人，監作十二人。左校署丞屬中署丞，品秩為從九品上，監作為從九品下。⑭營構梓匠　營構，製造、構築器具與房屋。梓匠，指梓人與匠人。梓人製器具，匠人造房屋。《孟子・盡心下》：「梓、匠、輪、輿，能與人規矩，不能使人巧。」趙岐注：「梓匠，木工也。」孫奭疏：「梓人成其器械以利其用，匠人營其宮室以安居。」⑮垂拱藻井　垂拱，正德本作「重拱」；而「拱」《新唐書・車服志》作「栱」，是。栱，即枓栱，亦寫作斗栱。枓栱是我國傳統木結構建築中的一種支承構件，處於柱頂、額枋與屋頂之間，它由斗形木塊和弓形肘木縱橫交叉層疊構成，逐層向外挑出，形成上大下小的托座。由於枓栱逐層挑出支承荷載的作用，可使屋檐出挑較大，又具有裝飾的效果。重栱，即重疊之枓栱。藻井，古代宮殿等大型建築頂部繪有藻菱等圖案其狀如井幹之天花板。外圈一般呈方形或多邊形，頂心部位則多呈圓形，故亦稱明鏡。藻井之飾始於漢代，今存六朝石建築如雲岡石窟等亦多有；唐代木建築之藻井，尚有山西五臺山佛光寺等。《文選・西京賦》李善注：「藻井，當棟中，交木方為之，如井幹也。孔安國《尚書傳》曰：『藻，水草之有文者也。』《風俗通》曰：『今殿作天井，井者，東井之象也；藻，水中之物，皆所以厭火也。』」在唐代，重栱藻井為帝王宮殿及廟堂專用，不准一般官員僭越。《營繕令》對此特作規定：「王公以下凡有舍屋，不得施重栱藻井。」⑯自「王公諸臣三品已上九架」至「六品以下五架」　此是對不同官品居住舍屋等差之規定。當錄自唐《營繕令》，唯似失之過簡，如「並廳廈兩頭」一句，意有未盡，難於通解。語譯姑依之。《唐會要》卷三一所載《營繕令》較此為詳，茲錄以供參閱：唐文宗太和六年（西元八三二年）六月敕：「准《營繕令》：王公已下舍屋不得施重栱藻井。三品已上堂舍不得過五間九架，廳廈兩頭門屋不得過五間五架。五品已上，堂舍不得過五間七架，廳廈兩頭，門屋不得過三間兩架，仍通作烏頭大門。」關於六品以下，《營繕令》規定：「勳官各依本品，六品七品已下，堂舍不得過三間五架，門屋不得過一間兩架。非常參官不得造軸心舍及施懸魚對鳳瓦獸通栿乳梁裝飾。其祖、父舍宅門，廕子、孫雖廕盡，聽依仍舊居住。其士庶公私第宅，皆不得造樓閣，臨視人家。」間，指房屋正面寬度。架，屋架，指院落深度。宅院由堂舍、廳廈兩部份組成。堂舍是指居住區，廳廈，廳指正廳，廈指旁屋，皆位於居住區前，常用以處理政務和接待賓客。⑰左掖　據正德本及《新唐書・百官志》當作「左校」。⑱樂縣簨虡　樂縣，古代祭祀等禮儀制度中關於懸掛樂器之規定。縣通「懸」。皇帝用宮縣，即宮殿四面皆懸樂器；皇太子軒縣，即東、西、北三面懸；依次是判縣，即東西二面懸；特縣，即僅在東面懸掛樂器。簨虡，懸掛樂器之木架，其橫木為簨，豎木稱虡。一架樂器唐時稱之為一虡。隋以前，宮縣為二十虡，隋平陳用三十六虡；唐初因隋，高宗時增至七十二虡，《開元禮》復定為二十虡。凡簨虡皆飾以崇牙、旒蘇、樹羽；宮縣則金五博山，軒縣則金三博山。⑲鎛鍾　打擊樂器。鍾通「鐘」。下同。鎛鐘形似鐘而小，口緣平，有鈕可懸掛，以槌扣之而鳴。《國語・周語下》「有鍾無鎛」句，韋昭注：「鍾，大鍾；鎛，小鍾也。」又，鎛鍾又稱特鐘，相對於編鐘而言；編鐘十六鐘成組懸於一簨，而鎛鐘則特懸，即每鐘一簨。⑳編鍾　打擊樂器。懸於同一簨虡上的銅鐘。亦稱小鐘、歌鐘。因大小、厚薄，從低音到高音依次編排成組，故名。其數多寡，因時代而異。《左傳・襄公十一年》：「歌鐘二肆。」杜預注：「肆，列也。縣鐘十六為一肆。二肆，三十二枚。」唐制編鐘為十六枚。㉑編磬　打擊樂器。由懸掛於簨虡上的一系列磬組成。通常為十六枚，亦有以三十二枚者。由玉、石或銅製成，其形制大小，各時代不一。一九七八年湖北隨縣曾侯乙墓出土一組戰國初期編磬，共三十二枚。唐制編磬由十六枚大小不等的磬組成，祭祀天地之神用石，祭祀宗廟及殿庭用玉。㉒仗床　置放兵仗之床架。㉓戟架　戟是將戈矛合成一體之兵器，既能直刺又能橫擊。古代在宮門立戟，稱之為戟門，如太廟、宮殿門各列二十四戟，東宮諸門施十八戟，三品以上官員其私門亦可立戟。戟架即插立戟之木架。㉔杻械　木製之各種刑具，如杻、枷等。㉕棺槨　棺，裝斂屍體之器具。《說文解字》：「棺，關也，所以掩尸。」槨，棺外之套棺。關於棺槨之制，《通典・禮四十五・凶禮七》稱：周制，天子之棺四重，天子柏槨，諸侯松槨，大夫柏槨，士雜木槨。唐制，品官以下「諸葬不得以石為棺槨及石室。其棺槨皆不得雕鏤彩畫施戶牖欄檻，棺內不得有金寶珠玉」。㉖明器　專為隨葬而製作之器物。《儀禮・既夕禮》：「陳明器于乘車之西。」鄭玄注：「明器，藏器也。」明器雖包括食具、用具、樂器、兵器等，但異於生人所用此等實物，皆不能應用。《禮記・檀弓上》：「是故竹不成用，瓦不成味，木不成斲，琴瑟張而不平，竽笙備而不和，有鐘磬而無簨虡，其曰明器，神明之也。」唐制明器別敕葬者由官府供，餘並私備，各級官員隨葬明器之制俱載〈喪葬令〉，但競為厚葬，炫耀成風。《通典・禮四十六・凶禮八》：「〔玄宗〕太極元年（西元七一二年）六月，右司郎中唐紹上疏曰：『孔子曰：明器者，備物而不可用也；謂芻靈者善，謂為俑者不仁。《傳》曰：俑，偶人也。有面目機發，似於生人，以此而葬，殆將於殉，故曰不仁也。王公百官競為厚葬，偶人像馬，雕飾如生，徒以眩曜路人，本不因心致禮，更相扇慕，破產傾資，風俗流行，下兼士庶。若無禁制，奢侈日增。望請王公以下，送葬明器，皆依令、式，並陳於墓所，不得於衢路舁行。』」㉗机案　机同「几」。小桌，茶几、書案一類傢俱。又，嘉靖、廣雅本作「屏案」。㉘櫝檻　櫝，收藏物品之箱盒，如書櫝、衣櫝；檻，《說文解字》：「櫳也，房室之疏也。」即間隔房間之木柵。此處當指櫃具之檻架。㉙勑函　存放敕令之箱函。㉚剉碓　剉刀、石碓一類粉碎飼料之器具。

【語　譯】左校署：令，定員二人，品秩為從八品下。《周禮·冬官·考工記》中，列有攻木的七種工匠，就是輪人、輿人、弓人、廬人、匠人、車人和梓人。秦漢時期在將作少匠的屬官中，設有左、右、前、後、中五校的令和丞各一人。東漢只設置左、右校署，有令、丞各一人，令的俸秩為六百石。另外還設有材官校尉。魏把左校合併於材官。署（晉）在渡過長江建立東晉後，省去了將作大匠，將左右校的事務歸屬給了少府，同時改稱材官校尉為將軍，並撤銷了左校令。南朝宋、齊、梁、陳，有的又設置左校令、丞，有的另外設置材官將軍與司馬各一人。北齊在太府寺設有左校署令、丞。北周在冬官府設有掌材上士。隋在將作寺設左校署，有令二人。大唐因承隋制。

丞，定員四人，品秩為正九品下。西漢成帝時，省去了左、右、前、後、中五校署的丞。東漢的左、右校各設置丞一人，俸秩是三百石。魏因承漢制。東晉將此職隸屬於少府。南朝宋、齊、梁〔陳〕和北齊都設有丞。北周冬官府有掌材中士二人。隋朝將作寺設左校署，有丞四人。本朝因承隋制。

監作，定員十人，品秩為從九品下。

左校令的職務是，掌管供應所營建構製的房屋和器具以及管理工匠方面的事務，配備各種材料，依照它們不同的質地和形狀，製作各種器具，並據以考核工匠的功數和技能。丞為令的副職。關於宮室建築的規制，從帝王直到士人和庶民，規定各有等級差別。帝王的宮殿都要做上重疊的斗栱並加飾藻井。王公和三品以上各大臣，構築堂舍進深為九架，五品以上的進深為七架，包括廳和廈兩頭也有規定；六品以下進深為五架。廳廈兩頭門屋，三品以上的為三間五架，五品以上的為三間兩架，六品以下以及庶民為一間兩架。五品以上的可以造烏頭大門。如果是官修的宅院，由左掖（校）署負責修造；私家自修的宅院，亦依照這些規定辦。凡是樂縣用的簨虡，存放兵仗的器械，以及喪葬儀制規定的器物，和各個官司日常辦公所用的雜物，都由左校署供應。簨虡是指懸掛鎛鐘、編鐘、編磬這類樂器的木架。器械是指存放兵仗的仗床、插門戟的戟架以及杻、枷一類木製刑具。喪儀所需的器具包括棺槨、明器一類物品。什物則指日常辦公用的几案、箱櫃、檻柵、函箱以及行槽、剉碓一類物品。

【說　明】左校署以木工為主，主要從事宮室和器械的造作。在我國傳統建築中，木結構佔著主要的地位。其基本構造方式是用立柱和橫樑組成構架，以數層重疊的樑架，逐層縮小，逐級加高，直至最上層樑上立脊爪柱。各層樑頭上和脊爪柱上承托檩條，又在檩條上密排眾多椽子構成屋架。建築物的全部重量由構架負擔，牆壁只起維護和間隔的作用，因而開闢門窗及分隔室內空間有較大的靈活性。木架內部是用各種榫卯聯結，而斗栱則用以承托梁枋和支承屋檐，後來廣泛應用於構架各部的節點上。斗栱在漢代已普遍使用，現在我們可以從東漢的畫像磚上看到種種斗栱式樣的圖形，似乎尚未定型。到了隋唐，斗栱的形制已完全成熟，那些大型的高層建築也依靠柱網的巧妙布置來支撐，且蔚為壯觀。當時的宮殿、城樓、壇廟、寺觀等普徧採用斗栱，以示莊嚴和華貴。隋煬帝在東都建乾陽殿面闊十三間，進深二十九架，自地面至鴟尾高一百七十尺，完全建立在木結構的基礎之上。唐代大明宮麟德殿是面闊十一間，進深十七架的柱網布置；含元殿則用減去中間一列柱子的辦法以加大空間，使跨度達到了十米，即已具有與北京故宮太和殿約略相等的樑架跨度。從現存唐代後期五台山南禪寺正殿和佛光寺大殿來看，當時的木架結構，特別是斗栱，其構件之形制和用料都已相當規格化。大型殿堂的構築，為了估工算料和預製部件及安裝，古人發明了先「立樣」即製作模型的辦法，我們在上章之末的說明中已提到此法始於隋，而柳宗元在〈梓人傳〉中則作了生動形象的描述。與此相應的建築論著，在唐代有都料喻皓的《木經》，惜書已散佚，僅沈括《夢溪筆談》中錄有數則。現存最早的建築專著則是宋代將作丞李誡的《營造法式》，書中所介紹的多為歷代工匠薪火相傳經久可行之法，至清代《工部工程做法則例》仍保持著這個傳統。

唐代官員住宅的建築，沿南北朝以來的傳統格局，採取廊院制，即在縱軸上布置主次建築，再於左右兩側用迴廊將若干單座建築聯繫起來，構成一個完整的院落。前後宅第正門通常用烏頭大門，以顯示其身份和等級。前後縱深分廳廈和堂舍兩個部份。廳即客廳，亦稱前堂；廈為旁舍，是客廳兩旁的房舍。廳後以隔牆為界，界後即堂舍，為主人居住的內院，有後堂與住舍之別；前廳延賓，後堂則為宴飲歌舞的場所。唐代屋內使用的傢俱仍以矮足的几案為主，基本上還保持席地跪坐起居的古制。中唐以後至五代，才普及高坐式的傢俱，以適應其時已形成的垂足而坐的習慣。五代時顧閎中所繪〈韓熙載夜宴圖〉中，有長桌、方桌、長凳、橢圓凳、扶手椅、靠背椅、圓几、大床；其周圍有屏風，室內主要活動位置設有榻，都已是唐後高門宅第室內的典型陳設。

四

右校署：令二人，從八品下。後漢安帝建元三年，置左校令、右校丞，其後又置右校令❶。魏因之❷。晉少府屬官有左校，無右校，其職蓋并於左校矣❸。宋、齊、梁、陳皆無❹。北齊太府寺管左校，亦無右校。隋置右校署令、丞❺，掌營構工作之事。皇朝因之。

丞三人，正九品下。漢左校丞一人，三百石❻。魏因之❼。宋、齊、梁、陳並置❽，北齊省。隋右校置丞三人，皇朝因之。

監作十人，從九品下。

右校令掌供版築❾、塗泥❿、丹雘⓫之事；丞為之貳。凡料物支供皆有由屬，審其制度而經度之。凡修補之料，每歲京北⓬、河南⓭及諸州支送麥麫⓮三萬圍、麥麪⓯一百車、麻擣⓰二萬斤，其石灰、亦土⓱之屬，須則市供，不恒其數。

【章　旨】敘述右校署令、丞和監作之定員、品秩、沿革及職掌。

【注　釋】❶後漢安帝建元三年置左校令右校丞其後又置右校令　安帝，東漢皇帝劉祜，在位十九年，終年三十二歲。建元三年，據嘉靖本及《後漢書‧安帝紀》應為延光三年，即西元一二四年。延光為安帝年號。《後漢書‧安帝紀》：是年「秋七月丁酉，初復右校令，左校丞官」。劉昭注引「《續漢志》曰：『將作大匠屬官有左、右校，皆有令、丞。』中興未置，今始復。」❷魏因之　《宋書‧百官志》：「漢左、右校令，其任也，魏右校又置材官校尉，主天下材木事。」《通典‧職官九‧

諸卿下》：「魏併左校、右校於材官。」❸晉少府屬官有左校無右校其職蓋并於左校矣　《晉書・職官志》：「少府統材官校尉、左校等令」。《宋書・百官志》：「晉江左改材官校尉曰材官將軍，又罷左校令。」故晉未置右校。❹宋齊梁陳皆無　唯梁，據《隋書・百官志》其大匠卿統有左、右校諸署。❺隋置右校署令丞　《隋書・百官志》：隋右校署令二人，丞三人，監作八人。右校署令為中署令，列從八品；中署丞列從九品。❻漢左校丞一人三百石　近衛校正德本曰：「『左』當作『右』」。應是右校丞。其秩三百石，即月俸四十斛。❼魏因之　參看前注❷。❽宋齊梁陳並置　上文右校署令員品條原注卻作「宋、齊、梁、陳皆無」。此句末之「置」字疑係「無」之訛。又，前注❹已言其中梁大匠卿統有左、右校諸署。❾版築　古代築牆器具。築土牆時，用兩木板相夾，中填滿泥土，以杵築之使堅實，即成一版高之牆。亦泛指土木營造之事。❿塗泥　用以塗刷築成後之土牆，使之平整，再粉成白色。唐代建築物牆面一律用白色。⓫丹雘　紅色塗漆或顏料。《尚書・梓材》：「若作梓材，既勤朴斲，惟其塗丹雘。」唐代建築施色紅白為主。通常木架部份塗土紅色，牆面則用白色，門窗上多漆綠色，並以金角葉、金頂等作點綴；屋頂大多為灰色和黑色之簡瓦或配以黃、綠之剪邊。總體效果較為明快而端莊。⓬京北　陳仲夫點校本：「『京北』疑當作『京兆』。」京兆，指京兆府，治所今陝西省之西安市，本雍州，領長安、萬年等二十縣。⓭河南　指河南府，治所今河南省洛陽市，下轄河南、洛陽、偃師、緱氏等二十縣。⓮麥麩　據正德本當作「麥䴵」，即大麥。此處指大麥之秸稈。⓯麫　筆誤。應作「麫」。⓰麻擣　亦稱麻搗、麻刀。以石灰漿與麻絲攪拌而成之泥灰，用以為內牆粉刷之底層。《宋稗類鈔・奢汰》：「韓王（指宋代趙普）治第，麻擣錢一千二百餘貫，其他可知。塗壁以麻擣土，世俗遂謂塗壁麻為麻擣。」⓱赤土　近衛校曰：「『亦』當作『赤』。」廣雅本正作「赤土」。

【語譯】右校署：令，定員二人，品秩為從八品下。東漢安帝建元（延光）三年，設置左校令和右校丞，這以後又設置右校令。魏因承漢制。晉少府的屬官有左校，但沒有設置右校，原屬右校的職務歸併給左校了。南朝的宋、齊、梁、陳都未曾設置。北齊太府寺的屬下只設左校，也沒有右校。隋朝設置右校署，有令和丞，掌管房屋營造構建方面的事務。本朝因承隋制。

丞，定員三人，品秩為正九品下。漢代右校設置丞一人，俸秩三百石。魏因承漢制。南朝的宋、齊、梁、陳都設置（沒有設置）。北齊省略。隋朝右校署設置丞三人。本朝因承隋制。

監作，定員十人，品秩為從九品下。

右校令的職掌是，負責提供有關版築、塗泥、裝修塗料方面的事務；丞為令的副職。凡是所用物料的支領和供給，都有相關的部門和機構，要嚴格按照制度結算和辦理。凡是修繕需用的物料，每年由京北（兆）、河南府和有關各州支送，品種和數量規定為：大麥秸稈，三萬圍；麥粉，一百車，麻擣，二萬斤。此外，石灰、亦（赤）土一類物品，數量不固定，可按照需要在市場上直接購買。

【說　明】右校署是在建築中主管泥水工和房屋裝修著色一類工序的。泥水工的主要職務是修築牆體。我國古代建築中的牆，若以材料分，有土牆、磚牆、木牆、夾泥牆等；依照功能分，則有檐牆、山牆、坎牆、八字牆、屏風牆、照壁、夾斷牆等。土牆，亦稱版築，它是以夾板為模，置土其中，以杵分層搗實。這種構築的方式十分古老，相傳商代武丁時期的大臣傅說，原曾是一個從事版築的奴隸，今山西平陸境內有個傅巖，據說便是他進行版築勞作過的地方。至秦始皇造長城，版築之法更被普遍使用。從唐代大明宮的遺址中，亦明顯可以看到使用版築的痕跡。土牆隔溫、隔音的性能都比較好，亦有一定的承載能力，但易受自然侵蝕，特別是水浸對它的破壞力甚大，因而古代作戰中常有以灌水破城者，如秦攻魏，主將是王翦之子王賁，就用過這個辦法：「王賁攻魏，引河溝灌大梁，大梁城壞，其王請降，盡取其地。」《史記・秦始皇本紀》所以土牆在選址上要注意排水，或在土牆下砌石牆作為基礎，後來便採用了土牆外層圍以磚牆的做法。至唐代單一磚牆也已很普遍，遺留至今的不少磚塔，城牆的城門，大都採用磚砌，間或亦有土牆外面再用磚包起來。

關於建築物的色彩，我國早期大多源於建材的原始本色，宮殿中的楹柱，則在先秦時就已塗上紅色。漢代賦文中有「丹楹」、「朱闕」、「丹墀」、「朱欀」這樣一些詞語，說明朱紅色是當時帝王公卿宅第室內的主色，並賦予一定的象徵意義。官式木構建築的柱枋，自漢代起亦以紅色為基調，而牆面唐代是規定用白色的，門窗則多用綠色，並貼金。樑柱上還有彩畫和雕刻裝飾，即所謂「雕樑畫柱」。其圖形，漢代常採用雲氣、仙靈、植物、動物等，隋唐後則幾何圖案和植物花紋逐漸增多。在牆壁上往往飾有大型的壁畫，如貞觀時〈秦府十八學士圖〉、〈凌煙閣功臣圖〉，便是著名的壁畫，出自曾任將作大匠的閻立本之手。在帝王制度的長期籠罩下，中國社會官本位的思想根深而柢固，以致作畫被視為「廝役之務」，認為是讀書人的恥辱。閻立本當時雖是傑出的畫家，卻曾對自己的兒子說：「吾少好讀書，幸免牆面，緣情染翰，頗及儕流，唯以丹青見知，躬廝役之務，辱莫大焉。汝宜深誡，勿習此末伎。」《舊唐書》本傳）閻立本為凌煙閣作畫時，任右相，而左相姜恪歷任將軍，立功塞外，故時人語云：「左相宣威沙漠，右相馳譽丹青。」從這一對比中，不難品味出對後者隱含嘲諷之意。

五

中校署：令一人，從八品下。漢將作左、右、前、後、中五校皆有令、丞，自後不置，皇朝置之❶。

丞三人，正九品下。漢成帝❷省，皇朝復置。

監事四人，從九品下。

中校令掌供舟車、兵仗、廄牧、雜作器用之事。凡行幸陳設❸供三梁竿柱❹，閑廄繫飼則供剉碓❺、行槽❻、鞍架❼，禱祀❽祭祀則供棘、葛❾、竹、甃❿，內外營造應供給者，皆主守之；丞為之貳。舊，將作寺百工署掌營棘、葛、槍子⓫、土墼、石作⓬之事。開元十五年⓭，改百工署為監，其職掌各分入諸署：槍子入左校，石作入甄官，棘、葛、土墼等入於此署。凡監、署役使車牛皆有年支草、豆，據其名簿，閱其虛實，受而藏之，以給於車坊。

【章　旨】敘述中校署令、丞和監作之定員、品秩、沿革及職掌。

【注　釋】❶皇朝置之　《新唐書・百官志三》中校署本注稱：「武后時，改曰營繕署。垂拱元年（西元六八五年）復舊，尋廢。開元初復置。」❷漢成帝　西漢皇帝劉驁，字太孫，在位二十六年，終年四十五歲。❸陳說　「說」當是「設」字之訛。《舊唐書・職官志》及《新唐書・百官志》皆作「陳設」。❹三梁竿柱　帝王外出巡幸途中搭帳幕時所用之材料。帳前有梁設布幔以遮風雨；帳之內外又設柱，圍以布幕，以為牆垣。竿則用以懸掛纛。竿之長度，梁與柱之多寡，皆有定制。又，品官喪禮亦需設帳，供梁、柱、竿。本書第十八卷第二篇鴻臚寺司儀署職掌規定：「凡五品已上，薨卒及葬，合予祭者，應須布深衣素幘、三梁六柱、轝，皆官借之。」原注：「五品已上竿長九尺，六品已下五尺。」❺剉碓　切割和粉碎飼料之剉刀和石碓。❻行槽　行軍用之馬槽。❼鞍架　馬鞍和存放馬鞍之木架。❽禱祀　據《職官分紀》卷二二引《唐六典》原文此句當作「禱祠」。❾棘葛　供祭祠用之物品。棘，《說文解字・朿部》：「小棗，叢生。」段玉裁注：「小棗樹叢生，今亦隨在有之。未成則為棘而不實，已成則為棗。」古人祭祀時，用棘有驅邪之意，如出冰祭司寒，即以桃弧棘矢設於冰室戶內之右。葛，《說文解字・艸部》：「絺綌草也。」即蔓草。如祭星辰山川時，用繩束蔓草，在祭處地上樹成環屏，有驅除水旱災害之意。❿整　《舊唐書・職官志》及《職官分紀》卷二二引《唐六典》原文句均作「墼」。墼，土墼。亦指未經燒製之磚坯。⓫槍子　屬兵仗器械。⓬石作　指石磬、石獸、石柱、碑碣、碾磑一類石製品。⓭開元十五年　即西元七二七年。開元為唐玄宗李隆基年號。

【語　譯】中校署：令定員一人，品秩為從八品下。漢代將作的左、右、前、後、中五校，都設有令和丞。東漢以後就不再設置。本朝重新設置。

丞，定員三人，品秩為正九品下。漢成帝時省去，本朝恢復設置。

監事定員為四人，品秩為從九品下。

中校令的職掌是，負責供應舟車、兵仗和廄牧所需的各項雜作器用方面的事務。例如御駕行幸要陳設帳幕，就供應三梁竿柱；閑廄要繫飼牲口，就供應剉碓、行槽、鞍架；每逢禱祀（祠）和祭祀，就供應棘、葛、竹、整（墼）等物品。此外，凡是內外營造所需要供應的各項雜作器物，都由中校令主掌。丞為令的副職。舊制，由將作寺下屬的百工署掌管有關供應棘、葛、槍子、土塼、石作方面的事務。玄宗開元十五年，改百工署為百工監，它原來掌管的一些事務，就分別劃給了其他幾個署：槍子歸左校署，石作歸甄官署，棘、葛和土塼等就併給了中校署。關於各個監、署所役使的駕車的牛，按規定都有按年度支領的草、豆一類飼料，中校署令要根據名簿，檢閱存欄車牛的實況，同時收受飼料並貯藏好，以供應給各個車坊。

六

甄官署：令一人，從八品下。《周禮》❶摶埴❷之工二，謂陶與甄❸也。後漢將作大匠屬官有前、後、中甄官令、丞❹。晉少府領甄官署，掌摶瓦之任。宋、齊有東、西陶官瓦署督、令各一人❺。北齊太府寺統甄官署，甄官又別領石窟丞。後周有陶工中士一人，掌為罇、彝、簠、簋❻等器。隋太府寺統甄官署令、丞二人❼，皇朝改屬將作。

丞二人，正九品下。後漢前、後、中三甄官各丞一人，晉有旗官丞❽，後周有陶工下士一人。隋甄官丞二人❾，皇朝因之。

監作四人，從九品下。

甄官令掌供琢石、陶土之事；丞為之貳。凡石作之類，有石磬❿、石人⓫、石獸⓬、石柱⓭、碑碣⓮、碾磑⓯，出有方土，用有物宜。凡磚瓦之作，瓶缶之器，大小高下，各有程準⓰。凡喪葬則供其明器⓱之屬：別敕葬者俱⓲，餘並私備。三品以上九十事，五品以上六十事，九品以上四十事⑲。當壙、當野、祖明、地軸、誕馬、偶人，其高各一尺⑳。其餘音聲隊與僮僕之屬，威儀、服玩，各視生之品秩所有，以瓦、木為之，其長率七寸㉑。

【章　旨】敘述甄官署令、丞之定員、品秩、沿革和職掌。

【注　釋】❶周禮　儒家經典之一。係搜集周王室制度和戰國時各國制度，添附以儒家政治理想，增減排比而成之彙編。此下引文見《周禮・冬官・考工記》。❷摶埴　以手拍擊黏土使之成坯。摶，他本也有作「搏」者。《周禮》鄭玄注：「摶之言拍也；埴，言黏土也。」戴震《考工記圖》謂據釋文，「摶」有團、博二音，鄭注「摶之言拍」，當從「博」音，作「搏」。❸陶與甄　甄，《周禮・冬官・考工記》原文作「旊」。指陶人與旊人，皆《周禮・冬官・考工記》工匠名。陶人為陶器，如甗、脣、盆、甑、鬲、庾之類。旊人為瓦器，如簋、豆之類。陶人、旊人製作之器皿，必須完好方能入市出售。❹後漢將作大匠屬官有前後中甄官令丞　《後漢書・百官志》未見有此記載，唯《職官分紀》卷二二將作監條引《齊職儀》曰：「左右甄官署，掌磚瓦之任。少昊鶡雉氏摶埴之工，謂陶官也。漢時將作大匠屬官有前、後、中甄官令、丞各一人。」又，《三國志》裴松之注引《吳書》曰：「〔孫〕堅入洛，掃除漢宗廟，祠以太牢，堅軍城南甄官井上。」此「甄官井」當是漢時甄官署所在，其址在洛城之南。❺宋齊有東西陶官瓦署督令各一人　《宋書・百官志》及《南齊書・百官志》均未見有此記載，唯《職官分紀》卷二二將作監條引《齊職儀》云宋、齊有「東西陶官」之設。《隋書・百官志》謂梁在少府卿下置甄官署，設有令、丞。❻罇彝簠簋　罇，瓦製酒器。彝，陶製酒器。簠、簋分別為長方形和圓形陶器，皆用以盛放食物。❼隋太府寺統甄官署令丞二人　據《隋書・百官志》，隋太府寺所屬甄官署置令二人，丞則為四人。❽晉有旊官丞　近衛校正德本曰：「『旊』當作『甄』。」《晉書・職官志》正作「甄官」。❾隋甄官丞二人　據《隋書・百官志》隋太府寺甄官署置丞四人。❿石磬　石製打擊樂器。形如矩，近中部有小孔，繫繩懸於簨虡而擊之，其聲磬磬然，故稱。特懸磬為一枚，編磬則或三十二枚或十六枚不等，編成一組，同懸於一簨虡。殷商以前東下馮遺址，已出土最早之石磬。⓫石人　古代帝王陵墓前石製之雕像。既為裝飾，亦含警衛之意。相傳秦始皇時有巨人名翁仲者，鎮守臨洮，威震匈奴，死後始皇為之鑄銅像，置於咸陽宮司馬門外，後世因亦稱立於陵墓及宮闕、廟堂前之石人為翁仲。唐代諸陵前之石人，亦有摩刻諸蕃歸唐者，如昭陵前十四尊蕃酋長立像便是。《唐會要》卷二〇稱：高宗「欲闡揚先帝徽烈，乃令匠人琢石，寫諸蕃君長，貞觀中擒伏歸化者形狀，而刻其官名」。《昭陵圖》亦載：「諸蕃君長，貞觀擒伏歸和者，琢石肖形而刻其官名，凡十四人。」其像高八尺，座高三尺，栩栩如生，頗為壯觀。清乾隆以後大多被毀。今尚存三石像座，上分別題刻「突厥都布可汗右衛大將軍阿史那社爾」、「焉耆王龍突騎支」和「吐蕃贊普弄贊」。又，乾陵前亦有六十一王賓像刻石立牆，為當時周邊國家和地區前來參加高宗葬禮使臣之摩像，惜其像之頭部明清之際全遭破壞。⑫石獸　亦稱石像生。帝王或大臣墓前之石製獸像。本為避邪鎮墓之物，後愈趨繁富，猶若生前之儀仗。歷代所設種類與數目各異，一般為獅虎（示威儀）、獬豸（示正直）、羊、麒麟（示吉祥）、馬（示征伐）以及大象、鴕鳥、駱駝（示統治疆域之廣）等。每種多為二至四座，對稱排列於神道兩側。此制由來甚古。《風俗通》載：「墓上樹柏，路頭石虎。《周禮》『方相氏葬日入壙，毆魍象』。魍象好食亡者肝腦，人家不能常令方相立於墓側以禁禦之，而魍象畏虎與柏，故墓前立虎與柏。」（《太平御覽》卷九五四引）西漢名將霍去病墓前所存之石虎、馬踏匈奴等十四件實物，為今所見最早者。東漢官墓前石獸有虎、牛、馬、羊、駱駝、獅子，另有神獸稱辟邪和天鹿。唐代諸陵前則有石獅、石馬、鴕鳥、石虎、石犀等，一般高一・八米，長一・三米，寬〇・八米，最大為翼馬，高三・一七米，長二・八米。其中最著名的為〈昭陵六駿〉，三匹作立狀，三匹作奔馳狀，神態迥異，形象逼真，象徵唐太宗一生親歷六大主要戰役中的英姿。唐百官墓前石人石獸亦有定制。〈開元喪葬令〉規定三品以上六事（件），五品以上四事。⑬石柱　其前身為華表，用以作表識。木製，柱狀，有貫柱的兩出，也有四出者，常樹於宮殿、宗廟等建築前，後又用為墓志。據文獻記載始於戰國。如《太平御覽》卷一九八記有「燕昭王墓前華表」；至東漢而盛行。唐代諸陵皆在石雕群前建有石柱，迄今獻陵、乾陵、泰陵、建陵、元陵各存有石柱一。乾陵前的石柱高八米，直徑一・一二米，柱身八棱形，雕刻有華麗的卷草紋飾，柱座刻有獸紋及雲紋。陪葬墓則唯皇族嫡子才有石柱，如新城公主、長樂公主和懿德太子、永泰公主等墓皆有；所有陪葬大臣之墓均未發現立有石柱者。⑭碑碣　兩種不同形制之刻石。長方形稱碑，圓首形或形在方圓之間，上小下大者稱碣。秦始皇刻石紀功，首開樹碑立碣之風氣。東漢以來碑碣漸多，有碑頌、碑記，用以紀事頌德。我國古代豐富的書法藝術，多因碑碣而得以流傳至今。此處則指墓碑，興於東漢。唐代諸陵之墓碑形制高大美觀，刻工細緻，上為螭首，下為龜趺或方座，碑身有收分，碑側多刻花飾或縵草紋。唐陵至今遺留之碑石，僅獻、昭、乾、橋四陵就有五十餘座，最著名的如〈述聖記碑〉，共七節，故又稱〈七節碑〉，據稱碑石來自于闐，由武則天撰文，中宗李顯書，共八千餘字，並填以金屑。還有武則天的〈無字碑〉，高六・三米，寬二・一米，碑額刻八螭，碑側線雕大雲龍。無字碑上宋金以後已有人題字，共十三段，其中一段是今已絕跡之女真文字。關於百官碑碣，據《唐律疏議》卷二七引〈喪葬令〉稱：五品以上聽立碑，七品以上立碣。塋域之內亦有石獸。又，五品以上螭首龜趺，趺上高不得過九尺；七品以上方趺，趺上高不得過四尺。⑮碾磑　石製之研磨器具，如石碾、石磨等。⑯程準　指製作之規程及其形制之標準。⑰明器　專為隨葬而製作之器物。明器雖有食器、用具、樂器、兵器等多種，但異於生人所用此等實物，皆不能應用。《禮記・檀弓上》：「是故竹不成用，瓦不成味，木不成斲，琴瑟張而不平，竽笙備而不和，有鐘磬而無簨虡，其曰明器，神明之也。」⑱別敕葬者俱　近衛校曰：「『俱』當作『供』。」《通典・禮四十六・薦車馬明器及飾棺》：「將作監甄官令，掌凡喪葬供明器之屬。別敕葬者供，餘并私備。」⑲三品以上九十事五品以上六十事九品以上四十事　此係對品官隨葬明器數量等差之規定。事，件。《通典・禮四十六・凶禮八》所記其中五品以上較此稍多，為「七十事」。又，開元二十九年（西元七四一年）正月敕：「古之送終，所尚乎儉。其明器、墓田等，令於舊數內減。三品以上明器，先是九十事，減至七十事；七十事減至四十事，四十事減至二十事。庶人先無文，限十五事。」此後在憲宗元和六年（西元八一一年），武宗會昌元年（西元八四一年），又先後對此下過敕文，明器件數有所增加。然墓葬發掘往往超過規定之數，如高宗麟德元年（西元六六四年）：鄭仁泰，官居正二品，其墓殘存俑達四八三件；總章三年（西元六六八年）：李爽，官居正三品，其墓殘存俑亦有三八三件。⑳當壙當野祖明地軸誕馬偶人其高各一尺　當壙、當野、祖明、地軸，皆為神名。以其神像製成鎮墓陶俑。誕馬，《通典・禮四十六》作「䩞馬」。同書本注：「䩞，馬帶也。凡贈馬授䩞，曰䩞馬也。」似以馬形之明器。又，《通典・禮六十六・序例下》作「四神駞馬及人不得尺餘」。從出土之陶俑看，所謂四神，二件係鎮墓獸，二件則是武王或天王俑。㉑自「其餘音聲隊與僮僕之屬」至「其長率七寸」　《通典・禮六十六・序例下》對不同品秩官員隨葬陶俑種類、大小及數量等所作之規定較此為詳，錄以備考：「三品以上九十事，五品以上六十事，九品以上四十事。四神駞馬及人不得尺餘，音樂鹵簿不得過七寸。三品已上，女子不得過三十人，長八寸，園宅方五尺，奴婢不得過二十人，長四寸。五品以上，帳高五尺五寸，方四尺五寸；音樂僕從二十五人，長七寸五分，園宅方四尺，奴婢十六人，長三寸。六品已下，帳高五尺，方四尺，音聲僕從二十人，長七寸；園宅方三尺，奴婢十二人，長二寸。若三品以上優厚料，則有三梁帳蚊幬，婦人梳洗帳，並準式。」

【語　譯】　甄官署：令，定員一人，品秩為從八品下。《周禮》中記述製作陶器的工匠有兩種，就是陶人和甄（旊）人。東漢將作大匠的屬官有前、後、中甄官令和丞。晉少府卿屬官有甄官署，掌管製作磚瓦的事務。南朝的宋和齊都有東、西陶官和瓦署，設督和令各一人。北齊太府寺統領甄官署，甄官署又另外管轄石窟丞。北周設有陶工中士一人，掌管製作罇、彝、簠、簋等器皿。隋朝太府寺屬下設甄官署令二人，丞二（四）人。本朝將甄官署改為隸屬於將作監。

丞，定員二人，品秩為正九品下。東漢的前、後、中三甄官各置丞一人，晉朝旊（甄）官署亦設丞。北周設有陶工下士一人。隋朝甄官署設有丞二（四）人，本朝因承隋制。

監作，定員四人，品秩為從九品下。

甄官令的職掌是，負責提供刻石和陶土方面的事務；丞為令的副職。關於石作的種類，有石磬、石人、石獸、石柱、碑碣、碾磑等；石料的出產各有方域，選料要注意適合於製作的需要。凡是磚瓦的燒造，瓶缶一類器皿的製作，形制的大小高下，各有一定的標準和操作程式。每逢品官有喪葬事宜，就要供給明器一類物品。另有敕令葬殮的官員，明器由官府供給，其餘都是私家自備。供給的標準是：三品以上九十件，五品以上六十件，九品以上四十件。當壙、當野、祖明、地軸四神和誕（䩞）馬、偶人，高度都是一尺。其餘音樂、聲音人和僮僕一類陶俑，包括儀仗、服玩等，都依照該官員生前品秩以不同等差供給，用陶瓦或木料製作，高度都為七寸。

【說明】本章所記述甄官署製作的石刻和一些隨葬明器，可以從唐代墓葬的出土文物中得到印證。石刻的情況，已在相關注中有所說明。關於明器，不妨以俑為主，再簡略作些介紹。唐代墓葬中俑的種類繁多，造型生動，製作精美，且具有鮮明的時代特徵。其製作工藝有模製和捏塑兩類，以模製為多數，有的先模製成大輪廓，再將細部黏合上去。俑坯製成後，外敷白粉，再施彩，即所謂「白衣彩繪」，有的還要貼金。從品官墓葬中出土的唐俑品種甚多：一是鎮墓類，包括人面和獸面的鎮墓獸，武士俑或天王俑，當壙、當野、祖明、地軸等諸神俑以及䩞馬和十二生肖俑，間或有鐵牛、鐵豬等器物；在南方地區一些墓葬中還發現有人首禽身、雙首蛇身等怪獸，可能與道教教義有關，用以鎮壓地下惡龍的。二是儀仗類，即本章所言「威儀」與「音聲隊」，它象徵墓主外出時按官品所享有的儀仗等第。唐初的墓葬儀仗以牛車為主，配以各種騎馬樂俑、文武騎俑、女騎俑以及牽馬、駝俑等。高宗以後，牛車逐漸為游獵俑所代替。此外便是歌舞伎俑，亦即「音聲隊」。三是男女侍俑，即本章中的「僮僕之屬」。墓主官品高的，還有作為家臣的文武官吏俑，從事各種家事的操作俑，唐初有手持箕、扶鏟以及整套的炊事俑，偶而還發現有侏儒俑。在侍俑中，女俑最具特色，千姿百態，嫵媚妍豔，極富生活氣息，對研究唐代婦女的服飾、髮式和臉部的化妝，提供了豐富的資料。第四類是庖廚明器及動物模型，諸如井、磨、倉、竈、房屋院落及牛、羊、雞、鴨、犬等動物俑群。唐天寶以後，動物俑群逐漸增多，此即本章中所列的「服玩」。陶俑一般在一尺至七寸之間，亦有極小的。

七

百工、就谷、庫谷、斜谷、太陰、伊陽監：監各一人，正七品❶。

副監一人，從七品下。

丞一人，正八品上。《周禮》❷：山虞、林衡❸並掌斬伐林木之事。歷代皆有其官❹，皇朝取其義而並置之。庫谷監在鄠縣❺，就谷監在盩厔縣❻，百工監在陳倉❼，太陰監在陸渾縣❽，伊陽監在伊陽縣❾。

錄事，各一人。

監作，各四人，從九品下。太陰監、伊陽監各典事十人❿。

百工等監，掌採伐材木之事，辨其名物而為之主守。凡修造所須材幹之具，皆取之有時，用之有節。

【章旨】敘述百工、就谷、庫谷、斜谷、太陰、伊陽諸監之監、副監、丞等定員、品秩、沿革和職掌。

【注釋】❶監各一人正七品 《職官分紀》卷二二同此。《新唐書・百官志》為「正七品下」。《舊唐書・職官志》作「從七品下」，且缺副監員品。以《新唐書・百官志》為是。❷周禮 儒家經典之一。係搜集周王室官制及戰國時各國制度，添附以儒家政治理想，增減排比而成之彙編。❸山虞林衡 均為《周禮》地官大司徒之屬官。山虞，掌山地林木管理之政令。每大山設中士四人，下士八人。林衡，負責巡視林麓和執行相關禁令。每大林麓設下士十二人。❹歷代皆有其官 據《漢書・百官公卿表》，漢代在水衡都尉下設衡官長丞。顏師古注：「衡，平也，主其稅入。」又引應劭曰：「古山林之官曰衡，掌諸池苑，故稱水衡。」❺庫谷監在鄠縣 鄠縣，今陝西省戶縣，唐時屬京兆府，境內有牛首山。據本書第六卷第五篇尚書刑部司門郎中職掌條原注，京兆府內各庫谷之關，屬藍田縣。未知庫谷監因何而屬鄠縣。❻盩厔縣 今陝西省周至縣，唐時屬岐州。又，《舊唐書・職官志》則稱：「就谷監在王屋。」❼陳倉 即寶雞，今陝西省寶雞市。❽陸渾縣 今河南省嵩縣境內，伊水上游，唐時屬河南府。❾伊陽縣 今河南汝陽縣。唐時亦屬河南府，即在陸渾縣西南。❿太陰監伊陽監各典事十人 陳仲夫點校本稱：「據本卷目錄、《舊唐書・職官志》及《新唐書・百官志》，諸監均有典事，何以獨於此點出二監典事人數，疑其上當有典事員數條正文，因二監典事人數與其餘諸監不同，所以別出注也。」錄以備考。

【語譯】百工、就谷、庫谷、斜谷、太陰、伊陽六監：每監各設監一人，品秩為正七品下。

副監一人，品秩為從七品下。

丞二人，品秩為正八品上。《周禮》地官司徒的屬官中，設有山虞和林衡，都是執掌有關砍伐林木的事務。歷代都設有這一官職。本朝吸取它的含義而更改了稱謂，並列設置了這些監：庫谷監在鄠縣，就谷監在盩厔縣，百工監在陳倉，太陰監在陸渾縣，伊陽監在伊陽縣。

錄事，定員各一人。

監作，定員各四人，品從為從九品下。太陰監與伊陽監，各設典事十人。

百工等六監掌管採伐木材的事務。要熟悉各種木材的名稱和質地，並負責保管和守護，凡是修造所需準備的木材，都必須採伐依據時令，使用有所節制。

【說明】百工監的職掌，唐前期曾有較大變化。《新唐書・百官志》稱：「武德初，置百工監，掌船車及營造雜作，有監、少監各一人，丞四人，主簿一人。又置就谷、庫谷、斜谷、太陰、伊陽五監。貞觀中，廢百工監。高宗置百工署，掌東都土木瓦石之功。開元十五年（西元七二七年）為監。有錄事一人，府一人，史三人，典事二十人。」顯然開元時所設雖仍稱百工監，但其職能已轉為砍伐木材，與此前或掌營造雜作，或掌土木瓦石之功已不是一回事，監址設在陳倉，也說明其職能的轉化。關於諸監的位置，百工、就谷、庫谷等皆在京兆府南側，秦嶺北麓；太陰、伊陽二監在河南府南側，伏牛山北麓，故《舊唐書·職官志》稱其「皆在出材之所」，說明那時秦嶺與伏牛山的北麓尚保留有大片原始森林，其景觀當大不同於今天。又，本章原注對百工等監皆列出所出縣地，獨缺斜谷。按斜谷監在岐州之郿縣，即今陝西省眉縣境內，與盩厔、陳倉二縣左右相鄰。

都水監・舟楫署・河渠署・諸津

【篇旨】本篇所記述的都水監，在唐代是中央一級治水機構。篇中原注對這一機構的沿革，一直追溯到漢代，其時還沒有統一的治水機構，而是在各個部門，諸如太常、大司農、少府、內史、主爵中尉等，凡是其所管轄地區或範圍與河流沼澤有關，便設有都水長、丞；上林苑內有廣闊的水面，故亦設有這一官職。東漢不設都水而置河隄謁者，在地方者屬諸郡國。魏則都水使者與水衡都尉二官並行，前者掌水，後者掌船舶及水軍。晉亦並存，既有都水使者，又設前、後、左、右、中五水衡，而又以都水使者領水衡都尉之職。梁改為太舟卿，北齊稱都水臺。隋先置都水臺，後改稱都水監，煬帝時，下轄舟楫、河渠二署，又領畿內諸津所設之津尉。唐代都水監的建置大體沿襲隋制，只是其歸屬前後有變化：武德八年（西元六二五年）改監為署，隸將作監；貞觀六年（西元六三二年）又從將作監分離出來，成為與將作監並列的機構，但它的地位要低於諸監，其長官品秩為正五品，在諸監中最低。

唐都水監的下屬有舟楫、河渠二署和畿內諸津所設的尉、丞。舟楫署，掌公私舟船及漕運中報損之事，置於貞觀六年（西元六三二年）而廢於開元後期。唐代京師長安的糧食，主要依靠轉自東都洛陽的漕運，因而東西二京之間黃河段漕運的是否暢通，成了李唐王朝生死攸關的大問題，舟楫署的置廢亦與漕運的發展與變化密切相關，其間曲折頗多，在本篇三章之末，我們作了簡略說明。河渠署，所掌主要是供應祭祀宴享所需的魚品以及管理水利設施和分配水資源。關中水資源本就不足，又因係京師所在，皇宮大內的供水自然被列為必須確保的特等需要，再加上王公大臣、富商大賈常常與民爭水，因而在唐代此類矛盾已暴露得非常尖銳。河渠署的屬官中，設有河堤謁者六人，主要便是掌管水資源的調節和分配方面的事務，其品秩與河渠署令相等，亦為正八品下，由此也可見對其職事的重視。關於諸津，《新唐書・百官志》稱其「掌天下津濟舟梁。」所謂「天下」，自然指全國各地；本篇正文謂「各掌其津濟渡舟梁之事」，原注卻明確指出：都水監所轄僅為京兆、河南二府的津渡，在其他州縣的則歸地方官府統轄，並非統掌全國。唐在京師的重要橋梁：渭水上有便橋、中渭橋、東渭橋，灞水上有灞橋；東都洛水上的重要橋梁有天津橋、永濟橋、中橋等。

唐代在水的管理上，尚書省工部所屬的水部郎中執掌全國川瀆、陂池之政令，都水監則是其具體執行政令的機構。與都水監平行、關係最為密切的是京兆、河南二府的府尹，凡堤堰的修築和管理以及水資源的分配、碾磑的置廢，都離不開二府尹的直接參預。此外，漕運的監督，亦往往與二府尹密切相關。

一

都水監：使者二人，正五品上。本《周官》虞衡之職❶。漢太常、大司農、少府、內史、主爵中尉其屬官各有都水長、丞❷。武帝置水衡都尉，掌上林苑，有五丞❸，其屬官有上林、均輸、御羞、禁圃、輯濯、鐘官、辯鐘令、丞❹；人❺衡官、水司空、都水、農倉❻，又甘泉上林、都水❼七官長、丞❽皆屬焉。至成帝❾，以都水官多，置左、右使者各一人，則劉向護左都水使者❿是也。至哀帝⓫，罷之。王莽改水衡都尉曰子虞⓬。後漢省都水以屬郡國，而置河隄謁者五人⓭。魏因之，又兼有水衡都尉，主天下水軍舟船器械⓮。晉置都水臺都水使者一人，掌舟楫之事⓯，官品第四；又有左、右、前、後、中五水衡。《晉起居注》⓰及《元康百官名》⓱：陳傎、戴熊俱以都水使者領水衡都尉⓲。宋孝武帝省都水臺，置水衡令⓳。齊氏復置都水臺使者一人⓴。梁武帝天監七年改為太舟卿，為東卿，班第九㉑，吏員依晉，又加當關四人。陳因之㉒。後魏亦二官並置建㉓，都水使者正第四品中，水衡都尉從五品中㉔；太和二十二年，都水使者從五品，而省水衡㉕。北齊都水臺使者二人㉖，後周有司水中大夫一人㉗。隋都水臺使者二人，從第五品，有丞、參軍、河隄謁者、錄事，船局都津尉、丞、典作、津長等㉘。開皇三年㉙，省都水入司農，十三年㉚復置。仁壽元年㉛，改為都水監；煬帝復為使者㉜，正五品，統舟楫、河渠二署。大業五年㉝，又改使者為監，加至四品；又置少監，為五品。復改監為令，從三品；少監為少令，從四品。皇朝改為都水署，隸將作，令從七品下㉞。貞觀中，復改為都水使者㉟，從五品上。龍朔二年改為司津監㊱，咸亨元年復為都水使者㊲。光宅元年改為水衡都尉㊳，神龍九年復舊㊴。

都水使者掌川澤、津梁之政令，總舟楫、河渠二署之官屬，舟楫置㊵開元二十三年㊶省。辨其遠近，而歸其利害㊷；凡漁捕之禁，衡虞之守㊸，皆由其屬而總制之。凡獻享賓客，則供川澤之奠。凡京畿㊹之內渠堰陂池㊺之壞決，則下於所由，而後修之。每渠及斗門㊻置長各一人，以庶人年五十已上并勳官及停家職資有幹用者為之㊼。至溉田時，乃令節其水之多少，均其灌溉焉。每歲，府縣差官一人以督察之，歲終，錄其功以為考課㊽。

【章　旨】敘述都水監使者之定員、品秩、沿革和職掌。

【注　釋】❶本周官虞衡之職　周官，即《周禮》。儒家經典之一，係搜集周王室官制及戰國時各國制度，添附以儒家政治理想，增減排比而成之彙編。虞衡，《周禮》原文作「川衡」。《職官分紀》卷二三引《唐六典》原注此句亦為「川衡」。川衡，《周禮》地官司徒屬官，掌巡視川澤，執行禁令。每大川設下士十二人，中川下士六人，小川下士二人。與川衡相關的尚有澤虞，掌理國澤之政令，設置藩籬界限與禁令。故此處原注稱「虞衡」，或亦可作川衡、澤虞二職之聯稱解。❷漢太常大司農少府內史主爵中尉其屬官各有都水長丞　《漢書・百官公卿表》在太常之下，有「均官、都水兩長丞」。注引如淳曰：「律，都水治渠隄水門。《三輔黃圖》云：三輔皆有都水也。」大司農之下有「郡國諸倉農監、都水六十五官長、丞皆屬焉」。大司農屬下之都水長丞，包括分佈於諸郡國之都水長丞。少府之下有「胞人、都水、均官三長丞」。內史之下有「都水、鐵官兩長丞」；「左都水、鐵官、雲壘、長安四市四長丞皆屬焉」。主爵中尉之下有「右都水、鐵官、廄、廱廚長丞皆屬焉」。約言之，漢時諸官司下凡有江河湖泊等水域者，多設有都水長、丞。❸武帝置水衡都尉掌上林苑有五丞　武帝，西漢皇帝劉徹，在位五十四年，終年七十一歲。武帝元鼎二年（西元前一一五年）初置水衡都尉。關於水衡之設，《史記・平準書》稱：「初，大農筦鹽鐵，官布多，置水衡，欲以主鹽鐵；及楊可告緡錢，上林財物眾，乃令水衡主上林。上林既充滿，益廣。」關於水衡之名，《漢書》注引「應劭曰：『古山林之官曰衡，掌諸池苑，故稱水衡。』張晏曰：『主都水及上林苑，故曰水衡；主諸官，故曰都；有卒徒武事，故曰尉。』師古曰：『衡，平也，主平其稅入。』」五丞，指水衡都尉設有五丞。❹其屬官有上林均輸御羞禁圃輯濯鐘官辯鐘令丞　句中「辯鐘」，據《漢書・百官公卿表》當作「辯銅」。此句係節略。〈百官公卿表〉原文為：「屬官有上林、均輸、御羞、禁圃、輯濯、鍾官、技巧、六廄、辯銅九官令、丞。」鍾官即鐘官。九官令、丞中，有一些原屬少府。〈百官公卿表〉稱：「初，御羞、上林、衡官及鑄錢皆屬少府。」鑄錢即指均輸、鐘官、辯銅三官。其所鑄之錢便稱上林三官錢。上林有八丞、十二尉，可能是掌管苑中禽獸飼養、宮館管理以及苑內巡邏警衛一類機構。御羞有兩丞，為掌帝膳所需之原料，與太官、湯官主烹調不同。禁圃有兩尉，掌苑中蔬菜和苗圃之事，《封泥考略》卷一，五三頁有「禁圃左丞」封泥。輯濯，掌苑內池沼中船舶。技巧，近人陳直《漢書新證》考證其為鑄錢刻範之官，《再續封泥考略》卷一，二十頁有「技巧錢丞」封泥，西安漢城向家巷曾出土「巧二」五銖範題字。六廄，當是上林內之六廄，六廄之名，則說法不一。技巧與六廄在成帝建始二年（西元前三十一年）省。❺人　《漢書・百官公卿表》原文此為「又」字。❻衡官水司空都水農倉　衡官，上林苑內掌山林之官。水司空，未見有何解釋。當容或與其他司空相類，亦為掌治水和罪人一類機構。都水，掌治渠隄水門及徵收魚稅之事。農倉，掌貯藏穀物之倉官，下設有倉長，《漢書·張敞傳》有「甘泉倉長」。❼甘泉上林都水　官名。指甘泉宮上林苑範圍內之都水。《漢書·百官公卿表》在其下文有「甘泉上林四丞」。甘泉本秦之離宮，漢武帝時又加以增修，以為夏天避暑之所。甘泉上林，當指甘泉宮周圍之苑地。《薛氏鐘鼎款識》卷二〇，一頁有「甘泉上林宮行鐙，五鳳二年（西元前五十六年）造」；《八瓊室金石補正》卷七，二四頁有「甘泉上林」瓦當。又《漢書·高惠高后文功臣表》，有山都貞侯王恬啟曾孫當「元封元年（西元前一一〇年），坐闌入甘泉上林，免」之記載。❽七官長丞　承上總指衡官以下諸官之長、丞。但七官並未全舉，僅例舉其五。❾成帝　西漢皇帝劉驁，字太孫，在位二十六年，終年四十五歲。❿劉向護左都水使者　劉向，字子政，本名更生，沛（今江蘇沛縣）人，漢皇族楚元王四世孫。漢元帝時任散騎諫大夫給事中，因災異上疏彈劾宦官專權，被廢十餘年；成帝即位後，拜為中郎，使領護三輔都水。⓫哀帝　西漢皇帝劉欣之，字喜，在位六年，終年二十五歲。⓬王莽改水衡都尉曰予虞　王莽，字巨君，魏郡之城（今河北大名東）人，漢元帝王皇后姪。以外戚秉掌國政，初始元年（西元八年）稱帝，改國號為新，更始元年（西元二三年）為攻入長安之綠林軍所殺。在位十五年，終年六十八歲。子虞，近衛校正德本曰：「『子』當作『予』。」是。新莽曾更改百官名稱，改漢之水衡都尉為予虞，位列九卿。⓭後漢省都水以屬郡國而置河隄謁者五人　《後漢書·百官志》：漢少府「承秦，凡山澤陂池之稅，名曰禁錢，屬少府。世祖改屬司農，考工轉屬太僕，都水屬郡國。孝武帝初置水衡都尉，世祖省之，并其職於少府。每立秋貙劉之日，輒置水衡都尉，事訖乃罷之。又省水衡屬官令、長、丞、尉二十餘人。」又《晉書·職官志》：「都水使者，漢水衡之職也。漢又有都水長、丞，主陂池灌溉，保守河渠，屬太常。漢東京省都水，置河隄謁者。」⓮主天下水軍卿船器械　句中「卿」，近衛校明本曰：「據《通典》『卿』當作『舟』。」是。《冊府元龜·卿監部·總序》於建安末武帝為魏王後稱：「又以水衡都尉主天下水軍舟船器械。」《宋書·百官志》亦謂：「漢世水衡都尉主上林苑，魏世主天下水軍舟船器械。」船即「船」字。⓯晉置都水臺都水使者一人掌舟楫之事　《通志略·職官·都水監》稱：「晉武帝省水衡，置都水臺，有使者一人，掌舟航及運部，而河堤為都水官屬。」又謂：「懷帝永嘉六年（西元三一二年），胡賊入洛陽，都水使者溪濬先出督運得免。江左省河堤。」《晉書·職官志》載：「及江左，省河堤謁者，置謁者六人。」⓰晉起居注　書名。《舊唐書·經籍志》著錄有《晉起居注》三百二十卷，劉道會撰。⓱元康百官名　書名。元康為晉惠帝司馬衷年號（西元二九一－二九九年）。故《舊唐書·經籍志》著錄此書稱《晉惠帝百官名》，三卷，陸機撰。⓲陳偵戴熊俱以都水使者領水衡都尉　句中「偵」字，嘉靖本作「愼」。《職官分紀》卷二三引《唐六典》原注此句亦為「慎」。《通志略・職官四・都水監》：晉「元康中，復有水衡都尉，時陳慎、戴熊俱以都水使者領水衡都尉」。⑲
宋孝武帝省都水臺置水衡令　宋孝武帝，南朝宋皇帝劉駿，字休龍，在位十一年，終年三十五歲。《宋書・百官志》稱宋置「都
水使者一人，掌舟航及運部」。《通志略・職官四・都水監》：「宋都水使者，銅印墨綬，進賢兩梁冠，與御史中丞同。孝武
帝初，省都水臺，罷都水使者，置水衡令。孝建元年（西元四五四年）復置。」據《宋書・孝武帝紀》省都水臺事在文帝元
嘉三十年（西元四五三年）十二月甲戌，次年十一月癸卯即又復置。故省都水臺、置水衡令前後僅有一年時間。⑳齊氏復置
都水臺使者一人　依前注所引，復置都水使者當是宋孝武帝，齊是沿襲宋制。故《通志略・職官四・都水監》不言復置，徑
稱「齊有都水臺使者一人」。㉑梁武帝天監七年改為太舟卿為東卿班第九　梁武帝，南朝梁皇帝蕭衍，在位四十八年，終年五
十六歲。天監七年，即西元五〇八年。天監為其年號。太舟卿為東卿，近衛校明本曰：「『東』當作『冬』。」是。梁置十二
卿，分春、夏、秋、冬各有三卿。太舟卿屬冬三卿之一。《隋書・百官志》：「太舟卿，梁初為都水臺，使者一人，參軍事二
人，河堤謁者八人。七年改焉。位視中書郎，列卿之最末者也。主舟航堤渠。」班第九，梁於天監七年革選，改九品制為十
八班制，以班多者為貴。太舟卿與中書侍郎、國子博士、大長秋等同列第九班。㉒陳因之　據《隋書・百官志》陳列太舟卿
於第三品。㉓後魏亦二官並置建　指北魏在都水臺並置水衡都尉及都水使者。《通志略・職官四・都水臺》：「後魏初皆有水
衡都尉及河堤謁者、都水使者官。至〔宣武帝〕永平二年（西元五〇九年）都水臺依舊置二使者。」㉔都水使者正第四品中
水衡都尉從五品中　北魏孝文帝太和十七年（西元四九三年）六月之職員令，都水使者列第四品中，水衡都尉列從第五品中。
㉕太和二十二年都水使者從五品而省水衡　太和二十二年，據《魏書・官氏志》當為太和二十三年，即西元四九九年。是年
復次職員令。都水使者從五品，據此年所頒之職員令，都水使者當為「從五品下」，此處脫一「下」字。省水衡，似可疑。太
和二十三年職員令雖未列水衡都尉，卻不能就此證明水衡已省。《魏書・官氏志》所列職官本不齊全，且至世宗永平二年（西
元五〇九年）尚有二職並存之記載。㉖北齊都水臺使者二人　《隋書・百官志》稱北齊「都水臺，管諸津橋，使者二人，參
事十人。又領都尉、合昌、坊城等三局。尉皆分司諸津橋」。都水使者列從第五品下。㉗後周有司水中大夫一人　司水中大夫，
北周冬官府司水司長官，掌河渠疏浚、灌溉及舟船運輸事務，品秩為正五命。另有小司水下大夫，品秩為正四命。北周任司
水中大夫者，有王悅（《北史》本傳）、楊敷（《周書》本傳）；任小司水下大夫者如庾信（《周書》本傳）等。㉘自「隋都水
臺使者二人」至「丞典作津長等」　據《隋書・百官志》，此句有幾處脫漏。從第五品，當作「從第五品下」；船局都津尉，
當作「掌船局都水尉、諸津尉」，脫「掌、水尉諸」四字。隋都水臺使者及丞，定員為各二人，參軍三十人，河堤謁者六十人，

錄事二人，船局、都水尉各二人。諸津以下，據本篇五章諸津令條原注，諸津分上津、中津、下津三等，上津置尉一人，丞二人；中津置尉一人，丞一人；下津置尉一人，不置丞。每津皆有典作一人，津長四人。㉙開皇三年　即西元五八三年。開皇是隋文帝楊堅年號。㉚十三年　指開皇十三年，即西元五九三年。㉛仁壽元年　即西元六〇一年。仁壽亦為隋文帝楊堅年號。此年改都水臺為監，更名使者為監。㉜煬帝復為使者　煬帝，隋朝皇帝楊廣。煬帝於大業三年（西元六〇七年）將都水監復改為都水使者。㉝大業五年　即西元六〇九年。㉞皇朝改為都水署隸將作令從七品下　《唐會要》卷六六都水監條：「武德八年（西元六二五年）置都水署，隸將作監。」《冊府元龜·卿監部·總序》：「高祖武德初，改都水監為署，使者、監為都水令，隸將作。又置諸津令、丞，其在京兆、河南界者，隸都水監，在外者隸當州界。」㉟貞觀中復改為都水使者　《唐會要》卷六六都水監條：「貞觀六年（西元六三二年）八月六日置監。」《新唐書·百官志》：「貞觀六年復為監，改令曰使者。」㊱龍朔二年改為司津監　龍朔二年，即西元六六二年。龍朔為唐高宗李治年號。《新唐書·百官志》：「龍朔二年，改都水監曰司津監，使者曰監。」㊲咸亨元年復為都水使者　咸亨元年，即西元六七〇年。咸亨是高宗李治年號。《冊府元龜·卿監部·總序》：「咸亨元年，又復司津者監為都水使者監。」㊳光宅元年改為水衡都尉　光宅元年，即西元六八四年。光宅為武則天稱制時年號。《唐會要》卷六六都水監條：「光宅元年二月改為水衡監」；使者，「光宅元年改為都水府」。然《新唐書·百官志》則稱：「武后垂拱元年（西元六八五年）改都水監曰水衡監，使者曰都尉。」《冊府元龜·卿監部·總序》：「垂拱中，又改都水監為水衡，置都尉，使者為都水府。」㊴神龍九年復舊　神龍九年，當作「神龍元年」，即西元七〇五年。神龍為唐中宗年號。《唐會要》卷六六都水監條：「神龍元年復為都水監。」《舊唐書·職官志》：「神龍復為使者，正五品上，仍隸將作監。」《冊府元龜·卿監部·總序》：「神龍初，以水衡都尉復為都水監，署使者二人，分總其事，不屬將作，領舟楫、河渠二署。又改都水府復為使者。」《新唐書·百官志》對神龍中都水監之改易則略而不提，唯云：「開元二十五年（西元七三七年），不隸將作監。」㊵置　近衛校正德本曰：「『置』當作『署』。」㊶開元二十三年　即西元七三五年。開元為唐玄宗年號。㊷辨其遠近而歸其利害　指都水使者要熟習漕運水上距離之遠近及沿途風水險夷順逆情況，以趨利避害。㊸漁浦之禁衡虞之守　意謂執掌漁捕之禁令及河流沼澤之管理。句中「浦」，近衛校稱「當作『捕』。」衡虞，《周禮·地官》有川衡、澤虞之官，分別掌河川、沼澤之事，參見注❶。此處則代指其職務，非謂設有此二官。㊹京畿　指京師京兆府及其附近地區。唐開元二十一年（西元七三三年）分關內道置京畿道，治所在京城，轄今陝西中部關中平原地區。㊺渠堰陂池　河渠、堤堰、圩岸、池塘。㊻斗門　古代設於堤堰之水閘。用以蓄水、排水或分水，以調節水源之分配和供應。如唐時雒水由上陽宮之南進入外郭城，在惠訓坊之西，分為漕渠和雒水，其分流處設置斗門，上有橋，橋上有亭屋；水勢湍急，通過斗門後一部份進入漕渠向東北流，另一部份則仍入雒水向東流。此斗門即是分水閘。下文言「置長各一人」，此處水門長之職，便是掌握雒水分流之流量，以充分利用其資源。㊼以庶人年五十已上并勳官及停家職資有幹用者為之　近衛校正德本此句中「『家』當作『官』」。勳官，指以戰功而獲得勳爵者。唐制勳爵分十二轉，自上柱國至武騎尉。勳官無職事者須分番應役。渠長與斗門長亦是一種職使，故除年五十以上之庶人外，勳官中停官在家而有資歷才用者，亦可充之。㊽考課　指對官員業績定期進行之考核。唐制每年一次為小考，三至四年舉行一次為大考。渠長、斗門長屬流外官，其考課分上、中、下、下下四等。

【語　譯】都水監：使者，定員二人，品秩為正五品上。都水本來是屬於《周禮》中川衡和虞澤的職掌。在漢代，太常、大司農、少府、內史、主爵中尉的屬官中，都設有都水長、丞。漢武帝設置水衡都尉，掌管上林苑，設有丞五人。它的屬官有上林、均輸、御羞、禁圃、輯濯、鐘官、辯鐘（銅）等令和丞；又有衡官、水司空、都水、農倉；還有甘泉上林、都水等七官的長和丞，都屬於水衡都尉。到漢成帝時，由於各個部門和地區都設有都水，以都水為名的官很多，為此設置了都水左、右使者各一人，當時劉向所任的護左都水使者就是這個職務。到漢哀帝時，撤銷了都水使者。新莽時期改稱水衡都尉為子（予）虞。東漢光武帝時，省去了水衡都尉，各地的都水歸郡國管轄，又設置河隄謁者五人。三國魏因承漢制，又設置水衡都尉，主管全國水軍的卿（舟）船器械。晉朝設置都水臺，有都水使者一人，掌管舟楫方面的事務，品秩為第四；又設有左、右、前、後、中五個水衡。《晉起居注》和《元康百官名》記載：陳傎（慎）、戴熊都曾以都水使者的身份統領水衡都尉。南朝宋孝武帝剛即位時，一度簡省了都水臺，設置水衡令。到齊時重新設置都水臺使者一人。梁武帝在天監七年改都水臺為太舟卿，屬於東（冬）卿，品秩為第九班，吏員的定員依照晉制，又加了當關四人。陳因承梁制。北魏時，亦是都水臺和水衡都尉兩官同時並置，起初都水使者品秩為正第四品中，水衡都尉是從第五品中；到孝文帝太和二十二（三）年，都水使者的品秩降為從五品，又省去了水衡。北齊設都水臺使者二人，北周設有司水中大夫一人。隋都水臺設使者二人，品秩為從第五品（下），屬官有丞、參軍、河堤謁者、錄事，〔掌管的下屬有〕船局都〔水尉和各個〕津的尉、丞、典作、津長等。文帝開皇三年，省去都水臺，併入司農寺，到十三年又重新設置，仁壽元年，改名為都水監。煬帝大業三年，仍然改回去稱都水使者，品秩為正五品，統領舟楫、河渠二署。到大業五年，再次改稱都水使者為都水監，品秩又加到四品，同時設置少監，品秩定為五品。後來又改監為令，品秩提高到從三品；少監改為少令，品秩是從四品。本朝初期改為都水署，隸屬於將作監，都水令的品秩是從七品下。太宗貞觀年間，又恢復稱都水監，令改稱都水使者，品秩是從五品上。高宗龍朔二年改名為司津監，咸亨元年又恢復稱都水使者。武后光宅元年改名為水衡都尉，中宗神龍九〔元〕年又恢復舊稱都水監。

都水使者執掌有關川澤和津梁的政令，總領舟楫、河渠二署的官屬；舟楫置〔署〕在開元二十三年已簡省。要熟悉漕船航運的遠近，估計沿途可能遭遇到的風水艱險而趨利避害；凡是有關漁浦〔捕〕的禁令與河流沼澤地區的管理，都要統領屬下切實執行。每逢皇上獻享賓客需用水產品，就由都水監負責供應。凡是京城畿內的河渠、堤堰、圩岸、池泊有損壞或決口，便要下文給相關的官府，然後進行疏浚、修補或加固。每道河渠和水閘各設置長一人。由庶民中年齡在五十歲以上的，和勳官中停官在家而職資能幹有材用的，出任這一職務。逢到農田灌溉季節，要依據水量的多少，均平地分配給所有的農田。每年，府、縣要派出官員一人，實施監督和巡察，到歲末，要載錄他的勞功，作為當年考課的依據。

二

丞二人，從七品上。《漢書》❶都水、水衡皆有丞❷。後漢省❸。晉初省都水使者❹，有參事二人❺，蓋丞之職也。宋因之❻。孝武帝省都水臺，置水衡令，亦無丞❼。梁天監七年置大舟卿❽，始置丞一人❾，班第一❿。陳因之⓫。後魏都水有參事六人，北齊有參事十人⓬，並丞之任也。隋初，置都水臺，有丞二人，正第八品上；大業三年⓭，加從七品。皇朝改為都水署⓮，丞從八品下。

貞觀中，改為使者⑮，以署為監，加丞秩至從七品上。

主簿一人，從八品下。《晉令》⑯：「水衡都尉置主簿一人。」又：「左、右、前、後、中五水衡皆有主簿。」梁天監七年，大舟主簿七班之中第三⑰，與宗正主簿品秩同。後魏、北齊並不置。大業中置主簿一員，皇朝因之。

丞掌判監事。凡京畿⑱諸水，禁人因灌溉而有費者，及引水不利而穿鑿者⑲；其應入內諸水，有餘則任諸王公、公主、百官家節而用之。

主簿掌印，勾檢稽失⑳。凡運漕及漁捕之有程者㉑，會其日月而為之糾舉。

【章　旨】敘述都水監丞、主簿之定員、品秩和職掌。

【注　釋】❶漢書　東漢班固撰，一百篇，分一百二十卷，我國第一部紀傳體斷代史。其體例除本紀、列傳外，設八表、十志。❷都水水衡皆有丞　《漢書・百官公卿表》載太常、少府、大司農、內史、主爵中尉屬下之都水皆設長和丞，水衡都尉則設有五丞，其屬官都水亦設有長、丞。❸後漢省　東漢光武帝時，以水衡都尉併於少府，並省水衡之屬官令、長、丞、尉二十餘人；以都水屬郡國，置河堤謁者。❹晉初省都水使者　句中「省」當作「置」。《宋書・百官志》：「晉武帝省水衡，置都水使者。」《晉書・職官志》：「及〔晉〕武帝省水衡，置都水使者一人。」❺有參事二人　句中「事」當作「軍」。《宋書・百官志》：「有參軍二人，謁者一人，令史減置無常員。晉西朝有參軍而無謁者，謁者則江左置也。」❻宋因之　宋因晉制，指亦設有參軍。❼孝武帝省都水臺置水衡令亦無丞　孝武帝，南朝宋皇帝劉駿，字休龍。元嘉末，孝武帝即位當年省都水臺，置水衡令，次年即復立都水臺，置都水使者。❽梁天監七年置大舟卿　天監七年，即西元五〇八年。天監是梁武帝蕭衍年號。句末「大舟卿」，據上章原注當作「太舟卿」。又，下文主簿員品條下原注中之「大舟卿」亦同。❾始置丞一人　梁初置都水臺，有參軍事二人，河堤謁者八人；天監七年，改都水臺為太舟卿，屬十二卿之冬卿，梁制，凡十二卿皆置丞及功曹、主簿，故始置丞一人。⑩班第一　梁於天監七年（西元五〇八年）革選，改九品制為十八班制，以班多為貴。太舟丞列第一班。⑪陳因之　陳亦置太舟卿丞，據《隋書·百官志》其品列為第八，秩六百石。⑫後魏都水有參事六人北齊有參事十人　對此句中二「參事」，陳仲夫點校本稱：「《通典，職官九·諸卿下》都水丞條云：『後魏、北齊復曰參事。』案：《冊府元龜》卷六二〇〈卿監部總序〉亦作『參事』。《魏書·官氏志》：都水使者屬官有參軍事。《隋書·百官志》：北齊都水臺有參事。蓋所謂『參軍』或『參事』者，於此並為『參軍事』之簡稱也。」⑬大業三年　即西元六〇七年。大業是隋煬帝楊廣年號。⑭皇朝改為都水署　唐初於高祖武德八年（西元六二五年）廢都水監，置都水署。⑮貞觀中改為使者　貞觀為唐太宗李世民年號。《新唐書·百官志》：「貞觀六年（西元六三二年）復為監，改令曰使者。」⑯晉令　書名。《舊唐書·經籍志》著錄：「《晉令》四十卷，賈充等撰。」⑰七班之中第三　「之中」當是「中之」之倒。意謂主簿之品秩，列為七班中之第三班。梁制，凡位不登鄉品之二品者，不得列入十八班，故又為鄉品三品以下寒士另定流外七班。宗正等十一卿之主簿，皆列此流外七班中之第三班。⑱京畿　古代稱帝王所都及其附近地區為京畿。唐時指京兆府及其附近地區。唐開元二十一年（西元七三三年）分關內道南部置京兆府，治所在京城，轄境為今陝西中部關中平原地區。⑲引水不利而穿鑿者　指因其所在地區引水不利而自行穿鑿河渠堤堰者。由於關中地區水資源不足，水源的分配有嚴格的限制，故有此禁。⑳勾檢稽失　指糾查公文公事處理中，有無錯失及違反程限。關於勾檢之官，《唐律疏議·名例律》檢勾之官同下從之罪條疏議：「檢者，謂發辰檢稽失，諸司錄事之類。勾者，署名勾訖，錄事、參軍之類。」稽，指文書處理延誤規定日程。同書官文書稽程應連坐者條疏議：「文書，謂公案。小事五日程，中事十日程，大事二十日程。徒罪以上辨定後三十日程。此外不了，是名稽程。」失，指諸公事之失錯。同書同條疏議：「公事失錯，謂緣公事致罪而無私曲者」，「檢勾之官雖舉，彼此並無罪責。」㉑運漕及漁捕之有程者　指有關漕運日行里程及漁捕時令之規定。《唐會要》卷八七漕運條：「舊制，凡水行之程，舟之重者，泝河日三十里，江四十里，餘水四十五里；空舟泝河四十里，江五十里，餘水六十里；沿流之舟，即輕重同制：河一百五十里，江一百里，餘水七十里。其如底柱之類，不拘此限。若遇風水淺不得行者，即於隨近官司申牒檢印記，聽折半。」捕漁時令之禁，除為避免妨礙農事外，也與魚類之生長期有關。如《周禮·天官·𩽾（漁）人》其職規定為：「掌以時𩽾為梁，春獻王鮪，辨魚物，為鱻薨，以共王膳羞。」又《禮記·月令》：「孟冬之月，乃命水虞漁師收水泉池澤之賦。季冬之月，命漁師始漁。」

【語譯】〔都水監：〕丞，定員二人，品秩為從七品上。《漢書·百官公卿表》中，水衡以及各司的都水都設有丞。東漢省去了這一官職。西晉設都水臺，置使者，屬官中有參事（軍）二人，就是屬於丞的職務。宋因承晉制，孝武帝時一度省去都水臺，設置水衡令，亦沒有設置丞的記載。梁武帝天監七年，改都水臺為大（太）舟卿，方始設有丞一人，品秩列為第一班。陳因襲梁制。北魏都水臺設有參事六人，北齊亦有參事十人，都屬於丞的職司。隋初設置都水臺，有丞二人，品秩為正第八品上；煬帝大業三年，提升為從七品。本朝初年改都水臺為都水署，丞的品秩定為從八品下；到太宗貞觀年間，重新稱為都水監，又把令改為使者，而丞的品秩提高到從七品上。

主簿，定員一人，品秩為從八品下。《晉令》中規定：「水衡都尉設置主簿一人。」又說：「左、右、前、後、中五水衡，都設有主簿。」梁武帝天監七年，大（太）舟主簿品秩位列流外七班中的第三班，與宗正等十一卿的主簿相同。北魏、北齊都沒有設置丞。隋煬帝大業期間設置了主簿，定員為一人。本朝因承隋制。

丞的職掌是主管都水監的日常事務。凡是京畿地區的水流，一概禁止有人利用灌溉的機會浪費水資源，以及由於自己所在地區引水不方便就任意穿鑿溝渠等行為。至於應入三大內的各水流，倘供給大內後尚有多餘，就可允許王公、公主和眾官戶人家有節制的用一些水。

主簿掌管本監印章，並糾查公文公事處理中有無延誤日程和錯失。凡是漕運和捕漁作業有日程規定的，要按照規定核對日期，發現有違反就要糾舉。

三

舟楫署：令一人，正八品下。漢中尉屬官有都船令、丞❶，水衡都尉有楫櫂令❷。晉水衡令各有舩曹吏❸。《齊職儀》❹有舩宮典軍❺一人。後周有舟工中士一人❻。隋都水使者領掌舡局都尉二人❼，煬帝❽改為舟職署令一人，皇朝因之。

丞二人，正九品下。漢有都舩丞、楫櫂丞。隋煬帝置舟楫署丞二人，皇朝因之。

舟楫令掌公私舟舩及運漕之事；丞為之貳。諸州轉運至京、都者，則經其往來，理其隱失，使監漕監之。

【章旨】敘述舟楫署令、丞之定員、品秩、沿革和職掌。

【注釋】❶漢中尉屬官有都舩令丞　中尉，秦官。掌衛戍京師，有兩丞、司馬、千人。武帝太初元年（西元前一〇四年）更名為執金吾，屬官中有中壘、寺互、武庫、都船四令丞，其中都船有三丞。舩即「船」字。《漢書》注引如淳曰：「都船獄令，治水官也。」《漢書・薛宣傳》言宣少時曾為「都船獄吏」。《漢書・王嘉傳》又有「縛嘉載致都船詔獄」之記載。可查之都船多與獄事相聯繫，可能是設在湖中、島上或船上之特殊監獄，抑或係水牢一類。都船有三丞，又說明此種監獄不止一處。❷水衡都尉有楫櫂令　句中「楫櫂」，《漢書・百官公卿表》原文作「輯濯」，義可通。又，句末「令」下尚有一「丞」字。輯濯令、丞是水衡都尉之屬官。《漢書》注引如淳曰：「輯濯，船官也。」師古曰：「輯讀與楫同，音集；濯，音直孝反，皆所以行舟也。」容或係掌管上林苑中池沼湖泊內船舶之機構。《陝西通志》卷九八載：宋政和中同官蒲氏藏有「輯濯丞印」。《漢書・劉屈氂傳》有「發輯濯士，以予大鴻臚商丘成」。師古注曰：「輯濯士，主用輯及濯行船者也。短曰輯，長曰濯。」可知輯濯士是輯濯令丞下屬在船上划船之士卒。劉屈氂發之以與戾太子的軍隊作戰，其人數當亦不會太少。❸晉水衡令各有舩曹吏　晉水衡分左、右、前、後、中五水衡署，故言各有舩曹吏。又，《通典・職官九・諸卿下》「舩」作「船」。❹齊職儀　書名。《隋書・經籍志》：「《齊職儀》五十卷，齊長水校尉王珪之撰。」《新唐書・藝文志》：「王珪之，《齊職官儀》五十卷。」《南齊書・王逡之傳》：「從弟珪之，有史學，撰《齊職儀》。」❺舩宮典軍　《通典・職官九・諸卿下》作「官船典軍」。❻後周有舟工中士一人　舟工中士，北周冬官府司水中大夫屬官，主舟船運輸，員一人，正二命，下設舟工下士以佐其職。隋文帝開皇元年（西元五八一年）罷。❼隋都水使者領掌舡局都尉二人　舡即「船」。《隋書・百官志》「都尉」作「都水尉」。❽煬帝　隋朝皇帝楊廣，在位十四年，終年五十歲。

【語　譯】舟楫署：令，定員一人，品秩為正八品下。漢代中尉的屬官有都船令和丞，水衡都尉下設有楫櫂令。晉時前、後、左、右、中五水衡令各設有舷曹吏。《齊職儀》中列有船宮（官船）典軍一人。北周設置舟工中士一人。隋朝的都水使者統領掌船局、都〔水〕尉二人。煬帝時改為舟楫署，設置令一人。本朝因承隋制。

丞，定員二人，品秩為正九品下。漢代設有都船丞和楫櫂丞。隋朝煬帝時設舟楫署，置丞二人。本朝因承隋制。

舟楫令的職掌是，管理公私船舶和有關漕運的事務；丞為令的副職。全國各州的漕糧轉運到京師、東都的，舟楫令要估量它們往來的航程，審理沿途的損耗，並派遣監漕監督辦理此項事務。

【說　明】關於唐代舟楫署的置廢，諸書所載稍異。《舊唐書・職官三》在都水監下有「舟楫署：令一人，丞一人」，未言置廢之事。《新唐書・百官志》無舟楫署條文，但在都水監條下加有本注，其文稱：「初，貞觀六年（西元六三二年）置舟楫署，有令一人，正八品下，掌船楫、運漕；漕正一人，府三人，史六人，監漕一人，漕史二人，典史二人，典事六人，掌固八人。上元二年（西元六七五年）置丞二人，正九品下，掌漕運隱失。開元二十六年（西元七三八年），署廢。」本書此篇一章都水監條原注則謂：「舟楫署（原文誤為「置」），開元二十三年（西元七三五年）省。」其廢省時間較《新唐書》早三年。

唐代舟楫署的或置或廢，與其時漕運的發展情況密切相關。《文獻通考・國用三》對唐初的漕運有一段簡略的敘述：「唐都長安，而關中號稱沃野，然其土地狹，所出不足以給京師、備水旱，故常轉漕東南之粟。高祖、太宗之時，用物有節而易贍，水陸漕運不過二十萬石，故漕事簡。自高宗以後，歲益增多，而功利繁興，民亦惟其弊矣。初江淮漕租米至東都輸含嘉倉，以車或馱，陸運至陝，而水行來遠，多風波覆溺之患。其失十常七、八。」損失達到七成、八成是驚人的，故民間傳言「斗錢運斗米」。這其中除了路途遙遠風波難測，更有黃河三門峽砥柱之險等客觀原因外，自然亦少不了執事官吏從中舞弊一類情事。所以貞觀初設此舟楫署並專置監漕，便是查錄漕運糧食到達東都或京師時沿途隱沒和損失的情況。都水監所屬另一河渠署亦曾設有監漕十人，當是在途中執行同一監督使命的官吏。從高宗時起，唐王朝官僚機構日益龐大，漕運的規模也不得不相應擴大。無奈三門峽這個瓶頸掐住了自東都至京師的漕運的咽喉。其間也曾設法想要打開這個瓶頸，如《文獻通考·國用三》載：「河有三門砥柱之險，顯慶三年（西元六五八年）苑西監褚郎鑿三門山為梁，可通陸運，以輓漕船。輓夫繫二鍰於胸，而繩多絕，輓夫輒墜死，則以逃亡報，因繫其父母妻子，以為苦。」這種辦法非但極其殘忍，且也收效甚微，畢竟難以為繼。由於至東都的漕運無三門之險，所以高宗自顯慶二年（西元六五七年）至咸亨三年（西元六七二年）十五年間，先後四次帶著文武百官前往東都「就食」，咸亨以後又去過三次，最後就死在東都。武則天執政和稱帝前後二十年間都在洛陽，這當然還有其他原因，但三門峽砥柱對漕運的制約也應是一個重要因素。

既然漕運對於唐王朝如此生死攸關，那麼到開元末年又為什麼要廢省正是為發展漕運而設的舟楫署呢？這便不能不提到開元二十一年（西元七三三年）關中的一場水災。《新唐書·裴耀卿傳》作了這樣記載：「雨害稼，京師飢，帝將幸東都」，玄宗亦準備到洛陽「就食」了。臨行前，「召問所以救人者」。這時任京兆尹的裴耀卿便提出了一個「自東都益廣漕運以實關輔」的奏議，具體辦法是將「曠年長運」改為「節級運輸」，即分級水陸轉運，以避開三門艱險路段。玄宗批准他的奏議，實施後，收到很大效果。自開元二十二年（西元七三四年）至二十四年（西元七三六年）短短三年間，運抵關中的漕糧多達七百萬石，年運輸量超過唐初的十倍，又節省腳費三十萬貫。在此期間，裴耀卿拜為黃門侍郎、同中書門下平章事，充江淮轉運使；又由太府少卿蕭炅充江淮處置轉運使。這些水陸轉運使不僅完全取代了舟楫署職能，在發展漕運方面的作用更大大超過了舟楫署；至於他們的官品和地位更非八品小官舟楫署令可比。這可能就是開元末期最終廢省舟楫署的主要原因。

四

河渠署：令一人，正八品下。秦及兩漢都水、水衡屬官有河隄謁者❶，則河渠之任也。隋煬帝❷取《史記·河渠書》❸之義以名署，置令一人，皇朝因之，領河隄謁者、漁師者❹。

丞一人，正九品下。隋煬帝置河渠署丞一人，皇朝因之。

河渠令掌供川澤、魚醢❺之事；丞為之貳。凡溝渠之開塞，漁捕之時禁，皆量其利害而節其多少。每日供尚食魚及中書門下官應給者。若大祭祀，則供其乾魚、魚醢，以充籩、豆❻之實。凡諸司應給魚及冬藏者，每歲支錢二十萬送都水，命河渠以時價市供之❼。

【章　旨】敘述河渠署令、丞之定員、品秩、沿革和職掌。

【注　釋】❶秦及兩漢都水水衡屬官有河隄謁者　關於河隄謁者歷代之設置，秦，未見有著錄。西漢，《漢書・溝洫志》提到成帝時有河隄使者王延世，監築隄治河；而李賢注《後漢書・王景傳》引《十三州志》則曰：「以校尉王延世代領河隄謁者，秩千石，或名其官為護都水使者」，即以謁者奉遣出使治河者。東漢，《後漢書・王景傳》：「帝美其功績，拜河隄謁者，賜車馬縑錢。」又，《晉書・職官志》及《宋書・百官志》並載：「漢東京省都水，置河隄謁者。」魏，《通典・職官十八》魏官品條第四品有都水使者，第七品有都水參軍，第八品有都水使者令史，是魏仍有都水。至於晉，《宋書・百官志》載：「晉武帝省水衡，而河隄謁者為都水官屬。」又云：「晉西朝有參軍而無謁者，謁者則江左置也」，「江左省河隄」。《晉書・職官志》云：「及武帝省水衡，置都水使者一人，以河隄謁者為都水官屬。及江左，省河隄謁者，置謁者六人。」河隄謁者，作為都水屬官晉、宋二志是一致的。江左省河隄而置謁者，或許係指僅省「河隄」二字，單稱謁者，非省其官。魏晉的體制是因襲兩漢而來，只是《漢書・百官公卿表》及《後漢書・百官志》對此缺少直接記載。❷隋煬帝　隋朝皇帝楊廣。在位十四年，終年五十歲。❸史記河渠書　《史記》，司馬遷撰，一百三十篇，為我國第一部紀傳體通史。〈河渠書〉為《史記》八書之一，記載水道之變遷。❹領河隄謁者漁師者　河隄謁者，《新唐書・百官志》在「河渠署」下設「河隄謁者六人，正八品下。掌完隄堰、利溝瀆、漁捕之事。」又注云：「興成、五門、六門、龍首、涇堰、滋隄，凡六堰，皆有丞一人，從九品下。貞觀六年（西元六三二年）皆廢。」河隄謁者六人，當即頂六堰之丞職務。漁師者，據本卷目錄及《新唐書・百官志》，當作「魚師」，無「者」字。魚師，即漁伕，皆為番上捕魚者。其定員《舊唐書・職官志》云：「長上漁師十人，短番漁師一百二十人，明資漁師一百二十人。」與本卷目錄同。唐時對渭河水域之漁業資源實施壟斷制，《新唐書・百官志》稱：「渭河三百里內漁釣者，五坊捕治之。供祠祀，則自便橋至東渭橋禁民漁。三元日，非供祠不採魚。」❺魚醢　乾魚和魚醬。❻籩豆　古代禮器。籩用竹製，盛放果脯等；豆用木製，亦有以銅或陶製者，盛虀醢等，供祭祀和宴享之用。❼以時價市供之　若依本卷目錄，此下當有河隄謁者之員品、職掌，而此處則無。對此，陳仲夫點校本稱：「案：原本及嘉靖、廣雅二本目錄均有河隄謁者，而正文俱缺其員品職掌，疑有脫漏焉。考《舊唐書・職官志》曰：『河隄謁者六人，掌修補堤堰漁釣之事。』《新唐書・百官志》曰：『河隄謁者六人，正八品下。掌完堤堰、利溝瀆、漁捕之事。涇、渭、白渠，以京兆少尹一人督視。』附記於此，以備參考。」

【語　譯】河渠署：令，定員一人，品秩為正八品下。秦朝和兩漢各司的都水以及水衡的屬官中，都設有河渠謁者，那也就是河渠署令的職務。隋煬帝時吸收《史記》中有〈河渠書〉這一篇名的含義，定名為河渠署，設置令一人。本朝因承隋制。河渠署統領有河隄謁者、漁師等吏員。

丞，定員一人，品秩為正九品下。隋煬帝時設置河渠丞一人。本朝因承隋制。

河渠令的職掌是，管理川澤和提供魚和魚醬等一類魚製食品的事務；丞為令的副職。凡是溝渠的開啟和閉塞，捕魚的時間和禁令，都要根據利害得失，控制到適當的量度。每天要向尚食局供應魚品，此外中書門下等規定應給的，亦要提供一定份額。若遇大祭祀，則負責供應乾魚和魚醬，作為陳放於籩和豆這些祭器中的祭品。凡是在京各個官司，依令式日常應供給魚品和冬天要保藏魚品的，每年由戶部的金部司向都水監支送二十萬錢，都水下達給河渠署令，用這筆錢按時價購買後供給上述各個官司。

【說　明】關中雖是周秦以來多個王朝京畿之地，卻一向缺水。有限的水資源是按權力等級來分配的。首先要保障皇宮大內的用水，其次是王公、公主及百官之家（見本篇二章）；同時還要保障渭河有足夠的水量，以利漕運，最後才是農田灌溉和民用。本章河渠令職掌之一「溝渠之開塞」，便是指堤堰和斗門的開啟和關閉，以按照上述原則來調節和分配水的流量。當時不同人等、不同地段，在用水上發生的矛盾是很多的，其中王公權貴及富商大賈以營利為目的，設置以水力推動的碾磑，引起與民爭水的矛盾尤為經常。《文獻通考》卷六載：高宗永徽六年（西元六五五年），「雍州長史長孫祥奏言：往日鄭、白渠溉田萬餘頃，今日富商大賈競造碾磑，堰遏費水，太尉長孫無忌曰：白渠水滯泥淤，灌田益其肥美。又渠水發源，本高向下，支分極眾，若使流至同州，則水饒足，此為碾磑用水，洩渠水隨入滑，加以壅遏耗竭，所以得利遂少。於是遣祥等分檢渠上碾磑，皆毀之。至大曆中，水田才能六千二百餘頃。」此後，據《唐會要》卷八九載錄，玄宗、代宗時，也曾有過折毀碾磑之事。玄宗朝發生在開元九年（西元七二一年）：「京兆少尹李元紘奏：疏三輔諸渠，王公之家緣渠立碾，以害水功，一切毀之，百姓大獲其利。」代宗朝發生在大曆十三年（西元七七八年）：「正月四日奏：三白渠下碾，有妨合廢拆，總四十四所。自今以後，如更置，即宜錄奏。其年正月，壞京畿白渠八十餘所。先是黎幹奏以鄭白支渠磑碾，擁隔水利，人不得灌溉，請皆毀廢，從之。時昇平公主，上之愛女，有磑兩輪，乞留。上曰：吾為蒼生，爾識吾意，可為眾率先。遂即日毀之。」

五

諸津：令一人❶，正九品上。《列女傳》❷有趙津吏女，自後無聞。《晉令》❸：「諸津渡二十四所，各置監津吏一人。」北齊三局尉皆分司諸津、橋之事❹。後周有掌津中士一人，掌津渡川瀆之制，而為之橋梁。隋都水領諸津：上津，每尉一人、丞一人❺；中津，尉、丞各一人❻；下津，尉一人。每津典作一人，津長四人。皇朝改置令、丞❼。

丞一人❽，從九品下。皇朝因隋置。諸津在京兆❾、河南❿界者隸都水監，在外者隸當州界。

諸津令各掌其津濟渡舟梁之事，丞為之貳。

【章 旨】敘述諸津之令、丞之定員、品秩、沿革和職掌。

【注 釋】❶諸津令一人 依卷目，當為：「諸津，每津令一人。」❷列女傳 書名。《隋書·經籍志》著錄以《列女傳》為書者，有十五卷本，劉向撰，曹大家注；七卷本，趙母注；八卷本，高氏撰；六卷本，皇甫謐撰；七卷本，綦母邃撰，共五種。❸晉令 書名。《舊唐書·職官志》著錄有《晉令》四十卷，賈充等撰。❹北齊三局尉皆分司諸津橋之事 據《隋書·百官志》北齊都水臺領都尉、合昌、坊城三局，局皆置尉，分司下屬之諸津橋。❺上津每尉一人丞一人 句末「丞一人」據《隋書·百官志》當作「丞二人」。❻中津尉丞各一人 《隋書·百官志》作「中津每尉、丞各一人」。此句中似脫一「每」字。❼皇朝改置令丞 《新唐書·百官志》稱：「唐改津尉曰令，有錄事一人，府一人，史二人，典事三人，津吏五人，橋丁各三十人，匠各八人。」又「便橋、渭橋、萬年三橋有丞一人，從九品下；府一人，史十人，典事二人，掌固二人。貞觀中廢。」❽丞一人 意謂每津丞一人。又，《新唐書·百官志》作「丞二人」。❾京兆 指京兆府。唐開元元年（西元七一三年）改雍州置，治所長安、萬年兩縣，在今陝西省西安市；轄今陝西秦嶺以北、乾縣以東、銅川以南、渭南以西地區。❿河南 指河南府。唐開元元年（西元七一三年）改洛州為河南府，治所在河南、洛陽二縣，今河南省洛陽市；轄今河南省禹縣、嵩縣以北，鞏縣以西，焦作、濟源以南，澠池以東之地區。

【語 譯】各津：令，定員〔每津〕一人，品秩為正九品上。《列女傳》中提到有趙國掌管津渡的官吏的女兒這樣一句話，此後不再看到有別的記載。《晉令》規定：「各地津渡共二十四所，每所設置監津吏一人。」北齊都水臺下屬的都尉、合昌、坊城三局的尉，都分管各地津渡和橋梁的事務。北周在司水中大夫下設有掌津中士一人，掌管津渡、川瀆方面的事務，亦管修造橋梁。隋都水監統領各津，定員分為：上津，每津設置尉一人，丞一（二）人；中津，〔每〕津設尉和丞各一人；下津，置尉一人。另外，各津又設有典作一人，津長四人。本朝則改尉、丞為令、丞。

丞，定員每津一人，品秩為從九品下。本朝因承隋的建置。各津凡是在京兆府、河南府界內的，隸屬於都水監；在二京以外的，則由所在州管轄。

各津令的職掌是，各自管理所轄津渡用以擺渡的渡船、橋梁以及浮橋方面的事務；丞為令的副職。

卷二四

諸衛

卷目

左右衛

大將軍各一人
將軍二人❶
長史二人❷
錄事參軍事一人
錄事一人❸
史二人
倉曹參軍事二人
府二人
史四人
兵曹參軍事二人
府四人
史七人
騎曹參軍事一人
府二人
史四人
胄曹參軍事一人
府三人
史三人
亭長二人❹
掌固四人
司階二人
中候三人
司戈五人
執戟五人
奉車都尉五人
親府、勳一府、勳二府、翊一府、翊二府等五府❺

❶將軍二人　指左、右衛各有將軍二人。此下諸職及卷目中其餘諸衛所列職官員數均同此。
❷長史二人　正文為「一人」。
❸錄事一人　《新唐書・百官志》於「錄事一人」後尚有「府一人」。
❹亭長二人　《新唐書・百官志》作「八人」。

中郎將各一人
左郎將一人
右郎將一人
錄事一人
兵曹參軍事一人
府一人
史二人
校尉五人
旅帥十人
隊正二十人
副隊正二十人

左右驍衛

大將軍各一人

將軍二人
長史一人
錄事參軍事一人
錄事一人
史二人
倉曹參軍事二人
府二人
史四人❻
兵曹參軍事二人
府三人
史五人
騎曹參軍事一人
府二人
史四人

冑曹參軍事一人
府三人
史三人
亭長二人
掌固四人
司階二人
中候三人
司戈五人
執戟五人

左右翊中郎將府

中郎將各一人
左郎將一人
右郎將一人

---

❺親府勳一府勳二府翊一府翊二府等五府　指左、右衛各轄有此五府。卷目中其餘諸衛凡轄有翊府者，亦同此。

❻史四人　《新唐書・百官志》作「二人」。

錄事一人
兵曹參軍事一人
府一人
史二人
校尉五人
旅帥十人
隊正二十人
副隊正二十人

左右武衛

大將軍各一人
將軍二人
長史一人
錄事參軍事一人
錄事一人
史二人
倉曹參軍事二人
府二人
史四人
兵曹參軍事二人
府三人
史五人
騎曹參軍事一人
府二人
史四人
胄曹參軍事一人
府三人
史三人
亭長二人
掌固四人
司階二人
中候三人
司戈五人
執戟五人
稱長二人

左右翊中郎將府

中郎將各一人
左郎將一人
右郎將一人
錄事一人
兵曹參軍事一人
府一人
史二人
校尉五人
旅帥十人
隊正二十人

副隊正二十人

左右威衛

大將軍各一人
將軍二人
長史一人
錄事參軍事一人
錄事一人
史二人
倉曹參軍事二人
府二人
史四人
兵曹參軍事二人
府三人
史五人
騎曹參軍事一人
府三人❼
史四人
冑曹參軍事一人
府三人
史三人
亭長二人
掌固四人
司階二人
中候三人
司戈五人
執戟五人

左右翊中郎將府

中郎將各一人
左郎將一人
右郎將一人
錄事一人
兵曹參軍事一人
府一人
史二人
校尉五人
旅帥十人
隊正二十人
副隊正二十人

左右領軍衛

大將軍各一人
將軍二人
長史一人

❼府三人《新唐書・百官志》作「二人」。

錄事參軍一人
錄事一人
史二人
倉曹參軍事二人
府二人
史四人
兵曹參軍事二人
府三人
史五人
騎曹參軍事一人
府二人
史四人
冑曹參軍事一人
府三人
史三人

亭長二人
掌固四人
司階二人
中候三人
司戈五人
執戟五人

左右翊中郎將府

中郎將各一人
左郎將一人
右郎將一人
錄事一人
兵曹參軍事一人
府一人
史二人
校尉五人

旅帥十人
隊正二十人
副隊正二十人

卷旨

本書關於十六衛和東宮十率府這些武職官員分成三卷來敘述，內容側重於宮城、京師、東宮宿衛禁旅的編制、定員、品秩、沿革和管理制度。其中十六衛及左右羽林軍和諸折衝府分上、下二卷，即本卷和下卷；東宮的十率府則單列一卷，即第二八卷。本卷敘述左右衛、左右驍衛、左右武衛、左右威衛和左右領軍衛十衛，以及各自下屬的三衛，即親衛、勳衛、翊衛。

帝王宿衛之制，可以一直上溯到《周禮》的「八次八舍」，而作為帶兵的官員「將軍」這一名號，戰國時亦已有記載。漢代守衛皇宮的是南軍，守衛京師的是北軍；南軍屬衛尉，北軍屬中尉。統領南北軍者為衛將軍，文帝時宋昌曾出任此職，位比三公。魏晉時，以中領軍和護軍統率宿衛軍隊。至隋設十二衛大將軍，十二衛之名為左右翊衛、左右驍騎衛、左右武衛、左右屯衛、左右御衛、左右候衛。唐承隋制，改為左右衛、左右驍衛、左右武衛、左右威衛、左右領軍衛、左右金吾衛；又加左右監門衛、左右千牛衛，成十六衛。唐代北衙禁軍興起後，十六衛成為南衙，而左右羽林軍等六軍稱為北衙六軍。二者職掌位置與漢代南北軍恰好相反：唐是北衙六軍守衛宮城，南衙的十六衛守衛京師。

唐十六衛在高宗、武則天時曾數易其名，所設官員的定員亦有增有減，一般是每衛有大將軍一人，正三品，將軍二人，從三品。在左、右衛下設有親衛、勳衛、翊衛，簡稱三衛，共五府；其他諸衛只設翊衛，亦稱內府，皆設中郎將，正四品下，左右郎將，正五品上，以領之。諸衛除左右監門衛、左右千牛衛外，均領折衝府兵，以番上宿衛，府名一般以所在地區為名，亦稱外府。諸衛皆開府，設置長史、錄事參軍事和倉曹、兵曹、騎曹、胄曹參軍等員，值宿諸衛又有司階、中候、司戈和執戟，並為衛官，號稱四色官。諸衛武官的選授，都由尚書省兵部統轄。唐自北衙六軍先後興起，南衙諸衛漸次成為閑職，大將軍、將軍的職名，也成了武臣以至宦官遷轉的官階。德宗貞元二年（西元七八六年）又添置十六衛上將軍各一人，用以安置勳臣罷節制者。

《唐律》中專設有〈衛禁律〉，內容涉及到宮廷和京師宿衛制度的諸多方面；《冊府元龜》又列有〈環衛部〉，敘述歷代特別是唐代禁衛制度的典故和事類，不妨參讀，以與本書所述的典制相印證。

據徐松《唐兩京城坊考》，十六衛中本卷所敘述的十衛其官署在西京的位置：左衛在承天門街之東，宮城之南，第二横街之北；右衛在承天門街之西，第二横街之北；左驍衛在承天門街之東，第三横街之北，東面緊貼安上門街；右驍衛在承天門街之西，第三横街之北；左武衛在承天門街之東，第三横街之北；右武衛在承天門街之西，第三横街之北，從東第一即是；左威衛在承天門街之東，第五横街之北，禮部南院之西；右威衛在承天門街之西，第五横街之北，秘書省之東；左領軍衛在承天門街之東，第五横街之北，從西第一即是；右領軍衛在承天門街之西，第五横街之北，從東第一即是。在東都的位置：左衛在應天門外，第一横街之南，第二横街之北，原為隋之左翊衛；右衛與左衛在同一街址，太子右衛率府之西；左武衛在東朝堂之南，第三横街之北，太子家令寺之東；右武衛在西朝堂之南，第三横街之北；左威衛在東朝堂之南，第三横街之北；右威衛在西朝堂之南，第三横街之北，處於知匭使和內侍省之間；左領軍衛在東朝堂之南，第三横街之北；右領軍衛則在西朝堂之南，處於內侍省和內坊之間。

左右衛、親勳翊五府‧左右驍衛、左右翊中郎將府

【篇　旨】本篇包括唐代京衛十六衛中的左、右衛和左、右驍衛四個衛，衛的長官是大將軍和將軍。

隋唐皆置京衛，大將軍、將軍平時掌宿衛，國家有事，亦受命出征，所以京衛同時也是儲備將才的一種形式。考諸唐初的一些名將，就大都繫銜於諸衛。如徐世勣於武德二年（西元六一九年）授右武候大將軍，後隨秦王李世民破劉黑闥、徐圓朗有功，累遷左監門大將軍；程咬金於武德九年（西元六二六年）遷右武衛大將軍，又於貞觀、永徽中先後遷任左屯衛大將軍和左衛大將軍；還有尉遲敬德、段志玄、秦叔寶、侯君集等，都曾拜任諸衛大將軍或將軍，原任右武候將軍的張公瑾，逝世後又贈授左驍衛大將軍。（以上據《舊唐書》各自本傳）所以，唐將是以衛官為本官，就是立功升遷，亦仍依資序遷衛官。受命出征，或任行軍大總管，則屬臨時差遣，待到班師回朝，即兵散歸府，將還於衛。

本篇中的左、右衛下屬府兵，有親府、勳一府、勳二府、翊一府、翊二府等五府中郎將，而左、右驍衛則僅有翊府一府。親府、勳府、翊府統稱三衛。三衛的長官為中郎將和左、右郎將，其衛士皆以品官和貴族子弟充當，職掌為番上當值皇帝近身的儀仗和宿衛。大朝會時，宿衛有五仗之別，其中供奉仗以左、右衛為之，親仗以親衛為之，勳仗以勳衛為之，翊仗以翊衛為之，散手仗則三衛皆可充任。三衛中，以左、右衛的三衛最受重用，如朝堂置左右引駕三衛六十人，便只能由左、右衛三衛中年長彊直能糾劾者為之，分作五番。三衛在左、右衛及左、右驍衛稱內府，另有外府，即各自所屬的諸折衝府。左、右衛屬有武安、武成等五十府，左、右驍衛屬有永固等四十九府。左、右衛的衛士稱驍騎，左、右驍衛的衛士稱豹騎。衛士在諸折衝府都是三年一簡點，成丁而入，六十而免，根據其駐地離京師遠近而確定番次。

左、右衛和左、右驍衛都開府，設置長史、錄事參軍事和倉曹、兵曹、騎曹、胄曹參軍事等員，作為諸大將軍的辦事機構。在大朝會和皇帝外出巡行作為儀仗、鹵簿時，衛士的穿戴和所執旗仗皆依方色，本篇中的左右衛、左右驍衛分別為黃色和赤色。

一

左、右衛：大將軍各一人，正三品。《周禮》❶：「制軍❷：萬二千五百人為軍。天子六軍❸，大國三軍，次國二軍，小國一軍。軍將皆命卿。」《六韜》❹曰：「古之王者遣將授鉞❺，曰：『從此，上至天，下至地，將軍任也。』」戰國亦有其職。秦、漢始置衛將軍❻，後漢及魏並因之❼，然增其班秩。晉文帝置臺，又置中衛將軍❽。武帝受命，分為左、右二衛，各大將軍一人❾，品第四❿，銀章、青綬⓫，武冠⓬，絳朝服⓭，佩水蒼玉⓮。宋、齊因之⓯。建元二年⓰，詔二衛將軍日暮常一人宿。永初元年⓱，詔二衛儀從可增為九十人。又，左衛領營五十，司馬二十五人；右衛領營四十，司馬二十人。梁左、右衛將軍班第十二⓲，陳秩二千石⓳。後魏從二品⓴，太和二十二年，降為第三品㉑。北齊因之㉒。隋左右衛、左右武衛、左右武侯、左右領軍、左右率府各有大將軍一人，所謂十二衛大將軍也㉓。然自兩漢至北齊，大將軍位視三公㉔；至隋，十二大將軍直為武職㉕，位左、右省臺之下，與右大將軍㉖但名號同，而統務別。至開皇末年，罷十二衛大將軍員㉗。煬帝大業十三年，復置左、右衛為左、右翊衛㉘，其領名為「驍騎」㉙。皇朝復左、右衛府㉚，官屬與《隋令》略同㉛。龍朔二年㉜除「府」字。

將軍各二人，從三品。後魏永光元年，始增置左、右衛將軍各二人，從三品上；太和二十二年，降為第三品㉝。北齊左、右衛府各將軍一人，名武衛將軍二人㉞，皆有司馬、功曹及主簿、錄事等員。隋左、右衛將軍各二人，皇朝因之。

【章旨】敘述左、右衛大將軍、將軍之定員、品秩及沿革。

【注釋】❶周禮　儒家經典之一。係搜集周王室制度及戰國各國官制，添附以儒家政治理想，增減排比而成之彙編。❷制軍　猶言軍隊之編制。❸天子六軍　《周禮・夏官・職官敘》原文作「王六軍」。關於軍以下之編制，則稱：「二千五百人為師，師帥皆中大夫；五百人為旅，旅帥皆下大夫；百人為卒，卒長皆上士；二十五人為兩，兩司馬皆中士；五人為伍，伍皆有長。」❹六韜　書名。舊傳為呂望所撰，實係秦漢間作品。現存六卷，即〈文韜〉、〈武韜〉、〈龍韜〉、〈虎韜〉、〈豹韜〉、〈犬韜〉，共六十篇。一九七二年山東臨沂西漢初期墓葬中曾出土此書之殘簡。❺授鉞　鉞，亦作斧鉞。古代軍法用以殺人之器具，此處則作為權力之象徵。授予出征將帥以斧鉞，亦即授以專誅殺罰之權。❻秦漢始置衛將軍　秦未見記載。兩漢置衛將軍始於文帝。自代邸入未央宮，「夜拜宋昌為衛將軍，領南北軍，張武為郎中令，行殿中」（《漢書・文帝紀》）。❼後漢及魏並因之　《後漢書・百官志》稱：「將軍，不常置。本注曰：掌征伐背叛。比公者四：第一大將軍，次驃騎將軍，次車騎將軍，次衛將軍。」劉昭注引蔡質《漢儀》曰：「漢興，置大將軍、驃騎，位次丞相，車騎、衛將軍，左、右、前、後，皆金紫，位次上卿，典京師兵衛，四夷屯警。」魏亦設衛將軍，曹爽執政時，以其弟訓為武衛將軍。❽晉文帝置臺又置中衛將軍　晉文帝，即司馬昭，字上允。其父司馬懿，兄司馬師，先後執政，司馬師病危時，以司馬昭為衛將軍，司馬師死後，司馬昭繼續執政，至景元三年（西元二六二年）為相國，封晉公，設官司以下。司馬昭死，子司馬炎受魏禪，稱帝建晉，追尊其父為晉文帝。《晉書・職官志》稱：「文帝初置中衛及衛。」《宋書・百官志》則謂：「晉文帝為相國，相國府為中衛將軍。」以為文帝執政時已有中衛及衛二將軍。❾武帝受命分為左右二衛各大將軍一人　武帝，指晉武帝，西晉皇帝司馬炎，在位二十五年，終年五十五歲。句中「大」字，據《宋書・百官志》當刪。同書載其分左、右二衛事稱：「武帝初，分中衛置左、右衛將軍，以羊琇為左衛，趙序為右衛。二衛江右有長史、司馬、功曹、主簿，江左無長史。」❿品第四　《通典・職官十九・晉官品》：衛將軍為第二品，左、右衛將軍則為第四品。⓫銀章青綬　銀質之印章，青色之繫印絲帶。《後漢書・輿服志》：「九卿、中二千石、二千石青綬，三采：青、白、紅，淳青圭，長丈七尺，百二十首。」⓬武冠　《後漢書・百官志》：「武冠，曰武弁大冠，諸武官冠之。侍中、中常侍加黃金璫，附蟬為文，貂尾為飾，謂之趙惠文冠。胡廣說曰：『趙武靈王效胡服，以金璫飾首，前插貂尾，為貴職。秦滅趙，以其君冠賜近臣。』」《晉書・輿服志》：武冠，天子「左右侍臣及諸將軍武官通服之。侍中、常侍則加金璫、附蟬為飾，插以貂毛，黃金為竿，侍中插左，常侍插右。」又引「應劭《漢官》云：『說者以為金取剛強，百煉不耗；蟬居高飲清，口在掖下；貂內勁悍而外柔縟。』又以蟬取清高飲露而不食，貂則紫蔚柔潤而毛采不彰灼，金則貴在實瑩，於義亦有所取。或以北土多寒，胡人常以貂皮溫額，後世效此，遂以附冠。」⓭絳朝服　絳紗單衣之朝服，為官員常服。⓮水蒼玉　古代官員按品級佩不同玉石。如一品山玄玉，二品以下水蒼玉。水蒼玉，因其色青而有水紋故名。《禮記・玉藻》：「大夫佩水蒼玉而純組綬。」⓯宋齊因之　《宋書・百官志》：宋，「左衛將軍，一人；右衛將軍，一人。二衛將軍掌宿衛營兵。」《宋書・謝景仁傳》載謝安之孫謝述，宋文帝時曾任左衛將軍；謝晦，宋武帝建臺初，為右衛將軍，至文帝元嘉時，又進號為衛將軍。另有何尚之，宋文帝時亦曾任左衛將軍。齊，據《南齊書・百官志》亦置衛將軍。齊臺建，陳顯達為散騎常侍、左衛將軍，領衛尉；王敬則由右衛將軍遷為中領軍。諸王中，廬陵王蕭子卿曾領右衛將軍，魚復侯子響在永明三年（西元四八五年）遷右衛將軍。⓰建元二年　即西元四八〇年。建元為齊高帝蕭道成年號。⓱永初元年　永初，陳仲夫點校本以為當作「永明」。其文稱：「《通典・職官十・諸衛上》左、右衛條云：『宋、齊謂之二衛，各領營兵，每暮一人宿直。後增二衛儀從為九十人。』永初為宋武帝年號。無為居齊高帝建元之後，當為齊武帝「永明」之訛。」永明元年，即西元四八三年。⓲梁左右衛將軍班第十二　梁沿齊制，設左、右衛將軍，值殿內宿衛；至天監六年（西元五〇七年）復置中衛將軍。梁於天監七年（西元五〇八年）革選，定十八班制，以班多為貴。左、右衛將軍列第十二班。梁初先後任此二職者，有曹景宗、柳慶遠、呂僧珍、張惠紹（據《梁書》各本傳）等。⓳陳秩二千石　《隋書・百官志》：陳左、右衛將軍秩二千石，第三品。文帝天嘉中，沈恪、實安，先後被徵為左衛將軍（各據《陳書》本傳）。陳尚設有中衛將軍，黃法氍曾任此職（據《陳書》本傳）。⓴後魏從二品　據《魏書・官氏志》，北魏孝文帝太和十七年（西元四九三年）頒職員令，左衛將軍列為從二品上，右衛將軍為從二品下。此處不分左、右，亦未記上、下，或係約而言之。㉑太和二十二年降為第三

品　據《魏書·官氏志》，當為「太和二十三年」。是年，「高祖復次職員令，及帝崩，世宗初頒行之。」太和二十三年，即西元四九九年。太和為北魏孝文帝年號。

㉒北齊因之　《隋書·百官志》稱，北齊左、右衛府屬領軍將軍。「左、右衛府，將軍各一人，掌左、右廂。所主朱華閣以外，各武衛將軍二人貳之，皆有司馬、功曹、主簿、錄事，釐其府事。」

㉓隋左右衛左右武衛左右候左右武候左右領軍左右率府各有大將軍一人所謂十二衛大將軍也　據《隋書·百官志》，此句中所列諸衛稱謂，似有若干訛誤。如開皇時之左、右武候衛，至煬帝時已改稱為左、右候衛，二名實一，不能同時並列。又，左、右衛亦為開皇時名稱，煬帝時稱左、右翊衛。此外，左、右率府屬太子詹事府，不屬十二衛範圍，且其長官稱率、副率，不設大將軍。隋之十二衛大將軍，定制於煬帝時。《通典·職官十·武官上》將軍總序對其前後沿革有簡明表述，其文稱：「隋煬帝以左、右翊衛——改左、右衛為之，左、右驍衛——改左、右備身為之，左、右武衛——隋初舊名，左、右屯衛——改左、右領軍為之，左、右禦衛——新加置，左、右候衛——改左、右武候為之。凡十二衛，各置大將軍一人，將軍二人，以總府事。每衛各置長史、錄事、參軍，司倉、兵、騎、鎧等參軍員，軍人總名衛士。蓋魏、周十二大將軍遺制。」語譯姑依原文。

㉔自兩漢至北齊大將軍位視三公　漢武帝時，衛青數征伐有功，以為大將軍。此外西漢尚有霍去病、王鳳亦任大將軍，其實際地位要高於丞相，如《文獻通考》卷五九稱：「西漢以來，大將軍之官內秉國政，外則仗鉞專政，其權任出宰相之右。」東漢時，光武帝曾以吳漢為大將軍大司馬，景丹為驃騎大將軍；安帝時先後以鄧騭、耿寶為大將軍；順帝後，皇后之父及兄弟相繼為大將軍，其地位視三公等。魏時任此職者，先後有曹仁、司馬懿、司馬師等。西晉大將軍開府者位從三公。南朝宋文帝曾以彭城王劉義康為大將軍。齊、梁至陳，大將軍皆為贈官。北魏、北齊以大將軍典司武事，《魏書·官氏志》大將軍列第一品上，次於三師。北齊同於北魏。

㉕至隋十二大將軍直為武職　意謂隋時十二大將軍只是武官之職，與兩漢以來歷代位視三公之大將軍不同。又，《職官分紀》卷三五引《唐六典》原注此句「十二」下尚有一「衛」字。

㉖右大將軍　近衛校明正德本《補考》曰：「『右』當作『古』。」《職官分紀》卷三五引《唐六典》原注此句「右」字正作「古」。

㉗開皇末年罷十二衛大將軍員　開皇，隋文帝年號。其末年為開皇二十年，西元六〇〇年。但《隋書·高祖紀》未言開皇末罷十二衛大將軍之事，且記有數例諸衛之職事。如開皇二十年十月己巳，殺左衛大將軍五原郡公元旻；仁壽三年（西元六〇三年）二月戊子，以大將軍、蔡陽公姚辯為左武候大將軍。又，次年十二月煬帝初即位，「乙丑，以右武衛將軍來護兒為右驍衛大將軍；戊辰，以柱國李景為右武衛大將軍，以右衛率周羅睺為右武候大將軍」（《隋書·煬帝紀》）。故此處所言似與史實有違。

㉘煬帝大業十三年復置左右衛為左右翊衛　煬帝，隋朝皇帝楊廣，在位十三年，終年五十歲。大業為其年號。改左、右衛為左、右翊衛事，

《隋書・百官志》繫於大業三年(西元六〇七年)。此句中「十」字疑衍。㉙其領名為驍騎 《隋書・百官志》:「其軍士,左、右衛所領名為驍騎。」句中「領」上宜增一「所」字。㉚皇朝復左右衛府 《新唐書・百官志》稱:「武德五年(西元六二二年),改左、右翊衛曰左、右衛府。」㉛官屬與隋令略同 《隋令》,書名。《隋書・經籍志》著錄有《隋開皇令》三十卷,裴正等撰。意謂唐左、右衛府與隋左、右衛二者所領屬官大致相同。隋左、右衛屬官有長史、司馬、錄事及倉、兵等曹參軍,法曹行參軍、行參軍等。㉜龍朔二年 即西元六六二年。龍朔是唐高宗李治年號。㉝自「後魏永光元年」至「降為第三品」 此段原注有諸多訛誤。一、永光元年。北魏諸帝無以「永光」為年號者。據《魏書・官氏志》,北魏「置左、右衛將軍」事,在「正光元年七月」。「永光」抑或「正光」之訛?正光為北魏肅宗孝明帝年號,其元年即西元五二〇年。但正光在太和之後,故若改「永光」為「正光」,則後文「太和二十二年」云云時序顛倒,又何以成說?二、左右衛將軍。本條正文所列「將軍」,係指左、右衛大將軍之副貳,按本書原注寫作慣例,歷述其沿革者,亦不當是正職而應是其副貳。北魏左、右衛大將軍之副貳為武衛將軍,其品秩,太和前制為從二品下,同於右衛將軍而次於左衛將軍;太和後制為從三品,次於左、右衛將軍。三、從三品上。《魏書・官氏志》所列左、右衛將軍官品,太和前制,左衛將軍為從二品上,右衛將軍為從二品下;太和後制,左、右衛將軍並列第三品。唯獨無此「從三品上」,不知原注何據?四、太和二十二年降為第三品。上文言始置為「從三品上」,此處改定為「第三品」,不當稱「降」。又,據《魏書・官氏志》,北魏孝文帝復次職員令在太和二十三年,即西元四九九年,非二十二年。鑒於以上訛誤,近衛校正德本疑其有脫文,陳仲夫點校本亦謂:「豈《六典》原注於敘述後魏增置左、右衛將軍後,別有敘述其品秩升降始末之文,而自『各二人』以下,後來傳抄有所脫誤歟?」姑誌以存疑待考。語譯仍依原文。㉞北齊左右衛府各將軍一人名武衛將軍二人 句中「名」當是「各」字之訛。《隋書・百官志》稱:北齊「左、右衛府,將軍各一人,掌左、右廂。所主朱華閤以外,各武衛將軍二人貳之。」此句中「將軍」是正職,「武衛將軍」才是與本條正文相對應之副職。

【語 譯】 左、右衛:大將軍,定員各一人,品秩為正三品。《周禮》記載:「軍隊的編制:每一萬二千五百人為一軍。天子為六軍,大國為三軍,次國為二軍,小國為一軍。軍的將領都是由卿擔任。」《六韜》中說:「古代王者派遣將領,都要授予斧鉞,並鄭重宣告:『從此時起,上至天,下至地,一切有關征伐的事宜,都由您將軍專任。』」戰國時,列國亦設置將軍的職務。秦、漢期間正式開始設置衛將軍。東漢和三國魏都因承設置這一官職,並且提高了它的品秩。晉文帝司馬昭執政時，建立了臺，又設置了中衛將軍。晉武帝受命即帝位後，分為左、右二衛，各設將軍一人，位列第四品，繫銀章、青綬，戴武冠，穿絳朝服，佩水蒼玉。宋、齊因承晉制，亦設有衛將軍。齊高帝建元二年，詔令左、右二衛將軍，每晚常有一人在禁中值宿。齊武帝永初（明）元年，又詔二衛儀從可以增加到九十人。又規定左衛統領五十營，司馬二十五人；右衛統領四十營，司馬二十人。梁亦設左、右衛將軍，品秩為第十二班。陳因梁制，左、右衛將軍列第三品，俸秩為二千石。北魏太和前制，左衛將軍列從第二品上，右衛將軍列從第二品下。太和二十二（三）年，都降到第三品。北齊因承了這一官制。隋朝設左、右衛，左、右武衛，左、右候衛，左、右武候，左、右領軍，左、右率府，各有大將軍一人，就是所謂十二大將軍。從兩漢到北齊，大將軍的品位一直相等於三公，但到了隋代，十二大將軍只是武官的職位，地位已落在尚書省左、右僕射之下，與往昔的大將軍只是名號相同，而所統轄的事務則有很大的區別。到隋文帝開皇末年，撤銷了十二衛大將軍的建置。煬帝大業十三年重新設置這兩個官職，但把左、右衛改名為左、右翊衛，所統領的軍士稱為「驍騎」。本朝高祖武德年間，恢復稱左、右衛府，下屬官吏的編制與《隋令》上的規定約略相同。高宗龍朔二年，除去了「府」字，就稱左、右衛。

將軍，定員各二人，品秩為從三品。北魏永光元年，方始增設左、右衛將軍各二人，品秩是從二品上；孝文帝太和二十二（三）年，降為第三品。北齊左、右衛府各設將軍一人，又各置武衛將軍二人，下屬官員各有司馬、功曹和主簿、錄事等員。隋朝左、右衛各設有將軍二人，本朝因承隋制。

【說　明】本章原注，因左、右衛大將軍之職而歷敘了自周秦以來禁軍制度的沿革，需要作點補充說明的是歷代對禁軍的管理。《周禮》天官大冢宰的屬官中有宮伯，他的職務是「掌王宮之士庶子凡在版者，掌其政令，行其秩敘，作其徒役之事，授八次八舍之職事」。所謂「士庶子」，注家說法稍異。孫詒讓曰：「周時凡貴族子弟，無論適庶，並謂之國子。國子之中以其才藝選擇為宿衛及給侍御守圍者，謂之士庶子。」若依孫說，士庶子便是入宮宿衛的貴族子弟，這說明禁軍的構成開始就有門第貴賤的限制。「八次八舍」，鄭玄注：「次，其宿衛所在；舍，其休沐之處。」據此，在周代，宮伯是王宮警衛軍的掌管者，由他為「在版」即上了名籍的貴族子弟分配更番宿衛的崗位和職務，並安排他們的生活居處。在秦代有郎中令掌宮廷的門戶，衛尉掌警衛宮殿的軍隊。漢代京師是重兵所在，在北宮設有四將軍，依次為大將軍、驃騎將軍、車騎將軍和衛將軍。另設前、後、左、右四將軍，都是分管駐紮京師軍隊的武官。秦的郎中令，漢時改稱光祿勳，執掌皇帝近身侍衛，典謁署的郎則輪流執戟值班宿衛門戶。又有五官中郎將、五官中郎、五官侍郎等，輪流執戟宿衛諸殿門戶。還有虎賁中郎將和羽林中郎將，前者分管虎賁中郎、虎賁侍郎等；後者分管羽林郎，共同執掌天子隨從的宿衛。這樣，從京師到宮門、殿門，到外出隨從都有雙重的警衛人員。在漢代，禁軍的兵源是由漢陽、隴西、安定、北地、上郡、西河這六郡良家子弟中補充。此外還有衛尉卿執掌宮殿衛士的管理，南宮、北宮分別設有衛士令，左、右都候，率領執劍、戟的武士巡徼於宮中。宮掖的大門，每門都設有司馬，南宮諸門，由南屯司馬主平城門及北宮門，蒼龍司馬主東門，玄武司馬主玄武門，北屯門司馬主北門；北宮諸門，由朱爵司馬主東掖門，東明司馬主東明門，朔平司馬主北門。以上共七門的司馬皆由衛尉卿管轄，稱為南軍。另有負責巡徼京師治安的軍隊，稱北軍，秦屬中尉管轄，漢改名為執金吾。以後歷代宿衛禁中的機構設置和管理以及士兵的來源，大多沿襲漢代體制，自然也有所變化。曹操為漢丞相時，設置中領軍和護軍來統領禁軍，至魏文帝則以武衛將軍主管宿衛宮殿的禁軍，另置領軍將軍主五校、中壘、武衛等三營宿衛京師。東晉和南朝禁衛軍管理機構的名稱亦多有改易。隋煬帝始置十二衛大將軍，至唐增加為十六衛，還有後來的六軍，都是管理宿衛京師宮殿禁軍的機構。各衛都有自己分工明確的職責。士兵的來源，親衛、勳衛、翊衛這三衛都由京師就近的貴族子弟充任，其餘諸衛則主要徵自京師附近及關中地區的各個折衝府，與漢代宿衛軍士選取於六郡良家子弟的情況相似。

歷代統治者對管轄禁軍的將領的人選，都十分重視，通常都是任用最貼身的親信，似乎唯其如此，深居於禁宮的皇帝才有安全感。漢代第一任衛將軍是宋昌，原是文帝劉恒還在為代王時的中尉，即警衛官。周勃、劉章等平定諸呂後，派人迎代王進京，代王至長安，停在高陵，先命宋昌至長安觀察，宋昌到渭橋，丞相以下相迎，宋昌對此作了回報後，代王才敢於入長安。劉恒即位為漢文帝，進未央宮的當晚，便「拜宋昌為衛將軍，領南北軍」(《漢書·文帝紀》)。南北軍是漢代京師的禁衛軍，守衛皇宮者為南軍，衛尉主之；守衛京師者是北軍，中尉主之。文帝讓原來代王官邸的警衛官宋昌及其所屬原班人馬搬來管轄這支警衛軍，進未央宮的第一夜才能睡得安穩。這只是一個例子。歷史上各個王朝的新皇帝即位時，除非是受制於人的傀儡或者還是不省世事的稚童，都首先要把警衛軍牢牢掌握在自己手裏。唐代也是如此。唐太宗李世民在玄武門之變以後，啟用為諸衛將軍的皆是在事變中誅殺隱太子李建成及巢剌王李元吉有功之人，如尉遲敬德、秦叔寶、程知節、段志玄等人。值得一說的是李大亮這個人物。史稱其「外若不能言，內剛烈不可干」，對李世民特別忠心。先在貞觀八年（西元六三四年）拜為大衛將軍，至十七年（西元六四三年）立李治為皇太子時，又讓他兼領太子右衛率，兼工部尚書，所謂「身居三職，宿衛兩宮，甚為親信。大亮每當宿直，以通宵假寐。太宗嘗勞之曰：『至公宿直，我便通夜安臥。』其見任如此。」（《舊唐書》本傳）。《冊府元龜・環衛部・寵異》亦錄有其事：「李大亮為左衛大將軍，太宗謂文亮公，敦懿其心誠善事，每行夜，自當丙夜，遣郎將、中郎將行甲、乙、丁、戊等夜，身先於人，真將軍也。」不過真如俗話所說「伴君似伴虎」，如果左、右衛將軍在政治上與皇帝稍有差異，也就難免殺身之禍。《冊府元龜・環衛部・忠節》便記有一例：「李安靜為右衛將軍，天授時，王公百僚皆勸革命，安靜獨義形於色，無所陳請。及被收下制獄，來俊臣詰其反狀，安靜謂曰：『以我是唐家老臣，須殺即殺，若問以謀反，實無可對。』俊臣竟誣構殺之。」這裏所說的「革命」，很有點像大陸前些年各級幹部中頗為流行的「轉彎子」，無非是高層權力角逐某個回合告一段落後，要臣子們重新來一個「站隊」。那時武則天要改唐為周，王公百官都要向他「陳情」，也就是「轉彎子」寫效忠信。李安靜沒有寫，且又處於右衛將軍如此要害位置，武則天當然要置他死地而另任親信才得安心。在封建專制制度下，「一朝天子一朝臣」，歷來如此。

二

左、右衛大將軍、將軍之職，掌統領宮庭警衛之法令，以督其屬之隊仗，而總諸曹之職務；凡親、勳、翊五中郎將府[1]及折衝府[2]所隸者，皆總制焉。凡大朝會[3]，率其屬以黃質鍪、甲、鎧[4]，黃弓箭、黃刀、黃楯[5]、黃穳[6]、黃麾[7]、麒麟旗、角端旗、赤熊旗❽之類，為左、右廂❾之儀仗。每月，親、勳、翊五府之三衛❿及折衝府之驍騎⓫應番上者，各受其名簿⓬，以配所職⓭。凡宿衛內廊閤門外⓮，分為五仗⓯，一曰供奉，二曰親仗，三曰勳仗，四曰翊仗，五曰散手仗。皆坐於東、西廊下。若御坐正殿⓰，則立於兩階之次⓱；在正門之內，則以挾門隊坐於東、西廂⓲。承天、嘉德二門之內，皆大將軍守之⓳。諸門及內廂宿衛之仗⓴，無將軍者，則以中郎將一人權代其職。若大駕行幸，則如鹵簿㉑之法以從。

【章旨】敘述左、右衛大將軍將軍之職掌以及大朝會儀仗和宮殿宿衛之制。

【注釋】❶親勳翊五中郎將府　左、右衛所屬有五府，即親府、勳一府、勳二府、翊一府、翊二府。五府各自之長官為中郎將，故稱五中郎將府。其副官為郎將。❷折衝府　唐之府兵機構。唐太宗貞觀十年（西元六三六年），採隋禁軍將領折衝郎將之名，改隋鷹揚府為折衝府。全國十道置府五百九十四（諸書記載有異，此據本書第五卷第一篇兵部司郎中職掌條），分隸於諸衛。其中隸於左、右衛者，有武安、武成等五十府。❸大朝會　指每年元正、冬至日皇帝受群臣朝賀之儀式。❹黃質鍪甲鎧　鍪，亦稱盔、冑。其形如帽，作戰時用以防護人之頭部。甲鎧，即鎧甲。以銅、鐵或皮製作，其形似衣服，作戰時用以防護人之身部。黃質，指左右衛士兵和軍官在列隊為儀仗時，所穿戴之盔甲皆以黃色為底色。儀仗隊裝束及所持儀仗如弓箭、楯、矟等，依制須各以方色。除本章左、右衛為黃色外，本卷中另有左、右驍為赤色，左、右武衛為白色，左、右威衛為黑色，左、右領軍衛為青色。❺楯　即盾，或稱彭牌、旁排，古代曾稱干。用以掩蔽身體，防衛敵方兵刃矢石之裝備。❻矟　兵器。此處為儀仗。《元史・儀仗志》：「矟制如戟，鋒刃兩旁微起，下有鐏銳。」《博雅》：「矟，謂之鋋。」鋋是小矛，鐵柄，屬短兵器，亦可作投擲用。《北史・王思政傳》：「東魏來攻潁川，思政作火矟、火箭，焚其攻具。」❼麾　用以指揮之旌幡。❽麒麟旗角端旗赤熊旗　分別繪有麒麟、角端、赤熊圖案之三種旗幟。角端，亦為傳說中神獸名。《宋書・符瑞志》：「角端者，日行萬八千里，又曉四裔之語。聖主在位，明達外方幽遠之事，則捧書而至。」本書第十六卷第一篇衛尉武庫令職掌原注稱：「青龍、白獸、麒麟、角端、赤熊等旗，左、右衛隊所執。」諸旗之形制參見《元史・輿服二》。❾左右廂　宮廷主殿如太極殿之左、右兩側，稱左、右廂。❿三衛　指左、右衛所屬之親衛、勳衛、翊衛，亦稱三府衛。通常三衛亦包括諸衛之翊衛及率府之親衛、勳衛和翊衛。⓫驍騎　左、右衛之衛士稱驍騎。⓬各受其名簿　唐制，屬於三衛應番上服役者，規定年二十一以上，每年十一月後，由所在之州申報於兵部，來年正月底完成團甲、進甲，凡離京師五百里以內者，每五個月番上服役一個月；一千里以內者，每七個月番上服役一個月；一千里以外者，每八個月番上服役一個月。更遠者則允許納資代役。一般成丁即入籍，六十而免。折衝府衛士應番上者之名簿，由折衝府編造。左、右衛則分別從兵部及所屬折衝府接受應番上者名簿，並據簿而徵發之。⓭以配所職　衛士以上當值宿衛時，其職掌之所由當衛之長官割配，各依仗衛次第坐立，他人不得任意迴改。《唐律疏議・衛禁律》已配仗衛迴改條稱：「諸宿衛人已配仗衛，而官司輒迴改者，杖一百。若不依職掌次第，擅配割及別驅使者，罪亦如之。」疏議曰：「依式，衛士以上，應當宿衛者，皆當衛見在，長官配於職掌之所，各依仗衛次第坐立，此即職掌已定。若官司無故輒迴改者，合杖一百。應須迴改者不坐。若不依職掌次第，而擅配隸，乖於式文，及將別處驅使者，亦各杖一百。其有私使，計庸重者從重論。」⓮凡宿衛內廊閤門外　句中「閤」，據廣雅本當作「閤」。《正字通》載：唐制，天子居處稱衙，其便殿之側門稱閤。以大明宮為例，宣政殿為前殿，稱之為衙，衙有儀仗；宣政殿之後為紫宸殿，是為便殿。天子御朝，逢朔望日，不御前殿而御紫宸殿，即謂之入閤。閤是指紫宸殿前之東西二小門。立仗一般是在閤門以前，喚仗時儀仗由東西閤入，故曰入閤。若在太極宮，則以太極殿東為左上閤，西為右上閤。⓯五仗即朝會之儀仗。《新唐書・儀衛志》稱：「凡朝會之仗，三衛番上，分為五仗，號衙內五衛。一曰供奉仗，以左右衛為之；二曰親仗，以親衛為之；三曰勳仗，以勳衛為之；四曰翊仗，以翊衛為之。皆服鶡冠，緋衫裌。五曰散手仗，以親、勳、翊衛為之，服緋絁裲襠，繡野馬。皆帶刀捉仗，列坐於東西廊下。」⓰正殿　若在太極宮，指太極殿；在大明宮，則指含元殿。⓱立於兩階之次　指於正殿前臺階之兩側依次而立。⓲正門之內則以挾門隊坐於東西廂　正門，指宮城承天門以內諸門。挾門隊，亦稱立門仗。皆帶刀捉仗而立。《新唐書・儀衛志》稱：「宣政左右門仗、內仗皆分三番而立，號曰交番仗。諸衛有挾門隊、長槍隊。承天門內則左、右衛挾門隊列東西廊下，門外則左、右領軍衛挾門隊列東西廊下。嘉德門內則左、右武衛挾門隊列東西廊下。車駕出皇城，則挾門隊皆從。長槍隊有漆槍、木槍、白檊槍、樸頭槍。」⓳承天嘉德二門之內皆大將軍守之　承天門，宮城之正南門。隋開皇二年（西元五八二年）作，初名廣陽門，仁壽元年（西元六〇一年）改名昭陽門，唐武德元年（西元六一八年）又改稱順天門，神龍元年（西元七〇五年）才改稱承天門。門外有朝堂，西有登聞鼓，東有肺石。若元正、冬至陳樂設宴會，或赦宥罪犯、除舊布新，或周邊諸國使者來朝，則皇帝御承天門聽政。嘉德門，太極殿之正門。本書第八卷第三篇門下省城門郎職掌原注：「明德門為京城門，朱雀門為皇城門，承天門為宮城門，嘉德門為宮門，太極等門為殿門，通內等門並同上閤門。東都諸門准此。」承天門、嘉德門內之區域由當值之大將軍主守。⑳諸門及內廂宿衛之仗 指宮城之諸城門及城門以內左、右兩廂之儀仗。㉑鹵簿 指帝王出行時之儀仗隊列。蔡邕《獨斷》：「天子出，車駕次第，謂之鹵簿。」諸衛之五仗，皆在鹵簿隊列之內。

【語譯】左、右衛大將軍和將軍的職掌是，負責執行有關宮廷警衛的法令，並督率所管轄的隊仗，統領下屬各曹的一切事務；凡是親府，勳一府、二府，翊一府、二府這五中郎將府，以及屬於左、右衛管轄的折衝府，都由他們總領。每逢大朝會，要率領所屬，穿戴黃色的頭盔和鎧甲，執持黃色的弓箭和黃刀、黃楯、黃矟，以及黃麾仗下屬的麒麟旗隊、角端旗隊、赤熊旗隊，充當左、右廂的儀仗。每個月，親、勳、翊五府的三衛和折衝府稱之為驍騎的士兵應當番上服役的，都要收受他們的名簿，給每人配備相應的職務。凡是宿衛在內廊及閤門以外的衛士，分為五仗，一是供奉仗，二是親仗，三是勳仗，四是翊仗，五是散手仗。都端坐在東西廊下。如果皇上御坐正殿，那就排立在臺階的兩側；在宮殿正門之內，以挾門隊的形式坐於東西兩廂。承天、嘉德二門之內，都要由大將軍專守。其餘名門以及皇宮廂房宿衛的儀仗，如果缺少將軍的，就由中郎將一人暫時代行這一職守。倘若皇上大駕外出巡幸，各衛的儀仗就依照鹵簿的規定隨從排列。

【說明】唐代左、右衛所屬衛士，可分為屬於親、勳、翊三衛，和來自本衛所屬諸折衝府番上士兵這樣兩個部份，其地位則有高下之分，即前者高於後者。三衛多取自貴族官僚子弟，其內部亦有等級次第：親衛地位最高，須三品以上子、二品以上孫方能充當；勳衛次之，錄用者為四品以上子，三品、二品以上曾孫；翊衛更次，由四品孫及職事五品之子及孫，三品之曾孫選補。所謂五仗，即供奉仗、親仗、勳仗、翊仗和散手仗，侍衛的崗位離開皇帝比較近，如大朝會時，供奉仗與散手仗可以站在宣政殿的殿上，所以只有三衛才能充任，每個月有三十六人輪值。但即使是三衛，作為儀仗，他們也只能站在閤門以外，只有內坐喚仗時，才能允許進入閤門。擅入閤內者將受到嚴懲。《唐律疏議·

衛禁律》入上閤內者絞條疏議曰：「上閤之內，謂太極殿東為左上閤，殿西為右上閤，其門無籍，應入者準敕引入，闌入者絞。若有仗衛者，上閤之中不立仗衛，內坐喚仗，始有仗入。其有不應入而入者，同闌入殿門，徒二年半，持仗者流二千里。」即使喚仗進入閤門，亦不得靠近皇帝御在之所，同律規定：「若持仗及至御在所者斬。迷誤者上請。」此條疏議曰：「謂持仗入上閤及通內諸門，並不持仗而至御在所者各斬。迷誤，謂非故闌入者，上請聽敕。」如果是上閤門，即使不帶仗入而持寸刃入者，亦以闌入論處。仗雖入，也不應帶橫刀，否則要即處以徒三年。

來自諸折衝府的番上衛士，亦稱外府。他們原是關中地區左、右衛所屬諸折衝府士兵，從庶民中徵來，性質類似於成為漢代京師宿衛來源的六郡良家子弟。外府衛士的地位和待遇都要低於三衛。如三衛的五仗，經三考後，可以補引駕、細引，五考滿可以上兵部校試，授以武官的職掌；在考內有才能的，還可以補主帥、監門校尉、直長等職。而來自折衝府的外府衛士就沒有這種資格，而且一直要服役到六十歲才能免役。擔任宿衛的，嚴禁以他人冒名頂替。《唐律疏議‧衛禁律》規定：「諸宿衛者以非應宿衛人，冒名自代，及代之者，入宮內流三千里，殿內絞。」疏議曰：「宿衛者，謂大將軍以上，衛士以上，以次當上宿衛宮殿，上番之日，皆據籍書。若以非應宿衛人，謂非諸衛大將軍、軍人以外，冒名自代及代之者，入宮內並流三千里，殿內並絞。」這一條對上至大將軍下至衛士皆不例外。不僅請人自代及代之者要論罪處罰，包括主管的長官亦要論處。同律又規定：「主司不覺，減二等；知而聽行，與同罪。」疏議曰：「主司，謂折衝府及諸衛判兵之官。不覺人冒名自代及代之者，減所犯人罪二等；若知相代之情而聽行者，各與同罪。若冒代之事，從〔折衝〕府而來，即以府官所由為首，餘官節級從坐，衛官不覺，遞減府官一等。若相冒之罪由衛，即以衛官所由為首，餘官節級為罪，府司不坐。」

三

長史各一人，從六品上。《晉職官志》❶云：「武帝❷置左、右衛，各有長史、司馬員❸。」

過江，罷長史。」歷宋、齊、梁、陳、後魏、北齊，唯有司馬，無長史❹。至隋，左、右衛各置長史一人❺，皇朝因之。

錄事參軍事各一人，正八品上。晉元帝初為鎮東大將軍，置錄事參軍一人❻。梁皇弟、皇子府有中錄事參軍及錄事參軍各一人❼。後魏三大、二公府及第二、第三品將軍府，及始蕃王、二蕃王、三蕃王府，各有錄事參軍員❽。北齊因之。隋左、右衛府各有錄事參軍一人❾，皇朝因之。

倉曹參軍事各二人，正八品下。晉元帝為鎮東大將軍，有倉曹參軍一人。宋高祖相府亦置❿。後魏與錄事參軍同置，北齊因之。隋左、右衛府各倉曹參軍一人⓫，皇朝因之，置二人。

兵曹參軍事各二人，正八品下。晉代與倉曹同置⓬。

騎曹參軍事各一人，正八品下。魏司馬景王為大將軍，有騎兵曹一人⓭。宋高祖有相府騎兵參軍一人。隋左、右衛府有騎兵曹參軍一人，皇朝因之，其後改為騎曹⓮。

胄曹參軍事各一人，正八品下。晉元帝為鎮東大將軍，有鎧曹參軍。宋高祖為相亦有之。《齊職儀》云：「左、右鎧曹一人⓯。」隋左、右衛府有鎧曹行參軍一人⓰，皇朝因之。長安中改為胄曹⓱，神龍⓲初復為鎧曹，開元初復為胄曹⓳。

司階⓴各二人，正六品上。

中候㉑各三人，正七品下。

司戈[22]各五人，正八品下。

執戟[23]各五人，正九品下。

奉車都尉[24]各五人，從五品下。

長史掌判諸曹[25]、親勳翊五府[26]及武安、武成等五十府[27]之事，以閱兵仗[28]、羽儀[29]、車馬。凡文簿典職[30]，廩料請給[31]，卒伍軍團之名數[32]，器械糧儲之主守[33]，大事則從其長[34]，小事則專達[35]。季秋[36]，則以庶官之狀贊大將軍考課而昇降焉[37]。

錄事參軍掌印，及受諸曹、五府及外府[38]百司所由之事以發付[39]，勾檢稽失[40]。

倉曹掌五府、外府之文官職員，凡勳階[41]、考課[42]、假使[43]、祿俸[44]及公廨[45]、財物、田園、食料[46]之事，皆掌制之。

兵曹掌五府、外府武官之職員[47]，凡番第上下、簿書名數[48]，皆受而過大將軍以配焉。

騎曹掌外府馬及雜畜之簿帳[49]。凡府馬之外直者，以近及遠，分為七番[50]，月一替。凡左、右廂之使[51]以奉敕出宮城外追事者，皆給馬遣之。

冑曹掌其戎仗器械及公廨興造、決罰之事[52]。凡大朝會、行從[53]應諸黃質甲鎧、弓箭之屬，則受之於衛尉[54]，事畢，本而歸之；若有不應歸者，留貯於衛庫。

【章　旨】敘述左、右衛所屬長史和諸曹參軍事以及司階、中候、司戈、執戟、奉車都尉等之定員、品秩、沿革與職掌。

【注　釋】❶晉職官志　《晉書》，晉朝紀傳體史書，唐太宗下詔編撰。貞觀二十二年（西元六四八年）成書，前後歷時近三年。房玄齡、褚遂良、許敬宗監修，參加修撰者有李延壽、敬播、楊仁卿等十八人。其中宣帝、武帝二紀和陸機、王羲之兩傳及四篇史論，作者即為太宗，故舊題御撰。〈職官志〉是《晉書》十志之一，敘述兩晉職官之建置。❷武帝　指西晉皇帝司馬炎。在位二十五年，終年五十五歲。❸各有長史司馬員　《晉書・職官志》稱：「武帝受命，分為左、右衛，以羊琇為左，趙序為右。並置長史、司馬、功曹、主簿員。」❹宋齊梁陳後魏北齊唯有司馬無長史　自東晉省長史，左、右衛將軍屬官唯置司馬、功曹、主簿諸員。《南齊書・百官志》：「二衛置司馬，次官功曹、主簿以下。」《隋書・百官志》：北齊左、右衛府屬員「皆有司馬、功曹、主簿、錄事，釐其府事」。❺隋左右衛各置長史一人　《隋書・百官志》：隋左、右衛「並有長史、司馬、錄事」。❻晉元帝初為鎮東大將軍置錄事參軍一人　晉元帝，東晉皇帝司馬睿，司馬懿之曾孫。初嗣位為琅邪王，懷帝時，東海王越執政，假司馬睿為輔國將軍，尋加平東將軍，監徐州諸事，鎮下邳，俄遷安東將軍，都督揚州諸軍事，移鎮建鄴，旋加鎮東大將軍，開府儀同三司；歲餘，又進位為丞相，都督中外諸軍事，於是廣置諸曹之參軍。諸參軍之名目，據《宋書・百官志》載錄「有錄事、記室、東曹、西曹、度支、戶曹、法曹、金曹、倉曹、理曹、中兵、外兵、騎兵、典兵、兵曹、賊曹、運曹、禁防、典賓、鎧曹、田曹、士曹、騎士、車曹參軍」，而錄事參軍則為諸參軍之首。❼梁皇弟皇子府有中錄事參軍及錄事參軍各一人　梁皇弟、皇子府中錄事參軍品秩為七班，錄事參軍為六班。此外，尚有皇弟、皇子之庶子府及蕃王府之中錄事參軍，其品秩為五班，錄事參軍為四班。❽後魏三大二公府及第二第三品將軍府及始蕃王二蕃王三蕃王府各有錄事參軍員　三大，據正德本當為「二大」。指大司馬、大將軍。二公，指開國郡公、開國縣公。據《魏書・官氏志》，「第二、第三品將軍府」之前，尚有「第一」二字。北魏孝文帝太和二十三年（西元四九九年）復次之職員令，載有諸府所置之錄事參軍及其品秩。二大、二公及第一品將軍開府之錄事參軍，為第六品上；第二品將軍及始蕃王之錄事參軍，為從六品上；第二品將軍及二蕃王之錄事參軍，為從第六品；第三品將軍及三蕃王之錄事參軍，為第七品上，第三品將軍之錄事參軍，為第七品下。❾隋左右衛府各有錄事參軍一人　據《隋書・百官志》，隋左、右衛府錄事參軍事之品秩為正八品下。❿宋高祖相府亦置　宋高祖，南朝宋皇帝劉裕。晉安帝義熙十四年（西元四一八年），劉裕受相國和宋公，開相府，依晉元帝為鎮東將軍丞相府之體制，置「錄事、記室、戶曹、倉曹、中直兵、外兵、騎兵、長流賊曹、刑獄直曹、城局直曹、法曹、田曹、水曹、鎧曹、車曹、士曹、右戶、墨曹，凡十八曹參軍」（《宋書・百官志》）。⓫隋左右衛府各倉曹參軍一人　《隋書・百官志》：隋左、右衛府諸曹參軍事，皆列從八品上。⓬晉代與倉曹同置　《通典・職官十・武官上》作「歷代皆與倉曹同置」。指自晉元帝起，兵曹參軍事歷代皆與倉曹同置。⓭魏司馬景王為大將軍有騎兵曹一人　句中「騎兵曹」，正德本為「騎兵掾」，當依。司馬景王，指司馬師，字子元，司馬宣王司馬懿之長子。司馬懿死，司馬師以撫軍大將軍輔政。《宋書・百官志》載：「及晉景帝為大將軍，置掾十人，西曹、東曹、戶曹、倉曹、賊曹、金曹、水曹、兵曹、騎兵各一人，則無屬矣。」⓮其後改為騎曹　據《新唐書・百官志》，開元初，騎兵參軍改為騎曹參軍事。⓯齊職儀云左右鎧曹一人　《齊職儀》，書名。《隋書・經籍志》著錄有「五十卷，齊長水校尉王珪之撰」。《南齊書・王逡之傳》：「從弟珪之，有史學，撰《齊職儀》。」又據《通典・職官十・武官上》此句「一人」上有一「各」字，當作「左、右鎧曹各一人」。⓰隋左右衛府有鎧曹行參軍一人　據《隋書・百官志》，隋左、右衛府設有法曹、鎧曹行參軍各一人，正九品上。唐只設冑曹參軍事一人，決罰之事屬冑曹參軍事。⓱長安中改為冑曹　長安，武周最後一個年號，共四年（西元七〇一－七〇四年）。又，《通典・職官十・武官上》「長安中」作「長安初」。⓲神龍　唐中宗李顯年號。⓳開元初復為冑曹　開元，唐玄宗李隆基年號。《新唐書・百官志》：「開元初，諸衛司倉、司兵、騎兵參軍，改曰倉曹、兵曹、騎曹、冑曹參軍事。」⓴司階　武官名。唐四色官之一。掌殿陛執仗侍值。武周天授二年（西元六九一年）始置，與中候、司戈、執戟合稱四色官。㉑中候　武官名。唐四色官之一。候，本為低級武官，漢校尉屬官中有候。《漢書・百官志》在城門校尉下有十二城門候，戊巳校尉下有候五人。東漢軍隊行部曲制，部設校尉，部下有曲，曲設候為其長官，曲下有屯，屯設屯長。城門有門候。《宋書・百官志》稱：「光武省中壘校尉，置北軍中候，監五校營。」晉武帝時，以羊祜領二衛及前、後、左、右驍騎七軍營兵，「祜罷遷，復置北軍中候。北軍中候置丞一人」。至「懷帝永嘉中，改曰中領軍。元帝永昌元年（西元三二二年）復改曰北軍中候。尋復為領軍。成帝世復以為中候，而陶回居之」，故中候在晉地位頗高。至唐重新使用中候這一職名，則僅為殿內一般侍值武官而已。㉒司戈　武官名。唐四色官之一。掌執戈在殿內侍值。戈是一種可鉤可啄、裝有長柄之兵器。㉓執戟　武官名。唐四色官之一。掌持戟在殿內侍值。戟是戈矛合體之兵器，兼有鉤、啄、衝、刺四種功能。㉔奉車都尉　隋左、右衛府置奉車都尉六人，掌馭副車，品秩為從五品上。唐承隋制，定員減至五人。㉕諸曹　指倉曹參軍事、兵曹參軍事、騎曹參軍事、冑曹參軍事等。㉖親勳翊五府　即親府、勳一府、勳二府和翊一府、翊二府五府。㉗武安武成等五十府　唐全國折衝府，本書第五卷第一篇兵部侍郎職掌記為五百九十四，隸屬於左、右衛者，有五十府。武安、武成，即例舉其中二府。其五十折衝府之名稱及位置，今已不可全考。如《新唐書．地理志》記京兆府有折衝府一百三十一，列有名稱者僅十一府。其餘諸書亦大率如此。又，《新唐書．兵志》稱：諸折衝府，「其隸於衛也，左、右衛皆領六十府，諸衛領五十至四十，其餘以隸東宮六率」。㉘兵仗　即兵器。㉙羽儀　指儀仗中有鳥羽裝飾之旌旗一類。亦泛指儀仗。㉚文簿典職　指來往公文簿籍。㉛廩料請給　指在五府番上之三衛軍士及折衝府驍騎所需廩料，皆由左、右衛長史負責向戶部之倉部郎中請給。㉜卒伍軍團之名數　指番上宿衛軍士、驍騎之名冊。唐諸折衝府兵士之編制，以三百人為團，團有校尉；五十人為隊，隊有正；十人為火，火有長。㉝器械糧儲之主守　《新唐書．百官志》作「器械車馬之多少」。㉞大事則從其長　指若遇重大事項，則長史須稟報左、右衛長官，即大將軍和將軍。㉟小事則專達　小事則長史可直接處理。㊱季秋　夏曆秋季最後一個月，即九月。㊲以庶官之狀贊大將軍考課而昇降焉　庶官，泛指左、右衛屬內諸武官。庶，眾也。唐制對文武官員每年考課一次，五考為滿考。諸衛主帥之考第分上、中、下三等，每等又分上、中、下三等，共九等。凡統領有方，部伍整肅，清平謹恪，武藝可稱者為上；居官無犯，統領得濟，雖有武藝，不是優長者為中；在公不勤，數有衍失，至於武用，無復可紀者為下。三衛之考第亦分三等：專勤謹慎，宿衛如法，便習弓馬者為上；番期不違，職掌無失，雖解弓馬，非是灼然者為中；違番不上，數有犯失，好請私假，不習弓馬者為下。長史職掌之一，便是根據本衛屬員各自考狀，協助大將軍確定其所考等第之升降。㊳五府及外府　五府，即親府、勳一府、勳二府、翊一府、翊二府。外府，此處指左、右衛所屬之諸折衝府。㊴發付　指受理所屬諸曹、五府、外府及諸司來文所示諸項事務後，送發給相關部門處理。㊵勾檢稽失　指糾查公文公事處理中有無錯失及是否延誤規定日程。又，《新唐書．百官志》此句作「勾檢抄目，印給紙筆」。㊶勳階　指勳官之階位。唐代勳官分十二轉，最高為上柱國，十二轉，視正二品；最低為武騎尉，一轉，視從七品。㊷考課　依據規定標準對官員業績進行定期考核的一種制度。唐代一般是每年進行一次小考，四至五年舉行一次大考。小考評定當年為政之優劣等第，大考則綜合本人在任期內之政績作出鑒定。考課共分九等。凡得中上以上考，每進一等加祿一季，中中保持本祿，中下以下每退一等奪祿一季。若四年任滿，四考皆中中，便隨例可進一階；四考中有一考中上，可再進一階，有一考上下則再進兩階。實際考課中，一般官員皆為中中和中上考。㊸假使　假，指衛士因例假或患病等原因請假而中止值宿。衛士請假須由兵曹主判申牒，並登錄在案，踰期不歸，將受到懲處。《唐律疏議．衛禁律》：「諸宿衛人應上番不到，及因假而違者，一日笞四十，三日加一等，過杖一百，五日加一等，罪止徒二年。」疏議曰：「番期有限，限內有故須請假，日滿即須赴番，違假不上，準日科斷。」使，指受派遣改事他職，不再至宮殿宿衛者。㊹祿俸　指祿米和俸料。唐代官員從政府獲得的實物收入是按散官本品發給的祿米。武德初制定京官一品七百石，從一品六百石，下至正九品四百石，從九品三百石，歲給之。外官無祿。貞觀八年（西元六三四年）改定外官亦給祿米，分春秋二季給付，定量略低於京官。唐代官員所獲得的錢貨收入則是俸料，包括食料、防閤或庶僕、雜用等項。開元二十四年（西元七三六年）始合為一項統稱月俸。如一品官為三十一千文，其中月俸八千，食料一千八百，防閤二十千，雜用一千二百。九品官為一千九百一十七文，其中月俸一千零五十，食料二百五十，庶僕四百十七，雜用二百。㊺公廨　指左、右衛及其所屬之辦公場所。㊻田園食料　唐代內外諸司皆有公廨田，其田園之收入作為公廚之食料。又，「食料」之下，《新唐書・百官志》倉曹參軍事職掌條尚有「醫藥、過所」二項。㊼兵曹掌五府外府武官之職員　據上文「倉曹掌五府、外府之文官職員」句例，此句中「之」字亦當在「武官」之上。㊽番第上下簿書名數　諸武官之番第上下，是指左右衛將軍、中郎將、郎將所屬折衝府果毅應宿衛者，皆為一日上，二日下；諸色長上若司階、中候、司戈、執戟等並五日上，十日下。蕃人任武官者，並免入宿。其任三衛者，配玄武門上，一日上，兩日下；配南衙者，長番每年一月上。左、右衛五府之分為五仗者，每月各配三十六人而上下。簿書名數，即指武官逐日番弟上下之名冊，須經左、右衛大將過目後，分配其各人值衛之崗位和日期。至於左、右衛所屬諸折衝府番上宿衛者，則由左、右衛下文書及符契徵驍騎差行上番，折衝府據簿書並勘契而發之。《新唐書・兵志》：「凡發府兵，皆下符契，州刺史與折衝勘契乃發。若全府發，則折衝都尉以下皆行，不盡則果毅行，少則別將行。」㊾騎曹掌外府馬及雜畜之簿帳　外府指左、右衛所屬之折衝府。不僅兵士皆錄入簿籍，馬匹及騾、牛、驢等雜畜也有簿帳。諸折衝府兵士每十人為一火，每火配備有六匹馱馬，故徵發府兵須馬匹同行。《新唐書・兵志》稱府兵出發時，「當給馬者，官予其值市之，每匹予錢二萬五千。刺史、折衝、果毅歲閱不任戰事者鬻之，以其錢更市，不足則一府共（供）之。」㊿府馬之外直者以近及遠分為七番　《新唐書・百官志》作「凡府馬承直，以遠近分七番」。即折衝府所屬之馬匹，若隨驍騎應徵番上服役，則也以遠近分為七番。(51)左右廂之使　指左、右衛在承天、嘉德二門內左、右廂承值之武官，領使職奉敕出宮城外辦事者。(52)決罰之事　《唐律》規定：在京諸司，徒以上送大理，杖以下當司斷之。左、右衛屬下之驍騎，犯有杖以下之罪咎，由胄曹參軍事掌其決罰之事。(53)大朝會行從　大朝會，指元正、冬至日之朝會。行從，皇帝大駕出巡，左、右衛作為鹵簿之組織部份隨從出行。(54)諸黃質甲鎧弓箭之屬則受之於衛尉　句首「諸」，近衛校正德本「疑當作『請』」。黃質，以黃色為底色。甲鎧弓箭之屬，指諸衛士、驍騎所執之兵仗羽儀，包括鍪盔、鎧甲、弓箭、刀楯、矟戟一類兵器及黃麾、麒麟、角端、赤熊一類旌旗。衛尉寺屬下有武庫署，貯藏兵仗器械，供給諸衛以應宿衛和鹵簿之用。諸衛需用時，則請受於衛尉寺。

【語譯】〔左、右衛：〕長史，定員各一人，品秩為從六品上。《晉書‧職官志》說：「武帝設置了左、右衛，各有長史、司馬等屬員。過江後的東晉，撤銷了長史。」歷經南朝的宋、齊、梁、陳以及北魏、北齊，都只有司馬等屬員，而沒有設置長史。到了隋朝，左、右衛才又各設長史一人。本朝因承隋制。

錄事參軍事，定員各一人，品秩是正八品上。晉元帝初為鎮東大將軍時，設置了錄事參軍一人。在梁代，皇弟、皇子府設有中錄事參軍和錄事參軍各一人。北魏的三（二）大、二公府和〔第一、〕第二、第三品的將軍府，以及始蕃王、二蕃王、三蕃王府，都各設有錄事參軍的定員。北齊沿襲北魏這一官制。隋代在左、右衛府各設有錄事參軍一人，本朝因承隋制。

倉曹參軍事，定員各二人，品秩是正八品下。晉元帝擔任鎮東大將軍時，設有倉曹參軍一人。宋高祖開相府時，亦有這設置。北魏這一官職與錄事參軍同時設置。北齊因承北魏的建置。隋朝左、右衛府各設有錄事參軍一人。本朝因承隋制，定員則增加為二人。

兵曹參軍事，定員各二人，品秩是正八品下。晉朝，這一官職與倉曹同時設置。

騎曹參軍事，定員各一人，品秩是正八品下。三國魏司馬景王為大將軍時，設有騎兵曹（掾）一人。南朝宋高祖設相府時，置有騎兵參軍一人。隋朝在左、右衛府各設有騎兵曹參軍一人。本朝因承隋制，後來改稱為騎曹。

冑曹參軍事，定員各一人，品秩是正八品下。晉元帝擔任鎮東大將軍時，設有鎧曹參軍。南朝宋高祖開相府時，亦曾設有這一官職。《齊職儀》說：「左、右鎧曹各一人。」隋朝左、右衛府設有鎧曹行參軍各一人。本朝因承隋制。這一職名，在武后長安時期曾改稱冑曹，中宗神龍初年恢復稱鎧曹，到玄宗開元初年再次稱為冑曹。

司階，定員各二人，品秩是正六品上。

中候，定員各三人，品秩是正七品下。

司戈，定員各五人，品秩是正八品下。

執戟，定員各五人，品秩是正九品下。

奉車都尉，定員為各五人，品秩是從五品下。

長史的職掌是，主管各曹和親府、勳一府、勳二府、翊一府和翊二府這五個府，以及武安、武成等五十折衝府的日常事務，查閱有關兵仗、羽儀、車馬方面的事。凡是來往公文簿書、典章職事、廩料的申請和供給、卒伍軍團的名冊和人數、兵杖器械以及糧食的儲存和保管等，若遇重大事項要報告本衛長官聽由裁定，小事則由長史自行處理。每年的季秋九月，要依據本衛所屬各文武官員的功狀，協助大將軍對他們進行考課，並決定或升或降。

錄事參軍的職責是，掌管本衛印信，以及受理各曹、五府、外府和百司所由的公文，發送給相關的部門去處理；同時負責糾查公文公事處理中有無錯失和是否延誤程限。

倉曹參軍事的職務是，掌管五府和外府中的文職官員。凡是有關他們的勳階、考課、假使、祿俸以及公廨財物、田園食料等一類事務，都由倉曹主管和辦理。

兵曹參軍事的職務是，掌管五府和外府中的武職官員。凡是有關他們番上服役的次序、簿書名冊，都由兵曹受理，報請大將軍審定後，分派執行。

騎曹參軍事的職務是，掌管外府所屬的馬匹、雜畜的簿籍帳冊。凡是外府的馬匹到京師當值的，亦以距離京師的遠近分為七番，每月一替換。凡是左、右廂的使者，奉敕旨出宮城去辦事的，都要供給馬匹遣行。

冑曹參軍事的職掌是，管理兵仗器械和本衛官衙的修造以及杖以下刑罰的處斷一類事務。凡是大朝會和御駕外出巡行隨從，需用各種黃色的甲鎧、弓箭之類兵仗，則由冑曹從衛尉寺的武庫署領來，用畢，依原樣歸還衛尉。如果有不應歸還的，就留貯在本衛的武庫中。

【說 明】唐制，每一折衝府的兵員大體在八百到一千二百人之間，左、右衛下屬的外府共有五十折衝府，按上述基數計算便有五萬上下。再加上三衛的五府也有五千人左右，總計兵員多達五至六萬。一支如此龐大隊伍的番上宿衛的管理，實在是一件艱難而複雜的事。尤其是宮廷宿衛事關皇帝安全，《唐律・衛禁律》列有諸多細則規定，可謂動輒得罪，不容許有絲毫差錯。也基於此，本章所敘述的左、右衛屬吏，職官眾多，職掌亦特別具體而明確。如果作一些追溯，不妨說它是西漢大將軍幕府的一個歷史縮影。

大將軍開府之制，由來已久。所謂開府，便是長官可以自行開設府署，辟置僚屬。始見於戰國。《史記·李牧列傳》：「市租皆輸入莫府。」《集解》引如淳曰：「將軍征行無常處，所在為治，故言莫府。」《索隱》引崔浩云：「古者出征為將帥，軍還則罷，理無常處，以幕帟為府署，故曰『幕府』。則『莫』當作『幕』字之訛耳。」幕府的僚屬由將軍自己招攬和徵召，如《後漢書·班固傳》有云：「竊見幕府新開，廣延新俊。」其職掌主要是參贊軍務，員額東漢時大將軍幕府僚屬人數要大於三公開府者。如桓帝時梁冀為大將軍，建和元年（西元一四七年）「增大將軍府舉高第茂才，官屬倍于三公」（《後漢書》本傳）。大將軍幕府官屬的名稱，在西漢見於《漢書》記載的，有長史（〈丙吉傳〉）、校尉（〈霍光傳〉）、司馬（〈楊敞傳〉）、司空（〈杜延年傳〉）、從事中郎（〈陳湯傳〉）、軍監（〈匈奴傳〉）、史（〈律曆志〉）、軍武庫令（〈杜欽傳〉）等。此外驃騎將軍、車騎將軍、衛將軍，在西漢亦有設置幕府僚屬的記載。這些官員可分成兩類，一類屬於武官系統，如校尉、司馬以及軍監、千人等；另一類屬文官系統，如長史、從事中郎以及各種掾、史，多為處理文書簿籍和府內事務而設，與本章內以倉曹管理府內所屬之文官、兵曹管理府內所屬之武官相對應。東漢將軍府的屬員，《後漢書·百官志》亦有概述，茲抄錄於下：「長史、司馬皆一人，千石。本注曰：司馬主兵，如太尉。從事中郎二人，六百石。本注曰：職參謀議。掾屬二十九人，令史及御屬三十一人。本注曰：此皆府員職也。又賜官騎三十人，及鼓吹。」

本章所敘述的從長史、錄事參軍事到諸曹，卷目中還列有府、史等多名具體辦事吏員，他們構成了衛一級行政管理組織。從職掌上可以看到，諸曹之間分工明確，配合密切，而由長史和錄事參軍事總其成。值得注意的是，若論品秩，長史為從六品上，錄事參軍事為正八品上，而在他們管轄之下的司階正六品上，奉車都尉從五品下，都比他們要高。這是因為被通稱為四色官的司階、中候、司戈、執戟和奉車都尉等，都是能貼近皇帝的侍衛武官。以與最高統治者距離的遠近、關係的親疏作為論定官位高卑的一個重要標準，這是皇權至上條件下的職官制度的又一特徵。奉車都尉無非是為皇帝管管車輿而已，漢時秩比二千石，隋從五品上，唐從五品下，都可列為高品官了。但是國子監的國子博士也只有正五品上，太學博士正六品上，書學博士和算學博士更低到從九品下，只差一點就要跌到流外，這真叫那些學富五車、滿腹經綸的士子們活活氣煞！

四

親府、勳一府、勳二府、翊一府、翊二府等五府：中郎將各一人，正四品下。秦、漢有五官中郎將、左右中郎將，並皆二千石❶，掌領三署郎❷侍衛也；又有虎賁中郎將，漢平帝置❸，比二千石。後漢因之。建安十六年，魏公子丕為五官中郎將，置官屬，以副相國，位在諸侯王上❹。晉代不置。宋、齊、梁、陳並有左、右中郎將❺，後魏、北齊亦有之，各五人❻。隋氏左、右親衛，左、右勳衛，左、右翊衛各置開府一人以統之❼，有長史、司馬，倉、兵、法等參軍員❽，皇朝因之。武德七年，改開府，各置中郎將一人，左、右郎將各一人❾，謂之左右親、勳、翊衛中郎將府。

左右郎將各一人，正五品上。自漢以來並止曰中郎將❿。至隋，備身府置左、右郎將以統之⓫，又置左、右雄武府雄武郎將、武勇郎將以統之⓬。皇朝左右親、勳、翊衛因其名置左、右郎將之職也。

兵曹參軍事各一人，正九品上。

中郎將掌領其府校尉、旅帥、親衛、勳衛、翊衛之屬以宿衛，而總其府事⓭；左、右郎將貳焉。若大朝會⓮及巡幸，則如鹵簿之法⓯，以領其儀仗。凡五府之親、勳、翊衛應番上者，則以其名簿上大將軍，配于所職。

【章　旨】敘述左右衛五府中郎將、左右郎將和兵曹參軍事之定員、品秩、沿革及職掌。

【注　釋】❶秦漢有五官中郎將左右中郎將並皆二千石　句末「並皆二千石」《漢書・百官公卿表》作「並比二千石」。「皆」當作「比」。秦漢之郎官皆起源於郎中。郎即「廊」，殿廊。意謂侍奉於帝王所在殿廊之近臣。其職掌一是近侍左右、參與謀議，二是執兵宿衛，三是奉命出使。秦時由於郎中人數眾多而一分為三，即中郎、郎中、外郎三郎：給事宮中為郎中，給事宮外為外郎，給事禁中為中郎。三郎中，中郎地位最高，其長官即五官中郎將及左、右中郎將。五官中郎將，西漢專主中郎，東漢時部分侍郎、郎中亦歸其統率。掌宿衛殿門，出充車騎，東漢初間或參與戰事。左、右中郎將，與五官中郎將分領中郎，更值宿衛。一說左中郎將專掌謁者，右中郎將專掌常侍侍郎，如《漢舊儀》云：「左中郎將秩比二千石，主謁者；右中郎將，秩比二千石，主常侍侍郎。」三中郎將中，五官中郎將地位最高。漢於武帝後，中郎將一職皆由外戚及皇帝之親信充任。昭帝時，霍光子禹及兄孫雲皆為中郎將；宣帝、元帝時，外戚兩王及史家多任侍中中郎將，張安世四子並為中郎將侍中，金安上為侍中中郎將，其二子均任諸曹中郎將。漢俸比二千石，月各百斛。❷三署郎　指五官中郎將及左、右中郎將所屬之郎官。《漢官儀》稱：「三署為五官署也，左、右署也，各置中郎將以司之。郡國舉孝廉以補三署郎，年五十以上屬五官，其次分在左、右署。」《後漢書・百官志》記其員品職掌為：「五官中郎將一人，比二千石。本注曰：主五官中郎。五官中郎，比六百石。本注曰：無員。五官侍郎，比四百石。本注曰：無員。五官郎中，比四百石。本注曰：無員。凡郎官皆主更直執戟，宿衛諸殿門，出充車騎。」又云：「左中郎將，比二千石。本注曰：主左署郎。中郎比六百石，侍郎比四百石，郎中比三百石。本注曰：皆無員」；「右中郎將，比二千石。本注曰：主右署郎。中郎比六百石，侍郎比四百石，郎中比三百石。本注曰：皆無員」。三署郎之員額，並多寡無定。《後漢書・陳蕃傳》載：桓帝初，「三署郎吏二千餘人」；《後漢書・楊秉傳》則云：桓帝延熹中，「三署見郎七百餘人」。其職掌除上述所引外，亦常給予其他事類。東漢以之入東觀典校秘書，如班固，「永平中為郎，典校秘書」（《漢書・敘傳》）；馬融，「永初四年（西元一一〇年）拜為校書郎中，詣東觀典校秘書」。三署郎中者儒名士，亦有入宮以經教授太子者，如左咸「舉孝廉除郎中，建武中入授皇太子《論語》」，其「子拜郎中，亦以《論語》入授和帝」（《後漢書・儒林傳》）；桓郁、桓焉、桓彬祖孫三代，比以三署郎入宮侍講（見《後漢書・桓榮傳》）。此外，又有給事謁者、給事大鴻臚，或出補令、長、丞、尉一類郡官者。❸虎賁中郎將漢平帝置　漢平帝，西漢皇帝劉衎，為王莽所立之傀儡，在位五年，被王莽毒死，年僅十四。虎賁中郎將，虎賁郎之長官。虎賁郎原為期門。《漢書・百官公卿表》：「期門掌執兵送從，武帝建元三年（西元前一三八年）初置，比郎，無員，多至千人，有僕射，秩比千石。平帝元始元年（西元一年）更名為虎賁郎，置中郎將，秩比二千石。」東漢亦置虎賁郎。《後漢書・百官志》：「虎賁中郎將，比二千石。本注曰：主虎賁宿衛。」其下屬有「左右僕射、左右陛長各一人，比六百石。本注曰：僕射主虎賁郎習射；陛長主直虎賁，朝會在殿中。虎賁中郎，比六百石，虎賁侍郎，比四百石。節從虎賁，比二百石。本注曰：皆無員。掌宿衛侍從。自節從虎賁久者，才能差高至中郎。」關於虎賁郎之員數，蔡質《漢儀》載：「主虎賁千五百人，無常員，多至千人。」劉昭注：「虎賁舊作『虎奔』，言如虎之奔也。王猛以古有勇士孟賁，故名焉。孔安國曰：若虎賁獸，言其甚猛。」荀綽《晉百官表注》：「虎賁諸郎，皆父死子代，漢制也。」在東漢，虎賁中郎將一職，皆由外戚或皇室之親信充任。❹自「建安十六年」至「位在諸侯王上」　建安十六年，即西元二一一年。建安是漢獻帝年號。魏公子丕為五官中郎將，魏公子丕，指曹丕，建安末廢獻帝為山陽公而建魏稱帝，即魏文帝。此處曹丕為五官中郎將時間，與史載有異。《三國志・魏書・武帝紀》稱：「天子命公世子丕為五官中郎將，置官屬，為丞相副。」是年，曹操尚為丞相，曹丕是以丞相之世子為五官中郎將；至建安十八年（西元二一三年），「天子使御史大夫郗慮持節策命公為魏公」，才能稱曹丕為魏公子。次年，「天子使魏公位在諸侯王上」。故「位在諸侯王上」當為魏公曹操，非其子曹丕。直至建安二十二年（西元二一七年）方以五官中郎將曹丕為魏太子。❺宋齊梁陳並有左右中郎將　宋，《宋書》之〈百官志〉稱其置有「左中郎將、右中郎將」；〈孝武帝紀〉亦載大明「六年（西元四六二年）正月，乙未，置五官中郎將、左右中郎將」。齊，《南齊書・百官志》有「左、右二中郎將」，紀僧真曾為左、右中郎將。梁、陳，據《隋書・百官志》，梁設左、右中郎將，皆以分司丹禁，侍衛左右，品秩為八班；陳，亦設左、右中郎將，第五品，秩千石。《通典・職官十一》中郎將條稱：「魏無三署郎，猶置左、右中郎將。晉武帝省左、右中郎將官。宋孝武大明中，復置，銀章青綬，武冠，絳朝服，佩水蒼玉。齊左、右郎將屬兩省，梁代並分司丹禁。」❻後魏北齊亦有之各五人　北魏，未見有置五官及左右中郎將記載，靈太后時，所置為南、北、東、西四中郎將。北齊，據《隋書・百官志》在左右衛府屬官中設「左右中郎將，各五人」。❼隋氏左右親衛左右勳衛左右翊衛各置開府一人以統之　隋代，在左、右衛之下設左右親衛，其全稱是左、右親衛中郎將府，每衛設開府一人以統之。《隋書・百官志》：「左、右衛又各統親衛，置開府。左勳衛開府，左翊一開府、二開府、三開府、四開府」，「府置開府一人」。又「諸府皆領軍坊，每坊置坊主一人，佐二人。每鄉團置團主一人，佐二人」。

❽有長史司馬倉兵法等參軍員　《隋書·百官志》稱隋親衛、勳衛、翊衛皆「有長史、司馬、錄事及倉、兵等曹參軍，法曹行參軍各一人，行參軍三人」，與此處稍異。❾武德七年改開府各置中郎將一人左右郎將各一人　武德七年，即西元六二四年。武德為唐高祖李淵年號。據《新唐書·百官志》，唐初「親衛、勳衛置驃騎將軍、車騎將軍，武德七年，改驃騎將軍為中郎將，車騎將軍為郎將，分左、右」。又，《唐會要》卷七一、十二衛條：「永徽三年（西元六五二年）八月二十日，避太子諱，改中郎將為旅賁，改郎將為翊軍。」時所立太子為陳王李忠。❿並止曰中郎將　句中「止」，廣雅本作「名」。又，《職官分紀》卷三六引《唐六典》原注此句「並」「曰」連書，中無字，亦通。⓫隋備身府置左右郎將以統之　據《隋書·百官志》：隋文帝開皇十八年（西元五九八年）置備身府。煬帝大業三年（西元六〇七年）改左、右備身為左、右驍衛。不久左右領左右府，又改為左右備身府，各置備身郎將一人。⓬又置左右雄武府雄武郎將武勇郎將以統之　據《隋書·百官志》：隋煬帝時，左右領左右府，改為左右備身府，「有折衝郎將各三人，正四品，掌領驍果。又各置果毅郎將三人以貳之，從四品。其驍果，置左、右雄武府，雄武郎將以領之，以武勇郎將為副員，同鷹揚、鷹擊。有司兵、司騎二局，並置參軍事」。⓭中郎將掌領其府校尉旅帥親衛勳衛翊衛之屬以宿衛而總其府事　據《新唐書·百官志》，唐五府之總人數為四千九百六十三人。每府置校尉五人，正六品上；每校尉有旅帥二人，從六品上；每旅帥各有隊正二十人，正七品上，副隊正二十人，正七品下。親衛，正七品上；勳衛，從七品上；翊衛，正八品上。左、右衛之親衛，取三品以上子、二品以上孫為之；勳衛取四品子、三品孫、二品已上曾孫；翊衛則由四品孫、職事五品之子及孫，若勳官三品有封者及國公之子充任。⓮大朝會　指每年元正、冬至日之朝會及宴見蕃國王。朝會之儀仗由諸衛充任，其中由左、右衛出任者，有五仗中之供奉仗、散手仗，立於殿上；承天門內之挾門隊列於東西廊下；御坐正殿時，則為黃旗仗立於兩階之次，鍪、甲、弓、箭、刀、楯皆黃色，每隊主帥以下四十人，皆戎服，被大袍，二人引旗，一人執，二人夾，二人執矟，餘佩弩、弓箭，第一為麒麟旗隊，第二為角端旗隊，第三為赤熊旗隊，各有折衝都尉一人檢校，戎服，被大袍，佩弓箭、橫刀等。⓯鹵簿之法　指御駕外出巡行時，依大駕鹵簿隊列，左、右衛須執儀仗依次隨行。據《新唐書·儀衛志》，左、右衛之儀仗次於皇帝玉輅之前，由左、右衛將軍二人分列左右，領班、儀刀各一人從。次班劍、儀刀，左、右廂各十二行：第一為左、右衛親衛各五十三人，第二左、右衛親衛各五十五人，第三左、右衛勳衛各五十七人，第四左、右衛勳衛各五十九人，各執金銅裝班劍，纁朱綬紛；第五為左、右衛翊衛各六十一人，第六左、右衛翊衛各六十三人，第七左、右衛翊衛各六十五人。其後依次為左、右驍衛，左、右武衛翊衛，左、右威衛翊衛，左、右領軍衛翊衛，左、右執金吾衛翊衛。而左、右衛之大將軍則騎馬相從於皇帝玉輅之後，居供奉官之後。

【語　譯】親府、勳一府、勳二府、翊一府、翊二府等五府：中郎將，定員各一人，品秩為正四品下。秦、漢時，設有五官中郎將和左、右中郎將，他們每年的俸秩都是比二千石，職掌是率領三署郎的郎官們在宮廷中宿衛。另外還有虎賁中郎將，漢平帝時設置，俸秩也是比二千石。東漢因承西漢的建置。漢獻帝建安十六年，魏公子（丞相世子）曹丕擔任五官中郎將，開府設置官屬，為相國的副貳，地位在諸侯王之上。晉代不設置三署郎。南朝的宋、齊、梁、陳都設有左、右中郎將；北魏、北齊亦有，左、右衛府各置中郎將五人。隋代左右親衛、左右勳衛、左右翊衛各自設置開府一人，統率各衛，屬官有長史、司馬以及兵曹、倉曹參軍和法曹行參軍等吏員。本朝因承隋的建置。高祖武德七年改為開府，各置中郎將一人，左、右郎將各一人，稱之為左右親、勳、翊衛中郎將府。

左、右郎將，定員各一人，品秩為正五品上。從漢以來都只稱為中郎將，到了隋朝，才在左、右備身府各置備身郎將一人，用為統率。又建立了左、右雄武府，設置雄武郎將和武勇郎將作為統率。本朝沿用隋的左右親衛、勳衛、翊衛這些名稱，並設置了左、右郎將的職官。

兵曹參軍事，定員各一人，品秩為正九品上。

中郎將的職掌是，統領所在府屬下的校尉、旅帥、親衛、勳衛、翊衛在宮廷參加宿衛，並總攬本府的各項事務；左、右郎將為中郎將副職。如果皇帝舉行大朝會或外出巡幸，那就要依照鹵簿規定的次第，統領所屬的儀仗。凡是五府的親衛、勳衛、翊衛應番上宿衛的成員，中郎將要將他們的名冊簿籍上報給大將軍審批，然後分配到所輪值的崗位上去。

【說　明】本章所敘述的親衛、勳衛、翊衛三衛，由於能夠充當皇帝近身宿衛，被史家喻之為「王之爪牙，國之柱石」（《冊府元龜‧環衛部‧總序》），在唐代前期成為引人注目的一個特殊部門。這個特殊部門的高門檻，平民百姓的子弟，包括低級官吏的子弟，自然是無緣跨進的。《新唐書‧百官志》稱：「武德、貞觀世重資蔭，二品、三品子，補親衛，二品曾孫、三品孫、四品子，職事官五品子若孫，勳官三品以上有封及國公子，補勳衛及率府親衛；四品孫、五品及上柱國子，補翊衛及率府勳衛。」即使在三衛內部，依然存在著森嚴的等級。每月番上者有數千人，能靠近皇帝的只是其中執扇的三百人，還必須挑選「少壯肩膊齊，儀容整美者」。不過最令當時人眼紅的還在於它是一條進入仕途的捷徑。凡左、右衛番上宿衛經三考，可以補引駕、細引；六考滿，可以赴兵部校試，有文才的，還可以赴吏部選官。但世界上的事總是極而必反，人們趨之若鶩的結果，其後便出現了「入官路艱，三衛非權勢子弟輒退番，柱國子有白首不得進者」。人一多，真正能夠通過這條捷徑做上高官的，還是只有少數有高層門路可走的權勢子弟，甚至連柱國（唐為十一轉勳官，比從二品）的子弟也有「白首不得進者」，其餘四、五品官員子弟自然更難逃「退番」的命運了。再後來，「三衛益賤，人罕趨之」。到了玄宗天寶年間，「府人目番上宿衛者曰侍官，言侍衛天子；至是衛佐悉以假人為童奴，京師人恥之，至相罵辱必曰侍官。而六軍宿衛皆市人，富者販繒綵，食粱肉；壯者為角觝、拔河、翹目、扛鐵之戲，及祿山反，皆不能受甲矣」。當年的天之驕子，如今卻成了販夫走卒以至賣雜耍的江湖漢，一群為京師人所不齒的敗類。這與其說是歷史對人的作弄，不如說是它在向世人昭示一個古今相通的規律：凡是有特權的地方必然滋生腐敗，而腐敗的結果則總是首先消解並最後埋葬其自身。

五

左右驍衛：大將軍各一人，正三品。漢武帝以李廣為驍騎將軍❶，後省之。光武改屯騎為驍騎❷。晉文帝置內臺，以為宿衛之官❸。歷宋、齊、梁、陳、後魏、北齊，並有驍騎將軍之職❹。後周有左、右驍騎率上士一人❺。至隋煬帝，改左、右備身為左右驍騎；尋以左、右驍衛所領名豹騎，而又別置備身❻。皇朝置左、右騎衛府❼。龍朔二年❽除「府」字。光宅元年❾改為左、右武威衛，神龍元年復為左、右驍騎❿。

將軍，各二人，從三品。隋煬帝置，皇朝因之。

左、右驍衛大將軍之職⑪掌如左、右衛；其異者，大朝會⑫建黃麾⑬、鳳旗、飛黃旗、吉利旗、兕旗、太平旗⑭。親府之翊衛、外府之豹騎番上者⑮，則分配之。在正殿⑯之前，則以胡祿隊坐於東、西廊下⑰。若御坐正殿，則以隊仗次立于左、右衛下⑱；在正門之外，則以挾門隊列於東、西廂⑲。凡分兵以守諸門，則知左廂諸門之內事，右廂諸門之外事⑳。若在皇城四面、宮城之內外，則與左、右衛分知助鋪㉑之職。

【章　旨】敘述左右驍衛大將軍、將軍之定員、品秩和職掌。

【注　釋】❶漢武帝以李廣為驍騎將軍　漢武帝，西漢皇帝劉徹，字通。在位五十四年，終年七十一歲。李廣，隴西成紀（今甘肅靜寧西南）人。善騎射，西漢名將。文帝時為騎常侍，景帝時為驍騎都尉，先後任隴西、北地、雁門、雲中太守。武帝元光元年（西元前一三四年）為驍騎將軍，屯雲中，出擊匈奴。此後多次以驍騎將軍隨韓安國、衛青等帶兵出漠北擊匈奴。❷光武改屯騎為驍騎　光武，東漢皇帝劉秀，字文叔，南陽蔡陽（今湖北棗陽西南）人。在位三十二年，終年六十二歲。屯騎，即屯騎校尉，漢代八校尉之一，武帝始置，秩二千石，東漢為比二千石，掌騎士宿衛。《通典·職官·諸校尉附》：屯騎驍尉「東漢初改為驍騎校尉，建武十五年（西元三九年）復舊。」《後漢書·百官志》：「屯騎校尉一人，比二千石。本注曰：掌宿衛兵。」劉昭注引《漢官》曰：「員吏百二十八人，領士七百人。」❸晉文帝置內臺以為宿衛之官　晉文帝，司馬昭，字上之。繼司馬師輔政，為大都督大將軍，都督中外諸軍、錄尚書事，封晉王，賜天子禮樂。其子司馬炎受禪為晉武帝，追尊為文帝。《宋書·百官志》稱：驍騎將軍，「魏世置為內軍，有營兵，高功者主之。先有司馬、功曹、主簿，後省」。《晉書·職官志》：「驍騎將軍、遊擊將軍，並漢雜號將軍也。魏置中軍，及晉以領護左右衛、驍騎、遊擊為六軍。」又，《職官分紀》卷三五引《唐六典》原注此句作「晉文帝立晉臺，以為宿衛之官」。❹歷宋齊梁陳後魏北齊並有驍騎將軍之職　宋置驍騎將軍之職，可見於《宋書・阮佃夫傳》：宋明帝泰始四年（西元四六八年），阮「以本官兼游擊將軍，假寧朔將軍，與輔國將軍兼驍騎將軍孟次陽與二衛參員直」。齊承宋制，亦有置。《南齊書・江斅傳》載：齊武帝永明七年（西元四八九年），斅「徙為侍中，領驍騎將軍，尋轉都官尚書，領驍騎將軍。」梁，在武帝天監六年（西元五〇七年）四月置左右驍騎、左右游擊將軍官，以長沙嗣王蕭業為左驍騎將軍，尋改驍騎為雲騎。陳承梁制。《陳書・韋載族弟翽傳》：武帝「永定元年（西元五五七年）（翽）授貞毅將軍、步兵校尉，遷驍騎將軍，領朱衣直閤。驍騎之職，舊領營兵，兼統宿衛。自梁代以來，其任踰重，出則羽儀清道，入則與二衛通直，臨軒則升殿俠（通「夾」）侍。翽素有名望，每大事恒令俠侍左右，時人榮之，號曰俠御將軍」。北魏太和十七年（西元四九三年）職員令，列驍騎將軍為從第三品上，太和二十三年（西元四九九年）復次職令則降為第四品上。北齊驍騎將軍亦列第四品上。❺後周有左右驍騎率上士一人　句末「一人」，嘉靖本作「二人」，《職官分紀》卷三五引《唐六典》原注則作「三人」。北周左、右驍騎率屬夏官府大司馬卿，品秩為正三命，掌驍騎之士。據《隋書・禮儀志》其隊之儀仗器物皆黃色，以皓為飾，立於三仗第四行之南北。其副率貳之。❻自「煬帝改左右備身為左右驍騎」至「別置備身」　煬帝，隋朝皇帝楊廣，在位十四年，終年五十歲。據《隋書・百官志》，煬帝大業三年（西元六〇七年）改「左、右備身為左、右驍衛」。又稱：「左、右驍衛所領名豹騎」。《舊唐書・職官志》及《通典・職官十・武官》則謂「隋改左、右備身為左、右驍衛」。別置備身，指改領左、右府為左、右備身府，各置備身郎將一人。❼皇朝置左右騎衛府　句中「騎」，《職官分紀》卷三五引《唐六典》原注此句作「驍」，當據以改。《通志・職官略》：「唐因隋置左右驍衛府。」《舊唐書・職官志》記其事稱：「國家去『騎』字，曰驍衛府。」❽龍朔二年　即西元六六二年。龍朔為唐高宗李治年號。❾光宅元年　即西元六八四年。光宅為武則天稱制時年號。❿神龍元年復為左右馳騎　句末「馳騎」，據《職官分紀》卷三五引《唐六典》原注此句當作「驍騎」。神龍元年，即西元七〇五年。神龍為唐中宗李顯年號。⓫左右驍衛大將軍之職　正德本及廣池本句中「大將軍」下尚有「將軍」二字，當補。⓬大朝會　指每年元正、冬至日皇帝受群臣朝賀之儀式。⓭黃麾　用以指揮之黃色旌幡。諸衛皆有各自不同色澤之麾。⓮鳳旗飛黃旗吉利旗兕旗太平旗　指分別繪有各種不同圖案之旗，以為左右驍衛諸騎兵隊之標誌。《元史・輿服二》載有諸旗形制，與唐制或有異，姑摘錄以為參考。鳳旗：青質青火焰腳，繪以鳳而具五彩。飛黃旗：赤質赤火焰腳，形如馬，色黃而有翼。兕旗：赤質青焰腳，繪獸似牛，一角，青色。太平旗：青質青焰腳，金描蓮花四上，金書「天下太平」字。據《新唐書・儀衛志》，大朝會時，左、右驍衛執赤旗仗，坐於東西廊下，鍪、甲、弓、箭、刀、楯皆赤，其旗隊有五，依次為鳳旗隊、飛黃旗隊、吉利旗隊、兕旗隊和太平旗隊。⓯親府之翊衛外府之豹騎番上者　句首「親府」當是「翊府」之訛。諸衛除左、右衛外，皆只設翊府。下文亦為「翊府中郎將」。翊府之翊衛以四品孫、職事五品子及孫、三品曾孫、勳官三品有封者及國公之子，年滿二十一歲者番上服役。八考為滿考，可赴兵部校試。外府，指屬於左、右驍衛之永固等四十九折衝府兵士，其衛士稱豹騎。⑯正殿　在西京，太極宮以太極殿為正殿，大明宮則以含元殿為正殿。在東都，正殿指乾元殿，後亦改名為含元殿。⑰胡祿隊坐於東西廊下　《舊唐書・職官志》句首「胡祿隊」上尚有「黃旗隊及」四字。胡祿，亦稱胡簏、胡簶、胡韊。藏矢之器具。《玉篇・竹部》：「簶，胡簶，箭室。」《史記・魏公子列傳》：「平原君負韊矢。」司馬貞《索隱》：「韊，音蘭，謂以盛矢，似今之胡簏而短也。」《新唐書・儀衛志》：「每夜，第一鼕鼕，諸隊仗佩弓箭、胡祿，出鋪立廊下，按矟，張弓，捻箭，彀弩。」東西廊，指正殿東西兩側之廡廊。⑱若御坐正殿則以隊仗次立于左右衛下　意謂皇帝若坐於正殿，則左、右驍衛之隊仗依次立於正殿。兩階，其位置在左、右衛之下。⑲在正門之外則以挾門隊列於東西廂　正門，西京指承天門，東都則是應天門。挾門隊，指宿衛於諸門之門仗。《新唐書・儀衛志》：「諸衛有挾門隊、長槍隊。承天門內則左、右衛挾門隊列東西廊下，門外則左、右驍衛列東西廊下。」⑳凡分兵以守諸門則知左廂諸門之內事右廂諸門之外事　知，掌管。左廂諸門，西京指承天門以東之長樂門等，東都指應天門以東之明德門。右廂諸門，西京指廣運門等，東都指應天門以西之長樂門。㉑助鋪　亦簡稱鋪。皇城警衛軍之駐所或哨所。《新唐書・百官志》：「凡城門坊角，有武候鋪，衛士、彍騎分守。大城門百人，大鋪三十人，小城門二十人，小鋪五人。」可知鋪有大小之分。

【語　譯】左、右驍衛：大將軍，定員各一人，品秩為正三品。漢武帝曾任李廣為驍騎將軍，後來省去了這一職務。東漢光武帝時，曾一度改屯騎校尉為驍騎校尉。魏末晉文帝執政時，設置內軍，有驍騎將軍作為宿衛的軍官。歷經南朝宋、齊、梁、陳和北魏、北齊，都設有驍騎將軍這一官職。北周時設有左、右驍騎率上士一人。到隋煬帝時，把左、右備身改名為左、右驍騎（衛），不久又將左、右驍衛所統領的衛士稱之為豹騎，同時又改稱左、右領的左、右府為左、右備身府。本朝設立左、右騎（驍）衛府，高宗龍朔二年除去了「府」字。武后光宅元年曾改為左、右武威衛，中宗神龍元年仍然稱為左、右馳（驍）衛。

將軍，定員各二人，品秩為從三品下。隋煬帝時設置，本朝因承隋制。

左、右驍衛大將軍〔和將軍〕的職掌，與左、右衛基本相同。有差異的地方是大朝會時，本衛所建黃麾仗，下屬有鳳旗隊、飛黃旗隊、吉利旗隊、兕旗隊和太平旗隊。親（翊）府的翊衛和所屬外府的豹騎輪到番上服役的，就要分配他們宿衛的崗位。在正殿的前面，以〔黃旗隊和〕胡祿隊分坐東西廊下。如果皇上御坐正殿，那就讓隊仗依次立在正殿的兩階，位置在左、右衛之下；在正門之外，由挾門隊分列於東西兩廂。凡是分兵守衛各道城門，則分工負責左廂各門之內和右廂各門之外有關警衛的事務。如果在皇城的四面和宮城內外值勤，就與左、右衛一起分擔巡查衛士駐所的事務。

【說　明】諸衛的大將軍、將軍或中郎將，作為宿衛的軍官，與皇帝的居處和家人都比較接近，因而每當皇室權力爭奪激化之時，或新老皇帝傳位之際，便是此輩人等最難於應對的危險時期。自然也有因投機得逞而飛黃騰達的，但更多的還是難逃殺身之禍。《漢書·衛綰傳》載：文帝時綰以戲車為郎，因功遷中郎將。一次，還在做太子的景帝「召上左右飲」。若依人世常情，這當然是友好之舉，但在帝王之家，這卻把衛綰推上了懸崖絕壁：應召去赴宴吧，就違反了「君老不事太子」的為臣原則，文帝就會懷疑他有「二心」，他也就死到臨頭；不去吧，一旦老皇帝歸天太子登上大位，他還能有什麼活路？左難右難，最後只得「稱病不行」。接下去的故事是：「文帝且崩時，屬孝景曰：『綰長者，善遇之。』及景帝立，歲餘，不孰何綰（就是對綰實行冷處理），綰日以謹力。景帝幸上林，詔中郎將參乘，還而問曰：『君知所以得參乘乎？』綰曰：『臣代戲車士，幸得功次遷，待罪中郎將，不知也。』上問曰：『吾為太子時召君，君不肯來，何也？』對曰：『死罪，病。』上賜之劍，綰曰：『先帝賜臣劍凡六，不敢奉詔。』上曰：『劍，人之所施易，獨至今乎？』綰曰：『具在。』上使取六劍，劍常盛，未嘗服也。」這一路的詰問，處處充滿著殺機。幸得衛綰早有準備，且為人醇謹，誠實以對，總算躲過了一道道險關。此後挾緊尾巴做人，「不與它將爭，有功，常讓它將」，如此積以時日，才給景帝留下了「忠實無它腸」的印象，得以苟存。隋煬帝時以左備身將軍轉左驍衛將軍的董純，也有過一段類似的經歷，事見《隋書》本傳。煬帝次子齊王楊暕以所謂「挾左道為厭勝」事獲罪，因純與他有些聯繫，便「坐與交通」，要拿下問罪。下面是他對煬帝責問的答話：「帝庭譴之曰：『汝階緣宿衛，以至大官，何乃附傍吾兒，欲相離間也？』純曰：『臣本微賤下才，過蒙將大擢，先帝察臣小心，寵踰涯分，陛下重加收採，位至將軍，欲竭餘年，報國恩耳。比數至齊王者，徒以先帝、先后在仁壽宮，置元德太子及齊王於膝上，謂臣曰：「汝好看此二兒，勿忘吾言也。」臣奉詔之後，每於休暇出入，未嘗不詣王所，臣誠不敢忘先帝之言。于時陛下亦侍先帝之側。』帝改容曰：『誠有斯旨。』於是捨之。」董純是靠搬出先帝又照顧了當今皇上的面子（「時陛下亦侍先帝之側」這一句至關緊要），才勉強保住了性命的。唐代侯君集的例子則有些特別：他先是得利於宮廷權力角逐，後來又終於葬身其中。此人出身行伍，在唐王朝第一輪皇位爭奪戰——玄武門之變中，忠實依附於李世民，為誅殺建成、元吉出謀頗多，因而李世民即位，他便拜為左衛將軍，遷兵部尚書，曾帶兵破吐谷渾、平高昌。據《新唐書》本傳記載，後因「自恃有功，以它罪被繫，居怏不平」。就在這時，唐宮廷第二輪皇位爭奪戰又已白熱化，太子承乾感到自己即將被廢，便通過在東宮為千牛的侯君集的女婿賀蘭楚石，「私引君集入，問自安計」。侯君集以為又一次押寶的機會來到：「舉手謂曰：『此手當為殿下用之。』」但這一回他失算了！原因是李世民不像他父親李淵那樣軟弱，而承乾更無法與當年乃父相比。結果是「承乾事覺，捕君集下獄」。在此生死攸關之際，曾經引他入東宮的賀蘭楚石，為求自保，來了個女婿告發丈人。於是侯君集不僅自己掉了腦袋，連家人也被籍沒。

上述數例說明，當諸衛頭頭實在是一個危險的差使，原因就在於他們手裏捏著刀把子。大陸早些年不是幾乎天天宣傳那麼一句話嗎：「用槍桿子奪取政權，用槍桿子保衛政權」？這的確說出了一切專制集權統治的基本特徵。皇帝手裏那至高無上的權力正是用刀把子奪來又須用刀把子去保衛。保衛總得用人，但皇帝的本性又決不會真正相信任何一個人，尤其不會放心把刀把子這樣危險的東西交到別人手裏。所以只要稍有風吹草動或杯弓蛇影一類跡象，就首先要向手裏捏著刀把子的人開刀。難道就沒有依附於權力角逐中某一派而能長期固榮得寵的嗎？當然也有，只是代價十分昂貴。例如段志玄便可算得一個。據《舊唐書》本傳載，玄武門之變前夕，「隱太子建成、巢剌王元吉競以金帛誘之，志玄拒而不納，密以白太宗，竟與尉遲敬德等同誅建成、元吉。太宗即位，累遷左驍衛大將軍，封樊國公，食實封九百戶。文德皇后之葬也，志玄與宇文士及分統士馬出肅章門。太宗夜使宮官至二將軍所，士及開營內（通「納」）使者，志玄閉門不納，曰：『軍門不可夜開。』使者曰：『此有手敕。』志玄曰：『夜中不辯（通「辨」）真偽。』竟停使者至曉。太宗聞而嘆曰：『此真將軍也，周亞夫無以加焉。』」史家之筆自然是偏向於勝利者李世民一方說話的，但即使如此還是不難看出，段志玄所以能夠獲此讚語，就是因為他早已付出了自己獨立的人格和自由的代價。

六

長史❶各一人，從六品上。

錄事參軍事❷各一人，正八品上。

倉曹參軍事❸各二人，正八品下。

兵曹參軍事❹各二人，正八品下。

騎曹參軍事❺各一人，正八品下。

胄曹參軍事❻各一人，正八品下。隋煬帝改置驍衛府❼，有長史，從五品；有錄事參軍，倉曹、兵曹、騎兵、鎧曹行參軍員。皇朝降長史為從六品，改騎兵為騎曹、鎧曹為胄曹，而衛除「府」字❽。

司階❾各二人，正六品上。

中候❿各三人，正七品下。

司戈⓫各五人，正八品下。

執戟⓬各五人，正九品下。

長史掌判諸曹、翊府及永固等四十九府⑬之事，以閱兵仗⑭、車馬；餘如左、右衛。錄事參軍、倉曹、兵曹、騎曹、胄曹所掌亦如之。

翊府⑮：中郎將各一人，正四品下。本隋翊衛開府⑯，皇朝武德十年改置中郎將⑰。

左右郎將各一人，正五品上。本隋備身府左、右郎將⑱，皇朝因之。

兵曹參軍事各一人，正九品下⑲。

中郎將掌領其府校尉、旅帥、翊衛⑳之屬以宿衛，而摠其府事；餘如左、右衛。

【章旨】敘述本衛之長史、錄事和倉、兵、騎、胄諸曹參軍事等屬官，以及所屬之翊府中郎將與其屬官各自之定員、品秩及職掌。

【注釋】❶長史　軍府屬吏之長。本為秦官，李斯入秦時即曾任此職。漢承秦制，丞相、太尉、御史大夫諸府及邊郡太守府等皆置長史。東漢諸府長史署領本府諸曹事。魏晉以降，諸王府、公府、軍府皆置長史，長史漸專為府佐之任。隋唐長史有三類：諸都護府、諸都督府、諸州長史，中央南衙諸衛、北衙諸軍、諸折衝府（隋稱鷹揚府）、東宮諸率府長史，以及諸王府長史。員額、品秩各不相同，皆為幕僚之長，故有「元僚」之稱。❷錄事參軍事　王公府、軍府、州之佐吏。晉始置。本為公府官，掌總錄眾曹文簿，舉彈善惡。後世軍府之錄事參軍往往加帶將軍號，亦有委以州府重任者。隋制，諸王府、左右領軍及諸衛、諸率府皆置錄事參軍一人。唐因隋制，掌發付勾檢，省署抄目，糾彈非違，監守符印及給紙筆之事，總錄本府之諸曹，列曹事有異同得以奏聞。❸倉曹參軍事　軍府佐吏名。晉始置。後世王公府、軍府及州置軍府者並置，為諸曹參軍事之一，掌倉儲之事。唐開元時定制，在軍府稱倉曹參軍，在州稱司倉參軍。諸衛之府皆置倉曹參軍二人，隨曹皆置府史。掌公廨、度量、庖廚、倉庫、租賦徵收及田園、市肆等事。❹兵曹參軍事　軍府佐吏名。西晉末司馬睿任鎮東大將軍開府時始置，後世軍府及州置軍府者皆置，為府佐諸曹參軍之一。唐開元時定制，在府稱兵曹參軍，在州稱司兵參軍。諸王府、諸衛府、諸率府、鎮將府及京畿府各置兵曹參軍一至二人，隨曹置府史。掌武官選舉、兵甲器仗、軍防、門禁、烽候、傳驛、田獵之事。❺騎曹參軍事　軍府佐吏名。晉以下諸王府、軍府置騎兵參軍，隋因之，諸衛府、領軍府則改為騎曹參軍，定員為一人。唐初或置騎兵參軍，後一併改稱騎曹參軍事，諸衛、諸率府、親王府各置一人，為府佐諸曹參軍事之一。其屬員有府史若干人。掌外府雜畜簿帳、牧養、承值給馬等事。❻胄曹參軍事　軍府佐吏名。西晉末司馬睿為鎮東將軍開府時始置，後世若南朝宋武帝劉裕為丞相開府時亦置。隋左、右衛府設鎧曹行參軍，唐承隋制，武則天時改名為胄曹參軍事，為軍府諸曹參軍事之一。下置府、史若干人。掌戎仗器械及公廨興造和決罰之事。❼隋煬帝改置驍衛府　煬帝，隋朝皇帝楊廣，在位十四年，終年五十歲。煬帝大業三年（西元六〇七年）改左、右備身為左、右驍衛府。❽改騎兵為騎曹鎧曹為胄曹而衛除府字　據《新唐書·百官志》本注：開元初，騎兵參軍改為騎曹參軍事；武周長安初，改鎧曹為胄曹；高宗龍朔二年（西元六六二年），左右衛府、驍衛府、武衛府皆除「府」字。❾司階　唐武官名。掌殿陛執仗侍值。❿中候　唐武官名。候，本為低級武官，漢校尉屬官即有候。《漢書·百官志》在城門校尉之下有十二城門候，戊巳校尉下有候五人。東漢軍隊之編制，部設校尉，部下有曲，曲設候為其長官，曲下有屯，屯設屯長。城門有門候。《宋書·百官志》稱：「光武省中壘校尉，置北軍中候，監五校營。」晉武帝時，「使中軍將軍羊祜統二衛前、後、左、右驍騎七軍營兵，即領軍之任，祜遷罷，後置北軍中候，北軍中候置丞一人」。至「懷帝永嘉中改曰中領軍，元帝永昌元年（西元三二二年）復改曰北軍中候。尋復為領軍，成帝世復以為中候，而陶回居之。」故中候在晉地位頗高，至唐重新啟用中候這一職名，僅為殿陛一般侍值武官而已。⓫司戈　唐武官名。掌執戈侍值於殿內。戈，一種可鉤可啄、裝有長柄之兵器。⓬執戟　唐武官名。掌持戟於殿內侍值。戟是戈矛合體之兵器，兼具鉤、啄、衝、刺四種功能。以上司階、中候、司戈、執戟四職，合稱四色官。《唐會要》卷七一：「司階二員，中候三員，司戈、執戟各五員，並天授二年（西元六九一年）四月五日置。」⓭永固等四十九府　唐全國折衝府，本書第五卷第一篇兵部侍郎職掌記為五百九十四，隸屬於左、右驍衛者，有四十九府。永固，即例舉其中一折衝府之名。左、右驍衛所屬其餘四十八折衝府之名稱和位置，今已不可考。⓮兵仗　即兵器。⓯翊府　本卷卷目「翊府」前尚有「左右」二字。⓰隋翊衛開府　開府，官名。北魏置。孝文帝太和十七年（西元四九三年）定為一品下，二十三年（西元四九九年）改為從一品。北齊沿置，地位漸低。北周置為府兵統兵官，府兵二十四軍各設一員，統兵二千人左右。至隋煬帝時，改左、右衛為左、右翊衛，諸衛各統親衛，皆置開府，有左勳衛開府及左翊一開府、二開府、三開府、四開府，諸府各置開府一人，掌領本府府兵。屬吏有長史、司馬、錄事及倉、兵等曹參軍，法曹行參軍等。⓱武德十年改置中郎將　據《通典·職官十·武官上》句中「十年」當為「七年」。武德七年，即西元六二四年。武德，唐高祖李淵年號。⓲隋備身府左右郎將　隋文帝開皇十八年（西元五九八年）置備身府。煬帝大業三年（西元六〇七年）改左、右備身為左、右驍衛，後又改左、右領左、右府為左、右備身府，各置備身郎將一人。⓳正九品下　《舊唐書・職官志》所載兵曹參軍事品秩為正九品上。本書本卷諸衛翊府之兵曹參軍事亦為正九品上。此處「下」當作「上」。⓴校尉旅帥翊衛　皆本衛武官名。據《新唐書・百官志》，諸衛之翊府，每府置「校尉各五人，正六品上。每校尉有旅帥二人，從六品上。每旅帥各有隊正二十人，正七品上；副隊正二十人，正七品下」。又「翊衛，正八品上」。翊衛由五品以上並柱國及有封爵兼帶職事官子孫為之。

【語　譯】〔左、右驍衛：〕長史，定員各一人，品秩是從六品上。

錄事參軍事，定員各一人，品秩是正八品上。

倉曹參軍事，定員各二人，品秩是正八品下。

兵曹參軍事，定員各二人，品秩是正八品下。

騎曹參軍事，定員各一人，品秩是正八品下。

冑曹參軍事，定員各一人，品秩是正八品下。隋煬帝時將左、右備身府改置為左、右驍衛府，設有長史，品秩為從五品；又有錄事參軍和倉曹、兵曹、騎兵、法曹行參軍的編員。本朝把長史品秩降為從六品，又改騎兵為騎曹，鎧曹為冑曹，同時除去了左右衛府、驍衛府、武衛府這些官署名稱中的「府」字。

司階，定員各二人，品秩是正六品上。

中候，定員各三人，品秩是正七品下。

司戈，定員各五人，品秩是正八品下。

執戟，定員各五人，品秩是正九品下。

長史的職掌是，分管各曹、翊府和本衛所屬的永固等四十九折衝府的日常事務，包括查閱兵仗、車馬等事項。其他方面則與左、右衛長史的職掌相同。錄事參軍和倉曹、兵曹、騎曹、冑曹參軍事的職掌，亦與左、右衛中相應的職務相同。

〔左、右〕翊府：中郎將，定員各一人，品秩為正四品下。原是隋朝各翊衛所置的開府，本朝武德十（七）年改稱為中郎將。

左、右郎將，定員各一人，品秩為正五品上。原是隋朝備身府所屬的左、右郎將，本朝因承隋制。

兵曹參軍事，定員各一人，品秩為正九品上。

中郎將的職掌是，統領本府校尉、旅帥、翊衛所屬的衛士參加宿衛，並總管本府的日常事務。其餘左、右郎將等的職掌與左、右衛相應的職務相同。

附圖

儀仗（選自《四庫全書・史部・明集禮》）

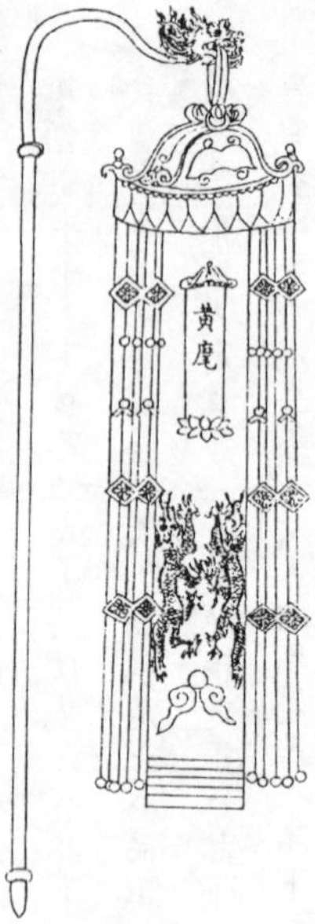

黃　麾

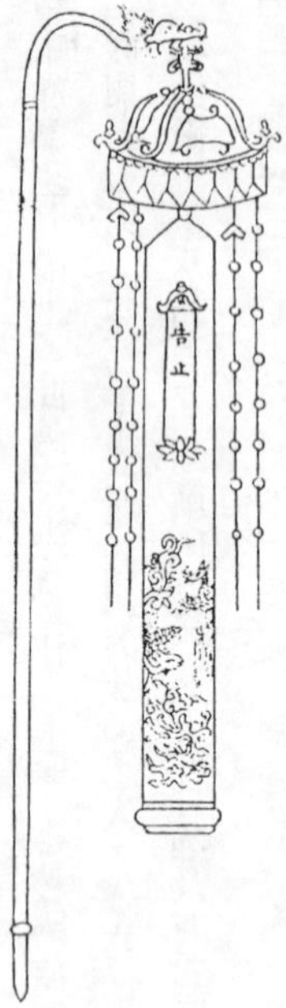

告止旛

絳引旛

傳教旛

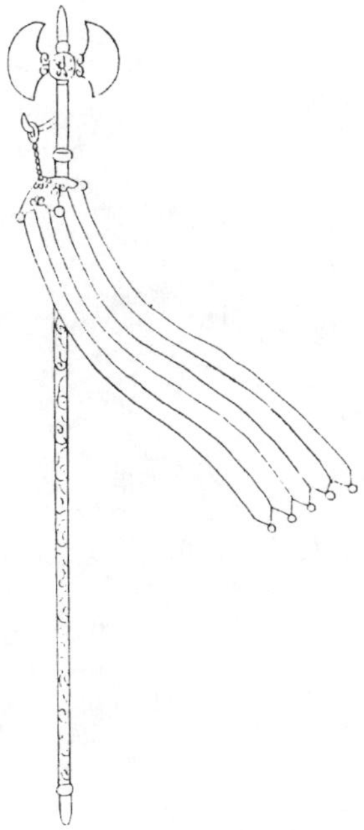

儀鍠氅

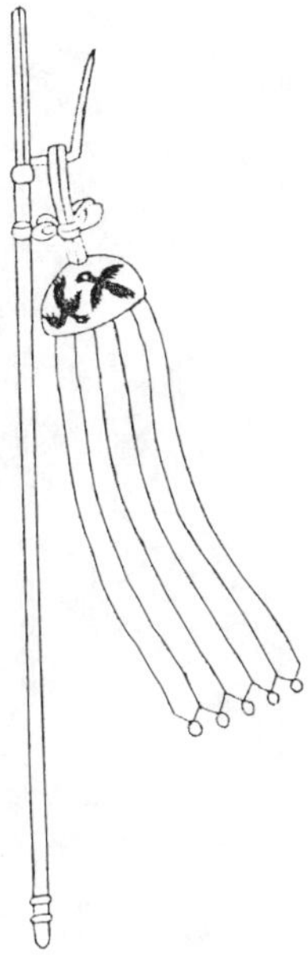

戟　氅

龍頭竿繡氅

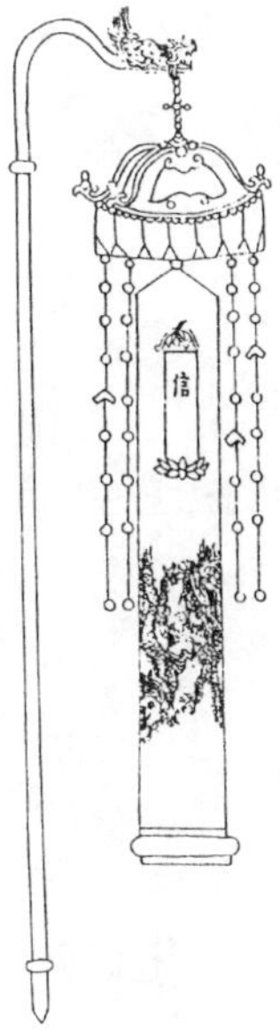

信　旛

大　繖

戈　氅

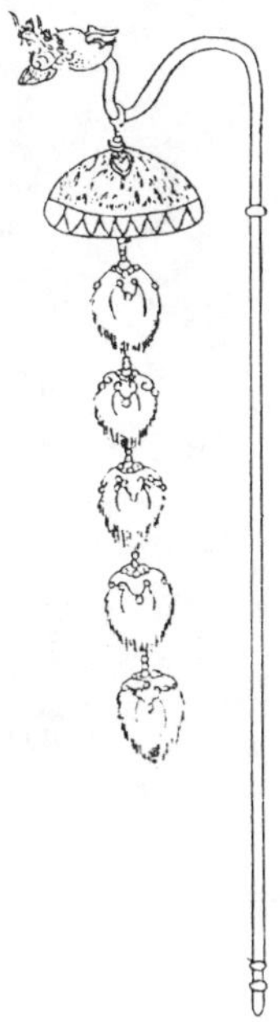

羽葆幢

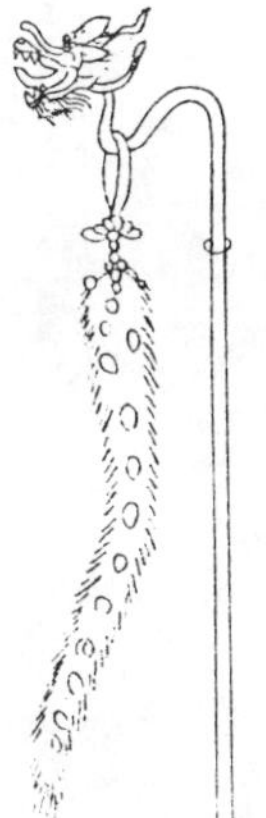

豹　尾

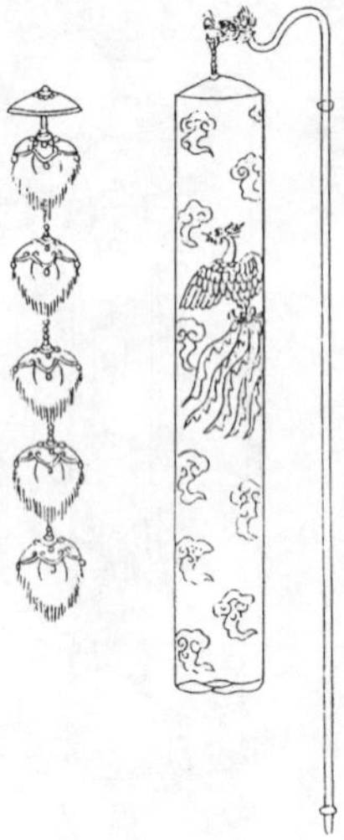

朱雀幢

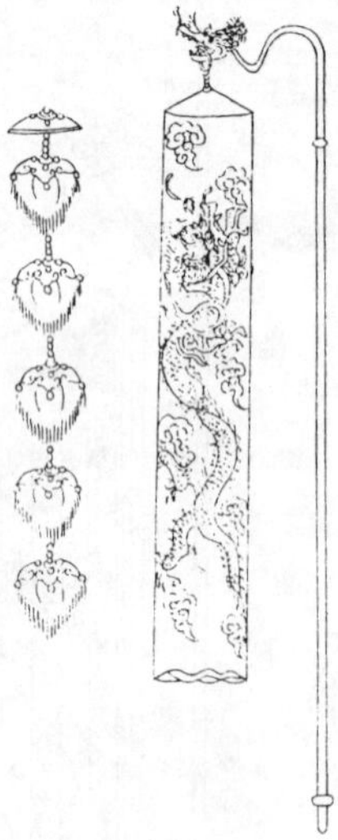

青龍幢

雉 扇

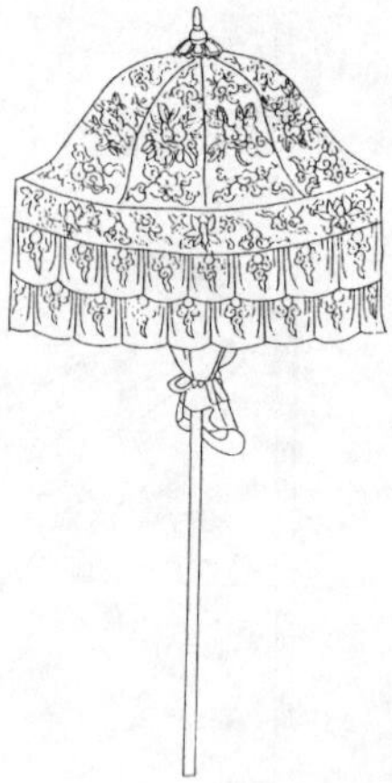

華 蓋

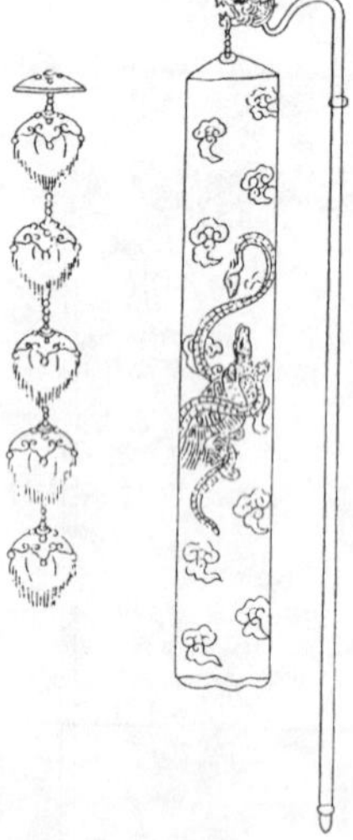

玄武幢

白虎幢

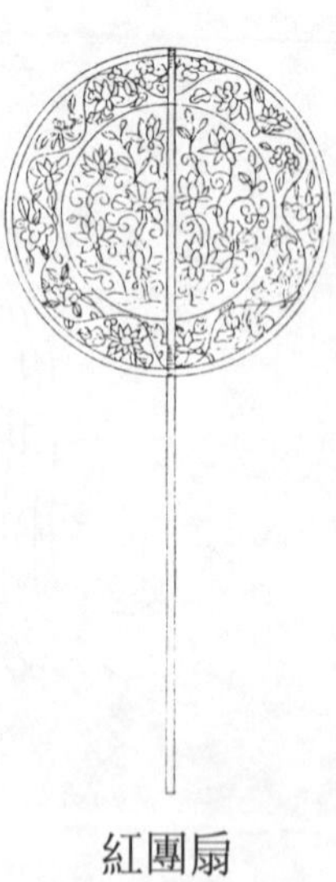

紅團扇

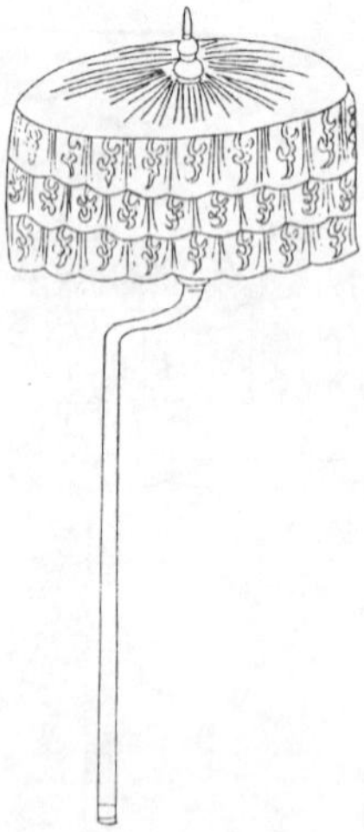

曲 蓋

2445 左右衛、親勳翊五府·左右驍衛、左右翊中郎將府

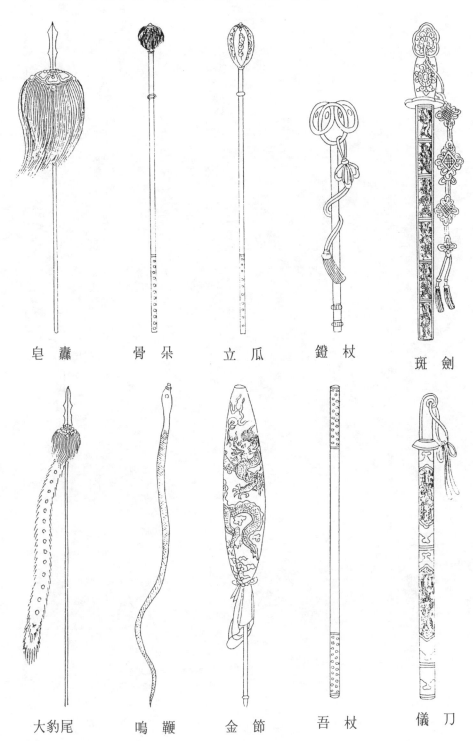

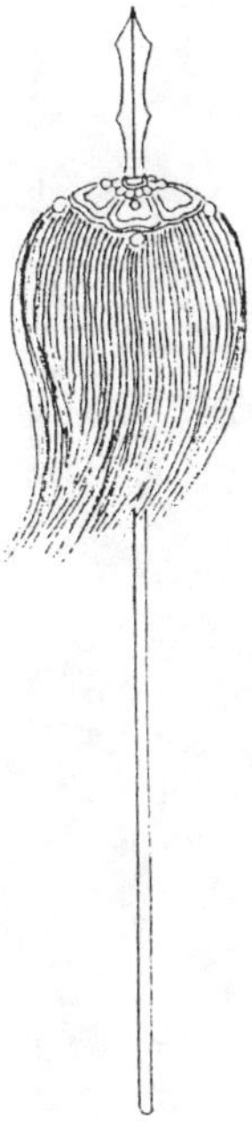
皂纛

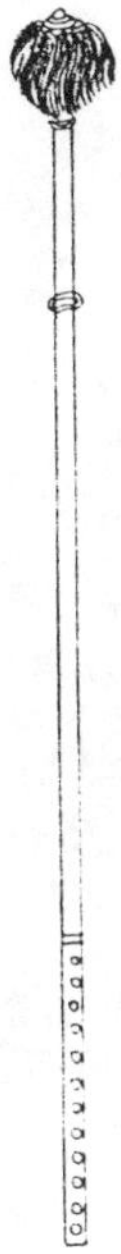
骨朵

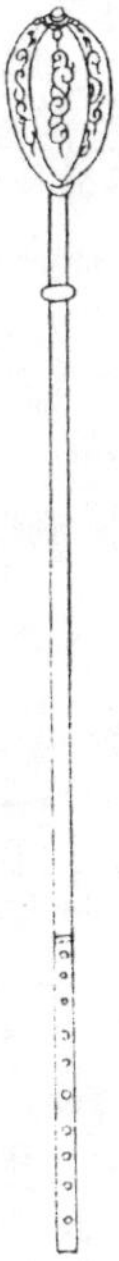
立瓜

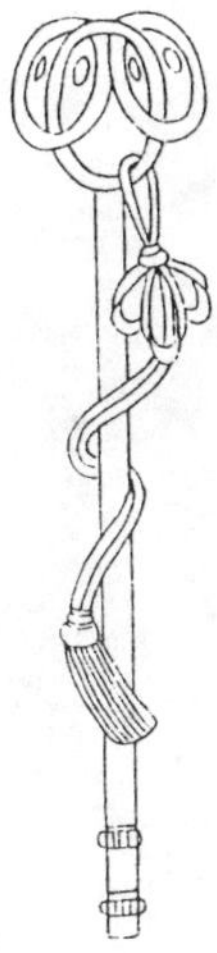
鐙杖

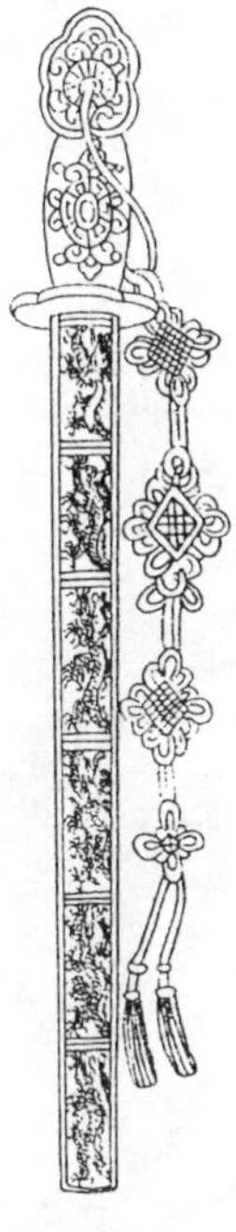
斑劍

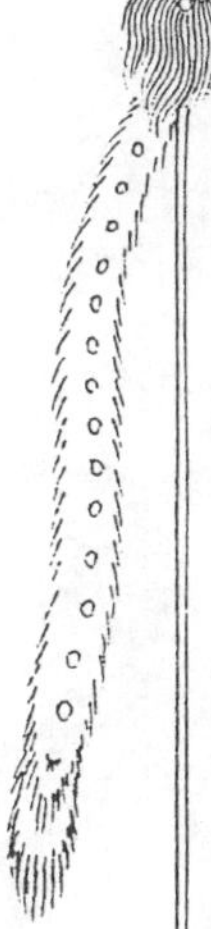
大豹尾

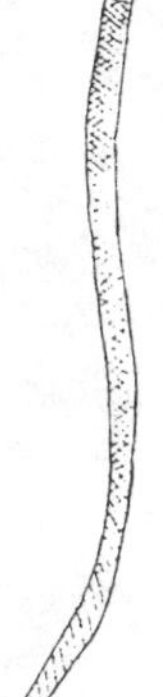
鳴鞭

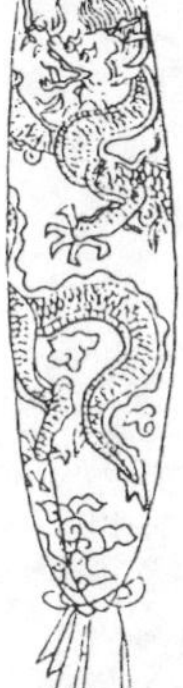
金節

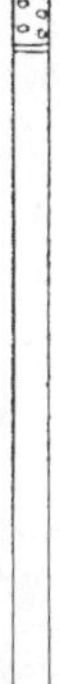
吾杖

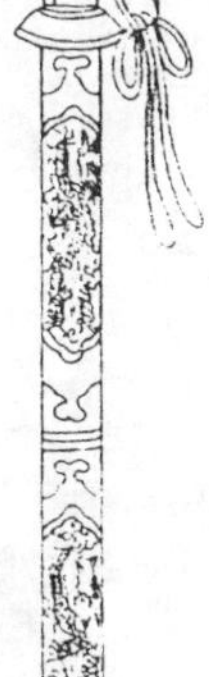
儀刀

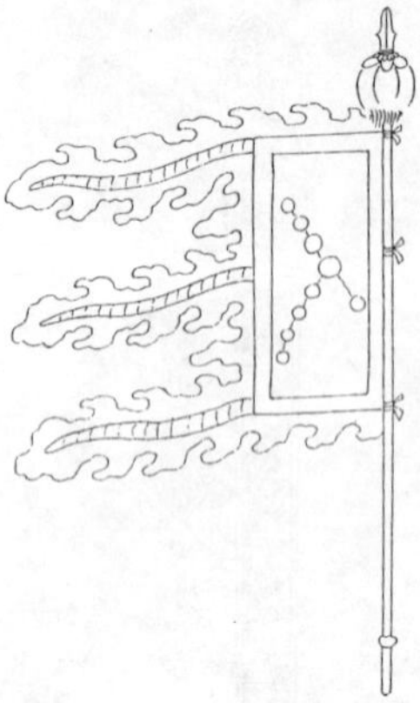

風 旗

白虎旗

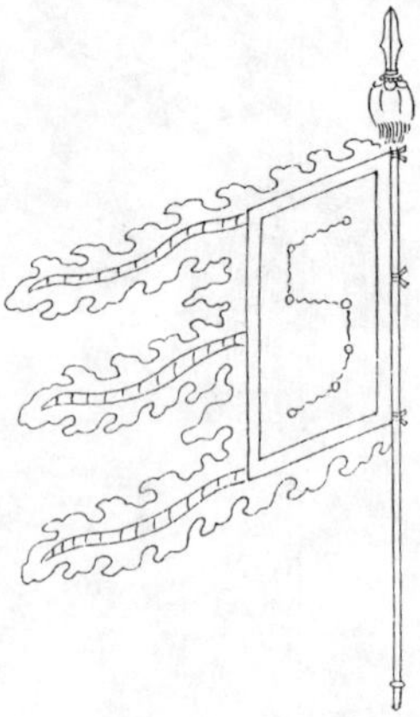

北斗旗

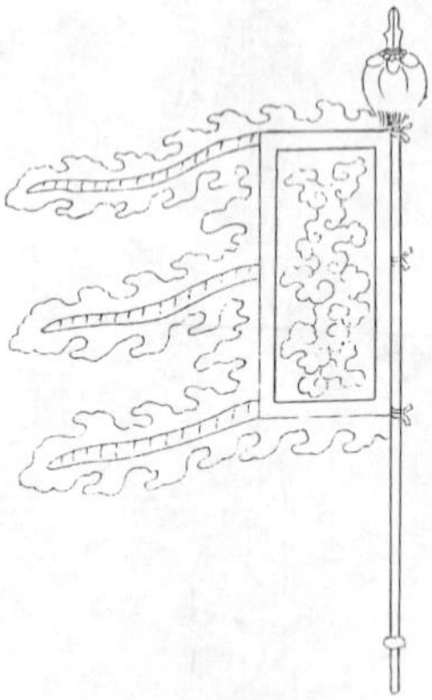

雲 旗

朱雀旗

門 旗

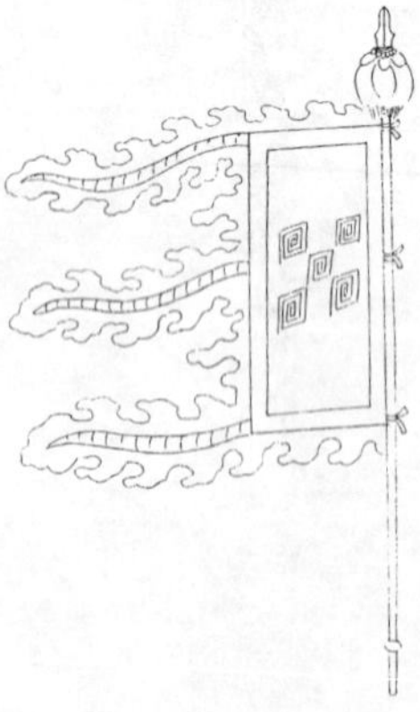

雷 旗

玄武旗

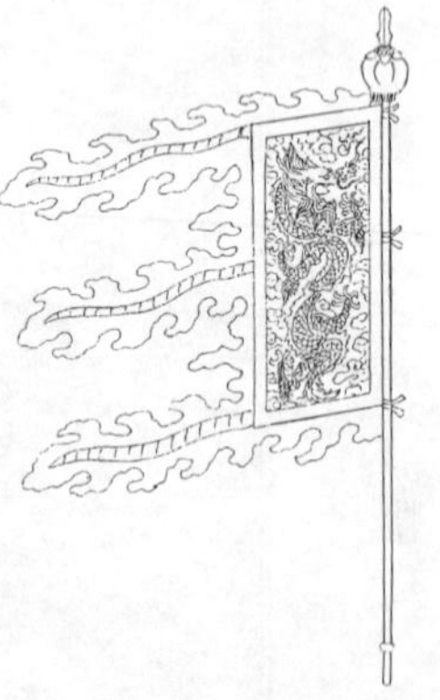

青龍旗

2447 左右衛、親勳翊五府・左右驍衛、左右翊中郎將府

鸞　旗

天鹿旗

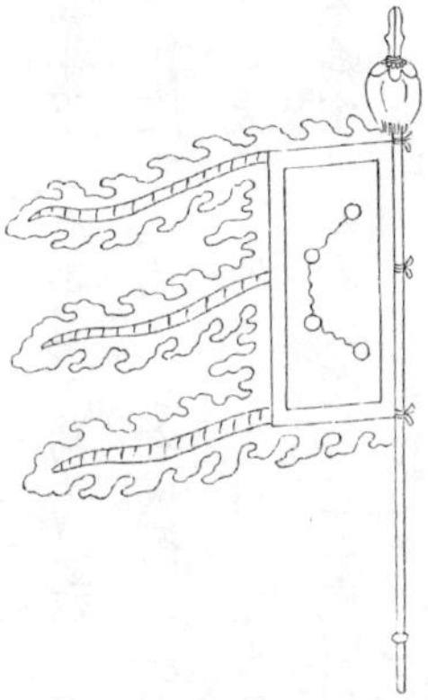

雨　旗

麟　旗

天馬旗

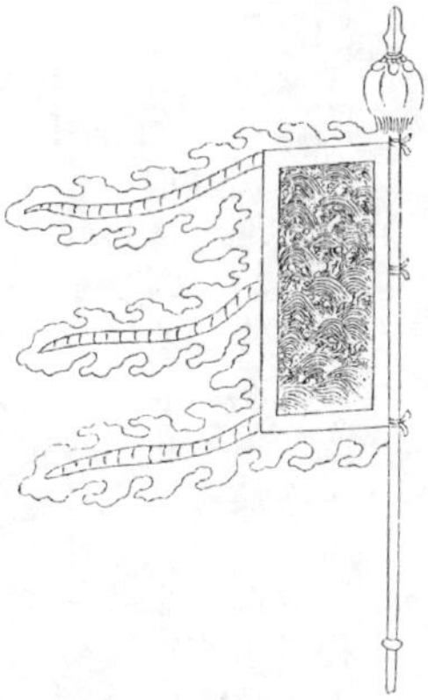

四瀆旗

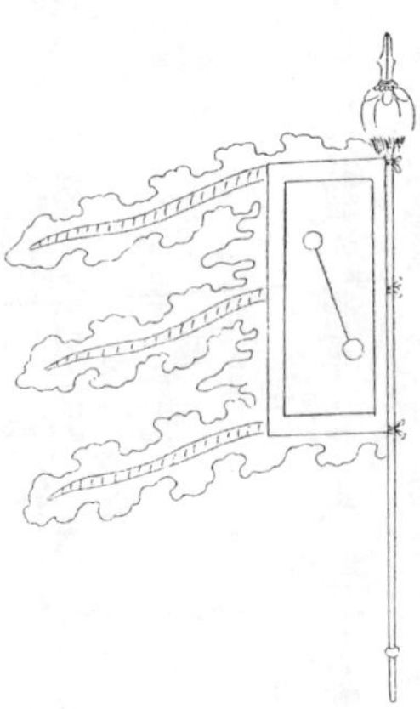

角宿旗（二十八宿旗之一）

白澤旗

五嶽旗

左右武衛、左右翊中郎將府・左右威衛、左右翊中郎將府・左右領軍衛、左右翊中郎將府

【篇　旨】本篇包括唐代十六衛中左右武衛、左右威衛、左右領軍衛共六衛，各衛皆設大將軍、將軍為其長官。

武衛大將軍之職源於東漢末曹操設武衛營，曹丕建魏後，正式設置武衛將軍以掌禁旅。在南朝有不少以「武」字命名的雜號將軍，而作為十二衛大將軍之一的武衛大將軍，則起始於西魏和北周的八柱國、十二大將軍，隋煬帝時定型的十二衛大將軍，其中便有左、右武衛大將軍。唐沿隋制亦設此二職。左右威衛，始於隋文帝時設左、右領軍府，煬帝改為左、右屯衛，唐至高宗龍朔時改名為左、右威衛。至於左、右領軍衛，在沿革上還可以追溯到曹操為丞相時所設置中領軍和護軍以領禁軍。南朝歷代由領軍和中領軍掌內禁兵，北魏和北齊亦皆置領軍。隋開皇時置左、右領軍府，煬帝改為左、右屯衛，至唐而又改稱為左、右領軍衛。

左右武衛、左右威衛、左右領軍衛之下皆設有翊府，稱內府；並各領若干折衝府，稱外府。左、右武衛下屬有鳳亭等四十九折衝府，其衛士稱熊渠；左、右威衛下屬有宜陽等五十折衝府，其衛士稱羽林；左、右領軍下屬有萬敵、萬年等六十折衝府，其衛士稱射聲，各依番第分別番上參加宿衛。

左右武衛、左右威衛、左右領軍衛皆開府，設有長史、錄事參軍事和騎曹、倉曹、胄曹參軍事等員，作為諸大將軍的辦事機構。在大朝會和皇帝外出巡行作為儀仗、鹵簿時，衛士的穿戴和所執旗仗，皆依方色，本篇中的左右武衛、左右威衛和左右領軍衛，分別為白色、黑色和青色。

一

左右武衛：大將軍各一人，正三品。魏武為丞相，有武衛營❶。晉、宋、齊、梁、陳又有建武、奮武等將軍，又有武烈、武毅等將軍❷。至隋，採諸武之名，置左、右武衛府，有大將軍一人、將軍二人❸。皇朝因舊❹。光宅元年❺改為左、右鷹揚衛，神龍元年復故❻。

將軍各二人，從三品。

左右武衛大將軍、將軍之職掌如左、右衛；其異者，大朝會❼率其屬被白質鍪、甲、鎧❽，執白弓箭、白楯❾、白穳❿，建鶖麾⓫、四色麾⓬、五牛旗、飛麟旗、駃騠旗、鸞旗、犀牛旗、鵕鸃旗、騼䮷旗⓭。蹕稱長唱警⓮，持鈒隊應蹕⓯，為左、右廂⓰儀仗。凡翊府翊衛⓱、外府熊渠⓲番上，則分配之。正殿前⓳，則以諸隊次立於驍衛下；在嘉德門內，外以挾門隊坐於東西廊⓴。

【章旨】敘述左、右武衛大將軍、將軍之定員、品秩及職掌。

【注釋】❶魏武為丞相有武衛營　魏武，指曹操。字孟德，小名阿瞞，沛國譙縣（今安徽亳州市）人。漢獻帝建安十三年（西元二〇八年）進位為丞相，其子丕稱帝建魏，追尊為魏武帝。武衛營，由武衛中郎將率領。《宋書・職官志》：「初魏王始置武衛中郎將，文帝踐阼，改為衛將軍，主禁旅。」《通志・職官略・武官上》：「後漢末，曹公為丞相，有武衛營，及魏文帝，乃置武衛將軍，以主禁旅。」魏時曹洪、曹爽曾先後任武衛將軍，其後曹爽之弟羲為中領軍，又訓為武衛將軍。❷晉宋齊梁陳又有建武奮武等將軍又有武烈武毅等將軍　對句中將軍名號，陳仲夫點校本案：「『建武』、『奮武』之號，東漢末年均已有之。《三國志・魏志・武帝紀》曰：『〔漢獻帝〕初平元年（中略）太祖行奮武將軍。』同書〈夏侯惇傳〉曰：『太祖自徐州還，惇從征呂布，為流矢所中，傷左目，復領陳留、濟陰太守，加建武將軍。』又，《吳志・賀齊傳》曰：『〔漢帝〕

建安十八年，（中略）遷奮武將軍。』」考諸史著，以武字為將軍名號者，漢魏間尚有更多。如《宋書・百官志》：「建武將軍，魏置；振武將軍，前漢末，王況為之；奮武將軍，後漢末，呂布為之；揚武將軍，光武建武中，以馬成為之。」其所列舉雜號將軍名號中，亦有武烈、武毅之名。❸至隋採諸武之名置左右武衛府有大將軍一人將軍二人　隋在文帝開皇時，置左、右武衛大將軍各一人，將軍二人，並有長史、司馬、錄事、功曹、倉曹、兵曹等參軍，法曹、鎧曹行參軍，行參軍各八人，無直閤將軍以下諸員，但領外軍宿衛。煬帝改制，左、右武衛依舊名。隋代任左武衛大將軍者如郭衍，任右武衛大將軍者如李景等。❹皇朝因舊　唐任左、右武衛大將軍者，先有秦叔寶，在玄武門之變後任為左武衛大將軍；後有李靖之弟李客師，貞觀中官至右武衛將軍。❺光宅元年　即西元六八四年。光宅為武則天稱制時年號。❻神龍元年復故　神龍元年，即西元七○五年。神龍為唐中宗李顯年號。《唐會要》卷七一：「神龍元年二月四日，復改為左、右武衛。」❼大朝會　指每年元正、冬至日或宴見蕃國王時皇帝所舉行之朝會儀式。❽白質鍪甲鎧　鍪，亦稱盔、胄。其形如帽，作戰時用以防護人的頭部。甲鎧，即鎧甲。用銅、鐵或獸皮製成，其形類似衣服，作戰時用以防護人之身體。白質，指左、右武衛官兵在列隊作為儀仗時，所穿戴之盔甲皆以白色為底色。儀仗隊裝束及所持儀仗如下文所言弓箭、楯、矟等，依制須各以方色。除本章左、右武衛為白色外，本卷所敘述諸衛中，另有分別以黃、青、赤、黑為底色者。❾楯　即盾。或稱彭牌、旁牌。古代曾稱干。用以掩蔽身體，防衛敵方兵刃矢石之裝備。❿矟　兵器，此處為儀仗。《元史・儀仗志》：「矟制如戟，鋒刃兩旁微起，下有鐏銳。」《博雅》：「矟，謂之鋋。」鋋是小矛，鐵柄，屬短兵器，亦可作投擲用。《北史・王思政傳》：「東魏來攻潁川，思政作火矟、火箭，焚其攻具。」⓫鶖麾　繪有鶖鳥圖案用以指揮之旌幡。鶖，古籍中水鳥名。《詩・小雅・白華》有「有鶖在梁」句。相傳其形似鶴而稍大。詳《本草綱目・禽部一》。⓬四色麾　有紅、黃、青、黑四色用以指揮之旌幡。⓭五牛旗飛麟旗駃騠旗鸞旗犀牛旗鵕鸃旗騼䮷旗　七種分別繪有不同動物圖案之旗幟，用以作為左、右武衛參加宿衛之諸折衝府衛隊標誌。飛麟，神獸名。《說文解字・鹿部》云：麟，大麢也。如麢身牛尾，狼額馬蹄，五彩，腹下黃，高丈二。駃騠，良馬名。《史記・李斯列傳》有「駿良駃騠，不實外廄」之句。鸞，即鸞鳳。鵕鸃，古籍中鳥名。《漢書・司馬相如傳上》：「揜翡翠，射鵕鸃。」顏師古注：「鵕鸃，鷩鳥也。似山雞而小，冠背毛黃，腹下赤，項黃色，其尾毛紅赤，光彩鮮明。」騼䮷，《字彙》引《博雅》：「馬屬。一曰野馬。」以上諸旗之形制，參見《元史・輿服二》。左、右武衛作為儀仗時，其位於左、右驍衛之次。《新唐書・儀衛志上》：「次左右武衛白旗仗，居驍衛之次。鍪、甲、弓、箭、刀、楯皆白，主帥以下如左、右衛。第一五牛旗隊，黃旗居內，赤、青居左，白、黑居右，各八人執。第二飛麟旗隊，第三駃騠旗隊，第四鸞旗隊，果毅都尉各一人檢校。第五犀牛旗隊，第六駿驥旗隊，第七騏驎旗隊，第八驄騶旗隊，折衝都尉各一人檢校。」其中「麒麟旗隊」本書列於左、右衛下（見本卷一篇二章）。⑭蹕稱長唱警　意謂皇帝出行清道時，由左、右武衛長官一人吆喝告警，禁止任何人通行。蹕，《周禮》有二注。一見於〈天官・宮正〉：「凡邦之事蹕。」鄭司農注：「蹕，國有事，王當出則宮正主禁絕行者，若今衛士填街蹕也。」二見於〈夏官・隸僕〉：「掌蹕宮中之事。」鄭玄注：「宮中有事則蹕。」鄭司農云：「蹕謂止行者，清道若今時儆蹕。」即皇帝在宮內行動，如大朝會時，亦須警蹕。⑮持鈸隊應蹕　句中「鈸」，正德本及《舊唐書・職官志》皆作「鈒」。鈒，即鋋。短柄小矛。宮中警蹕者有持鈒與持戟之別。《新唐書・儀衛志上》：「稱長一人，出則告警，服如黃麾。鈒、戟隊各一百四十四人，分左右三行應蹕，服如黃麾。果毅執青龍等旗，將軍各一人檢校；旅帥二執銀裝長刀，紫黃綬紛，檢校後隊。」⑯左右廂　在西京太極宮，指太極殿之左、右廂，在大明宮，指含元殿之左、右廂；在東都，是含元殿（玄宗開元時改稱乾元殿）之左、右廂。⑰翊府翊衛　指屬左、右武衛之翊府之翊衛。翊衛由四品孫、職事五品子及孫、三品曾孫，若勳官三品有封者及國公子為之。⑱外府熊渠　外府，指隸屬於左、右武衛之四十九折衝府。熊渠，其衛士之名稱。凡折衝府兵士隸於諸衛者，皆有稱名。詳本書第五卷第一篇兵部郎中職掌條。⑲正殿前　正殿，在西京，指太極宮之太極殿，大明宮之含元殿；在東都則是含元殿（玄宗開元時改稱乾元殿）。又，《舊唐書・職官志》此句「正」字之上尚有一「在」字。⑳在嘉德門內外以挾門隊坐於東西廊　嘉德門，太極宮之正門，南直承天門。外，當作「則」。《新唐書・儀衛志》：「嘉德門內則左右衛挾門隊列東西廊下。」挾門隊，指守衛諸門內側左、右廊下之衛士。

【語　譯】左、右武衛：大將軍，定員各一人，品秩是正三品。魏武帝曹操在他任丞相時，曾設置有武衛營。晉代和宋、齊、梁、陳時期在雜號將軍中設有建武、奮武等將軍名號，另外又有武烈、武毅等將軍名號。到隋朝，採納前朝各種用「武」字綴名的稱號，設置左、右武衛府，各設大將軍一人，將軍二人。本朝因承隋的舊制。武后光宅元年，曾改名為左、右鷹揚衛，到中宗神龍元年又恢復原來的名稱。

將軍，定員各二人，品秩是從三品。

左、右武衛大將軍和將軍的職掌，與左、右衛大將軍和將軍的大體相同。差別的地方是，大朝會時本衛長官率領屬下，穿戴的是白色的頭盔、鎧甲，手持白色的弓箭和白色的楯、矟，建樹起鶩麾、四色麾以及五牛旗、飛麟旗、駃騠旗、犀牛旗、駿驥旗和驄騶旗等。為皇上出行清道時，由本衛長官一人，吆喝告警，執持鈸（鈒）的隊列在道路兩側應和並警戒，禁止一切其他人通行；朝會時則列隊擔任左、右廂的儀仗。凡是本衛所屬的翊府的翊衛，外府的熊渠應番上當值的，由大將軍、將軍分配他們各自的崗位和職責。皇帝若是御坐正殿，則在正殿前按照旗隊的次序，肅立在驍衛所屬各隊之下；在嘉德門內，外（則）以挾門隊的形式端坐於東西兩廊之下。

【說明】由本章內容所及，約略說一下兩個問題：一是將軍名號的沿革，二是隋唐十二衛大將軍的淵源。

將軍是武官的稱號。《後漢書·百官志》本注云：將軍的稱號「始自秦、晉，以為卿號」。統兵作戰時，主帥被稱為將，或者將軍，又有正副、主次之分，也就是上將軍、大將軍與裨將軍一類區分。秦漢時將軍中最尊者為大將軍、驃騎將軍；漢武帝時，衛青任大將軍，霍去病任驃騎將軍，其地位與三公、丞相並列。霍去病異母弟霍光任大將軍大司馬，「受遺詔輔少主」，「昭帝年八歲，政事一決於光」（《漢書》本傳），其實際權力還在丞相之上。霍光曾對丞相田千秋說過：「今光治內，君侯治外」（《漢書·田千秋傳》），即霍光在宮中決事，外朝則以丞相為首腦。東漢時，以外戚如竇憲、梁冀為大將軍，決尚書事，其權威皆在三公之上。再如車騎將軍、衛將軍、前後左右將軍，亦都位列上卿，金印紫綬，均號稱重號將軍，為皇帝親近的高級武官。此外還有眾多的雜號將軍，或稱列將軍，大多係臨時設置，或以所領兵種為名號，如驍騎將軍李廣，材官將軍李思，輕車將軍公孫賀等；或以地名定取名號，如蒲類將軍趙充國，祁連將軍田廣明等；或以征伐對象定其名號，如拔胡將軍郭昌，破羌將軍辛武賢等；還有以其所負使命定名號者，如度遼將軍范明友，伏波將軍路博德，樓船將軍楊僕等。此類將軍號通常是奉命外出領兵時授予，事畢則罷，另有任用。東漢在建立和鞏固過程中，還曾臨時授予各種雜號大將軍，如建威大將軍耿弇，建義大將軍朱祐，虎牙大將軍蓋延，征西大將軍馮異等。授予此類大將軍名號的用意，除了出征時藉以統率諸將軍外，對受號者也是一種優寵。一旦天下事定，這些雜號大將軍的名號也便悉數停省。自魏晉以下，雜號將軍的名稱日趨繁多，如《宋書·百官志》便列舉有四十號，實際則要遠遠超過此數。梁武帝天監七年（西元五〇八年），曾對雜號將軍名號作過一次釐定，並依次確定其品秩。當時有司奏定有一百二十五號將軍，分為二十四班；品秩最高的三十五號為重號將軍，其品秩自二十四班至列為高位的包括鎮衛、驃騎、車騎等將軍，最低僅有一班的則如綏虜、蕩寇等名號。後來梁武帝時還釐定過一次。本章原注提到隋置武衛府其名採自綴有武字的諸雜號將軍，而大將軍之稱則當源於漢代。

關於隋唐十二衛大將軍的淵源，當上推至西魏大統十六年（西元五五〇年）任命八人為柱國大將軍，號稱「八柱國」，即宇文泰、李虎、元欣、李弼、獨孤信、趙貴、于謹和侯莫陳崇。除了宇文泰為諸軍總的統帥、元欣作為懿戚不直接統領軍隊外，其餘六人各督二大將軍，因而便又有了十二大將軍，他們是元贊、元育、元廓、宇文導、侯莫陳順、達奚武、李遠、豆盧寧、宇文貴、賀蘭祥、楊忠和王雄。這十二大將軍又各統開府二人，每一開府領一軍兵，是為二十四軍。這樣，八柱國、十二大將軍便成了西魏、北周的最高統治集團，他們之間又互為姻親，其關係真可謂盤根錯節，陳寅恪先生因其據勢範圍而稱之為關隴集團。自西魏、北周以至隋和唐初，縱然一次次的王朝更迭，但其上層的實際統治者卻始終沒有越出這個集團的圈子。宇文泰固然是這個集團的首創人，隋代建國者楊堅亦是十二大將軍之一楊忠的兒子，唐朝開國皇帝李淵，則是八柱國之一李虎的孫子。所以這個時期的王朝更迭，僅是關隴集團中某幾個家族的失勢，另幾個家族的崛起而已，那些主要的王公貴戚，如果查一下他們的家世，幾乎都與這八柱國、十二大將軍有著某種血緣關係。如宇文述原仕於北周，積功為上柱國，至隋而於開皇初拜右衛大將軍，煬帝時拜左衛大將軍。有三子：長子宇文化及，煬帝時任右屯衛將軍，後殺煬帝而立秦王浩，自為大丞相，旋又殺浩而自稱許帝。次子宇文士及，尚煬帝女南陽公主。三子宇文智及，為將作少監。宇文化及兵敗被殺，士及投奔唐室，其妹為高祖李淵昭儀，自己又娶李宗室女壽光縣主，為秦王府驃騎將軍，太宗即位任中書令。再如長孫無忌，其父為隋右驍衛將軍，姊則是唐太宗的長孫皇后；太宗即位後，即任左武侯大將軍。如此等等，還可舉出多例。弄清楚這張關係網，對我們理解皇權專制統治的特徵有著深遠的意義。

隋代便是將這十二大將軍由過去因人事臨時設置的名號而改為常設並制度化了。平時由這十二衛大將軍統軍宿衛京師和宮殿，戰時則由十二衛大將統兵出征。此制始於隋文帝開皇初年，定型於隋煬帝時設定的左右衛、左右驍衛、左右武衛、左右屯衛、左右禦衛和左右侯衛，各置大將一人，將軍二人。唐初基本就是承此而建立了它的軍事制度。這套體制到武則天以後隨著整個關隴集團統治地位的日趨衰落而走向瓦解，到了開元、天寶時期，十二衛大將軍的武官制度事實上已形同虛設，所以安史之亂一起，關隴集團的統治便猶如摧枯拉朽般地被從根本上動搖了。其後的李唐王朝雖仍保留著原來的名號，但統治集團的實際狀況已發生了很大變化，起源於八柱國、十二大將軍的軍事體制已不復存在。唐玄宗李隆基可說是關隴集團統治的最後一個代表人物。此後的唐宗室再也無力對全國實施有效的統治，只能仰仗於各種軍事力量之間的平衡以謀求苟延殘喘。中國帝王制度的歷史，從此又進入到一個新的階段。

二

長史各一人，從八品上❶。

錄事參軍事❷各一人，正八品上。

倉曹參軍事❸各二人，正八品上❹。

兵曹參軍事❺各二人，正八品上。

騎曹參軍事❻各一人，正八品下。

胄曹參軍事❼各一人，正八品下。隋左、右武衛有長史一人，煬帝升為從五品❽。又有錄事參軍，倉曹參軍，煬帝改為司倉；兵曹參軍，煬帝改為司兵。皇朝改司倉為倉曹，司兵為兵曹，騎曹為胄曹❾。

司階❿各二人，正六品上。

中候⓫各三人，正七品下。

司戈⓬各五人，正八品下。

執戟⑬各五人，正九品下。

長史掌判諸曹、翊府及鳳亭等四十九府之貳⑭。餘皆如左、右衛。

翊府⑮中郎將各一人，正四品下。

左、右郎將各一人，正五品上。左、右郎將故事，已詳於上。

兵曹參軍事各一人，正九品上。

中郎將掌領其府校尉、旅帥、翊衛⑯之屬以宿衛，而總其府事。餘如左、右衛。

【章　旨】敘述本衛之長史、錄事和倉、兵、騎、冑諸曹參軍事等屬員，以及所屬之翊府中郎將及其屬員之定員、品秩與職掌。

【注　釋】❶長史各一人從八品上　句中「八」為「六」之訛。《職官分紀》卷三五引《唐六典》原文此句作「六」。且諸衛之長史皆為從六品上。長史，隋唐諸王府、都督府、諸衛、率府及諸州皆置，為府僚屬吏之長，位任頗重。❷錄事參軍事　王公府、軍府、州之佐吏。晉始置。本為公府官，總錄諸曹之文簿，舉彈善惡。隋時，諸王府、左右領軍及諸衛、諸率府皆置錄事參軍一人，唐因隋制，掌府事勾檢、省署抄目、糾彈非違、監守符印及給紙筆之事，總錄本府所屬諸曹，列曹事有異同者得以奏聞。❸倉曹參軍事　軍府佐吏。晉始置。後世王公府、軍府及州置軍府者並置，為諸曹參軍事之一，掌倉儲之事。唐開元時定制，在軍府稱倉曹參軍事，在州稱司倉參軍，諸衛之府皆置倉曹參軍二人，隨曹皆置府史，掌公廨、度量、庖廚、倉庫、租賦徵收及田園等事。❹正八品上　《通典・職官・大唐官品》及新舊《唐書》官志，倉曹參軍事俱作「正八品下」。下兵曹參軍事品秩亦同此。❺兵曹參軍事　軍府佐吏。晉始置。後世軍府及州置軍府者皆置。唐開元時定制，在府稱兵曹參軍，在州稱司兵參軍。諸衛府、諸率府、鎮將府及京畿府各置兵曹參軍一至二人。隨曹置府史，掌武官選舉，兵甲器仗、軍防門禁、烽候傳驛及田獵之事。❻騎曹參軍事　軍府佐吏。晉以下諸王府、軍府皆置騎兵參軍，隋因之，置於諸衛府、領軍府者則改名騎曹參軍。唐初或置騎兵參軍，後一併改稱騎曹參軍事。諸衛、諸率府、親王府皆各置一人，為府佐諸曹參軍事之一，屬員有府史，掌外府雜畜籍帳、牧養及承值給馬等事。❼胄曹參軍事　軍府佐吏。始置於晉。後世軍府亦有設置，隋左、右衛府設鎧曹行參軍。唐承隋制，武則天時改稱胄曹參軍事，為諸曹參軍事之一。掌戎仗器械及公廨興造和決罰之事。❽煬帝升為從五品　煬帝，隋朝皇帝楊廣，在位十四年，終年五十歲。《隋書・百官志》載，煬帝時「諸衛置長史，從五品」。❾騎曹為胄曹　此句疑有脫訛。《隋書・百官志》：隋「諸衛皆置長史、錄事參軍，司倉、兵、騎、鎧等員」。《舊唐書・職官志》：唐左右武衛大將軍、將軍屬官有「長史、錄事參軍，倉、兵、騎、胄四曹參軍」。《通典・職官十・武官上》左、右武衛條本注：「領官屬並隋置，大唐因之，同左、右衛。」據此，此句似應作「司騎為騎曹，司鎧為胄曹」。❿司階　唐武官名。掌殿陛執仗侍值。⓫中候　唐武官名。掌殿陛執仗侍值。候，本為低級武官，漢時校尉之屬官有候，如在城門校尉之下有十二城門候。東漢軍隊編制，在部下設曲，部之長官是校尉，曲之長官為候，曲下又有屯，屯有屯長。光武時曾省中壘校尉，置北軍中候，監五校營。晉武帝時，曾置北軍中候，其地位相當於中領軍。唐代中候僅是殿陛一般侍值武官。⓬司戈　唐武官名。掌執戈於殿內侍值。戈為一種可鉤可啄、裝有長柄之兵器。⓭執戟　唐武官名。掌持戟於殿內侍值。戟是戈矛合體，兼有鉤、啄、衝、刺四種功能之兵器。以上司階、中候、司戈、執戟四職，合稱四色官。《唐會要》卷七一：「司階二員，中候三員，司戈、執戟各五員，並天授二年（西元六九一年）四月五日置。」⓮長史掌判諸曹翊府及鳳亭等四十九府之貳　句末「貳」，陳仲夫點校本以為當作「事」。其文稱：「考諸衛大將軍長史職掌『貳』皆作『事』，唯武衛及領軍衛長史作『貳』，疑『貳』乃『事』之訛。」語譯依此。鳳亭，左、右武衛所屬一折衝府名。唐全國置折衝府，本書第五卷第一篇兵部侍郎職掌記為五百九十四，隸屬於左、右武衛者，有四十九府。唯其名稱和位置除鳳亭外，今皆不可考。⓯翊府　本卷卷目，「翊府」前尚有「左右」二字。⓰校尉旅帥翊衛　皆武官名。據《新唐書・百官志》，諸衛之翊府均設「校尉各五人，正六品上；每校尉有旅帥二人，從六品上；每旅帥各有隊正二十人，正七品上，副隊正二十人，正七品下。」又「翊衛，正八品上」。翊衛由五品以上並柱國若有封爵兼帶職事官子孫為之。

【語　譯】〔左、右武衛：〕長史，定員各一人，品秩為從六品上。

錄事參軍事，定員各一人，品秩為正八品上。

倉曹參軍事，定員各二人，品秩為正八品上（下）。

兵曹參軍事，定員各二人，品秩為正八品上（下）。

騎曹參軍事，定員各一人，品秩為正八品下。

冑曹參軍事，定員各一人，品秩為正八品下。隋朝左、右武衛設有長史一人，到煬帝時它的品秩升為從五品。又有錄事參軍。煬帝時還將倉曹參軍改為司倉，兵曹參軍改為司兵。〔騎曹參軍改為司騎，鎧曹行參軍改為司鎧。〕本朝改司倉為倉曹，司兵為兵曹，〔司騎為〕騎曹，〔司冑〕為冑曹。

司階，定員各二人，品秩為正六品上。

中候，定員各三人，品秩為正七品下。

司戈，定員各五人，品秩為正八品下。

執戟，定員各五人，品秩為正九品下。

長史的職掌是，分管本衛各曹和翊府以及所屬的鳳亭等四十九折衝府的日常事務。長史其他方面的職掌以及錄事參軍和各曹參軍的職掌，都與上篇左、右衛中的有關規定相同。

〔左、右〕翊府：中郎將，定員各一人，品秩為正四品下。

左、右郎將，定員各一人，品秩為正五品上。左、右郎將的沿革情況，已在前面敘述過了。

兵曹參軍事，定員各一人，品秩為正九品上。

中郎將的職掌是，統領本府的校尉、旅帥、翊衛等屬員參加宿衛，並總管本府的日常事務。其他方面的職掌與上篇左、右衛中的有關規定相同。

三

左右威衛：大將軍各一人，正三品。隋初，置左、右領軍府❶，煬帝改為左、右屯衛❷，

皇朝因之。至龍朔二年，改為左、右威衛，別置左右屯衛❸，亦有大將軍等官。光宅元年改為左、右豹韜衛❹，神龍元年復為左、右威衛❺。

將軍各二人，從二品❻。隋煬帝改領軍為屯衛府，置將軍，皇朝因之。龍朔、光宅、神龍隨衛改復。

左右威衛大將軍、將軍之職掌如左右衛；其異者，大朝會❼則率其屬被黑質鍪、鎧❽，執黑弓箭、黑刀、黑穳❾，建青麾、黑麾❿、黃龍負圖旗、黃鹿旗、騶牙旗、蒼烏旗⓫，為左、右廂⓬之儀仗，次立武衛之下。翊府翊衛⓭、外府羽林⓮番上者，則分配之。在正殿⓯前，則以諸隊立於階下；在長樂、永安門⓰內，則以挾門隊列於兩廊。凡分兵主守，則知皇城東、西面之助鋪⓱。

【章　旨】敘述左、右威衛大將軍和將軍之定員、品秩及職掌。

【注　釋】❶隋初置左右領軍府　據《隋書·百官志》隋於文帝開皇時置「左、右領軍府，各掌十二軍籍帳、差科、辭訟之事。不置將軍，唯有長史、司馬、掾屬及錄事，功、倉、戶、騎、兵等曹參軍，法鎧等曹行參軍，各一人，行參軍十六人等員」。❷煬帝改為左右屯衛　煬帝，隋朝皇帝楊廣，在位十四年，終年五十歲。煬帝大業三年（西元六〇七年）改領軍為左、右屯衛，統諸鷹揚府，所領軍士名羽林。吐萬緒、獨孤盛曾任左、右屯衛大將軍。❸龍朔二年改為左右威衛別置左右屯衛　龍朔二年，即西元六六二年。龍朔為唐高宗李治年號。是年，改左、右屯衛為左、右威衛。貞觀時，程知節曾轉左屯衛大將軍，檢校北門屯兵；薛萬均亦官至左屯衛大將軍。別置左右屯衛，「衛」當是「營」字之訛。《通典·職官十·武官上》：「龍朔二年，改左右屯衛為左右威衛，而別置左右屯營，亦有大將軍等官。」本注云：「尋改左右屯營為羽林。」又本書第二十五卷第二篇左右羽林軍衛大將軍員品條原注亦作「別置左右屯營」。左、右屯營設置時間，《唐會要》卷七二則記為貞觀十二年（西元六三八年）。是年「十一月三日，於玄武門置左、右屯營，以諸衛將軍領之」。阿史那社尒，據其《舊唐書》本傳，曾於貞觀九年（西元六三五年）拜左驍衛大將軍，典屯兵於苑內；十四年（西元六四〇年）授行軍總管，以平高昌，師還仍令檢校北門左屯營。又《唐會要》卷七二：「開元十年（西元七二二年）九月二十七日敕：駕在京，左、右屯營宜於順義、景風門內安置，北衙亦著兩營，大明北門安置一營，大內北門安置一營。駕在東都，左右屯營於賓曜、右掖門內安置，兼於玄武北門左右廂，各據地界，繞宮城分配宿衛。」❹光宅元年改為左右豹韜衛　光宅元年，即西元六八四年。光宅為武則天稱制時年號。其改左、右威衛為左、右豹韜衛事，《新唐書・百官志》本注有記。又，《舊唐書・郭孝恪傳》稱其子郭待封曾官至左豹韜衛將軍。❺神龍元年復為左右威衛　神龍元年，即西元七〇五年。神龍是唐中宗李顯年號。《唐會要》卷七一：「神龍元年復改為左右威衛。其年七月又改為左右屯衛，景雲二年（西元七一一年）八月二十八日，又改為左右威衛。」❻從二品　近衛校正德本以為「當作『從三品』」，《職官分紀》卷三五引《唐六典》原文此句亦作「從三品」。❼大朝會　指每年元正、冬至日皇帝受群臣朝賀之儀式。❽黑質鍪鎧　近衛校正德本以為此句「『鍪』『鎧』間脫『甲』字」。當據以增。鍪，亦稱盔、胄。其形如帽，作戰時用以防護人之頭部。甲鎧，即鎧甲。用銅、鐵或獸皮製成，其形類似衣服，作戰時用以防護人之身體。黑質，指左、右威衛將士在列隊作為儀仗時，所穿戴之盔甲皆以黑色為底色。儀仗隊裝束及所持儀仗如下文弓箭、楯、刀、穳等，皆依制須各以方色。除本章左、右威衛為黑色外，本卷所敘述諸衛另有分別以黃、青、赤、白為底色者。❾穳　即小矛，亦稱矟。《元史・儀仗志》：「穳制如戟，鋒刃兩旁微起，下有鐏銳。」《博雅》：「穳，謂之鋋。」鋋，小矛，鐵柄，屬短兵器，亦可作投擲用。《北史・王思政傳》：「東魏來攻潁川，思政作火穳、火箭，焚其攻具。」❿青麾黑麾　青色和黑色兩種旗幡。作指揮用。⓫黃龍負圖旗黃鹿旗騶牙旗蒼烏旗　四種分別繪有黃龍等動物圖案之旗幟，作為左、右威衛諸騎兵隊之標誌。騶牙，神獸名。即騶虞，亦稱騶吾。據《山海經・海內北經》為白質黑紋，尾長於軀。因其齒前後若一，齊等無牙，故名騶牙。蒼烏，傳說中瑞鳥。《宋書・符瑞志中》：「蒼烏者，賢君修行孝慈於萬姓，不好殺生，則來。」並有「蒼烏見襄陽縣」之記載。諸旗形制，參見《元史・輿服二》。據《新唐書・儀衛志》，大朝會時，左、右威衛執「黑色旗仗立於階下，鍪、甲、弓、箭、楯、穳皆黑，主帥以下如左、右衛。第一黃龍負圖旗隊，第二黃鹿旗隊，第三騶牙旗隊，第四蒼烏旗隊；果毅都尉各一人檢校」。⓬左右廂　宮廷主殿之兩側稱左、右廂。如西京太極殿之兩側即是。⓭翊府翊衛　指在左、右威衛所屬翊府番上服役之翊衛。翊衛衛士由四品孫、職事五品之子及孫、勳官三品有封者及國公之子充任。⓮外府羽林　外府，指左、右威衛所屬之五十折衝府。羽林，在左、右威衛番上服役之外府衛士名稱。⑮正殿　若在西京，太極宮之太極殿，大明宮之含元殿，皆為正殿；在東都，正殿則是指宮城之乾元殿，亦稱含元殿。⑯長樂永安門　西京宮城之正中是承天門，承天門東西兩側即分別為長樂門和永安門，諸衛之儀仗於此有挾門隊。《新唐書・儀衛志》：「長樂、永安門內則左、右威衛挾門隊列東西廊下，門外則左、右領軍衛隊列東、西廊下。」⑰凡分兵主守則知皇城東西面之助鋪　《新唐書・百官志》作「則知皇城東面之助鋪」，無「西」字。鋪，駐地或哨所。同書又謂：「凡城門坊角，有武候鋪，衛士、彍騎分守。大城門百人，大鋪三十人，小城門二十人，小鋪五人。」鋪屬左、右金吾衛管轄。

【語譯】左、右威衛：大將軍，定員各一人，品秩為正三品。隋初設置左、右領軍府，煬帝時改為左、右屯衛。本朝因承隋制，亦設左、右屯衛，到高宗龍朔二年改名為左、右威衛，另外又設置左、右屯衛（營），亦設有大將軍等官。武后光宅元年改名為左、右豹韜衛，到中宗神龍元年依舊稱左、右威衛。

將軍，定員各二人，品秩為從三品。隋煬帝時，改領軍府為左、右屯衛，設置了將軍。本朝因承隋制。這一職名，在龍朔、光宅、神龍年間，隨著衛名的更改而更改，恢復而恢復。

左、右威衛大將軍和將軍的職掌，與左、右衛大將軍和將軍大體相同。差別之處是在大朝會時，本衛長官率領所屬，穿戴的是黑色的頭盔和鎧甲，手執黑色的弓箭和黑刀、黑穳，建樹起青色和黑色的用來指揮的旌幡，以黃龍負圖旗隊、黃鹿旗隊、騶牙旗隊和蒼烏旗隊作為左、右廂的儀仗，依次肅立在左、右武威的儀仗隊之後。本衛所屬的翊府下的翊衛和各折衝府的羽林輪到番上服役的，要給他們分配崗位和職責。在正殿前，本衛各隊儀仗是立在殿階下；在長樂、永安門內，則以挾門隊的形式列於西廊。關於分兵主守方面的任務，是負責巡查皇城東面和西面的駐所。

【說明】唐初諸衛大將軍中有一批蕃將，《新唐書》為之專列〈諸夷蕃將傳〉。如史大柰，本西突厥特勒，與處羅可汗入隋，初事煬帝，李淵太原起兵，以其眾相從，與平長安，又隨秦王李世民平王世充、竇建德，貞觀初任右武衛將軍。再如阿史那社尒，突厥處羅可汗次子，與突厥薛延陀部為敵，在貞觀九年（西元六三五年）率眾歸唐，拜左驍衛大將軍，令尚衡陽公主，授駙馬都尉，典屯兵苑內。貞觀十四年（西元六四〇年）曾隨侯君集為行軍總管，參預平定西昌，貞觀二十一年（西元六四七年）以崑山道行軍大總管率師西征龜茲。他的兒子道真，為左屯衛大將軍。突厥族另有阿史那蘇尼失亦曾擒頡利可汗以眾歸唐，拜右衛大將軍，其子忠拜左屯衛將軍，並尚宗女定襄縣主，貞觀九年（西元六三五年）遷為右衛大將軍，至永徽初又任右驍衛大將軍。還有契苾何力，為鐵勒別部酋長，貞觀六年（西元六三二年）率眾內附，太宗置其部落於甘、涼二州，何力至京授左領軍將軍，尚臨洮縣主，後又任右驍衛大將軍、左衛大將軍等。此外，還有百濟西部人黑齒常之，北燕馮弘裔孫馮盎，高麗蓋蘇文之子泉南生，吐蕃族人論弓仁，靺鞨酋長李多祚等，李光弼的父親李楷洛，其先世也是契丹酋長。這些人都是周邊國家或部落的酋長或將領，在唐對外征戰過程中，他們大多率眾歸附，受到了唐王朝的信任和重用，也反映了盛唐時期一種較為開放的氣度。朝廷對這些蕃將，也有一套籠絡和控制的方術。如妻以公主或宗女，借助血緣關係而籠絡與控制並施。再如雖也使之帶兵出征，但往往或另有重臣領使，或與漢將並用。《舊唐書·李林甫傳》中有一段話說得很清楚：「國家武德、貞觀以來，蕃將如阿史那社尒、契苾何力，忠孝有才略，亦不專委大將之任，多以重臣領使以制之。」如貞觀十四年（西元六四〇年），「太宗乃命吏部尚書侯君集為交河道大總管，率左屯衛大將軍薛萬均及突厥、契苾之眾，步騎數萬以擊之」（《舊唐書·高昌傳》）。蕃將所帶領的部落軍，如突厥、契苾等，也是唐王朝出征時軍事力量的重要組成部份。在蕃將與漢將之間，也難免發生一些矛盾，如《舊唐書·契苾何力傳》便記有一次甚至鬧到刀劍相向。其事發生在貞觀七年（西元六三三年），涼州都督李大亮率契苾何力及將軍薛萬均同征吐谷渾，戰爭結束時，「有詔勞於大斗拔谷。萬均乃排毀何力，自稱己功。何力不勝憤怒，拔刀而起，欲殺萬均，諸將勸止之。太宗聞而責問其故，何力言萬均敗恧之事，太宗怒，將解其官迴授，何力固讓曰：『以臣之故而解萬均，恐諸蕃聞之，以為陛下厚蕃輕漢，轉相誣告，馳競必多。又夷狄無知，或謂漢臣皆如此輩，固非安寧之術也。』太宗乃止」。由此一例可以看出，作為中原皇帝的唐太宗李世民，在處理蕃漢將領之間矛盾時可說是頗為公正得體的，所以才能獲得蕃將的忠心。貞觀十六年（西元六四二年）契苾何力回鄉省母巡撫部落時，被其時強盛起來的薛延陁羈拘脅逼背唐，挾持至薛延陁所，他還能割耳以明志，太宗聞而「遽遣兵部侍郎崔敦禮持節入延陁，許降公主，求何力，由是還」。太宗去世時，契苾何力甚至要求殺身以殉，為高宗所諭止。得人之心，才能用人之力。唐前期對外國力的強盛，也當與這些蕃將的盡心竭力分不開。

四

長史❶各一人，從六品上。

錄事參軍❷各一人，正八品下❸。

倉事參軍事❹各二人，正八品下。

兵曹參軍事❺各二人，正八品下。

騎曹參軍事❻各一人，正八品下。

冑曹參軍事❼各一人，正八品下。隋煬帝❽改領軍為左、右屯衛，有長史已下等員。皇朝改之，已具前設❾。

司階❿各二人，正六品上。

中候⓫各三人，正七品下。

司戈⓬各五人，正八品下。

執戟⓭各五人，正九品下。

長史掌判諸曹之事，以閱兵仗、羽儀、車馬，及宜陽五十府⓮。餘如左、右衛。

凡飛騎⓯宿衛者，將軍已下不得使其出外。若番上湏兵士，則簡同⓰、華⓱越騎⓲充；

不足，兼取諸州越騎。

翊府⑲中郎將各一人，正四品下。

左、右郎將各一人，正五品上。

中郎將掌領其府校尉、旅帥、翊衛⑳之屬以宿衛，而總其府事。餘如左、右衛。

【章旨】敘述本衛之長史、錄事和倉、兵、騎、冑諸曹參軍事等屬員，以及所屬之翊府中郎將及其屬員之定員、品秩和職掌。

【注釋】❶長史 戰國秦始置，掌顧問參謀。歷代沿置。隋唐長史有三類：諸都護府、諸都督府、諸州之長史，中央南衙諸衛、北衙諸軍、諸折衝府（隋稱鷹揚府）、東宮諸率府之長史，以及諸王府之長史。員額、品秩各有不同，皆為府僚屬吏之長，故有「元僚」之稱。❷錄事參軍 據本卷卷目及正德本，句末當增一「事」字。錄事參軍事，王府、軍府、州之佐吏。晉始置。本為公府官，總錄諸曹之文簿，並舉彈善惡。隋時諸王府、左右領軍、諸衛、諸率府皆置錄事參軍事一人。唐因隋制，掌府事勾檢，省署抄目，糾彈非違，監守符印以及給紙筆之事，並總錄本府所屬諸曹，列曹事有異同者得以奏聞。❸正八品下 「下」當為「上」。《通典・職官二十二・大唐官品》作「上」。且唐諸衛錄事參軍事皆為「正八品上」。❹倉事參軍事 句中第一「事」字，據本卷卷目及嘉靖本當作「曹」。倉曹參軍事，軍府佐吏。晉始置。後世王公府、軍府及州置軍府者並置，為諸參軍事之一，掌倉儲之事。唐開元時定制，在軍府稱倉曹參軍事，在州稱司倉參軍；諸衛之府皆置倉曹參軍二人，並置府史，掌公廨、度量、庖廚、倉庫、租賦徵收及田園等事。❺兵曹參軍事 軍府佐吏。晉始置，後世軍府及州置軍府者皆置。唐開元時定制，在府稱兵曹參軍，在州稱司兵參軍；諸衛府、諸率府、鎮將府及京畿府各置兵曹參軍一至二人，隨曹置府史；掌武官選舉、兵甲器仗、軍防門禁、烽候傳驛及田獵之事。❻騎曹參軍事 軍府佐吏。晉以下諸王府、軍府皆置騎兵參軍，諸衛府、領軍府則改名騎曹參軍。唐初或置騎兵參軍，後一併改稱騎曹參軍事，屬吏有府史等。掌外府雜畜籍帳、牧養及承值給馬等事。❼冑曹參軍事 軍府佐吏。始置於西晉末，後世軍府多有設置。隋左、右衛府設鎧曹行參軍，唐承隋制，武則天時改稱胄曹參軍事。掌戎仗器械及公廨興造和決罰之事。❽煬帝　隋朝皇帝楊廣。在位十四年，終年五十歲。❾設　近衛校正德本曰：「『設』當作『說』。」廣雅本正作「說」。❿司階　唐武官名。掌殿陛執仗侍值。⓫中候　唐武官名。掌殿陛執仗侍值。候本為低級武官，漢校尉屬官中有候，如在城門校尉之下有十二城門候。東漢軍隊編制在部下設曲，部之長官為校尉，曲之長官即為候。光武時曾省中壘校尉，置北軍中候，監五校營。晉武帝亦曾置北軍中候，其地位頗高，相當於中領軍。唐代中候僅為殿階侍值武官而已。⓬司戈　唐武官名。掌執戈在殿內侍值。戈是一種可鉤可啄、裝有長柄之兵器。⓭執戟　唐武官名。掌持戟在殿內侍值。戟是戈矛合體，兼有鉤、啄、衝、刺四種功能之兵器。以上司階、中候、司戈、執戟四職，合稱四色官。《唐會要》卷七一：「司階二員，中候三員，司戈、執戟各五員，並天授二年（西元六九一年）四月五日置。」⓮宜陽五十府　宜陽，左、右威衛所屬五十折衝府府名之一。宜陽之址及其餘四十九折衝府之府名皆已不可考。又，近衛校正德本以為此句末「府」字下，恐脫「之事」二字。⓯飛騎　左、右屯營士兵稱飛騎。《唐會要》卷七二：「貞觀十二年（西元六三八年）十一月三日，於玄武門置左、右屯營，以諸衛將軍領之。其兵名曰飛騎，中簡才力驍健善騎射者，號為百騎。上遊幸則衣五色袍，乘六閑馬，賜猛獸衣韉以從之。」為隨時準備侍衛皇帝遊幸，故下文言凡飛騎宿衛，將軍以下皆不得任意差遣其外出。⓰同　州名。治所馮翊，今陝西大荔；轄區相當於今陝西之大荔、合陽、韓城、澄城、白水等縣市。據《新唐書・地理志》，在同州有折衝府二十六，即濟北、唐安、秦城、太州、大亭、河東、興德、連邑、伏龍、溫湯、安遠、業善、南鄉、臨高、瀵陽、襄城、崇道、淅谷、吉安、長春、華池、永大、洪泉、善福、司禦、效誠。⓱華　州名。治所鄭縣，今陝西華縣；轄境相當於今陝西之華縣、華陰、潼關及渭北下邽鎮附近地。據《新唐書・地理志》華州有折衝府二十，即普樂、豐原、義全、清義、萬福、修仁、神水、常興、義津、定城、延壽、羅文、鄭邑、宣義、相原、孝德、溫湯、宣化、懷德、懷仁。⓲越騎　諸折衝府騎兵名。《新唐書・兵志》：諸折衝府「其能騎射者為越騎，其餘為步兵、武騎、排鑽手、步射。」《隋書・百官志》：隋時，「鷹揚每府置越騎校尉二人，掌騎士。」⓳翊府　本卷卷目，「翊府」上尚有「左右」二字。⓴校尉旅帥翊衛　皆武官名。據《新唐書・百官志》，諸衛之翊府皆設「校尉各五人，正六品上；每校尉有旅帥二人，從六品上；每旅帥各有隊正二十人，正七品上，副隊正二十人，正七品下」。又「翊衛，正八品上」。翊衛由五品以上並柱國若有封爵兼帶職事官子孫充任。

【語　譯】〔左、右威衛：〕長史，定員各一人，品秩為從六品上。

錄事參軍〔事〕，定員各一人，品秩為正八品下（上）。

倉事（曹）參軍事，定員各二人，品秩為正八品下。

兵曹參軍事，定員各二人，品秩為正八品下。

騎曹參軍事，定員各一人，品秩為正八品下。

胄曹參軍事，定員各一人，品秩為正八品下。隋煬帝改領軍府為左、右屯衛，設有長史以下各種屬員。本朝作了一些更改，情況前面已經敘述過了。

司階，定員各二人，品秩為正六品上。

中候，定員各三人，品秩為正七品下。

司戈，定員各五人，品秩為正八品下。

執戟，定員各五人，品秩為正九品下。

長史的職掌是，分管本衛各曹日常事務，檢閱兵仗、羽儀和車馬，以及所屬的宜陽等五十折衝府〔的有關事項〕。長史其他方面的職掌以及錄事參軍和各曹參軍的職掌，都與上篇左、右衛中的有關規定相同。凡是飛騎在當值宿衛時，將軍以下各級武官都無權差遣他們外出。若是番上需要補充兵士，就從同州、華州的越騎中選擇充任；人數不夠，再同時選取其他州的越騎。

〔左、右〕翊府：中郎將，定員各一人，品秩為正四品下。

左、右郎將，定員各一人，品秩為正五品上。

中郎將的職掌是，統領本府所屬的校尉、旅帥、翊衛參加宿衛，並總管本府日常事務。其他方面的職掌，與上篇左、右衛中有關規定相同。

【說明】諸衛屬官中，有一些是文職管理人員，如倉、兵、騎、胄諸曹參軍事等。在唐代前期，曾經出現過幾位由參軍幕僚出身的著名將領，被稱為儒將，如裴行儉便是很有代表性的一位。據《新唐書》本傳記載，行儉以門蔭補弘文生，貞觀中舉明經，調左屯衛倉曹參軍。受到大將軍蘇定方的賞識，悉心教授，「盡畀以術」。其後曾接連主持過遠征西域、北伐突厥等重大戰役，善用智謀，被高宗讚之為「提孤軍深入萬里，兵不血刃而叛黨禽夷，可謂文武兼備矣」。因拜禮部尚書兼檢校右衛將軍。行儉善書，工草隸，一代名家。所撰有《選譜》、《草字雜體》數萬言。又曾為吏部侍郎十年，所擢任如程務挺、張虔勗、崔智䛒、王方翼、党金毗、劉敬同、郭待封、李多祚、黑齒常之等，都是一代名將。又如劉仁軌，《舊唐書》本傳稱他少貧賤而恭謹好學，「每行坐所在，輒書空畫地，由是博涉文史」。武德初，以赤牒補息州參軍，後除陳倉尉。貞觀中，一折衝都尉「豪縱無禮」，「暴橫尤甚」，仁軌竟杖殺之，太宗聞知後反而「奇其剛正，擢授櫟陽丞」。在高宗時期，奉詔平征百濟，平高麗，破新羅，累功進爵為公。對唐代這些儒將，史家評論說：「夫權謀方略，兵家之大經，邦國繫之以存亡，政令因之而強弱，則憑眾怙力，豨勇虎暴者，安可輕言推轂授任哉！故王猛、諸葛亮振起窮巷，驅駕豪傑，左指右顧，廓定霸圖，非他道也，蓋智力權變，適當其用耳。劉樂城、裴聞喜文雅方略，無謝昔賢，治戎安邊，綽有心術，儒將之雄者也。」（同上）

五

左右領軍衛：大將軍各一人，正三品。漢建安十四年，魏武為丞相，相府始置中領軍❶；既拔漢中還長安，以曹休為之，主五校、中壘、武衛等營❷。魏文帝為魏王，又置領軍❸，而領軍差勝，中領微劣。晉因之，領軍與中領三將軍並置❹，領軍品第三，金章、紫綬❺；中領軍將軍第四品，銀章、青綬，武冠❻，絳朝服❼，佩水蒼玉❽。太始元年❾，武帝省領軍、北軍中候❿，中領軍將軍羊祜⓫統二衛、前、後、左、右驍騎等七軍營兵⓬。宋、齊領軍、中領軍將軍掌內禁兵⓭，大駕⓮出則御軍在前，住則守。舊制：輿駕⓯出行，則與護軍將軍⓰更日直，領隊於上車門內⓱。

梁領軍、護軍與左右衛、驍騎、游騎為六軍將軍，班第十五⑱。陳領軍將軍秩二千石⑲。後魏領軍、護軍第三品上，太和二十三年降為從第三品⑳。北齊領軍府將軍一人，掌禁衛宮掖，朱華閤外，凡禁衛皆主之；領軍亦同㉑。隋左、右領府㉒各掌左、右十二軍籍帳、羽衛之事。不置將軍，唯有長史、司馬；煬帝大業三年，改左、右屯衛㉓。皇朝因隋屯衛名，置大將軍、將軍，後改為威衛；又採前代領軍名，別置領軍衛，置大將軍、將軍員㉔。龍朔二年㉕改為左、右戎衛，咸亨元年㉖復舊。光宅元年改為左、右玉鈐衛㉗，神龍元年㉘復故。

將軍各二人，從三品。魏、晉已來並有領軍之職，然則領軍如今領軍大將軍也，中領軍如今領軍將軍也。宋、齊、梁、陳、後魏、北齊有之。隋領軍府有將軍員㉙，皇朝因罷之也㉚。

左右領軍衛大將軍、將軍之職掌如左、右衛；其異者，朝會㉛則率其屬被青質鍪、甲、鎧㉜，執青弓箭、青刀、青楯㉝、青穳㉞，建赤麾㉟、應龍旗、玉馬旗、三角獸旗、白狼旗、龍馬旗、金牛旗㊱，為左、右廂㊲之儀仗，以次立威衛下。凡翊府翊衛㊳、外府射聲㊴應番上者，則分配之。在正殿㊵前，則以諸隊立於階下；在長樂、永安門㊶外，則以挾門隊列於兩廊。凡分兵主守，則知皇城東、西面之助鋪㊷及京城、苑城諸門㊸之職。

【章　旨】敘述左、右領軍衛大將軍、將軍之定員、品秩、沿革和職掌。

【注　釋】❶漢建安十四年魏武為丞相相府始置中領軍　建安十四年，即西元二〇九年。建安為東漢獻帝劉協年號。魏武，指曹操。其子丕稱帝建魏，追尊為魏武帝。但曹操為相實在建安十三年六月，非建安十四年。中領軍之建置亦應早於建安十四年。如《三國志．夏侯惇傳》注引《魏書》：「史渙字公劉，少任俠，有雄氣。太祖初起，以客從，行中軍校尉，從征伐，常監諸將，見親信，轉拜中領軍。十四年薨。」史渙既卒於建安十四年，其拜中領軍當在此年前。中領軍掌在軍中監督諸將領，類今憲兵之職，位在諸將軍之上。❷既拔漢中還長安以曹休為之主五校中壘武衛等營　漢中，今陝西之漢中、南鄭、城固等地。東漢末為五斗米道首領張魯所佔領，曹操攻克漢中是在建安二十年（西元二一五年）三月間。曹休，字文烈，曹操族子，後投奔操，與曹丕同行止。見待如子，常從征伐，使領虎豹騎宿衛。《三國志．曹休傳》：「太祖拔漢中，諸軍還長安，拜休中領軍，文帝即王位，為領軍將軍，錄前後功，封東陽亭侯。」領軍之外，尚有行領軍，建安十四年（西元二〇九年），曹操曾以夏侯淵為行領軍。五校，即五營。指東漢設置北軍中候所轄之五營，包括屯騎校尉、越騎校尉、步兵校尉、長水校尉和射聲校尉各自所掌宿衛京師之營兵。至魏，五校成為一營宿衛營兵之稱。中壘，西漢置中壘校尉。《漢書．百官公卿表》稱「中壘校尉掌北軍壘門內，外掌西域」。《後漢書．百官志》：「中興省中壘，但置中候，以監五營。」曹操執政時，復置中壘。武衛，為曹操所置之宿衛營兵。❸魏文帝為魏王又置領軍　魏文帝，曹操之子曹丕。建安二十五年（西元二二〇年），操死，以曹丕為魏王。《宋書．百官志》：「魏武為丞相，相府自置領軍，非漢官也。文帝即魏王位，魏始置領軍，主五校、中壘、武衛三營。」任領軍將軍者為曹休。因休由中領軍升為領軍將軍，故下文言「而領軍差勝，中領軍微劣」。《晉書．職官志》稱：「資重者為領軍、護軍，資輕者為中領軍、中護軍。」❹晉因之領軍與中領三將軍並置　句中「三」字，陳仲夫點校本以為「據上下文義，『三』疑當作『軍』」。晉代領軍將軍設置之沿革，《宋書．百官志》記載為：「晉武帝初省，使中軍將軍羊祜統二衛、前、後、左、右驍騎七軍營兵，即領軍之任也。祜遷罷，復置北軍中候。北軍中候置丞一人。懷帝永嘉中，改曰中領軍。元帝元昌元年（西元三二二年），復改曰北軍中候。尋復為領軍。」故領軍將軍在晉代時置時廢，其品秩則略高於中領軍。❺金章紫綬　古代官員印章，以其材質分為金、銀、銅三等。唐代諸司則多用銅印。綬為繫印之絲帶，漢時有赤、綠、紫、青、黑、黃數色。紫綬有紫白二色，長一丈七尺，一百八十首。下文青綬有青白紅三色，長一丈七尺，一百二十首。❻武冠　古代武官或侍從所戴之冠。又名武弁或大冠。形制似弁，用金鐺飾首，並插貂尾。初為趙武靈王效胡服而制，以後襲用之。❼絳朝服　外披絳紗單衣之朝服。包括白紗中單、黑領袖，黑褾、襈、裾，白裙襦，革帶金鉤艓，假帶，曲領方心，絳紗蔽膝，白襪、烏皮履，劍、紛、鞶囊，雙佩雙綬。❽水蒼玉　古代官員按品級佩不同玉石，如一品山玄玉，二品以下水蒼玉。水蒼玉，因其色青而有水紋故名。《禮記・玉藻》：「大夫佩水蒼玉而純組綬。」❾太始元年　太始即「泰始」。泰始元年，西元二六五年。泰始是晉武帝司馬炎年號。❿武帝省領軍北軍中候　武帝，西晉皇帝司馬炎。在位二十五年，終年五十五歲。領軍與北軍中候，是同一官職之不同稱名。東漢置北軍中候，掌宿衛之五營；曹操置中領軍，掌京師宿衛諸營。《晉書・武帝紀》：泰始元年「置中軍將軍，以統宿衛七軍」。《宋書・百官志》：「晉武帝初省，使中軍將軍羊祜統二衛、前、後、左、右驍騎七軍營兵，即領軍之任也。」⓫中領軍將軍羊祜　句中「領」字，據《宋書・百官志》為衍文，當刪。羊祜，字叔子，泰山南城（今山東泰安東南）人。《晉書・羊祜傳》稱其為蔡邕之外孫，司馬氏之姻親。文帝為大將軍時，拜相國從事中郎，與荀勗共掌機密。遷中領軍，悉統宿衛，入直殿中，執兵之要，事兼內外。武帝受禪時進號為中軍將軍。」故羊祜由中領軍遷中軍將軍，只是位升一級，其職務未變。此種情況一直延續到南朝宋、齊，領軍將軍、中領軍將軍為同一職官，有「中」字者，官位略輕。⓬二衛前後左右驍騎等七軍營兵　二衛，指左、右衛將軍。《宋書・百官志》：「左衛將軍一人，右衛將軍一人。二衛將軍掌宿衛營兵。兩漢、魏不置。晉文帝為相國，相國府置中衛將軍。武帝初分中衛置左、右衛將軍，以羊琇為左衛，趙序為右衛。二衛左右有長史、司馬、功曹、主簿，江左無長史。」前後左右，《晉書・職官志》：「左、右、前、後軍將軍，案魏明帝時有左軍，則左軍魏官也，至晉不改。武帝初又置前軍、右軍，泰始八年（西元二七二年）又置後軍，是為四軍。」驍騎將軍，本漢雜號將軍之名，魏置為中軍，或稱內軍，掌宿衛營兵。⓭宋齊領軍中領軍將軍掌內禁兵　宋、齊任領軍並受其事者，宋武帝永初三年（西元四二二年），領軍謝晦依晉中軍羊祜故事，入直殿省，總統宿衛（見《宋書》本傳）。又宋文帝元嘉十八年（西元四四一年），徵趙伯符「為領軍將軍。先是，外監不隸領軍，宜相統攝者，自別有詔，至此始統領焉」（《宋書・趙倫之附子趙伯符傳》）。外監，指外軍護軍將軍所屬之軍營。齊武帝永明十一年（西元四九三年），鄱陽王蕭鏘授領軍，此職「齊室諸王所未為，鏘在官理事無壅，當時稱之。車駕遊幸，常甲仗衛從」（《南齊書・高祖十二王傳》）。⓮大駕　帝王出行時之車駕，有大駕、小駕、法駕之分。蔡邕《獨斷》：「大駕則公卿奉行，大將軍參乘，大僕御，屬車八十一乘，備千乘萬騎。」⓯與駕　近衛校正德本：「『與』當作『輿』。」是。⓰護軍將軍　漢初為將軍名號，督護諸將軍，不常置。此處護軍將軍則源於東漢獻帝時曹操改丞相府護軍為中護軍，其資重者遷護軍將軍，四品，職掌相同，典武官選舉，與中領軍（領軍將軍）同掌禁軍。《宋書・百官志》載其沿革稱：「建安十二年（西元二〇七年）改護軍為中護軍，領軍為中領軍。置司馬、長史。魏初因置護軍，主武官選，隸領軍，晉世則不隸也。晉元帝永昌元年（西元三二二年）省護軍並領軍。明帝太寧二年（西元三二四年）復置。魏、晉江右領、護各領營兵；江左以來，領軍不復別置營，總統二衛、驍騎、材官諸營，護軍猶別有營也。領、護資重者為領軍、護軍將軍，資輕者為中領軍、中護軍。官屬有長史、司馬、功曹、主簿、五官。受命出征，則置參軍。」護軍與領軍是並行的兩支宿衛軍隊，護軍掌外軍，領軍掌宿衛內宮，二軍皆居於諸軍之上，出征時，護軍將軍得以總督諸將軍。宋任護軍將軍者，如傅亮、趙伯符，先後於景平二年（西元四二四年）和元嘉二十二年（西元四四五年）出任此職，齊則有桂陽王蕭鑠曾在延興元年（西元四九四年）任撫軍將軍。⓱上車門內　句首「上」字，正德本作「止」。但《職官分紀》卷三五左右領軍衛大將軍條引《唐六典》原注此句則同此，亦為「上」。⓲梁領軍護軍與左右衛驍騎游騎為六軍將軍班第十五　梁設領軍、護軍，品秩為第十五班；又有中領軍、中護軍，品秩列第十四班。梁任此類職務者，如蕭景，天監七年（西元五〇八年）以左驍騎將軍兼領軍將軍，尋出為雍州刺史，天監十三年（西元五一四年）復徵為領軍將軍，直殿省；臧盾，大同二年（西元五三六年），遷中領軍，領軍管天下兵要；韋叡，天監十三年（西元五一四年）起為中護軍，十七年（西元五一八年）徵為護軍將軍。（各據《梁書》本傳）⓳陳領軍將軍秩二千石　據《隋書·百官志》，陳領護軍秩為「中二千石」。陳任此職者，如杜稜，永定二年（西元五五八年）為領軍將軍，太建元年（西元五六九年）又加特進護軍將軍（據《陳書》本傳）。⓴後魏領軍護軍第三品上太和二十三年降為從第三品　據《魏書·官氏志》，北魏孝文帝太和十七年（西元四九三年）頒布職員令，領軍、護軍二將軍品秩定為第二品上，非「第三品上」；太和二十三年（西元四九九年）復次職令，降為第三品，非「從第三品」。北魏任領軍將軍者，如于烈及其子于忠。烈於太和時除領軍將軍，孝文帝卒，世宗即位，咸陽王元禧等輔政，世宗親政，逐輔政諸王，得力於烈，故復以烈為領軍將軍。後其子于忠，世宗時亦任領軍將軍。㉑自「北齊領軍府將軍一人」至「領軍亦同」　據《隋書·百官志》句末「領軍」之上當加一「中」字。其文稱：北齊「領軍府，將軍一人，掌禁衛宮掖。朱華閤外，凡禁衛官皆主之，輿駕出入，督攝仗衛。中領軍亦同」。北齊領軍為從二品，中領軍為第三品。北齊任領軍者，如清和王岳、鮮于桃枝等；任中領軍者，如賀拔伏恩等。㉒左右領府　據《隋書·百官志》當作「左右領軍府」，補一「軍」字。㉓煬帝大業三年改左右屯衛　煬帝，隋朝皇帝楊廣，在位十三年，終年五十歲。大業三年，即西元六〇七年，大業為其年號。左、右領軍府於是年改名為左、右屯衛，各置大將軍一人，將軍二人，所領軍士名羽林，並統諸鷹揚府。㉔採前代領軍名別置領軍衛置大將軍將軍員　唐於武德七年（西元六二四年）始置左、右領軍衛。《新唐書·百官志》稱左、右領軍衛置「上將軍各一人，大將軍各一人，將軍各二人」。《冊府元龜·環衛部·舉職》：「龐玉為領軍、武候二衛大將軍。玉少長戎旅，雅習軍法，尤熟侍衛供奉之儀。武德〔時〕，將軍以下多不閑故事，高祖患之，皆令取則於玉。」貞觀時，江夏王李道宗、契苾何力曾任左領軍將軍。除大將軍、將軍外，尚有員外將軍，如黑齒常之，龍朔三年（西元六六三年）曾任左領軍員外將軍。㉕龍朔二年　即西元六六二年。龍朔為唐高宗李治年號。㉖咸亨元年　即西元六七〇年。咸亨亦是唐高宗李治年號。㉗光宅元年改為左右玉鈴衛　句末「鈴」當作「鈐」。《職官分紀》卷三五引《唐六典》原注此句即為「鈐」。光宅元年，西元六八四年。光宅是武則天稱制時年號。武則天派遣率兵討伐徐敬業者，即為左玉鈐衛大將軍李孝逸。㉘神龍元年　即西元七〇五年。神龍為唐中宗李顯年號。㉙隋領軍府有將軍員　《職官分紀》卷三五引《唐六典》原注此句則為「無將軍員」。據《隋書・百官志》隋文帝開皇時，左、右領軍府「不置將軍，唯有長史、司馬」。本書本卷下文胄曹參軍事員品條原注亦云「隋領軍府無將軍」。隋至煬帝時改領軍府為左、右屯衛，始置大將軍、將軍。然《隋書・李安傳》亦有文帝時已置領軍將軍之記載。其文稱：「安請為內職，高祖重違其意，除左領左右將軍。俄遷右領軍大將軍。」抑或此係楊堅立國初權置，非定制？待考。㉚皇朝因罷之也　句中「罷」字，近衛校正德本稱：「『罷』當作『置』。」《職官分紀》卷三五引《唐六典》原注此句亦作「置」。㉛朝會　據《舊唐書・職官志》，句首當增一「大」字。大朝會，指每年元正、冬至日皇帝受群臣朝賀之儀式。㉜青質鍪甲鎧　鍪，亦稱盔或冑。其形似帽，作戰時用以防護人之頭部。甲鎧，即鎧甲。用銅、鐵或獸皮製成，其形猶若衣服，作戰時用以防護人之身體。青質，指領軍衛之衛士在列隊作為儀仗時，所穿戴盔甲皆以青色為底色。儀仗隊裝束及所持儀仗如下文所言弓箭、刀、楯、穳等，依制須各以方色。除本章左、右領軍衛為青色外，本卷所敘述諸衛中，另有分別以黃、赤、白、黑為底色者。㉝楯　即盾。或稱彭牌、旁牌。古代曾稱干。作戰時用以掩蔽身體，防衛敵方兵刃矢石之裝備。㉞穳　兵器，此處為儀仗。《元史・儀仗志》：「穳，制如戟，鋒刃兩旁微起，下有鐏銳。」《博雅》：「穳，謂之鋋。」鋋即小矛，鐵柄，屬短兵器，亦可作投擲用。《北史・王思政傳》：「東魏來攻潁川，思政作火穳、火箭，焚其攻具。」㉟赤麾　用以指揮之紅色旌幡。㊱應龍旗玉馬旗三角獸旗白狼旗龍馬旗金牛旗　六種分別繪有不同動物圖案之旗幟，用以作為左、右領軍衛參加宿衛之諸折衝府衛隊之標識。應龍，傳說中有翼之龍。玉馬，傳說中之瑞物。《宋書・符瑞志》：「玉馬，王者精明尊賢者出。」三角獸，神獸名。其首類白澤，綠髮，三角青質，白腹，跋尾綠色。白狼，傳說中之瑞物。《瑞應圖記》：「白狼，王者仁德明哲則見。周宣王時，白狼見，犬戎滅。」龍馬，神獸名。因其似龍而形像馬故有此稱。以上諸旗形制，參見《元史・輿服二》。《新唐書・儀衛志》載：大朝會時，左右領軍衛執「青旗仗，居威衛之次，鍪、甲、弓、箭、楯、穳皆青，主帥以下如左、右衛。第一應龍旗隊，第二玉馬旗隊，第三三角獸旗隊，果毅都尉各一人檢校；第四白狼旗隊，第五龍馬旗隊，第六金牛旗隊，折衝都尉各一人檢校」。㊲左右廂　宮廷主殿兩側稱左右廂。如太極殿之兩側即是。㊳翊府翊衛　指在左、右領軍衛所屬翊府番上服役之翊衛，翊衛之衛士由四品孫、職事五品之子及孫、勳官三品有封者及國公之子充任。㊴外府射聲　外府指左、右領軍府所屬之六十折衝府。射聲，其衛士之名稱。凡折衝府兵隸於諸衛者，皆有稱名。詳本書第五卷第一篇兵部郎中職掌條。㊵正殿　在西京，指太極宮之太極殿，大明宮之含元殿；在東都，則是宮城之含元殿（玄宗開元時改稱乾元殿）。㊶長樂永安門　西京宮城正中是承天門，其東側為長樂門，西側是永安門。《新唐書．儀衛志》：「長樂、永安門外，則左、右領軍衛挾門隊列東、西廊下。」㊷分兵主守則知皇城東西面之助鋪　句中「東西面」，《新唐書．百官志》作「西面」，無「東」字。鋪，指駐地或哨所。同書又稱：「凡城門坊角，有武候鋪，衛士、彍騎分守，大城門百人，大鋪三十人，小城門二十人，小鋪五人。」鋪屬左右金吾衛管轄。㊸京城苑城諸門　京城，指西京外郭城。苑城，指禁苑，位於京城之北。諸門，包括京城南面三門：明德、啟夏、安化；東面三門：春明、通化、延興；西面三門：金光、開遠、延平；北面三門：景曜、芳林、光化。禁苑西面二門：延秋、玄武；北面三門：永泰、啟運、飲馬；東面二門：昭遠、光泰。

【語譯】左、右領軍衛：大將軍，定員各一人，品秩為正三品。東漢獻帝建安十四（三）年，曹操進為丞相時，方始在相府設置中領軍；攻拔漢中後，還師長安，讓曹休擔任中領軍，主管五校、中壘、武衛等禁衛營。魏文帝曹丕還在他當魏王時，又設置了領軍，論品位，領軍略高，中領軍稍低。晉朝因承魏制，領軍與中領〔軍〕二將軍都設置，領軍為第三品，佩金印，繫紫綬；中領軍將軍為第四品，佩銀章，繫青綬，戴武冠，穿絳朝服，佩水蒼玉。晉武帝太始元年，撤銷了領軍和北軍中候，而由中領軍將軍羊祜統率左、右二衛以及前、後、左、右和驍騎等七軍營兵。南朝宋、齊由領軍、中領軍將軍掌管宮內禁兵，皇帝大駕出行時，由他們率領禁兵在前，駐留時則負責守衛。按以往制度，皇帝與（輿）駕外出巡行，領軍將軍與護軍將軍要隔日更替當值，率領衛隊到上車門內。梁設置領軍將軍、護軍將軍與左右衛、驍騎、游騎為六軍將軍，其中領、護軍將軍的品秩列第十五班。陳時，領軍將軍的品秩為〔中〕二千石。北魏領軍和護軍將軍的品秩起初是第三（二）品上，到孝文帝太和二十三年降為從第三品（第三品）。北齊時，領軍府設有將軍一人，執掌禁衛宮掖，凡是朱華閣以外的禁衛，都由領軍主管。中領軍的職掌與領軍相同。隋在文帝開皇時，設置左、右領軍府，分別掌管左、右十二營的籍帳、羽儀等方面的事務，不設置將軍，只有長史和司馬；到煬帝大業三年，把左、右領軍府改為左、右屯衛。本朝沿襲隋的左右屯衛之名，設置了大將軍和將軍等官員，後來又改名為左、右威衛；同時又採取前代領軍的名號，另外建置領軍衛，並設有大將軍、將軍等官員。高宗龍朔二年，曾改稱左、右領軍衛為左、右戎衛，咸亨元年又恢復舊稱。武后光宅元年，再次改名為左、右玉鈐（鈐）衛，中宗神龍元年仍舊稱左、右領軍衛。

將軍，定員各二人，品秩為從三品。從魏、晉以來，都設有領軍將軍一職，不過那時的領軍將軍相當於現在的大將軍，中領軍將軍才是如今的將軍。南朝宋、齊、梁、陳以及北魏、北齊都設有領軍將軍。隋朝領軍府設有（不設）將軍的定員，本朝因承隋制亦不設（設置）這一官職。

左、右領軍衛大將軍和將軍的職掌，與左、右衛大將軍、將軍的大體相同。差別之處是〔大〕朝會時，本衛長官率領屬下穿戴的是青色的頭盔和鎧甲，手執青色的弓箭、青色的刀、青色的楯牌和青色的矟，建樹起赤色的用以指揮的旌幡，有應龍旗隊、玉馬旗隊、三角獸旗隊、白狼旗隊、龍馬旗隊、金牛旗隊的騎兵作為左、右廂的儀仗，依次肅立於威衛的後面。凡是本衛所屬的翊府的翊衛和折衝府的射聲應番上當值的，由大將軍、將軍分配他們各自的崗位和職責。若是皇帝御坐正殿，則在正殿前各儀仗隊按照旗隊的次序肅立於階下；在長樂門、永安門外，以挾門隊的形式列於兩廊。凡是分兵主守，則負責皇城東、西面的駐所以及京城和禁苑各道門戶的守衛。

【說明】關於本章原注中提到的魏武始建中領軍的時間問題，我們在注釋❶中已有所介紹，這裏就其時的歷史背景，包括宮廷權力角逐某些線索，再作一點補充說明。

曹操進位丞相在建安十三年（西元二〇八年）六月，而其設置中領軍要早於此時，這是大致可信的。如《三國志・夏侯惇傳》注引《魏書》稱：「太祖欲討柳城，領軍史渙以為道遠深入，非完計也，欲與〔韓〕浩共諫。」曹操討烏丸，進兵柳城，時間在建安十二年（西元二〇七年）八月，此時史渙既已為領軍，則領軍一職的設置應在此前。關於史渙，《魏書》稱其「字公劉，少任俠，有雄氣。太祖初起，以客從，行中軍校尉，從征伐，常監諸將，見親信，轉拜中領軍」。史渙還在拜中領軍前已「常監諸將」，正式拜授此職當是為了把這種特殊地位職務化而固定下來，由此可見中領軍一職地位要在諸將之上。這種情況歷代相沿，直到隋煬帝將之改為左、右屯衛後，其地位才降至與宿衛諸衛相並。與領軍相聯繫的是護軍，始任此職者為韓浩，曹操破柳城後，改其名為中護軍，置長史、司馬。這樣護軍主外，領軍主內，便構成了曹操的貼身禁衛軍。東漢的禁衛制原是因承西漢，由光祿勳掌皇帝貼身侍衛官，即三署郎；衛尉卿掌宮殿宿衛，即南軍，執金吾掌京師治安，即北軍。東漢另置北軍中候，掌宿衛五營。至於到了漢獻帝，皇帝已成了仰人鼻息的傀儡，自然不可能重建那套完整的禁衛軍制度。曹操在為丞相前後，便以自己設置的領軍、護軍來代替東漢原來的禁衛體制。這便是領軍制的濫觴。它的正式確立，當在曹丕踐祚時，以曹休為領軍將軍，主五校、中壘、武衛三營。領軍主內、護軍主外的這種分工，仍是漢代南軍守衛宮廷、北軍警衛京師的延續，現今的中央警衛團與北京衛戍區的各自職責，大體也還保留著這個古老的格局。在以往的歷史歲月中，帝王的安危、皇權更迭的勝敗，往往決定於對南北軍或領護軍這兩支軍隊的是否有控制力。漢初周勃誅諸呂，便是以太尉的身份，先掌握北軍。呂祿被誘逼交出北軍印，以兵授太尉周勃，「勃入軍門，行令軍中曰：『為呂氏右袒，為劉氏左袒。』軍皆左袒。勃遂將北軍。然尚有南軍，丞相〔陳〕平召朱虛侯章佐勃。勃令章監軍門，令平陽侯告衛尉，毋內相國產殿門。產不知祿已去北軍，入未央宮欲為亂，殿門勿內，徘徊往來」（《漢書·高后紀》），這才使周勃得以帶兵入未央宮掖門殺了呂產。如果不能控制北軍和南軍，陳平、周勃對諸呂也是奈何不得的。這一點，諸呂亦看得很清楚，因而當呂祿準備交出北軍時，其姑呂嬃怒曰：「汝為將而棄軍，呂氏今無處矣！」（同上）漢武帝時戾太子起兵殺江充後，急於想依靠的也是南北軍：「太子召監北軍使者任安發北軍兵，安受節已，閉軍門不肯應太子。太子引兵去。」（《漢書·劉屈氂傳》）戾太子沒有能掌握北軍，這次宮廷政變便以失敗告終。就連那位司馬遷的好朋友任安（字少卿；司馬遷名篇〈報任少卿書〉便是寫給他的一封信），雖「閉軍門不肯應太子」，結果還是「坐收太子節，懷二心」，而被腰斬。這一正一反的歷史經驗都說明南、北軍地位的緊要。魏的領、護軍也是如此。明帝去世，曹爽與司馬懿一起奉遺詔輔政，以曹爽兄弟曹羲為中領軍，曹訓為武衛將軍。在這種情況下，司馬懿只能稱疾以避，等待時機。正始十年（西元二四九年）正月，曹爽帶了齊王芳連同領軍曹羲上高平陵拜陵，這便為司馬懿發動政變提供了一個難得的機會。司馬懿這次政變的成功，除了善於利用時機，還因為有不少舊臣的支持，更為重要的是他的長子司馬師還是中護軍將軍，可以帶兵屯司馬門；他自己還有平時所私養的死士三千人，一朝而集，實力也不可低估。耐人尋味的是，司馬懿在發起政變時奏曹爽的一條重要罪狀便是「破壞諸營，盡據禁兵，群官要職，皆置所親」（《三國志・魏書・曹爽傳》）。這說明在司馬懿看來，上面提到的以曹氏兄弟為中領軍和武衛將軍，正是他攫取曹魏國柄的最大障礙，因而耿耿於懷，非拔去不可。其實當時曹爽仍有一部份禁軍在手的，還沒有到坐以待斃的地步。大司農桓範就對曹爽兄弟有過一番勸說：「當今日，卿門戶求貧賤復可得乎？且匹夫持質一人，尚欲望活，今卿與天子相隨，令於天下，誰敢不應者？」但曹氏兄弟「猶不能納」（同上）。他們放棄了反抗，輕信了司馬氏「以侯還第」的許諾，以為至少可以苟延殘喘。豈料不過幾天，曹氏兄弟還有那位大司農桓範，便被一起收而誅滅三族。這類事例，在古今宮廷政變史中可謂舉不勝舉。

六

長史❶各一人，從六品上。

錄事參軍事❷各一人，正八品上。

倉曹參軍事❸各二人，正八品下。

兵曹參軍事❹各二人，正八品下。

騎曹參軍事❺各一人，正八品下。

胄曹參軍事❻各一人，正八品下。《齊職儀》❼：「領軍將軍有長史，品第六，秩六百石。」梁、陳亦有之。北齊領軍有長史、司馬。隋領軍府無將軍，有長史一人；煬帝改置將軍❽，長史判衛事，又有錄事、倉曹，兵、騎、鎧曹等員。皇朝因之。

司階各三人❾，正六品上。

中候❿各三人，正七品下。

司戈⓫各五人，正八品下。

執戟⓬各五人，正九品下。

長史掌判諸曹、翊府及萬敵、萬年等六十府⓭之貳⓮。餘同左、右衛。

翊府⓯：中郎將各一人，正四品下。

左、右郎將各一人，正五品上。

中郎將掌領其府校尉、旅帥、翊衛⓰之屬以宿衛，而總其府事。餘如左、右衛。

【章　旨】敘述本衛之長史、錄事和倉、兵、騎、冑諸曹參軍事等屬官，以及所屬之翊府中郎將、左右郎將與其屬官各自之定員、品秩和職掌。

【注　釋】❶長史　戰國秦始置，掌顧問參謀。歷代沿置。隋唐長史以其所屬可分三類，一是置於諸都護府、諸都督府、諸州者，二是置於中央南衙諸衛、北衙諸軍、諸折衝府（隋稱鷹揚府）、東宮諸率府者，三是置於諸王府者。員額、品秩各有不同，並為府僚屬吏之長，故有「元僚」之稱。❷錄事參軍事　王府、軍府及州之佐吏。晉始置，本為公府官，總錄諸曹之文簿並舉彈善惡。隋時諸王府、左右領軍、諸衛、諸率府皆置錄事參軍事一人，唐因隋制，掌府事勾檢，省署抄目，糾彈非違、監守符印以及給紙筆之事，並總錄本府所屬諸曹，曹事有異同者得以奏聞。❸倉曹參軍事　軍府佐吏。晉始置，後世王公府、軍府及州置軍府者並置，掌倉儲之事。唐開元時定制，在軍府稱倉曹參軍事，在州則稱司倉參軍；諸衛之府凡署倉曹者，皆置參軍事一至二人，並置府史，掌公廨、度量、庖廚、倉庫、租賦徵收及田園等事。❹兵曹參軍事　軍府佐吏。晉始置，後世之軍府及州置軍府者皆置。唐開元時定制，在府稱兵曹參軍，在州稱司兵參軍；諸衛府、諸率府、鎮將府及京畿府各置兵曹參軍一至二人，隨曹置府史；掌武官選舉、兵甲器仗、軍防門禁和烽候、傳驛、田獵等事。❺騎曹參軍事　軍府佐吏。晉以下諸王府、軍府皆置騎兵參軍，諸率府、領軍府則改名騎曹參軍。唐初或稱騎兵參軍，後一併改稱騎曹參軍事，其屬吏有府、史等。掌外府雜畜籍帳、牧養及承值給馬等事。❻胄曹參軍事　軍府佐吏。始置於西晉末，後世軍府亦有設置。隋左、右衛府設鎧曹行參軍，唐承隋制，武則天時改名為胄曹參軍事。掌戎仗器械及公廨興造和決罰之事。❼齊職儀　書名。《隋書・經籍志》著錄有「《齊職儀》五十卷，齊長水校尉王珪之撰」。《南齊書・王逡之傳》：「從弟珪之，有史學，撰《齊職儀》。」❽煬帝改置將軍　煬帝，隋朝皇帝楊廣，在位十四年，終年五十歲。據《隋書・百官志》，煬帝改制時，左、右領軍府已改為左、右屯衛。故設置將軍者當是左、右屯衛，非左、右領軍府。❾司階各三人　本卷卷目司階為各二人；諸衛之司階均為各二人。句中「三」當係「二」之訛。司階，唐武官，掌殿陛執仗侍值。❿中候　唐武官名。掌殿陛執仗侍值。候本為低級武官，漢校尉屬官中有候，如城門校尉下有十二城門候。東漢軍隊編制部下設曲，部之長官為校尉，曲之長官即為候。光武時曾省中壘校尉，置北軍中候，監五校營。晉武帝時，亦曾置北軍中候，其地位頗高，相當於中領軍。唐中候僅為一般侍值武官。⓫司戈　唐武官名。掌執戈在殿內侍值。戈是一種可鉤可啄、裝有長柄之兵器。⓬執戟　唐武官名。掌持戟在殿內侍值。戟是戈矛合體，兼有鉤、刺、衝、啄四種功能之兵器。以上司階、中候、司戈、執戟四職，合稱四色官。《唐會要》卷七一、十二衛條：「司階二員，中候三員，司戈、執戟各五員，並天授二年（西元六九一年）四月五日置。」⓭萬敵萬年等六十府　萬敵、萬年，左、右領軍衛所屬六十折衝府中之二折衝府名。據《新唐書・地理志》萬敵府在邠州（今陝西之郴縣）。萬年府未見著錄，可能即在京兆府萬年縣（今西安市）境內。其餘諸折衝府之府名及地址皆不可考。⓮貳　陳仲夫點校本以為當作「事」。其文稱：「考諸衛大將軍、長史職掌『貳』皆作『事』，唯武衛及領軍衛長史作『貳』，疑『貳』乃『事』之訛。」語譯依此。⓯翊府　本卷卷目，「翊府」前尚有「左右」二字。⓰校尉旅帥翊衛　三武官名。據《新唐書・百官志》，諸衛之翊府皆設「校尉各五人，正六品上；每校尉有旅帥二人，從六品上；每旅帥各有隊正二十人，正七品上，副隊正二十人，正七品下」。又「翊衛，正八品上」。翊衛衛士由五品以上並柱國若有封爵兼帶職事官子孫充任。

【語譯】〔左、右領軍衛：〕長史，定員各一人，品秩為從六品上。

錄事參軍事，定員各一人，品秩為正八品上。

倉曹參軍事，定員各二人，品秩為正八品下。

兵曹參軍事，定員各二人，品秩為正八品下。

騎曹參軍事，定員各一人，品秩為正八品下。

胄曹參軍事，定員各一人，品秩為正八品下。《齊職儀》記載：「領軍將軍屬官中設有長史，官品為第六品，俸秩是六百石。」南朝梁、陳都設有長史。北齊在領軍府亦設有長史和司馬。隋初領軍府不設將軍，只設長史一人。煬帝改〔領軍府為左、右屯衛，〕設置將軍，由長史主管本衛日常事務，並設置了錄事、倉曹、兵曹、騎曹、鎧曹等官員。本朝因承隋制。

司階，定員各二人，品秩為正六品上。

中候，定員各三人，品秩為正七品下。

司戈，定員各五人，品秩為正八品下。

執戟，定員各五人，品秩為正九品下。

長史的職掌是，分管本衛各曹、翊府和萬敵、萬年等六十折衝府的有關事務。長史其他方面的職掌，以及錄事參軍和各曹參軍的職掌，都與上篇左、右衛中的有關規定相同。

〔左、右〕翊府：中郎將，定員各一人，品秩為正四品下。

左、右郎將，定員各一人，品秩為正五品上。

中郎將的職掌是統領本府所屬的校尉、旅帥、翊衛等屬官參加宿衛，並總管本府的事務。其他方面的職掌與上篇左、右衛的翊府中郎將相同。

【說明】唐代前期著名將領中，有二人曾任本章敘述的領軍中郎將和郎將。一位是薛仁貴。據《舊唐書》本傳，貞觀末太宗親征遼東時薛仁貴應募參軍。一次「仁貴自恃驍勇，欲立奇功，乃異其服色，著白衣，握戟，腰鞬長弓，大呼先入，所向無前，賊盡披靡欲走」。恰好被「太宗遙望見之」，特召見，先授游擊將軍、雲泉府果毅都尉，還京師，遷右領軍郎將，並令在北門長上。太宗對薛仁貴說：「朕舊將並老，不堪受閫外之寄，每欲抽擢驍雄，莫如卿者。朕不喜得遼東，喜得卿也。」在高宗時期，薛仁貴任右威衛大將軍，是征遼東、破九姓突厥的主要將領。「時九姓有眾十餘萬，令驍健數十人逆來挑戰。仁貴發三矢，射殺三人，自餘一時下馬請降」，於是「軍中歌曰：『將軍三箭定天山，戰士長歌入漢關』」（同上）。另一位是程務挺，其父程名振，曾拜右驍衛大將軍，務挺少年即隨父征討，遷右領軍衛中郎將，又隨裴行儉伐突厥，以功遷右衛將軍，後又拜左驍衛大將軍，檢校羽林軍。在高宗、武則天時期，程務挺是在北方對付突厥的重要將領，以至後來被武則天以譖殺害時，「突厥聞務挺死，率相慶，為立祠，每出師，輒禱焉」（《新唐書》本傳）。唐代許多行伍出身的將領，包括總攬西北地區軍事的著名的大將軍蘇定方，其歷練大都經過郎將、中郎將這一中級武官的階段，然後再上升為諸衛之大將軍，成為主持一個方面的行軍大總管。

卷二五

諸衛府

卷目

左右金吾衛

大將軍各一人
將軍二人
長史一人
錄事參軍事一人
錄事一人
史二人
倉曹參軍事二人
府二人
史四人
兵曹參軍事二人
府二人❶
史五人
騎曹參軍事二人❷
府二人
史四人
冑曹參軍事一人
府三人
史三人
亭長二人
掌固四人
司階二人
中候三人
司戈五人
執戟五人

左右翊中郎將府

中郎將各一人
左郎將一人
右郎將一人
錄事一人
兵曹參軍事一人

---

❶府二人　《新唐書·百官志》為「三人」。
❷騎曹參軍事二人　卷中正文作「一人」。

府一人
史二人
校尉五人
旅帥十人
隊正二十人
副隊正二十人
左右街使各一人
判官二人
典二人

左右監門衛

大將軍各一人
將軍二人
中郎將四人
長史一人
錄事參軍事一人
錄事一人
史二人❸
兵曹參軍事一人
府三人
史五人
冑曹參軍事一人
府三人
史四人
亭長二人
掌固二人
監門校尉二百二十人❹
直長六百八十人
長人長上❺二十人
直長長上二十人

左右千牛衛

大將軍各一人
將軍一人
中郎將一人❻
長史二人❼
錄事參軍事一人
錄事一人

---

❸史二人　此下，《新唐書・百官志》尚有「亭長二人，掌固二人」。
❹監門校尉二百二十人　新舊《唐書》官志皆作「三百二十人」。
❺長人長上　《新唐書・百官志》作「長入長上」。
❻中郎將一人　卷中正文作「二人」。

史二人
兵曹參軍事一人
府一人
史二人
胄曹參軍事一人
府一人❽
史一人
亭長二人
掌固四人
千牛備身十二人
備身左右十二人
備身一百人
主杖❾一百五十人

左右羽林軍

大將軍各一人
將軍二人
長史一人
錄事參軍事一人
錄事一人
史二人
倉曹參軍事一人
府二人
史四人
兵曹參軍事一人
府二人
史四人
胄曹參軍事一人
府二人
史四人❿
亭長二人
掌固四人
司階二人
中候三人
司戈五人
執戟五人

左右翊中郎將府

中郎將各一人

---

❼長史二人　卷中正文為「一人」。
❽府一人　嘉靖、廣雅二本均作「二人」。
❾主杖　據正文當作「主仗」。
❿史四人　《新唐書・百官志》作「二人」。

左郎將一人
右郎將一人
錄事一人
兵曹參軍事一人
府一人
史二人
校尉五人
旅帥十人
隊正二十人
副隊正二十人

別將一人
長史一人
錄事一人[11]
史二人
兵曹參軍事一人
府二人
史三人
校尉五人
旅帥十人
隊正二十人
副隊正二十人

諸衛折衝都尉府

每府折衝都尉一人
左果毅都尉一人
右果毅都尉一人

---

⑪錄事一人　《新唐書·百官志》此下尚有「府一人」。

卷旨

本卷為上卷之續，分作上下兩篇，上篇敘述十六衛上卷餘下的六衛，即左右金吾衛、左右監門衛和左右千牛衛；下篇敘述作為北衙的左、右羽林軍和作為諸衛外府的諸折衝府的建制。

左、右金吾衛掌管京城晝夜巡警和執禦非違，其職能相當於今大陸警察與安全兩個部門，即包括公開的警察治安和秘密的偵探緝捕，是南衙諸衛中延續時間最長的一個職能部門。左、右監門衛執掌京城諸門，特別是京城諸門的禁衛門籍之法，凡人員及財用器物的出入，皆由其依籍傍檢驗無誤方可放行。包括京城的太倉和東部的含嘉倉糧食的窖藏和出入，亦須有監門衛司檢人員的監督，這從近年出土的唐東都含嘉倉銘磚上亦有左、右監門衛人員的署名，可以得到證明。左、右千牛衛掌宮殿的御前侍衛，其下屬的千牛備身及備身左右，獲得特許可以身佩橫刀侍奉於帝王之側。

左、右羽林軍是北衙軍的組成部份，它的前身是玄武門即北門的左、右屯營，至高宗龍朔時改名為左、右羽林軍，因在宮廷的北面，故稱為北衙。左、右屯營的衛士稱飛騎，太宗時於飛騎中挑選才力驍健善騎射者為百騎，作為遊幸的隨從，其後武后、中宗相繼改百騎為千騎，改千騎為萬騎。羽林和百騎是最早的北衙軍，統率者起先也是南衙，即由諸衛將軍檢校北衙諸軍，但因其靠近皇帝後宮，地位重要，故而逐漸凌駕於南衙之上，並形成南衙衛城、北衙衛宮互相制約的格局。南衙是諸衛兵，北衙是禁軍。唐有北衙六軍之稱。六軍玄宗時是指左右羽林軍、左右龍武軍、左右神武軍；德宗時左、右神策軍崛起，設置大將軍、將軍，故亦以左右龍武、左右神武、左右神策稱北衙六軍。

諸衛宿衛的衛士，來自諸折衝府。唐全國折衝府總數，本書第五卷第一篇兵部郎中職掌記為五百九十四，分上、中、下三等，分布於諸道，並分隸於諸衛，衛士皆按期赴京師番上宿衛，或征行之鎮守。本卷第二篇中敘述了諸折衝府的折衝都尉、果毅都尉、別將及長史、兵曹參軍事等的定員、品秩和職掌。四庫本原文有較多殘缺，難以通讀，且他本亦然，姑依陳仲夫點校本作了增補，並在章末附以資料性說明，以為閱讀參考。

據徐松《唐兩京城坊考》，唐京師的左金吾衛在外郭城的永興坊西南隅，是神龍中自崇仁坊遷至此處。右金吾衛在南布政坊東北隅，其地本為隋的右武候府。左監門衛在承天門街之東，第三橫街之北，是武德中分取北左武衛之地，自北街移於此。右監門衛在承天門街之東，第二橫街之北，右衛之東。左千牛衛在承天門街之東，宮城之南，第二橫街之北，位於殿中省與左衛之間。右千牛衛在承天門街之西，宮城之南，第二橫街之北，東與四方館為鄰，西與右監門衛相接。北衙六軍的駐防，左三軍在大明宮太和門外，門之北從西，依次為左羽林軍、左龍武軍、左神策軍；右三軍在右銀臺門之北九仙門外，門之北從東，依次為右羽林軍、右龍武軍、右神策軍。東都的左金吾衛在清化坊，《朝野僉載》：天后永昌中，有宿衛十餘人于清化坊飲，當即金吾衛士。右金吾衛的地址不詳。左監門衛在應天門外第一橫街之南，第二橫街之北，位於殿中省與左衛之間；右監門衛在右衛率府之次。左千牛衛在東朝堂之南，第三橫街之北，位於左驍衛與家令寺之間；右千牛衛則在西朝堂之南，第三橫街之北，位於右驍衛和右武衛之間。

左右金吾衛、左右翊中郎將府・左右監門衛・左右千牛衛

【篇　旨】本篇分三個部份，分別敘述左右金吾衛、左右監門衛、左右千牛衛的大將軍、將軍、長史和諸曹參軍事的定員、品秩、沿革及職掌。

這三衛都有悠遠的沿革歷史。左、右金吾衛可以追溯到秦的中尉，至漢武帝時更名為執金吾。金吾之義有多說，一般以為指銅棒，執之以禦非常，所以執金吾便是負責京師治安的機構。《後漢書・百官志》稱其「掌宮外戒司非常水火之事，月三繞行宮外，及主兵器」。魏晉以後曾復稱中尉，至隋則為左、右武候府，唐高宗時，始定名為左、右金吾衛，其職仍掌徼循京師，晝夜巡警以禦非違。唐代自北衙禁軍興起後，南衙諸衛成了閑司，只有左、右金吾衛依舊擔任警晝巡夜之職。肅宗時，李輔國曾建議讓羽林軍派騎士五百人巡徼京城，因反對的人較多，認為南北衙之間還有一個互相察伺牽制的問題，未予實施，故金吾衛的職掌並未因北衙的興起而有所削弱。其下又設左、右街使，分察六街巡徼，管轄全城的城門、坊角、武候鋪，依照鼓聲指揮全城坊市門的啟閉。在工作方式上，既有公開的巡警，又有秘密的武官暗探，類似於今大陸警察和安全兩個系統。

左、右監門衛是由漢魏時期的城門校尉演變而來，唐則是直接因承隋置的監門府，它的職能是掌管諸門的禁衛和門籍。在唐代，凡進入宮殿的人員皆須憑門籍，事先由所在機關申報其姓名、官爵，流外官吏還得寫明年貌，經監門衛審核，在指定宮門進入。財物的出入須憑籍傍，並經門司的嚴格檢查。所有人、物出入，規定必須是左入右出。唐代對門衛的管理有一套嚴格的制度，並以《唐律》為保證，違者將受到各種懲處。

比較起來，左、右千牛衛的歷史要短一些，最初出現的是南朝宋的千牛刀，北朝北魏的千牛備身。北齊

以領左、右府左右將軍統千牛備身，隋於文帝時置左、右領左右府，煬帝時改名為左、右備身府，入唐後再次改名為左、右千牛衛，下設千牛備身和備身左右，其職掌是佩大橫刀在皇帝身旁侍衛，有時還要協助傳宣口敕，因而被當時人目為極榮耀的一個職位。

唐代十二衛大多領有府兵，只有左右監門、左右千牛四衛不領府兵。

一

左、右金吾衛：大將軍各一人，正三品。《漢書・百官表》❶：「中尉，秦官❷，掌徼巡京師❸。武帝太初元年更名執金吾❹，秩中二千石❺，有兩丞、候、司馬、千人❻。屬官有中壘❼、寺互❽、武庫❾、都船❿四令丞。又武道左、右候⓫及京、輔都尉⓬皆屬焉。」又後漢掌宮外及京師盜賊、水火，考按疑事⓭；衛尉巡行宮中⓮，執金吾徼巡宮外，相為表裡，所以戒不虞也。漢末，魏武執政，復為中尉⓯。晉、宋、齊、梁、陳並不置。後魏雖有中尉之職，改御史中丞名之⓰。至後周，置武環率、武候率，各下大夫二人⓱。至隋，置左、右武候府，各大將軍一人、將軍二人⓲，掌車駕出入，先驅後殿；晝夜巡察，執捕姦非；烽候道路，水草所宜。巡狩師田⓳，掌其營禁。大業三年，改為左、右武候衛⓴；四年，各增置察非掾二人，專糾彈之事。皇朝因之㉑。

龍朔二年，改為左、右金吾衛㉒。

將軍各二人，從三品。皇朝因隋置三人，貞觀㉓中減置二人。

左右金吾衛大將軍、將軍之職，掌宮中及京城晝夜巡警之法，以執禦非違，凡翊府及同軌等五十府㉔皆屬焉。凡車駕出入，則率其屬以清遊隊建白澤旗、朱雀旗以先驅，又以玄武隊建玄武旗以後殿㉕，餘依鹵簿之法㉖以從。若巡狩師田，則執其左、右營衛之禁。凡衛翊府㉗，同軌、寶圖等五十府彍騎、衛士㉘應番上者，各配所職㉙焉。又置引駕三衛六十人，並於左、右衛取明閑隊仗法用、兼能糾彈事者充，分為五番上下；仍於諸衛翊衛隊正內取五人為主帥，番別配一人檢校。又置別駕佽飛六十六人，於當衛簡取越騎射者充，分為六番上下，番別置主帥一人㉚。

【章旨】敘述左右金吾衛大將軍、將軍之定員、品秩、沿革和職掌。

【注釋】❶漢書百官表　《漢書》，東漢班固撰。一百篇，分一百二十卷。我國第一部紀傳體斷代史。〈百官表〉，即〈百官公卿表〉，《漢書》八表之一，敘述秦漢官制沿革，並排比漢代公卿大臣之升降遷免，簡明扼要。❷中尉秦官　中尉，漢初統兵武官。亦稱備盜賊中尉。掌京城治安，管理中央武庫，兼領左右京輔兵卒，衛戍京師，或亦發兵卒遠屯邊塞。中尉原為秦官，但趙亦置。如《史記·趙世家》便載有荀欣侍曾為中尉；王先謙《漢書補注》亦云：「又趙烈侯官荀欣為中尉，則是官不獨秦有也。」❸徼巡京師　猶言巡查京城，緝捕盜賊。《漢書》注引如淳曰：「所謂遊徼，徼循禁備盜賊也。」師古曰：「徼謂遮繞也。」❹武帝太初元年更名執金吾　武帝，西漢皇帝劉徹，字通，在位五十四年，壽七十一。太初元年，即西元前一〇四年，太初為其年號。執金吾，《漢書》注引「應劭曰：吾者，御也，掌執金革，以御非常。師古：金吾鳥名也，主辟不祥。天子出行，職主先導，以禦非常，故執此鳥之象，因以名官。」《漢書·補注》引俞樾曰：「崔豹《古今注》：金吾，棒也，以銅為之，黃金塗兩末。御史大夫、司隸校尉亦得執焉。御史、校尉、郡守、都尉、縣長之類，皆以木為吾。據此，漢制有金吾，有木吾，豈得以金吾為鳥名乎！吾，實大棒之名，以大棒可御非常，故以吾名之。執金吾者，執此棒也。應說參以崔注，其義方盡。」❺秩中二千石　即月俸一百八十斛。❻有兩丞候司馬千人　丞、候、司馬、千人，皆為官名。《漢書》注引師古曰：「候及司馬及千人皆官名也。屬國都尉云有丞、候、千人。西域都護之司馬、候、千人各二人。」除丞外，候、司馬、千人均為帶兵武官。通常此類官名前需冠以中尉或執金吾。如《漢書》之〈平帝紀〉有「遣執金吾候陳茂」之句，其〈季布傳〉有「中司馬」，如淳曰：「中尉之司馬。」❼中壘　指中壘令、丞，執金吾屬官。掌軍中壘門。《漢書・補注》引沈欽韓曰：「《通典》引司馬穰苴：五人為伍，十伍為隊，一軍凡二百五十隊，餘奇為握奇，故一軍以三千七百五十人為奇兵；隊七十有二以為中壘，守地六千尺，積尺得四十里，以中壘四面乘人，一面得地三百步，此中壘所本。」❽寺互　指寺互令、丞，執金吾屬官。掌官府門禁。《漢書》注引如淳曰：「《漢儀注》有寺互。」互本作「枑」，作行馬解。《演繁露》云：「行馬者，一木橫中，兩木互穿以成四角，施之于門，以為約禁也。」《通雅・宮室》：「行馬，宮府門設之，古賜第亦門施行馬。」行馬俗稱馬叉子，用以遮阻人馬之通行。寺，即官舍。故寺互令、丞掌官府之門禁。此官初屬少府，中屬主爵，後屬中尉。❾武庫　指武庫令、丞，執金吾屬官，秩六百石。《後漢書・百官志》本注曰：「主兵器。丞一人。」東漢當承西漢而來。《漢書・魏相傳》：「武庫精兵所聚」，並記有「洛陽武庫令」。❿都船　指都船令、丞，執金吾屬官。《漢書》注引如淳曰：「都船獄令，治水官也。」《漢書》之〈薛宣傳〉記宣曾為「都船獄吏」，〈王嘉傳〉又稱「縛嘉載致都船詔獄」，都船令可能是中尉下屬主管船獄之官。其有三丞，或許船獄不止一處。⓫武道左右候　正德本及《漢書・百官公卿表》原文皆作「式道左、右、中候」。當據以改補。《漢書》注引「應劭曰：式道凡三候，車駕出還，式道候持麾至宮門，門乃開。」《後漢書・百官志》：「本注曰：本有式道、左、右、中候三人，六百石。車駕出，掌在前清道，還持麾至宮門，宮門乃開，中興（指東漢）但一人，又不常置，每出，以郎兼式道、候，事已罷，不復屬執金吾。」⓬京輔都尉　即《漢書・百官公卿表》所記「左、右京輔都尉」。漢武帝於元鼎四年（西元前一一四年）更置二輔都尉，此即為左、右京輔都尉，事在太初元年（西元前一〇四年）設置三輔前十年。《史記・平準書》有「益廣關，置左、右輔」，《集解》引徐廣曰：「元鼎三年（西元前一一五年）丁卯歲，徙函谷關於新安東界。」因畿輔地域擴大，故於次年增設左、右二輔都尉。都尉為武官，其職與京師警衛有關，故隸執金吾。《封泥考略》卷一，四四頁有「廣左都尉」封泥，據陳直《漢書新證》，廣左都尉即左輔都尉。⓭後漢掌宮外及京師盜賊水火考按疑事　此言東漢執金吾職掌。《後漢書・百官志》：「執金吾一人，中二千石。本注曰：掌宮外戒司非常水火之事。月三繞行宮外及主兵器。」東漢執金吾屬官較之西漢有頗大變化。丞，僅有一人；其餘除武庫令保留外，大都省略。另增置「緹騎二百人。本注曰：無秩，比吏食奉。」緹騎為皇帝出入導從隊伍，頗為風光。《漢官》稱：「執金吾緹騎二百人，〔持戟〕

五百二十人，輿服導從，光滿道路，群僚之中，斯最壯矣。世祖嘆曰：『仕宦當作執金吾。』」⓮衛尉巡行宮中　此言東漢衛尉職掌。衛尉，原為秦官，西漢沿置。秩中二千石，位列九卿。掌皇帝所居未央宮禁衛，因亦稱未央衛尉。《後漢書・百官志》：東漢置「衛尉卿一人，中二千石」。本注曰：「掌宮門衛士，宮中徼循事。」其屬官有「左、右都候各一人，六百石。本注曰：主劍戟士，徼循宮及天子有所收考」。⓯魏武執政復為中尉　魏武，即曹操。字孟德，沛國譙（今安徽亳州市）人；其子丕建魏追尊為武帝，故稱魏武。曹操執政在東漢末建安時。其復改稱執金吾為中尉事，《三國志》列傳載有數例。如〈崔琰傳〉：崔琰「遷中尉。琰聲恣高暢，眉目疏朗，鬚長四尺，甚有威望，朝士瞻望，而太祖亦敬憚焉」；〈徐奕傳〉：「太祖征漢中，魏諷等謀反，中尉楊俊左遷。太祖嘆曰：『諷所以敢生亂心，以吾爪牙之臣無遏姦防謀者故也。安得如諸葛豐者，使代俊乎！』桓階曰：『徐奕其人也。』太祖乃以奕為中尉。」然自魏文帝踐祚後，似又復稱執金吾。如同書〈臧霸傳〉：「及〔文帝〕踐祚，進封〔臧霸〕開陽侯，徙封良成侯。與曹休討吳賊，破呂範於洞浦，徵為執金吾，位特進。」⓰後魏雖有中尉之職改御史中丞名之　意謂北魏中尉一職，係由御史中丞改置，稱御史中尉。至北齊復名御史中丞。《魏書・官氏志》：北魏孝文帝太和十七年（西元四九三年）職員令有御史中尉，位列第三品上；太和二十三年（西元四九九年）復次職令，降為從第三品。⓱後周置武環率武候率各下大夫二人　北周仿《周禮》天、地、春、夏、秋、冬六官設職，在夏官府兵部中大夫下，因《周禮・夏官》有環人、候人而置武環率下大夫、武候率下大夫各二人，並正四命。前者統武環兵，下設武環率上士、武環倅長下士；後者統武候兵，下設武候率上士、武候倅長下士。據《周禮・夏官》，此二職所掌分別是：「環人，掌致師，察軍慝，環四方之故，巡邦國，搏諜賊，訟敵國，揚軍旅，降圍邑」；「候人，各掌其方之道治與其禁令，以設候人」。北周任右武候者，見〈大唐故右虞侯副率檢校左領軍衛將軍上柱國乙速孤府君碑銘〉：「祖安，齊前鋒都督，周右武候」等職。又，〈隋故左屯衛大將軍左光祿大夫姚恭公墓誌銘〉亦記墓主曾以大都督檢校武候兵事：「建德五年（西元五七六年），從周武平定晉州，以前後功，授大都督，檢校武候兵事」。⓲將軍三人　《隋書・百官志》作「將軍二人」。⓳巡狩師田　皇帝三類不同目的之出行。巡狩，即「巡守」，巡視守土者。守土者指地方官。師謂舉兵征伐之事，田謂田獵。《周禮・天官・小宰》：「聽師田以簡稽。」同書〈夏官・大司馬〉：「若大師則掌其戒令。」鄭玄注：「大師，王出征伐也。」天子不親出征為小師。同書〈秋官・小司寇〉：「小師，涖戮。」鄭玄注：「小師，王不自出之師。」蓋謂王命卿大夫率師征伐。⓴大業三年改為左右武候衛　大業三年，即西元六〇七年。大業為隋煬帝楊廣年號。左右武候衛，《隋書・百官志》作「左右候衛」。「武」字為衍文。隋仁壽、大業年間為武候將軍者，據《隋書》列傳載錄，有吐萬緒、蘭興浴、賀蘭蕃等；煬帝改為左、右候衛後，任此職者如薛世雄、趙才等。㉑皇朝因之　《唐會要》卷七一、十二衛條：高祖「武德四年（西元六二一年）因隋舊制為左、右武候府。」其時徐世勣和龐王曾分別任右武候大將軍和領軍武候二衛大將軍。㉒龍朔二年改為左右金吾衛　龍朔二年，即西元六六二年。龍朔為唐高宗李治年號。《舊唐書・職官志》：「龍朔二年改〔左、右武候衛〕為左、右金吾衛，采古名也。」隋時右武候大將軍之子趙道興，至唐「儀鳳中，累遷左金吾衛大將軍」；道興「子皎，亦為金吾將軍，凡三代執金吾，為時所稱」（《舊唐書・趙道興傳》）。㉓貞觀　唐太宗李世民年號。㉔同軌等五十府　同軌，折衝府名。其址在河南府（今河南洛陽）境內。五十府，為左、右金吾衛所轄之折衝府數。㉕自「凡車駕出入」至「建玄武旗以後殿」　此言皇帝車駕出入時，金吾衛長官須率領其所屬清遊、玄武二隊衛士，為整個儀仗隊分別承擔先驅與殿後之使命。白澤旗、朱雀旗、玄武旗，三種分別繪有不同動物圖案之旗幟。白澤，神獸。《雲笈七籤》：「黃帝得白澤神獸，通萬物之情，因問鬼神之事一萬一千五百二十種，帝乃令寫為圖。」朱雀，即朱鳥，二十八宿四象之一，南方七宿組成朱鳥象。玄武，即龜。一說龜蛇合體。北方七宿組成玄武象。《禮記・曲禮上》：「行，前朱鳥而後玄武，左青龍而後白虎，招搖在上，急繕其怒。」孔穎達疏：「此明軍行象天文而作陣法也。前南、後北、左東、右西。朱鳥、玄武、青龍、白虎，四方宿名也。」此三旗之形制，參見《元史・輿服二》。皇帝車駕出巡金吾衛承擔先驅、殿後之隊列次序，據《通典・禮六十七・序例中》載錄為：以清遊隊開道，白澤旗二，分左右，各一人執、二人引，二人夾。金吾、折衝二人，各領四十騎，戎服，分左右。次金吾大將軍二人，分左右。次外鐵甲佽飛二十四騎；次朱雀旗，一騎執，二騎引，二騎夾。金吾折衝都尉一人，領四十人，執橫刀、矟弩、弓箭騎從。以玄武旗隊殿後，位於諸衛馬隊之次，由一人執玄武旗，二人引，二人夾。金吾折衝都尉一人，領五十騎，分執矟、弩騎從。㉖鹵簿之法　指皇帝大駕出巡時儀仗列隊之格式。蔡邕《獨斷》：「天子出，車駕次第，謂之鹵簿。」封演《封氏見聞記》卷五：「輿駕行幸，羽儀導從謂之鹵簿，自秦漢以來始有其名。……按字書：『鹵，大楯也。』字也作櫓，又作樐，音義皆同。鹵以甲為之，所以扞敵。」又：「甲楯有先後部伍之次，皆著之簿籍，天子出，則案次導從，故謂之鹵簿耳。」㉗凡衛翊府　諸衛皆作「凡翊衛翊府」。此句「衛」上當補一「翊」字。諸衛皆有翊衛，由五品以上並柱國若有封爵兼帶職事官子孫充任。其管理所屬翊衛之機構稱翊府。㉘同軌寶圖等五十府彍騎衛士　同軌、寶圖，皆折衝府名。其址據《新唐書・地理志》均在河南府（今陝西洛陽市）周圍。五十府，指左、右金吾衛所屬折衝府數。彍騎，唐宿衛衛士名。據《新唐書・兵志》，原稱「長從宿衛」，開元十二年（西元七二四年）「更號曰『彍騎』」。彍，意為滿弓。又，《舊唐書・張說傳》載：開元時「當番衛士浸以貧弱，逃亡略盡。〔宰相張〕說又建策，請一切罷之，別召募強壯，令其宿衛，不簡色役，優為條例，逋逃者必爭來應募。

上從之。旬日，得精兵一十三萬人，分繫諸衛，更番上下，以實京師，其後彍騎是也。」故彍騎係諸衛衛士之通稱；據本書第五卷第一篇兵部郎中職掌條，左、右金吾衛所屬五十折衝府衛士之專稱則為「佽飛」。㉙各配所職　指左、右金吾衛長官對所屬衛士凡應番上者，皆須分配以執勤崗位。唐制，凡當司大將軍、將軍已配所職，他人若任意迴改，將受到嚴懲。如《唐律疏議・衛禁律》規定：「諸宿衛人已配仗衛，而官司輒迴改者，杖一百。若不依職掌次第擅配割及別驅使者，罪亦如之。」疏議曰：「依式，衛士以上應當宿衛者，皆當衛見在長官配於職掌之所，各依仗衛次第坐立，此即職掌已定。若官司無故輒迴改者，合杖一百，應須迴改者，不坐。若不依職掌次第而擅配隸，乖於式文，及將別處驅使者，亦各杖一百。其有私使，計庸重者從重論。」㉚自「置引駕三衛六十人」至「番別置主帥一人」　此段原注言在左、右金吾衛下設置引駕三衛和引駕佽飛之員額、來源及番上次第。引駕，職掌導引御駕升殿之衛士。三衛，指親衛、勳衛、翊衛。別駕，據《新唐書・儀衛志》當作「引駕」。佽飛，左、右金吾衛所屬折衝府衛士之名。越騎，折衝府衛士能騎而射者稱越騎，其餘為步兵、武騎、排矟手、步射等。引駕三衛、引駕佽飛之職，據《新唐書・儀衛志》稱：「朝堂置左右引駕三衛六十人，以左右衛、三衛年長彊直能糾劾者為之，分五番。又引駕佽飛六十六人，以佽飛、越騎、步射為之，分六番，每番皆有主帥一人。坐日引駕升殿，金吾大將軍各一人押之，號曰押引駕官。中郎將、郎將各一人，檢校引駕事。」除引駕升殿外，還要引送上朝之文武官員，以及為驅儺侲子部引出入。如《唐會要》卷七一載：「〔德宗〕貞元二年（西元七八六年）九月敕：諸衛上將軍，自今以後，每朝下馬至朝堂以來，宜令左、右金吾作等級差人引接，其朝退，亦送至上馬處。」又：「〔憲宗〕元和十三年（西元八一八年）十二月，左右金吾引駕仗奏，以舊例驅儺侲子等，金吾將軍以下，並具襴笏，引入閤門。謹案大儺者，所以驅除群厲，合資威武，其光儀襴笏之制，常參朝服，舊制未稱，今後請各衣錦繡，具巾襪，帶儀刀，部引出入，則與事合宜。從之。」

【語　譯】左、右金吾衛：大將軍，定員各一人，品秩為正三品。《漢書・百官公卿表》記載：「中尉，秦朝的官職。它的職掌是巡邏京師。漢武帝太初元年改名為執金吾，品秩是中二千石；屬吏有兩丞、候、司馬和千人；下屬機構的長官有中壘、寺互、武庫、都船四個令和丞，還有武（式）道左、右〔、中〕候，以及左、右京輔都尉等都歸它管轄。東漢執金吾掌管宮外警戒的事務以及京師有關盜賊、水火等非常事件和糾查各種可疑的事項；衛尉負責宮內的警衛，執金吾分管宮外的巡邏，二者內外配合，用來警戒意外的突發事件。東漢末曹操執政時，又恢復中尉的名稱。晉代和南朝的宋、齊、梁、陳，都不設置此官。北魏時，雖有中尉這一職，卻是由御史中丞改名而來，稱御史中尉。到了北周，兵部中大夫下設置武環率、武候率，各有下大夫二人。至隋初，設置左、右武候府，各有大將軍一人，將軍二人，掌管皇帝車駕出入前驅與殿後的警衛；負責日夜巡察，抓捕為非作歹的人和事，並檢查烽堠、道路，途中選擇水草所宜駐紮之地。若是皇帝外出巡視地方或親征、田獵時，則負責宿營警戒。隋煬帝大業三年，改名為左、右〔武〕候衛；四年，又各增置察非吏員二人，專司糾察彈劾方面的事務。本朝因承隋制，高宗龍朔二年，改名為左、右金吾衛。

將軍，定員各二人，品秩為從三品。本朝因承隋制，曾設置三人，貞觀時期減為二人。

左、右金吾衛大將軍和將軍的職掌是，執行宮中和京城日夜巡查警戒的法令，以防禦各種非法違禁之事。下屬的翊府和同軌等五十折衝府都由大將軍和將軍統轄。當皇帝車駕出入時，就由他們統率所屬以清遊隊建樹白澤旗、朱雀隊建樹朱雀旗作為先導，又以玄武隊建樹玄武旗作為後殿。其餘的都依照鹵簿儀仗的規定列隊隨從。如果皇帝外出巡視地方或親征、田獵，則執行作為皇帝左右營的禁衛事項。凡是本衛所屬的〔翊〕衛翊府，和同軌、寶圖等五十折衝府的彍騎、衛士應番上當值的，都要給他們分配相應的崗位和職事。左、右金吾衛另外設有引駕三衛六十人，都是從左、右衛中選擇明察和嫺熟隊仗的實際應用法度，同時又善於糾察彈劾之事的人充任，分為五番輪班上下；並在各衛的翊衛隊正裡面選擇五人作為主帥，每番另配一人作檢校。再設置別（引）駕佽飛六十六人，從當值的越騎善射者中簡選充當，分為六番輪班上下，每番另置主帥一人。

【說　明】關於左、右金吾衛的職掌，需補充說明的有以下幾點：

一、朝會時，左、右金吾衛尚負責內仗。《新唐書・儀衛志》稱：「每月以四十六人立內廊閤外，號曰內仗。以左、右金吾將軍當上，中郎將一人押之，有押官，有知隊仗官。」閤外，在大明宮是指宣政殿的東西閤門之外，閤門為東、西向開的小門，以避當庭門而引賓客。在唐代，這裡的內外廊牆壁器宇若有損壞，亦規定由左、右金吾衛負責修葺。《唐會要》卷七二載：「乾元元年（西元七五七年）二月二十二日勅：左、右金吾內外廊，所緣牆壁廊宇器械等破碎，並宜於當色月番人中，簡擇巧兒，隨事修理。如更別創造，緣牆宇所需一切已上，俱錄狀奏，仍永為恆式。」

二、朝會時，引駕三衛六十人，雖來自左、右衛之三衛，但其引駕的具體事務亦由左、右金吾衛主管。《新唐書・

儀衛志》：「朝堂置左、右引駕三衛六十人，以左、右衛三衛年長彊直能糾劾者為之，分五番。有引駕佽飛六十六人，以佽飛、越騎、步射為之，分六番，每番皆有主帥一人。坐日引駕升殿，金吾大將軍各一人，號曰押引駕官。中郎將、郎將各一人，檢校引駕事。」這些引駕人員稱引駕仗。《唐會要》卷七二：「大曆三年（西元七六八年）十月三日勅：左、右金吾引駕仗，自今已後每仗置判官二人。」除為皇帝升殿引駕外，官員上朝，亦需由引駕仗部引出入。同書載：「貞元二年（西元七八六年）九月勅：諸衛上將軍自今已後，每朝，下馬至朝堂以來，宜令左、右金吾作等級差人引接，其朝退，亦送至上馬處。」此外，舉行大儺時，驅儺侲子亦由金吾衛部引出入。

三、隋時右武候（唐時為右金吾衛）尚有司辰的職務，如《隋書・百官志》在左、右武候府屬官中，便記有「右加置司辰四人，漏刻生一百一十人」。唐代司辰之職雖已改屬秘書省太史局，但左右金吾衛尚保留街鼓報時的職司。這是由於街坊坊門啟閉要聽從街鼓的指揮，而京師治安則屬於左、右金吾衛管轄範圍。《唐會要》卷七二：「寶應元年（西元七六二年）十月二十八日，左金吾將軍臧希晏奏：諸街鋪鼓，比來依漏刻發聲，從朝堂發遠處，每至夜纔到。伏望今日已後，減常式一刻發聲，遮絕違反。勅旨：依奏。」又：「貞元二年（西元七八六年）閏二月八日勅：四月一日以後，五更二點放鼓契；九月一日以後，五更三點放鼓契。日出後二刻傳點，三刻進坐牌。」上述引文中提到的，基於各種原因而需調整放鼓的時間，也由左、右金吾衛具體執行。

四、左右金吾衛主要掌管京城晝夜巡警，執禦非違，這可說公開的方面；還有一個隱蔽的方面，那就是本章原注中提到的隋煬帝大業四年（西元六〇八年）「各增置察非掾二人，專奏彈之事」。這兩個方面的分工，頗類似如今的警察局與安全局，規模自然古代遠不及今。察非掾是設置在軍事部門的，因而與御史臺那個文職監察系統是兩回事，倒很有點軍統特務或克格勃的味道，這就更令人生畏。《新唐書・百官志》稱：「隋有察非掾，至唐廢。」唐代在左、右金吾衛內部雖沒有設置察非掾，但秘密緝探和情報的職能卻依然保留著。監視的對象是文武百官，內容包括日常行蹤，重點是有無反逆可疑言行，直接奏報於皇帝。《職官分紀》卷三五執金吾條專列有「金吾伺察城中細事」之目，其中有一例提到「德宗時，金吾大將軍李幹（《舊唐書・張建封傳》作「李翰」）好伺察城中細事，時為聞奏，冀求恩寵，人畏而避之」。這說明金吾衛與皇帝之間有傳遞情報的秘密通道，大臣們的一舉一動都難逃其監控耳目。後來御史大夫兼徐泗濠節度使張建封，因拒戰李希烈反叛有功，頗得德宗信用，對金吾衛也上了一個奏本。其時德宗正為李幹的情報過於瑣細而感到頭痛，於是便下了下面這樣一道詔書：「比來朝官或諸處過從，金吾皆有上聞。其間，如素是親故，或曾同僚友，伏臘歲序，時有還往，亦是常禮，人情所通。起今已後，金吾不須聞奏。」代宗建中初任右金吾將軍的裴諝，《舊唐書》本傳記有其密奏當時功臣郭子儀細過一例，更可以看出金吾衛作為皇帝耳目在緝探臣屬動向方面的特殊職能。其時肅宗剛去世，代宗新即位，正當「十月禁屠殺，以甫近山陵，禁益嚴。尚父汾陽王郭子儀隸人殺羊以入，門者覺之，諝列奏狀，上以為不畏強禦，累遣宣諭」。郭子儀是平定安史之亂的大功臣，他的隸人在禁屠期殺了一頭羊，竟然被列為他的一條大罪上報到皇帝，這不是「無限上綱」、小題大做嗎？其中奧妙，且聽裴諝將軍本人的回答：「或謂諝曰：『郭公有社稷功，豈不為蓋之？』諝笑曰：『非爾所解。且郭公威權太盛，上新即位，必謂黨附者眾。今發其細過，以明不弄權耳。吾上以盡事君之道，下以安大臣，不亦可乎？』」原來郭子儀之有罪，恰恰在於他是前朝功臣，「威權太盛」。幾千年的封建專制歷史，已在新老皇帝交替之際形成了一個恆定的邏輯：前朝的功臣，便是新朝的隱患，非除掉不可。《新唐書・郭子儀傳》：「代宗立，程元振自謂於帝有功，忌宿將難制，離構百計。因罷子儀副元帥，加實戶七百，為肅宗山陵使。」裴諝的那份奏報，正是在這種歷史背景下呈到代宗御前的。舊時代的史家難免要為皇帝開脫，把撤去郭子儀副元帥，給他一張守護皇陵的冷板凳，都說成彷彿是宦官出身的程元振一手造成的。但程元振「離構百計」所以能得逞，不正是他揣摩代宗心思在前，獲得認可在後的結果嗎？實際上郭子儀所以能善終，並非由於代宗仁慈，而是其時相繼出現的史朝義、梁崇義、僕固懷恩等的叛亂，才又不得不再次啟用這位老將來為岌岌可危的李唐王朝賣命了：「自變生倉卒，賴子儀復安」。到這時，代宗纔有所悔悟：「帝勞曰：『用卿晚，故至此。』」（同上）

在上述裴諝奏報郭子儀隸人殺羊的那段引文中，值得注意的還有「門者覺之」一句話。這門者自然是在郭府當差看門的，但正是他把情報暗中送到了裴將軍手裡。這說明金吾衛還有一個秘密特務系統，其成員很可能便是某些達官貴人、勳臣宿將府第的當差者。《新唐書・百官上》在左、右金吾衛屬官中有「左、右街使各一人……掌分察六街巡」。每至「乙夜，街使以騎卒循行嘂謼，武官暗探」。這些武官暗探，不知是否還擔負著一個秘密使命，那就是從各官府那些暗中為金吾衛效命的當差者那裡收集情報以上報本衛大將軍？

當然，唐代左、右金吾衛主持者也並非都是無中生有、任意羅織以邀功請賞的小人，也有秉性正直，善識大體者。如德宗時，陸贄等因裴延齡讒譖而遭貶，諫議大夫陽城率拾遺王仲舒等「於延英門外請對論事，伏閤不去。德宗大怒，不可測……」就在這龍顏大怒，陽城等很可能遭到不測的危急關頭，偏有一人敢於站出來冒死講了公道話，他便是時已老邁年高的右金吾衛將軍張萬福：「萬福揚言曰：『國有直臣，天下太平矣。萬福年已八十，見此盛事！』閤前徧揖城等，天下益重其名。」這件事，相當於現在有人在新華門外靜坐示威，這位年已八十的公安部長，親往視察，非但沒有將示威者視為暴徒、反革命，統統抓起來定罪，而是大加讚賞，認為「諸諫議能如此言事，天下安得不太平！」「已而連呼太平、太平！」（《職官分紀》卷三五、《舊唐書·張萬福傳》）以今思古，怎不令人對老將軍起懷念之情！

五、唐代左右武侯將軍、左右金吾大將軍，也可以是一種加官，而非實授。如高祖武德二年（西元六一九年）徐世勣歸唐時，其人尚在魏郡，「詔授黎陽總管、上柱國、萊國公，尋加右武侯大將軍，改封曹國公，賜姓李氏，賜良田五十頃，甲第一區」（《舊唐書》本傳）。又如玄宗天寶時的李嗣業，隨高仙芝出征大食，「仙芝表其功，加驃騎左金吾大將軍」（《舊唐書》本傳）。其時李嗣業還帶兵在中亞與大食周旋，此「左金吾大將軍」當然只能是加官，而非實授。

二

長史❶各一人，從六品上。

錄事參軍事❷各一人，正八品上。

倉曹參軍事❸各二人，正八品下。

兵曹參軍事[4]各二人，正八品下。

騎曹參軍事[5]各一人，正八品下。

冑曹參軍事[6]各一人，正八品下。隋左、右武候府有長史、錄事，倉、兵、騎、鎧等曹，皇朝因之。諸曹已具上說。

司階[7]各二人，正六品上。

中候[8]各三人，正七品下。

司戈[9]各五人，正八品下。

執戟[10]各五人，正九品下。

長史掌判諸曹、翊府及同軌、寶圖等五十府[11]之事，閱其儀仗、兵馬；凡文簿典職、廩料請給、番第上下，皆審其事而總制之。

錄事參軍掌所受翊府、外府及諸衛百司之事，以發付勾檢[12]。

倉曹掌翊府、外府文官職員。

兵曹掌翊府、外府武官職員。

騎曹掌外府馬與雜畜簿帳及牧養之事[13]。凡諸衛馬承直配於金吾巡檢遊奕者，每月四十有五匹，皆季請其料，隨以給之[14]。

胄曹掌諸曹、翊府及外府軍戎器械⑮，及其公廨興造、決罰之事。凡大朝會行從⑯，給青龍旗、大纛、穳矟之類於衛尉⑰，事畢，本而歸之。餘同左、右衛。

翊府⑱中郎將各一人，正四品下。

左、右郎將各一人，正五品上。

中郎將掌領府屬，以督京城內左、右六街晝夜巡警之事⑲；左右郎將貳焉。餘如左、右衛。

【章旨】敘述本衛之長史、錄事和倉、兵、騎、胄諸曹參軍事等屬官，以及所屬之翊府中郎將、郎將之定員、品秩和職掌。

【注釋】❶長史　戰國秦始置，掌顧問參謀。歷代沿置。隋唐諸王府、都督府、諸衛、率府及諸州皆置，則並為府僚屬吏之長，位任頗重。❷錄事參軍事　王府、軍府及州之佐吏。晉始置。本為公府官，總錄諸曹之文簿，並舉彈善惡。隋時諸王府、諸衛、左右領軍、諸率府皆置錄事參軍事一人，唐因隋制，掌府事勾檢，省署抄目，糾彈非違，監守符印以及給紙筆之事，並總錄本府所屬諸曹，曹事有異同者得以奏聞。❸倉曹參軍事　軍府佐吏。晉始置，後世王公府、軍府及州置軍府者並置，掌倉儲之事。唐開元時定制，在軍府稱倉曹參軍事，在州稱司倉參軍；諸衛之府皆置倉曹參軍事一至二人，隨曹置府史。掌公廨、度量、庖廚、倉庫、租賦徵守及田園等事。❹兵曹參軍事　軍府佐吏。晉始置，後世之軍府及州置軍府者皆置。唐開元時定制，在府稱兵曹參軍，在州稱司兵參軍；諸衛府、諸率府、鎮將府、京畿府各置兵曹參軍事一至二人，隨曹置府史。掌武官選舉、兵甲器仗、軍防門禁、烽候傳驛及田獵之事。❺騎曹參軍事　軍府佐吏事晉以下諸王府、軍府皆置騎兵參軍，諸率府、領軍府則改名騎曹參軍，後一併改稱騎曹參軍事，其屬吏有府史等。掌外府雜畜籍帳牧養及承值給馬諸事。❻胄曹參軍事　軍府佐吏。晉始置，後世軍府亦有設置。隋左、右武候設置鎧曹行參軍，唐承隋制，武則天時改名為胄曹參軍事。

掌戎仗器械、公廨興造和決罰之事。❼司階　唐武官名。掌殿陛執仗侍值。❽中候　唐武官名。掌殿陛執仗侍值。候本為低級武官，漢校尉屬官中便有候，如城門校尉下設十二城門候。東漢軍隊編制部下設曲，部之長官為校尉，曲之長官即為候。光武時曾置北軍中候，監五校營。晉武帝時亦曾置北軍中候，其地位相當於中領軍。唐中候則僅為一般侍直武官。❾司戈　唐武官名。掌執戈在殿內侍值。戈是一種可鉤可啄、裝有長柄之兵器。❿執戟　唐武官名。掌持戟在殿內侍值。戟是戈矛合體，兼有鉤、刺、衝、啄四種功能之兵器。以上司階、中候、司戈、執戟四職，合稱四色官。《唐會要》卷七一、十二衛條：「司階二員，中候三員，司戈、執戟各五員，並天授二年（西元六九一年）四月五日置」。⓫同軌寶圖等五十府　同軌、寶圖，二折衝府名，皆屬河南府；其址當在今河南洛陽市周圍。五十府，左、右金吾衛所屬折衝府數。其餘四十八折衝府之名稱和位置均不可考。⓬錄事參軍掌所受翊府外府及諸衛百司之事以發付勾檢　上卷除左、右衛列有錄事參軍職掌外，其餘諸衛均僅著一句「餘如左、右衛」。本卷中其他諸衛亦大率如此。若據此，左、右金吾衛錄事參軍之職掌當亦與左、右衛之對應職司相同。但此處文字與上卷一篇三章相較，則有若干脫訛。彼處為：「錄事參軍掌印及諸曹、五府及外府百司所由之事以發付，勾檢稽失。」此處句中「諸衛」似應是「諸曹」，且當在「翊府」之上；「及」為衍字；「事」下脫一「由」字；「勾檢」下脫「稽失」二字。左、右金吾衛錄事參軍主要職掌便是將本衛所受之符文，發送給倉、兵、騎、冑諸曹及翊府、外府下屬各官司付諸實施，同時負責勾檢稽失，即糾查公文公事處理過程中有無違失規制或延誤規定日程等。⓭騎曹掌外府馬與雜畜簿帳及牧養之事　據《職官分紀》卷三五左右金吾衛將軍條所引《唐六典》原文此句，「馬」字上當補一「兵」字；「與」字則為衍文。⓮自「諸衛馬」至「隨以給之」　此言各折衝府配在金吾衛番上之馬匹其飼料請給之規定。諸衛，指左、右金吾衛所屬外府之諸折衝府。承直，奉命當值。直、值通。遊奕，即遊弋。諸折衝府衛士番上，若是騎兵當給馬者，官予其值以市之。承值馬之分番規定，見上卷騎曹參軍事職掌：「凡府馬之外直者，以近及遠，分為七番，月一替。」承值馬料規定日給粟五升，草一圍。其中粟料由轉運至京師之河南、河北租粟提供，草料則以兩都五百里內地稅充，由太僕寺執掌。⓯軍戍器械　據《職官分紀》卷三五左右金吾衛冑曹參軍事條，句中「戍」當作「戎」。⓰大朝會行從　大朝會，指元旦、冬至日之朝會。行從，指皇帝大駕出巡，則作為鹵簿隨從出行。⓱給青龍旗大纛䂍矟之類於衛尉　意謂向衛尉寺請領本衛所需青龍旗等儀仗器具。給，用如使動，意為使給，亦即請領。青龍旗，指繪有青龍圖案之旗幟。亦稱龍旗，左、右金吾衛之儀仗中有龍旗十二。大纛，「大」，諸刻本皆作「六」。纛，儀仗隊列中之大旗。䂍矟，據《通俗文》，矛丈八者謂之矟。亦稱槊。此處為儀仗。宋・吳自牧《夢粱錄・駕詣景靈宮儀仗》：「又有儀仗內名䂍矟者，按《開元禮記》：『金吾將軍執䂍矟察去其非違，形如劍而三刃，以虎豹皮為袋盛之，其制始於秦漢。』」《新唐書·儀衛志上》所言金吾衛儀仗中，包括「二人持襮矟，皆佩橫刀，襮矟以黃金塗末」。衛尉，指衛尉寺，其屬下有兩京武庫，掌兵仗器械。⑱翊府　本卷目錄，「翊府」前尚有「左右」二字。⑲中郎將掌領府屬以督京城內左右六街晝夜巡警之事　京城內左、右六街，據徐松《兩京城坊考》，唐京城外郭城南北為十四街，東西為十一街，若以左右分，中為朱雀門街，東、西皆為五條街。此言「左、右六街」，或以朱雀門街為共同巡邏，故各為六街。關於金吾衛左、右翊府中郎將之職掌，《新唐書·百官志》較此為詳，其文稱：「左、右翊中郎將府中郎將，掌領府屬，督京城左右六街、鋪巡警，以果毅二人助巡探。入閤日，中郎將一人升殿受狀，衛士六百為大角手，六番閱習，吹大角為昏明之節，諸營壘候以進退。」

【語譯】〔左、右金吾衛：〕長史，定員各一人，品秩為從六品上。

錄事參軍事，定員各一人，品秩為正八品上。

倉曹參軍事，定員各二人，品秩為正八品下。

兵曹參軍事，定員各二人，品秩為正八品下。

騎曹參軍事，定員各一人，品秩為正八品下。

胄曹參軍事，定員各一人，品秩為正八品下。隋朝左、右武候府設有長史、錄事和倉、兵、騎、鎧等曹的參軍或行參軍，本朝因承隋制。各曹的沿革情況在上卷左、右衛中已經作過說明。

司階，定員各二人，品秩為正六品上。

中候，定員各三人，品秩為正七品下。

司戈，定員各五人，品秩為正八品下。

執戟，定員各五人，品秩為正九品下。

長史的職掌是，分管本衛各曹和所屬的翊府以及同軌、寶圖等五十折衝府的日常事務，包括查閱儀仗、兵馬，和有關文簿典職，廪料請給，翊府及外府衛士的番第上下的安排，都要由長史審核和總管。

錄事參軍事的職掌是，負責受理〔本衛各曹和〕翊府、外府〔各衛〕百司所由的公文，發送給相關部門處理，並負責糾查〔處理中有否違失或延誤日程〕。

倉曹參軍事掌管翊府和外府的文職官員。

兵曹參軍事掌管翊府和外府的武職官員。

騎曹參軍事掌管外府的〔兵〕馬〔與〕雜畜的簿帳和馬匹牧養方面的事務。各折衝府因當值而配備在金吾衛參加巡檢游弋所用的馬，定額每月為四十五匹，都按季向有關部門申請飼料，及時供給。

冑曹參軍事掌管本衛各曹和翊府、外府的軍戍（戎）器械，以及有關興造公廨、決斷處罰等事務。每逢大朝會和外出隨從，向衛尉寺領取本衛需用的青龍旗、大（六）纛和䙺矟之類儀仗，事情完畢，原樣歸還。其餘職掌與上卷左、右衛中對本職的規定相同。

〔左、右〕翊府中郎將，定員各一人，品秩為正四品下。

左、右郎將，定員各一人，品秩為正五品上。

中郎將的職掌是，統領本府所屬，督察做好日夜巡邏警戒京城內左、右六街的職事；左、右郎將為中郎將的副手。其他方面的職掌與上卷左、右衛中對中郎將的規定相同。

三

左、右監門衛：大將軍各一人，正三品。〔漢、魏以來城門校尉之職也。隋置左、右監門府，各將軍一人，有郎將二人，校尉、直長各三十人。煬帝改左、右監門衛將軍為郎將。皇朝置大將軍、郎將等員。龍朔二年，改府為衛❶。〕

將軍各三人❷，從三品。

中郎將各四人❸，正四品下。〔隋左、右監門府郎將四人，煬帝置二人，皇朝置四人❹。〕

左右監門衛大將軍、將軍之職，掌諸門禁衛門籍之法。凡京司應以籍入宮殿門者❺，皆本司具其官爵、姓名，以移牒其官❻。若流外官、承腳色❼，具其年紀、顏狀。門司送于監門❽，勘同，然後聽入。凡財物器用應入宮者，所由以籍傍取左監門將軍判，門司檢以入之❾；應出宮者，所由亦以籍傍取右監門將軍判，門司檢以出之。其籍月一換。若大駕行幸，則依鹵簿之法，率其屬於牙門之下以為監守❿。

中郎將掌諸監門⓫及巡警之法。凡宮殿門及城門皆左入右出。其監門官司檢校者，聽從便門出入。

長史⓬各一人，從六品上。

錄事參軍事⓭各一人，正八品上。

兵曹參軍事⓮各一人，正八品下。

胄曹參軍事⓯各一人，正八品下。隋左、右開府有長史、錄事、兵曹等員，皇朝因之。胄曹已具上注。

長史掌判諸曹及諸禁門⓰之事，以省其出入巡檢，而司其籍傍；餘如左、右衛。

錄事參軍掌印發⓱，勾檢稽失⓲。諸司籍傍押於監門者，印署而遣之。

兵曹掌本衛文、武官之職簿。凡授上、解免⑲、勳階⑳、考課㉑、假使㉒、祿賜㉓之事，皆判而申牒之。

冑曹掌軍戎器械及承直馬㉔、公廨興造、決罰；餘同左、右衛。

【章　旨】敘述左右監門衛大將軍、將軍、中郎將和長史、錄事參軍事以及兵、冑二曹參軍事之定員、品秩、沿革與職掌。

【注　釋】❶自「漢魏以來」至「改府為衛」　此處共六十七字，以方括號標出者為四庫本所闕，諸本亦然，據陳仲夫點校本補。陳本則係依《職官分紀》卷三五引《唐六典》左右監門衛大將軍員品條原注補。末句「改府為衛」四字，《職官分紀》原文作「改為監衛」；陳氏按諸衛例，並據《通典・職官十・武官上》左右監門衛條改。所補文字中有若干詞語，簡注如下：「城門校尉，始置於漢。《漢書・百官公卿表》稱：「城門校尉掌京師城門屯兵，有司馬、十二城候。」《環濟要略》曰：「城門校尉，高帝置，秩二千石，從緹騎百二十人。」東漢沿置。《後漢書・百官志》載：「城門校尉一人，比二千石。本注曰：掌雒陽城門十二所。司馬一人，千石。本注曰：主兵。城門每門候一人，六百石。」魏晉以降，其職掌屬領軍將軍管轄。煬帝，隋朝二世皇帝楊廣。龍朔二年，即西元六六二年。龍朔為唐高宗李治年號。❷將軍各三人　近衛校曰：「據目錄及舊、新唐志，『三人』當作『二人』。」《職官分紀》卷三五引《唐六典》原文此句亦作「二人」。❸中郎將各四人　《新唐書・百官志》左右監門衛條按此排列，中郎將似已經為左、右監門衛之屬將，與諸衛體制相異；《新唐書・百官志》則仍將其列為左、右監門衛屬下之左、右翊府中郎將，與諸衛相同。其文稱：「左、右翊中郎將府中郎將，掌涖宮殿城門，皆左入右出。中郎將各四人，長史各一人，錄事參軍事各一人，兵曹參軍事各一人，冑曹參軍事各一人。」❹自「隋左右監門府」至「皇朝置四人」　此處共二十字原注，為四庫本所闕，據陳仲夫點校本補，並加方括號以為區別。陳本底本為正德本，亦有脫訛，曾據《職官分紀》及《隋書・百官志》作過補改，詳其點校說明。❺凡京司應以籍入宮殿門者　京司，指在京諸司。在京諸司應入宮殿之人員，由諸司入其籍於宮殿門者。《唐律疏議・衛禁上》諸於宮殿無門籍條疏議曰：「應入宮殿，在京諸司皆有籍。」門籍，出入宮門之證明文書。《漢書・元帝紀》注引應劭曰：「籍者，為二尺竹牒，記其年紀名字物色，懸之宮門，案省相應，乃得入也。」❻移牒其官　句末「官」，《唐會要》卷七一、十二衛條作「門」。指由本司將其官爵、姓名移牒於相應之門者。❼流外官丞腳色　指一般胥吏及勤雜人員。流外，指九品以外，由雜途出身之官吏員。如諸司之錄事、令史、府、史、亭長、掌固之類。《通典・職官・官品》：「自衛錄事及五省令史始焉，謂之流外。」丞腳色，據正德本當為「承腳色」。承腳色，猶後世承差、聽差一類供隨時差遣之勤雜人員。❽門司送于監門　門司，指左、右監門校尉及直長、長人長上、直長長上之在殿門當值者。監門，指監門衛長官，如將軍、中郎將。由其勘合牒文與門籍是否相符，以決定可否聽入。❾凡財物器用應入宮者所由以籍傍取左監門將軍判門司檢以入之　所由，指遣送財物器用之官司。籍，指應入人之門籍。傍，即「牓」，文書之形式。此處為登錄財物器用之清單。籍、傍，加上遣送官司隨物出具之牒文，由門司送左監門將軍判驗，經其同意，再由當值之門司檢查押送人員和財物，與籍、傍相符，方可允許進入宮殿。❿若大駕行幸則依鹵簿之法率其屬於牙門之下以為監守　皇帝居曰衙，行曰駕。衙，亦稱牙，衙門亦即牙門。鹵簿之法，指皇帝外出時，前後儀仗之隊列次序。《新唐書・儀衛上》大駕鹵簿：「凡天子居處之衙門，「皆監門校尉六人，分左右，執銀裝長刀，騎。左右監門衛大將軍、將軍、中郎將，廂各巡行。校尉二人，往來檢校諸門。中郎將各一人騎從。」⓫掌諸監門　《舊唐書・職官志》中郎將職掌及《職官分紀》卷三五引《唐六典》原文此句皆作「掌監諸門」。此處「諸監」誤倒。⓬長史　戰國秦始置，掌顧問參謀。歷代沿置。隋唐諸王府、都督府、諸衛、率府及諸州皆置長史，並為府僚屬吏之長，故有「元僚」之稱。⓭錄事參軍事　王府、軍府、州之佐吏。晉始置。本為公府官，總錄諸曹之文簿，並舉彈善惡。隋時諸王府、諸衛、左右領軍、諸率府皆置錄事參軍事一人。唐因隋制，掌府事勾檢，省署抄目，糾彈非違，監守符印以及給紙筆之事，並總領本府所屬諸曹，曹事有異同者得以奏聞。⓮兵曹參軍事　軍府佐吏。晉始置，後世之軍府及州有軍府者皆置。唐開元時定制，在府稱兵曹參軍，在州稱司兵參軍，諸衛府、諸率府各置兵曹參軍事一至二人，隨曹置府史。掌武官選舉、兵甲器仗、軍防門禁、烽候傳驛及田獵之事。據《新唐書・百官志》，監門衛之兵曹參軍事「兼掌倉曹」，故原為倉曹所掌之倉庫、租賦、田園等事務亦由其管轄。此外還兼掌本署文武官員之職簿。⓯胄曹參軍事　軍府佐吏。晉始置，後世軍府亦有置。隋左、右監門府設鎧曹行參軍各一人。唐承隋制，武則天時改名為胄曹參軍事，掌戎仗器械、公廨興造和決罰之事。又據《新唐書・百官志》監門衛之胄曹參軍事「兼掌騎曹」。故原為騎曹參軍事所掌之雜畜籍帳、牧養承值給馬之事亦由其掌管。⓰禁門　指宮殿諸門之禁衛。⓱掌印發　指掌管印信及將所受諸曹和翊府之公文發付於相關下屬部門處理。⓲勾檢稽失　指糾查公文公事處理中有無錯失和是否在規定日程內處理完畢。⓳授上解免　指職務之委任和免除。⓴勳階　指勳官之階位。唐代勳官分十二轉，最高為上柱國，十二轉，視正二品；

最低為武騎尉，一轉，視從七品。㉑考課　定期考核官員政績稱考課。唐制每年一小考，四年或五年一大考。考課分上、中、下三等，每等又分上、中、下，共九等。凡得中上以上考，每進一等加一季祿；中中保持本祿；中下以下，每退一等奪祿一季。共四年任滿，四考皆中中，可隨例進散官一階；有一考評為上下，則可再進兩階。唐代在實際考課中，一般官員皆為中中或中上考。㉒假使　假，指宿衛人員因假期或患病而中止值宿。衛士請假須由兵曹主判申牒，並登錄在案。踰期不歸者，將受到懲處。《唐律疏議・衛禁律》：「諸宿衛人應上番不到，及因假而違者，一日笞四十，三日加一等，過杖一百，五日加一等，罪止徒二年。」疏議曰：「番期有限，限內有故須請假，日滿即須赴番，違假不上，準日科斷。」使，指受派遣改事他職，不再至宮殿宿衛者。㉓祿賜　祿，唐代指祿米和俸料。祿米，官員以糧食作為實物形式的收入，按散官本品給，外官分春秋兩季給付。俸料是官員錢貨的收入，包括食料、防閤或庶僕、雜用等，依職事品給，開元二十四年（西元七三六年）始合為一項，統稱月俸。賜指會賜，即每年元旦、冬至日朝會時之賞賜，依散品給。本書第三卷第四篇金部郎中職掌原注：「正、冬之會，稱束帛有差者，皆賜絹，五品以上五匹，六品以下三匹；命婦，視其夫、子。」五品以上絹由內府中藏給於殿庭，六品以下由左藏朝堂庫給於朝堂。官員年老致仕，亦有仍保留祿賜同職事者。如《新唐書》之〈劉弘基傳〉：貞觀中弘基「以老乞骸，為輔國大將軍，朝朔望，祿賜同職事」；〈李靖傳〉：其就第時，「祿賜、國官、府佐皆勿廢」。㉔承直馬　指配與左、右監門衛宿值使用之馬匹。直通「值」。本書第五卷第三篇駕部郎中職掌正文「凡諸衛有承直之馬」句原注：「諸衛每日置承直馬八十匹，以備雜使。諸衛官、諸州、府馬，每月常差赴京都承直，諸府常備，其數甚多。開元二十五年（西元七三七年）敕，以天下無事，勞費頗煩，宜隨京都近便量留三千匹，充扈從及街使乘直，餘一切並停。」

【語譯】左、右監門衛：大將軍，定員各一人，品秩為正三品。〔魏、漢以來的城門校尉，相當於這個職務。隋設有左、右監門府，各置將軍一人，郎將二人，校尉、直長各三十人。隋煬帝時，把左、右監門衛將軍改為郎將。本朝因承隋制，設置了監門大將軍和郎將等官員。高宗龍朔二年，改稱府為衛。〕

將軍，定員各二人，品秩為從三品。

中郎將，定員各四人，品秩為正四品下。〔隋初左、右監門府中郎將的定員是四人，到煬帝時減為二人，本朝置有四人。〕

左、右監門衛大將軍和將軍的職務是，掌管各道宮門的禁衛及門籍的管理。凡是在京各個官司，按規定應該憑門籍進入宮殿門戶的，都由各所在官司寫明他們的官爵、姓名，再以牒文的形式送交宮殿的守門官，如果是流外官和丞（承）腳色一類雜勤人員，都要寫清楚他們的年齡和面貌形狀。再由當值的門司上送到監門衛的長官，經過勘合認同，然後允許進入。凡是有財物和器具用品規定可以入宮的，送物官司所派遣的人員要出示門籍和傍文，由左監門將軍判定，再經門司檢查後進入。財物或器用規定可以出宮的，領取官司所派遣的人員亦要出示門籍和傍文，由右監門將軍判定，再經門司檢查後出宮。門籍每月更換一次。如果皇帝大駕外出巡行，則依照鹵簿儀仗的定制，統領本衛所屬在天子居所的衙門下執行堅守的任務。

中郎將的職掌是，監察各殿門的出入和殿門外巡邏警衛的任務。凡是宮殿門和城門都是從左邊的門進，由右邊的門出。監門官若是負責檢校的，允許從便門出入。

長史，定員各一人，品秩為從六品上。

錄事參軍事，定員各一人，品秩為正八品上。

兵曹參軍事，定員各一人，品秩為正八品下。

冑曹參軍事，定員各一人，品秩為正八品下。隋朝的左、右開府設有長史、錄事、兵曹參軍等官員，本朝因承隋制。關於冑曹的沿革情況，前面左、右金吾衛原注中已作過說明。

長史的職掌是分管本衛各曹以及各門禁衛方面的事，包括省察和巡檢人員的出入以及管理門籍與傍文。其餘他方面的職掌，與上卷左、右衛中的長史相同。

錄事參軍事的職務是，掌管署印和收發與本署相關的文書，並糾查在處理中有無違失和是否違反程限。各司的門籍、傍文凡是簽押給監門的，都由錄事署印和遣發。

兵曹參軍事掌管本衛所屬文武官員的職簿。有關任免的事項，勳階的升降，以及考課、假使、祿賜方面的事務，都由兵曹辦理和具文向上申報。

冑曹參軍事掌管有關軍戎器械、承值馬匹和公廨興造、決斷處罰方面的事。其他職掌與上卷左、右衛中的冑曹相同。

【說　明】唐代對殿門出入，有一套頗為嚴格的管理制度，違反者將受到懲處，《唐律疏議》對此列有多項量刑處罰條文。凡不按規定進入宮門、殿門者稱闌入，闌入宮門者徒二年。此條之疏議曰：「宮門皆有籍禁，不應入而入者，得徒二年。嘉德等門為宮門，順天等門為宮城門，闌入得罪並同。餘條應坐者，亦準此。宮門得罪，謂越垣及防禁違式冒代之類。」闌入殿門徒二年半，若持兵器或棍棒闌入，則還須加罰。此條之疏議曰：「太極等門為殿門，闌入者徒二年半，持仗各加二等，謂將兵器杵棒等闌入宮門，得徒三年，闌入殿門得流二千里。兵器謂弓箭刀矟之類；杵棒或鐵或木為主，皆是。」宮門、殿門的闌入，包括非應宿衛人員冒名頂替進宮服役，《唐律疏議‧職制律》對此的規定是：「諸於宮、殿門無籍及冒承人名而入者以闌入論。」疏議曰：「應入宮殿在京諸司皆有籍，其無籍應入者皆引入。其無籍不得人引而詐言有籍，及冒承人名而入者，宮門徒二年，殿門徒二年半，持仗者各加二等。」有人闌入還得追究守衛者的責任：不知冒名情者，宮門杖八十，殿門以內遞加一等；知情而聽行者，與闌入同罪。宿衛人員以非應宿衛人員冒名自代者，入宮內流三千里，入殿內處絞。這裡所說的宿衛人員，包括大將軍以下、衛士以上。其上番之日，皆須依憑籍書。其中經常入宮殿番上者，即所謂長上，監門衛有長人長上、直上長上，皆是一日上，兩日下，有長籍，不必再著門籍。宿衛人員非當值而擅入，或當值已下而輒入者，都將受到處罰，其罪減闌入五等。又有門籍者的進出，也只能是其籍所在之門，籍在此門而從他門出入者，也被視為有罪。此條之疏議曰：「籍在東門而從西門入者，依令非應從正門入者，各從便門著籍，假如西門有籍而從東門入，或側門有籍而從正門入，又各減罪二等，謂減闌入罪七等。」又因故應出宮殿者，門籍即除，若輒留不出，亦以闌入論。此條之疏議曰：「應出宮殿，謂改任行使、假患、番下事故等，依令門籍當日即除。門籍已除，其人輒留不出；雖無假患等事及被告劾，已有文牒令禁止，籍雖未除，皆不得輒入宮殿，如有犯者，各以闌入論。」至於工匠等雜色人員進宮內造作者，除需憑文牒外，還得有人認領。同書規定：「門司未受文牒而聽入，及人數有剩者，各以闌入論，至死者加役流。」疏議曰：「將領人入宮殿，有所迎出，有所輸送造作，謂宮內營造，門司皆須得牒然後聽入。若未受文牒而輒聽入，及所入人數有剩者，門司各以闌入論。若入上閤內及御在所應至死者，門司各加役流。」進宮殿內造作，作罷該出不出者亦有罪。此條之疏議曰：「在宮殿內作罷者，丁夫雜匠之徒，作了而作，應出不出者，宮內徒一年，殿內徒二年，御在所者絞。」工匠在宮內迷途者，須上報請示如何處置。此條疏議曰：「營作之所，院宇或別，不覺眾出，或迷誤失道，錯向別門，非故不出，皆得上請。」又規定在宮殿周圍和宮中行走，「皆不得登高臨視，若視宮中徒一年，視殿中徒二年」。進入宮殿者，又規定不得私自與宮人言語或傳遞書信、衣物，此條疏議曰：「得應入宮之人，不得私與宮人言語，其親為通傳書信衣物者，謂親於宮人處領得書信衣物將出，及將外人書信、衣物付與宮人訖者，並得絞坐。」據史書記載，《唐律》的這一條規定，是鑒於高宗永徽中的一個實際案例。其時太常寺樂工宋四通等利用入宮演奏的機會，替宮女傳遞與外界男子的信物，為人所告發，「高宗特令處死。乃遣附律，〔蕭〕鈞上疏言：『四通等犯在未附律前，不合至死。』手詔曰：『朕聞防禍未萌，先賢所重，宮闕之禁，其可漸歟？昔如姬竊符，朕用為永鑒，不欲今自彰其過，所搦憲章，想非濫也。但朕翹心紫禁，思覿引裾；側席朱楹，冀勝折檻。今乃喜得其言，特免四通等死，遠處配流』」（《舊唐書・蕭瑀傳附兄子蕭鈞傳》）。

監門衛除了執掌出入門禁之外，還管理宮殿門的啟閉。晨、昏的啟閉，均須依據鼓聲；在夜間若需開啟，必須有皇帝敕旨。《唐律疏議》中此條之疏議曰：「奉敕以合符，夜開宮殿門，依監門式，受敕人具錄須開之門，並入出人帳，宣敕送中書，中書宣送門下。其宮內諸門城門即與見直諸衛及監門大將軍、將軍、中郎將、郎將、折衝果毅內各一人，俱詣閤覆奏，御注聽，即請合符門鑰，監門官司先嚴門仗，所開之門內外，並立隊燃炬火。對勘符合，然後開之。符雖合不勘而開者，徒三年；若勘符不合，即合執奏，不奏而開者，流二千里；其不承敕而擅開閉者，俱合絞罪。」可見夜間宮門啟閉的管理制度最為嚴格，違規者處分亦最重。唐的這套制度源於隋。唐立國之初，「將軍以下，多不閑故事，高祖患之，皆令取則於〔龐〕玉，後為監門大將軍」（《冊府元龜・環衛部・舉職》）。這個龐玉是隋朝的舊臣，啟用他做監門大將軍，便是為了更好地貫徹這套制度。從總體上說，唐代前期的門禁之制是執行得相當嚴格的，《舊唐書・段志玄傳》記有這樣一例：「文德皇后之葬也，志玄與宇文士及分統士馬出肅章門。太宗夜使宮官至二將軍所，士及開營內使者，志玄閉門不納，曰：『軍門不可夜開。』使者曰：『此有手敕。』志玄曰：『夜中不辨真偽。』竟停使者至曉。太宗聞而嘆曰：『此真將軍也，周亞夫無以加焉。』」

四

左右千牛衛：大將軍各一人，正三品。謝綽《宋拾遺錄》❶有千牛刀，即人主防身刀也。後魏有千牛衛備身❷，本掌乘輿御刀，蓋取《莊子》❸「庖丁為文惠君解牛十九年，所割者數千牛，而刀刃若新發於硎」。故言此刀可以備身，因以名官❹。《後魏書》❺：「奚康生有勇力，以其子難為千牛備身❻。」又：「楊保，弘農人❼，為千牛備身。」北齊領左、右府有左右領將軍❽，亦統千牛備身，第六品下。左、右領左右府❾有大將軍一人、將軍二人，掌侍衛左右，供御兵仗。使❿千牛備身十二人，掌執千牛刀；備身左右十二人，掌供御刀箭⓫；備身十六人⓬，掌宿衛侍從。煬帝改為左右備身郎將一人、直齋二人統之⓭；有千牛左右、司射左右各一十六人，並正六品；有長史、錄事參軍等員。皇朝改為左、右千牛府⓮。龍朔二年改為左右奉宸衛⓯，神龍元年復改為千牛衛⓰。

將軍各一人，從三品。北齊領左、右府有領左右將軍一人，隋左、右領左右府有將軍二人，皇朝減一人。

中郎將各二人，正四品下。北齊有左、右備身正、副都督，並四品上⓱。隋煬帝置備身郎將一人，皇朝置中郎將各二人也。

左右千牛衛大將軍、將軍之職，掌宮殿侍衛及供御之儀仗，而總其曹務。凡千牛備身、備身左右執弓箭以宿衛⑱，主仗守戎服器物。凡受朝之日，則領備身左右昇殿，而侍列於御座之左右。若親射于射宮，則大將軍、將軍率其屬以從⑲。凡千牛備身、左右考課、賜會及祿秩之升降，同京職事官之制⑳。

中郎將掌供奉侍衛，以貳將軍及諸曹之務。凡千牛備身、備身左右以御刀仗昇殿供奉者，皆大將軍、將軍率而領之，而中郎將佐其職。凡侍奉，禁橫過座前者，禁對語及傾身與階下人語者，禁搖頭、舉手以相招召者。若有口敕，通事舍人㉑承受傳聲於階下不聞者，則中郎將軍告之㉒。

長史㉓各一人，從六品上。

錄事參軍事㉔各一人，正八品上。

兵曹參軍事㉕各一人，正八品下。

胄曹參軍事㉖各一人，正八品下。隋左、右領左右府有長史以下等員，煬帝㉗以兵曹為司兵，胄曹為司鎧㉘。皇朝改之。

千牛備身㉙各十二人。

備身左右㉚各十二人。

備身[31]一百人。

主仗[32]一百五十人。唐[33]改千牛左右曰千牛備身，初置備身、主仗。

長史掌判諸曹官吏之眾務事。

錄事參軍掌印發[34]，勾檢稽失[35]。餘如左、右衛。

兵曹掌文武官及千牛備身、備身左右之簿書，及其勳階[36]、考課、假使[37]、祿俸事。

冑曹掌甲仗之事。凡御仗之物二百一十有九，羽儀之物三百，自千牛以下各分而典掌之。其當上日，執御刀、御弓矢之外，仍量備弓箭以入宿。每月，主仗當上，則配其所職。若在行從，則兼騎曹之任。餘同左、右衛。

【章旨】敘述左右千牛衛大將軍、將軍、中郎將和長史、錄事參軍事以及兵、冑二曹參軍事之定員、品秩與職掌。

【注釋】❶謝綽宋拾遺錄　《舊唐書・經籍志》和《新唐書・藝文志》皆著錄有《宋拾遺錄》十卷，屬雜史，謝綽撰。謝係南朝宋人。❷後魏有千牛衛備身　《舊唐書・職官志》作「千牛備身」。無「衛」字。❸莊子　書名。亦稱《南華經》。戰國莊周撰，三十三篇。《史記・老子韓非列傳》：「莊子者，蒙人也，名周。周嘗為蒙漆園吏，與梁惠王、齊宣王同時，其學無所不闚，然其要本歸於老子之言，故其著書十餘萬言，大抵率寓言也。」❹自「庖丁」至「因以名官」　庖丁解牛故事見《莊子・養生主》。此處引以說明官名冠以「千牛」之由來。庖丁，掌廚丁役之人。或謂名丁之庖人。文惠君，舊注以為即梁惠王。王懋宏《莊子存校》則云：「未詳何人。注以為梁惠王，此因『惠』字附會。」新發於硎，發猶言磨；硎為砥石。意謂刀刃之銳利若新磨於砥石。又正德本「硎」下殘闕一字，《職官分紀》卷三五引《唐六典》原注此句於「硎」下補以「石」

字。近衛校曰：「當連書。」四庫本則補此「故」字。皆可通解。❺後魏書　魏收撰，一百三十卷。內本紀十二卷，列傳九十八卷，志二十卷，記北魏王朝之興亡。❻奚康生有勇力以其子難為千牛備身　奚康生，河南洛陽（即今河南洛陽）人。其先代世為部落大人。孝文帝時，以作戰勇敢為直閣將軍。世宗時，曾率軍征蜀，班師，拜衛尉卿。肅宗時領右衛將軍，與領軍元叉、侯剛同掌宿衛；元叉以奚康生之子難為千牛備身。千牛備身，武官名，持千牛刀警衛於帝王左右。❼楊保弘農人　近衛校正德本曰：「『保』疑『侃』字之誤。」楊侃係出於弘農（今河南靈寶北）楊氏之大族。唯《魏書》及《北史》之〈楊侃傳〉皆不載其為千牛備身之事，而弘農楊氏又無名保者。❽北齊領左右府有左右領將軍　據《隋書・百官志》，北齊「領左右府有領左右將軍」，「領」字皆在「左右」之前。領左右府，北齊所置官署名，屬領軍府。領左右將軍，即領左右府之長官，從三品。後於其上又置領左右大將軍，遂降為次官。其下「領千牛備身，又有左右備身正副都督、左右備身五職、左右備身員。又有刀劍備身正副都督、刀劍備身五職、刀劍備身員。又有備身正副都督、備身五職員」。❾左右領左右府　據《通典・職官中・武官上》左、右千牛衛條，句首「左右」之上需增一「隋」字。❿使　據《隋書・百官志》當作「領」。⓫刀箭　《隋書・百官志》作「弓箭」。⓬備身十六人　《隋書・百官志》作「六十人」。《通典・職官十・武官上》左、右千牛衛條則與此處同，亦為「十六人」。⓭煬帝改為左右備身郎將一人直齋二人統之　煬帝，隋朝皇帝楊廣，在位十四年，終年五十歲。煬帝大業三年（西元六〇七年），改左、右領左右府為左、右備身府，各置備身郎將一人，又各置直齋二人，以貳之，掌侍衛左右，並正四品。⓮皇朝改為左右千牛府　唐武德初為左、右府，貞觀中復為左、右領左右府；高宗顯慶五年（西元六六〇年）三月丁巳，才改左、右領為左、右千牛。⓯龍朔二年改為左右奉寵衛　龍朔二年，即西元六六二年。龍朔是唐高宗李治年號。「奉寵衛」當是「奉宸衛」之訛。《舊唐書・職官志》及《職官分紀》卷三五引《唐六典》原注此句，「寵」並作「宸」。⓰神龍元年復改為千牛衛　神龍元年，即西元七〇五年。神龍是唐中宗李顯年號。又，關於千牛衛名稱之沿革，《唐會要》卷七一、十二衛條所記與此處有異，其文稱：「龍朔年改為奉裕，咸亨年復為千牛，光宅年又改為奉裕，神龍元年二月復為千牛。」⓱北齊有左右備身正副都督並四品上　據《隋書・百官志》，北齊備身正都督品秩為從四品上，副都督為從五品上。⓲千牛備身備身左右執弓箭以宿衛　《唐律・衛禁律》規定：「諸宿衛者兵杖不得遠身，違者杖六十；若輒離職掌加一等，別處宿者又加一等，主帥以上各加二等。」兵杖包括橫刀、弓箭、甲矟之類。帶杖宿衛只能在規定的處所坐立，否則即作擅離論處。此律適用於所有的宿衛人員，自然亦包括千牛備身和備身左右。⓳若親射于射宮則大將軍將軍率其屬以從　皇帝舉行大射禮之所稱射宮。唐制每年三月三日及九月九日舉行射禮。自貞觀至麟德（西元六二七年—六六四年）期間曾行是禮，後中止，至睿宗景雲二年（西元七一一年）復行；開元八年（西元七二〇年）及二十二年（西元七三四年）先後兩次舉行射禮。《通典・禮九十三・軍禮二》記有在射禮中與左、右千牛衛有關之職事：「千牛郎將一人奉決拾以笥，千牛將軍奉弓，千牛郎將奉矢。」又：「御欲射，協律郎舉麾，先奏鼓吹及樂《騶虞》五節，御乃射。第一矢與第六節相應，第二矢與第七節相應，以至九節。協律郎偃麾，樂止。千牛將軍以矢行奏，中曰『獲』，下曰『留』，上曰『揚』，左曰『左方』，右曰『右方』。御射訖，千牛將軍於御座東，西面受弓，退付千牛於東階上。」⑳千牛備身左右考課賜會及祿秩之升降同京職事官之制　千年備身左右，近衛校正德本此句以為「『身』下脫『備身』二字」，即應為「千牛備身、備身左右」。考課，對官員政績或業績依規定標準定期考核之制度。唐制職官每年一小考，四年一大考，考第自上上至下下分為九等，實際考核中官員一般多得中中或中上。得中上以上者，每進一等加祿一季；得中下以下者，每退一等則奪祿一季。任滿四年，皆考中中者，循例可進一散官階，有一考中上者可再進一階。賜會，指每年元正、冬至日朝會時之賞賜。所賜束帛依官品分等差，五品以上賜五匹，六品以下賜三匹。祿秩，指俸祿和品秩。唐代前期職官給祿之制定於貞觀十一年（西元六三七年），依本品分等發給。此句意謂千牛備身及備身左右之考課、賜會、祿秩等升降辦法，與對在京職事官之規定相同。㉑通事舍人　掌傳宣詔命之官。隋為謁者臺通事謁者，唐改此名。隸中書省，從六品上，定員十六人。㉒中郎將軍告之　句中「軍」字係「宣」之訛。《職官分紀》卷三五引《唐六典》原文此句即作「宣告之」。㉓長史　戰國秦始置，掌顧問參謀。歷代沿置。隋唐諸王府、都督府、諸衛、率府及諸州皆置，並為府僚之長，故有「元僚」之稱。㉔錄事參軍事　王府、軍府、州之佐吏。晉始置。本公府官，總錄諸曹之文簿，並舉彈善惡。隋時諸王府、諸衛、左右領軍、諸率府皆置錄事參軍事一人。唐因隋制。掌府事勾檢，省署抄目，糾彈非違，監守符印以及給紙筆之事，並總領本府所屬諸曹，曹事有異同者得以奏聞。㉕兵曹參軍事　軍府佐吏。西晉末始置，後世之軍府及州置軍府者皆置。唐開元時定制，在府稱兵曹參軍，在州稱司兵參軍；諸衛府、諸率府各置兵曹參軍事一至二人，隨曹置府史。掌武官選舉、兵甲器仗、軍防門禁、烽候傳驛及田獵之事。千牛衛不設倉曹，故原倉曹所主文官選舉事亦由其執掌。㉖冑曹參軍事　軍府佐吏。始置於西晉末，後世軍府亦有設置，北齊及隋則設鎧曹。唐承隋制，武則天時改名為冑曹參軍事，掌戎仗器械、公廨興造和決罰之事。㉗煬帝　隋朝皇帝楊廣，在位十四年，終年五十歲。㉘冑曹為司鎧　冑曹之名起於唐武則天時，隋初稱鎧曹，煬帝改鎧曹為司鎧。㉙千牛備身　隋開皇時稱千牛備身，定員十二人；煬帝時改名為司仗左右，定員減為八人；唐復稱千牛備身。《新唐書・百官志》：「千牛備身掌執御刀，服花鈿繡衣綠，執象笏，宿衛侍從。」千牛備身掌執御刀侍於御在所，須有敕旨才可拔刀，否則將受到嚴懲。《唐律疏議・衛禁律》：「即宿衛人，於御在所誤拔刀子者，絞；

左右並立人不即執捉者，流三千里。」疏議曰：「宿衛人，常執兵仗，帶得刀子，若在御所者，非敕遣用，不得輒拔刀子，其有誤拔者絞。左右並立人見其誤拔，皆須執捉，不即執捉者，流三千里。若有別敕處分令用，及仗內賜食者不坐，但舉宿衛人為例者，明餘人在御所亦不得誤拔刀子，其誤拔及旁人不即捉者，一準宿衛人罪。」㉚備身左右　隋開皇時稱備身左右，定員十二人，煬帝時改名為主射左右，定員減為八人；唐復稱備身左右。《新唐書・百官志》：「備身左右掌執御弓矢，宿衛侍從。」㉛備身　《新唐書・百官志》：「備身，掌宿衛侍從。」㉜主仗　《新唐書・百官志》：「主仗，掌守供御兵仗。」㉝唐　近衛校正德本以為「唐」上恐脫「大」字。㉞掌印發　指掌管印信及受納諸曹所由之文書以發付於相關之下屬部門處理。㉟勾檢稽失　指糾查公文公事處理中有無錯失和是否延誤規定程限。㊱勳階　指勳官之階位。唐代勳官分十二轉，最高為上柱國，十二轉，視正二品；最低為武騎威，一轉，視從七品。㊲假使　假，指宿衛人員因假期或患病而中止值宿；使，指改任行使他職，不再至宮殿宿衛者。《唐律疏議・衛禁律》：「諸宿衛人應上番不到，及因假而違者，一日笞四十，三日加一等，過杖一百，五日加一等，罪止徒二年。」疏議曰：「番期有限，限內有故須請假，日滿即需赴番，違假不上，準日科斷。」衛士之假日需由兵曹主判，申牒，並登錄在案。

【語譯】左、右千牛衛：大將軍，定員各一人，品秩為正三品。謝綽的《宋拾遺錄》中提到的千牛刀，即是君主防身用的刀。北魏設有千牛備身，本是執掌皇帝用的御刀。至於「千牛」之名，那是取自《莊子・養生主》中庖丁解牛的故事：「庖丁為文惠君解牛十九年，前後宰割過數千條牛，可他那刀的刀口還像剛在磨刀石上新磨一樣鋒利。」是說此刀可以防身，因此便用「千牛」來作官名。《後魏書》記載：「奚康生有勇力，讓他取名為難的兒子擔任千牛備身。」還有「楊保，是弘農地方人，曾任千牛備身」。北齊的領左、右府設有領左右將軍，統領千牛備身，品秩為第六品下。〔隋〕左、右領左右府各置大將軍一人，將軍二人，職掌侍衛在君王左右，提供御用兵仗。統領千牛備身十二人，負責執掌千牛刀；備身左右十二人，掌管御用的弓箭；備身十六（六十）人，職掌是在宮中宿衛和外出侍從。煬帝時改名為左、右備身府，各置備身郎將一人、直齋二人統領。下屬有千牛左右、司射左右各十六人，品秩都是正六品；還有長史、錄事參軍事和倉曹、兵曹參軍事等屬員。本朝高宗時改名為左、右千牛府。龍朔二年又改稱左、右奉寵（宸）衛，中宗神龍元年再次改為千牛衛。

將軍，定員各一人，品秩為從三品。北齊的領左、右府設有領左右將軍一人，隋左、右領左右府，各置將軍二人，本朝減為各一人。

中郎將，定員各二人，品秩為正四品下。北齊的領左、右府設有左右備身正副都督，品秩都是四品上。隋煬帝時，在左、右備身府各置備身郎將一人，本朝則置中郎將各二人。

左、右千牛衛大將軍和將軍的職掌是，主管宮殿的侍衛及供御用的儀仗，總管本衛各曹的事務。屬下千牛備身和備身左右，執持弓箭參加宿衛；主仗負責看守戎服器物。每逢皇帝接受朝賀的日子，大將軍、將軍要率領備身左右登上大殿，侍列在御座的左右。若是皇上親臨射宮舉行射禮，要率領屬員隨從。有關千牛備身、〔備身〕左右的考課、賜會及俸祿品秩的升降，都依照在京職事官的相關制度辦理。

中郎將的職掌是，供奉侍衛之事，並作為將軍的副手，協助處理本衛各曹的事務。千牛備身、備身左右執持御刀兵仗昇登大殿，都要由大將軍、將軍率領，中郎將則協助執行。凡是在侍衛供奉時，禁止從御座前橫過，禁止私下對話或彎身與階下人言語，禁止以搖頭、舉手等動作相互打招呼。如果皇帝有口敕下達，通事舍人承受後傳聲給階下，階下聽不到的，則由中郎將負責宣告。

長史，定員各一人，品秩為從六品上。

錄事參軍事，定員各一人，品秩為正八品上。

兵曹參軍事，定員各一人，品秩為正八品下。

胄曹參軍事，定員各一人，品秩為正八品下。隋在左、右領左右府設有長史以下各屬吏；煬帝時，改兵曹為司兵，鎧曹為司鎧。本朝改名為兵曹和胄曹。

千牛備身，定員各十二人。

備身左右，定員各十二人。

備身，定員一百人。

主仗，定員一百五十人。〔大〕唐改千牛左右為千牛備身，並首次設置備身和主仗。

長史掌管本衛各曹官吏的各項事務。

錄事參軍事掌管本衛印信，收發文書，檢查和考核公文公事處理中有無違失和是否延誤規定日程。其餘與上卷左、右衛中對錄事參軍事的規定相同。

兵曹參軍事掌管本衛文武官員和千牛備身、備身左右的簿籍，以及有關他們勳階、考課、假使、俸祿方面的事務。

胄曹參軍事掌管有關甲仗方面的事務。屬於御仗一類物件有二百十九種，羽儀一類物件有三百種，由千牛備身以下官員分別掌管。每逢當值之日，除執持御刀、御弓箭之外，仍需酌量配備一些弓箭，以供入宮宿衛之用。每月，逢到主仗輪上當值，另由胄曹分配他們的職務。如果隨從在行在之所，胄曹尚需兼任騎曹的職任。其餘與上卷左、右衛中有關胄曹的規定相同。

【說明】左、右千牛衛中的千牛備身、備身左右，因其係帝王近身侍衛，且在禁宮之地特許身佩橫刀，其身份和地位，在侍衛人員中又顯得頗為特殊。唐高宗時，王及善在東宮任左奉裕率，據《舊唐書・王及善傳》記載，一次太子宴於宮，命宮臣作擲倒之戲，王及善沒有從命，說：「殿下自有樂官，臣止當守職，此非臣任也。臣將奉令，恐非殿下羽翼之備。」高宗聽說後，「特加賞慰，賜絹百匹，尋除右千牛衛將軍」，並對他說了一番此職如何尊貴的話：「朕以卿忠謹，故與卿三品要職。他人非搜辟不得至朕所，卿佩大橫刀在朕側，知此官貴否?」由於千牛之職被視為如此尊貴，它的簡選對出身和年貌要求自然也特別高。《通典・職官十・左右千牛衛》左右千牛備身條本注稱：「皆以高蔭子弟年廿姿容美麗者補之，花鈿繡服，衣綠執象，為貴胄起家之良選。」即使是高官子弟，但若是庶出也不得入選。此事高宗時任尚書左僕的褚遂良以為「於理未安」，曾經上過一次奏疏，其文稱：「人以才進，不論嫡庶，于茲二紀，多士如林，今者簡千牛舍人，方為此制。臣竊思審，於理未安。何者?母以子貴，子不緣母也。今以母非正室，便令子無貴仕……黨側室之子，負材而不用，君棄之于上，家輕之于下，忠孝莫展，友愛無施，如此等人，豈不怨憤。雖隔千牛之選，仍許二衛之官，色類乃復稍殊，悍禦至竟無別。若唯才是用，人自甘心。」(《唐會要》卷七一)看來褚遂良是盡力想為庶子爭一千牛簡選的機會。其實，千牛之任雖尊貴，同時卻也是一個極危險的職位。本章注釋❺中提

2519 左右金吾衛、左右翊中郎將府・左右監門衛・左右千牛衛

到的北魏右衛將軍奚康生，他的名叫難的兒子就曾任千牛備身，父子二人最終都難逃由千牛刀帶來的災禍。肅宗時奚康生與領軍元叉、侯剛同掌宿衛，康生與元叉曾合謀廢靈太后，後二人不協，反目成仇。會肅宗朝太后於西林園，康生欲乘酒酣起舞時殺元叉，未遂。其後當太后引肅宗下堂入閤時，發生了這樣的意外：「左右競相排，閤門不得閉，康生奪其子難千牛刀，斫直後元思輔乃得定。肅宗既上殿，康生時有酒勢，將出處分，遂為叉所執。」於是元叉以奚康生持刀入內處斬刑，其子難處流刑。（據《魏書・奚康生傳》）

左右羽林軍衛、左右翊中郎將府‧諸衛折衝都尉府

【篇旨】本篇分左、右羽林軍和諸衛折衝都尉府兩部份，分別敘述其長官及屬員的定員、品秩、沿革和職掌。

篇中原注對左右羽林軍的沿革，一直上溯到漢初的南北軍和漢武帝時的期門、羽林。在唐代左、右羽林軍的前身是貞觀時在玄武門建置的左、右屯營，其衛士稱飛騎；與之並列的尚有從飛騎中選取作為皇帝隨從的百騎，後來相繼改稱為千騎、萬騎，而左、右屯營在武則天時改名為左、右羽林軍，領羽林郎六千人。它們均駐防於玄武門，因在宮殿的北側故被稱為北衙，而與此相對的諸衛則稱為南衙。羽林軍的職掌統北衙禁軍，督攝左右廂飛騎儀仗。由於玄武門地處宮禁要害，自武則天至玄宗時期的幾次宮廷政變，都有羽林軍直接間接參預其事。開元末期後，北衙禁軍尚有多次為《唐六典》所未及的變異。如玄宗開元二十六年（西元七三八年）以左、右萬騎營別置左、右龍武軍，職掌與左、右羽林軍同。肅宗至德二年（西元七五七年）又置左、右神武軍，取靈武之從軍士及扈從官子弟充。此外又有左、右神策軍，建於代宗時，以宦官魚朝恩領神策軍入居禁中。後人習慣把左右羽林、左右龍武、左右神武稱為北衙六軍。德宗貞元初，又為左、右神策軍置大將軍二人，將軍二人，故亦有以左右龍武、左右神武、左右神策為北衙六軍者。自玄宗以後，真正執掌宮廷禁衛的是北衙六軍，南衙諸衛則成了閑職，其將軍、大將軍便成了武臣以至宦官表示資望升遷之階。故在貞元二年（西元七八六年）又新置十六衛上將軍各一人，從二品，以處勳臣罷節制者。

關於折衝府建置的沿革，本篇原注以為濫觴於西周按井田之法以備軍政，及秦廢井田、置郡縣，設郡尉為郡守之副，以主郡縣之兵事。但唐代的折衝府實際上起源於西魏、北周的府兵，因隋的鷹揚府改制，其名稱亦由左、右備身府的折衝郎將、果毅郎將轉化而來。篇中在敘述折衝府都尉的職掌時，連帶扼要介紹了唐

代府兵的組織編制及軍陣戰鬥教習之法。唐代府兵制在農耕區實行軍民分治，軍戶世襲，並有一套相當完備的管理制度，在中國兵制史上具有一定的典型意義。也許由於中國社會長期為兵患所苦的緣故，後世論者往往把唐代的府兵制理想化，以圖從中找到擺脫困境的出路。我們在本篇後兩章的說明中，就產生府兵制的根本原因，歷代兵制與府兵制的相通之處，以及唐代府兵的分布、演變和消亡等問題，聯繫史實簡略作了介紹，對府兵制能否解決後世的兵患問題，也談了一點粗淺的看法。

一

左、右羽林軍衛：大將軍各一人，正三品。漢置南、北軍，掌衛京師。南軍，若今諸衛也；北軍，若今左、右羽林也❶。呂后崩，周勃以北軍兵誅諸呂❷。至武帝❸，置羽林❹，掌送從❺，以次期門❻，名曰建章營騎，屬光祿勳❼，置令、丞以領之。後更名羽林騎，兼象天有羽林星❽主車騎也；又云「為國羽翼，如林之盛」。以隴西、漢陽、安定、北地、河西、上郡良家子便弓馬者為之❾。取將軍死事之子孫羽林❿，官教以五兵⓫，號為「羽林孤兒」。宣帝令中郎將、騎都尉監羽林，秩比二千石⓬。光武以征伐之任勞苦者及五郡良家子以充之，父死，子代之⓭；又簡五營高手，別為左、右監，秩比六百石⓮。魏羽林監品第五⓯。晉光祿勳屬官有羽林郎將，羽林左、右監⓰，品第五，銅印、墨綬⓱，武冠⓲，絳朝服⓳；其侍陛殿⓴，著鶡尾冠㉑，紗縠單衣㉒。哀帝㉓時，桓溫㉔執政，省羽林中郎將，唯置一監；宋高祖復置㉕。初，江左領營兵㉖；及過江，無復營兵。齊、梁、陳並有羽林監㉗。後魏羽林監第六品下㉘。北齊羽林監十五人，品同後魏。周有左、右羽林率，各上士二人、中士二人，掌羽林之士㉙。隋煬帝改左、右領軍為左、右屯衛，所領兵為羽林㉚。皇朝名武衛，所領兵為羽林；又別置左、右屯營，各有大將軍、將軍等員㉛，龍朔二年為左、右羽林軍㉜，其名則歷代之羽林也。

將軍各二人，從三品。

左右羽林軍大將軍、將軍之職，掌統領北衙禁兵㉝之法令，而督攝左、右廂飛騎㉞之儀仗，以統諸曹之職。若大朝會㉟，則率其儀仗以周衛階陛。若大駕行幸，則夾馳道㊱而為內仗。羽林禁兵旗職㊲名數，秘莫得知，略之。凡飛騎每月番上者，皆據其名歷㊳而配于所職。其飛騎仗或有勑上南衙者，則大將軍、將軍承墨勑白移於金吾引駕仗，引駕仗官與監門奏覆，又降墨勑後得入㊴。

【章旨】敘述左右羽林軍衛大將軍、將軍之定員、品秩、沿革和職掌。

【注釋】❶漢置南北軍掌衛京師南軍若今諸衛也北軍若今左右羽林也　此係以唐初之諸衛與羽林來類比漢初之南北軍。考諸史實，並不盡然。《漢書・刑法志》載：「天下既定，踵秦而置材官於郡國，京師有南北軍之屯。」此南北軍當是屯駐於京師之兩支軍隊，並無規定其有守衛京師之具體職能。且僅存在於自高帝至文帝前元二年（西元前一七八年），前後只有二十八年。至文帝令宋昌為衛將軍，兼領南、北軍，二軍便合而為一，同年又罷衛將軍，實已撤銷了南、北軍之建置。武帝初復置北軍，以「中壘校尉掌北軍壘門內，外掌西域」《漢・百官公卿表》；或謂「西域」當作「西城」）。此時唯有北軍，未有南軍之建置。北軍是屯駐於京師隨時準備出征之野戰軍。自漢武帝以後，兩漢始終是有北軍而無南軍這種格局。關於南北軍的問題，唐以後史家多有爭議，詳本章末說明。❷呂后崩周勃以北軍兵誅諸呂　呂后，漢高祖劉邦皇后，名雉，字娥姁。高祖卒，其子惠帝即位，呂后秉掌實權，至惠帝卒而臨朝稱制，分封諸呂為侯，在位八年。崩，古稱帝王死為崩。《禮記・曲禮下》：「天子死曰崩。」周勃，漢初大臣，沛（今江蘇沛縣）人，以織薄曲為生。常為人吹簫給喪事，為郡國兵材官之弓箭手。秦末從劉邦起兵，以功封為絳侯，勃為人木彊敦厚，劉邦以為可屬以大事。惠帝時，任太尉。呂后卒，與陳平合謀誅諸呂。文帝立，拜右丞相。周勃以北軍兵誅諸呂事，載《史記・呂太后本紀》。呂后先令趙王呂祿為上將軍，領北軍，梁王呂產居南軍，並告誡二人曰：「高帝已定天下，與大臣約，曰：『非劉氏王者，天下共擊之。』今呂氏王，大臣弗平。我即崩，帝年少，大臣恐為變，必據兵衛宮，慎毋送喪，毋為人所制。」呂后卒，齊王襄起兵，以誅諸呂為號召，呂產遣大將軍灌嬰將兵擊之。灌嬰兵至滎陽（今河南滎陽東北），與齊王連和。周勃與陳平謀議，以為誅諸呂時機已到，所懼唯北軍。於是令酈寄紿說呂祿交出將印，以北軍屬太尉周勃。勃攜將印入北軍軍門，行令軍中曰：「為呂氏右袒，為劉氏左袒。」軍皆左袒，勃遂統領北軍，並令平陽侯告衛尉，不讓呂產進殿門。呂產不知呂祿已放棄北軍，仍欲入未央宮應變，殿門勿納。周勃令劉章率北軍一千人趕到，殺呂產於郎中府吏舍廁中，時帝令謁者持節慰勞劉章，而劉章奪節入宮殺長樂宮衛尉呂更始，繼又殺呂祿、呂嬃，並分部悉捕呂氏男女，無論少長皆殺之。惠帝所生之少帝及三弟亦皆被殺。從此事件過程可知所謂諸呂「作亂」，實為周勃、陳平等為陰謀策劃宮廷政變而製造的一個藉口。誅諸呂最主要的理由是不應王非劉氏者，而當初呂后欲王諸呂，周勃、陳平卻又都是支持者，周勃在回答呂后詢問時，還提出了一種似乎名正言順的理論：「高帝定天下，王子弟，今太后稱制，王昆弟諸呂，無所不可。」待呂后一死，卻又倒過來以此為號召誅諸呂。只是由於舊時代史家程度不等地為帝王正統觀念所囿，對漢初這幾位宮廷政變勝利者粉飾稱譽有加，此種有失公正的史筆影響所及，致使後世凡以陰謀政變僥倖得逞者亦常以周勃、陳平自居，藉以美化自己的形象。直到二十世紀八十年代初，大陸上還有一個以周、陳為題材的戲劇、小說創作熱潮，其歷史背影也大抵如此。❸武帝　西漢皇帝劉徹。在位五十四年，終年七十二歲。❹羽林　宿衛宮殿衛士。漢武帝太初元年（西元前一〇四年）初置。羽林之稱，據《漢書》顏師古注：「言其如羽之疾，如林之多也。」《後漢書・百官志》羽林郎本注：「無員，掌宿衛侍從。本武帝以便馬從獵，還宿殿陛巖下室中，故號巖郎。」❺掌送從　指其職為隨從出行。如王莽為宰衡後，「出從期門二十人，羽林三十人，前後大車十乘」（《漢書・王莽傳》）。❻以次期門　指羽林位於期門之後。期門，亦即期門武士。《漢書・百官公卿表》稱：「期門執兵送從，武帝建元三年（西元前一三八年）初置。比郎，無員，多至千人，有僕射，秩比千石。平帝元始元年（西元元年）更名虎賁郎，置中郎將，秩比二千石。」期門名稱起於武帝微行外出，「與侍中常侍武騎及待詔隴西、北地良家子能騎射者，期諸殿門，故有期門之號自此始」（《漢書・東方朔傳》）。又，衛宏《漢官舊儀》曰：「期門騎者，隴西工射獵人及能用五兵材力三百人，行出會期門下，從射獵，無員，秩比郎從官，曰期門騎，置僕射一人，秩六百石。騎持五騎別外內。」期門地位高於羽林，如武帝時之甘延壽，便是先任羽林，後升為期門。甘「少以良家子善騎射為羽林，投石拔距絕於等倫，嘗超踰羽林亭樓，由是遷為郎。試弁（比試手搏），為期門，以材力愛幸」（《漢書》本傳）。

❼光祿勳　本為郎中令，秦官，掌宮殿掖門戶。漢武帝太初元年（西元前一〇四年）更名為光祿勳。期門、羽林皆其所屬。

❽羽林星　星名。《史記・天官書》：「北宮玄武、虛危……其南有眾星，曰羽林天軍。」《晉書・天文志》：「羽林四十五星，在營室南，一曰天軍，主軍騎，又主翼王也。壘壁陣十二星，在羽林北，羽林之垣壘也，主軍衛為營壅也。」❾以隴西漢陽安定北地河西上郡良家子便弓馬者為之　隴西、漢陽、安定、北地、河西、上郡，為漢時六郡。隴西，治所狄道，今甘肅之臨洮；轄區相當於今甘肅天水市以西部份地區。漢陽，即天水郡，東漢明帝時改稱漢陽，今甘肅天水以西地區，治所平襄，今通渭西北；轄區相當於今甘肅天水以西部份地區。安定，治所高平，今寧夏之固原；轄區在寧夏回族自治區西南部。北地，治所馬嶺，今甘肅慶陽西北；轄今賀蘭山、青銅峽、山水河以東及甘肅環江、馬蓮河流域。河西，據《後漢書・百官志》當為「西河」，治所平定，今陝西府谷西北；轄境相當於今內蒙古伊克昭盟東部，山西呂梁山、蘆芽山以西、石樓以北，及陝西宜川以北黃河沿岸地帶。上郡，治所膚施，今陝西榆林東南；轄境相當於今陝西北部及內蒙古烏審旗等地區。上述諸郡之壯丁，史著習稱「六郡良家子」。據《漢書・地理志》載，此六郡迫近戎狄，民修習戰備，高上氣力，以射獵為先。故「漢興，六郡良家子選給羽林、期門，以材力為官，名將多出焉」。所謂良家子，指農家子弟。餘如醫、商賈、百工出身者，皆不得入選。又，《漢書・趙充國、辛慶忌傳》之贊曰：「秦漢已來，山東出相，山西出將。秦將軍白起，郿人；王翦，頻陽人。漢興，郁郅王圍、甘延壽，義渠公孫賀、傅介子，成紀李廣、李蔡，杜陵蘇建、蘇武，上邽上官桀、趙充國，襄武廉褒，狄道辛武賢、慶忌，皆以勇武顯聞。蘇、辛父子著節，此其可稱列者也，其餘不可勝數。何則？山西天水、隴西、安定、北地處勢迫近羌胡，民俗修習戰備，高上勇力鞍馬騎射。故秦詩曰：『王于興師，修我甲兵，與子皆行。』其風聲氣俗自古而然。今之歌謠慷慨，風流猶存耳。」❿取將軍死事之子孫羽林　《漢書・百官公卿表》作「取從軍死事之子孫養羽林」。此句中「將」為「從」之訛。「羽林」上脫一「養」字。衛宏《漢官舊儀》曰：「諸孤兒無數，父死子代，皆武帝時從軍死，子孫不能自活，養羽林，官比郎從官，從車駕，不得冠，置令一人，名曰『羽林騎孤兒』。」羽林孤兒在西漢當是一支有獨立編制之軍隊，如

《漢書・趙充國傳》有載：「充國子右曹中郎將卬，將期門佽飛、羽林孤兒、胡越騎為支兵，至令居。」⑪五兵　五種兵器。顏師古注《漢書》曰：「五兵謂弓矢、殳、矛、戈、戟也。」⑫宣帝令中郎將騎都尉監羽林秩比二千石　宣帝，漢朝皇帝劉詢，字次卿，漢武帝曾孫。在位二十五年，終年四十二歲。中郎將，率領羽林郎之長官。武帝時，羽林設令、丞，宣帝改置中郎將和騎都尉。東漢沿置羽林中郎將，主羽林郎。其屬官有羽林左監、羽林右監各一人，奉車都尉一人，駙馬都尉一人，騎都尉一人。騎都尉，漢初原為統領騎兵之武官，無員，無固定職掌，不統兵時為侍衛武官。宣帝時以一人監羽林騎，又以一人領西域都護，遂成定制。秩比二千石，即月俸百斛。⑬光武以征伐之任勞苦者及五郡良家子以充之父死子代之　光武，東漢皇帝劉秀，在位三十二年，終年六十二。五郡良家子，據《職官分紀》卷三五引《唐六典》原注此句當作「六郡良家子」。父死子代，係沿西漢武帝時「羽林孤兒」之舊制。《後漢書・順帝紀》注引《漢官儀》曰：「光武中興，以征伐之士勞苦者為之，故曰羽林士。」東漢明帝興學校，自期門、羽林之士悉令通《孝經》章句。⑭又簡五營高手別為左右監秩比六百石　五營，指屬北軍中候之屯騎、越騎、步兵、長水、射聲五營，各置校尉一人統率。左右監，指羽林中郎將所屬之羽林左監和羽林右監。秩比六百石，《後漢書・百官志》記為「六百石」。其文稱：「羽林左監一人，六百石。本注曰：主羽林左騎，丞一人。羽林右監一人，六百石。本注曰：主羽林右騎，丞一人。」又注引《漢官》曰：「孝廉郎作，主羽林九百人。二監官屬史吏，皆出自羽林中，有材者作之。」比六百石，月俸為五十斛；六百石，則月俸為七十斛。東漢曹褒曾任羽林左監；竇固，《漢雜事》稱其以「羽林監為中郎將，征西羌遷中郎將，印綬復為羽林監」。後來此職亦濫，如梁冀之妻孫壽從弟安，尚為童幼即拜黃門郎羽林監。⑮魏羽林監品第五　《宋書・百官志》載：「漢東京又置羽林左監、羽林右監，至魏世不改。」魏任此職者，如桓範，《三國志・魏志・曹爽傳》注引《魏略》曰：「桓範字元則，世為冠族。建安末，入丞相府。延康中，為羽林左監」；夏侯玄，同書本傳：「玄字太初，少知名，弱冠為散騎黃門侍郎。嘗進見，與皇后弟毛曾並坐，玄恥之，不悅形之於色，明帝恨之，左遷為羽林監」。⑯晉光祿勳屬官有羽林郎將羽林左右監　光祿勳一職，至魏、晉位任已輕。《宋書・百官志》稱：「魏、晉以來，光祿勳不復居禁中，又無復三署郎，唯外宮朝會，則以名列焉。二臺奏刻，則符光祿勳加禁止，解禁止亦如之。禁止，身不得入殿省，光祿主殿門故也。」晉哀帝興寧二年（西元三六四年）省光祿勳，其職併於司徒。至孝武寧康元年（西元三七三年）復置。羽林郎將、羽林左右監，《晉書・職官志》載，晉光祿勳屬官有羽林郎將、羽林左監，無右監。《宋書・百官志》則謂：「晉罷羽林中郎將，又省一監，置一監而已。哀帝省。」⑰銅印墨綬　銅質之印章和黑色之繫印綬帶。晉制，自相國以下，佩銅印銀印，繫青綬或墨綬。墨綬，三采，青、赤、紺、淳青圭，長一丈六尺，八十首。⑱

武冠　古代武官或侍從所戴之冠。又稱武弁、大冠，亦稱趙惠文冠。《後漢書・輿服志下》：「武冠，一曰武弁、大冠，諸武官冠之。侍中、中常侍加黃金璫，附蟬為文，貂尾為飾，謂之趙惠文冠。胡廣曰：趙武靈王效胡服，以金璫飾首，前插貂尾為貴職。秦滅趙，以其君冠賜近臣。」⑲絳朝服　外披絳紗單衣之朝服。又，《宋書・禮志》作「四時朝服」。其文稱：「羽林監，銅印，墨綬，給四時朝服，武冠。」關於四時朝服，《晉書・輿服志》謂：「魏已來名為五時朝服，又有四時朝服、朝服。自皇太子以下，隨官授給。百官雖服五時朝服，據今止給四時朝服，闕秋服，三年一易。」⑳其侍陛殿　近衛校曰：「《通典》及《文獻通考》作『其在陛列』。」《宋書・禮志》亦作「其在陛列」。《職官分紀》卷三五引《唐六典》原注此句「陛殿」作「陛殿」。意為羽林監在升殿侍從時。㉑鶡尾冠　以鶡羽為飾之武冠。《後漢書・輿服志下》：「武冠，俗謂之大冠，環纓無蕤，以青系為緄，加雙鶡尾，豎左右，為鶡冠云。」又謂：「鶡者，勇雉也，其鬬對一死乃止，故趙武靈王以表武士，秦施之也。」注引胡廣曰：「鶡似黑雉，出於上黨。」㉒紗縠單衣　《宋書・禮志》作「絳紗縠單衣」。為絳紅色之細紗單衣，披在朝服之外。單，亦作「襌」。單層之衣。著於朝服內，即稱中單或內單。縠，帶縐之細紗。㉓哀帝　東晉皇帝司馬丕，字千齡。二十二歲即皇帝位，在位三年，終年二十五歲。哀帝雅好黃老，辟穀，餌長生藥，因服食過多而中毒，昏迷不醒，由太后臨朝。㉔桓溫　字元子，譙國龍亢（今安徽懷遠西）人，明帝婿，任荊州刺史，繼庾氏握上游兵權，前後曾攻入關中，收復洛陽。哀帝興寧元年（西元三六三年）任侍中、大司馬，都督中外諸軍事，錄尚書事，假黃鉞，執掌朝政。待哀帝卒，先立而尋廢海西公，再立簡文帝，圖謀受禪，未成而亡。弟沖繼統其眾。㉕宋高祖復置　宋高祖，即宋武帝劉裕，南朝宋之建立者。字德輿，小字寄奴，祖籍彭城（今江蘇徐州），遷居京口（今江蘇鎮江）。西元四二〇年代晉稱帝，國號宋，在位三年，終年六十。復置五校三將官事在永初元年（西元四二〇年）七月。三將即虎賁中郎將、冗從僕射、羽林左右監。㉖江左領營兵　句中「左」當是「右」之訛。《宋書・百官志》：「江右領營兵，江左無復營兵。羽林監六百石。」《職官分紀》卷三五引《唐六典》原注此句亦作「右」字。江右指西晉。如以面向南，則西為右，東為左。故舊時常以江右、江左稱東、西晉。東晉以後，羽林唯有官職，不再領營兵。有事時才統羽林兵作儀仗。㉗齊梁陳並有羽林監　齊，《南齊書・百官志》載其置有羽林監。梁，《隋書・百官志》載梁置虎賁、冗從、羽林三將軍。陳因梁制。任此職者，齊有周山圖、張欣泰（見《南齊書》各自本傳）；梁有王道（見《南史・范雲傳》）；陳有蕭濟、沈不害、庾持（見《陳書》各自本傳）等。㉘後魏羽林監第六品下　北魏孝文帝太和十七年（西元四九三年）職員令，設有羽林中郎將，品秩為第三品下；羽林中郎、羽林郎將、高車羽林郎將，皆為從四品上；羽林郎和高車羽林郎分別為從五品中和從五品下。太和二十三年（西元四九九年）復次職令，設羽林監，品秩為第六品下。北魏任此職者，如范紹，太和十六年（西元四九二年）選為門下通事令史，令掌奏文案，稍遷強弩將軍、積弩將軍、公車令，加給事中，後遷羽林監；劉桃符，景明中任羽林監，領主書（見《魏書》各自本傳）。㉙周有左右羽林率各上士二人中士二人掌羽林之士　據本書原注文例，句首「周」之上應添一「後」字。《通典・職官十・武官上》左右羽林衛條：「後周有左右羽林率，屬大司馬。」北周上士品秩為正三命，中士為正二命。北周任羽林之職者，有孔神通，於天和六年（西元五七一年）「轉司武羽林都督」（據〈隋故河陽都尉孔公銘〉）；李元淑，也曾任羽林直長大都督（據〈李元海造元始天尊像記〉）。㉚隋煬帝改左右領軍為左右屯衛所領兵為羽林　隋煬帝，隋朝皇帝楊廣，在位十四年，終年五十歲。煬帝大業三年（西元六〇七年）改左、右領軍為左、右屯衛，各置大將軍一人，將軍二人，護軍四人；尋改護軍為武賁郎將，另置武牙郎將四人為其副，所領兵名羽林。宇文述之子宇文化及，煬帝時任左屯衛將軍，隋煬帝至江都，其屬官武賁郎將司馬德戡、元禮脅宇文化及殺煬帝于江都（見《隋書・宇文化及傳》）。可見左、右屯衛所率之羽林兵為皇帝貼身禁衛，此等人一反叛，煬帝無還手之力。㉛別置左右屯營各有大將軍將軍等員　《唐會要》卷七二京城諸軍條：「貞觀十二年（西元六三八年）十一月三日，於玄武門置左、右屯營，以諸衛將軍領之，其兵名曰飛騎。」《舊唐書・太宗本紀》亦有記。貞觀時，姜行本因修建九成、洛陽二宮稱旨而遷轉「左屯衛將軍，太宗選趫捷之士，衣五色袍，乘六閑馬，直屯營以充仗內宿衛，名為『飛騎』，每游幸，即騎以從，分隸於行本」（《舊唐書・姜暮附行本傳》）。薛萬均，亦曾任左屯衛大將軍。又有突厥處羅可汗之子阿史那社爾，於貞觀九年（西元六三五年）拜左騎衛大將軍，典屯兵苑內，並檢校北門左屯營。後其子道真在高宗時位至左屯衛將軍（《舊唐書・阿史那社爾傳》）。此外，契苾何力亦曾在貞觀時任北門宿衛，檢校屯營事。㉜龍朔二年為左右羽林軍　龍朔二年，即西元六六二年。龍朔為唐高宗李治年號。諸書所載與此處稍異。如《職官分紀》卷三五引《唐六典》原注此句作「龍朔二年改為左、右羽林軍」。《舊唐書・職官志》則為「龍朔二年，置左、右羽林軍」。《新唐書・兵志》亦稱：「高宗龍朔二年，始取府兵越騎、步射置左、右羽林軍，大朝會則執仗以衛階陛，行幸則夾馳道為內仗。」《唐會要》卷七二京城諸軍條載：「垂拱元年（西元六八五年）五月十七日，置左、右羽林軍，領羽林郎六千人。至天授二年（西元六九一年）二月三十日，改為左、右羽林衛，以武攸寧為大將軍。神龍元年（西元七〇五年）二月四日，又改為羽林軍。」《舊唐書・職官志》左、右龍武軍條之注文稱：「初，太宗選飛騎之尤驍健者，別置百騎，以為翊衛之備。天后初，加置千騎，中宗加置萬騎，分為左、右營，置使以領之。自開元以來，與左、右羽林軍名曰北門四軍。」唐代前期北衙禁軍，即此左、右羽林軍與左、右萬騎，稱北門四軍。㉝北衙禁兵　指屯駐在宮廷北面玄武門之左、右羽林軍飛騎及萬騎之左右營，其職為守衛宮廷。

《唐會要》卷七二京城諸軍條：「開元十年（西元七二二年）九月二十七日敕：駕在京，左、右屯營宜於順義、景風門內安置，北衙亦著兩營，大明北門安置一營，大內北門安置一營。駕在東都，左、右屯營於賓曜、右掖門內安置，兼於玄武門左右廂，各據地界，繞宮城分配宿衛。」㉞左右廂飛騎　左右廂，指宮門之東西兩側；承天門之東稱左，之西稱右。飛騎，左右屯營或羽林軍之衛士稱飛騎。㉟大朝會　指每年元日、冬至日皇帝受群臣朝賀之盛典。㊱馳道　帝王車馬馳行之道，猶御道。㊲旗職　近衛校曰：「『職』當作『幟』。」指作為儀仗之旗幟。㊳名歷　猶名簿。內列當番飛騎之姓名及其簡歷。㊴自「其飛騎仗或有勅上南衙者」至「又降墨勅後得入」　此言南、北衙界域有著嚴格制度規定，不得隨意踰越。左、右羽林軍之飛騎屬北衙。南衙，指諸衛，因其值勤宿衛於宮城之南故稱。若有皇帝敕旨令飛騎至南衙執勤者，須由本軍長官承接敕旨，移文告白於金吾衛之引駕仗，再由引駕仗官與監門一起向上奏覆，待再次獲得敕旨後，方得進入南衙。墨勅，勅即「敕」字。墨勅為皇帝親筆詔書，通常不經外廷即直接下達。引駕仗，唐制有六十六人，由金吾大將軍各一人押之，號曰押引駕仗；金吾衛之中郎將、郎將各一人，檢校引駕之事。引駕仗官，即押引駕官，由左、右金吾大將軍任之。監門，指左、右監門衛大將軍。

【語　譯】左、右羽林軍衛：大將軍，定員各一人，品秩為正三品。漢代設置的南、北軍，職掌是守衛京師。南軍，如同現今的各衛；北軍，相當於現在的左、右羽林軍。呂后去世後，周勃借助於北軍的士兵，誅滅了呂產、呂祿等的勢力。到漢武帝時設置羽林兵，它的職掌是為皇帝隨從和護送，列位在期門之後，起名為建章營騎，屬光祿勳管轄，並設置令和丞作為統領。後來改名為羽林騎，帶有象徵天上羽林星的含義，主管皇帝的車騎；又說明羽林的意思是「願作為國家的羽翼，如同森林那樣茂盛」。羽林的士兵由隴西、漢陽、安定、北地、河西（西河）、上郡這六郡良家子弟中善於弓馬馳逐的壯丁充當。又錄取羽林軍死難於王事者的子孫，在羽林軍中（撫養長大），由官員教授他們掌握弓矢、殳、矛、戈、戟五樣兵器的技能，另立編隊，號稱「羽林孤兒」。宣帝時，改由中郎將和騎都尉監領羽林軍，俸秩為比二千石。東漢光武時，以在戰爭征伐中能吃苦耐勞的，及五（六）郡的良家子弟充當羽林衛士，並規定父死子代。此外又簡選北軍五營的高手，另設左、右監，品秩為六百石。三國魏時設置羽林監，官品列為第五。西晉光祿勳的屬官有羽林郎將、羽林左右監，列第五品，佩銅印，繫墨綬，戴武冠，穿絳朝服；如果侍從陛殿，則著鶡尾冠，披絳紗縠單衣。東晉哀帝時，桓溫執政，省去了羽林中郎將，僅設置羽林監，到南朝宋高祖時又恢復設置羽林中郎將。起初，西晉羽林尚統領營兵，過江後的東晉不再設置營兵。南朝的齊、梁、陳都設有羽林監。北魏在羽林監的品秩為第六品下。北齊羽林監的定員為十五人，品秩與北魏同。北周有左、右羽林率，各有上士二人，中士二人，掌管羽林的衛士。隋煬帝時，把左、右領軍改為左、右屯衛，所統領的衛兵稱羽林。本朝稱武衛，所統領衛士名為羽林；另外又設置左、右屯營，各有大將軍、將軍等官員。高宗龍朔二年改為左右羽林軍，這一名稱便是沿用歷代的羽林的含義。

將軍，定員各二人，品秩為從三品。

左右羽林軍大將軍和將軍的職掌是，主管所統領北衙禁兵的法令，監督統攝左右廂飛騎的儀仗，並統管本軍下屬各曹的事務。若逢大朝會，則率領儀仗，守衛在殿階的周圍。如果皇帝大駕外出巡行，則作為內儀仗夾侍在馳道兩側。羽林禁兵所備旗職（幟）的名稱和數量，都屬於機密，不得而知，故從略。凡是左、右羽林軍的飛騎每月番上當值的，都由大將軍、將軍根據他們的名歷分配相應的崗位和職務。如果有敕旨命令飛騎仗到南衙執勤，則由大將軍、將軍承接墨敕，移文通知金吾衛的引駕仗，再由引駕仗官和監門衛一起奏覆，待到降下敕旨後，方始得以進入南衙。

【說　明】關於漢代京師的駐軍南北軍，不僅本書本章原注把它們類比為唐代的南衙諸衛與北衙禁軍，唐代的其他著作亦多如此，這似乎已成為唐人的一種習慣看法。如在《唐六典》問世前，由章懷太子李賢等撰作的《後漢書注》中便可找到多例。其《吳漢傳》：吳漢卒，「發北軍五校輕車介士送葬，如大將軍霍光故事。」注曰：「漢置南北軍五校尉，解見《順帝紀》。輕車，兵車也；介士，甲士也。《霍光傳》云：以北軍五校尉輕車介士，載光尸以轀輬車，黃屋左纛，軍陳至茂陵，不以南軍者重之也。」其實漢自武帝以後，就僅有北軍而無南軍，至於東漢，更從未設置過南軍。霍光死時，漢早已廢止南軍因而「不以南軍重也」云云，根本無從談起。此外，漢初南北軍並列時，不曾有五校尉，漢武帝置中壘校尉掌北軍為八校尉，而北軍置五校尉則已是東漢光武間事。再如《竇憲傳》：「發北軍五校……出塞。」注曰：「漢有南北軍中候一人，六百石，掌臨立營，見《續漢志》。」同樣以為漢代始終有並列南北二軍。對此，北宋劉攽作了訂正：「按：漢有北軍中候耳，衍『南』字。又掌臨立營，『臨』當作『監』；『立』當作『五』。」

還有一例見於《新唐書・兵志》：肅宗「乾元元年（西元七五八年）李輔國用事，請選羽林騎士五百人徼巡。李揆曰：『漢以南、北軍相制，故周勃以北軍安劉氏。朝廷置南、北衙，文武區列，以相察伺。今用羽林代金吾警，忽有非常，何以制之？』遂罷。」《新唐書》為宋代歐陽修等所撰，其所引中書侍郎李揆那段話，可能是沿用了唐人的說法。

在唐代，北衙禁軍與南衙諸衛並立這樣一種格局，也是逐漸演變和發展形成，並非有人事先設計；是在這種格局已經形成後，才使人們從中引出以南北軍相互制約的認識，所以還是先有事實，後有概念，而提出概念往往只是為了使之理想化，期望它轉化為事實。帝王制度發展到了唐代，歷史上眾多宮廷內外的動亂和變故的嚴酷教訓一再提醒著處於極位的統治者，必須有守衛宮殿與警衛京城兩支軍隊，而這兩支軍隊又必須互為制約，使之無法各自擅權，才能確保帝王的安全。這當然只是一種主觀願望。而歷史的發展總是並不那麼馴服於人們的主觀設想，卻寧願沿著自己的軌跡走。

讓我們來簡略回顧一下唐代北衙禁軍的形成和發展過程。

《新唐書・百官志》稱：「初，高祖以義兵起太原，已定天下，悉罷遣歸，其願留宿衛者三萬人。高祖以渭北白渠旁民棄腴田分給之，號『元從禁軍』。後老不任事，以其子弟代，謂之『父子軍』。及貞觀初，太宗擇善射者百人，為二番於北門長上，曰『百騎』以從田獵。」最初隨李淵起兵於太原、後來定居在渭北的三萬『元從禁軍』，類似於兩漢的期門、羽林，都是父死子代、世襲當兵。太宗的百騎是貞觀初從「元從禁軍」中挑選組建的，分二番在北門長上，故稱「北門長上」。在北門長上的百騎中，也有來自諸衛和募兵的，如唐代前期名將薛仁貴，便是應募征遼而嶄露頭角，太宗召見，「擢授游擊將軍，雲泉府果毅，仍令北門長上」；征遼還，又「遷右領軍郎將，依舊北門長上」（《舊唐書・薛仁貴傳》）。所謂北門長上，便是在玄武門宿值，多由太宗隨從和親信擔任，在當時被視為一種特殊榮譽。其所以如此，是因為玄武門是禁中要害之地，因而也可說是有唐一代的多事之地，接二連三的宮廷政變都在此發生，而始作俑者正是唐太宗李世民。玄武門是宮廷的北門，門外便是禁苑。宮廷的防禦，僅北門這一條防線，過此便可直入後宮。武德九年（西元六二六年），當時尚為秦王的李世民，賄賂了駐守北門的將領常何，預伏其黨徒於玄武門之內，使張公瑾、張亮等能獨閉宮門以拒東宮和齊府衛兵的攻擊，而尉遲敬德得以帶兵進入後宮，挾持高祖李淵；

其時「南衙、北門兵馬及二宮左右猶相拒戰，敬德奏請降手敕，令諸軍兵並受秦王處分，於是內外遂定」（《舊唐書・尉遲敬德傳》）。所以作為北衙禁軍組成部份之一的北門長上百騎，正是在玄武門之變以後建置起來的，因而不妨說北衙禁軍史的第一頁，便是由那次政變的失敗者——太子李建成和齊王李元吉的鮮血書寫而成。

左、右屯營的正式建置，要稍後於百騎。《新唐書・兵志》在敘述百騎緣起後稱：「又置北衙七營，選材力驍壯，月以一營番上。〔貞觀〕十二年（西元六三八年），始置左、右屯營於玄武門，領以諸衛將軍，號『飛騎』。其法：取戶二等以上、長六尺闊壯者，試弓馬四次上、翹關舉五、負米五斛行三十步者。復擇馬射為百騎，衣五色袍，乘六閑駁馬、虎皮韉，為游幸翊衛。」這說明左、右屯營前身為北衙七營，士兵的來源是從府兵中簡選，屯駐的地點亦在玄武門，以加強北門的防務，由南衙諸衛的將軍統領，稱檢校北門屯營。如程知節，本名程齩金，曾拜右武衛大將軍，貞觀十七年（西元六四三年），累轉左屯衛大將軍，檢校北門屯兵。也有以蕃將檢校北門屯營的，如突厥的契苾何力，初授左領軍將軍，貞觀七年（西元六三三年）參加出征吐谷渾，軍還，令宿衛北門，檢校屯營事。故百騎與左、右屯營是貞觀時期兩支在北門的軍隊，前者是太宗的隨從禁衛騎兵，類似於漢武帝時的期門；後者是守衛北門的常設軍隊，類似於漢武帝時的羽林。有重大軍事活動時，往往詔令其將領去率軍出征，班師回朝則又在北門長上，如薛仁貴、契苾何力都是如此。

貞觀以後，百騎和左、右屯營各自都有了進一步的發展。關於百騎，《新唐書・百官志》稱：「武后改『百騎』曰『千騎』。中宗又改『千騎』曰『萬騎』，分左、右營。及玄宗以『萬騎』平韋氏，改為左、右龍武軍，皆用唐元功臣子弟，制若宿衛兵。」《唐會要》卷七二京城諸軍條：「元昌元年（西元六八九年）十月二十八日，改『百騎』為『千騎』，至景雲元年（西元七一〇年）九月二十七日，改『千騎』為『萬騎』。」又：「開元十八年（西元七三〇年）十一月五日敕：應補萬騎，宜待本使挾名錄奏，敕下然後給食糧者。……二十六年（西元七三八年）十一月，折左、右羽林軍置龍武軍，以左、右萬騎隸焉。（注稱：或出二十七年三月二十七日）」關於左、右屯營，本章原注記為「龍朔二年（西元六六二年）改為左、右羽林軍」，《新唐書・百官志》亦稱：「高宗龍朔二年始取府兵越騎、步射置左、右羽林軍，大朝會則執仗以衛階陛，行幸則夾馳道為內仗。」左、右屯營改名為左、右羽林軍時間，《唐會要》卷七二京城諸軍條所載則與此稍異，其文稱：「垂拱元年（西元六八五年）五月十七日，置左、右羽林軍，領羽林郎六千人。至天授二年（西元六九一年）二月三十日，改為左、右羽林衛，以武攸寧為大將軍。神龍元年（西元七〇五年）二月四日，又改為左、右羽林軍。」儘管早已改名，但由於習慣，遲至開元時期，仍有稱之為左、右屯營的。如同書「開元十年（西元七二二年）九月二十七日敕：駕在京，左、右屯營宜於順義、景風門內安置，北衙亦著兩營，大明北門安置一營，大內北門安置一營。駕在東都，左、右屯營於賓曜、右掖門內安置，兼於玄武門左右廂，各據地界，繞宮城分配宿衛」。引文中軍隊的宿營地是順義門、景風門內，即皇城的東西二門；駐防守衛地界則是大明北門、大內北門，是進入宮廷的咽喉通道。萬騎和左、右羽林軍這兩支軍隊之間沒有直接的隸屬關係，這從中宗策動羽林軍兵變殺張易之兄弟逼武則天退位，而千騎則始終按兵不動的實例可以看出。當時任右羽林軍大將軍的是李多祚，《舊唐書》本傳稱：「李多祚，代為靺鞨酋長，多祚驍勇善射，意氣感激。少以軍功歷位右羽林軍大將軍，前後掌禁兵，北門宿衛二十餘年。神龍初，張東之將誅張易之兄弟，引多祚將籌其事，謂曰：『將軍在北門幾年？』曰：『三十年矣。』東之曰：『將軍擊鐘鼎食，金章紫綬，貴寵當代，位極武臣，豈非大帝之恩乎？』曰：『然。』又曰：『將軍既感大帝殊澤，能有報乎？大帝之子見在東宮，逆張易之兄弟擅權，朝夕危逼。宗社之重，將軍誠能報恩，正屬今日。』多祚曰：『苟緣王室，惟相公所使，終不顧妻子姓名。』」於是李多祚與左羽林軍將軍李湛領羽林兵詣東宮迎立中宗，又率所部兵進入玄武門，「直至則天所寢長生殿，環繞侍衛，因奏：『臣等奉令誅逆賊易之、昌宗，恐有洩露，遂不獲預奏。輒陳兵禁掖，是臣等死罪。』則天謂湛曰：『卿亦是誅易之軍將耶？我於汝父子恩不少，何至是也！』則天移就上陽宮，因留湛宿衛」（《舊唐書．李義府附子李湛傳》）。左、右羽林軍的背叛，張易之、張昌宗的被殺，武則天被迫退位。但在這次事變中，作為北衙禁軍的另一部份，卻始終未曾參預。《唐會要》卷七二京城諸軍條稱：「神龍元年（西元七〇五年），田歸道為殿中監，押千騎宿衛於玄武門。敬暉之討張易之、昌宗也，遣使就索千騎，歸道既先不預其謀，拒而不與。及事定，暉等欲誅之，歸道有辭，免令歸第，中宗嘉其忠壯，拜太僕少卿。」對田歸道還算是從輕發落的，自然像押千騎這樣的重要差使，是決不會讓他再當的了。

從中宗登基到玄宗即皇位，前後只不過七年時間，卻連續發生了三次宮廷政變，每次都與左、右羽林軍和千騎控制權的歸屬密切相關。第一次是節愍太子李重俊發動的針對韋后的政變。羽林大將軍多祚又參與其事，但這一回他卻成了失敗者和犧牲品。《舊唐書・節愍太子重俊傳》載：「〔神龍〕三年（西元七〇七年）七月，〔重俊〕率左羽林大將軍李多祚、右羽林將軍李思沖、李承況、獨孤禕之、沙吒忠義等，矯旨發左、右羽林及千騎三百餘人，殺〔武〕三思及崇訓于其第，並殺黨與十餘人。又令左金吾大將軍成王千里分兵守宮城諸門，自率兵趨肅章門，斬關而入，求韋庶人（指韋后，後廢為庶人）及安樂公主所在。又以昭容上官氏素與三思姦通，扣閤索之。韋庶人及公主遽擁帝馳赴玄武門樓，召左羽林將軍劉仁景等，令率留軍飛騎及百餘人於樓下列守。俄而多祚等兵至，欲突玄武門樓，宿衛者拒之，不得進。帝據檻呼多祚等所將千騎，謂曰：『汝並是我爪牙，何故作逆？若能歸順，斬多祚等，於汝富貴。』於是千騎王歡喜等倒戈，斬多祚及李承況、獨孤禕之、沙吒忠義等於樓下，餘黨遂潰散。」第二次宮廷政變是玄宗李隆基與太平公主一起發動的，起因是中宗暴卒，韋后稱制。《舊唐書・玄宗本紀》記其經過稱：李隆基「乃與太平公主謀之，公主喜，以子崇簡從。上（指李隆基）乃與崇簡、朝邑尉劉幽求、長上折衝麻嗣宗、押萬騎果毅葛福順、李仙鳧、寶昌寺僧普潤等定策誅之」。於是在庚子之夜，即中宗景龍四年（西元七一〇年）六月二十日夜，「率幽求等數十人自苑南入，總監鍾紹京又率丁匠百餘以從。分遣萬騎往玄武門殺羽林將軍韋播、高嵩，持首而至，眾歡叫大集。攻白獸、玄德等門，斬關而進，左萬騎自左入，右萬騎自右入，合於凌煙閣前。時太極殿前有宿衛梓宮萬騎，聞譟聲，披甲應之。韋庶人惶惑走入飛騎營，為亂兵所害。於是分遣誅韋氏之黨，比明，內外討捕，皆斬之」。這次政變軍隊的主力是左、右萬騎，取勝的關鍵是搶先在玄武門殺了支持韋后的羽林將軍韋播等，用他們的頭顱作為號召，「眾歡叫大集」。而韋播等所以輕易被殺，是由於羽林與千騎原各有統領，韋后稱制時，令韋播等既統羽林軍，又押千騎營，致使激化了二軍的矛盾。此事《舊唐書・王毛仲傳》有所記載：「韋后稱制，令韋播、高嵩為羽林將軍，令押千騎營，榜棰以取威。其營長葛福順、陳玄禮等相與見玄宗訴冤，會玄宗已與劉幽求、麻嗣忠（宗）、薛崇簡等謀舉大計，相顧益歡，令幽求諷之，皆願決死從命。及二十日夜，玄宗入苑中，宜德從焉，毛仲避之不入。乙夜，福順等至，玄宗曰：『與公等除大逆，安社稷，各取富貴，在俄頃，何以取信？』福順等請號而行，斯須斬韋播、韋璿、高嵩等頭來，玄宗舉火視之……」這次政變的成功，睿宗李旦當上了皇帝。但與此同時，勝利者的暫時同盟也隨即分裂，導致了第三次宮廷政變。這一次是在火併中李隆基鏟除了太平公主的勢力，其結果是迫使睿宗不得不退位，玄宗李隆基榮登皇帝寶座。《舊唐書·玄宗本紀》稱：「先天二年（西元七一三年）七月三日，尚書左僕射竇懷貞、侍中岑義、中書令蕭至忠、崔湜、雍州長史李晉、左羽林大將軍常元楷、右羽林將軍李慈等與太平公主同謀，期以其月四日以羽林軍作亂。上（指李隆基）密知之，因以中旨告岐王範、薛王業、兵部尚書郭元振、將軍王毛仲，取閑廄馬及家人三百餘人，率太僕少卿李令問、王守一、內侍高力士、果毅李守德等親信十數人，出武德殿，入虔化門。梟常元楷、李慈於北闕。擒賈膺福、李猷於內客省以出，執蕭至忠、岑義於朝，皆斬之。」所謂太平公主將於當月四日作亂云云，自然是欲加對方以罪而憑空造作之辭，此種手法為從古至今的政變勝利者所慣用。至於史家何以亦襲用此類說法，則除了有成者王、敗者寇的傳統觀念羈絆以外，還因為歷史資料的提供多為政變勝利者，而失敗者往往淹沒無聞。事實上從事件的過程可以看到，內閣和羽林軍都是在太平公主一邊的，如果李隆基不是在對方毫無準備的情況之下發起突然襲擊，顯然不可能一舉得手。這次政變中最關鍵的一著是用偷襲的辦法「梟常元楷、李慈於北闕」。常、李分別是左、右羽林大將軍和將軍，殺了此二人，便可佔據玄武門，控制羽林軍，這樣太平公主的其他黨羽只能束手待擒了。由於千騎在後兩次政變中的突出作用，「及玄宗為皇太子監國，因奏改左、右萬騎為左、右龍武軍，與左、右羽林為北門四軍」（《舊唐書·王毛仲傳》）。至於睿宗原是一個庸人，他勉強做了二年皇帝，起先依靠李隆基與太平公主的暫時同盟，後來則借助於兩派之間的勢均力敵，而當一派徹底壓倒了另一派，他自然只好乖乖讓出皇位，其後又當了三、四年太上皇告終。從以上三次宮廷政變的過程中不難看出，能否掌握北衙千騎與左、右羽林軍的控制權並使之相互牽制，成了唐代前期能否坐穩皇帝寶座的關鍵。也許唐人之所以對漢代南北軍故事有那樣一種雖然並不符合史實卻心嚮往之的習慣看法，正是武德以後接連不斷的宮廷政變影響了人們的觀念從而引起的對歷史的某種追念吧？

最後，順便簡單說明幾句北衙禁軍在唐代後期的發展狀況。據《新唐書·兵志》記載，玄宗改左、右萬騎為左、右龍武軍後，「皆用唐元功臣子弟，制若宿衛兵。是時，良家子避征戍者，亦皆納資隸軍，分日更上如羽林。開元十二年（西元七二四年），詔左、右羽軍、飛騎闕，取京旁州府士，以戶部印印其臂，為二籍，羽林、兵部分掌之。末年，禁兵浸耗，及祿山反，天子西駕，禁軍從者裁千人」。這說明北衙禁軍在玄宗朝可分為極盛、衰微、敗落這樣三個時期，走的是一條從頂峰急劇下滑的軌跡線。對後期出現的敗落，《唐會要》卷七二軍雜錄條作了這樣分析：「天寶末，天子以中原太平，修文教，廢武備，銷鋒鏑，以弱天下豪傑。於是挾軍器者有辟，蓄圖讖者有誅，習弓矢者有罪。不肖子弟為武官者父兄擯之不齒，惟邊州置重兵，中原乃包其戈甲，示不復用。人至老不聞戰聲，六軍諸衛之士，皆市人白徒，富者販繒綵，食粱肉，壯者角抵拔河，翹木杠鐵，日以寢鬪，有事乃股慄不能擐甲，其後盜乘而反，非不幸也。」一聽說有事便兩腳發抖連鎧甲也穿不上，這樣的軍隊還能打什麼仗呢？這就難怪安祿山一過潼關，便如入無人之境。肅宗回到京師，力圖重建北衙禁軍。除原來的左右羽林軍、左右龍武軍外，在至德二年（西元七五七年）又設置了左、右神武軍。據《新唐書・兵志》稱，其兵士來源，「補元從、扈從官子弟，不足則取它色，帶品者同四軍，亦曰『神武天騎』，制如羽林。總曰『北衙六軍』。又擇便騎射者置衙前射生手千人，亦曰『供奉射生官』，又曰『殿前射生』，分左、右廂，總號曰『左、右英武軍』」。「殿前左右射生」在德宗貞元三年（西元七八七年）改名為左、右神威軍，不屬六軍之列。中唐以後，在北衙尚有左、右神策軍，代宗「上元中，以北衙軍使衛伯玉為神策軍節度使，鎮陝州以拒東寇；以中使魚朝恩為觀軍容使，監伯玉軍。及伯玉入為羽林帥，出為荊南節度使，朝恩專統神策軍，鎮陝。廣德元年（西元七六三年）吐蕃犯京師，代宗避狄幸陝，朝恩以神策軍迎扈。及永泰元年（西元七六五年），吐蕃犯京畿，朝恩以神策兵屯于苑中。自是神策軍恆以中官為帥。建中末，盜發京師，竇文場以神策軍扈蹕山南。及還京師，賞勞無比。貞元中，特置神策軍護軍中尉，以中官為之，時號兩軍中尉。貞元已後，中尉之權傾於天下，人主廢立，皆出其可否」（《舊唐書・職官志》）。禁軍一旦落入宦官之手，李唐王朝的國運，包括皇帝個人的命運，都被此輩閹豎玩弄於肱股之上。

二

長史❶各一人，從六品上。

錄事參軍事❷各一人，正八品上。

倉曹參軍事❸各一人，正八品下。

兵曹參軍事❹各一人，正八品下。

冑曹參軍事❺各一人，正八品下。隋有左、右屯衛，有長史已下等員❻。皇朝因之，為屯營❼。官名改更上❽。

司階❾各二人，正六品上。

中候❿各三人，正七品下。

司戈⓫各五人，正八品下。

執戟⓬各五人，正九品下。

長史判諸曹事⓭。錄事參軍已下，職如左、右衛。凡飛騎⓮宿衛，將軍已下不得使其出外。若番上須兵士，則簡同、華越騎充⓯；不足，取步騎⓰；步騎不足，兼取諸州越騎。

翊府⓱中郎將各一人，正四品下。

左、右郎將各一人，正五品上。

中郎將之職，掌領翊衛之屬，以總北軍宿衛之事；左、右郎將貳焉。餘務同左、右（ㄧㄡˋ）衛（ㄨㄟˋ）。

【章　旨】敘述左右羽林軍之長史、錄事參軍事和倉、兵、冑諸曹參軍事以及司階、中候、司戈、執戟之定員、品秩與職掌。

【注　釋】❶長史　戰國秦始置，掌顧問參謀。歷代沿置。隋唐諸王府、都督府、諸衛、率府及諸州皆置長史，並為府僚之長，故有「元僚」之稱。❷錄事參軍事　諸王府、軍府及州之佐吏。晉始置，本公府官，總錄諸曹之文簿，並舉彈善惡。隋時諸王府、諸衛、左右領軍、諸率府皆置錄事參軍事一人。唐因隋制。掌府事勾檢、省署抄目、糾彈非違、監守符印以及給紙筆之事，並總領本府所屬諸曹，曹事有異同者得以奏聞。❸倉曹參軍事　軍府佐吏。晉始置，後世王公府、軍府及州置軍府者並置，掌倉儲之事。唐開元時定制，在軍府稱倉曹參軍事，在州稱司倉參軍；諸衛之府凡置倉曹者，皆設參軍事一至二人，並置府史。掌公廨、度量、庖廚、倉庫、租賦徵收及田園等事。❹兵曹參軍事　軍府佐吏。西晉末始置，後世之軍府及州置軍府皆置。唐開元時定制，在府稱兵曹參軍，在州稱司兵參軍。諸衛府、諸率府各置兵曹參軍事一至二人，隨曹置府史。掌武官選舉、兵甲器仗、軍防門禁、烽候傳驛及田獵之事。❺冑曹參軍事　軍府佐吏。始置於西晉末，後世軍府亦有設置。隋稱鎧曹行參軍，唐承隋制，武則天時改名為冑曹參軍事，掌戎仗器械、公廨興造和決罰之事。❻隋有左右屯衛有長史已下等員　隋於煬帝時改左、右領軍為左、右屯衛，所領衛士稱羽林。置長史，從五品。又有錄事參軍，司倉、兵、騎、鎧等員。❼皇朝因之為屯營　指貞觀十二年（西元六三八年）於玄武門置左、右屯營。❽官名改更上　近衛校正德本以為此句中「更」下恐脫「具」字。是。❾司階　唐武官名。掌殿陛執仗侍值。❿中候　唐武官名。掌殿陛執仗侍值。候，本為低級武官，漢校尉屬官如城門校尉下便設有十二城門候。東漢軍隊編制在部下設曲，部之長官為校尉，曲之長官即為候。東漢光武帝時，曾置北軍中候，監五校營。晉武帝時亦置北軍中候，其地位頗高，相當於中領軍。唐中候則僅為一般侍員武官。⓫司戈　唐武官名。掌執戈在殿內侍值。戈是一種可鉤可啄、裝有長柄之兵武器。⓬執戟　唐武官名。掌持戟在殿內侍值。戟是戈矛合體，兼有鉤、刺、衝、啄四種功能之兵器。以上司階、中候、司戈、執戟四職，合稱四色官。《唐會要》卷七一、十二衛條：「司階二員，中候三員，司戈、執戟各五員，並天授二年（西元六九一年）四月五日置。」⓭長史判諸曹事　《職官分紀》卷三五引《唐六典》原文此句作「長史掌判諸曹事」。此處「長史」下脫一「掌」字。⓮飛騎　左、右羽林軍衛士之名稱。⓯

簡同華越騎充　同、華，均為州名。同州，治所武鄉，今陝西大荔；唐轄境相當於今陝西大荔、合陽、韓城、澄城、白水等縣市。華州，治所鄭縣，今陝西省華縣；唐轄境相當於今陝西省華縣、華陰、潼關及渭北之下邽鎮附近地。越騎，諸折衝府士兵能騎射者，稱越騎，其餘為步兵、武騎、排䂪手和步射。據《新唐書・地理志》，唐在同州有濟北、唐安、秦城、太州、大亭、河東、興德、連邑、伏龍、溫湯、安遠、業善、南鄉、臨高、瀵陽、襄城、崇道、淅谷、吉安、長春、華池、永大、洪泉、善福、司禦、效誠等共二十六折衝府；在華州則有普樂、豐原、義全、清義、萬福、脩仁、神水、常興、義津、定城、延壽、羅文、鄭邑、宣義、相原、孝德、溫湯、宣化、懷德、懷仁等共二十折衝府。此句意為左、右羽林所需番上之飛騎，從同、華二州所在諸折衝府之越騎中選擇充當。⑯步騎　《新唐書・百官志》所記折衝府之兵種，除越騎外，為「步兵、武騎、排䂪手、步射」；《舊唐書・職官志》稱折衝府衛士「以便騎射者為越騎，餘為步兵」；均無「步騎」之名。或許即是步兵、武騎之合稱。⑰翊府　本卷卷目，「翊府」上尚有「左右」二字。

【語譯】〔左、右羽林軍衛：〕長史，定員各一人，品秩為從六品上。

錄事參軍事，定員各一人，品秩為正八品上。

倉曹參軍事，定員各一人，品秩為正八品下。

兵曹參軍事，定員各一人，品秩為正八品下。

冑曹參軍事，定員各一人，品秩為正八品下。隋朝的左、右屯衛，都設有長史以下各曹參軍事等屬員。本朝因仍隋制，設置了左、右屯營。有關官名的更改狀況，〔已具〕上述。

司階，定員各二人，品秩為正六品上。

中候，定員各三人，品秩為正七品下。

司戈，定員各五人，品秩為正八品下。

執戟，定員各五人，品秩為正九品下。

長史的職掌是分管本軍各曹的事務。錄事參軍事以下官員的職掌，與上卷左、右衛中有關的規定相同。凡是飛騎在當值宿衛，將軍以下的官員都不得差遣他們外出。如果番上需要補充衛士，就從同州、華州各個折衝府的越騎中選擇合適的充當；越騎數量不夠，再選取這兩個州折衝府中的步騎；選了步騎還不夠，可以同時兼取其他各州折衝府中的越騎。

〔左、右〕翊府：中郎將，定員各一人，品秩為正四品下。

左、右郎將，定員各一人，品秩為正五品上。

中郎將的職掌是，統領本翊所屬的衛士，以總管北軍日常宿衛的事務；左、右郎將是中郎將的副職。其餘方面的事務，與上卷左、右衛中的有關規定相同。

三

諸府：折衝都尉各一人。上府❶，正四品上；中府，從四品上❷；下府，正五品下。按井田之法而備軍政❸。至秦，廢井田❹，置郡縣，尉為太守之貳而主兵❺。至漢，改四都尉❻，九武職多以尉為補❼。後漢省都尉❽。至隋，左右衛、左右武衛、左右武侯各領軍坊、鄉團，以統戎卒❾。開皇初，又置驃騎將軍府，每府有驃騎將軍、車騎將軍❿。大業三年，改置鷹揚府，每府改驃騎為鷹揚郎將，車騎為鷹揚副郎將⓫；五年⓬，又以鷹揚副郎將為鷹擊郎將。皇朝武德初，因隋鷹揚府，依開皇舊名置⓭。

〔左、右果毅都尉一人⓮。上府，從五品下；中府，正六品上；下府，從六品下。貞觀十年，因隋果毅郎將之名，改為果毅都尉⓯。諸府折衝都尉之職，掌領五校⓰之屬，以備宿衛，以從師役，總其戎具、資糧、差點、教習之法令⓱。凡衛士三百人為一團，以校尉領之；以便習騎射者為越騎，餘為步兵⑱。其團十人為火，火備六馱之馬⑲。初置為八，後改為六。每歲十一月，以衛士帳上尚書，天下兵馬之數以省聞⑳。凡兵馬在府，每歲季冬，折衝都尉率五校之屬以教其軍陣戰鬬之法㉑。捉捕持更者㉒，晨夜有行人必問，不應，則彈弓而嚮之；復不應，則旁射；又不應，則射之。晝以排門人遠望，暮以持更人遠聽，有眾而囂，則告主帥㉓。垂拱㉔中，以千二百人為上府㉕，千人為中府㉖，八百人為下府；赤縣為赤府，畿縣為畿府㉗。左、右果毅都尉掌貳都尉。」

【章　旨】敘述諸府折衝都尉、左右果毅都尉之定員、品秩、沿革和職掌。

【注　釋】❶上府　唐制，折衝府以兵員多寡分上、中、下三等。《新唐書·百官志》稱：「武后垂拱中，以千二百人為上府，千人為中府，八百人為下府，赤縣為赤府，畿縣為畿府。」❷從四品上　新舊《唐書》官志暨《通典·職官二十二·大唐官品》皆作「從四品下」。❸按井田之法而備軍政　近衛校正德本以為句首「按」上疑脫「周」字。」應補。意謂周朝依照井田法，亦即依據土地和人口之多寡徵發兵員。《漢書·刑法志》稱：周「立司馬之官，設六軍之眾，因井田而制軍賦。北方一里為井……四井為邑，四邑為丘。丘，十六井也，有戎馬一匹，牛三頭。四丘為甸。甸，六十四井也，有戎馬四匹，兵車一乘，牛十二頭，甲士三人，卒七十二人，干戈具備，是謂乘馬之法」。故卿大夫依照封地有所謂「百乘之家」，諸侯為「千乘之國」，天子稱「萬乘之主」。❹廢井田　指秦孝公用商鞅行變法，制爰田，開阡陌。孝公十二年（西元前三五〇年）徙都咸陽，為田開阡陌；孝公十四年（西元前三四八年），初為賦，標誌著井田之廢。《文獻通考·兵一》：「及孝公用商鞅，定變法之令，令民為什伍，而相收司連坐」；「又以秦地曠而人寡，晉地狹而人稠，誘三晉之人，耕秦地，優其田宅，而使秦人應敵於外，大率百人則五十人為農，五十人習戰」。《史記·商君列傳》：「宗室非有軍功論，不得屬籍」；「民有二男以上不分異者，倍其賦」。此種兵農分工之耕戰政策，亦即將農民分成負擔租稅與應徵兵役二類，應徵兵役者，其家庭仍須從事農耕。故兵農非指職業上之分工，而是租賦負擔上之區分。其出發點是為了加強軍賦之徵納，以達到富國強兵之目的。❺置郡縣尉為太守之貳而主兵　郡縣之設可以上溯至春秋，縣要早於郡。縣設於中心區，郡則多設於邊地，大抵與軍事守土有關，故其長官稱郡守，至戰國後期逐漸形成以郡統縣之制，如趙之代郡有三十六縣，韓之上黨郡有十七縣，燕之上谷郡也有三十六縣等。（見《戰國策·秦策》）秦統一以後，秦始皇二十六年（西元前二二一年）採李斯建議在全國施行郡縣之制，「分天下為三十六郡，置郡守、尉、監」（《史記·秦始皇本紀》），後增至四十餘郡。此後歷代皆行郡縣制，成為兩千多年來在中央集權專制統治下地方行政制度之基礎。秦時郡設尉，佐太守主兵。《漢書·百官公卿表》稱：「郡尉，秦置，掌佐守典武職甲卒，秩比二千石。有丞，秩六百石。」《漢書·樊噲傳》有「攻圉都尉、東郡守尉于成武」之記載，此于成武即秦置之郡尉，稱守尉係代太守守之。❻漢改四都尉　近衛校正德本以為句中「『四』當作『曰』」。意謂漢將尉改稱為都尉。《漢書·百官公卿表》：「景帝中二年（西元前一四八年）更名都尉。」胡廣《漢官解詁》：「都尉將兵，副佐太守。」關於都尉與郡守之關係，《文獻通考》卷六三按語云：「郡官有守、有尉、有丞。然考之西漢〈百官表〉稱：郡守掌治郡，秩二千石，有丞，秩六百石；郡尉掌佐守典武職，秩比二千石，有丞，秩亦六百石。是守、尉皆二千石，而俱有丞以佐之，尉之尊，蓋與守等，非丞掾以下可擬也。〈酷吏傳〉言周陽由為守，視都尉如（縣）令，為都尉，陵太守，奪之治。明守不可卑視尉也。」通常守與尉各設府衙和屬吏，太守治所一般在首縣，而都尉治所則多設於他縣，故《漢書·地理志》夾注常標以某縣某都尉治者。尉與守皆可至郡所屬之縣巡行。漢代亦有僅置都尉，兼行太守之事。如《漢書·吾丘壽王傳》：「會東郡盜起，拜為東郡都尉。上以壽王為都尉，不復置太守。」❼九武職多以尉為補　句首「九」字，近衛校正德本以為「『九』當作『凡』」。指若都尉有闕，通常以武職補之。如吾丘壽王漢武帝時「上疏願擊匈奴，詔問狀，壽王對良善，復召為郎」；「東郡盜起，拜為東郡都尉」（《漢書·吾丘壽王傳》）。郡都尉亦有出身於郎官者，如義縱，以中郎「遷為河內都尉，至則族滅其豪穰氏之屬，道不拾遺」；寧成，「以郎謁者事景帝……稍遷至濟南都尉」（均見《漢書》各本傳）。❽後漢省都尉　東漢光武時省內地諸郡之都尉，其後或置或廢。《後漢書·百官志》稱：「中興建武六年（西元三〇年），省諸郡都尉，并職太守，無都試之役，省關都尉，唯邊郡往往置都尉及屬國都尉。」注引應劭曰：「每有劇賊，郡臨時置都尉，事訖罷之。」《後漢書·桓帝紀》：永壽元年（西元一五五年）「秋七月，初置太山、瑯邪都尉官」。注引《漢官儀》曰：「今二郡寇賊不息，故置。」延熹五年（西元一六二年「罷瑯邪郡都尉官」；延熹八年（西元一六五年）「五月壬申，罷太山都尉官」。光武廢除諸郡都尉，可能出於都尉擁兵，不利於中央集權之考慮。如西漢末，東郡等地，皆有郡守與都尉曾利用都試日（此日都尉考核材官騎士武藝）起兵反莽者（參見《後漢書》之〈翟方進傳〉、〈李通傳〉。應劭《漢官》則以為省都尉不利於地方治安：「自郡國罷材官騎士之後，官無警備，實啟寇心。一方有難，三面救之，發興雷震，煙震電激，一切取辦，黔首囂然。不及講其射御，用其戒誓，一旦驅之以即強亂，猶鳩鵲捕鷹鸇，豚羊弋豺虎，是以每戰常負，王旅不振。張角懷挾妖偽，遐邇搖蕩，八州拜發，烟炎絳天，牧守梟烈，流血成川。爾乃遠徵三邊殊俗之兵，非我族類，忿鷙縱橫，多僵良善，以為己功，財貨糞土。哀夫民氓遷流之咎，見出在茲，不教而戰，是謂棄之，跡其禍敗，豈虛也哉！」❾至隋左右衛左右武衛左右武侯各領軍坊鄉團以統戎卒　句中武侯，據正德本當作「武候」。《隋書・百官志》載，隋左、右衛，掌宮掖禁禦，督攝仗衛。左、右武衛府，但領外軍宿衛。左、右武候，掌車駕出入為先驅後殿，晝夜巡察，執捕姦非，烽候道路水草所宜，巡狩師田則掌營禁。左、右衛各統親衛，置開府。又有左勳衛開府，左翊一開府、二開府、三開府、四開府。左、右衛以外之武衛、武候、領軍、東宮領兵開府亦準親衛。每府置開府一人，其下屬有長史、司馬、錄事及倉、兵等曹參軍和法曹行參軍等員，又有儀同府，屬員與開府相同，唯無行參軍。在武候、武衛、領軍、東宮所設之領兵儀同府準此。開府和儀同府皆為領兵機構，分別由驃騎將軍和車騎將軍統領。軍坊，係府兵聚居之城堡。大都為以北鎮鮮卑人或鮮卑化漢人為主之部落兵，其多為騎兵。《周書・武帝紀》：天和元年（西元五六六年）七月，「築武功、郿、斜谷、武都、留谷、津坑諸城，以置軍人」。所築即為軍坊。鄉團，由望族統領之地方武裝，原為西魏、北周所召募之關隴地區豪右武裝集團。北周以大都督或儀同統帶鄉團，居於本鄉，鄉兵有事出戰，無事返鄉，與居於軍坊之專職軍人不同。隋初，此等開府和儀同府均已番上宿衛，其衛士即為軍坊和鄉團，它們同屬府兵範疇，故《隋書・百官志》左右衛條稱：「諸府（包括開府與儀同府兩類）皆置軍坊，每坊（東宮軍坊準此）置坊主一人，佐二人；每鄉團（東宮鄉團準此）置團主一人，佐二人。」隋府兵並分隸於左右衛、左右武衛、左右武候等十二衛及東宮率府，置衛大將軍一人，將軍二人，而由府率率軍坊和鄉團。以上便是隋代由西魏、北周演化而來的府兵宿衛組織系統概況。❿開皇初又置驃騎將軍府每府有驃騎將軍車騎將軍　開皇，隋文帝楊堅年號。驃騎將軍府，即把開府和儀同府改稱為驃騎將軍府。領府長官之軍號為驃騎將軍和車騎將軍。《新唐書・兵志》稱：隋「有驃騎、車騎二府，皆有將軍」。驃騎將軍為正四品上，車騎將軍為正五品上。⓫大業三年改置鷹揚府每府改驃騎為鷹揚郎將車騎為鷹揚副郎將　大業三年，即西元六〇七年。大業為隋煬帝年號。《隋書・百官志》稱：「十二衛，各置大將軍一人，將軍二人，總府事，并統諸鷹揚府。改驃騎為鷹揚郎將，正五品；車騎為鷹揚副郎將，從五品。」⓬五年　指大業五年，西元六〇九年。⓭武德初因隋鷹揚府依開皇舊名置　武德，唐高祖李淵年號。開皇舊名，指驃騎將軍府及驃騎、車騎將軍等名號。《唐會要》卷七二府兵條：「武德元年（西元六一八年）五月，改隋鷹揚郎將為軍頭。六月十九日，改軍頭為驃騎將軍，副為車騎將軍。六年（西元六二三年）五月十六日，車騎將軍府隸驃騎府。七年（西元六二四年）三月六日，改驃騎將軍為統軍，車騎為副統軍。至貞觀十年（西元六三六年）改統軍為折衝都尉，副為果毅都尉。」《新唐書・兵志》亦記其事，並列十二軍府名稱：「武德初，始置軍府，以驃騎、車騎兩將軍府領之。折關中為十二道，曰萬年道，長安道，富平道，醴泉道，同州道，華州道，寧州道，岐州道，豳州道，西麟州道，涇州道，宜州道，皆置府。三年（西元六二〇年）更以萬年道為參旗軍，長安道為鼓旗軍，富平道為玄戈軍，醴泉道為井鉞軍，同州道為羽林軍，華州道為騎官軍，寧州道為折威軍，岐州道為平道軍，豳州道為招搖軍，西麟州道為苑游軍，涇州道為天紀軍，宜州道為天節軍，軍置將、副各一人，以督耕戰，以車騎府統之。六年（西元六二三年）以天下既定，遂廢十二軍，改驃騎曰統軍，車騎曰別將。居歲餘，十二軍復，而軍置將軍一人，軍有坊，置主一人，以檢察戶口，勸課農桑。」其後軍府編制日趨縮小，軍府數則逐漸增加，從最初十二軍府增至六百左右（本書第五卷第一篇記為五百九十四，他書有記為六百餘者）。

⓮左右果毅都尉一人　此句及此下直至本章之末正文及原注，均為四庫本缺頁，今依陳仲夫點校本補，並用方括號標出。陳本則係據廣雅本補，並「雜採《舊唐書・職官志》、《新唐書・百官志》及《通典・職官十一・武官下》有關記述，倣《六典》及原注文例」輯錄而成。又，近衛本則依次節錄《舊唐書・職官志》、《新唐書・百官志》及《通典・職官十一》相關文字，以補此處缺頁。雖不合《唐六典》體例，但內容詳盡，或有陳本所不及處，故附錄於下章之後。⓯貞觀十年因隋果毅郎將之名改為果毅都尉　貞觀十年，即西元六三六年。據《隋書・百官志》隋左右備身府屬官中「有折衝郎將，各三人，正四品，掌領驍果。又各置果毅郎將三人以貳之，從四品」。《新唐書・兵志》稱：「太宗貞觀十年，更號統軍為折衝都尉，別將為果毅都尉，諸府總曰折衝府。」《通典・職官十一・武官下》稱果毅都尉「掌通判，《春秋傳》曰：戎昭果毅。又曰：殺敵為果，致果謂之毅。煬帝始置，後改將為之」。⓰五校　指五校尉。唐府兵以三百人為團，團置校尉一人，位次都尉，從七品下。通常一府轄五團，故稱五校。但也有轄四團、三團者。《唐律疏議・擅興律》旅師校尉條引〈軍防令〉稱：「每府管五校尉之處，亦有管四校尉、三校尉者。」⓱總其戎具資糧差點教習之法令　戎具、資糧，指兵器裝備和軍用物資糧食。唐府兵之戎具資糧有一部份需自備。《新唐書・兵志》稱：「人具弓一，矢三十，胡祿、橫刀、礪石、大觿、氈帽、氈裝、行縢皆一，麥飯九斗，米二斗，皆自備，并其介冑、戎具藏於庫，有所征行則視其入而出給之。其番上宿衛者，惟給弓矢、橫刀而已。」府兵赴京師宿衛，除弓箭、橫刀外，其兵仗還包括馬、袍及旗仗；馬即諸折衝府所備之承直馬，袍及旗仗由武庫供給，亦有部份由衛尉供給。府兵宿衛之食糧，谷霽光《府兵制度考釋》以為即府兵每番自備之麥飯九斗、米二斗，交納後由官府供給。此

外還可能有一點所謂月賜糧以為補貼。如《新唐書・蘇環傳》載：「歲旱，兵當番上者不能赴，瓌奏：宿衛不可闕，宜月賜增半糧。」差點，指按簿籍點名差遣其相應職司。唐制徵發府兵皆須下符契，由州刺史與折衝勘驗後方可發送。《唐律疏議・擅興律》規定應給魚符和傳符，然後由折衝府之折衝都尉簡點衛士，一般是三年一簡點，成丁而入，六十而免。簡點之法是財均者取強，力均者取富，財力又均則先取多丁，根據衛士簿籍，揀點相應人選。若取捨違反規定，一人杖七十，三人加一等。軍名點定後，若有冒名相代者徒二年，同居親屬代者減二等，部內冒名相代者，隊正、旅帥、校尉皆有處罰。教習，指訓練。下文有每歲季冬教其軍陣戰鬥之法。又，本書第五卷第一篇兵部郎中職掌條規定：府兵「居常則皆習射，唱〈大角歌〉；番集之日，府官率而課試」。⑱以便習騎射者為越騎餘為步兵　《新唐書・兵志》稱：「其能騎而射者為越騎，其餘為步兵、武騎、排䂍手、步射。」⑲其團十人為火火備六馱之馬　《新唐書・兵志》稱：「士以三百人為團，團有校尉；五十人為隊，隊有正；十人為火，火為長。」故府兵之編制分團、隊、火三級。火為最小一級。一火之裝備也不僅是六匹負載用之馬，《新唐書・百官志》對此載錄頗詳：「凡火具烏布幕、鐵馬盂、布槽、鍤、钁、鑿、碓、筐、斧、鉗、鋸皆一，甲牀二，鎌二，隊具火鑽一，胸馬繩一，首羈、足絆三。」⑳以衛士帳上尚書天下兵馬之數以省聞　《舊唐書・職官志》句中「尚書」作「尚書省」；「以省聞」作「以聞」。㉑每歲季冬折衝都尉率五校之屬以教其軍陣戰鬭之法　季冬，夏曆十二月。教習戰陣之具體方法，據《新唐書・兵志》載錄為：「折衝都尉率五校兵馬之在府者，置左、右二校尉，位相距百步。每校為步隊十，騎隊一，皆卷矟幡，展刃旗，散立以俟。角手吹大角一通，諸校皆斂人騎為隊；二通，偃旗矟，解幡；三通，旗矟舉。左、右校擊鼓，二校之人合譟而進。右校擊鉦，隊少卻，左校進逐至右校立所；左校擊鉦，少卻，左校進逐至右校立所；右校復擊鉦，隊還，左校復薄戰；皆擊鉦，隊各還。大角復鳴一通，皆卷幡、攝矢、弛弓、匣刃；二通，旗矟舉，隊皆進；三通，左右校皆引還。是日也，因縱獵，獲各入其人。」又，《舊唐書・職官志》此條之注文云：「具有教習簿籍。」故上述《新唐書・兵志》引文當出自唐時之教習簿籍。㉒捉捕持更者　句中「捕」，《新唐書・百官志》作「鋪」。以「鋪」為是。唐在京城和皇城內諸街皆設鋪，稱街鋪，在軍坊或營地為捉鋪，作為晝夜警戒之哨所。持更者，即持更人，與下文排門人同為鋪所執勤武官，分晝夜警察過往行人及附近人眾。關於鋪之職司，《新唐書・百官志》左、右金吾衛條稱：「凡城門坊角，有武候鋪，衛士、彍騎分守、大城門百人，大鋪三十人，小城門二十人，小鋪五人。日暮，鼓八百聲而門閉；乙夜，街使以騎卒循行叫諱，武官暗探；五更二點，鼓自內發，諸街鼓承振，坊市門皆啟，鼓三千撾，辨色而止。」下文另有持更人巡夜，排門人瞭望之職掌。㉓主帥　指校尉以下主其事之長官。《唐律疏議・衛禁律》「主帥又減一等」之疏議：「主帥，親監當者」；「謂領兵宿衛太廟、山陵、太社三所者」。本書第五卷第五篇兵部郎中職掌條規定：「凡差衛士征戍，鎮防亦有團伍，其善弓馬者為越騎團，餘為步兵團，主帥已下統領之。」㉔垂拱　武則天稱制時年號。㉕千二百人為上府　《通典・職官十一・武官下》：「兩京城內雖不滿此數亦同上府。」㉖千人為中府　《通典・職官十一・武官下》：「兩畿及岐、同、華、懷、陝等五州所管府雖不滿此數，亦同中府。」㉗赤縣為赤府畿縣為畿府　三都所屬之縣，在京城之內者為赤縣，在京城之外者稱畿縣。如京兆府所屬二十縣，京城內之萬年、長安二縣為赤縣，其餘則為畿縣。在赤縣內之折衝府稱赤府，在畿縣內之折衝府稱畿府。

【語　譯】各折衝府：折衝都尉，定員各一人。折衝都尉的品秩，上府為正四品上，中府為從四品下，下府為正五品下。〔周朝〕是按照井田制的法令徵收軍賦，到了秦朝，廢除井田制，設置了郡縣。郡設太守，郡尉是太守的副職，負責一郡的軍政兵事。及至漢代，郡尉改四（稱為）都尉，九（大凡）武職多由尉官補任。東漢省去了都尉。在隋朝，由左右衛、左右武衛和左右武侯（候）下各自所設的開府和儀同府，率領軍坊和鄉團，來統轄和管理參加宿衛的兵戎與士卒。文帝開皇初，又改開府為驃騎將軍府，每府設有驃騎將軍和車騎將軍。煬帝大業三年，改驃騎將軍府為鷹揚府，各府的驃騎將軍改名為鷹揚郎將，車騎將軍改名為鷹揚副郎將；大業五年，再次把鷹揚副郎將改稱為鷹擊郎將。本朝高祖武德初年，因承隋鷹揚府的建置，沿襲開皇時驃騎將軍、車騎將軍的舊稱。

〔左、右果毅都尉，定員各一人。果毅都尉的品秩是，上府從五品下，中府正六品上，下府從六品下。太宗貞觀十年，因襲隋左、右果毅郎將之名改稱為果毅都尉。

各折衝府的折衝都尉的職掌是，統領五校所屬的兵馬，以備宿衛之役，以應隨從和征戰之需；並總掌本府有關兵戎器械、物資糧食以及差點、教習等法令的貫徹執行。衛士的編制是以三百人為一團，由校尉統領。善於騎射的衛士稱為越騎，其餘則為步兵。團以下，每十人為一火，每火需備六匹載重的馱馬。起初規定為八匹，後來改為六匹。每年十一月，將衛士的籍帳上報給尚書省，全國兵馬總數向皇上奏報。凡是在折衝府的兵馬，每年季冬十二月，由折衝都尉率領本府五校下屬的兵馬，教習訓練軍陣戰鬥的方法。捉捕（鋪）的持更人，早晚在街區巡夜報更時，遇有行人一定要訊問，如果對方不作應答，便彈弓發出聲響以示警告；仍不作應答，向他身旁射箭；還是不應答，那就直接發箭射擊。白天由排門人登高瞭望，晚間則由持更人注意遠聽，倘有聚眾喧囂的聲響，要報告本府的主帥。武后垂拱時期，規定折衝府衛士有一千二百人的為上府，滿一千人的為中府，八百人的為下府；在京城內赤縣的折衝府稱赤府，在京城外畿縣的折衝府稱畿府。

左、右果毅都尉做折衝都尉的副手。〕

【說明】唐代府兵制原由西魏、北周的府兵制沿革、發展而來。它把鮮卑部落部曲或鄉團在軍府的形式下結合在一起，形成以皇帝為當然最高統帥，由衛統府的禁衛軍體制。這一認識，古代早有。如《新唐書·兵制》即謂：「府兵之制，起自西魏、後周，唐興因之。」但是本章原注卻把府兵的沿革上溯到西周的井田制和戰國秦商鞅變法開阡陌、廢井田，及秦統一全國後推行郡縣制，郡設尉主兵以為郡守之貳。有意無意避開北方少數民族的真實源頭，卻寧願從中原遙遠的大統一的象徵西周王朝那裡另覓所祖，這是否反映了本書作者為著證實李唐王朝在兵制問題上同樣是承續正統、淵源有自的那種心態，這裡暫且不論。不過如果就廣義而言，把古代與土地聯繫在一起的兵制追溯到井田初行之時，似亦未嘗不可。井田制與兵制聯繫，主要就井田與軍賦的關係而言。《漢書·刑法志》稱古代「因井田制而軍賦」，地方的行政區劃以「井」為單位：「地方一里為井，井十為通，通十為成，成方十里。」封建主在地方上的徵納，「有稅有賦，稅以足食，賦以足兵」。稅為實物，以供給養和日常消費；賦即兵員等，用以守衛。古代作戰形式主要是車戰，賦的徵發還包括車馬，徵收的對象最基層的單位便是井：「四井為邑，四邑為丘，丘十六井也，有戎馬一匹，牛三頭。四丘為甸，甸六十四井也，有戎馬四匹，兵車一乘，牛十二頭，甲士三人，卒七十二人，干戈備具，是謂乘馬之法。一同百里，提封萬井，除山川沈斥，城池邑居，園囿術路，三千六百井，定出賦六千四百井，戎馬四百匹，兵車百乘，此卿大夫采地之大者也，是謂百乘之家。」此即有百里采地的封建主，可以徵發馬四百匹，兵車一百乘。所以那時的農民，不僅要繳納稱之為助、貢、籍一類稅，還要依地區提供軍賦，包括士兵、車輛和馬、牛以及各種軍事裝備或器械。至於商鞅變法廢井田、開阡陌與兵制的關係，主要是實行了兵賦和田稅的分流。馬端臨《文獻通考·兵一》稱：「秦地曠而人寡，晉地狹而人稠。誘三晉之人耕秦地，優其田宅，而使秦人應敵於外，大率百人則五十人為農，五十人習戰。」即秦的農民有一半納稅，一半納軍賦。當兵的靠軍功以獲取田宅、佃農的賞賜。《荀子·

議兵篇》提到秦國鼓勵其銳士的方針是「功賞相長也，五甲首而隸五家」。《文獻通考・田賦一》引吳氏曰：「秦開阡陌，遂得買賣，又戰得甲首者益田宅，五甲首而隸役五家。」以納賦形式徵集的士兵，在地方上便由郡縣的尉官（漢改稱都尉）來校閱和訓練。每年的八月，要集中校閱這一地區的士兵，這一形式便稱「都試」。從地方設置都尉以主軍政這一點看，也不妨把秦代的兵制看作是隋折衝府制的雛型或前身。

綜觀歷史，當國家機器形成以後，都需要一個專門的武裝集團來保衛自己，這就是軍隊。要保持一支足夠強大的軍隊，便得解決士兵及其給養的來源問題，軍隊的編制、管理和指揮等問題。在中國數千年歷史上，所有集權專制王朝都是在與各類對手的爭奪戰中產生的，所謂「槍桿子裡面出政權」這句有悖於現代文明社會權力傳遞規律的話，在古代社會裡倒確實頗為適用。通常總是這樣：當一個王朝新建立時，它手上還掌握著一支龐大的軍隊，其中或者有的是收編的地方鄉團和敵方過來的降軍，有的是北方游牧部落進入中原的部落兵，有的類似於隋末依從李淵在太原起兵的所謂元從禁軍等等。當還處於群雄逐鹿階段時，各路豪強都是千方百計擴展自己手下的兵馬，那時也無須擔心軍隊的給養問題，繳獲敵方或劫掠沿途已足夠自給。但一旦群雄之一成為勝利者，掌握政權並獲得相對穩定以後，養活這支龐大軍隊便成了一個大問題。顯然此時已不能再靠打劫為生，那麼由誰來提供給養呢？不說經過長期戰亂的社會修復創傷並非三年五載便能奏效的事，即使復甦過來以後，在那時生產水平還十分低下的農業社會裡，也不堪長期承受如此重負。於是史書便有了這樣的記載：「縱馬於華山之陽，放牛於桃林之虛，偃干戈，振兵釋旅，示天下不復用也。」《史記・周本紀》這些美妙動聽的話切不可全信，但也不應一概不信。歷史上還從未出現過一個統治者是真正示天下不復用兵的，不過在新王朝建立若干時間後，又確實需要對軍隊的部份或大部份作出妥善的安置。所謂安置不是棄之不用，而是隨時可以聽從召喚，以應付對內對外進行警衛或戰爭的需要。通常的做法是：首先將這部份士兵安置到某些區域的土地上去從事農耕，以保障自身的給養；其次是在管理上將他們與一般民戶區別開來，即所謂軍民分籍、軍民分治；第三委派軍事教官，在每年冬季或農閒時節，對他們進行軍事訓練，並建立相應的考核制度；最後是為他們配備家口，以使士兵本身也獲得再生產，即所謂父死子代。把以上內涵組合起來，我們便大致可以概括出一個寬泛的概念，那便是府兵制。

如果用上述廣義的府兵制去對照歷史，那麼還有三國魏的士家制和南朝的軍府制，亦與隋唐的府兵制有不少近似之處。所謂士家制，士指兵士，兵士及其家庭被稱為士家。士家子弟世代當兵，故亦稱世兵制。凡士家需一律遷徙於京師附近，其婚配只能限於同類，丈夫戰死，其妻、女由官府另行抑配。士兵的兒子稱士息，也可以徵發。這些規定都是為了保障有充足的兵源。曹操的政治中心在鄴時，曾令并州刺史梁習將由本州徵發的勇力吏兵的家口遷徙至鄴。曹丕定都洛陽，亦擬把在冀州的士家十萬戶遷徙以實河南，後因諸司提出異議，又還徙了一半。士家集中於京都附近，除了充實皇城戶口以外，主要還是為了防止士兵的逃亡和反叛。有律令規定：若士兵在前線逃亡或反叛，其親屬將受到嚴懲。《三國志・魏書・高柔傳》便有這樣記載：「鼓吹宋金等在合肥亡逃，舊法軍征士亡，考竟其軍士，太祖猶患不息，更重其刑。金有母、妻及二官皆給官，主者奏盡殺之。」又：「護軍營士竇禮近出不還，營以為亡，表言逐捕，沒其妻盈及男女為官奴婢。」世兵制將士兵家口集中分佈在京師附近，這一點與隋唐的府兵番上宿衛是相似的，只是還沒有後者那樣嚴密的組織系統。與曹魏同時在江左的孫吳，則以諸將領兵，這些兵既是將領的部曲兵，亦是官府的兵；將領同時還擁有眾多的田客。軍與民則分籍而治。再晚些時候，東晉亦設軍府，如北府兵便是軍府所轄的兵家。《晉書・王恭傳》提到恭為「都督兗、青、冀、幽、并、徐州，晉陵諸軍事、平北將軍、兗青二州刺史，假節鎮京口。初都督以『北』為號者，累有不祥，故桓冲、王坦之、乃彝之徒，不受鎮北之號」。錢大昕《考異》：「按徐兗二州都督例以北為號，故有北府之稱。」時劉牢之為王恭下屬任軍府司馬，當王恭與元顯對立時，讓劉牢之率兵以拒，「恭夢牢之坐其處，旦謂牢之曰：『事克，即以卿為北府』」（《晉書・王恭傳》）。後來劉牢之背王恭而投靠了元顯，王恭被殺，劉牢之成了北府兵的首領。所謂軍府，便是地方長官帶軍號統兵。王恭是兗、青二州刺史，以前將軍的軍號帶所屬之軍府，亦即北府兵。至劉宋，《宋書・孟懷玉傳》：懷玉「領丹陽府兵，戍石頭」。這丹陽府兵是指丹陽尹所屬之兵。丹陽為南朝宋京師所在，故立軍府，軍府之兵即稱府兵。南朝軍民亦是別籍的，兵士稱為軍戶、營戶，所以以戶稱，說明一人入軍籍，全家被役，且父子相承，世代相襲。《宋書・自序》沈亮陳府事云：「伏見西府兵士，或年幾八十而猶伏隸，年始七歲而已從役。」此西府是荊州軍府。軍戶待遇低劣，地位低下，往往與奴婢並列，要有詔書或特旨，才能免為平民。《宋書・孝武紀》大明二年（西元四五八年）正月詔：「軍戶免為平民。」這是專指荊州軍戶而言。軍戶實行聚居，戶籍不屬州縣，免為軍戶後可立郡縣，《宋書・州郡志》載有南彭城的蕃、薛二縣，即以免軍戶所置。

隋唐以後，類似府兵制某些特徵，依然可以從歷代兵制中看到。例如明代的衛所制，就帶有不少府兵制的色彩。《明史・兵志》稱：「天下既定，度要害地，係一郡者設所，連郡者設衛。大率五千人為衛，千一百二十人為千戶所，百十有二人為百戶所。所設總旗二，小旗十，大小聯比成軍。其取兵，有從征，有歸附，有謫發。從征者，諸將所部兵，既定其地，因以留戍。歸附，則勝國及僭偽諸降卒。謫發，以罪遷隸兵者。其軍皆世籍。」明代的衛所與隋唐府兵，除了規模有大小，分佈區域及稱謂有不同外，其他方面實在頗為相似。明代管轄諸衛的，在京城稱留守衛指揮使司，在地方稱都指揮使司；這都指揮使與布政使、按察使並稱三司，這樣在地方上，軍政、民政、司法監察便形成了三鼎足並立。近京的諸衛所亦要番上宿衛，總為三大營，永樂十三年（西元一四一五年）還曾詔邊將及河南、山東、山西各都司、中都留守司、江南北諸衛官，簡所部卒赴北京，以俟臨閱。明代對衛所的建置，多少有一些模仿隋唐的府兵制度。至於金代的猛安、謀克，元代的怯薛和清代的八旗，則原係游牧部落或半農半獵的部落兵過渡到農業定居時期的特種軍兵制度，它們與府兵制同樣有著不少相似之處。元朝的怯薛就是宿衛部隊，在成吉思汗時，有四怯薛，即功臣博爾忽、博衛、木華黎、赤老溫四人，受命為世領怯薛之長。《元史・兵志》稱：「怯薛者，猶言番值宿衛之長。」又謂：「若夫宿衛之士，則謂之怯薛歹，亦以三日分番入衛。其初名數甚簡，後累增為萬四千人。」到世祖忽必烈時，又設五衛，即左衛、前衛、後衛、右衛、中衛。這些宿衛的軍隊用於大朝會稱圍宿軍，用於大祭祀稱儀仗軍，隨從皇帝巡行稱扈從軍，守護皇帝帑藏稱看守軍，夜間巡警稱巡邏軍，還有歲漕至京師用來彈壓的稱為鎮遏軍；它們的總名都為宿衛。關於士兵的來源，同書又稱：「若夫軍士，則初有蒙古軍，探馬赤軍。蒙古軍皆國人，探馬赤軍則諸部族也。其法，家有男子，十五以上，七十以下，無眾寡盡簽為兵。十人為一牌，設牌頭。上馬則備戰鬪，下馬則屯聚牧養。孩幼稍長，又籍之，曰漸丁軍。既平中原，發民為卒，是為漢軍。」從以上所列可以看到，元代的怯薛制，諸如主要職能是宿衛，以屯田獲取日常給養，軍民分籍、分治等等方面，都留有隋唐府兵制的明顯痕跡。清太祖努爾哈赤在關外以十三副遺甲起家，兵力擴大後，設四旗，即正黃、正紅、正白、正藍；後增四旗，為鑲黃、鑲白、鑲紅、鑲藍，合成八旗。旗的編制是，以三百人為一牛彔設一牛彔額真，五牛彔設一扎蘭額真，五扎蘭設一固山額真，以為統領。每個旗的官兵八千人左右，都帶有家口。在關外還收編了孔有德、尚可喜諸部，設置漢軍八旗；又收編了蒙古察哈爾部眾，建立蒙古八旗。入關後收編的漢軍則另為綠營。在八旗中，鑲黃、正黃、正白為上三旗，是皇帝親軍，可分班入值宿衛，稱侍衛。日侍禁廷的稱御前侍衛，稍次為乾清門侍衛，值宮門者為三旗侍衛，設領侍衛內大臣領之，亦即所謂郎衛。前鋒統領所轄的前鋒營，護軍統領所轄的護軍營，掌宿衛、清蹕及宮禁傳籌、內禁門啟閉之事；內府上三旗所轄的前鋒營、護軍營、驍騎營，掌守衛隨從之事；八旗都統所轄的驍騎營，掌各處值班巡徼之事；步軍統領所轄的步軍營，掌禁城汎守禁門啟閉之事。以上即所謂兵衛。兵衛之中，專衛禁苑的是圓明園八旗護軍營及內府三旗護軍營。這一整套以八旗為主體的禁衛制度，與唐代南衙諸衛的禁衛體制也十分相似。八旗兵進入關後，同樣須解決一個安置問題。世祖順治元年（西元一六四四年）下令圈佔近京州縣民人荒田及明朝皇親貴族莊田，以安置進關諸王、勳臣及八旗兵丁，屬於八旗的稱旗地。圈地帶來大量紛爭，於是巡按御史柳寅東以圈換為請，《東華錄》載其奏疏稱：「無主地與有主地犬牙相錯，勢必與漢民雜處，不惟今日履畝之難，日後爭端易生。臣以為莫若先將州縣大小定用地多寡，使滿州自佔一方，而後以察出無主地與有主地相兌換，務使滿漢界限分明，疆理各別而後可。蓋滿人共聚一處，阡陌在於斯，廬舍在於斯，耕作放牧，各相友助，其便一也。漢人滿人，我疆我理，無相侵奪，爭端不生，其便二也。」這裡的滿漢分治實際上也是軍民分治。旗人的戶籍也與漢人等嚴格分開，列入專用的黃冊。《清史稿・食貨志》稱：「滿州、蒙古、漢軍丁檔則司於戶部，八旗俸餉處年終將民數彙繕黃冊以聞。」這種區分除了留有與府兵制的相似之處以外，自然不應忽視同時還包含著民族歧視的含義。

最後，想通過引錄今古兩位史家的論述，對府兵制及其歷史影響總起來說幾句話。

近人孟森在〈八旗制度考實〉一文中認為「清之所以能收拾全國，使數十年縱橫之兵匪，得告安謐，於漢軍之編制實有關係。惟編制八旗，分設佐領，自賴有滿洲八旗之根柢。組成漢軍八旗以後，又賴有滿洲八旗鎮壓而率領之，故能追隨於宿衛之列，聽調於駐防之令，前有躐取官祿之階，後有長養子孫之計，武夫悍卒不散為游手無業之徒，非擾亂無謀生之地，此八旗制之大成就也。三藩以後賴此而定。中葉用兵，不甚添募，不覺安插之苦。至咸、同間，舊兵不可用，清所恃為武力中堅之八旗，盡不可用，於是兵盡招募，以後無舊安插法可用，裁者為會黨，覓食於游手之中，存者亦為駢枝，靡餉於舊額之外。故有兵事時，兵尚得將而可用；無兵事以後，兵乃被裁而無可消納，終致一決而不可收拾」。孟森這段話對八旗從興盛到衰落作了概括性的總結，若與歐陽修在《新唐書・兵志》中對府兵制的類似的論述作一番對照，是頗耐人尋味的。其文稱：「初，府兵之置，居無事時耕於野，其番上者宿衛京師而已。若四方有事，則命將以出，事解輒罷，兵散于府，將歸于朝。故士不失業，而將帥無握兵之重，所以防微杜漸，絕禍亂之萌也。及府兵法壞而方鎮盛，武夫悍將雖無事時，據要險，專方面，既有其土地，又有其人民，又有其甲兵，又有其財賦，以布列天下，然則方鎮不得不彊，京師不得不弱，故曰措置之勢使然者，以此也。」不難看出，今古兩位史家對各自所論述的兵制都含有某些理想化的成份。孟森生活於民國初年軍閥割據混戰的環境中，歐陽修面對的是北宋兵制無方的積弱局面，他們都深感養兵致患之苦，因係有感而發，自然會對往古盛世引起追念之情。事實上，府兵制也好，八旗制也好，它們都只能適用於某種特定的國家制度和某個特定的歷史時期，而決不可能是包醫社會百病的萬能妙藥。本文前面已經提到，在中國長達數千年的封建專制國家制度演進史中，政權的易代形式必然是戰爭，戰爭造成了龐大的軍隊，因而當一個新的統治集團取得勝利並站穩腳跟後，無論它採取何種名稱的兵制，所要達到的目的，從宏觀意義上說是基本相同的，即一、繼續保持足夠的武裝力量，以保衛已奪到手的政權；二、「銷兵」，以減輕供養的負擔。正是從一個意義上，我們姑且使用了廣義府兵制這樣一個概念，並作了如上簡略的歷史回顧。如同封建專制制度早已應該退出歷史舞臺一樣，府兵制，無論廣義或狹義，亦早已為歷史所淘汰。在現代國家制度中，軍隊只能是屬於國家的，而不應是屬於某些人或某個政治團體的，更不應是某個人的，不管他叫皇帝也好，總統也好。軍隊的神聖職責是保衛國家，任何人都不能用它來作為權力鬥爭的工具，更無權動用它去鎮壓自己的國民。不無遺憾的是，時至今日，我們距離這樣的兵制依然相當遙遠。

四

〔別將一人❶。上府，正七品下；中府，從七品上；下府，從七品下。長史❷一人。上府，正七品下；中府，從七品上；下府，從七品下。兵曹參軍事❸一人。上府，從八品下；中府，正九品上；下府，從九品下。〕

材老、弱、少、壯，各為之簿，以進退為❹。此條有缺文。

長史掌判兵事、倉儲、車馬、介冑❺之事，及其簿書、會要之法。

兵曹掌兵吏糧倉、公廨財物、田園❻課稅之事，與其出入勾檢❼之法。每月，簿番上衛士之教以上衛❽。每歲，簿錄事及府、史、捉缺品于補上年月、姓名，以上于州，申考功、兵部❾。

【章旨】敘述諸折衝府所屬別將、長史和兵曹參軍事之定員、品秩及職掌。

【注釋】❶別將一人 秦漢時，別將原泛指率領部份兵力與主力分道而進之次要將領，後世逐漸成為一級統兵武官之稱。唐代別將一職前後改易頗多。《新唐書·兵志》載：武德「六年（西元六二三年），以天下既定，遂廢十二軍，改驃騎曰統軍，車騎曰別將」。《舊唐書·職官志》注文：「武德中，采折衝、果毅郎將之名，改統軍為折衝都尉，別將為果毅都尉。」《通典·職官十一·武官下》：「初，別將既改為果毅，而府中有長史員。聖曆三年（西元七〇〇年）廢長史，置別將一員。後又兼置長史。」又，此句及此下至「下府從九品下」即以方括號標出之正文及原注，為四庫本所缺，依陳仲夫點校本增補。近衛本之此處補文，附錄於本章之後。❷長史 軍府屬吏之長。隋唐諸王府、都督府、諸衛、率府及諸州皆置，位任頗重。《通典·職官十一·武官下》本注：「通判。〔武后〕載初元年（西元六八九年）置。」即別將不掌府事，而由長史通判。❸兵曹參軍事 軍府佐吏。西晉末始置，後世之軍府及州置軍府者皆置。唐開元時定制，在府稱兵曹參軍，在州稱司兵參軍。折衝府屬軍府，故稱兵曹參軍事。《通典・職官十一・武官下》：「兵曹一人，判府事，付事句稽，監印，給紙筆。」❹材老弱少壯各為之簿以進退為　依內容及本書寫作體例，此條當是別將之職掌，惟因原注已言有缺文，致使無所歸屬。句首「材」通「裁」，裁處；核定。句末「為」，陳仲夫點校本以為當作「焉」，應是。意謂由別將負責對所屬衛士作出老、弱、少、壯之區分，並分別登錄簿籍，作為差點時或進或退之依據之一。衛士是「以成丁而入，六十出役」（《唐會要》卷七二）。本書第三卷第二篇戶部郎中職掌條載，唐制男性「四歲為小，十六為中，二十有一為丁，六十為老」。《新唐書・百官志》則稱：「凡民年二十為兵，六十而免。」故須裁定老弱少壯，據以按規定差點。差點失當，將受到處罰。《唐律疏議・擅興律》規定：「諸揀點（本書稱「差點」）衛士取捨不平者，一人杖七十，三人加一等，罪止徒三年。不平，謂捨富取貧，捨強取弱，捨多丁而取少丁之類。」疏議曰：「揀點之法，財均者取強，力均者取富，財力又均取多丁。故注云：不平謂捨富取貧，捨強取弱，捨多丁而取少丁之類者。謂老小能否，臨時比較不平者皆是。」又，此條之前，據《舊唐書・職官志》尚有「錄事一人」，且下文亦提到「錄事」，本卷卷目亦有「錄事一人」，置於「長史一人」之後。另據《新唐書・百官志》，則尚有「校尉五人，從七品下。旅帥十人，從八品上。隊正二十人，正九品下；副隊正二十人，從九品下」。又，《通典・職官十一・武官下》云：「校尉六人，以下小吏各有差，若校尉以下準人數置之。」❺介冑　介通「甲」。甲冑，亦稱盔甲，即頭盔和鎧甲。戰鬥中分別用以保護首和身。《禮記・曲禮上》：「介冑則有不可犯之色。」❻田圍　近衛校曰：「『圍』恐〔為〕『圃』字。」❼勾檢　折衝府以兵曹參軍為勾官，其勾檢範圍包括公文處理及糧食、公廨財物、田圃課稅之出入等。❽每月簿番上衛士之教以上衛　句中「簿」，用如動詞，意為登錄於簿籍；「教」，近衛校正德本疑當作「數」。諸折衝府分別隸屬於南衙之諸衛，故每月須上報番上衛士之數於主管其府之衛。❾每歲簿錄事及府史捉缺品于補上年月姓名以上于州申考功兵部　句中缺字似是「錢」；于，或作「子」。即疑為「捉錢品子」。《新唐書・選舉志》：「凡捉錢品子，無違負滿二百日，本屬以簿附朝集使，上于考功，兵部。滿十歲，量文武授散官。」以公廨本錢投入商業或貸放市肆取利稱捉錢。《新唐書・食貨志》貞觀十五年（西元六四一年）「復置公廨本錢，以諸司令史主之，號捉錢令史」。又云「收贏十之七」，是一種高利貸。諸折衝府亦捉錢，其本「上府二十萬，中府減四之一，下府十萬」。故設有捉錢品子若干。全句意為：兵曹每年須將本府所屬之錄事、府、史及捉錢品子番上考課情況以及本年補上的年月、姓名，通過州申報於尚書省吏部之考功郎中和兵部之兵部郎中。

【語　譯】〔各折衝府：〕別將，定員各一人。別將的品秩，上府正七品下，中府從七品上，下府從七品下。

長史，定員各一人。長史的品秩，上府正七品下，中府從七品上，下府從七品下。

兵曹參軍事，定員各一人。它的品秩，上府從八品下，中府正九品上，下府從九品下。」

對所屬衛士作出老、弱、少、壯的區分和裁定，並分別登錄在簿籍，作為差點或進或退的依據。這一條有缺文。

長史的職掌是，分管本府的兵戎、倉儲、車馬、甲冑方面的事務，以及掌握好有關簿籍文書、典章制度的執行。

兵曹參軍掌管本府兵吏的糧倉、官署財物和田園（圃）課稅等事務，以及執行對上述各項財物的出入實施勾檢的有關法規。每月要簿錄番上衛士的教（數）目，上報給主管衛府。每年要造冊登錄本府的錄事和府、史、捉〔錢〕品于（子）的考課情況，以及本年補上的年、月、姓名，一起上報給州府，通過朝集使申報給尚書省吏部的考功郎中和兵部的兵部郎中。

【說　明】按本書對諸衛寫作體例，此章當通過長史等屬官的職掌的敘述，對折衝府內部管理該會有一個概貌的描述。可惜由於缺文較多，且前後文字次序恐亦有錯失，故難窺全貌。為此下面提供若干與唐代折衝府有關的具體資料，以為閱讀參考。

一是關於折衝府的數目問題。諸書記載差異較多。本書第五卷第一篇兵部郎中職掌記為：「凡天下之府五百九十有四，有上、中、下，並載於諸衛之職。」《舊唐書・職官志》所載與此同，也是五百九十有四。《通典・職官十一・武官下》稱：「其府多因其地各自為名，無鷹揚之號，凡五百七十四府，分置於諸州，而名隸諸衛及東宮率府。」然同書諸州郡門則為五百九十三府。在唐人記載中，陸贄奏議中的多達八百餘府，恐難以憑信。李繁的《鄴侯家傳》為六百三十府，兵員總數約六十八萬人。《新唐書・兵志》稱：「凡天下十道，置府六百三十四，皆有名號，而關內二百六十有一，皆以隸諸衛。」《新唐書・百官志》：「三輔及近畿州都督府皆置府，凡六百三十三。」《唐會要》卷七二府兵條：「天下衛士尚六十萬，初置以成丁而入，六十出役，其家不免征徭，通計舊府六百三十三。」折衝府之數，在太宗貞觀時，高宗、武后時，玄宗開元時，當各有所差異，諸書記載不一，可能就由於所據年代不同。關於折衝府名稱，《新唐書・地理志》列有四百四十八，近代勞經厚父子考補的府名有一百零九，羅振玉考補及拾遺新增了六十九，合計已知的府名為六百二十六。谷霽光《唐折衝府考校補》（收入《二十五史補編》）則稱已知府名有六百三十，其中四十九府名不知其所屬何道。至於折衝府的分佈情況，《玉海》卷一三八以《新唐書・地理志》所載為據，作了如下統計：關內道二百七十三，河東道一百四十一，河南道六十二，河北道三十，隴右道二十九，山南、劍南二道各十，淮南道六，嶺南道三，江南道二，共計五百六十六府。從分佈上看，主要集中在關內道，即關中地區，目的是所謂以重馭輕，舉關中之衆以臨四方。《唐會要》卷八四移戶條稱：「貞觀元年（西元六二七年）朝廷議戶殷之處聽遷寬鄉。陝州刺史崔善為上表曰：『畿內之地為殷戶，丁壯之民悉入軍府。若聽移轉，便出關外。此則虛近實遠，非經通之義。』其事遂止。」唐時的戶口遷移政策，亦以保障關內有足夠的兵源為指歸。河北道係東都所在地，所置折衝府之所以相對較少，則基於歷史原因。高祖李淵因劉黑闥重反之故，竟欲盡殺河北丁壯，以空其地。蓋河北人以豪強著稱，因而直至太宗朝仍不在河北設置折衝府。武后執政後，因其長期生活在東都洛陽，曾遷雍、同等州民戶以實洛陽，出於防務需要，才亦在河北置北府。

二是關於府兵的職能問題。唐前期府兵的職能主要是宿衛。府兵多隸於衛：左、右衛領武安等五十府，左、右威衛領宜陽等五十府，左、右驍騎衛領永固等四十九府，左、右武衛領鳳亭等四十九府，左、右領軍衛領萬年、萬敵等六十府，左、右金吾衛領同軌、寶圖等五十府；太子左、右衛率領廣濟等五府，左、右司禦率領郊城等三府，左、右清道率領絳邑等三府。以上諸衛所領府兵的職掌是宮禁宿衛。府兵有時也被差點派遣至前線作戰，這主要是在唐代前期，其間也有不少出身於折衝府的名將。如蘇定方，「貞觀時為匡道府折衝」；郭知運，「初為秦州三度府果毅」；張守珪，「初以戰功授平樂府別將，再轉幽州良社府果毅」（見《舊唐書》各自列傳）。再如中唐扭轉安史之亂危局的名將郭子儀，其家也出身於折衝府。《金石萃編》卷九二〈郭氏家廟碑〉：「敬之府君（郭子儀父）始自涪州錄事參軍，轉瓜州司倉，雍北府右果毅，加游擊將軍，申王府典軍，金石府折衝。」碑陰：「男。昭武校尉守絳州萬泉府折衝都尉，上柱國琇，子儀，武舉及第，左衛長上，改河南府城□府別將，又改同州興德府右果毅，又改汝州魯陽府折衝。」可見折衝府的別將、果毅、折衝都尉等職位，還是基層武官歷練的場所。但從總體上說，唐代府兵數量兵源常常不足，戰鬥力也不強，這從《貞觀政要》卷二所載一則材料可以看出。貞觀三年（西元六二〇年）「簡點使右僕射封德彝等，並欲中男十八已上，簡點入軍，敕三、四出，〔魏〕徵執奏以為不可。德彝重奏：「今見簡點者云，次男內大有壯者。」太宗怒，乃出敕：「中男已上，雖未十八，身形壯大，亦取。」徵又不從，不肯署敕。太宗召徵及王珪，作色而待之曰：『中男若實小，自不點入軍；若實大，亦可簡取。於君何嫌？過作如此固執，朕不解公意！』徵正色曰：『臣聞竭澤取魚，非不得魚，明年無魚；焚林而畋，非不獲獸，明年無獸。若次男已上，盡點入軍，租賦雜徭，將何取給？且比年國家衛士，不堪攻戰，豈為其少，但為禮遇失所，遂使人無鬬心。若多點取人，還充雜使，其數雖眾，終是無用。』」唐制民年十六為中，十八始成丁，二十一為丁充力役。這裡的簡點是指府兵。「比年國家衛士，不堪攻戰」，說明在貞觀初期府兵已沒有什麼戰鬥力。唐代征戰兵力主要依仗於募兵和蕃將所率領的部落兵。如貞觀時太宗親征遼東曾詔募兵十萬，後來成為名將的薛仁貴便是應募者之一。唐代任用蕃將眾多，兩《唐書》特為之列傳。蕃將及其所率領的部落兵作戰勇武頑強，往往成為主力。太宗有一員愛將叫薛萬均，早年隨羅藝歸附李淵，官至左屯衛大將軍。貞觀七年（西元六二四年）征吐谷渾，「軍次赤水川，萬均率騎先行，為賊所攻，兄弟皆中槍墮馬，徒步而鬬，兵士死者十六七。何力聞之，將數百騎馳往，突圍而前，縱橫奮擊，賊兵披靡，萬均兄弟由是獲免。時吐谷渾主在突淪川，何力復欲襲之，萬均懲其前敗，固言不可。何力曰：『賊非有城郭，逐水草以為生，若不襲其不虞，便恐鳥驚魚散，一失機會，安可傾其巢穴耶？』乃自選驍兵千餘人，直入突淪川，襲破吐谷渾牙帳，斬首數千級，獲駝馬牛羊二餘萬頭」（《舊唐書・契苾何力傳》）。薛萬均率領的是府兵，契苾何力是蕃將，所領為鐵勒部落的蕃兵，其地與吐谷渾相鄰。從這次戰役可見府兵的戰鬥力遠不如蕃將帶領的部落兵。當然，在使用上，還是二者並重，且往往使之互相牽制。如貞觀十四年（西元六三一年）征高昌時，「太宗仍命吏部尚書侯君集為交河道大總管，率左屯衛大將軍薛萬均及突厥契苾之眾以擊之」（《舊唐書・高昌傳》）。蕃將所帶領的部落兵所以有較強的戰鬥力，那是游牧民族剽悍的習性帶來的優勢，為實際上已轉化為農民的府兵所難以比擬的。史家常把府兵稱作部落兵，那是就其受鮮卑部落兵制影響的淵源而言。儘管府兵在組織形式上仍留有部落兵制的印痕，但在唐代的蕃兵蕃將看來，府兵早已是漢兵漢將。他們平時皆安於田畝，農閑時，雖也由折衝都尉教習武藝，操演戰陣，但此種訓練往往不切合戰時實際，因而曾被王夫之譏為「呼號周折，一優人戲而已」。

三是關於府兵的廢弛及消亡問題。府兵的廢弛，大致開始於中宗以後。據上引魏徵的話來說，「禮遇失所，遂使人無關心」，府兵負擔過重該是一個重要原因。他們自成丁至年滿六十都要遠赴京師番上服役，不僅要自帶給養，還要自置弓箭等部份兵器裝備，而他們的家庭卻依然不能豁免征徭。《舊唐書・張仁愿傳》提供的材料，說明中宗時已出現了大批府兵抗命、逃亡一類事件：「時突厥默啜盡眾西突厥施娑葛，仁愿請乘虛奪漠南之地，於河北築三受降城，首尾相應，以絕其南寇之路。太子少師唐休璟以為兩漢已來，皆北守黃河，今於寇境築城，恐勞人費功，終為賊虜所有，建議以為不便。仁愿固請不已，中宗竟從之。仁愿表留年滿鎮兵以助其功。時咸陽兵二百餘人逃歸，仁愿盡擒之，一時斬於城下，軍中股慄，役者盡力，六旬而三城俱就。」這二百餘名咸陽兵，便是關中府兵至邊鎮番上已期滿，張仁愿表奏留鎮以助其功，他們抗命逃歸，張盡擒而斬之。這自然僅為一例，結果是「年月漸久，逃死者不補，三輔漸寡弱，宿衛之數不給」（《唐會要》卷七二）。據《新唐書・兵志》記載，玄宗初即位，也曾想到要減輕一點府兵的負擔，於「先天二年（西元七一三年）誥曰：『往者分建府衛，計戶充兵，裁足周事，二十一入募，六十一出軍，多憚勞以規避匿。今宜取二十五以上，五十而免。屢征鎮者，十年免之。』雖有其言，而事不克行。玄宗開元六年（西元七一八年）始詔折衝府兵每六歲一簡。自高宗、武后時，天下久不用兵，府兵之法寖壞，番役更代多不以時，衛士稍稍亡匿，至是益耗散，宿衛不能給。」至「天寶八載（西元七四九年）五月八日，停折衝府上下魚書，以無兵可交，至末年，折衝府但有兵額，其軍士、戎器、六馱、鍋幕、糗糧並廢」。府兵消亡後，在邊鎮是以長徵召募代替府兵番上，在京師則是以募士，也就是以後的彍騎來充實府兵的缺額。據《新唐書・兵志》記載，此制開元十一年（西元七二三年）由宰相張說提出並開始施行。具體做法是「取京兆、蒲、同、岐、華府兵及白丁，而益以潞州長從兵，共十二萬，號『長從宿衛』，歲二番，命尚書左丞蕭嵩與州吏共選之。明年，更號曰：『彍騎。』又詔：『諸州府馬闕，官私共補之。今兵貧難致，乃給以監牧馬。』然自是諸府士益多不補，折衝又積歲不得遷，士人皆恥為之。十三年（西元七二五年），始以彍騎分隸十二衛，總十二萬，為六番，每衛萬人。京兆彍騎六萬六千，華州六千，同州九千，蒲州萬二千三百，絳州三千六百，晉州千五百，岐州六千，河南府三千，陝、虢、汝、鄭、懷、汴六州各六百，內弩手六千。其制：皆擇下戶白丁、宗丁、品子彊壯五尺七寸以上，不足則兼以戶八等五尺以上，皆免征鎮、賦役。為四籍，兵部及州、縣、衛分掌之。」按以上所列，彍騎的待遇要明顯高於府兵，員額則少於府兵，徵募的對象則不限於府戶，還包括民戶。但彍騎維持的時間亦不長，故同書又稱：「自天寶以後，彍騎之法又稍變廢，士皆失拊循。」以前人們稱番上宿衛為侍官，頗有幾分榮耀；此時，「衛佐悉以假人為童奴，京師人恥之，互相罵辱必曰侍官。而六軍宿衛皆市人，富者販繒綵、食梁肉，壯者為角觝、拔河、翹木、扛鐵之戲，及祿山反，皆不能受甲矣。」彍騎廢弛以後，宿衛軍兵士的來源只能依靠京師的城市游民。此等烏合之眾，自然更無什麼戰鬥力可言。

附：前章及本章缺頁近衛本之補文

左右果毅都尉各一人；

上府，果毅都尉從五品下，中府，正六品上，下府，從六品下。隋煬帝置果毅郎將，國家置折衝都尉。

別將各一人；

上府，別將正七品下，中府，從七品上，下府，從七品下。

長史一人；

上府，正七品下，中府，從七品上，下府從七品下。

兵曹參軍一人。

上府，從八品下，中府，正九品上，下府，從九品下也。

錄事一人，校尉五人。每校尉，旅帥二人，每旅帥，隊正、副隊正各二人。諸府折衝都尉，掌領五校之屬，以備宿衛，以從師役，總其戎具、資糧、差點、教習之法令。凡衛士，三百人為一團，以校尉領之，以便習騎射者為越騎，餘為步兵。其團，十人為火，火備六馱之馬。每歲十一月，以衛士帳上尚書省天下兵馬之數以聞。凡兵馬在府，每歲季冬，折衝都尉率五教之屬，以教其軍陣、戰鬭之法也。具在教習簿籍已上《舊唐志》。

左右果毅都尉各一人，上府從五品下，中府正六品上，下府正六品下。別將各一人，上府正七品下，中府從七品上，下府從七品下。長史各一人，上府正七品下，中府從七品上，下府從七品下。兵曹參軍事各一人，上府正八品下，中府正九品下，下府從九品上。校尉五人，從七品下。旅帥十人，從八品上。隊正二十人，正九品下；副隊正二十人，從九品下。折衝都尉掌領屬備宿衛，師役則總戎具、資糧、點習，以三百人為團，一校尉領之。捉鋪持更者，晨夜有行人必問，不應則彈弓而嚮之，復不應則旁射，又不應則射之。晝以排門人遠望，暮夜以持更人遠聽。有眾而囂，則告主帥。

左右果毅都尉，掌貳都尉。已上《新唐志》。

大唐武德初，猶有驃騎府及驃騎、車騎將軍之制。武德七年，乃改驃騎為統軍，車騎為別將。貞觀十年，復採隋折衝、果毅郎將之名，改統軍為折衝都尉，別將為果毅都尉。

魏有折衝將軍，後周有成議別將軍官，其名因此。

其府多因其地，各自為名，無鷹揚之號。凡五百七十四府，分置於諸州，而名隸諸衛及東宮率府。各領兵，滿一千二百人為上府；

兩京城內雖不滿此數，亦同上府。

千人為中府；

兩畿及岐、同、華、懷、陝等五州所管府，雖不滿此數，亦同中府。

八百人為下府。每府置折衝都尉一人，

掌領校尉以下宿衛及衛士以上，總判府事。

左右果毅都尉各一人；

掌通判。《春秋傳》曰「戎昭果毅」，又曰「殺敵為果，致果謂之毅」。煬帝始置，後改將為之。

別將一人；

不判府事。若無兵曹以上，即知府事。初別將既改為果毅，而府中有長史員。聖曆三年，廢長史，置別將一員。後又兼置長史。

長史一人；

通判。載初元年置。

兵曹一人；

判府事，付事，勾稽，監印，給紙筆。

校尉六人。

以下小吏各有差，若校尉以下，唯唯疑准人數置之。

已上《通典》。此條缺文，今抄出舊、新《唐志》及《通典》，以備考。

卷二六

太子三師三少詹事府
左右春坊内官

卷目

太子三師

太子太師一人

太子太傅一人

太子太保一人

太子三少

太子少師一人

太子少傅一人

太子少保一人

太子賓客四人

太子詹事府

詹事一人

少詹事一人

丞二人

主簿一人❶

錄事二人

令史九人

書令史十八人

太子司直二人

令史一人

書令史二人

亭長四人

掌固六人

太子左春坊

左庶子二人

中允一人❷

司議郎四人

---

❶主簿一人　新舊《唐書》官志均同此，《冊府元龜・宮臣部・總序》則稱：「開元二十五年（西元七三七年），始總定官數，裁為典制。詹事府有丞、主簿、司直各二人。」

❷中允一人　據正文及廣雅本當作「二人」。

錄事二人

主事二人❸

令史七人❹

書令史十四人❺

太子左諭德一人

左贊善大夫五人

傳令四人

掌儀二人

贊者四人❻

亭長四人❼

掌固十三人❽

崇文館

學士無員數❾

學生二十人❿

校書二人

令史二人

典書二人

搨書手二人

書手⓫十人

熟紙匠三人

裝潢匠五人

筆匠三人

司經局

洗馬一人⓬

❸主事二人　正文及《新唐書·百官志》為「三人」。

❹令史七人　《舊唐書·職官志》同此，《新唐書·百官志》作「六人」。

❺書令史十四人　《舊唐書·職官志》同此，《新唐書·百官志》為「十二人」。

❻贊者四人　《舊唐書·職官志》同此，《新唐書·百官志》作「三人」。

❼亭長四人　《舊唐書·職官志》不載，《新唐書·百官志》作「三人」。

❽掌固十三人　《舊唐書·職官志》不載，《新唐書·百官志》作「十人」。

❾學士無員數　據正文崇文館學士條下原注，此句「學士」下尚有「直學士」三字。

❿學生二十人　新舊《唐書》官志同此，《冊府元龜·宮臣部·總序》則記為「三十人」。

⓫書手　《舊唐書·職官志》同此，《新唐書·百官志》則為「楷書手」。

⓬洗馬一人　正文為「二人」。

文學三人

書令史二人

書史四人⑬

校書四人

正字二人

典書四人

楷書⑭二十五人

掌固六人

典膳局

典膳郎丞各二人⑮

書令史二人

書史四人

主食六人

典食二百人

掌固四人

藥藏局

藥藏郎丞各二人⑯

書令史一人

書史二人

侍醫四人

典藥九人⑰

掌固六人

藥僮十八人⑱

內直局

內直郎丞各一人⑲

書令史二人⑳

書史四人㉑

---

⑬書史四人　正德本作「書吏」。此下諸局中之「書史」同。又，《新唐書・百官志》為「書史二人」。

⑭楷書　《舊唐書・職官志》作「楷書手」。

⑮典膳郎丞各二人　新舊《唐書》官志同此，《冊府元龜・宮臣部・總序》作「郎一人，丞二人」。

⑯藥藏郎丞各二人　新舊《唐書》官志同此，《冊府元龜・宮臣部・總序》作「郎一人，丞二人」。

⑰典藥九人　《新唐書・百官志》為「二人」；《舊唐書・職官志》員數同，唯「典藥」上尚有「侍醫」二字。

⑱藥僮十八人　《舊唐書・職官志》同此，《新唐書・百官志》作「六人」。

⑲內直郎丞各一人　正文及廣雅本作「各二人」。又，《冊府元龜・宮臣部・總序》為「郎一人，丞二人」。

⑳書令史二人　《舊唐書・職官志》不載，《新唐書・百官志》作「令史一人」。

典服三十人㉒

典扇典翰各十五人㉓

掌固六人

典設局

典設郎四人㉔

書令史二人

書史四人

幕士六百人㉕

掌固十二人

宮門局

宮門郎丞各二人㉖

書令史二人㉗

書史四人㉘

門僕一百三十三人㉙

掌固四人

太子右春坊

右庶子一人㉚

中舍人二人

〔舍人四人〕㉛

錄事一人

主事二人

㉑書史四人　《舊唐書·職官志》不載，《新唐書·百官志》作「書吏三人」。

㉒典服三十人　《舊唐書·職官志》同此，《新唐書·百官志》為「十二人」。

㉓典扇典翰各十五人　《舊唐書·職官志》同此，《新唐書·百官志》為「八人」。

㉔典設郎四人　《冊府元龜·宮臣部·總序》作「郎一人，丞二人」；新舊《唐書》員數同此，唯尚有「丞二人」。正文亦有丞。

㉕幕士六百人　《舊唐書·職官志》同此，《新唐書·百官志》作「二百四十五人」。

㉖宮門郎丞各二人　新舊《唐書》官志同此，《冊府元龜·宮臣部·總序》作「郎一人，丞二人」。

㉗書令史二人　《新唐書·百官志》作「一人」，《舊唐書·職官志》不載。

㉘書史四人　《新唐書·百官志》作「書吏二人」，《舊唐書·職官志》不載。

㉙門僕一百三十三人　《舊唐書·職官志》作「一百三十人」，《新唐書·百官志》為「百人」。

㉚右庶子一人　正文及廣雅本為「二人」。

㉛舍人四人　四庫本卷目及正文、原注皆無此職，諸本亦缺。正文及原注已據陳仲夫點校本增補，故於卷目中亦列此一條，使之一致。

令史九人

書令史十八人

太子右諭德一人

右贊善大夫五人

傳令四人

太子通事舍人八人

典謁二十一人㉜

亭長六人

掌固十二人㉝

太子內坊

典內二人

丞二人

錄事二人㉞

令史三人

書令史五人

典直四人

導客舍人六人

閤帥六人

內閤八人

內給使無員數

內廄二人㉟

典事二人

駕士三十人

亭長二人

掌固四人

太子內官

良娣二人

良媛六人

承徽十人

昭訓十六人

奉儀二十四人

司閨二人

掌正三人

女史三人

掌書三人

㉜典謁二十一人 《舊唐書·職官志》作「二十人」，《新唐書·百官志》為「四人」。

㉝掌固十二人 《新唐書·百官志》為「十人」，《舊唐書·職官志》不載。

㉞錄事二人 《舊唐書·職官志》為「一人」。

㉟內廄二人 《舊唐書·職官志》為「二十人」。

女史三人

掌筵二人[36]

女史三人

司則[37]二人

掌嚴三人

女史三人

掌縫三人

女史三人

掌藏三人

女史三人

司饌二人

女史四人

掌食三人

女史四人

掌醫三人

女史二人

掌園三人

女史二人

---

[36] 掌筵二人　《舊唐書・職官志》作「三人」。

[37] 司則　《新唐書・百官志》同此，《舊唐書・職官志》作「司禮」。

卷旨

本書把東宮官屬分為自二十六至二十八共三卷。本卷包括太子三師、三少、詹事府、左右春坊和內官。其餘兩卷分別為家令寺、率更寺、僕寺三卿，太子左右衛及諸率府的武官。

唐東宮官屬的建置，大體仿照朝廷三省六部九寺五監及十六衛的格局。如三師三少對應於朝廷的三師三公，詹事府對應於尚書省，左、右春坊分別對應於門下省、殿中省和中書省；太子內坊和太子內官猶若朝廷的內侍省和內官，而家令寺、率更寺、僕寺三卿，約略可與九寺、五監相當；作為東宮武官系統的十率府，則對應於朝廷的十六衛，東宮官屬的總體建置儼然是整個朝廷的縮影。根據這樣的歸屬關係，我們把本卷分列為五篇：一、太子三師三少包括太子賓客；二、太子詹事府，包括太子司直；三、太子左春坊，包括太子左諭德、左贊善大夫、崇文館以及司經等六局；四、太子右春坊，包括太子右諭德及太子舍人、太子通事舍人；最後第五篇為太子內坊和太子內官。

在封建集權專制制度下，太子是儲君，是王朝的未來，因而東宮制度的核心問題，便是如何保障皇位的順利交接。但實際上皇位的交接卻絕非單靠東宮制度便能保證；除了牽涉到通常是皇帝與太子亦即父子之間這個主要關係以外，還有太子與后宮之間，太子與其兄弟即諸王之間，太子與宰輔之間等種種錯綜複雜的關係，每個環節，每一進程，都充滿著矛盾和鬥爭。在東宮這個舞臺上，數千年來，多少人為之算盡機關，多少人為之肝腦塗地；忽而雲譎波詭，忽而刀光劍影，演出了一幕接一幕的喜劇、鬧劇和悲劇。考慮到迄今為止研究東宮制度的專著、專文還甚少，一般讀者對它較為陌生，而我們又認為這一問題無論對研究歷史或瞭解現實都有著極其重要的意義，所以在章節之末大都聯繫史實有所說明，限於篇幅，只能長話短說，點到為止。基於同一考慮，本卷中注釋略詳於前幾卷，如沿革部份除對官職本身作注釋外，還列舉了歷朝任此職者的姓氏及簡略行狀，或許對閱讀和理解會有所裨益。

唐西京東宮的位置在宮城之東，南北與宮城齊，北面為玄德門，南門為嘉福門，其北側重明門，便是宮臣參見太子集合之所。東宮的正殿稱嘉德殿，其北有崇教殿、麗正殿，麗正殿右側為崇文殿，即左春坊所屬崇文館所在地；再北是承恩殿，其左右為宜春宮、宜秋宮，屬皇太子在東宮的生活區。宜秋宮之南道東為典膳廚，即左春坊典膳局所在地，宜秋宮之南為太子內坊的所在地。東宮的北側有北苑，長生院，是太子的寢殿，亦是太子讀書的地方，《舊唐書‧陳夷行傳》便有「入長生院，得太子講經」的記載。東宮的朝會，另有東宮朝堂，其址在皇城的承天門街之東，宮城之南，第二橫街之北。詹事府在承天門街之東，第三橫街之北，府的東側是南北街，街東即皇城之東面，西面是左司禦率府。左、右春坊都在承天門之東，第二橫街北側，左春坊之東即南北街，南面與詹事府隔街相望；右春坊之東是右清道率府，西則與東宮內坊相鄰。

東都東宮的位置在宮城東南隅，正門為重光門，東西各有小門：東稱賓善門，西稱延義門。宮中有馬坊。左春坊在應天門外第三橫街之北，左掖門街之東；右春坊即在其西側，東朝堂之南。詹事府位置不詳。

太子三師・太子三少・太子賓客

【篇　旨】本篇敘述太子太師、太傅、太保和少師、少傅、少保及太子賓客的定員、品秩、沿革和職掌。三師、三少和太子賓客都沒有開府設衙。

為太子設置三師、三少的經典根據是《禮記》的〈文王世子篇〉和《大戴禮記》的〈保傅篇〉。二文同時亦是太子在東宮的必修課目。太子赴孔廟釋奠孔子，講授的經籍除《孝經》、《論語》外，通常亦包括這篇〈文王世子〉。〈文王世子〉規定天子對世子（後世稱太子）須「立太傅、少傅以養之，欲其知父子君臣之道也。太傅審父子君臣之道以示之，少傅奉世子以觀太傅之德行而審喻之，太傅在前，少傅在後；入則有保，出則有師，是以教喻而德成也。師也者，教之以事而喻諸德者也；保也者，慎其身以輔翼之，而歸諸道者也。」〈保傅篇〉亦有類似的記述：「昔者，周成王幼，在襁褓之中，召公為太保，周公為太傅，太公為太師。保，保其身體；傅，傅其德義；師，導之教順，此三公之職也。於是為置三少，皆上大夫也，曰少保、少傅、少師，是與太子宴者也。故孩提，三公三少固明孝仁禮義以導習之也，逐去邪人，不使見惡行。於是比選天下端士，孝悌閑博有道術者，以輔翼之，使之與太子居處出入。故太子乃目見正事，聞正言，行正道，左視右視，前後皆正人，夫習與正人居，不能不正也，猶生長於楚，不能不楚言也。」其結論是：「選左右早諭教最急。夫教得而左右正，左右正則天子正矣，天子正而天下定矣。《書》曰：『一人有慶，萬民賴之。』」這些觀念，雖由稱引「三王教世子」而來，但實際上也就是西漢初年人們的思想，例如賈誼《新書》中的〈保傅〉、〈傅職〉、〈容經〉、〈胎教〉等篇，便大多與此相類或相通。

關於太子師、保之設，由來已久。《通典・職官十二》稱：「太子師保二傅，殷周已有，逮乎列國，秦亦有之。」漢初任惠帝之太傅者，便是叔孫通，少傅為張良。最早把太子三師、三少配置齊全的是在西晉武帝時期，至惠帝即位後，為愍懷太子司馬遹「備六傅之職」（一章原注）。在唐代，三師、三少之官並非必備，多係因人因事而設。至於太子賓客，則源於漢初呂后為鞏固太子地位而用張良計，「致商山四皓，以為賓客」（三章原注）。起初只是一種敬稱，並非官名，歷代也很少有置。在唐代，因此職品位崇高卻又無具體職掌，故往往用來作為安置重臣罷位之後的官職。所謂「凡皇太子有賓客宴會」，太子賓客享有「為之上齒」（三章正文）的榮譽，多半也是一種形式：「蓋取象於四皓焉。」（《通典・職官十二》）

一

太子太師一人，太傅一人，太保一人，並從一品下[1]。《禮記》[2]曰：「三王之教太子[3]，入則有保，出則有師[4]。」《史記》[5]：「秦孝公使商鞅設法，而黥太子師、傅[6]。」則秦有其職也。漢氏唯置太傅，秩二千石[7]，屬官有太子門大夫[8]、庶子[9]、洗馬[10]、舍人[11]。至後漢，太子太傅秩中二千石，掌輔導太子，禮如師，不領官屬[12]。至魏，太子太傅為第三品[13]。漢、魏故事：皇太子於二傅執弟子禮，皆為「書」，不曰「令」[14]；太傅於太子不稱臣。晉初，東宮不置詹事，事由二傅[15]，少傅立草，太傅書真[16]。以為儲副體尊，遂命諸公居之，而本司位重，或行或領也[17]。咸寧中，備太傅之職[18]：朗陵公何劭為太子太師[19]，避景帝[20]諱，改為「帥」；安豐侯王戎為太傅[21]；武陵侯楊濟為太保[22]。其後或置或省。懷帝為太弟[23]，又備六傅。東晉明帝在儲宮，置保、傅之位㉔，而無二師。《晉令》㉕：「太子太保品第三，進賢兩梁冠㉖，絳朝服㉗，佩水蒼玉㉘，銀章、青綬㉙。」宋、齊、梁並不置㉚。後魏、北齊置之，正第二品，號「東宮三太」㉛。後周不置㉜。隋氏置之，正第三品㉝，皇朝因之而加其秩㉞。太子出，則乘輅備儀。

太子三師，以道德輔教太子者也，至於動靜起居，言語視聽，皆有以師焉。

【章旨】敘述太子太師、太傅、太保之定員、品秩、沿革和職掌。

【注釋】❶並從一品下　句末「下」字疑衍。《新唐書·百官志》：「東宮官，太子太師、太傅、太保各一人，從一品。」《舊唐書·職官志》亦謂「並從一品」，又云：「隋品亦第二，武德定令，加從一品也。」《通典·職官二十二·大唐官品》同兩《唐書》。❷禮記　儒家經典之一。係先秦及秦漢間各種禮儀論著之選集，相傳為西漢戴德姪戴聖所編纂，故亦稱《小戴記》或《小戴禮記》，今本為東漢鄭玄注本。下述引文見於《禮記·文王世子》。❸三王之教太子　《禮記·文王世子》原文此下尚有「必以禮樂」四字。全句意謂周之王季、文王、武王祖孫三代皆以禮樂教養世子。世子即太子。❹入則有保出則有師　指太子燕居出入時，有師、保相輔翼。《禮記·文王世子》：「師也者，教之以事，而喻諸德者也；保也者，慎其身以輔翼之，而歸諸道者也。」《後漢書·班彪列傳》錄彪上書言：「昔成王之為孺子，出則周公、邵公、太〔公〕史佚，入則大顛、閎夭、南宮括、散宜生，左右前後，禮無違者，故成王一日即位，天下曠然太平。」❺史記　原名《太史公書》。西漢司馬遷撰，一百三十篇，為我國第一部紀傳體通史。下述引文見於《史記·商君列傳》。❻秦孝公使商鞅設法而黥太子師傅　秦孝公，秦國國君，名渠梁，在位二十四年。商鞅，姓公孫氏，名鞅，為衛國庶公子，故亦稱衛鞅。秦孝公三年（西元前三五九年），秦用商鞅變法。黥，古代一種肉刑，亦稱墨刑。以刀刺刻犯者額頰等處，再塗以墨。黥太子師傅事，載《史記·商君列傳》：「〔變法〕令行於民朞年，秦民之國都言初令之不便者以千數。於是太子犯法。衛鞅曰：『法之不行，自上犯之。』將法太子。太子，君嗣也，不可施刑，刑其傅公子虔，黥其師公孫賈。明日，秦人皆趨令。行之十年，秦民大悅，道不拾遺，山無盜賊，家給人足。」❼漢氏唯置太傅秩二千石　據《漢書·百官公卿表》，西漢置太子太傅、少傅，秩二千石。漢高祖二年（西元前二〇五年）六月壬午，立太子劉盈，即後來之漢惠帝，以叔孫通為太子太傅，張良行少傅事。此後任此二職者，見於《漢書》的有周勃之孫周建德，孝文帝時之石奮，景帝時之衛綰、林景，皆任太子太傅。武帝時，卜式曾貶秩為太子太傅。宣帝地節三年（西元前六十七年），丙吉為太子太傅，疏廣為少傅；後吉徙為御史大夫，廣徙為太傅，廣兄子受為少傅。「太子每朝，因進見，太傅在前，少傅在後。父子並為師傅，朝廷以為榮」（《漢書・疏廣傳》）。又，蕭望之在宣帝時亦曾為太子劉奭之太傅，以《論語》、《禮記・喪服》授皇太子。此外還有匡衡、師丹，先後在元帝和成帝時分別任太子少傅、太子太傅等。❽太子門大夫　秦已有置，漢沿置。《漢書・百官公卿表》記太子太傅、少傅屬官即有太子門大夫，員二人（一說五人），職比中郎將，掌遠近表牒，關通內外。西漢有鼂錯、金欽曾任此官。東漢隸太子少傅，員二人，秩六百石。歷代沿置，隋朝改名太子宮門大夫。❾庶子　《漢書・百官公卿表》在太子太傅、少傅屬官中列有此職。《漢書・補注》引錢大昭考證認為漢有中庶子和庶子之分，故疑〈百官公卿表〉於「庶子」上脫一「中」字，其下又脫「庶子」二字。《漢書》之〈王莽傳〉、〈儒林傳〉、〈史丹傳〉有中庶子，而〈寬蓋傳〉、〈蕭育傳〉、〈傅喜傳〉又有中庶子、庶子二官。《後漢書・百官志》太子少傅屬官中亦有「太子庶子，四百石。本注曰：無員，如三署中郎」；「太子中庶子，六百石。本注曰：員五人，職如侍中」。中庶子職如侍中，亦即是太子之左右親近，年齡也多與太子相當，如馮野王「少以父任為太子中庶子，年十八」；王商與史丹也都是「少為太子中庶子」。任庶子者，如蕭育，「少以父任為太子庶子，元帝即位，為郎」；傅喜，「少好學問，有志行，哀帝立為太子，成帝選喜為太子庶子」（以上均見《漢書》各自列傳）。庶子之職名，西周〈邾公華鐘銘〉已見，《周禮》則列為夏官之屬。《宋書・百官志》記其沿革稱：「古者諸侯世祿，卿大夫之子即為副倅，謂之國子，天子諸侯子有庶子之官，以掌教之，秦因其名也。」❿洗馬　《漢書・百官公卿表》太子太傅、少傅屬官列有「先馬」。注引張晏曰：「先馬，員十六人，秩比謁者。」如淳曰：「前驅也。《國語》曰：『句踐親為夫差先馬。』先或作洗也。」《後漢書・百官志》本注引《舊注》曰：「太子出，則當直者在前導威儀。」漢初任洗馬者，如《漢書・汲黯傳》稱汲黯「以父任，孝景時為太子洗馬」。又云：「黯姊子司馬安亦少與黯為太子洗馬」。洗馬之職，大抵相當於朝官謁者，故武帝即位後即以汲黯為謁者。⓫舍人　《漢書・百官公卿表》太子太傅、少傅屬官列有此職。《通典・職官十二・東宮官》稱：「舍人，秦官也，漢因之。比郎中，選良家子孫。後漢無員，更直宿衛如三署郎中。凡帝初即位，未有太子，太子官屬皆罷，唯舍人不省，屬少府。」任此職者，見於《漢書》記載的如周仁，景帝為太子時任舍人，景帝初立，即拜仁為郎中令。鼂錯，文帝授以太子舍人、門大夫，後升為太子家令，時景帝為太子，稱錯為「智囊」；景帝即位，錯為內史。鄭當時、公孫賀，武帝為太子時任舍人，武帝即位，鄭位列九卿，賀遷至太僕，後為丞相。戾太子劉據，有太子舍人無且，巫蠱之禍起，「太子使舍人無且，持節夜入未央宮殿長秋門，因長御倚華具白皇后，發中廄車，出武庫兵，發長樂宮衛，告令百官曰：江充反」（《漢書・戾太子傳》）。從西漢任太子舍人者之經歷，可知此職地位頗為重要，東漢後權任漸輕。⓬後漢太子太傅秩中二千石掌輔導太子禮如師不領官屬　東漢太子太傅定員一人，秩中二千石，月俸為三百五十斛。東漢太子官屬由太子少傅管轄，故此處言太傅「不領官屬」。東漢首任太子太傅時，有過一次廷議。建武二十八年（西元二十五年）光武帝劉秀「大會百官，詔問誰可傅太子者，群臣承望上意，皆言太子舅執金吾原鹿侯陰識可。博士張佚正色曰：『今陛下立太子，為陰氏乎？為天下乎？即為陰氏，則陰侯可；為天下，則固宜用天下之賢才。』帝稱善，曰：『欲置傅者，以輔太子也。今博士不難正朕，況太子乎？』即拜佚為太子太傅，而以（桓）榮為少傅，賜以輜重、乘馬。」（《後漢書・桓榮傳》）⓭魏太子太傅為第三品　魏置太子太傅事，《三國志・魏書・何夔傳》有載：「魏國既建，文帝為太子，以涼茂為太傅，夔為少傅；特命二傅與尚書曹東並選太子諸侯官屬。茂卒，以夔代茂。每月朔，太傅入見太子，太子正法服而禮焉；他日無會儀。」其後，文帝、明帝都是在病危時才立太子，故均未見其有設置太子太傅及其官屬之記載。⓮皆為書不曰令　指太子若有事致文字於太傅、少傅，皆稱「書」，不稱「令」，連同下文「太傅於太子不稱臣」，皆所謂執弟子禮之表示。《後漢書・桓榮傳》載：榮以太子劉莊經學成畢，上疏光武帝稱謝，為此「太子報書曰：『莊以童蒙，學道九載，而典訓不明，無所曉識。夫五經廣大，聖言幽遠，非天下之至精，豈能與於此！況以不才，敢承誨命。昔之先師謝弟子者有矣，上則通達經旨，分明章句，下則去家慕鄉，求謝師門。今蒙下列，不敢有辭。願君慎疾加餐，重愛玉體。』」⓯晉初東宮不置詹事事由二傅　《宋書・百官志》稱「魏世無東宮」，故東宮始於晉初。詹事，戰國秦為管理太后、王后、太子諸宮庶務之官，魏晉後唯置於太子宮，故亦稱太子詹事。位三品，掌太子宮內外庶務。明帝後，久不立太子，遂省，其職由太子太傅、少傅兼攝。二傅，指太子太傅、少傅。《晉書・職官志》：「泰始三年（西元二六七年）武帝始建官，（太子太傅、少傅）各置一人，尚未置詹事，宮事無大小，皆由二傅，並有功曹、主簿、五官。太傅中二千石，少傅二千石。其訓導者，太傅在前，少傅在後。皇太子先拜，諸傅然後答之。」至「咸寧元年（西元二七五年）以給事黃門侍郎楊珧為詹事，掌宮事，二傅不復領官屬」。⓰少傅立草太傅書真　《通典・職官十二・東宮官》所載與此處同，《太平御覽》卷二四四太子太傅條引《晉起居注》則作「太傅立章，少傅寫之」。⓱以為儲副體尊遂命諸公居之而本司位重或行或領也　《晉書・職官志》在此句之前尚有「武帝後」三字，當據以補。武帝，指晉武帝司馬炎。儲副，指皇太子。亦稱儲君、儲嗣、儲宮、儲元、儲兩、儲貳等。諸公，泛指公卿高位要職。如李憙，歷宮御史中丞、司隸校尉，泰始三年（西元二六七年），武帝立皇子司馬衷為皇太子，以其為太子太傅。或行或領，指以諸公之本司位重，故兼領或兼行太子太傅或太子太師之職。如泰始中，「詔曰：『〔荀顗為〕侍中、太尉，溫恭忠允，至行純備，博古洽聞，耆艾不殆。其以公行太子太傅，侍中、太尉如故』」。又如楊駿，武帝遺詔稱其為「侍中、車騎將軍，行太子太保，領前將軍」（均見《晉書》本傳）。以重位兼攝太傅之職，目的在於提高太子地位。⑱咸寧中備太傅之職　咸寧，晉武帝司馬炎年號。「太傅」正德本作「六傅」。原注下文亦有「又備六傅」之句。「太」當是「六」之訛。六傅，指三師，即太子太師、太子太傅、太子太保；三少，即太子少師、太子少傅、太子少保。《晉書》上亦有「六傅」之說，如〈何劭傳〉：「惠帝即位，初建東宮，太子年幼，欲令親萬親，故盛選六傅，以劭為太子太師，通省尚書事。」又〈職官志〉：「詹事文書，關由六傅。然自元康之後，諸傅或二或三，或四或六。」《資治通鑑》卷八二〈晉惠帝紀〉亦載：「永熙元年（西元三〇六年）秋八月，壬午，立廣陵王遹為太子。以中書監何劭為太子太師，衛尉裴楷為少師，吏部尚書王戎為太傅，前太常張華為少傅，衛將軍楊濟為太保，尚書和嶠為少保。」胡三省注曰：「晉東宮六傅，唯此時具官。」⑲朗陵公何劭為太子太師　何劭，字敬祖，陳國陽夏（今河南太康縣）人，與晉武帝有總角之好，武帝即位，累遷侍中尚書。太熙元年（西元二九〇年）惠帝即位，立廣陵王遹為皇太子，何劭以中書監兼太子太師。⑳景帝　司馬師，字子元，司馬懿之長子。懿將殺曹爽，獨與師潛畫。事平，以功封長平鄉侯。正元初既諷帝廢后，乃廢帝，立高貴鄉公髦。武帝受禪建晉後，追尊為景帝。㉑安豐侯王戊為太傅　近衛校曰：「『戊』當作『戎』。」王戎，字濬沖，琅邪臨沂（今山東臨沂之北）人，以平吳功，進爵安豐縣侯。《晉書・惠帝紀》載，太熙元年（西元二九〇年）「吏部尚書王戎為太子太傅」。㉒武陵侯楊濟為太保　楊濟，字文通，弘農華陰（今陝西華陰縣）人，為楊駿之弟。《晉書・惠帝紀》稱「衛將軍楊濟為太子太保」。後與楊駿等一起被殺。㉓懷帝為太弟　懷帝，晉朝皇帝司馬熾，司馬炎之第二十五子。惠帝時，宗室諸王內鬨，趙王司馬倫敗，永興元年（西元三〇四年）十二月，以司馬熾為皇太弟。光熙元年（西元三〇六年）惠帝卒，司馬熾以皇太弟即皇帝位，年號永嘉，在位七年，由東海王司馬越執政。後被殺，終年三十歲。㉔東晉明帝在儲宮置保傅之位　明帝，司馬紹，字道畿，係元帝司馬睿長子，元帝為晉王，立為晉王太子，元帝即尊號，立為皇太子。其東宮官屬唯置太子太保、太傅之職，不設太子太師、少師。時以賀循為太子太傅。《晉書・賀循傳》稱：「及帝踐位，俄以循行太子太傅，太常如故。」《晉中興書》：「賀循字彥先，為太子太傅。詔曰：『循清真履道，秉尚貞貴，居身以沖約為本，立德以仁讓為行，躬訓儲宮，默而成化。』」㉕晉令　書名。《舊唐書・經籍志》著錄有《晉令》四十卷，晉賈充等撰。㉖進賢兩梁冠　進賢冠為儒者之冠。《晉書・輿服志》稱：「進賢冠，古緇布遺像也，斯蓋文儒者之服。前高七寸，後高三寸，長八寸，有五梁、三梁、二梁、一梁。」以梁之多寡顯示冠者官位之尊卑。秩二千石及千石以上，冠兩梁。㉗絳朝服　外披絳紗衣之朝服。五品以上官員陪祭、朝饗、拜表等大事則服之。㉘佩水蒼玉　古代官員按品級佩玉石。如一品山玄玉，二品以下水蒼玉。水蒼玉，因其色青而有水紋故名。《禮記·玉藻》：「大夫佩水蒼玉而純組綬。」㉙銀章青綬　銀製之印章，青色之綬帶。古代官員佩印，以其製作材質分金、銀、銅三等。唐制諸司則多用銅印。用以繫印之絲織綬帶，亦以其色澤分貴賤。漢時有赤、綠、紫、青、黑、黃數種。九卿、中二千石、二千石繫青綬，三采，青白紅，淳青圭，長一丈七尺，一百二十首。㉚宋齊梁並不置　此與諸書所載有異。如《通典·職官十二·東宮官》：「宋有太傅、少傅，各兼丞一人。其保傅並銀章青綬。齊與宋同。武帝時以王儉為少傅。舊太子敬二傅同，至是朝議接少傅以賓友之禮。梁太傅位視尚書令，少傅視左僕射。陳因之。自宋以下，唯有傅，而無師、保。」《宋書·百官志》：宋「太子太傅一人，丞一人；太子少傅一人，丞一人。」《南齊書·百官志》：齊有「太子太傅、少傅。府置丞、功曹、五官、主簿。」齊世祖即位，立長子蕭長懋為皇太子，「永明三年（西元四八五年），於崇正殿講《孝經》，少傅王儉以擿句令太子僕周顒撰為義疏。五年（西元四八七年）冬，太子臨國學，親臨策試諸生，於坐問少傅王儉」（《南齊書·文惠太子傳》）。《隋書·百官志上》：梁置「太子太傅一人，位視尚書令。少傅一人，位視左僕射」。天監六年（西元五〇七年）以臨川王蕭宏為司徒，行太子太傅；沈約為尚書令，行太子少傅。陳依梁制。陳之太子二傅品第二，秩中二千石。㉛後魏北齊置之正第二品號東宮三太　句末「三太」，當作「三師」。據《魏書·官氏志》，北魏孝文帝太和十七年（西元四九三年）頒職員令，有太子太師、太子太傅、太子太保，稱東宮三師，居從第一品上。太和二十三年（西元四九九年）復此職令，三師改列第二品。太和十七年立宇文恂為皇太子，以穆亮領太子太傅。據《隋書·百官志中》，北齊置「太子太師、太傅、太保，是為三師，掌師範訓導輔翊皇太子」。太子三師位列第二品，北齊任此職者，如趙郡王高琛，天保十年（西元五五九年）加太子太保；斛律光，大寧二年（西元五六二年）除太子太保。此外王昕之弟王晞，亦曾在北齊任太子太傅。㉜後周不置　據記載，北周亦應設有東宮官。任太子太師者，如〈大唐故翼城令饒陽男房府君墓誌銘〉：「君諱基。曾祖慶，周大都督、大將軍、太子太師。」任太子太傅者，如《北史·斛斯椿傳附子徵》：「天和六年（西元五七一年），除司宗中大夫，尋轉小宗伯。除太子太傅，仍小宗伯。」任太子太保者，如《周書·陸通傳附弟逞》：周武帝時，「東宮初建，授太子太保」。又見於庾信〈周太子太保步陸逞神道碑〉：「乃授太子太保，舊疾微增，奄捐館舍，建德二年（西元五七三年）五月十一日也。」㉝隋氏置之正第三品　據《隋書·百官志下》，隋太子置太師、太傅、太保，太子三師列正第二品。句中「三」當係「二」之訛。《隋書·高祖紀》載：文帝開皇元年（西元五八一年）立楊勇為皇太子，以觀國公田仁恭為太子太師，武德郡公柳敏為太子太保。㉞皇朝因之而加其秩　《舊唐書・職官志》載：「武德定令，〔太子三師〕加從一品也。」唐制太子六傅不必備，唯其人。《新唐書・百官志》稱：「太子太師、太傅、太保，各一人，從一品。掌輔導太子。每見，迎拜殿門，三師答拜；每門必讓，三師坐，太子乃坐。與三師書，前名『惶恐』，後名『惶恐再拜』。太子出，則乘路備鹵簿以從。」唐高祖李淵於武德元年（西元六一八年）即帝位後，即立建成為皇太子，以刑部尚書蕭造為太子太保；至六年（西元六二三年），又以杜伏威為太子太保。太宗李世民，於貞觀初立承乾為皇太子，以宋國公蕭瑀為太子少師；貞觀十六年（西元六四二年），又以魏徵為太子太師，次年廢承乾為庶人，更立晉王李治為皇太子，以長孫無忌為太子太師，房玄齡為太子太傅，蕭瑀為太子太保。並僅設太子三師而不設太子三少。

【語　譯】太子太師、太子太傅、太子太保，各一人，品秩都是從一品〔下〕。《禮記》中說：「三王對太子的教養，宮內設保，外出有師。」《史記》記載：「秦孝公任用商鞅，實施變法，由於太子違法，而對太子的師、傅處以黥刑。」這說明當時秦國已設有太子師、傅的官職了。西漢只設置太傅，品秩二千石，屬官有太子門大夫、庶子、洗馬和舍人等。東漢時，太子太傅品秩為中二千石，職掌是輔導太子，禮遇與太師相同，不領官屬。到三國魏，太子太傅的品秩列為第三品。依漢魏的先例：皇太子對太子太傅和少傅要行弟子之禮，對他們行文都稱「書」，不稱「令」；太傅對太子不必自稱臣。西晉初年，東宮尚未設置詹事這一官職，有關事務由太傅、少傅處理，太子文書由少傅起草，太傅定稿。〔晉武帝後，〕認為皇儲之位尊貴，因而要讓公卿重臣來擔任三師的職務，考慮到他們本司的任務亦很重要，所以不妨採取兼行或兼領的辦法。到咸寧時期，方始完備了太（六）傅的職位：以朗陵公何劭為太子太師——為避景帝的名諱，把「太師」改成了「太帥」；以安豐侯王戎為太傅，武陵侯楊濟為太保。此後，三師的職位有時設置，有時省去。晉懷帝為皇太弟時，又配備了六傅。東晉明帝還在儲宮時，曾設置了太保、太傅的職位，但沒有太師和少師。《晉令》規定：「太子太保的品秩為第三品，戴進賢兩梁冠，披絳紗穿朝服，佩水蒼玉和銀章、青綬。」南朝的宋、齊、梁都不設太子三師，北魏、北齊又置，品秩列為正第二品，號稱「東宮三太（師）」。北周不置。隋朝設有太子三師，品秩為正第三（二）品。本朝因承隋制，並提高了它們的品秩。太子出行時，三師可乘路輅，並備鹵簿隨行。

太子三師，是以道義和德行輔教太子的職官，要使太子包括日常的動靜起居和言談視聽，都能有所師法。

【說 明】中國古代儲君之制，即現今所謂接班人的問題，是維繫和延續封建王朝的一項極重要的制度。此制在三代形成傳統的做法，是「兄終弟及」和「父死子繼」。據《史記》商代的世系相率是「兄終弟及」，周代則多為「父子繼立」。王國維〈殷周制度論〉稱：商代「自成湯至於帝辛三十帝中，以弟繼兄者凡十四帝，其以子繼父者，亦非兄之子，而多為弟之子」，「故商人祀其先王，兄弟同禮，即先王兄弟之未立者，其禮亦同」。若按此制，周初武王去世，成王尚年幼，以德以長，都應由武王之弟周公繼位，「而周公乃立成王而己攝之」，可知「傳子之法，實自周始」（《觀堂集林》）。從文獻記載看也是如此：《禮記》有〈文王世子篇〉，《春秋傳》載王世子會於首止，都明確了嫡長的地位。那時諸侯的嫡子亦可稱世子或太子，各諸侯國也多以嫡長世襲繼位。秦始皇建立了中國歷史上第一個大統一的集權專制王朝，並且明確宣佈：「朕為始皇帝。後世以計數，二世、三世至於萬世，傳之無窮。」（《史記．秦始皇本紀》）但他沒有預立太子的具體措施，扶蘇雖為長子卻沒有早定名分，致使「胡亥詐立，自使滅祀」（《漢書．叔孫通傳》）。也許以此為殷鑒吧，漢高祖劉邦在立國的第二年（西元前二〇五年），就預立了太子。此後皇位的父子相傳，立嫡立長之制，縱然曲折頗多，但在總體上，特別是在觀念上，一直被延續了下來，直至清末。

在建立皇太子繼承制度的同時，圍繞對太子的教育與培養，包括對其日常生活起居服務的一套東宮官制度，也逐步建立和完備起來。太子官為宮官，與朝官屬於兩個系統，在通常情況下，它又是未來太子繼位後朝廷官員的班底，從某種意義上說，猶如一個「影子內閣」。只是皇太子被立起來時，大多還是稚童，因而師保之官便成為東宮官的主要成員。關於為太子設置師保，新近的考古資料提供了一個可貴的實例。一九九三年十月，湖北省荊門市沙洋區四方鄉郭店村一號楚墓中，出土了一批楚文字竹簡，其中有道家著作兩種四篇，儒家著作十一種十四篇，都是極珍貴的文獻。學者們大多認為一號墓墓主是位「東宮之師」，亦即楚國太子的太師，這些文獻便是經過他挑選的當時著作的精品，太師生活的年代應是在從孔子到孟子之間，即春秋戰國之交。《大戴禮記．保傅篇》則更把設置師保的時間上推到周成王時：「昔者，周成王幼，在襁褓之中，召公為太保，周公為太傅，太公為太師。保，保其身體；傅，傅其德義；師，導之教順，此三公之職也。於是為置三少，皆上大夫也。曰少保，少傅，少師，是與太子宴者也。故孩提，三公、三少固明孝仁禮義以導習之也，逐去邪人，不使見惡行。於是比選天下端士，孝悌閑博有道術者，以輔習之，使之與太子居處出入。故太子目見正事，聞正言，行正道，左視右視，前後皆正人。夫習與正人居，不能不正也。猶生長於楚，不能不楚言也。故擇其所嗜，必先受業，乃得嘗之；擇其所樂，必先有習，乃得為之。孔子曰：『少成若性，習慣之為常。』此殷周之所長有道也。」同書對教養太子的意義，提高到無以復加的程度，如稱：「天下之命懸於天子，天子之善在於早諭教與選左右；心未疑而先教諭，則化易成也。夫開於道術，知義理之指，則教之功也。」又云：「夫教得而左右正，左右正則天子正矣。天子正而天下定矣。《書》曰：『一人有慶，萬民賴之。』此時務也。」這些話聽起來是那樣耳熟，原因是近幾十年來，接班人的問題也被作了有過之無不及的宣傳。若追溯一下，其源蓋出於此。

但在漢代初期，身負如此重任的太傅，其官位並不高。如叔孫通為太子太傅，位次於太常。開始其職能也側重在輔保方面，教授經籍之事似乎還沒有提到日程上來。因而在武帝以前任太子太傅者，除叔孫通為文學博士外，或者如石奮「無文學」，卜式「不習文章」，又如衛綰，更「以戲為郎」，文化素養都不怎麼高。這種情況昭、宣以後有了較大改變。其時為太子太傅者，多係名儒碩士，教授的功能亦逐漸成為主要方面。如宣帝時疏廣任太子太傅，「在位五歲，皇太子年十二，通《論語》、《孝經》」；蕭望之「為太傅，以《論語》、《禮服》（指《禮記・喪服》）授皇太子」（見《漢書》各自本傳）。所以漢元帝自幼便是在這兩位太傅的儒學熏陶下成長的。宣帝臨終時，又命太傅蕭望之、少傅周堪受遺詔輔佐元帝。這也說明自昭宣以後，太子二傅的地位有了明顯提高，後來他們大多得到了升遷，有的位至三公。如元帝時匡衡為太子少傅數年，後來代韋玄成為丞相。師丹在成帝時任太子太傅，待到哀帝即位，「丹自以師傅居三公位，得信於上」（《漢書・師丹傳》）。然而有一個耐人尋味的現象是：漢之國勢卻亦正是從昭宣以後走向衰弱，元、成、哀、平可說是一代不如一代。這當然有多種因素造成，但對太子即未來執政者的教養問題，似也該是因素之一。如上面所說，元帝自幼接受了深厚的儒學素養，還在他為太子時，曾從容對其父宣帝說：『陛下持刑太深，宜用儒生。』宣帝作色曰：『漢家自有制度，本以霸王道雜之，奈何純住（任）德教，用周政乎！且俗儒不達時宜，好是古非今，使人眩於名實，不知所守，何足委任！』乃歎曰：『亂我家者，太子也！』（《漢書・元帝紀》）這裡不僅涉及到「以霸王道雜之」這一漢家固有的指導思想是否能始終貫徹的問題，還提出了一個如何全面地教養太子的問題。從宣帝的喟嘆中不難看出，他心目中的漢家皇太子，不能只單純接受儒家的傳統教育，還必須具備全面的文化素養和相應的心理素質，包括運用政治權術方面的實際鍛煉。或許下述引自《北齊書·廢帝紀》的一段史料，有助於我們進一步從感性方面來理解這一問題。北齊文宣帝高洋立高殷為太子，先後令國子博士李寶鼎、邢峙為太子太傅和侍講。太子接受的是傳統的儒學，「溫裕開朗，有人君之度，貫綜經業，省覽時政，甚有美名」。但高洋卻「每言太子得漢家性質不似我，欲廢之」。為了考驗太子，一次他在「金鳳臺，召太子使手刃囚。太子惻然有難色，再三不斷其首。文宣怒，親以馬鞭撞太子三下，由是氣悸語吃，精神時復昏擾」。高洋的做法專橫、殘忍，我們平常人自然會很反感，但他作為那個時代的一國之君，自有其獨特的思維方式。在他看來，一個沒有勇氣親手操刀殺人的人，又如何能具有足夠的膽識和魄力去戰勝各類對手、統治一個國家呢？確實的，帝王制度的本質是集權專制，這就決定了皇權的擁有者不可能那樣溫良恭儉讓，必須是能夠壓倒所有覬覦者的強者，這也就是中國歷史上那些頗有作為的帝王，往往同時又極其殘忍甚至是暴君的原因。政治家不是道德家，更不是慈善家，這本是常識。但在傳統思想影響下，美化、神化所謂王者成了時髦，彷彿一個人戰勝對手擁有了天下，必然同時擁有最完美的品德和人性，真所謂謦咳成珠，渾身上下都成了萬千臣民仿效和膜拜的典範。與其如此，倒真還不如請漢宣帝或齊文宣帝來上一課，至少他們不偽飾。

東漢基本上沿襲著西漢確立的太子二傅之制，光武帝以博士張佚為太子太傅，桓榮為太子少傅，亦是著眼於對太子進行以儒家為主體的文化素質教育。太子劉莊，即後來的漢明帝，便是在這一時期完成了儒家五經的學業，他也畢竟只能做一個守成之主。

西晉東宮之輔，至惠帝永熙元年（西元二九〇年）配備齊全。但惠帝司馬衷是個先天性的低能兒，因而真正的決策者，應是他父親武帝司馬炎。《晉書·惠帝紀》載：「帝之為太子也，朝廷咸知不堪政事，武帝亦疑焉」。但武帝疑而不決，終於還是讓這個近似白癡的兒子繼了位，以至當天下荒饉，百姓多餓死時，這位皇帝卻說出「何不食肉糜」這樣的蠢話。此事後來引起了唐太宗李世民對晉武帝的一番評論：「惠帝可廢而不廢，終使傾覆洪基。夫全一人者德之輕，拯天下者功之重，棄一子者忍之小，安社稷者孝之大。」（《晉書·武帝紀》，此紀之論係李世民所作）當時朝臣中也曾有人提醒過武帝，那便是任司空的衛瓘。《晉書・本傳》稱：「惠帝之為太子也，朝臣咸謂純質，不能親政事，瓘每欲陳啟廢之，而未敢發。後會宴陵雲臺，瓘託醉，因跪帝床前曰：『臣欲有所啟。』帝曰：『公所言何耶？』瓘欲言而止者三，因以手撫床曰：『此座可惜！』帝意乃悟，因謬曰：『公真大醉耶？』瓘於此不復有言。」這段文字敘述得十分委婉傳神，從中可以看出，臣下想要向皇帝有所進言，特別是涉及像太子問題這樣一觸即發的地雷區，要冒多大的風險！儘管膽戰心驚的衛瓘一聽皇帝話中有話，「於此不復有言」，但處處隔牆有耳的禁宮之內還是立刻謠諑四起，結果是「瓘慚懼，告老遜位」。但另一方面，晉武帝也處在左右為難中。他明知太子衷是「扶不起的阿斗」，但立而後廢，就難免一場軒然大波。無奈中他只得把希望寄託在皇孫即惠帝的長子司馬遹身上。所以本章原注中「以為儲副體尊，遂命諸公居之……」那段話，並非武帝對太子而發，而是就皇孫而言的。《晉書・愍懷太子傳》稱其「幼而聰慧，武帝愛之，恆在左右。嘗與諸皇子共戲殿上，惠帝來朝，執諸皇子手，次至太子，帝曰：『是汝兒也。』惠帝乃止。宮中嘗失火，武帝登樓望之。太子時年五歲，牽帝裾入闇中。帝問其故，太子曰：『暮夜倉卒，宜備非常，不宜令照見人君也。』由是奇之。嘗從帝觀豕牢，言於帝曰：『豕甚肥，何不殺以享士，而使久費五穀？』帝嘉其意，即使烹之。因撫其背，謂廷尉傅祗曰：『此兒當興我家。』嘗對群臣稱太子似宣帝，於是令譽流於天下。」司馬遹五歲，正好是咸寧五年（西元二七九年），便開始為他設置傅保，即本章原注稱：「咸寧中，備六傅之職。」付之於實踐，當在武帝末年或惠帝初即位之時。據同書記載：「時望氣者言廣陵有天子氣，故封為廣陵王，邑五萬戶。以劉寔為師，孟衍為友，楊準、馮蓀為文學。」司馬遹正式被立為太子，大約是十四歲。於是「又盛選德望，以為師傅。以何劭為太師，王戎為太傅，楊濟為太保，裴楷為少師，張華為少傅，和嶠為少保。元康元年（西元二九一年），出就東宮，又詔曰：『遹尚幼蒙，今出東宮，惟當賴師傅群賢之訓。其游處左右，宜得正人使共周旋，能相長益者。』於是使太保衛瓘息庭，司空泰息略，太子太傅楊濟息毖，太子少師裴楷息憲，太子少傅張華息禕，尚書令華廙息恆，與太子游處，以相輔導焉」。不僅六傅配備齊全，而且相與游處的，也特聘了一批當時顯赫的貴族子弟。在這樣一個運用至上的皇權刻意製造出來的、所有物質精神條件都屬當時第一流的生存環境中，這位「幼而聰慧」的皇太子結果又是如何呢？「及長，不好學，惟與左右嬉戲，不能尊敬保傅」。超等優越的生存環境，反而使少年泯滅了純潔聰靈的天性，變得那樣目空一切：在後園遊戲，偏愛埤車小馬，「令左右馳騎，斷其鞅勒，使墮地為樂。或有犯忤者，手自捶擊之」。還有一個怪脾氣：喜歡學做買賣：「於宮中為市，使人屠酤，手揣斤兩，輕重不差」；「又令西園賣葵菜、籃子、雞、麵之屬，而收其利」，堂堂東宮，竟被弄成了一個菜市場。洗馬江統、舍人杜錫等雖也曾有所規勸，但他哪裡聽得進去。在皇太子的這一演變過程中，有一個人始終等著看好戲的，那便是賈后。起初她使人慫恿太子趁著年少及時行樂，繼而又利用宮中一棵桑樹枯死這樣的自然現象造謠惑眾將太子廢為庶人，最後又派人向太子送毒酒，太子不飲，索性活活將他椎殺。至此，晉武帝為這個短命皇孫所作的那一整套精心設計，連同他那個「此兒當興我家」的希望，全都付諸東流。不過太子六傅的設置，作為一種東宮職官制度，還是被凝固了下來。

唐初高祖武德元年（西元六一八年）立建成為皇太子時，只以刑部尚書蕭造為太子太保，而建成是靠自己在戰爭中歷練獲得才幹的。六年（西元六二三年），又以原為江淅間割據政權首領、後歸唐的杜伏威為太子太保，實為虛名籠絡，借以扣押其在長安，待到其餘部輔公祏反，杜伏威也據說因好神仙長生術餌雲母被毒而「暴卒」於長安。太宗李世民於武德九年（西元六二六年）即帝位，同時立承乾為皇太子，也只以宋國公蕭瑀為太子少師，並未廣置六傅。至貞觀十六年（西元六四二年），太宗對廢去承乾的太子地位尚處於猶豫不決時，曾以魏徵為太子太師，知門下省事如故。《舊唐書．魏徵傳》載其事稱：「及皇太子承乾不修德業，魏王泰寵愛日隆，內外庶僚，並有疑議。太宗聞而惡之，謂侍臣曰：『當今朝臣忠謇，無踰魏徵，我遣傅皇太子，用絕天下之望。』十六年（西元六四二年），拜太子太師，知門下省事如故。徵自陳有疾，詔答曰：『漢之太子，四皓為助，我之賴公，即其義也。知公疾病，可臥護之。』」所以任魏徵為太子太師，實際成了借以穩定朝野人心的一支策略籌碼。但到次年，太宗還是下決心廢了承乾，另立晉王李治為太子，同時以長孫無忌為太子太師，房玄齡為太傅，蕭瑀為太保。之所以要以最高的政治規格來設置太子三師，主要也是從當時政治局勢著眼的，太宗無非想借此表明：他的這一廢一立，已鐵定不變，希望在這權力交替之際，能上下一致，平穩過渡。「貞觀十七年（西元六四三年）十一月二十八日，誕皇太孫，太子宴宮寮於宏教殿，太宗幸東宮，自殿北門入，謂宮臣曰：『頃來生業稍可，非乏酒食，而唐突公等宴會，朕有甲館之慶，故就公為樂耳。』謂太子曰：『爾國之儲貳，府藏是同，金玉琦羅，不足為賜，但先王典籍，可鑑戒耳。』因賜《尚書》、《毛詩》、《孝經》

各一部。太子太傅蕭瑀曰：『今所賜書，請陳其要。』上許之。瑀內先說《孝經》，次述《尚書》，末敘《毛詩》。咸舉其要旨，申明義趣，可為深識者，皆委曲言之。上大悅，以為師傅得人。」（《唐會要》卷六七）但這次設置太子六傅，最終的結果，也與太宗的初衷大相逕庭。由於李治的軟弱無能，東宮班底因利害關係很快產生分裂，實際繼太宗皇位的偏偏不是李治，而是武則天。所以只要簡略聯繫一下歷史事實，便可知所謂太子六輔的設置，大多屬於形式，無非借以顯示老皇帝的某種願望而已。在帝王制度條件下，權力的交接不是賭場，就是戰場，大多是在無序狀態下進行的。老皇帝只要一嚥氣，他的至高無上的權威立刻從沸點降到冰點。什麼遺詔、遺囑也好，或者叫作「既定方針」也好，對新皇帝有利的，也許會被鼓吹一番；不對胃口的，或者來一個陽奉而陰違之，或者乾脆拋到九霄雲外。所以對歷史上設置六輔一類記載，似可不必過於當真。

最後，順便提一下：就東宮官屬體系而言，三師三少為非常設官（東宮常設官為詹事等，詳下篇），即或有設，亦並非一定要六傅全備，往往因人、因事而異，且歷朝歷代各不相同，此處不再贅言。

二

太子少師一人，少傅一人，少保一人，並正二品❶。

《禮記》❷云：「三王教太子，立太傅以養之，太傅在前，少傅在後❸。」秦、漢因之。〈百宮表〉❹：「太傅少傅秩二千石❺。」後漢秩中二千石，總領東宮官屬❻。魏故事：太傅於太子不稱臣，少傅稱臣。晉咸寧❼中備六傅❽之職，始置少師、少保，以臨海侯裴楷為少師❾，以上蔡伯和嶠為少保❿。其後或置或省。至晉懷帝為太弟⓫，又備六傅之職。東晉明帝在儲宮，置保、傅之位，而無師⓬。歷宋、齊、梁、陳並不置⓭。後魏、北齊皆置之，號「東宮三少」⓮。隋氏降太師一等⓯，皇朝因之⓰。太子出入，則乘輅備儀，以為後從。

太子三少掌奉皇太子以觀三師之道德而教諭焉。凡三師、三少官不必備，唯其人；無其人則闕之。

【章旨】敘述太子少師、少傅、少保之定員、品秩、沿革和職掌。

【注釋】❶並正二品 《舊唐書·職官志》官品總敘、《新唐書·百官志》及《通典·職官二十二·大唐官品》均作「從二品」，唯《舊唐書·職官志》太子三少員品條同此。❷禮記 儒家經典之一。相傳為西漢戴德之姪戴聖所編撰，故亦稱《小戴記》或《小戴禮記》。係先秦及秦漢間各種禮儀論著之選集，今本為東漢鄭玄注本。❸三王教太子立太傅以養之太傅在前少傅在後 摘自《禮記·文王世子》。原文為：「三王教世子，立太傅、少傅以養之，欲其知父子君臣之道也。太傅審父子君臣之道以示之，少傅奉世子以觀太傅之德行而審喻之。太傅在前，少傅在後；入則有保，出則有師，是以教喻而德成也。」故此句在「立太傅」之下，當補以「少傅」二字。太傅在前，少傅在後，與「入則有保，出則有師」相對而言，前指行步，後指居處，合而意謂太子時時處處皆有人輔翼。❹百宮表 據正德本當為「百官表」。即《漢書》之〈百官公卿表〉。❺太傅少傅秩二千石 句中第一「傅」字，近衛校正德本以為「當作『子』。」是。應為「太子少傅秩二千石」。秩二千石者，月俸為一百二十斛。❻後漢秩中二千石總領東宮官屬 《後漢書·百官志》稱：「太子少傅，二千石。本注曰：亦以輔導為職，悉主太子官屬。」句中「中」疑為衍字。❼咸寧 晉武帝司馬炎年號。❽六傅 指三師、三少，即太子太師、太傅、太保，與太子少師、少傅、少保。❾以臨海侯裴楷為少師 裴楷，字叔則，河東聞喜（今山西聞喜縣）人，以善於清談與王戎、山濤等齊名。晉惠帝太熙元年（西元二九〇年），以司馬遹為太子，任裴楷為太子少師。又，據《晉書·裴楷傳》，裴楷封臨海侯在任太子少師以後。❿以上蔡伯和嶠為少保 和嶠，字長輿，汝南西平（今河南舞陽之南）人，其父和逌，魏之吏部尚書，襲父爵而為上蔡伯。《晉書·和嶠傳》稱其於惠帝即位時「拜太子少傅，加散騎常侍、光祿大夫」；然《晉書·愍懷太子傳》記其職為「少保」，而以「張華為太傅」。《晉書·張華傳》亦載：「惠帝即位，以華為太子少傅。」⓫晉懷帝為太弟 懷帝，西晉皇帝司馬熾，司馬炎之第二十五子。惠帝時宗室諸王內鬨，趙王司馬倫敗，永興元年（西元三〇四年）十二月以司馬熾為皇太弟。光熙元年（西元三〇六年）惠帝卒，司馬熾以皇太弟即皇帝位，年號永嘉，在位七年，由東海王司馬越執政。後被殺，終年三十歲。⓬東晉明帝在儲宮置保傅之位而無師　明帝，司馬紹，字道畿，元帝司馬睿之長子。為太子時，唯置太子太傅、太保、少傅、少保，不設太師、少師。任其太傅者，先後為賀循、王導，少傅則為薛綜、周顗。⓭歷宋齊梁陳並不置　史著還是有所記載。如《宋書・百官志》：宋有「太子太傅一人，丞一人；太子少傅一人，丞一人。」只是未見任此職之人選。《南齊書・百官志》：南齊有「太子太傅、少傅，少置丞、功曹、五官、主簿」。世祖永明初，王儉曾以本官領太子詹事，至永明三年（西元四八五年）又領太子少傅，五年（西元四八七年）就《禮記・曲禮》與文惠太子問答。《隋書・百官志》：梁置「太子太傅一人，位視尚書令；少傅一人，位視左僕射。」梁在天監元年（西元五〇二年）立蕭統為皇太子，五年（西元五〇六年）出居東宮，次年以臨川王蕭宏為司徒，行太子太傅；尚書左僕射沈約為尚書令，行太子少傅。陳依梁制，據《隋書・百官志》陳之太子二傅品第二，中二千石。自宋以下，唯有二傅，而無師、保。⓮後魏北齊皆置之號東宮三少　據《魏書・官氏志》，北魏孝文帝太和十七年（西元四九三年）所頒之職員令，設有太子少師、太子少傅、太子少保之「東宮三少」，位列第二品上。太和二十三年（西元四九九年）復次職令，「東宮三少」位列第三品。《魏書・崔光傳》：延昌二年（西元五一三年）「世宗幸東宮，召光與黃門甄琛、廣陽王淵等，並賜坐，詔光曰：『卿是朕西臺大臣，今當為太子師傅。』光起拜固辭，詔不許。即命肅宗出，從者十餘人，敕以光為傅之意，令肅宗拜光。光又拜辭，不當受太子拜，復不蒙許，肅宗遂南面再拜。詹事王顯請從太子拜，於是宮臣畢拜。光北面立，不敢答拜，唯西面拜謝而出。於是賜光繡綵一百匹，琛淵等各有差。尋授太子少傅。」據《隋書・百官志中》，北齊置「少師、少傅、少保，是為三少，各一人，掌奉皇太子，以觀三師之德。出則三師在前，三少在後。」北齊任此職者，有：邢邵，《北齊書・封隆之附其弟子孝琬傳》提及其為太子少師；魏收，天保八年（西元五五七年）除太子少傅；許惇，於世祖武成帝時曾歷太子少保、少師。⓯隋氏降太師一等　近衛校曰：「『太』當作『三』。」據《隋書・百官志》，隋太子三師列正二品，太子三少為正三品，故稱三少降三師一等。隋文帝開皇元年（西元五八一年）立楊勇為皇太子，以濟南郡公孫恕為太子少傅，開府蘇威為太子少保。⓰皇朝因之　唐因隋制，亦設太子少師、少傅、少保。高祖武德中定令，其品秩由隋之正三品增為正二品。《唐會要》卷六七東宮官條：「先天元年（西元七一二年）二月二十六日，詔東宮三師三少宜開府，置令、丞各一人，仍隸詹事府也。」此事尋廢。太宗貞觀元年（西元六二七年）立承乾為皇太子時，曾以宋國公蕭瑀為太子少師。高宗永徽三年（西元六五二年）立陳王李忠為皇太子時，以左僕射于志寧為太子少師，右僕射張行成兼太子少傅，侍中高季輔兼太子少保；未設太子三師。永徽七年（西元六五六年）立代王李弘為太子時，于志寧又由太子少師為太子太傅，另任崔公禮為太子少師。

【語　譯】太子少師、少傅、少保，定員各一人，品秩都是正二品。《禮記》中說：「三王為教養太子，設置了太傅〔、少傅〕，太傅在前，少傅在後。」秦漢都因承周制。《漢書·百官公卿表》記載：「太傅（子）少傅的品秩是二千石。」東漢太子少傅的品秩為〔中〕二千石，由太傅總領東宮的官屬。漢魏的先例：太傅對太子不必稱臣，少傅則要稱臣。西晉武帝咸寧時期，太子六輔的職位建置完備，並首次設置了太子少師和少保，由臨海侯裴楷出任太子少師，上蔡伯和嶠擔任太子少保。此後有時設置，有時省去。到晉懷帝為皇太弟時，又配備了太子六傅的職位。東晉明帝司馬紹當他還在東宮做太子時，曾設置過少傅、少保，但沒有少師。南朝歷經宋、齊、梁、陳，都不設置太子師、保。北朝的北魏和北齊則設有太子少師、少傅、少保，號稱「東宮三少」。隋代太子三少的品秩比太子三師低一等，為正三品。本朝因承隋制，亦設三少。太子出入時，太子三少乘輅車，備禮儀，作為太子的隨從。

太子三少職掌是，侍奉皇太子學習太子三師教授的道義和德行，並做好輔導教育。至於三師、三少的官職，不一定都要全備，主要看是否有適當的人選，沒有的話，寧可缺而不置。

【說　明】上章原注追述三師的沿革，至北周，記為「不置」；本章原注對北周是否有三少之設，則未予提及。茲據散見於《周書》的某些記載，作些補充說明。

北周官制，總體上是依《周禮》六官設職，因六官中未有東宮官屬，故其對皇太子師、保之設，仍基本沿襲魏晉以來體制，只是名稱稍作改易而已。如武帝宇文邕立其長子宇文斌為皇太子，便以宇文孝伯為左宮正。宮正原為《周禮》天官之屬，「掌王宮之戒令糾禁，以時比宮中之官府、次舍之眾寡，為之版以待」。北周僅採其名，分左、右，掌匡正輔弼太子，亦即師、保之職。《周書·宇文孝伯》載：「建德之後，皇太子稍長，既無令德，惟昵近小人，孝伯向高祖曰：『皇太子四海所屬，而德聲未聞。臣忝宮官，寔當其責。且春秋尚少，志業未成，請妙選正人為其師友，調護聖質，猶望日就月將。如或不然，悔無及矣。』帝斂容曰：『卿世載鯁直，竭誠所事。觀卿此言，有家風矣。』孝伯謝曰：『非言之難，受之難也。深願陛下思之。』帝曰：『正人豈復過君。』於是以尉遲運為右宮正，孝伯仍為左宮正。」又，《周書・樂運傳》稱：建德二年（西元五七三年）「高祖謂運曰：『卿來日見太子不？』運曰：『臣來日奉辭。』高祖曰：『卿言太子何如人？』運曰：『中人也。』時齊王憲以下，站在帝側。高祖謂憲等曰：『百官佞我，皆云太子聰明睿知，唯運獨云中人，方驗運之忠直耳。』於是因問運中人狀，運對曰：『班固以齊桓公為中人，管仲相之則霸，豎貂輔之則亂。謂可與為善，亦可與為惡也。』高祖曰：『我知之矣。』遂妙選宮官，以匡弼之。」當時以王褒為太子少保，蕭圓肅為太子少傅。為此蕭圓肅還寫了一篇〈少傅箴〉，其文見於其《周書》本傳。實際上這些措施已很難改變宇文斌的頑劣本性。後來武帝讓他西征吐谷渾，而軍中之事實際皆取決於受命隨軍輔佐的宇文孝伯等。武帝再一次見到宇文孝伯，「帝問之曰：『我兒比來漸長進不？』答曰：『皇太子比懼天威，更無罪失。』及王軌因內宴捋帝鬚，言太子之不善，帝罷酒，責孝伯曰：『公常語我，云太子無過。今軌有此言，公為誑矣。』孝伯再拜曰：『臣聞父子之際，人所難言。臣知陛下不能割情忍愛，遂爾結舌。』帝知其意，默然久之，乃曰：『朕已委公矣，公其勉之。』」（《周書・宇文孝伯傳》）引文中提到的王軌，雖不任師保之職，但也敢於直言太子之失，並為此付出了生命，值得介紹幾句。《周書》本傳說他累功進位柱國，拜徐州總管，太子西征吐谷渾，他與宇文孝伯並隨軍輔佐。「時宮尹鄭譯、王端等並得幸帝（指太子，後即位為宣帝。下同），帝在軍中頗有失德，譯等皆預焉。軍還，軌等言之予高祖（指武帝。下同），武帝大怒，乃撻帝，除譯等名，仍加捶楚。帝因此大銜之」。但耿直的王軌，對自己即將面臨的險境，似乎並不顧忌，又幾次為太子事進諫武帝，包括前面引文中提到的因內宴為武帝祝壽，「捋帝鬚，言太子不善」。捋鬚是古人對長者表示祝壽的一種親密的禮節，大概是為了製造一種可以「言太子不善」的氣氛。當時武帝也「深以為然，但漢王次長又不才，此外諸子並幼，故不能用其說」（《周書・王軌傳》）。

待到太子即位為宣帝，鄭譯等親信立即復為近侍，一場可怕的報復性殺戮就此開始。宣帝「乃問譯曰：『我腳上杖痕，誰所為也？』譯答曰：『事由宇文孝伯及王軌。』譯又說王軌捋鬚事。帝乃誅軌。尉遲運懼，私謂孝伯曰：『吾徒必不免禍，為之奈何？』孝伯對曰：『今堂上有老母，地下有武帝，為臣為子，知欲何之。且委質事人，本徇名義，諫而不入，將焉逃死，足下若為身計，宜且遠之。』於是各行其志，運尋出為秦州總管。然帝荒淫日甚，誅戮無度，朝章弛紊，無復綱紀。孝伯又頻切諫，皆不見從，由是益疏斥之」，最後終於被宣帝「賜死」（《周書・宇文孝伯傳》）。

以上簡略的引錄，說明北周太子師、保之職不僅有置，而且由武帝擇定的人選還是相當盡職的。至於所有這一切努力，依然無法改變武帝那個接班人的已經定型的頑劣本性，到他一上臺，又造成了那樣慘重的悲劇，這需要從集權專制的本質中去尋找原因。因為在這種體制下，所有擔負監督職能的官員和機構，亦包括有關的典章制度或法律條文，都是管下不管上的；那個手握國家全部最高權力，因而無論從理論上或實踐上說來都是最需要接受監督的人，卻偏偏絕對不容許別人有任何監督。這樣一旦他要使起壞來，就誰也奈何他不得！

三

太子賓客四人，正三品。《漢書》❶：「高祖欲廢太子。呂氏用張良計，致商山四皓，以為賓客❷。」又：「孝武帝為太子立博望苑，使通賓客❸。」則其義也。若有宴賜諸司長官，太子賓客則皆預焉。

太子賓客掌侍從規諫，贊相禮儀，而先後焉。凡皇太子有賓客宴會，則為之上齒❹。

【章旨】敘述太子賓客之定員、品秩、沿革和職掌。

【注釋】❶漢書　東漢班固撰。我國第一部斷代史，一百篇，分一百二十卷。❷高祖欲廢太子呂氏用張良計致商山四皓以為賓客　高祖，指漢高祖劉邦。太子，指劉邦長子劉盈，即後來之漢惠帝。呂氏，漢高祖之后呂雉，字娥姁，惠帝之母。張良，字子房，韓人，出身於韓國貴族世家，為劉邦主要謀臣之一。商山四皓，隱居於商雒山之四位老人，因已鬚眉皆白，故稱四皓。《漢書》顏師古注：「謂園公、綺里季、夏黃公、甪里先生，所謂商山四皓也。」引文見《漢書‧張良傳》，係摘錄。原文記此事過程較詳，文中稱：「上欲廢太子，立戚夫人子趙王如意。大臣多爭，未能得堅決也。呂后恐，不知所為，或謂呂后曰：『留侯善畫計，上信用之。』呂后乃使建成侯呂澤劫良曰：『君常為上謀臣，今上日欲易太子，君安得高枕而臥？』良曰：『始上數在急困之中，幸用臣策，今天下安定，以愛欲易太子，骨肉之間，雖臣等百人何益！』呂澤強要曰：『為我畫計。』良曰：『此難以口舌爭也。顧上有所不能致者四人。四人年老矣，皆以上嫚侮士，故逃匿山中，義不為漢臣。然上高此四人。今公誠能毋愛金玉璧帛，令太子為書，卑辭安車，因使辨士固請，宜來。來，以為客，時從入朝，令上見之，則一助也。』於是呂后令呂澤使人奉太子書，卑辭厚禮，迎此四人。四人至，客建成侯所」。「漢十二年（西元前一九五年），上從破〔英〕布歸，疾益甚，愈欲易太子。良諫不聽，因疾不視事。叔孫太傅稱說引古，以死爭太子。上陽許之，猶欲易之。及宴，置酒，太子侍。四人者從太子，年皆八十有餘，鬚眉皓白，衣冠甚偉。上怪，問曰：『何為者？』四人前對，各言其姓名。上乃驚曰：『吾求公，避逃我，今公何自從吾兒游乎？』四人曰：『陛下輕士善罵，臣等義不辱，故恐而亡匿。今聞太子仁孝，恭敬愛士，天下莫不延頸願為太子死者，故臣等來。』上曰：『煩公幸卒調護太子。』四人為壽已畢，趨去。上目送之，召戚夫人指視曰：『我欲易之，彼四人為之輔，羽翼已成，難動矣。呂氏乃真主矣』」。「竟不易太子者，良本招此四人之力也」。❸孝武帝為太子立博望苑使通賓客　孝武帝，西漢皇帝劉徹，字通，在位五十四年，終年七十一歲。太子，指戾太子劉據，漢武帝長子。元狩元年（西元前一二二年）立為皇太子。時年僅七歲。《漢書・戾太子傳》稱：太子「少壯，詔受《公羊春秋》，又從瑕丘江公受《穀梁》。及冠就宮，上為立博望苑，使通賓客，從其所好，故多以異端進者。」博望苑，顏師古注：「取其廣博觀望也。」❹上齒　指皇太子宴會賓客時，以年長者居上座，以示敬老。《禮記・王制》：「耆老皆朝于庠。元日習射上功，習鄉上齒。」陳澔注曰：「鄉飲酒則序年之高下，故曰上齒。」《大戴禮記・保傅》：「帝入南學，上齒而貴信，則長幼有差，如民不誣矣。」

【語　譯】太子賓客，定員四人，品秩為正三品。《漢書》記載：「漢高祖打算廢掉太子，呂后採納張良的計策，請來『商山四皓』，作為太子的賓客。」又載：「漢武帝曾為太子修建博望苑，讓他與賓客交流。」這些都是設置太子賓客的意義所在。倘若太子宴賜各司長官，太子賓客都能一起參加。

太子賓客的職掌是侍從和規諫太子，太子若有禮儀活動，太子賓客在前後贊助導引。每遇皇太子邀請賓客舉行宴會，太子賓客可按照年歲上座，以示尊敬。

【說　明】太子賓客之稱，應始於本章原注所言漢初呂后用張良計致商山四皓時，其後的沿革，《通典・職官十二・

東宮官》有一個概括的敘述：「晉元康元年（西元二九一年）愍懷太子始之東宮，惠帝詔曰：『遹幼蒙，今出止東宮，雖賴師傅群賢之訓，其遊處左右，宜得正人，能相長益者。太保衛瓘息庭，司空隴西王泰息略，太子太傅楊濟息毖，太子少師裴楷息憲，太子少傅華廙息恆，各道義之門，有不肅之訓。其令五人與太子往來，備賓友也。』其時雖非官，而謂之東宮賓客，皆選文義之士，以侍儲皇。其後無聞。唐顯慶元年（西元六五六年）正月，以左僕射兼太子少師于志寧兼太子太傅，侍中韓瑗、中書令來濟、禮部尚書許敬宗，並為皇太子賓客，遂為官員，定置四人，掌調護侍從規諫。凡太子有賓客之事，則為上齒，蓋取象於四皓焉。資位閑重，其流不雜。天寶中，賀知章自太子賓客度為道士，還鄉，捨宅為觀。明皇賦詩贈別，時議榮之。」關於唐代太子賓客建置的沿革，《唐會要》卷六七東宮官太子賓客條稱：「顯慶元年（西元六五六年）正月十九日置。初無員品，選高名重德者為之，遂以韓瑗、來濟、許敬宗兼之。開元中，始編入令，置四員。建中四年（西元七八三年）九月二十五日，又加兩員。興元元年（西元七八四年）正月二十九日，又加四員。貞元四年（西元七八八年）正月一日，敕宜留元額四員，餘並勒停。」此外，杜正倫，在顯慶二年（西元六五七年）曾以中書令兼太子賓客、弘文館學士；劉仁軌，以尚書左僕射、同中書門下三品兼太子賓客；姚珽，累授戶部尚書轉太子賓客（見《舊唐書》各自列傳）。

太子詹事府・太子司直

【篇旨】本篇敘述太子詹事府的詹事、少詹事、丞和太子司直的定員、品秩、沿革及職掌。

太子詹事府作為東宮主要機構之一，其職能相當於朝廷的尚書省，執掌東宮家令、率更、僕寺三寺以及十率府的政令，凡是皇帝的敕令以及尚書省和左右春坊下達的符牒、東宮諸司申上的文書，皆須經由詹事府中轉。司直的職掌則大致相當於朝廷的御史臺，負責彈劾和糾舉東宮文武官屬和十率府士兵的一切非違情事。皇太子監國時，由詹事和左、右庶子為三司使，具體則由司直一人與左春坊的司議郎與右春坊的太子舍人分日受理各類啟狀。

從沿革看，早在秦代，皇后宮與太子宮已各置詹事，西漢初因之，皇后宮所置詹事景帝時改稱少府，太子宮詹事未改名，仍與二傅即太子太傅和少傅分領東宮官屬。漢成帝以後省太子宮詹事，其屬官由少傅管轄。至魏晉，始又復設太子詹事，以總攬東宮的日常事務，《晉令》規定其職掌相當於尚書省，至東晉成為定制。詹事這一官名，亦有過多次變更，如北周時稱宮正、宮尹，唐龍朔時一度改稱端尹，武周天授時曾稱作宮尹。

唐詹事府在西京的官署，設於皇城內承天門街之東，第三橫街之北；它的西面是左司御率府，東面為皇城的南北街。東都的詹事府，則位於皇城的賓耀門道北，明德門之側，為一所獨立的官衙，建造於高宗末年。

一

太子詹事府：詹事一人，正三品。《漢書・百官表》❶：「詹事，秦官，掌皇后、皇太子家❷，秩二千石❸。」應劭❹云：「詹，省也，給也。」言給事太子。漢東宮屬官太子門大夫❺、庶子❻、洗馬❼、舍人❽屬三傅❾；率更❿、家令丞⓫，僕⓬，中盾⓭，衛率⓮，廚、廄長丞⓯屬詹事。成帝省詹事，後漢因之，其太子官悉屬少傅⓰，而太傅不領官屬。魏復置詹事⓱，品第三，掌東宮內外眾務。晉初不置詹事，東宮諸署悉隸三傅⓲。後以保、傅位尊，不宜親務，武帝咸寧初，用黃門侍郎楊珧為詹事⓳，掌東宮之任。珧遷為少傅，復省。惠帝元康中復置⓴。永康中，齊王冏輔政，復省㉑。太安中復置㉒。懷帝又省㉓，江左復置㉔。《晉令》㉕：「詹事品第三，銀章、青綬㉖，絳朝服㉗，兩梁冠㉘。局事擬尚書令，位視領護將軍、中書令㉙。長三率、中庶子、庶子、洗馬、舍人。」㉚其後用大漸重㉛，或以令、僕射領之。宋、齊品秩、儀服略同於晉㉜。梁秩中二千石，品第三；後定十八班，班第十四㉝。陳因之㉞。後魏太子詹事置左、右二人，其後唯置一人；初第二品下，太和末降為第三品㉟。北齊品同魏氏㊱，總東宮內外眾㊲，事無大小皆統之；領家令、率更、僕三寺，左、右衛二坊㊳。後周置太子宮正、宮尹㊴。隋開皇元年更置詹事，二年罷之㊵，皇朝復置㊶。龍朔二年㊷改為端尹，咸亨元年㊸復舊。天授中改為宮尹㊹，神龍元年㊺復為詹事。

少詹事㊻一人，正四品上。皇朝置。龍朔二年改為少尹，咸亨元年復舊。天授中復為少尹，神龍元年復舊。

太子詹事之職，統東宮三寺㊼、十率府㊽之政令，舉其綱紀㊾，而修其職務；少詹事為之貳。凡天子六官之典制㊿，皆視其事而承受焉。

【章　旨】敘述太子詹事府詹事、少詹事之定員、品秩、沿革和職掌。

【注　釋】❶漢書百官表　《漢書》，東漢班固撰，一百篇，我國第一部紀傳體斷代史。包括十二紀、八表、十志、七十列傳。百官表，即〈百官公卿表〉，八表之一。敘述秦漢官制沿革並排比漢公卿大臣升降遷免，簡明扼要。❷詹事秦官掌皇后皇太子家　此言詹事之職，秦時皇后宮、皇太子宮皆設。西漢皇太后、皇后、太子所居宮均有置。皇太后宮所置冠以宮名，稱長信詹事，地位在九卿之上，掌宮內大小庶務。因其職掌頗與朝中少府相似，故於景帝中六年（西元前一四四年）改稱少府，皇太后宮所置即稱長信少府。皇后宮所置亦更名為少府，稱中少府，與大長秋（將行）分領後宮官屬，掌宮內供御侍奉事務。太子宮所置未有改名，所掌略同，並兼警衛、刑獄、食邑、車馬等事。東宮屬官除諸輔導侍從顧問宿衛之官隸太子太傅、少傅外，其餘諸供奉之官（如下文原注所列）悉隸詹事。西漢成帝後省，東漢因之，其屬官改隸太子少府。魏晉以降，詹事之職唯置於太子宮，故習稱太子詹事。❸秩二千石　月俸一百二十斛。❹應劭　字仲遠，汝南南頓（今河南項城西）人。東漢獻帝建安二年（西元一九七年）為袁紹之軍謀校尉，時始遷都於許，舊章堙沒，書記罕存，應劭綴集所聞，著《漢官禮儀故事》。書已散佚，有清人孫星衍校集《漢官儀》二卷。❺太子門大夫　秦已有置，漢沿置。《漢書・百官公卿表》於太子太傅、少傅屬官中即有太子門大夫，員二人（一說五人），職比中郎將，掌遠近表牒，關通內外。西漢有鼂錯、金欽曾為此官。東漢隸太子少府，員二人，秩六百石。歷代沿置，隋朝改名太子宮門大夫。❻庶子　《漢書・百官公卿表》在太子太傅、少傅屬官中列有庶子。《漢書補注》引錢大昭考證認為漢有庶子和中庶子二職，故疑〈百官公卿表〉於庶子上脫「中」字，庶子下脫「庶子」二字。《後漢書・百官志》在太子少傅屬官中有「太子庶子，四百石。本注曰：無員，如三署中郎」；「太子中庶子，六百石。本注曰：員五人，職如侍中」。中庶子職如侍中，也即是太子之左右親近，年齡亦多與太子相當，如馮野王「少以父任為太子中庶子，年十八」；王商與史丹也都是「少為太子中庶子」。任庶子者，如肅育，「少以父任為太子庶子，元帝即位為郎」；傅喜，「少好學問，有志行，哀帝立為太子，成帝選喜為太子庶子」（以上均見《漢書》各自列傳）。庶子之職名，西周〈邾公華鐘銘〉已見，《周禮》則列為夏官之屬。《宋書・百官志》記其沿革稱：「古者諸侯世祿，卿大夫之子即為副倅，謂之國子，天子諸侯子有庶子之官，以掌教之，秦因其名也。」❼洗馬　《漢書・百官公卿表》在太子太傅、少傅的屬官中有「先馬」。《漢書》注引張晏曰：「先馬，員十六人，秩比謁者。」如淳曰：「前驅也。《國語》曰：『句踐親為夫差先馬。』先或作洗也。」《後漢書・百官志》引《舊注》曰：「職如謁者，太子出，則當直者在前導威儀。」漢初任洗馬者，如《漢書・汲黯傳》稱汲黯「以父任，孝景時為太子洗馬」。又云「黯姊子司馬安亦少與黯為太子洗馬」。洗馬之職，大抵相當於朝官謁者，故武帝即位，即以汲黯為謁者。❽舍人　《漢書・百官公卿表》在太子太傅、少傅屬官中列有此職。《通典・職官十二・東宮官》稱：「舍人，秦官也，漢因之。比郎中。選良家子孫。後漢無員，更直宿衛如三署郎中。凡帝初即位，未有太子，太子官屬皆罷，唯舍人不省，屬少府。」見於《漢書》任此職者，如周仁，景帝為太子時任舍人，景帝初立，拜郎中令。鼂錯，文帝授以太子舍人、門大夫，後升為太子家令；時景帝為太子，稱錯為太子「智囊」，景帝即位，錯為內史。鄭當時、公孫賀，武帝為太子時任舍人，武帝即位，鄭位列九卿，賀遷至太僕，後為丞相。戾太子劉據，有太子舍人無且，巫蠱之禍起，「太子使舍人無且持節夜入未央宮殿長秋門，因長御倚華具白皇后，發中廄車，出武庫兵，發長樂宮衛，告令百官曰：江充反」（《漢書・戾太子傳》）。從上述任舍人者經歷，可知西漢此職地位頗為重要。西漢後期至東漢，則權任漸輕。東漢時，太子舍人是博士弟子射科中之乙科，入仕時僅為一個空名差使，既無固定編員，其職掌也只是「更值宿衛，如三署郎中」（《後漢書・百官志》）。❾三傅　近衛校正德本曰：「據《通典》『三』當作『二』。」當據以改。❿率更　《漢書・百官公卿表》列為太子詹事屬官。顏師古注曰：「掌知漏刻，故曰率更。」《通典・職官十二・東宮官》稱：「率更令，秦官，漢因之，有丞、主簿、庶子、舍人更直，職似光祿勳，而屬詹事。後漢因之，後屬少傅。」《漢舊儀》：「率更令秩千石，主庶子、舍人更直，亡新改為中更。丞一人，秩四百石。」《宋書・百官志》所記則略有不同：「率更令一人，主宮殿門戶及賞罰事，職如光祿勳、衛尉。漢東京掌庶子、舍人。」東漢時，其職掌可能有所變化。⓫家令丞　《漢書・百官公卿表》列為太子詹事屬官。張晏注曰：「太子稱家，故曰家令。」《通典・職官十二・東宮官》稱：「家令，秦官，屬詹事，漢因之。有丞，主倉穀飲食，職似司農、少府。漢代太子食湯沐邑十縣，家令主之。後漢則屬少府，主倉穀飲食。」《漢舊儀》：「家令秩千石，主倉獄，亡新更為中更。」《宋書・百官志》：「漢世，太子食湯沐邑十縣，家令主之。又主刑獄、飲食，職比廷尉、司農、少府，漢東京主食官令。」又云：「自漢至晉，家令在率更下，宋則居上。」《晉書・職官志》與《宋書・百官志》同，唯稱：「食官令及晉，不復屬家令。」據此家令主刑獄疑係西漢時事。⓬僕　指太子僕。《漢書・百官公卿表》列為太子詹事屬官。《通典・職官十二・東宮官》稱：「僕，秦官，漢因之。又有長、丞，主車馬。後漢因之，而屬少傅，職如太僕。太子五日一朝。其非太子朝日，即與中允入問起居。」《宋書・百官志》云：「自家令至僕，為太子三卿。三卿秩千石。」三卿指家令、率更令、太子僕，在東宮官中地位僅次於師、傅、詹事。⓭中盾　《漢書・百官公卿表》列為太子詹事屬官。東漢則屬太子少傅。設有長、丞。顏師古注：「盾讀曰『允』。」應劭曰：「中盾主周圍徼道（循），秩四百石。」又，《漢書・敘傳》：「成帝季年，立定陶王為太子，數遣中盾請問近臣。」中盾除以上職掌外，在太子非入朝日，還得與太子僕一起入問太子起居。⓮衛率　《漢書・百官公卿表》列為太子詹事屬官。東漢則屬太子少傅。設有長、丞。《漢書》注引如淳曰：「《漢儀注》：衛率主門衛，秩千石。」《漢舊儀》則稱：「衛率，秩比千石，丞一人，主門衛。」⓯廚廄長丞　指廚長、丞和廄長、丞。《漢書・百官公卿表》列為太子詹事屬官。東漢有太子廄長，員一人，秩四百石，主車馬。而廚長、丞，在東漢已為主飲食之太子食官令所取代。西漢無食官令，當由廚長、丞主太子飲食事。自魏晉至南朝宋，皆沿東漢之制，在太子詹事屬官中設食官令，故《宋書・百官志》稱：「食官令一人，職如太官令，漢東京官也，今屬中庶子。」⓰成帝省詹事後漢因之其太子官悉屬少傅　成帝，西漢皇帝劉驁，字太孫，在位二十六年，終年四十五歲。《後漢書・百官志》稱：「成帝省，以其職併長秋。」中宮詹事職併於長秋，太子宮則由太子少傅主太子官屬，而太子太傅不領官屬。⓱魏復置詹事　《太平御覽・職官四十三・太子詹事》引沈約《宋書》曰：「詹事一人，初領官屬，成帝時悉屬少傅，魏氏置詹事，摠眾職，晉初又屬二傅。咸寧復置詹事。」然今本《宋書・百官志》未見「魏氏置詹事，摠眾職」之語。《三國志》亦不載魏置詹事之具體人選。⓲晉初不置詹事東宮諸事悉隸三傅　句末「三傅」當係「二傅」之訛。二傅指太子太傅、太子少傅。《宋書・百官志》：「晉初太子官屬通屬二傅。」《晉書・職官志》：「泰始三年（西元二六七年），武帝始建〔東〕宮，各置（指太子太傅、少傅）一人，尚未置詹事，宮事無大小，皆由二傅，並有功曹、主簿、五官。」⓳武帝咸寧初用黃門侍郎楊珧為詹事　武帝，西晉皇帝司馬炎，字安世，文帝司馬師之長子。西元二六五年受魏禪為帝，建晉朝，在位二十五年，終年五十五歲。咸寧，晉武帝年號。《晉書・職官志》稱：「咸寧元年（西元二六五年），以給事黃門侍郎楊珧為詹事，掌宮事，二傅不復領官屬。」楊珧，字文琚，弘農華陰（今陝西華陰縣）人。與楊駿、楊濟兄弟三人，武帝時以后黨勢傾天下，故當時有「三楊」之號。歷任黃門侍郎、太子詹事、少傅和衛將軍、尚書令，後為賈氏所殺。⓴惠帝元康中復置　惠帝，西晉皇帝司馬衷，泰始三年（西元二七六年）立為皇太子，太熙元年（西元二九〇年）即皇帝位，在位十六年，終年四十八歲。惠帝自幼屬低能弱智，《晉書》本紀稱其「之為太子也，朝廷咸知不堪政事，武帝亦疑焉」。但他後來還是繼承了皇位，結果是「政出群下，綱紀大壞，貨賂公行，勢位之家，以貴陵物，忠賢路絕，讒邪得志。……及天下荒亂，百姓餓死，帝曰：『何不食肉糜？』其蒙蔽皆此類也」。元康，晉惠帝年號。《晉書・職官志》：「惠帝元康元年（西元二九一年）復置詹事。」㉑永康中齊王冏輔政復省　永康，晉惠帝又一年號，僅一年，即西元三〇〇年。齊王冏，即司馬冏，字景治，齊王司馬攸之子。司馬攸係文帝司馬昭之子，頗受寵愛，曾幾次擬立為太子，但最終繼皇位者，還是其兄司馬炎，即晉武帝。武帝封攸為齊王。司馬昭臨終時執攸手以授司馬炎，太后病危時亦流涕謂司馬炎曰：「桃符（司馬攸小名）性急，而汝為兄不慈，我若遂不起，恐必不能相容。以是屬汝，勿忘我言。」（《晉書・齊王攸傳》）武帝晚年，太子低能弱智，朝臣內外皆屬意於攸，武帝則採取中書監荀勖、侍中馮紞建議，命齊王攸之國，以斷絕朝臣之望，使太子能順利繼位。攸因此而憤怨發疾，武帝遣御醫診視，諸醫希旨皆言無疾，攸竟嘔血而卒。司馬冏以為父暴卒乃諸醫所誤，向武帝號踴陳訴，由是見稱，為齊王嗣。後趙王司馬倫在洛陽篡位，齊王冏與成都王司馬穎起兵破之，迎惠帝反正，於是拜大司馬，並為輔政，如宣、景、文、武諸帝輔魏故事。省詹事，即在其輔政時。《晉書・職官志》：「及永康中，復不置詹事也。」㉒太安中復置　太安，晉惠帝又一年號。太安元年（西元三〇二年）十二月，河間王司馬顒、長沙王司馬乂起兵敗齊王冏，次年司馬乂等諸王相繼執政，推翻齊王冏輔政時諸項措施，故又復置太子詹事。㉓懷帝又省　懷帝，西晉皇帝司馬熾，字豐度，為司馬炎第二十五子。永興元年（西元三〇四年）立為皇太弟，光熙元年（西元三〇六年）惠帝卒後即皇帝位，年號永嘉。時東海王司馬越執政，又廢此前諸王之制，故復省太子詹事。㉔江左復置　江左，指晉元帝司馬睿在江南建立之東晉王朝。其時元帝立其世子司馬紹為皇太子，並漸次恢復東宮建置，以賀循為太子太傅，薛兼為太子少傅；任太子詹事者，先後有卞壺、陸曄。《太平御覽・職官四十三・太子詹事》引《晉書》曰：「卞壺為詹事，世稱卞壺裁斷切直敦實，忠於事上也。」㉕晉令　書名。《舊唐書・經籍志》著錄有「《晉令》，四十卷，賈充等撰」。㉖銀章青綬　銀製之印章，青色之繫印綬帶。古代官員之佩印，以其材質分金、銀、銅三等。綬帶則以色澤區分官品之高卑。漢時有赤、綠、紫、青、黑、黃數種。青綬，三采，青、白、紅，淳青圭長一丈七尺，一百二十首。㉗絳朝服　外披絳紗衣之朝服。五品以上官員陪祭、朝饗、拜表等大事服之。《晉書・輿服志》稱：「魏秘書監秦靜曰：『漢氏承秦，改六冕之制，但玄冠絳衣而已。』魏已來，名為五時朝服，又有四時朝服，又有朝服。」㉘兩梁冠　指進賢兩梁冠。進賢冠為儒者之服，以其梁之多寡顯示貴賤。《晉書・輿服志》記其形制稱：「前高七寸，後高三寸，長八寸，有五梁、三梁、二梁、一梁。」又云：「卿、大夫、八座、尚書、關中內侯、二千石及千石以上，則冠兩梁。」㉙局事擬尚書令位視領護將軍中書令　此句將太子詹事之職事、朝位與相類之朝官作比擬。諸書亦有類似表述。如《通典・職官十二・東宮官》太子詹事條：「晉職擬尚書令。」《宋書・百官志》：「太子詹事一人，丞一人。職比臺尚書令、領軍將軍。」《太平御覽・職官四十三・太子詹事》引《齊職儀》：「詹事，品第三。《茂陵書》：『秩二千石，銀章青綬。局擬尚書令，位視領護將軍。』」局事，猶職事或職權。意謂詹事處理諸項事務之職權相當於朝廷之尚書令，其朝位，則比照朝廷之領軍將軍、護軍將軍或中書令。㉚長三率中庶子庶子洗馬舍人　據《通典・職官十二・東宮官》太子詹事條，句中「三率」當作「三令四率」，脫「令四」二字。長，統領、掌管之意。此下均為詹事所領官屬。三令，據《晉書・職官志》為「食官令一人，職如太官令」；「率更令，主宮殿門戶及賞罰事，職如光祿勳、衛尉」；「家令，主刑獄、穀貨、飲食，職比司農、少府」。後食官令合併於家令，加上僕，即北齊之三寺。四率，指左、右衛率及前後二率。同書又載：「左右衛率，案武帝建東宮，置衛率，初曰中衛率。泰始五年（西元二六九年）分為左右，各領一軍。惠帝時，愍懷太子在東宮，又加前後二率。及江左省前後二率，孝武太元中又置。」中庶子，員四人，職如侍中。庶子，員四人，職比散騎常侍、中書監令。洗馬，員八人，職如謁者秘書，掌圖籍，釋奠講經則掌其事，出則直者前驅，導威儀。舍人，員十六人，職比散騎、中書等侍郎。㉛其後用大漸重　近衛校正德本以為句中『大』當作『人』。即指下文原注以尚書令或僕射兼領太子詹事之職。據《晉書・王恭傳》，孝武帝太元中，曾以恭「代沈嘉為丹陽尹，遷中書令，領太子詹事」；《職官分紀》卷二七亦載：「孝武帝以王恭為丹陽尹，領詹事。恭讓表曰：『今日王儲始建，四方是式，總司之任，崇贊所由，宜妙簡才賢，盡一時之務，豈臣蕞庸所可叨忝。』」又，謝安之子謝琰，曾以「尚書右僕射，領太子詹事，加散騎常侍，將軍如故」（《晉書・謝安附子琰傳》）。㉜宋齊品秩儀服略同於晉　宋，據《宋書・百官志》置太子詹事一人，府置丞一人，列第三品，與尚書令及領、護將軍等。任此職者，有傅亮，於武帝永初元年（西元四二〇年）「遷太子詹事，中書令如故」；次年「轉尚書僕射，中書令，詹事如故」（《宋書》本傳）。此外，劉湛、劉義宗亦曾先後為太子詹事。齊，據《南齊書・百官志》設有太子詹事，府置丞一人，品秩同於晉、宋。高帝時齊臺建為世子詹事，王儉以本官領太子詹事；武帝永明三年（西元四八五年）以張緒為詹事府詹事，領南郡王師，加給事中如故。㉝梁秩中二千石品第三後定十八班班第十四　《隋書・百官志》：梁置「詹事，位視中護軍，任總宮朝。二傅及詹事，各置丞、功曹、主簿」。又，天監七年（西元五〇八年）「革選，徐勉為吏部尚書，定為十八班，以班多為貴，同班者，則以居下者為劣」。太子詹事位列十四班。梁武帝天監元年（西元五〇二年）立蕭統為皇太子，即昭明太子，因尚年幼，仍居於內，拜東宮官屬入直永福省。先後有沈約，於天監二年（西元五〇三年）以侍中、右光祿大夫領太子詹事、揚州大中正；王茂，於天監六年（西元五〇七年）以侍中、中衛將軍領太子詹事；柳慶遠，於天監八年（西元五〇九年）遷散騎常侍、太子詹事。此外，徐勉亦曾先後由散騎常侍領太子右衛率，遷領太子中庶子，侍東宮，轉太子詹事，後遷尚書右僕射，詹事如故。㉞陳因之　據《隋書・百官志》，陳太子詹事列第三品，中二千石。文帝陳蒨即位時，立陳伯宗為皇太子，文帝臨終曾以孔奐為太子詹事，託以後事，但陳伯宗即位不久即被廢。宣帝陳項繼位後，立長子陳叔寶即陳後主為太子。《陳書．孔奐傳》稱：「後主時在東宮，欲以江總為太子詹事，令管記陸瑜言之於奐（時孔奐任吏部尚書）。奐謂瑜曰：『江有潘、陸之華，而無園、綺之實，輔弼儲宮，竊有所難。』瑜以白後主，後主深以為恨，乃自言於高宗。高宗將許之，奐乃奏曰：『江總文華之人，今皇太子文華不少，豈藉於總！如臣愚見，願選敦重之才，以居輔導。』帝曰：『即如卿言，誰當居此？』奐曰：『都官尚書王廓，世有懿德，識性敦敏，可以居之。』後主時亦在側，乃曰：『廓，王泰之子，不可居太子詹事。』奐又奏曰：『宋朝范曄即范泰之子，亦為太子詹事，前代不疑。』後主固爭之，帝卒以總為詹事。」據《陳書．江總傳》總先授太子中庶子，後「遷左民尚書，轉太子詹事，中正如故。以與太子為長夜之飲，養良娣陳氏為女，太子微行總舍，上怒免之」。陳後主即位後，立陳胤為皇太子，以袁憲為太子詹事。㉟自「後魏太子詹事置左右二人」至「降為第三品」 太和，北魏孝文帝年號。據《魏書．官氏志》太和十七年（西元四九三年）頒職員令列太子左右詹事第二品下；太和二十三年（西元四九九年）復次職令，唯置太子詹事，列第三品。北魏任詹事者，有王顯，《魏書．崔光傳》記延昌二年（西元五一三年）世宗令李元詡拜崔光為師時，有「詹事王顯啟請從太子拜」之句。王顯少以醫術自通，既為太子詹事，兼奉侍醫藥。㊱北齊品同魏氏 據《隋書．百官志》，北齊少詹事列第三品，與北魏太和末之太子詹事同。齊後主武平中，立高恆為皇太子，以盧叔武為「太子詹事，右光祿大夫」（《北齊書．盧叔武傳》）。㊲總東宮內外眾 據《隋書．百官志》，句末「眾」下當補一「務」字。㊳領家令率更僕三寺左右衛二坊 據《隋書．百官志》，北齊詹事府領家令、率更令、僕等三寺：「家令，領食官、典倉、司藏等署令、丞。又領內坊令、丞。掌知閤內諸事。其食官又別領器局、酒局二丞，典倉又別領園丞，司藏又別領仗庫、典作二局丞。率更領中盾署令、丞各一人，掌周圍禁防，漏刻鐘鼓。僕寺領廄牧署令、丞，署又別有車輿局丞」。左右衛，即左右衛坊率：「各領騎官備身正副都督、騎官備身五職、騎官備身員。又有內直備身正副都督、內直備身五職、內直備身員。又有備身正副都督、備身五職員。又有直閤、直前、直後員。又有旅騎、屯衛、典軍等校尉各二人，騎尉三十人」。二坊，指門下坊和典書坊：門下坊下屬有「中庶子、中舍人、通事守舍人、主事守舍人各四人。又領殿內、典膳、藥藏、齋帥等局。殿內局有內直監二人，副直監四人。典膳、藥藏局，監、丞各二人。藥藏又有侍醫四人。齋帥局，齋帥、內閣帥各二人」。典書坊下屬有「庶子四人，舍人二十八人。又領典經坊，洗馬八人，守舍人二人，門大夫、坊門大夫、主簿各一人。並統伶官西涼二部、伶官清商二部」。㊴後周置太子宮正宮尹 北周之宮正、宮尹相當於太子詹事之職。《通典．十二》：「後魏有太子左右詹事……後周置太子宮正、宮尹。」《周書．武帝紀》：「建德二年（西元五七三年）夏四月丙辰，增改東宮官員。」北周始置太子宮正、宮尹，當在此時。宮正分為左、右，如北周武帝時，曾以宇文孝伯、尉遲運為左、右宮正（各見《周書》本傳）。也有但言宮正而不分左右者，如北周武帝建德初，李宗「遷少侍大夫，轉小承御大夫，攝太子宮正」（《隋書・李穆附兄子崇傳》）。北周任太子宮尹者，有元善，「武帝甚禮之，以為太子宮尹，每執經以授太子」（《隋書》本傳）；鄭譯，「東宮建，以譯為宮尹下大夫，特被太子親愛」（《周書・鄭孝穆附子譯傳》）。㊵隋開皇元年更置詹事二年罷之　開皇元年，即西元五八一年。開皇為隋文帝楊堅年號。是年隋改宮正、宮尹為詹事。《隋書・百官志》稱：「開皇初，置詹事。二年定令，罷之。」㊶皇朝復置　《新唐書・百官志》稱：「隋廢詹事府，武德初復置。」其時任太子詹事者，有竇軌，「武德元年（西元六一八年），授太子詹事」；李綱，「高祖踐祚，拜禮部尚書，兼太子詹事，典選如故」；裴矩，「武德五年（西元六二二年），拜太子左庶子，俄遷太子詹事」（見《舊唐書》各自列傳）。㊷龍朔二年　即西元六六二年。龍朔為唐高宗李治年號。㊸咸亨元年　即西元六七〇年。咸亨亦是唐高宗年號。㊹天授中改為宮尹　天授，武周年號，僅二年（西元六九〇—六九一年）。其時改詹事為宮尹。豆盧欽望曾任其職。㊺神龍元年　即西元七〇五年，神龍為唐中宗李憲年號。㊻少詹事　唐貞觀時任少詹事之職見於記載者，有張玄素，曾「累遷太子少詹事，轉右庶子」；張行成，由殿中侍御史「轉刑部侍郎，太子少詹事。太宗東征，皇太子於定州監國，即行成本邑也。太子謂行成曰：『今者送公衣錦還鄉。』於是令有司祀其先人墓」（《舊唐書》各自列傳）。㊼三寺　指家令寺、率更寺、僕寺。㊽十率府　指太子左右率府、太子左右司禦率府、太子左右清道率府、太子左右監門率府、太子左右內率府。㊾舉其綱紀　《太平御覽・職官四十三・太子詹事》引《唐六典》原文此句作「辨其綱紀」。㊿六官之典制　指尚書省六部所制訂之各項典制。詹事府皆須因其事宜而遵照執行。

【語　譯】太子詹事府：詹事，定員一人，品秩為正三品。《漢書・百官公卿表》記載：「詹事，秦朝的官職，掌管皇后和太子家事，俸秩二千石。」應劭注釋說：「詹，就是省察，供職的意思。」說的是供職於太子家。漢代太子東宮屬官中，太子門大夫、庶子、洗馬、舍人等歸屬於太子太傅、少傅；率更令、丞，家令、丞，僕，中盾，衛率，廚、廄的長、丞，隸屬於詹事。成帝時省去了詹事。東漢因承這一體制，亦不設詹事，太子的官屬全由少傅管轄，太傅不再統領屬官。三國魏依西漢重新設置詹事，品秩為第三品，執掌東宮內外各項事務。西晉初期不設置詹事，太子東宮的官屬都歸太傅、少傅管轄。後來以為太子太保、太傅的地位尊貴，不宜再親自管轄太子東宮的各項具體事務，因而在武帝咸寧初，任用黃門侍郎楊珧為太子詹事，掌管東宮的事務。楊珧遷升為少傅後，又省去了詹事。惠帝元康時期，又恢復設置；永康年間齊王冏輔政時，再次省去；太安年間又恢復設置。到懷帝時又省去，在東晉元帝時，再次恢復設置。《晉令》規定：「詹事，第三品，佩銀印青綬，穿絳紗朝服，戴進賢兩梁冠。處理宮內日常事務的職權，相當於朝廷的尚書令，朝位比照領軍或護軍將軍和中書令。掌管下屬的食官、率更、家令三令，左、右、前、後四率，以及中庶子、庶子、洗馬、舍人等。」後來擔任詹事一職的人地位愈來愈高，有時就以尚書令、左右僕射來兼領。南朝宋、齊時詹事的品秩與儀服，大致與晉朝相同。到梁時，俸秩是中二千石，位列第三品；後來定十八班制，詹事列為第十四班。陳因承梁制。北魏先是設置左右詹事各一人，後來只有詹事一人；初期列為第二品下，到孝文帝太和末年降為第三品。北齊太子詹事的品秩與北魏相同，總攬東宮內外的各項〔事務〕，事無大小都由它統管。統領的屬官有家令、率更、僕三寺，左、右衛，以及門下、典書二坊等。北周設置太子宮正和宮尹。隋文帝開皇元年改置為詹事，第二年又罷省。本朝恢復設置詹事。高宗龍朔二年改名為端尹，咸寧元年又恢復舊稱。武周天授時期改名為宮尹，到中宗神龍元年仍舊稱詹事。

少詹事，定員一人，品秩為正四品上。本朝設置。高宗龍朔二年改名為少尹，咸亨元年又恢復舊稱。武周天授時期再次改稱少尹，到中宗神龍元年重新恢復舊名。

太子詹事的職掌是，統領東宮所屬的三寺、十率府的政令，推崇綱常法紀，務使各盡其職；少詹事為詹事的副職。凡是天子尚書六官的典章制度，都要比照對應於東宮的相關事務而承受制約，依照辦理。

【說　明】東宮官屬與太子的關係，頗為微妙，似有必要聯繫史實作點介紹。

唐代貞觀初，于志寧任太子詹事，杜正倫任太子右庶子。一次太宗李世民對杜子倫說：「國子儲副，自古所重，必擇善人為之輔佐。今太子年在幼沖，志意未定，朕若朝夕見之，可得隨事誡約。今既委以監國，不在目前，知卿志懷貞慤，能敦直道，故輒輟卿於朕，以匡太子，宜知委任輕重也。」《舊唐書．杜正倫傳》如此說來，在位的帝王是因為自己不能親自「隨時誡約」太子，才設置太子詹事等東宮屬官，以委託履行此項責任。這頗有點類似現今所說的法定監護人的味道。照此推論，詹事等的主要職責便是皇帝本來親自要做的事，只是用語須由上對下的「誡約」改為下對上的「諫諍」。太宗的另一次對于志寧、杜正倫的談話，說的正是這層意思：「卿等輔導太子，常須為說百姓間利害事。朕年十八，猶在民間，百姓艱難，無不諳練。及居帝位，每商量處置，或時有乖疏，得人諫諍，方始覺悟。若無忠諫者為說，何由行得好事？況太子生長深宮，百姓艱難，都不聞見乎？且人主安危所繫，不可輒為驕縱。但出敕云，有諫者即斬，必知天下士庶無敢更發直言。故克己勵精，容納諫諍，卿等常須以此意共其談說。每見有不是事，宜極言切諫，令有所裨益也。」（《貞觀政要》卷四）對太子諫諍的內容，由於他尚未親理朝政，所以還是側重在日常生活方面，但在說理時，又必須提升到所謂為君之道上來，不能忘記為皇帝培養合格接班人這個總目標。貞觀十八年（西元六四四年），太宗廢承乾而更立晉王李治為太子，對如何教育太子又作了一次具體而生動的談話。他說：「古有胎教（注）世子，朕則不暇。但近自建立太子，遇物必有誨諭，見其臨食將飯，謂曰：『汝知飯乎？』對曰：『不知。』曰：『凡稼穡艱難，皆出人力，不奪其時，常有此飯。』見其乘馬，又謂曰：『汝知馬乎？』對曰：『不知。』曰：『能代人勞苦者也，以時消息，不盡其力，則可以常有馬也。』見其乘舟，又謂曰：『汝知舟乎？』對曰：『不知。』曰：『舟所以比人君，水所以比黎庶，水能載舟，亦能覆舟。爾方為人主，可不畏懼！』見其休於曲木之下，又謂曰：『汝知此樹乎？』對曰：『不知。』曰：『此木雖曲，得繩則正，為人君雖無道，受諫則聖。此傳說所言，可以自鑒。』」

唐太宗李世民真可稱得上是一個出色的帝王之學教育家了。你看，就連乘船這樣的生活小事，他居然也能提煉出著名的載舟、覆舟那麼一篇經國治民的大道理來。如果站在皇帝的立場上，李世民的這些話非但完全正確，而且十分精闢。只要是實行集權專制體制，那麼握有國家最高權力的人，無論是稱為皇帝，或是叫作別的頭銜也好，臨近晚年便會遇到一個十分棘手且又日益迫切的問題：如何選擇、培養「國之儲副」，也即所謂接班人的問題。此時的老皇帝，總是期望把自己經國治民那一套不折不扣地承傳下去，恨不得照式照樣「克隆」出一個小皇帝來，希冀自身「百年」後權勢以至生命似乎依然還能延續。李世民的「朕年十八」，世間蒼生艱難已「無不諳練」云云，便是意欲複製自己的心態的寫照。但如果換一個立場：從太子的角度來看李世民的這些話又是如何呢？回答恐怕只能是李世民的一廂情願。生理、心理都處在成長階段中的太子，通常表現為兩種狀況：幼稚一點的，只顧玩樂，哪會聽你管頭管腳；成熟一點的，急待著繼位，或者乾脆來一個「搶班奪權」。不說別人，就說李世民自己吧。他是在玄武門之變中射殺了已被立為太子的哥哥李建成後，才搶到皇太子這個位置的，其時已是「庶政皆斷決」（《舊唐書·太宗本紀》），難道還能容忍別人一直在身旁嘮裡嘮叨說教嗎？只要這樣想想，就可以知道夾在皇帝與太子中間的東宮官有多難當！如李綱，先後在隋文帝時、唐代高祖和太宗時做過三次東宮官，所事三太子：楊勇、李建成、李承乾，兩個被廢一個被殺，他自己大半生都是在左右為難、鬱鬱不得志中度過的。據《舊唐書》本傳記載，他任李建成太子詹事是在唐高祖武德元年（西元六一八年）。其時建成已頗為不端，「漸狎無行之徒，有猜忌之謀」，而又「不可諫止」。李綱在無奈中「頻乞骸骨」，就是想提前退休。結果卻是「高祖謾罵之曰：『卿為潘仁長史，何乃羞為朕尚書？且建成在東宮，遣卿輔導，何為屢致詞乎？』」這話有點揭老底的味道，李綱正是在隋大業末從何潘仁部下歸順到李淵這邊來的。「綱頓首陳謝曰：『潘仁，賊也，誠在殺害，每諫便止，所治極多，為其長史，故得無愧。陛下功成業泰，頗自矜伐，臣以凡劣，才乖元凱，所言如水投石，安敢久為尚書。兼以愚臣事太子，所懷鄙見，復不採納，既無補益，所以請退。』」高祖勉留了李綱，「綱又上書諫太子曰：『綱耄矣，日過時流，墳樹已拱，幸未就土，許傳聖躬，無以酬恩，請效愚直，伏願殿下詳之。竊見飲酒過多，誠非養生之術。且凡為人子者，務於孝友，以慰君父之心，不宜聽受邪言，妄生猜忌。』建成覽書不懌，而所為如故。綱以數言事忤太子旨，道既不行，鬱鬱不得志」。再如于志寧，貞觀時授任太子李承乾的詹事，「以承乾數虧禮度，志在匡救，撰《諫苑》二十卷諷之，太宗大悅，賜黃金十斤，絹三百匹」。討好了皇帝，就難免得罪太子。其後，于志寧又就承乾「嘗以盛農之時，營造曲室，累月不止」；「宮內屢有鼓聲，大樂伎兒，入便不出」；以及「閹官多在左右」、「驅使司馭等不許分番」等事，幾次上書諫諍，於是「承乾大怒，陰遣刺客張師政、紇干承基就殺之……」幸虧就在生死交關之時，事情出現了戲劇性的變化：「二人潛入其第，見志寧寢處苫廬（古代居喪之禮），竟不忍而止。」不過，真所謂因禍得福，後來李承乾被唐太宗廢為庶人時，倒正是這次沒有成功的刺殺幫了于志寧大忙。和歷史上每次太子被廢一樣，承乾一倒霉，對東宮官屬少不得要來一個兜底「大清查」，像右庶子令狐德棻等都受到了貶責，獨有于志寧非但得以幸免，還受到了嘉獎。原因是：「及承乾敗後，推鞫具知其事（指于志寧曾規諫及承乾陰遣刺客事）。太宗謂志寧曰：『知公數有規諫，事無所隱。』深加勉勞。」（以上均見《舊唐書·于志寧傳》）但如果事態向另一個方面發展，太子終於登上了皇位，那結果便會整個兒顛倒過來：凡阿順以至慫恿太子使壞的，將受到褒獎、重用；克盡職守，嘮裡嘮叨規諫的，一個個難逃嚴厲懲處。如北周曾為宣帝在東宮時宮正、宮尹的若尉遲運、宇文孝伯、王軌等，都因為當時對太子的種種不端之事曾向上有所奏聞，後來不是被殺便是被賜死；而另一些東宮官如宮尹鄭譯等，因慫恿或阿順太子而受到老皇帝鞭撻、除名處分，宣帝一繼位，立即重新受到信用。即使不是東宮官屬，一旦介入了處於對峙狀態中的皇帝——太子的任何一邊，那麼他個人的生死榮辱也將完全受制於上述規律。依附於太子一邊的例子如侯君集。侯在唐貞觀時任吏部尚書。當太子李承乾已經感到將要被廢，向侯「問以自安之術」時，侯舉起手說了一句表示甘願效忠的話：「此好手，當為用之。」後承乾事敗，侯君集被「斬於四達之衢，籍沒其家」（《舊唐書》本傳）。依附在皇帝一邊的例子如荀伯玉。荀在南齊太祖蕭道成時拜輔國將軍。其時世祖蕭賾尚在東宮，「專斷用事，頗不如法。任左右張景真，使領東宮主衣食官穀帛，賞賜什物，皆御所服用」。荀伯玉覺得自己有責任向上啟聞，「謂親人曰：『太子所為，官終不知，豈得顧死蔽官耳目。我不啟聞，誰應啟者？』因世祖拜陵後密啟之。上（指齊太祖）大怒，檢校東宮。世祖還至方山，日暮將泊，豫章王於東府乘飛鷁東迎，具白上怒之意。世祖夜歸，上亦停門籥，待至二更盡方入宮。上明日遣文惠太子（世祖之子）、聞喜公子良宣敕，以景真罪狀示世祖，稱太子令，收景真殺之。世祖憂懼，稱疾月餘日」。此後，荀伯玉更加受到齊太祖的親信，「軍委密事多委使之」，但實際上卻把他推到了極危險的境地。齊太祖到臨終時似乎也想到了這一點，因而特地「指伯玉謂世祖曰：『此人事我忠，我身後，人必為其作口過，汝勿信也』」。待到世祖蕭賾一坐上皇位，早把屍骨未寒的老皇帝的臨終囑咐置諸腦後，永明元年（西元四八三年）在處理垣崇祖案子的同時，一刀殺了荀伯玉。（以上均見《南齊書・荀伯玉傳》）

最後似乎也應當為做太子的說幾句公平話。人之初，性本真。要不是生於帝王之家，他們自然也都像尋常人家的子弟一樣，處於純潔無瑕的最美好的人生階段。如此這般地定向培養，完全出於帝王世系的傳承需要，對人性的正常和健康地成長不僅無益，反而有害。作為一個成長中的青少年，如果允許太子物色自己的東宮官屬，那他自然會按照自己的情性去挑選志趣相投的人。只是以往的史家對此大概少有興趣，因而史著記載極為難得，南朝陳後主叔寶倒可算一個。頗有才子風雅的叔寶被立為太子時，要求以「好學，能屬文，於五言、七言尤善」（《陳書・江總傳》）而聞名當時的江總來任東宮詹事。此事引起了掌管人事工作的吏部尚書孔奐的反對，理由是：「江有潘、陸之華，而無園、綺之實，輔弼儲宮竊有所難」。孔奐還在宣帝前，當著叔寶的面，「奏曰：『江總文華之人，今皇太子文華不少，豈藉於總！如臣愚見，願選敦重之才，以居輔導。』」（《陳書·孔奐傳》）按照傳統的觀點，孔奐說得完全對：叔寶所缺的確實不是文華，而是如何做皇帝那一套南面術；江總也只會寫寫詩文，根本不夠太子詹事選人標準。宣帝大概是拗不過愛子的請求吧，後來還是讓江總做了太子詹事。結果是兩人常作「長夜之飲，養良娣陳氏為女，太子微行總舍。上怒，免之」（《陳書·江總傳》）。但陳後主還是捨不得江總，他一即位，立即讓江總做了尚書令。江「既當權任宰，不持政務，但日與後主遊宴後庭，多為艷詩。好事者相傳諷翫，于今不絕。唯與陳暄、孔範、王瑳等十餘人，當時謂之狎客」（《南史·江夷附江總傳》）。史家們的這些記載都帶有貶意，這自然有他們的道理。因為陳朝短暫的三十一年基業，最後確實就斷送在陳後主手裡；他與江總是一對典型的亡國君臣，他的一曲〈玉樹後庭花〉，歷來被視為典型的「亡國之音」。但現代觀點認為歷史理應是人的歷史。如果以人性為本，那麼在那個背負著沉重的歷史因襲，不斷戕害著、窒息著正常人性的禁宮之內、東宮之中，陳後主與江總那種淡化了君臣森嚴禮儀、不乏真摯友情的關係，該是一線頗可珍惜的閃光。二人之間相互贈詩，其中陳後主寫的〈同江僕射遊攝山棲霞寺〉：「天迴浮雲細，山空明月深；摧殘枯樹影，零落古藤陰」等句，還深受後人稱道。即使在陳亡後，江總在回憶平生事時，依然難忘供職於東宮的那段生活：「後主昔在東朝，留意文藝，夙荷昭晉，恩紀契闊……」（《陳書·江總傳》）懷念之情，溢於言表。

（注）胎教：古代后妃在妊娠期以視聽行動感化胎兒稱胎教。《大戴禮記·保傅》：「青史氏之記曰：古者胎教，王后腹之七月，而就宴室。太史持銅而御戶左，太宰持斗而御戶右。比及三月者，王后所求聲音非禮樂，則太師緼瑟而稱不習；所求滋味者非正味，則太宰倚斗而言曰：不敢以待王太子。」又，賈誼《新書》有〈胎教篇〉。

二

丞二人，正六品上。漢因秦置詹事丞，秩六百石❶。東漢省❷。至魏、晉，皆隨詹事置省。

永康中，省詹事❸，置丞一人，文書關六傅❹。《晉令》❺：「詹事丞一人，品第七；銅印，墨綬❻，進賢一梁冠❼，皇朝服❽；局擬尚書左、右丞❾。」過江，多用員外郎及博士為之，遷為尚書郎❿。宋、齊品服同晉氏⓫。梁、陳品第八⓬。後魏初，從五品中⓭；太和末，第七品上⓮。北齊第七品下⓯。皇朝加至二人⓰。龍朔一年⓱改為端尹丞，咸亨元年⓲復故。天授⓳中又改為宮尹丞，神龍元年⓴復故。

主簿一人，從七品上。晉始置主簿，史闕其員品㉑。歷宋、齊、梁、陳、後魏、北齊、隋，詹事府皆有五官、功曹、主簿，亦史闕其員品㉒。皇朝置一人㉓。龍朔、咸亨、天授、神龍並隨府改復。

錄事二人，正九品下。

丞掌判事㉔。凡敕令及尚書省、二坊符牒下於東宮諸司者，皆發之㉕；若東宮諸司之申上者，亦如之。

主簿掌付所受諸司之移、判及彈頭之事而勾會之㉖。凡三寺㉗、十率府㉘文符之隱漏㉙，程限稽失㉚，大事啟文㉛，小事下率更以繩之㉜；及掌印，勾檢稽失㉝。

錄事掌受事發辰㉞。

【章　旨】敘述太子詹事府丞、主簿、錄事之定員、品秩、沿革和職掌。

【注　釋】❶漢因秦置詹事丞秩六百石　《漢書・百官公卿表》稱：「詹事，秦官，掌皇后、太子家，有丞。」秩六百石，月俸為七十斛。❷東漢省　東漢以太子少傅主太子官屬，故不設詹事府，亦無詹事丞。❸永康中省詹事　永康，晉惠帝司馬衷年號，僅一年，即西元三〇〇年。齊王冏輔政，省詹事。❹置丞一人文書關六傅　晉置太子詹事及丞過程頗為曲折，此係略而述之。晉初不置詹事，至武帝咸寧元年（西元二七五年）始設以黃門侍郎楊珧為之，掌東宮事，太子太傅、少傅不復領官屬。後楊珧為少傅，詹事又省。至惠帝元康元年（西元二九一年）復置詹事，永康元年（西元三〇〇年）又省。太安中再置。此後而至孝懷之末，西晉皆有詹事。詹事府置丞一人，秩千石，下設主簿、五官掾、功曹史等。至愍懷建東宮，復置六傅。六傅，指太子太師、太傅、太保和太子少師、少傅、少保。關，關通其事。文書關六傅，指詹事府與諸司上行或下行之文書，皆需同時關通亦即通報於六傅。關，也是古代公文書之一種，多用於平行機關相互質詢。《宋書・禮志》載其程式為：「某曹關某事云云。被令，儀宜如是。請為牋如左。謹關。右署眾官如常儀。」❺晉令　書名。《舊唐書・經籍志》著錄有《晉令》四十卷，賈充等撰。❻銅印墨綬　銅製之印章，黑色之繫印綬帶。古代官員佩印以其材質分金、銀、銅三等。《東觀書》稱：「漢制秩四百石以上皆銅印墨綬。」唐代諸司多用銅印。綬則以其顏色分貴賤。漢時有赤、綠、紫、青、黑、黃數種。墨綬，三采，青、赤、紺，淳青圭，長一丈六尺，八十首。❼進賢一梁冠　進賢冠，古緇布冠，文官之服。前高七寸，後高三寸，長八寸，有五梁、三梁、二梁、一梁之分。六百石以下至於庶人，並冠一梁。❽皇朝服　句首「皇」當作「皂」。《宋書・禮志五》稱：「江左太子保傅卿尹詹事丞，皂朝服。」❾局擬尚書左右丞　指詹事丞處理東宮政務之職權，相當於尚書省之左、右丞。❿過江多用員外郎及博士為之遷為尚書郎　過江，指南渡長江後所建立之東晉。員外郎，指員外散騎侍郎，無員，晉武帝置。尚書郎，指分主尚書省諸曹之郎官。西漢舊置四人，光武時置三十四人，魏有二十三人。西晉武帝設三十四曹郎，江左省為十八曹郎。以員外郎或博士補太子詹事丞和遷尚書郎之案例，《晉書》未見有直接記載，唯《宋書・良吏江秉之傳》稱江於「宋受禪，隨例為員外散騎侍郎，補太子詹事丞。少帝即位，入為尚書都官郎，出為永世、烏程令，以善政著名東土」。劉宋初年此制當沿東晉之故事。都官郎，即主管尚書省都官曹之尚書郎。⓫宋齊品服同晉氏　據《宋書・百官下》，宋太子傅、詹事、率、丞並為第七品；南齊沿宋制。輿服依《晉令》，據《宋書・禮志》亦為銅印、墨綬，進賢一梁冠，皂朝服。⓬梁陳品第八　據《隋書・百官志》，梁天監七年（西元五〇八年）定十八班制，以班多為貴；太子詹事丞列為第四班，相當於第八品。陳沿梁制。⑬後魏初從五品中　此指太和前制。據《魏書・官氏志》，北魏孝文帝太和十七年（西元四九三年）頒職員令，太子詹事丞列為從第五品中。⑭太和末第七品上　此指太和後制。據《魏書・官氏志》，北魏孝文帝太和二十三年（西元四九九年）復次職令，太子詹事丞列為第七品下。句末「上」當係「下」之訛。北魏宣武帝延昌三年（西元五一四年）有楊昱以員外散騎侍郎帶太子詹事丞。時太子元詡尚「在懷抱之中，至於出入，左右乳母而已，不令宮僚聞知。昱諫曰：『陛下不以臣等凡淺，備位宮臣，太子動止，宜令翼從。然自此以來，輕爾出入，進無二輔導之美，退闕群僚陪侍之式，非所謂示民軌儀，著君臣之義。陛下若召太子，必降手敕，令臣下咸志，為後世法。』於是詔曰：『自今已後，若非朕手敕，勿令兒輒出，宮臣在直者，送至萬歲門。』」（《魏書・楊播附楊昱傳》）⑮北齊第七品下　據《隋書・百官志》，北齊太子詹事丞列第七品下。又，《職官分紀》卷二七引《唐六典》原注此句及《通典・職官十二・東宮官》皆尚有「隋初置一人」五字。⑯皇朝加至二人　據《職官分紀》卷二七引《唐六典》原注，此句前尚有「隋初置一人」五字。唐將詹事丞之定員由一人增至二人事，在太宗貞觀六年（西元六三二年）。郭子儀之重孫郭仲恭，文宗開成初曾任詹事府丞（見《舊唐書・郭子儀傳附郭仲文傳》）。⑰龍朔一年　句中「一」，據《職官分紀》卷二七引《唐六典》原注此句作「二」。龍朔二年，即西元六六二年。龍朔為唐高宗李治年號。⑱咸亨元年　即西元六七〇年。咸亨亦為唐高宗李治年號。⑲天授　武則天稱帝時年號。⑳神龍元年即西元七〇五年。神龍是唐中宗李顯年號。㉑晉始置主簿史闕其員品　《晉書・職官志》記有其員數，唯闕品秩。其文稱：於詹事府下「置丞一人，秩千石；主簿、五官掾、功曹史、主記門下史、錄事、戶曹法曹倉曹賊曹功曹書佐、門下亭長。門下書佐、省事各一人」。㉒歷宋齊梁陳後魏北齊隋詹事府皆有五官功曹主簿亦史闕其員品　南北朝各代詹事府主簿之設置，或有或闕，記載不一。如宋、齊，未見有設置主簿以下諸員之記載。《隋書・百官志》載梁在詹事府置有丞、功曹、主簿等屬吏，未列其主簿之員品。陳沿梁制。北魏詹事主簿，據《魏書・官氏志》太和十七年（西元四九三年）頒職員令，列為從第六品上。北齊，《隋書・百官志》載其詹事府「置丞、功曹、五官、主簿、錄事員」，其中功曹、五官列為從第九品，主簿則未見。隋詹事府僅存在於開皇元年（西元五八一年），次年即廢，未見其有設置主簿之記載。故南北朝列代詹事府主簿之設置狀況，難以一概而論。㉓皇朝置一人　唐曾任詹事府主簿見於記載者，如魏徵。玄武門之變後，李世民立為太子，引魏徵「為詹事主簿」（《舊唐書・魏徵傳》）。㉔丞掌判事　《舊唐書・職官志》作「丞掌判府事」。《新唐書・百官志》作「掌判府事」。此句「判」下當添一「府」字。㉕凡勑令及尚書省、二坊符牒下於東宮諸司者皆發之　勑令，上達下之文書，特指皇帝之詔令。勑亦寫作敕、勅。二坊，指太子左春坊、右春坊。符，上達下文書，此處指尚書省所下之符命。牒，下達上之文書。《新唐書

・百官志》：下之達上者，其六曰牒，亦泛指一般公文書，如白居易〈杜陵叟〉詩：「昨日里胥方到門，手持尺牒榜鄉村。」符牒皆有規定程式。東宮諸司，指二坊以外東宮諸機構。如東宮之十率府、太子家令寺、太子率更寺、太子僕寺等。東宮之左春坊與右春坊，相當於朝廷之中書、門下二省，詹事府則猶若尚書省；而詹事丞之地位與尚書省左、右丞相類，故凡皇帝敕令、尚書省符文之下達，以及東宮諸司公文之上下往來，皆需經由詹事府丞。㉖主簿掌付所受諸司之移判及彈頭之事而勾會之 此言主簿職掌主要是收受和發付諸司間各類公文，並勾檢核查其中有無違失之處。移、判、彈頭，皆為文書名稱。移，與牒相類，多用於不相統屬之官署間。劉勰《文心雕龍・檄移》：「劉歆之〈移太常〉，辭剛而義辨，文移之首也；陸機之〈移百官〉，言約而事顯，武移之要者也。故檄移為用，事兼文武。」判，判文，亦即案件之判詞，多以駢文為之。唐吏部銓選，以四事擇其良，其中之一便是判，試二道，謂之拔萃。《龍筋鳳髓判》及《白氏長慶集》所收〈甲乙判〉一百道，皆被視為判之範文。彈頭，指彈文。彈劾官員錯失之奏疏。明・郎瑛《七修類稿・詩文一・名文之始》：「奏疏之名不一……彈文固目中之一，而其辭要核實風範，所謂氣流墨中、聲動簡外可也。」㉗三寺 指太子家令寺、太子率更寺、太子僕寺，為詹事府之下屬機構，其制猶若朝廷之九寺五監。㉘十率府 指太子左右衛率府、太子左右司禦率府、太子左右清道率府、太子左右監門率府、太子左右內率府十率府，其制猶若朝廷之十六衛。㉙文符之隱漏 指來往公文之有洩漏、隱匿、遺失者。唐制公文往來之禁有四：一曰漏洩，二曰稽緩，三曰違失，四曰忘誤。違禁者將受到不同懲罰。如《唐律》規定：漏洩大事應密者，絞。非大事應密者，徒一年半。漏洩於蕃國使者則加一等。㉚程限稽失 指來往公文處理中，有延誤規定日程及出現錯失者。

㉛大事啟文 陳仲夫點校本注：句末「文」疑當作「聞」。指大事需啟聞於太子詹事。㉜小事下率更以繩之 率更，指太子率更寺，置令一人，刑罰為其職掌之一。故東宮屬官若有一般錯失，可由主簿直接下率更寺依法處罰。繩，按一定標準衡量。《禮記・樂記》：「以繩德厚。」孔穎達疏：「繩，猶度也。」㉝勾檢稽失 指勾會檢查公文往還和處理過程中，有無延誤規定程限及是否發生錯失。㉞受事發辰 指登錄來往公文之收發日期，以為勾官檢查考核之依據。

【語譯】〔太子詹事府：〕丞，定員二人，品秩為正六品上。漢因承秦制，亦在詹事府設詹事丞，俸秩是六百石。東漢省去。直到魏晉詹事丞都是隨著詹事府的或置或省而或置或省。晉惠帝永康年間，省去了詹事，但置有丞一人，詹事府的來往文書都要通報於六傅。《晉令》規定：「詹事府設置丞一人，列第七品，佩銅印墨綬，戴進賢一梁冠，穿皇（皂）朝服；職務相當於尚書省的左右丞。」東晉常用散騎員外郎或博士為詹事丞，然後遷升尚書郎。南朝宋、齊時，詹事丞的品秩和冠服都與晉代相同，梁和陳列為第八品。北魏初期為從五品中，太和末年，降為第七品下。北齊列為第七品下。〔隋初置詹事丞一人，〕本朝增加到二人。高宗龍朔二年改稱詹事丞為端尹丞，咸亨元年恢復舊稱。武周天授時期又改稱為宮尹丞，中宗神龍元年又恢復舊名。

主簿，定員一人，品秩為從七品上。晉時方始在詹事府設置主簿，員數和品秩史著缺乏具體記載。歷經南朝宋、齊、梁、陳和北朝北魏、北齊以及隋，在詹事府都設有五官、功曹、主簿，史著同樣缺少它們的定員、品秩的記載。本朝設置一人。在龍朔、咸亨、天授、神龍時期，這一職名也隨著府名的更改和恢復而更改和恢復。

錄事，定員二人，品秩為正九品下。

丞的職掌是，主管〔本府的〕日常事務。凡是勑令以及尚書省和左、右二春坊的符、牒一類公文下達到東宮各個官司的，都由丞轉發；包括東宮各司向上申報的公文，亦同樣要經過丞轉呈。

主簿的職掌是，發送所受各司的移、判和彈頭等文案方面的事務，並負責勾檢稽查。凡是三寺、十率府在各種公文上若有隱匿漏失和違反程限、差錯失誤等事情發生，屬於大事要向上申報，小事則直接下交率更寺依法處理。主簿還要負責掌管印信，勾檢所屬有否延誤或錯失。

錄事掌管登錄公文收發日辰。

三

太子司直二人，正七品上。皇朝龍朔三年置桂坊，比御史臺❶。置令一人，比御史大夫；

司直二人，比侍御史。職在彈劾，以肅宮寮。其後廢桂坊，以司直隸詹事府。

司直掌彈劾宮寮，糾舉職事。凡皇太子朝宮臣，則分知東西班❷。凡諸司文武應

參官，每月皆具在否，以判正焉❸；凡諸率府配兵於諸職掌者，亦如之❹；皆受而檢察，其過犯者，隨以彈啟。若皇太子監國❺，詹事及左、右庶子為三司使❻，則司直一人與司議、舍人分日受啟狀❼，詳其可否，以申理之。若皇太子出，則於鹵簿內分以糾察❽。

【章旨】敘述太子司直之定員、品秩、沿革和職掌。

【注釋】❶龍朔三年置桂坊比御史臺　龍朔三年，即西元六六三年。龍朔為唐高宗李治年號。據《舊唐書・高宗紀》，是年「春二月癸巳，置太子左右諭德及桂芳大夫等官員，改司經局為桂芳館」。比御史臺，指桂芳大夫在東宮之職務，比照朝廷之御史大夫。❷凡皇太子朝宮臣則分知東西班　皇太子於東宮受宮臣朝參，有五日一朝參之常參與每月月初、月中之朔望朝兩類。依《開元禮》，朝參時設皇太子帷座於正殿即東宮之嘉德殿，其座位是東序西向；東宮正門重明門外，則設宮臣版位，文東、武西，俱重行相向，以北為上。在朝參過程中，由太子司直二人分別監察東西二班文武宮臣，整肅禮儀，糾舉違制者。❸凡諸司文武應參官每月皆具在否以判正焉　唐制，東宮官五品以上，每五日和朔望日，皆須朝參皇太子。應參官，即指五品以上之東宮官。《唐會要》卷二六皇太子見三師禮條載：「〔文宗〕開成三年（西元八三八年）四月敕：宣令師保、賓客、詹事、左右春坊五品以上官，每至朔望日，仗門下與前件官，詣崇明門謁見皇太子，其官二員者，任分番。如遇陰雨、休假，其輟朝、放朝並權停。」司直之職掌是核實應參官在東宮舉行之朝參儀式上，是否按規定出列。❹凡諸率府配兵於諸職掌者亦如之　諸率府，指東宮之諸率府。其中左、右衛率府與左、右司禦率府，要分配其所屬之衛士，在皇太子受宮臣朝賀時擔任羽衛儀仗；諸職掌，即指擔任儀仗中之不同崗位與職責。對此，司直同樣要檢察其是否按所分配之職司執行，彈糾其有過失者。❺皇太子監國　帝王外出時，太子留守代掌國事，稱監國。《國語・晉語一》：「君行，太子居，以監國也。」如唐貞觀十九年（西元六四五年）太宗親征遼東，「詔皇太子留定州監國，開府儀同三司、申國公高士廉攝太子太傅，與侍中劉洎、中書令馬周、太子少詹事張行成、太子右庶子高季輔五人同掌機務」（《舊唐書・太宗紀》）。此種監國，名義上由東宮官協助太子代掌軍政要務，實際上大權仍掌於君王之手。也有為提供歷練機會而令皇太子監國者，如高宗曾先後於顯慶四年（西元六五九年）、龍朔二年（西元六六二年）、咸亨二年（西元六七一年）出行東都或溫湯，留皇太子李弘監國。又有因皇帝有疾，無法處理政務而由皇太子監國者，如順宗李誦永貞元年（西元八〇五年）四月即位，其時已中風失語，因而「事無巨細皆決於李忠言、王伾、王叔文。物論喧雜，以為不可」，於是下詔「其軍國政事，宜令皇太子勾當」（《舊唐書・順宗本紀》），即由皇太子李淳監國。不久，李淳受內禪即皇帝位，是為憲宗。還有一種情況是皇帝受嗣子逼迫，不得不放棄權力，由嗣子先行監國，然後正式稱帝。如武周末，張柬之、崔玄暐與左羽林將軍敬暉、右羽林將軍桓彥範，率羽林兵發動兵變，誅張易之、張昌宗，迎皇太子李顯監國，總庶政，其後武則天在無奈中傳位於皇太子，即唐中宗。又如睿宗李旦即皇帝位後，初徘徊於太平公主和皇太子李隆基兩派勢力之間，後在李隆基的逼迫下，於景雲二年（西元七一一年）令皇太子監國，次年即傳位於皇太子，自稱太上皇，詔曰：「朕將高居無為，自今後軍國刑政一事以上，並取皇帝處分。」（《舊唐書・睿宗紀》）❻詹事及左右庶子為三司使　三司使，在朝廷指中書、門下、御史大夫，遇有大案須由三司使詳決，若有刑名不當、輕重失宜，三司會審後可以援法例退還刑部或大理寺重審。此句意謂在皇太子監國期間，東宮官屬中可代行三司使職務者，為詹事府詹事和左春坊、右春坊之左右庶子。❼司直一人與司議舍人分日受啟狀　據《新唐書・百官志》，句中「司議」下缺一「郎」字，當補。三司使受理案件時，由御史臺之侍御史、門下省之給事中和中書省之中書舍人更值，每日由一司正受，兩司副押，更遞如此，其鞫聽亦同。在皇太子監國期間，東宮官屬中與上述三職對應的是詹事府之司直、左春坊之司議郎、右春坊之舍人，由其分日接受啟狀，並予以申理。❽若皇太子出則於鹵簿內分以糾察　鹵簿，指皇太子出行時在其前後之儀仗隊。《新唐書・儀衛志下》載：「皇太子出，則鹵簿陳於（東宮）重明門外。其日三刻，宮臣皆集於次，左庶子版奏『請中嚴。』典謁引宮臣就位。侍衛官服其器服，左庶子負璽詣閤奉迎，僕進東巷輦於西閤外，南嚮，內率一人執刀立車前，北嚮，中允一人立侍臣之前，贊者二人立中允之前。前二刻，諸衛之官詣閤奉迎，宮臣應從者各出次，立於門外，文東武西，重行北嚮北上。」以上是行前之禮式。待皇太子升車，僕立授綏，左庶子以下夾侍。中允奏「請發」，車子便啟動。此時鼓吹奏樂，龐大的儀仗隊伍由家令先導，依次是率更令、詹事、太傅、太師，都有軺車可乘。其後先是清游隊，率更寺鼓吹，左右翊府之郎將和衛士；然後是通事舍人、司直、文學、洗馬，司議郎居左，太子舍人居右，中允居左，中舍人居右，左、右諭德，左、右庶子；然後是左右衛率府、副率二人，率領親、勳、翊三衛之衛士。以上為前列。中間是皇太子之金路，駕四馬，駕士二十三人，由僕寺負責馭馬，左、右率府率二人執儀刀陪乘；左、右衛率府率二人，夾路，各一人從，居供奉官後。此下是東宮諸率府之衛士，接著是副路，軺車，四望車等。其後依次是左、右廂步隊、儀仗，左、右廂馬隊，最後是後拒隊。司直職掌之一，即是檢校和糾察儀仗隊在行進過程中有無違制情事發生。又，若屬常行、常朝則減隊仗三分之一，不設馬隊、鼓吹以及金路、四望車等，皇太子乘軺車，二傅乘犢車。

【語譯】太子司直，定員二人，品秩為正七品上。本朝高宗龍朔三年設置桂芳，職務相當於朝廷的御史臺。設置令一人，職事比照御史大夫；司直二人，職事比照侍御史。它們的職掌是負責彈劾，以整肅東宮的官屬。後來廢除了桂芳，就將司直隸屬於詹事府。

司直的職掌是彈劾東宮僚屬，糾察檢舉違反職掌的情事。每逢皇太子受宮臣朝賀時，司直二人要分別管好東西二班文武官員的秩序。凡是東宮各司應朝參的文武官員，每月是否都按規定出席到位，由司直負責檢察和判別；所有東宮各率府分配作儀仗的衛士，是否忠實履行各自的職責，也同樣都要納入司直的檢察範圍，發現有犯過失的，隨時可以彈劾上報。如果皇太子監國，太子詹事和左、右庶子作為三司使，那麼就由司直中一人會同左春坊的司議〔郎〕、右春坊的舍人，分日負責受理啟狀，判明可與不可，以申報處理。如果皇太子出行，則在儀仗隊內分頭進行監督和糾察。

太子左春坊・太子左諭德・崇文館・司經局・典膳局・藥藏局・內直局・典設局・宮門局

【篇旨】本篇所敘述的左春坊，掌贊相禮儀，駁正啟奏，監省封題，在東宮官屬中佔有重要地位。因其體制模擬於朝廷的門下省，所以職官的設置也大致可與門下省的官屬相對應。如長官為左庶子，對應於門下省的侍中；以中允為其副貳，對應於門下省的侍郎；設置左諭德和左贊善大夫，以與門下省的散騎常侍和諫議大夫相當；又有崇文館，猶若門下省之有弘文館。就東宮內部而言，左春坊又對應於模擬中書省的右春坊：其長官左庶子、副貳中允和屬官左諭德、左贊善大夫等，分別與右春坊的右庶子、中舍人以及右諭德、右贊善大夫等相匹對。左、右春坊與門下、中書二省這種體制上對應關係，當皇太子正式繼承皇位時，就有可能轉化為實際的接替關係。如李世民於高祖武德九年（西元六二六年）發動玄武門政變後，即入主東宮，使高士廉、長孫無忌為太子左庶子，以房玄齡、杜如晦為太子右庶子；及高祖傳位，李世民登臨御極，太子左右庶子高士廉、房玄齡便分別轉為侍中、中書令，太子左庶子長孫無忌任吏部尚書，右庶子杜如晦為兵部尚書。這樣左、右春坊的長官便直接轉中書、門下二省和尚書省主要部門的長官，也可說是影子內閣變成了實際內閣。這次轉任充分顯示出東宮左、右庶子地位的重要。

左春坊下還轄有六局，即司經局、典膳局、藥藏局、內直局、典設局和宮門局。司經局相當於秘書省，掌東宮的圖書，設有洗馬、文學、校書等員。典膳以下四局，職擬朝廷殿中省所轄諸局，如典膳局相當於尚食局，掌進膳、嘗食；藥藏局相當於尚藥局，掌醫藥診候；內直局相當於尚衣局與尚輦局兼符璽郎，掌衣服、傘扇、符璽；典設局相當於尚食局，掌湯沐、鋪設、灑掃。六局中最後一局宮門局，則類似門下省所屬的城門郎，掌東宮諸門管鑰。隋時殿中省諸局皆屬門下省，至煬帝大業三年（西元六〇七年）折置殿中省，當時稱殿內省，唐因其制，但東宮規制仍沿其舊，包含著朝廷門下、殿中二省的機構和職能。

唐左春坊官署，在西京的，設於皇城內承天門街之東，宮城之南，第二橫街之北；坊東為南北街，街東即皇城東門延喜門。其在東都的官署，則設於皇城內應天門外，第三橫街之北，左掖門街之東，隔街與左司禦率府相望。

一

太子左春坊：左庶子二人，正四品上。《禮記》❶曰：「古者，周天子有庶子之官，職諸侯、卿大夫之庶子❷，掌其戒令與其教理，別其等，正其位❸。國有大事，則帥國子而致於太子，唯所用之❹。若有甲兵之事，則授之車甲，合其卒伍，置其有司，以軍法理之，司馬弗征❺。」至秦因之，置中庶子員。漢太子太傅屬官有庶子❻，王莽❼改曰中尚翼子。後漢太子少傅屬官有太子中庶子，員五人，秩六百石，職如侍中；庶子，無員，秩四百石，庶子職如三署郎❽。《環濟要略》曰：「庶子主宮中并諸吏之適子及支庶版籍。」❾魏因之❿。晉太子詹事有中庶子、庶子各四人，局擬散騎常侍⓫，品第五；班同三令、四率，次中書侍郎下⓬；絳朝服，武冠，平巾幘⓭。高功中庶子與高功中舍人共掌禁令⓮，糾正違闕，侍從左右，儐相威儀，盡規獻納，奏事文書皆典綜之。釋奠⓯，中庶子扶左，庶子扶右。孝文帝元嘉初，詔中庶子隨太子入直上宮⓰，十四年又詔直東宮⓱。

梁中庶子、庶子各四人，庶子功高者一人為祭職，班則負璽，前、後部護駕，與高功中舍一人共掌其坊之禁令⑱，班第十一，從四品；庶子班第九，從五品⑲。陳因之⑳。後魏有太子左庶子、庶子員㉑。北齊有門下坊，中庶子四人領之；有典書坊，庶子四人領之。中庶子第四品上㉒。隋門下坊置左庶子二人領之，典書坊置右庶子二人領之㉓，至是始改為左、右矣。左庶子正四品上，右庶子四品下。皇朝因之㉔。龍朔二年，改門下坊為左春坊，左庶子為太子左中護；咸亨元年復故㉕。左庶子在東宮，職擬侍中。

太子中允二人，正五品下。後漢太子宮屬有中允，在中庶子下、洗馬上㉖。此後無聞。皇朝貞觀初，改太子中舍人為中允㉗，位右庶子下，而中舍人復置。龍朔二年改曰太子左贊善大夫，咸亨元年復為太子中允，而左贊善大夫仍置。太子中允職擬黃門侍郎。

左庶子之職，掌侍從，贊相禮儀㉘，駁正啟奏，監省封題㉙；中允為之貳。凡皇太子從大祀及朝會㉚，出入則版奏外辦、中嚴㉛，入則解嚴㉜焉。凡令書下於左春坊，則與中允、司議郎等覆啟以畫諾，及覆下，以皇太子所畫者留為按，更寫令書，印署，注令諾，送詹事府㉝。若皇太子監國，事在尚書者，如令書之法㉞。

【章旨】敘述太子左春坊之左庶子和太子中允之定員、品秩、沿革及職掌。

【注釋】❶禮記　儒家經典之一。為秦漢以前各種禮儀論著之選集。相傳為西漢戴德之姪戴聖所編纂，故亦稱《小戴記》

或《小戴禮記》。今本為東漢鄭玄注本。收有〈曲禮〉、〈檀弓〉、〈王制〉、〈月令〉、〈禮運〉等四十九篇，大率為孔子弟子及再傳、三傳弟子等所記。❷古者周天子有庶子之官職諸侯卿大夫之庶子　此句引自《禮記・燕義》，有節略。原文為：「古者，周天子官，有庶子官。庶子官職諸侯卿大夫士之庶子之卒。」前一「庶子」為官名，相當於《周禮・夏官》中之諸子，掌理國子之戒令、教治等，設下大夫二人，其屬官為中士四人，府二人，史二人，胥二人。後一「庶子」即《周禮・夏官》所稱之「國子」，指諸侯公卿大夫之子被召而致於太子在宮中侍從或宿衛者。卒，讀為萃，聚集、集合之意。此處為名詞，猶言集體或部隊，即指在宮中侍衛於太子之諸國子。如漢高祖二年（西元前二〇五年），立劉盈為太子時，曾「令太子守櫟陽，諸侯子在關中者，皆集櫟陽為衛」（《史記・高祖本紀》）。又，「卒」亦有另解。如陳澔注《禮記》：「卒，讀為倅，副貳也。此官專主諸侯以下眾庶之子副倅於父之事。」❸掌其戒令與其教理別其等正其位　此下皆為《禮記・燕義》引自《周禮・夏官》，言諸子亦即庶子官之職掌。戒令，陳澔注《禮記》：「謂任之征役也。」指諸侯公卿大夫之子應召進宮侍衛太子之有關法令。教理，《禮記・燕義》及《周禮・夏官》均作「教治」。舊注為「修德學道也」。別其等，指以其父之爵位為等第，分別諸子之貴賤等級。正其位，指依貴賤等第，整肅朝位之次序。❹國有大事則帥國子而致於太子唯所用之　句中「帥」、「太」，原文作「率」、「大」，均可通。庶子官亦即諸子官帥諸侯公卿大夫之子唯太子所役使，是有前提的，即當「國有大事」時。大事指大祭祀、大喪事、大賓客、大燕享之類。在《周禮・夏官》中，記有與此相對應諸事，如「大祭祀，正六牲之體」；「大喪，正群子之服位」；「會同賓客，作群子從」等。❺自「若有甲兵之事」至「司馬弗征」　車甲，指兵車和甲胄。卒伍，古軍制以百人為卒，五人為伍。此處係泛指，對諸侯公卿大夫之子進行軍事編制。置其有司，設置各級軍官以管理這支特殊軍隊。司馬，周代為執掌軍隊和徵收軍賦之官，屬六卿之一。司馬弗征，此國子軍隊由太子統領，故不受司馬征調。《周禮・夏官》此句下尚有「凡國征弗及」五字，意謂可免除國家規定之賦稅和力役。❻秦因之置中庶子員漢太子太傅屬官有庶子　此句《通典・職官十二・東宮官》太子庶子條為：「秦因之，置中庶子、庶子員。漢因之，有庶子員五人，史丹、王商、歐陽地餘並為中庶子。」故秦與漢皆置中庶子與庶子。中庶子職如侍中，為皇太子左右親近。西漢任中庶子者，上述引文中已提到三人：史丹，其姊為史良娣，元帝以其為宣帝之外家；「自元帝為太子時，丹以父（史）高任為中庶子，侍從十餘年」。王商，出身於外戚世家，其父王武為漢宣帝之舅父；商「少為太子中庶子，以肅敬敦厚稱」；「元帝時至右將軍、光祿大夫」。歐陽地餘，元帝為太子時任中庶子，「後為博士，論石渠。元帝即位，地餘侍中，貴幸，至少府」。（均見《漢書》各自列傳）此外尚有馮野王，其姊為元帝昭儀，野王「以父任為太子中庶子，年十八」（《漢書・馮野王傳》）。元帝為太子時，上述中庶子多為其年齡相近之表兄弟。西漢任庶子者，如傅喜，亦出身於外家，為漢哀帝祖母定陶傅太后之從父弟，《漢書》本傳稱：「哀帝立為太子，成帝選喜為太子庶子，哀帝初即位，以喜為衛尉，遷右將軍。」❼王莽　字巨君，魏郡元城（今河北大名東）人，漢元帝皇后姪，以外戚掌握政權。初始元年（西元八年）稱帝，改國號新，年號始建國。後在綠林軍攻入長安時被殺。在位十五年，終年六十八歲。❽庶子無員秩四百右庶子職如三署郎　庶子無員，《職官分紀》卷二八太子左春坊引《唐六典》原注此句作「庶子無員數」。秩四百右，據正德本當為「秩四百石」。三署郎，指光祿勳屬官五官中郎將，左、右中郎將三署所屬之郎官。其中有中郎、議郎、侍郎、郎中之別，無固定員數，多至千人，掌執戟以守衛宮殿。又，《後漢書・百官志》「三署郎」作「三署中郎」。❾環濟要略曰庶子主宮中并諸吏之適子及支庶版籍　《環濟要略》，書名。《藝文類聚・職官部》引《環濟要略》云：「庶子，謂宮中諸吏之適子及支庶俱在版籍中者，行其秩敘，作其徒役，授八次八舍之職，以徽候。」適子，即嫡子。支庶，指庶子，妾之子與嫡子之同母弟均為庶子。引文所言庶子官之職掌，不見於《禮記・燕義》及《周禮・夏官・諸子》，唯與《周禮・天官・宗伯》頗為相類，其文稱：「宮伯，掌王宮之士庶子，凡在版者，掌其政令，行其秩序，作其徒役之事，授八次八舍之職事。」漢代之庶子、中庶子已與《周禮》所言多異，惟侍奉於太子左右，供其差遣這一點仍相同。據《後漢書・百官表》庶子之更值由太子率更令負責分配。❿魏因之　指魏因漢制，在東宮屬官中亦設中庶子與庶子。魏文帝曹丕在東宮時，「以〔鮑〕勳為中庶子。徙黃門侍郎，出為魏郡西部都尉，太子郭夫人弟為曲周縣吏，盜斷官布。太祖時在譙，太子留鄴，數手書為之請罪。勳不敢擅縱，具列上。勳前在東宮，守正不阿，太子固不能悅，及重此事，恚望滋甚。」後鮑勳任宮正，終為曹丕借故所殺（見《三國志・魏志・鮑勳傳》）。又有司馬孚，「遷太子中庶子。魏武帝崩，太子號哭過甚，孚諫曰：『大行宴駕，天下恃殿下為命。當上為宗廟，下為萬國，奈何效匹夫之孝乎？』太子良久乃止，曰：『卿言是也。』時群臣初聞帝崩，相聚號哭，無復行列。孚厲聲於朝曰：『今大行晏駕，天下震動，當早拜嗣君，以鎮海內，而但哭耶？』孚與尚書和洽罷群臣，備禁衛，具喪事，奉太子以即位，是為文帝」（《晉書・司馬孚傳》）。與魏同時之吳、蜀亦設有此職。如吳，孫權立孫登為太子，「太傅張溫言於權曰：『夫中庶子官最親密，切問近對，宜用雋德。』於是乃用〔陳〕表等為中庶子。後又以庶子禮拘，復令整巾侍坐」（《三國志・吳書・孫登傳》）。蜀，劉禪立璿為太子，「以〔霍〕弋為中庶子。璿好騎射，出入無度，弋引古義，盡言規諫，甚得切磋之體」（《三國志・蜀志・霍峻傳》）。魏時任太子庶子者，有阮籍之子阮渾，《三國志・魏書・阮籍傳》注引《魏氏春秋》曰：「子渾，字長成，《世語》曰：『渾以閒澹寡欲，知名京邑。為太子庶子。早卒。』」吳則有華融為太子庶子。⓫晉太子詹事有中庶子庶子各四人局擬散騎常侍　《晉書・職官志》云：「中庶子四人，職如侍中」；

「庶子四人，職比散騎常侍、中書監令」。《通典・職官十二・東宮官》：「晉中庶子、庶子各四員，職比散騎常侍及中書監、令。」西晉任太子中庶子者，如鄭默，《晉書・鄭袤附子默傳》稱：「默，字思元。武帝受禪，與太原郭奕俱為中庶子。朝廷以太子官屬宜稱陪臣，默上言：『皇太子體皇極之尊，無私於天下。宮臣皆受命天朝，不得同之藩國。』事遂施行。」又如文立，《晉書》本傳錄武帝詔曰：「太子中庶子文立，忠貞清實，有思理器幹，前在濟陰，政事修明；後事東宮，盡輔導之節。」此外尚有應貞、孔恂、鄒湛、棗據等，事各見《晉書》本傳。東晉任太子中庶子者，如溫嶠，「歷驃騎王導長史，遷太子中庶子。及在東宮，深見寵遇，太子與為布衣之交。數陳規諷，又獻〈侍臣箴〉，甚有弘益。時太子起西池樓觀，頗為勞費，嶠上疏以為朝廷草創，巨寇未滅，宜應儉以率下，務農重兵。太子納焉」（《晉書・溫嶠傳》）。又如孔演，「肅宗之在東宮，孔演領太子中庶子，於時中興肇構，庶事草創，演經學淵博，該識舊典，朝儀軌制多取正焉，由是元明二帝並親愛之」（《太平御覽・職官四十三》引《晉中興書》）。⑫班同三令四率次中書侍郎下　此言朝會時，其列班之位次與三令、四率相同，而次於中書侍郎之下。三令，《晉書・職官志》列有食官令、家令、率更令三令，均為詹事府屬官。後食官令併於家令，另有太子僕，與家令、率更令合稱三卿。四率，晉武帝建東宮，置衛率，泰始五年（西元二六九年）分為左、右各領一軍，惠帝時，愍懷太子在東宮，又加前、後二率。故四率指左、右、前、後四衛率，掌東宮之禁衛軍。中書侍郎，亦稱中書郎。三國魏文帝黃初時設中書省，其下有通事部，後又增設中書侍郎，晉沿置，員四人，五品。魏、西晉時中書監、令承宣皇帝旨意，常由侍郎草擬成詔令，職任機要，多用文學之士，亦為宗室入仕之階梯。東晉中書納奏、擬詔、出令之職轉歸他省，監、令成為閒職，而以侍郎一員值班西省，仍分任詔令之起草。⑬絳朝服武冠平巾幘　指中庶子、庶子可穿戴之冠服。絳朝服，披絳紗衣之朝服。武冠，又稱武弁、大冠，亦即趙惠文冠。《後漢書・輿服志下》：「武冠，一曰武弁、大冠，諸武官冠之。侍中、中常侍加黃金璫，附蟬為文，貂尾為飾，謂之趙惠文冠。胡廣曰：『趙武靈王效胡服，以金璫飾首，前插貂尾為貴職，秦滅趙，以其君冠賜近臣。』」又稱：「意謂北方寒涼，本以貂皮暖額，附施於冠，因遂變成首飾。」平巾幘，亦稱平上幘。原是古代平民覆髮之巾，漢時加高其額題，即在額前作山形，加幘尾，有長耳、短耳之別，長耳稱介幘，為文官之幘；短耳稱平上幘，為武官所服。《晉書・輿服志》：「冠惠文者宜短耳，今平上幘也。始時各隨所宜，遂因冠為別，介幘服文吏，平上幘服武官也。」⑭高功中庶子與高功中舍人共掌禁令　據《晉書・職官志》，中庶子四人，職如侍中；中舍人四人，咸寧四年（西元二七八年）置，以舍人才學美者為之，與中庶子共掌文翰，職如黃門侍郎。故此句意謂中庶子四人和中舍人四人中，各選功高者一人，共同執掌東宮官屬之禁令。⑮釋奠　在學校祭奠孔子之典禮。《禮記・文王世子》：「凡學，春官釋奠於其先師，秋冬亦如之；凡始立學者，必釋奠於先聖先師。」鄭玄注：「釋奠者，設薦饌酌奠而已。」

⑯孝文帝元嘉初詔中庶子隨太子入直上宮　句首「孝」當係「宋」之訛。《職官分紀》卷二八太子左春坊左庶子中庶子條引《唐六典》原注此句作「宋文帝」。宋文帝，南朝宋皇帝劉義隆，小字車兒。在位二十九年，終年四十六歲。元嘉為其年號。《通典・職官十二・東宮官》太子庶子條：「宋與晉同，武冠，平巾幘，絳朝服。元嘉初，詔二率、中庶子隨太子入直上宮。」宋文帝在元嘉六年（西元四二九年）立才滿三歲之劉劭為皇太子，尚撫養於宮中，故令中庶子隨其入直上宮。

⑰十四年又詔直東宮　十四年，指元嘉十四年，即西元四三七年。此年皇太子劉劭已十一歲，故令入直東宮。南朝宋時太子中庶子係一閒職，多以他職領或兼領他職。如何尚之，元嘉中「領太子中庶子。尚之雅好文義，從容賞會，甚為太祖所知。十二年（西元七三五年）遷侍中，中庶子如故」。其後有何偃，於「元嘉十九年（西元七四二年）為丹陽丞，除廬陵王友，太子中舍人，中書郎，太子中庶子」（均見《宋書》各本傳）。繼何偃任此職者為蔡興宗，劉劭弒文帝時，他「出為司空何尚之長史，又遷太子中庶子」；宋孝武帝即位，「徵為黃門郎，太子中庶子，轉游擊將軍，俄遷尚書吏部郎。時尚書何偃疾患，上謂興宗曰：『卿詳練清濁，今以選事相付，便可開門當之，無所讓也。』轉司徒長史，復為中庶子，領前軍將軍，遷侍中」（《宋書・蔡廓附子興宗傳》）。此外尚有沈攸之、王僧達、謝弘微等。按：原注此句下即接梁，未言南朝齊。《南齊書・百官志》列有太子中庶子。《通典・職官十二・東宮官》太子庶子條稱：「至齊，其庶子用人卑弱。」齊任中庶子者，若劉悛，「遷太子中庶子，領越騎校尉。時世祖在東宮，每幸悛坊，閑言至夕，賜屏風帷帳」；胡諧之，以「衛尉領中庶子，本州中正」；謝瀹，齊高帝建元初，「除黃門郎，兼掌吏部，尋轉太子中庶子，領驍騎將軍，轉長史兼侍中」（均見《南齊書》各自列傳）。

⑱自「梁中庶子庶子各四人」至「共掌其坊之禁令」　《隋書・百官志》記梁官制與此處相對應之文字為：「中庶子四人，功高者一人為祭酒，行則負璽，前後部護駕」；「中舍人四人，功高者一人，與中庶子祭酒共掌其坊之禁令」；「庶子四人，掌侍從左右，獻納得失。功高者一人，與功高舍人共掌其坊之禁令」；「舍人十六人，掌文記」。二者相較，此段文字中「庶子功高」之上脫一「中」字；「祭職」當作「祭酒」；「班則負璽」應為「行則負璽」；「中舍」之下脫一「人」字。齊梁時東宮官之建置，中庶子與中舍人，庶子與舍人，各共一坊，故以中庶子祭酒與中舍人功高者一人，功高庶人與功高舍人，各共掌其所在坊之禁令。此種建置顯示著中庶子、中舍人和庶子、舍人已有自詹事府分離，獨立建坊之趨勢，同時也是與朝廷官制體系中門下、中書二省將發展成為中央重要決策機構的一種相應的反映。梁於天監元年（西元五〇二年）立年僅二歲之蕭統為太子，即昭明太子，五年（西元五〇六年）出居東宮，以沈約領太子詹事，范雲領太子中庶子。其後任中庶子者，有謝覽、徐勉、陸倕、王訓、王僉等，皆一時之名流

賢達。謝舉任中庶子為謝覽所薦，當時王謝二大族，「王有養、炬，謝有覽、舉」。梁武帝「訪舉於覽，覽對曰：『識藝過臣甚遠，惟飲酒不及於臣。』高祖大悅。轉太子中庶子，猶掌管記。天監十一年（西元五一二年）遷侍中」（《梁書・謝舉傳》）。

⑲班第十一從四品庶子班第九從五品　梁武帝天監七年（西元五〇八年）革選，定十八班制，以班多為貴。太子中庶子列第十一班，相當於從四品；太子庶子列第九班，相當於從第五品。⑳陳因之　陳因梁制。陳時有虞荔以太子中庶子領大著作，陸繕以太子中庶子領步兵校尉，陸瓊以太子庶子兼通事舍人，傅縡以太子庶子兼東宮管記。太子中庶子列第三品，秩二千石；太子庶子列第五品，秩六百石。㉑後魏有太子左庶子庶子員　據《魏書・官氏志》，句中「左庶子」當是「中庶子」之訛。北魏孝文帝太和十七年（西元四九三年）所頒職員令，太子中庶子位列第三品中，太子庶子位列從第三品上。太和二十三年（西元四九九年）復次職令，太子中庶子改列第四品上，太子庶子則為從第四品上。孝文帝時，元恂為太子，高道悅以御史中尉轉任太子中庶子，「正色立朝，儼然難犯，宮官上下咸畏憚之」（《魏書・高道悅傳》）。「恂不好書學，體貌肥大，深忌河洛暑熱，意追樂北方。中庶子高道悅苦言致諫，恂甚銜之。高祖（即孝文帝）幸崧岳，恂留守金墉，於西掖門內與左右謀，欲召牧馬輕騎奔代，手刃道悅於禁中」（《魏書・廢太子元恂傳》）。孝文帝還，廢恂為庶人，後有人譖以謀逆，又賜死，年僅十五。又如李平，太和時拜太子中舍人遷太子中庶子（見《魏書・李平傳》）。任太子庶子者，若劉芳以中書侍郎遷太子庶子，兼散騎常侍（見《魏書・劉芳傳》）；崔挺之弟崔振，在太和末亦除太子庶子。（見《魏書・崔挺附弟振傳》）㉒北齊有門下坊中庶子四人領之有典書坊庶子四人領之中庶子第四品上　門下坊與典書坊二坊分置，自北齊始明朗化。門下坊設中庶子、中舍人、主事守舍人各四人。又領殿內、典膳、藥藏、齋帥等局。典書坊設庶子四人，舍人二十八人。又領典經坊，洗馬八人，守舍人二人，門大夫、坊門大夫、主簿各一人。品秩，太子中庶子第四品上，太子庶子，據《隋書・百官志》為從第四品上。北齊任中庶子者，若王晞，曾為太子太傅，「皇太子釋奠，又兼中庶子」（《北齊書・王昕附弟晞傳》）；盧叔武，「肅宗即位，召為太子中庶子」（《北齊書・盧叔武傳》）。任太子庶子者，有徐子才次子徐同卿，事見《北齊書・徐子才傳》。㉓隋門下坊置左庶子二人領之典書坊置右庶子二人領之　據《隋書・百官志》門下坊置左庶子二人，內舍人四人，統司經、宮門、內直、典膳、藥藏、齋帥等六局；典書坊置右庶子二人，舍人、通事舍人各八人，另領內坊、內廄，隋文帝立長子楊勇為太子時，先後任左庶子有宇文愷、劉行本、唐令則、張衡。《隋書・劉行本傳》記楊勇與屬官昵狎，劉行本固執切諫等頗詳。文中稱：行本「在職數年，拜太子左庶子，領治書如故。皇太子虛襟敬憚。時唐令則亦為左庶子，太子昵狎之，每令以絃歌教內人。行本責之曰：『庶子當匡太子以正道，何有嬖昵房帷之間哉？』令則甚慚而不能改。時沛國劉臻、平原明克讓、魏郡陸爽並以

文學為太子所親。行本怒其不能調護，每謂三人曰：『卿等正解讀書耳。』時左衛率長史夏侯福為太子所昵，嘗於閤內與太子戲。福大笑，聞聲於外。行本時在閤下聞之，待其出，行本數之曰：『殿下寬容，賜汝顏色。汝何物小人，敢為褻慢！』因付執法者治之。數日，太子為福致請，乃釋之。太子嘗得良馬，令福乘而觀之。太子甚悅，因欲令行本復乘之。行本不從，正色而進曰：『至尊置臣於庶子之位者，欲令輔導殿下以正道，非為殿下作弄臣也。』太子慚而止。未幾卒官，上甚惜之。及太子廢，上曰：『嗟乎！若使行本在，勇當不及於此』」。楊勇被廢為庶人後，「唐令則等數人，付所司訊鞫」，結果是唐本人「處斬，妻妾子孫皆悉沒官」（《隋書・楊勇傳》）。㉔皇朝因之　《通典・職官十二・東宮官》太子庶子條稱：「唐亦各二人，分掌左、右春坊事，左擬侍中，右擬中書令。」高祖武德時，建成為皇太子，任左庶子者，前有鄭善果，後有裴矩。太宗貞觀初，承乾為太子時，有戴胄兼校太子左庶子，杜正倫行太子右庶子，後復兼太子左庶子，而實際在東宮主其事者則為左庶子于志寧。任太子右庶子者，先有孔穎達、虞世南，後有令孤德棻、張玄素等，皆為一時名儒。貞觀十七年（西元六四三年）廢承乾，立晉王李治為皇太子，東宮僚屬皆盛選重臣，其中太子右庶子以中書侍郎馬周兼領，仍以于志寧為左庶子。㉕龍朔二年改門下坊為左春坊左庶子為太子左中護咸亨元年復故　龍朔二年即西元六六二年。龍朔為唐高宗李治年號。咸亨元年，即西元六七〇年，咸亨亦是唐高宗李治年號。《唐會要》卷六七：「左春坊本門下坊，龍朔二年改為左春坊，咸亨元年復為門下坊，景雲二年（西元七一一年）八月二十五日，改為左春坊。」又，「左右庶子，龍朔二年改為左右中護，咸亨元年復為庶子。」㉖後漢太子宮屬有中允在中庶子下洗馬上　句中「太子宮屬」之「宮」，據正德本當作「官」。《通典・職官十二・東宮官》中允條：「後漢太子官屬有之，職在中庶子下，洗馬上。漢制，太子五日一朝，其非朝日，即使僕及中允朝，朝請問起居。其後無聞。宋齊有中舍人，是其職也。」中允亦作中盾。《漢書・敘傳》曰：「成帝季年，立定陶王為太子，數遣中盾請問近臣。」注引蕭該《音義》曰：「中盾，韋昭曰：太子官中盾長也。該案：盾，音允。」《後漢書・百官志》有「太子中盾一人，四百石。本注曰：主周圍徼循。」㉗貞觀初改太子中舍人為中允　貞觀為唐太宗李世民年號。關於唐初中允名稱改易時間，諸書記載稍異。《通典・職官十二・東宮官》及《新唐書・百官志》注文與本書同，皆定於「貞觀初」；《唐會要》卷六七左春坊條則記為高祖武德中：「中允，武德初為內允，三年（西元六二〇年）三月十日改中允，又隸門下坊；永徽三年（西元六五二年）八月二十日，又避皇太子諱，改為內允，中舍人改為內舍人。」又如《舊唐書・王珪傳》：「高祖入關，及東宮建，除太子中舍人，尋轉中允，甚為太子所禮。」王珪在武德中建成為皇太子時已成中允，則此書似亦主改稱中允在武德時。唐前期任太子中允者，除王珪外，見於記載尚有劉子玄，於景龍初由鳳閣舍人再轉太子中允，至景雲中遷太子左庶子。㉘贊相禮儀　指太子隨從參加大祀和接受宮臣朝參等活動時，由左庶子負責贊導和協助其禮儀之進行。㉙駁正啟奏監省封題　駁即「駮」字。意謂駁議和是正各類章奏，監督和省視所發公文其封函與題名是否嚴密無誤。太子左庶子此類職掌，大致與門下省侍中相當，本書第八卷第一篇門下省侍中職掌有詳述，可參閱。如正文：凡有制敕，「則監其封題」；原注引蔡邕《獨斷》：「凡章、表以啟封，其言密事得皁囊」；又云「其有疑事，公卿百官會議而執異意者曰駁議，曰『某主甲議以為如是』，下言『愚贛議異』」；其合於上意者，文報曰『某官某甲議可』」，等。㉚皇太子從大祀及朝會　指皇太子隨從皇帝參加大祭祀和大朝會。大祭祀，唐制祭祀分大、中、小三類，大祭祀指對天、地、宗廟、五帝及追尊之帝后的祭祀。大朝會，指每年元正、冬至日之朝會。㉛出入則版奏外辦中嚴　據《新唐書‧百官志》，句中「入」為衍字。出，指皇太子為參加大祀或朝會而出東宮。版奏，持朝版上奏。外辦、中嚴，分別為隨從大祀及朝會中皇太子出場前的兩個儀程，由左庶子版奏呼出。按《開元禮》，是日三刻，陳鹵簿於重明門外，宮臣皆依次集合，然後由左庶子先後版奏「請中嚴」、「外辦」。中嚴，表示皇太子即將出宮，全體整肅，沿途戒嚴。奏外辦，則為正式出行。此職掌亦與門下省侍中大致相當，可參閱本書第八卷第一篇。㉜入則解嚴　解嚴相對於「中嚴」而言。皇太子回東宮後，由左庶子宣布解嚴，沿途恢復正常通行。㉝自「令書下於左春坊」至「送詹事府」　此言皇太子令書草擬後至定稿和下達過程中左庶子之職掌。令書，皇帝之書稱詔書，皇太子之書稱令書。畫諾，即畫可，簽字認可。皇太子令書，通常由太子舍人草擬，以皇太子名義下於左春坊，由左庶子會同中允及司議郎審議覆核後啟奏太子，太子畫諾，令書再下於左春坊，左春坊將經太子畫諾之原件留作檔案，另抄一件，署以左春坊印，並注明此令書已經皇太子畫諾，然後送詹事府執行。左春坊在公文製作過程中之職能，亦與朝廷之門下省相對應。㉞若皇太子監國事在尚書者如令書之法　指在皇太子監國期間，若有屬於朝廷尚書省辦理之事務，其文書運作和下達之程序與上述令書之法相同。

【語　譯】太子左春坊：左庶子，定員二人，品秩為正四品上。《禮記》中說：「古代周天子就有庶子這一官職，負責管理諸侯、卿大夫〔、士〕的子嗣。它的職務是執掌有關國子的戒令和教化之理；區分他們的貴賤等級，判正朝會時的次序。每逢國家有重大的禮儀活動，就由庶子官率領國子們效命於太子，隨時聽候使用。如果有戰事，就發給國子們兵車和甲冑，依照軍隊方式編制，配置相應的軍官，按軍法進行治理，規定司馬不得徵調他們」。到了秦朝，仍因周制，設置中庶子的官職和定員。漢朝在太子太傅的屬官中，亦設置有〔中〕庶子，王莽當政時曾改名為中尚翼子。

東漢在太子少傅的屬官中，亦設有太子中庶子，定員為五人，俸秩是六百石，職掌猶如侍中；庶子，員數不固定，俸秩四百石，職掌如同三署郎。《環濟要略》中說：「庶子官主管宮中事務以及宮中官員嫡子和庶子的戶籍。」三國魏因襲漢制，亦設有中庶子和庶子。晉朝在詹事府設有中庶子和庶子，定員為各四人，職務比照散騎常侍，品列第五，朝會的班次與三令、四率相同，次於中書侍郎之下；穿絳紗朝服，戴武冠，紮平巾幘。四名中庶子和四名中舍人中，各選功勞較高的一人共同執掌東宮的禁令，糾正違紀和錯失，侍從皇太子左右，贊導威儀，盡獻忠言，東宮的章奏文書亦都由他們共同綜理。在皇太子釋奠孔子時，中庶子扶持在左側，庶子扶持在右側。孝（宋）文帝元嘉初年，詔令中庶子隨皇太子進皇上內宮當值，元嘉十四年又詔令到東宮當值。梁代設置中庶子和庶子，定員為各四人，〔中〕庶子中選功勞較高的一人為祭職（酒），皇太子出班（行）時，負責捧持璽印，在前後護駕；與中舍〔人〕中功勞較高的一人共同執掌本坊的禁令。中庶子品秩為第十一班，相當於從四品；庶子為第九班，也就是從五品。陳因承梁制。北魏亦設有太子左（中）庶子、庶子的定員。北齊設有門下坊，由中庶子四人統領；又有典書坊，由庶子四人統領。中庶子列第四品上〔，庶子列從第四品上〕。隋朝在東宮的門下坊設有左庶子二人作為統領，典書坊設有右庶子二人作為統領，到這時中庶子、庶子才改為左、右庶子。左庶子列正四品上，右庶子為正四品下。本朝因承隋制。高宗龍朔二年，曾把門下坊改為左春坊，左庶子改稱太子左中護；到咸亨元年又恢復舊稱。左庶子在東宮的職掌相當於朝廷的侍中。

太子中允，定員二人，品秩為正五品下。東漢太子宮（官）屬中設有中允，地位在中庶子之下，洗馬之上。此後不見有這一官職的記載。本朝太宗貞觀初，改太子中舍人為中允，地位在右庶子之下，同時仍然設置中舍人。高宗龍朔二年，改稱左贊善大夫，咸亨元年恢復舊稱太子中允，但左贊善大夫仍然設置。太子中允的職務相當於朝廷的黃門侍郎。

左庶子的職掌是侍從皇太子，在皇太子參加重大禮儀活動時，負責導引和協助，平時駁議和校正各類啟奏，監督和省視令書的封函題名；中允為左庶子的副職。每逢皇太子隨從皇帝參加大祭祀或大朝會，當皇太子即將出宮〔入宮〕時，左庶子負責持版報奏「外辦」、「中嚴」；皇太子禮畢回宮再宣布「解嚴」。凡是皇太子有令書下到左春坊，左庶子要會同中允、司議郎等審議後再啟奏皇太子，皇太子簽字認可再覆下，便以皇太子認可的原件留作檔案，另抄一件，署上左春坊印信並注明此令書已經皇太子簽字認可，然後送詹事府執行。如果在皇太子監國期間，有屬於尚書省辦理的事務，有關文書下達的程序亦與令書的做法相同。

【說　明】在隋唐的東宮建置中，左庶子的地位頗為重要。它不同於二傅或詹事：二傅通常由德高望重者擔任，不屬於日常管理東宮的官員；詹事所掌則主要是管東宮的行政事務。左庶子侍從於皇太子左右，從贊相禮儀到駁正啟奏，擔負著實際的輔佐職責。在本章㉓注中，我們引了《隋書·劉行本傳》的一段記載，劉行本與唐令則二人同為皇太子楊勇的左庶子，前者處處盡規諫之責，後者被認為是「嬖昵房帷」，因而若以左庶子的職掌為衡量標準，二人恰好形成了一正一反的鮮明對比。但唐令則的「嬖昵房帷」，其實也只是教宮女唱唱歌而已。此外最終給他帶來殺身之禍的事，據《舊唐書·李綱傳》記載還有一件：「皇太子嘗以歲首宴宮臣，左庶子唐令則自請奏琵琶，又歌〈武媚娘〉之曲。」其時李綱任太子洗馬，以為問題十分嚴重，便向楊勇奏報：『令則身任宮卿，職當調護，乃於宴座自比倡優，進淫聲，穢視聽。事若上聞，令則罪在不測，豈不累於殿下？臣請遽正其罪。』勇曰：『我欲為樂耳，君勿多事。』唐令則無非是在新年聯歡會上演唱了一個餘興節目，怎麼就被視為「罪在不測」了呢？原因就在於他「身任宮卿」而「自比倡優」，身分、地位與舉止行為造成了嚴重的反差。他的法定職掌是「調護」太子，而不是「娛樂」太子。同書又載：「及勇廢黜，文帝召東宮官屬切讓之，無敢對者。綱對曰：『今日之事，乃陛下過，非太子罪也。勇器非上品，性是常人，若得賢明之士輔導之，足堪繼嗣皇業。方今多士盈朝，當擇賢居任，奈何以絃歌鷹犬之才居其側，至令致此，乃陛下訓導不足，豈太子之罪耶？』辭氣凜然，左右皆為之失色。文帝曰：『令汝在彼，豈非擇人？』綱曰：『臣在東宮，非得言者。』」所謂「言者」是指規諫調護，這是左庶子的職務。李綱任洗馬，隋屬門下坊即唐之左春坊，掌四庫圖籍繕寫、刊輯等事。所以李綱「非得言者」。他也曾向楊勇進過一言，得到的回答是「君勿多事」。

不過應當說明，上述是按正統觀念行事的結果。但歷史的發展常常越出歷代承傳的典制所鋪設的常軌，在那種情況下，左庶子一職，因其地位之便，更能做出異乎尋常的事情來。不妨便以楊勇被廢前後為例。楊勇是隋文帝楊堅長子。繼楊勇為皇太子的是隋文帝次子晉王楊廣，即後來的隋煬帝。楊廣為太子時任左庶子者，先後為楊約和張衡。張衡此人原是楊廣為河北行臺時的下屬，張衡歷刑部、度支二曹郎，深受楊廣親信。楊約是楊素的異母弟，而楊素為隨隋文帝開國重臣，權重一時。楊勇逐漸失寵的跡象不時有所傳出，楊廣不免要為之怦然心動。於是張衡便給楊廣出點子，要楊廣派人通過楊約去賄賂楊素，以傾害楊勇，奪取皇太子的地位。《隋書・楊素附弟約傳》載：「時皇太子無寵，而晉王廣規欲奪宗，以素幸於上，而雅信約。於是用張衡計，遣宇文述以大金寶賂遺於約，因通王意說之曰：『公之兄弟功名蓋世，當塗用事有年歲矣，朝臣為足下家所屈辱者可勝數哉！又，儲宮以所欲不行，每切齒於執政。公雖自結於人主，而欲危公者固亦多矣，主上一旦棄群臣，公亦何以取庇？今皇太子失愛於皇后，主上素有廢黜之心，此公之所知也。今若請立晉王，在賢兄之口耳。誠能因此時建大功，王必鎮銘於骨髓，斯則去累卵之危，成泰山之安也。』約然之，因以白素。素本凶險，聞之大喜，乃撫掌而對曰：『吾之智思殊不及此，賴汝起予。』」楊約知道計已可行，於是建議楊素如何去結託皇后傾陷楊勇，「素遂行其策，太子果廢」。這個驚心動魄的爭奪接班人地位的陰謀完全得逞，而此陰謀的最初策劃人便是張衡與楊約二人。同書又稱，楊廣被立為皇太子，便「引約為左庶子，改封武修縣公，進位大將軍。及素被高祖所疏，出約為伊州刺史，入朝仁壽宮，遇高祖崩，遣約入朝，易留守者，縊殺庶人勇，然後陳兵集眾，發高祖凶問。煬帝聞之曰：『令兄之弟，果堪大任。』即位數日，拜內史令」。在楊約離開左庶子職位時，繼任者便是張衡。另據《隋書・張衡傳》，則張衡所任為右庶子。

太子左庶子一職，在隋代出現在先後兩個皇太子身邊的這種種頗具典型的作為，大體提供了兩個類型：像劉行本那樣效忠於老皇帝的，成為管束太子的法定監護人；像楊約、張衡那樣效忠於太子的，則變成奪位殺兄的幫手。

二

太子司議郎四人，正六品上。貞觀十八年置❶，龍朔二年❷改為太子左司議郎，咸亨元年❸復舊。職擬給事中。

錄事二人，從八品下。

主事三人❹，從九品下。

司議郎掌侍從規諫，駮正啟奏，以佐庶子、中允之闕。（凡皇太子之出入朝謁❺、從享❻，及釋奠於先聖先師❼，講學❽、臨胄❾、撫軍❿、監國⓫之命可傳於史冊者，並錄為記注。若官坊⓬之內祥瑞⓭、災眚⓮，及伶官⓯之改變音律、新曲調，宮臣之宮長除拜、薨卒⓰，亦皆記焉。每歲終，則送之於史館。）

【章　旨】敘述太子左春坊司議郎之定員、品秩、沿革和職掌。

【注　釋】❶貞觀十八年置　貞觀十八年，即西元六四四年。貞觀是唐太宗李世民年號。《舊唐書・太宗本紀》載：「貞觀十八年冬十月甲辰，初置太子司議郎官員。」❷龍朔二年　即西元六六二年。龍朔為唐高宗李治年號。❸咸亨元年　即西元六七〇年。咸亨是唐高宗李治又一年號。❹主事三人　本卷卷目及《舊唐書・職官志》均作「二人」，《新唐書・百官志》則為「三人」。❺出入朝謁　指皇太子出入東宮朝謁皇帝及皇后。其禮儀《開元禮》有明細規定。如元正、冬至日之朝賀，皇太子出東宮時，由左庶子版奏「外辦」，皇太子具服遠遊冠，升輿以出。皇太子升輅時，由太子僕立授綏，左庶子以下夾侍兩旁，中允跪請引發。於是輅啟動，出重明門，由中允奏請侍臣上馬，由三師乘車訓導，三少乘車訓從，文武宮臣乘馬相從，鳴鐃而行，至長樂門。入之禮儀與出同。朝謁時，由侍中版奏「請中嚴」，由舍人引皇太子入太極門；侍中復版奏「外辦」，奏〈太和之樂〉，由舍人引皇太子升御座前，北面跪賀，若是元正其詞云：「元正首祚，景福惟新，伏惟陛下，與天同休」；若是冬至其詞云：「天正長至，伏惟陛下，如日之升」。皇太子俯伏，興。舍人引降，皇太子復位。侍中前承制，詣皇太子稱「有制」，宣制訖，皇太子再拜，然後由通事舍人引出。❻從享　指皇太子從天子享祭天、地、宗廟等禮儀活動。❼釋奠於先聖先師指皇太子祭奠孔子之禮儀。唐制每年春、秋仲月上丁，在國子學行釋奠孔子之禮。若有皇太子參加，便成為一時之盛典。如貞觀二十年（西元六四六年）二月，詔皇太子於國學釋奠先聖先師，以皇太子為初獻，國子祭酒張復裔為亞獻，司業趙宏智為終獻，隨後由趙宏智講演《孝經》忠臣孝子之義，右庶子許敬宗上四言詩，讚美其事。此後高宗總章元年（西元六六八年）和永隆二年（西元六八一年），睿宗景雲二年（西元七一一年）等，均有皇太子親行釋奠先聖先師之禮。❽講學　指皇太子親臨太學講論儒家經典。如南朝齊武帝永明三年（西元四八五年）文惠太子蕭長懋，講論《孝經》於崇正殿，太子少傅王儉摘句令太子僕周顒撰為義疏。梁武帝天監八年（西元五〇九年）昭明太子蕭統講論《孝經》於壽安殿，被讚為盡通大義。唐睿宗太極元年（西元七一二年）皇太子李隆基釋奠於國子監，命國子司業褚無量開講《孝經》及《禮記》題，太子問疑義數條，無量皆依古典以對，微加規諷。（見《冊府元龜・儲宮部・講學》）❾臨冑　指皇太子行齒冑之禮，亦即入學之禮。齒冑原意為公卿之子入學時應以年齡為序，不以父輩貴賤為序。《禮記・文王世子》論世子「齒於學」其意在以明父子、君臣、長幼之道：「行一物而三善皆得者，唯世子而已，其齒於學之謂也。故世子齒於學，國人觀之曰：將君我，而與我齒讓，何也？曰：有父在則禮然，然而眾知父子之道矣。其二曰：將君我，而與我齒讓，何也？曰：有君在則禮然，然而眾著於君臣之義也。其三曰：將君我，而與我齒讓，何也？曰長長也，然而眾知長幼之節矣。」此禮歷代相沿。唐玄宗開元七年（西元七一九年）皇太子入國學即行齒冑之禮，拜謁先聖先師，太子初獻，諸冑子亞獻、終獻，由國子司業講論《孝經》及《禮記・文王世子》。代宗大歷五年（西元七七〇年）及德宗建中元年（西元七八〇年）亦都曾行過此禮。❿撫軍　指皇太子從軍或將兵出征。《左傳・閔公二年》：「太子奉冢祀社稷之粢盛，以朝夕視君膳者也，故曰冢子。君行則守，有守則從，從曰撫軍，守曰監國，古之制也。」唐代皇太子撫軍曾有多次。如高祖時，皇太子李建成奉詔將兵討稽胡。《唐大詔令集》卷一三〇載武德四年（西元六二一年）〈命皇太子討稽胡詔〉：「稽胡部類，居近北方，未悉從化。潛竄山谷，竊懷首鼠，寇抄居民，侵擾亭堠。可令皇太子建成總統諸軍，以時致討，方命驍勇，方軌齊驅，跨谷彌山，窮其巢穴。行軍節度，期舍進止，皆委建成處分。」玄宗天寶十五年（西元七五六年）詔以皇太子李亨充天下兵馬元帥，都統朔方、河東、河北、平盧等節度兵馬，並收復兩京。⓫監國　皇帝外出，太子留守代掌國事稱監國。《國語・晉語一》：「君行，太子居以監國也。」《冊府元龜・儲宮部・監國序》：「《春秋傳》曰：君行則守，守曰監國，古之制也。」唐代皇太子監國事，史著屢見。如《舊唐書・太宗紀》：「貞觀九年（西元六三五年）太宗在諒闇之中，庶政皆令承乾聽斷，頗有大體，自此太宗每行幸，常令居守監國。」後承乾廢，更立李治為太子，貞觀十九年（西元六四五年）太宗親征遼東，命太子留定州監國，其規模和形式更為隆重，《唐大詔令集》卷三〇〈太宗征遼命皇太子監國詔〉曰：「皇太子治，溫文表德，睿哲日躋，仁孝之誠，彰于溫清，弦誦之美，著于膠庠。禮義既茂，徽猷彌遠，委以賞罰之權，任以軍國之政。詳諸前載，實惟令典。發定州巡遼左之後，宜令皇太子治監國，其宗廟社稷百神，咸令主祭，軍國事務，並取決斷。」高宗即位後，皇太子監國次數更多。如顯慶四年（西元六五九年）、龍朔二年（西元六六二年）、乾封二年（西元六六七年）、咸亨二年（西元六七一年），高宗或因赴東都、去溫湯，或因服餌，皆令皇太子李弘監國。李弘卒，立李賢為太子，上元二年（西元六七五年）和永隆二年（西元六八〇年），李賢亦曾先後二次監國。⓬官坊　據正德本及新舊《唐書》官志，當作「宮坊」。宮，指東宮。西京之東宮在宮城東側，南北與宮城齊；東都之東宮在宮城東南隅。官署所在地，皆位於皇城內。如左、右春坊俱在承天門街之東，宮城之南，第二橫街之北。東都之左、右春坊亦在皇城內。⓭祥瑞　吉祥之徵兆。⓮災眚　猶災異。成害曰災，反常曰異。古人視為上天對人世之譴告。⓯伶官　即樂官。指在東宮掌管樂人者。⓰宮臣之官長除拜薨卒　常指宮臣中主要官員之除拜薨卒。除拜，授任官職。薨卒，官員死亡。《新唐書・百官志一》：「凡喪，二品以上稱薨，五品以上稱卒，自六品達於庶人稱死。」

【語　譯】〔太子左春坊：〕司議郎，定員四人，品秩為正六品上。太宗貞觀十八年設置，高宗龍朔二年改名為太子左司議郎，咸亨元年又恢復舊稱。職掌相當於門下省的給事中。

錄事，定員二人，品秩為從八品下。

主事，定員三（二）人，品秩為從九品下。

司議郎的職掌是侍奉和規諫皇太子，駁議和校正各種章奏，以輔助庶子和中允職能不周到的地方。凡是皇太子出入朝謁皇帝，隨從皇帝祭享宗廟，以及釋奠先聖先師，到太學講學、行齒胄之禮和撫軍、監國時下達的令書，其中值得留傳於史冊的，都要記錄注明在案。如果東宮和兩坊內有祥瑞和災異發生，以及伶官變革音律，更新曲調，還有宮官中主要官員的授任和死亡，亦都要作出記載。每年年終，把這些記注送交史館。

【說　明】始置東宮司議郎的時間，本章原注記為貞觀十八年（西元六四四年），近衛校正德本此句有一注：「按《通典》及《通志略》：『貞觀五年（西元六三一年），皇太子上表，請置史職，用司箴誡。乃於門下坊置司議郎四人，精選名士以居之。』」但考諸《舊唐書》之〈太宗本紀〉及〈來濟傳〉，皆為貞觀十八年，《唐會要》卷六七亦記為這一年。據此，誤者似應是《通典》及《通志略》，而非本章原注。

肯定始置司議郎是在貞觀十八年，還有一點可作佐證的，那就是《通典》、《通志略》提到的「皇太子上表，請置史職」這件事本身。

《唐會要》卷六七左春坊條載：「貞觀十八年十月四日，皇太子上表曰：臣聞《漢書》曰：太子既冠成人，乃有紀過之史。今之所以冒敢陳聞，請遵故實，願置史職，用為箴誡。於是門下坊置司議郎四員，正六品上，掌侍奉規諫，駁正啟奏，並錄東宮記注，分判坊事。」以太子自請「置紀過之史」，名為律己，實為討好在位皇帝。若上表在貞觀五年，太子尚是李承乾，他大概不會這樣做。如果是在貞觀十八年，其時李承乾已廢，李治初立，上表請置紀過之史這樣的事，很符合他亟欲穩固自己剛得到的皇太子地位的心態。

又，上述引文後面還有一句「以敬播、來濟為之」，即由此二人為第一任太子司議郎，亦證明其事應在貞觀十八年。敬播和來濟都是當時著名史家。敬播參預修《隋書》、《晉書》和《高祖、太宗實錄》，「以撰實錄功，遷太子司議郎。時初置此官，極為清望。中書令馬周嘆曰：『所恨資品妄高，不獲歷居此職。』」（《舊唐書・敬播傳》）引文中提到「中書令馬周」，馬周之任中書令也在貞觀十八年，也說明置太子司議郎事不可能在此年之前。再說來濟。太宗廢承乾時「謂侍臣曰：『欲何以處承乾?』群臣莫敢對，濟進曰：『陛下上不失作慈父，下得盡天年，即為善矣。』帝納其言。〔貞觀〕十八年，初置太子司議郎，妙選人望，遂以濟為之，仍兼崇賢館直學士」（《舊唐書・來濟傳》）。

貞觀後任太子司議郎的，在高宗時尚有韋承慶，《舊唐書》本傳稱其以「辭藻之美，擅於一時，累遷太子司議郎」。儀鳳四年（西元六七九年）皇太子李賢監國，「時太子頗近聲色，與戶奴等款狎」，韋承慶上書進諫，指出：「倡優雜伎，不息於前，鼓吹繁聲，亟聞於外，既喧聽覽，且黷宮闈。兼之僕隸之人，緣此得親左右，亦既奉承顏色，能不恃託恩光，作福作威，莫不由此，不加防慎，必有愆非。儻使微累德音，於後悔之何及?」並提出博覽經書、節制遊娛、親端士遠小人等多項要求，以為這樣方可「克享終吉，長保利貞，為上嗣之稱首，奉聖人之鴻業者矣」。此外，又曾為《論善箴》及《靈臺賦》以獻太子，「太子善之，賜物甚厚」。此後，在玄宗天寶末肅宗為太子時，有徐浩曾拜太子司議郎（《舊唐書・徐浩傳》）；德宗時，裴遵慶之子裴向，以門蔭歷官至太子司議郎（《舊唐書・裴遵慶附子裴向傳》）。

又，司議郎在高宗龍朔二年（西元六六二年）改稱左司議郎，而太子舍人又一度改為右司議郎，故曾有左右之分。《舊唐書・李義府傳》稱其子李津為太子右司議郎，「專恃權門，罕懷忌憚，姦淫是務，賄賂無厭，交遊非所，潛報機密」。

三

太子左諭德一人，正四品下。龍朔三年置❶。職擬左散騎常侍。

太子左贊善大夫五人，正五品下。龍朔二年改太子中允為之，咸亨元年復置中允，而贊善大夫不廢，又加置五人❷。職擬諫議大夫。

左諭德掌諭太子以道德也。皇太子朝宮臣❸，則列侍於左階；出入則騎從於正道之左。其內外庶政有可為規諷者，隨事而贊諭焉。

左贊善掌翊贊太子以規諷也。皇太子出入動靜，苟非其德義，則必陳古以箴❹焉。

【章　旨】敘述太子左諭德、左贊善大夫之定員、品秩、沿革和職掌。

【注　釋】❶龍朔三年置　龍朔三年，即西元六六三年。龍朔為唐高宗李治年號。《舊唐書・高宗本紀》：「龍朔三年二月癸巳，置太子左右諭德及桂坊大夫等官員。」《通典》及《通志略》亦記為龍朔三年，唯《新唐書・百官志》及《唐會要》則為龍朔二年。似應以三年為是。❷龍朔二年改太子中允為之咸亨元年復置中允而贊善大夫不廢又加置五人　龍朔二年，即西元六六二年。咸亨元年，即西元六七〇年。龍朔、咸亨皆為唐高宗李治年號。《通典・職官十二・東宮官》：「龍朔二年，初置左贊善大夫，替中允；置右贊善大夫，替中舍人。咸亨元年，中允、舍人復舊，而贊善大夫別自為官，左右各五人。」又《唐會要》卷六七左春坊條：「儀鳳四年（西元六七九年）別置左右贊善大夫各十員，以授諸王之子。景雲二年（西元七一一年）二月五日，始兼用庶姓，開元七年（西元七一九年）各省五員。」❸皇太子朝宮臣　指皇太子受宮臣之朝參。常朝五日一朝，朔、望朝每月各一次。❹箴　勸告；規誡。箴又是古人用以規誡自己或他人之一種文體。如西漢揚雄有〈冀州箴〉，西晉張華有〈女史箴〉；勸諫太子者，如唐高宗時韋承慶獻於皇太子李賢之〈諭善箴〉。

【語譯】太子左諭德，定員一人，品秩為正四品下。高宗龍朔三年設置，職務相當於左散騎常侍。

太子左贊善大夫，定員五人，品秩為正五品上。龍朔二年，將太子中允改為這一官職，咸亨元年，恢復設置中允，而贊善大夫仍然保留，同時定員加為五人，職務相當於諫議大夫。

左諭德的職掌是以道德規諭太子。皇太子受宮臣朝參時，列侍在皇太子的左階；皇太子出入東宮時，騎馬隨從於正道的左側。凡是東宮內外各種政務，若有需要規諫諷諭的，要隨時提出告誡。

左贊善大夫的職掌是，輔助和規勸諷諫太子。皇太子在東宮內外的舉止言行，若有違反德義，那就一定要用古訓加以規誡。

【說明】太子諭德和太子贊善大夫皆有左、右，置於本篇左春坊下的是左諭德、左贊善大夫，置於本卷第四篇右春坊下的便是右諭德、右贊善大夫。二者的員數、品秩和職掌都基本相同。

太子諭德和贊善大夫，在東宮都屬閒職，沒有什麼實質性的事權。這一點，從此二職的授任情況也可以看出。玄宗時，有東宮舊臣鍾紹京，因事廢黜在外，開元十五年（西元七二七年）入朝，玄宗只是為了可憐他的衰老，即日拜銀青光祿大夫、右諭德，久之轉少詹事。李林甫在開元初任太子中允，他託人向當時門下省長官侍中源乾曜請求調任司門郎中，乾曜的回答是：「郎官須有素行才望高者，哥奴豈是郎官耶？」哥奴是李林甫的小名，語氣明顯有輕視之意。但「數日，除諭德」。太子諭德的品秩（正四品下）雖然要略高於司門郎中（正五品上），但源乾曜似乎著眼於何者實際地位更為重要，因而以為此哥奴小子當個太子諭德勉強可以，出任司門郎中則斷乎不可。此事見於《舊唐書·李林甫傳》。中唐以後，元稹出使時，加過一個左諭德的頭銜。有一篇〈元稹可太子左諭德依前入蕃使制〉是白居易起草的，收入《白氏長慶集》。制文稱：「敕通事舍人元稹：東宮之有諭德，猶上臺之有騎省也。清班優秩，所選非輕。朕前遺使臣修戎好，以稹言信行敬命為介焉。揚旌出疆，反駕奔命，有所啟奏，多叶便宜，乃知得人可以卒事，加是命以寵勸之。可太子左諭德，依前入蕃使。」措辭雖婉轉悅耳，實際卻是因出使需要而加的一個空頭名銜。

關於贊善大夫，《唐會要》卷六七左春坊條稱：「〔高宗〕儀鳳四年（西元六七九年）二月十一日，別置左右贊善大夫各十員，以授諸王之子。〔睿宗〕景雲二年（西元七一一年）二月五日始兼用庶姓。」睿宗的長子李成器，武則天時為皇孫，在長安中，曾累轉左贊善大夫。自景雲起，始有庶姓任此職，如《全唐文》卷二五二收有玄宗為太子時蘇頲起草的〈授王瑀太子左贊善大夫制〉、〈授蘇微右贊善大夫制〉、〈授吳昇太子左贊善大夫制〉，這些人大概便是最早以庶姓任此職者。此後任左贊善大夫者，如崔光遠，「開元末為蜀州唐安令，與楊國忠以博徒相得，累遷至左贊善大夫」。這個楊國忠的賭友，在天寶末為京兆尹，安祿山佔領長安時，歸降於祿山，不久又奔靈武，投靠於肅宗（見《舊唐書》本傳）。白居易在憲宗元和九年（西元八一四年）亦曾任太子左贊善大夫，次年七月，因「盜殺宰相武元衡，居易首上疏論其冤，急請捕賊以雪國恥。宰相以宮官非諫職，不當先諫官言事」（《舊唐書·白居易傳》）。左贊善大夫雖屬言官，但其進諫的對象只能是皇太子，至於朝廷之事，那是沒有發言權的。白居易的這一「越軌」行為，導致了被謫貶為江州司馬；但也正是在赴江州途中，醞釀並創作了流傳千古的名篇〈琵琶行〉。

四

崇文館：學士❶。魏文帝招文儒之士，始置崇文館❷，王肅以散騎常侍領崇文館祭酒❸。自後無聞。貞觀中，崇文館有學士、直學士員❹，不常置。掌教授學生等業❺。

校書二人，從九品下。本置讎校，開元七年改為校書❻。

崇文館學士掌刊正經籍圖書，以教授諸生。其課試、舉送如弘文館❼。

校書掌校理四庫書籍❽，正其訛謬。

【章旨】敘述崇文館學士、校書之定員、品秩、沿革和職掌。

【注釋】❶學士　《舊唐書・職官志》：「學士、直學士，員數不定。」《新唐書・百官志》正文言「學士二人」，注文謂「學士、直學士及讎校皆無常員」。又云：「乾元初，以宰相為學士，總館事。」❷魏文帝招文儒之士始置崇文館　魏文帝，曹丕，字子桓，沛國譙（今安徽亳縣）人。建安十六年（西元二一一年）為五官中郎將，二十二年（西元二一七年）立為魏世子，延康六年（西元二二〇年）受漢禪，建魏朝，年號黃初，在位七年，終年四十，謚號文帝。曹丕任五官中郎將時，設文學，如徐幹、應瑒等皆曾任五官將文學。❸王肅以散騎常侍領崇文館祭酒　王肅，字子雍，東海郯（今山東郯城）人，王朗之子。文帝黃初中為散騎黃門侍郎，明帝太和三年（西元二二九年）拜散騎常侍，《三國志》本傳稱其「以常侍領秘書監，兼崇文觀祭酒」。祭酒，學官名。原指祭祀或宴會時，由年高望重者一人，舉酒灑地以祭，後用以稱同列中之長者。西漢武帝時，博士之長官稱僕射，東漢改稱祭酒。❹貞觀中崇文館有學士直學士員　貞觀，唐太宗李世民年號。《新唐書・百官志》稱：「貞觀三年（西元六二九年）置崇賢館，顯慶元年（西元六五六年）置學生二十人。上元二年（西元六七五年），避太子名，改曰崇文館。有學士、直學士及讎校，皆無常員，無其人則庶子領館事。」又，《通典・職官十二・東宮官》崇文館學士條載其建置與隸屬關係之沿革稱：「貞觀中置崇賢館，有學士直學士員，掌經籍圖書，教授諸生，屬左春坊。龍朔二年（西元六六二年）改司經局為桂坊，管崇賢館，而罷隸左春坊，兼置文學四員、司直二員。……其後省桂坊，而崇賢又屬左春坊。後沛王賢為皇太子，避其名為崇文館。」為崇文館學士者，如蕭鈞，以太子率更令兼崇文館學士（見《舊唐書・蕭瑀傳》）；劉子玄，以秘書監遷太子左庶子兼崇文館學士（《舊唐書》本傳）。又，高宗永隆二年（西元六八一年），有薛元超「表薦鄭祖玄、鄧玄挺、崔融為崇文館學士」（《舊唐書・薛收附子元超傳》）。❺掌教授學生等業　崇文館生徒員額，據《唐會要》卷六四崇文館條載：「顯慶元年（西元六五六年）三月十六日，皇太子宏請於崇賢館置學士，并置生徒，詔許之。始置二十員。其東宮三師、三少、賓客、詹事、左右庶子、左右衛率及崇賢館三品學士子孫，亦宜通取。」❻開元七年改為校書　開元七年，即西元七一九年。開元是唐玄宗李隆基年號。《唐會要》卷六四宏文館條載：此年「十二月三日，省宏文、崇文讎校，置宏文館校書四員，崇文館檢書兩員」。校書，為從九品下，被視為官員遷轉之階梯。如衛次公，德宗時舉進士，「禮部侍郎潘炎目為國器，擢居上第，參選調。吏部侍郎盧翰嘉其才，補崇文館校書郎，改渭南尉」（《舊唐書・衛次公傳》）。❼其課試舉送如弘文館 意謂崇文館生員與門下省所屬之弘文館生員，其課試、舉送之法相同。而本書第八卷第五篇弘文館學士稱「其學生教授考試如國子之制」，故實為二館生員之課試皆與國子監生員之課試相同，其舉送至禮部應試之條件亦同。即先由國子監司業祭酒對其進行考試，明經須帖經、口試、策經義；進士科帖一中經、試雜文及時務策。及格者，方可舉送參加禮部試。禮部試習一大經、一小經、兩中經者，習《史記》者、《漢書》者、《東觀記》者、《三國志》者，皆須讀文精熟、言音典正，策試十道，取粗解注義，經通六，史通三。其試時務策者，皆須識文體，不失問目意，試五得三。皆兼帖《孝經》、《論語》共十條，通六者為及第。❽四庫書籍 指其所藏依經、史、子、集分類之圖書。

【語譯】崇文館：學士。魏文帝為世子時，招致文人儒士，方始設置崇文館。王肅便曾以散騎常侍兼領崇文館祭酒。此後不再有記載。本朝貞觀年間，重新設置崇文館，有學士和直學士的員額，但不是經常設置。掌管教授生員等事。

校書，定員二人，品秩為從九品下。原來設置時稱校讎，開元七年改為校書。

崇文館學士的職掌是，校正經籍圖書，並用以教授各科學生。本館生員課試與舉送禮部試的辦法，與弘文館生相同。

校書掌管校理所藏的四庫書籍，改正其中的訛錯謬誤。

【說明】東宮屬官中有一職，稱侍讀，始於北周，專為皇太子講導經書而設。唐亦有置，可能因無常員，多以他職兼任，故本卷卷目未列。以崇文館學士兼任太子侍讀的，如崔融，中舉後累補宮門正，「兼直崇文館學士，中宗在春宮，制融為侍讀，兼侍屬文，東朝表疏，多成其手」。侍讀雖為東宮屬官，但須由皇帝制授，以示重視。與崔融同時尚有王方慶，以太子左庶子「兼侍皇太子讀書」（見《舊唐書》各自列傳）。間或亦有專任的，如《舊唐書》的〈韋渠牟傳〉中，提到有個馮伉，「自醴泉令為給事中、皇太子侍讀」；〈王叔文傳〉中還有個陸質，亦「為皇太子侍讀」。值得多說幾句的是王叔文。《舊唐書》本傳稱他「以棋待詔，粗知書，好言理道」。其時順宗尚為太子，德宗令王叔文直東宮。「太子嘗與侍讀論政道，因言宮市之弊，太子曰：『寡人見上，當極言之。』諸生稱贊其美，叔文獨無言。罷坐，太子謂叔文曰：『向論宮市，君獨無言何也？』叔文曰：『皇太子之事上也，視膳問安之外，不合輒預外事。

陛下在位歲久，如小人離間，謂殿下收取人情，則安能自解？』太子謝之曰：『苟無先生，安得聞此言！』由是重之，宮中之事，倚之裁決」。王叔文的當眾沉默，太子垂問時又直陳所見，雖也有故作高深以邀功爭寵的機心，但他的對答卻確實證明他精通帝王之術和太子之學。原來皇太子的讀經也好，侍讀在一旁也好，都只能書本來、書本去，切莫指摘當今朝政，在老皇帝面前「極言之」更是大忌，否則就有「搶班奪權」之嫌，離被廢為庶人也就不遠。王叔文的得到順宗重用正是從這一番精心設計的對答開始。此後他曾聯合王伾和柳宗元、劉禹錫等，試圖對朝政作一些改革，並籌劃奪取宦官兵權，終因遭到朝臣反對而失敗。本傳作者用譏諷的筆調描述了他的悲劇性的結局：「順宗既久疾未平，群臣中外請立太子，既而詔下立廣陵王為太子，天下皆悅，叔文獨有憂色，而不敢言其事，但吟杜甫題諸葛亮祠堂詩末句云：『出師未捷身先死，長使英雄淚滿襟。』因歔欷泣下，人皆竊笑之。皇太子監國，貶為渝州司戶，明年誅之。」

五

司經局：洗馬二人，從五品下。《國語》❶云：「句踐為夫差洗馬❷。」漢太子少傅屬官有太子洗馬❸。後漢員十六人，秩比六百石，職如謁者❹。太子出，則當直者一人在前導威儀，蓋洗馬之義也。魏因之❺。晉太子詹事屬官太子洗馬八人，掌皇太子圖籍經書❻；職如謁者，局準秘書郎❼，品第七，班同舍人，次中書舍人下❽；絳朝服❾，進賢一梁冠❿，黑介幘⓫。宋祖置八人⓬，齊太子洗馬一人⓭。梁典經局有太子洗馬八人⓮，統典經書舍人⓯、典事守舍人員，班第六，正七品⓰。陳因之⓱。北齊典書坊有太子洗馬二人，從五品上⓲。隋門下坊司經局置洗馬四人，從五品下⑲。至大業中，減二人⑳。皇朝因之㉑。龍朔二年改為太子司經大夫，咸亨元年復舊㉒。

文學三人，正六品㉓。魏置太子文學㉔。魏武為丞相，命司馬宣王為文學掾㉕，甚為世子所信，與吳質㉖、朱鑠㉗、陳群㉘號為「太子四友」。自晉之後不置。至後主至德三年，置太子文學十人，復廢㉙。皇朝顯慶中始置㉚。

校書四人，正九品下。宋孝建㉛中，太子洗馬有校書吏四人。此後無聞。至北齊，有太子校書郎，從九品上㉜。隋司經局置校書六人，從九品上。皇朝減置四人。

正字二人，從九品下㉝。隋司經局置正字二人，從九品下。煬帝改為正書㉞，皇朝復為正字。

洗馬掌經、史、子、集四庫圖書刊緝之事㉟，立正本、副本、貯本以備供進㊱。凡天下之圖書上於東宮者，皆受而藏之。

文學掌分知經籍，侍奉文章，總緝經籍，繕寫裝染之功，筆札給用之數，皆料度之。

校書、正字掌校理刊正經、史、子、集四庫之書。

【章旨】敘述司經局洗馬、文學、校書、正字之定員、品秩、沿革和職掌。

【注釋】❶國語　國別史。舊以此書係《左傳》材料之餘編成，因亦稱《春秋外傳》。二十一卷。相傳為春秋時左丘明所著。分周、魯、楚、齊、晉、鄭、吳、越八國語，計一百九十六（或稱二百三十三）條目。三國韋昭注，為現存最早注文。眾本皆以韋注與書並行。❷句踐為夫差洗馬　事見《國語》之〈越語・句踐雪恥〉。原文為：「然後〔句踐〕卑事夫差，官士三百人于吳，其身親為夫差前馬。」句踐，春秋末年越國國君，又稱菼執。父允常為吳王闔廬所敗，句踐遂敗闔廬。闔廬子夫差復攻越，困句踐於會稽。句踐以美女寶器行成於吳，含垢忍辱臣侍夫差。回國後，用范蠡、文種十年生聚、十年教訓之策，轉弱為強，終滅吳雪恥。夫差，春秋末年吳國國君。曾大敗越國，迫越降服，並北上與諸侯會盟，與晉國爭霸；越國乘虛攻陷吳國，兵敗自殺。洗馬，即先馬，詳後注。❸漢太子少傅屬官有太子洗馬　洗馬，《漢書・百官公卿表》作「先馬」，意謂侍從於馬前馬後。西漢為太子太傅、少傅之屬官，至東漢，因太傅不再領官屬，洗馬才成為少傅之屬官。西漢任此職者，如汲黯，「以父任，孝景時為太子洗馬，以嚴見憚。武帝即位，黯為謁者」。又「黯姊子司馬安亦少與黯為太子洗馬」（《漢書・汲黯傳》）。❹秩比六百石職如謁者　秩比六百石，月俸為五十斛。東漢太子洗馬之職，《後漢書・百官志》注引《漢官》稱係「選郎中補也」。職如謁者，指其職務相當於朝廷謁者。故如前注所列舉汲黯，武帝為太子時任洗馬，及武帝即位即遷任為謁者。❺魏因之　三國魏亦置太子洗馬。如《職官分紀》卷二八引《魏略》云：「裴頠（《太平御覽》作顏斐）字文林，以才學為太子洗馬。」❻晉太子詹事屬官太子洗馬八人掌皇太子圖籍經書　《晉書・職官志》稱：「洗馬八人，掌圖籍，釋奠講經則掌其事，出則直者前驅導威儀。」西晉曾任太子洗馬者，有解育，歷公府掾、太子洗馬。江統，由中郎「轉太子洗馬，在東宮累年，甚被親禮」。曾以五事諫愍懷太子遹，及太子廢，徙許昌，「統與宮臣冒禁至伊水，拜辭道左，悲泣流漣」。都官從事悉收統等付河南、洛陽獄」（《晉書・江統傳》）。又有傅咸，襲其父傅玄爵拜太子洗馬，後轉太子中庶子（見《晉書・傅玄傳附子咸傳》）。傅咸〈感別賦〉序文提到魯虎叔亦曾任太子洗馬：「友人魯虎叔，雅量宏濟，思心邃遠，余自少與之相親相愛，有如同生。其後遷太子洗馬，俄而謬蒙朝私猥忝茲職，雖懼不稱而嘉與此子同班，共事太子之遇。」❼職如謁者局準秘書郎　此句諸書表述稍異，義則同。如《宋書・百官志》：「職如謁者，秘書郎也。」《晉書・職官志》：「職如謁者，秘書。」《通典・職官十二・東宮官》洗馬條：「職如謁者，準秘書郎。」意謂職位如同謁者，而其職司則依照秘書郎。晉秘書郎掌中外三閣經書，校閱脫誤。晉武帝分秘書圖籍為甲、乙、丙、丁四部，使秘書郎中四人各掌其一。晉洗馬主要為掌理東宮所藏圖籍，較之兩漢，其職掌已有所變化。❽班同舍人次中書舍人下　句中「書」字，正德本、嘉靖本皆殘缺，唯廣雅本亦有。又，《職官分紀》卷二八引《唐六典》原注此句作「班同舍人次中舍人下」，無「書」字；《晉書・職官志》稱：「中舍人在中庶子下，洗馬上。疑若今中書舍人矣。中舍人，晉初置，職如黃門侍郎」。據此，「書」字似係衍文。❾絳朝服　披絳紗之朝服。❿進賢一梁冠　進賢冠為文儒者服，前高七寸，後高三寸，長八寸，有五梁、三梁、二梁、一梁之別，以梁多為尊。一梁係中書郎、秘書丞郎、尚書丞郎、太子洗馬舍人及秩六百石以下所戴。⓫黑介幘　黑色之介幘。幘為古人覆髻之巾，文吏服黑幘，有長耳下垂，稱介幘。冠進賢冠者須戴介幘。⓬宋祖置八人　《職官分紀》卷二八引《唐六典》原注此句「宋亦置八人」。「祖」當是「亦」之訛。《宋書・百官志》：「洗馬，八人。職如謁者，秘書郎也。」南朝宋曾任太子洗馬者，若王僧達，在武帝時遷太子洗馬；王僧虔，在文帝時轉義陽王文學、太子洗馬；謝莊，曾轉太子舍人、廬陵王文學、太子洗馬、中舍人；蔡廓之子蔡興宗，曾為太子洗馬、義陽王友、中書侍郎；何偃，文帝元嘉時召其為太子洗馬，不拜。宋時諸王之文學往往兼太子洗馬，故洗馬實為太子之文學侍從。⓭齊太子洗馬一人　《南齊書・百官志》載東宮官屬有太子洗馬，未言員數。南朝齊曾任太子洗馬者，如王奐、王瞻，皆為文學之士，由著作郎起家，王奐歷任太子舍人、安陸王冠軍主簿、太子洗馬、本州別駕、中書郎（《南齊書》本傳），王瞻在南齊累遷太子舍人、太尉主簿、太子洗馬（《梁書》本傳）。⓮梁典經局有太子洗馬八人　《隋書・百官志》稱：梁「典經局洗馬八人，位視通直郎」。梁任此職者，如蕭子範，齊永明時已曾拜太子洗馬，入梁又於天監初，「除後軍記室參軍，後為太子洗馬」（《梁書・蕭子範傳》）。又有何敬容、張纘等，皆起家於秘書郎。宋、齊以降，秘書郎為甲族起家之選，往往居職數十百日便可遷任。何敬容即於天監初，由秘書郎歷太子舍人、尚書殿中郎、太子洗馬、中書舍人、秘書丞，遷揚州治中（見《梁書》本傳）。張纘則因好學而「固求不遷，欲遍觀閣內圖籍。嘗執四部書目曰：『若讀此畢，乃可言優仕矣。』如此數載，方遷太子舍人，轉洗馬、中舍人，並掌管記」（《梁書・張緬傳附弟纘傳》）。任太子洗馬中亦有被視為太子學友者，則多係文學之士。如「昭明〔太子〕尚幼，未與臣僚相接。高祖敕：『太子洗馬王錫、秘書郎張纘，親表英華，朝中髦俊，可以師友事之。』」（《梁書・王份傳附孫王錫傳》）王筠，「累遷太子洗馬、中舍人，並掌東宮管記。昭明太子愛文學士，常與筠及劉孝綽、陸倕、到洽、殷芸等遊宴玄圃」（《梁書・王筠傳》）。《梁書》之文學傳傳主如到沆、劉苞、庾於陵等都任過太子洗馬，庾於陵本傳稱：「舊事，東宮官屬，通為清選，洗馬掌文翰，尤其清者。近世用人，皆取甲族有才望，時於陵與周捨並擢充職，高祖曰：『官以人而清，豈限以甲族。』時論以為美」。⓯典經書舍人　據《隋書・百官志》句中「書」係「守」之訛，當為「典經守舍人」。⓰班第六正七品　梁於武帝天監七年（西元五〇八年）革選，定十八班制，以班多為貴。《隋書・百官志》列太子洗馬為第六班，相當於正七品。⓱陳因之　《隋書・百官志》陳太子洗馬列為第六品，秩六百石。陳任太子洗馬者如柳莊，「太建末為太子洗馬，掌東宮管記」（《隋書・高宗柳后弟柳莊傳》）；蔡凝，光大元年（西元五六七年）除太子洗馬、司徒主簿；陸瑜，太建二年（西元五七〇年）累遷永陽王文學、太子洗馬、中舍人。

「時皇太子好學，欲博覽群書，以子集繁多，命瑜鈔撰」（《陳書・陸瑜傳》）。⓲北齊典書坊有太子洗馬二人從五品上　《隋書・百官志》稱北齊典書坊「領典經坊，洗馬八人，守舍人二人」。北齊所承當是北魏太和後制。據《魏書・官氏志》北魏太和後制太子洗馬位列從五品上。北齊曾任太子洗馬者，如封孝琬，「武定中，為顯祖開府主簿，遷從事中郎將，領東宮洗馬」（《北齊書・封隆之傳附從子孝琬傳》）；崔偃，「武平中，歷太子洗馬、尚書郎」（《北齊・崔陵附傳》）；蕭慤，由梁入北齊，「天保中入國，武平中太子洗馬」（《北齊書》本傳）。⓳隋門下坊司經局置洗馬四人從五品下　據《隋書・百官志》，隋門下坊設「司經置洗馬四人，校書六人，正字二人」。太子洗馬品秩當為從五品上。隋曾任太子洗馬者，開皇初有陸爽，「高祖受禪，轉太子內直監，尋遷太子洗馬。與左庶子宇文愷等撰《東宮典記》七十卷（《隋書》本傳）；開皇末有李綱，楊勇為太子時任洗馬（見《前唐書・李綱傳》）。仁壽初煬帝為太子時，引柳䛒「為東宮學士，加通直散騎常侍，檢校洗馬。甚見親待，每召入臥內，與之宴謔」（《隋書・柳䛒傳》）。⓴大業中減二人　大業，隋煬帝年號。據《隋書・百官志》大業三年（西元六○七年）定令，「門下坊減內舍人、洗馬員，各置二人」。㉑皇朝因之　唐初曾任太子洗馬者，如蔡允恭，「貞觀初，除太子洗馬，尋致仕，卒于家」；許叔牙，「貞觀初，累授晉王文學兼侍讀，尋遷太常博士，升春宮，加朝散大夫，遷太子洗馬，兼崇賢館學士，仍兼侍讀」（見《舊唐書》各自列傳）。又有秦景通、劉納言，皆精通《漢書》；乾封中，劉納言「以《漢書》授沛王李賢，及賢為皇太子，累遷太子洗馬，兼充侍讀。嘗撰《俳諧集》十五卷以進太子。及東宮廢，高宗見而怒之，詔曰：『劉納言收其餘藝，參侍經史，自府入宮，久淹歲月，朝遊夕處，竟無匡贊。闕忠孝之良規，進詼諧之鄙說，儲宮敗德，抑有所由。情在好生，不忍加戮，宜從屏棄，以勵將來。可除名。』」（《舊唐書・儒學傳・秦景通、劉納言傳》）㉒龍朔二年改為太子司經大夫咸亨元年復舊　龍朔二年，即西元六六二年；咸亨元年，即西元六七○年。龍朔與咸亨，皆為唐高宗李治年號。《新唐書・百官志》稱：「龍朔二年改司經局曰桂坊，罷隸左春坊，領崇賢館，比御史臺，以詹事一人為令，比御史大夫，司直二人比侍御史，以洗馬為司經大夫。置文學四人，錄事一人，正九品下。三年，改司經大夫曰桂坊大夫，咸亨元年，復隸左春坊，省錄事。」《唐會要》卷六七左春坊條：「洗馬，龍朔二年改為司經大夫，三年三月改為桂坊大夫，咸亨元年復舊。」㉓正六品　據《通典・職官二十二・大唐官品》當增一「下」字，為「正六品下」。㉔魏置太子文學　文學之職，漢時已有，為王國州郡所置文學掾、文學史之簡稱。太子文學則始置於東漢末曹操為丞相時。曹操封為魏王，其子丕為世子後稱太子，任五官中郎將，因在五官將下設文學，曾以徐幹、應瑒、吳質等任之，掌以文學侍從。㉕魏武為丞相命司馬宣王為文學掾　魏武，指魏武帝，即曹操。沛國譙（今安徽亳縣）人，字孟德，小字阿瞞。建安十三年（西元二○八年）為丞相，封為魏王，後其子曹丕稱帝建魏，追尊為武帝。司馬宣王，指司馬懿，字仲達，河內溫縣（今河南溫縣西）孝敬里人，曹操為丞相，辟為文學掾，因常與太子曹丕遊處。魏國既建，遷為太子中庶子，每與大謀，輒有奇策，為曹丕所信重。正始末，誅曹爽，為丞相。為人內忌而外寬，多權變。其孫司馬炎受魏禪為晉武帝時，上尊號為宣皇帝，故稱司馬宣王。㉖吳質　字季重，濟陰（今山東定陶縣）人，以文才為魏文帝曹丕所重，官至震威將軍，假節都督河北諸軍事，位高權重，據裴松之《三國志》注引〈〔吳〕質別傳〉，多有倚勢驕悍凌人處。《世語》載錄曹丕尚為世子時一事，既顯出文學與太子之特殊關係，亦可知吳質其人之頗具心計權謀：「魏王嘗出征，世子（指曹丕）及臨菑侯〔曹〕植並送路側，植稱述功德，言有章，左右屬目，王亦悅焉。世子悵然自失。吳質耳曰：『王當行，流涕可也。』及辭，世子泣而拜，王及左右咸歔欷。於是皆以植辭多華，而誠心不及。」又吳質才學通博，與孔融、陳琳、王粲、徐幹、阮瑀、應瑒，世稱建安七子。㉗朱鑠　年里生平不詳。曾任魏之中領軍。裴松之《三國志》注引〈〔吳〕質別傳〉對朱鑠亦有所涉及。黃初五年（西元二二四年）一次京師宴享，席間，因上將軍曹真肥胖，中領軍朱鑠身瘦，吳質便有意令倡優戲說肥瘦，曹真以為受到侮辱，竟至與吳質拔劍相抗。此時朱鑠「因起曰：『陛下使吾等來樂卿耳，乃至此邪！』質顧鑠叱之曰：『朱鑠，敢壞坐！』諸將軍皆還坐。鑠性急，愈恚，拔劍斬地。遂便罷也」。㉘陳群　字長文，潁川許昌（今河南許昌）人。魏國既建，為御史中丞，轉侍中，累遷尚書令，制九品官人之法。文帝時遷鎮軍大將軍，錄尚書事，授遺詔。明帝即位，進封潁陰侯。曾前後密陳得失，唯每上封事，輒削其草，時人因譏其居位拱默焉。正始中，詔錄名臣奏議，朝士乃見其奏事，皆為之感嘆。綜以上「太子四友」，終各為重臣，吳質驕悍，朱鑠矜伐，司馬懿以善權變而逞其謀，唯陳群尚能謹慎自重，也可算遂意中人之難得處。㉙至後主至德三年置太子文學十人復廢　《資治通鑑》卷一一五胡三省注「太子文學」句引《唐六典》原注此句，作「至後周建德三年，置太子文學十人，後廢」。故句中「主」、「至」、「復」當為「周」、「建」、「後」之訛。建德三年，即西元五七三年。建德為北周武帝宇文邕年號。《周書・武帝紀》：建德三年五月「初置太子諫議員四人，文學十人；皇弟、皇子友各二人，學士六人」。㉚皇朝顯慶中始置　顯慶，唐高宗李治年號。《通典・職官十二・東宮官》稱：「唐龍朔三年（西元六六三年）置太子文學四員，屬桂坊，桂坊廢而屬司經。開元中定制為三員，掌侍奉，分掌四部書，判書坊事。」唐任太子文學者，如徐堅，高宗時累授太子文學（《舊唐書》本傳）；薛嶷，《資治通鑑》卷二一五天寶四載（西元七四五年）有「太子文學薛嶷薦（吉）溫才」之記載，此事互見於《舊唐書・吉溫傳》。㉛孝建　南朝宋孝武帝劉駿之年號。㉜北齊有太子校書郎從九品上　《隋書・百官志》及《通典・職官十二・東宮官》皆記為北齊有太子校書，無「郎」字；列從第九品，非從九品上。校書郎另有其職，屬秘書省或集書省，列第九品上。此處當有誤。㉝從九品下　句末「下」當為「上」。新舊《唐書》官志及《通典・職官二十二・大唐官品》太子正字皆為從九品上。㉞煬帝改為正書　煬帝，隋朝皇帝楊廣，在位十三年，終年五十歲。煬帝大業三年（西元六〇七年）正字改為正書。㉟洗馬掌經史子集四庫圖書刊緝之事　《太平御覽》卷二四六職官部四十四太子洗馬條引《唐六典》原文及《舊唐書・職官志》洗馬之職掌，在「刊緝」之上皆尚有「繕寫」二字。㊱立正本副本貯本以備供進　《太平御覽》卷二四六引《唐六典》原文此句無「貯本」二字，《職官分紀》卷二八引《唐六典》原文此句則作「立正本、副本，貯以備供進」。

【語　譯】司經局：洗馬，定員二人，品秩為從五品下。《國語》記載：「句踐曾經當過吳王夫差的洗馬。」西漢太子（太傅、）少傅的屬官中有太子洗馬。東漢時，太子洗馬的定員為十六人，俸秩是比六百石，職務如同謁者。太子出行時，當值的太子洗馬有一人，在前面清道，引導威儀，這便是稱為洗馬的原由。三國魏因承漢制。晉代太子詹事的屬官中有洗馬，定員為八人，掌管皇太子東宮的經籍圖書；職位如同謁者，職司相當於秘書郎；品秩為第七品，列班與舍人相同，在中舍人之下；穿絳朝服，戴進賢一梁冠和黑介幘。南朝亦設置洗馬，定員為八人。齊設太子洗馬只有一人。梁設典經局，設置太子洗馬八人，統領典經書（守）舍人、典事守舍人各若干員，品秩為第六班，正七品。陳朝因承梁制。北齊的典書坊領典經坊，有太子洗馬二（八）人，品秩為從五品上。隋朝在門下坊設司經局，有洗馬四人，品秩為從五品下（上）。到煬帝大業年間，減為二人。本朝因承隋制。高宗龍朔二年曾改為太子司經大夫，咸亨元年又恢復舊稱。

文學，定員三人，品秩為正六品（下）。三國魏設置過太子文學。魏武帝曹操在擔任丞相時，任命後來的宣皇帝司馬懿為文學掾，很為世子曹丕所信任，當時司馬懿與吳質、朱鑠、陳群號稱「太子四友」。從晉朝以後不再設置。到後主（北周）至（建）德三年，設置太子文學十人，不久又廢去。本朝到高宗顯慶時期方始又設置太子文學。

校書，定員四人，品秩為正九品下。南朝宋武帝孝建年間，太子洗馬設有校書吏四人。這以後不見有對它的記載。到北齊又設有太子校書〔郎〕，品秩為從九品上。隋朝在司經局設有校書，定員為六人，品秩是從九品上。本朝減為四人。

正字，定員二人，品秩為從九品下（上）。隋朝在司經局下設有正字，定員為二人，品秩是從九品下。煬帝時改名為正書，本朝又恢復稱正字。

洗馬的職掌是，管理有關經、史、子、集四庫圖書〔抄寫和〕刊正編緝的事務，建立正本、副本，貯本〔藏〕以備隨時供奉進獻的需要。凡是全國各地的圖書進獻給東宮的，皆由司經局收受並負責保藏。

文學的職掌是，協同洗馬分管經籍圖書，為太子侍奉文章，總理和緝錄經籍；凡是抄寫裝裱染黃等事，筆墨紙張等所需之數，都由文學作出預算。

校書和正字，負責校理和刊正經、史、子、集四庫所藏圖書。

【說　明】太子洗馬的職掌，魏晉以前與魏晉以後有較大的變化。在西漢，洗馬職如謁者，太子出行時為之清道，在馬前導引威儀。故洗讀「前」，亦作「先馬」。魏晉以後，則主掌東宮圖籍刊輯之事，與「洗馬」這一官名已不再相符，為此本章原注特為說明一句：「職如謁者，局準秘書郎。」這種變化並非無緣無故發生，它是東宮制度日趨完備，主要用儒家經典定向培養皇帝接班人這一目標逐步明確的一個反映。

中國古代，若與世界若干文明古國相比，理性思維不能算是最為發達，但其中的政治學說，即帝王之學，其典籍之繁富，研究之深刻，無疑堪稱世界之冠。以帝王學說為範式治鑄未來的帝王這一構想，大概始於戰國末期的呂不韋，現今有不少研究者都認為，《呂氏春秋》便是呂不韋專為其時尚在沖齡並未親政的秦始皇編寫的教科書。漢以後被立為皇太子的也都是這樣：他們雖被稱為國之儲貳，卻不能參與朝廷政務（此意我們已在上章之末就王叔文與太子李誦一次對話簡略作過說明），其主要日課便只能是攻讀所指定的經書。正是基於這樣的需要，至晉洗馬之職轉為以掌皇太子經籍圖書為主，只是其時此職尚隸屬於詹事府；至南朝梁和北齊而分別有典經局、典書局之設，它們成了隋唐司經局的前身。司經局的主要職掌便是編纂和刊正典籍，以為皇太子提供正宗的課本。這一機構頗類似於現今大陸專為領導幹部提供必修讀本的經典著作編譯局，有一個時期，最高領導又在這些經典著作中圈定了三十本，並為接班人配備「侍讀」，規定要「雷打不動」地每天研讀，這些做法都打著深深的傳統烙印。在歷史上，梁代的昭明太子蕭統，可說是能夠接受東宮傳統培養教育方式的典範。《梁書．昭明太子傳》稱：「太子生而聰叡，三歲受《孝經》、《論語》，五歲徧讀《五經》，悉能諷誦」，至九歲便能「於壽安殿講《孝經》，盡通大義」。成年以後，常自討論篇籍，或與學士商榷古今，又頗多著述，最著名的便是迄今流傳的《昭明文選》，古代曾為士人必修課本。昭明太子只活了三十一歲，便英年早逝，但如果他真接了梁武帝的班，也未必能應付梁武帝晚年侯景之亂所造成的國破家亡的局面，這從他的同母弟簡文帝蕭綱的遭遇與結局可以得到印證：蕭綱同樣當過太子，受過類似的傳統教育培養，繼武帝位後，卻先是受制於侯景，不久便遭廢黜幽禁，最後被灌醉酒用土囊壓殺。

但歷史的發展，常常會引出人們意料之外的結果。按傳統的東宮培育標準衡量可稱得上典範的昭明太子，偏是沒能當上皇帝，而他在東宮與學士商榷古今、編撰著述這種做法卻流傳了下來，特別是對唐代產生了很大的影響。如貞觀初，太宗長子李承乾被立為太子，「承乾在東宮，命師古注《漢書》，解釋詳明，深為學者所重。承乾表上之，太宗令編之秘閣，賜師古物二百段，良馬一匹」（《舊唐書・顏師古傳》）。太宗第四子濮王李泰，在王府召集學士撰《括地志》，貞觀十五年（西元六四一年）書成表上，太宗甚喜，提高了李泰每月的給料標準，其數額甚至超過了皇太子，因為這，亦激化了李泰與承乾爭奪皇儲的矛盾。高宗時，先是李弘為皇太子，在龍朔元年（西元六六一年）於東宮文思殿，博採古今文集，摘其英詞麗句，以類相從，勒成五百卷，名曰《瑤山立彩》，高宗對參加編撰的人都賞賜有加。其後李賢為皇太子時，「又召集當時學者太子左庶子張大安、洗馬劉訥言、洛州司戶格希元，學士許叔牙、成玄一、史藏諸、周寶寧等，注范曄《後漢書》，表上之」（《舊唐書・李賢傳》）。玄宗開元時，曾「謂張說曰：『兒子等欲學綴文，須檢事及看文體。御覽之輩，部帙既大，尋討稍難。卿與諸學士撰集要事並要文，以類相從，務取省便，令兒子等易見成就也。』說與徐堅、韋述等編此進上，詔以《初學記》為名」（《大唐新語》卷九）。這《初學記》便是唐玄宗為皇太子及諸王學習需要而下旨編纂的，實際主持其事者是徐堅，他在武則天時任太子文學，開元初轉為太子詹事、麗正書院學士。麗正書院最初在東宮的麗正殿，地處崇仁殿與崇文殿之間，亦是東宮四庫書籍收貯之所。從昭明太子到李唐時期的承乾、弘、賢諸太子，縱然都未能當上皇帝，但由他們主持編撰的上述典籍，卻功成當時，澤遺後人，就說我們這回注譯《唐六典》吧，亦從這幾部古籍中獲益匪淺。

六

典膳局：典膳郎二人，正六品上。自漢以來並有太子倉官❶。北齊門下坊始別置典膳局❷，有監、丞各二人；監六品下，隋改為七品下❸。皇朝因之。龍朔二年❹改為太子典膳郎。

丞二人，正八品上。北齊典膳局有丞二人，正八品下。隋正九品下，皇朝復為八品上。

典膳郎掌進膳嘗食❺之事；丞為之貳。每夕，局官執爵更直❻。

【章旨】敘述典膳局之典膳郎和丞之定員、品秩、沿革及職掌。

【注釋】❶自漢以來並有太子倉官　句中「倉」字當是「食」之訛。《職官分紀》卷二八引《唐六典》原注此句作「自漢以來並有太子食官」。《漢書・百官公卿表》詹事屬官有太子食官令長丞。《後漢書・百官志》太傅屬官有太子食官令，主飲食，秩六百石。《晉書・職官志》東宮官有食官令一人，職如太官令。《宋書・百官志》東宮官亦有食官令一人，職如太官令，列第七品。《南齊書・百官志》東宮職僚中則稱有「太子食官令」，「倉」亦當係「食」之訛。梁，據《隋書・百官志》在東宮官中設有食官局。故《通典・職官十二・東宮官》典膳郎條稱：「漢魏以來，並有太子食官局。」❷北齊門下坊始別置典膳局　據《隋書・百官志》，北齊詹事府之家令寺領食官署，下設器局和酒局，同時又在門下坊另置典膳局，設監、丞各二人。❸隋改為七品下　據《職官分紀》卷二八引《唐六典》原注此句作「隋改為正七品下」《隋書・百官志》典膳監之品秩亦為正七品下。此處脫一「正」字。隋任典膳監見於記載者有元淹，時間是在楊勇為皇太子時。楊勇被廢，元淹與唐令則等東宮其他官員共七人被殺。隋文帝在廢皇太子楊勇之詔令中稱：「典膳監元淹，謬陳愛憎，開示怨隙，妄起訕謗，潛行離阻，進引妖巫，營事厭禱」（《隋書・楊勇傳》）。❹龍朔二年　即西元六六二年。龍朔為唐高宗李治年號。❺進膳嘗食　指典膳郎為太子進膳時，須先行嚐食，以驗證其是否可口及有無毒害。❻執爵更直　《太平御覽》卷二四七及《職官分紀》卷二八引《唐六典》原文皆作「於廚更直」。《舊唐書・職官志》典膳郎職掌亦同。

【語　譯】典膳局：典膳郎，定員二人，品秩為正六品上。從漢以來，歷代都設有太子倉（食）官。北齊門下坊方始另設典膳局，有監、丞各二人，監的品秩為第六品下。隋時改為〔正〕七品下。本朝因承隋制。高宗龍朔二年改名為太子典膳郎。

丞，定員二人，品秩為正八品上。北齊的典膳局設有丞二人，品秩為正八品下。隋時改為正九品下，本朝恢復為八品上。

典膳郎的職掌是，負責為太子進食並預先試嚐之事；丞是監的副職。每晚，典膳局的官員，要執掌酒器（在廚房）輪流當值。

【說　明】典膳郎、丞掌為太子進膳、嚐食之事。人們需要進食，自然是為了保障身體有足夠的營養和熱能。但典膳郎、丞之向太子進膳居然還包含著重要的教育功能，這大概也是中國傳統文化的一種特有的現象吧？

唐高宗時，邢文偉任皇太子李弘的典膳丞，據《舊唐書・邢文偉傳》稱，其時太子在東宮「罕與宮臣接見」，這位典膳丞便採取了一種特殊的教育措施：「減膳」。減膳的具體含義在下面引錄的唐高宗的一段話中解釋為「不肯與肉吃」。堂堂皇太子竟然吃不到肉，這自然十分難堪。此項措施邢文偉還用過不止一次，本傳記為「輒減膳」，後來還上告到皇帝。收錄於本傳的這篇奏文，如同時下不少官方文書言必稱引經典著作的教導一樣，首先抬出《大戴禮記》，以證明此種不給肉吃的辦法實源於古代聖君之道：「臣竊見《禮戴記》曰：『太子既冠成人，免於保傅之嚴，則有司過之史，徹（通「撤」）膳之宰。史之義，不得不司過；宰之義，不得不徹膳，不徹膳則死。』今皇帝式稽前典，妙簡英俊，自庶子已下，至司議、舍人及學士、侍讀等，使翼佐殿下，以成聖德。近日已來，未甚延納，談議不狎，謁見尚稀，三朝之後，但與內人獨居，何由發揮聖智，使睿哲文明者乎？今史雖闕官，宰當奉職，忝備所司，未敢逃死，謹守禮經，輒申減膳。」太子李弘，史稱「仁孝」，他也似乎確還比較誠實，居然為此寫了一份帶點檢討意味的答書，同載於《舊唐書・邢文偉傳》：「顧以庸虛，早尚墳典，每欲研精政術，極意書林，但往在幼年，未閑將衛，竭誠耽誦，因即損心。比日以來，風虛更積，中奉恩旨，不許重勞。加以趨侍含元，溫凊朝夕，承親以無專之道，導禮以色養為先。所以屢闕坐朝，時乖學緒。公瀝申勖戒，聿薦忠規，敬尋來請，良符宿志。自非情思審諭，義均弼諧，豈能進此藥言，形於簡墨，撫躬三省，感愧兼深。」這份答書對何以「屢闕坐朝」，用婉轉的措辭作了辯解：一是年幼，二是身體欠佳，三是問安時，皇帝老子有關照「不許重勞」。

邢文偉上書言減膳事是在咸亨元年（西元六七〇年），這一年健康狀況素來欠佳的李弘十九歲，已到了該舉行冠禮的成人年歲。五年以後，即上元二年（西元六七五年），《舊唐書·高宗中宗諸子傳》中提到高宗「將遜于位」，卻突兀出現了這樣一段文字：「太子從幸合璧宮，尋薨，年二十四。」對死的前因後果，竟不著一字。這又是中國集權專制政治運作的傳統特徵：越是在高層，越是關係重大的事件，越不透明，全由一兩個人在暗箱中操作，即使偶有少數大臣預聞其事，也多為利害關係所宥而守口如瓶，史官也只好付諸闕如。這大概就是從古至今那些燭影斧聲（注）式的歷史疑案層出不窮的原因吧？李弘的死因隱約有所透露，要到過了數十年後的肅宗朝。其時，中書侍中李泌看到肅宗長子廣平王李豫收復兩京有功而為張皇后所忌，處境又將出現危險，便利用自己與肅宗有東宮之舊的特殊關係，委婉曲折地作了如下一番進言：『臣幼稚時，念〈黃臺瓜辭〉，陛下嘗聞其說乎？高宗大帝有八子，睿宗最幼。天后所生四子，自為行第，故睿宗第四。長曰孝敬皇帝（即李弘），為太子監國，而仁明孝悌。天后方圖臨朝，乃鴆殺孝敬，立雍王賢為太子。賢每日憂惕，知必不保全，與二弟同侍於父母之側，無由敢言。乃作〈黃臺瓜辭〉，令樂工歌之，冀天后聞之省悟，即生哀愍。辭云：「種瓜黃臺下，瓜熟子離離。一摘使瓜好，再摘令瓜稀；三摘猶尚可，四摘抱蔓歸。」而太子賢終為天后所逐，死于黔中。陛下有今日運祚，已一摘矣（指肅宗聽信讒言，賜第三子李倓死），慎無再摘。』上愕然曰：『公安得有是言！』時廣平王立大功，亦為張皇后所忌，潛構流言，泌因事諷動之。」（《舊唐書·肅宗代宗諸子傳》）李泌的這番話，說明李弘之死，當與高宗有禪位於弘的意向有關。皇帝寶座的巨大誘惑力，使得武則天作出了鴆殺親生兒子這一有違人類普遍感情的抉擇。李泌話中更具沉重而深刻的歷史含義的，是他所引用的那首〈黃臺瓜辭〉。回眸史著的記載，從古至今，年邁的老皇帝們幾乎都有過一摘、二摘甚至三摘、四摘的經歷。這是由於在集權專制這種體制下，掌握著國家至上權力的人，只要健康條件允許，是絕不會自願禪位於包括子孫在內的任何人的。說要培養國儲，那實在由於大限臨近，迫於無奈。因而他們往往一面做出要禪位的樣子，一面不惜任何代價尋求長生仙藥，包括每年換血一次這樣的新式處方。在這種心態下，摘瓜之戲便會演個不休。今天自己親手立一個，明天又親手將他打倒，就像孩提時代搭積木。因為很顯然，除了自己，他們在雙手還能有所動作以前，是不會對任何繼位者真正滿意的。問題在於：黃臺瓜雖僅產於帝王之家這根藤蔓，但它的每次被摘，卻不能不殃及池魚，東宮大批官屬受到株連不必說，有時還會引發或大或小的動亂，萬千黎民百姓也跟著受難。

（注）燭影斧聲，宋太祖臨終前夕與太宗密談的故事。據明代柯維騏《宋史新編》載：宋開寶九年（西元九七六年）太祖病重，遣王繼恩召皇子德芳，繼恩卻自召晉王（太祖弟，即後之太宗）。晉王入宮，遣散左右，故太祖與其所言無由得聞，唯遙見燭影下，晉王時或離席，若躲避之狀；繼而太祖引柱斧戳地，大聲言：「好為之。」遂卒。太宗即位後，太祖之子德芳、德昭皆未得善終。後遂以「燭影斧聲」喻密謀疑案，尤指宮廷權力爭鬥中的疑案。

七

藥藏局：藥藏郎二人，正六品上。北齊門下坊領藥藏郎❶，有監、丞各二人，正六品下❷；侍藥四人❸，正七品下。隋門下坊領藥藏局監、丞二人，侍藥四人❹；監，正七品下。皇朝改監為太子藥藏郎。

丞二人，正八品上。北齊藥藏局有丞二人❺，正八品下。隋正九品下，皇朝因之。

藥藏郎掌和齊醫藥之事；丞為之貳。凡皇太子有疾，命侍醫入診候以議方藥。應進藥，命藥僮擣篩之，侍醫和成之；將進，宮臣監嘗，如尚藥局之職❻。

【章旨】敘述藥藏局之藥藏郎和丞之定員、品秩、沿革及職掌。

【注　釋】❶北齊門下坊領藥藏郎　《職官分紀》卷二八引《唐六典》原注此句作「北齊門下坊領藥藏局」。「郎」當是「局」字之訛。❷監丞各二人正六品下　北齊太子藥藏監為正六品下，而太子藥藏丞則為正八品下。故此句「正」字之上似當有「監」字。❸侍藥四人　《通典・職官十二・東宮官》與此同，《隋書・百官志》則作「藥藏又有侍醫四人」。❹隋門下坊領藥藏局監丞二人侍藥四人　《隋書・百官志》稱：「典膳、典藥，並置監、丞各二人。藥藏又有侍醫四人。」《通典・職官十二・東宮官》藥藏郎條：「隋如北齊之制。」隋有諸葛穎，北齊時歷太學博士、太子舍人，入隋，晉王楊廣「引為參軍事，轉記室，及王為太子，除藥藏監」（《隋書・諸葛穎傳》）。❺北齊藥藏局有丞一人　正德本作「有丞二人」。❻宮臣監嘗如尚藥局之職　宮臣監嘗，指太子中庶子與太子中舍人各一人，負責監督藥藏局和合嘗藥之事。尚藥局，屬殿中省，設奉御二人，掌合和御藥及診候方脈之事。凡和合成藥劑，則監視其分劑，藥成先嘗而後進御。

【語　譯】藥藏局：藥藏郎，定員二人，品秩為正六品上。北齊門下坊統領藏藥郎（局），設有監、丞各二人，（監的）品秩是正六品下；侍藥四人，品秩為正七品下。隋門下坊轄有藥藏局，局設監、丞各二人，又有侍藥四人，監的品秩是正七品下。本朝改稱監為太子藥藏郎。

丞，定員二人，品秩為正八品上。北齊藥藏局設有丞一人，品秩為正八品下，隋為正九品下，本朝因承隋制。

藥藏郎的職掌是，負責醫藥與和合方劑的事務；丞為郎的副職。凡是遇到皇太子有疾病，要命侍醫入內號脈診候，商議開方處藥；需用的藥材，命藥童搗碎篩選，侍醫和合成藥；在給皇太子服食前，先由宮臣監督嚐試等規定，與本書第十一卷殿中省尚藥局的職掌相同。

【說　明】東宮門下坊所屬典膳、藥藏、內直、典直、宮門五局的郎官，都是直接侍奉皇太子的生活起居，規定要由卿相子弟充任。如王毛仲，玄宗尚在東宮時，讓他管理馬駝鷹狗等坊，後以功進為輔國大將軍，他的三個兒子守貞、守廉、守慶，也先後做了東宮詹事府五品以上官員。待到王毛仲事敗，三個兒子亦同時被貶黜：「太子僕守貞，貶施州司戶；太子家令守廉，貶溪州司戶；率更令守慶，貶鶴州司倉」（《舊唐書・王毛仲傳》）。又如作為李唐中興功臣的郭子儀，子孫中有不少是東宮高官：兒輩中郭曜為太子賓客，郭晞，先任左贊善大夫，後遷為太子詹事，郭映為太子左諭德，郭曙為檢校左庶子，郭釗為太子右庶子，郭鏦為太子詹事；孫子郭仲恭為詹事府丞。中唐以後，舊制日廢，門下坊所屬諸局也混用了不少流外官，此事引起了一些人的憂慮。文宗大和四年（西元八三〇年）左庶子孫革上奏：「當司典膳等五局郎，伏以青宮列局，護翼元良，必用卿相子弟，先擇文學端士，國朝不忘慎選，冀得其人，或揚歷清資，或致位丞相。今以年月浸久，漸至訛替，緣其俸祿稍厚，近年時有流外出身者，僥求授任，稽諸故事，未嘗聞流外得廁此官，若不約絕，實玷流品。當司有司經局校書、正字，品秩至卑，而文學之人，競趨求者，蓋以必取其人，無有塵雜故也。今五局郎資序本是清品，若使流外不已，則此司官屬，漸成蕪蔓。伏請自今以後，吏部更不得注擬流外人，其見任官中有流外者，許臣具名銜牒吏部，至注官日注替。」此奏文宗以為「宜依」，並下旨：「其先任官是流外出身授者，待終考秩。自今以後，吏部更不得注擬。」（《唐會要》卷六七）

八

內直局：內直郎二人，從六品下。《齊職儀》❶：「太子有內直兵局內直兵史二人，五品勳位。」梁有齋內、主璽、主衣、扶侍等局，各置有司，以承其事。陳因之。北齊門下坊領殿內局，有內直監二人，正六品下。隋門下坊領內置局❷，置內直監二人，品同北齊。皇朝因之，職擬尚輦奉御❸。龍朔二年改同太子內直郎❹。

丞二人，正八品下。北齊內直郎局有副監四人❺，從六品下。隋內直局有副監二人，品同北齊。皇朝因改為丞。

內直郎掌符璽❻、繖扇❼、几案❽、衣服之事；丞為之貳。凡皇太子之服：袞冕❾，垂白珠九旒，以組為纓，色如其一；青纊充耳；犀簪導❿；玄衣、纁裳，九章，每章

一行，重以為等，每行九⑪；五章在衣：山、龍、華蟲、火、宗彝；四章在裳：藻、粉、龍、黻⑫。織成為之。白紗中單⑬，黻領，青褾、襈、裾⑭；革帶，金鉤鰈，大帶⑮；素帶不朱裡，亦純以朱綠，級約用組⑯。韍⑰，隨裳色，火、山二章。玉具劍⑱，金寶飾。玉鏢首⑲；瑜玉雙珮；朱組雙大綬，四綵：赤、白、縹、紺，縟純朱質，長一丈八尺，三百二十首，廣九寸⑳；小雙綬長二尺六寸，色同大綬，而首半之，間施二玉鐶㉑。朱韈，赤舄㉒。加金飾㉓。侍從皇帝祭祀及祀廟、加元服、納妃則服之㉔。俱服㉕遠遊三梁冠㉖，加金附蟬九首，施珠翠㉗；黑介幘㉘，髮纓翠緌㉙，犀簪導；絳紗袍㉚；白紗中單，皂領、褾、襈、裾；白裙襦㉛；白革帶㉜；方同心曲領㉝；絳紗蔽膝㉞；其革帶、劍、珮、綬與上同。白韈，黑舄；未冠則雙童，空頂黑介幘，雙玉導，加寶飾㉟。謁廟還宮㊱，元日、冬至、朔日入朝，釋奠㊲則服之。其朔望日入朝通服袴褶㊳，五日常朝㊴亦准此。公服㊵遠遊冠，簪導以上並同前。絳紗單衣；白裙襦；革帶㊶，金鉤鰈，假帶；瑜玉隻佩；方心；紛㊷；鞶囊㊸；長六尺四寸，廣四寸四分㊹，色同大綬㊺。白韈烏皮履㊻。五日常朝，元日、冬至受朝服之。〔烏紗帽，白裙襦，白韈，烏皮履；視事及宴見賓客則服之㊼。〕弁服㊽，弁以鹿皮為之。犀簪導，組纓，玉璂九㊾；絳紗衣，素裳；革帶；鞶囊；小綬，隻佩㊿；白韈，烏皮履。朔日(51)及視事則兼服之。平巾幘(52)，金飾。犀簪導；紫褶，白袴；玉梁珠寶鈿帶(53)；著靴(54)。乘馬則服之。進德冠(55)，九璂，加金飾，其常服(56)及白練裙襦通著之；若袴褶(57)，則與平巾幘通著。

【章旨】敘述內直局之內直郎和丞的定員、品秩、沿革及職掌。

【注釋】❶齊職儀　書名。《隋書・經籍志》著錄：「《齊職儀》五十卷，齊長水校尉王珪之撰。」《新唐書・藝文志》著錄：「王珪之《齊職官儀》五十卷。」《南齊書・王逡之傳》：「從弟珪之，有史學，撰《齊職儀》。」❷隋門下坊領內置局　句中「置」當作「直」。《隋書・百官志》：隋太子門下坊領內直局。❸尚輦奉御　唐殿中省設尚輦局，有奉御二人，掌天子輿輦、繖扇之事。❹龍朔二年改同太子內直郎　《新唐書・百官志》：「龍朔二年，改監曰內直郎，副監曰丞。」故此句中「同」字當係「曰」字之誤。龍朔二年，即西元六六二年。龍朔為唐高宗李治年號。❺北齊內直局有副監四人　據《隋書・百官志》，北齊門下坊所領為殿內局，設副直監四人。故此句中「內直郎局」當是「殿內局」之訛；「副監」應作「副直監」，中脫一「直」字。❻符璽　符信與璽印。唐制，皇太子監國時，給雙龍符，左右皆十。左者進內，右者付外。皇太子印璽以金為之，藏而不用。在宮內行文用左春坊印。❼繖扇　既是日常用物，亦用為儀仗。繖即傘，亦稱華蓋。《通俗文》云：「張帛避雨，謂之繖蓋。」扇，以孔雀尾羽毛為之，稱孔雀扇。亦以翟尾為之，稱翟尾扇。唐於開元時改為繡孔雀以省孔雀羽毛。「中宗為皇太子，長安二年（西元七〇二年）七月丙戌，則天以時熱，詔皇太子外朝，令用扇障日，太子抗表固讓，優制不許」（《冊府元龜》卷二六一）。❽几案　亦作几桉。古代案桌，大者曰案，小者曰几。多設於座側，倦則憑之。《尚書》便有「憑玉几」之句。《西京雜記》：「漢制，天子玉几，冬加綈錦其上，謂之綈几。凡公侯皆竹、木几，冬則細罽為囊以憑之。」又，几案亦借指文牘之事，如《魏書・邢昕傳》：「既有才藻，兼長几案。」故几案當亦指文牘所用器具。❾袞冕　指袞衣和冠冕。古代帝王、太子及諸侯祭祀天地、先王等重大禮儀活動時所穿戴之禮服。此下至注㉓，即為袞冕和與之相配套諸種裝飾物及其規制。❿自「垂白珠九旒」至「犀簪導」　皆為與冕相關之裝飾物。冕之形制是表黑裡赤，頂上有綖，即冕板，板之前後兩端各懸垂以稱為旒之玉珠串，以寓蔽明之意，旒數則以服者之尊卑而有等差。天子十二旒，此處為皇太子所服，故為九旒。以組為纓，組是織有花紋之絲帶；纓為繫冠之帶。古代男子束髮加冠，用笄穿過冠圈，以固定冠。冠圈兩邊各繫一帶，結於頷下，即稱纓。色如其一，據正德本及《舊唐書·輿服志》，當作「色如其綬」。指纓之顏色與其用以佩玉之綬帶相同。綬帶之顏色亦依佩用者之尊卑而有別。太子綬帶為朱紅色，其制詳下文。青纊充耳，充耳為冠冕兩旁懸垂及耳之飾物，以示塞耳避聽。《詩·衛風·淇奧》：「有匪君子，充耳琇瑩。」毛傳：「充耳謂之瑱，琇瑩，美石也。天子玉瑱，諸侯以石。」此處指皇太子以青色之纊為充耳。纊，絲綿絮。犀簪導，簪導為固定髮髻之長針，以其材質別尊卑。皇太子所用簪導以犀牛骨製成。《隋書·禮儀七》：「簪導，案《釋名》云：『簪，建也，所以建冠於髮也，一曰笄。笄，繫也，所以拘冠使不墜也。導，所以導擽鬢髮，使入巾幘之裡也。』今依《周禮》，天子以玉笄，而導亦如之。又《史記》曰：『平原君誇楚，為玳瑁簪。』班固〈與弟書〉云：『今遺仲升以黑犀簪。』《士燮集》云：『遺功曹史貢皇太子通天犀導。』故天子獨獨得用玉，降此通用玳瑁及犀。」⓫玄衣纁裳九章每章一行重以為等每行九　此言皇太子冕服色澤及紋飾之規制。玄衣纁裳，黑色之上衣，紅色之下裳。九章，章指繡在衣裳上之花紋，以其多少區別尊卑。天子十二章，皇太子九章，五章在衣，四章在裳，其名稱詳下文原注。每章一行重以為等每行九，指每種花紋重複若干個組成一行，其多少則以服者身分之尊卑為等第，皇太子之冕服，每行有九個相同之花紋。⓬山龍華蟲火宗彝藻粉龍黻　此即皇太子冕服上九章之名稱，但有脫訛。山，山形之花紋，取義鎮重，以示服者能鎮重安靜四方。龍，王者之象徵，或謂係古代圖騰崇拜之遺跡。華蟲，雉屬，取其有文彩，以示服者有文德。宗彝，宗廟祭祀所用之郁鬯尊、虎彝、蜼彝，取其勇猛、智慧等義。藻，水草有文者，取義清靜。粉，據正德本應為「粉米」。取其潔白能養人之意。龍，據正德本當作「黼」。繡繪成金斧形，白刃而銎黑，取能割斷之意。黻，作「亞」形之紋飾，取君臣拂弼之義。⓭白紗中單　中單，亦作「中禪」。著於冕服內之襯衣。因其在小衣之外、大衣之內故有是稱。此指與皇太子冕服相配套之中單，以白紗製成。⓮黻領青褾襈裾　此言皇太子冕服之緣飾及色澤。黻領，《通典·禮六十八·君臣冕服冠衣制度》及新舊《唐書》服志俱作「黼領」。指衣領飾以黼紋。青褾襈裾，褾，衣服之袖端；襈，衣服之貼邊；裾，衣服之襟，亦稱大襟。指衣服之袖口、內襟、緣邊皆為青色。⓯革帶金鉤鰷大帶　言與冕服相配之帶和帶鉤。古制上衣外面要繫帶，而帶有大帶、革帶之分：大帶束衣，革帶上懸掛飾物，再繫於大帶之上。金鉤鰷，鉤，今習作「鉤」字；鰷，即「鰈」字。下一「金鉤鰷」亦同。金色有角之帶鉤，用以佩玉、刀等飾物。天子冕服配革帶玉鉤鰈，皇太子則用革帶金鉤鰈。⓰素帶不朱裡亦純以朱綠紕約用組　此係對帶之色澤及緣飾所作說明。素帶不朱裡，與天子相對而言。天子之素帶其裡朱紅，皇太子之素帶則其裡不用朱紅。亦純以朱綠，意謂大帶用朱、綠二色鑲邊。純，緣邊。近衛校正德本此句以為「《隋志》及《舊唐志》『純』作『紕』。」按：純、紕義可通。唯本書第十一卷殿中省及第十二卷內侍省有關帝后服飾諸條皆用「紕」，為求統一，此處似亦應易以「紕」字。綴約用組，「綴」當是「紐」之訛。本書第十一卷殿中省敘述天子冕服及《通典・禮六十八・序例下》皇太子袞冕條皆作「紐約用組」。指扣結衣服用絲帶。紐約，扣住。組，用絲織成有花紋之帶。⑰韍　據《舊唐書・輿服志》，此字當為正文，非原注。語譯據以改。韍，或稱韠，即蔽膝，護膝之圍裙。《新唐書・車服志》：「朝服謂之韠，冕服謂之黻。」黻即「韍」。⑱玉具劍　皇太子所佩劍名。天子則佩鹿盧玉劍。⑲玉鏢首　鏢為刀劍鞘飾物。此言以玉石飾鏢首。天子則以火珠飾鏢首。⑳自「瑜玉雙珮」至「廣九寸」　此言與皇太子冕服相配之佩玉及繫玉綬帶之規制。瑜玉雙珮，瑜玉，玉石名，次於天子之白玉。言皇太子之佩玉為以瑜玉製作之雙佩。朱組雙大綬，兩條朱紅色絲織綬帶，用以繫玉。組，絲織而有花紋之帶。此下便是對綬帶顏色及長寬之規定。其中：縹，淡青色。紺，天藍色；一說深青而帶紅之色。組，《通典・禮六十八・君臣冕服冠衣制度》引「〈令〉云」無此字，疑為衍文。純朱質，以純正之米紅為底色。三百二十首廣九寸，意謂寬九寸之幅，有經線三百二十根。㉑自「小雙綬長二尺六寸」至「間施二玉鐶」　因正文未言小雙綬，原注為之補敘。其中：首半之，即為一百六十首。間施二玉鐶，鐶，《通典・禮六十八・君臣冕服冠衣制度》及《舊唐書・車服志》皆作「環」。鐶，環義同。指兩小綬帶間綴有二玉環，用以扣繫。㉒朱韈赤舄　朱紅色之襪與鞋。舄，古代一種加有木底之鞋。《釋名・釋衣服》：「複其下曰舄，舄腊也。行禮久立地，或泥濕，故複其末下，使乾腊也。」舄以其色澤分紅、白、黑三等，天子與皇太子著朱襪赤舄，最為尊貴。㉓加金飾　指舄上加金飾。《通典・禮六十八・君臣冕服冠衣制度》作「〈令〉曰：『舄加金飾。』」㉔侍從皇帝祭祀及祀廟加元服納妃則服之　祭祀，指皇太子隨從皇帝參加對天地、日月、社稷諸神之祭祀。祀廟，據《通典・禮六十八・君臣冕服冠衣制度》當作「謁廟」。指對宗廟祖先之祭祀。加元服，皇太子舉行加冠禮。元服，指冠。首之所著，故稱元服。貞觀五年（西元六三一年）為太子李承乾舉行加元服之禮，是年承乾十三歲。開元八年（西元七二〇年）為皇太子李瑛行加元服之禮，是年李瑛十二歲。納妃，指皇太子納妃之禮儀，包括選妃、納采、問名、納吉、納徵，告期，最後是冊妃。如高宗時皇太子李弘納妃，咸亨四年（西元六七三年）二月起至冬十月禮畢，前後長達半年多時間。㉕俱服　諸本皆作「具服」。具服即朝服，為隋唐時通行之官禮服。《舊唐書・輿服志》：「朝服，亦名具服。」其服飾因品位等第而異。㉖遠遊三梁冠　太子與諸侯王所戴之冠。其形制如天子通天冠。漢時天子五梁，太子三梁。《晉書・輿服志》：「遠遊冠，傅玄云秦冠也。似通天而無山述，有展筩橫於冠前。皇太子及王者後、帝之兄弟、帝之子封郡王者服之。諸王加官者自服其官之服，惟太子及王者後常冠焉。太子則以翠羽為緌，綴以白珠，其餘但青絲而已。」㉗加金附蟬九首施珠翠　金附蟬，以金製作之蟬形冠飾。古人以蟬象徵清高之意。施珠翠，指在金附蟬上懸掛珍珠翡翠以為裝飾。㉘黑介幘　幘為覆髮髻之布巾，要蓋到額頭，然後在幘上加冠。介幘有兩枚長耳在後，興於漢，常為文官所服。黑色，故稱黑介幘。另有赤幘、絳幘、綠幘等，各為不同人等所服。㉙髮纓翠緌　髮纓，即冠纓，繫冠之帶。翠緌，冠帶結於頷下之下垂部分，施以翠色。《禮記・內則》：「冠緌纓。」孔穎達疏：「結纓頷下以固冠，結之餘者，散而下垂，謂之緌。」㉚絳紗袍　指罩在具服外之絳色紗袍。㉛白裙襦　白色短衣和裙裳。裙，下裳。古代裙、裳並行，且男女同服，唯形制稍異：女不開縫。後裳漸廢，裙則轉為女妝。襦，短衣、短襖。《說文解字・衣部》：「襦，短衣也。」段玉裁注：「顏注《急就篇》曰：『短衣曰襦，自膝以上。一曰短而施腰者襦。』按：襦若今之襖之短者。」㉜白革帶　《通典・禮六十八・君臣冕服冠衣制度》及新舊《唐書》服志皆作「白假帶」。假，大也。假帶即大帶。為配白裙襦，故繫以白色之大帶。㉝方同心曲領　句中「同」字衍。正德本及《通典・禮六十八・君臣冕服冠衣制度》與新舊《唐書》服志皆作「方心曲領」。即方領，方直之衣領，漢時為儒者之服。《禮記・深衣》孔穎達疏：「古者方領，似今擁咽，若小兒衣領，但方折之，即於頸下別施一衿而成方折。」《漢書・韓延壽傳》：「延壽衣黃紈方領。」顏師古注：「以黃色素作直領也。」㉞絳紗蔽膝　蔽膝，繫於衣裳前之圍裙，意在護膝。《急就篇》顏師古注：「蔽膝者，于衣裳上，著之以蔽前也。一名韍，又曰韠，亦謂之襜。」《方言》第四：「江淮之間謂之褘，或謂之袚，魏宋南楚之間謂之大巾，自關東西謂之蔽厀。」《三才圖會》：「蔽膝以羅為表，絹為裡。」此指以絳色紗帛製作之蔽膝。㉟未冠則雙童空頂黑介幘雙玉導加寶飾　此係對未及加冠年齡之皇太子其頭飾之規定。未冠則雙童，「童」下當補一「髻」字。《通典・禮六十八・君臣冕服冠衣制度》及《舊唐書・輿服志》皆作「未冠則雙童髻」。雙童髻為兒童之髮式，雙髻在左右兩側。空頂黑介幘，成人之幘做成屋面形，加長耳，狀似帽。兒童之幘無屋，故稱空頂。《晉書・輿服志》：「童子幘無屋者，示未成人也。」雙玉導加寶飾，玉導，玉製之簪導。因兒童有雙髻，故需用兩根玉簪導其上施以珠寶為飾。㊱謁廟還宮　指皇太子隨天子進謁宗廟後，返還東宮。㊲釋奠　在孔廟祭奠孔子之禮儀。㊳袴褶　即褲褶。下袴上褶，不用裘裳，便於乘騎之服。源於北方游牧族，傳入中原後曾盛行一時，後世亦可見其遺制。《輿服雜事》：「趙武靈王有袴褶之制，漢武時亦有此服，隋制文武百官咸服之。車駕親戎，則縛袴使不舒散，蓋馬上之服也。」《三國志・江表傳》：「呂范，自請顧領都督，乃釋絳構（禮服）著褲褶，執鞭詣闕下啟事。」《晉書・輿服志》袴褶之制，「服無定色，冠黑帽，綴紫標，標以繒為之，長四寸，廣一寸，腰有絡帶以代鞶。」㊴五日常朝　指每五日舉行一次之常日朝會。㊵公服　又名從省服。《新唐書・車服志》：「從省服者，五品以上公事、朔望朝謁、見東宮之服也，亦曰公服。」㊶革帶　據正德本，此二字應為正文，非原注。語譯據以改之。㊷紛　披於身肩之飄帶。㊸鞶囊　皮革製就之囊，古代貴族和官吏用以盛放印綬。《宋書・禮志五》：「鞶，古制也；漢代著鞶囊者，側在腰間，或謂之旁囊，或謂之綬囊，然則以此囊盛綬也。」《隋書・禮儀志七》：鞶囊，「古佩印皆貯懸之，故有囊稱。或帶於旁，故班氏謂為旁囊，綬印鈕也。今雖不佩印，猶存古制，有佩綬者，通得佩之，無佩則不。今採梁、陳、東齊制，品極尊者，以金織成，二品以上服之。次以銀織成，三品以上服之。下以綖織成，五品以上服之。分為三等。」㊹廣四寸四分　《通典・禮六十八・君臣冕服冠衣制度》及新舊《唐書》服志皆作「廣二寸四分」。「四寸」當是「二寸」之訛。㊺色同大綬　大綬，佩印之綬帶。指鞶囊之色與大綬相同，即亦為純朱質，赤、白、縹、紺四采。㊻烏皮履　履，履也，古代鞋之一種。烏皮履，即黑色之皮鞋。《隋書・禮儀志七》：「履，舄，案《圖》云：『複下曰舄，單下曰履。夏葛冬皮。』近代或以重皮而不加木，失於乾腊之義。今取乾腊之理，以木重底。冕服者色赤，冕衣者色烏，履同烏色。諸非侍臣皆脫而升殿。凡舄，唯冕服及具服著服之。履則諸服皆用。」㊼烏紗帽白裙襦白韈烏皮履視事及宴見賓客則服之　此二十一字為四庫本所無，諸本亦闕。近衛校正德本以為據《舊唐志》當補此二十一字。校諸《通典・禮六十八・君臣冕服冠衣制度》及《新唐書・車服志》亦有此句，故依以補之。其中烏紗帽，相傳三國時曹操首創帢帽，以色別貴賤，晉時廣為流行，南朝宋時建安王休仁改製成一種用烏紗抽紮帽邊之帽，至隋唐而盛行不衰。其形制前低後高，兩旁各插一翅，通體皆圓，帽內有兩巾束髮。李白〈答友人贈烏紗帽〉詩：「領得烏紗帽，全勝白接羅。」㊽弁服　《新唐書・車服志》：「弁服者，文官九品公事之服也，以鹿皮為之，通用烏紗，牙簪導。」《隋書・禮儀七》：「凡弁服，自天子已下，內外九品已上，弁皆以烏為質，並衣袴褶。」又云：「弁之制，案《五經通義》：『高五寸，前後玉飾。』《詩》云：『瑲弁如星。』董巴曰：『以鹿皮為之。』《尚書・顧命》：『四人綦弁，執戈。』故知自天子至于執戈，通貴賤矣。《魏臺訪議》曰：『天子以五采玉珠十二飾之。』今參準此，通用烏漆紗為之。天子十二琪，皇太子及一品九琪，二品八琪，三品七琪，四品六琪，五品五琪，六品已下無琪。唯文官服之，不通武職。」㊾玉璪九　璪，皮弁之玉飾，綴於弁之縫中。《詩・衛風・淇奧》：「有匪君子，充耳琇瑩，會弁如星。」鄭玄注：「謂弁之縫中，每貫結采玉十二以為飾。」天子之皮弁綴有玉璪十二粒，皇太子則為九粒。㊿隻佩　指單隻玉佩。與前和兗冕相配之「雙佩」相對而言。又，《新唐書・車服志》及《開元禮三・序例下》與弁服相配者亦為「雙佩」。(51)朔日　陳仲夫本點校本據《舊唐書・輿服志》及《新唐書・車服志》改「朔日」為「朔望」。《通典・禮六十八・君臣冕服冠衣制度》則與此處同，亦為「朔日」。唐制皇太子以朔日在東宮內受宮臣朝拜，故可不改。(52)平巾幘　亦稱平上幘。興自漢，隋唐而為武官公事通服之一種平頂頭巾，天子、皇太子騎馬亦服之。《晉書・輿服志》：「冠惠文者宜短耳，今平上幘也。始時各隨所宜，遂因冠而別：介幘服文吏，平上幘服武官也。」(53)玉梁珠寶鈿帶　指以玉石為大帶之梁，鑲以用珠寶製成之花朵形飾物。鈿，花朵形飾物。又，此句《舊唐書・輿服志》作「寶鈿起梁帶」；《新唐書・車服志》作「起梁珠寶鈿帶」。(54)韡　即靴。《隋書・禮儀志七》：「靴，胡履也，取便於事，施於戎服。」(55)進德冠　冠上有梁，又有稱為璂之玉飾，皇太子為九璂，並以金飾梁及花趺。此服與弁服為貞觀後所加。《舊唐書・輿服志》：「武德令，皇太子衣服，有袞冕、具服遠遊三梁冠、公服遠遊冠、烏紗帽、平巾幘五等，貞觀已後，又加弁服、進德冠之制。」(56)常服　又稱讌服，隋唐時為皇帝及百官平時所服。《舊唐書・輿服志》：「讌服，蓋古之褻服也，今亦謂之常服。江南則以巾褐裙襦，北朝則雜以戎夷之制。爰至北齊，有長帽短靴，合袴襖子，朱紫玄黃，各任所好。雖謁見君上，出入省寺，若非元正大會，一切通用。高氏諸帝，常服緋袍。隋代帝王貴臣，多服黃文綾袍，烏紗帽，九環帶，烏皮六合靴。百官常服同於匹庶，皆著黃袍，出入殿省。天子朝服亦如之，惟帶加十三環以為差異，蓋取於便事。」唐代皇帝常服為赤黃袍衫，折上頭巾，九環帶，六合靴，皆取簡便。皇太子常服亦大體相同。(57)若袴褶　據《通典・禮六十八・君臣冕服冠衣制度》及新舊《唐書》服志，此句「若」下需增一「服」字。

【語譯】內直局：內直郎，定員二人，品秩為從六品下。《齊職儀》記載：「太子有內直兵局和內直兵史二人，品秩都是五品勳位。」梁代設有主璽、主衣、扶侍等局，各置官司，承辦相關事務。陳因承梁制。北齊由門下坊統領殿內局，設有內直監二人，品秩是正六品下。隋朝亦由門下坊統領內直局，設置內直監二人，品秩與北齊相同。本朝沿襲隋制，內直監的職務相當於尚輦局的奉御。高宗龍朔二年改名為太子內直郎。

丞，定員二人，品秩為正八品下。北齊內直郎（殿內）局設有副（直）監四人，品秩是從六品下。隋內直局設有副監二人，品秩與北齊相同。本朝因承這一官制，改名為丞。

內直郎的職務是，掌管東宮的符璽、繖扇、几案、衣服方面的事務；丞作為郎的副職。關於皇太子的冠服有以下幾套款式：袞冕，前後垂白珠九旒，以組帶作為繫冠的纓，顏色與佩印的綬帶相同；青色的纊絮做充耳，犀簪導著冠；玄黑的上衣，纁紅的下裳，在衣裳上繡有九章花紋，每章以相同的花紋重複若干個組成一行，並以相同花紋數量的多少來表示等第，太子每行有九個同樣的花紋。五章圖飾在上衣，名稱是：山、龍、華蟲、火、宗彝；四章圖飾在下裳，名稱是：藻、粉（米）、龍（黼）、黻，繡繪而成。白紗製作的中禪，領上繡有黼紋，青色的袖口、衣服貼邊和大襟；

腰上有革帶，金質帶鉤，大帶：大帶用白色生絹，沒有紅色的襯裡，用紅色和綠色貼邊，紐結用組帶編成。蔽膝。顏色與下裳相同，繡有火、山二章花紋。腰佩玉具劍，用金寶做裝飾。以玉鑲嵌劍鞘頂端；瑜玉雙佩，用朱紅色組帶製成雙大綬，有四彩：赤、白、淡青、天藍，以純正的朱紅色做底色，長一丈八尺，三百二十股，寬九寸。小雙綬，長二尺六寸，顏色與大綬相同，經線的股數是大綬的一半，中間串有兩個玉環。朱紅色的襪子，赤色的舄。舄上加金飾。皇太子侍從皇帝祭祀、進謁宗廟、加元服和納妃時，穿戴這套服式。具服和遠遊三梁冠：冠上加金附蟬九枚，上面綴有珍珠翡翠；戴黑介幘，冠帶垂有翠緌，犀牛骨製成的簪導；絳紗袍，內著白紗製作的中禪；黑色的衣領、袖口、貼邊和大襟；白色的短上衣和下裙裳；白色革（假）帶；方心，曲領；絳紗製作的蔽膝；這套服式的革帶、劍、珮、綬都與冕服相同。白襪、黑舄。如果皇太子尚未加冠，髮式就梳成雙童〔髻〕，戴空頂的黑介幘，用兩根玉簪導，上加寶玉為飾。皇太子謁廟後返還東宮時，元日、冬至日和每月朔日入朝，以及釋奠孔子時，穿戴這套服式。每月朔、望日入朝，通服袴褶。每五日一次的常朝亦照此規定。公服和遠遊冠：簪導以上的規定與前一套服式相同。絳紗製作的禪衣；白色裙裳與短衣；革帶，金質帶鉤，大帶；佩戴單隻瑜玉；方心，飾以飄帶，腰繫鞶囊。長六尺四寸，寬四（二）寸四分，顏色與大綬相同。白襪子和黑色皮質鞋。皇太子在東宮五日常朝和元日、冬至日受宮臣朝賀時用這套服式。〔烏紗帽：白色裙裳和短衣；白襪子，黑色皮質鞋。處理政務和宴請賓客時，用這套服式。〕弁服：弁用鹿皮製作。犀牛骨製作的簪導，用組帶做冠纓，皮弁上有玉璂九粒，穿絳紗衣，白色生絹的下裳；革帶；鞶囊；小組綬，繫單隻玉佩；腳穿白襪，黑色皮質鞋。每月朔日以及日常處理政務時，亦可用這套服式。平巾幘：加黃金飾物。犀牛骨製的簪導；著紫色騎服，白色套褲；腰繫玉梁珠寶飾鈿帶；腳著靴子。騎馬時用這套服式。進德冠：冠上有九粒玉璂，加黃金飾物。這套服式可與常服和白練裙襦通著；如果穿袴褶，則可與平巾幘通著。

【說　明】皇太子的服式，唐初武德令規定為兗冕、具服遠遊三梁冠、公服遠遊冠、烏紗帽和平巾幘五種，貞觀時又加弁服、進德冠，共七個等次，每一種格式都有其特定的規制和適用場合。但實際生活的發展總是日趨豐富，常常會有某些方面脫出傳統典制所設定的範疇。《舊唐書・輿服志》稱：「自永徽已後，唯服袞冕、具服、公服而已。若乘馬袴褶，則著進德冠，自餘並廢。若讌服、常服，紫袍衫與諸王同。」這說明袞冕、具服、公服只是在特定禮儀場合應對一下而已，平時都是以常服為主。很顯然，那種峨冠博帶式的朝服，只有端坐於宮殿或流動的宮殿——乘輦，才更能顯示莊重尊嚴，倘是步行或騎馬，非但不倫不類，且有諸多不便。而在唐代，官員們出行用車已逐漸減少，代之而起的主要是騎馬。在這種歷史背景下，唐中宗景龍二年（西元七〇八年）為衣著問題發生了一場有趣的爭論。這一年皇太子將釋奠於國學，有司起草的儀注，規定從臣一律乘馬著衣冠。所謂著衣冠便是穿朝服。當時太子左庶子劉知玄對此提出了異議。「進議曰：『臣伏見比者鑾輿出幸，法駕首途，左右侍臣皆以朝服乘馬。夫冠履而出，止可配車而行，今乘車既停，而冠履不易，可謂知其一而未知其二。何者？褒衣博帶，革履高冠，本非馬上所施，自是車中之服。必也襪而升鐙，跣以乘鞍，非惟不師古道，亦自取驚今俗，求諸折中，進退無可。且長裙廣袖，襜如翼如，鳴珮紆組，鏘鏘弈弈，馳驟於風塵之內，出入於旌棨之間，儻馬有驚逸，人從顛墜，遂使屬車之右，遺履不收，清道之旁，絓驂相續，固以受嗤行路，有損威儀。」所以建議：「其乘馬衣冠，竊謂宜從省廢。臣此異議，其來自久，日不暇給，未及搉揚。今屬殿下親從齒胄，將臨國學，凡有衣冠乘馬，皆憚此行。所以輒進狂言，用申鄙見。」結果是：「皇太子手令付外宣行，仍編入令，以為恆式」（《舊唐書‧輿服志》）。

然而這套服制的規定，對各個王朝來說，又都有著非同尋常的意義。衣服的本義無非為著實用和審美。但作為帝王制度重要組成部分的衣冠之制，卻異化了衣服的本義，在這裡置於第一位的，既非實用，也非審美，它成了顯示君臣上下尊卑關係的一種標誌或載體，目的便是炫耀帝王至上地位，以維護和鞏固皇權。因而衣冠問題，有時甚至只是其中某個名稱問題，就變得非常敏感和嚴重。在本書第四卷第一篇十五章之末的說明中，我們從《舊唐書‧輿服志》引錄的皇太子李亨上表請辭絳紗袍那則材料，便是一例。李亨是玄宗第三子，開元二十六年（西元七三八年）當他剛被冊立為皇太子時，太常所撰的儀注擬定在皇太子的袞冕中，有「絳紗袍」這一款，李亨想到皇帝的袞冕中亦有此服，名稱相同，怕遭僭越之嫌，便上表請辭不敢當，要求另換。玄宗命裴耀卿等大臣詳議此事，經過一番似乎十分莊重的商議和公文上下，最後以玄宗手敕將皇太子袞冕中的「絳紗袍」改名為「朱明服」了結此事。其實絳紗袍只是一項配件，且此袍原係君臣上下通服，根本不存在僭越的問題。李亨所以要這樣做，無非是為了借以邀寵固位。在他之前，已經因武惠妃和李林甫的構陷廢過一個皇太子，那便是他的哥哥李瑛。所以他的上表請辭絳紗袍其實是一齣戲，這戲首先是演給他的老子玄宗看的，以證明他是如何懂得上下名分，恪守為臣為子之道。玄宗及裴耀卿等輩，自然亦知道這是在演戲，卻非但誰也不想去戳穿，還像煞有介事地幫著演下去。這是因為在這一套虛偽的形式背後，有著一個真實而又被視為至上的政治目的：維護和鞏固皇權。行文至此，不由想起了著名寓言〈皇帝的新衣〉中那種種令人啼笑皆非的場面。從皇帝左右大臣到簇擁於街道兩旁的萬千民眾，明明看到皇帝一絲不掛卻都極莊重地在那裡讚美皇帝的「新衣」，唯有一個孩子驚奇地大叫起來：「他什麼衣服也沒有穿呀！」在封建集權專制的殘酷統治下，人們起初或是為了邀寵，或是僅僅為了自存，不得不學會虛偽，但時間一久竟成了習慣，這就不僅可悲，而且可怕。幸好尚有未諳世事的孩子在。如今種種新名目的「新衣」還在陣陣讚美聲中招搖過市，相信總有一天會有童心未泯的孩子站出來，喊出那個令眾人振聾發聵的聲音！

九

典設局：典設郎四人，從六品下。南齊有齋居局齋居庫丞一人。梁有齋內局，各置有司，以承其事。陳因之。北齊門下坊有齋司局，有太子齋帥、司閤帥各二人❶；太子齋帥，正八品下。隋門下坊領齋帥局，有齋帥四人，正七品下。皇朝因之。龍朔二年改太子齋帥為太子典設郎❷。

典設郎掌湯沐、灑掃、鋪陳之事。凡大祭祀，皇太子散齋三日於別殿，致齋二日於正殿❸。前一日，設幄坐於正殿東序及室內，俱西向❹，又張帷於前楹❺下；殿若無室，則張帷❻。若大禮應供者亦如之❼。

【章　旨】敘述典設局典設郎之定員、品秩、沿革和職掌。

【注　釋】❶北齊門下坊有齋司局有太子齋帥司閤帥各二人　句中「齋司局」《隋書・百官志》作「齋帥局」；「司閤帥」作「內閤帥」。❷龍朔二年改太子齋帥為太子典設郎　龍朔二年，即西元六六二年。龍朔為唐高宗李治年號。《新唐書・百官志》：「龍朔二年改齋帥局曰典設局，齋帥曰郎。」然《唐會要》卷六七左春坊條所載與此有異，其文稱：「典設局：武德令為濟司局，典設郎為太子齋郎。」抑或《唐會要》記載有訛，今錄以備考。❸皇太子散齋三日於別殿致齋二日於正殿　齋，古人在祭祀或舉行典禮前，沐浴潔身、節欲清心以示莊敬之儀式，亦稱齋戒。齋有散齋、致齋之別。大祀，散齋為四日，致齋為三日；中祀，散齋為三日，致齋為二日。《禮記・祭義》：「致齋於內，散齋於外。齋之日，思其（指祭祀對象）居處，思其笑語，思其志意，思其所樂，思其所嗜。齋三日，乃見所為齋者。」鄭玄注：「致齋思此五者。散齋七日，不御，不樂，不弔耳。見所為齋者，思之熟也。所嗜，素所欲飲食也。」唐制，皇帝散齋於別殿，致齋則二日於太極殿，一日於行宮。致齋前一日，由尚舍奉御設御幄於太極殿西序及室內，皆東向；尚舍直長張帷於前楹下。皇太子齋前之籌備事務即屬典設郎職掌。東宮正殿指嘉德殿，別殿則為東宮其他殿宇，如正德殿左右之崇仁殿、麗正殿等。唐代規定：「散齋理事如舊，夜宿止於家正寢，唯不弔喪問疾，不作樂，不判署刑煞文書，不行刑罰，不經穢惡。致齋，唯祀事得行，其餘悉斷。」（《通典・禮六十八・齋戒》）凡宴樂之事須於齋日後方可恢復進行，故白居易詩有「散齋香火今朝散，開素盤筵後日開」之句。❹設幄坐於正殿東序及室內俱西向　皇帝齋戒時，在正殿之西序東向，皇太子為避皇帝尊位，故於東宮正殿取東序西向，殿內其餘陳設亦皆西向。序，正殿東西二側之廂房。幄，設於太子座位上之帳帷。❺前楹　殿堂前部之柱子。❻殿若無室則張帷　指正殿若無左右室之間隔，則張掛帷幕以為隔離。❼若大禮應供者亦如之　意謂若有皇太子加元服、納妃及元日、冬至日受朝等重大禮儀活動時，其殿庭之灑掃鋪陳一類事務，應由典設郎組織實施者，亦按上述規定辦理。

【語　譯】典設局：典設郎，定員四人，品秩為從六品下。南齊有齋居局，設置齋居庫丞一人。梁代有齋內局，各設有官司，以承辦與齋戒相關的事務。陳因襲梁的這一官制。北齊東宮的門下坊有齋司（帥）局，設置太子齋帥、司閤（內閤）帥各二人，太子齋帥的品秩是正八品下。隋門下坊統領齋帥局，設有齋帥四人，品秩為正七品下。本朝因承隋制。高宗龍朔二年，改稱齋帥局為典設局，太子齋帥為典設郎。

典設郎的職務是，掌管東宮湯沐、灑掃、鋪陳方面的事務。凡是遇到大的祭祀，皇太子散齋三日，在別殿；致齋二日，在正殿。在齋戒前一日，典設郎要在正殿東序和室內為皇太子座張設帷幄，都是西向。另外在殿前楹柱下亦要張掛帷幔。殿內倘若沒有室的間隔，那就張掛帷幕作為隔離。如果皇太子有重大禮儀活動，應由典設局供職的事務，亦按上述規定辦理。

十

宮門局：宮門郎二人，從六品下。漢太子太傅屬官有太子門大夫[1]。後漢置二人，秩六百石。職比郎將[2]。魏因之。晉太子門大夫局准公車令[3]，班同中舍人[4]。主通遠近牋表宮門禁防。宋品第六，秩六百石。從駕在詹事後。齊梁陳因之[5]，皆置一人。北齊門下坊置門大夫主簿各一人[6]，門大夫從六品上，并統軍官西梁清商二部[7]。隋曰宮門局，置大夫二人[8]，從六品上；煬帝復為宮門監[9]。皇朝復為宮門大夫，龍朔二年改為宮門郎，職比城門郎[10]。

丞二人，正八品下。皇朝置。

宮門郎掌內外宮門管鑰之事。凡宮殿門，夜漏盡擊漏鼓開[11]；夜漏上水一刻[12]，擊漏鼓閉。每歲終行儺[13]，應經所由門，並先一刻早開。若皇太子不在，則閉東宮正門[14]，其宮城門使宿衛人應入宮殿者，各於左右廂便門出入。【至】皇太子還仗[15]，乃開。凡宮中漏刻晝夜，惟唱時，不復擊鼓[16]。若開閉門及每夜一更盡，依法擊鐘鼓[17]。

【章　旨】敘述宮門局之宮門郎和丞之定員、品秩、沿革和職掌。

【注　釋】❶漢太子太傅屬官有太子門大夫　太子門大夫，《漢書・百官公卿表》注引應劭曰：「員五人，秩六百石。」《通典・職官十二・東宮官》：「秦有太子門大夫，漢因之，員二人，職比郎將。《漢官儀》曰：門大夫選四府掾屬為之。」西漢時曾任門大夫者，有鼂錯，「詔以為太子舍人、門大夫，遷博士。」（《漢書》本傳）；金欽，為金日磾之後，「舉明經，為太子門大夫。」（《漢書・金日磾傳》）。❷後漢置二人秩六百石職比郎將　《後漢書・百官志》：「太子門大夫，六百石。本注曰：《舊注》云職比郎將。舊有左右戶將，別主左右戶直郎，建武以來省之。」《通典・職官十二・東宮官》宮門郎條：「安帝時，太子謁廟，門大夫乘從，冠兩梁冠。」秩六百石，月俸七十斛。郎將，中郎將之簡稱，掌宿衛諸殿門。《宋書・百官志》：「門大夫二人，漢東京置，職如中郎將，分掌遠近表牋。秩六百石。」《三輔決錄》：「桓帝以平陵魯寬為太子門大夫。」❸晉太子門大夫局准公車令　指其職掌相當於公車令。公車令，秦衛尉屬官，趙高曾任此職。西漢未央宮有公車司馬門，專受章奏，故其長官稱公車司馬令，簡稱公車令，張釋之曾為之。東漢時，公車司馬令常居宮南闕門，吏民上書，四方貢獻，及徵詣公車者皆掌之。東晉以後徑稱公車令。❹班同中舍人　指太子門大夫之品秩與中舍人相同。《晉書・職官志》：「中舍人四人，咸寧四年（西元二七八年）置，以舍人才學美者為之，與中庶子共掌文翰，職如黃門侍郎，在中庶子下，洗馬上。」❺齊梁陳因之　齊，《南齊書・百官志》東宮屬官有太子門大夫。梁，《隋書・百官志》載其太子門大夫位列第六班，居謁者僕射之下，另設門局，置有司以承其事。陳，《隋書・百官志》記陳太子門大夫位列第七品，秩六百石。❻北齊門下坊置門大夫主簿各一人　《隋書・百官志》：北齊典書坊領「門大夫、坊門大夫、主簿各一人」。然《通典・職官十二・東宮官》稱：「北齊謂之門大夫坊。」恐此處原注與《通典》皆有誤。據《隋書》當是典書坊，而非門下坊領太子門大夫；《通典》之「門大夫坊」則是「坊門大夫」之訛。又，北齊沿北魏之制，北魏亦設太子門大夫。《魏書・官氏志》：太和十七年（西元四九三年）職員令列太子門大夫為從四品下，太和二十三年（西元四九九年）復次職令，則降為從六品上。北魏任門大夫者，有李訢之長子李邃，「起家拜侍御中散、東宮門大夫。」（《魏書・李訢傳》）；北齊任此職者，如張景仁，齊後主在東宮時，「歷太子門大夫、員外散騎常侍、諫議大夫，後主登祚，除通直散騎常侍，及奏，御筆點除『通』字，遂正常侍」（《北齊書》本傳）。❼并統軍官西梁清商二部　《隋書・百官志》作「并統伶官西涼二部，伶官清商二部。」故此句中「軍官」當作「伶官」，「西梁」應為「西涼」。西涼、清商皆樂曲名。西涼係由河西走廊傳入之樂曲，清商則指宋、齊間舊樂。西涼樂，《隋書・音樂志》

稱：「西涼者，起苻氏之末，呂光、沮渠、蒙遜等，據有涼州，變龜茲聲為之，號為秦漢伎。魏太武既平河西，得之，謂之西涼樂。至魏周之際，遂謂之國伎。」清商樂，其始即清商三調，皆漢以來舊曲，樂器形制皆沿漢之舊，歌章多為古辭，亦有曹操、曹丕和曹植所作者。❽隋曰宮門局置大夫二人　《隋書・百官志》：隋在門下坊設宮門局，宮門置大夫二人。❾煬帝復為宮門監　據《隋書・百官志》，句中「復」當作「改」。煬帝，隋朝皇帝楊廣，在位十三年，終年五十歲。煬帝大業三年（西元六〇七年）改門大夫為宮門監。❿龍朔二年改為宮門郎職比城門郎　龍朔二年，即西元六六二年。龍朔為唐高宗李治年號。高宗於是年改諸司百官名，次年又改東宮官屬名，故《新唐書・百官志》稱：「龍朔三年改宮門監曰宮門郎。」又，《舊唐書・姚璹傳》稱：姚璹「永徽中明經擢第，累補太子宮門郎」，而《舊唐書・張暐傳》則謂唐隆元年（西元七一〇年）李隆基為皇太子時，「召暐拜宮門大夫」。永徽在龍朔之前，已稱宮門郎，而在龍朔後玄宗為太子時，又稱宮門大夫。二稱如此隨意，或可同時並行。城門郎，屬門下省，掌京城皇城宮殿諸門啟閉之節，奉出納管鑰。⓫夜漏盡擊漏鼓開　漏，指漏壺，亦稱刻漏。古代以滴水計時之儀器。亦借指時間，如此處「夜漏盡」，即當夜漏壺水滴盡之時，指已天明。漏壺以箭形浮標上之刻度顯示時間，故刻又成為古代計時單位。夜漏，一晝夜共一百刻，冬夏之間晝夜有長短，冬至之日，晝漏四十刻，夜漏六十刻；夏至之日則反之：晝漏六十刻，夜漏四十刻。春秋分時，晝夜均等各為五十刻。秋分以後逐日減晝益夜，春分以後逐日減夜益晝，各為每九日加或減一刻。此句言當夜漏滴盡亦即天亮時，宮門郎要敲擊漏鼓，表示東宮可以開門。⓬夜漏上水一刻　指夜漏之受水壺水位上升至浮標顯示出一刻時，即要擊鼓以示即可關閉宮門。⓭行儺　儺，古代驅除疫鬼的一種祭祀儀式。常有一年中行數次者，以除歲前一次最為盛大，又稱大儺。宋高承《事物紀原・驅儺》引《禮緯》曰：「高陽有三子，生而亡去為疫鬼，一居江水中為瘧，一居人宮室區隅中，善驚小兒。於是以正歲十二月，命祀官持儺以索室中而驅疫鬼。」一說為逐陰導陽。《呂氏春秋・季冬》「命有司大儺旁磔」句高誘注：「大儺，逐盡陰氣而陽導也。今人臘歲前一日擊鼓逐疫，謂之逐除是也。」《禮記・月令》：「日行北方之宿，北方大陰，恐為所抑，故命有司大儺，所以扶陽抑陰也。」唐制以夏曆十二月臘日前一天，在宮行儺祭。選十二以上、十六以下的少年為侲子，二十四人為隊，六人作一行，工人二十二人。其一人扮方相氏，著假面，黃金四目，蒙熊皮，玄衣朱裳，右執戈，左執楯；其一人為唱帥，著假面，皮衣，執棒，鼓角各十，合為一隊，逐惡鬼於宮中。每門置雄雞及酒，在城門及宮門設祭。未明前引儺者進長樂門、永安門，以次入左右上閤，鼓譟以進。方相氏執戈揚楯，領唱，諸侲子相和，唱和內容為驅除疫鬼之咒語。⓮東宮正門　唐西京太極宮之東宮正門為嘉福門，次為重明門。⓯皇太子還仗　句首「皇」前原空缺一格，考諸正德本為「至」字，茲據以補。意謂待到皇太子儀仗返還東宮。

⑯凡宮中漏刻晝夜惟唱時不復擊鼓　古代夜間報時，每夜分為五更，每更分五點，更以擊鼓為節，點以擊鐘為節。此指東宮內夜間報時，只需唱時報更，不復擊鼓。⑰若開閉門及每夜一更盡依法擊鐘鼓　唐宮殿城門各依晨昏鐘鼓之節啟閉，詳本書第八卷第三篇門下省城門郎職掌。此處指東宮之擊鐘鼓，限定在啟閉門及每夜一更盡這樣若干次。

【語　譯】宮門局：宮門郎，定員二人，品秩為從六品下。西漢太子太傅的屬官中設有太子門大夫。東漢時，這一官職的定員為二人，俸秩是六百石，職位相當於郎將。魏因承漢制。晉太子門大夫的職務猶如公車令，列班與中舍人相同，主管通達遠近所上的牒表和管理宮門的禁防。南朝宋太子門大夫的品秩為第六品，六百石，隨從皇太子車駕出行時，位列在詹事之後。齊、梁、陳都沿襲這一官制，設置太子門大夫一人。北齊門下（典書）坊設有門大夫（坊門大夫）和主簿各一人，門大夫品秩為從六品上，並統領軍官（伶官）和西梁（西涼）、清商二部。隋朝稱宮門局，設置門大夫二人，品秩為從六品上；煬帝時復（改）為宮門監。本朝高祖武德時恢復稱宮門大夫，高宗龍朔二年改為宮門郎，職務相當於門下省的城門郎。

丞二，定員二人，品秩為正八品下。本朝設置。

宮門郎的職掌是，管理東宮內外宮門管鑰方面的事務。所有東宮殿門，都是到夜漏滴盡時，敲擊漏鼓傳聲，隨即開啟；夜漏上水後升到一刻，敲擊漏鼓傳聲，立即關閉。每年歲末舉行儺祭時，應該經過的宮殿門，都要提前一刻把門打開。如果皇太子不在東宮，就要關閉東宮正門，宮城門使和宿衛人員應進宮殿的，各自從左右廂便門出入；〔待到〕皇太子儀仗還宮，才開啟正門。關於宮中按漏刻報時，無論晝夜，都只口頭唱報，不再擊鼓；至於開、閉宮門以及夜間每一更盡時，還是要按照規定敲擊鐘鼓。

太子右春坊・太子右諭德・太子通事舍人

【篇旨】本篇敘述太子右春坊的右庶子、中舍人、舍人和右諭德、右贊善大夫及通事舍人的定員、品秩和職掌。

太子右春坊的建置可說是朝廷中書省的微縮，所設職官亦大略可與中書省官員相對應。如右庶子和中舍人相當於中書省的中書令和中書侍郎，太子舍人猶若中書舍人，而右諭德與右贊善大夫大體與右散騎常侍和諫議大夫相當，太子通事舍人則近似中書通事舍人。右春坊的主要職掌是侍奉左右，獻納啟奏，宣傳令言，這與中書省的主要職掌也相似，只是侍奉對象前者為皇太子，後者為皇帝。皇帝下達的文告稱制、敕、冊、詔，而皇太子下達的文告則稱令，或稱手令、散令。自下上達於皇帝的文書稱表、狀、奏、疏，皇太子上於皇帝的亦稱表；官僚上於皇太子的文書則稱牋、啟。皇太子監國時，諸臣與皇太子之間的文書上下又有特別規定，篇中對在此期間上下行兩種文書的類別及運作程序有具體敘述。由於右春坊的職能是對中書省的模擬，所以當任皇太子若能順利繼位，右春坊的官員就有可能被遷轉入中書省。如高宗為太子時的太子舍人李義府，便是隨其即位而任中書舍人、中書侍郎、中書令，成為丞相之一。

本篇所敘職官，大都可與上篇左春坊對應，故如右諭德、右贊善大夫的職掌，篇中僅言「掌如左」，敘述極為簡略，讀時不妨互為參照。至本篇末，東宮官屬中的主體即師保和行政兩大類，已全部敘述完畢，我們在四章之末附有總的說明，供讀者參閱。

西京太子右春坊的官衙設在皇城內，位於承天門街之東，宮城之南，第二橫街之北，在東宮內坊與右清道率府之間。其在東都的位置，是在皇城內東朝堂之南，第三橫街之北，從西第一即為右春坊所在，係分左驍衛之地而造。

一

太子右春坊：右庶子二人，正四品下。其說已具於左庶子。隋門下坊置左庶子二人以領之，典書坊以右庶子二人領之❶；右庶子正四品下。皇朝因之❷。至龍朔二年❸，始改典書坊為右春坊，右庶子為太子右中護❹。咸亨元年復為右庶子❺。在東宮，職擬中書令。

太子中舍人二人，正五品上❻。太子中舍人，本漢、魏太子舍人❼也。晉惠帝在儲宮，以舍人四人有文學才美者，與中庶子共理文書❽；至咸寧二年，齊王冏為太傅，遂加名為「中舍人」❾，位敘同尚書郎。其後資漸高，擬黃門侍郎，班同門大夫，改尚書郎下❿。高功中舍人與高功中庶子共掌禁令，糾正違闕，侍從左右。儐相威儀，盡規獻納，奏事文章，皆典給之⓫。監合、嘗藥。大、小會，二宮舉案正直⓬；從大、小駕，一人前部護駕，一人後部護駕⓭，同中庶子。日月檢奏直臣名⓮，更直五日，典文疏，如中書郎⓯。宋有四人⓰，齊有一人⓱。梁有四人，高功一人與中庶子祭酒共掌其坊之禁令⓲，班第八，正六品。陳因之⓳。後魏第五品上⓴。北齊門下坊有四人，品同後魏㉑。隋改為太子內舍人四人㉒，正五品上；煬帝減二人㉓。皇朝復為中舍人㉔，職擬中書侍郎。

右庶子之職，掌侍從左右，獻納啟奏，宣傳令言㉕「；中舍人為之貳。凡皇太子監國，於宮內下令書，太子親畫日至春坊，則宣傳之㉖」。

【章旨】敘述太子右春坊之右庶子和中舍人之定員、品秩、沿革及職掌。

【注釋】❶隋門下坊置左庶子二人以領之典書坊以右庶子二人領之　《通典·職官十二·東宮官》：「隋分為左右庶子，各二人，分統門下、典書二坊。」隋開皇初，立楊勇為皇太子，文帝欲重宮臣之望，多令大臣領其職。其時相繼為左庶子者，有裴政、劉行本、唐令則；為右庶子者，有蘇孝慈、劉榮等。《隋書·裴政傳》載：「右庶子劉榮，性甚專固。時武職交番，通事舍人趙元愷作辭見帳，未及成。太子有旨，再三催促。榮語元愷云：『但爾口奏，不須造帳。』及奏，太子問曰：『名帳安在？』元愷曰：『稟承劉榮，不聽造帳。』太子即以詰榮，榮便拒諱云『無此語』。太子付政推問。未及奏狀，有附榮者先言於太子曰：『政欲陷榮，推事不實。』太子召責之，政奏曰：『凡推事有兩：一察情，一據證，審其曲直，以定是非。臣察劉榮，位高任重，縱令實語元愷，蓋是纖介之愆，計理而論，不須隱諱。又察元愷受制於榮，豈敢以無端之言妄相點累。二人之情理正相似，元愷引左衛率崔蒨等為證，蒨等款狀悉與元愷符同。察情既敵，須以證定。臣謂榮語元愷，事必非虛。』太子亦不罪榮，而稱政平直。」此例右庶子與其下屬通事舍人發生爭執時，需由左庶子來推問，可知在東宮，左庶子地位與品秩皆略高於右庶子。❷皇朝因之　唐因隋制，武德時於門下坊設左庶子，典書坊設右庶子。武德末李世民升春宮時，曾以虞世南為太子右庶子。貞觀初立承乾為皇太子，先後有王珪、李百藥、孔穎達、令狐德棻為太子右庶子。貞觀十七年（西元六四三年）立李治為皇太子時，任太子右庶子者為許敬宗。高宗即位後，顯慶元年（西元六五六年）立李弘為皇太子，以李義府為太子右庶子。❸龍朔二年　即西元六六二年。龍朔為唐高宗李治年號。❹右庶子為太子右中護　龍朔二年後任太子右中護者，有樂彥瑋，以太子右中護檢校西臺侍郎；劉仁軌，以右相檢校右中護；趙仁本，以太子右中護兼攝正諫大夫，同東西臺三品。李弘始為皇太子時，則皆以丞相兼任太子右中護之職。❺咸亨元年復為右庶子　咸亨元年，即西元六七〇年。咸亨為唐高宗李治又一年號。《舊唐書·高宗本紀》：「咸亨元年十二月庚寅，諸司及百官各復舊名」，即指此。此後又有所改復，唯其時間記載有異。如《唐會要》卷六七右春坊條：「咸亨元年又改為典書坊，景龍元年（西元七〇七年）改為右春坊。」

《舊唐書・睿宗本紀》則曰：「景雲元年（西元七一〇年）八月癸卯，改典書坊為右春坊。」又，後一次典書坊復為右春坊時，右庶子之名未作更改。❻正五品上　《通典・職官二十二・大唐官品》，太子中舍人為「正五品下」。❼太子中舍人本漢魏太子舍人　《漢書・百官公卿表》太子太傅屬官有舍人。西漢任太子舍人者，有鼂錯、鄭當時、公孫賀、無且等。《後漢書・百官志》：「太子舍人，二百石。本注曰：無員，更直宿衛，如三署郎中。」魏亦有太子舍人，《職官分紀》卷二八中舍人條：「《魏略》：張茂字彥林，上便宜擢為太子舍人。」又，《宋書・百官志》所載與此處有異，其文稱：「中舍人，四人。漢東宮太子官屬有中允之職，在中庶子下，洗馬上，疑若今中書舍人矣。中舍人，晉初置，職如黃門侍郎。」錄以備考。❽晉惠帝在儲宮以舍人四人有文學才美者與中庶子共理文書　晉惠帝，西晉皇帝司馬衷，晉武帝之第二子。泰始三年（西元二六七年）立為皇太子，年僅九歲，且低能弱智。太熙元年（西元二九〇年）即皇帝位，在位十七年，終年四十五歲。《晉書》本紀稱「帝之為太子也，朝廷咸知不堪政事，武帝亦疑焉。嘗悉召東宮官屬，使以尚書事令太子決之，帝不能對」。又云：「帝又嘗在華林園，聞蝦蟆聲，謂左右曰：『此鳴者為官乎，私乎？』或對曰：『在官地為官，在私地為私。』及天下荒亂，百姓餓死，帝曰：『何不食肉糜？』其蒙蔽皆此類也。後因食餅中毒而崩，或云司馬越之鴆。」晉武帝泰始、咸寧間任太子舍人者，有王衍、樂廣、李重等，皆以清談著名當世。❾咸寧二年齊王冏為太傅遂加名為中舍人　咸寧二年，即西元二七六年。咸寧為西晉武帝司馬炎年號。齊王冏，當是「齊王攸」之誤。據《晉書・齊王攸傳》，齊王司馬攸於太康中授太子太傅，其後雖又任司空、侍中，但太傅如故。故咸寧二年為太傅者，仍應是齊王攸。司馬冏係齊王攸之子，攸尚在世，冏不可能嗣封。齊王司馬攸，字大猷，小字桃符，晉武帝司馬炎之弟，司馬師無子，以攸為嗣。其任太子太傅時，曾獻〈太子箴〉，內云：「昔在周成，旦奭作傅，外以明德自輔，內以親親立固，德以義濟，親則自然。嬴廢公族，其崩如山；劉建子弟，漢祚永傳」，頗以周召自居。武帝晚年，諸子並弱，太子尤不令，朝臣內外多有屬意於齊王攸者，故引起武帝不容。太康三年（西元二八二年），令齊王攸之國，攸竟憤怨發疾嘔血而亡。又，置中舍人事，《晉書・食貨志》繫於咸寧四年（西元二七四年），較此後二年。❿改尚書郎下　句首「改」，《職官分紀》卷二八引《唐六典》原注此句作「次」，當據以改。⓫奏事文章皆典給之　《職官分紀》卷二八引《唐六典》原注此句作「奏事文書，皆典綜之」。文章當作「文書」，典給應是「典綜」。⓬大小會二宮舉案正直　大小會，分別指朝廷與東宮之朝會。東宮官員既要隨太子參加朝廷之五日常朝和朔望朝，亦要在東宮向太子朝拜。大會代指前者，小會代指後者。二宮，據正德本當作「二官」。二官，指上文高功中舍人與中庶子。案，即几案。原指古代案桌，後亦借指文牘之事或文牒用具。如《魏書・邢昕傳》：「既有才藻，兼長几案。」全句意謂凡遇大小朝會，太子中舍人之職掌是攜帶文牒用具去當值，記錄並糾正違闕。⑬從大小駕一人前部護駕一人後部護駕　大小駕，大駕和小駕，指皇太子出行時兩種不同規模之儀仗隊伍。皇太子出行，中舍人會同中庶子各二人，分別各有一人在鹵簿儀仗之前和之後護駕。⑭日月檢奏直臣名　句首「日」字據《通典・職官十二・東宮官》太子中舍人條係衍文，當刪。意謂每月中舍人要向皇太子報送東宮值日官員名冊。前注❶所引《隋書・裴政傳》右庶子劉榮與其屬下爭執事，起因即為此值臣名冊：「武職交番，通辭舍人趙元愷作辭見帳，未及成。太子有旨，再三催促。〔劉〕榮語元愷云：『但爾口奏，不須造帳。』及奏，太子問曰：『名帳安在？』」每月檢奏東宮值臣名帳，晉時尚為中舍人職掌。⑮中書郎　句中「書」下需補一「侍」字。晉中書監令之副貳為中書侍郎。《晉書・職官志》稱：「及晉改曰中書侍郎，員四人，中書侍郎蓋此始也。及江左初，改中書侍郎曰通事郎，尋復為中書侍郎。」⑯宋有四人　《宋書・百官志》：「中舍人，員四人。」晉宋之際，有隱逸者宗炳，「宋受禪，徵為太子舍人；元嘉初，又徵通直郎；東宮建，徵為太子中舍人，庶子，並不應」（《宋書・宗炳傳》）。宋孝武帝時，曾下詔琅琊王素、會稽朱百年為太子舍人，至宋明帝泰始六年（西元四七〇年）又詔為太子中舍人，皆不就。⑰齊有一人　《南齊書・百官志》東宮官屬有太子中舍人，未言員數。南齊任太子中舍人者，有張寅、張結和王思遠；齊武帝永明末，王思遠之友顧暠之亦曾為太子中舍人，並兼尚書左丞。⑱梁有四人高功一人與中庶子祭酒共掌其坊之禁令　句中「高功一人」，《隋書・百官志》作「功高者一人」。梁任太子中舍人者，如王瞻，起家著作佐郎，遷太子舍人，歷太子洗馬、太子中舍人。陸襄，除太子洗馬，遷中舍人，並掌管記。張纘，起家秘書郎，因欲徧觀閣內圖籍，歷數載而方遷太子舍人，轉洗馬、中舍人，並掌管記。其弟張綰，亦起家秘書郎，遷太子舍人、洗馬、中舍人，並掌管記。王筠，起家臨川王行參軍，遷太子舍人，累遷太子洗馬、中舍人，並掌管記。又如蕭子恪，有弟十六人，通文學者子恪、子顯，皆曾歷太子中舍人職。⑲陳因之　陳太子中舍人列第五品，秩六百石。陳任太子中舍人者，有蔡徵，太建初遷太子少傅丞、太子中舍人，兼東宮領直。陸瑜，累遷太子中舍人兼東宮管記，「時皇太子（指陳叔寶）好學，欲博覽群書，以子集繁多，命瑜抄撰，未就而卒，年四十四，太子為之流涕，手令舉哀，官給喪事，並親製祭文，遣使弔祭」（《陳書・陸瑜傳》）。陸瑜之從父兄陸玠，亦在陳後主為太子時任中舍人，兼東宮管記。又有蔡凝，以「博涉經傳，有文辭，尤工草隸」，於「太建元年（西元五六九年）遷太子中舍人」（《陳書・蔡凝傳》）。⑳後魏第五品上　據《魏書・官氏志》，北魏於孝文帝太和十七年（西元四九三年）頒職員令，太子中舍人列第四品中；太和二十三年（西元四九九年）復次職令，改為第五品上。北魏曾任太子中舍人者，如劉芳之從子劉懋，以「聰明好學，博綜經史，善草隸書，多識奇字」為劉芳所重，以「步兵校尉，領郎中兼東宮中舍人」（《魏書・劉芳傳》）。李平，少有大度，及長，涉獵群書，拜太子中舍人，遷散騎侍郎（據《魏書》本傳）。又如崔辯之子崔楷，曾以尚書左主客郎中任太子中舍人、左中郎將，其人「性嚴烈，能摧挫豪強」（《魏書・崔辯傳附子崔楷》）。㉑北齊門下坊有四人品同後魏　據《隋書・百官志》，北齊門下坊設中舍人，員四人，品與北魏太和後制同，為第五品上。北齊有源彪，於「天保元年（西元五五〇年）除太子中舍人」（《北齊書・源彪傳》）。㉒隋改為太子內舍人四人　《隋書・百官志》：門下坊置內舍人四人。隋初任此職者，有明克讓，「高祖受禪，拜太子內舍人，轉率更令，進爵為侯。太子以師道處之，恩禮甚厚。每有四方珍味輒以賜之。於是東宮盛徵天下才學之士，至於博物洽聞，皆出其下」（《隋書》本傳）。㉓煬帝減二人　煬帝，隋朝皇帝楊廣，在位十三年，終年五十歲。《隋書・百官志》：大業三年（西元六〇七年）定令，門下坊減內舍人、洗馬員，各置二人。㉔皇朝復為中舍人　《新唐書・百官志》：「隋內舍人隸典書坊（應是隸門下坊），武德初改曰中舍人」；「永徽三年（西元六五二年），避太子（指李忠）名，復改中舍人曰內舍人」；顯慶元年（西元六五六年）皇太子李忠被廢為梁王，內舍人復稱中舍人；「龍朔二年（西元六六二年）改中舍人曰右贊善大夫」。又，本卷第三篇第一章太子中允條原注稱：「皇朝貞觀初，改太子中舍人為中允，位右庶子下，而中舍人復置。」唐初任太子中舍人者，有王珪，因「丞相府司錄李綱薦珪貞諒有器識，引為世子府咨議參軍，及東宮建，除太子中舍人，尋轉中允，甚為太子所禮」（《舊唐書》本傳）。左春坊設左庶子，右春坊設右庶子，而中允和中舍人分別是左、右庶子之副貳。故若對應朝官，中允相當於黃門侍郎，中舍人則猶如中書侍郎。㉕宣傳令言　《職官分紀》卷二八太子右春坊右庶子引《唐六典》原文此句作「宣傳令旨之政令」。㉖自「中舍人為之貳」至「則宣傳之」　此段文字四庫本無，正德、廣雅諸本亦闕。茲據《太平御覽》卷二四五太子左右庶子條引《唐六典》原文增補。首句末「貳」字，《御覽》原為「二」，據《職官分紀》卷二八引《唐六典》原文改。其中：獻納啟奏宣傳令言，指太子右庶子出與納兩個方面之職能。臣僚之奏章由其受納並啟奏於太子，太子之令書和言旨亦由其宣告或傳達於相關人員。太子親畫日，指皇太子畫諾認可及簽署日期。唐制，皇太子之令書先下於左春坊，由左庶子、中允、司議郎覆啟，經皇太子畫諾後，再下於左春坊，原件留作檔案，另抄一件，注明已畫諾，印署，送詹事府執行。此處言皇太子監國時，令書所下當不限於東宮，亦涉及到朝廷相關官司。皇太子畫諾後之令書下至右春坊，須由右庶子負責宣告和傳達。

【語譯】太子右春坊：右庶子，定員二人，品秩為正七品下。關於右庶子建置的沿革，已在上篇一章左庶子中說過。隋設置左庶子二人統領門下坊，又設置右庶子二人管轄典書坊；右庶子的品秩為正四品下。本朝因承隋制，到龍朔二年，方始改典書坊為右春坊，右庶子為太子右中護；咸亨元年，恢復舊稱右庶子。在東宮，右庶子的職務相當於朝官中書令。

太子中舍人，定員二人，品秩為正五品下。太子中舍人，原本是漢魏時期的太子舍人。晉惠帝還在東宮作太子時，從舍人中選擇四名有優秀文學才能的人，與中庶子一起，共同處理東宮文書之事；到咸寧二年，齊王冏（攸）為太子太傅，才給他們加了「中舍人」這一職名。中舍人朝位的敘次與尚書郎相同。後來它的官資逐漸提高，職務相當於黃門侍郎，朝會班次與門大夫相同，次於尚書郎之下。由中舍人中功績較高的一人與中庶子中功績較高的一人，共同執掌東宮的禁令，糾正違誤和過失，侍從太子左右，輔導威儀，盡獻規諫，奏事和文書等事也都總管，同時要監督藥藏郎為太子合藥和嚐藥。朝廷和東宮的大小朝會，亦由他們二人攜帶文牘用具去當值。太子出行，無論儀仗用大駕還是小駕，都是他們二人中一人在儀仗的前部，另一人在儀仗的後部護駕，同中庶子一樣。每〔日〕月要核查和進奏東宮輪值日的官員名冊，每五日輪換一次，掌管東宮文疏的往來，職掌與中書〔侍〕郎相當。南朝宋時，中舍人的定員為四人，齊只有一人，梁又為四人，由中舍人功績較高的一人與中庶子祭酒共同執掌本坊的禁令，品秩為第八班，正六品。陳因襲梁制。北魏中舍人的品秩為第五品上。北齊門下坊設有中舍人四人，品秩與北魏相同。隋朝改稱為內舍人，定員四人，品秩正五品上，煬帝時減為二人。本朝高祖武德時，恢復稱中舍人，職務相當於中朝官書侍郎。

右庶子的職掌是，侍從在皇太子左右，負責接納臣僚的表章啟奏，宣告和傳達皇太子的令書和言旨〔；中舍人為右庶子的副職。在皇太子監國期間，凡是在東宮內下達的令書，當皇太子親自畫可簽署日期後下達右春坊時，都由右庶子負責宣告和傳達〕。

【說　明】左、右庶子雖同為皇太子侍從，但其職掌還是各有側重。左庶子主要是贊相禮儀，駁正啟奏，監省封題；而右庶子重點是在獻納啟奏，宣傳太子令言，其中包括東宮來往文書，都由右庶子及其副貳中舍人和舍人總負責。此項職能，在皇太子監國期間，顯得尤為重要。來往文書不限於東宮諸司及臣僚，還涉及到門下、中書、尚書三省等朝廷主要官署。在此期間，上下公文的書儀即程式，亦有特別規定，主掌其事的右庶子自當精通其道。皇太子下達的文書稱令書，亦稱手令，書寫格式有別於皇帝的詔書，但此時又在一定程度上起著詔書的作用，有的亦須頒行全國。其餘諸司上下或平行文書，包括地方州郡奏報，也有相應改變。皇太子監國，在不少情況下，是老皇帝有意給未來接班人一個歷練的機會，頗有點見習的味道，這一點如果仔細研究一下此時的公文程式，亦會有所發現。據《宋書·禮記二》記載，元嘉二十六年（西元四四九年）宋文帝東巡，皇太子監國，有司奏定儀注，錄有當時部分行文程式的規定，雖屬一朝之制，然宋上承魏晉，下啟齊梁，以至隋唐，其格式主體亦基本相同，只是稱謂略異而已。故照錄於後，並略作說明。

某曹關某事云云。被令，儀宜如是。請為牋如左。謹關。（右署眾官如常儀）

此是某曹因某事受皇太子之令，通告相關官署。關是諸司間自相質問的一種文書，意謂相互關通。右署眾官如常儀，此句係《宋書》作者所作說明，括號為我們所加，以示與書儀區別，下同。意謂發文單位長官及經辦人的署名，可按常例處理。

尚書僕射、尚書左右丞某甲死罪死罪。某氏云云。

參議以為宜如是，事諾。奉行。某年月日。某曹上。（右牋儀準於啟事年月右方，關門下位及尚書官署）

此是牋文。牋是以下達上的一種文書，或稱啟，原說明中就有「儀準於啟事」的話。漢人因景帝名而諱啟，謂之奏記，魏晉時稱牋記，晉以後多稱啟與表、奏相似。死罪死罪，下達上文書中的習慣用語。蔡邕《獨斷》：臣下上書於皇帝的表文「不需頭，上言臣某言，下言臣某誠惶誠恐，稽首頓首，死罪死罪」。此文係尚書省某官言某事上皇太子，僅用「死罪、死罪」。按規定這類文書須經門下審定方可上達於皇太子。故說明中稱「關門下位」。

某曹關司徒長史王甲啟辭。押，某州刺史丙丁解騰某郡縣令長李乙書言某事云云。請臺告報如所稱。尚書某甲參議，以為所論正如法令，報聽如所上。請為令書如左。謹關。

（右關門下位及尚書署，如上儀）

此是尚書某曹上行於門下省的文書程式。王甲，為司徒長史的假定姓名。啟辭，下對上的陳詞。丙丁、李乙，都是州郡縣長官的假定姓名。騰，自下而上的陳述，某州刺史陳述某郡縣令關於某事的報告。臺，本官的自稱。元嘉二十三年（西元四四六年）何承天奏劾顧雅，自稱曰臺。此時正值皇太子監國，故不稱臣而稱臺，類似現今說的本部、本院。若是東宮官署，則須自稱臣。此處係指下級請本部報告某事，由尚書某人參議後，認為符合法令規定，擬報請允准其報告。

司徒長史王甲啟辭。押。某州刺史丙丁解騰某郡縣令長李乙書言某事云云。州府緣案允值。請臺告報。

年月日。尚書令某甲上。

（建康宮。無令稱僕射）

今日下司徒。令報聽如某所上。某宣攝行如故事。文書如千里驛行。

年月朔日甲子。尚書令某甲下。（無令稱僕射）司徒承書從事到上起某曹。

（右外上書，內處報，下令書儀）

右是太子監國時，下達上、上令下兩種文書程式。前式是司徒長史接到地方州郡報告某事的文書，以為「允值」，即允當、可行之意，便向尚書省轉陳報告。括號中的「建康宮」，因是在皇太子監國期間，故注此一句。「無令稱僕射」，指若尚書省無令而以僕射為長官，即可稱僕射。後式是皇太子因前式而發的令書。今日，指下令的日期。皇太子對所報告事處斷訖，即下司徒行之。其發端曰：某月某日下司徒，即所謂令日。報聽如某所上，意謂准許如某官所議。某宣攝行如故事，指可依照以往的規定由尚書令宣而行之。文書如千里驛行，猶如漢時所謂「急急如律令」，是令書的習慣用語，無非是要求快速下達執行。年月之下，不書日期，而以朔日或甲子乙丑等干支紀日，這是依古制所謂王言之體。司徒承書從事到上起某曹，指明承辦此文案之相關官署和官員。括號中注明：這是由地方上書，內部處報，最後由皇太子下達令書的一種程式。

某曹關某事云云。令如是。請為令書如右。謹關。

（右關署如前式）

今司徒。某事云云。令如是。其下所屬奉行如故事。文書如千里驛行。年月日子。下起某曹。

（右令書自內出下外儀）

此為皇太子監國期間為某事所下令書，由尚書令或僕射，命某曹行於某官，即由該部轉行所屬遵照所令執行。括號中說明這是令出於內而下達於外的文書程式。

令書前某官某甲。令以甲為某官，如故事。年月日。侍御史某甲受。

（右令書板文準於詔書版文）

尚書下云云。奉行如故事。

（右以準尚書敕儀）起某曹。（右並白紙書。凡內外應關牋之事，一準為此儀。其經宮臣者，依臣禮）

右是皇太子監國期間為除授官職事，由侍御史受之以達於尚書，尚書奉令下行的文書程式。令書前某官某甲，指此人原所居之官。為某官，則指新除授之職。此式如近代之委劄，古代因書在板上，故稱板文。六朝後已改用白紙，但板文之稱還保留了下來。皇太子監國時，授任循板授之例，以示與皇帝的教授有所區別。此令由尚書省下達，故稱「尚書下云云」。令書經過或涉及到宮臣的，則要稱臣某。

二

〔太子舍人四人，正六品上[1]。漢成帝時，太學弟子三千人。王莽秉政，歲課一科二十人為太子舍人[2]。晉十六人，品第七，班同食官令，在洗馬下[3]，掌表、啟、牋、疏[4]。高功一人，與高功庶子共掌一坊禁令，糾諸逋違。從駕，則正直從，次直守；妃出，則次直從。宋四人[5]，齊一人[6]。梁庶子下有太子舍人十六人，職如晉氏[7]，班第三，從八品[8]。陳因之[9]。後魏有太子舍人員[10]。北齊二十人，從第六品[11]，隋八人[12]，皇朝四人[13]。龍朔二年改為太子右司議郎[14]，咸亨元年復為太子舍人[15]。

太子舍人掌侍從，行令書、令旨及表、啟之事。皇太子通表如諸臣之禮。諸臣及宮臣上皇太子，大事以牋，小事以啟，其封題皆曰「上於右春坊」，通事舍人開封以進。其事可施行者，皆下於舍人，與庶子參詳之，然後進；不可者則否。」

【章旨】敘述太子舍人之定員、品秩、沿革和職掌。

【注釋】❶太子舍人四人正六品上　此句及此下本章全部正文和原注，四庫本均無，正德、廣雅諸本亦闕。陳仲夫點校本以為：「《太平御覽》卷二四六太子舍人條引《六典》文有述太子舍人職掌者，以上文左春坊司議郎為例則之，《六典》原書於右庶子職掌條後，當有太子舍人員品及職掌條正文並注，而自正德以下諸本俱無，諒由歷代傳抄刊刻偶脫所致。近衛校明本嘗以《太平御覽》、《玉海》引《六典》之文並舊新《唐志》等補之，因其體例與《六典》不合，《通典》及新《唐志》又均非明引《六典》之文，故不迻錄。今採《御覽》、《分紀》引《六典》之文及舊《唐志》補之，仍各標其所自出，並酌加校勘焉。」此處即依陳本增補，並加方括號以為區別。增補文中，陳本原分別注有所據，此處從略。❷漢成帝時太學弟子三千人王莽秉政歲課一科二十人為太子舍人　語出《漢書・儒林傳・序》。原文為：「成帝末，或言孔子布衣養徒三千人，今天子太學弟子少，於是增弟子員三千人，歲餘，復如故。平帝時王莽秉政，增元士之子得受業如弟子，勿以為員，歲甲科四十人，為郎中；乙科二十人，為太子舍人；丙課四十人，補文學掌故云。」漢成帝，西漢皇帝劉驁，字太孫，在位二十六年，終年四十五歲。增太學弟子三千員事，當在成帝末年。王莽，字君巨，魏郡元城（今河北大名東）人，漢元帝皇后之姪，西漢末以外戚掌握政權。元始五年（西元五年）毒死平帝，自稱假皇帝，初始元年（西元八年）稱帝，建國號新。歲課之制，平帝以前已有，此處特指王莽，可能在平帝時，王莽執政，擴大歲課名額，用為籠絡士子，收攬人心的一項措施。關於太子舍人之出身，《後漢書・百官志》注引《漢官》稱「選良家子孫」，即選自六郡良家子弟，這可能指西漢前期。《通典・職官十二・東宮官》太子舍人條亦謂舍人「選良家子孫」，本注並以鼂錯、鄭當時為例。鼂錯，以文學為太常掌故，從伏生受《尚書》，因任太子舍人、門大夫，遷博士。鄭當時，孝景時為太子舍人。以太學博士弟子射科是西漢中後期事。分甲、乙、丙三科，甲科四十人為郎中，乙科二十人為太子舍人，丙課四十人補文學掌故，是當時博士弟子進入仕途的重要途徑。甲科最為熱門，中後可除為郎，如何武、蕭望之、翟方進等漢代名臣，均曾以射策甲科為郎。射策甲科而所答未達到甲科要求，可酌情授予次科官職。如宣帝時匡衡，《漢書》本傳稱其「射策甲科，以不應令除為太常掌故，調補平原文學」。顏師古注：「投射得甲科之策，而所對文指不應令條也。《漢書・儒林傳》說歲課甲科為郎中，乙科為太子舍人，景科補文學掌故。今不應令，是不中甲科之令，所以止為掌故。」這種歲課制度一直延續到東漢，每歲錄取二十人，年復一年，太學中落第博士弟子不僅愈聚愈多，且日益衰老。如靈帝熹平五年（西元一七六年）試太學生竟有「年六十以上百餘人」（《後漢書・靈帝紀》）。獻帝初平四年（西元一九三年）特下詔稱：「今耆舊年逾六十，去離本土，營求糧資，不得專業，結童入學，白首空歸，長委農野，永絕榮望，朕甚愍焉。其依科罷者，聽為太子舍人。」（《後漢書・獻帝紀》）這是一次例外的放恩，用以安慰那些老年弟子。但此例亦可見太子舍人僅為一空名職銜，並非實際到任。故《後漢書・百官志》稱：「太子舍人，二百石。本注曰：無員，更直宿衛，如三署郎中。」無員，即無定員限制，有時也可成為掛名的別稱。❸晉十六人品第七班同食官令在洗馬下　《晉書・職官志》：「舍人十六人，職如散騎、中書侍郎。晉制也。」太子舍人在晉，常成為官僚貴族子弟遷轉官階之階梯。如衛瓘在咸寧時任尚書令，其子衛恆，「少辟司空齊王府，轉太子舍人，尚書郎，秘書丞，太子庶子，黃門郎」（《晉書・衛瓘傳》）。張華西晉初年任宰相，其子張禕，辟為丞相掾，太子舍人。荀勖在西晉任中書令，其子荀組，「初為司徒左西屬，補太子舍人。司徒王渾請為從事中郎，轉左長史，歷太子中庶子，滎陽太守」（《晉書・荀勖傳》）。魏舒，在西晉時曾拜尚書右僕射，領司徒，其子魏混，「清惠有才行，為太子舍人」（《晉書・魏舒傳》）。王戎為西晉率軍過江滅吳統帥，其從弟王衍「為太子舍人，遷尚書郎，出補元城令，終日清談，而縣務亦理。入為中庶子，黃門侍郎」（《晉書・王衍傳》）。這些高官子弟遷轉過程一般是由太子舍人遷尚書郎，轉一任縣令，然後再轉任太子庶子或黃門侍郎，其升遷要比其他出身順利得多。晉時任太子舍人中，也頗有些才學之士，如潘岳之從子潘尼，與潘岳俱以文章見知，以勤學著述為事。潘尼太康中舉秀才，為太常博士，元康初拜為太子舍人。其名作〈安身論〉，對當時欲利驅動下的時局概括為：「人人自私，家家有欲，眾欲並爭，群私交伐，爭則亂之萌也，伐則怨之府也。怨亂既構，危害及之，得不懼乎？」相當深刻。自述立身要則為：「達則濟其道而不榮也，窮則善其身而不悶也，用則立於上而非爭也，舍則藏於下而非讓也。夫榮之所不能動者，則辱之所不能加也；利之所不能勸者，則害之所不能嬰也；譽之所不能益者，則毀之所不能損也。」（《晉書・潘岳傳》）任太子舍人之文人，尚有吳陸遜之孫陸雲，與其兄陸機皆以文學才望聞，陸雲以「公府掾為太子舍人，出補浚儀令」；夏侯湛，因文才「選補太子舍人，轉尚書郎，出為野王令」（見《晉書》各自本傳）。❹表啟牋疏　四種公文書，皆為下達上，屬章奏一類。表，《釋名・釋書契》：「下言于上曰表，思之于內，表施于外也。」蔡邕《獨斷》：「表者不需頭，上言『臣某言』，下言『誠惶誠恐，稽首頓首，死罪死罪』，左下方附曰：『某官臣甲乙上』。」依其內容，有謝表、賀表、陳情表之分。著名者，如《三國志》有諸葛亮〈出師表〉，《昭明文選》有李密〈陳情事表〉等。啟，《文心雕龍・奏啟》：「啟者，開也。高宗云：啟乃心，沃朕心，取其義也。孝景諱啟，故兩漢無稱。至魏國箋記，始云『啟聞』。奏事之末，或云『謹啟』。自晉來盛啟，用兼表奏。陳政言事，既奏之異條，讓爵謝恩，亦表之別幹，必斂徹入規，促其音節，辨要輕清，文而不侈，亦啟之大略也。」晉之山濤居選職十餘年，每有官缺，輒啟擬數人，詔旨有所向，然後顯奏。其啟文各為題目，時稱《山公啟事》，當是啟文之集。又，啟之含義較為寬泛，官員間來往文札亦可稱啟。牋，多用以上皇后、太子及諸王。本書第一卷第四篇尚書都省（下）原注：「牋、啟於皇太子，然於其長亦為之，非公文所施。」《文心雕龍》：「牋者，表也，識表其情也。」《昭明文選》收錄之著名牋文有楊修〈答臨淄・侯牋〉、陳琳〈答東阿王牋〉、吳質〈答魏太子牋〉等。其程式，以吳質之〈答魏太子牋〉為例，首為日期及自稱名：「二月八日，庚寅，質言」。此下即其所言。末署「質死罪死罪」。疏，亦稱奏疏，多用於向皇帝陳述意見。《漢書・賈誼傳》：「宜數上疏陳政事，多所欲匡建。」《文心雕龍・奏啟》對自秦漢至魏晉奏疏類文體之發展有一簡要概述：「奏者進也，言敷于下，情進于上也。秦始立奏，而法家少文，觀王綰之奏勳德，辭質而義近；李斯之奏驪山，事略而意徑（誣）；政無膏潤，形於篇章矣。自漢以來，奏事或稱上疏，儒雅繼踵，殊采可觀。若夫賈誼之務農，鼂錯之兵事，匡衡之定郊，王吉之觀（勸）禮，溫舒之緩獄，谷永之諫仙，理既切至，辭亦通暢，可謂識大體矣。後漢群賢，嘉言罔伏，楊秉耿介於災異，陳蕃憤懣於尺一，骨鯁得焉。張衡指摘於史職，蔡邕銓列於朝儀，博雅明焉。魏代名臣，文理迭興，若高堂天文，黃觀教學，王朗節省，甄毅考課，亦盡節而知治矣。晉氏多難，災屯流移，劉頌殷勤於時務，溫嶠懇惻於費役，並體國之忠規矣。夫奏之為筆，固以明允篤誠為本，辨析疏通為首。強志足以成務，博見足以窮理，酌古御今，治繁總要，此其體也。」❺宋四人 《宋書・百官志》稱宋「舍人，十六人」。宋太子舍人亦往往成為達官世族子弟遷轉官階之階梯。如王僧達，「年未二十，以始興王濬後軍參軍遷太子舍人」，「尋遷太子洗馬，為宣城太守」（《宋書・王僧達傳》）。又如謝莊，「初為始興王濬後軍法曹行參軍，轉太子舍人，廬陵王文學，太子洗馬，中舍人」（《宋書・謝莊傳》）。除了王謝大族，其他達官子弟也競入此途。如御史中丞蔡廓少子蔡興宗，「初為彭城王義康司徒行參軍，太子舍人，南平穆王冠軍參軍，武昌太守，又為太子洗馬，義陽王友，中書侍郎」（《宋書・蔡廓傳》）。❻齊一人 《南齊書・百官志》載東宮官屬有太子舍人，但未言員數。世族子視太子舍人之職為升官之途，南齊亦有之。如皇族蕭景先之子蕭毅「以勳戚子，少歷清官：太子舍人、洗馬，隋王友，永嘉太守，大司馬咨議參軍，南康太守，中書郎」（《南齊書・蕭景先傳》）。出身於琅玡王族之王奐，「解褐著作佐郎，太子舍人，安陵王冠軍主簿，太子洗馬，本州別駕，中書郎，桂楊王司空諮議，黃門郎」（《南齊書》本傳）。❼梁庶子下有太子舍人十六人職如晉氏　《隋書・百官志》在梁庶子之下，有「舍人十六人，掌文記」。文記亦稱管記，指文書之事。如張緬之弟張贊，十七歲起家於秘書郎，數載後「遷太子舍人，轉洗馬，中舍人，並掌管記」；其弟張綰亦「起家秘書郎，遷太子舍人、洗馬，中舍人，並掌管記」（均見《梁書・張緬傳》）。能掌東宮管記者，多為當時文人學士，如張率，齊時為太子舍人，至梁天監時為鄱陽王友，敕使抄乙部書，梁武帝曾賜詩率曰：「東南有才子，故能服官政；余雖慚古昔，得人今為盛。」（《梁書》本傳）❽班第三從八品　梁於武帝天監七年（西元五〇八年）革選，定十八班制，以班多為貴，同班者，以居下者為劣。太子舍人居第三班之首，與原來從八品相當。❾陳因之　《隋書・百官志》：陳太子舍人列第七品，依減秩例為二百石。在陳任太子舍人者有王冑，《隋書》本傳稱其「少有逸才，仕陳，起家鄱陽王法曹參軍，歷太子舍人，東陽王文學」。❿後魏有太子舍人員　據《魏書・官氏志》，北魏孝文帝太和十七年（西元四九三年）頒職員令，太子舍人列第五品中；太和二十三年（西元四九九年）復次職令，改為從第六品。⓫北齊二十人從第六品　《隋書・百官志》：北齊典書坊有舍人二十八人，從第六品下。北齊任此職者，如封孝琰，「天保元年（西元五五〇年）為太子舍人，出入東宮，甚有令望。丁母憂解任。除晉州法曹參軍，尋徵還，後除太子舍人。乾明初，為中書舍人」（見《北齊書・封隆之傳》）。又如王劭，「累遷太子舍人，待詔文林館」；諸葛潁，「侯景之亂，奔齊，待詔文林館，歷太學博士、太子舍人」（均見《隋書》本傳）。⓬隋八人　《隋書・百官志》：隋典書坊置舍人八人，從六品下。煬帝時改名管記舍人，減為四人。隋任此職者，如李百藥，「釋巾通事舍人，後遷太子舍人，尚書禮部員外郎」（見《隋書・李德林傳》）；蘇夔，「起家通事舍人，數載，遷太子舍人」（《隋書・蘇威傳附子夔傳》）；劉善經，「博物治聞，尤善詞筆。歷仕著作佐郎，太子舍人」（《隋書・文學傳》）。⓭皇朝四人　《新唐書・百官志》：「武德初改〔內舍人〕曰中舍人，以官記舍人曰舍人。」據《舊唐書・薛收傳》，薛收之子和姪皆曾為太子舍人。其姪薛元敬，於武德末李世民入東宮時除太子舍人，「時軍國之務總於東宮，元敬專掌文翰，號為稱職」；其子元超，高宗為太子時「累授太子舍人，預撰《晉書》」。又據《舊唐書・許敬宗傳》，高宗時，許敬宗之子及孫亦先後任此職：子許昂「頗有才藻，歷位太子舍人」；孫許彥伯「起家著作郎，除太子舍人」。⓮龍朔二年改為太子右司議郎　龍朔二年，即西元六六二年。龍朔為唐高宗李治年號。是年改左春坊之司議郎為左司議郎，太子舍人為右司議郎。據《舊唐書・李義府傳》，李義府之子李津曾於其時任太子右司議郎。⓯咸亨元年復為太子舍人　咸亨元年，即西元六七〇年。咸亨亦為唐高宗李治年號。咸亨後任太子舍人者有任希古，原是越王府記室，《舊唐書・王方慶傳》稱方慶「嘗就記室任希古受《史記》、《漢書》，希古遷為太子舍人，方慶隨之卒業」。

【語譯】〔太子右春坊：〕〔太子舍人，定員四人，品秩為正六品上。漢成帝時，太學弟子增加到三千人。王莽執政期間，每年考甲、乙、丙三課，其中乙課錄取二十人，授任太子舍人。晉太子舍人的定員十六人，列為第七品，朝班與食官令同列，在洗馬之下，掌管東宮表、啟、牋、疏一類文書的事務。由太子舍人中功績較高的一人，與太子庶子中功績較高的一人，共同執掌本坊的禁令，糾舉各種違法犯罪的人和事。皇太子駕出行，由太子舍人中的正值隨從，次值留守東宮；太子妃駕出行，則由太子舍人中的次值隨從。南朝宋定員為四（十六）人，齊為一人。梁在庶子下設太子舍人十六人，職掌與晉相同，品秩列第三班，相當於從八品。陳因承梁制。北魏亦設有太子舍人，北齊時定員增到二十人，品秩為從六品〔下〕。隋朝定員為八人，本朝減為四人。高宗龍朔二年曾改名為太子右司議郎，到咸亨元年又恢復舊稱太子舍人。

太子舍人的職掌是侍從於皇太子左右，負責頒行令書、令旨以及呈奏表、啟等事。皇太子上表於皇帝的禮制，與眾官相同。朝廷眾官和東宮官屬上書於皇太子，大事用牋的形式，小事用啟的形式，文書的封題都是「上於右春坊」，由通事舍人負責開封，進呈皇太子。倘若所上的事屬於可以施行的，就下達給太子舍人，由他與太子庶子詳細審核，然後進呈皇太子；如屬不可施行，就不再下達給太子舍人。〕

【說明】太子舍人的職掌，自漢至晉有較大變化：漢代前期，太子舍人主要是在東宮更值宿衛，與三署郎相同；至西晉而職比散騎、中書侍郎，主掌東宮文翰，成為皇太子侍從文翰的秘書官。晉時其員數雖多達十六人，但並非都在東宮有實際職務，多數情況下，太子舍人之職，成了當朝達官子弟入仕升官的一個階梯，實例甚多，我們已在本章注釋中略有所舉。綜觀不少人的遷轉軌跡，大致是從秘書郎經太子舍人，尚書郎，太子洗馬，出任縣令、州郡太守，入為中庶子、黃門侍郎，轉為尚書僕射，進入相府。晉以後至南朝及隋唐大都是這樣一個格局。倘若是文學之士出任此職而又風雲際會、一路順遂的話，還有可能出現獲得「三級跳」的少數幸運兒，即先當諸王府的記室，如果所侍奉的那位封王晉升為皇太子，他也就有幸能隨之入東宮任太子舍人並掌管記；最後是皇太子終於登上皇位，他也很可能有躋身中書省執掌朝政樞機這樣輝煌的前程。唐代前期的薛元敬，就曾有過一段類似的經歷。他出身秘書郎，後來成為秦王李世民的參軍兼值記室，又為文學館學士。《舊唐書．薛收傳附兄子元敬傳》稱：「時房、杜等處心腹之寄，深相友託，元敬畏於權勢，竟不之狎」。連房玄齡、杜如晦這樣的人要想巴結也巴結不上，說明薛元敬處於機要之位還頗能自將，因而使杜如晦得出了這樣的印象：「如晦常云：『小記室不可得而親，不可得而疏。』」玄武門之變後，李世民入主東宮，薛元敬也就成了太子舍人，「時軍國之務，總於東宮，元敬專掌文翰，號為稱職」。按照這條軌跡，一到李世民正式即皇帝位，薛元敬完全有可能獲得第三跳，從而執掌中書機要並進而躍登相位。只是天不假年，不久他便死去。能夠沿著這條軌跡線終於達到人臣之極的是李義府。在高宗李治尚為太子時，李義府任太子舍人，與司議郎來濟一起掌東宮來往文翰，高宗嗣位，李義府隨之而進入中書省，為中書舍人，不久便拜中書侍郎，同中書門下三品，成為宰相之一，接著又代替崔敦禮而為中書令。他還把自己的兒子李津也安排為太子舍人。此例說明，對當時擠軋於仕途出入口的一般文人來說，能夠實際掌管文翰的太子舍人，實在是一個極具誘惑力的職位。

當然，在東宮掌文翰之事的，也不限於太子舍人，另有侍讀侍屬文者。如崔融，直崇文館學士，「中宗在春宮，制融為侍讀，兼侍屬文，東朝表疏，多出其手」（《舊唐書》本傳）。中宗李顯是在章懷太子被廢後進入東宮的。他雖是武則天的親生兒子，但武氏卻不能不把他視為攫取國柄的又一障礙，因而他在東宮那種如臨深淵、似履薄冰的心態可想而知。作為皇太子，李顯得按規定每五天派宮臣向皇帝請安問起居並進呈表疏。《全唐文》卷二一七，錄有崔融為皇太子代寫的上高宗和武后的表文，如〈請停幸東都表〉、〈上食表〉、〈請復膳表〉、〈請起居表〉、〈賀甘露表〉、〈賀白龍見表〉、〈賀嘉麥表〉、〈賀石龜負圖表〉、〈賀天后芝草表〉、〈請家令寺地給貧人表〉、〈請給庶人衣服表〉等等，單看這些題目就知道無非是變著法兒找個話頭示孝心、表忠心，唱頌歌而又盡量避開帶有政治主張一類內容，這大概也算是東宮文學的一個特徵吧？如今的人們看到影視畫面上臣子陛見皇帝時那種曲身匍匐口呼萬歲而又誠惶誠恐的模樣，似乎已很難想像人與人之間的不平等為何竟達到了如此程度！這大概由不瞭解封建專制意識的兩極性所致。皇帝一人至尊至上，億萬臣民至微至卑，這便是這種國家制度得以存在的前提。所以千百年來，培養奴性便成了各種教育的核心內容，甚至東宮教育也不例外。凡是當上了皇太子，便得在此期間耐著性子修煉這套阿順奉承以示忠心的功夫，上個世紀下半葉在大陸流行的所謂四個偉大、三個無限忠於，再在「紅太陽」之前冠以數不清的副字「最、最、最……」，便是現代太子舍人或侍讀侍屬文者們受新式太子之命而挖空心思造作出來的。這是一種歷史性的悲哀。就說崔融吧，史稱「融為文典麗，當時罕有其比」，但為皇太子，也為自己的命運計，他不能不寫這樣一些毫無文采可言的表文，倒也因此而深得武則天的歡心：「聖曆中，則天幸嵩嶽，見融所撰〈啟母廟碑〉深加歎美，及封禪畢，乃命融撰朝碑文」（《舊唐書・崔融傳》）。

三

太子左諭德❶一人，正四品下。龍朔二年置❷，職擬右散騎常侍❸。

太子左贊善大夫❹五人，正五品上。龍朔二年改太子中允為右贊善大夫，咸亨元年復為中允，而贊善大夫不廢，又加置五人❺。職比諫議大夫❻。

右諭德掌如其左。皇太子朝宮臣，則列侍於右階之下；出入，則騎於正道之右。

右贊善大夫掌如其左。凡皇太子朝宮臣，則列於右階之下。

【章　旨】敘述太子右諭德、右贊善大夫之定員、品秩、沿革和職掌。

【注　釋】❶太子左諭德　句中「左」當是「右」之訛。《職官分紀》卷二八引《唐六典》原文此句作「右」字。❷龍朔二年置　龍朔二年，恐有誤。《舊唐書・高宗本紀》：「龍朔三年二月癸巳，置太子左右諭德及桂坊大夫等官員。」上篇三章太子左諭德員品原注也為龍朔三年。當以三年為是。龍朔三年，即西元六六三年。龍朔為唐高宗李治年號。❸職擬右散騎常侍　指太子右諭德之職務類似朝官散騎常侍。關於唐之散騎常侍，《通典・職官三・宰相》稱：「大唐貞觀二年（西元六一九年）制諸散騎常侍皆為散官，從三品，後悉省之。十七年（西元六四三年）復置為職事官，始以劉洎為之。其後定制，置四員，屬門下，掌侍從規諫。顯慶二年（西元六五七年），遷二員，隸中書，遂分為左右。龍朔二年（西元六六二年）改左右散騎常侍為左右侍極，咸亨元年（西元六七〇年）復舊。」❹太子左贊善大夫　句中「左」當是「右」之訛。《職官分紀》卷二八引《唐六典》原文此句作「右」。❺自「龍朔二年改太子中允為右贊善大夫」至「又加置五人」《通典・職官十二・東宮官》記此較詳，其文稱：「龍朔二年（西元六六二年）初置左贊善大夫，替中允；置右贊善大夫，替中舍人。咸亨元年，中允舍人復舊，而贊善大夫別自為官，左、右各五人。」又《唐會要》卷六七左春坊條所記時間較此為後，謂是「儀鳳四年（西元六七九年）二月十一日，別置左、右贊善大夫，各十員，以授諸王之子。景雲二年（西元七一一年）二月五日，始兼用庶姓。開元七年（西元七一九年）各省五員。貞元十六年（西元八〇〇年）五月，以崔芊為右贊善大夫，充太子侍直，新名也」。❻職比諫議大夫　指太子右贊善大夫之職務比照朝官諫議大夫。關於唐之諫議大夫，《通典・職官三・宰相》稱：「大唐武德五年（西元六二二年）復置，屬門下。龍朔二年（西元六六二年）改諫議大夫為正諫大夫。後又置諫議大夫，屬中書。開元以來，廢正諫大夫，復以諫議大夫屬門下，凡四人，掌侍從規諫。」

【語　譯】太子左（右）諭德，定員一人，品秩為正四品下。高宗龍朔二（三）年設置。職務相當於中書省的右散騎常侍。

太子左（右）贊善大夫，定員五人，品秩為正五品上。高宗龍朔二年改太子中允為右贊善大夫，咸亨元年又重新稱中允，而贊善大夫仍然保留，左、右贊善大夫還各加設了五人。職務則相當於朝廷的諫議大夫。

右諭德的職掌與上篇中的左諭德相同。皇太子受宮臣朝賀時，右諭德要站立侍奉於右階的下面；皇太子出行或還宮，則騎馬隨從於正道的右側。

右贊善大夫的職掌與上篇中的左贊善大夫相同。凡是皇太子接受宮臣朝賀時，右贊善大夫要站立侍奉於右階的下端。

四

太子通事舍人八人，正七品下。《齊職儀》❶：「中庶子下有門下通事守舍人四人、三品勳錄敘❷，武冠❸，朱服❹。」又：「庶子下有內典書通事舍人二人，品服同舍人，擬中書通事舍人❺，掌宣傳令書❻，內外啟奏。」梁中庶子有通事舍人❼；又，庶子下通事舍人二人，視南臺御史❽，並一班，從九品❾。陳因之❿。北齊門下坊有通事守舍人四人⓫。隋典書坊有通事舍人八人⓬，正七品下。煬帝改太子通事舍人為宣令舍人⓭，皇朝復為通事舍人⓮。

通事舍人掌導引東宮諸臣辭見之禮⓯，及承令勞問之事。凡大朝謁及正、冬⓰，百官與諸方之使者⓱參見東宮，亦如之。若皇太子行，先一日，京文武官職事九品已上奉辭；及還宮之明日，參見亦如之。

【章　旨】敘述太子通事舍人之定員、品秩、沿革和職掌。

【注　釋】❶齊職儀　書名。《隋書・經籍志》著錄：「《齊職儀》五十卷，齊長水校尉王珪之撰。」其書著述之梗概，見於《南齊書・王逡之傳》：「從弟珪之，有史學，撰《齊職儀》。永明九年（西元四九一年）其子中參軍顥上啟曰：『臣亡父故長水校尉珪之，以宋元徽二年（西元四七四年）被敕使纂集古設官歷代分職，凡在墳策，必盡詳究，是以等級掌司，咸加編錄，黜陟遷補，悉該研記；述章服之差，兼冠佩之飾，屬值啟運，軌度惟新。故太宰臣淵奉宣敕旨，使速洗正。刊定未畢，臣私門凶禍。不揆庸微，謹冒啟上，凡五十卷，謂之《齊職儀》。仰希永升天閣，長銘秘府。』詔付秘閣。」❷三品勳錄敘　即依三品勳位敘職。三品勳位屬流外卑濁官職等級。按魏晉九品中正制，鄉品二品以上屬上品，二品以下屬下品，凡鄉品位不登二品者，屬寒門。起家官品階與鄉品有一定對應關係：鄉品二品以上可入流，即屬九品制；鄉品二品以下則不能入流，屬流外胥吏。梁定十八班制，對鄉品二品以下者列為流外七班，地位更低的寒門庶族則另入三品蘊位或三品勳位。此處指齊太子通事舍人敘三品勳位，梁亦同。當是梁沿齊制。又，句中「錄」，正德本作「祿」。❸武冠　亦稱武弁、大冠，亦即趙惠文冠，係武官所服。《後漢書．輿服下》：「武冠，一曰武弁、大冠，諸武官冠之。侍中、中常侍加黃金璫，附蟬為文，貂尾為飾，謂之趙惠文冠。胡廣曰：『昔趙武靈王為胡服，以金貂飾首，前插貂尾為貴職。秦滅趙，以其君冠賜近臣。』」❹朱服　即朱衣，朝服之一種。《宋史．輿服志》：「《開元禮》：導駕官並朱衣冠。朱衣，今朝服也。」❺有內典書通事舍人二人品服同舍人擬中書通事舍人　此言太子通事舍人其職猶若中書省之通事舍人。在東宮任此職者，若皇太子即帝位，則也有可能隨之而遷升為中書通事舍人，南朝齊時茹法良即為一例。齊武帝蕭賾為太子時，茹任東宮通事舍人，武帝繼位即轉為中書通事舍人。其職掌前後雖同，但前職非關全局，後職入值禁中，於出納文書章奏之本職外，漸奪中書侍郎草擬詔令之任，名義上隸屬於中書省，實際則直接聽命於皇帝。故當此之時，出身於小史之茹法良，居然「勢傾天下，太尉王儉嘗謂人曰：『我雖有大位，權寄豈及茹公！』」（《南史．恩倖傳．茹法良傳》）❻令書　《通典．職官十二．東宮官》通事舍人條作「令旨」。❼梁中庶子有通事舍人　《隋書．百官志》梁中庶子下為「通事守舍人」，「舍」上有一「守」字。梁此職常由他官兼任，如殷不害，《隋書》本傳稱其「長於政事，兼飾以儒術，名法有輕重不便者，輒上書言之，多見納用。大同五年（西元五三九年），遷鎮西府記室參軍，尋以本官兼東宮通事舍人。是時朝廷政務多委東宮，不害與舍人庾肩吾直日奏事，梁武帝嘗謂肩吾曰：『卿是文學之士，吏事非卿所長，何不使殷不害來邪？』其見知如此」。庾肩吾為庾信之父，在梁由太子舍人而太子中庶子，掌東宮管記。庾信亦曾為東宮抄撰學士，父子俱在東宮。❽庶子下通事舍人二人視南臺御史　《隋書．百官志》：梁庶子下有「通事舍人二人，視南臺御史，多以餘官兼職」。南臺御史，即御史臺之御史。南北朝時，以御史臺官署位於宮廷之南，故有此稱。梁任通事舍人者，如劉勰，「天監初，起家奉朝請，中軍臨川王宏引兼記室，遷車騎倉曹參軍。出為太末令，政有清績，除仁威南康王記室，兼東宮通事舍人。遷步兵校尉，兼舍人如故。昭明太子好文學，深愛接之」。著有《文心雕龍》。何思澄，天監時「遷秣陵令，入兼東宮舍人。除安西湘東王錄事參軍，兼舍人如故」（均見《梁書》本傳）。二人皆以他官兼任東宮通事舍人。❾並一班從九品　據《隋書．百官志》，梁東宮門下通事守舍人，東宮典書守舍人，皆屬流外之三品勳位。既不在十八班中之一班，亦非不登二品者另七班中之一班。❿陳因之　陳之東宮通事舍人，《隋書．百官志》列為第九品，未言秩，與南臺侍御史同。⓫北齊門下坊有通事守舍人四人　《魏書．官氏志》載，北魏有太子守舍人，從六品上；太子主書舍人，第七品上。據《隋書．百官志》，北齊則只在門下坊設通事舍人，典書坊唯舍人二十八人，不設通事舍人。⓬隋典書坊有通事舍人八人　通事舍人北齊隸門下坊，隋改隸典書坊，定員為八人。任此職者，隋開皇時有蘇夔，「起家太子通事舍人，數載，遷太子舍人」（見《隋書・蘇威傳》）；李百藥，「博涉多才，詞藻清贍。釋巾太子通事舍人，後遷太子舍人」（見《隋書・李德林傳》）。又，《隋書・裴政傳》言及有趙元愷者，也曾任此職：「時武職交番，通事舍人趙元愷作辭見帳，未及成，太子有旨，再三催促……」可知編造武職交番人名帳冊，也是通事舍人職掌之一。⑬煬帝改太子通事舍人為宣令舍人　煬帝，隋朝皇帝楊廣，在位十三年，終年五十歲。大業三年（西元六〇七年），改通事舍人為宣令舍人，定員八人。⑭皇朝復為通事舍人　唐任此職者，如郝象賢，「垂拱中為太子通事舍人」（見《舊唐書・郝處俊傳》）；韋斌「景雲初安石為宰輔時，授太子通事舍人」（見《舊唐書・韋安石傳》）。又有李涉，亦曾在憲宗時任此職（見《舊唐書・吐突承璀傳》）。⑮掌導引東宮諸臣辭見之禮　新舊《唐書》官志及《太平御覽》卷二四六條引《唐六典》原文此句，無句末「之禮」二字，《職官分紀》卷二八引《唐六典》原文則有此二字。導引宮臣辭見之禮，如元正、冬至日皇太子在東宮受群臣朝賀，以及皇太子出行前在京九品以上職事官奉辭和還宮之次日的參見等，皆須由通事舍人導引。其程序是，先引群臣就門外位，待皇太子即座西向上，再引之依次入就位，引群官中為首者一人進皇太子前稱賀，賀訖，禮畢，復引之降階，納履以出，然後再引殿庭之群臣依次出。⑯凡大朝謁及正冬　《太平御覽》卷二四六太子通事舍人條引《唐六典》原文此句無「大朝謁」三字；「正冬」作「元正、冬至」，《職官分紀》卷二八引《唐六典》原文則與此處同。正冬，分別指正月初一與冬至日之朝賀。⑰諸方使者　指各地方州府之朝集使，亦即在元日正日參加朝會之各地上計使。他們在朝拜皇帝後，還需至東宮參辭皇太子。唐《開元禮》有皇太子受朝集使參見及告辭之禮式，皆由太子通事舍人負責導引。

【語　譯】太子通事舍人，定員八人，品秩為正七品下。《齊職儀》記載：「中庶子下設有門下通事守舍人四人，以三品勳位敘祿秩，戴武冠，穿朱服。」又說：「庶子下設有內典書通事舍人二人，品服與舍人相同，職務猶如中書省的通事舍人，職掌是在東宮為太子宣告和傳達令書，轉呈宮內外的啟奏。」梁在中庶子下亦設有通事舍人；另在庶子下又設有通事舍人二人，品秩比照南臺御史，為一班，從九品。陳因承梁制。北齊在門下坊設通事舍人四人。隋在典書坊置有通事舍人八人，品秩是正七品下。煬帝時改太子通事舍人為宣令舍人，本朝恢復舊稱通事舍人。

通事舍人的職掌是，在東宮臣屬向皇太子行辭別或參見之禮時負責導引，以及秉承皇太子之令勞問東宮臣屬等事務。凡是遇有大朝覲以及元正、冬至日百官與四方朝集使來東宮參見皇太子，亦由通事舍人負責導引。如果皇太子出行，行前一日，在京九品以上文武在職官員來東宮奉辭，以及皇太子還宮後第二日，百官再來東宮參見，通事舍人的職責亦如上述。

【說明】東宮官屬依其職掌大抵可分四類，即師保、行政、後勤和警衛。至本章末，前兩類亦即在東宮負有輔導、佐助皇儲實際使命的官屬，已經敘述完畢。藉此機會，我們想總起來說幾句話。

東宮官屬的任免和遷轉之權在朝廷，五品以下的文武官員分別由吏部和兵部敘選，五品以上則由皇帝制授。若依本書所列，東宮官稱眾多，隊伍龐大，儼然一小朝廷；但在唐代並非經常滿員，或雖配備齊全卻因皇太子另居別院而處於不運作或半運作狀態，只是在舉行重大禮儀活動時才作一點應景式的表示。這種或缺或全、或實或虛的現象，往往有著深刻的歷史原因。大致說來，隋文帝立楊勇為皇太子，唐高祖立李建成為皇太子，唐太宗立李承乾為皇太子，這三個時期東宮官屬配備都比較齊全，但結果都沒有能讓建置者滿意，三位皇太子也先後被廢。儘管東宮的建置是著意在模擬朝廷，但在位皇帝最擔心的卻正是怕它變成第二個朝廷，成為又一個全國政治中心。「天無二日，土無二王」《禮記·曾子問》的古訓，每個集權專制統治者都置以為座右銘。事實上，東宮變成第二朝廷的事，在唐代也曾出現過。如玄武門之變後，李世民被立為皇太子，「時軍國之事，總於東宮」(《舊唐書·薛收傳附兄子元敬傳》)。又如李隆基起兵誅韋氏後，即被立為皇太子，並「令監國，俾爾為政，其六品以下除授及徒罪以下，並取基處分」(《舊唐書·玄宗本紀》)。很顯然，在唐代有此擔心的第一人，正是有過以東宮代替朝廷的切身體驗的太宗李世民本人。因而在他廢去李承乾、另立李治為皇太子後，情況便發生了微妙的變化。「貞觀中，高宗為晉王，以文德皇后最少子，后崩後累年，太宗憐之，不令出閤，至立為太子。」(《舊唐書·玄宗諸子傳》) 這是說晉王李治在做太子前一直深居後宮，實際上在貞觀十七年(西元六四三年)被立為太子後亦長期未出閤至東宮，三年後「太宗於寢殿側別置一院，令太子居，絕不令往東宮」。這「絕不令往東宮」是絕不能單是因其係文德皇后最少子而「太宗憐之」來作解釋的。此事當時大概已引起物議，因而黃門侍郎褚遂良上疏諫稱：「既云廢昏立明，須稱天下瞻望，而教成之道，實深乖闕。不離膝下，常居宮內，保傅之說無暢，經籍之談蔑如。且朋友不可以深交，深交必有怨；父子不可以滯愛，滯愛或生怨。伏願遠覽殷、周，近遵漢、魏，不可頓革，事須階漸。嘗計旬日，半遣還宮，專學藝以潤身，布芳聲於天下，則微臣雖死，猶曰生年。」褚遂良很聰明，用「父子滯愛」來解釋太宗不讓太子入東宮，避開敏感的政治問題。他的建議也是一個折衷方案：「嘗計旬日，半遣還宮」，因而「太宗從之」（《舊唐書・褚遂良傳》）。至於「從之」以後詳情如何，史著無錄。但無論如何，太子不入東宮已有了先例，於是高宗立李弘為太子後又出現了類似的情況。東宮官屬坐著冷板凳，頗有些寂寞難耐，其中有個典膳丞邢文偉便上書皇太子稱：「今皇帝式稽前典，妙簡英俊，自庶子已下至司議、舍人及學士、侍讀等，使翼佐殿下，以成聖德，近日已來，未甚延納，談議不狎，謁見尚稀，三朝之後，但與內人獨居，何由發揮聖智，使睿哲文明者乎？」（《舊唐書・邢文偉傳》）三朝指皇太子向皇帝起居問安。李弘問過起居便「與內人獨居」，東宮這一大套班子只好處於隱性失業狀態了。玄宗立李亨為皇太子後，於開元二十七年（西元七三九年）敕令太子內坊轉屬內侍省，並規定：「太子不居於東宮，但居於乘輿所幸之別院。太子亦分院而居，婚嫁則同親王、公主，在於崇仁之禮院。」（《舊唐書・玄宗諸子傳》）這類措施的目的，是使皇太子與外朝隔絕，便於監管和控制。如此煞費苦心，索性取消東宮建置不是很乾脆嗎？那不行。每個王朝以至每個皇帝都標榜自己是奉天承運，是源於三代的傳統典制的正宗繼承者，因而東宮建置寧可作為擺設，也須予以保留。在中國帝王制度發展史上，因其自身的固有矛盾，常常會出現名實背離的尷尬，此即一例。

無論太子是否入東宮，東宮官屬從任職之日起，他們的命運便與所侍奉的皇太子拴到了一起。《紅樓夢》第四回中「一損皆損，一榮皆榮」那句話，原是指賈、史、王、薛四大家族休戚與共的關係，借來形容皇太子與其侍從官屬的關係，似也大致適用，只是往往「一損皆損」要多於「一榮皆榮」。歷史上，追隨晉文公一起逃亡十九年的那批輔臣，就其性質也可說是東宮官屬。他們歷盡艱險困苦，個個忠藎可鑒。及至文公繼位，封賞從亡者及功臣，這可算是「一榮皆榮」了，但卻偏是未及介子推，以至發生了介子推出隱而被焚死綿山那樣的悲劇。在唐代，前後廢黜的太子有十一人之多，東宮官屬每每要隨之來一個大換班。武德年間，李建成為皇太子時，鄭善果、裴矩分別為左、右庶子，玄武門之變以後，隨著李建成的被殺，一些人皆被貶官：鄭善果出為岐州刺史；裴矩則因為在玄武門之變中轉向得快，曾聽命李世民瓦解東宮兵卒，算是將功折罪，卻亦改任為民部尚書。至於一般的官員和東宮部屬，雖有敕令不予究問，實際上還是大多受到牽連。至於追隨建成而被留用的，那只是少數，著眼點也不在這些人，而是為了所謂體現政策，穩定局面，頗有點如今搞「統戰」的味道。太宗廢黜太子承乾時，東宮官屬也大批受到懲處。《舊唐書・太宗諸子傳》稱其「宮僚左庶子張玄素、右庶子趙弘智、令狐德棻、中舍人蕭鈞並以材選用，承乾既敗，太宗引大義以讓之，咸坐免」。所謂「以材選用」是說這幾個東宮主要官員都是太宗親自選任的，與承乾並無瓜葛，倘若有問題，按常理第一責任者也當是太宗自己，但作為皇帝，他不會有這種思維習慣，還是將張玄素等全都罷了官。至於一般宮官受到懲處的就更多，據《舊唐書・許敬宗傳》記載，「庶人承乾廢黜，宮僚多被削除，久未收敘」。其後便是晉王李治接替承乾被立為太子。這時太宗為他配置的東宮班子有一個明顯的特點，即不少要職由朝廷文武大臣兼任。如以中書舍人許敬宗為太子右庶子，許又以本官檢校中書侍郎，以兵部尚書李勣為太子詹事兼左衛率，以左衛大將軍李大亮兼領太子右衛率等。這反映了太宗由歷史經驗引出的一個新的官制思想：削弱以至消弭朝廷與東宮兩套班子的潛在對立的組織基礎，將來皇位更迭時，還可減少磨擦實現軟著落。這當然是他的一廂情願。高宗李治也同任何其他皇帝（包括其他形式的集權專制統治者）一樣，只要一登臨大位，必然要設法擺脫老皇帝的安排實行自己的統治格局。至於承乾時期的東宮（有一個專門稱謂叫「廢宮」）裡那些被「削除」了宮職的人們，自然已被太宗和李治視為不屑一顧。倒是許敬宗還頗有些古道熱腸，上表奏請，為他們說了幾句公道話。表文中說：「竊見廢宮官僚，五品以上，除名棄斥，頗歷歲時。但庶人（指李承乾）疇昔之年，身處不疑之地，苞藏悖逆，陰結宰臣，所預姦謀，多連宗戚。禍生慮表，非可防萌，宮內官僚，迴無關預。今乃投鼠及器，孰謂無冤，焚山毀玉，稍同遷怒。伏尋先典，例有可原。昔吳國陪臣，則爰絲不坐於劉濞；昌邑中尉，則王吉免緣於海昏。譬諸欒布，乃策名於彭越；比乎田叔，亦委質於張敖。主以凶逆，陷其誅夷；臣以賢良，荷被收擢。歷觀往代，此類尤多；近者有隋，又遵斯義。楊勇之廢，罪止加於佞人，李綱之徒，皆不預於刑網。古今裁其折衷，史籍稱為美談。而今張玄素、令狐德棻、趙弘智、裴宣機、蕭鈞等，並砥節勵操，有雅望於當朝；經明行修，播令名於天下。或以直言而遭箠扑，或以忤意而見猜嫌，一概雷同，並罹天憲，恐於王道，傷在未弘。」結果總算有所開恩，「由是玄素等稍得敘用」（《舊唐書・許敬宗傳》）。

有沒有原為「廢宮」官屬而重新得到重用的呢？也有，但屬特例，在先秦，初事公子糾、後為齊桓公所用的管仲，似亦可算一個，在唐代就是魏徵，正因為稀少，常被論者稱引。據《舊唐書》本傳記載，李建成為皇太子時，「聞其名，引直洗馬，甚禮之」。洗馬五品下，官並不大。在李建成、李世民爭奪皇位日趨激烈期間，他做過一件使李世民一直耿耿於懷的事：「勸建成早為之所」，就是俗話說的「先下手為強，後下手遭殃」。果然在玄武門之變中後下手的李建成遭了殃，得勝的李世民把魏徵召來，「謂曰：『汝離間我兄弟，何也？』徵曰：『皇太子若從徵言，必無今日之禍。』太宗素器之，引為詹事主簿。」簡短的對話，已經反映出魏徵敢於直言的品格。當然李世民也不愧為封建時代的英主，他沒有殺魏徵，只降了三級（詹事主簿七品上），重新予以錄用，除了「素器之」，也就是為了顯示自己的所謂王者風度。魏徵後來官做到秘書監，一度任侍中，封鄭國公。太宗自稱魏徵陳諫二百餘事，「當今朝臣忠謇，無踰魏徵」。但就是這樣，還是沒有忘記那筆老帳。一次太宗與臣下飲酒，趁著有了幾分酒意，對長孫無忌說：「魏徵、王珪，昔在東宮（指李建成之東宮），盡心所事，當時誠亦可惡。我能拔擢用之，以至今日，足為無愧古人。然徵每諫我不從，發言輒即不應，何也？」幸得長孫無忌搬出堯舜古訓，作了既維護太宗尊嚴，又為魏徵開脫的解釋，太宗這才忽而大笑道：「人言魏徵舉動疏慢，我但覺嫵媚，適為此耳。」在一旁的魏徵趕緊惶恐再拜說：「陛下導之使言，臣所以敢諫，若陛下不受臣諫，豈敢數犯龍鱗？」只要略一咀嚼，便不難品出這番答話中的苦澀味來。

關於魏徵，還有一事值得一提，亦見於《舊唐書》本傳。一次太宗命他帶一位副使去安輯河北，特許他可以便宜從事。在途中，恰好遇到了「廢宮」的千牛李志安和齊王的護軍李思行被禁錮著押解到京師來。如果考慮到自己也有相同的「歷史污點」，為了「劃清界線」，魏徵可以採取兩種做法：或者板起面孔，將囚犯訓教一通；或者裝作視而不見，擦肩而過。但他偏是選擇了第三種做法：「徵謂副使李桐客曰：『吾等受命之日，前宮、齊府左右，皆令赦原不問。今後送思行，此外誰不自疑？』就當場釋放了李思行等，「仍以啟聞，太宗甚悅」。為官為人而能做到如此，著實難得！

太子內坊・太子內官

【篇旨】本篇敘述太子內坊和太子內官的建置及其沿革和職掌。

太子內坊掌管在東宮供職的宦官，太子內官掌管東宮女官，其職能與職官設置大體可分別與內侍省和宮官相對應。如太子內坊的典內相當於內侍省的內侍和內給事，典直相當於內謁者，給使相當於宮闈局，內廄和典事則相當於內僕局。太子內官所設的司閨、司則、司饌等，亦與宮官中的四司六尚大致相當，自然規模要小得多。

關於這兩個機構的沿革，本篇原注提到為太子設寺官人員始於晉，即在西晉武帝時，但據史著記載，似乎還要早些。如秦有宦者趙高，曾事胡亥，只是當時還沒有東宮建置，秦始皇甚至未及立太子就去世。太子有妃、有良娣、有孺子三等內職，始見於漢武帝時，如戾太子便有稱史良娣者。當然太子有嬪妃更要早於漢代，只是稱謂不同。隋唐東宮內官分良娣、良媛、承徽、昭訓、奉儀五等，在此之上還有太子妃。有姓氏記載的則有隋文帝時皇太子楊勇所寵幸的雲昭訓，唐高宗為太子時的蕭良娣，以及肅宗的張皇后、德宗的韋賢妃和順宗的莊憲皇后，她們在東宮時都曾為良娣。唐太子內坊典內有典直、導客、閤帥、內閽、給使、內廄、典事等屬官，太子內官下屬則有三司，即司閨、司則、司饌。

唐代在開元二十七年（西元七三九年）前，太子內坊及內官皆屬東宮系統，此後即劃歸內侍省和內宮管轄。《唐六典》成書於此前，故未言及其改屬之事。有關這兩個機構變更隸屬關係中的因果曲折，請參閱篇中二章末尾說明。

東宮內坊在西京的官衙，設在皇城以內，承天門街之東，宮城之南，第二橫街之北，其東與右春坊相鄰。

在東都的官衙其位置待考。

一

太子內坊：典內一人❶，從五品下。晉有太子寺人監員❷。又，《齊職儀》❸：「太子三卿、校，各有寺人二人❹。」隋文帝始置太子內坊，有典內等員❺。皇朝因之❻。

丞二人，從七品下。隋文帝置內坊丞二人❼，皇朝因之❽。

典直四人，正九品下。隋內坊置丞四人❾，皇朝改為典直。

典內掌東宮閤內❿之禁令，及宮人糧稟⓫賜與之出入；丞為之貳。凡任典直以儀式，導客主之儐序，任閽帥以門戶，任內閽以出入，任給使以繖扇，任內廄以車轝，任典事以牛馬⓬；典內統而監主之。凡皇太子妃之親、內命婦⓭之母并郡主合乘車出入者，亦監之。凡宮人、命婦亡葬之制⓮，皆率其屬而供其職。

【章旨】敘述太子內坊之典內和丞的定員、品秩、沿革及職掌。

【注釋】❶典內一人　本卷目錄和《職官分紀》卷二八引《唐六典》原文，以及《舊唐書・職官志》太子內坊條皆作「典內二人」。❷晉有太子寺人監員　兩晉時期，除帝后宮省使用宦官外，太子宮中亦有宦官，稱黃門、中黃門。因太子寺人貼近侍倖太子這一特殊職位，惠帝前後，賈后謀廢太后與非其親生之愍懷太子，以及誅代惠帝輔政楊駿，皆以此等人為密使。如「黃門董猛，始自〔惠〕帝之為太子，即為寺人監，在東宮給事於賈后，后密通消息於猛，謀廢太后。猛乃與肇、觀（指李肇、孟觀，二人皆為殿中中郎）潛相結託。賈后又令肇報大司馬汝南王亮，使連兵討駿」。後楊駿終為所殺，親黨皆夷三族（據《晉書・楊駿傳》）。謀廢愍懷太子則唆使其為惡：「賈后素忌太子有令譽，因此密敕黃門閹宦媚諛於太子曰：『殿下誠可及壯時極意所欲，何為恆自拘束？』每見喜怒之際，輒嘆曰：『殿下不知用威刑，天下豈得畏服？』然後又密令寺人草擬含有反叛內容的禱神之文，使太子醉迷不覺時依而寫之，惠帝見而怒，賜死。賈后又命黃門孫慮以毒藥害之，太子不肯服，孫以藥杵椎殺之（據《晉書・愍懷太子傳》）。❸齊職儀　書名。《隋書・經籍志》著錄：「《齊職儀》五十卷，齊長水校尉王珪之撰。」《南齊書・王逡之傳》稱：「從弟珪之，有史學，撰《齊職儀》。永明九年（西元四九一年）其子中軍參軍顥上啟曰：『臣亡父故長水校尉珪之，以宋元徽二年（西元四七四年），被敕使纂集古設官歷代分職，凡在墳策，必盡詳究。是以等級掌司，咸加編錄，黜陟遷補，悉該研記。述章服之差，兼冠佩之飾，屬值啟運，軌度惟新。故太宰臣淵奉宣敕旨，使速洗正。刊定未畢，臣私門凶禍。不揆庸微，謹冒啟上，凡五十卷，謂之《齊職儀》。仰希永升天閣，長銘秘府。』詔付秘閣。」❹太子三卿校各有寺人二人　太子三卿，指太子家令、率更、僕；三校，指太子翊軍、步兵、屯騎三校尉，各有寺人二人。南齊東宮有宦者徐龍駒，《南史・恩倖傳》稱其「以奄人本給安陸侯，後度東宮為齋帥。帝（指南齊廢帝鬱林王）即位後，以便佞見寵。凡諸鄙黷雜事，皆所誘勸。位羽林監、後閣舍人、黃門署令、淮陵太守。帝為龍駒置嬪御、妓樂。常住含章殿，著黃綸帽，被貂裘，南面向案，代帝畫敕。內左右侍直，與帝不異」。❺隋文帝始置太子內坊有典內等員　隋文帝，隋朝皇帝楊堅，在位二十四年，終年六十四歲。據《隋書・百官志》，隋太子典內列從六品下階。❻皇朝因之　《舊唐書・職官志》：「太子典內，舊正六品上，開元令改（從五品下）。」❼隋文帝置內坊丞二人　據《隋書・百官志》，隋太子內坊丞列正八品上。❽皇朝因之　據《舊唐書・職官志》，唐太子內坊丞初列正八品上，開元時改為從七品下。❾隋內坊置丞四人　據《隋書・百官志》，隋太子內坊置丞直。此句中「丞」下當補一「直」字。丞直品秩為從九品上。❿東宮閤內　即東宮嘉德殿東西側門以內，泛指東宮內廷。⓫宮人糧稟　句中「糧」，《舊唐書・職官志》作「衣」。⓬自「凡任典直以儀式」至「任典事以牛馬」　這是簡略敘述典內屬官及其職掌的一種句式。典直、導客、閤帥、內閤、給使（卷目為「內給使」）、內廄皆為官名，卷目中有列。導客主之儐序，依上下文例，似應作「任導客以儐序」。「導」前補「任」字；「主」字衍；「之」改「以」。儐，導引賓客。繖扇，繖即傘，亦稱華蓋。扇，以孔雀尾羽毛為之稱孔雀扇；以雉尾羽為之，稱雉尾扇。用以遮蔽陽光和風雨，亦用作儀仗。⓭內命婦　古稱天子三夫人以下嬪妃及世婦女御為內命婦。唐制，皇帝妃嬪以下及太子良娣以下為內命婦。公主及王妃以下為外命婦。⓮凡宮人命婦亡葬之制　本書第十二卷第二篇奚官局職掌規定：「凡宮人有疾病，則供其醫藥；死亡，則給其衣服，各視其品命，仍於隨近寺、觀為之修福。雖無品，亦如之。凡內命婦五品已上亡，無親戚，於墓側三年內取同姓中男一人以時主祭；無同姓，則所司春、秋以一少牢祭焉。」

【語　譯】太子內坊：典內，定員一（二）人，品秩為從五品下。晉代太子東宮設有寺人監的定員。又，《齊職儀》記載：「太子東宮的三卿、三校，各設有寺人二人。」隋文帝首次設置太子內坊，有典內等官員。本朝因承隋制。

丞，定員二人，品秩為從七品下。隋文帝時，太子內坊設有丞，定員為二人。本朝因承隋制。

典直，定員四人，品秩為正九品下。隋在內坊設置丞〔直〕四人，本朝改名為典直。

典內掌管東宮閤內的禁令，以及宮人〔衣服〕口糧的賜給和出納；丞是典內的副職。屬官中，擔任典值的，掌管典禮的儀式，〔擔任〕導客的，負責導引賓客的序位；擔任閤帥的，掌管東宮後宮的門戶；擔任內閽的，掌管後宮的出入；擔任內給使的，負責繖扇的供應；擔任內廄的，負責車轝的供應；擔任典事的，掌管牛馬，都由典內統管並監督實施。凡是皇太子妃的親屬、內命婦的母親以及郡主按規定應當乘車出入的，亦由典內監督管理。關於東宮宮人和命婦死亡的喪葬禮儀，凡是在制度規定範圍以內的，都要由典內率領所屬為他們做好各自職掌內那部份事務。

【說　明】唐朝著名宦官中，亦有出身於東宮內坊的，如高力士。聖曆元年（西元六九八年），高力士由嶺南討擊使李千里送進宮，曾在武則天身邊給事左右，因過被逐之司宮臺，「景龍中，玄宗在藩，力士傾心奉之；接以恩顧。及唐隆平難，升儲位，奏力士屬內坊，日侍左右，擢授朝散大夫，內給事。先天中，預誅蕭、岑等功，超拜銀青光祿大夫，行內侍同正員。開元初，加監門衛將軍，知內侍省事」（《舊唐書・宦官傳》）。高力士隨著李隆基自藩府到東宮的內坊，最後掌管內侍省，成為玄宗在內廷的左右手。又如李輔國，「少為閹，貌陋，粗知書計」（同上）。天寶中由閑廄使王鉷薦入東宮，成為皇太子李亨的心腹。安史之亂中，是他向李亨獻計，分玄宗麾下兵北趨朔方；至靈武，又是他勸李亨利用玄宗尚在蜀中的機會即位稱帝，以造成既成事實。肅宗李亨即位後，便擢任李輔國為太子家令，至鳳翔，又授以太子詹事，肅宗還京，再授拜殿中監。李輔國是因為在東宮與太子有那麼一段特殊的因緣才使其能在以後左右朝政。還有吐突承璀，亦是幼以小黃門直東宮，受到憲宗李純的賞識，憲宗即位，即以其為內常侍知內侍省事。

關於宦官及唐代宦官之禍，除注釋中有所涉及外，我們還在第十二卷第二篇一至三章之末集中作了一點說明，但尚未提到東宮宦官，這裡算是一點補充。太子一般年齡都不大，身邊的宦者往往更小；這些侍奉太子生活起居，有的還只是陪著逗逗樂的總角閹奴，居然能攀緣到支配國運的高位，又是只有在封建集權專制體制下才會出現的奇特的政治現象。太子的宦官所以會忽而煊赫一時，權傾天下，原因全在於他所侍奉的那個太子當上了皇帝。

二

太子內官[1]：《漢書》[2]曰：「太子有妃，有良娣，有孺子，妻妾凡三等[3]。」歷代因之。至宋明帝，更為太子置內職二等，有寶林、良娣[4]。齊建元中，太子宮置三內職：良娣比關內侯，寶林比五等侯，才人比駙馬都尉[5]。隋初始定制，皇朝因之[6]。

司閨，從六品。掌導引妃及宮人名簿，以總掌正、掌書、掌筵，知三司出納。

掌正，從八品。掌文書出入，錄目為記；并閨閤管鑰，得察推罰[7]。

女史，流外三品。掌典文簿而執行焉。餘女史視此。

掌書，從八品。掌寶及符契、經籍[8]，宣傳、啟奏[9]，教學、廩賜，及紙筆、監印。

掌筵，從八品。掌帷幄、牀褥、几案[10]、舉繖扇[11]、灑掃、鋪設及賓客[12]。

司則[13]，從六品。掌禮儀參見，以總掌嚴、掌縫、掌藏，而領其事。

掌嚴，從八品。掌飾、衣服⑭，巾櫛⑮、膏沐⑯，服玩、仗衛。

掌縫，從八品。掌裁縫衣服、織績⑰。

掌藏，從八品。掌金玉、珠寶、財貨、錦繒、縑綵出入⑱。

司饌，從六品。掌膳羞，進食先嘗，以總掌食、掌醫、掌園，而領其事。

掌食，從八品。掌膳羞、酒醴，燈燭、柴炭及宮人食料、器皿。

掌醫，從八品。掌醫藥、伎樂⑲。

掌園，從八品。掌園苑，種植蔬菓。

【章　旨】敘述太子內官之沿革及諸司與其官屬之品秩和職掌。

【注　釋】❶太子內官　依本書第十二卷第一篇敘述內官文例，此下當有太子內官良娣、良媛、承徽、昭訓、奉儀等名號及其員品，但四庫本及諸本皆不載，僅於卷目列有太子內官名號及員數。據《新唐書・百官志》，唐太子內官品秩為：「良娣二人，正三品；良媛六人，正四品；承徽十人，正五品；昭訓十六人，正七品；奉儀二十四人，正九品。」❷漢書　東漢班固撰，一百篇，分一百二十卷。我國第一部紀傳體斷代史。❸太子有妃有良娣有孺子妻妾凡三等　語見《漢書・外戚傳》。原文由衛太子有史良娣而言及此制。文曰：「衛太子史良娣，宣帝祖母也。太子有妃，有良娣，有孺子，妻妾凡三等，子皆稱皇孫。史良娣家本魯國，有母貞君，兄恭。」史良娣有子稱史皇孫，史皇孫有一男，號皇曾孫，即後來宣帝。巫蠱之禍起，太子敗，史良娣同時遇害，葬長安城南。❹至宋明帝更為太子置內職二等有寶林良娣　宋明帝，南朝宋皇帝劉彧。然主此事者應是孝武帝劉駿。《宋書・前廢帝何皇后傳》稱：「前廢帝何皇后諱令婉，廬江灊人也。孝建三年（西元四五六年）納為皇太子妃，大明五年（西元四六一年）薨於東宮徽光殿，時年十七。上更為太子置內職二等，曰保林，曰良娣。納南中郎長史太山羊瞻女為良娣，宜都太守袁僧惠女為保林。」孝建、大明均為孝武帝年號。故此句中「明」當係「武」之訛。❺齊建元中太子宮置三內職良娣比關內侯寶林比五等侯才人比駙馬都尉　建元，齊高帝蕭道成年號。太子宮置三內職，指太子妃以下，尚有三等。事見《南齊書・皇后傳》：「建元三年（西元四八一年），太子宮置三內職，良娣比開國侯，保林比五等侯，才人比駙馬都尉。」

❻隋初始定制皇朝因之　隋太子東宮內官，《隋書》官志無錄，唯零星散見於諸篇。如《獨孤皇后傳》：「時皇太子多內寵，妃元氏暴薨，后意太子愛妾雲氏害之。」太子〈楊勇傳〉：「勇多內寵，昭訓雲氏，尤稱嬖幸，禮匹於嫡。勇妃元氏無寵，嘗遇心疾，二日而薨。獻皇后意有他故，甚責望勇。自是雲昭訓專擅內政，后彌不平，頗遣人伺察，求勇罪過。晉王（指楊廣，即後之煬帝）知之，彌自矯飾，姬妾但備員數，唯共蕭妃居處。皇后由是薄勇，愈稱晉王德行。」可知隋皇太子妻稱妃，內官亦有若干等名號，昭訓是其中之一。唐太子內官之名號及員數，本卷目錄與《新唐書・百官志》所載同，後者並有品秩，為：「良娣二人，正三品；良媛六人，正四品；承徽十人，正五品；昭訓十六人，正七品；奉儀二十四人，正九品。」隋太子內官名號當與此同。《舊唐書・后妃傳》所載除太子妃外，凡有姓氏者皆為良娣。如高宗為太子時有蕭良娣；肅宗張皇后，天寶中選入太子宮時為良娣；德宗韋賢妃，初亦為良娣；順宗莊憲皇后王氏，在順宗升儲為太子時冊為良娣。關於良媛，張說在〈節愍太子妃楊氏墓誌銘〉中提到玄宗「在東宮時，妃有女娣，選為良媛，生忠王，卜者曰：不宜養。爰自強褓，命妃舉字，及開元正位，良媛為嬪而卒。妃之視忠王也，隱儬之，教誨之，竭從母之仁慈，陪猶子之珍愛。忠王之託妃也，敬愛也聽順焉，生盡恩之樂，沒過如母之戚」（《全唐文》卷二三二）。忠王即後來肅宗李亨。其母在東宮曾為良媛。李亨實際由節愍太子妃在宮外撫養，名義上則為太子妃王氏撫養。

❼得察推罰　近衛校明本曰：「據《舊唐志》，『得』當作『糾』。」《職官分紀》卷二八引《唐六典》原文亦作「糾察推罰」。又，本書第十二卷第一篇宮官設有宮正一人，掌糾察謫罰之事。凡宮人已上有不供職事者，違犯法式，由司正起牒，宮正裁奪。太子內官則由掌正一人兼任。

❽掌寶及符契經籍　寶，指印，有神寶、受命寶。符有銅魚符及四方傳符。經籍，指四部經籍。此職掌相當於宮官中司寶、司籍二官所掌。

❾宣傳啟奏　指太子有關東宮內官之教令的宣傳和啟奏。此相當於宮官中司言所掌。

❿几案　室內用具。大者曰案，小者曰几。古人設於座側，用以倚憑。

⓫舉繖扇　《舊唐書・職官志》作「繖扇」，無「舉」字。《新唐書・百官志》作「輿扇」。本書第十二卷第一篇宮官尚寢局之司輿「掌輿輦、繖扇、羽儀之事」。故此句中「舉」字抑或「輿輦」之訛。輿是小輦，形同幄帳，自閣出升正殿則御之。輦似軺車，無輪，以人輓引，通幰朱絡，飾以金玉。繖扇，繖即傘，亦稱黃蓋。《通俗文》云：「張帛以避雨謂之繖蓋。」扇，以孔雀尾羽為之，稱孔雀扇，以翟尾羽為之則稱翟尾扇。開元時曾改繡孔雀以省孔雀羽毛。

⓬灑掃鋪設及賓客　《舊唐書・職官志》作「灑掃、鋪設之事。」《新唐書・百官志》作「汎掃、鋪設」。本書第十二卷第一篇宮官

尚寢局有司設亦掌灑掃張設之事。⓭司則　《新唐書・百官志》同此，《舊唐書・職官志》作「司禮」。⓮掌飾衣服　《舊唐書・職官志》及《新唐書・百官志》皆作「掌首飾衣服」。此處脫一「首」字。⓯巾櫛　指頭巾和篦梳。婦女束髮梳頭用品。⓰膏沐　婦女用以澤髮之油脂。曹植〈求通親親表〉：「妃妾之家，膏沐之遺，歲得再通。」呂延濟注：「膏，脂也。沐，甘漿之屬。」⓱掌裁縫衣服織績　《舊唐書・職官志》作「掌裁縫織績」；《新唐書・百官志》作「掌裁紉織績」，均無「衣服」二字。⓲掌金玉珠寶財貨錦繒縑綵出入　《舊唐書・職官志》作「掌貨貝、珠玉、錦綵」。《新唐書・百官志》作「掌財貨、珠寶、縑綵」。錦繒，指有圖紋之絲織品。繒，為絲織品之總稱。錦，《釋名・釋錦》：「錦，金也。作之用功重，其價如金，故字從金、帛。」縑綵，有彩色而較細密之絲織品。《釋名・釋采帛》：「縑，兼也。縑其絲細致，數兼於絹，雜縑為五色，細致不漏水也。」⓳伎樂　《新唐書・百官志》作「優樂」。從事樂器演奏和歌舞之女樂。《舊唐書・賈曾傳》稱：「玄宗在東宮，盛擇官僚，拜曾為太子舍人。時太子頻遣使召女樂，命宮臣就率更署閱樂，多奏女妓。曾啟諫曰：『伏願大教令，發德音，屏倡優，敦〈雅〉、〈頌〉，率更女樂，並令禁斷，諸使採召，一切皆停。』太子手令答曰：『比嘗聞公正直，信亦不虛。寡人近日頗尋典籍，至於政化，偏所留心，女樂之徒，亦擬禁斷。公之所言，雅符本意。』」從中可知唐東宮亦設有從事音樂演奏和歌舞表演之女樂。

【語　譯】太子內官：「妃、良娣、良媛、承徽、昭訓、奉儀。」《漢書》記載：「太子的妻妾分為三等：有妃，有良娣，有孺子。」歷代都因承漢制。到南朝宋明（武）帝時，改為太子設置內職，除太子妃外，分為二等，就是寶林和良娣。齊高帝建元時期，太子宮設置三等內職：良娣的爵祿比照關內侯，寶林比照五等侯，才人比照駙馬都尉。隋初太子內官的等第方始定制，本朝因承隋制。

司閨，品秩為從六品。掌管導引太子妃以及宮人名簿，並總管掌正、掌書、掌筵等屬官，負責太子內官三司的出納。

掌正，品秩為從八品。執掌文書的收發，登記文書的目錄；管理閨閤門戶的鎖鑰，糾察違失並作出處罰。

女史，流外三品。職務為保管文簿，並依文簿登錄執行差使。其餘兩司亦設有女史，職掌參照此規定。

掌書，品秩為從八品。掌管太子寶印以及符契、經籍圖書，負責在內官宣告和傳達太子的教令，彙綜宮人的啟奏，處理有關宮人的教學、廩食賞賜以及紙筆的供應和監管加蓋印信等事。

掌筵，品秩為從八品。掌管帷幄、床褥、几案、舉〔輿〕輦、繖扇以及後宮灑掃、鋪設方面的事務。

司則，品秩為從六品。掌管禮儀參見，總管掌嚴、掌縫、掌藏等屬官，統領相關事務。

掌嚴，品秩為從八品。掌管〔首〕飾、衣服、佩巾、篦梳、潤髮油脂和玩賞物品以及內宮仗衛等。

掌縫，品秩為從八品。負責裁縫衣服和織布、緝麻。

掌藏，品秩為從八品。掌管金玉、珠寶、財貨、繒錦、縑綵的收納和發出。

司饌，品秩為從六品。掌管內宮飲食方面的事務。進食之前，司饌要先試嚐；同時要總管掌食、掌醫、掌園等屬官，統領相關事務。

掌食，品秩為從八品。負責供應膳食、菜餚、酒醴和燈燭、柴炭，以及宮人所需的食物和器皿。

掌醫，品秩為從八品。掌管醫藥和歌舞音樂。

掌園，品秩為從八品。掌管園苑，種植蔬菜果木。

【說　明】唐代太子內坊、太子內官隸屬關係的變更問題，有必要在此略作說明。

本書及《舊唐書・職官志》，都列太子內坊、太子內官為東宮官屬中的兩個獨立機構，《新唐書・百官志》則將太子內坊劃入內侍省的一個附屬機構，並改名為太子內坊局；太子內官則附於內官之後，仍稱太子內官。兩種歸屬，各有所據，分界線在開元二十七年（西元七三九年）：本書及《舊唐書・職官志》所據為此前制，《新唐書・百官志》則為此後制，其本注稱：「初，內坊隸東宮。開元二十七年，隸內侍省，為局，改典內曰令，置丞。坊事及導客舍人六人，掌序導賓客；閤帥六人，掌帥閤人、內給使以供其事；內閤人八人，掌承諸門出入管鑰，內繖扇、燈燭；內廄尉二人，掌車乘。」此外還有錄事、令史、書令史等員。內坊令，仍是從五品下；丞，仍是從七品下；典直，仍是正九品下。另置坊事五人，從八品下。

值得注意的是作出這種變更的背後的歷史動因。《唐會要》卷六五載錄這一年四月二十八日玄宗所下的敕令是這樣說的：「義方之訓，固在親承，太子既絕外朝，中官自通禁省，有何殊異，別立主司。其內坊宜復內省為局。」其中「太子既絕外朝」一語最為關鍵。這就是說玄宗作出這樣變更的目的，在於進一步加強對皇太子的控制，使之徹底斷絕與外朝的聯繫，以鞏固自己皇位。之所以恰好在這一年作出變更，還有一個直接原因，那就是對皇太子李瑛的廢黜。

李瑛是唐玄宗的次子，開元三年（西元七一五年）被立為皇太子，廢於開元二十五年（西元七三七年）。做了二十三年皇太子，忽而被廢為庶人，演的卻又是一齣中國歷史上不知重複過多少遍的後宮爭寵活劇：老皇帝移情於新貴妃，新貴妃一番枕頭狀，倒霉的是鎖在東宮渾不識的太子。原來李瑛生母趙麗妃出身倡優，能歌善舞，得寵於玄宗即位前，而近年來的新寵已轉為武惠妃。惠妃有子壽王瑁，有女咸陽公主，嫁於楊洄。這些人等都把寶押在壽王瑁身上，倘若他能被立為太子，自然不難雞犬也跟著升天，因而千方百計搜尋李瑛的錯處。其時李瑛因母親失寵有時不免怏怏；另有鄂王瑤、光王琚，也因母親被冷落而有些怨望，三兄弟在一起少不得說幾句牢騷話。經楊洄在中間一番挑撥，武惠妃泣訴於玄宗，竟說他們兄弟三人結黨將加害於惠妃母子。玄宗一怒之下，就要廢黜太子連同鄂、光二王，經中書令張九齡盡力諍諫才勉強勸住。楊洄等自然不會甘休，便又設計了類似《水滸》中誘騙林沖帶劍入白虎堂那樣一個陰險的圈套：「惠妃使人詭召太子、二王，曰：『宮中有賊，請介（通「甲」，意為披甲，亦即著武裝）以入。』太子從之。妃白帝曰：『太子、二王謀反，甲而來。』帝使人視之，如言。遽召宰相〔李〕林甫議，答曰：『陛下家事，非臣所宜豫。』帝意決，乃詔：『太子瑛、鄂王瑤、光王琚，同惡均罪，並廢為庶人。』」（《新唐書・十一宗諸子傳》）

陰謀獲得完全成功，但陰謀設計者的目的卻沒有達到：代替李瑛被立為皇太子的不是壽王李瑁，而是忠王李亨，時間是在開元二十六年（西元七三八年）。玄宗在為李亨組建新的東宮班子後不久，即第二年四月間，便作出了改變太子內坊、太子內官歸屬的決定。

在上述過程中，李林甫是個起了不小作用的人物。第一次陷害李瑛之所以能幸免於難，很大程度上靠了張九齡的諍諫。「俄而九齡罷，李林甫專國，數稱壽王美以揠妃意，妃果德之」（《新唐書・十一宗諸子傳》）。可見李林甫一開始便是以武惠妃黨成員的面目出現的。待到李瑛誤入「白虎堂」，玄宗急召李林甫詢問該如何處置時，李的那句狡獪的答話，表面上不予介入，實際上卻是促使玄宗作出了廢黜的決定。這時李林甫大概很興奮過一陣子，以為押在壽王瑁身上的寶即將著彩，《舊唐書》本傳記其事稱：「玄宗未定所立，林甫曰：『壽五年已成長，儲位攸宜。』玄宗曰：『忠王仁孝，年又居長，當守器東宮。』乃立為皇太子。自是林甫懼，巧求陰事以傾太子。」宮廷權力角逐勝似一場豪賭，一旦賭注押錯非但將傾家蕩產，還得賠上身家性命。這一回李林甫面前就顯露了這樣的險境，因而他害怕了，非得把新太子李亨搞倒不可。《舊唐書·肅宗本紀》稱：「及上（指肅宗李亨）立為太子，林甫懼不利己，乃起韋堅、柳勣之獄，上幾危者數四。」在李亨為太子期間，李林甫利用玄宗要控制太子提供的機會多次逼迫李亨，其中延續時間最長、李亨處境最危險的一次，便是引文中提到的韋堅、柳勣之獄。韋堅與李亨有郎舅關係：他的妹妹即太子妃子。他又在為陝郡太守、水陸轉運使期間，轉運江淮租賦，歲益鉅萬，故深得玄宗賞識。所有這些都被作為首輔的李林甫視為是對自己的嚴重威脅。這時楊國忠因楊貴妃有寵而擢授監察御史，李林甫便將楊收為同黨，合謀構陷韋堅。罪名是「構謀規立太子」，就是策劃、協助李亨搶奪皇位。罪證有二：一是韋堅曾在天寶五年（西元七四六年）元宵之夜與河西節度使皇甫惟明同遊景龍觀道士房，作為太子戚屬的韋堅竟然與帶兵的將領交往，居心叵測；二是他們兩人還一起私訪過太子。於是「玄宗惑其言，遽貶堅為縉雲太守，惟明為播州太守」。後來李林甫又派人將他們逐而殺之。此案還牽連到不少官員及親屬，而且不斷蔓延，直到李林甫死（天寶十年，西元七五一年）才止息。引文中提到的柳勣即受到牽連的親屬之一。李亨自然知道這一切都沖著他來的，為著衛護太子地位，不得不「恐懼上表，稱與新婦離絕」。即用拋棄老婆以示與小舅子劃清界線的辦法，僥倖逃過了這一劫。（以上據《舊唐書》之〈韋堅傳〉、〈李林甫傳〉、〈楊國忠傳〉）

李林甫死後，繼其位的楊國忠，還有楊貴妃，對太子李亨的防範依然非常嚴厲。如果沒有安史之亂，李亨恐怕也難逃李瑛的命運。因而從一定意義上說，是安祿山這個忮忍多智的柳城胡兒，給了李亨一個難得的機會。「玄宗聞河朔變起，欲以皇太子監國，自欲親征，謀於國忠，國忠大懼，歸謂姊妹曰：『我等死在旦夕，今東宮監國，當與娘子等併命矣。』姊妹哭訴於貴妃，貴妃銜土請命，其事乃止。」（《舊唐書·楊國忠傳》）。潼關失守，玄宗帶領後宮撤出長安，接著便發生了千百年來令市井藝人說唱不已的馬嵬坡兵變。實際上這次兵變可說就是李亨和陳玄禮策動的。《舊唐書・韋見素傳》記其事稱：「玄宗蒼黃出幸，莫知所詣，楊國忠請幸成都。翌日，次馬嵬驛，軍士不得食，流言不遜，龍武將陳玄禮懼其亂，乃與飛龍馬家李護國謀於皇太子，請誅國忠，以慰士心。是日玄禮等禁軍圍行宮，盡誅楊氏。」

我們在上篇末章說明中提到唐代對太子實施種種監控措施，始於太宗立李治為太子時；這種做法相沿而至玄宗晚年達到了極頂，本文聯繫太子內坊、內宮變更隸屬關係的歷史動因對此所作的敘述，只是一個粗略的輪廓。太宗、玄宗這兩位可作為盛唐代表的皇帝，他們的皇位卻都是搶來的，有這種人生經歷而晚年對即將繼承其位之人特別存有戒心，似也可從心理學角度作出解說。但歷史的發展常常含有辛辣的諷刺：玄宗如此算盡機關防範身邊的李亨，卻偏偏忽略了國防軍務和對安祿山等人的警惕，以至最後不得不以老邁之身倉皇亡蜀。那麼李亨有沒有管住呢？安史之亂一起，李亨身邊也出現了一個李林甫、楊國忠式的人物：李輔國。正是他向李亨獻計分玄宗麾下之兵北趨朔方，又是他在靈武勸李亨搶先即帝位使之既成事實。這樣當玄宗終於結束流亡回到長安時，空有一頂太上皇的高帽子，等待他的卻是那些孤寂、淒涼、備受冷落的殘餘歲月。此時肅宗對玄宗的防範其嚴厲和苛酷，比之他當年身受有過之而無不及。先是將玄宗身邊的高力士等遷謫，隨即將玄宗徙之于西內甘露殿，實際上就是軟禁起來。如此對待親生父親，對待一個行將就木的老人，實在有喪天良；但如果放在宮廷權力搏鬥場範圍內看待這個問題，似也只是一報還一報，不足為怪。

卷二七

太子家令率更僕寺

卷目

太子家令寺

家令一人

丞二人

主簿一人

錄事一人

府十人

史二十人

亭長四人

掌固六人❶

食官署

令一人

丞二人

府二人

史四人

掌膳十二人❷

供膳四百人❸

奉觶三十人

掌固四人

典倉署

令一人

丞二人

府三人

史五人

掌固四人

園丞二人

史二人

典事六人

---

❶掌固六人 《新唐書・百官志》為「四人」，《舊唐書・職官志》不載。

❷掌膳十二人 《舊唐書・職官志》同此，《新唐書・百官志》則為「四人」。

❸供膳四百人 《新唐書・百官志》作「百四十人」，《舊唐書・職官志》不載。

司藏署

令一人

丞一人❹

府三人

史五人❺

典事四人

掌固四人

太子率更寺

令一人

丞一人

主簿一人

錄事一人

府三人

史四人

伶官師二人

漏刻博士二人

掌漏六人

漏童六十人❻

典鼓二十四人❼

亭長四人❽

掌固四人❾

太子僕寺

僕一人

丞一人

主簿一人

錄事一人

府三人

史五人

亭長四人

掌固四人

廄牧署

---

❹丞一人　正文及廣雅本為「二人」。

❺史五人　《新唐書・百官志》作「史四人」，別有「計史一人」；《舊唐書・職官志》俱不載。

❻漏童六十人　《舊唐書・職官志》同此，《新唐書・百官志》為「二十人」。

❼典鼓二十四人　《舊唐書・職官志》同此，《新唐書・百官志》則為「典鍾、典鼓各十二人」。

❽亭長四人　《新唐書・百官志》作「三人」，《舊唐書・職官志》不載。

❾掌固四人　《新唐書・百官志》為「三人」，《舊唐書・職官志》不載。

令一人

丞二人

府三人

史五人⑩

典乘四人

典事六人

牧長四人

翼馭十五人⑪

駕士三十人⑫

獸醫二十人

掌固四人

⑩史五人 《新唐書·百官志》為「六人」，《舊唐書·職官志》不載。

⑪翼馭十五人 《舊唐書·職官志》同此，《新唐書·百官志》作「十人」。

⑫駕士三十人 《舊唐書·職官志》同此，《新唐書·百官志》作「十五人」。

卷旨

本卷敘述太子三寺：家令寺、率更寺、僕寺，其所掌包括東宮財物的出納以及飲食、車馬、禮樂、營繕等事。在唐代，太子三寺大致與朝廷的九寺、五監相當；九寺五監為尚書省下屬，太子三寺則受詹事府統轄，都是行政事務性機構。從品秩上看，三寺的長官皆從四品上，略低於諸寺監長官；諸署長官為從八品下至從九品下，亦多低於諸寺監下屬署的令和丞。

本卷即以寺為單元分篇，共三篇。每篇原注各自對其沿革作了追溯。早在秦漢之際，太子詹事屬官中，已有太子率更、家令丞、僕這樣一些官職的設置。在東漢，太子少傅的屬官中，亦設有率更令、家令、太子僕三卿。自漢至晉，家令在率更下，至南朝宋而家令地位驟升，居於率更之上，並稱「自家令至僕，為太子三卿，三卿秩千石」（《宋書·百官志》）。至北齊，始明確由詹事總東宮內外事務，「領家令、率更令、僕等三寺」（《隋書·百官志》）。故太子三寺的名稱定於北齊，而三寺所領諸署的格局，其時亦雛形初具，隋唐所承即是北齊之制。

卷中正文所敘唐代太子三寺，其職掌各有側重。家令寺掌飲食、倉儲，總領食官、典倉、司藏三署：食官掌飲食酒醴，典倉掌衣糧、器皿出納，司藏掌財貨出納與營繕。率更寺掌宗族、禮樂、刑罰及漏刻。僕寺掌車輿、乘騎、儀仗、喪葬；領廄牧署，掌車乘馬牧。在東宮行政事務中，財經的管理具有重要意義。唐代東宮雖有一些莊田租稅收入，但其財物器用及日常所費，主要還是靠朝廷有關官司依據每年國家度支計劃供給，所謂「歲時衣物，咸憑府藏之餘；朝夕膳羞，必佇饔餼之辦」（《全唐文》卷二一八崔融〈代皇太子請家令寺地給貧人表〉）。這種做法自然也淵源有自，即《周禮·天官·膳夫》所謂「王及后、世子之膳不會」，不會就是不必會計核算。在唐代東宮制度中，對財物的支用也有一些制約性的規定，如本卷第一篇太子家令的職掌中便有「凡寺、署之出入財物，役使工役，則刺詹事，上于尚書；有所隱漏，言于司直；事若重者，舉劾家令，以啟聞」。貞觀十六年（西元六四二年），太宗在廢立太子問題躊躇未定之際，曾下詔令諸司對皇太子支用庫物可以不加限制，結果出現了大量超支的現象，引起了右庶子張玄素的竭力諍諫。此事關涉司藏職掌，我們在一篇四章之末附有說明，供讀者參閱。

太子三寺在西京和東都的官衙，皆設在皇城之內，其具體位置，詳各篇篇旨。

太子家令寺・食官署・典倉署・司藏署

【篇旨】太子家令寺為太子三寺中規模最大的一個機構，掌管東宮的飲膳、倉儲、庫藏等事，大致是外朝光祿、司農、太府三寺主要職能微縮後的重新構建。下設食官、典倉、司藏三署，分別相當於光祿寺的太官署、司農寺的導官署及諸倉和太府寺的左右藏。此外，凡皇太子備禮出入，太子家令要乘軺車具威儀先於諸臣以為導引；若舉行祭祀和享宴賓客，則供酒食並代皇太子作主祭或主持。唐代東宮還擁有一定數量的莊宅田園，有關審計頃畝、劃分疆界以及徵收租稅之事，則是屬於太子家丞的職掌。

太子家令寺在西京的官署，設在皇城內，位於承天門街之東，第二橫街之北，地處左清道率府和左春坊之間。東都的家令寺衙宇亦設在皇城內，位於東朝堂之南，第三橫街之北，左千牛衛之東，開元初分左千牛衛地營造。

一

太子家令寺：家令一人，從四品上。秦、漢詹事屬官有太子家令、丞。張晏云：「太子稱家，故曰家令❶。」又《前漢中書》：「太子家令，秩八百石❷。」後漢太子少傅屬官有太子家令，秩一千石，主倉穀、飲食❸，又領食官令、丞❹。魏因之。晉家令品第五，銅印、墨綬❺，進賢兩梁冠❻，絳朝服❼，比司農、少府❽。晉太康八年❾，詔曰：「太子家令、率更令、僕，東宮之達官也，宜進品第三，與中庶子、二率同⑩。」宋太子家令主內茵蓐、牀几⑪諸供中之物，又知官奴婢月用錢，內庫米鹽、車牛、刑獄。齊因之⑫。自宋、齊已來，清流者不為之。梁天監六年，武帝以三卿陵替，乃詔革去⑬，家令視通直宮視⑭，率更、僕視黃門⑮。陳因之⑯。後魏太子三卿秩三品上⑰，太和二十二年降為從四品上⑱。北齊詹事領家令⑲，有丞、功曹、主簿，領食官、典倉、司藏等三署令、丞，又領內坊令、丞。隋家令寺掌別法、食膳、倉庫等事⑳，領食官、典倉、司藏三署令、丞。煬帝改為司府令㉑，皇朝復為家令㉒。龍朔二年㉓改為宮府寺大夫，咸亨元年㉔復舊。

丞二人，從七品上。漢家令有丞㉕。後漢、魏無聞。《宋書》云：「家令丞一人，晉代置。」㉖宋、齊因之㉗。梁、陳家令丞一人；位不登十八班者，別為七班，家令丞七班㉘。後魏太和二十二年，太子三卿丞從六品下㉙。北齊家令丞一人㉚。隋家令丞二人㉛，皇朝因之㉜。龍朔二年改為宮府丞，咸亨元年復舊。

主簿一人，正九品下。晉家令置主簿，宋、齊因之。《齊職儀》㉝：「家令主簿一人，四品勳位，掌揔署諸曹事。」梁、陳、後魏無聞。北齊家令有主簿員㉞。隋家令主簿一人㉟，皇朝因之㊱。

家令之職，掌皇太子之飲膳、倉儲、庫藏之政令，總食官、典倉、司藏三署之官

屬。凡皇太子備禮出入，則乘軺車㊲，具威儀，先諸臣以導引。若祭祀、賓客，則供酒食，以為獻主㊳。若進獻、賜與，則奉金玉、貨幣，而以法式贊之㊴。凡宮坊府署廨宇及牀几、茵蓐席、器物不供於將作、少府者，皆供之㊵。

丞掌判寺事。凡食官、典倉、司藏之出納，籍其名數，以時刺于詹事㊶。凡莊宅、田園，必審其頃畝，分其疆界，寘于籍書㊷；若租稅，隨其良瘠而為收斂之數，以時入之，禁其逋違者。若宮、朝、坊、府有土木營繕，則下於司藏，命典事以受之㊸。

主簿掌印及句檢稽失㊹。凡寺、署之出入財物，役使工徒，則刺詹事，上于尚書；有所隱漏，言於司直；事若重者，舉劾家令以啟聞。

【章旨】敘述太子家令寺之家令、丞和主簿之定員、品秩、沿革及職掌。

【注釋】❶張晏云太子稱家故曰家令　張晏，字子博，中山人。其語見《漢書・百官公卿表》注引。❷前漢中書太子家令秩八百石　此係《漢書・百官公卿表》注引臣瓚語。據原文，「前漢中書」應改為「茂陵中書」。茂陵中書當是書名。西漢任太子家令見於記載者，有鼂錯，歷任太子舍人、門大夫，後又拜為太子家令，「以其辯得幸太子，太子家號曰『智囊』」（《漢書》本傳）；疏廣之姪疏受，「亦以賢良居為太子家令，受好禮恭謹，敏而有辭。宣帝幸太子宮，受迎謁應對，及置酒宴，奉觴上壽，辭禮閑雅，上甚讙說。頃之，拜受為少傅」（《漢書・疏廣傳》）。❸後漢太子少傅屬官有太子家令秩一千石主倉穀飲食　衛宏《漢官舊儀》稱：「家令，秩千石，主倉獄。亡新改為中更。」又謂：「太子家令，治太子官屬。」關於漢太子家令之職掌，《後漢書・百官志》本注以為「主倉穀飲食，職似司農、少府」，《宋書・百官志》則稱「漢世，太子食湯沐邑十縣，家令主之。又主刑獄飲食，職比廷尉、司農、少府，漢東京主食官令」。《通典》亦謂：「漢代太子食湯沐邑十縣，家令主之。」

後漢則屬少府，主倉穀飲食。」蜀漢時，「後主立太子，以〔譙〕周為僕，轉家令」（《三國志・蜀書・譙周傳》）。❹又領食官令丞　據《後漢書・百官志》，太子食官令設令一人，無丞。又，太子家令所領除太子食官令外，尚有太子倉令一人。❺銅印墨綬　銅質之印章和黑色之佩印綬帶。晉制，自相國而下，或銀章或銅印，或青綬或黑綬。漢制，千石、六百石黑綬，三采，青、赤、紺，淳青圭，長一丈六尺，八十首。❻進賢兩梁冠　進賢冠，古文儒者服之。前高七寸，後高三寸，長八寸，有五梁、三梁、二梁、一梁之別，以梁多為貴。二千石及千石以上，冠兩梁。❼絳朝服　即絳衣朝服。《晉書・輿服志》稱：「魏秘書監秦靜曰：『漢氏承秦，改六冕之制，但玄冠絳衣而已。』魏以來名為五時朝服，又有四時朝服，又有朝服。」五時、四時朝服，指郊祀時所服各如方色。絳衣朝服為平時之常服，簡稱絳衣。❽比司農少府　指太子家令之職掌比照司農、少府。《晉書・職官志》：「家令，主刑獄、穀貨、飲食，職比司農、少府。」❾晉太康八年　即西元二八七年。太康是晉武帝司馬炎年號。❿宜進品第三與中庶子二率同　句中「三」當是「五」之訛。《通典・職官十九・晉官品》，太子家令、率更令、僕與中庶子、庶子及左、右衛率同列為第五品。又本書第二十六卷第三篇太子左春坊左庶子員品原注：「晉太子詹事有中庶子、庶子各四人，局擬散騎常侍，品第五，班同三令四率」；第二十八卷第一篇太子左右衛率府率員品原注：四率「品第五，位同中庶子」。《職官分紀》卷二九引《唐六典》原注此句亦作「品第五」。⓫茵蓐牀几　茵蓐，牀墊和被子之總稱。牀几，指床和床上之擱几。⓬齊因之　《南齊書・百官志》在詹事府下設太子家令、丞。南朝齊任太子家令者有沈約，於文惠太子時先「為步兵校尉，管書記。時東宮多士，約特被親遇，每直入見，影斜方出。當時王侯到宮或不得進，約每以為言，太子曰：『吾生平嬾起，是卿所悉，得卿談論，然後忘寢。卿欲夙興，可恒早入。』遷太子家令」。又梁武帝時，沈約「嘗侍讌，有妓師是齊文惠宮人。帝問識座中客不？曰：『惟識沈家令。』約伏座流涕，帝亦悲焉，為之罷酒」（《梁書・沈約傳》）。⓭梁天監六年武帝以三卿陵替乃詔革去　語見《隋書・百官志》。天監六年，即西元五〇七年。天監為梁武帝蕭衍年號。三卿，指太子三卿，即家令寺、率更寺、僕寺三寺之長官。陵替，衰落。乃詔革去，隋志作「乃詔革選」，當據以改。同書又稱：至天監七年，「革選，徐勉為吏部尚書，定為十八班，以班多為貴」。太子家令列第十班。梁有徐摛曾任此職。初由周捨推薦而為晉安王蕭綱侍讀，晉安王為丹陽尹，「起摛為秣陵令，王入為皇太子，轉家令，兼掌管記，尋帶領直。摛文體既別，春坊盡學之，『宮體』之號，自斯而起」（《梁書・徐摛傳》）。又，梁中大通三年（西元五三一年），「以昭明太子妃居金華宮，又置金華家令」（《隋書・百官志》）。⓮家令視通直宮視　《隋書・百官志》作「家令視通直常侍」。「宮視」當是「常侍」之訛。又，通直常侍，即通直散騎常侍。《隋書・百官志》記此職之沿革稱：「宋代以來，或輕或雜，其官漸替。天監六年（西元五〇七年）

革選，詔曰：『在昔晉初，仰惟盛化，常侍、侍中並奏帷幄，員外常侍特為清顯，陸始名公之胤，位居納言，曲蒙優禮，方有斯授。可分門下二局，委散騎常侍尚書案奏，分曹入集書。通直常侍本為顯爵，員外之選，宜參舊准人數，依正員格。』自是散騎視侍中，通直視中丞，員外視黃門郎。」梁通直散騎常侍列為十一班，御史中丞亦為十一班，而太子家令則在十班。⑮率更僕視黃門　黃門，即給事黃門侍郎，簡稱黃門郎。指太子率更令、僕之職皆比照黃門郎。梁黃郎為十班，率更令及僕亦為十班。⑯陳因之　陳因梁制，置太子家令。《隋書・百官志》稱陳太子三卿列第四品，秩千石。⑰後魏太子三卿秩三品上　據《魏書・官氏志》和《魏書・高祖紀》，北魏孝文帝太和十七年（西元四九三年）六月頒職員令，太子家令、太子率更令、太子僕皆列從第三品上。句中「秩」當係「從」之訛。⑱太和二十二年降為從四品上　太和二十二年，據《魏書・官氏志》當作「太和二十三年」，即西元四九九年。太和為北魏孝文帝年號。是年復次職令，太子家令、太子率更令、太子僕降為從四品上。北魏崔辯之子崔模，起家奉朝請，「轉中郎，遷太子家令」（《魏書・崔辯傳》）。⑲北齊詹事領家令　據《隋書・百官志》，北齊詹事總東宮內外事務，領家令、率更令、僕等三寺及左、右衛二坊。北齊太子三卿皆列從四品上。北齊崔㥄族叔景鳳之子崔國，「天保初為尚藥典御，乾明拜高陽郡太守，太子家令」（《北齊書・崔㥄傳》）。⑳隋家令寺掌別法食膳倉庫等事　《隋書・百官志》稱隋「家令掌刑法、食膳、倉庫、什物、奴婢等事」。句中「別法」當是「刑法」之訛。隋太子家令品秩為從四品上。隋任太子家令者有鄒文騰。文帝廢太子勇詔稱：「太子家令鄒文騰，專行左道，偏被親昵，心腹委付，鉅細關知，占問國家，希覬災禍。」（見《隋書・文四子傳》）因而被處斬，妻妾子孫皆沒官。㉑煬帝改為司府令　煬帝，隋朝皇帝楊廣，在位十四年，終年五十歲。大業三年（西元五八三年），改家令為司府令。㉒皇朝復為家令　《通志・職官略・太子家令》：「唐復為家令寺，置家令一人，唯不主刑法，餘與隋同。」玄宗時王毛仲受寵幸，其三子守廉、守貞、守慶分別任太子三卿，毛仲失寵又各被貶謫：守廉任太子家令，後貶為溪州司戶；守貞任太子僕，後貶為施州司戶；守慶任率更令，後貶為鶴州司倉。（事見《舊唐書・王毛仲傳》）㉓龍朔二年　即西元六六二年。龍朔為唐高宗李治年號。㉔咸亨元年　即西元六七〇年。咸亨亦為唐高宗李治年號。㉕漢家令有丞　《漢書・百官公卿表》載詹事之「屬官有太子率更、家令丞、僕」。㉖宋書云家令丞一人晉代置　《宋書》，梁沈約撰，一百卷，包括本紀十卷，志三十卷，列傳六十卷。《宋書・百官志》稱：「家令一人，丞一人，晉世置。」㉗宋齊因之　《宋書・百官志》：宋家令置丞一人。《南齊書・百官志》齊有「太子家令，置丞」。㉘梁陳家令丞一人位不登十八班者別為七班家令丞七班　據《隋書・百官志》梁太子三卿皆置丞。十八班，梁武帝天監七年（西元五〇八年）革選，徐勉為吏部尚書，受命定十八班制，以班多為貴。位不登十八班者，指十八班以外諸等官吏。入十八班為入流，故不登十八班者亦即流外諸等官吏。魏晉行九品官人之法，亦稱九品中正制，分一至九品九個等級，稱鄉品。凡鄉品在二品以上者稱上品，可入流，梁時為可入十八班；鄉品在二品以下者為下品，不可入流，梁時即屬十八班以外者。對此等流外官吏又別列七班，太子家令丞即列為此流外之七班，為流外之最高者。至於出身寒門庶族等卑賤者，於七班外另有三品蘊位、三品勳位之設，此等卑官濁職，很難有機會入流任十八班以內之官職。陳依梁制。㉙後魏太和二十二年太子三卿丞從六品下　太和二十二年，據《魏書·官氏志》當為太和二十三年，即西元四九九年，是年復次職令。太和為北魏孝文帝年號。又，「從六品下」應為「第九品下」。復次之職令列太子三卿丞為第九品下。㉚北齊家令丞一人　據《隋書·百官志》，北齊太子三卿皆置丞，其品秩為第九品下。㉛隋家令丞二人　《隋書·百官志》稱隋家令寺置丞二人，品秩為從八品下。㉜皇朝因之　唐因承隋制，亦置家令寺丞二人，其品秩則自隋之從八品下升為從七品上。㉝齊職儀　書名。齊長水校尉王珪之撰，五十卷。《南齊書·王逡之傳》載有王珪之之子王顥之啟文，言其父撰作此書經過。文中謂：「臣亡父故長水校尉珪之，被敕使纂集古設官歷代分職，凡在墳策，必盡詳究。是以等級掌司，咸加編錄，黜陟遷補，悉該研記。述章服之差，兼冠佩之飾。故太宰臣〔褚〕淵奉宣敕旨，使速洗正。刊定未畢，臣私門凶禍。不揆庸微，謹冒啟上，凡五十卷，謂之《齊職儀》。仰希永升天閣，長銘秘府。」詔付秘閣。㉞北齊家令有主簿員　《隋書·百官志》稱北齊太子三寺「俱有功曹、主簿，以承其事」。㉟隋家令主簿一人　《隋書·百官志》稱隋家令置錄事二人。未見有設主簿之記載。㊱皇朝因之　隋家令設錄事二人，唐有主簿一人，正九品下；又設錄事一人。㊲軺車　單稱「軺」，亦稱遙車。古代一種輕便馬車。據漢畫像石所示，曲輈，淺輿，中樹車蓋，多駕二馬或一馬。《隋書·禮儀志》：「軺車，案《六韜》一名遙車，蓋言遙遠四顧之車也。漢武帝迎申公，弟子二人乘軺傳從，此又是馳傳車也。《晉氏鹵簿》：御史軺車行中道。《晉公卿禮秩》云：『尚書令軺，黑耳後戶。』今軺車，青通幰，駕二馬。王侯入學，五品通婚，通給之。司隸刺史及縣令、詔使品第六、七，則並駕一馬。」此處指皇太子出行時，太子家令乘之以為前導。唐皇太子車中亦有軺車，詳本卷第三篇太子僕職掌條。㊳獻主　即主祭。此處指祭祀或宴享賓客時，由太子家令代皇太子主祭或主持，酒食則由家令寺供應。㊴若進獻賜與則奉金玉貨幣而以法式贊之　進獻，指臣僚對皇太子之貢獻。賜與，指皇太子對臣僚貢物之回賜。回賜之物品多為金銀玉石和束帛，其數額則須依受賜者之官品分成若干等級，家令要依照制度規定協助太子做好回賜，即「以法式贊之」。㊵凡宮坊府署廨宇及牀几茵蓐席器物不供於將作少府者皆供之　宮坊府署，宮指東宮諸殿，如嘉德殿、崇教殿、麗正殿等；坊指左、右春坊；府指詹事府；署指坊、府下屬之諸署。其公廨樓宇，皆由將作監營造。牀几、茵蓐席，均為室內器用具，由少府監所屬之五署供應。又，《新唐書·百官志》但言「牀几、茵席」，無「蓐」。家令寺僅作補充供應，故謂凡不供於將作、少府者則供之。㊶以時剌于詹事　意謂按時向詹事府作出書面報告。剌，唐時諸司間自相質問的公文程式之一。㊷凡莊宅田園必審其頃畝分其疆界寘于籍書　東宮之莊宅田園由家令寺丞審核畝數，劃分疆界，並造出籍帳。東宮所屬莊宅田園之數，史著無詳錄。唐中宗為皇太子時，曾由崔融執筆，上表請求將家令寺所屬土地迴授關中貧民。文中提到「臣家令寺有地九百餘頃，特請迴授關中貧下等色」（表文載《全唐文》卷二一八〇）。估計其時東宮所轄土地總數自當遠遠超過九百頃。㊸若宮朝坊府有土木營繕則下於司藏命典事以受之　官、坊、府，見前注㊵。朝，指東宮朝堂。其址在皇城內承天門街之東，宮城之南，第二橫街之北，夾北街與左內率府相鄰。司藏職能之一是掌東宮營繕之法式，典事則為司藏署屬吏。營造所需勞動力，來自匠戶或刑部都官所掌官奴婢及番戶、雜戶，或割司農寺之戶以配。貞觀時，于志寧以中書侍郎行太子左庶子兼太子詹事，因太子承乾在東宮「以盛農之時，營造曲室，累月不止，所為多不法」而上書諍諫，文中稱：「今所居東宮，隋日營建，覩之尚譏其侈，見之尤歎其華。何容此中更有修造，財帛日費，土木不停，窮斤斧之工，極磨礱之妙？且丁匠官奴入內，比者曾無伏監。此等或兄犯國章，或弟羅王法，往來御苑，出入禁闈，鉗鑿緣其身，槌杵在其手。監門本防非慮，宿衛以備不虞，直長既自不知，千牛又復不見。爪牙在外，廝役在內，所司何以自安，臣下豈容無懼？」（《舊唐書・于志寧傳》）《唐律》有四時之禁，冬至以後，盡九月，不得興土木，春夏不伐木。承乾在農事最盛之時營造，故稱其不法。其所用工匠，為匠戶和官奴婢。㊹句檢稽失　糾查考核是否有延誤和違失。稽指文案處理延誤了規定程限，失指處理中出現了違反相關律令或制度之情事。

【語譯】太子家令寺：家令，定員一人，品秩為從四品上。秦、漢時期詹事的屬官設有太子家令和丞。張晏說：「太子稱為家，所以掌管太子內務的主官稱家令。」又，《前漢（茂陵）中書》記載：「太子家令，俸秩是八百石。」東漢太子少傅的屬官亦設有太子家令，俸秩是一千石，掌管東宮的倉穀和飲食，又統領食官令和丞。三國魏沿襲漢制。晉時，家令列為第五品，佩銅印和墨綬，戴進賢兩梁冠，穿絳衣朝服，職位比照司農和少府。晉武帝太康八年，下詔說：「太子家令、率更令、僕都是東宮顯貴的職官，品秩應當晉升到第五品，與中庶子和太子左、右兩衛率同列。」南朝宋太子家令掌管東宮的床几和被褥等各種供給宮中需用的物品，又負責管理宮中官奴婢的月用錢，東宮內庫的米鹽和車牛，刑罰和獄案。齊因承宋制。從宋、齊以來，出身清流的往往不願出任此官。梁天監六年，武帝蕭衍以為太子三卿地位衰落，於是下詔改革選制，太子家令比照通直散騎宮視（常侍），率更令和僕比照黃門郎。陳因承梁制。

北魏太和前制太子三卿的品秩為從三品上，太和二十二（三）年下降為從四品上。北齊時，由詹事統領太子家令，設有丞、功曹、主簿，又統轄食官、曲倉、司藏等三署的令和丞，還管轄東宮內坊的令和丞。隋家令寺掌管東宮的別（刑）法、食膳、倉庫等事務，統領食官、典倉、司藏三署的令和丞。煬帝時，改家令為司府令，本朝恢復舊稱家令。高宗龍朔二年曾改名為宮府寺大夫，到咸亨元年又恢復舊稱。

丞，定員二人，品秩為從七品上。西漢家令設有丞。東漢和三國魏未見有記載。《宋書》中說：「家令下設丞一人，這一官職晉代已設置。」宋和齊都沿襲晉制。梁和陳亦設有家令丞一人；梁代對官品不能進入十八班的另外制定流外七班，家令丞列為流外七班中的第七班。北魏太和二十二（三）年，太子三卿的丞都列為從六品下（第九品下）。北齊設家令丞一人。隋設家令丞二人，本朝因承隋制。高宗龍朔二年曾改名為宮府丞，到咸亨元年又恢復舊稱。

主簿，定員一人，品秩為正九品下。晉代家令設有主簿，南朝宋和齊都因承晉制。《齊職儀》中規定：「家令有主簿一人，品秩是四品勳位，掌管總署下屬各曹的日常事務。」梁、陳和北魏未見有家令主簿的記載。北齊家令的下屬中有主簿的編員。隋家令設置主簿一人。本朝因承隋制。

家令的職務是掌管有關皇太子飲膳、倉儲和庫藏方面的政令，總管食官、典倉、司藏三署的官屬。每當皇太子備禮儀出行和返宮時，家令要乘軺車，具備儀仗，在眾宮臣前面作為導引。如果舉行祭祀或宴享賓客，由家令負責供應酒食，並作為主祭或主持人。倘若臣僚向東宮進獻和皇太子有回贈賜與，則由家令奉進金玉與貨幣，並依照規制贊相禮儀。凡是東宮的宮殿、左右春坊、詹事府以及所屬各署的官舍屋宇、床几、被褥、茵席、器物等有將作、少府不供應的，都由家令負責供給。

家令丞主管本寺內部的日常事務。凡是食官、典倉、司藏這三署出納的財物，都要登錄名稱和數量，按時向詹事作出書面報告。凡是東宮所屬的莊宅、田園，都必須審核頃畝的多少，劃定四至疆界，登錄於冊籍；如果徵收租稅，則要根據田畝的肥沃或貧瘠程度確定徵集的數額，按時收納入倉，不准拖欠、短缺或拒交。倘若東宮、東宮朝堂、左右春坊和詹事府有土木營繕方面的工程，則下達於司藏署，委任典事受理其事。

主簿掌管本寺的印信以及糾查處理公事公文中有否延誤或違失。凡是本寺和下屬各署的財物出入、役使工徒的情況，都要用文書向詹事稟報，並上送尚書省；倘若發現有隱瞞或漏報，要告知司直，事關重大的，則要向家令舉報，由家令啟聞皇太子。

二

食官署：令一人，從八品下。詹事屬官有食官令、長、丞❶。後太子少傅屬官有太子食官令一人❷，秩六百石，主飲食。晉置有食官令，職如大官令❸。宋中庶子屬官有食官令❹，齊詹事官亦有太子食官令❺。《齊職儀》❻：「食官令一人，三品勳位，掌廚膳之事。」梁庶子有食官局，陳因之。後魏太子食官令五品上❼。北齊食官令、丞又別領器局、酒局二丞❽。隋家令事統食官令、丞❾，皇朝因之。

丞二人，從九品下。兩漢食官皆有丞，魏、晉、宋無聞❿。齊建元⓫中，置食官丞四人。《梁選部》⓬有東宮食官丞，為三品勳爵位⓭。魏⓮、北齊太子食官丞一人。隋食官丞二人，皇朝因之。

食官令掌飲膳之事；丞為之貳。凡為酒醴⓯，必辨其麴蘖、黍秫、秔稻之宜，陶器、水火之用，以成乎沉浮、清濁之良⓰；凡為膳羞⓱，必辨其牲牢、禽獸之名物，割烹、煎和⓲之制度，以協乎五味、五香⓳之正，然後可以供其享獻焉。凡四時之令節，供進及設食，得專營造，不用啟聞⑳。其六品已有官㉑於家令廚食者，元正、冬至、寒食亦供焉。左、右廂牙前坐日，職事官三品以上供十盤㉒，官臣六參日二十五盤㉓；其食有餘，賜左右春坊供奉官㉔、詹事司直。若非坐日，供三盤。丞判署事。

【章旨】敘述食官署令、丞之定員、品秩、沿革和職掌。

【注釋】❶詹事屬官有食官令長丞　《職官分紀》卷二九引《唐六典》原注此句「詹事」上尚有一「漢」字。《漢書·百官公卿表》皇后、太子家屬官中，皆設有「食官令長丞」，故句首應補「漢」字。❷後太子少傅屬官有太子食官令一人　《職官分紀》卷二九引《唐六典》原注此句「後」字之下尚有一「漢」字。《後漢書·百官志》在太子少傅下，設「太子食官令一人，六百石。本注曰：主飲食」。《宋書·百官志》稱：「食官令，一人，職如太官令。漢東京官也。」故此「漢」字應補。❸晉置有食官令職如大官令　句末「大官令」，據《晉書·職官志》當作「太官令」。又，正德本及嘉靖本句首「晉」以下殘缺二字，此處「置有」二字當是四庫本所補。近衛校稱「據《通典》當填以『太子』二字」。廣雅本不缺，二字亦為「太子」。《職官分紀》卷二九引《唐六典》原注此句「晉」下不缺字，也無「太子」，徑作「晉食官令，職如太官令」。❹宋中庶子屬官有食官令　《宋書·百官志》：「食官令一人，職如太官令，今屬中庶子。」❺齊詹事官亦有太子食官令　近衛校正德本曰：「從上例，恐當作『屬』官。」即應補一「屬」字。《職官分紀》卷二九引《唐六典》原注此句亦作「齊詹事屬官有食官令」。❻齊職儀　書名。齊長水校尉王珪之撰，五十卷。《南齊書·王逡之傳》載有王珪之之子王顥的啟文，言其父撰作此書經過。文中稱：「臣亡父故長水校尉珪之，被敕使纂集古設官歷代分職，凡在墳策，必盡詳究。是以等級掌司，咸加編錄，黜陟遷補，悉該研記，述章服之差，兼冠佩之飾。故太宰臣〔褚〕淵奉宣敕旨，使速洗正。刊定未畢，臣私門凶禍。不揆庸微，謹冒啟上，凡五十卷，謂之《齊職儀》。仰希永昇天閣，長銘秘府。」詔付秘閣。❼後魏太子食官令五品上　據《魏書·官氏志》所載北魏孝文帝太和十七年（西元四九三年）職員令，太子食官令列為第五品上。❽北齊食官令丞又別領器局酒局二丞　據《隋書·百官志》，北齊太子家令，領食官署令、丞，食官署又別領器局、酒局二丞。太子食官令為第九品下。❾隋家令事統食官令丞　句中「事」當是「寺」之訛。《職官分紀》卷二九引《唐六典》原注此句作「家令寺」。且隋之家令、率更令、僕皆稱寺。家令寺領食官署，置令一人，丞二人。❿兩漢食官皆有丞魏晉宋無聞 《漢書・百官公卿表》載詹事屬官有食官令長丞，應有丞；但《後漢書・百官志》僅有太子食官令一人，未言置丞。《晉書・職官志》、《宋書・職官志》皆無置食官丞之記載。⓫建元 齊高帝蕭道成年號。⓬梁選部 據《職官分紀》卷二九引《唐六典》原注此句，當作「梁選簿」。「部」為「簿」之訛。梁選簿，書名。《舊唐書・經籍志》著錄有「《梁選簿》三卷，徐勉撰」。⓭三品勳爵位 《隋書・百官志》列東宮食官丞為「三品蘊位」。故此句中「勳」當改為「蘊」，「爵」則為衍文。梁時對鄉品在二品以下寒門之士規定入仕不能登十八班，另列有七班；而更處於卑賤的庶族之人，則只能充任三品蘊位、三品勳位等卑官濁職。三品蘊位又略高於三品勳位。⓮魏 近衛校正德本曰：「『魏』上脫『後』字。」是。⓯酒醴 酒之總稱。醴是薄酒，又稱甜酒。以麥芽釀之，一宿而熟。亦稱事酒，即事釀成便可飲用。《周禮・天官・酒正》鄭玄注：「醴，猶體也，成而汁滓相將，如今恬（甜）酒矣。」《呂氏春秋・重己》高誘注：「醴以蘗與黍相體，不以麴也，濁而甜耳。」⓰必辨其麴蘗黍秫秔稻之宜陶器水火之用以成乎沉浮清濁之良 此言釀酒之工藝規程。要選料配料得當，並充分發揮釀酒器具及水火作用，才能釀成各種優質酒品。麴蘗，麴即「麯」字。蘗應為「蘖」或「糱」，形近而誤。麴蘗，即酒麯，俗稱酒藥，用以釀酒。《書・說命下》：「若作酒醴，爾惟麴蘗。」黍，即穈子。秫，黏高粱。秔，粳米。稻，水稻，指有黏性之糯米。黍、秫、秔、稻，皆為可用來釀酒之糧食。使用不同的酒麯和糧食品種，可以釀造出不同的酒品。陶器，指釀酒器皿如酒缸、酒罈等。水，釀酒用水須清純甜美。火，指釀製過程中須掌握恰當火候。綜上所述，亦即《呂氏春秋・仲冬》所言「六必」：「秫稻必齊，麴蘗必時，湛饎必潔，水泉必香，陶器必良，火齊必得，兼用六物，大酋監之，無有差忒。」沉浮清濁，指酒之品位。酒有清濁之分，如醪便是濁酒。《說文解字》：「醪，汁滓酒也。」《廣韵》：「醪，濁酒。」清酒上浮，濁酒則沉澱與滓汁混和在一起。又，《周禮・天官・酒正》把酒分為事酒、昔酒、清酒三等。事酒有事而釀，一宿即成。昔酒，則冬釀而春熟。清酒釀造時間更長，冬釀至夏才熟，味更濃，色更清，酒精含量更高，接近於今之白酒。⓱膳羞 精美之食品。亦泛指膳食菜餚。⓲割烹煎和 《周禮・天官・內饔》：「內饔掌王及后世子膳羞之割烹煎和之事。」鄭玄注：「割，肆解肉也。烹，著也。煎和，齊以五味。」肆解，指將牲體分解為兩半，右體稱右胖，左體稱左胖，古以右胖為貴。然後再將牲體分為七體：左肱、右臂、左股、右肱、右脇、右股、脊。⓳五味五香 五味，指甜、酸、苦、辣、鹹。《禮記・禮運》：「五味、六和、十二食，還相為質也。」鄭玄注：「五味，酸、苦、辛、鹹、甘也。」五香，指烹調食物用之五種香料，即茴香、花椒、大料、桂皮、丁香。⓴凡四時之令節供進及設食得專營造不用啟聞 四時節令，除元正、冬至外，還有正月十五元宵節，清明和寒食節，三月初三上巳節，五月初五端午節，七月初七七夕節，九月初九重陽節，以及夏至、立冬、臘日等，均有常食料以外諸種食品供進。本書第十五卷第一篇光祿寺太官署令職掌條原注稱：「冬月則加造湯餅，及黍臛，夏月加冷淘粉粥，寒食加餳粥，正月七日、三月三日加煎餅，正月十五日、晦日加饎糜，五月五日加粽糭，七月七日加斫餅，九月九日加餻，十月一日加黍臛，並於常食之外而加焉。」因四時節令係每年恆定，故不需啟聞於皇太子。㉑六品已有官　據《新唐書·百官志》當作「六品已下官」，亦即非常參官。「已有」係「已下」之訛。㉒左右廂牙前坐日職事官三品已上供十盤　天子居處稱衙，亦作牙。左右廂牙前，唐代外朝，指太極殿前之左右兩廂，東宮則指嘉德殿前之左右兩廂。坐日，當值或辦公。三品以上職事官在嘉德殿左右廂當值，由食官署供給十盤菜料。㉓官臣六參日二十五盤　官臣，據正德本當為「宮臣」，東宮之臣僚。六參日，唐制，五日一朝參，一個月便有六個朝參日。東宮官屬在六參日供應的標準是二十五盤菜料，遠比非朝參日豐富。非朝參日低於朝參之日，故只供三盤。外朝亦同。本書第十五卷第一篇光祿寺太官署令職掌條原注稱：「每日常供具三羊，六參六日加一羊焉。」每日常供，即非坐日。㉔左右春坊供奉官　唐以中書、門下二省官及御史臺官為供奉官；與此對應，東宮則以左右春坊主要官員及詹事府之司直為供奉官。左右春坊屬於供奉官者，有左庶子、右庶子、中允和中舍人，左右諭德、左右贊善大夫、太子司議郎、太子舍人、太子通事舍人等。

【語譯】食官署：令，定員一人，品秩為從八品下。〔西漢〕詹事的屬官中有食官令、長、丞。〔東漢〕太子少傅的屬官有太子食官令一人，俸秩六百石，主管東宮飲食方面的事務。晉在東宮設有太子食官令，這一職務猶如光祿勳的大（太）官令。南朝宋太子中庶子的屬官有食官令。齊詹事府屬官中亦設有太子食官令。《齊職儀》記載：「食官令一人，三品勳位，掌管廚膳方面的事務。」梁太子庶子的屬官中設有食官局，陳因襲梁制。北朝北魏太子食官令的品秩為第五品上。北齊設有食官令、丞，另外又管轄器局和酒局二丞。隋由家令寺統食官署，置令一人，丞二人。本朝因承隋制。

丞，定員二人，品秩為從九品下。兩漢食官都設有丞。魏、晉和南朝宋未見有設置食官丞的記載。齊高帝建元時期曾在東宮設置食官丞四人。《梁選部（簿）》記載東宮有食官丞，品秩列為三品勳（蘊）〔爵〕位。〔北〕魏、北齊都設置太子食官丞一人。隋設置食官丞二人。本朝因承隋制。

食官令的職掌是掌管飲食膳羞方面的事務；丞是令的副職。大凡釀作酒醴，必須對酒麴和糵子、高粱、粳米、糯米仔細分辨，配比適宜；選用優良的陶器、甜美的水質，並充分發揮火候的作用，才能釀出沉浮清濁各種佳品。每逢製作膳食菜餚，必須辨明三牢六牲的名稱和性質，割、烹、煎、和各種製作方法，再加上五味五香的佐料使之口味純正，然後才可以供應宴享和祭祀。至於每年四季各種節日規定要向皇太子供進的餻點以及對宮官的設食食品，可以直接專門營造，不必再啟聞請示。東宮六品以有（下）官員在家令寺官廚就食的，即使逢到元日、冬至、寒食這些節假日，亦照常供應。廚食供應的標準，三品以上職事官在東宮正殿左右廂當值的，供應菜料十盤；官（宮）臣在每月六個朝參日供應菜料二十五盤。如果食品有剩餘，賞賜給左右春坊的供奉官和詹事、司直。如果不當值，供應三盤。食官丞主管署內日常事務。

三

典倉署：令一人，從八品下。後漢太子少傅屬官有太子倉令一人，秩六百石，主倉穀。魏、晉已下無聞❶。後魏有太子倉令，第五品中❷。北齊家令寺領典倉署令、丞，典倉署又別領園丞。隋家令寺統典倉令❸，皇朝因之。

丞二人，從九品下。隋典倉丞二人❹，皇朝因之。

典倉署令掌九穀入藏之數❺，及醯醢❻、庶羞❼、器皿❽、燈燭之事，舉其名數，而司其出納；丞為之貳。凡諸園圃樹藝者，皆受令焉。每月籍其出納之數，以上于寺，歲終則申詹事府。凡戶奴婢及番戶、雜戶，皆給其資糧及春、冬衣服等，數如司農給付之法❾；若本司用不足者，則官給。丞判署事。

【章　旨】敘述典倉署令、丞之定員、品秩、沿革和職掌。

【注　釋】❶魏晉已下無聞　魏晉以下至南朝末，除《南齊書・百官志》載南齊東宮設有「太子倉官令」外，其餘皆無此類記載。❷後魏有太子倉令第五品中　《魏書・官氏志》載北魏孝文帝太和十七年（西元四九三年）職員令有太子倉令，列第五品中；太和二十三年（西元四九九年）復次職令則未有相應記載。❸隋家令寺統典倉令　《職官分紀》卷二九引《唐六典》原注此句作「隋家令寺統典倉令、丞」。此處句末「令」下脫一「丞」字。❹隋典倉丞二人　據《隋書・百官志》隋家令所統典倉署設丞一人，非二人。❺九穀入藏之數　指東宮倉儲收藏各種糧食及農作物之數額。九穀，原指九種糧食，此處為泛稱。《周禮・天官・大宰》：「萬民一曰三農，生九穀。」鄭司農注：「三農，平地山澤也。九穀，黍、稷、秫、稻、麻、大小豆、大小麥。」鄭玄注：「三農，原隰及平地。九穀無秫、大麥，而有粱、苽。」又，司農寺設有導官署，掌導擇米麥及九穀之用，有為糗糒，有為麴糵，有為粉脂，皆隨其精粗，差其耗損而供給之。❻醯醢　指鹵製食品。醯，即醋。醢，肉、魚製成之醬。《周禮・天官》有醯人和醢人，醯人掌供五齊七菹，醢人掌供四豆所盛放之祭品諸如各類肉醬、蔬菜等，大多以醋為調料，故合稱醯醢。又，光祿寺有掌醢署，其醯醢製品有鹿醢、兔醢、羊醢、魚醢等；祭神祇、享宗廟用菹醢，宴賓客會百官用醯醬。❼庶羞　各種美好食品。光祿寺設有珍羞署，掌供庶羞之事。庶羞種類，陸產有榛、栗、脯、脩，水產有魚、鹽、菱、芡，以供祭祀、朝會、賓客之禮。❽器皿　指祭祀、宴享用以盛放食品之各種器皿。如籩，竹製之高腳盤；豆，木或銅製之高腳盤；簠，青銅製，長方形，蓋與器形同，有兩耳；簋，青銅或陶製，圓口圈足，無耳，亦有兩耳以至四耳者；以及用以盛羹之甑、鉶及用以載牲之俎等。❾凡戶奴婢及番戶雜戶皆給其資糧及春冬衣服等數如司農給付之法　戶奴婢、番戶、雜戶，在唐代皆屬賤民。戶奴婢，即沒官之奴婢，亦稱官戶。官奴婢第一次赦免為番戶，第二次赦免為雜戶。番戶一年三番，雜戶二年五番，每番皆一個月。所有因罪沒官者皆配司農寺，然後再割配給行宮、東宮、諸王、公主及諸監牧。其衣服和口糧給付之制，據本書第六卷第三篇尚書刑部都官郎中職掌條原注規定為：「春衣每歲一給，冬衣二歲一給，其糧則季一給。丁奴春頭巾一，布衫、袴各一，牛皮鞾一量並氈。官婢春給裙衫各一，絹襌一，鞋二量；冬給襦、複袴各一，牛皮鞾一量並氈。……其糧，丁口日給二升，中口一升五合，小口六合，諸戶留長上者，丁口日給三升五合，中男給三升。」

【語　譯】典倉署：令，定員一人，品秩為從八品下。東漢太子少傅的屬官中設有太子倉令一人，俸秩為六百石，掌管東宮倉穀。魏、晉以後到南朝，沒有這一官職的記載。北魏設有太子倉令，品秩是第五品中。北齊家令寺統領典倉署的令和丞，典倉署還兼管園丞。隋家令寺統轄典倉署令〔、丞〕，本朝因承隋制。

丞，定員二人，品秩為從九品下。隋典倉署設丞二人，本朝因承隋制。

典倉署令的職務是，掌管東宮九穀收藏的數額，以及醋、醬各類美食和器皿、燈燭方面的事務，包括登錄品名、數量，主管出納；丞作為令的副職。凡是所屬各個園圃從事種植花卉樹木的人，都受典倉署令指揮。每個月要將物資出納的數額彙總成冊上報給家令寺，年底再向詹事府申報。凡是由東宮管轄的官奴婢以及番戶和雜戶，都要供給零用錢和口糧，以及春、冬衣服等，發放的數額與司農寺給付的標準相同。倘若本署庫用不足，則由官府另給。丞主管本署內部日常事務。

【說　明】典倉署主要職掌之一，是總管東宮的園樹藝。東宮的田苑，包括東宮莊田、園苑、東宮諸司公廨田及東使屯田四部份。皇宮園苑所植果樹蔬菜為供朝會祭祀所需，同樣東宮園苑所產，亦用於太子的祭祀、宴樂及常食。東宮諸司的公廨田，據本書第七卷第二篇尚書工部屯田郎中職掌條原注中規定：太子左春坊十頃，太子詹事府八頃，太子家令寺六頃，太子右春坊五頃，太子左、右衛率府各四頃，太子僕寺、左右司禦率府、左右清道率府、左右監門率府各三頃，左右內率府、率更寺各二頃。東宮的莊田，由家令寺丞掌管。本篇一章㊵注中引中宗為皇太子時一篇表文中提到「家令寺有地九百餘頃，特請迴授關中貧下等色」，東宮所屬莊田總量自然要多於此數。《吐魯番出土文書》中有一篇〈唐安西都護府運糧殘文書〉，載有這樣三行：

一、稱，得家令寺

二、往涼州以西諸州

三、運糧致死者。

把三行文字連綴起來，大意為家令寺發出牒令，往涼州以西諸州運糧，很可能在那裡亦有家令寺所屬的莊田。莊田的租粟，要經過艱難的長途跋涉才能運至東宮，以至途中發生了死亡事件。隴右諸牧監中亦有隸於東宮者，所需草料，則由東使所轄諸屯提供，其屯數和位置則缺少記載。

四

司藏署：令一人，從八品下。晉家令有主物吏四人。梁庶子屬官有錫賜庫局丞❶，又有東宮衛庫丞，為三品勳位❷。北齊家令寺領司藏署令、丞，司藏又別領仗軍、與作二局丞❸。隋家令寺統司藏署令丞，皇朝因之❹。

丞二人，從九品下。隋有司藏丞二人❺，皇朝因之。

司藏令掌庫藏財貨出納、營繕之法式。凡諸司應納財物者，皆受而藏之；應出給者，則監而付之。其財物之出於庫藏，無眾寡，皆具其給賜之名數，每月上寺，歲終則以貨幣出入之數會之。丞判署事。

【章旨】敘述司藏署令、丞之定員、品秩、沿革和職掌。

【注釋】❶梁庶子屬官有錫賜庫局丞　據《隋書‧百官志》，梁庶子屬官有錫賜庫局，置有司以承其事。此句中「賜」係衍字。❷三品勳位　梁制，在十八班之外，另設流外七班；七班以下，又分二等：三品蘊位和三品勳位，以為寒門庶族充任卑官濁職之品秩。❸司藏又別領仗軍與作二局丞　《隋書‧百官志》稱北齊家令寺所屬之「司藏又別領仗庫、典作二局丞」。句中「軍」係「庫」之訛，「與」為「典」之訛。《職官分紀》卷二九引《唐六典》原注此句與《隋書‧百官志》同。❹隋家令寺統司藏署令丞皇朝因之　隋太子食官、典倉、司藏等令，皆為正九品下，唐朝則均為從八品下。❺隋有司藏丞二人　《隋書・百官志》，隋司藏丞為三人。

【語　譯】司藏署：令，定員一人，品秩為從八品下。晉家令設有主物吏四人。梁庶子的屬官有錫〔賜〕庫局丞，又有東宮衛庫丞，品秩為三品勳位。北齊家令寺統領司藏署令、丞，司藏另又兼管仗軍（庫）、與（典）作二局丞。隋家令寺統轄司藏令、丞，本朝因承隋制。

丞，定員二人，品秩為從八品下。隋有司藏丞二（三）人，本朝因承隋制。

司藏令的職務是，掌管庫藏財貨的出納和營造修繕方面的制度。凡是各個官司規定應向東宮繳納的財物，都要負責收受和儲藏；應該出給的，就要做好監督按規定支付。所有從庫藏出給的財物，無論多少，都要將它們的品名和數量登錄下來，每月上報給家令寺，年終則折合成貨幣總數會計入帳。丞主管本署內部日常事務。

【說　明】東宮司藏署的職掌，與外朝太府寺所屬主掌邦國庫藏的左、右藏署頗為相似，只是它所掌管的是東宮財貨的出入。凡外朝諸司如將作、少府、太府等，按規定應支給東宮的財物，以及如本篇一章太子家令職掌所言：「凡宮府署廨宇及牀几、茵蓐席、器物不供於將作、少府」而由家令寺自製的財物器用，皆經由司藏署受而藏之，然後出給東宮諸司及相關人員。司藏署還掌管東宮的營繕法式。本篇一章太子家令丞的職掌中，便有「若宮、朝、坊、府有土木營繕，則下于司藏」的規定。東宮的土木營造，將作監負責廨宇房舍的建造和維修，屬於外作的範圍；東宮宮內的興造與修繕則由家令寺下牒於司藏署，具體受其事者是典事。貞觀時，皇太子李承乾受廢黜，其不端事之一，便是於盛農之時營造亭觀，累月不止。當時以中書侍郎行太子左庶子的于志寧曾上書諍諫稱：「今所居東宮，隋日營建，覩之者尚譏其侈，見之者猶嘆其華。何容此中更有修造，財帛日費，土木不停，窮斤斧之工，極磨礱之妙？且丁匠官奴入內，比者曾無伏監。」（《舊唐書・于志寧傳》）右庶子張玄素亦以承乾的好營造上了書諫，文中稱：「龍樓之下，惟聚工匠；望苑之內，不覩賢良。」（《舊唐書・張玄素傳》）兩份諫書都以存有戒心的口氣提到了從事營造的工匠。這些工匠屬將作監管轄，派遣到東宮勞作。他們或為官奴婢，或為番戶、雜戶，在唐代屬賤民階層。

司藏署的另一個職能是每月上報庫藏財物名數，年終做一次會計總帳。東宮無封邑，所需經費每年由國庫支給。

這一點，從《唐會要》卷九〇所錄一則駁奏可以看出：「神龍二年（西元七〇六年）十一月勅皇太子在藩府日，所食衛府封物，每年使納東宮。給事中盧燦駁奏曰：『伏以皇太子處繼明之重，當主鬯之尊，歲時限用，自可有司供擬。又據《周禮》諸司應財器，歲終則會，唯王及太子不會，此則儲蓄之費咸與王同。今與列國諸侯齊衡食封，豈所謂憲章古昔，垂法將來者也。』上納其言，十一月五日敕停。」文中所引《周禮》的話，見《周禮・天官》膳夫、庖人職掌。會，指會計核算。藩府的開支主要靠食實封，東宮所需則列入國家年度預算計劃，由諸司據以供給。「唯王及太子（《周禮》原文為「世子」）不會」，說明在經濟支出方面皇太子享有與皇帝相同的權利。但只限於太子，皇帝的其他兒子，特別是非嫡出的庶子，便沒有這樣的權利。《資治通鑑・唐紀十二》記到貞觀十六年（西元六四二年）春正月，太宗第四子魏王泰上《括地志》獲得太宗歡心，於是「大開館舍，廣延時俊，人物輻湊，門庭若市。泰月給踰於太子」。魏王府每月的經費超過了太子宮，諫議大夫褚遂良以為問題很嚴重。這樣做不僅違反禮制，而且還透露了太宗有可能廢皇太子李承乾而另立魏王泰入主東宮這樣一個危險的信息。於是便上了一道奏疏。當然像廢立這樣的敏感問題是必須迴避的，文中單就禮制而言：「聖人制禮，尊嫡卑庶，世子用物不會，與王者共之。庶子雖愛，不得踰嫡，所以塞嫌疑之漸，除禍亂之源也。」但太宗為此而下的詔書，不是削減魏王的經費，而是下令不要限制太子：「儲貳不會，自古常式。近年以來，多為節制，求之故寔，深非事宜。自今皇太子出用庫物，所司勿為限制。」（《唐會要》卷四）李承乾得詔有雙重的高興：第一自然是從此可以放手大花錢；第二也是更重要的，說明父皇並不像傳聞的那樣要廢掉他的太子地位，因而立即上進了一份謝表。太宗又下了答詔：「汝家之冢嫡，國之儲貳，故有斯命，以彰有殊。入學齒冑，則君臣之義也；同之府庫，實父子一體也」，又說了「君子富而不驕，謙而受益」（見《唐會要》卷六）一類話，可謂既動之以情，又曉之以理。作為猜測，太宗詔令取消太子支用庫物限制，似乎並非一時疏忽，而是含有考驗承乾的用意。無論如何，承乾卻因此而在使壞的路上愈走愈遠。《資治通鑑・唐紀十二》稱：「於是太子發取無度，左庶子張玄素上書以為：聖上以殿下親則父子，事兼家國，所應用物不為節限，恩旨未踰六旬，用物已過七萬，驕奢之極，孰云過此！」這個「七萬」當是指七萬疋絹，不到兩個月便全部花光。在正常情況下，皇太子歲費應是多少呢？《唐會要》卷四錄有貞觀十三年（西元六三九年）劉洎的一封疏狀，其中提到「臣伏見東宮料物，歲得四萬段」。絹四萬段（疋），這該是國家撥給東宮一年開支的定額。而太宗詔令取消限額以後，皇太子李承乾不到兩個月就花掉了近兩年的開支定額，難怪張玄素要聲嘶力竭諫諍了！其結果是：「太子惡其書，令戶奴伺玄素早朝，密以大馬箠擊之，幾斃。」（《資治通鑑・唐紀十二》）

太子率更寺

【篇旨】唐太子率更寺為太子三寺之一。掌管東宮宗族次序、禮樂、刑罰及漏刻之政令。這些職能大致相當於秘書省的太史局，太常寺的太樂、鼓吹二署，以及宗正寺和大理寺；是上述外朝諸司主要職掌的微縮。

太子三寺中，唯率更下不設署。

率更寺作為詹事府屬下的一個機構，始置於北齊，但率更令這一官職，早在秦漢時期已有。篇中除對它的沿革歷史有簡略敘述外，主要篇幅則是詳敘其職掌。率更之職，在西漢主掌漏刻和東宮值宿事，故稱率更，即夜間報更。此後其職司範圍逐步有所變化和擴大：東漢主太子庶子、舍人值宿事，職似光祿勳；魏晉不領庶子、舍人，掌太子宮殿門衛及賞罰等事，職似光祿勳、衛尉；北齊領中盾寺，掌周衛禁防、漏刻鐘鼓，至隋而又增掌樂伎；唐沿隋制。率更職掌的這種變化，反映了東宮官制的日趨完備，即越來越儼然一小朝廷的架勢，俗謂「麻雀雖小，五臟俱全」是也。

唐率更寺在西京的官衙設在皇城內，位於承天門街之東，第三橫街之北，介於東宮僕寺與司禦率府之間。

一

太子率更寺：令一人，從四品上。漢詹事府屬官有太子率更令、丞❶。後漢太子少傅屬官有太子率更令❷，秩千石，與❸庶子、舍人更直，職似光祿勳。魏因之。晉詹事屬官有太子率更令一人❹，銅印、墨綬❺，進賢兩梁冠❻，絳朝服❼；掌宮殿門戶之禁，郎將屯衛之士；局擬光祿勳、衛尉。太康八年，進品第五❽。宋、齊因之❾。梁率更令視黃門❿，陳因之⓫。後魏太和二十二年為從四品上⓬。北齊詹事率更令⓭有丞、功曹、主簿，領中盾署令、丞各一人，掌周衛禁防，漏刻鐘鼓⓮。隋率更寺令一人⓯，皇朝因之。龍朔二年改為司更大夫⓰，咸亨元年⓱復舊。

丞一人，從七品上。後漢率更丞一人⓲，秩四百石。魏、晉、宋、齊、梁、陳皆一人⓳。後魏太子三卿丞從六品下⓴。北齊、隋皆一人㉑，皇朝因之。

主簿一人，正九品下。晉率更令置主簿一人，宋代無聞。《齊職儀》㉒：「太子率更令主簿，四品勳位。」梁、陳、後魏無聞。北齊、隋太子率更寺主簿一人㉓，皇朝因之。

【章　旨】敘述太子率更令、丞和主簿之定員、品秩及沿革。

【注　釋】❶漢詹事府屬官有太子率更令丞　《漢書·百官公卿表》中詹事屬官有率更令、丞，顏師古注曰：「掌知漏刻，故曰率更。」《漢官舊儀》稱：「率更令，秩千石，主庶子、舍人更直。亡新改為中更。丞一人，秩四百石。」❷後漢太子少傅屬官有太子率更令　《太平御覽·職官部四十五·太子率更令》引《續漢書·百官志》曰：「率更令，秩千石，與庶子、舍人更直，職似光祿勳，掌宮殿門戶之禁，郎將屯衛之士。」❸與　正德本、廣池本均作「主」，意謂掌管。唯上注引《續漢書·百官志》又與此處同，亦作「與庶子、舍人更直」。❹晉詹事屬官有太子率更令一人　《晉書·職官志》：「率更令，主宮殿門戶及賞罰事，職如光祿勳、衛尉。」《宋書·百官志》：率更令「漢東京掌庶子、舍人，晉世則不也。自漢至晉，家令在率更下。」❺銅印墨綬　銅製之印章和黑色之佩印綬帶。晉制，自相國而下，或銀章或銅印，或青綬或墨綬。❻進賢兩梁冠　進賢冠，古文儒者之服。前高七寸，後高三寸，長八寸，有五梁、三梁、二梁、一梁之別，以梁多為貴。二千石及千石以上冠兩梁。❼絳朝服　即絳衣朝服。《晉書·輿服志》：「魏秘書監秦靜曰：『漢氏承秦，改六冕之制，但玄冠絳衣而已。』魏以來名為五時朝服，又有四時朝服，又有朝服。」五時、四時朝服，指郊祀時所服各如方色。絳衣朝服為平時之常服，簡稱絳。❽太康八年進品第五　太康八年，即西元二八七年。太康為晉武帝司馬炎年號。《太平御覽・職官部四十五・太子率更令》引《晉起居注》曰：「武帝太康八年詔曰：『太子、率更、僕東宮之達官也，其進品第五，秩與中庶子、左右率衛同，職擬光祿勳也。』」❾宋齊因之　《宋書・百官志》稱宋置「率更令一人，主宮殿門戶及賞罰事，職如光祿勳、衛尉。自漢至晉，家令在率更下，宋則居上」。宋太子率更令居第五品，有何承天曾自著作郎轉太子率更令，元嘉十九年（西元四四二年）以本官領國子博士。元嘉三十年（西元四五三年）末，孝武帝剛即位，以將置東宮，省太子率更令。齊因宋制。《南齊書・百官志》載東宮官屬有太子率更令。伏曼容，「齊初為通直散騎侍郎。永明初，為太子率更令，侍皇太子講」（《梁書》本傳）。❿梁率更令視黃門　《隋書・百官志》：「梁率更令視黃門三等，品秩為第十班。」梁時劉潛弟劉孝威，曾「除太子洗馬，累遷中舍人，庶子，率更令，並掌管記」（《梁書・劉潛傳》）。⓫陳因之　《隋書・百官志》：陳太子三卿列第四品，秩千石。陳後主在東宮時，有顧野王於太建六年（西元五七四年）「除太子率更令，尋領大著作，掌國史，知梁史事，兼東宮通事舍人」。⓬後魏太和二十二年為從四品上　太和二十二年，據《魏書・官氏志》當作太和二十三年，即西元四九九年。太和係北魏孝文帝年號。北魏於太和十七年（西元四九三年）頒職員令，太子率更令為從三品上；太和二十三年復次職令，則降為從四品上。⓭北齊詹事率更令　據《隋書・百官志》，北齊率更令之品秩為從第四品上。⓮漏刻鐘鼓　古代計時、報時器具。漏刻即漏壺，用以計時。漏壺均勻滴水，使受水壺水面逐漸升高，由浮標之刻度顯示時間。鐘、鼓亦稱漏鐘、漏鼓，用以報時。唐制一晝夜為一百刻，一刻合今十四・四分。每夜分五更，每更分五點。更以擊鼓為節，點以擊鐘為節，聲播四方周知，城門和坊門亦依鐘鼓所報之時啟閉。⓯隋率更寺令一人　《隋書・百官志》稱隋率更令掌伎樂漏刻，列從四品上。隋時任此職者，如裴政，「開皇元年（西元五八一年）轉率更令」；明克讓，曾「拜太子內舍人，轉率更令，進爵為侯，太子以師道處之，恩禮甚厚，每有四方珍味，輒以賜之。於時東宮盛徵天下才學之士，至於博物洽聞，皆出其下」（均見《隋書》本傳）。此外晉文建，亦曾任率更令，文帝廢黜皇太子楊勇詔中提到「率更令晉文建」等，「並處（自）盡」（《隋書・楊勇傳》）。⓰龍朔二年改為司更大夫　龍朔二年，即西元六六二年。龍朔為唐高宗李治年號。《新唐書・百官志》載是年「改曰司更寺，令曰司更大夫」。⓱咸亨元年　即西元六七〇年。咸亨亦為唐高宗李治年號。⓲後漢率更丞一人　《漢書・百官公卿表》載前漢詹事屬官率更有丞；《後漢書・百官志》載太子少傅屬官有太子率更令一人，未言率更設丞。《漢官舊儀》則云：「率更令，秩千石，主庶子舍人更直。亡新改為中更，丞一人，秩四百石。」⓳魏晉宋齊梁陳皆一人　魏、晉、宋、齊未見有率更寺置丞一人之記載。《隋書・百官志》載梁率更置丞，陳因梁制。梁率更丞之品秩當與太子家令丞相同，為流外七班之第七班。⓴後魏太子

三卿丞從六品下　據《魏書・官氏志》，北魏太和二十三年（西元四九九年）復次職員令，三卿丞為從六品下，而太子三卿丞則為第九品下。㉑北齊隋皆一人　據《隋書・百官志》率更寺丞之品秩，北齊為第九品下，隋則為從八品下。㉒齊職儀　書名。齊長水校尉王珪之撰，五十卷。《南齊書・王逡之傳》稱：「從弟珪之，有史學，撰《齊職儀》。永明九年（西元四九一年），其子中軍參軍〔王〕顥上啟曰：『臣亡父故長水校尉珪之，以宋元徽二年（西元四七四年）被敕使纂集古設官歷代分職。凡在墳策，必盡詳究。是以等級掌司，咸加編錄，黜陟遷補，悉該研記，述章服之差，兼冠佩之飾。故大宰臣〔褚〕淵奉宣敕旨，使速洗正。刊定未畢，臣私門凶禍。不揆庸微，謹冒啟上，凡五十卷，謂之《齊職儀》。仰希永昇天閣，長銘秘府。』詔付秘閣。」㉓北齊隋太子率更寺主簿一人　據《隋書・百官志》，北齊率更寺設有功曹和主簿；隋率更寺僅有錄事一人，未見有主簿之設。

【語　譯】太子率更寺：令，定員一人，品秩為從四品上。西漢詹事府屬官有太子率更令、丞。東漢太子少傅的屬官有太子率更令，俸秩為一千石，掌管庶子、舍人的更直，職司與光祿勳相似。魏因承漢制。晉詹事屬官有太子率更令一人，佩銅印墨綬，戴進賢兩梁冠，穿絳衣朝服，掌管東宮宮殿門戶的禁衛，統領東宮各郎將和屯衛士卒；職務相當於光祿勳和衛尉。晉武帝太康八年，進為第五品。南朝宋、齊沿襲晉制，亦列第五品。梁代率更令視同黃門，陳因承梁制。北魏太和二十二（三）年，率更令列為從第四品上。北齊詹事統率更令，在率更寺設丞、功曹、主簿，並統領中盾署令、丞各一人，掌管東宮的禁令和防衛，以及漏刻計時、鐘鼓報時等事務。隋率更寺設有令一人，本朝因承隋制。高宗龍朔二年曾改名為司更大夫，到咸亨元年又恢復舊名。

丞，定員一人，品秩為從七品上。東漢有率更丞一人，俸秩為四百石。魏、晉和宋、齊、梁、陳都是為一人。北魏太子三卿的丞，品秩為從六品下（第九品下）。北齊和隋朝率更寺都設丞一人。本朝因承隋制。

主簿，定員一人，品秩為正九品下。晉朝率更令設有主簿一人，南朝宋未見設有此職。《齊職儀》記載：「太子率更令下設的主簿，品秩是四品勳位。」梁、陳和北魏，未見有此記載，北齊和隋朝太子率更寺設有主簿一人。本朝因承隋制。

【說　明】唐代曾任太子率更令之職的官員中，有一位著名的書法家歐陽詢，他的傳世書法名作〈九成宮醴泉銘〉，落款便是「兼太子率更令勃海男臣歐陽詢奉勑書」。勃海男即勃海縣男，是他的封號。《舊唐書》本傳稱其「初學王羲之書，後更漸變其體，筆力險勁，為一時之絕」。但歐陽詢的啟蒙老師應是江總，就是我們在上卷二篇一章之末說明中提到那位與陳後主長夜飲酒賦詩十分相得的太子詹事。歐陽詢少時因父親謀反案受到株連，後得獲免，幸有江總「收養之，教以書計」（同上）。歐陽詢兼任率更令是在貞觀初，其時該已年近古稀。有一樁軼事是在貞觀十年（西元六三六年），「文德皇后崩，百官縗絰。率更令歐陽詢狀貌醜異，眾或指之，〔許〕敬宗見而大笑，為御史所劾，左授洪州都督府司馬」（《舊唐書・許敬宗傳》）。許敬宗被劾遭貶是因為皇后喪期嘻笑失禮，同時也說明歐陽詢其貌不揚而不加偽飾，有赤子真情。再如張文瓘的從父弟張文收，是個音樂家，著有《新樂書》十二卷，在「咸亨元年（西元六七〇年），遷太子率更令，卒官」（《舊唐書・張文瓘附張文收傳》）。《史通》的作者劉知幾，「中宗時擢太子率更令，介直自守，累歲不遷」（見《新唐書・劉子玄傳》）。他在《史通・序》中說：「今上即位，除著作郎、太子中允、率更令，其兼修史皆如故」。又，玄宗時，王毛仲受寵信，他的三個兒子分別任太子三卿，一旦王毛仲失勢，三子又一起被貶。其中任率更令的是第三子王守慶，後被貶為鶴州司倉（見《舊唐書・王毛仲傳》）。

上述數例，有一個情況值得注意。歐陽詢兼任太子率更令時，已是老邁之身，似不可能再在東宮有實際職務。王守慶是因父王毛仲之故而任此職，顯然只是以此作為遷轉跳板，要不是因父事敗而遭貶，他很可能就要遷任他官，不會在這塊跳板上停留多久。當時在此職上幹上幾年還不升不遷的已屬稀罕，所以《新唐書》的作者對劉知幾特書上一筆「累歲不遷」，並認為這是一種「介直自守」的高尚品質。這些情況大致可以說明，唐代早在初期，太子率更令的設置已帶有很大程度的虛職或閑職的成分。

二

率更令之職，掌宗族次序[1]，禮樂、刑罰及漏刻之政令。凡皇太子釋奠於先聖先師，講學齒胄，皆總其儀注而為之導引❷。若皇太子備禮出入，則乘軺車❸，位亞家令焉。凡張樂、軒縣之制❹：鼓鎛鐘之虡三，編鐘之虡三，編磬之虡三，凡九虡❺。每位各建鼓凡三人❻，柷敔二人❼，鐘、磬、虡各一人。每編鐘下，笙、竽、笛、篪、塤❽各一人。每編磬下，歌二人❾，琴、瑟、箏、筑❿各一人。文、武二舞各六佾⓫。其簨、虡皆金三博山，飾以崇牙、流蘇、樹羽⓬。其樂器應漆者，皆朱漆之：鐃鼓⓭、節鼓⓮朱漆畫，加五綵重蓋；大鼓、小鼓⓯及餘鼓吹⓰並朱漆，羽葆鼓飾以羽保⓱。長鳴、中鳴⓲、大小橫吹⓳五綵幡，緋掌，畫豹五綵腳⓴；大角幡亦如之㉑。其大鼓、長鳴、大橫吹、節鼓及橫吹後笛、簫㉒、篳篥㉓、笳㉔等工人，皆服緋地苣文㉕袍、袴及帽。金鉦㉖、掆鼓㉗皆加六角紫繖㉘。小鼓、中鳴等㉙，小橫吹及鐃㉚，及橫吹後笛、簫、篳篥、笳等工人，皆服青地苣文袍、袴及帽㉛。鐃及簫、笳工人㉜服並武弁、朱褠衣、革帶㉝。大角工人平巾幘、緋衫、白布大口袴㉞。凡鐘、鼓新成，並以羊、豕各一釁㉟之。若皇太子親戒，則以猳豚以釁鼓㊱。教樂，淫聲、凶聲、慢聲皆禁之㊲。凡漏刻㊳，令博士㊴以教之，掌漏㊵以典之，漏童㊶司刻，分時以唱之。晝夜之刻百：冬至則晝四十，夜六十；夏至則晝六十，夜四十；春、秋分則晝、夜五十。凡諸坊、寺、府之有犯者，令其主司定罪，庶人杖已下㊷決之，官吏杖已下皆送於大理。若皇太子未立及雖立未即東宮，其官43坊、寺、府之犯罪者，皆斷於大理。

丞掌判禮樂、刑獄之事。凡宮臣有犯理于率更者，皆親問之，乃斷其罪，而上於詹事。

主簿掌印及勾檢稽失44。凡宗族不序45，禮儀不節，音律不諧，漏刻不審，刑名不法，皆舉而正之。若所司決囚，與其丞同監之。

【章　旨】敘述率更令、丞之職掌以及與之相關的禮樂、刑罰和漏刻制度。

【注　釋】❶宗族次序　指依古代宗法制度中之昭穆次序為皇族宗室嫡庶、親疏關係列位。昭穆原指宗廟次序。始祖廟居中，以下父、子（祖、父）遞為昭穆，左為昭，右為穆。此處指祭祀時子孫按昭穆列位行禮，亦泛指宗族輩份之確定。《禮記．祭統》：「夫祭有昭穆。昭穆者，所以別父子、遠近、長幼、親疏之序而無亂也。」❷凡皇太子釋奠於先聖先師講學齒胄皆總其儀注而為之導引　釋奠於先聖先師、講學齒胄，指皇太子於仲春、仲秋二時赴國子監孔廟親行祭奠孔子之禮。通常釋奠由國子祭酒為初獻，司業為亞獻，國子博士為終獻；若皇太子親自釋奠，則由皇太子初獻，國子祭酒、司業分別為亞獻、終獻。齒胄即皇太子入學典禮。齒意為「齒於學」，即皇太子入學時，以年齒而不是以尊卑為列位次序。《禮記．文王世子》：「行一物而三善皆得者，唯世子而已，其齒於學之謂也。」所謂「一物而三善」，是指世子若行「齒於學」，則可使眾人皆知曉「父子之道」、「君臣之義」、「長幼之節」。齒胄之禮的整個過程有諸多儀式，亦即句中所稱的「儀注」。如開元七年（西元七一九年），玄宗令皇太子瑛詣國子學行齒胄之禮，以皇太子為初獻，侍中宋璟為亞獻，中書侍郎蘇頲為終獻。禮畢，由右散騎常侍褚無量講《孝經》。在上述禮儀活動中，率更令須依照儀注程序為皇太子作導引。據《通典．禮七十七．皇太子釋奠於孔宣父》規定，從皇太子進入孔廟起，每一禮儀程序皆需由率更令導引。❸軺車　單稱「軺」，亦稱遙車。古代一種輕便馬車。據漢畫像石所示，曲輈，淺輿，中樹車蓋，多駕一馬。《隋書．禮儀志》：「軺車，案《六韜》一名遙車，蓋言遙遠四顧之車也。漢武帝迎申公，弟子二人乘軺傳從，此又是馳傳車也。《晉氏鹵簿》：御史軺車行中道。《晉公卿禮秩》云：『尚書令軺，黑耳後戶。』今軺車，青通幰，駕二馬。王侯入學，五品通婚，通給之。司隸刺史及縣令，詔使品第六、七，則並駕一馬。」此處指皇太子備禮出入時，太子率更令隨太子家令乘之以為前導。唐皇太子車中亦有軺車，見本卷三篇太子僕職掌條。❹軒縣之制　樂縣制之一。縣通「懸」，懸掛。樂縣之制分宮縣、軒縣、判縣、特縣四等。《周禮・春官・小胥》：「正樂縣之位：王宮縣，諸侯軒縣，卿大夫判縣，士特縣。」唐制皇帝用宮縣，即宮殿之四面皆懸掛樂器；皇太子用軒懸，三面懸掛即去宮縣之南面；依次為判縣，減軒縣之北面，僅有東西二面懸掛樂器，祭風伯、雨師、五嶽四瀆用之；特縣，去判縣之西面，或陳於階間。❺自「鼓鎛鐘之虡三」至「凡九虡」　此言軒縣組成中主要樂器之名稱和數量。句首「鼓」，近衛校明本據《通典》疑為衍文。虡，即簨虡，懸掛樂器之木架。橫杆為簨，豎木稱虡。虡三，指東、西、北各懸一虡，此即所謂「軒縣」。鎛鐘、編鐘、編磬，皆為打擊樂器。鎛鐘，形似鐘而口緣平，有紐可懸掛，以槌扣之而鳴，盛行於周代。《初學記》卷一六引《三禮圖》曰：「鎛，鐘之大者也，形似鐘，但大耳，其在簴，亦一名而已。」編鐘，亦稱小鐘。因按大小、厚薄、音高依次排列成組懸掛於同一簨虡而稱編鐘。歷代形制有異，枚數亦不同。唐代以十六枚為一組，分懸於上下二簨，以應十二正律加四半律。編磬，磬狀矩，玉製或石製，以槌擊之而鳴，若干枚編而成組懸掛於同一簨虡稱編磬。編磬之形制歷代不一，枚數亦不同。《初學記》卷一六引《三禮圖》曰：「股廣三寸，長尺三寸半，十六枚同一簨簴，謂之編磬。」❻每位各建鼓凡三人　位，指樂器縣掛之位，依十二時辰位次排列。皇太子軒縣，凡九虡，分別設於東、北、西三面辰、丑、申之位。每位有一虡鎛鐘，一虡編鐘，一虡編磬，再加一面鼓，鼓手三人。❼柷敔二人　敔即「敔」字。柷、敔皆為打擊樂器，用以指揮樂隊演奏：擊柷而樂始，擊敔則樂止。《舊唐書・音樂志》：「柷，眾也。立夏之音，萬物眾皆成也。方面各二尺餘，旁開員孔，內手於中，擊之以舉樂。」《尚書・益稷》鄭玄注：「柷，狀如漆桶而有椎。合樂之時，投椎其中而撞之。」又云：「敔，如伏虎，背皆有鬣二十七，碎竹以擊其首而逆刮之，以止樂也。」《尚書・益稷》：「合止柷敔。」孔穎達疏曰：「樂之初，擊柷以作之；樂之將末，戛敔以止之。」此處指軒縣之制，每位之左設柷，右設敔，共二人。❽笙竽笛篪塤　皆為吹奏樂器。笙由簧片、笙管、斗子三部份構成。笙管十三至十九根不等，於上端開音窗，下端開按孔，演奏時，手按指孔，吹吸振動簧片而發音，能奏各種和音。竽，形似笙而較大，管數亦較多，長沙馬王堆漢墓出土之竽有二十二管。笛，竹製橫吹之管樂器，又名橫笛。篪，單管橫吹形制似笛而較笛大，故俗稱笛為小篪。塤，陶製之吹奏樂器。《舊唐書・音樂志》：「塤，埏土為之，如鵝卵，凡六孔，銳上豐下。」《詩・大雅・板》：「如塤如篪。」說明塤與篪可以和諧合奏。❾歌二人　指唱登歌者每編磬有二人。三簴編磬共有歌者六人。登歌，《初學記》卷一四：「堂上奏樂而歌曰登歌。」然漢代登歌尚為清唱。《漢書・禮樂志》：「乾豆上，奏登歌，獨上歌，不以管弦亂人聲，欲在位者偏聞之，猶古清廟之歌也。」魏晉後，登歌多有樂器伴奏。南朝宋有顏延之作宋宗廟登歌歌詞八篇，見於《宋書·樂志二》。⑩琴瑟箏筑　琴、瑟、箏皆為撥弦樂器，筑為擊弦樂器。琴，指古琴，七弦。琴身為狹長形木質音箱。瑟，形似琴，通常有二十五弦，每弦一柱。瑟常與琴一起合奏。箏，音箱為木製長方形，面上張弦，弦下設柱，柱可左右移動以調節音高，以寸餘長鹿骨爪撥弦鳴奏。唐宋時，教坊用箏均十三弦，唯清樂用十二弦。筑，形似箏而肩圓，有十三弦，弦下設柱，演奏時左手按弦一端，右手執竹尺擊弦以發音。戰國末，高漸離易水送荊軻西行刺秦，擊筑高歌一曲「風蕭蕭兮易水寒，壯士一去兮不復還」，千古流傳。⑪文武二舞各六佾　文舞、武舞，用於不同禮儀程序。如祭祀時，初獻作文舞，亞獻、終獻作武舞。文武二舞之規制，據《新唐書·禮樂志》載錄為「文舞：左籥右翟，與執纛而引者二人，皆委貌冠，黑素，廣袖，白袴，革帶，烏皮履。武舞：左干右戚，執旌居前者二人，執鼗、執鐸皆二人，金錞二，輿者四人，奏者二人，執鐃二人，執相在左，執雅在右，皆二人夾導，服平冕，餘同文舞。」六佾，佾指樂舞之行列。以行列之多寡區別尊卑。《論語·八佾》何晏《集解》：「天子八佾，諸侯六，卿大夫四，士二。」唐制，皇帝八佾，八行，行八人，共六十四人。皇太子六佾，六行，行六人，共三十六人。⑫其簨虡皆金三博山飾以崇牙流蘇樹羽　此言簨虡上之圖紋及飾物。金三博山，以金色線條繪飾三座山形之圖案。此圖案之數尊卑有別。皇帝宮縣之簨虡為金五博山，皇太子軒縣之簨虡為金三博山。崇牙，雕鑲於簨虡橫檔上之鋸齒狀飾物，亦用以懸掛大小不等之鐘磬。流蘇，亦作「旒蘇」，下垂之飾物。樹羽，插以五彩鳥羽。⑬鐃鼓　打擊樂器。狀若腰鼓。原為西南少數族樂器。唐代大駕出行亦用以為鹵簿鼓吹。《桂海器志》：「鐃鼓，猺人樂。狀如腰鼓，腔長倍之，上銳下侈。亦以皮鞔植之於地，坐拊之。」⑭節鼓　打擊樂器。《舊唐書·音樂志》：「節鼓，狀如博局，中間圓孔，適容其鼓，擊之以節其樂也。」⑮大鼓小鼓　在演奏中一對用以應和之鼓。《舊唐書·音樂志》：「金則鼓之，旁有鼓，謂之應鼓，以和大鼓。小鼓有柄曰鞞，搖之以和鼓，大曰鞉。」《初學記》卷一六引《爾雅》云：「小鼓謂之應。」《纂要》曰：「應鼓，曰鞞鼓，亦曰朄鼓。亦曰田鼓。言先擊鼓以引大鼓。」⑯餘鼓吹　指皇太子鼓吹樂隊中除上述已列舉外，其餘之鼓吹樂器。據本書第十四卷第三篇太常寺鼓吹署鼓吹令職掌條載：「凡皇太子鼓吹亦有前、後二部。前部則棡鼓、金鉦各二，次大鼓三十六；次長鳴三十六，鐃鼓二，簫笳各六；次棡鼓、金鉦各二；次小鼓三十六；次中鳴三十六。後部則鐃吹一部：鐃鼓二，夾簫、笳各六；橫吹一部：橫吹十，節鼓一，夾笛、觱篥、簫、笳各五。大鼓、小鼓無金鐲羽葆，長鳴、中鳴、大橫吹五綵衣幡，緋掌，畫蹲豹五綵腳，餘並同上。」⑰羽葆鼓飾以羽保　句末「保」字當是「葆」字之訛。羽葆，即鼓上之羽蓋。《漢書·王莽傳下》：「莽乃造華蓋九重，高八丈一尺金瑵羽葆。」⑱長鳴中鳴　均為號角。

隋唐時皆入儀仗鼓吹樂，如《隋書．禮儀志》：「前部鼓吹一部，小鼓及鼙，長鳴、中鳴等各十八具，棡鼓、金鉦各二具。」《通雅．樂舞》：「長鳴，今時之號通也。口圓而長如竹筩，一尺五寸；又有小柄空管，從从中抽出吹之。」又云：「始以葭管，後以銅作。」中鳴長度為長鳴之半。陳暘《樂書》：「胡角本應胡笳之聲，通長鳴、中鳴，凡有三部之曲。魏武帝北征烏丸，越沙漠，軍士聞之無不動鄉關之思，於是武帝減之為中鳴，其聲尤更悲切。」⑲大小橫吹　即長笛與短笛。又本書第十四卷第三篇太常寺鼓吹令職掌條作「大橫吹」。此處「小」字疑衍。⑳五綵幡緋掌畫豹五綵腳　此言長鳴、中鳴及大小橫吹等樂器上的裝飾及飾物。句中「五綵幡」、「畫豹五綵腳」據本書第十四卷第三篇太常寺鼓吹令職掌條，當作「五綵衣幡」、「畫蹲豹五綵腳」，應分別補以「衣」、「蹲」。全句意謂在此類樂器上要繫以五彩旗幡作為裝飾；幡掌為緋紅色，幡腳則為五彩並繪有蹲伏之豹圖案。㉑大角幡亦如之　意謂繫於大角之旗幡其紋飾與長鳴、中鳴等旗幡相同。大角，形如獸角之大型吹奏樂器。隋唐入儀仗鼓吹，亦用於軍中。《新唐書．百官志四》：「衛士六百為大角手，六番閱習吹大角，為昏明之節，諸營壘候以進退。」《事物異名錄》引《事物紺珠》：「大角名簸邏迴。」㉒簫　吹管樂器。古代以若干竹管編成之排簫為簫，後世則稱竹製單管直吹者為簫。《初學記》卷一六引《風俗通》曰：「舜作簫，其形參差，以象鳳翼。」所指即為排簫。單管豎吹之簫，相傳出自西羌，初名長笛、豎笛，亦即五代以來稱為洞簫者。其吹孔在管端側沿，管身正面五孔，背面一孔。音色清幽柔和。唐．陸龜蒙〈問吳宮辭〉：「鸞之簫兮蛟之瑟，駢筠參差分界絲密。」㉓篳篥　亦作觱篥、悲篥。簧管樂器。《舊唐書．音樂志》：「篳篥，本名悲篥，出於胡中，其聲悲。亦云：胡人吹之以驚中國馬云。」後傳入中土，至隋唐而成為雅樂重要樂器。其形制為蘆管，三孔，金口下哆，管長五寸三分七釐。亦有以竹、木為管者，管端有蘆哨，八孔（前七後一）。其聲激越悲淒。㉔笳　亦作葭。吹管樂器。原流行於西域，據記載西漢張騫出使西域後傳入中原。初以蘆葉捲而為之，後乃易以竹木。魏晉時以為軍樂，至隋唐而入鹵簿。其聲蒼涼，摧人肝腸。東漢末蔡文姬作〈悲憤詩〉，有「胡笳動兮邊馬鳴，孤雁歸兮聲嚶嚶」之句，即以笳聲比興悲憤之情。㉕緋地苣文　大紅底色，火炬形之花紋。㉖金鉦　打擊樂器。形如鐘而狹長，有柄可執，以槌擊之而鳴。隋唐入儀仗，亦用於軍中，鳴鉦則軍止。㉗棡鼓　一種有蓋小鼓。演奏時常先擊此以引大鼓。《文獻通考．樂九》：「隋大駕鼓吹有棡鼓，長三尺，朱髹其上。工人青地苣文。大業中，煬帝燕享用之。」㉘六角紫繖　即六角形之紫傘。㉙小鼓中鳴等　近衛校明本曰：「『等』字衍。」㉚小橫吹及鐃　近衛校明本曰：「『及鐃』二字當削去。」本書第十四卷第三篇太常寺鼓吹署令職掌條亦無「及鐃」二字。㉛青地苣文袍袴及帽　《隋書．音樂志》作「青帽，青袴褶。」㉜鐃及簫笳工人　句首「鐃」下似脫「鼓及歌」三字。本書第十四卷第三篇太常寺鼓吹署令職掌條作「鐃鼓及歌、簫、笳工人」。皇太子軒縣之制規定有鐃鼓及歌者。㉝武弁朱褠衣革帶　此言上文幾類樂工之衣帽。《新唐書·車服志》稱：「武弁者，武官朝參、殿庭武舞郎、堂下鼓人、鼓吹按工之服也。鼓人朱褠衣，革帶，烏皮履。」朱褠衣，紅色之單衣。革帶，繫於腰間，以革製作之帶，用以繫戟及佩巾。㉞平巾幘緋衫白布大口袴　此言大角樂工之衣帽。平巾幘，亦名平上幘。其形上平，為武官、衛官公事所戴。緋衫，大紅色短衫。白布大口袴，白色大口無襠套褲。㉟釁　古代新製器物成，殺牲以祭，並以其血塗器物縫隙稱釁。《孟子·梁惠王上》：「將以釁鐘。」趙岐注：「新鑄鐘，殺牲以血塗其釁郄，因以祭之曰釁。」㊱若皇太子親戎則以猳豚以釁鼓　親戎，指皇太子將兵出征。唐高祖武德年間，皇太子李建成曾多次將兵出征。此後，貞觀時李治為皇太子，武則天時李顯為皇太子，睿宗時李隆基為皇太子，玄宗天寶末李亨為皇太子，皆有以皇太子將兵之詔令。猳豚，公豬。意謂皇太子將兵出征時，要舉行殺公豬以其血釁鼓之儀式。㊲教樂淫聲凶聲慢聲皆禁之　據本書第十四卷第一篇太常寺協律郎職掌條，此句中「淫聲」下尚有「過聲」二字。所禁四聲，原注稱：「淫聲，若鄭、衛者；過聲，失哀樂之節者；凶聲，亡國之聲，音若桑間濮上者；慢聲，不恭者也。」㊳漏刻　即漏壺。古代計時儀器。漏壺均勻滴水，使受水壺水面逐漸升高，從而由浮標上之刻度顯示時間。此處指漏刻計時之法。㊴博士　指漏刻博士，掌教漏刻生。㊵掌漏　官名。掌漏刻之事。㊶漏童　以中、小男為之，習漏刻之節，以時唱漏。㊷杖已下　指杖刑以下，包括五刑中之笞刑和杖刑。笞刑，十至五十分五等；杖刑自六十至於百，亦分五等。㊸官　據廣雅本當作「宮」。㊹勾檢稽失　糾查延誤和過失。稽指文案處理延誤規定日程。失指違反制度和觸犯法律等過失，下文所列諸項即是。㊺宗族不序　指皇太子所及宗族範圍內，有違反長幼、親疏秩序之事。參見本章注❶。

【語譯】率更令的職務是，掌管東宮有關宗族次序，禮樂，刑罰以及計時報時方面的政令。每逢皇太子在孔廟釋奠先聖先師，聆聽講學和舉行入學齒胄之禮，都由率更令根據儀式程序為皇太子導引。如果皇太子具備儀仗出巡或回宮，率更令要乘軺車作為先導，位置則在太子家令之後。關於皇太子陳設樂器的規格，是依照軒縣之制：設置〔鼓〕鎛鐘三架，編鐘三架，編磬三架，共九架。在東、西、北三方位各設一鼓，鼓手共三人，柷、敔樂手各一人，編鐘、編磬之架各一人。在每架編鐘下設笙、竽、笛、篪、塤樂手各一人。每架編磬下設歌手二人，琴、瑟、箏、筑樂手各一人。文武二舞各為六行，每行六人。懸掛鐘磬的木架上，繪有三個金色的山形圖案，雕有崇牙，垂有流蘇，又插有鳥羽。各種樂器凡是應該上漆的，都用紅漆。其中鐃鼓、節鼓，用紅漆漆畫，再加五彩重蓋；大鼓、小鼓以及鼓吹的其餘樂器也都塗上紅漆，羽葆鼓的上面要加上羽保〔葆〕。長鳴、中鳴和大小橫吹這些樂器上，要懸掛五彩幡旗；幡掌是大紅色的，五彩的幡脚上畫有蹲伏之豹的圖案。大角上懸掛的旗幡的裝飾，亦是這樣。大鼓、長鳴、大橫吹、節鼓以及橫吹後的笛、簫、篳篥、笳等樂工，都穿戴大紅底色繪有火炬花紋的袍、套褲和帽子。金鉦、掆鼓樂工還要加配六角紫傘。小鼓、中鳴等，小橫吹和鐃以及橫吹後的笛、簫、篳篥、笳等樂工，都穿戴青底繪有火炬花紋的袍、套褲和帽子。鐃〔鼓和歌手〕以及簫、笳等樂工，都穿戴武弁、朱紅色褠衣，腰繫革帶。吹奏大角的樂工則戴平巾幘，大紅短衫，白布大口套袴。每逢新製成鐘或鼓，都要殺羊和豬各一頭舉行釁祭。倘若皇太子帶兵親征，就要殺公豬來祭鼓。教習音樂，要禁止淫聲、〔過聲、〕凶聲和慢聲。關於漏刻報時方面的事，要讓漏刻博士負責教學；由掌漏主管漏刻報時具體事務；漏童察看漏刻，按時報唱時辰。一晝夜分為一百刻：冬至日，白晝為四十刻，夜間為六十刻；夏至日，白晝為六十刻，夜間為四十刻；春分、秋分，晝夜相等，各為五十刻。凡是東宮內各坊、寺、府有違法犯罪的，都由所在主管官司定罪，對一般人員處杖刑以下刑罰的，可由相關官司直接執行；對官吏處杖以下刑罰的，都要送報大理寺。如果皇太子尚未冊立，或者雖已冊立但尚未入東宮，在這種情況下，東宮所屬各坊、寺、府有犯罪的，都要由大理寺處斷。

丞掌管禮樂、刑罰方面的事務。凡是宮臣有犯事需由率更寺處理的，都由丞親自審問，處斷罪罰後，再報告詹事。

主簿掌管本寺印信以及糾查延誤和違失方面的事務。舉凡宗族違反次序，禮儀不守節制，音律音調不和諧，計時報時不審慎，量罪定罰失去法度，主簿都要檢舉糾正。如果東宮有關官司判決囚犯，主簿要與該司的丞共同監督審案。

【說明】本章說到皇太子不在東宮有兩種情況：一是「皇太子未立」，二是「雖立未即」。未立，指皇帝即位後到立太子之間這一空隙階段。如唐高宗李治即位於貞觀二十三年（西元六四九年）八月，至永徽三年（西元六五二年）七月立李忠為皇太子，其間有三年空缺，為醞釀和選擇諸皇子中誰為太子的時期。玄宗即位於先天元年（西元七一二年）八月，而立李嗣謙（即李瑛）為皇太子是在開元三年（西元七一五年）正月，其間亦有二年多時間。另一種情況是廢黜原立的太子到立新太子，通常亦有一段短暫的間隙。如開元二十五年（西元七三七年）四月廢太子瑛後亦有十個月左右空缺，到第二年六月始立李亨即後來的肅宗為皇太子。第二種情況是皇太子雖立而未入主東宮，在唐代多發生在太宗以後，往往是當時在皇權傳承關係上出現複雜鬥爭的一種反映。這類情況我們已在上卷四篇之末有所說明，此處不贅。

隋以前，東宮諸司中，掌管刑罰的是家令寺，至唐始轉歸率更寺。其實率更寺在東宮執行刑罰的權力也很有限。本章已提到即使皇太子在東宮，也只能「庶人杖已下決之，官吏杖已下皆送於大理」；若皇太子未立或雖立未即東宮，則所有東宮犯罪者皆斷於大理。此外，還有一種情況，即一旦皇太子被廢黜，包括率更寺在內所有東宮官屬都成了審查對象，被認為有罪的交由朝廷的司法機關處理。如隋開皇末，文帝在決定廢楊勇皇太子位時，即下令將太子左庶子唐令則等數人抓起來，「付所司訊鞫」。這「所司」便是當時國家最高審判機關大理寺，主辦此案的則是尚書右僕射楊素。「於是勇及諸子皆被禁錮，部分收其黨與。楊素舞文巧詆，鍛煉以成其獄，勇由是遂敗」(《隋書・楊勇傳》)。楊素辦案的方法便是近數十年來在中國大陸流行一時的隔離審查、背對背相互揭發那一套。嚴刑之下，不難做到「先定罪名，再敲罪證」，於是鍛煉成獄。隋文帝下詔太子左庶子唐令則、太子家令鄒文騰、左監率司馬夏侯福、典膳監元淹等七人斬決，妻妾子孫皆沒官；率更令晉文建賜自盡。唐貞觀中，太宗廢太子承乾時對東宮官屬及有牽連的朝臣的處理也立專案，詔令司徒長孫無忌、司空房玄齡、特進蕭瑀、兵部尚書李勣、大理卿孫伏伽、中書侍郎岑文本、御史大夫馬周、諫議大夫褚遂良承辦，結果是漢王李元昌賜自盡，兵部尚書侯君集處斬，宮官張玄素、趙弘智、令狐德棻、蕭鈞等皆坐免。如果分析一下上述二案，不難發現以下特點：一是案發的過程往往是在皇位繼承權之爭日趨激化的情勢下，皇帝透露了要廢黜太子的意向，於是另一方策劃迫使或誘使人告發，為皇帝提供口實以下決心廢黜。如楊勇之案，便是隋文帝次子楊廣(即後來的煬帝)設法迫使楊勇的幸臣姬威告密；承乾一案的告密人則是他豢養的刺客乞干承基，在因齊王案牽連繫獄當死的情況下，求生的本能誘使他誣稱太子與漢王李元昌、兵部尚書侯君集等謀反，並將縱兵入西宮。二是案件的處理完全撇開東宮的司法系統，也不全憑大理寺，而是欽定人選，組織特別審判班子。三是主要案犯的人數及罪名都是事先內定的，甚至判決詞也早已大體擬就，幾番刑訊逼供和相互檢舉後，自然一個個都「供認不諱」。如此深文周納，必然會製造出大批冤假錯案來。對此，主其事者如楊素等也不可能全然不知，只是為了迎合上意、邀寵固位，也就顧不得那麼多了。二案中楊勇、李承乾固然多有不端之處，東宮官屬卻絕大多數並無直接干係，之所以要如此大動干戈，大開殺戒，無非是為了借以宣稱案情是如何的嚴重，廢黜的意義是如何的重大，是全智全能的皇上，挽救（或又一次挽救）了王朝、挽救了萬千臣民云云。所以說穿了此類審判無非是皇帝導演下專給萬千臣民看的一齣戲。

率更令的職掌中，還涉及到東宮的禮樂制度，本章詳細敘述的軒縣之制，便需要有一大批樂人。在唐代，東宮所需樂人按規定從太常寺調入。實際上這些樂人只是偶爾演奏廟堂祭祀用樂，日常主要還是為皇太子遊宴歌舞服務。《舊唐書》皇太子李承乾的列傳中提到「有太常樂人，年十餘歲，美姿容，善歌舞，承乾特加寵幸，號曰：稱心。太宗知而大怒，收稱心殺之，坐稱心死者又數人。承乾痛悼稱心不已，於宮中構室，立其形象，列偶人車馬於前，令宮人朝暮祭奠，承乾數至其處，徘徊流涕。仍於宮中起冢而葬之，並贈官樹碑，以申哀悼。承乾自此託疾不朝參者輒數月，常命戶奴數十百人，專習伎樂，學胡人椎髻，翦綵為舞衣，尋橦跳劍，晝夜不絕，鼓角之聲，日聞於外」。隋文帝時，東宮左庶子唐令則，還因教東宮內人絃歌而獲罪。其事見於《隋書．劉行本傳》。行本任太子左庶子，「時唐令則亦為左庶子，太子昵狎之，每令以弦歌教內人。行本責之曰：『庶子當匡太子以正道，何有嬖昵房帷之間哉！』令則甚慚而不能改。」後來在廢黜楊勇皇太子位的詔書中，所列唐令則的罪狀，便稱其「位長官僚，諂曲取容，音技自進，躬執樂器，親教內人，贊成驕侈，導引非法」。本人被處斬，妻妾子孫皆沒官。作為東宮一個長官，「躬執樂器，親教內人」竟犯了殺身大罪，這除了著意構陷以外，也說明在東宮從事樂舞的工人，多為官奴婢和番戶、雜戶，地位十分卑賤。

太子僕寺・廄牧署

【篇　旨】唐太子僕寺為東宮詹事府屬下三寺之一，掌車輿和儀仗。這兩個方面職掌，前者相當於太僕寺，後者相當於衛尉寺，是二寺微縮後的重構。

太子僕寺的下屬機構，僅有一廄牧署。

本篇中因太子僕的職掌而連帶對唐代皇太子車輿之制有較詳敘述，其車輅有三，即金輅、軺車和四望車。《周禮・春官・中車》有王之五路：玉路、金路、象路、革路、木路，未言太子車制。《漢書》亦未提及。《後漢書・輿服上》稱：「皇太子、皇子皆安車，朱班輪，青蓋，金華蚤，黑櫝文，畫轓文輈，金塗五末。」另據《隋書・禮儀志》則謂「漢太子諸王皆乘金輅及安車」。同書又載，至南朝宋，有司奏議，金輅「若錫於東儲，在禮嫌重，非所以崇峻陛級，表示等威。今皇太子宜乘象輅」，因而宋、齊都將金輅排除在太子車制之外。隋時根據宇文愷閻毗的奏議，金輅仍列入太子車制，並規定其與天子所乘金輅的區別在於：「天子金輅駕用六馬，十二旒；太子金輅駕用四馬，降龍九旒，制頗同於副車。又有旌旗之別。」篇中所述唐太子車制即隋制之沿襲。

東宮除禮儀用車外，還有備運之車。本書第五卷第三篇駕部郎中職掌條原注載有「家令寺一百八十乘，僕寺二十六乘，左、右衛率府各一乘。牛皆倍之」。東宮所屬的這些備運車，當亦由太子僕寺掌管。

唐太子僕寺官衙，在西京的，設在皇城內，位於承天門街之東，第三橫街之北，安上門街東首臨街便是。在東都的位置待考。

一

太子僕寺：僕一人，從四品。漢詹事屬官有太子僕、長、丞。後漢太子少傅屬官有太子僕一人，秩千石，主車馬，職如太僕。太子五日一朝；非入朝日，遣僕及中允朝朝入，請問起居❶。魏因之。晉詹事屬官有太子僕，銅印、墨綬❷，進賢兩梁冠❸，絳朝服❹；主輿馬、親族，局擬太僕、宗正❺；太康八年❻，進品第五。宋、齊品秩、冠服同家令寺❼；從駕乘安車❽，次家令。梁太子僕視黃門❾，陳因之❿。後魏品同家令⓫，北齊詹事領太子僕⓬；僕寺置丞、功曹⓭、主簿，領廄牧署丞⓮，又別有車輿局丞。隋僕寺僕一人⓯，掌宗族親疎，車輿騎乘；領廄牧署令、丞。皇朝因之。龍朔二年改為馭僕大夫⓰，咸亨元年⓱復舊。

丞一人，從七品上。梁太子僕有丞，陳因之。後魏太子僕三卿丞從六品下⓲。北齊、隋太子僕丞二人⓳，皇朝因之。

主簿一人，正九品下。晉太子僕置主簿，宋無聞。《齊職儀》⓴：「太子僕主簿，四品勳位。」梁、陳、後魏無聞。北齊、隋有太子僕主簿一人㉑，皇朝因之。

【章　旨】敘述太子僕、丞和主簿之定員、品秩及沿革。

【注　釋】❶太子五日一朝非入朝日遣僕及中允朝朝入請問起居　《後漢書・班彪傳》載彪之上言：「又舊制，太子食湯沐十縣，設周衛交戟，五日一朝，因坐東箱，省視膳食，其非朝日，使僕、中允旦旦請問而已，明不媟黷，廣其敬也。」注引《漢官儀》曰：「皇太子五日一至臺，因坐東箱，省視膳食，以法制敕太官尚食宰吏，其非朝日，使僕、中允旦旦請問，明不媟黷，所以廣敬也。」此句當以上述所引為本，其中「旦旦」改為「朝朝」，是因唐人避睿宗李旦名諱。❷銅印墨綬　銅製印章和黑色佩印綬帶。晉制，自相國而下，或銀章，或銅印；或黑綬，或青綬。❸進賢兩梁冠　進賢冠，古文儒者冠服，前高七寸，後高三寸，長八寸，有五梁、三梁、二梁、一梁之分，以梁多為貴。二千石及千石以上冠兩梁。❹絳朝服　即絳衣朝服。《晉書・輿服志》稱：「魏秘書監秦靜曰：『漢氏承秦，改六冕之制，但玄冠絳衣而已。』」魏以來名為五時朝服，又有四時朝服，又有朝服。」五時、四時朝服，指郊祀時所服各如方色。絳衣朝服平時之常服。❺主輿馬親族局擬太僕宗正　《晉書・職官志》：「僕主車馬親族職如太僕宗正。」《太平御覽・職官部四十五・太子僕》引《唐書・官品志》：「僕掌宗族親疏車輿騎乘也。」故此句意謂太子僕掌管東宮按宗族親疏等第供給車輿騎乘，其職猶如太僕和宗正。❻太康八年　即西元二八七年。太康為晉武帝司馬炎年號。❼宋齊品秩冠服同家令寺　宋置太子僕一人，為太子三卿之一，列第五品，秩千石。《宋書・禮志》：「太子率更令、家令、僕，銅印墨綬，給五時朝服，進賢兩梁冠。」宋文帝元嘉二十九年（西元四五二年）曾省太子僕官。齊承宋制，設太子僕一人，有周顒曾「轉太子僕，兼著作，撰起居注。遷中書郎，兼著作如故。常遊東宮」（《南齊書・周顒傳》）。齊武帝永明三年（西元四八五年），文惠太子於崇正殿講《孝經》時，「少傅王儉以擿句令太子僕周顒撰為義疏」（《南齊書・文惠太子傳》）。❽安車　古代多為立乘之車，安車則可供坐臥。較立車低，乘坐安適，故名。《晉書・輿服志》稱：「皇太子安車，駕三，左右騑。朱班輪，倚獸較，伏鹿軾。九旒，畫降龍。青蓋，金華蚤二十八枚，黑櫕文畫轓，文輈，黃金塗五采。亦謂之鸞路。非法駕則乘畫輪車，上開四望，綠油幢，朱絲繩絡，兩箱裡飾以金錦，黃金塗五采。其副車三乘，形制如所乘，但不畫輪耳。」❾梁太子僕視黃門　《隋書・百官志》稱：「天監六年（西元五〇七年）帝以三卿陵替，乃詔革選。家令視通直常侍，率更、僕視黃門三等。」梁太子僕品秩為十班。有劉孝綽者，前後二次任太子僕。其先任太子舍人，後「遷太府卿，太子僕，復掌東宮管記。時昭明太子好士愛文，孝綽與陳郡殷芸、吳郡陸倕、琅玡王筠、彭城到洽等同見賓禮。太子起樂賢堂，乃使畫工先圖孝綽焉。」後又遷員外散騎常侍，兼廷尉卿，後復為太子僕。（見《梁書・劉孝綽傳》）❿陳因之　陳太子僕位列第四品，秩千石。⓫後魏品同家令　據《魏書・官氏志》，北魏孝文帝太和十七年（西元四九三年）頒職員令，太子僕列從第三品上；太和二十三年（西元四九九年）復次職員令，降為從第四品上。⓬北齊詹事領太子僕　據《隋書・百官志》，北齊太子僕列從第四品上。有崔㥄之姪崔極，於武平初任太子僕。（見《北齊書・崔㥄傳》）⓭功曹　官名。漢代司隸屬官有功曹從事、功曹書佐，郡縣有功曹史，漢末州亦置功曹書佐，皆掌選署功勞，位居佐吏之右，為各府綱紀之任。魏晉沿置，北齊太子三寺屬官中亦置功曹。⓮領廄牧署丞　據《隋書・百官志》，北齊「僕寺領廄牧署令、丞」。又，《通典・職官二十・北齊職品》亦有太子廄牧令，位從九品上。故此句「署」下當增一「令」字。⓯隋僕寺僕一人　據《隋書・百官志》，隋太子僕寺僕品秩為從四品上。隋楊勇為皇太子時，柳肅曾任此職。《隋書》本傳稱其於開皇初授太子洗馬，「轉太子內舍人，遷太子僕。太子廢，坐除名為民。大業中，帝（指煬帝）與段達語及庶人（指楊勇）罪惡之狀，達云：『柳肅在宮，大見疏斥。』帝問其故，答曰：『學士劉臻，嘗進章仇太翼於宮中為巫蠱事，肅知而諫曰：「殿下，帝之家子，位當儲貳，誡在不孝，無患見疑。劉臻書生，鼓搖脣舌，適足以相誑誤，願殿下勿納之。」庶人不懌。他日謂臻曰：「汝何故漏洩，使柳肅知之，令面折我？」自是後，言皆不用。』帝曰：『肅橫除名，非其罪也。』召守禮部侍郎，轉工部侍郎，大見親任。」又，宇文化及，「煬帝為太子時，常領千牛，出入臥內，累遷至太子僕，數以受納貨賄，再三免官。太子嬖昵之，俄而復職」（《隋書・宇文化及傳》）。⑯龍朔二年改為馭僕大夫　龍朔二年，即西元六六二年。龍朔是唐高宗李治年號。《新唐書・百官志》載：是年「改曰馭僕寺，僕曰大夫」。⑰咸亨元年　即西元六七〇年。咸亨是唐高宗李治又一年號。⑱後魏太子僕三卿丞從六品下　句中「僕」當為衍字，三卿丞品似亦有誤。據《魏書・官氏志》北魏太和二十三年（西元四九九年）所頒職員令，三卿丞為從六品下，太子三卿丞則當為第九品下。⑲北齊隋太子僕丞一人　據《隋書・百官志》，北齊太子三寺丞之列為第九品下，隋則為從八品下。⑳齊職儀　書名。南朝齊長水校尉王珪之撰，五十卷。《南齊書・王逡之傳》錄有王珪之之子中軍參軍王顥於永明九年（西元四九一年）所上啟文，言其父撰作此書經過。其文稱：「臣亡父故長水校尉珪之，以宋元徽二年（西元四七四年）被敕使纂集古設官歷代分職，凡在墳策，必盡詳究，是以等級掌司，咸加編錄；黜陟遷補，悉該研記。述章服之差，兼冠佩之飾。故太宰臣〔褚〕淵奉宣敕旨，使速洗正。刊定未畢，臣私門凶禍。不揆庸微，謹冒啟上，凡五十卷，謂之《齊職儀》。仰希永升天閣，長銘秘府。」詔付秘閣。㉑北齊隋有太子僕主簿一人　據《隋書・百官志》，北齊太子僕置主簿一人，隋太子僕置錄事一人。

【語譯】太子僕寺：僕，定員一人，品秩為從四品上。西漢詹事的屬官設有太子僕，置長和丞。東漢太子少傅的屬官設有太子僕一人，俸秩一千石，掌管東宮的車馬，職務猶如太僕。太子每五日一朝參，其餘不朝參的日子，派遣僕和中允天天早上入宮代皇太子向皇帝請安問候。三國魏因承漢制。晉代詹事的屬官設有太子僕，佩銅質印章、黑色綬帶，戴進賢兩梁冠，穿絳朝服，主管東宮車馬以及親族方面的事務，職務相當於朝廷的太僕和宗正；武帝太康八年，品秩進為第五品。南朝宋、齊太子僕的品秩、冠服與太子家令相同；隨從皇太子備駕外出時，僕乘安車，位列家令之後。梁太子僕職位比照黃門郎，陳因襲梁制。北魏太子僕的品秩與太子家令相同。北齊時，詹事統領太子僕；僕寺的屬官設有丞、功曹、主簿，統領廄牧署的〔令和〕丞，另外還有車輿局丞。隋太子僕寺設置僕一人，執掌有關區別宗族親疏關係和車輿乘騎方面的事務，並統領廄牧署的令和丞。本朝因承隋制。高宗龍朔二年改名為馭僕大夫，到咸亨元年又恢復舊稱。

丞，定員一人，品秩為從七品上。梁代太子僕設有丞一人，陳因襲梁制。北魏太子三卿的丞，品秩都是從六品下（第九品下）。北齊和隋的太子僕，設有丞一人，本朝因承這一官制。

主簿，定員一人，品秩為正九品下。晉太子僕設有主簿，南朝宋沒有見到這方面的記載。《齊職儀》記載：「太子僕設主簿，品秩為四品勳位。」梁、陳和北魏沒有見到記載。北齊、隋的太子僕設有主簿一人，本朝沿襲這一官制。

二

太子僕之職，掌車輿、騎乘、儀仗之政令及喪葬之禮物，辨其次敘與其出入而供給之。皇太子之車輅三：一曰金輅，二曰軺車，三曰四望車。金輅❶：赤質，金飾諸末❷，重較❸，箱畫苣文鳥獸❹，黃屋❺，伏鹿❻，龍輈❼，金鳳一在軾❽；前設障塵，朱蓋黃裡❾；畫輪朱牙❿；左建旂九旒，右載闟戟；旂首金龍頭，銜結綬及鈴緌⓫；駕赤騮四⓬；八鑾在衡⓭，二鈴在軾；金鍐方釳，翟尾五焦⓮；鏤錫⓯，鞶纓九旒⓰。從祀享、正冬大朝、納妃則供之⓱。軺車⓲：金飾諸末，紫油通幰，紫油纁朱裡⓳；駕一馬。五日常朝及朝饗宮臣⓴出入行道則供之。四望車㉑：金飾諸末；紫油通幰，紫油纁朱裡；朱絲絡網㉒；駕一馬。弔臨㉓則供之。凡皇太子備禮而出，則率廄牧令進輅，僕親馭焉。

丞掌判寺事。凡車輿、儀仗有虧闕，則移於主司，以修補之。凡馬及雜畜之料應供於外司者，每歲季夏，上于詹事。芻粟貯掌於廄所者，以時出入之，而節其數。

主簿掌印及勾檢稽失㉔。凡廄牧之畜養，車騎之駕馭，儀仗之付受，喪葬之供給，各有其程，違則糾正之。

【章旨】敘述太子僕、丞和主簿之職掌，並因其所掌連帶介紹太子之車輅制度。

【注釋】❶金輅　亦稱金路。古代天子乘輿之一。因以金飾轅、軛諸末故名。《周禮・夏官・齊僕》：「齊馭掌馭金路以賓，〔天子〕朝覲、宗遇、饗食皆乘金路。」唐代金輅亦列為皇帝五輅之一（見本書第十七卷第一篇太僕寺乘黃令職掌）。自漢以降，皇太子多乘安車，少有乘金輅者。至隋，因宇文愷閻毗等奏議，金輅才成為皇太子三輅之一。赤質，制同副車，具體而小，亦駕四馬，馭士千人。唐因隋制。此下自注❷至注⑯皆言金輅之裝飾和相關飾物以及駕輅之馬匹與其裝飾。❷赤質金飾諸末　指金輅以赤色為底色，並以金色塗飾轅、軛等諸部件之末端。❸重較　較，亦作「較」，為設於輢上供立乘者扶手用之橫木。《論語・鄉黨》皇侃疏：「古人乘路車，皆於車中倚立，倚立難久，故於車箱上安一橫木，以手隱憑之，謂之為較。」重較即雙較。周制，命士以上單較，卿大夫以上重較。其形制，後世又有所發展和變易。如《說文・車部》：「較，車輢上曲鉤也。」段玉裁注：「較之制，蓋漢與周異，周時較高於軾，高處正方有隅，故謂之較。較之言角也。至漢乃圜以半月然，故許〔慎〕云車上曲鉤。曲鉤，言句中鉤也。」❹箱畫苣文鳥獸　指車箱上所畫圖案，有火炬花紋和鳥獸圖形以為裝飾。箱今習作「廂」。又，《隋書・禮儀志》作「箱畫虡文鳥獸」。虡，天上神獸，鹿頭龍身。❺黃屋　即黃色車蓋。因以翠羽為蓋，黃繒為裡，故名。《後漢書・輿服志》載漢之乘輿有「羽蓋華蚤」，注引徐廣曰：「翠羽蓋黃裡，所謂黃屋車也。」《三才圖》：「漢乘輿黃屋左纛，黃屋者，車蓋也。後世因為黃蓋，乃其遺制也。」❻伏鹿　「鹿」下似脫一「軾」字。《舊唐書・輿服志》及《新唐書・車服志》皆作「伏鹿軾」。軾為車箱前供人憑倚之橫木，形如木框，有三面。伏鹿為軾上之裝飾。天子五輅之軾則飾文虎。《宋書・禮志》稱：「文虎伏軾。」❼龍輈　輈為車轅。《說文解字》：「輈，轅也」；「轅，輈也」。為壓於車軸伸向前端之直木或曲木，用以駕馬。因輈前飾有龍首而稱龍輈。《宋書・禮志》：「龍首銜軛。」❽金鳳一在軾　指在軾之前沿，衡木之上，立一金鳳雕像以為裝飾。此金鳳在輈前端所飾龍首之後，當為前後呼應。❾前設障塵朱蓋黃裡　據本書第十七卷第一篇太僕寺乘黃令職掌條，此句主語當為龍輈。即在龍輈前設一障塵，以遮擋馬蹄揚起之飛塵。障塵之蓋為紅色，襯裡為黃色。❿畫輪朱牙　畫有圖紋之車輪，漆以朱紅色之車輪牙木。牙，亦稱輮。指組合成輞之曲木。因交接處作齒形，故稱。漢以後多稱輞。《周禮・考工・輪人》：「牙也者，以為固抱也。」鄭玄注引鄭眾云：「牙，讀如跛者訝跛之訝，謂輪輮也。世間或謂之罔，書或作輮。」孫詒讓正義：「分言之曰牙或曰輮；總舉其大圜則曰輞。輞與牙微異。漢時俗語通稱牙為輞。」⓫左建旂九旒右載闟戟旂首金龍頭銜結綬及給綏　此言樹立於金輅左右之飾物。旂，旗名。據《周禮・春官・司常》，其中天子「交龍為旂」，「諸侯建旂」。賈公彥疏：「天子旌旗有日月星辰，諸侯旌旗無日月星辰。故畫龍有升降也，象升朝天子，象下復還國也。」旒，亦作斿，旌旗下之懸垂飾物，以旒數之多寡區別尊卑。《禮記・明堂位》：天子「旂有十二旒」。皇太子相等於諸侯，降天子一等，故用九旒。闟戟，古兵器。《史記・商君列傳》：「持矛而操闟戟者，旁車而趨。」戟為可刺可鉤之長兵器。由兵器演化而成儀仗，亦稱棨戟。《隋書・禮儀志》敘述陳之五輅，有「加棨戟於車之右，韜以黻繡之衣，獸頭幡長丈四尺，懸於戟杪」。旂首金龍頭，指九旒旂桿之頂端，飾有一金龍之首。銜結綬及給綏，其中「給綏」，《隋書・禮儀志》及新舊《唐書》車服志皆作「鈴緌」。按：給為絮名，與「綏」難以組合成詞。綏是車中助登乘之繩，《論語》中便有「升車必正立執綏」之句，與此處言車外飾物似亦無涉。故當以「鈴緌」為是。緌指綏帶之下垂部份，如《禮記・內則》：「冠緌纓。」此句意謂旂首之金龍頭銜一綏帶，其下繫以鈴。⓬駕赤騮四　意謂金輅由四匹赤騮馬駕馭。騮，即驑。赤身黑鬣之馬。⓭八鑾在衡　衡，車轅前端橫木。鑾通鸞。鸞，神鳥。《山海經》：女牀山有鳥，狀如翟而五彩文，名曰鸞，見則天下安寧。此處指鸞鈴。因其原初製作象鸞鳥，口銜鈴，故名。意謂衡木上掛有八枚鸞鈴，可隨車輪滾動，發出悅耳鳴聲。⓮金鑁方釳翟尾五焦　此言駕車馬之馬冠及其裝飾。鑁，字書無此字。當作「鍐」。金鍐，亦作金鋑、金妥。馬冠。方釳，亦作防釳，省稱釳。馬首飾物。翟尾五焦，即雉鳥尾羽五束。《晉書・輿服志》：「金妥而方釳。金妥謂以金妥為文。釳以鐵為之，其大三寸，中央兩頭高，如山形，貫中以翟尾而結著之也。」蔡邕《獨斷》：「金鋑者，馬冠也。高廣各四寸，如玉華形，在馬髦前。方釳者，鐵，廣數寸，在騣後，有三孔，插翟尾其中。」張衡《東京賦》之李善注稱：「以五寸鐵，中高兩頭低，如山形，翟尾結著轅兩邊，防馬相突。」⓯鏤錫　馬首飾物。著於馬額，因亦稱當顱、當盧。其形如半月，用銅鏤刻而成，所刻多為獸面狀。《說文解字》：「鍚，馬頭飾也。」《詩・大雅・韓奕》：「鉤膺鏤鍚。」毛傳：「鏤鍚，有金鏤其鍚也。」鄭玄箋：「眉上曰鍚，刻金飾之，今當盧也。」⑯鞶纓九旒　鞶纓，亦稱樊纓、繁纓。綴於馬鞅下之索裙狀裝飾物，以皮革或牦牛尾製成。或為穗狀，套於馬頸。長沙西晉墓出土之冠服俑則於馬胸前懸有此物。舊注或以為鞶纓為鞶帶與鞅，或以為縱橫於馬胸頸間之革帶，其說不一。如《周禮・春官・巾車》鄭玄注：鞶「謂今馬大帶也。鄭司農云：『纓謂當胸。』」賈公彥引賈逵、馬融曰：「鞶纓，馬飾，在膺前，十有二帀，以牦牛尾舉金塗十二重。」蔡邕《獨斷》：「樊纓在馬纓前，如索裙。」九旒，據《舊唐書・輿服志》當作「九就」。九就即九帀。本書第十七卷第一篇太僕寺乘黃令職掌條載，皇帝金輅所駕馬為十二就，皇太子次於皇帝，故其金輅駕車用九就。⑰從祀享正冬大朝納妃則供之　指皇太子若參加所列幾類禮儀活動，則由太子僕供乘金輅之車。從祀享，指隨從皇帝參加重大的祭祀、宴享，如郊祀天地和祭祀宗廟以及朝會宴享等。正冬大朝，指元旦和冬至日皇太子向皇帝和皇后行朝賀之禮。納妃，指皇太子之親迎儀式。⑱軺車　古代一種輕便馬車。據漢畫像石所示，曲輈、淺輿，中樹車蓋，多駕二馬或一馬。因四面敞露，可遙望，故又名遙車。《晉公卿禮秩》云：「『尚書令軺，黑耳後戶。』今軺車，青通幰，駕二馬。王侯入學，五品朝婚，通給之。司隸刺史及縣令、詔使品第六、七，則並駕一馬。」⑲紫油通幰紫油纁朱裡　幰即幰。張於車篷上方之布幔。前後貫通稱通幰，只張前部稱偏幰。用油布製作為油幰。意謂以紫色油布製作而前後貫通之車幔，朱紅色為襯裡。⑳五日常朝及朝饗宮臣　唐自高宗永徽二年（西元六五一年）九月一日起，每五日在太極殿舉行常朝，此後皇帝每五日受群臣朝拜成為常式。常朝之日，皇太子要向皇帝問起居。朝饗宮臣，指常朝之日皇太子同時還要受宮臣朝拜，並享宴宮臣。㉑四望車　車廂有窗可四望，故有此名。又因輪轂施黑漆，亦稱皂輪車。《晉書・輿服志》：「皂輪車，駕四牛，形制如犢車，但皂漆輪轂，上加青油幢，朱絲繩絡。」《舊唐書・輿服志》：「四望車，制同犢車。金飾，八鑾在衡，青油纁，朱裡通幰，朱絲絡網。拜陵、臨弔則供之。」㉒朱絲絡網　車幔頂部懸掛有朱紅色絲織網絡，以為裝飾。㉓弔臨　指皇太子為諸王妃主臨喪舉哀，為外祖父母臨喪舉哀。㉔勾檢稽失　糾查本寺文案處理過程中之延誤和錯失。下文所列即其糾查範圍。

【語　譯】太子僕的職務是，掌管車輿、乘騎、儀仗方面的政令和喪葬禮儀所需的物品，分辨禮儀的次序和物品的出納，並及時供給。皇太子的車輿有三等，一是金輅，二是軺車，三是四望車。金輅的形制是：車體的底色為赤紅，各個部件的末端塗以金粉，設有雙重較木，車箱上繪有炬形花紋和鳥獸圖案，車蓋為黃色，伏鹿狀的扶軾，車轅前端雕刻一龍頭，扶軾前裝飾一金鳳；車轅前設置遮擋塵土的布幔，朱紅色的面蓋，黃色的裡子；輪轂繪有圖紋，輪輞漆成朱紅色；車箱左側豎立一桿垂有九旒的旗子，旗首飾有金龍頭，龍頭銜結綵帶，繫著響鈴；車箱右側矗立一柄長戟。用四匹赤騮馬駕車，有八隻鸞鈴懸於衡木，兩枚銅鈴繫於扶軾；馬頭戴有金質馬冠，後置鐵質防鈍，上插五束雉尾羽；馬額上綴著鏤刻精細的金屬飾物，馬頸和馬胸圍有鞶纓九重。皇太子隨從皇上祭祀或宴享，以及參加元正、冬至日大朝會和納妃等典禮時，供奉乘坐金輅。軺車的形制是：用金粉塗飾各部件的末端；用紫色的油布通幰，頂蓋為紫色，朱紅色做襯裡。用一匹馬駕車。每五日一次參加常朝以及朝享宮臣需要往返東宮行道時，供奉乘坐軺車。四望車的形制是：用金粉塗飾各部件的末端；用紫色的油布通幰，頂蓋為紫色，朱紅色做襯裡，通幰緣邊綴有朱紅色綱穗；用一匹馬駕車。皇太子參加弔臨禮儀時，供奉乘坐此車。凡是皇太子具備儀仗外出，由太子僕率領廄牧令供進車輿，並親自駕馭。

丞掌管本寺內部日常事務。凡是車輿、儀仗有虧損短缺，則移文於相關官司，修理和添補。所有馬匹和雜畜所需的飼料需由其他官司負責供應的，在每年季夏六月上報於詹事請領。由本寺廄牧署掌管的精粗飼料，則可按時撥給，但要節制其用量。

主簿掌管本寺印信以及糾查延誤和違失。舉凡廄牧中牲畜的飼養，車騎的駕馭和使用，儀仗的出付和收藏，喪葬禮品的供給，各有制度和程式，倘有違反，應予以糾正。

三

廄牧署：令一人，從八品下。漢詹事屬官有太子廄長、丞❶。後漢太子少傅屬官有太子廄長一人，秩四百石，主車馬。魏、晉因之。《齊職儀》❷云：「東宮屬官有內廄局、外廄局。」梁、陳因之❸。後魏有太子廄長，從九品下❹。隋太子僕寺統廄牧署令、丞❺，皇朝因之❻。

丞二人，從九品下。漢有太子廄丞，自後闕文。齊置太子內廄、外廄丞各一人，梁、陳因之。北齊有太子廄牧署丞、車輿局丞。隋太子僕寺統廄牧丞二人❼，皇朝因之。

廄牧署令、丞掌車馬、閑廄、牧畜之事。凡皇太子將備禮而出，則率典乘先期調習輅馬，率駕士駕馭車乘。及出，則進輅或軺車於南閤外❽，西向❾，以俟皇太子之升。禮畢，皇太子降輅，則自西閤之外以輅及軺歸於署。其隴右群牧隸於東宮者，皆受其政令❿焉。

【章　旨】敘述廄牧署令、丞之定員、品秩、沿革和職掌。

【注　釋】❶漢詹事屬官有太子廄長丞　《漢書・百官公卿表》稱漢詹事屬官有「廚廄長丞」。當為廚長、丞和廄長、丞。《漢書・王莽傳》有「廟廄、廚長丞」之說，在東漢，廚長、丞便是太子食官令，廄長、丞則為太子廄長一人。❷齊職儀　書名。南朝齊王珪之撰，五十卷。《南齊書・王逡之傳》載有王珪之之子中軍參軍王顥於永明九年（西元四九一年）所上啟文，言此書撰作經過。文中稱：「臣亡父故長水校尉珪之，以宋元徽二年（西元四七四年），被敕使纂集古設官歷代分職，凡在墳策，必盡詳究。是以等級掌司，咸加編錄；黜陟遷補，悉該研記。述章服之差，兼冠佩之飾。故太宰臣〔褚〕淵奉宣敕旨，使速洗正。刊定未畢，臣私門凶禍。不揆庸微，謹冒啟上，凡五十卷，謂之《齊職儀》。仰希永升天閣，長銘秘府。」詔付秘閣。❸梁陳因之　據《隋書・百官志》，梁東宮屬官有內廄局、外廄局、車廄局，各置有司以承其事。陳因梁制。❹後魏有太子廄長從九品下　據《魏書・官氏志》，北魏孝文帝太和二十三年（西元四九九年）復次職令，太子廄長列從九品上。此句末「下」當是「上」之訛。❺隋太子僕寺統廄牧署令丞　據《隋書・百官志》，隋「僕寺領廄牧令一人」，未言設丞，而隋在典書坊又設「內廄置尉二人，掌內車輿之事」。故隋東宮典掌車輿之機構當有二：一設於典書坊，一設於詹事府下之僕寺。又，依本書原注寫作慣例，在後魏與隋之間，多敘有北齊之制，且後文「丞二人，從九品下」條原注亦列有北齊有太子廄牧署、車輿局二丞,此處不應例外。據《隋書·百官志》所載,原注在隋前似當補上「北齊僕寺領廄牧署令、丞」一句。❻皇朝因之 唐因隋制,然亦有所變易。唐廄牧署設令、丞,掌太子車輿之事;右春坊(隋稱典書坊)則不再設內廄,另在太子內坊「任內廄以車轝,任典事以牛馬」(本書二六卷五篇)。❼隋太子僕寺統廄牧丞二人 《隋書·百官志》未言隋廄牧署置丞二人。❽進輅或軺車於南閤外 輅,指金輅。南閤外,據《新唐書·百官志》當作「西閤門外」。閤門亦作閣門,指東宮嘉德殿東西二側小門。❾西向 據《新唐書·百官志》應為「南向」。❿其隴右群牧隸於東宮者皆受其政令 隴右群牧,《新唐書·兵志》稱:「唐之初起,得突厥馬二千匹,又得隋馬三千于赤岸澤,徙之隴右,監牧之制始於此。」隴右,指隴山以西,包括河西走廊地區。唐前後設置監牧六十五,皆分使而統之。其中屬東使統轄者有九監(詳本書五卷三篇)。

【語譯】廄牧署:令,定員一人,品秩為從八品下。西漢詹事的屬官有太子廄長和丞。東漢太子少傅的屬官有太子廄長一人,俸秩為四百石,主管東宮車馬的供應。魏、晉因承漢制。《齊職儀》中說:「東宮的屬官有內廄局和外廄局。」梁、陳都因承齊制。北魏設有太子廄長,品秩為從九品上。隋代太子僕寺統領廄牧署令、丞,本朝因承隋制。

丞,定員二人,品秩為從九品下。西漢詹事屬官中設有太子廄丞。此後便缺少記載。南朝齊有太子內廄局、外廄局,各設丞一人。梁和陳因承齊制。北齊設有太子監牧署丞、車輿局丞。隋太子僕寺統領廄牧署丞二人。本朝因承隋制。

廄牧署令和丞的職務是,掌管東宮有關車馬、閑廄、牧畜方面的事務。每逢皇太子將要具備儀仗出行,就要率領典乘事先調習車輅和馬匹,並帶領駕士駕馭車乘。待到皇太子出行,及時進奉金輅或軺車南閤(西閤)〔門〕外,面向西(南),等候皇太子來登乘。禮儀程式舉行完畢,皇太子東宮下車,那金輅或者軺車則從西閤門外送還給廄牧署。此外,在隴右各牧監中隸屬於東宮管轄的那些牧監,都要聽從廄牧署令和丞下達的政令。

卷二八

太子左右衛及諸率府

卷目

太子左右衛率府

率各一人
副率二人❶
長史一人
錄事參軍事一人
錄事一人
史二人❷
倉曹參軍事一人
府一人
史二人
兵曹參軍事一人
府二人
史三人
冑曹參軍事一人
府二人
史二人
亭長二人
掌固二人
司階一人
中候二人
司戈二人
執戟二人❸

左右率府親府勳府翊府

中郎將各一人
左郎將一人
右郎將一人
錄事一人
兵曹參軍事一人
府一人
史二人
校尉五人

---

❶副率二人　指各二人。「各」字省。此下及諸率府均同。
❷史二人　《新唐書・百官志》作「一人」，其上另有「府一人」；《舊唐書・職官志》俱不載。
❸執戟二人　正文為三人。

旅帥十人
隊正二十人
副隊正二十人

太子左右司禦率府

率各一人
副率二人
長史一人
錄事參軍事一人
錄事一人
史二人
倉曹參軍事一人
府一人
史二人
兵曹參軍事一人
府二人
史三人
冑曹參軍事一人
府二人
史三人
亭長二人
掌固二人
司階一人
中候二人
司戈二人
執戟三人

太子左右清道率府

率各一人
副率二人
長史一人
錄事參軍事一人
錄事一人
史二人
倉曹參軍事一人
府一人
史二人
兵曹參軍事一人
府二人
史三人
冑曹參軍事一人
府二人
史二人
亭長二人
掌固二人
司階一人
中候二人

司戈二人

執戟三人

太子左右監門率府

率各一人

副率二人❹

長史一人

錄事參軍事一人

錄事一人

史二人

兵曹參軍事一人

府二人

史二人

冑曹參軍事一人

府二人

史二人❺

亭長二人

掌固二人

監門直長七十八人

太子左右內率府

率各一人

副率一人

長史一人

錄事參軍事一人

錄事一人

史二人

兵曹參軍事一人

府一人

史二人

冑曹參軍事一人

府一人

史一人

亭長二人

掌固二人

千牛十六人

備身二十八人

主仗六十人

---

❹副率二人　《新唐書・百官志》同此，《舊唐書・職官志》為「一人」。

❺史二人　《新唐書・百官志》作「三人」。

卷旨

東宮十率府的建置大體仿照十六衛，二者職能亦約略相當。十率府的長官稱率，各置一人，正四品上；副率各一人或二人，從四品上，低於十六衛大將軍、將軍的品秩。在十率府中，有左右衛率、左右司禦率、左右清道率三府統有折衝府府兵，自然數量要比十六衛各衛所統的少得多。其中左右衛率除轄有折衝府府兵外，又統領親、勳、翊三內府衛士，故其在東宮十率中地位最為顯要。若將十衛率與十六衛在職司上分別作一對照，那麼十衛率中的左右衛率、左右司禦率大致相當於十六衛中的左右衛、左右驍衛、左右武衛、左右威衛、左右領軍衛，左右清道率相當於左右金吾衛，左右監門率相當於左右監門衛，左右內率則相當於左右千牛衛。

十率府不僅在建置和職能上是對十六衛的模擬和微縮，在管理上亦有許多相通之處。這兩組武職機構都受尚書省兵部管轄，官員的選授、考課和遷陞均須通過兵部；其所用兵仗器械，都由衛尉寺武器署統管。此外，十率的長官，有時直接由十六衛大將軍或將軍兼任。如貞觀十七年（西元七二九年）李治為皇太子時，李勣是以兵部尚書轉太子詹事兼左衛率，李大亮則以左衛大將軍兼領太子右衛率，宿衛兩宮。總的說來，唐東宮十率領兵的制度，在武德、貞觀時期大體依制實施，高宗永徽以後，隨著宮廷權力角逐不斷加劇，東宮行事日益受到嚴格控制，十率領兵之制亦已徒具形式。

本卷分二篇：十率府中以左右衛率府單列一篇，其餘諸率府則合為一篇。

唐東宮官制，至本卷末全部敘述完畢。順便提一下，唐還曾有置皇太孫官屬之議。其事本書未錄而新舊《唐書》及《通典》均有載。高宗永淳元年（西元六八二年）皇太子李哲誕皇孫重照滿月，因立以為皇太孫，並擬置府僚。吏部郎中王方慶以為《周禮》有嫡子無嫡孫，晉惠帝和南齊永明時雖曾先後立過皇太孫並居東宮，但漢魏以降的故事是：凡皇太子在不立皇太孫。高宗則以為不妨「自我作古」，因命王方慶「詳求典故、官屬員品，乃奏太孫府置師、傅、友、文學、祭酒及長史、曹掾、主簿、管記、司錄以下六曹從事等官，各加王府一級」（《通典・職官十二》）。結果是止於擬議而並未實施：「然竟不立府僚。」（《舊唐書・高宗本紀》）

太子左右衛率府・左右率親勳翊等府

【篇　旨】東宮十率府中，左、右衛率府的地位最為重要。十率府中，有三府，即左右衛率府、左右司禦率府、左右清道率府，轄有折衝府府兵，而以左右衛率府最多，轄有廣濟等五府，其餘各轄三府。在十率府中，既統外府之兵，又統親、勳、翊三內府之兵，則唯有左、右衛率府。太子衛率秦漢已有，而衛率既主東宮宿衛又典警衛軍，則始於晉。在歷史上，作為國之儲貳的皇太子，往往成為宮廷權力角逐的聚焦點，因而東宮歷來是多事之地。在這種背景下，東宮十率府，尤其是左、右衛率府，更尤其它們的長官，不可避免地會被捲入雙方爭奪皇權的搏鬥旋渦，非此即彼，無以幸免。當勝利一方皇袍加身接受朝賀的時候，付出最大犧牲的，還是這些遠離皇權卻直接動刀動槍的人。我們在本篇一章之末附有較長說明，對東宮衛率在自漢迄唐歷次關涉到太子廢立的宮廷政變中的狀況，作了點介紹。

左、右衛率府官署，在西京的，位於承天門街之東，第三橫街之北，其處有一南北短街，街東第一即左衛率府，街西是右衛率府。東都的左、右率府，位於應天門外第一橫街之南，第二橫街之北。左衛率府在東端，地處左衛與尚輦局之間，係開元初分左衛地造；右衛率府在西端，地處四方館與右衛之間，亦是開元初年分右衛地造。

一

太子左右衛率府：率各一人，正四品上。秦、漢詹事屬官有太子衛率[1]。後漢為少傅屬官，秩四百石，主門衛士❷。魏因之。晉初為衛率❸，太始五年，分為左、右二率❹。惠帝為太子，加置前衛率；愍懷在東宮，又加後衛率❺。故元康❻之中凡四衛率。成都王為太弟，又置中衛率，是為三率❼。凡太子出，前衛率導，在前黃麾外；左、右二率從，挾導輿車；後衛率從，在烏皮外，並載戟執刀❽。四率各丞一人❾，服視左、右衛將軍❿，品第五，位同中庶子。過江，省前、後率，梁孝武帝復置⓫，宋又省⓬。齊左、右衛率武冠，絳朝服，品第五，秩千石⓭。梁位視御史中丞⓮，左衛率領果毅、統遠、立忠、建寧、陵銘⓯、夷寇、祚德等七營，右衛率領崇榮、永吉、崇和、細射等四營。陳因之⓰。後魏太和二十二年，太子左、右衛率從第三品⓱。北齊有太子左、右衛坊率⓲。後周東宮官員有司成、司武、司衛之類⓳。至隋文帝，始分置左、右衛率，左、右宗衛率，左、右虞候開府，左、右內率，左、右監門率，凡十府，以備儲闈武衛之職⓴。煬帝改左、右衛率為左右侍率㉑，皇朝復為左右衛㉒。龍朔二年改左、右衛府為左、右典戎衛㉓，咸亨如故㉔。掌統東宮二寺、十率府之事，舉其紀綱而修其職務焉㉕。

副率各二人，從四品上。隋文帝置，煬帝改為左、右侍副率，皇朝復為左、右衛副率。龍朔、咸亨隨衛改復。

左、右衛率掌東宮兵仗羽衛㉖之政令，以總諸曹㉗之事，凡親、勳、翊府及廣濟等五府屬焉㉘；副率為之貳。凡元正、冬至，皇太子朝宮苑諸方使，則率衛府之屬以儀仗為左、右廂之周衛㉙。若皇太子備禮出入，則如鹵簿之法以從㉚。每月，親、勳、翊三府之衛及廣濟等五府之超乘應番上者，配于所職㉛。

【章旨】敘述太子左右衛率府之率、副率的定員、品秩、沿革和職掌。

【注釋】❶秦漢詹事屬官有太子衛率　《漢書・百官公卿表》在詹事屬官中有「衛率、廚廄長丞」。注引如淳曰：「《漢儀注》：『衛率主門衛，秩千石。』《漢舊儀》則謂：『衛率，秩比千石，丞一人，主門衛。』似以《漢舊儀》較為是。」漢唯以太子三卿為秩千石。秩千石者，月俸九十斛；比千石者，月俸八十斛。❷後漢為少傅屬官秩四百石主門衛士　《後漢書・百官志》載太子少傅屬官有「太子衛率一人，四百石。本注曰：主門衛士。」兩漢時，太子衛率唯統門衛衛士，不領軍。四百石俸，月四十五斛。❸晉初為衛率　晉武帝泰始三年（西元二六七年）始立司馬衷為太子建東宮，以李熹為太子太傅。《晉書・李熹傳》稱：「其年，皇太子立，以熹為太子太傅。自魏明帝以後，久曠東宮，制度廢闕，官司不具，詹事、左右率、庶子、中舍人諸官並未置，唯置衛率，令典兵，二傅並攝眾事。」自晉起，衛率在東宮始典兵。又，衛率，諸書多作「中衛率」。如《晉書・職官志》：「武帝建東宮，置衛率，初曰中衛率。」《宋書・百官志》亦稱：「晉初曰中衛率。」《職官分紀》卷三〇引《唐六典》原注此句亦為「晉初為中衛率」。❹太始五年分為左右二率　太始，即泰始。泰始五年，西元二六九年。泰始為晉武帝司馬炎年號。《晉書・職官志》：「泰始五年，分為左右，各領一軍。」《宋書・百官志》亦云：「泰始分為左右，各領一軍。」左右二率，晉初皆領軍。武帝時，吏部尚書山濤曾多次薦舉太子左右衛率人選。《太平御覽》卷二四七左衛率條引「《山公啟事》：『太子左率缺，宜得其才無疾患者。城陽太守石崇忠亶篤信，有文武。河東太守焦勝，清正著信義，皆其選也。』」右衛率條引「《荀氏家傳》：『車騎將軍悝守茂中，山濤舉之為太子右衛率，稱清和理正，從容顧問，動可觀采，真侍衛之美者。』」❺惠帝為太子加置前衛率愍懷在東宮又加後衛率　《宋書・百官志》及《晉書・職官志》皆云：「惠帝時，愍懷太子在東宮，加置前後二率。」故當是惠帝在位時為太子置前、後衛率，非「惠帝為太子時」置此。惠帝，西晉皇帝司馬衷，在位十六年，終年四十八歲。以癡呆著聞，有「百姓餓死，何不食肉糜」等癡語廣為流傳。愍懷，指愍懷太子司馬遹，惠帝長子。惠帝即位時立為皇太子，後被賈后廢黜，並遣人以藥杵椎殺，終年二十三歲。司馬遹為皇太子時，劉卞任右衛率。《晉書・張華傳》載:「及賈后謀廢太子,左衛率劉卞甚為太子所信遇,每會宴,卞必預焉。屢見賈謐(賈充外孫,而賈后即賈充之女)驕傲,太子恨之,形於言色,謐亦不能平。卞以賈后謀問(張)華,華曰:『不聞。』卞曰:『卞以寒悴,自須昌小吏,受公成拔,以至今日。士感知己,是以盡言,而公更有疑於卞邪?』華曰:『假令有此,君欲如何?』卞曰:『東宮俊乂如林,四率精兵萬人。公居阿衡之任,若得公命,皇太子因朝入錄尚書事,廢賈后於金墉城,兩黃門力耳。』華曰:『今天子當陽,太子,人子也。吾又不受阿衡之命,忽相與行此事,是無其君父,而以不孝示天下也。雖能有成,猶不免罪,況權戚滿朝,威柄不一,而可以安乎?』」《晉書・劉卞傳》亦載其事:劉卞「入為左衛率,知賈后廢太子之謀,甚憂之。以計于張華而不見用,益不以平。賈后親黨微服聽察外間,頗聞卞言,乃遷卞為輕車將軍、雍州刺史。卞知言泄,恐為賈后所誅,乃飲藥卒。」❻元康　晉惠帝司馬衷年號。共九年(西元二九一年—二九九年)。❼成都王為太弟又置中衛率是為三率　句中「成都王」下似需補一「穎」字;「三率」當為「五率」。《宋書・百官志》:「成都王穎為太弟,又置中衛,是為五率。」又《職官分紀》卷三〇引《唐六典》原注此句亦作「成都王穎為太弟,又置中衛率,是為五率。」成都王司馬穎,字章度,晉武帝第十六子。晉惠帝永興元年(西元三〇四年)以成都王穎為丞相,尋廢太子司馬覃,詔立穎為皇太弟,為儲貳,都督中外諸軍事,丞相如故。制度一以魏武故事。穎留守於鄴,乘輿服御皆遷於鄴。後為王浚所敗,河間王司馬顒便廢穎歸藩。成都王穎設中衛率時間很短,實際上東宮仍是四衛率。❽自「太子出前衛率導」至「並載戟執刀」　此言在太子出行儀仗隊列中,四衛率各自之定位。前衛率為前導,位於前黃麾外。黃麾,黃色之旗幡,用以指揮隊列。其餘三率為隨從:左右二率在前,挾導皇太子所乘輿車;後衛率在後,位於烏皮車外。並載戟執刀,《通典・職官十二・東宮官》本注、《通志・職官略》左右衛率府條本注、《太平御覽》卷二四七左衛率條並引《晉志》,皆作「並帶戟執刀」。意謂四衛率皆一手持戟,一手執刀。戟,古代一種可鉤可刺之兵器,其形制略同戈,唯前有刺,實為戈矛之合體。❾四率各丞一人　《宋書・百官志》:四率「皆有丞,晉初置」。❿服視左右衛將軍　左、右衛將軍之冠服,據本書第二十四卷第一篇左右衛大將軍員品條原注為「銀章、青綬,武冠,絳朝服,佩水蒼玉」。《宋書・禮志》載為「銀章、青綬,給五時朝服,武冠,佩水蒼玉」。⓫過江省前後率梁孝武帝復置　過江,或稱江左,指晉南渡後所建立之東晉。梁,據南宋本當作「至」。孝武帝,東晉皇帝司馬曜,字昌明,在位二十三年,終年三十五歲。《晉書・職官志》與《宋書・百官志》並載:「江左初省前後二率,孝武太元中又置。」孝武帝太元十二年(西元三八七年)立司馬德宗為皇太子,重建東宮官制,復設太子前後率。《太平御覽》卷二四七前衛率條引《晉中興書》曰:「徐邈字仙民,建元中為太子前衛率」;後衛率條引《晉起居注》曰:「建元十四年(西元三八九年),以太子中舍人郄儉為太子後衛率」。其中二「建元」當是「太元」之訛。時任左衛率者，同書左衛率條引《晉中興書》曰：「褚翼，字謀遠，少失父，以才藝堪幹立名，肅宗即位，徵拜屯騎校尉，遷太子左衛率」；任右衛率者，右衛率條引《晉中興書》曰：「郄恢，字道胤，為太子右衛率。恢八尺美鬚髯，風神鬼悟，烈宗異之」；「吳隱之，字處默，太元中以國子博士為太子右衛率」。事亦見於《晉書》列傳。又如〈徐邈傳〉：「時皇太子尚幼，帝甚鍾心，文武之選，皆一時之俊。以邈為前衛率，領本郡大中正，授太子經」；〈吳隱之傳〉：隱之「拜奉朝請、尚書郎，累遷晉陵太守。在郡清儉，妻自負薪。入為中書侍郎、國子博士、太子右衛率，轉散騎常侍，領著作郎」。由此亦可知其時任太子四率者，已不同於晉初，既不領軍，亦非出身於武官，徐邈以太子前衛率而授太子經，吳隱之出任此職則僅為轉遷之一官階而已。⑫宋又省　指省前後率，僅置左、右二率。《宋書・百官志》：「宋世止置左、右二率，秩舊四百石」。又云：「太子左衛率，七人；太子右衛率，二人。二率職如二衛。」太子率列第五品。宋文帝元嘉六年（西元四二九年），東宮始建，以謝弘微為太子右衛率，後又以袁淑為太子左衛率，《宋書・袁淑傳》載其欲阻皇太子劉劭殺文帝奪位終見誅事。文中稱：劉劭「將為弒逆，其夜淑在值，二更許，呼淑及蕭斌等流涕謂曰：『主上信讒，將見罪廢。內省無過，不能受枉。明旦便當行大事，望相與戮力。』淑及斌並曰：『自古無此，願加善思。』劭怒變色，左右皆動。斌懼，乃曰：『臣昔忝伏事，常思效節，況憂迫如此，輒當竭身奉令。』」但袁淑還是不從。「淑出還省，繞牀行，至四更乃寢。劭將出，已與蕭斌同載，呼淑甚急，淑眠終不起。劭停車奉化門外，催之相續。徐起至車後，劭使登車，又辭不上。劭因命左右：『與手刃』，見殺於奉化門外，時年四十六。劭即位，追贈太常，賻賵甚厚」。其後，宋孝武帝即位，年僅五歲之劉子業為皇太子時，二率皆以他官兼領，如顏竣以吏部尚書領左衛率，沈演之以吏部尚書領右衛率，劉秀之以尚書右僕射領太子右衛率。亦有以外官兼任者，如薛安都，原為北方強族，投靠南方後於孝武帝大明中任太子左衛率，十年不遷。⑬齊左右衛率武冠絳朝復品第五秩千石　句中「復」，據南宋本當作「服」。《南齊書・百官志》載齊有「太子左右衛率各一」。武冠，一名大冠。為武官及侍臣所戴。初為趙武靈王效胡服而制，秦滅趙，以其君冠賜侍臣，故亦稱趙惠文冠。絳朝服，即絳衣朝服，為百官及執事者之常服。《晉書・輿服志》稱：「魏秘書監秦靜曰：『漢氏承秦，改六冕之制，但玄冠絳衣而已。』」秩千石，月八十斛。齊時左右衛率皆由他職兼領。如武帝永明九年（西元四九一年），崔慧景「以本號（指冠軍將軍）徵還，轉太子左率，加通直常侍。明年，遷右衛將軍，加給事中」；劉悛，明帝末，「出守瑯邪太守，轉五兵尚書，領太子左衛率。未拜，明帝崩，東昏侯即位，改授散騎常侍，領驍騎將軍」；呂安國，永明五年（西元四八七年）「遷都官尚書，領太子左率。六年，遷領軍將軍」（見《南齊書》各自列傳）。⑭梁位視御史中丞　《隋書・百官志》稱梁「左右衛率各一人，位視御史中丞」。梁太子左、右二衛率位列十一班，與御史中丞同。梁亦以他官兼領此二職。如張惠紹，武帝天監初曾先遷太子右衛率（《梁書》本傳），後又任太子左衛率（《梁書·武帝紀》）；徐勉，天監六年（西元五〇七年）以吏部尚書領太子右衛率，遷左衛將軍；范岫，以度支尚書領太子左衛率，次年徙右衛將軍（均見《梁書》本傳）。又有康絢，於天監十三年（西元五一四年）「遷太子右衛率，甲仗百人，與領軍蕭景直殿內。絢身長八尺，容貌絕倫，雖居顯官，猶習武藝。高祖幸德陽殿戲馬，敕絢馬射，撫弦貫的，觀者悅之。其日，上使畫工圖絢形，遣中使持以問絢曰：『卿識此圖不？』其見親如此」（《梁書·康絢傳》）。此外，簡文帝蕭綱為皇太子時，尚有徐摛曾除太子左衛率。⑮陵銘　南宋本作「陵鋒」。⑯陳因之　陳因梁制，置太子左右衛率，品列第四，秩二千石。陳任其職見於記載者，有司馬申，「以功除太子左衛率，封文招縣伯，邑四百戶，兼中書通事舍人」（《隋書》本傳）；徐度之子徐敬成，太建四年（西元五七二年）「授太子右衛率」（《陳書·徐度傳》）。⑰後魏太和二十二年太子左右衛率從第三品　太和二十二年，據《魏書·官氏志》當為太和二十三年，即西元四九九年。是年復次職令，太子左右衛率列從第三品。太和是北魏孝文帝年號。北魏記載中曾任此職者，如高聰，太和時「遷通直散騎常侍兼太府少卿，轉兼太子左率」（《魏書·高聰傳》）；封翰之族孫封靜，「世宗時歷位征虜將軍、武衛將軍、太子左衛率，以幹用稱」（《魏書·封敕文傳》）。此外據《隋書·董純傳》，董純之祖董和，亦曾任北魏太子左衛率。⑱北齊有太子左右衛坊率　據《隋書·百官志》北齊設有太子左右衛坊率，左右衛率之品秩為從第三品。⑲後周東宮官員有司成司武司衛之類　句中「司成」，《通典·職官十二·東宮官》左右衛率府條作「司戎」。《通志》與《通典》同。陳仲夫點校本據而改「司成」為「司戎」。然考諸史著，又多有任司成者之記載，似也可不改。北周置司成中大夫，典國史，正五命；又設司成下大夫以佐其職，正四命。北周任司成中大夫者，如張羨，「少好學，從武帝入關，歷司職大夫、雍州刺史，復入為司成中大夫，典國史」（見《隋書·張煚傳》）。任司成下大夫者，如源彪，「周武平齊，入京，授儀同大將軍、司成下大夫」（《北齊書》本傳）。司武，初以司武中大夫為長官，武帝宣政元年（西元五七八年）又置司武上大夫為長官，並分置左右，掌宿衛軍事。司武上大夫正六命，司武中大夫正五命。北周任司武上大夫者，有尉遲運、宇文神舉（見《周書》各自列傳）；任左司武上大夫者有李崇（見《隋書·李穆傳》），任右司武上大夫者有楊堅（《隋書·高祖紀》）。尉遲運曾奉詔輔皇太子居守，力拒衛刺王直之亂，《周書》本傳記其事稱：「建德元年（西元五七二年），授右侍伯，轉右司衛。時宣帝在東宮，親狎諂佞，數有罪失。高祖於朝臣內選忠諒鯁正者以匡弼之。於是以運為右宮正。三年（西元五七四年）帝幸雲陽宮，又令運以本官兼司武，與長孫覽輔皇太子居守。俄而衛刺王直作亂，率其黨襲肅章門。覽懼，走行在所。運時偶在門中，直兵奄至，不暇命左右，乃手自闔門。直黨與運爭門，砍傷運手指，僅而得閉。直既不得入，乃縱火燒門。運懼火盡直黨得進，乃取宮中材木及床等以益火，更以膏油灌之，火勢轉熾。久之，直不得進，乃退。宣政元年（西元五七八年）轉司武上大夫，總宿衛軍事。高祖崩於雲陽宮，秘未發喪，運總侍衛兵還京師」。司衛，設司衛上大夫，正六命，掌東宮衛士，在非常時期亦可統率皇帝宿衛兵馬，權任甚重。分置左、右。下設左、右司衛中大夫、司衛上士、司衛中士等屬官。北周任此等職者，如宇文孝伯，任司衛上大夫（《周書》本傳）；楊勇，任左司衛上大夫（《隋書・楊勇傳》）；尉遲運、觀德王楊雄，任右司衛上大夫（《周書》本傳）。宇文孝伯受任司衛上大夫之職於武帝病危之時，意在應對非常。《周書・宇文孝伯傳》記其事稱：武帝「北討至雲陽宮，遂寢疾。驛召孝伯赴行在所。帝執其手曰：『吾自量必無濟理，以後事付君。』是夜，授司衛上大夫，總宿衛兵馬事，又令馳驛入京鎮守，以備非常。」⑳至隋文帝始分置左右衛率左右宗衛率左右虞候開府左右內率左右監門率凡十府以備儲闈武衛之職　隋文帝，隋朝皇帝楊堅，在位二十四年，終年六十四歲。隋文帝時，始置東宮十率府。其中左右衛，各置率一人，正四品上；副率二人，從四品上，掌宮中禁衛。開皇初，楊勇為皇太子，文帝欲重宮官之望，以兵部尚書蘇孝慈為太子右衛率，又領太子右庶子，轉授左衛率，仍判工部、民部二尚書，稱為幹理，數載，進位大將軍，轉工部尚書，率如故。開皇十八年（西元五九八年），將廢太子楊勇，憚孝慈之在東宮，出為淅州刺史，於此亦可見左右衛率職任之重要。其後楊廣為皇太子時，又有宇文述為左衛率，晉王參軍段達為左衛率副；于仲文為右衛率。此外仁壽中，權武亦曾為太子衛率。左右宗衛率，各置率一人，副率二人，掌以宗人侍衛，品秩與左右衛率同。楊廣為皇太子時，李渾曾以左武衛將軍領太子宗衛率。左右虞候，各置開府一人，掌斥候伺非。煬帝時改為左右虞候率，正四品。並置副率。開皇時，宇文㢸曾以刑部尚書領太子虞候率。楊廣為皇太子時，以吐萬緒為左虞候率，周羅睺及趙才為右虞候率。左右內率，置率、副率各一人。掌領備身以上禁內侍衛，供奉兵仗。隋初品秩與左右衛率同，煬帝時降為正五品。左右監門率，各置率一人，副率二人。掌諸門禁。隋初率從四品上，副率正五品上；煬帝大業時，改左右監門率為宮門將，品秩降為正五品。楊廣為皇太子時，郭衍曾以左監門率轉左宗衛率。㉑煬帝改左右衛率為左右侍率　煬帝，隋朝皇帝楊廣，在位十四年，終年五十歲。煬帝大業三年（西元六〇七年），「左右衛率改為左右侍率，正四品」（《隋書・百官志》）。㉒皇朝復為左右衛　句末「衛」下當補一「率」字。《新唐書・百官志》：「武德五年（西元六二二年），改左右侍率曰左右衛率府。」《通典・職官十二・東宮官》左右衛率府條：「大唐為左右衛率府。」《舊唐書・職官志》：「國家復為衛率。」㉓龍朔二年改左右衛府為左右典戎衛　龍朔二年，即西元六六二年。龍朔為唐高宗李治年號。又，句末「衛」亦應補一「率」字。㉔咸亨如故　咸亨，唐高宗李治又一年號。咸亨元年（西元六七〇年）十二月，諸司及百官皆復舊名。如故，指復稱太子左右衛率府。㉕掌統東宮二寺十率府之事舉其紀綱而修其職務焉　此二十一字，依內容屬本書第二十六卷第三篇詹事之職掌，且為正文，與此處敘述左右衛率府沿革之原注，毫不相干，當係闌入衍文，應刪去。語譯已刪之。㉖兵仗羽衛　兵仗，兵器之總稱。羽衛，即儀仗。因儀仗用旗多有以鳥羽裝者，故以羽儀或羽衛稱之。《周易·漸卦》：「鴻漸于陸，其羽可用為儀。」孔穎達疏：「其羽可用為物之儀表，可貴可法也。」故古人以羽為飾以顯示其尊貴。㉗諸曹　指左右衛率下屬之倉曹、冑曹、兵曹。詳正文。㉘凡親勳翊府及廣濟等五府屬焉　親、勳、翊府，指左右衛率府所屬之親衛、勳衛、翊衛，與左右衛之親衛、勳衛、翊衛和諸衛之翊衛，通稱三衛。左右衛率府之親衛，選四品子、三品孫、二品以上曾孫充任；勳衛選四品孫、職事五品子及孫、三品曾孫，若勳官三品有封者，及國公之子充任；翊衛選五品以上並柱國若有封爵兼帶，職事官子孫充任。三衛之衛士皆限年二十一以上，每歲十一月由本州申兵部團甲、進甲。三衛分為親仗、供奉仗、勳仗、翊仗、散手仗共五仗。率府之勳衛為六考，翊衛為八考，其餘以五考為滿考。考滿可赴兵部校試，有文、堪時務者，送吏部銓選；無文，則加其年限，以本色遷授。廣濟，折衝府府名。屬左右衛率府廣濟等五折衝府，其衛士稱「超乘」，三年一簡點，成丁而入，六十而免，由左右衛率府差遣上番，而諸折衝府則據簿而發。凡屬左右衛率府之衛士，皆由率府置名簿，記錄三年中征防差遣狀況，依其優劣分上、中、下三等考核。㉙元正冬至皇太子朝宮苑諸方使則率衛府之屬以儀仗為左右廂之周衛　據南宋本，句中「宮苑」，當作「宮臣」；「諸方使」上，當補一「及」字。元旦及冬至日皇太子受宮臣朝賀之禮，隋唐之際有所變易。《隋書·禮儀志》載：「後周制，正之二日，皇太子南面，列軒懸，宮官朝賀。及開皇初，皇太子勇準故事，張樂受朝，宮臣及京官北面稱慶。高祖誚之。是後定儀注，西面而坐，唯宮臣稱慶，臺官不復總集。煬帝之為太子，奏降章物，宮官請不稱臣。詔許之。」《隋書·房陵王楊勇傳》亦言其事：「其後經冬至，百官朝勇，勇張樂受賀。高祖知之，問朝臣曰：『近聞至節，內外百官，相率朝東宮，是何禮也？』太常少卿辛亶對曰：『於東宮是賀，不得言朝。』高祖曰：『改節稱賀，正可三數十人，逐情各去，何因有司徵朝，一時普集，太子法服設樂以待之？東宮如此，殊乖禮制。』於是下詔：『禮有等差，君臣不雜。爰自近代，聖教漸虧，俯仰逐情，因循成俗。皇太子雖居上嗣，義兼臣子，而諸方岳牧，正冬朝賀，任土作貢，別上東宮。事非典則，宜悉停斷。』」至唐初，又恢復朝臣和宮臣至東宮向皇太子賀節之禮，《開元禮》即載有「皇太子元正冬至受群臣賀」及「皇太子元正冬至受宮臣朝賀」之儀注。諸方使，指地方州府之朝集使。在皇太子元正、冬至日受群臣賀時，各地朝集使規定亦要參加，其列位在文武官三品以上之次。《開元禮》另有「皇太子受朝集使辭見」及「皇太子受朝集使參辭」等儀注。皇太子受朝賀時，諸衛率各勒所部屯門列仗。左右衛率府則列儀仗於東宮朝堂左右廂之周圍。㉚若皇太子備禮出入則如鹵簿之法以從　鹵簿，指皇太子出行時之儀仗。《隋書・禮儀志》：「隋制，正旦及冬至，文物充庭，皇帝出西房，即御座。皇太子鹵簿至顯陽門外，入賀。復詣皇后御殿，拜賀訖，還宮。皇太子朝訖，群官客使入就位，再拜。」唐制，元日、冬至日皇帝受群臣朝賀，獻壽次序是先皇太子，次上公，次中書令奏諸州表。皇太子朝賀時，其鹵簿陳於重明門外，鹵簿以家令、率更令及三師之軺車為先導，左右衛率府率各一人，夾皇太子金輅，居供奉官之後。㉛配于所職　指番上宿衛之親、勳、翊三府之衛士及折衝府番上之超乘，由率和副率分配其番上值宿之崗位。《唐律疏議・衛禁律》諸宿衛人已配仗衛條之疏議曰：「依式，衛士已上，應當番宿衛者，皆當衛見在，長官割配於職掌之所，各依仗衛次第坐立。此即職掌已定，若官司無故輒迴改者，合杖一百，應須迴改者不坐。」

【語　譯】太子左、右衛率府：率，定員各一人，品秩為正四品上。秦漢時期，詹事的屬官有太子衛率。東漢太子衛率則為少傅的屬官，俸秩四百石，主管宮門的衛士。三國魏因承漢制。晉初為〔中〕衛率，晉武帝太始五年，分為左右二率。惠帝時，先為愍懷太子加置前衛率，後來愍懷太子入東宮，又加置後衛率。所以在元康年間，東宮有前、後、左、右四衛率。成都王〔穎〕為太弟，一度又置中衛率，因而共有三（五）衛率。每遇太子出行，前衛率充當前導，位置在前黃麾外；左、右衛率在兩側挾導太子的輿車，後衛率隨從在後，位置在烏皮車外，都是一手持戟，一手帶刀。四率各置丞一人，品服比照左右衛將軍，列第五品，位列與中庶子相同。過江後的東晉，省去了太子前、後衛率。梁（至）孝武帝時又重新設置。南朝宋又省去。齊時，左右衛率的品服是戴武冠，穿絳朝服，列第五品，俸秩為一千石。梁代太子左、右衛率的品位比照御史中丞，左衛率統領果毅、統遠、立忠、建寧、陵銘（鋒）、夷寇、祚德等七營，右衛率統領崇榮、永吉、崇和、細射等四營。陳沿襲梁制。北魏太和二十二（三）年，太子左右衛率的品秩是從第三品。北齊設有太子左右衛坊率。北周東宮的官員中，有司成、司武、司衛這樣一些官稱。到隋文帝時，東宮的宿衛方始分別設置左、右衛率，左、右宗衛率，左、右內率和左、右監門率，一共有十府，齊備了東宮武裝宿衛的職事。煬帝時，改稱左、右衛率為左、右侍率，本朝又恢復稱左、右衛率。高宗龍朔二年，改左右衛率府為左右典戎衛，到咸亨時又恢復舊稱。

副率，定員各二人，品秩為從四品上。隋文帝時設置，煬帝時改稱左、右侍副率，本朝又恢復稱左、右衛副率。

在高宗龍朔、咸亨年間，這一職稱曾隨衛名的更改而更改，恢復而恢復。

左右衛率的職務是，執掌東宮有關兵仗、羽儀的政令，總攬下屬各曹的事務；東宮的親衛、勳衛、翊府以及廣濟等五個折衝府亦由左、右衛率統轄。副率是率的副職。每當元正、冬至日皇太子接受宮臣的朝賀和地方各朝集使的參辭時，要率領所屬的衛士在東宮朝堂的左右廂排設儀仗負責護衛。如果皇太子備禮出入，則要依照皇太子鹵簿法的規定，前後隨從。每月，親衛、勳衛、翊府三府的衛士，廣濟等五折衝府的超乘，應番上宿衛的，由左右衛率負責分配他們各自的崗位和職責。

【說　明】關於東宮宿衛十率府的淵源，本章原注一直上溯到秦漢太子詹事的屬官太子衛率，但兩漢的太子衛率只管東宮諸門的衛士，東宮尚未有直屬的警衛部隊。漢武帝時，戾太子劉據因巫蠱事件之誣而起兵殺江充時，他是通過太子舍人無且持節夜入未央宮殿長秋門，稟報皇后後，才得以發天子內廄兵車，出武庫兵器，起用長樂宮的衛率。經過這麼一番曲折所調發的軍隊，數量還是很有限，因而不得不又矯制發長安城中都官屬下監獄的囚徒為兵，由少傅石德及賓客張光統帥；同時派人持節去調遷長水、宣胡的騎兵，沒有成功。戾太子又親自到北軍去召見北軍使者任安，與節，令發兵；不料任安卻受節而閉門不出，無法調動北軍。在這種情況下，戾太子只好驅趕四市的烏合之眾與丞相劉屈氂統率的正規軍隊作戰，結果自然是不堪一擊兵敗而亡。東宮沒有自己直屬的警衛軍，這該是戾太子敗亡的一個重要原因。同是這一歷史事件，若換成以歷代皇帝為視角，那麼得出的結論便是：東宮若擁有自己的警衛軍，那是一件極危險的事。但皇太子作為國之儲貳，王朝的未來，又離不開軍隊的保護。這樣由於帝王制度的固有矛盾，在是否設置東宮直屬警衛軍這個問題上，又使歷代帝王陷入了兩難境地。

歷史上，東宮首次設置直屬的警衛軍隊，是在西晉初年，可說是出於一個特殊的機緣。泰始三年（西元二六七年），晉武帝立次子司馬衷為皇太子。這個司馬衷自幼癡愚，當時不僅「朝廷咸知〔其〕不堪政事，武帝亦疑焉」（《晉書・惠帝紀》）。為此武帝曾試著讓他處決一些尚書事，近乎白癡的司馬衷自然莫知所對，後來是靠了賈后的弄虛作假才蒙混過關的。朝臣中如司空衛瓘，也曾有過及早作出裁決的勸諫，但武帝終於沒有廢衷而另立他子，是顧忌到那樣做會對朝廷上下帶來太大的震動。作為補救，武帝不僅為太子盛選東宮官屬，備置諸傅，還設置了太子左右二率，既主門衛，亦典兵士，這才使東宮有了自己直屬警衛軍。司馬衷繼位即為惠帝，立其子司馬遹為皇太子，又增加了前後二率，因而到惠帝元康年間東宮便置有前、後、左、右四衛率，擁有精兵萬人，駐紮在洛陽宮廷左近，這是一支著實可觀的力量。其時已顯露了賈后有謀廢司馬遹的跡象，因而任太子左衛率的劉卞便試圖依仗這支力量來捍衛既定太子的地位。此事本章注❺已從《晉書・張華傳》中有所引錄。劉卞企圖說動時任太子少傅、又以功拜右光祿大夫、開府儀同三司的張華，聯合發起政變先廢去賈后。他在說辭中列舉了政變必然成功的三個有利條件：「東宮俊乂如林；四率精兵萬人；公居阿衡之任」。的確，張華倘若加盟，此謀之成當屬意料中事。但是張華拒絕了，原因是他認為此舉係「以不孝示天下也，雖能有成，猶不免罪，況權戚滿朝，威柄不一，而可以安乎？」其實還有一個未說出來的原因：張華出身庶族，因賈后擢拔而得總攬朝綱，頗有不忘提攜之意。劉卞為在對張華認識上的這一疏忽付出了慘重的代價。據《晉書・劉卞傳》記載：「卞知言泄，恐為賈后所誅，乃飲藥卒。」此後，終晉之世，東宮設四衛率並典兵這樣一種體制，一直保留了下來，並在大體上為歷代所沿襲。順便提一下羯人石季龍所建立的後趙的兩次東宮事變。石季龍固然趫悍凶暴且荒游廢政，他先後所立的兩個太子石邃、石宣也驕狂殘忍，而且都迫不及待想要搶班奪權。兩人又都是帶兵的，以致險些發生火併：石邃「率宮臣文武五百餘騎，宴於〔中庶子〕李顏別舍，謂顏等曰：『我欲至冀州殺石宣，有不從者斬！』行數里，騎皆逃散，李顏叩頭固諫，邃亦昏醉而歸」（《晉書・石季龍載記》），總算避免了一次相互殘殺。石邃、石宣先後被廢黜，石季龍對他們的懲處，其苛酷和殘暴，在東宮史上也屬罕見。如對石邃，廢為庶人後，又於「其夜殺邃及妻張氏，并男女二十六人，同埋於一棺之中，誅其宮臣支黨二百餘人」。對石宣，幽禁時還用「鐵環穿其頷而鎖之，作數斗木槽和羹飯以豬狗法食之」，又令人拔髮、抽舌、斫眼、潰腹，活活折磨至死。又「誅其四率已下三百人，宦者五十人，皆車裂節解，棄之漳水。洿其東宮，養豬牛。東宮衛士十餘萬人，皆謫涼州」（同上）。

本文開頭提到，漢武帝時，戾太子劉據因受江充巫蠱之誣而被迫起事，終因沒有足夠可受其支配的兵力而敗亡；五百多年後，到南朝宋文帝時，又發生了一個類似的巫蠱事件，感到自己已岌岌可危的皇太子劉劭，利用東宮擁有的警衛軍，來了個「先下手為強」，居然獲得了曇花一現式的成功。劉劭是殺其父宋文帝劉義隆而登上皇位的，因而舊時史家貶之為「元凶」。據《宋書・元凶劉劭傳》記載，劭為皇太子時，「東宮置兵與羽林等」；當巫蠱案發，劭從淑妃那裡獲得自己將要被廢的消息，「因是異謀，每夜輒饗將士，或親自行酒，密與服心隊主陳叔兒、詹叔兒，齋帥張超之、任建之謀之」。這說明當時按制度東宮兵卒雖由左右衛率統轄，但劉劭在商議機密時，還有一個更小的圈子，那便是少數幾個心腹。在起事之夜，他命「超之等集素所畜養兵士二千餘人，皆使披甲，召內外幢隊主副豫加部勒」。做好了一切準備，再去召右軍長史蕭斌及當值的左衛率袁淑。劉劭流著眼淚對蕭、袁說了本章注⑫中那段引自《宋書・袁淑傳》的話，表明起事出於被迫，望二人戮力相助。結果蕭斌和另一左衛率王正見表示願意竭身奉令，袁淑則不從，最終被殺。劉劭倉促即位後的第一件事，便是殺了兩個人作為替罪羊，下詔書把弒君之罪推在他們身上，說自己「勒兵入殿，已無所及，號惋崩衂，肝心破裂」；又說「今罪人斯得，元凶克殄，可大赦天下」，彷彿一切已成過去。但他的弟弟劉駿即後來的宋孝武帝，還是以討伐弒逆為號召，聚集諸王起兵，不過數月劉劭便敗亡。這一事件的過程除了說明東宮獨立畜養兵士確實有可能成為滋生兵變的隱患以外，還有更值得注意的另一個方面，那就是在帝王制度的長期影響下所形成的正統思想對人的支配作用的問題。在通常情況下，由根深蒂固的傳統觀念所積聚那種無形但卻強大的力量，總是傾向於在位帝王一方的。任何起事者都無法逃避弒君犯上是十惡元凶這一巨大壓力的籠罩。起事之夜太子衛率官員的分化，以及劉劭即位後所下的那份掩耳盜鈴式的詔書，都證明這種壓力的存在；而宋孝武帝之所以成功，不僅因為他借助於物質形態的諸王「義兵」，還因為他巧妙地利用了那種無形但卻強大的思想力量。

在梁代，東宮左右衛率依然典兵，左衛率所統七營，右衛率所統四營，便是當時東宮的軍隊編制。北周的司成、司武、司衛，職掌中亦都有典兵之事。武帝北討途中病危時，還特命尉遲運以右宮正兼司衛上大夫，總宿衛軍事，馳驛回京鎮守，以備非常。本章正文所敘述的十率府的建置，定制於隋初。文帝開皇時立楊勇為皇太子，蘇孝慈以兵部尚書先後領太子右衛率、太子右庶子、太子左衛率，是東宮軍隊的實際管轄者。《隋書・裴政傳》中有東宮「武職交番，通事舍人趙元愷作辭見帳，未及成，太子有旨，再三催促」等語的記載，說明隋時東宮武職番上皆有名帳，而且皇太子親自過問，要求頗為嚴格。待到楊勇失寵，隋文帝擬議廢立時，東宮的衛隊便成為一種潛在威脅，亟需先行滅削。「時高祖（即隋文帝）令選宗衛侍官，以入上臺宿衛。高熲（尚書左僕射兼納言）奏稱：若盡取強者，恐東宮宿衛太劣。高祖作色曰：『我有時行動，宿衛須得雄毅。太子毓德東宮，左右何須強武？此極敝法，甚非我意。如我商量，恆於交番之日，分向東宮上下，團伍不別，豈非好事？』」《隋書・房陵王楊勇傳》所謂「團伍不別」，就是東宮諸率府的宿衛，由朝廷諸衛統一派遣，東宮不許再有自己特殊的兵源和衛隊：「東宮宿衛之人，侍官已上，名籍悉令屬諸衛，有健兒者，咸屏去之」（同上）。開皇十八年（西元五九八年），文帝在正式廢黜楊勇前，先採取了一項措施：出太子左衛率蘇孝慈為淅州刺史，等於繳了楊勇的械，使他處於無法還手的境地。楊勇為此「甚不平，形於言色」《隋書・蘇孝慈傳》），但也只能「形於言色」而已。所以歸根結底是一個由實力支撐的控制權問題。如果在位帝王尚足以控制局勢，那麼即使東宮按制度擁有一支軍隊又能作何為？因為手中握有至高權力的皇帝，隨時可以對制度作出有利於維護自己權位的改變。此時典籍中雖仍是依照原樣規定著，實際執行的卻已是另一回事。

唐代東宮衛率建置多承隋制。開國之初，因高祖李淵曾起兵太原，諸子並隨逐鹿中原等歷史原因，不僅皇太子李建成有衛率之兵，其他皇子如齊王元吉、秦王世民亦都帶兵，且均有實戰經驗。這種一開始便在暗中形成以兵戈對峙的局面，當是開國第一次冊立皇儲，或雖已經歷世但在發生某種重大意外變故之後，才有可能出現的皇太子與諸子之間的特殊關係。《舊唐書・隱太子建成傳》稱：「建成乃私召四方驍勇，并募長安惡少二千餘人，畜為宮甲，分屯左右長林門，號為長林兵。」箭已在弦，勢在必發。其間發生的慶州總管楊文幹的所謂舉兵謀反事件，實際上是建成與世民之間的內鬨。但猶豫、搖擺於二子孰廢孰立之間的高祖李淵，卻只想大事化小，處理時有意繞開這片地雷區，而歸罪於太子中允王珪、左衛率韋挺、天策兵曹杜淹等，將他們流放於巂州，又在東宮與秦王的天策府分別貶責了若干人，算是各打五十板子了事。頗善運籌機變的李世民，正是利用這段時間，一方面設法去贏得高祖的青睞，另一方面積極籌劃，一旦時機成熟，立即發動玄武門之變。此事變的實質是秦王天策府的軍隊在李世民率領下對建成、元吉的一次伏擊，建成為李世民射斃，元吉為尉遲敬德所殺。但東宮的二千餘精兵依然在結陣還攻玄武門。李世民的高明之處，在於他不予直面接火，而是先派出原相繼任東宮太子左庶子和太子詹事的裴矩前往「曉諭」即做瓦解工作，再繼之以安撫收編的政策。如把原太子左衛率韋挺從巂州召回，先後任以尚書右丞、吏部侍郎，進拜御史大夫。即使像薛萬徹這樣的原東宮得力幹將，事變中曾拚力攻打玄武門，事變後又率領數十騎亡命於南山，亦還是設法遣人招回，並任以右衛大將軍。待到自己升春宮為太子時，立即任在玄武門之變中有功的尉遲敬德為太子左衛率，程知節拜太子右衛率。其時東宮宿衛的軍隊已經取代了宮廷的警衛。

唐太宗李世民是一個善於吸取歷史教訓的皇帝，在他登極期間，東宮雖仍設衛率，但已不再擁有獨立的宿衛軍隊。如李承乾為太子時，任東宮左衛率的是韓倫，《舊唐書·韓思復傳》只提到他在「貞觀中為左衛率，賜爵長山縣男」，無任何具體事跡記載。左衛的副率是封師進，在《舊唐書·恆山王承乾傳》中有這麼一段文字：「嘗招壯丁左衛副率封師進及刺客張師政、紇干承基，深賜禮之，令殺魏王泰，不克而止。」左衛副率竟然被作為壯士、刺客使用，也可借以說明皇太子手中實在沒有其他可供差遣的兵力。《舊唐書·恆山王承乾傳》記其主要謀反罪行是：「與漢王元昌、兵部尚書侯君集、左屯衛中郎將李安儼、洋州刺史趙節、駙馬都尉杜荷等謀反，將縱兵入西宮。」這段記載似乎應這樣看：第一，這又恰好說明皇太子沒有自己的武裝力量，因而需借助外朝諸將「縱兵入西宮」；第二，即此「縱兵入西宮」，亦只空言一句，並無實據，大抵為定罪而設此，多半屬於子虛烏有。其後，太宗立晉王李治為皇太子時，以李勣為太子詹事兼左衛率，其時李勣本職為兵部尚書，太子左衛率僅是兼職，並非實際掌管東宮的警衛。太子右衛率則由左衛大將軍李大亮兼領，其《舊唐書》本傳稱：貞觀「十七年（西元六四三年）晉王為皇太子，東宮僚屬皆盛選重臣，以大亮兼領太子右衛率，俄兼工部尚書，身居三職，宿衛兩宮，甚為親信。大亮每當宿直，必當通宵假寐。太宗嘗勞之曰：『至公宿直，我便通夜安臥。』其見任如此。太宗每有巡幸，多令居守。」據此可知當時兩宮的警衛已是統一指揮下的同一支軍隊，東宮不再有獨立的警衛建置，所謂太子十率府的設置徒具虛名，並非實際的軍事存在。高宗時期同樣嚴格禁止太子在東宮弄兵，這從高宗第六子章懷太子李賢被廢黜的主要原因中可以得到證明：「於東宮馬坊搜得皂甲數百領，乃廢賢為庶人，幽於別所。」（《舊唐書·章懷太子李賢傳》）。東宮馬坊裡藏有數百領皂甲居然也構成了大罪，說明一切兵器包括兵士裝備在東宮都成了違禁物，自然更談不上擁有軍隊了。高宗以後，有關任職東宮左右衛率府率的記載，已極為罕見。《舊唐書·馬懷素傳》提到「長安中，御史大夫魏元忠為張易之所構，配徙嶺表，太子僕崔貞慎、東宮率獨孤禕之餞于郊外」。但這個獨孤禕之究竟擔任東宮十率府中哪一府率，並無明言。高宗時，曾有以宗室諸王任衛率之例，如高宗第三子澤王李上金曾在「永昌元年（西元六八九年）授太子左衛率，出為隋州刺史」，這自然僅一個虛銜，不可能真正去東宮供職的。至於玄宗，他自己便是以先後兩次武裝政變登上皇位的，當然更不會允許太子衛率實際統轄東宮警衛。記載中，開元初有王海賓，「曾任太子右衛率、豐安軍使、太谷男、以驍勇聞隴上」（見《舊唐書・王忠嗣傳》）；王君㚟，「驍勇善騎射，以戰功累除右衛副率」（《舊唐書》本傳）。此二人都是外官，自然更無法在東宮實際管事。所以大抵唐自高宗以後，關於東宮十率府的設置，正所謂「紙上談兵」，僅是虛應典制而已。東宮無兵，兩宮是否從此相安無事了呢？不，高宗以後，宮廷武裝政變不但依然有，而且相繼不斷。道理很簡單：無兵可以借兵，那就是與羽林軍結合。如中宗，便是左羽林將軍敬暉、右羽林將軍桓彥範等，率羽林兵誅張易之、張昌宗後，逼武則天退位而得以復位的。節愍太子李重俊發動的那次失敗的政變，依靠的亦是羽林軍，參加者有左羽林大將軍李多祚、右羽林將軍李思沖、李承況、獨孤褘之、沙吒忠義等，矯制發左右羽林兵及千騎三百餘人。玄宗的兩次政變，第一次與太平公主聯盟，共同對付韋后，第二次則是與太平公主火併。第一次主要兵力是北衙禁軍左、右萬騎：「分遣萬騎往玄武門殺羽林將軍韋播、高崇，持首而至，眾歡叫大集。攻白獸、玄德等門，斬關而進，左萬騎自左入，右萬騎自右入，合於凌烟閣前。時太極殿前有宿衛梓宮萬騎，聞譟聲，皆披甲應之。」（《舊唐書・玄宗本紀》）第二次政變，左羽林大將軍常元楷、右羽林將李慈等卻是站在太平公主一邊的，玄宗只帶了幾十個心腹，「出武德殿，入虔化門，梟常元楷、李慈於北闕，擒賈膺福、李猷於內客省以出，執蕭至忠、岑義於朝，皆斬之」（同上）。

總上所述，不難得出這樣結論：只要皇宮、東宮並存，只要帝王或帝王式的獨裁專制制度存在，只要權力交替在暗箱操作中進行而不是取決於全民意志，那麼無論東宮或別的什麼機構是否擁有軍隊，宮廷政變都會似影逐形那樣永遠不可避免。

二

長史❶各一人，正七品上。隋置，皇朝因之。

錄事參軍事❷各一人，從八品上。隋置，皇朝因之。

倉曹參軍事❸各一人，從八品下。隋置，皇朝因之。

兵曹參軍事❹各一人，從八品上❺。隋置，皇朝因之。

胄曹參軍事❻各一人，從八品下。隋置，為鎧曹，皇朝因之。長安❼中改為胄曹參軍，神龍❽初復為鎧曹，太極❾中又為胄曹。

司階❿各一人，從六品上。

中候⓫各二人，從七品下。

司戈⓬各二人，從八品下。

執戟⓭各三人，從九品下。

長史掌判諸曹及三府⓮、五府⓯之事⓰。凡府事，大事則從其長⓱，小事則專達。季秋⓲，以其屬官之狀上於率，而為之考課。

錄事參軍事掌監印、發付、勾稽⓳。

倉曹掌親勳翊三府、廣濟等五府文官之簿書，凡勳階⓴、考課㉑、假使㉒、祿賜㉓，及公廨、財物、田園、食料皆典之。

兵曹掌親勳翊三府、廣濟等五府武官，親、勳、翊衛士之名簿及其番上差遣之法式。凡上番者，皆受其名簿而咨配于率㉔。兼知公、私馬及雜畜之簿帳。

冑曹掌親勳翊三府、廣濟等五府器械，諸公廨繕造之物事。凡大朝會行從應請戎仗者，則具其名數，受之於主司，既事而歸之㉕。

【章旨】敘述左右衛率府長史、錄事和諸曹參軍事以及司階等四色官之定員、品秩、沿革與職掌。

【注釋】❶長史　官府、軍府屬吏之長。本為秦官，掌顧問參謀，李斯入秦時曾任此職。漢丞相、太尉、御史大夫諸府及邊郡太守府皆置長史。魏晉以降，州郡牧守多開軍府，遂置長史以為上佐。南朝諸王多有以年幼出任方面者，因以長史代行州事。隋、唐長史有三類：諸都護府、諸都督府、諸州之長史，南衙諸衛、北衙諸軍、諸折衝府（隋為鷹揚府）和東宮諸率府之長史，以及諸王府之長史，員額、品秩各有不同，皆為幕僚之長。隋太子左、右衛率長史列從七品上。唐開元初，任左衛率府長史者，有魏光乘，見《舊唐書・元行沖傳》。❷錄事參軍事　軍府佐吏名。西晉末司馬睿任鎮東大將軍時，始於軍府置錄事參軍事一人，掌總錄眾曹之文簿，後世軍府、州府並置之。隋時諸衛及諸率府皆置錄事參軍事一人，其中太子左右衛率錄事參軍事列從八品上。唐因隋制。❸倉曹參軍事　軍府佐吏名。始置於西晉末司馬睿初為鎮東大將軍開府時，後世軍府及州置軍府者並置之，掌倉儲之事。隋諸衛、諸率府皆有此職，其中太子諸衛率之倉曹參軍事品列從八品下。唐因隋制。❹兵曹參軍事　軍府佐吏名。始置於西晉末司馬睿初為鎮東大將軍時，後世之軍府及州置軍府者皆置之。隋諸衛、諸率府亦置，品列從八品下。唐因隋制。❺從八品上　近衛校曰：「舊新《唐志》『上』作『下』。」廣雅本及《通典・職官二十二・大唐官品》、《職官分紀》卷三〇左右衛率府條引《唐六典》原文此句皆作「從八品下」。當據以改。❻冑曹參軍事　軍府佐吏名。西晉末司馬睿為鎮東大將軍時始置鎧曹參軍，南朝宋武帝為相時亦置之。《齊職儀》云：「左右鎧曹一人。」隋左右衛率府置鎧曹行參軍一人，列正九品上。唐因隋制，後改稱冑曹參軍事。❼長安　武則天稱帝時最後一個年號。❽神龍　唐中宗李顯年號。❾太極　唐睿宗李旦年號。❿司階　武官名。唐四色官之一。始置於武周天授二年（西元六九一年）四月五日（見《唐會要》卷七一）。掌殿陛執仗侍值。唐諸衛及諸率府皆置。同時設置的尚有下文中候、司戈、執戟三職，因合稱四色官。⓫中候　武官名。唐四色官之一。候本為春秋戰國時軍中主偵察的下級武官，亦有主迎送賓客者。戰國後又有中候，如秦中候為將作少府屬官。西漢京師諸城門有門候，執金吾屬官有式道中候。東漢北軍長官稱中候，掌宿衛五營。唐中候為下級武官，諸衛及諸率皆置，掌殿陛執仗侍直。⓬司戈　武官名。唐四色官之一。唐諸衛及諸率府皆置，掌殿陛執仗侍值。戈原為青銅製橫刃兵器，裝有長柄及鐓，持之可橫擊、鉤援。後多用為儀仗。⓭執戟　武官名，唐四色官之一。唐諸衛及諸率宿衛軍皆置，掌殿階執仗侍值。戟為古代戈、矛合體之兵器，具有直刺、橫擊雙重功能。⓮三府　指左右衛率所屬之親衛、勳衛、翊衛三府。⓯五府　指廣濟等東宮所轄五折衝府。⓰事　南宋本及《舊唐書．職官志》並作「貳」。據上章左、右衛率職掌有「以總諸曹之事」句，此處言衛率屬官長史之職掌，依理亦應以「貳」為是。⓱大事則從其長　指凡屬大事須稟報左右衛率府之長官率和副率，聽從其裁決。⓲季秋　秋季最後一個月，即夏曆九月。⓳勾稽　即勾檢稽失。糾查文案處理中有無違失和是否延誤規定程限。⓴勳階　指武官之勳級。為唐代獎勵武官戰功之榮譽品階，定制於高祖武德七年（西元六二四年），共十二轉，上柱國最高十二轉；其下依次為：柱國、上大將軍、大將軍（貞觀時分別改為上護軍、護軍）、上輕車都尉、輕車都尉、上騎都尉、騎都尉、驍騎尉、飛騎尉、雲騎尉、武騎尉。上柱國十二轉，視文官散官正二品；武騎尉一轉，視從七品上。唐制勳官可依品階授田，如上柱國可授田三十頃。勳官無職事者，則須分番於兵部或當上省司服役，亦可納課代役。㉑考課　指對官員政績之定期考評。唐代官員每年終考課一次，稱小考，三至四年則大考一次。考課之績，自上上至下下共分九等。其標準規定有「四善」、「二十七最」等，詳本書第二卷第五篇尚書吏部考功郎中職掌。㉒假使　指對本府官員因故請假和職務差遣方面登錄、考核一類事務。唐制官員請假有嚴格規定，手續不周或違誤假期要罰俸，違假滿百日者即予解職。㉓祿賜　指官員之俸祿與賞賜。唐代前期官員之俸祿包括兩部份物質待遇：祿，指祿米，按散官品階發給；俸，指俸料，包括食料和防閣（或庶僕）之折資。開元二十四年（西元七三六年）始合為一項，統稱月俸。賞賜亦分兩類：別敕賜按職事品給；元正、冬至日朝會時之會賜，則依本品散品賜。皆賜絹，五品以上五匹，六品以下三匹。㉔凡上番者皆受其名簿而咨配于率　上番者，指親、勳、翊三府及廣濟等五折衝府之衛士番上宿衛者；受其名簿，指由兵曹參軍事接受諸府上送之番上衛士名簿；咨配于率，指由兵曹參軍事先作草擬，報送太子左右衛率決定並分配番上諸衛士之各自崗位及職掌。㉕凡大朝會行從應請戎仗者則具其名數受之於主司既事而歸之　大朝會、行從，分別指太子參加元正、冬至日之朝會及太子隨皇帝出行或宮官隨太子出行，皆需按規定啟用儀仗，戎仗即儀仗。儀仗器具由胄曹向衛尉寺領取，故下文言「受之於主司」，主司指主管其事之司，即衛尉寺。事畢，再由胄曹歸於衛尉寺。

【語　譯】〔太子左右衛率府：〕長史，定員各一人，品秩為正七品上。隋朝設置，大唐因承隋制。

錄事參軍事，定員各一人，品秩為從八品上。隋朝設置，本朝因承隋制。

倉曹參軍事，定員各一人，品秩為從八品下。隋朝設置，大唐因承隋制。

兵曹參軍事，定員各一人，品秩為從八品上（下）。隋朝設置，本朝沿襲隋制。

胄曹參軍事，定員各一人，品秩為從八品下。隋朝設置時稱鎧曹，本朝因承隋制。武周長安年間改為胄曹參軍，中宗神龍初年又恢復稱鎧曹，到睿宗太極年間，再次改為胄曹。

司階，定員各一人，品秩為從六品上。

中候，定員各二人，品秩為從七品下。

司戈，定員各二人，品秩為從八品下。

執戟，定員各三人，品秩為從九品下。

長史的職掌是，作為主管本府各曹以及所屬三府、五府的副手。凡是屬於大事，要聽從長官的裁決，小事則長史可自行處理。每年季秋九月，要將所屬官員的功過行狀上報給率，以此作為考課的根據。

錄事參軍事掌管本府印信，以及公文的發付和勾檢稽失。

倉曹掌管親、勳、翊三府和廣濟等五折衝府中文官的文書簿籍。大凡有關官員勳級爵品、政績考核、休假差遣和俸祿賞賜以及公廨、財物、田園、食料等方面事務，都由倉曹主管辦理。

兵曹掌管親、勳、翊三府和廣濟等五折衝府中的武官以及親、勳、翊三府中衛士的名簿，並執掌他們番上和差遣的法式、制度。各府報送來的上番宿衛的名簿，都由兵曹受納並彙總和提出建議，然後報請率決定，分配各番上衛士宿衛的崗位和職責。兵曹還兼管公私馬匹和雜畜的簿籍帳冊。

胄曹掌管親、勳、翊三府和廣濟等五折衝府的兵仗器械，以及各公廨修繕、營造所用物料等事務。凡遇皇太子參加大朝會、皇太子隨皇帝外出巡行或皇太子在宮官隨從下出行需要請用兵仗羽儀的，由胄曹開列品物的名稱和數量，向主管戎仗的衛尉寺領取，事畢並負責完好地歸還。

三

左右率府親府、勳府、翊府中郎將各一人，從四品上。中郎將之說，已具上左右衛❶。梁左衛率領七營，右衛率領四營❷。二率各領殿中將軍十人、員外將軍十人❸。又有正員司馬、員外司馬❹，彍騎、步兵、翊衛三校尉，謂之二校❺；旅賁中郎將、并從僕射，謂之二將❻。又有左、右積弩將軍各一人❼。北齊太子左、右衛坊率各領騎官備身員，又有內直備身、正副都督，備身二職等員❽。又有直閤、直前、直後員❾，又有旅騎、屯衛、典軍等校尉各二人，騎都尉三十人❿。隋左、右衛率下有直閤四人、直寢八人，直前、直後各十人⓫。皇朝左、右衛率各置親、勳、翊親府，每府中郎將二人、郎將二人⓬，掌其府校至、旅帥及親、勳、翊衛之屬以宿衛⓭。

左、右郎將各一人，正五品下。皇朝置。

中郎將、郎將掌其府校尉、旅帥及親、勳、翊衛之屬以宿衛，而總其府事。兵曹掌判勾⓮。若大朝會及皇太子備禮出入，則從鹵簿之法，而監其羽儀⓯。

【章旨】敘述左右率府所屬親、勳、翊三府中郎將、郎將之定員、品秩、沿革和職掌。

【注釋】❶中郎將之說已具上左右衛　指有關中郎將一職之沿革，已具述於本書第二十四卷第一篇左右衛五府中郎將員品條原注。❷梁左衛率領七營右衛率領四營　梁太子左衛率所領之七營為果毅、統遠、立忠、建寧、陵鋒、夷寇、祚德；右衛率所領之四營為崇榮、永吉、崇和、細射。❸二率各領殿中將軍十人員外將軍十人　太子東宮之殿中將軍、員外將軍始置於宋，《宋書・百官志》稱：「殿中將軍十人，殿中員外將軍二十人。宋初置。」齊沿宋制，《南齊書・百官志》載有太子殿中將軍、員外將軍，未言其員數。梁承宋、齊舊制。太子二率殿中將軍品秩列為一班，殿中員外將軍則為十八班外另設七班中之七班。梁領軍等六軍之屬員亦有殿中將軍，係武騎之職，掌分司丹禁，侍衛左右。東宮二率所屬殿中將軍、員外將軍之職掌，與此相似。❹又有正員司馬員外司馬　《隋書・百官志》記為梁有「正員司馬四人，又有員外司馬督官」。梁此職正式名稱為正員司馬督、員外司馬督。其品秩，前者為十八班外另設七班中之五班，後者則為另七班中四班。❺彍騎步兵翊衛三校尉謂之三校　《隋書・百官志》稱梁之「屯騎、步兵、翊軍三校尉各一人，謂之三校」。《職官分紀》卷三〇引《唐六典》原注此句與隋志同。故此處句中「彍」、「衛」、「二」當作「屯」、「軍」、「三」。東宮三校尉之置始於宋。《宋書・百官志》稱：「太子屯騎校尉、太子步兵校尉、太子翊軍校尉，三校尉各七，並宋初置。屯騎、步兵，因臺校尉；翊軍，晉武帝太康初置，始為臺校尉，而以唐彬居之，江左省。」《宋書・武帝紀》：「永初二年（西元四二一年）五月，己酉，置東宮屯騎、步兵、翊軍三校尉官。」孝武帝即位後，於元嘉三十年（西元四五三年）十二月，省步兵、翊軍校尉。宋任三校尉，見於記載者如阮佃夫，曾「轉太子步兵校尉、南郡太守，侍太子於東宮」（《宋書》本傳）。《南齊書・百官志》稱齊亦置「太子翊軍、步兵、屯騎三校尉」。齊任太子三校尉職者，如沈約，齊文惠太子入居東宮時「為步兵校尉，管書記，直永壽省，校四部書」（《梁書》本傳）；任昉，永明初「拜太子步兵校尉，管東宮書記」（《南齊書》本傳）。梁東宮三校尉所承即宋、齊之制，品列七班。❻太子二旅賁中郎將并從僕射謂之二將　句中「并從」，據南宋本及《職官分紀》卷三〇引《唐六典》原注此句皆作「冗從」。太子二將始置於宋。《宋書・百官志》稱：「太子冗從僕射，七人，宋初置」；「太子旅賁中郎將，十人，職如虎賁中郎將，宋初置。《周官》有旅賁氏。漢制，天子有虎賁，王侯有旅賁。旅，眾也」。《宋書・武帝紀》載「永初元年（西元四二〇年）七月辛卯，置東宮冗從僕射、旅賁中郎將官」。孝武帝即位後，於元嘉三十年（西元四五三年）十二月省旅賁中郎將、冗從僕射。《南齊書・百官志》載齊東宮有太子旅賁中郎將及太子常從虎賁督，未見冗從僕射。梁沿宋舊制，其品秩，二將俱列第五班。❼又有左右積弩將軍各一人　東宮此職亦始置於宋。《宋書・百官志》稱：「太子左積弩將軍十人，太子右積弩將軍二人。漢東京積弩將軍雜號也，無左右之積弩。魏世至晉江左，左右積弩為臺職，領營兵。宋世度東宮，無復營矣。」元嘉三十年（西元四五三年）十二月，孝武帝以將置東宮，省左右積弩將軍官。齊沿宋制。《南齊書・百官志》東宮官有左右積弩將軍。梁沿齊制，置左右積弩將軍各一人，品列第四班。❽北齊太子左右衛坊率各領騎官備身員又有內直備身正副都督備身二職等員　此係對北齊所置東宮禁衛武官略而言之。句中「二職」當是「五職」之訛。《隋書・百官志》所記較詳，其文稱：北齊「左右衛坊率，各領騎官備身正副都督、騎官備身五職、騎官備身員。又有內直備身正副都督、內直備身五職、內直備身員。又有備身正副都督、備身五職員。」其品秩，太子騎官備身、內直備身正都督為從第四品下；太子備身正都督為第五品上，太子騎官、內直備身副都督為從五品下，太子備身副都督為第六品下，太子騎官備身五職為第七品下，太子內直備身五職為從第七品下，太子內直備身為第八品下，太子備身五職為從八品下。❾又有直閤直前直後員　皆為禁衛武官名。直通「值」。直閤，宿值閤門之武官。左右衛直閤屬官有朱衣直閤、直閤將軍、直寢、直齋、直後之屬。東宮左右衛率所屬之直閤、直前、直後諸員其職與左右衛諸直相類。其品秩，直閤為從第五品下，直前為從六品下，直後為從第七品下。❿又有旅騎屯衛典軍等校尉各二人騎都尉三十人　據《隋書・百官志》載：北齊「又有旅騎、屯衛、典軍等校尉各二人，騎尉三十人」。此句中「都」字疑衍。其品秩，太子旅騎、屯衛、典軍校尉為第五品下，太子騎尉第七品下。⓫隋左右衛率下有直閤四人直寢八人直前直後各十人　句中「直前」，南宋本作「直齊」，《隋書・百官志》作「直齋」。當以「直齋」為是。隋左右衛率下諸值之品秩，直閤為從五品下，直寢為從六品上，直齋為從六品下，直後為從七品下。煬帝大業三年（西元六〇七年）罷直齋、直閤員。

⓬皇朝左右衛率各置親勳翊親府每府中郎將二人郎將二人　句中「親勳翊親府」，據南宋本當作「親勳翊三府」；「中郎將二人」應為「一人」。本條正文即為一人。隋初始置左右親衛、左右勳衛、左右翊衛，各設開府一人以統之，謂之左右親、勳、翊府中郎將府。煬帝大業三年（西元六〇七年）改親衛為功曹，勳衛為義曹，翊衛為良曹；唐武德元年（西元六一八年）改功曹曰親衛，義曹曰勳衛，良曹曰翊衛，置三府。每府置中郎將一人，左、右郎將各一人。唐初親衛、勳衛置驃騎將軍、車騎將軍，翊衛置車騎將軍。高祖武德七年（西元六二四年）改驃騎將軍為中郎將，車騎將軍為郎將。高宗永徽三年（西元六五二年），避太子李忠名諱，改中郎將為旅賁郎，郎將為翊軍郎。太子廢，復舊。唐裴行儉之少子裴光庭，「開元初，六遷右率府中郎將，擢授司門郎中，歲餘，轉兵部郎中」（《舊唐書・裴行儉傳》）。其時率府之中郎將僅為官員遷轉之一階梯而已。

⓭掌其府校至旅帥及親勳翊衛之屬以宿衛　句中「校至」，據下文中郎將職掌條當作「校尉」。《新唐書・百官志》載，唐東宮左右衛率府之三衛府，各置校尉五人，品秩為從六品上；旅帥各十人，品秩為正七品下；隊正各二十人，品秩為從八品上。三衛府之衛士，親衛從七品上，勳衛正八品上，翊衛從八品上。二品曾孫、三品孫、四品子、職事官五品子若孫，勳官三品

以上有封者及國公子，補率府親衛；四品孫、五品及上柱國子補率府勳衛；勳官二品及縣男以上、散官五品以上子若孫，補率府翊衛。⑭兵曹掌判勾　兵曹，左右衛率府三衛皆置兵曹參軍事一人，品秩為從九品上。掌判勾，指其職掌為主管本府勾檢稽失事，即糾查文書公事處理中有無錯失或違誤程限。⑮若大朝會及皇太子備禮出入則從鹵簿之法而監其羽儀　大朝會，指元正、冬至日大朝會。皇太子出東宮赴大朝會須備鹵簿儀仗。皇太子備禮出入，指皇太子依制具備儀仗出行和返還。左右衛率府之三衛，在皇太子儀仗隊中佔有重要地位。據《新唐書・儀衛志下》唐皇太子出行鹵簿，自前導、清游隊、龍旗、隨從、鼓吹、儀刀、金輅、繖、副輅、左右廂步隊、儀仗、左右廂馬隊至後拒隊，有一支龐大的隊伍。左右衛率府三衛主要列隊於金輅之前，在率更丞所領鼓吹等前導之後，即「次左右翊府郎將二人，主班劍；次左右翊衛二十四人，執班劍，分左右」。其後依次是通事舍人、司直、文學、洗馬、司議郎、太子舍人、中允、中舍人、左右諭德、左右庶子等宮官。然後是「左右衛率府副率二人步從，次親、勳、翊衛，廂各中郎將、郎將一人，皆領儀刀六行：第一親衛二十三人，第二親衛二十五人，皆執金銅裝儀刀，纁朱紛綬；第三勳衛二十七人，第四勳衛二十九人，皆執銀裝儀刀，綠綟紛綬；第五翊衛三十一人，第六翊衛三十三人，皆執鍮石裝儀刀，紫黃紛綬。自第一行有曲折三人陪後門，每行加一人，至第六行八人。次三衛十八人，騎，分左右夾路」。此外金輅後之儀刀仗亦由三衛擔任。依制監督羽儀次序之切實執行，為各府兵曹參軍事主要職掌之一。

【語　譯】左、右率府的親府、勳府、翊府，各設中郎將一人，品秩為從四品上。關於中郎將的沿革狀況，已在前面第二十四卷左右衛五府中郎將的注文中作了說明。梁代左衛率統領七營，右衛率統領四營。二率各自還管轄殿中將軍十人，員外將軍十人。又有正員司馬和員外司馬〔督官〕，還有彍〔屯〕騎校尉、步兵校尉、翊軍校尉各一人，合稱為太子三校。又有旅賁中郎將、并（冗）從僕射，合稱太子二將，還有左右積弩將軍各一人。北齊太子左右衛坊率，各統領騎官備身等員，又有內直備身的正副都督、內直備身二（五）職等員，還有直閤、直前、直後等員，又有旅騎、屯衛、典軍校尉各二人，騎〔都〕尉三十人。隋朝在左右衛率下設有直閤四人，直寢八人，直前〔齋〕、直後各十人。本朝左右衛率各設親、勳、翊親（三）府，每府都設有中郎將二（一）人，郎將二人，掌管所屬的校至（尉）、旅帥和親、勳、翊三衛的衛士，做好東宮宿衛。

左右郎將，各設一人，品秩為正五品下。大唐設置。

中郎將、郎將的職務是，掌管本府所屬的校尉、旅帥和親、勳、翊三衛的屬員做好東宮的宿衛，並總攬本府的各項日常事務。

兵曹掌管本府勾檢稽失方面的事務。如遇皇太子參加大朝會和備禮出行、返還，兵曹要依照鹵簿法的規定，監督儀仗隊列切實執行。

太子左右司禦率府・太子左右清道率府・太子左右監門率府・太子左右內率府

【篇　旨】上篇敘述東宮十率府中的左、右衛率府，本篇續敘其餘八府，即：太子左、右司禦率府，職能類同於左、右率府，轄有城郊等三折衝府番上宿衛于東宮；太子左、右清道率府，掌管東宮內外晝夜巡警，充任皇太子儀仗中的清游隊和後拒隊，並轄有絳邑等三折衝府番上宿值；太子左、右監門率府，職掌是負責東宮諸門的禁衛；太子左、右內率府，職能相當於十六衛中的左、右千牛衛，負責東宮的千牛、備身在皇太子左右宿衛侍從之事。

篇中對諸府的記述大都較為簡略，唯第四章由內率府的職掌而言及皇太子的射禮頗為詳盡，且此禮唐以前諸史志均未提及，新舊《唐書》禮志和《開元禮》亦無具體載錄，本篇中這段敘述當不失一則有價值的歷史記載。

本篇所敘唐八率府官署的位置：在西京的，左、右司禦率府皆在承天門街之東，第三橫街之北；其中右司禦率府在率更寺與右衛率府之間，左司禦率府則在詹事府與左衛率府之間。左、右清道率府在承天門街之東，宮城之南第二橫街之北；其中左清道率府位於家令寺之西，右清道率府則位於右春坊之東。左、右監門率府亦在承天門街之東，宮城之南第二橫街之北；其中左監門率府在南北短街之東，東與左清道率府相鄰，右監門率府則在清道率府之東。左、右內率府亦在承天門街之東，宮城之南第二橫街之北；其中左內率府在左監門率府之北，右內率府則在右監門率府之北。八率府在東都之址，未見記載。

一

太子左、右司禦率府：率各一人，正四品上。隋文帝置左、右宗衛率各一人，副率二人，掌領宗人侍衛❶，職擬左、右領軍將軍，加置行參軍二人❷。煬帝改為左、右武侍率❸，皇朝復為左、右宗衛❹。龍朔二年❺改為左、右司禦衛率府，神龍初又為宗衛❻，開元初復為左、右司禦率衛❼。

副率各二人，從四品上。隋文帝置，皇朝因之。其後改復，皆隨於府。

左、右司禦率府率長❽同左、右衛率；副率為之貳。郊城等三府之旅賁應番上者，各配于所職❾。

長史❿各一人，正七品上。

錄事參軍事⓫各一人，從八品下。

倉曹參軍事⓬各一人，從八品下。

兵曹參軍事⓭各一人，從八品下。

胄曹參軍事⓮各一人，從八品下。隋置左、右虞候開府，初無錄事，有長史及四曹參軍；至煬帝改為率府，始置錄事，皇朝因之。餘具上說⓯。

司階⑯各一人，從六品上。
中候⑰各二人，從七品下。
司戈⑱各二人，從八品下。
執戟⑲各三人，從九品下。
長史掌判諸曹及郊城等三府之事⑳，餘皆如左、右率府。

【章旨】敘述太子左右司禦率府和副率及其諸色屬官之定員、品秩、沿革與職掌。

【注釋】❶隋文帝置左右宗衛率各一人副率二人掌領宗人侍衛　隋文帝，隋朝皇帝楊堅，在位二十四年，終年六十四歲。《隋書・百官志》稱：「左右宗衛，制官如左右衛，各掌以宗人侍衛。」宗人侍衛，即太子身旁侍衛。隋初宗衛在東宮自成系統，單獨番上宿衛。開皇末，皇太子楊勇失寵時，「高祖（即隋文帝）令選宗衛侍官，以入上臺宿衛。高熲奏稱：若取強者，恐東宮宿衛太劣。高祖作色曰：『我有時行動，宿衛須得雄毅，太子毓德東宮，左右何須強武？此極敝法，甚非我意。如我商量，恆於交番之日，分向東宮上下，團伍不別，豈非好事？我孰見前代，公不須仍踵舊風。』」（《隋書・房陵王楊勇傳》）此種改變意在宗衛合併於上臺宿衛，取消東宮原來擁有的相對獨立的宿衛軍隊，以防止太子起兵作亂。隋宗衛長官編制如太子左右衛，亦設率一人，副率二人。仁壽時，李渾因隨楊素征突厥有功，「拜左武衛將軍，領太子宗衛率」（《隋書・李渾傳》）。其一身而二任，即為宗衛合併於上臺宿衛之具體體現。❷職擬左右領軍將軍加置行參軍二人　指隋左、右宗衛率之職務相當於上臺領軍府長官。領軍將軍始置於東漢末、三國魏，至北齊而正式置府，以領軍將軍或中領軍一員為長官。隋初置左、右領軍府，但不置將軍，唯有長史、司馬、掾屬及錄事和功、倉、戶、騎、兵等曹參軍，法、鎧等曹行參軍等員，掌管十二軍籍帳、差科、辭訟諸事。如上注言隋文帝將宗衛之職能歸併於上臺宿衛，亦即意味著東宮宿衛諸如籍帳、差科等事已集中於上臺，東宮宿衛人員全受制於上臺，其宿衛軍組織已名存實亡。加置行參軍二人，指左右宗衛之屬官除左右衛率屬官編制中已有之長史、司馬、錄事及功、倉、兵、騎等曹參軍，法、鎧等曹行參軍外，再加置行參軍二人。隋宗衛行參軍品列從九品上。❸煬帝改為左右武侍率　煬帝，隋朝皇帝楊廣。煬帝大業三年（西元六〇七年）改左右宗衛率為左右武侍率，品列正四品。❹皇朝復為左右宗衛　據《新唐書・百官志》，高祖武德五年（西元六二二年）復為左右宗衛率府。❺龍朔二年　即西元六六二年。龍朔為唐高宗李治年號。❻神龍初又為宗衛　神龍為唐中宗李顯年號。《新唐書・百官志》：「神龍元年（西元七〇五年）改左右司禦率府曰左右宗衛府。」❼開元初復為左右司禦率衛　開元為唐玄宗李隆基年號。《舊唐書・睿宗本紀》則謂：「景雲二年（西元七一一年）八月庚午，改左右宗衛率府為左右司禦率府。」景雲為睿宗李旦年號，早於此處所言「開元初」三、四年。❽長　據南宋本及《舊唐書・職官志》當作「掌」。❾城郊等三府之旅賁應番上者各配于所職　城郊，折衝府之名。隸於太子左右司禦率府有三折衝府，其一即名城郊，餘二未詳。旅賁，衛士名。唐諸衛、諸率各自所屬之衛士，皆有特定名稱，其中隸左右司禦率府者稱旅賁。應番上者，指城郊等三折衝府應番上之衛士。外府衛士番上，據其距京師之遠近定番第：百里外五番，五百里外七番，一千里外八番，每番服役一個月。衛士之上番，由折衝府據衛士名簿簽發。東宮番上衛士，由府率分配其崗位和確定其職責。《唐律疏議・衛禁律》諸宿衛人已配仗衛條疏議曰：「依《式》，衛士以上應當宿衛者，皆當衛見在。長官割配於職掌之所，各依仗衛次第坐立，此即職掌已定。若官司無故迴改者合杖百，應須迴改者不坐。若不依職掌次第而擅配隸，乖於《式》文，及將別處驅使者，亦各杖一百。其有私使，計庸重者，從重論。」又，諸宿衛衛士，不得以他人自代。❿長史　官府軍府屬吏之長。本為秦官，漢承秦制，丞相、御史大夫、太尉諸府及邊郡太守府皆置。魏晉以降，諸軍府亦置。隋唐諸王府、諸衛、諸率府均置為府僚屬吏之長。太子左右司禦率府置長史，始於隋開皇時之左右宗衛率。其時楊勇為皇太子，有閹毗者，曾以東騎將軍宿衛東宮，「兼太子宗衛率長史，尋加上儀同。太子服翫之物，多毗所為。及太子廢，毗坐杖一百，與妻子俱配為官奴婢。後二歲，放免為民」（《隋書・閹毗傳》）。隋宗衛率府長史品列從七品上。⓫錄事參軍事　軍府佐吏名。始置於西晉末司馬睿為鎮東大將軍開府時，掌總錄諸曹之文簿。後世軍府、州府並置之。隋時包括左右宗衛在內之諸率府皆置錄事參軍事一人。其品秩列為從八品上。唐因隋制。⓬倉曹參軍事　軍府佐吏名。始置於西晉末司馬睿為鎮東大將軍開府時，後世軍府及州置軍府皆置此職，掌倉儲事。隋太子左右宗衛亦置倉曹參軍事，其品秩列為從八品上。唐因隋制。⓭兵曹參軍事　軍府佐吏名。始置於西晉末司馬睿為鎮東大將軍開府時，後世軍府及州置軍府皆置。隋太子左右宗衛亦置兵曹參軍事，其品列從八品上。唐因承隋制。兵曹參軍事掌城郊等三折衝府衛士之名簿及其番上、差遣之法式，兼知公私馬匹及雜畜之簿帳。⓮胄曹參軍事　軍府佐吏名。始置於西晉末司馬睿為鎮東大將軍開府時，南朝宋武帝為相時亦有之。隋太子左右宗衛設鎧曹行參軍一人，品列正九品上。唐沿隋制，改稱胄曹參軍事，掌兵器儀仗及公廨繕造之事。⑮自「隋置左右虞候開府」至「餘具上說」 此段原注依內容似應移置於下章太子左右清道率府之「錄事參軍事各一人，從八品上」條下。原注係追溯唐太子左右清道率府及所置錄事參軍事之由來。隋初有左右虞候開府，煬帝時改稱左右虞候率府。唐初因煬帝時制，至龍朔二年（西元六六二年）始改左右虞候率府為左右清道衛，神龍元年（西元七〇五年）復稱左右虞候率府，開元初又改為左右清道率府。此等內容與左、右司禦率府無涉，故無由置此。初無錄事，此錄事是指錄事參軍事。《隋書・百官志》稱：「左右虞候，各置開府一人，掌斥候伺非。長史已下如左右衛，而無錄事參軍員，減行參軍一人。」四曹參軍，指隋時之功曹、倉曹、兵曹及騎兵曹之參軍。煬帝，隋朝皇帝楊廣，在位十四年，終年五十歲。據《隋書・百官志》煬帝大業三年（西元六〇三年）「左右虞候開府改為左右虞候率，正四品，並置副率」。是時始置錄事參軍事。唐因隋末之制。⑯司階 武官名。唐四色官之一。始置於武周天授二年（西元六九一年）四月五日（見《唐會要》卷七二）。掌殿陛執仗侍值。同時設置的尚有下文中候、司戈、執戟三職，因合稱四色官。⑰中候 武官名。唐四色官之一。候本為春秋戰國時軍中主偵察下級武官，亦有主迎送賓客者。戰國後又有中候，如秦中候為將作少府屬官。西漢京師諸城門有門候，執金吾屬官有式道中候。東漢禁軍北軍長官稱中候，掌宿衛五營。唐中候為下級武官，諸衛及諸率皆置，掌殿陛執仗侍值。⑱司戈 武官名。唐四色官之一。掌殿陛執戈侍值。戈原為青銅製橫刃兵器，裝有長柄及鐓，持之可橫擊、鉤援。後多用為儀仗。⑲執戟 武官名。唐四色官之一。掌殿陛執戟侍值。戟為古代戈、矛合體之兵器，具有直刺、橫擊雙重功能。⑳事 據南宋本及《舊唐書・職官志》當作「貳」。

【語譯】太子左、右司禦率府：率，定員各一人，品秩為正四品上。隋文帝時，設置左、右宗衛率各一人，副率各二人，掌管宗人侍衛，職務與左、右領軍將軍相似，另外加設行參軍二人。煬帝時改稱左、右武侍率，本朝初年又稱左右宗衛，高宗龍朔二年改名為左右司禦衛率府，中宗神龍初年又改稱左右宗衛，開元初年再次稱為左右司禦率府。

副率，定員各二人，品秩為從四品上。隋文帝時設置，大唐因承隋制。此後這一官稱的更改或恢復，都是隨著府名的變動而變動。

左右司禦率府的職長（掌）與左右衛率相同；副率為率的副職。本府所轄的城郊等三折衝府的旅賁輪到番上當值的，都由率給他們分配宿衛的崗位和職掌。

長史，定員各一人，品秩為正七品上。

錄事參軍事，定員各一人，品秩為從八品下。

倉曹參軍事，定員各一人，品秩為從八品下。

兵曹參軍事，定員各一人，品秩為從八品下。

胄曹參軍事，定員各一人，品秩為從八品下。隋朝有左右虞候開府，開皇時屬官中有長史和功、倉、兵、騎四曹的參軍事，還沒有設置錄事參軍事。到煬帝時，改為率府，方始設置錄事參軍事。大唐因承隋制。其餘前面已經說過。

司階，定員各一人，品秩為從六品上。

中候，定員各一人，品秩為從七品下。

司戈，定員各二人，品秩為從八品下。

執戟，定員各三人，品秩為從九品下。

長史的職掌是協助率和副率掌管本府所屬各曹和城郊等三折衝府。其餘各屬官的職掌都與上一篇左右衛率府中所敘述的相同。

二

太子左、右清道率府：率各一人，正四品上。隋文帝置左、右虞候，各開府一人，掌斥候非違❶，職擬左、右金吾將軍❷；煬帝改為左、右虞候率❸，又各置二人❹。皇朝因之。龍朔二年改為左、右清道衛❺，神龍初又為虞候率府❻，開元初復為清道率府。

副率各二人，從四品下❼。隋煬帝置，皇朝因之。龍朔、開元隨府改復❽。

左、右清道率府率掌東宮內外晝夜巡警之法，以戒不虞，凡絳邑等三府❾皆屬焉；副率為之貳。凡皇太子出入，則領其屬以清游隊為之先，以後拒隊為之殿，其餘依鹵簿之法以從⑩。凡仗衛之出入，置細引⑪以導之，兼為之糾正。凡五十人，用左右率之親、勳、翊衛為之，分為五番，每番有主帥及中郎或左、右郎將一人領焉。每月，絳邑等府之直盪應番上者，配于所職⑫。

長史⑬各一人，正七品上。

錄事參軍事⑭各一人，從八品上。

倉曹參軍事⑮各一人，從八品下。

兵曹參軍事⑯各一人，從八品下。

冑曹參軍事⑰各一人，從八品下。

司階⑱各一人，從六品上。

中候⑲各二人，從七品下。

司戈⑳各二人，從八品下。

執戟㉑各三人，從九品下。

長史掌判諸曹及絳邑等三府之事㉒，餘如左、右率府。

【章　旨】敘述太子左右清道率府率和副率及其諸色屬官之定員、品秩、沿革與職掌。

【注　釋】❶隋文帝置左右虞候各開府一人掌斥候非違　隋文帝，隋朝皇帝楊堅，在位二十四年，終年六十四歲。《隋書・百官志》稱：「左右虞候，各置開府一人，掌斥候伺非。」斥候非違，偵察為非、違法之事。斥候，偵探，候望。《尚書・禹貢》：「五百里侯服。」孔傳：「侯，候也。斥候而服事。」孔穎達疏：「斥候，謂檢行險阻，伺候盜賊。」❷職擬左右金吾將軍　指左右清道率府率之職約相當於左、右金吾衛將軍。唐左、右金吾衛將軍掌宮中及京城巡警之法，以執禦非違。此職隋文帝時稱左右武候，煬帝大業三年（西元六〇七年）改名左右候衛，唐初亦置左右候衛，至龍朔二年（西元六六二年）始改名為左右金吾衛將軍。❸煬帝改為左右虞候率　煬帝，隋朝皇帝楊廣，在位十四年，終年五十歲。煬帝大業三年（西元六〇七年），「左右虞候開府改為左右虞候率，正四品，並置副率」（《隋書・百官志》）。隋任此職者有周羅睺，「仁壽元年（西元六〇一年）為東宮右虞候率，俄轉右衛率。煬帝即位，授右武候大將軍」；宇文弼，開皇時，以平陳之役，「加開府，擢拜刑部尚書，領太子虞候率」；趙才，「及王（指楊廣）為太子，拜右虞候率」（均見《隋書》各自本傳）。又，據上述所引《隋書》三傳行文，則早在楊廣為太子時，左右虞候開府已稱左右虞候率。❹又各置二人　據《通典・職官十二・東宮官》，此句當補「副率」二字，為「又各置副率二人」。❺龍朔二年改為左右清道衛　龍朔二年，即西元六六二年。龍朔為唐高宗李治年號。是年，改左右虞候率府為左右清道衛。❻神龍初又為虞候率府　神龍，唐中宗李顯年號。神龍元年（西元七〇五年）復改左右清道衛為左右虞候率府。❼從四品下　句末「下」字當係「上」字之訛。《職官分紀》卷三〇引《唐六典》原文此句及《通典・職官二十二・大唐官品》俱作「從四品上」。❽龍朔開元隨府改復　陳仲夫點校本據上文太子左右清道率府率員品條原注，此句在「龍朔」與「開元」之間增以「神龍」二字。❾絳邑等三府　絳邑，折衝府府名。據《新唐書・地理志》其府址在絳州，今山西之絳縣。絳邑等三折衝府之衛士皆需至太子左右清道率府番上。❿以清游隊為之先以後拒隊為之殿其餘依鹵簿之法以從　此略言皇太子出行之鹵簿隊列。據《新唐書・儀衛志》，皇太子以禮出，則鹵簿陳於重明門外，由延喜門出。其隊列為：在家令、率更令、詹事、太子三師輅車之後，「次清游隊，旗一，執者一人，佩橫刀，引、夾皆二人，亦佩弓箭、橫刀，騎。次清道率府折衝都尉一人，佩弓箭、橫刀，領騎三十，亦佩橫刀，十八人執矟，九人挾弓箭，三人持弩，各二人騎從。次左右清道率府率各一人，騎，佩橫刀、弓箭，領清道直盪及檢校清游隊各二人，執䂍矟騎從。次外清道直盪二十四人，騎，佩弓箭、橫刀，夾道」。以上即皇太子金輅前清游隊之隊列。後拒隊為鹵簿之殿後隊伍。清游隊與後拒隊之間尚有二龍旗、隨從、鼓吹、儀刀、金輅、繖、副輅、左右廂步隊、儀仗、左右廂馬隊等。在馬隊之後，「次後拒隊，旗一，執者佩橫刀，引、夾路各二人，佩弓箭、橫刀。次清道率府果毅都尉一人，領四十騎，佩橫刀，凡執矟二十人，佩弓箭十六人，佩弩四人，騎從」。在後拒隊之後，尚有諸率之步隊，最後是「次左右清道率府副率各二人，檢校仗內不法。各一人騎從。次少師、少傅、少保，正道乘路，備鹵簿，文武以次從」。⓫細引　為皇太子引駕之儀仗，以對應於皇帝所用之引駕。《新唐書・儀衛志》稱：「朝堂置左右引駕三衛六十人，以左右衛三衛年長彊直能糾劾者為之，分五番。有引駕佽飛六十六人，以佽飛、越騎、步騎為之，分六番，每番皆有主師一人，坐日引駕升殿，金吾大將軍各一人押之，號曰押引駕官。中郎將、郎將各一人，檢校引駕事。」為皇太子引駕者稱細引，其人數少於皇帝之引駕，為五十人，以左右率之三衛為之。細引以五考為滿考，而三衛之任其他職事者需六考滿考，諸率府之翊衛更需八考才能滿考。左右率府三衛經三考者，方可補細引。⓬絳邑等府之直盪應番上者配于所職　句首「絳邑等」下，陳仲夫點校本據《玉海》卷一二八唐率府十率府注引《唐六典》原文，補有一「三」字，應從。直盪，左右清道率府之衛士名。配于所職，指由府率將應番上衛士割配於職掌之所，各依仗衛次第坐立。凡番上宿衛衛士，不得以他人冒名自代，不得無故迴改其職掌之所，而於別處供役，違反者，《唐律》皆有處罰規定。⓭長史　官府軍府屬吏之長。本為秦官，漢承秦制，丞相、御史大夫、太尉諸府及邊郡太守府皆置，魏晉以降，諸軍府亦置此職。隋諸王府、諸衛、諸率均置，為府僚屬吏之長。唐沿隋制。⓮錄事參軍事　軍府佐吏名。始置於西晉末司馬睿為鎮東大將軍開府時，掌總錄諸曹之文簿。後世軍府、州府並置之。隋文帝置左右虞候開府時，無錄事參軍事員，至煬帝改為左右虞候率府，始置錄事參軍事。唐承隋制。又，此條下似應有一段原注，誤綴於上章胄曹參軍事員品條下。說詳上章⓯注。⓯倉曹參軍事　軍府佐吏名。始置於西晉末司馬睿為鎮東大將軍開府時，後世軍府與州府皆置，掌倉儲事。隋左右虞候開府亦置，唐沿隋制，雖府名屢有更改，此職未變。⓰兵曹參軍事　軍府佐吏名。始置於西晉末司馬睿為鎮東大將軍開府時，後世軍府及州置之軍府皆置，隋左右虞候開府亦置，唐沿隋制。掌絳邑等三折衝府衛士之名簿及其番上差遣之法式，兼知公私馬匹和雜畜之簿帳。唐時雖府名屢有更改，此職未變。⓱胄曹參軍事　軍府佐吏名。始置於西晉末司馬睿為鎮東大將軍開府時，南朝宋武帝為相時亦置之。隋文帝置左右虞候開府，設鎧曹行參軍一人，其品秩低於諸曹之參軍事，為正九品上。唐承隋制，改為胄曹參軍事，掌兵器儀仗及公廨繕造之事。⓲司階　武官名，唐四色官之一。始置於武周天授二年（西元六九一年），掌殿陛執仗侍值。同時設置的尚有下文中候、司戈、執戟三職，因合稱四色官。⓳中候　武官名，唐四色官之一。候本為春秋戰國時軍中主偵察下級武官，亦有主迎送賓客者。戰國後又有中候，如秦中候為將作少府屬官。西漢京師諸城門有門候。東漢禁軍北軍之長官稱中候，掌宿衛五營。唐中候為下級武官，諸衛及諸率皆置，掌殿陛執仗侍值。⑳司戈 武官名，唐四色官之一。掌殿陛執戈侍值。戈原為青銅製橫刃兵器，裝有長柄及鐓，持之可橫擊、鈎援，後多用為儀仗。㉑執戟 武官名，唐四色官之一。掌殿陛持戟侍值。戟為古代戈矛合體之兵器，具有直刺、橫擊雙重功能。㉒事 據南宋本當作「貳」。

【語 譯】太子左、右清道率府：率，定員各一人，品秩為正四品上。隋文帝時設置太子左、右虞候，各有開府一人，掌管偵察東宮為非犯法之事，職務與左、右金吾衛將軍相似；煬帝時改名為左右虞候率，同時又各置副率二人。本朝因承隋制。高宗龍朔二年曾改名為左右清道衛，中宗神龍初年又改稱為虞候率府，玄宗開元初年恢復舊稱太子左、右清道率府。

副率，定員各二人，品秩為從四品下（上）。隋煬帝時設置。大唐因承隋制。龍朔、〔神龍、〕開元年間，這一官名曾隨府名的更改、恢復而更改、恢復。

左、右清道率府率的職務是，掌管東宮內外、日夜巡警的法令，以防禦種種意外事端；同時絳邑等三折衝府亦由率統轄；副率為率的副職。每逢皇太子具備儀仗出行和返還，由率帶領所屬，依照規制以清游隊作為先導，以後拒隊擔任後衛，其餘依照皇太子鹵簿法規定排列，充當隨從。在仗衛出行和返還時，要設置細引為皇太子導引，並兼管糾正儀仗中違規之事。細引共有五十人，由左、右衛率所屬的親、勳、翊三衛中的衛士充任，分為五番輪值，每番有主帥和中郎將或左右郎將一人，作為統領。每月，應番上當值的稱作直盪的絳邑等三折鋒府衛士，由率分配他們各自宿衛的崗位和執仗的職責。

長史，定員各一人，品秩為正七品上。

錄事參軍事，定員各一人，品秩為從八品上。

倉曹參軍事，定員各一人，品秩為從八品下。

兵曹參軍事，定員各一人，品秩為從八品下。

胄曹參軍事，定員各一人，品秩為從八品下。

司階，定員各一人，品秩為從六品上。

中候，定員各二人，品秩為從七品下。

司戈，定員各二人，品秩為從八品下。

執戟，定員各三人，品秩為從九品下。

長史的職掌是，協助率和副率掌管本府所屬各曹和絳邑等三折衝府。其餘各屬官的職掌，都與上一篇左、右衛率府中所敘述的相同。

三

太子左右監門率府：率各一人，正四品上。隋文帝置左、右監門率各一人，副率各二人❶，掌諸門禁，擬左、右監門將軍，各有直長十人❷。煬帝改為左、右監門將軍，降為正五品❸。皇朝復改為監門率❹。龍朔二年改為左、右從掖衛❺，咸亨❻復舊。垂拱❼中改為鶴禁衛，神龍❽初復舊。

副率各二人，從四品上。隋文帝置，正五品；皇朝因之。龍朔、開元隨府改復❾。

左、右監門率府率掌東宮諸門禁衛之法；副率為之貳。凡東宮諸司應以籍入于宮殿者，皆本司具其官爵、姓名以牒門司，門司送于監門，監門之主與判曹印署，復送于門司，門司會之，同則聽入❿。凡東宮內、外門之守者，並司其出入。凡財物、器用之出入于宮禁者，皆以籍傍為據⓫，左、右監門以出入之⓬。若皇太子出入，則依鹵簿之法，率其屬於牙門之左、右，以為捍守⑬。

長史⑭各一人，從七品上。

錄事參軍事⑮各一人，正九品上。

兵曹參軍事⑯各一人，正九品下。

冑曹參軍事⑰各一人，正九品下。隋置左、右監門率，有長史已下等員，無倉曹，以兵曹兼掌其事。皇朝因之。

長史掌判諸門禁衛之事⑱。

錄事參軍事掌印，兼勾稽失⑲。

兵曹兼倉曹之職，餘皆如左、右率府。其諸司籍傍判於監門者，檢其官爵、姓名、年貌，監其器物，檢其名數；月終諸門之籍傍歸於府者，則會其出入之數。冑曹掌器械及公私馬、驢雜畜，土木繕造之事。凡諸府直馬配於左、右監門之巡探者，則請其料，歸於馬主⑳，禁其隱沒棄遺者。

【章　旨】敘述太子左右監門率府率和副率及其諸色屬官之定員、品秩、沿革與職掌。

【注　釋】❶隋文帝置左右監門率各一人副率各二人　隋文帝，隋朝皇帝楊堅，在位二十四年，終年六十四歲。隋左右監門率的品秩列從四品上。隋任監門率者，如郭衍。據《隋書》本傳，衍曾參預楊廣奪嫡之謀：「及王（指晉王楊廣，即後之煬帝）入為太子，徵授左監門率，轉左宗衛率。高祖於仁壽宮將大漸，太子與楊素矯詔，令衍、宇文述領東宮兵，帖上臺宿衛，門禁並由之」。❷擬左右監門將軍各有直長十人　陳仲夫點校本據前左右司禦率府率、左右清道率府率二章原注文例，於此句句首「擬」上增一「職」字，當從。意謂隋太子左右監門率其職與左右監門府將軍相當。隋左右監門府將軍統親近禁軍，掌宮殿門禁及守衛事，職任頗重。直長，隋太子左右監門率屬官，各置十員，從七品。❸煬帝改為左右監門將軍降為正五品　煬帝，隋朝皇帝楊廣，在位十四年，終年五十歲。《隋書・百官志》稱：「煬帝大業三年（西元六〇七年）定令，「左右監門率改為宮門將，降為正五品。監門直長改為直事，置六十人。」」故句中「監門將軍」當是「宮門將」之訛。❹皇朝復改為監門率　指將煬帝時所改之宮門將復稱為左右監門率，監門直事亦復稱為監門直長，定員亦由六十人增至七十八人。❺龍朔二年改為左右從掖衛　龍朔二年，即西元六六二年，龍朔為唐高宗李治年號。從掖衛，南宋本作「崇掖衛」。❻咸亨　唐高宗李治年號。❼垂拱　武則天稱制時年號。❽神龍　唐中宗李顯年號。❾龍朔開元隨府改復　依上文左右監門率府率員品條原注所敘沿革，當改作「龍朔、咸亨、垂拱、神龍隨府改復」。❿自「凡東宮諸司應以籍入于宮殿者」至「同則聽入」　此言東宮官屬出入宮殿之法及門籍造作之程序。諸司，指東宮之左右二春坊及詹事府所屬三寺、十率諸官署。應以籍入于宮殿者，指上述諸官署所屬人員需憑籍出入東宮者。籍，亦稱門籍。記有應出入官員之官爵、姓名，若是流外官或入宮營作人員，則需錄其年貌，懸於宮門，據以核驗。持於個人者，則猶若今諸機關之大門出入證。《漢書・元帝紀》有「得為大父母、父母、兄弟通籍」句，應劭曰：「籍者，為二尺竹牒，記其年紀、名字、物色，縣之宮門，案省相應，乃得入也。」故下文言官員欲取得門籍，須由本司，即所在官司，將其姓名、官爵以牒文形式報送門司，門司，指主管該宮門出入之官員。門司彙總諸司牒文送達於監門率與副率，監門之主，即左右監門之率與副率，覆核審定後，再交與判曹即本官署之主管，諸率通常皆以錄事參軍事監印。至此門籍造作完畢，復送於門司。門司據以勘驗出入人員持有之門籍，勘驗相符，方允出入。臨時入宮營造人員，則須憑牒文方能出入。《唐律疏議・衛禁律》「即將領人入宮殿內有所迎輸造作」條之疏議曰：「將領人入宮殿，有所迎出，有所輸送造作，謂宮內營造，門司皆須得牒然後聽入；若未受文牒而輒聽入，及所入人數有剩者，門司各以闌入論。若入上閤內及御在所應至死者，門司各皆役流。」⓫凡財物器用之出入于宮禁者皆以籍傍為據　指領取或發送財物器用而出入於宮禁，則其領取或發送人員須有門籍，其物品則須有傍文，亦即出入物品之清單。⓬左右監門以出入之　唐制宮殿門及城門皆左入右出。其監門官司檢校者，聽從便門出入。⓭若皇太子出入則依鹵簿之法率其屬於牙門之左右以為捍守　牙門，古原指軍旅營門，因其兩邊立有緣飾若牙狀之旗而有此稱。後亦稱官署為牙門或衙門。「衙」實為訛字，後遂通行。此處則指鹵簿隊列中由兵仗所夾成之牙門。左右監門率府率職掌之一，便是率領其所屬捍衛和守護於牙門左右。據《新唐書·儀衛志》，皇太子出行時之鹵簿牙門列於金輅之後：「次三衛儀刀仗，後開衙門」；此後便是左右監門率捍守之位：「次左右監門率府直長各六人，執鍮石儀刀，騎，監後門」。作為鹵簿殿後之後拒隊亦有衙門：「左右廂各有衙門三：第一，當左右司禦率府步隊後，左右衛率府步隊前；第二，當左右衛率府步隊後，左右司禦率府儀仗前；第三，當左右司禦率府儀仗後，左右衛率府步隊前。每門二人執，四人夾，皆騎，赤綦襖，黃袍、冒」。此三處亦為左右監門率捍守之位：「門有監門率府直長二人檢校，左右監門率府副率各二人檢校諸門，各一人騎從。」⓮長史　官府軍府屬吏之長。本為秦官，漢承秦制，丞相、御史大夫、太尉諸府及邊郡太守府皆置。魏晉以降，諸軍府亦置此職。隋諸王府、諸衛、諸率置為府僚屬吏之長。唐沿隋制。⓯錄事參軍事　軍府佐吏名。始置於西晉末司馬睿為鎮東大將軍開府時，掌總錄諸軍曹之文簿。後世軍府、州府並置之。⓰兵曹參軍事　軍府佐吏名。始置於西晉末司馬睿為鎮東大將軍開府時，後世軍府及州置之軍府皆置。隋左右監門率無倉曹，以兵曹兼掌倉曹之事。⓱胄曹參軍事　軍府佐吏名。始置於西晉末司馬睿為鎮東大將軍開府時，南朝宋武帝為相時亦置之。隋文帝時於左右監門率置鎧曹行參軍，其品秩低於諸曹之參軍事，為正九品上。唐承隋制，改名為胄曹參軍事，掌兵器儀仗及公廨繕造之事。⓲事　據南宋本當作「貳」。⓳勾稽失　即勾檢稽失。糾查文書公事處理中有無失錯及違誤程限。⓴諸府直馬配於左右監門之巡探者則請其料歸於馬主　諸府直馬，諸折鋒府當值之馬，分配於諸衛、諸率用於雜使，亦有配左右監門任巡探者。本書第五卷第三篇尚書兵部駕部郎中職掌原注諸衛承直之馬：「諸衛每日承直馬八十匹，以備雜使。諸衛官、諸州、府馬每月常差遣赴京、都承直，諸府常備，其數甚多。開元二十五年（西元七三七年），敕以天下無事，勞費頗煩，宜隨京、都近便，量留三千匹，充扈從及街使承直，餘一切並停。」配於左右監門率承直之馬，當在諸衛承直數之內。據《新唐書·兵志》記載，徵發折衝府兵士時，「當給馬者，官予其直（通「值」）市之，每匹予錢二萬五千。刺史、折衝、果毅歲閱不任戰事者鬻之，以其錢更市，不足則一府共足之」。諸府直馬多由官府出錢購買，衛士畜養。其飼料，配於左右監門率府者，由本府兵曹請領後供給馬主，即飼養者。標準是每匹日食粟五升，草一圍。粟料從轉運至京之河南、河北租粟中提取，草則由兩都五百里內之地稅草供給。

【語譯】太子左、右監門率府：率，定員各一人，品秩為正四品上。隋文帝時，設置左右監率各一人，副率各二人，掌管東宮各宮殿門戶的禁衛，職務相當於左、右監門府將軍，屬官中各設有直戶長十人。煬帝時改名為左、右監門（宮門）將軍，品秩由從四品上降為正五品。本朝又改稱為監門率。高宗龍朔二年改名為左、右從（崇）掖衛，咸亨時仍恢復舊稱。武后垂拱期間改名為鶴禁衛，到中宗神龍初年再次恢復舊稱。

副率，定員各二人，品秩為從四品上。隋文帝時設置，品秩為正五品上。大唐因承隋制，亦設副率各二人。龍朔、〔咸亨、垂拱、神龍〕〔開元〕年間，這一職名曾隨著府名的更改而更改，恢復而恢復。

左右監門率府率的職務是，掌管東宮各宮門禁衛法規的執行；副率是率的副職。凡是東宮各官司按規定可以憑門籍出入宮殿的官員，其門籍的申請程序，都是先由本司將申請者的官爵、姓名以牒文的形式送報門司，門司彙總後上報給監門率府，由監門長官與本司主管審核後蓋印簽發，再發給門司；人員進入宮殿諸門時，由門司驗勘門司據此查驗出入宮門人員的門籍，相符的才允許進入。所有守衛東宮內外宮門的衛士，都須負責對出入的查驗。凡是財物、器用出入宮門的，都要有門籍和物品清單為依據，查驗無誤，允許從左門入，從右門出。如果皇太子從東宮出行和返還，左右監門率則要依照皇太子鹵簿法的規定，率領所屬列隊於儀仗中的牙門左右，負責捍衛和守護。

長史，定員各一人，品秩為從七品上。

錄事參軍事，定員各一人，品秩為正九品上。

兵曹參軍事，定員各一人，品秩為正九品下。

冑曹參軍事，定員各一人，品秩為正九品下。隋朝設置的左、右監門率，有長史以下各曹的屬員，但不設倉曹，由兵曹兼管倉曹的事務。大唐因承隋制。

長史職掌是協助率和副率掌管各宮門禁衛。

錄事參軍事掌管本府印信，兼管糾查文案處理中的錯失和延誤。

兵曹兼管倉曹的職掌，其餘職務都與上篇左右衛率府中的規定相同。各官司交由門司驗證的門籍和物品清單，要檢查的內容，包括官爵、姓名、年齡、體貌，所攜帶器物的名稱和數量；到月底，各宮門收受的門籍和物品清單彙總到府，由兵曹會計出入總帳。冑曹掌管器械和公私馬、驢、雜畜，以及土木修繕營造方面的事務。凡是各折衝府配在左右監門為執行巡探任務所需用的馬匹，由冑曹向有關官司申請飼料，再分給各畜養人。禁止隱瞞虛報、吞沒丟棄一類事情的發生。

四

太子左右內率府：率各一人，正四品上。隋文帝置左右率、副率❶，領東宮千牛、備身侍奉之事，職擬千牛將❷。其備身有：千牛備身八人❸，掌執千牛刀；備身左右十六人❹，掌供奉弓箭；備身二十人，掌宿衛侍從。煬帝降內率為正五品❺，皇朝因❻加至四品上。龍朔二年改為左、右奉御率，神龍初復舊❼。

副率各一人，從四品上。隋置，皇朝因之。龍朔、神龍隨府以復❽。

左、右內率府之職❾，掌東宮千牛、備身侍奉之事，而主其兵仗，總其府事；而副率為之貳。以千牛執細刀、弓箭，以備身宿衛、侍從❿，以主仗⓫守戎服、器物。凡皇太子坐朝，則領千牛、備身之屬升殿⓬。若射于射宮，則率領其屬以從⓭，位定，千牛、備身奉細弓⓮及矢，立於東階上，西面；率奉弓，副率奉矢及決拾⓯，北面張弓，左執弣、右執簫⓰以進，副率以巾拂矢而進；進訖，各退立於位。及射，左、右內率啟其矢中及不中；既事，受亦如之。

長史⓱各一人，從七品上。

錄事參軍事⑱各一人，正九品上。

兵曹參軍事⑲各一人，正九品下。

胄曹參軍事⑳各一人，正九品下。隋置左、右內率，有長史已下等員，無兵曹，皇朝置之。

長史掌判諸曹官吏及千牛、備身之事㉑，餘如左右率府。

錄事參軍事掌印，兼勾簿書及其勳階、考課稽失㉒。

兵曹掌文武官及千牛、備身之簿書，及其勳階、考課、假使㉓、祿奉㉔之事。

胄曹掌細引仗及羽儀之物㉕，自千牛已下各分而典之。

【章　旨】敘述太子左右內率府率和副率及其諸色屬官之定員、品秩、沿革與職掌。

【注　釋】❶隋文帝置左右率副率　隋文帝，隋朝皇帝楊堅，在位二十四年，終年六十四歲。據《隋書・百官志》，隋文帝所置應是左右內率、副率各一人。此句「左右」下脫一「內」字。隋太子內率列正四品上，副率從四品上。❷職擬千牛將　句末「將」下脫一「軍」字。南宋本及《職官分紀》卷三〇引《唐六典》原注此句皆作「千牛將軍」。千牛將軍係唐左、右千牛衛大將軍、將軍之通稱，掌宮殿侍衛及供御之儀仗。此職隋文帝時為左、右領左右府之大將軍、將軍，掌侍衛左右，供御兵仗；煬帝改名為左、右備身府，置備身郎將、備身將，入唐改名為左、右千牛衛，備身郎將、備身亦隨之分別改為將軍、中郎將。❸千牛備身八人　隋千牛備身正七品。隋時任此職者，有宇文慶之子宇文靜禮，「初為太子千牛備身」（《隋書・宇文慶傳》）；陳茂之子陳政，「倜儻有文武大略，善鐘律，便弓馬。少養宮中，年十七，為太子千牛備身」（《隋書・陳茂傳》）；梁昭明太子曾孫蕭瑀，其姊為煬帝蕭皇后，故「煬帝為太子時，授太子右千牛」（《舊唐書・蕭瑀傳》）；竇威從兄之子，在隋時「釋褐千牛備身」（《舊唐書·竇威傳》）。❹備身左右十六人　隋太子備身左右列正七品。又《隋書·百官志》「十六人」作「八人」。❺煬帝降內率為正五品　煬帝，隋朝皇帝楊廣，在位十四年，終年五十歲。《隋書·百官志》：煬帝大業三年（西元六〇七年）「左右內率降為正五品。千牛備身改為司仗左右，備身左右改為主射左右。各員八人」。❻因　當係衍文。《職官分紀》卷三〇引《唐六典》此句無此「因」字。❼龍朔二年改為左右奉御率神龍初復舊　龍朔二年，即西元六六二年。龍朔為唐高宗李治年號。神龍是中宗李顯年號。然諸書對此記載互異。如《唐會要》卷七一東宮諸衛條：「龍朔年改為神裕衛，咸亨年復為內率府，垂拱元年（西元六八五年）二月二日改為左、右奉御率府，神龍元年（西元七〇五年）復舊。」《舊唐書·職官志》則稱：「龍朔初為奉裕率，咸亨復舊。」其中還涉及到千牛備身等職名稱之改易。《新唐書·百官志》：「唐置兵曹，改使仗左右復曰千牛備身，主射左右復曰備身左右，弓箭備身去弓箭之名。龍朔二年，改千牛備身曰奉裕。開元中，千牛備身、備身左右，並為千牛。」關於千牛，《唐會要》卷七一、十二衛條載：「千牛，龍朔年改為奉裕，咸亨年復為千牛，光宅年又改為奉裕，神龍元年二月，復為千牛。」❽隨府以復　據南宋本當作「隨府改復」。❾左右內率府之職　據南宋本及上文太子左右內率府率員品條，此句中「府」下當補一「率」字。❿以千牛執細刀弓箭以備身宿衛侍從　千牛，指千牛備身，掌執千牛刀，宿衛侍從，正六品；備身，指備身左右，掌供奉刀箭，正七品，皆為太子左右內率府屬官。千牛、備身，在千牛衛是執掌皇帝御刀即千牛刀之侍從，其在內率府則為執掌皇太子細刀之侍從。唐任左、右內率府千牛者，如李安，玄武門事變後，魏徵奉命前往河北安輯原皇太子李建成餘黨，「徵至磁州，遇前宮千牛李志安、齊王護軍李思行錮送京師」（《舊唐書·魏徵傳》），此李志安即為李建成之千牛備身。又如侯君集子婿「賀蘭楚石時為東宮千牛」（《舊唐書·侯君集傳》），此賀蘭楚石便是李承乾為皇太子時之東宮千牛。唐時千牛衛及左右內率府之千牛備身，皆取自貴族功臣子弟。《舊唐書·魏玄同傳》載高宗永淳時吏部侍郎魏玄同在其〈從政不可以無學〉疏中對此制之弊端有所揭示，文中稱：「公貴戚子弟，例早求官，髫齔之年，已腰銀艾；或童丱之歲，已襲朱紫。弘文崇賢之生，千牛輦腳之類，課試既淺，藝能亦薄，而門閥有素，資望自高。」（《舊唐書·魏玄同傳》）⓫主仗　管理兵仗之屬員。千牛衛主仗定員有一百五十人，內率府則為六十人。⓬凡皇太子坐朝則領千牛備身之屬升殿　唐制，皇太子每隔五日受宮臣常參，冬至、元正則受宮臣及朝臣朝賀。皇太子受朝賀時，由內率領千牛、備身於東宮朝堂升殿於太子座之側。其殿庭座位俱東西向，以東為上。皇太子即座西向坐，宮臣及群臣俱面東向而立。⓭若射于射宮則率領其屬以從　指皇太子若行射禮於射宮，內率要率領所屬以為隨從。射宮，舉行射禮之所。中國古代射禮《周禮》、《禮記》、《儀禮》均有載錄，共有五種：一、大射，天子將祭於郊廟，助祭之諸侯群臣射於射宮，從中擇其賢者使與於祭，謂之大射；諸侯孤卿大夫將祀其先祖，亦以是禮擇士。二、賓射，諸侯朝於天子，天子與之射於路門之外；或列國之君相與朝聘及卿大夫私與賓客射，皆屬賓射。三、燕射，天子勞使臣與群臣燕飲而射於寢者，諸侯與其臣下、卿大夫與其家人之屬燕飲而射者，皆屬燕射。四、鄉射，每年春、秋，州縣官吏以禮會民習射於州序者。此四射進退周旋必中於禮，射之過程配以禮樂，故稱禮射。另有主皮之射，則係庶民田獵為分禽而射，主獲而尚力，無禮樂之飾。唐《開元禮》著於儀式之射禮有二：一是皇帝射於射宮，二是皇帝觀射於射宮。至於皇太子之射禮，則未見記載，當比於天子，而又低於天子。唐舉行大射之禮，據《唐會要》卷二六記載，有武德二年（西元六一九年）正月賜群臣大射於玄武門；四年（西元六二一年）八月賜三品以上射於武德殿。自貞觀至麟德二十餘年間，曾多次行三月之射、九月之射的大射之禮，故稱「三九之辰」。⑭細弓　皇太子所用之弓稱細弓。⑮決拾　古代射箭用具。決，即扳指，套在右手大拇指上，用以鉤弦；拾，臂衣，著左臂上，用以護臂。《詩・小雅・車攻》：「決拾既佽，弓矢既調。」毛傳：「決，鉤弦也。拾，遂也。佽，利也。」孔穎達疏：「決著於右手大指，所以鉤弦開體；拾著於左臂，所以遂弦。手指相比次而射，得和利。故毛云：佽，利。謂相次然後得射利，非訓佽為利也。」⑯左執弣右執簫　此言進弓之式，是對受方尊敬的表示。弣為弓之中部，簫為弓之末端。《儀禮・鄉射禮》：「有司左執弣，右執弦而授弓。」《禮記・曲禮上》：「凡遺人弓者……右手執簫，左手承弣。」⑰長史　官府軍府屬吏之長。本為秦官，漢承秦制，丞相、御史大夫、太尉諸府及邊郡太守府皆置。魏晉以降，諸軍亦置此職。隋諸王府、諸衛、諸率均置為府僚屬吏之長。唐沿隋制。⑱錄事參軍事　軍府佐吏名。始置於西晉末司馬睿為鎮東大將軍開府時，掌總錄諸曹之文簿。後世軍府、州府並置之。⑲兵曹參軍事　軍府佐吏名。始置於西晉末司馬睿為鎮東大將軍開府時，後世之軍府及州置軍府皆置。隋左右內率府未置兵曹，唐始置。⑳胄曹參軍事　軍府佐吏名。始置於西晉末司馬睿為鎮東大將軍開府時，南朝宋武帝為相時亦有之。隋文帝置左、右內率府時未置，唐初始於內率府下置此職。㉑事　據南宋本當作「貳」。㉒錄事參軍事掌印兼勾簿書及其勳階考課稽失　錄事參軍事之職掌除掌管本府印信外，並兼勾檢之職。簿書，指千牛、備身之簿書，所記載主要內容，即為千牛、備身之勳階和考課。勳階，為武官勳級，唐時用以獎勵武官和士兵戰功之榮譽品階。共十二轉，以上柱國十二轉為最高，視文官散品正二品。勳階可依品階授田，如十二轉之上柱國可授田三十頃。勳官無職事者，須分番於兵部或當上六省司服役，亦允許納課代役。考課，指對官員政績之定期考評，唐代官員每年考課一次，稱小考；三至四年大考一次。考課之績分上上至下下共九等，其標準又分為「四善」和「二十七最」，四善是四項品德要求，二十七最是分別對各類官員才幹和業績方面的要求。錄事參軍事所兼這一部份職掌，便是要查核簿書對本府官員勳階與考課狀況之登錄有無差誤。㉓假使指對本府官員申請休假和差遣職務狀況之登錄。唐制，官員若休假手續不周或延誤假期都要罰俸，違假滿百日者，解職。㉔祿俸 唐代官員之兩類物質待遇。祿指祿米，按散官品階給予；俸指俸料，包括食料和防閤或庶僕之折資。開元二十四年（西元七三六年）始合為一項，統稱為月俸，給銅錢。㉕細引仗及羽儀之物 細引仗，指為皇太子導引之兵仗。羽儀，指皇太子儀仗隊列中用羽毛為裝飾之旌旗之類。

【語　譯】左、右內率府：率，定員各一人，品秩為正四品上。隋文帝設置左、右內率府的率和副率，管領東宮的千牛和備身，負責有關侍奉皇太子的事務，職位相當於千牛將〔軍〕。屬下的備身有：千牛備身八人，執掌千牛刀；備身左右十六人，負責為皇太子供奉弓箭；備身二十人，掌管宿衛侍從。煬帝時，內率府的率，品秩降為正五品，本朝升到正四品上。高宗龍朔二年改名為左、右奉御率，中宗神龍初年又恢復舊稱。

副率，定員各一人，品秩為從四品上。隋朝設置，本朝因承隋制。在龍朔至神龍年間，這一職名曾隨著府名的更改而更改，恢復而恢復。

左右內率府〔率〕的職務是，掌管東宮千牛、備身侍奉方面的事務，同時主管兵仗和總攬府內事務；副率為率的副職。由千牛備身在皇太子左右執掌細刀和弓箭侍奉在皇太子左右，由備身左右負責宿衛和侍從，由主仗守護戎服和器物。每逢皇太子坐朝，要率領千牛、備身等下屬登殿侍列於左右。倘若皇太子去射宮行射禮，要率領下屬一起隨從，各按規定列位以後，由千牛、備身向率和副率進奉細弓和箭，站立於東階之上，面朝西向；然後由率向皇太子進奉弓，副率進奉箭和決拾，張弓時要面朝北向，獻弓的姿勢是：左手握弓的中部，右手執弓的末端。副率要先用巾將箭拂拭後再進獻。弓箭進獻完畢，各自退回原來的立位。當皇太子射箭時，左右內率要及時啟報所射的箭中還是不中。射禮完畢，收受弓箭的禮儀亦與前面一樣。

長史，定員各一人，品秩為從七品上。

錄事參軍事，定員各一人，品秩為正九品上。

兵曹參軍事，定員各一人，品秩為正九品下。

胄曹參軍事，定員各一人，品秩為正九品下。隋朝設置左右內率府，有長史以下各屬員，但沒有兵曹。本朝設置了兵曹。

長史的職掌是，協助率和副率掌管本府各曹的文武官吏和千牛、備身的日常事務。其餘職掌與上篇左、右衛率府中規定的相同。

錄事參軍事掌管本府的印章，並兼糾查文武官員及千牛、備身的簿書以及有關勳階、考課的記載有無錯失。

兵曹掌管本府文武官員和千牛、備身的簿書以及有關勳階、考課、假使、祿俸方面的事務。

冑曹掌管皇太子兵仗及羽儀等物品，這些物品分別由千牛以下各屬員中的使用者收藏和保管。

附圖

射禮器物（選自《四庫全書・史部・明集禮》）

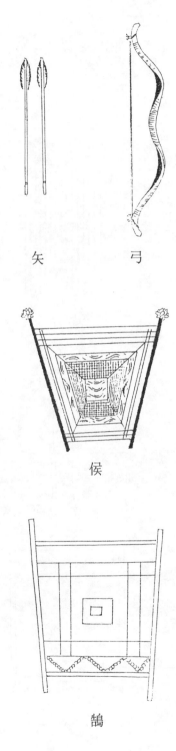

弓

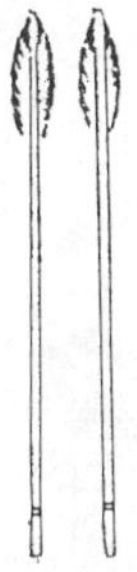

矢

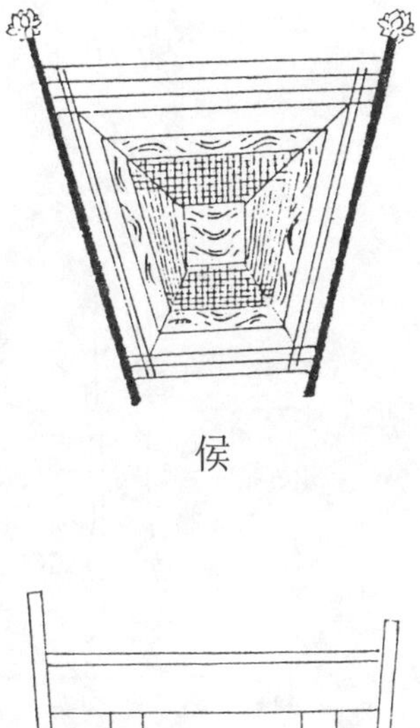

侯

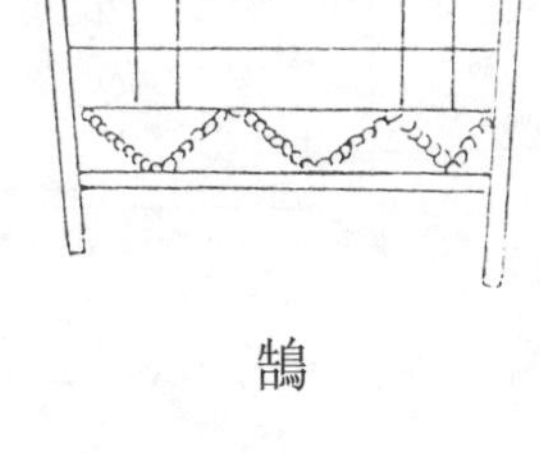

鵠

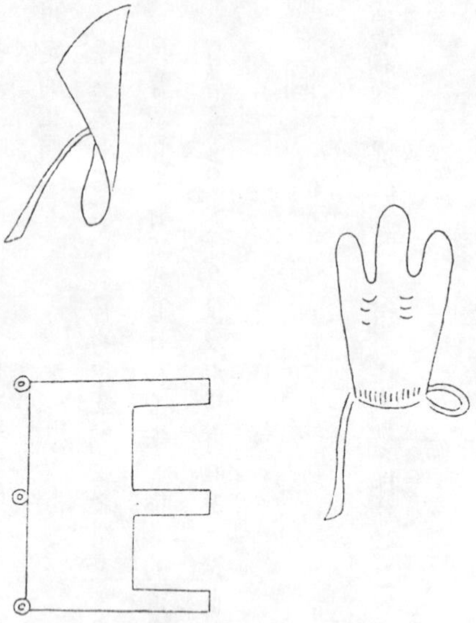

朱極三、決、遂

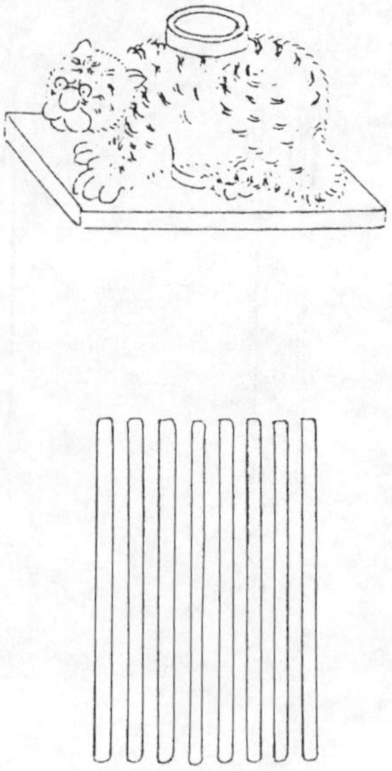

中、算

步射總法

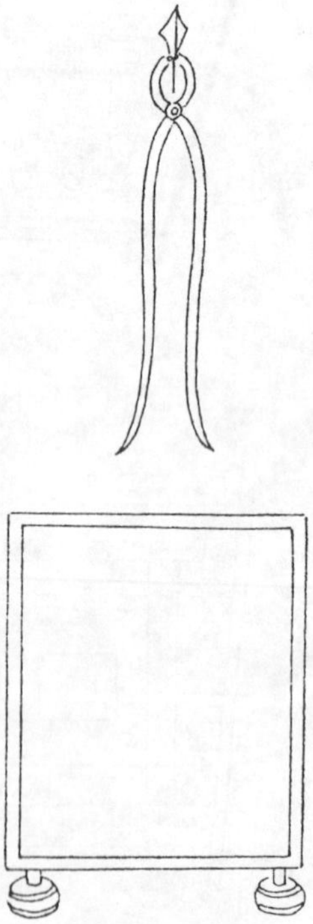

并夾、乏

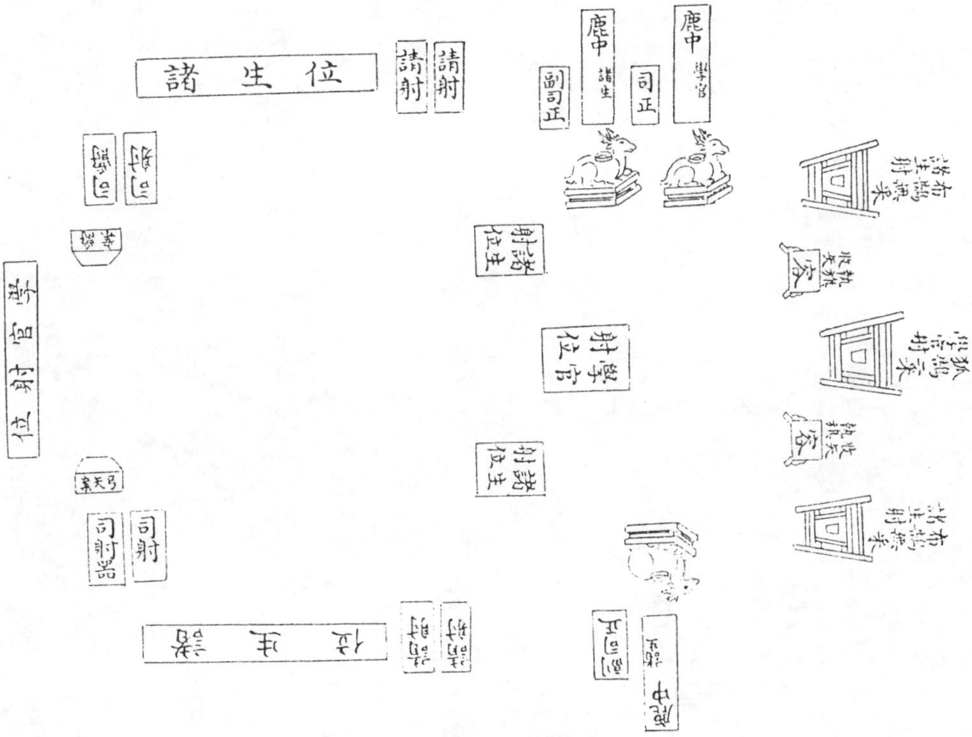

各學射圖

卷二九

諸王府公主邑司

卷目

親王府

傅一人
諮議參軍事一人
友一人
文學二人
東閤❶祭酒一人
西閤祭酒一人
長史一人
司長❷一人
掾一人
屬一人
主簿一人
史二人
記室參軍事二人
史二人
錄事參軍事一人
府一人
史二人
功曹參軍事一人
府一人
史二人
倉曹參軍事一人
府一人
史二人
戶曹參軍事一人
府一人
史二人
兵曹參軍事一人
府一人
史二人
騎曹參軍事一人
府一人

---

❶東閤　閤，南宋本作「閣」。閣、閤可通。下條「西閤」及正文與原注中之「閤」皆同。
❷司長　據正文及他本當為「司馬」。

史二人

法曹參軍事一人

府一人

史二人

士曹參軍事一人

府一人

史二人

參軍事二人

行參軍事四人

典籤二人

錄事一人❸

親事府

典軍二人

副典軍二人

府一人

史二人

執仗親事十六人

執乘親事十六人

親事三百三十三人

校尉旅帥隊正隊副準人部領

帳內府

典軍二人❹

副典軍二人❺

府一人

史二人

帳內六百六十七人

校尉旅帥隊正隊副準人部領

親王國

國令一人

大農二人❻

尉二人❼

丞一人

❸錄事一人　據正文，此條應置於前「錄事參軍事一人」條之後、「府一人」條之前。

❹典軍二人　新舊《唐書》官志同此，《通典・職官十三》則作「三人」。

❺副典軍二人　新舊《唐書》官志同此，《通典・職官十三》則作「三人」。

❻大農二人　新舊《唐書》官志同此，《通典・職官十三》為「一人」。

❼尉二人　《舊唐書・職官志》同此，《新唐書・百官志》及《通典・職官十三》並作「一人」。

錄事一人

府五人❽

史十人❾

典衛八人

舍人四人

學官長食官長丞各一人

廄牧長丞典府長丞各二人

公主邑司

令一人

丞一人

錄事一人

史八人

主簿二人

謁者二人

舍人二人

家史❿二人

---

❽府五人　《新唐書・百官志》作「四人」。

❾史十人　《新唐書・百官志》作「四人」。

❿家史　《新唐書・百官志》同此，《舊唐書・職官志》作「家吏」。

卷旨

本卷主要敘述親王府官屬，對公主邑司，只在卷末作了極簡略的介紹。

親王府與東宮的官屬，在封建王朝官制體系中，同屬於與朝官相對而言的宮臣一類。如北宋王欽若等奉敕編撰的《冊府元龜》，便將之列於〈宮臣部〉，其總序稱：「古之有天下者，必立儲貳用承統緒，並建子弟以屏王室，莫不內制宮朝之秩，外設藩國之職，為之輔佐也。」本書將諸王府官屬緊接在前三卷東宮官屬之後敘述，所秉承的亦是這一傳統觀念。

唐代諸王府的機構可分三個部份，即親王府，親事府和帳內府，以及親王國。親王府內的官屬，有傅、友、文學、諮議參軍事等主輔教、陪侍、諮議參謀之職，又有長史、司馬為首的諸多僚屬執掌行政庶務，包括親王所兼領的州府和軍府的部份日常事務。親事府和帳內府管理王府所設的親事和帳內，包括守衛、陪從、儀仗等職務。國令以下的國官，掌判王國的內務。依據上述內容，本卷分為上下兩篇：上篇敘述親王諸佐僚之定員、品秩、沿革和職掌，下篇則敘述親事府、帳內府和國官，篇末為公主司邑。

唐代諸帝共有皇子二百四十五人，皇女二百零一人。生育最多的是唐玄宗，有三十子二十九女。貞觀時定制皇兄弟、皇子為王，皆封國之親王；皇姑為大長公主，姊為長公主，女為公主，皆封國。唐諸皇子，一般三歲即封王，五歲遙授官職，為都督或刺史，十四、五歲即出閤之藩，並為之各置官屬。親王府官屬與親王的關係具有雙重性，他們既是諸王的下屬，又有依制輔教諸王的職責。需要輔教，不僅因為有的親王尚在幼年，即使已成年，若有非違行事，王府屬官亦須及時諫諍、匡正，否則將被視為失職而將受到不同懲處。此類實例頗多，我們在注釋中略有引錄。諸王及其王府的經濟來源，主要為食邑，但因戶、邑率多虛名，故唐制須加食實封者，乃得真戶。唐代初期規定親王食實封為八百戶，長公主六百戶，公主三百戶。高宗以後，常常突破此限額，竟有多達五千五百戶以至萬戶者。諸王及公主所食封戶，皆以州縣課戶充，詳本書第二卷第三篇尚書吏部司封郎中職掌原文、原注和我們的注釋。

王府官屬是為諸王設置的，而諸王的分封、王國的建置，又是由皇帝在不同時期如何屏藩自己的需要決定的；王府的官制設定是「果」，朝廷的政治變遷則是「因」。所以要真正理解本卷的內容，包括職掌因何如此規定，歷代因何而有這樣那樣的沿革，當不應滿足於原文、原注有限文字，還須聯繫史實，把握王府官屬與諸王、朝廷相互間的對應關係，即由「果」而循「因」。基於這樣的考慮，又鑒於本卷原文、原注都較為簡略，我們在注釋和章末說明中做了較多的補敘或引申，或許對閱讀會有所裨益。

親王府

【篇　旨】本篇所敘述的親王府的官屬，依其職掌，大體可分為兩類。一類是直接與諸王為伴，以盡輔教參謀之職的，如傅、友、諮議參軍、文學和東西閤祭酒等。其中傅，掌輔教訓導，諮議作為王的參謀，友則陪侍左右，文學侍從文章。另一類是屬王府的佐僚，負責處理行政庶務，以長史、司馬為長官，其成員有掾、屬、主簿、諸曹錄事參軍和參軍事、行參軍以及典籤等。由於諸王開府時，通常總是兼領地方的刺史和都督府，所以王府的佐僚亦同時兼管地方行政和軍府的日常事務。

分封諸王之制，當是商周已有。本篇所言的諸王，主要是指在集權統一條件下對王室相關人員的封爵，因而原注對沿革的追溯起自漢，而王府官屬的大體完備和基本定型，則要到魏晉，其時諸如傅（亦稱師）、友、文學的設置，以及長史、司馬、祭酒諸職，皆已具備。特別是到了西晉末，晉元帝司馬睿在他即位前任鎮東大將軍開府時，諸曹參軍事的設置已相當完備。南朝的宋、齊、梁、陳，北朝的北魏、北齊都是在因承魏晉舊制的基礎上略作更張，隋唐諸王府的官屬建置，大體上亦是前朝舊制的因襲。本篇親王府諸職的設置，其文本依據當是《開元令》，此前和此後，唐王府官制均有所變化，若論實際任職狀況，當以唐初武德時期較為齊全，尤以李世民秦王府最為完備，王府官屬的地位亦以彼時最高，貞觀以後漸次衰微，開元時諸王多不出閤，王府官屬零落，且不能與府主相見，徒具虛名而已。宋·洪邁《容齋筆記》卷一一有一則〈唐王府官猥下〉專敘此事，其中提到敬宗時竟連王府也被毀，長史等因無處可居，無奈只好具狀「伏乞賜官宅一區」。堂堂王府官屬落到這個地步，其「猥下」可想而知。

一

親王府：傅一人，從三品。漢高祖初置諸侯王，有太傅，輔導王❶。《後漢書》：傅，秩二千石❷。魏、晉因之❸。宋、齊、梁、陳皆為師❹，後魏始蕃王、二蕃王、三蕃王各有師、傅❺，北齊唯置師❻。隋皇叔、昆弟、皇子為親王者，置師❼。皇朝因之。開元初，改為傅❽。

諮議參軍事一人，正五品上。晉氏公府置諮議參軍事❾，蓋取諮詢謀議軍事也。宋、齊因之❿。梁、陳諸王公府及位從公開府者，及皇弟、皇子、皇庶子府各有諮議參軍員⓫。隋三公府及諸王府各有諮議參軍，正五品上⓬。皇朝因之。

友一人，從五品下。漢東平憲王為驃騎將軍，辟杜撫以為西曹掾，尋以為師友⓭。魏、晉諸王置友一人⓮，宋、齊因之，品第六⓯，進賢一梁冠⓰，絳朝服⓱。梁皇弟、皇子府友各一人，班第八，正六品⓲。陳因之。後魏諸王友從四品下⓳。北齊皇子置友一人，第五品上⓴。隋為從五品下㉑，皇朝因之㉒。

文學二人，從六品上。漢氏公府、州郡並有文學㉓，魏氏諸王始有文學員㉔，晉、宋、齊、梁、陳皆因之㉕，班第五，從七品㉖。後魏太和末，六品上㉗。北齊因之㉘。隋親王府有文學二人，從六品上㉙，皇朝因之㉚。

東閣祭酒、西閣祭酒各一人，從七品上。晉初，位從公以上並置東閣、西閣祭酒㉛，宋、齊、梁、陳、後魏、北齊皆相因㉜。親王府及嗣王、上柱國府各有東、西、閣祭酒，從七品上㉝，皇朝因之㉞。

王傅掌傅相訓導㉟，而匡其過失。

諮議掌訏謀左右㊱，參議庶事。

友掌陪侍遊居，規諷道義。

文學掌讎校典籍，侍從文章。

祭酒掌接對賢良，導引賓客。

【章旨】敘述親王府之傅、諮議參軍事及友、文學、東西閣祭酒等之定員、品秩、沿革與職掌。

【注釋】❶漢高祖初置諸侯王有太傅輔導王　漢高祖，漢朝開國皇帝劉邦，在位十二年，終年五十三歲。其置諸侯王事，《漢書．百官公卿表》稱：「諸侯王，高帝初置，金璽盭（通「綟」，綠色）綬，掌治其國。有太傅輔王。」漢初太傅之設，多由於王年紀幼小，故天子代為置師傅，以匡輔之。又以太傅為王師，皆以儒生任此職。如以衛綰為河間王太傅，彭宣、蘇隆為東平王太傅；賈誼則先傅長沙王三年，後又為梁懷王太傅，其《漢書》本傳稱文帝「拜誼為梁懷王太傅。懷王，上少子，愛，而好書，故令誼傅之，數問以得失。」又云「梁王勝墜馬死，誼自傷為傅無狀，常哭泣，後歲餘亦死。賈生之死，年三十三矣」。如遇王有非違，太傅得諫諍或舉奏於朝。如《漢書．楚元王傳》載：「景帝之三年（西元前一五四年）也，削書到，〔王戊〕遂應吳王反。其相張尚、太傅趙夷吾諫，不聽。遂殺尚、夷吾。」如果太傅輔導無方，王為非法，傅當坐罪。哀帝建平中，遣使移書梁王傅、相、中尉曰：「傅相、中尉，皆以輔正為職，……書到，明以誼曉王。敢復懷詐，罪過益深，傅、相以下，不能輔導，有正法。」(《漢書・文三王傳附梁平王立傳》) 又，《漢書・王尊傳》：「東平王以至親驕奢，不奉法度，傅、相連坐。」❷後漢書傅秩二千石　《後漢書》，南朝宋范曄撰。今本一百二十篇，分一百三十卷。記光武帝建武元年至獻帝建安二十五年共一百九十六年史事。計十本紀、八十列傳，表缺。宋真宗時，又將晉司馬彪所撰三十志與之合刻，遂成今貌。記諸王傅事，見書中〈百官志〉。其文稱：「皇子封王，其郡為國，每置傅一人，相一人，皆二千石。本注曰：傅主導王以善，禮如師，不臣也。相如太守。有長史，如郡丞。」東漢任王傅者，有杜林等。劉彊，光武帝曾立為皇太子，後降封東海王，「故重選官屬，以〔杜〕林為王傅，從駕南巡狩。時諸王傅數被引命，或多交游，不得應詔，唯林守慎，有召必至」(《後漢書・杜林傳》)。秩二千石，月俸百二十斛。又，南宋本此句作「後漢曰傅，秩二千石」。❸魏晉因之　三國魏諸王設有傅。嘉平時，王淩擬迎立楚王曹彪都許昌，事發為司馬懿所挫敗，「乃遣傅及侍御史就國案驗，收治諸相連及者，廷尉請徵彪治罪」(《三國志・魏書・楚王彪傳》)。司馬懿派去案驗楚王彪的是傅，案驗王國僚屬的是侍御史。所派之傅為何人，記載不詳。其時吳亦為諸王設傅，如是儀曾以本職領魯王傅，史著稱其「為傅盡忠，動輒規諫」(《三國志・吳書・是儀傳》)。晉，《晉書・職官志》稱：「王置師、友、文學各一人。景帝諱，故改師為傅。」景帝，即司馬師。唯史著仍有稱晉傅為師者。如《晉書》中之〈劉寔傳〉：「愍懷太子初封廣陵王，高選師友，以寔為師」；〈愍懷太子傳〉亦謂：「封為廣陵王，邑五萬戶。以劉寔為師，孟珩為友，楊準、馮蓀為文學」。同書〈阮孚傳〉記孚於東晉明帝時，「轉吏部尚書，領東海王師」。❹宋齊梁陳皆為師　宋，《宋書・百官志》稱：「晉武帝初置師、友、文學各一人。師即傅也。景帝諱師，改為傅。宋世後改曰師。」宋任此職者有顏延之，「以金紫光祿大夫領湘東王師」(《宋書・顏延之傳》)。齊，《南齊書・百官志》稱：「諸王師、友、文學各一人。」南齊任此職者有吳郡太守張岱，以「金紫光祿大夫領鄱陽王師；又有王延之、張緒，分別領竟陵王、南郡王師(見《南齊書》各本傳)。梁，據《隋書・百官志》梁皇弟、皇子府皆置師，品秩為十一班。陳，諸王師列第四品，秩千石。❺後魏始蕃王二蕃王三蕃王各有師傅　陳仲夫點校本注稱：「《魏書・官氏志》、《通典・職官十三》歷代王侯封爵條，均有諸王師而無傅。」查《魏書・官氏志》列諸王師，太和十七年(西元四九三年)職員令為第三品上；太和二十三年(西元四九九年)復次職員令則為第三品。有師而無傅。《通典・職官十三，歷代王侯封爵》：「諸王侯亦各有師、友、文學、侍郎、掾屬、舍人等官。」亦有師無傅。然《魏書・高祐傳》載祐曾「轉宋王劉昶傅」，劉昶由南朝劉宋投奔北魏，而於孝文帝太和中被封為宋王者。又有邢祐，曾「領樂浪王傅」(《魏書・邢巒附叔祖邢祐傳》)。樂浪王萬壽，於文成帝和平三年(西元四六二年)始封。故此處原注稱師、傅並置，當亦有所據。❻北齊唯置師　《隋書・百官志》稱北齊「王，位列大司馬上。非親王則位在三公下。置師一人，餘官大抵與梁制不異」。《北齊書・儒林傳序》：「魏天平中，范陽盧景裕同從兄禮於本郡起逆，高祖免其罪，置之賓館，以經教授太原公以下。及景裕卒，又以趙郡李同軌繼之，二賢並大蒙恩遇，待以殊禮。同軌之亡，復徵中山張雕，渤海李鉉、刁柔，中山石曜等遞為諸子師友。」同書〈李鉉傳〉提到的人更多：「武定中，李同軌卒後，高祖令世宗在京妙簡碩學，以教諸子。世宗以鉉應旨，徵詣晉陽。時中山石曜、北平陽絢、北海王晞、清河崔瞻、廣平宋欽道及工書人韓毅同在東館，師友諸王。」在北齊正式任命為諸王師者，有孫靈暉：「天統中，勅令朝臣推舉可為南陽王綽師者，吏部尚書尉瑾表薦之，徵為國子博士，授南陽王經。王雖不好文學，亦甚相敬重，啟除其府諮議參軍。綽除定州刺史，仍隨之鎮。綽所為猖蹶，靈暉唯默默憂顇，不能諫止。綽欲以管記馬子結為諮議參軍，乃表請轉靈暉為王師，以子結為諮議。朝廷以王師三品啟奏不合。後主於啟下手答云『但用之』。仍手報南陽書，並依所奏。儒者甚以為榮。綽除大將軍，靈暉以王師領大將軍司馬。」《北齊書・孫靈暉傳》）❼隋皇叔昆弟皇子為親王者置師　《隋書・百官志》記此事作「皇伯叔昆弟、皇子為親王，置師、友各二人」。此處「皇」下脫一「伯」字。❽皇朝因之開元初改為傅　唐因隋制，為諸王置師。據《武德令》，諸王置師一人。貞觀十一年（西元六三七年）以王珪「兼魏王師。既而上問黃門侍郎韋挺曰：『王珪為魏王泰師，與其相見，若為禮節？』挺對曰：『見師之禮，拜答如禮。』王問珪以忠孝，珪答曰：『陛下，王之君也，事君思盡忠；陛下，王之父也，事父思盡孝。忠孝之道，可以立身，可以成名，當年可以享天祐，餘芳可以垂後葉。』王曰：『忠孝之道，已聞教矣，願聞所習。』珪答曰：『漢東平王蒼云：「為善最樂。」』上謂侍臣曰：『古來帝子，生於宮闈，及其成人，無不驕逸，是以傾覆相踵，少能自濟。我今嚴教子弟，欲令皆得安全。王珪我久驅使，是所諳悉，以其意存忠孝，選為子師。爾宜語泰：「汝之待珪，如事我也，可以無過。」』泰每為之先拜，珪亦以師道自居，物議善之」《舊唐書・王珪傳》）。唐改王師為傅時間，諸書記載稍異。《舊唐書・睿宗本紀》繫於景雲二年（西元七一一年）十一月，《新唐書・百官志》稱：「景雲二年，改師曰傅，開元二年（西元七一四年）廢，尋復置。」《舊唐書・玄宗紀》謂開元二年七月辛未，「諸王傅並停」。《唐會要》卷六七則載：「開元二年九月六日省，已後復置。」❾晉氏公府置諮議參軍事　據《宋書・百官志》，諮議參軍因軍諮祭酒而來，取諮詢謀議軍事之意，地位在諸曹參軍之上。其文稱：「晉元帝為鎮東大將軍及丞相，置從事中郎，無定員，分掌諸曹，有錄事中郎、度支中郎、三兵中郎。其參軍則有咨議參軍二人，主諷議事。晉江左初置，因軍咨祭酒也。」其時先後為軍諮祭酒者，如王導，「晉國既建，以導為丞相軍諮祭酒，……軍謀密劃，知無不為」；紀瞻，「元帝為安東將軍，引為軍諮祭酒，轉鎮東長史」；賀循，「及帝承制，復以為軍諮祭酒。循稱疾，敦逼不得已，乃舉疾至。帝親幸其舟，因諮以政道」；薛兼，「元帝為安東將軍，以為軍諮祭酒，稍遷丞相長史」；刁協，「永嘉初為河南尹，未拜，避難渡江。元帝以為鎮東軍諮祭酒，轉長史」（以上均見《晉書》各自列傳）。這些人後來都成為佐助元帝立國江東之元勳。諮議參軍之設，始於江左，而軍諮祭酒一職，則元帝前已有，如戴若思，便曾「累轉東海王越軍諮祭酒」（《晉書》本傳）。

⑩宋齊因之　《宋書・百官志》：諮議參軍「晉江左初置，因軍諮祭酒也。宋高祖為相，止置諮議參軍，無定員。」宋任此職者，如王弘，「高祖為鎮軍，召補諮議參軍。……復命為中軍諮議參軍，遷大司馬長史，轉吳國內史」；徐羨之，「高祖版為鎮軍參軍」，又補「太尉諮議參軍」（均見《宋書》本傳）。此二人成為宋武帝劉裕立國之左右手。其後宋文帝劉義隆為其太子劉劭所殺，劉駿起兵討伐時，啟用時任襄陽太守的柳元景為諮議參軍，「領中兵，加冠軍將軍，太守如故」；前廢帝劉子業遣使殺東安王劉子勳，鄧琬奉子勳起兵時，亦曾將錄事參軍陶亮轉為諮議參軍事，「領中兵，加寧朔將軍，總統軍事；功曹張沈為諮議參軍，統作舟艦」，但為劉彧所敗（見《宋書》各自列傳）。從上述兩例可知諮議參軍事一職地位之重要。齊承宋制，諸王亦設諮議參軍，亦簡稱諮議。如荀伯玉，曾任豫章王司空諮議，帶濟陽太守；劉祥，先任長沙王鎮軍，拔諮議參軍，後歷豫章王大司馬諮議（均見《南齊書》本傳）。又有蕭景先之子蕭毅，歷官「隋王友，永嘉太守，大司馬諮議參軍，南康太守，中書郎」（見《南齊書・蕭景先傳》）。

⑪梁陳諸王公府及位從公開府者及皇弟皇子皇庶子府各有諮議參軍員　此言梁、陳時設有諮議參軍之幾類官署。諸王，指皇弟、皇子開府者。公府及位從公開府者，指丞相、太宰、太傅、太保、大將軍、大司馬、太尉、司徒、司空、開府儀同三司等官，以及諸王兼任上述諸公或位從公開府者。府，此句陳仲夫點校本據《隋書・百官志》補以「弟皇子之」四字，作「皇弟、皇子、皇弟皇子之庶子府」。此中當亦包括蕃王府。梁時，上述諸府所設之諮議參軍品秩各有等差：皇弟、皇子府為第九班，嗣王庶姓公府為第八班，皇弟、皇子之庶子府及蕃王府為第七班。梁，王僧辯曾任此職。據《梁書》本傳，僧辯原任湘東王蕭繹國左常侍，湘東王為丹陽尹時，任府行參軍，王出守會稽，任中兵參軍事，王除荊州，為貞毅將軍府諮議參軍事。陳，皇弟、皇子府諮議參軍列第五品，秩八百石；皇弟、皇子之庶子府諮議參軍，則列第六品，秩六百石。陳時姚察曾「歷仁威淮南王、平南建安王二府諮議參軍，丁內憂去職」；蔡凝，「後主嗣位，授晉安王諮議參軍，轉給事黃門郎」；張譏，「後主嗣位，領南平王府諮議參軍，東宮學士」（見《陳書》各自列傳）。

⑫隋三公府及諸王府各有諮議參軍正五品上　三公，指太尉、司徒、司空。《隋唐・百官志》稱：「三公，參議國之大事，依後齊置府僚。無其人則闕。」北齊三公府皆置諮議參軍，列從四品上，所沿係北魏舊制。據《魏書・官氏志》，北魏太和前制公府諮議參軍列從第四品上；太和後制二大、二公諮議參軍亦列從第四品上。《隋書・百官志》則因隋之三公常闕員，故未列三公府此職之品秩。隋親王府之諮議參軍事為正五品上。北齊諸開府之諮

議參軍為從四品下。北魏太和前制，諮議參軍在諸開府者，列第五品上，太和後制，在始蕃王府者，為第五品下，在二蕃王府者，為從五品上，在三蕃王府者，為第六品上。柳晉，隋時曾任晉王楊廣諮議參軍（詳《隋書》本傳）。⓭漢東平憲王為驃騎將軍辟杜撫以為西曹掾尋以為師友　句首「漢」，近衛校明本以為「當作『後漢』」。東平憲王，即劉蒼，東漢光武帝劉秀之子，建武十五年（西元三十九年）封東平公，十七年（西元四十一年）進爵為王。《後漢書》本傳稱其「少好經書，雅有智思，為人美須顒，腰帶八圍。顯宗甚愛重之，及即位，拜為驃騎將軍，置長史掾史四十人，位在三公上」。永平五年（西元六十二年）二月罷歸藩。杜撫，字叔和，犍為武陽（今四川彭山縣）人。《後漢書》本傳載：杜撫「少有高才，受業於薛漢，定《韓詩》章句，後歸鄉里教授。沈靜樂道，舉動必禮。弟子千餘人。後為驃騎將軍東平王所辟。及蒼就國，掾史悉補王官屬，未滿歲，皆自劾歸。時撫為大夫，不忍去，蒼聞，賜車馬財物遣之」。⓮魏晉諸王置友一人　據《晉書．職官志》，晉「王置師、友、文學各一人」。晉時任此職者，如愍懷太子司馬遹初封為廣陵王時，以孟珩為友（見《晉書．愍懷太子傳》）；王導之子王悅、王珣，分別為吳王、琅玡王友（見《晉書．王導附其子王悅、王珣傳》）；謝尚，王導曾辟為掾，遷會稽王友（《晉書．謝尚傳》）。又，《職官分紀》卷三二諸王府賓友條引〈山公啟事〉：「近啟脩武令劉納補南陽王友，詔曰：友誠宜得有益者，然以納長吏民，不宜屢易為疑，令散令散邪。又啟：今散職中誠自有人，然劉納才志，外內所稱，臣以為宜蒙此者，是以啟及不審，固可不詔可爾。」又《太平御覽．職官．王友》引〈殷浩別傳〉曰：「會稽王少著名譽，友、學之舉，必極有德，以浩為友。」此事《晉書．殷浩傳》不載。⓯宋齊因之品第六　《宋書．百官志》：宋王之師、友、文學皆列第六品。宋任此職者，有何偃，「元嘉十九年（西元四四二年）為丹陽丞，除廬陵王友」；王微，係王弘之姪，歷「始興王濬後軍功曹記室參軍，太子中舍人，始興王友」（均見《宋書》本傳）。齊任此職者，有謝顥、謝瀹父子。「永明初，高選友、學，以〔謝〕顥為景陵王友」，謝瀹則於「建元初，轉桂陽王友」（《南齊書．謝瀹傳》）。⓰進賢一梁冠　進賢冠，為儒者之服。冠前高七寸，後高三寸，長八寸，有五梁、三梁、二梁、一梁之別，秩六百石以下者，冠一梁。⓱絳朝服　絳衣朝服，為百官之常服。⓲梁皇弟皇子府友各一人班第八正六品　梁皇弟、皇子之友品秩列為第八班，相當於正六品。梁時任此職者，如張率，「天監初，臨川王已下並置友、學，以〔張〕率為鄱陽王友」；王承，「歷太子舍人，南康王文學，邵陵王友」；王暕，「授晉安王文學，遷廬陵王友」，其子王訓，亦曾為宣城王友（均見《梁書》各自列傳）。此外尚有王錫，「高祖敕：『太子洗馬王錫，秘書郎張纘，親表英華，朝中髦俊，可以師友事之。』」以戚屬封永安侯，除晉安王友，稱疾不行，敕許受詔停都。王冠日，以府僚攝事」（《梁書．王份附孫王錫傳》）。褚翔，「中大通五年（西元五三三年），高祖宴群臣樂遊苑，別詔〔褚〕翔與王訓為二十韻詩，限三刻成。翔於座立奏，高祖異焉，即日轉宣城王文學，俄遷為友。時宣城友、文學，加它王二等，故以翔超為之，時論美焉」（《梁書・褚翔傳》）。⑲後魏諸王友從四品下　《魏書・官氏志》載北魏孝文帝太和十七年（西元四九三年）職員令，諸王友列從四品下；太和二十三年（西元四九九年）復次職員令，降為五品上。北魏任此職者，如李孝伯之孫李瑒，「延昌末，司徒行參軍，遷司徒長兼主簿。太師、高陽王雍表薦瑒為其友，正主簿」（《魏書・李孝伯附孫李瑒傳》）；李邕，任「著作佐郎，高陽王雍友」（《魏書・李平附子李邕傳》）；高聰，「轉侍郎，以本官為高陽王雍友」（《魏書・高聰傳》）。⑳北齊皇子置友一人第五品上　《隋書・百官志》：北齊皇子友，列第五品上。北齊任此職者，如王晞，為常山王友。《北齊書・王昕附弟王晞傳》載其事：「齊神武訪朝廷子弟忠孝謹密者，令與諸子遊。晞與清河崔瞻、頓丘李度、范陽盧正通首應此選。文襄時為大將軍，握晞等手曰：『我弟並向成長，志識未定，近善狎惡，不能不移。吾弟成立，不負義方，卿祿位常亞吾弟，若苟使迴邪，致相詿誤，罪及門族，非止一身。』晞等隨神武到晉陽，補中外府功曹參軍帶常山王演友。齊天保初，行太原郡事。及文宣昏逸，常山王數諫，帝疑王假辭於晞，欲加大辟。王私謂晞曰：『博士，明日當作一條事，為欲相活，亦圖自全，宜深體勿怪。』乃於眾中杖晞二十。帝尋發怒，聞晞得杖，以故不殺，髡鉗配甲坊。居三年，王又固諫諍，大被毆撻，閉口不食。太后極憂之。帝謂左右曰：『儻小兒死，奈我老母何？』於是每問王疾，謂曰：『努力強食，當以王晞還汝。』乃釋晞令往。王抱晞曰：『吾氣力惙然，恐不復相見。』晞流涕曰：『天道神明，豈令殿下遂斃此舍。至尊親為人兄，尊為人主，安可與校計。殿下不食，太后亦不食，殿下縱不自惜，不惜太后乎？』言未卒，王強坐而飯。晞由是得免徙，還為王友。」此例說明師、友與諸王時久復意氣相得，則往往結成共同利益集團。㉑隋為從五品下　據《隋書・百官志》，隋親王友定員二人，品列從五品下；嗣王則無師友。《隋書》諸傳則未見諸王有正式置友記載，僅有「以師友處之」者，如柳䛒：「轉晉王諮議參軍。王好文雅，招引才學之士諸葛潁、虞世南、王胄、朱胄等百餘人，以充學士，而䛒為之冠，王以師友處之，每有文什，必令其潤色，然後示人」（《隋書・柳䛒傳》）。㉒皇朝因之　唐任諸王友者，若杜鴻漸之「父鵬舉，官至王友」（《舊唐書・杜鴻漸傳》）；袁朗從父弟袁承序，貞觀中「召守晉王友，仍令侍讀，加授弘文館學士」（《舊唐書・袁朗附從父弟袁承序傳》）；郝處俊，「貞觀中解褐授著作佐郎，再轉滕王友」（《舊唐書》本傳）；王宏直，亦曾為漢王元昌友，徙荊王友。《全唐文》收有其〈諫漢王元昌畋獵書〉。此外還有賀德仁，原事陳，至吳興王友，「及（唐）高祖平京師，隱太子封隴西公，用德仁為隴西公友。貞觀初，德仁轉趙王友」（《舊唐書》本傳）。㉓漢氏公府州郡並有文學　公府，指太尉、司徒、司空三公所開之府。文學，文學掾或文學史之簡稱。如《漢書・鄭崇傳》有「郡文學史」，《後漢書・楊倫傳》及〈楊由傳〉有「郡文學掾」。漢時郡設諸曹，一般皆與公府對應，郡設文學掾或文學史，公府當亦有相應之曹。郡之文學掾或文學史職掌地方教育，其員數較之他曹掾、史為多，地位亦略高。除掌教育外，諸凡教化、禮儀一類事務，亦與文學相關。㉔魏氏諸王始有文學員　三國魏為諸王置文學，常含有監察舉措職能，成為皇帝監督諸王耳目。史著對此亦有所載錄，如《三國志・魏書・中山恭王袞傳》稱袞少好學，年十餘歲便能屬文。每遇諸兄弟游娛，而袞猶獨覃思經典。於是「文學防輔相與言曰：『受詔察公舉錯（通「措」），有過當奏，及有善，亦宜以聞，不可匿其善也。』遂共表稱陳袞美。袞聞之，大驚懼，責讓文學曰：『脩身自守，常人之行耳，而諸君乃以上聞，是適所以增其負累也。且如有善，何患不聞，而遽共如是，是非益我者。』其戒慎如此。」魏時任文學者，如鄭袤，「武帝初封諸子為侯，精選賓友，袤與徐幹俱為臨淄侯文學，轉司隸功曹從事」；司馬孚，「魏陳思王植有俊才，清選官屬，以孚為文學掾。植負才陵物，孚每切諫，初不合意，後乃謝之」（均見《晉書》本傳）。又，《職官分紀》卷三二引《晉諸公讚》曰：「扶風王（司馬駿）年八歲，聰明善詩賦，中表奇之，魏烈祖以為齊王芳文學。」㉕晉宋齊梁陳皆因之　晉，有楊準、馮蓀，曾於愍懷太子司馬遹初封廣陵王時為文學（據《晉書・愍懷太子傳》）；刁協，「釋褐濮陽王文學，累轉太常博士、本郡大中正」（《晉書・刁協傳》）。宋，有殷淳，於「少帝景平初為秘書郎，衡陽王文學」；王景文，起家太子太傅主簿，武陵王文學；袁顗，曾任「汝陰王文學、太子洗馬」；王僧綽，「初為江夏王義恭司徒參軍，轉始興王文學，秘書丞」（見《宋書》各自列傳）。齊，有何昌寓，於永明元年（西元四八三年）「為竟陵王文學，以清信相得，意好甚厚」（《南齊書》本傳）；王峻，曾任「邵陵王文學，太傅主簿。府主齊景陵王子良甚相賞遇」（《梁書》本傳）；蕭赤斧之子蕭穎胄，「除竟陵王司徒外兵參軍，晉熙王文學」（《南齊書・蕭赤斧附蕭穎胄傳》）。此外，《梁書・武帝本紀》提到齊「竟陵王子良開西邸，招文學，高祖與沈約、謝朓、王融、蕭琛、范雲、任昉、陸倕等並遊焉，號曰八友」。梁，任此職者，皆為文學有成士子。如王褒，七歲能屬文，除武昌王文學（見《梁書・王規附子王褒傳》）；王承，年十五射策高第，除南康王文學，邵陵王友（見《梁書》本傳）；褚翔，初為國子生，舉高第，「中大通五年（西元五三三年），高祖宴群臣樂遊苑，別詔〔褚〕翔與王訓為二十韻詩，限三刻成。翔於座立奏，高祖異焉，即日轉宣城王文學」（《梁書》本傳）；蕭子雲，弱冠便留心撰著，年三十方起家為秘書郎，「累遷北中郎外兵參軍，晉安王文學」（《梁書・蕭子恪附蕭子雲傳》）。陳，有陸從典，「授信義王文學，轉太子洗馬」（《陳書・陸瓊附第三子陸從典傳》）；陸瑜，「遷永陽王文學，太子洗馬，中舍人」；陸玠，「吏部尚書袁樞薦之於世祖，超授衡陽王文學，直天保殿學士」（《陳書・陸琰附陸瑜及陸玠傳》）；王胄，「起家鄱陽王法曹參軍，歷太子舍人，東陽王文學」（《隋書・王胄傳》）。㉖班第五從七品　陳仲夫點校本據《隋書・百官志》在句首「班」前增一「梁」字，當依。

《隋書・百官志》載，梁皇弟、皇子文學列第五班，陳則列第七品。㉗後魏太和末六品上　太和，北魏孝文帝年號。據《魏書・官氏志》，太和二十三年（西元四九九年）復次職令，皇子文學列第六品上。北魏任此職者，若崔楷，為「廣平王懷文學，正始中，以王國官非其人，多被刑戮，惟楷與楊昱以數諫獲免」（《魏書・崔辯附崔楷傳》）。㉘北齊因之　據《隋書・百官志》北齊皇子文學亦列第六品上。任此職者，如宋世良之從子宋孝王，「為段孝言開府參軍，又薦為北平王文學」（《北齊書・宋世良附宋孝王傳》）；裴矩，「博學早知名，仕齊為高平王文學」（《舊唐書・裴矩傳》）。㉙隋親王府有文學二人從六品上　《隋書・百官志》：隋皇子為親王，置文學二人，列從六品上。隋任此職者，若孫萬壽，「高祖受禪，滕穆王引為文學」；至「仁壽初拜豫章王長史，非其好也。王轉封于齊，即為齊王文學。當時諸王官屬多被夷滅，由是彌不自安，因謝病免」（《隋書・孫萬壽傳》）。㉚皇朝因之　唐初任親王文學之職者，有袁朗，「武德初，授齊王文學，祠部郎中」；許叔牙，「貞觀初，累授晉王文學兼侍讀」（均見《舊唐書》本傳）。㉛晉初位從公以上並置東閤西閤祭酒　《晉書・職官志》載：「晉諸公及開府位從公者，置長史一人，西東閤祭酒各一人。」《宋書・百官志》亦稱：「晉初凡位從公以上，置長史、西閤東閤祭酒。」又云：「江左以來，諸公置長史、倉曹掾、戶曹掾、東西閤祭酒各一人。」晉位從公者，包括太宰、太傅、太保、太尉、司徒、司空、大司馬、大將軍八公，皆品秩第一，食俸日五斛。東西閤之稱，起自漢代。閤亦即閣，此處指官署。漢代公府及州郡官署多有閤室，以居幕僚及吏員。閤分東西，因稱其長官為東閤西閤祭酒。晉時任東閤、西閤祭酒者，如紀瞻，「永康初，州又舉寒素，大司馬（指汝南王司馬亮）辟〔瞻為〕東閤祭酒」（《晉書・紀瞻傳》）；孔琳之，東晉桓玄輔政時，「以為西閤祭酒」（《宋書・孔琳之傳》）。㉜宋齊梁陳後魏北齊皆相因　宋、齊、梁、陳，唯齊《南齊書・百官志》有記載：「凡公督府置佐：長史、司馬各一人，諮議參軍二人。諸曹有錄事、記室，十八曹，城局曹以上署正參軍，法曹以下署行參軍，各一人。其府佐史則東西閤祭酒各一人。」齊時任東西閤祭酒者，史著亦無錄。北魏任此職者，如李遺元，「初除趙郡王幹東閤祭酒」（《魏書・李順附李遺元傳》）。北齊則有崔德，《北齊書・文苑傳》序文在文林館所招引文學之士名單中，列有「司空東閤祭酒崔德」，唯《北史・文苑傳》序文則為「司空東閤祭酒崔德立」。㉝親王府及嗣王上柱國各有東西閤祭酒從七品上　近衛校正德本此句以為「『親王府』上恐脫『隋』字」。當依。據《隋書・百官志》，隋皇伯叔昆弟、皇子為親王者，設有東西閤祭酒各一人，而上柱國、嗣王、郡王則無東西閤祭酒員。未知原注中「及嗣王上柱國」諸字何據，抑或係衍文。隋親王府東西閤祭酒品列從七品上。㉞皇朝因之　唐任東閤祭酒者，如馬嘉運，「貞觀初累除越王東閤祭酒」（《舊唐書》本傳）；韋安石之子韋陟，「神龍二年（西元七〇六年），安石為中書令，陟始中歲，拜溫王府東閤祭酒，加朝散大夫，累遷秘書、太常丞，有文彩，善隸書，辭人秀士已遊其門矣」（《舊唐書・韋安石傳》）。㉟傅相訓導 《舊唐書・職官志》作「傅相贊導」。㊱訏謀左右 正德本及《舊唐書・職官志》均作「訐謀左右」。訐意為攻訐短處，揭發陰私。「訐謀左右」不成其語。「訐」當作「訏」。訏，大。訏謀，猶宏謀。《詩經・大雅・抑》有「訏謨定命」之句。意謂諮議之職掌為顧問參謀於王之左右。

【語譯】 親王府：傅，定員一人，品秩為從三品。漢高祖劉邦最初封諸侯王時，設有太傅，以輔導各王。《後漢書》稱傅，俸秩為二千石。魏、晉因承漢制。南朝宋、齊、梁、陳都稱師。北魏始蕃王、二蕃王、三藩王各有師和傅。北齊只設置師。隋皇〔伯〕叔、昆弟、皇子為親王的，設置師。本朝因承隋制，亦為各王配置師。到開元初年，改稱為輔。

諮議參軍事，定員一人，品秩為正五品上。晉代各王任三公開府，就設置諮議參軍事，這一職名是諮詢謀議軍事問題的意思。宋、齊都因循晉制。梁、陳各王和三公府以及位從公開府的，皇弟、皇子和皇〔弟皇子的〕庶子府，亦都有諮議參軍的編員。隋三公府和各個王府亦都設有諮議參軍，品秩為正五品上。本朝因承隋制。

友，定員一人，品秩為從五品下。〔東〕漢東平憲王劉蒼任驃騎將軍開府置掾屬時，徵調杜撫做他的西曹掾，不久兩人便以師友相待。魏、晉時，各個王府都設置友一人，宋，齊因承這一官制，友的品秩列為第六；戴進賢一梁冠，穿絳朝服。梁代皇弟、皇子府都設置友一人，品秩為第八班，相當於正六品。陳因襲梁制。北魏各王府亦設友，品秩是從四品下。北齊各皇子亦配置友一人，品秩為第五品上，隋朝友的品秩是從五品下。本朝因承隋制。

文學，定員二人，品秩為從六品上。漢代三公開府，以及州府郡府，都設有文學。從三國魏起，各王府亦開始配置文學的編員。晉朝和宋、齊、梁、陳都因承這一官制，梁代皇弟皇子文學品秩為第五班，相當於從七品。北魏太和末期列為第六品上。北齊因襲北魏。隋朝親王府設有文學，定員為二人，品秩是從六品上。本朝因承隋制。

東閣祭酒、西閣祭酒，定員各一人，品秩為從七品上。晉朝初期，凡是位從公以上開府的，都設置東閣、西閣祭酒。南朝的宋、齊、梁、陳和北朝的北魏、北齊，對這一官制都相因相承。〔隋〕親王府以及嗣王、上柱國府都設有東西閣祭酒，品秩為從七品上。本朝因承隋制。

王傅的職掌是對王佐助輔導，並匡正他們的過失。

諮議參軍事的職掌是，在王身邊顧問參謀，並參與計議府內日常事務。

友負責陪伴王交遊起居，並隨時向王規諷道義。

文學負責校對訂正供王閱讀的典籍，並侍從在王左右，隨時對答有關文章方面的問題。

東西閤祭酒的職掌是，協助王接待和對答社會賢良，迎送賓客。

【說明】分封之制，由來久遠。唐代杜佑甚至把它追溯到傳說中的軒轅時代，並略述其演變稱：迄於「塗山之會，亦云萬數。夏祚經四百，已喪七千，殷民六百年間，又損千二百矣。爰及周赧，八百餘祀，離為十二，合為六七」（《通典・職官十三・王侯總敘》）。這「合為六七」便是指戰國七雄。它們原先亦都是周王朝的封國，但自平王東遷，周氏急遽衰落以至滅亡，各諸侯國儼然都成了獨立的國家，各諸侯王與其官屬的關係，自然亦都以君臣相處。這種情況，與本章所敘的諸王有很大不同。

本章原注追述的封王制度，始於漢初。高祖帝劉邦始封異姓王七，異姓王被翦滅後，又封同姓子姪為王者九，目的在於眾建親戚，以為屏藩。司馬遷便曾在《史記・漢興以來諸侯王年表》序文中這樣說過：「天下初定，骨肉同姓少，故廣彊庶孽，以鎮撫四海，用承衛天子也。」因而這種封國不是具有獨立性的政權實體，它們只是為著「承衛天子」即衛護大統一的集權專制的劉漢王朝而存在。至於封國內諸侯王與其官屬的關係，亦經歷過一個發展演變過程。大抵說來，西漢初年，仍屬君臣關係。其時除封國的相以外，其餘官屬諸侯王都可自置。如趙王張敖，是高帝魯元公主的夫婿，趙人舉田叔於趙相趙午，午言之於趙王張敖，趙王以之為郎中，這說明諸侯王是能夠自己設置王國的屬官的。後來趙午與貫高在趙國謀反，高帝下令捕趙王張敖及群臣反者，並宣稱有敢隨趙王赴京者，罪三族。但卻仍有田叔、孟舒等十餘人赭衣自髡鉗，隨趙王至長安。後來趙王的事終於弄清楚，得以從輕發落，廢為宣平侯。高帝為此召見田叔等十餘人，便含有嘉勉之意，並任田叔為漢中郡守。《漢書・田叔傳》贊稱：「田叔隨張敖，赴死如歸，彼誠知所處，雖古烈士，何以加哉！」可見在漢初諸侯王與其臣屬相互頗為親密，君臣之間政治利害關係還基本一致。田叔對趙王那種「赴死如歸」的忠貞行為，高帝持讚許態度，這又表明封國內部的上下一致尚未被視為對統一王朝的嚴重威脅。但情況是在不斷發展的。其後諸王勢力日大，朝廷控制力則相形見絀，漸次出現尾大不掉的局面，封國的作用便走向了「承衛天子」的反面。因而自文景二帝始至武帝時期，即對諸侯王採取了裁抑的政策，其中一項主要措施便是將封國官屬的任命權收歸中央。當封國官員以朝廷直接委任的姿態出現在諸王面前的時候，原來的那種頗為親密的君臣亦即主奴關係，便合乎邏輯地發生了變化。朝廷為封國委派官屬的用意在於監控諸王，這樣在王國內部實際上便以監控被監控代替了以往的君臣關係。為避免官屬與諸王日久而同流，又規定：王為非法，傅相若無舉報，得連坐。如哀帝建平中，因梁平王立屢次殺人行惡，曾移書梁王傅、相和尉，其中便提到：「傅相以下，不能傳導，有正法。」《漢書・文三王傳附梁平王立傳》又如「東平思王宇，甘露二年（西元前五十二年）立。元帝即位，就國。壯大，通姦犯法，上以至親貰（通「赦」）弗罪，傅、相連坐」（《漢書・宣元六王傳》）。這些舉措的目的，都是在加大王國官屬對諸侯王管教的力度。東漢亦行此制，諸王國官屬，下至王國郎官，統由朝廷出補。魏時，王國官屬的職責，主要便是對諸王的監督和管教。如本章㉔注中提到的那位中山恭王曹袞，身旁的那些文學與防輔，便都負有「監察舉錯」的使命，一言一行，都在他們監控之中，以至當弟兄們都在遊樂歡娛的時候，他卻獨自一人猶「覃思經典」。這固然出於他自幼好學，但亦當是處境使然，包藏著苦澀的韜晦之計。文學防輔們似乎被感動了，「共表稱陳袞美」，就是向上報告把他讚揚了一番，他一聽，「大驚懼，責讓文學曰：『脩身自守，常人之行耳，而諸君乃以上聞，是適所以增其負累也』」（《三國志・魏書・中山恭王袞傳》）。從這番話裡，不難分辨出一種艱難處境的感受，所謂「如臨深淵，似履薄冰」，那日子是很不好過的。再如楚王彪與王淩私通，司馬懿「乃遣傅及侍御史就國案驗，收治諸相連及者」《三國志・魏書・楚王彪傳》）。派人去王國「案驗」，相當於如今向出了問題的下級機關派去了工作組或專案組，是握有生殺大權的，而擔任這專案組組長的竟是「傅」，亦即原是王國的屬官。此例表明，魏晉時期諸侯王與其官屬的關係，與漢高侯初置諸侯王時已大相逕庭。也就是說此時諸官屬得「身在封國，心在朝廷」，要做皇帝的耳目，不能做諸王的尾巴。

但也有例外，那就是當朝廷處於對諸侯王失控的時候。如西晉末年，懷愍二帝都是在被前趙劉曜攻打得東奔西逃中匆匆而過，自然再也談不上對諸侯王有什麼權威和控制力，而琅邪王司馬睿即後來的晉元帝，正是在此期間為鎮東大將軍和丞相開府，且都督揚州江南諸軍事，已具備相當規模。在這種情況下，王國的官屬自然不再把那個搖搖欲墜的朝廷看在眼裡，而將自己的榮辱窮通與所在王國連掛到了一起。因而司馬睿與其官屬如王導、顧榮、紀瞻、刁協、賀循等所結成的關係就非同尋常，正是依仗這些人的支持，他才能在江東立住腳跟，到劉曜攻佔長安，愍帝一死，他便即位稱帝，建立了東晉王朝。所以王國官屬與諸侯王之間處於何種關係，說到底還是要看該王朝是否具有相應實力和對王國能夠控制到什麼程度來決定。

關於唐代諸王及其官屬的建置，貞觀前後有較大變化。高祖武德初，「以天下未定，廣封宗室從弟及姪年始孩童者數十人，皆封為郡王」（《通典·職官十三》）。待太宗一即位，便著手進一步加強集權，他徵詢侍臣：「徧封宗子，於天下便乎？」（同上） 這實際上是將不再延續武德時期廣封宗室之制的一種委婉的表露。經過眾臣議論，便規定唯皇兄弟、皇子得封為親王；親王一般需出閤才置官屬，不出閤不置官屬。貞觀十年（西元六十三年）又採取了一項重大措施：「徙封趙王元景為荊王，魯王元昌為漢王，鄭王元禮為徐王，徐王元嘉為韓王，荊王元則為彭王，滕王元懿為鄭王，吳王元軌為霍王，豳王元鳳為虢王，陳王元慶為道王，魏王靈夔為燕王，蜀王恪為吳王，越王泰為魏王，燕王祐為齊王，梁王愔為蜀王，郯王惲為蔣王，漢王貞為越王，申王慎為紀王。」（《舊唐書·太宗本紀》） 共十七王，前十王為太宗兄弟，後七王則是他的兒子們。所謂「徙封」，包括離京之藩即赴封地就任，和已經之藩又遷徙封地這樣兩種情況，意在既可使之相互制約，又不令久守一地而坐大，目的都是為了維護中央集權。之藩諸子中，有的還很年幼，太宗的侍臣可能有些不解，一次他特地給他們解釋說：「父子之情，豈不欲常相見耶？但家國事殊，須出作藩屏，令其早有定分，絕覬覦之心，我百年後，使其兄弟無危亡之患也。」（《貞觀政要》卷四） 的確，「家國事殊」，用普通人家的人倫常理，是無法解釋在這個特殊的帝王之家中的人際關係的。在這裡，除了皇帝，每個人都必須以維護皇權至上作為自己存在的前提。太宗曾以此為主題，一再對諸王諄諄訓教。如「太宗謂荊王元景、漢王元昌、吳王恪、魏王泰等曰：『自漢已來，帝弟帝子，受茅土，居榮貴者甚眾，惟東平及河間王最有令名，得保其祿位。如楚王瑋之徒，覆亡非一，並為生長富貴，好自驕逸所致。汝等鑒戒，宜熟思之。揀擇賢才，為汝師友，須受其諫諍，勿得自專。』」又對頗有文武才、一度曾擬立以為太子的吳王恪說：「父之愛子，人之常情，非待教訓而知也。子能忠孝則善矣，若不遵誨誘，忘棄禮法，必自致刑戮，父雖愛之，將如之何？昔漢武帝既崩，昭帝嗣立，燕王丹素驕縱，譸張不服，霍光遣一折簡誅之，則身死國除。夫為臣子不得不慎！」為了使王國官屬能對諸王充分發揮監督輔教作用，還作了「見師如見我面」這樣的教諭。那是在任命王珪為魏王泰師後，太宗讓居於相位的房玄齡去向魏王泰轉達這個意思。他說：「古來帝子，生於深宮，及其成人，無不驕逸，是以傾覆相踵，少能自濟，我今嚴教子弟，欲皆得安全。王珪我久驅使，甚知剛直，志存忠孝，選為子師。卿宜語泰，每對王珪，如見我面，宜加尊敬，不得懈怠。」（以上均引自《貞觀政要》卷四）。

但歷史往往並非總是直線發展，高宗以後出現的武則天先後稱制、稱帝，便是一大曲折。帝王制度的基礎是以血緣親疏為秩序的宗法制度，因而人們常把封建王朝稱為一姓私有的「家天下」。大凡一個新王朝創建之初，也許初次獨自握有那至高無上權力的皇帝頗有點「高處不勝寒」吧，所以總要分封他認為最可信賴的「自家人」以為拱衛。封王制的產生自然還有社會以及政治、經濟等諸多因素，這一心理因素所起的重要作用也不容忽視。而如果皇權的握有者竟是一個被傳統觀念視為像「牝雞司晨」那樣悖逆常理的女性，那麼她的這種覺得自己勢單力薄、寡難敵眾的心態還會更甚。於是在武則天建周稱帝時，亦如漢初呂后稱制而大封諸呂那樣，立即封「兄子文昌左相承嗣為魏王，天官尚書三思為梁王，堂姪懿宗等十二人為郡王」（《舊唐書・則天皇后本紀》）。至於諸武王府官屬的設置狀況，史著並無留下明確的記載。

玄宗時期，諸王多不出閤，雖也有任以大都督、節度大使者，通常並不赴任，稱之為「遙領」，而由長史、副都護或副大使代行其事，所以徒有諸王之名，而無君國子民之實。《唐會要》卷五對此有這樣一段概括的記述：「先天（玄宗第一個年號）之後，皇子幼則居內，東封後，年漸長成，乃於安國寺東，附苑城為大宅，分院居之，名為十王宅，令中官押之，於夾城中起居，每日家令進膳，又引詞學工書之士入教，謂之侍讀。十王謂慶、忠、棣、鄂、榮、光、儀、潁、永、延、盛、濟等，以十舉全數。其後，壽、信、義、陳、豐、恆、涼七王又就封入內宅。開元二十五年（西元七三七年），鄂、光得罪，忠王繼大統；天寶中，慶、棣又歿，唯榮、儀十四王居內，而府、幕列於外坊，歲時通名起居而已。」不僅如此，據《新唐書・三宗諸子》載錄，開元八年（西元七二〇年），玄宗還將已經在外的諸王，包括玄宗的兄弟若寧王成器、岐王範、薛王業、申王撝等，亦「並徵還京師」。名義很好聽，稱為「優容」，實際卻是圈禁。這與貞觀時期的「徙封」諸王形式有別而目的則一：都是為維護自己的皇權。此時雖還保留諸王府某些官屬，但與諸王的聯繫已被割斷，成了徒具虛名的擺設。

關於唐代諸王府官屬的編員前後亦有變化。本章所言當是先天、開元時在形式上的規定。《舊唐書・職官志》同此，《新唐書・百官志》則增加了「侍讀，無定員」一條，注文中又稱：「武德中，置師一人，常侍二人，侍郎四人，皆掌表啟書疏，贊相禮儀；舍人四人，掌通傳引納，謁者二人，諮議參軍事、友皆正五品下；文學、祭酒皆正六品下。」至於實際配置狀況，當以武德、貞觀時期最為完備，詳下章之末說明。貞觀後有較大簡省，留下的傅、友、諮議參軍、文學、祭酒等，都是掌司諸王輔教之事，有的則是虛職空銜。如中宗神龍時，任溫王重茂東閤祭酒者，為中書令韋安石之子韋陟，尚是十歲左右的娃娃，而且溫王重茂其時尚未出閤，顯然只是隨意賜予達官子弟的一種榮典，並無實際意義。開元以後，王府官屬更是空缺的多，實授的例證很少。《冊府元龜・宮臣部・總序》稱：「穆宗長慶元年（西元八二一年），封鄜王等十四王，每府惟置傅、長史、司馬、諮議參軍、友、功曹參軍，各一員，參軍二員。」又謂：文宗「開成二年（西元八三七年），諸王又有講讀之職。時劉仲武為講讀，間日入對諸王授經。」

最後，順便提一下，本章原注在歷述沿革中，一反常例，略而不言北周。按北周初行《周禮》，天子稱天王，故不以王爵封子弟，但封國公而已。至武帝建德三年（西元五七四年）始冊齊國公憲、衛國公直、趙國公招、譙國公儉、陳國公純、越國公盛、代國公達、滕國公逌，並進爵為王。北周無異姓封王者，楊堅被封為隋王，非常例，實為其受禪之前奏。北周諸王府所置官屬，據《通典・職官十三》稱：「皇弟皇子置友及學士等員外，餘吏闕聞。」《周書・武帝紀》載：「建德三年（西元五七四年）五月，初置皇弟皇子友員各二人。」北周任衛王友者，有明克讓，見《隋書》本傳：「轉外史下大夫，出為衛王友，歷漢東、南陳二郡守。」任齊王友者，有劉祥，見《周書・劉璠傳》：「子祥字休徵。齊公憲進爵為王，以休徵為王友。」任滕王友者，有蕭大圜，見《周書》本傳：「建德四年（西元五七五年），除滕王逌友。」任畢王友者，有鄭仁愷，見崔融〈大唐故密亳二州刺史贈安州都督鄭公碑〉：「公諱仁愷，祖子裕，周畢王友。」除友外，尚有學士，即文學，定員六人。北周任齊王文學者，有柳肅，見《隋書・柳機傳》：其弟肅「起家周齊王文學」。

二

長史一人，從四品上。漢相國、丞相有兩長史，秩千石❶。後漢三公府各有長史員❷，魏太祖、吳長沙相王府因之❸。宋、齊諸王領藩鎮者有長史❹，品第六，秩千石，銅印、墨綬❺，進賢兩梁冠，絳朝服❻。梁、陳公府並有長史❼，後魏、北齊亦同❽。隋親王、嗣王、郡王各有長史❾，皇朝因之，嗣王、郡王則不置❿。

司馬一人，從四品下。司馬，古主兵之官也⓫。宋、齊諸王領鎮者各有司馬⓬。梁、陳、後魏、北齊、隋並與長史同置⓭，皇朝因之⓮。

掾一人，正六品上。漢氏三公、大將軍、御史大夫並有掾、屬員⓯。西漢辟召皆上言之，故東、西曹掾比四百石，餘曹比三百石，其屬並四百石。後漢皆自辟除，不復上言，故通降為百石⓰。品秩雖下，優禮甚弘。三公乃天子之股肱，掾、屬則三公之喉舌，故三府掾乃言行之本，禍福之主；及其遷除，或周月而長州郡，或數年而至公卿⓱。魏、晉相因置，多者或至數十人⓲。江左以來，諸公置掾二人，其加崇者置四人⓳。掾、屬常敦明教義，肅清風俗，非禮不言，非法不行，以訓群吏。宋、齊、梁、陳、後魏、北齊公府皆有掾、屬⓴。隋氏三師、三公不開府，國王、嗣王、郡王府有掾、屬一人㉑，皇朝因之㉒。

屬一人，正六品上。漢、魏以來，與掾同置㉓。過江之後，則為曹名，諸公置戶曹屬一人，其加崇者置倉曹屬一人㉔。梁、陳諸公、皇子、皇弟府並有屬㉕，後魏、北齊三師三公府各有屬㉖，隋親王府有屬一人，皇朝因之。

【章旨】敘述親王府長史、司馬、掾、屬之定員、品秩和沿革。

【注釋】❶漢相國丞相有兩長史秩千石　《漢書・百官公卿表》：「文帝二年（西元前一七八年）復置一丞相，有兩長史，秩千石。」復置一丞相，指孝惠高后時曾置左、右丞相，此時恢復高帝唯置一丞相，但長史仍為二人。長史為眾史之長，無所不管，類似相府總管。丞相有事，常交付其具體處置。如《漢書・袁盎傳》便曾記載：「丞相曰：使君所言之公事，三曹與長史掾議之，吾且奏之。」相國為諸侯王國中最高行政長官，由朝廷代置。《漢書・高五王傳贊》：「時諸侯得自除御史大夫群卿以下眾官，如漢朝；漢獨為置丞相。」其名稱初為相國，惠帝元年（西元前一九四年）更名丞相，景帝中五年（西元前一四五年）又「更名諸侯丞相為相」（《漢書・景帝紀》）。王國之相對諸侯王有輔導與諫諍或舉奏之責。如「天子以〔董〕仲舒為江都相，事易王。易王，帝兄，素驕，好勇。仲舒以禮誼匡王，王敬重焉」（《漢書・董仲舒傳》）。諸侯王相另有自己屬吏，《後漢書・百官志》：「相如太守，有長史如郡丞。」《漢書・馬宮傳》：宮「以射策甲科為郎，遷楚長史」。故《漢舊儀》云：「相置長史。」秩千石，即月俸九十斛。❷後漢三公府各有長史員　東漢時三公府指太尉、司徒、司空。三府各置長史一人，秩皆千石。如東平王劉蒼，於明帝即位時拜驃騎將軍，「置長史、掾史員四十人，位在三公上」；還國時，「以驃騎將軍長史為東平太傅，掾為中大夫，令史為王家郎」（《後漢書・東平憲王劉蒼傳》）。然王國官屬地位低於三公掾史，故《後漢書・杜撫傳》稱：「及蒼就國，掾史悉補王官屬，未滿歲，皆自劾歸。」❸魏太祖吳長沙相王府因之　魏太祖，即魏武帝曹操。漢獻帝建安十三年（西元二〇八年）罷三公，置丞相、御史大夫，以曹操為丞相。丞相府置長史及掾屬。如徐奕，曹操為司空時「辟為掾屬，從西征馬超。超破，軍還。時關中新服，未甚安，留奕為丞相長史，鎮撫西京，西京稱其威信」（《三國志・魏書・徐奕傳》。吳長沙相王，近衛校正德本稱此句中「『相』當作『桓』」。南宋本及《職官分紀》卷三二引《唐六典》原注此句皆作「桓」。吳長沙桓王，即孫策，三國吳之始建者，孫權稱帝時，追謚策為長沙桓王。孫策過江創業，「命〔張〕昭為長史」，臨終時，又以其弟孫權託張昭，「昭復為權長史，授任如前」（《三國志・吳書・張昭傳》）。此後，孫權又曾以「〔張〕紘為長史，從征合肥」；諸葛瑾亦曾「為權長史，轉中司馬」（均見《三國志・吳書》本傳）。❹宋齊諸王領藩鎮者有長史 原注「宋齊諸王領鎮者句中『藩』字陳仲夫點校本已刪，並作校記稱：「宋齊之時猶無藩鎮之名，今依下文『司馬員品條』原注『宋齊諸王領鎮者各有司馬』句例刪。」當可依。宋諸王領鎮，置有長史。任其職者，如劉湛，曾先後出任宋武帝第二子廬陵王義真、第四子彭城王義康和第五子江夏王義恭之長史。據其《宋書》本傳稱：「義康弱年未親政，府州軍事悉委湛。」不唯輔佐，亦能盡諫諍之責。如「義真居高祖憂，使帳下備膳，湛禁之，義真乃使左右索魚肉珍羞，於齋內別立廚帳。會湛入，因命臑酒炙車螯。湛正色曰：『公當今不宜有此設。』義真曰：『旦甚寒，一盌酒亦何傷。長史事同一家，望不為異。』酒既至，湛因起曰：『既不能以禮自處，又不能以禮處人。』」又如「性甚猖隘，年又漸長」之江夏王義恭鎮江陵時，常「欲專政事，每為湛所裁，主佐之間嫌隙遂構。太祖聞之，密遣使詰讓義恭，並使深加諧緝。義恭俱陳湛無居下之禮，又自以年長，未得行意，雖奉詔旨，頗有怨言」。後彭城王劉義康專執朝權，劉湛以曾為上佐而委心自結，獨當事務，遂為帝所嫌而付廷尉伏誅，子黯等並坐死。齊任諸王長史者，如王諶，於世祖永明年間，曾先後任晉安王南中郎長史，長沙王車騎長史，廬陵王中軍長史，西陽王征虜長史，皆兼將行府州事。又如陸慧曉、謝朏分別任竟陵王蕭子良司徒府右長史和左長史。據《南齊書・陸慧曉傳》記載，蕭子良曾「謂王融曰：『我府二上佐，求之前世，誰可為比？』融曰：『兩賢同時，便是未有前例。』」同書又稱，慧曉「尋遷西陽王征虜、巴陵王後軍、臨汝公輔國三府長史，行府州事。復為西陽王左軍長史，領會稽郡丞，行郡事，隆昌元年（西元四九四年），徙為晉熙王冠軍長史、江夏內史，行郢州事。慧曉歷輔五政，治身清肅，僚佐以下造詣，輒起送之。或謂慧曉曰：『長史貴重，不宜妄自謙屈。』答曰：『我性惡人無禮，不容不以禮處人。』」❺銅印墨綬 古代官員印章以其材質為金、銀、銅三等。《東觀記》稱：「漢制秩四百石以上皆銅印墨綬。」唐代諸司則多用銅印。綬為繫印之絲帶，以其顏色分貴賤。漢時分赤、綠、紫、青、黑、黃數種。❻進賢兩梁冠絳朝服 進賢冠為儒者所服。前高七寸，後高三寸，長八寸。有五梁、三梁、二梁、一梁之別，以梁多為貴。秩千石以上為二梁冠。絳朝服，外披絳紗單衣之朝服，五品以上官員陪祭、拜表等大事則服之。❼梁陳公府並有長史 據《隋書・百官志》，梁諸公及位從公開府者，所置官屬中有長史，皇弟、皇子府置長史，嗣王府、蕃王府亦置長史，皇弟、皇子府長史品列第十班，嗣王府長史第九班，皇弟、皇子之庶子府及蕃王府長史第八班。梁任王府長史者，如孔休源，以御史中丞、少府卿出為宣惠晉安王蕭綱（即後來簡文帝）長史，並為南郡太守，行荊州府事。據《梁書》本傳載錄，任命時「高祖（指武帝）謂之曰：『荊州總上流衝要，義高分陝，今十歲兒委卿，善匡翼之，勿憚周昌之舉也。』對曰：『臣以庸鄙，曲荷恩遇，方揣丹誠，效其一割。』上善其對，乃敕晉安王曰：『孔休源人倫儀表，汝年尚幼，當年事師之。』尋而始興王憺代鎮荊州，復為憺府長史，南郡太守、行府州事如故。在州累政，甚有治績，平心決斷，請託不行。高祖深嘉之。」其後又「為晉安王府長史，南蘭陵太守，別敕專行南徐州事。休源累佐名藩，甚得民譽，王深相倚仗，軍民機務，動止詢謀。常於中齋別施一榻，云『此是孔長史坐』，人莫得預焉。其見敬如此」。再如江革，據《梁書》本傳，曾歷任「雲麾晉安王長史，尋陽太守，行江州府事；徙仁威廬陵王長史，太守、行事如故。以清嚴為百城所憚。時少王行事多傾意於籤帥，革以正直自居，不與籤帥同坐。俄遷南平王長史、御史中丞，彈奏豪權，一無所避。出為貞威將軍、北中郎南康王長史、廣陵太守，改授鎮北豫章王長史，將軍太守如故」。其在江北，曾為北魏所俘，釋放返梁，仍任太尉臨川王長史。「時武陵王在東州，頗自驕縱，上召革面敕曰：『武陵王年少，臧盾性弱，不能匡正，欲以卿代為行事。非卿不可，不得有辭。』乃除折衝將軍、東中郎武陵王長史、會稽郡丞，行府州事。革門生故吏，家多在東州，聞革應至，並齎持緣道迎候。革曰：『我通不受餉，不容獨當故人筐篚。』至鎮，唯資公俸，食不兼味。郡境殷廣，辭訟日數百，革分判辨析，曾無疑滯。功必賞，過必罰，民安吏畏，百城震恐。琅玡王騫為山陰令，贓貨狼籍，望風自解。府王憚之，遂雅相欽重。每至侍宴，言論必以《詩》、《書》，王因此耽學好文。典籤沈熾文以王所制詩呈高祖，高祖謂僕射徐勉曰：『江革果能稱職。』」陳承梁制。據《隋書·百官志》，陳皇弟、皇子府長史品列第五，秩千石；皇弟、皇子之庶子府長史列第六品，秩八百石；庶姓公府長史亦列第六品，秩八百石；蕃王府長史列第七品，秩六百石。陳任諸王長史者，如蕭允，於宣帝太建五年（西元五七三年）「出為安前晉安王長史。六年，晉安王為南豫州，允復為王長史。時王尚少，未親民務，故委允行府州事。及晉安出鎮湘州，又苦攜允」；至後主「至德三年（西元五八五年）除中衛豫章王長史」。「鎮衛鄱陽王出鎮會稽，允又為長史，帶會稽郡丞」（《陳書·蕭允傳》）。又，南朝舊制，諸王封王後，須加戎號領地方刺史，置佐史，未加戎號則不置。如梁武帝第四子蕭績，於天監八年（西元五〇九年）封南康郡王，邑二千戶，未置佐史；兩年後，遷使持節都督南徐州軍事、南徐州刺史，並加戎號仁威將軍，其時雖尚僅七歲，亦置佐史。先以王僧孺「為仁威南康王長史，行府州、國事」；後因典籤譖訟而去職，繼任者為王泰，由太子庶子、步兵校尉、侍中「遷仁威長史、南蘭陵太守，行康王府、州、國事」（均見《梁書》本傳）。再如陳始興（王陳伯茂，先封王號時亦未置佐史，後尚書八座奏加戎號寧遠將軍，於是置佐史，除授使持節，都督南琅邪、彭城二郡諸軍事、彭城太守。武帝天嘉二年（西元五六一年）進號宣惡將軍、揚州刺史，光大元年（西元五六七年），又進號中衛將軍，並令入居禁中，雖不再領鎮地方，但因有王號和戎號，故仍置佐史。時以謝嘏為之，唯不兼州之行政事務（據《梁書・始興王伯茂及謝嘏傳》）。❽後魏北齊亦同　據《魏書・官氏志》，北魏孝文帝太和十七年（西元四九三年）頒職員令，公府長史列第四品上，諸開府長史列從第四品上，中軍、鎮軍、撫軍長史列第五品上。太和二十三年（西元四九九年）復次職員令，二大（大司馬、大將軍）、二公（太尉、司徒）長史列從第三品，司空與皇子長史第四品上，始蕃王、二蕃王、三藩王之長史，分別為從四品上、五品上和從五品上。北魏任諸王長史者，如李寶之子李彥，孝文帝南伐，「徵為廣陵王羽長史，加恢武將軍、西翼副將軍。還，除趙郡王幹長史。轉青州廣陵王羽長史，帶齊郡太守」（《魏書・李寶附李彥傳》）；甄琛，太和初，得孝文帝賞識，「為本州（琛係中山無極人）征北府長史，後為本州陽平王頤衛軍府長史」（《魏書》本傳）。又，《魏書・京兆王愉傳》還提到有盧陽烏、羊靈引。文中稱：愉「拜徐州刺史，以彭城王中軍長史盧陽烏兼長史，州事巨細，委之陽烏」；及愉出為冀州刺史，有長史羊靈引「在州謀逆，愉遂殺長史羊靈引及司馬李遵」。北齊，《隋書・百官志》稱：北齊諸王「置師一人，餘官大體與梁制不異」。北齊任諸王長史者，《北齊書・高祖十一王・彭城景思王浟傳》提到有韋道建，於彭城王為定州刺史時出任此職。「時有人被盜黑牛，背上有白毛。長史韋道建謂中從事曰：『使君在滄州日，擒姦如神，若捉得此賊，定神矣。』浟乃詐為上府市牛皮，倍酬價直，使牛主認之，因獲其盜。建等歎服」。又據同書〈襄城景王淯傳〉稱：「齊氏諸王選國臣府佐，多取富商群小，鷹犬少年，唯襄城、廣寧、蘭陵王等頗引文藝清識之士，當時以此稱之。」按：原注未言北周。據史著，北周三公和諸王府亦置長史。如任晉國公宇文護長史者為元暉：《隋書・元暉傳》：「保定初，大冢宰宇文護引為長史。」任齊國公宇文憲長史者為高賓：《周書・裴文舉附高賓傳》：「轉太府中大夫，齊公憲府長史。」任冀王絢長史者有趙文舉：〈唐故衛尉寺主簿趙府君墓誌銘〉：「公諱庭，曾祖諱文舉，周秩冀王府長史。」❾隋親王嗣王郡王各有長史　據《隋書・百官志》，隋親王置師、友、文學、長史等，嗣王、郡王無師、友，但有長史。親王府長史列從四品上。隋於長史人選頗為重視，《隋書・元巖傳》稱：「高祖（指隋文帝）初即位，每懲周代諸侯微弱，以致滅亡，由是分王諸子，權侔王室，以為磐石之固。遣晉王廣鎮并州，蜀王秀鎮益州。二王年並幼稚，於是盛選貞良有重望者為之僚佐，于時〔元〕巖與王韶俱以骨鯁知名，物議稱二人才俱侔於高熲，由是拜巖為益州總管長史，韶為河北道行臺右僕射。高祖謂之曰：『公宰相大器，今屈輔我兒，如曹參相齊之意也。』」煬帝任柳謇之為齊王楊暕長史時，拜授儀式破格隆重，亦有過很高的期望：「帝法服臨軒，備儀衛，命齊王立於西朝堂之前，北面。遣吏部尚書牛弘、內史令楊約、左衛大將軍宇文述等，從殿廷引謇之詣齊王所，西面立。牛弘宣敕謂齊王曰：『我昔階緣恩寵，啟封晉陽，出藩之初，時年十二。先帝立我於西朝堂，乃令高熲、虞慶則、元旻等，從內送王子相（即王韶）於我。于時誡我曰：以汝幼沖，未更世事，今令子相作輔於汝，事無大小皆可委之。無得昵近小人，疏遠子相。若從我言者，有益於社稷，成立汝名行；如不用此言，唯國及身，敗無日矣！吾受敕之後，奉以周旋，不敢失墜，微子相之力，吾無今日矣。若與謇之從事，一如子相也。』又敕謇之曰：『今以卿作輔於齊王，善思匡救之理，副朕所望。若齊王德業修備，富貴自當鍾卿一門；若有不善，罪亦相及。』」實際上此二長史之輔教均未能有理想效果：蜀王秀遵後被文帝廢為庶人，而齊王暕在元德太子卒後，自以為當繼嗣，「頗驕恣，昵近小人，所行多不法」（《隋書・煬三子傳》），因而得罪於煬帝，連及長史柳謇之亦被除名。❿皇朝因之嗣王郡王則不置　新舊《唐書》官志於親王府條下，均記有「長史一人，從四品上」，未言嗣王、郡王。又，《舊唐書・太宗諸子・庶人祐傳》稱：「太宗以子弟成長，慮乖法度，長史、司馬必取正人，王有虧違，皆遣聞奏。」太宗時，任諸王長史者，如權萬紀，出身治書侍御史，曾以公事奏劾魏徵、溫彥博，故為太宗所知，以為吳王恪之長史。時「吳王數出畋獵，頗損居人，侍御史柳範奏彈之。丁丑，恪坐免官，削戶三百。上曰：『長史權萬紀事吾兒，不能匡正，罪當死。』柳範曰：『房玄齡事陛下，猶不能止畋獵，豈得獨罪萬紀！』上大怒，拂衣而入」（《資治通鑑・唐紀十二》）。又如薛大鼎，曾為齊王祐長史。祐「溺情群小，尤好弋獵，長史薛大鼎屢諫不聽，太宗以大鼎輔導無方，竟坐免。權萬紀前為吳王恪長史，有正直節，以萬紀為祐長史，以匡正之」（《舊唐書・太宗諸子・庶人祐傳》）。萬紀驟諫不聽，即條過失以聞，終為齊王祐所殺。後齊王祐亦因起兵作亂而被賜死。據《新唐書・百官志》稱，高宗、中宗時「相王府長史以宰相兼之，魏、雍、衛王府以尚書兼之，徐、韓二王為刺史，府官同外官，資望愈下。」如任相王李旦之長史者為姚崇，《新唐書・宰相表上》載：長安元年（西元七〇一年）十一月，元崇（姚崇本名元崇）加相王府長史，四年六月罷。《舊唐書・姚崇傳》則稱：「長安四年（西元七〇四年）元之（姚崇字元之）以母老，表請解職侍養，言甚哀切，則天難違其意，拜相王府長史，罷知政事，俾獲其養。」⓫司馬古主兵之官也　《周禮・夏官》以司馬為六卿之一，掌軍政及軍賦。春秋戰國時各國皆以司馬為軍職。《左傳・成公十六年》載晉侯將伐鄭，鄭遣使求救於楚事稱：「楚子救鄭，司馬將中軍，令尹將左，右尹子辛將右。」其中司馬即為統率中軍之將領。楚其時任司馬者為公子側，又稱子百。漢代司馬為大將軍、將軍、校尉之屬下武官，如《漢書・王尊傳》：「大將軍王鳳奏請尊補軍中司馬，擢為司隸校尉。」據《漢書・百官公卿表》，漢中尉屬官「有兩丞、候、司馬、千人」；城門校尉屬官「有司馬、十二城門候」，又「八校尉，皆武帝初置，有丞、司馬」；西域都護屬官「有丞二人，司馬、候、千人各二人」；戊己校尉屬官「有丞、司馬各一人」。漢諸宮衛尉屬官中亦有司馬，如《漢書》之〈律曆志〉有長樂司馬，〈馮逡傳〉有長樂屯衛司馬。據《後漢書．百官志》載錄，東漢諸將軍府置「長史、司馬皆一人，千石。本注曰：司馬主兵，如太尉」；諸將軍凡領軍者，有「部校尉一人，比二千石，軍司馬一人，比千石」；不置校尉則「但軍司馬一人，又有軍假司馬，皆為副貳」。主管宮門禁衛之衛尉，其所管轄之「宮掖門，每門司馬一人，比千石。本注曰：南宮南屯司馬，主平城門；〔北〕宮門蒼龍司馬，主東門，玄武司馬，主玄武門；北屯司馬，主北門；北宮朱爵司馬，主南掖門；東明司馬，主東門；朔平司馬，主北門，凡七門」（同上）。西漢諸侯王所屬軍隊武官，亦有名司馬者，如《漢書．荊、燕、吳諸王傳》：吳王「未渡淮，諸賓皆得為將、校尉、行門候、司馬」。注引師古曰：「在行伍間，或為候，或為司馬也。」魏承漢制，諸軍府皆置司馬。《晉書．職官志》稱：「建安十二年（西元二〇七年）改護軍為中護軍，領軍為中領軍，置長史、司馬。」如諸葛誕，正始初任揚州刺史、昭武將軍，在南方與吳對峙，《太平御覽》卷二四八府司馬條引《魏略》曰：「諸葛誕伐吳，戰于東關，上欲速進軍，司馬王儀諫曰：『吳賊必有伏，宜持重，不可進。』上不聽，果為吳人所覆。儀曰：『今日之敗，誰敢當其咎？』上曰：『司馬欲委罪孤耶？』遂法儀。」又如《晉書．石苞傳》載，石苞遷司馬師中護軍司馬，「宣帝聞苞好色薄行，以讓景帝（指司馬師）。帝答曰：『苞雖細行不足，而有經國才略。夫貞廉之士，未必能經濟世務。』」晉時，司馬亦是主兵之官。《晉書．職官志》稱：「諸公及開府位從公加兵者，增置司馬一人，秩千石。」又謂：東晉「明帝太寧二年（西元三二四年）復置領、護，資重者為領軍、護軍，資輕者為中領軍、中護軍。屬官有長史、司馬、功曹、主簿員。」諸王帶兵，亦置司馬。如「河間王顒表請〔李〕含為征司馬，甚見信任。頃之，轉為長史」；元帝為琅琊王，「出鎮下邳，請〔王〕導為安東司馬，軍謀密策，知無不為」（均見《晉書》本傳）。⓬宋齊諸王領鎮者各有司馬　宋，如張邵、王華並任宜都王劉義隆之司馬。劉義隆鎮江陵未親政時，「政事悉委司馬張邵。〔王〕華性尚物，不欲人在己前，邵性豪，每行來常行夾轂，華出入乘牽車，從者不過二三以矯之。嘗於城內相逢，華陽（通「佯」，假裝）不知是邵，謂左右：『此鹵簿甚盛，必是殿下出行。』乃下牽車，立於道側，及邵至乃驚。邵白服登城，為華所糾，坐被徵，華代為司馬、南郡太守，行府州事」（《宋書．王華傳》）。又有羊徽，被東晉安帝讚為「一時美器，世論猶在兄（指羊欣）後，恨不識之」，後補為「右將軍劉藩司馬」（《宋書．羊欣傳》）；顧覬之，曾任衡陽王義季右軍主簿，尚書都官郎，護軍司馬，「還為揚州治中從事史，廣陵王誕、廬陵王紹北中郎左軍司馬，揚州別駕從史，尚書吏部郎」（《宋書．顧覬之傳》）。齊，諸王領鎮者，亦置有司馬。如謝超宗，曾任黃門郎，「為人仗才使酒，多所陵忽。在直省常醉，上召見，語及北方事，超宗曰：『虜動來二十年矣，佛出亦無如何！』以失儀出為南郡王中軍司馬。超宗怨望，謂人曰：『我今日政應為司驢。』為省司所奏，以怨望免官，禁錮十年」，終被賜自盡（見《南齊書・謝超宗傳》）。另有席恭穆，曾為巴東郡王蕭子響司馬。時巴東郡王蕭子響為鎮軍將軍、荊州刺史，因「私作錦袍絳襖，欲餉蠻交易器仗，長史劉寅等連名密啟，上勅精檢」事，子響大怒，竟執長史劉寅、司馬席恭穆等「於後堂殺之」（見《南齊書・武十七王・魚復侯子響傳》）。事後子響被賜死，席恭穆贈輔國將軍、益州刺史。⑬梁陳後魏北齊隋並與長史同置　梁、陳置司馬事，《隋書・百官志》皆有載。梁「諸公及位從公開府者，置官屬，有長史、司馬」。皇弟、皇子府及嗣王府、蕃王府並置長史、司馬。其品秩，皇弟、皇子府為十班，嗣王府及庶姓公府為九班，皇弟皇子之庶子府、蕃王府及庶姓持節府則俱列八班。梁任此職者，如蕭介從父兄蕭洽，曾以「護軍長史、北中郎諮議參軍，遷太府卿、司徒臨川王司馬」（《梁書・蕭介附從父兄蕭洽傳》）；王僧辯，起家湘東王國左常侍，「王被徵為護軍，僧辯兼府司馬；王為江州，仍除雲騎將軍司馬，守湓城」（《梁書》本傳）。梁時文人有不願就此武職者，如蕭子範，曾任臨賀王蕭正德之長史，「復為宣惠武陵王司馬，不就」（《梁書・蕭子恪附弟子範傳》）。陳皇弟、皇子府司馬列第五品，嗣王府及皇弟皇子之庶子府與庶姓公府之司馬皆列第六品，領護軍和蕃王府之司馬列第七品。陳有劉仲威，曾任太尉侯瑱湘州府司馬（見《陳書》本傳）。北魏，據《魏書・官氏志》，孝文帝太和十七年（西元四九三年）頒職員令，公府司馬列第四品中，諸開府司馬右從第四品中，中軍、鎮軍、撫軍司馬第五品上。太和二十三年（西元四九九年）復次職員令，二大（大司馬、大將軍）、二公（太尉、司徒）及司空、皇子司馬並列第四品上，從第一品將軍開府司馬列第四品下，始蕃王、二蕃王、三蕃王之司馬，分別為從第四品上、第五品上和從第五品上，領、護軍司馬從五品下，從第三品將軍司馬第六品上。北魏諸王若領鎮，亦長史與司馬並置。如京兆王元愉，出為冀州刺史時，有長史羊靈引、司馬李遵，後其欲在州謀逆，「遂殺長史羊靈引及司馬李遵」（《魏書・京兆王元愉傳》）。北魏任諸王司馬者，除李遵外，尚有李思穆，以隨孝文帝平南陽「除司徒司馬。彭城王勰為定州，請為司馬，帶鉅鹿太守。勰徙鎮揚州，仍請為司馬。府解除征虜將軍、太中大夫，出為京兆內史」（《魏書・李寶附李思穆傳》）。又如刁雍之子刁紹，曾任「汝陰王天賜涼州征西司馬」（《魏書・刁雍附子刁紹傳》）。北齊，據《隋書・百官志》，三公開府者並置長史、司馬，諸王府官屬與梁制不異，並置長史、司馬。其品秩，三公府列第四品上，諸開府第四品下。西魏、北齊任此職者，如李義深，曾為相府司馬（見《北齊書・李義深傳》）；李繪，「世宗用為丞相司馬」（《北齊書・李渾附弟李繪傳》）。又，《北史・平靜王歸彥傳》提到尚有司馬李祖挹。平靜王高歸彥於武成帝時，由太宰出於冀州刺史，為其郎中令呂思禮所告，詔平原王段韶襲之，歸彥嬰城拒守，「先是冀州長史宇文仲鸞、司馬李祖挹等疑歸彥有異，使連名密啟，歸彥追而獲之，遂收禁仲鸞等五人，仍並不從，皆殺之」。隋皇伯叔昆弟、皇子為親王，亦長史、司馬並置。親王府司馬列從四品下。隋任此職者，如漢王楊諒出鎮并州，有司馬皇甫誕。據《隋書・豆盧勣附子毓傳》載錄，當文帝卒、煬帝初即位時，楊諒曾「發兵作亂」。其時「諒司馬皇甫誕，前以諫諒被囚。毓於是出誕，與之協計，閉城拒諒」。按：原注未言北周。據史著，北周諸王府亦長史與司馬並置。如北周任晉國公宇文護府司馬者，有達奚寔，其《周書》本傳稱：「武成二年（西元五六〇年），授御正中大夫，治民部，兼晉公護司馬。」又有裴鴻，「孝閔帝踐阼，拜輔城公司馬」（《周書・裴寬附弟鴻傳》）；劉志，「高祖時為魯公，詔又以志為其司馬」（《周書・裴果附劉志傳》）。此外，據〈唐故南州刺史杜府君墓誌銘〉，尚有杜嵩亦曾在北周出任過王府司馬：「君諱舉，曾祖嵩，周齊王府司馬、豳州刺史、昫山公。」⓮皇朝因之　唐因隋制，諸親王府官屬亦長史、司馬並置。唐任王府司馬之職者，太宗時如張後胤，武德中，除燕王諮議參軍，貞觀時拜燕王府司馬（見《舊唐書》本傳）；蘇勗，曾任魏王泰司馬，貞觀十二年（西元六三八年），「司馬蘇勗以自古名王多引賓客，以著述為美，勸泰奏請撰《括地志》」（《舊唐書・濮王泰傳》）。高宗時，有劉禕之，以中書侍郎兼豫王府司馬，後轉相王府司馬（見《舊唐書》本傳）。武則天時，有袁恕己，「歷司刑少卿，兼知相王府司馬事。敬暉等將誅張易之兄弟，恕己預其謀議，又從相王統率南衙兵仗，以備非常」（《舊唐書》本傳）。玄宗時，邠王守禮任滑州刺史，以潘好禮兼邠王府司馬，知滑州事。邠王唯弋獵伎樂，「好禮輒諫止之。後王將鷹犬與家人出獵，好禮聞而遮道請還，王初不從，好禮遂臥於馬前，呼曰：『今正是農月，王何得非時將此惡少狗馬踐暴禾稼，縱樂以損於人？請先蹋殺司馬，然後聽王所為也。』王慚懼，謝之而還」（《舊唐書・良吏・潘好禮傳》）。肅宗靈武即位後，李泌「權逾宰相，仍判元帥廣平王軍司馬事」（《舊唐書・李泌傳》）。⓯漢氏三公大將軍御史大夫並有掾屬員　三公，古代最高輔政大臣之合稱。歷代所指有異。秦為丞相、太尉、御史大夫，漢初承秦制，丞相掌佐天子，助理萬機，御史大夫為丞相副貳，太尉則掌武事。至武帝設大司馬大將軍，地位相當於丞相，實際優寵與權力又在丞相之上；省太尉。哀帝時，改丞相為大司徒，御史大夫為大司空，與大司馬並為三公。《漢書・哀帝紀》：「〔元壽二年〕五月，正三公官分職。大司馬衛將軍董賢為大司馬，丞相孔光為大司徒，御史大夫彭宣為大司空。」掾屬，漢代丞相府或三公府佐屬官吏之通稱。多分職署曹，掾為諸曹之長，故亦稱曹掾，正曰掾，副曰屬。漢丞相府之掾屬，《漢官舊儀》有二說。一稱：「丞相初置，吏員十五人，皆六百石，分為東、西曹，東曹九人，出督州為刺史；西曹六人，其五人往來白事東廂為侍中，一人留府曰西曹，領百官奏事。」一謂：「武帝元狩六年（西元前一一七年），丞相吏員三百八十二人（實為三百六十二人），史二十人，秩四百石；少史八十人，秩三百石；屬百人，秩二百石；屬史百六十二人，秩百石。皆從同秩補。」此等掾屬皆為相府幕僚。御史大夫之屬官，除御史中丞、侍御史、治書御史等外，亦設有御史掾，如嚴延年曾為之；御史屬，谷永、匡衡曾為之，均見於其《漢書》本傳。太尉則因主掌軍事顧問，非關軍政庶務，故屬官較少，且大多合併於丞相府。東漢又改大司馬為太尉，三公即指太尉、司徒、司空。三公之官屬，以太尉最多，凡西漢為丞相府屬官者，大多轉歸於太尉府。《後漢書．百官志》稱其屬官有長史一人，千石，署諸曹事；掾史屬二十四人，分東西曹理事，西曹主府史署用，東曹主二千石長吏遷除及軍吏；戶曹，主民戶、祠祀、農桑；奏曹，主奏議事；辭曹，主辭訟事；法曹，主督郵驛科程事；尉曹，主卒徒轉運事；賊曹，主盜賊事；決曹，主罪法事；兵曹，主兵事；金曹，主貨幣、鹽鐵事；倉曹，主倉穀事；黃閣主簿，錄省眾事。此外還有令史及御屬二十三人。令史中有閣下令史主閣下威儀事，記室令史主上章表報書記，門令史主府門，其餘令史各典文書。御屬主為太尉公御，相當於西漢之大車屬。司徒府設長史一人，秩千石。掾屬三十一人，令史及御屬三十六人。司空府則置長史一人，掾屬二十九人，令史及御屬四十二人。將軍開府，亦置長史、司馬各一人，秩千石；從事中郎二人，掾屬二十九人，令史及御屬三十一人，又賜官騎三十人及鼓吹。⑯自「西漢辟召皆上言之」至「故通降為百石」　句中「其屬並四百石」，南宋本作「其屬並二百石」。此言東、西漢設置掾屬及其品秩之區別。辟召，猶徵召、徵辟。西漢丞相或三公徵召其掾屬，皆須奏聞於皇帝。《漢官舊儀》稱：「丞相設四科之辟，以博選異德名士，稱才量能，不宜者還故官。第一科曰德行高妙，志節清白；二科曰學通行修，經中博士。三科曰明曉法令，足以決疑，能案章覆問，文中御史。四科曰剛毅多略，遭事不惑，明足以照姦，勇足以決斷，才任三輔劇令。皆試以能，信然後官之。第一科補西曹南閣祭酒，二科補議曹，三科補四辭八奏，四科補賊決。」辟召對象是在任官員，皆從同秩補，即東、西曹掾自秩比四百石補，其餘諸曹掾自秩比三百石補，屬從比二百石補。並需經考察試用，確實可信，然後正式任命。西漢辟召之所以須奏聞於皇帝，是依古制以公府掾屬為「元士」。《後漢書．百官志》注引《漢舊儀》曰：「公府掾，比古元士三命者也。或曰：漢初掾史辟，皆上言之，故有秩比命士，其不言則為百石屬。」所以稱元士，是異於諸侯之士。《禮記．王制》即稱天子官屬有三公九卿、二十七大夫、八十一元士。東漢則改由丞相或三公自行辟除，亦即不再上言於天子，其品秩隨之下降為百石。漢代丞相或三公與掾史以師弟子之禮相處，亦見其對屬官之重視。《漢官舊儀》載其制稱：「列侯為丞相、相國，號君侯。掾史見禮如師弟子，白錄不拜朝，示不臣也。聽事閣曰黃閣，無鐘鈴。掾有事當見者，主簿至曹請，不傳召。掾見脫履，公立席後答拜。百石屬不得白事。」漢相丙吉善待掾屬，常為之掩過而揚善，如漢代引為故事之「公府不案吏」，即自丙吉始。《漢書》本傳稱：宣帝時丙吉「居相位，上寬大，好禮讓。掾史有罪臧，不稱職，輒予長休告，終無所案驗。客或謂吉曰：『君侯為漢相，姦吏成其私，然無所懲艾（讀如「乂」，懲治）。』吉曰：『夫以三公之府有案吏之名，吾竊陋焉。』後人代吉，因以為故事，公府不案吏，自吉始」。⑰及其遷除或周月而長州郡或數年而至

公卿 此言三公府掾屬遷升之快速。按諸史實，確有其例。如蕭望之，曾是御史大夫魏相掾屬，宣帝剛即位，便「累遷諫大夫、丞相司直，歲中三遷，官至二千石」（《漢書》本傳）。又如匡衡，先是大司馬車騎將軍，「辟衡為議曹史，薦衡於上，上以為郎中，遷博士，給事中」，既而又「遷衡為光祿大夫、太子少傅」（《漢書》本傳）。⑱魏晉相因置多者或至數十人 《宋書・百官志》稱：「魏初公府職僚，史不備書。及晉景帝（指司馬師）為大將軍，置掾十人，西曹、東曹、戶曹、倉曹、賊曹、金曹、水曹、兵曹、騎兵各一人，則無屬矣。魏元帝咸熙中，晉文帝（即司馬昭）為相國，相國府置中衛將軍、驍騎將軍、左右長史、司馬、從事中郎四人，主簿四人，舍人十九人，參軍二十二人，參戰十一人，掾屬三十三人。東曹掾、屬各一人，西曹屬一人，戶曹掾一人，屬二人，賊曹掾一人，屬二人，金曹掾、屬各一人，兵曹掾、屬各一人，騎兵掾二人，屬一人，車曹掾、屬各一人，鎧曹掾、屬各一人，水曹掾、屬各一人，集曹掾、屬各一人，法曹掾、屬各一人，奏曹掾、屬各一人，倉曹屬二人，戎曹屬一人，馬曹屬一人，媒曹屬一人，合為三十三人。散屬九人，凡四十二人。晉初，凡位從公以上，置長史、西閤、東閤祭酒，西曹、東曹掾，戶曹、倉曹、賊曹屬各一人，加兵者又置司馬、從事中郎、主簿、記室督各一人，舍人四人，為持節都督者，置參軍六人。安平獻王孚為太宰，增掾屬為十人也。楊駿為太傅，增祭酒為四人，掾屬為二十人，兵曹分為左、右、法、金、田、集、水、戎、車、馬十曹皆置（掾）屬，則為二十人。趙王倫為相國，置左右長史、司馬、從事中郎四人，參軍二十人，主簿、記室督、祭酒各四人，掾屬四十人。東西曹又置屬，其餘十八曹皆置掾，則四十人矣。凡諸曹皆置御屬、令史、學幹，御屬職錄事也。」⑲江左以來諸公置掾二人其加崇者置四人 江左，指東晉。《宋書・百官志》稱：「江左以來，諸公置長史、倉曹掾、戶曹屬、東西閤祭酒各一人，主簿、舍人二人，令史無定員。領兵者置司馬一人，從事中郎二人，參軍無定員；加崇者置左右長史、司馬、從事中郎四人，掾屬四人，則倉曹增置屬，戶曹置掾，江左加崇，極於此也。」加崇，權臣加重身份地位的一種措施，此處指增加其掾屬編員。東晉加崇者，如司馬道子，「尋拜侍中、太傅，置左右長史、司馬、從事中郎四人，崇異之儀，備盡盛典。」（《晉書・會稽文孝王道子傳》）。又如桓溫，以侍中、大司馬都督中外諸軍事，假黃鉞，「置左右長史、司馬、從事中郎四人」；桓玄，以侍中、都督中外諸軍事、丞相、錄尚書事、揚州牧，領徐州刺史，「置左右長史、司馬、從事中郎四人，甲仗二百人上殿」（均見《晉書》本傳）。其品秩，《宋書・百官志》稱：「東西曹掾，四百石；他掾三百石，屬二百石。」⑳宋齊梁陳後魏北齊公府皆有掾屬 宋沿東晉舊制。據《宋書・百官志》，宋諸公府置長史、倉曹掾、戶曹屬、東西閤祭酒各一人；司徒府若無公，唯省舍人，其餘則常置，其職僚異於他府，有左右長史、左西曹掾屬各一人，餘同。宋任左司掾者，若沈演之；左西掾者，若陸子真；左西屬者，若庾炳之。齊承宋制。《南齊書・百官志》稱：「太尉、司徒、司空三公舊為通官」，即不專一職。又云其中司徒府則「領天下州郡名數戶口簿」，因「置左右長史、左西曹掾屬、主簿、祭酒、令史以下」。梁因宋、齊之制。《隋書・百官志》：梁「諸公及位從公開府者，置官屬。有長史、司馬、諮議參軍、掾屬、從事中郎、記室、主簿、列曹參軍、行參軍、舍人等官。其司徒則有左、右二長史，又增置左西掾一人，自餘僚佐，同於二府，有公則置，無則省。而司徒無公，唯省舍人，餘官常置」。司徒左西掾、司徒屬列第八班。陳因梁制。司徒左西掾、屬列第六品，並本秩四百石。北魏，《通典・職官二・總敘三師三公以下官屬》稱：「後魏三師無官屬，後又置太宰，以元天穆為之，增置佐史。三公及二大並有長史、司馬、諮議參軍、從事中郎、掾屬、主簿、錄事參軍，功曹、記室、戶曹、中兵等參軍，諸曹行參軍，祭酒參軍事長兼行參軍、督護。」據《魏書・官氏志》，北魏二大、二公掾屬列從第五品上，司空、皇子之開府掾屬則為從第五品下。北齊，據《隋書・百官志》，北齊諸公開府各置長史、司馬、諮議參軍、從事中郎、掾屬等。諸公府掾屬品秩列從第五品下。㉑隋氏三師三公不開府國王嗣王郡王府有掾屬一人　此句《隋書・百官志》在「一人」前尚有一「各」字，當補。又據同書，隋三師指太師、太傅、太保，名為輔佐天子之官，位尊而無具體職事，故不置府僚。三公，指太尉、司徒、司空，其位多曠，府僚亦省，若置公則坐於尚書都省，朝廷庶務總歸於尚書省。隋之國王、嗣王、郡王府，則置「長史、司馬、諮議參軍事、掾、屬，各一人」。親王府掾屬品秩，列為正六品上。隋親王置掾、屬者，如晉王楊廣鎮并州時，以張衡為「總管掾，及王轉牧楊州，衡復為掾，王甚親任之」（《隋書・張衡傳》）；又以張虔威「為刑獄參軍，累遷為屬。王甚美其才，與河內張衡俱見禮重，晉邸稱為二張焉」（《隋書・張虔威傳》）。再如賀德仁，初「授豫章王（楊暕）府記室參軍。王以師資禮之，恩遇甚厚。及煬帝即位，豫章王改封齊王，又授齊王府屬。及齊王獲譴，府僚皆被誅責，唯德仁以忠謹免罪」（《舊唐書・賀德仁傳》）。㉒皇朝因之　唐因隋制，三師、三公亦不開府置僚屬，諸王府則置之，有掾屬。唐任此職見於記載者，有丘悅，「景龍中為相王府掾，與文學韋利器、典籤裴耀卿俱為王府直學士。睿宗在藩甚重之，官至岐王傅」（《舊唐書・丘悅傳》）。㉓漢魏以來與掾同置　屬是兩漢丞相府、三公府、將軍府佐官之名，掾與屬並稱，掾為正，屬為副，其地位在書佐之上。《漢官》有「司空掾屬三十人」，「司徒掾屬二十四人」；《後漢書・百官志》有太尉「掾司屬二十四人」，司徒「掾屬三十一人」，司空「掾屬二十九人」，皆是掾屬同置並稱。魏末，晉文公司馬昭為相，置掾屬三十三人，亦是屬與掾同置。㉔過江之後則為曹名諸公置戶曹屬一人其加崇者置倉曹屬一人　加崇，參見注⑲。《宋書・百官志》稱：「江左以來，諸公置長史、倉曹掾、戶曹屬」；「加崇者置左右長史、司馬、從事中郎四人，掾屬四人，則倉曹增置屬，戶曹置掾」。故在東晉，諸公一般只置戶曹屬一人，加崇則倉曹增置屬一人，即為掾、屬各二人，共四人。

㉕梁陳諸公皇子皇弟府並有屬　據《隋書・百官志》，梁諸公開府，其官屬有掾、屬；皇弟、皇子及嗣王開府亦設有掾、屬。屬之品秩，司徒及皇弟、皇子公府為第八班，嗣庶姓公府列第六班。梁時，有蕭子範於天監時「出為建安太守，還除大司馬南平王戶曹屬，從事中郎」（《梁書・蕭子恪附弟蕭子範傳》）。陳沿梁制，其司徒左西掾、屬及皇弟皇子公府之屬列第六品，嗣王庶姓公府掾、屬為第七品。㉖後魏北齊三師三公府各有屬　《通典・職官二・總敘三師三公以下官屬》稱：「後魏三師無官屬。」與此有異。其餘則與此同：北魏「三公及二大並有……掾屬」；「北齊三師、二大、三公各設掾屬」。北魏、北齊任屬者，有劉芳之孫劉鷺：「文襄王〔高澄〕之為儀同開府，以鷺為屬，本州大中正」（《魏書・劉芳附孫劉鷺傳》）。

【語　譯】〔親王府：〕長史，定員一人，品秩為從四品上。漢代相國、丞相設有長史二人，俸秩一千石。東漢三公開府各有長史的編員。三國魏太祖曹操的丞相府以及東吳長沙相（桓）王孫策開府，都沿襲漢制設有長史。南朝宋、齊各封王領〔藩〕鎮開軍府的，亦設有長史，官品列為第六，俸秩是一千石，佩銅印、墨綬，戴進賢兩梁冠，穿絳朝服。梁和陳的公府都設有長史，北魏、北齊亦與梁、陳相同。隋代親王、嗣王、郡王各自都設有長史。本朝因承隋制，但嗣王、郡王不設置長史。

司馬，定員一人，品秩為從四品下。司馬，在古代是主管軍隊的官。南朝宋、齊各封王領鎮的，各自設有司馬；梁、陳和北魏、北齊以及隋朝，司馬都是與長史同時設置。本朝因承隋制。

掾，定員一人，品秩為正六品上。漢代三公、大將軍、御史大夫開府的，都有掾、屬的編員。在西漢，各府府主徵召掾、屬，都要向皇帝奏報，所以東、西曹掾的俸秩亦比較高，為比四百石，其他各曹的掾為比三百石，而屬則都是四（二）百石。東漢三公開府都可自行徵調任命掾、屬，不需再向皇帝奏報，因此掾屬的俸秩都降為一百石。不過品秩雖然下降了，府主對掾屬優厚禮遇還是很多。三公是天子的股肱，掾屬則是三公的喉舌，所以三公府的掾可說是其餘佐吏言行的根據，禍福的主宰。至於三府掾屬的遷升和授任，那是很快的，有的剛滿月就出為州郡的長官，有的不過數年便高升為朝廷的公卿。魏、晉各公府都相沿設置掾屬，人數多的可以達到數十人。東晉以來，各公府一般設置掾屬二人，其中加崇禮儀的，可以增加到掾和屬共四人。作為掾屬，要經常以自己的言行，彰明教義，肅清風俗，違禮的話不說，違法的事不做，用以訓導公府的佐吏。南朝宋、齊、梁、陳和北魏、北齊各公府都設有掾和屬。隋代三師、三公不開府；國王、嗣王、郡王開府都設有掾和屬〔各〕一人。本朝因承隋制。

屬，定員一人，品秩為正六品上。漢魏以來，各公府都是屬與掾同時設置。東晉以後，屬成了曹名。各公府設置戶曹屬一人，其中加重禮儀的，增加倉曹屬一人。南朝梁、陳時期，諸公和皇弟皇子開府的，都設有屬。北魏、北齊三師、三公開府都設有屬。隋親王府設有屬一人。本朝因仍隋制。

【說明】唐代諸王府官屬的實際配置，以武德、貞觀時期較為完整，尤以秦王府最為完備。

唐高祖第二子李世民，於唐正式建國前夕，拜尚書令，進封秦王；武德四年（西元六二一年）又加號天策上將。故李世民既設秦王府，又有軍府天策府，還有作為朝廷重臣尚書令的屬官。《舊唐書》本紀稱李世民「玄鑒深遠，臨機果斷，不拘小節，時人莫能測」。其中最令人莫測的「深遠玄鑒」，當是他對奪取皇位已早有心機，因而所置官屬不僅齊全，而且不少為當世俊傑，不啻是一個小朝廷。待到玄武門政變一舉成功，李世民被立為皇太子，原秦王府的官屬便進入東宮，成了皇太子的班子；皇太子正式繼位，又進而成為整個朝廷的官僚班底。

秦王府官屬的人選，史著沒有留下一張完整的名單，僅散見於諸多篇什中。《全唐文》收有一篇〈置文學館學士教〉，對我們瞭解秦王府官屬的實際狀況頗為有用。原來，李世民為秦王時還設有文學館；親王的文告稱教令，因而此文便是以文告的形式，記述了設置文學館的緣起及文館學士的構成。由於學士大多為王府官員的兼職，由彼及此，我們便可以大體一窺當時秦王府那濟濟多士的盛況。以下便是〈置文學館學士教〉全文。

昔楚國尊賢，崇道光于申穆；梁邦接士，楷德重于鄒枚。咸以著範前修，垂芳後烈，厥惟菲薄。高山仰止，能無景慕。是以芳蘭始被，深思冠蓋之游；丹桂初叢，庶延髦俊之士。既而楊苗蓋寡，空留皎皎之姿；喬木從遷，終愧嚶嚶之友。所冀通規正訓，輔其闕如。故側席無倦于齊庭，開筵有待于燕館。屬以大行臺司勳郎中杜如晦，記室考功郎中房玄齡、于志寧，軍諮祭酒蘇世長，天策府記室薛收，文學褚亮、姚思廉，太學博士陸德明、孔穎達，主簿李道玄，天策倉曹李守素，王府記室參軍虞世南，參軍事蔡允恭、薛元敬、顏相如，宋州總管府戶曹許敬宗，太學助教蓋文達，諮議、典籤蘇勖等。或背淮而至千里，或適趙以欣三見，咸能垂裾邸第，委質藩維。引禮度而成典則，暢文辭而成風雅。優游幕府，是用嘉焉。宜令並以本官兼文館學士。

從教文可知，所列文館學士，都由秦王以教令形式直接任命以本官兼文館學士。他們有的為王府官屬，如虞世南、蔡允恭，分別為王府記室參軍和參軍事；有的屬於軍府，如薛收為天策府記室；有的本屬朝官，如杜如晦，便是大行臺司勳郎中。但這三個府的府主都是李世民，因此可以說是一套班子、三個機構，各有分工，類似於當今的黨、政、軍三個機構，同一個當家人，二者之間有異曲同工之妙。而且這些人在三套機構中往往又是互相兼職的，如杜如晦，既是大行臺司勳郎中，掌管對官員考功，被稱為百吏之長；據《舊唐書》本傳，他還是秦王府的兵曹參軍，又兼天策府從事中郎。再如房玄齡，既是大行臺的記室兼考功郎中，又是渭北行軍記室參軍，還是秦王府的記室，亦是一身而三任焉。在秦王府屬官中，自然還有不少未進入文館十八學士行列的，如杜淹，曾任天策府兵曹參軍；李玄道、顏師古，曾分別為秦王府的主簿和記室參軍，長孫無忌，曾任渭北道行軍典籤，等。封王而擁有如此強大的屬官陣容，不僅在唐代，就是在整個中國封建王朝歷史上亦屬罕見。而與此同時，高祖長子建成東宮的官屬，和第四子齊王元吉的王府官屬，亦各有規模，形成旗鼓相當、劍拔弩張的對峙局面。夾在其中的高祖李淵反而只能無可奈何地做點調解的工作，甚至在大臣面前也不掩飾自己的憤懣，一次面對尚書左僕射裴寂呼著李世民的小名說：「此兒典兵既久，在外專制，為讀書漢所教，非復我昔日子也。」（《舊唐書·高祖二十二子·太子建成傳》）所謂「讀書漢」，當指秦王府官屬中有才智者。不久，高祖所擔憂的事變果然發生，李世民帶領他的官屬，其中包括上面提到的長孫無忌、房玄齡、杜如晦等，在玄武門射殺了建成和元吉。這次宮廷政變的成功，實際上宣告了李唐王朝第二世皇帝的繼位。據《舊唐書·太宗本紀》記載，事變的同一個月，李世民就被「立為皇太子，庶政皆斷決」。數天後，太子宮官屬即原先的秦王府官員紛紛晉升朝廷要位，如太子詹事宇文士及為中書令，太子左庶子高士廉、長孫無忌分別為侍中和吏部尚書，太子右庶子房玄齡、杜如晦分別為中書令和兵部尚書等等。到了這一步，唐高祖實際已被奪權，於是「傳位於皇太子，太宗即位顯德殿」。上述諸多重大歷史事件，都發生在高祖武德九年（西元六二六年）六至八月不到一百天時間之內。

三

主簿一人，從六品上。漢三公府有黃閤主簿，省錄眾事❶。魏、晉已下皆有❷。梁、陳諸公、皇弟、皇子府各有主簿❸。後魏皇子主簿從六品❹。北齊諸王皆有主簿❺，隋親王府二人❻，皇朝置一人。

史二人❼。皇朝因隋置。餘史並同。

記室參軍事二人，從六品上。漢三公及大將軍皆有記室令史，主上章表，奏執書記❽。魏太祖輔漢，以陳琳、阮瑀管記室，軍國書檄多二人所作❾。晉氏諸公及位從公以上並有記室員❿，宋諸公府有記室參軍事⓫，梁、陳公府及王府皆有記室參軍⓬，北齊因之⓭。隋親王府及嗣王府有記室參軍⓮，皇朝因之⓯。

錄事參軍事一人，從六品上。晉元帝初為鎮東大將軍，有錄事參軍一人⓰。梁、陳王府有中錄事參軍及錄事各一人⓱，後魏亦同，北齊因之⓲。隋親王、嗣王府有錄事參軍一人⓳，皇朝因之⓴。

錄事一人，從九品下。

功曹參軍事一人，正七品上。漢、魏、晉、宋、齊、梁、陳、後周，州、郡、縣並有功曹員㉑。後魏太和末，諸王府並有功曹員㉒。隋氏親王、嗣王府有功曹參軍，煬帝改為功曹書佐㉓，皇朝復為功曹參軍㉔。

倉曹參軍事一人，正七品上。後魏諸王府有倉曹參軍㉕。隋親王、嗣王府有倉曹參軍，煬帝改為倉曹書佐㉖，皇朝復為倉曹參軍㉗。

戶曹參軍事二人㉘，正七品上。後魏、隋氏並與倉曹同置㉙。

兵曹參軍事一人，正七品上。梁、陳王府有中兵曹參軍、中直兵曹參軍各一人㉚。後魏有皇子府中兵參軍，始蕃王、二蕃王有兵曹參軍㉛。北齊皇子府有中兵、外兵參軍㉜。隋親王、嗣王府有兵曹參軍，煬帝改為兵曹書佐㉝，皇朝復為兵曹參軍㉞。

騎曹參軍事一人，正七品上。隋親王、嗣王府有騎曹參軍一人㉟，煬帝改為騎曹書佐，皇朝復故㊱。

法曹參軍事一人，正七品上。梁、陳、後魏諸王府，隋親王、嗣王府，並有法曹行參軍㊲；煬帝改曰法曹行書佐，皇朝復舊㊳。

士曹參軍事一人，正七品上。後魏諸王府、隋親王府皆有士曹行參軍㊴，煬帝改為士曹行書佐，皇朝復舊㊵。

參軍事二人，正八品下。漢末，三公府有參軍事㊶，如孫堅參騎軍事㊷，荀彧參丞相軍事㊸是也。魏武帝征荊州，請邯鄲淳參軍事㊹。自晉、宋已來，代有其任㊺。《梁選部》：「皇弟、皇子府有正參事㊻。」後魏有皇子參軍㊼，北齊因之㊽。隋親王、嗣王府有參軍六人，長兼行參軍八人[49]，煬帝改為行書佐，皇朝復為參軍[50]，四人，今減二人。六曹已下官吏，三府並同[51]。其雜使又有執刀一十五人，典獄十八人，問事十二人，白直二十四人[52]。

行參軍四人，從八品上。晉氏加置行參軍，以自辟召，故曰「行」也[53]。宋、齊、梁、陳皆有之[54]。《梁選部》：「嗣王府行參軍降正王府一階。」隋親王、嗣王府並有長兼行參軍[55]，煬帝改為長兼行書佐，皇朝改為行參軍[56]。

典籤二人，從八品下。《齊職儀》[57]云：「諸公領兵，局有典籤二人[58]」。隋親王府、嗣王府、上柱國柱國府、上大將軍將軍府各有二人[59]，皇朝因之[60]。

【章　旨】敘述親王府之主簿、記室錄事和功、倉、戶等諸曹參軍事以及行參軍、典籤之定員、品秩和沿革。

【注　釋】❶漢三公府有黃閣主簿省錄眾事　漢三公府，指太尉、司徒、司空三公開府置佐吏者。《後漢書·百官志》：太尉之掾史屬二十四人中，有「黃閣主簿，錄省眾事」。主簿而冠以黃閣，因漢時丞相府多塗黃色，故稱。黃閣亦作黃閤。西漢任主簿者，如孫寶，「御史大夫張忠辟寶為屬，欲令授子經，更為除舍，設儲偫。寶自劾去，忠固還之，心內不平，後署寶主簿，寶徙入舍，祭竈請比鄰。忠陰察，怪之，使所親問寶：『前大夫為君設除大舍，子自劾去者，欲為高節也。今兩府高士，俗不為主簿，子既為之，徙舍甚說（通「悅」），何前後不相副也？』寶曰：『高士不為主簿，而大夫君以寶為可，一府莫言非，士安得獨自高？前日君男欲學文，而移寶自近。禮有來學，義無往教；道不可詘，身詘何傷？且不遭者可無不為，況主簿乎！』忠聞之，甚慚，上書薦寶經明質直，宜備近臣」（《漢書·孫寶傳》）。東漢任此職著名者，如崔駰，為車騎將軍竇憲主簿，「前後奏記數十，指切長短」（《後漢書·崔駰傳》）。漢魏之際，建安中，曹操為丞相，先後任楊修、賈逵、繁欽、桓階為主簿。三國時，蜀漢丞相諸葛亮亦曾以楊顒為主簿。❷魏晉已下皆有　據《宋書·百官志》，魏元帝咸熙中，司馬昭為相國，其佐吏中有主簿四人。晉時諸公開府加兵者，其佐吏有主簿一人。趙王倫為相國置官屬，有主簿四人。東晉諸公開府設僚佐，亦有主簿二人，主簿與祭酒、舍人主三公閤內事。據《晉書・職官志》，主簿皆絳服，各給侍一人。劉毅在魏末，司馬昭曾欲辟為「相國掾，辭疾，積年不就。時人謂毅忠於魏氏，而帝（指司馬昭，晉初追尊為文帝）怒其顧望，將加重辟。毅懼，應命轉主簿」（《晉書・劉毅傳》）。西晉任主簿者，如劉卞，「為吏部令史，遷齊王攸司空主簿」；潘岳，「楊駿輔政，高選吏佐，引岳為太傅主簿。駿誅，除名」（均見《晉書》本傳）。西晉末，有顧榮，「齊王冏召為大司馬主簿。與州里楊彥明書曰：『吾為齊王主簿，恆慮禍及，見刀與繩，每欲自殺，但人不知耳。』」（《晉書・顧榮傳》）又有裴楷之姪裴遐，「東海王越引為主簿，後為越子毗所害。」（《晉書・裴秀附從弟裴楷傳》）。東晉有羊曼，「元帝以為鎮東參軍，轉丞相主簿，委以機密」（《晉書・羊曼傳》）；熊遠，「州辟主簿、別駕，舉秀才，除監軍華軼司馬，領武昌太守、寧遠護軍。元帝作相，引為主簿」（《晉書・熊遠傳》）。宋、齊皆沿東晉之制。❸梁陳諸公皇弟皇子府各有主簿　據《隋書・百官志》，梁諸公及位從公開府者，其所置官屬中有主簿。如何之元，「解褐梁太尉臨川王楊州議曹從事史，尋轉主簿」；王規，「起家秘書郎，累遷太子舍人，安右南康王主簿」；庾仲容，由「太子舍人遷安成王主簿」（均見《梁書》本傳）。梁皇弟、皇子府主簿列第五班，嗣王、庶姓公府主簿則為第四班。陳沿梁制。陳任此職者，如陸琛，「起家為衡陽王主簿，兼東宮管記。歷豫章王文學，領記室，司徒主簿，直宣明殿學士」（《陳書・陸琰附從弟陸琛傳》）。陳皇弟、皇子府主簿列第七品，嗣王府及皇弟、皇子庶子府之主簿，則為第八品。❹後魏皇子主簿從六品　據《魏書・官氏志》，北魏孝文帝太和十七年（西元四九三年）頒職員令，公府主簿之品秩列為第五品中，諸開府主簿為從第五品下；太和二十三年（西元四九九年）復次職員令，皇子主簿改為從六品下，皆無「從六品」。此句中「從六品」若所據為太和後制，似當補一「下」字。又，北魏二大、二公主簿與司空主簿，皆列第六品上。此外始蕃王，二蕃王之主簿並列第七品下，三蕃王主簿則為從第七品上。北魏任此職者，如李孝怡，出身於中書學生，歷任「相州高陽王雍主簿，廣陵王羽掾，新蔡太守」（《魏書・李順附曄族弟孝怡傳》）；崔秉，亦出身於中書學生，「彭城王勰征壽春，秉從行，招致壯俠，以為部卒。勰目之，謂左右曰：『吾當寄膽氣於此人。』後為司空主簿，轉掾，城門校尉，長兼司空司馬」（《魏書・崔鑒附子崔秉傳》）。❺北齊諸王皆有主簿　《隋書・百官志》稱，北齊諸王官屬與梁制不異，亦設有主簿。諸開府主簿列從六品下。❻隋親王府二人　據《隋書・百官志》，隋皇伯叔昆弟、皇子為親王，其官屬中設有主簿二人，列從六品上。隋任此職者，如豆盧毓，「漢王諒出鎮并州，毓以妃兄為王府主簿」（《隋書・豆盧勣附子毓傳》）。❼史二人　此史係主簿佐吏。史與府並稱。此下記室及諸曹之參軍事，皆設有史、府一類佐吏，見本卷卷目。史、府之職，古已有之。如《周禮》六官之屬吏多有府、史、胥、徒之設。府治庫藏，史掌文書，皆由長官自辟。自秦漢以後，府、史漸成為掌管官府文書籍冊佐吏之通稱，間或與令史混用。《隋書・劉炫傳》：吏部尚書牛弘嘗引炫修律令，「問炫曰：『案《周禮》士多而府史少，今令史百倍於前，判官減則不濟，其故何也？』炫對曰：『古人委成責成，歲終考其殿最，案不重校，文不繁悉，府史之任掌要目而已。今之文簿，恆慮覆治，鍛鍊若不密，萬里追證百年舊案，故諺云：「老吏抱案死。」』」此即府史連稱，且與令史相混一例。《唐六典》則府與史各列為職別，且府在史之上。又，隋唐時，亦稱中央臺省之佐吏為令史，稱九寺、五監及諸衛府之佐吏為府史。❽漢三公及大將軍皆有記室令史主上章表奏執書記　句中「執」字，據南宋本、《後漢書・百官志》及《職官分紀》卷三二引《唐六典》原注此句，當為「報」。漢太尉、司徒、司空三公及大將軍開府者，其屬吏皆有令史及御屬若干人。令史中有閤下令史，主閤下威儀事，記室令史主上章表報書記，門令史主府門。其餘令史各典諸曹文書。❾魏太祖輔漢以陳琳阮瑀管記室軍國書檄多二人所作　魏太祖，即曹操。其子魏文帝曹丕追尊為武帝，廟號太祖。輔漢事，指其於建安十三年（西元二〇八年）為丞相，輔佐漢獻帝。陳琳，字孔章，廣陵（今江蘇清江市）人。東漢末，琳曾為何進主簿，後避難冀州，袁紹使典文章，袁敗，歸附曹操，為司空軍謀祭酒，管記室。《三國志・魏書・王粲傳》記其事稱：「太祖謂曰：『卿昔為本初（袁紹之字）移書，但可罪狀孤而已，惡惡止其身，何乃上及父、祖邪？』琳謝罪。太祖愛其才而不咎。」又，裴松之注引《典略》曰：「琳作諸書及檄，草成呈太祖。太祖先苦頭風，是日疾發，臥讀琳所作，翕然而起，曰：『此愈我病。』數加厚賜。」阮瑀，字元瑜，陳留（今河南開封市東南）人，少受學於蔡邕。同上書稱：「建安中，都護曹洪欲使掌書記，瑀終不為屈。太祖並以琳、瑀為司空軍謀祭酒，管記室。」裴松之注引《文士傳》曰：「太祖雅聞瑀名，辟之不應，連見偪促，乃逃入山中。太祖使人焚山，得瑀送至召入。太祖征長安，大延賓客，怒瑀不與語，使就技人列。瑀善解音，能鼓琴，遂撫弦而歌……太祖大悅。」又引《典略》云：「太祖嘗使瑀作書與韓遂。時太祖適近出，瑀隨從，因於馬上具草，書成呈之。太祖攬筆欲有所定，而竟不能增損。」後陳琳徙門下督，瑀為倉曹掾屬。❿晉氏諸公及位從公以上並有記室員　據《晉書・職官志》，晉諸公及開府位從公者，其屬吏中有記室省事令史、閤下記室書令史各一人；若為加兵者，則增置主簿、記室督各一人，並各給侍一人。東晉又設記室參軍，如鍾雅，「避亂東渡，元帝以為丞相記室參軍，遷臨淮內史，振威將軍」；劉超，「少有志尚，為縣小吏，稍遷琅邪國記室掾。以忠謹清慎為元帝所拔，恆親侍左右，遂從渡江，轉安東府舍人，專掌文檄」（均見《晉書》本傳）。⓫宋諸公府有記室參軍事　近衛校明本原注此句以為「『宋』下疑脫『齊』字」，似可依。據《宋書・百官志》宋諸公開府置十八曹參軍，其中有記室曹參軍。《南齊書・百官志》亦載：齊公督府置有十八曹，其中有記室。宋有張暢，曾任「江夏王義恭征北記室參軍、晉安太守。又為〔衡陽王〕義季安西記室參軍，南義陽太守」（《宋書・張暢傳》）。

齊有劉瓛，齊高帝曾任以總明觀祭酒，除豫章王驃騎記室參軍；後竟陵王子良又請為征北記室，皆不就（據《南齊書・劉瓛傳》）。其弟劉璡，則任中兵兼記室參軍大司馬軍事。⓬梁陳公府及王府皆有記室參軍　據《隋書・百官志》，梁公府佐官有記室，皇弟、皇子府屬吏則有中記室和記室之分。《梁書・文學・伏挺傳》稱：「挺弟倕，亦有才名，先為邵陵王所引，歷為記室、中記室參軍。」其品秩，中記室列七班，記室為六班。《文心雕龍》作者劉勰，「天監初，起家奉朝請，中軍臨川王宏引兼記室，遷車騎倉曹參軍。出為太末令，政有清績。除仁威南康王〔績〕記室兼東宮通事舍人」（《梁書・文學・劉勰傳》）。又如江革，「中興元年（西元五〇一年）高祖（指梁武帝）入石頭，時吳興太守袁昂據郡拒義師，乃使革制書與昂，於坐立成，辭義典雅，高祖深賞嘆之，因令與徐勉同掌書記。建安王為雍州刺史，表求管記，以革為征北記室參軍，帶中廬令」（《梁書》本傳）。陳沿梁制。其皇弟、皇子府之中記室參軍列第六品，記室為第七品；皇弟皇子庶子及庶姓公府之中記室，列第七品，記室則為第八品。陳任此職者，如阮卓，「天康元年（西元五六六年），轉雲麾新安王府記室參軍，仍隨府轉翊右記室，帶撰史著士，遷鄱陽王中衛府錄事，轉晉安王府記室，著士如故」（《陳書・文學・阮卓傳》）；沈不害，「天嘉初，除衡陽王府中記室參軍，兼嘉德殿學士」（《陳書・儒林・沈不害傳》）。⓭北齊因之　近衛校明本原注此句：「『北齊』上疑脫『後魏』」。似當依。據《魏書・官氏志》，北魏孝文帝太和十七年（西元四九三年）所頒職員令規定，公府記室督為第六品中，諸開府記室督為從第六品中。太和二十三年（西元四九九年）復次職員令，諸記室參軍之品秩分別為：二大、二公及司空與皇子府者，皆為第六品上；始蕃王、二蕃王者，並為從第六品上；三蕃王則為第七品下。北魏任此職者，如崔挺長子崔孝芬，「司徒彭城王勰板為行參軍，後除司徒記室參軍、司空屬、定州大中正。長於剖判，甚有能名，府主任城王澄雅重之」（《魏書・崔挺附子孝芬傳》）。又如李瑾，先後任「司徒廣陽王集曹參軍，太尉高陽王雍長流參軍，太尉清河王懌記室參軍」（《魏書・李靈附子李瑾傳》）。北齊，據《隋書・百官志》，凡三公開府者，其屬員皆置記室參軍事，諸王官屬之設置則悉依梁制。⓮隋親王府及嗣王府有記室參軍　據《隋書・百官志》，隋皇伯叔昆弟、皇子為親王者，其佐吏中有記室參軍一人，嗣王亦有記室參軍一人。親王府記室參軍事列為從六品下。煬帝時，王府諸司參軍更名為諸司書佐。隋曾任此職者，如常得志，「博學善屬文，官至秦王記室。及王薨，過故宮，為五言詩，辭理悲壯，甚為時人所重」（《隋書・文學・常得志傳》）；尹式，「博學解屬文，少有令聞。仁壽中，官至漢王記室，王甚重之。及漢王敗，式自殺」（《隋書・文學・尹式傳》）。⓯皇朝因之　唐因隋制。武德中，改稱王府諸司書佐為參軍事。又據《武德令》，記室參軍事之品秩為正六品下，開元時始改為從六品上，此也即本條正文所據。唐前期，武德初，有秦王李世民之記室參軍顏思魯，係顏子推之子、顏師古之父（據《舊唐書・顏師古傳》）；貞觀時，有魏王李泰之記室參軍蔣亞卿（見《舊唐書・濮王泰傳》），又有齊王李祐之記室參軍孫處約，「祐既失德，處約數上書諫之。祐既誅，太宗親檢其家文疏，得處約諫書，甚嗟賞之，累轉中書舍人」（《舊唐書・孫處約傳》）。⓰晉元帝初為鎮東大將軍有錄事參軍一人　晉元帝，司馬睿，字景文，東晉王朝建立者，在位五年，終年四十六歲。其初任鎮東大將軍在愍帝建興元年（西元三一三年）五月，同時進位丞相，大都督中外諸軍事。據《宋書・百官志》，東晉初，晉元帝鎮東丞相府設有錄事參軍。⓱梁陳王府有中錄事參軍及錄事各一人　梁，據《隋書・百官志》，皇弟、皇子府佐吏中置有中錄事參軍及錄事參軍，嗣王府亦同。此句中「及錄事」下似應補「參軍」二字。其品秩，皇弟、皇子府中錄事參軍為七班，錄事參軍為六班。梁曾任此職者，如徐擒，為晉安王綱「平西府中記室，王移鎮京口，復隨府轉為安北中錄事參軍，帶郯令，以母憂去職」；顧協，「普通六年（西元五二五年），（西豐侯）正德受詔北討，引為府錄事參軍，掌書記」；如王僧辯，為湘東王「王府中錄事參軍如故」（均見《梁書》本傳）。陳沿梁制。其品秩，中錄事為第七品，錄事為第八品。陳時，姚察曾「拜宣惠宜都王中錄事參軍，帶東宮學士」（《陳書・姚察傳》）。⓲後魏亦同北齊因之　據《魏書・官氏志》，北魏無中錄事參軍，故當是大體同於梁、陳，亦有異。其所置錄事參軍之品秩，據北魏孝文帝太和二十三年（西元四九九年）復次之職員令，任於二大、二公和司空、皇子及從第一品開府者，皆列為第六品上；任於第二品將軍和始蕃王府者，列從第六品上；任於第三品將軍、三蕃王府者，列第七品上；此外，從第三品將軍之錄事參軍則為第七品下。北魏曾任此職者，如崔秉，「太和中為中書學生，拜奉朝請，轉徐州安東府錄事參軍。陽王王頤之為定州，秉復為衛軍府錄事參軍，帶毋極令」（《魏書・崔鑒附子崔秉傳》）；崔朏，「歷治書侍御史、京兆王愉錄事參軍事。與愉同逆伏法」（《魏書・崔玄伯附崔寬之孫崔朏傳》）。北齊，《隋書・百官志》稱：北齊「王位列大司馬上（非親王則位在三公下），置師一人，餘官大抵與梁制不異」。但亦無中錄事參軍。其三公府錄事參軍事列第六品上。⓳隋親王嗣王府有錄事參軍一人　據《隋書・百官志》，隋親王府置錄事參軍事一人，品秩列從六品下。然嗣王以下則未言有錄事參軍。煬帝時，王府諸司參軍，皆更名書佐。⓴皇朝因之　唐初武德中，改書佐為參軍事。其品秩據《武德令》為正六品下，開元初改為從六品上。唐任此職者，如裴聿，曾諫正所事滕王元嬰之失，「元嬰捽辱之。聿入計具奏，帝遷聿六品上階」（《新唐書・高祖諸子・滕王元嬰傳》）；蘇瓌，「累授豫王府錄事參軍。長史王德真、司馬劉禕之皆器重之」（《舊唐書・蘇瓌傳》）。㉑漢魏晉宋齊梁陳後周州郡縣並有功曹員　漢，《後漢書・百官志》稱：郡守「皆置諸曹掾史。本注曰：諸曹略如公府曹，無東西曹。有功曹史，主選署功勞。有五官掾，署功曹及諸曹事」。又云：凡縣亦「各署諸曹掾史。本注曰：諸曹略如郡縣」。在郡守自辟屬吏中，功曹地位最高。如蕭何，出身於沛主吏掾，《漢書》注引孟康曰：「主吏功曹也。」

西漢成帝時，朱博任琅邪太守，曾「敕功曹：『官屬多褒衣大袑，不中節度，自今掾史衣皆令去地三寸。』」（《漢書・朱博傳》）功曹主掌選署功勞，故郡守命其整飭諸屬吏風紀，這亦說明功曹居郡守諸屬吏之長。至東漢，功曹之職更顯。廣陵太守陳寵「入為大司農。和帝問曰：『在郡何以為理？』寵頓首謝曰：『臣任功曹王渙，以簡賢選能。』」（《後漢書・王渙傳》）。又如樂恢「為〔郡〕功曹，選舉不阿，請託無所容」（《後漢書・樂恢傳》）。尤為突出的例子是許劭。《後漢書》本傳稱其「初為郡功曹，太守徐璆甚敬之。府中聞子將（許劭之字）為吏，莫不改操飾行」。劭又好評論鄉黨人物，每月輒更其品題，時稱「月旦評」。曹操微時曾卑辭厚禮欲求評論，劭曰：「君清平之姦賊，亂世之英雄。」操大悅而去（同上）。靈帝末，太守張超以臧洪為功曹，政事多委之。其兄張邈曾謂超曰：「聞弟為郡守，政教恩威不由己出，動任臧洪。」（《三國志・魏書・臧洪傳》）魏承漢制。如劉毅，「僑居平陽，太守杜恕請為功曹，沙汰郡吏百餘人，三魏稱焉。為之語曰：『但聞劉功曹，不聞杜府君。』」（《晉書・劉毅傳》）西晉，諸王開府亦有置功曹者。晉元帝以司馬衷為東海王世子，「高選僚佐，以沛國劉耽為司馬，潁川庾懌為功曹，吳郡顧和為主簿」（《晉書・元四王・東海哀王沖傳》）。宋，《宋書・百官志》稱：「郡官屬，略如公府，無東、西曹，有功曹史，主選舉；五官掾，主諸曹事。部縣有都郵、門亭長，又有主記史，催督期會，漢制也，今略如之。」齊沿宋制。梁，據《隋書・百官志》，皇弟、皇子府及嗣王府、蕃王府之諸屬吏中有功曹史參軍，其品秩，任於皇弟、皇子府者，列第六班，嗣王府第五班；任於皇弟皇子之庶子府及蕃王府者，為第四班。有張率，曾於齊末「出為西中郎南康王功曹史，以疾不就」；又有卞華，於梁「天監初，遷臨川王參軍，兼國子助教，轉安成王功曹參軍，兼五經博士，聚徒教授」（均見《梁書》本傳）。陳沿梁制。其品秩，任於皇弟皇子府者列第七品，嗣王府及皇弟皇子之庶子府列第八品，蕃王府則列第九品。北周任功曹參軍者，有劉聰明，《北周六典》卷一〇載其造像云：「大周天和二年（西元五六七年）十一月十六日，司水、功曹象主劉聰明。」㉒後魏太和末諸王府並有功曹員　太和，北魏孝文帝年號。太和二十三年（西元四九九年）復次職令規定，二大、二公功曹參軍，司空和皇子之功曹參軍事及皇子之功曹史，皆列第六品上；第一品將軍開府之功曹及功曹史，列第六品下；第二品將軍、始蕃王和從第二品將軍、二蕃王之功曹參軍事及功曹史，並列從第六品下；第三品將軍和三蕃王之功曹參軍事及功曹史則列第七品下。北魏曾任功曹者，如崔挺之從父弟崔瑜之，太和中累歷蕃佐，「入為司空功曹參軍事、太尉主簿，遷冀州撫軍府長史」（《魏書・崔挺傳》）。㉓隋氏親王嗣王有功曹參軍煬帝改為功曹書佐　據《隋書・百官志》，隋皇伯叔昆弟、皇子為親王者，所置屬吏有功曹參軍事一人，列從六品下。嗣王、郡王亦有功曹參軍事一人。煬帝，隋朝皇帝楊廣，在位十四年，終年五十歲。煬帝大業三年（西元六〇七年），改稱王府諸司參軍為書佐。又，隋初諸州屬吏亦置功曹，煬帝罷州置郡，郡置太守，功曹改稱司功書佐。

㉔皇朝復為功曹參軍　據《新唐書．百官志》載錄，武德中改功曹以下書佐為參軍事，置府一人，史二人。又《舊唐書．職官志》稱：《武德令》列親王府功曹參軍事為從五品下。唐曾任此職者，如謝偃，貞觀時「引為弘文館直學士，拜魏王府功曹」，參預《括地志》之修撰（據《舊唐書．文苑．謝偃傳》）。

㉕後魏諸王府有倉曹參軍　倉曹之名，非始於北魏。西漢丞相府即已有置，東漢三公府沿置，主倉穀事，其掾秩比三百石，屬秩比二百石；郡亦置，掾秩百石。如「戴就字景成，會稽上虞（今浙江紹興）人也。仕郡倉曹掾」（《後漢書．獨行．戴就傳》）。倉曹參軍事，則為西晉末司馬睿丞相府始置，宋、齊諸公開府置佐，皆設有此職。北魏在二大、二公、司徒、皇子和始蕃王、二蕃王、三蕃王均置有倉曹參軍。其品秩，據《魏書．官氏志》，任於二大、二公、司空和皇子府者，列第六品上；從第一品將軍開府，為第六品上；第二品將軍和始蕃王、二蕃王府，為從六品下；第三品將軍和三蕃王府，則列第七品下。

㉖隋親王嗣王府有倉曹參軍煬帝改為倉曹書佐　據《隋書．百官志》，隋開皇時，皇伯叔昆弟、皇子為親王，其屬吏中置有倉曹參軍事一人，嗣王府亦同。親王府倉戶曹參軍事列從六品下。煬帝大業三年（西元六〇七年）此職隨王府諸司更名為倉曹書佐。

㉗皇朝復為倉曹參軍　據《新唐書．百官志》載錄，武德中改功曹以下書佐為參軍事，故倉曹書佐亦改為倉曹參軍事。又，《舊唐書．職官志》稱：《武德令》列親王府倉曹參軍事從五品下，後改為從七品上。唐高祖時，李守素曾任秦王天策府倉曹參軍（見《舊唐書》本傳）；高宗時，張柬之曾在許王府任此職，許王因受武后讒嫉，久乖朝覲，遂著〈忠孝論〉以見意，詞多不載。「時王府倉曹參軍張柬之因使潛封此論以進，則天見之，逾不悅，誣以贓賄，降封鄱陽郡王，仍於袁州安置」（《舊唐書．高宗諸子．許王素節傳》）；又有韋思謙，由沛王府長史皇甫公義引為「同府倉曹，謂思謙曰：『公豈池中之物，屈公數旬之客，以望此府耳。』」（《舊唐書．韋思謙傳》）

㉘二人　當係「一人」之訛。本卷卷目及新舊《唐書》官志和《通典．職官十三．歷代王侯封爵》皆作「一人」。

㉙後魏隋氏並與倉曹同置　戶曹參軍事一職，早在西晉末，晉元帝任鎮東大將軍丞相開府時已置為屬官。後世王公府、軍府及州置軍府者並置，北魏應是沿置。據《魏書．官氏志》，其品秩，任於二大、二公、司徒和皇子府者，皆列第六品上；始蕃王、二蕃王者，列從六品下；三蕃王府者，則為第七品下。隋，據《隋書．百官志》，開皇時，諸親王府、嗣王府屬官中亦置有戶曹，唯與倉曹合併，稱倉戶曹參軍事，其品秩為從六品下。唐沿隋制。高宗時，有「范履冰者，懷州河內（今山西沁陽）人。自周王府戶曹召入禁中，凡二十餘年」（《舊唐書．文苑中．范履冰傳》）。

㉚梁陳王府有中兵、兵曹參軍中直兵曹參軍各一人　兵曹參軍事之置，當早於梁、陳。西晉末，晉元帝任鎮東大將軍丞相開府時，已置中兵、外兵、兵曹參軍為屬官，宋武帝為丞相時，合中兵、直兵置一參軍，曹則猶二，軍府及州置軍府與王公府皆置。南朝齊因宋制，

三公及位從公開府置佐者，設中兵、直兵、外兵、騎兵諸曹參軍，梁諸王府，據《隋書・百官志》，亦置中直兵及中兵等曹參軍事，嗣王府同於親王府，蕃王府則減中兵參軍員。其品秩，皇弟、皇子府中直兵參軍為七班，皇弟皇子府之中兵參軍、嗣王府和庶姓公府之中直兵參軍皆列六班，皇弟皇子庶子府及蕃王府之中直兵參軍，庶姓公府之中兵參軍，俱為五班，皇弟、皇子庶子府之中兵參軍則為四班。梁任此職者，如韋放，天監元年（西元五〇二年）「為輕車晉安王中兵參軍，遷鎮右始興王諮議參軍，以父憂去職」；王僧辯，起家為湘東王國左常侍，「王出守會稽，兼中兵參軍事。王為荊州，仍除中兵」（均見《梁書》本傳）。陳沿梁制。其品秩，皇弟、皇子府中直兵參軍列第六品，皇弟皇子府之中兵參軍、嗣王府及皇弟皇子庶子府之中直兵參軍列第七品，皇弟皇子庶子府之中兵參軍，庶姓公府之中兵參軍及蕃王府之中直兵參軍，皆列第八品。陳任此職見於記載者，如程文季，「世祖嗣位，除宣惠始興王府限內中直兵參軍。是時王為揚州刺史，鎮冶城，府中軍事，悉以委之」。至天嘉三年（西元五六二年），「始興王伯茂出鎮東（即東揚州），復以文季為鎮東府中兵參軍，帶剡（今浙江嵊縣）令」（《陳書・程靈洗附子程文季傳》）。㉛後魏有皇子府中兵參軍始蕃王二蕃王有兵曹參軍　據《魏書・官氏志》，北魏始蕃王、二蕃王、三蕃王各有中兵參軍，但未置兵曹參軍，此處似有誤。其中兵參軍之品秩，任於諸公和皇子府者，列第六品上，始蕃王、二蕃王府者，為從第六品下，三蕃王府者則為第七品下。北魏曾任此職者，如李崇之子李世哲，「少經征役，頗有將用。自司徒中兵參軍，超為征虜將軍、驍騎將軍」（《魏書・李崇附子李世哲傳》）；裴威起，「卒於齊王開府中兵參軍，年三十二」（《魏書・裴叔業附裴威起傳》）；張晏之，「武定中，〔為〕儀同開府中兵參軍」（《魏書・張彝附張晏之傳》）。㉜北齊皇子府有中兵外兵參軍　據《隋書・百官志》，北齊諸公開府置佐，有中兵、外兵參軍事，諸州置府有中兵參軍事；皇子府官佐與梁制同，梁親王府置中直兵和中兵參軍，唯不見有設外兵參軍之記載。㉝隋親王嗣王府有兵曹參軍煬帝改為兵曹書佐　據《隋書・百官志》，隋皇伯叔昆弟、皇子為親王或嗣王，皆置兵曹參軍事一人，其品秩為正七品上。煬帝大業三年（西元六〇七年），改王府諸司參軍為諸司書佐，故稱兵曹書佐。㉞皇朝復為兵曹參軍　據《新唐書・百官志》載錄，武德中改功曹以下書佐為參軍事，故去隋兵曹書佐之名，復稱兵曹參軍事。《舊唐書・職官志》稱，據《武德令》兵曹參軍事列為從五品下，開元初改為正七品上。唐初杜如晦及其叔父杜淹，先後分別曾為秦王府、天策府兵曹參軍。又有曹行敏，亦曾任齊王祐兵曹參軍。㉟隋親王嗣王府有騎曹參軍一人　騎曹之職，當始於三國魏。其諸公府署佐，已有騎兵曹。晉以下諸公府、王府多設騎兵參軍。東晉王羲之之子王徽之，曾為大司馬桓溫參軍、車騎桓沖騎兵參軍，《晉書》本傳記其與桓沖一次對話，反映他對騎兵參軍一職甚為賤視：「沖問：『卿署何曹？』對曰：『似是馬曹。』又問：『管幾馬？』曰：『不知馬，何由知數！』又問：『馬比死多少？』曰：『未知生，焉知死！』」隋改為騎曹參軍。親王、嗣王府各置一人，正七品上。㊱煬帝改為騎曹書佐皇朝復故　煬帝大業三年（西元六〇七年），改稱王府諸司參軍為諸司書佐，故騎曹參軍亦隨之改為騎曹書佐。唐高祖武德中恢復舊稱，即仍稱騎曹參軍。其品秩，《舊唐書‧職官志》據《武德令》列為正七品下。㊲梁陳後魏諸王府隋親王嗣王府並有法曹行參軍　法曹參軍事之置亦早於梁、陳。西晉末，晉元帝任鎮東大將軍丞相開府時，即置以為屬官。宋武帝為相時，與法曹相並立而主刑獄者，尚有刑獄賊曹、長流賊曹、城局賊曹，且皆置參軍。齊亦置。據《南齊書‧百官志》：齊三公府法曹以下，包括田曹、水曹、鎧曹、集曹、右戶諸曹，置行參軍各一人。齊時有王峻，「累遷廬陵王法曹行參軍，太子舍人，太府主簿。府主齊竟陵王子良甚相賞遇」（《梁書》本傳）。梁仍稱法曹參軍。梁、陳及北魏並為沿置。梁任司空法曹參軍者，如劉顯和蕭軌。武帝為推崇都令史，於天監九年（西元五一〇年）以司空法曹參軍劉顯兼吏部都，司空法曹參軍蕭軌兼左戶都，稱其以「才地兼美，首膺茲選」（《隋書‧百官志》）；任諸王刑獄參軍者，如沈不害，「累遷梁太學博士，轉廬陵王府刑獄參軍。」（《陳書‧儒林‧沈不害傳》）。陳，法曹參軍與刑獄參軍並設。任法曹參軍者，如王冑，「冑少有逸才，仕陳，起家鄱陽王法曹參軍」；虞世基，「仕陳，釋褐建安王法曹參軍」（均見《隋書》本傳）。任刑獄參軍者，如張譏，「高祖受禪，除太常丞，轉始興王府刑獄參軍」（《陳書‧儒林‧張譏傳》）。北魏，任法曹參軍者，有崔伯驥，「為京兆王愉法曹參軍。愉反，伯驥不從，見害」（《魏書‧崔玄伯附族人僧淵子崔伯驥傳》）。隋親王府法曹行參軍與刑獄參軍並置，其諸曹行參軍品秩為從七品下。任此職者，如游元，「晉王廣為揚州總管，以元為法曹參軍，父憂去職」（《隋書‧誠節‧游元傳》）；張虔威，「開皇初，晉王出鎮并州，盛選僚佐，以虔威為刑獄參軍，累遷為屬」（《隋書‧張虔威傳》）。按：此條原注未言北齊。據《隋書‧百官志》，北齊三公府亦置有法曹行參軍事、刑獄參軍事。㊳煬帝改曰法曹行書佐皇朝復舊　煬帝大業三年（西元六〇七年）改稱王府諸司參軍為諸司書佐，故法曹行參軍更名為法曹行書佐。據《新唐書‧百官志》，唐於武德中恢復舊名，即仍稱法曹參軍事。㊴後魏諸王府隋親王府皆有士曹行參軍　士曹行參軍之職，亦在北魏前已有置。據《宋書‧百官志》，晉元帝為鎮東將軍丞相開府時，已置此職，宋時丞相府諸曹中亦有士曹參軍，為諸曹府佐參軍之一。北魏沿置，有潘永基之子潘子智，於「武定中（為）太尉士曹參軍」（《魏書‧潘永基傳》）。其品秩，據《魏書‧官氏志》載錄孝文帝太和二十三年（西元四九九年）復次職令所列，任於二大、二公府和司空、皇子府者，分別為從六品上和從六品下。隋親王府、嗣王府佐吏中各有士曹行參軍一人。親王府諸曹行參軍品秩為從七品下。按：原注未言北齊。北齊三公府及州府亦置士曹行參軍。其品秩，據《隋書‧百官志》為第七品下。㊵煬帝改為士曹行書佐皇朝復舊　煬帝大業三年（西元六〇七年），改稱王府諸司參軍為諸司書佐，故士曹行參軍亦改為士曹行書佐。據《新唐書・百官志》載錄，唐於武德中恢復舊名，即功曹以下書佐，包括法曹書佐、士曹書佐，仍稱參軍事。其品秩，《舊唐書・百官志》據《武德令》列為正七品下。㊶漢末三公府有參軍事　陳仲夫點校本以原注下文所舉孫堅等皆東漢末年事，於句首「漢」上增一「後」字。當是。東漢末，將軍、三公府統兵出征，多以他官參諸軍府事，簡稱參軍事、參軍，位任頗重，但其時尚非正式官名。如張範，「太祖（指曹操）自荊州還，範得見於陳，以為議郎，參丞相軍事，甚見敬重」；曹休，「劉備遣將吳蘭屯下辯，太祖遣曹洪征之，以休為騎都尉，參洪軍事。太祖謂休曰：『汝雖參軍，其實帥也。』」（均見《三國志・魏書》本傳）㊷孫堅參騎軍事　孫堅，字文臺，吳郡富春（今浙江富春）人。曾從朱儁破黃巾，拜別部司馬，封烏程侯。又討董卓，袁術表為行破虜將軍，領豫州刺史。後術使征荊州劉表，為表將黃祖射殺於峴山。及其次子權建吳稱帝，追謚為武烈皇帝。參騎軍事，據《三國志・吳書・孫堅傳》當補一「車」字，作「參車騎軍事」。《宋書・百官志》亦稱：「參軍，後漢官，孫堅為車騎參軍事是也。」（《三國志・吳書・孫堅傳》）㊸荀彧參丞相軍事　荀彧，字文若，潁川潁陰（今河南許昌）人，原為袁紹部下，後投奔曹操。建安十七年（西元二一二年），曹操「征孫權，表請彧勞軍于譙，因輒留彧，以侍中光祿大夫持節，參丞相軍事。太祖軍至濡須，彧疾留壽春以憂薨，時年五十」（《三國志・魏書・荀彧傳》）。㊹魏武帝征荊州請邯鄲淳參軍事　魏武帝，即曹操。其子丕建魏稱帝，追尊為魏武帝。曹操南征荊州劉表事，在東漢獻帝建安十三年（西元二〇八年）秋七月。邯鄲淳，一名竺，字子叔，潁川（今河南省禹縣）人。博學有文才。初平時，從三輔客荊州，劉琮降，曹操召與相見，甚敬異之，黃初中為博士、給事中，與操子曹植相遊從。㊺自晉宋已來代有其任　晉承魏制，三公開府皆置參軍員。《宋書・百官志》稱：魏元帝咸熙中，司馬昭為相國，相國府置參軍二十二人；趙王倫為相國，置參軍二十人。晉元帝司馬睿為鎮東大將軍及丞相時，下置錄事、記室等十八曹，皆有參軍署曹事，參軍不署曹者，則無定員，兼任他職。晉任此職者，如閻鼎，「初為太傅東海王越參軍，轉卷令，行豫州刺史事，屯許昌」；邵續，「初為成都王穎參軍，潁將討長沙王乂，續諫曰：『續聞兄弟如左右手，今明公當天下之敵，而欲去一手乎？續竊惑之。』穎不納。後為苟晞參軍，除沁水令」；羊曼，「避難渡江，元帝以為鎮東參軍，轉丞相主簿，委以機密」（均見《晉書》本傳）。宋沿東晉之制，三公及諸王府亦置不署曹之參軍。如顧琛，曾歷任「彭城王右軍驃騎參軍，晉陵令，司徒參軍，尚書庫部郎，本邑中正」（《宋書》本傳）；張緒，宋明帝時曾「除巴陵王文學，太子洗馬，北中郎參軍，太子中舍人，本郡中正」（《南齊書》本傳）。㊻梁選部皇弟皇子府有正參事　句中「梁選部」、「正參事」，據南宋本當作「梁選簿」、「正參軍」。梁選簿，書名。《隋書・經籍志》著錄有《梁選簿》三卷，徐勉撰。《隋書・百官志》稱：梁「皇弟皇子府有正參軍、行參軍、長兼行參軍等員」。皇弟皇子府正參軍品秩列第四班。梁曾任此職者，如卞華，「天監初，遷臨川王參軍事，兼國子助教，轉安成王功曹參軍」；顧協，先後任西豐侯蕭正德之「中軍參軍，領郡五官，遷輕車湘東王參軍事，兼記室」（均見《梁書》本傳）。[47]後魏有皇子參軍　北魏司空及皇子府置參軍。其品秩，據《魏書·官氏志》載太和二十三年（西元四九九年）所頒職令，列為第七品上。北魏任此職者，如李仲遵，「有業尚，彭城王勰為定州，請為開府參軍」（《魏書·李寶附李仲遵傳》）。[48]北齊因之　據《隋書·百官志》，北齊三公府參軍事列第七品上。任此職者，如尉興敬，「便弓馬，有武藝，高祖引為帳內都督，出為常山公府參軍事」（《北齊書·尉長命附子興敬傳》）。[49]隋親王嗣王府有參軍六人長兼行參軍八人　《隋書·百官志》與此有異，記為：隋親王府除主簿錄事參軍等員外，又有參軍事四人，行參軍六人，長兼行參軍八人；嗣王府無主簿錄事參軍等員，而加參軍事為五人，行參軍為十二人。參軍事與行參軍、長兼行參軍之區別，在於授任方式不同。由吏部依旨正式任命稱拜授，由地方軍政長官以板文自行任命稱板授。據《宋書·百官志》，東晉時參軍事需吏部除拜，行參軍則由州府板授。長兼行參軍亦同。凡加板字者略低一等。故不署曹之參軍事有三個等級，依次為參軍事，行參軍事，長兼行參軍。隋曾任親王府參軍者，如姚思廉，「在陳為揚州主簿，入隋為漢王府參軍，丁父憂解職」（《舊唐書》本傳）。[50]煬帝改為行書佐皇朝復為參軍　據《隋書·百官志》，煬帝大業三年（西元六〇七年）「改行參軍事為行書佐」。《新唐書·百官志》：唐武德中復改稱參軍。《舊唐書·職官志》據《武德令》列親王參軍為從七品下，開元時改定為正八品下。唐曾任親王府參軍者，如虞世南，「太宗滅建德，引為秦府參軍」；韋見素，「景龍中，解褐相王府參軍，歷衛佐、河南府倉曹」；王方慶，「年十六，起家越王府參軍」（均見《舊唐書》本傳）。[51]六曹已下官吏三府並同　指功曹以下之倉曹、戶曹、兵曹、騎曹、法曹、士曹。三府，指親王府、親事府、帳內府。全句意謂三府諸曹所設官吏，皆為府一人，史二人。[52]其雜使又有執刀一十五人典獄十八人問事十二人白直二十四人　雜使，對下列執刀等王府雜役人員之總稱，多由壯丁在官衙服役者充任。執刀，掌持刀侍衛於親王左右。典獄，為王府管理監獄卒吏。親王開軍府，兼地方刺史，故其下設有監獄。問事，官府卒吏。《三國志·魏書·賈逵傳》裴松之注引《魏略·李孚傳》提到漢末冀州設有問事：「及到梁淇，使從者斫問事杖三十杖，繫著馬邊。」《資治通鑑·漢獻帝建安九年》胡三省注：「問事，卒也，主行杖，猶伍伯之類。問事杖，問事所執仗也。」《隋書·刑法志》：文帝「嘗怒問事揮楚不甚，即命斬之。」唐制，京府、都督府及州縣並置有問事若干人。白直，從事低級侍衛之職。南朝齊、梁時，白直與防閤、職局並列，除番上服役外，亦有以納資代役者。唐沿南朝舊制，為文武官員配置白直充當侍衛，亦常常被迫為官員從事勤雜或耕作等勞役，後來與防閤、庶僕等一起，分別將役期折成錢幣作為官員俸秩的一部份，按數繳納以代役。[53]晉氏加置行參軍以自辟召故曰行也　《宋書·

百官志》稱：「蜀丞相諸葛亮府有行參軍，晉太傅司馬越府又有行參軍、兼行參軍，後漸加長兼字。除拜則為參軍事，府板則為行參軍。」府板，即王府自行辟召，其職名加「行」字冠之。此意參見[48]注。《晉書・劉隗傳》載有「丞相行參軍宋挺，本揚州刺史劉陶門人。」《晉書・陳頵傳》稱頵曾由鎮東從事中郎袁琇推薦於元帝，「遷鎮東行參軍事，典法兵二曹」。[54]宋齊梁陳皆有之　《宋書・百官志》稱：「晉末以來，參軍事、行參軍又各有板除。」宋曾任諸親王行參軍者，若劉秀之，「除撫軍江夏王義恭、平北彭城王義康行參軍，出為無錫、陽羨、烏程令，並著能名」（《宋書》本傳）。齊，《南齊書・百官志》稱：三公府佐僚，「其行參軍無署者，為長兼員」。如王志，齊時曾任太尉行參軍（見《梁書》本傳）。梁，據《通典・職官二・總敘三師三公以下官屬》，諸公及位從公開府者，所置官屬中有「列曹參軍、行參軍、舍人等官」。如孔休源，曾「除臨川王府行參軍」（《梁書》本傳）；江革弟江觀，時「建安王為雍州刺史，表求管記，以革為征北記室參軍，帶中廬令。與弟觀少長共居，不忍離別，苦求同行，乃以觀為征北行參軍，兼記室」（《梁書・江革傳》）；徐陵，曾任上虞令，因贓污劾免，「久之，起為南平王府行參軍，遷通直散騎侍郎」（《陳書》本傳）。陳，據《通典・職官二・總敘三師三公以下官屬》，其三公府僚佐中，有「板正參軍」。如陸知命，「性好學，通識大體，以貞介自持。釋褐陳始興王行參軍，後歷太學博士、南獄正」（《隋書》本傳）。[55]隋親王嗣王府並有長兼行參軍　據《隋書・百官志》，隋親王、嗣王府各有長兼行參軍八人，任於親王府者列從八品下。[56]煬帝改為長兼行書佐皇朝改為行參軍　《隋書・百官志》載，煬帝大業三年（西元六〇七年）改王府諸司參軍為諸司書佐，故長兼行參軍亦於此時改為長兼行書佐。《新唐書・百官志》稱，唐於武德中改長兼行書佐為行參軍。《舊唐書・職官志》據《武德令》行參軍列為正八品上。[57]齊職儀　書名。《隋書・經籍志》著錄有《齊職儀》五十卷，齊長水校尉王珪之撰。《南齊書・王逡之傳》載其「從弟珪之，有史學，撰《齊職儀》」。[58]諸公領兵局有典籤二人　陳仲夫點校本於此句下注稱：「據下文親王親事府典軍員品條原注引《齊職儀》文例，『兵』下疑脫『職』字。」當是。職局，指軍府所屬官署。諸公領兵加戎號後，其局可設置佐吏。典籤，亦稱籤帥、主帥，始置於南北朝，原為掌管文書佐吏。《南史・呂文顯傳》稱：「故事，府州部內論事，皆籤前直敘所論之事，後云『謹籤』，日期下又云『某官某籤』，故府州置典籤以典之。」宋中葉以下，幼小皇子出任方鎮帶兵職，皇帝常以親近左右領王府之典籤，典籤之權稍重。典籤能一年數次返京，皇帝輒詢以州郡情事，刺史行事美惡常繫於典籤之口，故莫不折節推奉，致使典籤威行州郡，權重於蕃王。《南史・齊武帝諸子・巴陵王子倫傳》載有典籤控制諸王多例，如：「武陵王曄為江州，性烈直不可忤，典籤趙渥之曰：『今出都易刺史。』及見武帝相誣，曄遂免還。南海王子罕戍琅邪，欲暫游東堂，典籤姜秀不許而止。還泣謂母曰：『兒欲移五步亦不得，與囚何異！』」又如：「邵陵王子貞嘗求熊白，廚人答典籤不在，不敢與。西陽王子明欲送書參侍讀鮑僎病，典籤吳脩之不許曰：『應咨行事。』乃止。」以至到了諸王「取一挺藕，一杯漿皆諮籤帥，不在，則竟日忍渴」的地步。同傳還記有蕭鸞（齊明帝）為奪取皇位而殺戮高帝、武帝諸子事，幾乎全假手於典籤。如殺武帝第十三子巴陵王子倫，即由典籤伯茂「手執鳩逼之，左右莫敢動者」。時人「孔珪聞之流涕曰：『若不立籤帥，故不當至於此』」。其實上述種種，當是在封建專制體制下，任典籤者狐假虎威所為，非此職原設職掌所致。梁以後典籤之權漸衰，且為王府他官所賤視。如江革為廬陵王長史，「時少王行事多傾意於籤帥，革以正直自居，不與籤帥同坐」（《梁書・江革傳》）。59 隋親王府嗣王府上柱國柱國府上大將軍將軍府各有二人 據《隋書・百官志》，隋應是親王府、上柱國、嗣王、郡王、柱國、上大將軍、大將軍府、上開府皆置有典籤二人。此句中缺「郡王」及「上開府」，「將軍」上則脫一「大」字。60 皇朝因之 唐諸親王府，新舊《唐書》官志皆為「典籤二人，從八品下」。任此職者，如崔簡，曾為滕王元嬰典籤。滕王常驕縱無度，「官屬妻美者，紿為妃召，逼私之。嘗為典籤崔簡妻鄭嫚罵，以履抵元嬰面血流，乃免。元嬰慚，歷旬不視事」（《新唐書・高祖諸子・滕王元嬰傳》）。又唐休璟，「永徽中，解褐吳王府典籤，無異材，調授營府戶曹」；裴耀卿，「弱冠拜秘書正字，俄補相王府典籤，時睿宗在藩，甚重之」；盧照鄰，「初授鄧王府典籤，王甚愛重之，曾謂群官曰：『此即寡人相如也。』」（均見《舊唐書》本傳）此外尚有沈希莊，亦曾任韓王府典籤（據《舊唐書・孫狄傳》）。

【語　譯】〔親王府：〕主簿，定員一人，品秩為從六品上。漢代三公開府，設有黃閣主簿，省察和登錄府內各種事務。魏、晉以後三公開府的，都設有主簿。南朝梁、陳諸公開府和皇弟、皇子的親王府，亦各設有主簿。北魏皇子府主簿品秩為從六品。北齊各王府都設有主簿。隋親王府設有主簿二人。本朝改為設置一人。

史，定員二人。這是本朝因承隋制而為主簿設置的。其餘各曹參軍事與此相同，亦設有史二人。

記室參軍事，定員二人，品秩為從六品上。漢代三公和大將軍府的佐吏中，都設有記室令史，主管上章表和奏執（報）書記。魏太祖曹操輔佐漢獻帝的丞相府，讓陳琳、阮瑀掌管記室，有關軍國大事的書函檄文，大多由他們兩人撰作。晉代諸公和位從公以上開府的，都有記室的編員。南朝宋諸公府設有記室參軍事，梁和陳的公府和各王府亦都設有記室參軍。北齊因承南朝的這一官制。隋朝親王府、嗣王府亦都設有記室參軍，本朝因承前朝舊制。

錄事參軍事，定員一人，品秩為從六品上。晉元帝當初為鎮東大將軍開府時，官屬中設有錄事參軍事一人。南朝梁、陳王府中設有錄事參軍和錄事各一人。北魏亦相同。北齊因承魏制。隋朝親王府和嗣王府都有錄事參軍一人。本朝因承隋制。

錄事，定員一人，品秩為從九品下。

功曹參軍事，定員一人，品秩為正七品上。漢、魏、晉和宋、齊、梁、陳以及北周的州、郡、縣府衙，都有功曹的編員。北魏太和末期各王府都設有功曹參軍。隋代親王府、嗣王府亦設功曹參軍，煬帝時改名為功曹書佐，本朝恢復舊名，仍稱功曹參軍。

倉曹參軍事，定員一人，品秩為正七品上。北魏各王府設有倉曹參軍，隋朝親王府和嗣王府亦設倉曹參軍，煬帝時改名為倉曹書佐。本朝恢復舊名，仍稱倉曹參軍。

戶曹參軍事，定員二（一）人，品秩為正七品上。在北魏與隋朝，都是戶曹與倉曹合併設置。

兵曹參軍事，定員一人，品秩為正七品上。南朝梁、陳王府設有中兵曹參軍、中直兵曹參軍各一人。北魏皇子府設有中兵參軍，始蕃王、二蕃王有兵曹參軍。北齊皇子府有中兵、外兵參軍。隋朝親王府、嗣王府有兵曹參軍，煬帝時改名為兵曹書佐。本朝恢復舊名，仍稱兵曹參軍。

騎曹參軍事，定員一人，品秩為正七品上。隋朝親王府、嗣王府各設有騎曹參軍一人，煬帝時改稱騎曹書佐，本朝恢復舊名，仍稱騎曹參軍事。

法曹參軍事，定員一人，品秩為正七品上。南朝梁、陳和北魏的各王府，隋朝的親王府、嗣王府，都設有法曹行參軍；煬帝時改稱法曹行書佐。本朝恢復法曹參軍事舊稱。

士曹參軍事，定員一人，品秩為正七品上。北魏各王府和隋朝的親王府，都設有士曹行參軍；煬帝改名為士曹行書佐。本朝恢復士曹參軍事舊稱。

參軍事，定員二人，品秩為正八品下。〔東〕漢末期，三公府設有參軍事。例如孫堅參〔車〕騎軍事，荀彧參丞相軍事，便是。魏武帝曹操征討荊州時，請邯鄲淳參軍事。晉、宋以來，歷代都有這一官職。《梁選部〔簿〕》記載：「皇弟、皇子府設有正參軍。」北魏皇子府有參軍，北齊因襲北魏官制。隋朝親王府、嗣王府設有參軍六人，長兼行參軍八人；煬帝時改名為行書佐。本朝仍稱參軍事，定員原為四人，現已減為二人。六曹以下的官吏，如府、史等員數，親王、親事、帳內三府都相同。此外還有雜役差使人員，執刀十五人，典獄十人，問事十二人，白直二十四人。

行參軍，定員四人，品秩為從八品上。晉代加置行參軍，由各王府自行徵調任命，所以稱「行」。南朝宋、齊、梁、陳時期各王府，都設有行參軍。《梁選部（簿）》記載：「嗣王府行參軍的品秩，比親王府的下降一階。」隋朝親王府、嗣王府都還設置有長兼行參軍，煬帝時改名為長兼行書佐。本朝改為行參軍。

典籤，定員二人，品秩為從八品下。《齊職儀》稱：「諸公領兵所設置的官署，有典籤二人。」隋朝親王府、嗣王府、上柱國府、柱國府、上大將軍府、〔大〕將軍府，各設有典籤二人，本朝因承隋制。

【說明】從在位帝王看來，諸王的人生價值，便是摒棄非分之想，忠誠地做他的屏風或籬笆，即所謂「屏藩天子」。因而為諸王設置官屬，包括確定人選標準，規定職掌範圍等等，說到底都是在位皇帝的這種意願的外化或體現。那麼按照這種意願，諸王應該如何體悟天下艱難、家國事重，如何對官屬區分賢愚，與其以禮相處，又如何心懷平正，在日常政務中謹慎歷練，以至在生活起居諸多方面砥礪自己呢？

西元四二九年，即南朝宋元嘉六年，年方十八歲的江夏王劉義恭為荊州刺史，並都督荊、湘、雍、益、梁、寧、南北秦八州諸軍事。出鎮時，作為同父異母兄長的宋文帝，特與誡書一封。這封行文婉轉，似乎還沒有完全褪盡兄弟情誼的誡書，倘若細讀一過，略作分析，便大致可以回答上述問題。

《誡書》原載《宋書．武三王．江夏王義恭傳》，茲全文照錄如下：

汝以弱冠，便親方任，天下艱難，家國事重，雖曰守成，實亦未易。隆替安危，在吾曹耳，豈可不感尋王業，大懼負荷。今既分張，言集無日，無由復得動向規誨，宜深自砥礪，思而後行。開布誠心，厝懷平當，親禮國士，友接佳流，識別賢愚，鑒察邪正，然後能盡君子之心，收小人之力。汝神意爽悟，有日新之美，而進德修業，未有可稱，吾所以恨之而不能已已者也。汝性褊急，袁太妃亦說如此。性之所滯，其欲必行，意所不在，從物回改，此最弊事。宜應慨然立志，念自裁抑。何至丈夫方欲贊世成名而無斷者哉！今粗疏十數事，汝別時可省也。遠大者豈可具言，細碎復非筆可盡。

禮賢下士，聖人垂訓；驕侈矜尚，先哲所去。豁達大度，漢祖之德；猜忌褊急，魏武之累。《漢書》稱衛青云：「大將軍遇大夫以禮，與小人有恩。」西門、安于，矯性齊美；關羽、張飛，任偏同弊。行己舉事，深宜鑒此。

若事異今日，嗣子幼蒙，司徒便當周公之事，汝不可不盡祗順之理。苟有所懷，密自書陳。若形迹之間，深宜慎護。至於爾時安危，天下決汝二人耳，勿忘吾言。

今既進袁太妃供給，計足充諸用，此外一不須復有求取，近亦具白此意，唯脫應大餉，致而當時遇有所乏，汝自可少多供奉耳。汝一月日自用不可過三十萬，若能省此，益美。

西楚殿曠，常宜早起，接對賓侶，勿使滯留。判急務訖，然後可入問訊，既覩顏色，審起居，便應即出，不須久停，以廢庶事也。下日及夜，自有餘閑。

府舍住止，園池堂觀，略所諳究，計當無須改作。司徒亦云爾。若脫於左右之宜，須小小回易，當以始至一治為限，不煩紛紜，日求新異。

凡訊獄多決，當時難可逆慮，此實為難，汝復不習，殊當未有次第。訊前一二日，取訊簿密與劉湛輩共詳，大不同也。至訊日，虛懷博盡，慎無以喜怒加人。能擇善者而從之，美自歸己；不可專意自決，以矜獨斷之明也。萬一如此，必有大吝，非唯訊獄，君子用心，自不應爾。刑獄不可壅滯，一月可再訊。

凡事皆應慎密，亦宜豫敕左右，人有至誠，所陳不可漏泄，以負忠信之款也。古人言：「君不密則失臣，臣不密則失身。」或相讒構，勿輕信受，每有此事，當善察之。

名器深宜慎惜，不可妄以假人。昵近賜爵，尤應裁量。吾於左右，雖為少恩。如聞外論，不以為非也。

以貴陵物，物不服；以威加人，人不厭，此易達事耳。

聲樂嬉游，不宜令過，摴蒱漁獵，一切勿為。供用奉身，皆有節度，奇服異器，不宜興長。汝嬪侍左右，已有數人，既始至西，未可怱怱復有所納。

又誡之曰：

宜數引見佐史，非唯臣主自應相見，不數則彼我不親，不親則無因得盡人，人不盡，復何由知其眾事。廣引視聽，既益開博，於言事者，又差有地也。

這篇誡書可謂循循善誘，且詳盡周到，只是後來的事實卻證明，多半屬於作者的一廂情願。下面再提供若干相關資料，也許有助於讀解。

一、南朝宋武帝共有七子，文帝劉義隆與江夏王劉義恭，分別為其第三子和第五子，文帝長義恭五歲。兩人均非出自武帝的敬臧皇后或張夫人：文帝為胡婕妤所生，義恭為袁美人即〈誡書〉中兩次提到的袁太妃所生。文帝有兄弟五人被封為王，他自己的十九子中，亦有十四人被封為王，如何安置、訓導諸王，該是經常困擾他的一個難題。他在位二十九年，前期頗有建樹，史稱「元嘉之治」，後屢屢受挫於北魏的進攻，國勢日衰，終為太子劉劭所殺，享年四十六歲。史家憤憤不平，因斥劉劭為「元凶劭」。但兒子殺老子這類有違人倫的事，其深層原因，似乎還應到帝王制度的固有矛盾中去尋找。

二、為江夏王義恭設置的官屬，有長史劉湛等，所以〈誡書〉中特別囑咐義恭，遇事要與「劉湛輩共詳」。劉湛，少年即博涉史傳，熟諳舊典，且頗自負，曾以管仲、諸葛亮自比。在就任江夏王長史前，他已先後做過義恭的兩個哥哥——彭城王義康和廬陵王義真的長史，頗受器重。據《宋書・劉湛傳》記載，他有一愛子在江陵病故，傷心過甚，特上啟文請求自送喪還都，義恭亦為他陳請，但文帝卻沒有同意，並復書義恭說：「吾亦得湛啟事，為之酸懷，乃不欲苟違所請。但汝弱年新涉庶務，八州殷曠，專斷事重，疇諮委張，不可不得其人，量算二三，未獲便相順許。今答湛啟，權停彼葬。頃朝臣零落，相係寄懷轉寡，湛實國器，吾乃欲引其令還，直以西夏任重，要且停此事耳。汝慶賞黜罰豫關失得者，必宜悉相委寄。」在給義恭的信中說「湛實國器」，這固然也說明文帝對劉湛評價頗高，但更多的恐怕還是透露出他對這位異母兄弟並不那麼放心，因而將其官屬擡舉到「國器」的聲望，意欲使之較易就範。

三、關於劉義恭，《宋書》本傳對他的評價是「驕奢不節」。這從〈誡書〉中也可以看出，包括接對賓客應如何恭謹，生活起居應如何節制等等，都確有所指，並非泛泛而言。事實上，義恭與劉湛相處不久，矛盾就日趨激化，文帝只好從中調定。《宋書・劉湛傳》載：「義恭性甚狷隘，年又漸長，欲專政事，每為湛所裁，主佐之間嫌隙遂構。太祖（指文帝）聞之，密遣使詰議義恭，並使深加詣緝。義恭並具陳湛無居下之禮，又自以為年長未得行意，雖奉詔旨，頗有怨言。」〈誡書〉中規定義恭「一月日自用不可過三十萬」，後來顯然大為超支，當他進為太尉並領司徒時，「相府年給錢二千萬，它物倍此。而義恭性奢用常不足，太祖又別給季千萬」，二者相加，年費達六千萬之鉅。（據《宋書·武三王·江夏王義恭傳》）

四

長史司馬掌統理府寮紀綱職務❶。

掾掌通判功曹戶曹倉曹事❷。

屬掌通判兵曹騎曹❸。

主簿掌覆省王教❹。

記室掌表啟書疏❺。

錄事參軍掌付事勾稽省署抄目❻。

錄事掌受事發辰兼勾稽失❼。

功曹掌文官簿書考課陳設儀式等事❽。

倉曹掌廩祿請給財物市易等事❾。

戶曹掌封戶田宅僮僕弋獵等事❿。

兵曹掌武官簿書考課儀衛假使⑪等事。

騎曹掌廄牧騎乘文物器械⑫等事。

法曹掌推按欺隱決罰刑獄⑬等事。

士曹掌公廨舍宇繕造工徒等事。

參軍事掌出使及雜檢校事。⑭

典籤掌宣傳教令⑮事。

【章　旨】敘述親王府屬官長史、司馬、掾、屬、主簿和記室、錄事參軍事以及諸曹參軍事之職掌。

【注　釋】❶統理府寮紀綱職務　句中「統理」，《舊唐書・職官志》作「統領」。綱紀，原指治絲者，張之為綱，理之為紀。以此為喻，猶言治理，《詩・大雅・棫樸》便有「綱紀四方」之句。此言長史、司馬之職，在於統領王府屬官，嚴格管理，使之各盡其職。長史之職掌實際還應包括對親王的監督和輔導；若王有非違之事，長史未能盡諍諫匡正之責，將受到免職或治罪等懲處。參見本篇二章注中所引多個實例。❷通判功曹戶曹倉曹事　通判，猶言統管、分管。王府屬官之長為長史和司馬，掾則佐助其處理府事，並分管所屬諸曹中功曹、戶曹、倉曹之事務。❸通判兵曹騎曹　此句南宋本「兵曹」下無「騎曹」，但另有「法曹、士曹事」五字。據《新唐書・百官志》稱屬一人，「掌通判兵曹、騎曹、法曹、士曹事」。故句末「騎曹」下似當補「法曹士曹事」五字。❹覆省王教　教，公文書名。任昉《文章緣起・教》：「教，漢京兆尹王尊出教告屬縣。」陳懋仁注：「教，效也，言出而民效也。」此處指親王對下發佈之文告。教文下達之前，由主簿負責覆核省察。❺表啟書疏　皆為公文書名，多用於下達上。此處則泛指諸王上達於天子之諸類文書均由記室參軍草擬。❻付事勾稽省署抄目　付事、勾稽、省署抄目，為互有關聯之三事。省署抄目，指省察並登錄王府收發之文書目錄；付事指審而付諸行事，即將公文書下達之事項交與有關部門付諸實施；勾稽，則為糾察公文公事處理過程中有無違反法令或延誤程限一類事。❼受事發辰兼勾稽失　受事發辰，指登錄所受公文之事項及公文到達之始日。因公文公事處理程限要由受事始日起算，故錄事兼有輔助錄事參軍勾檢稽失之責。❽文官簿書考課陳設儀式等事　文官簿書、考課，指載錄親王府文官歷年功過善惡和獎懲狀況於簿籍，並據以對其進行定期考核。陳設儀式，指親王府若有重大禮儀活動，諸如親王行冠禮、婚禮，以及有關喪儀，由功曹負責陳設相應器物，主持禮儀程式。❾廩祿請給財物市易等事　廩祿請給，指王府官屬之祿米與廩料，由倉曹向尚書省戶部之倉部報請發給，並從司農寺太倉署領取。財物市易，指王府所需日用物品，由倉曹參軍事從市場購置。❿封戶田宅僮僕弋獵等事　封戶，為諸王所食之實封。唐制，賜實封者，皆以課戶準其戶數，以其租調為諸王之收入。封戶之租調通常由所在州縣官吏代為徵收，輸給親王府。封戶數，唐初有限額，親王食封為八百戶，貞觀末增至一千戶。武則天時，相王、太平公主多達三千戶，中宗神龍初更增至五千戶；開元初，寧王最高有五千五百戶，岐王、薛王亦有五千戶。凡食封者，皆得傳於子孫，故至中宗景龍二年（西元七〇八年），諸侯王食封邑者凡一百四十餘家，其封戶分布在五十四州。田宅，指親王所受授之田宅。唐制，親王永業田為一百頃。此外，王府官員依品秩亦能受田，如典軍為五頃五十畝，副典軍有四頃。僮僕，指依制供給諸王役使之官奴婢。如《唐會要》卷八六載：「〔武后〕永昌元年（西元六八九年）九月，越王貞破，諸家僮勝衣甲千餘人，於是制王公以下奴婢有數。」《舊唐書．太宗諸子．越王貞傳》亦稱：「貞之在蔡州，數奏免所部租賦以結人心，家僮千人，馬數千匹，外託以畋獵，內實習武備。」⓫儀衛假使　儀衛，指親王出行時之鹵簿儀仗。假使，指有關王府官吏節假、告假和臨時差遣方面事務。⓬廄牧騎乘文物器械　廄牧騎乘，指對王府之馬匹、馬廄及牧場之管理。唐諸王多有好畋獵者，畜養有相當數量馬匹，如❿注所引越王貞便有「馬數千匹」。文物器械，指親王出行或畋獵時須供應之器物，諸如羽儀、節鉞、金鼓、帷幕、茵席以及兵器、旗幟之類。⓭推按欺隱決罰刑獄　親王對王府人員有司法審判之權，具體則由法曹參軍事執掌。推按欺隱，意謂對案件之按察審訊，揭示本相。決罰刑獄，指對罪行作出判決並執行相應之刑罰。王府之雜使人員中，諸如典獄、問事等，則在對案犯刑訊、審判過程中直接執行具體差使。⓮參軍事掌出使及雜檢校事　據《通典．職官十三．歷代王侯封爵》，此句「參軍事」似當補「行參軍」三字。且上章王府官屬中，亦列有「行參軍四人」，其職掌當同於參軍事。⓯典籤掌宣傳教令　教令，指親王下達之文告，由典籤負責傳達和宣告。教令之體例，有存於今河南省登封縣境內少林寺中刻石〈告少林寺教文〉，為秦王李世民於武德三年（西元六二〇年）奉詔討伐王世充時所下，意在獲得少林寺武裝僧眾響應，以為其效命。其文為：「太尉尚書令陝東道益州道行臺雍州牧左右武侯大將軍使持節涼州都總管上柱國秦王李世民（此三字作行書，李世民親押），告柏谷塢少林寺上座寺主以下徒眾及軍民首領士庶等：比者天下喪亂，萬方乏主，世界傾淪，三乘道絕，遂使閻浮蕩覆，戎馬載馳，神州糜沸，群魔競起。我國家膺圖受籙，扶持正締，馭駕飛輪，光臨大寶，故能德通黎首，化闡緇林，既沐來蘇之恩，俱承彼岸之惠。王世充叨竊非據，敢逆天常，窺覬法境，肆行悖業。今仁風遠扇，慧炬照臨，開八正之塗，復九寓之跡。法師等并能深悟機變，早識妙因，克建嘉猷，同歸福地。擒彼凶孽，廓茲淨土。奉順輸忠之效，方著闕庭；證果修真之道，更宏象觀。聞以欣上，不可思議，供養優賞，理殊恆數。今東都危急，旦夕殄除，並宜勉終茂功，以垂令範，各安舊業，永保休祐。故遣上柱國德廣、郡開國公安遠，往彼指宣所懷，可令一二首領立功者，來此相見，不復多悉。」

【語譯】長史，司馬的職掌是統領王府的僚屬，嚴格管理，使他們各盡其職。

掾的職掌是分管本府所屬功曹、戶曹、倉曹的事務。

屬的職掌是分管本府所屬兵曹、騎曹〔、法曹、士曹的事務〕。

主簿負責覆核省察親王下達的教令。

記室參軍事負責為親王草擬表、啟、書、疏一類上行文書。

錄事參軍事負責省署來往公文抄目，將公文所提及事項交付有關官署或官員去施行，同時糾察在處理過程中是否有錯失或延誤。

錄事負責受理公事，登錄來往公文收發日期，並兼管勾檢稽失一類事務。

功曹掌管王府文職官員的簿籍和政績考核，以及舉行重大禮儀活動時，器物的陳設和儀式的安排等事務。

倉曹執掌王府官屬廩祿的報請發給和府內所需器物的購置等事務。

戶曹掌管王府所屬的封戶、田宅、僮僕以及親王外出畋獵的安排等事務。

兵曹掌管王府武職官員的簿籍和政績的考核，以及供應親王出行需用的鹵簿儀衛和屬官告假、差遣等方面的事務。

騎曹掌管王府的廄牧、馬匹和車乘以及與此相關的文物器械等事務。

法曹主管王府內案件的審理、判決和刑罰執行等事務。

士曹掌管王府內公廨舍宇的繕修建造，以及工徒徵集等事務。

參軍事〔、行參軍〕負責出使以及某些雜項檢校一類事務。

典籤負責向相關官署或人員宣告和傳達親王的教令。

【說　明】唐代親王府屬官的配置，以武德時期的秦王府最為完備，對此我們已在本篇二章之末說明中有所介紹。當時的秦王府除需要處理內部事務外，還兼管著秦王所領州府的部份政務和出征討伐的軍務，職任頗重。親王府在行使職能中，離不開公文書這一重要工具。本章中，長史、司馬統領下的眾多屬官，除諸曹外，其餘主簿、記室、錄事參軍事及錄事等，都與公文書有關，其中主簿「掌覆省王教」，記室「掌表、啟、書、疏」，前者為下行文書，後者為上行文書。

本章之末注文中所引的〈秦王告少林寺教〉，是李世民以秦王身份徵召少林寺武僧討伐王世充的文告。武德四年（西元六二一年）寺僧歸從秦王，因討王有功，賜地四十頃，水碾一具。一年後，寺廟被廢，僧徒還俗，地及碾亦歸入秦王府。至武德七年（西元六二四年）敕令少林寺依舊置立，接著又下教令將地及碾仍歸還少林寺。故在〈秦王告少林寺教〉碑文下，附有秦王府記室奉秦王教令牒陝東大行臺尚書省及大行臺尚書省和洛州府下少林寺的牒文各一篇，所言即歸還地及碾事。從中約略可見當時王府官屬各自如何行使自己職能，相關的官署又是如何作出回應。事情先由教令提出——

少林寺　賜地肆拾頃　賜水碾壹具

教：前件地及碾，寺廢之日，國司取以置莊。寺今既立，宜并還寺。

武德八年二月十五日兼記室參軍臨淄侯房玄齡宣兼主簿元道白奉

教如右，謹付外奉行。謹諮。

武德八年二月十五日

二月十六日錄事郭君信受

錄事參軍事師仁付田曹

依諮

以上是有關歸還莊田及水碾的教令以及如何付諸實施的諮議過程。王府官屬各司所職，分工明確：記室參軍房玄齡宣教，主簿元道白奉行，錄事郭君守收受，錄事參軍事師仁發付於田曹執行。關於田曹，本書所列親王府屬官中已無其職，只存在唐初一段時間。據《新唐書・百官志》記載，貞觀中，田曹與鎧曹、水曹一起被廢，其職事則歸之於戶曹。所以這裡的田曹，大致相當於本章中戶曹有關田宅方面的職掌。文末的「依諮」二字，原碑文作行書，表示是王府當時主其事者的親筆簽署，意即可以「付外奉行」。於是再由記室草擬牒文，發向陝東道大行臺尚書省。下面是大行臺尚書省得秦王府牒文後，在向洛州下符文的同時，再下牒於少林寺——

陝東道大行臺尚書省　牒少林寺

牒：今得東省秦王府牒稱：奉　教連寫如右此已准教下洛州，並牒秦府留後國司。准教

牒主准教。故牒

武德八年二月二十二日。令史胥威幹牒

主事

膳部郎中判屯田君允。

上述牒文中「連寫如右」一句，說明原件是將秦王府的牒文全文抄錄的，碑文則為避免重複而省略，以此四字代之。

洛州府得到陝東大行臺尚書省符文後，由司戶下牒於少林寺。司戶，州府屬官，全稱司戶參軍事，掌戶籍、計帳、田訟、道路等事，相當於王府的戶曹參軍事。以下便是司戶的牒文。文中「磑」，當即指教令中之「碾」。

司戶牒少林寺　賜地肆拾頃　水碾壹具

牒：上件地及磑，被符，奉教。前件地及磑，寺廢之日，國司取以置莊；寺今既立，地等宜並還寺者。以狀錄

牒任。即准　教故牒。

武德八年二月二十七日。史張德威

尉權判丞張開

為執行教令提出歸還莊地水碾一事，牽涉到親王府、大行臺尚書省和洛州府三個機構的各自職司範圍，因而各行文書。但按唐制，親王在領授地方州府和軍府後，可以兼任都督和刺史，所以三府的府主實為同一人，當時的秦王李世民便是一身而三任焉。

親事府・帳內府・親王國・公主邑司

【篇　旨】本篇大部份篇幅為上篇諸王官屬之續，即敘述除上篇親王府以外的其餘二府：親事府、帳內府，以及親王國；篇末簡敘公主邑司屬官。

唐諸王親事府和帳內府的設置，形式上對應於朝廷的十六衛和東宮十率府中的親、勳、翊三衛，當然不僅規模要小得多，其成員出身的品第要求也更為低下。如東宮十率府三衛中的翊衛衛士，與親王、親事、帳內府所轄親事，職掌相同，都是執仗、執乘和儀衛，翊衛須由五品以上子孫為之，親事、帳內則分別由六品、七品以上子和八品、九品以上子充任。親事、帳內均採用軍隊編制，設校尉、旅帳、隊正、隊副統領。其定員，親事為三百三十三人，帳內為六百六十七人，實際常多缺員。親事、帳內服役滿十年，有文理者可以參加吏部簡試，其餘留本司或退還本色。

本篇正文所敘，當係以開元之制為本。唐初武德時期，諸王，如秦王、齊王府，除親事府、帳內府外，尚設有具備相當規模的左右六護軍府，貞觀後罷之，篇中對此未有提及。原注引《齊職儀》追述了「典軍」之名的由來。若論親事、帳內二府的淵源，則似乎還應上溯到西晉初年為諸王領兵所置的上、中、下三軍；典軍之職的前身，亦當是領諸王上、中、下三軍的將軍。

親王國國官，雖同為親王而設，與王府官屬卻是兩個官系。它始於漢初的諸侯王國官，其建置則模仿朝廷，即《後漢書・百官志》所言王國「百官皆如朝廷」，所以亦設丞相、御史大夫、中尉、廷尉、少府、衛尉、郎中令、宗正、博士、太僕等，大凡朝廷的三公九卿之類，都能在王國找到對應的建置。漢景帝時，令諸王不得治民，並裁併諸王的官屬。與此同時，王府官屬的職能亦逐漸轉向以監輔諸王為主。此後王國逐漸與地方分開，其官屬的職能，以理內部事務為主。至西晉，便形成了以郎中令、中尉、大農三卿和典書、典祠、典衛、學官四令為主體的王國官屬體制，東晉六朝及北朝大體沿襲這個格局。在南朝，皇子封王後，若不授予戎號，便不能開府置佐吏，但可建立王國官屬；授予將軍號、兼任地方刺史時，才可開府並置官屬。篇中所敘唐代王國官屬所承即前朝舊制，職掌僅為王國內部庶務，王國經濟的主要來源，是依制徵自食實封戶的租賦。唐代親王食封制前後變化較大，我們在相關注釋和章末說明中有所介紹。

篇末的公主邑司，是與親王國官相並列的官制體系。其官屬亦僅處理邑司內部庶務，以及徵收公主封戶的租調收入等。正文及原注都較簡略，唯原注中有「神龍初，公主府並同王府置官屬」一句值得注意。據《通典・職官十三》，其時有太平、長寧、安樂、宜城、新都、定安、金城七公主開府置官屬，視同親王。《新唐書・諸帝公主傳》又稱：太平、安樂、長寧三公主府第皆「給衛士，環第十步一區，持兵呵衛，僭肖宮省」。此制存在四年多時間，至景雲初廢。唐代在中宗、睿宗時期，諸公主的政治、經濟勢力可謂盛極一時，至玄宗即位則急遽衰落。對這一歷史現象，以往史著僅載其果而未敘其因，論者亦少有涉及。我們聯繫唐代前期王朝高層各種政治勢力消長起落諸多因素，在章末作了一點探討性的說明，容或有失當之處，意在引起讀者探究興趣，以求對歷代王朝中公主這一群體有一個明晰的認識，進而對帝王制度的本質有更深一層的瞭解。

一

親王親事府：典軍二人，正五品上❶。《齊職儀》❷：「諸公領兵，職局有庫典軍七職二人，倉典軍七職二人❸，又有船官典軍、茭箬典軍、樵炭典軍❹等員。」皇朝因其名而置❺，多以文官及流外為之❻。

副典軍二人，從五品上。

執仗親事十六人，正八品上。

執乘親事十六人，正八品上。已上並皇朝置❼。

親王帳內府：典軍二人，正五品上。《齊職儀》：「諸公領兵，職局有車廄典軍五品二人，馬典軍五品二人❽，又有庫倉典軍、炭屯典軍、樵屯典軍❾。」皇朝因其名而置。

副典軍二人，從五品上；府一人，史一人❿，帳內六百六十七人。並皇朝置。

親事府典軍副典軍掌領校尉已下守衛陪從事。

執仗掌執弓仗。

執乘掌供騎乘。

親事掌儀衛事。

校尉、旅帥、隊正、隊副掌領親事陪從⓫。

帳內府典軍、副典軍掌領校尉已下儀衛陪從事⓬。

帳內掌儀衛⓭。

校尉、旅帥、隊正、隊副掌領帳內陪從事。

【章　旨】敘述諸王之親事府、帳內府所屬典軍、副典軍和執仗、執乘、親事等定員、品秩、沿革與職掌。

【注　釋】❶正五品上　《舊唐書・職官三》親王親事府員品條亦列為「正五品上」，其〈職官一〉總序本注則云：「《永徽令》親王典軍從四品下，《垂拱令》改入五品也。」❷齊職儀　書名。《隋書・經籍志》著錄有《齊職儀》五十卷，齊長水校尉王珪之撰。《南齊書・王逡之傳》載有其姪中軍參軍王顥於永明九年（西元四九一年）所上啟文，言及此書撰作經過。文中稱：「臣亡父故長水校尉珪之，以宋元徽二年（西元四七四年），被敕使纂集古設官歷代分職，凡在墳策，必盡詳究。是以等級掌司，咸加編錄；黜陟遷補，悉該研記。述章服之差，兼冠佩之飾，屬值啟運，軌度惟新。故太宰臣淵奉宣敕旨，使速洗正。刊定未畢，臣私門凶禍。不揆庸微，謹冒啟上，凡五十卷，謂之《齊職儀》。仰希永升天閣，長銘秘府。」詔付秘閣。❸諸公領兵職局有庫典軍七職二人倉典軍七職二人　諸公領兵，指太尉、司徒、司空三公加有戎號開府置佐者。職局，解釋有異。陳仲夫點校本將二字破點。使之分屬於上下句，即為「諸公領兵職，局有庫典軍……」。周一良先生〈從禮儀志考察官制〉一文（收入《魏晉南北朝史論集・續編》）引《宋書・禮儀志》「左右職局齊幹已上，朱服、武冠」句，則以為「職局」係職官名。二解恐均非。職局，當係領兵諸公所置官署泛稱，猶今言其辦事機構。故應以「諸公領兵職局」為句。庫典軍、倉典軍，皆為官名。指分別掌管庫或倉之典軍。古倉、庫有別：倉儲穀物，圓曰囷，方曰倉；庫則藏納財物。七職，其義難詳，或指其管轄範圍，或為衍文。❹船官典軍茭簹典軍樵炭典軍　分別掌管舟船、茭簹、樵炭之三類典軍。茭簹，當是餵飼牲口之草料，《書・費誓》即有「峙乃芻茭」之句。樵炭，採樵條木和燒製木炭。下文親王帳內府員品條原注引《齊職儀》有「炭屯典軍」、「樵屯典軍」，便是將採樵與燒炭分為兩類役事，並分別設置典軍以統之。❺皇朝因其名而置　唐因南朝齊設典軍之名，於親事府和帳內府亦置典軍。唐任典軍職見於史傳者，如楊道整，《舊唐書・太宗諸子・蜀王愔傳》載：「愔在州數遊獵，不避禾稼，深為百姓所怨。典軍楊道整叩馬諫，愔曳而捶之。永徽元年（西元六五〇年）〔愔〕為御史大夫李乾祐所劾」，高宗深責之，「又引楊道整勞勉之，拜為匡道府折衝都尉，賜絹五十匹。貶愔為黃州刺史」。❻多以文官及流外為之　近衛校正德本此句：「據唐志，『文』當作『武』。」是。親事府之典軍、副典軍皆屬武官。流外，指不列入九品，由雜途出身之官員。《唐律疏議・職制律》役使所監臨條疏議曰：「流外官者，謂諸司令史以下，有流外告身者。」❼已上並皇朝置　據下一條帳內府員品條列有「帳內六百六十七人」文例，此句之上亦應有親事員數。本卷卷目有「親事三百三十三人」。❽車廄典軍五品二人馬典軍五品二人　前後二「五品」共四字，疑為衍文。車廄典軍和馬典軍之職，相當於東宮太子僕寺之廄牧署，掌車乘與馬匹。❾又有庫倉典軍炭屯典軍樵屯典軍　句中「庫倉」南宋本作「醞倉」。醞倉典軍，掌府內醞醢之事。炭屯典軍、樵屯典軍，則分別掌管燒炭與採樵，以供府需。❿史一人　卷首目錄作「二」人，《新唐書・百官志》亦為二人。當改。⓫校尉旅帥隊正隊副掌領親事陪從　依下句「帳內府典軍、副典軍掌領校尉以下儀衛陪從事」文例，此句末亦應補一「事」字。校尉、旅帥、隊正、隊副，為親事之各級長官。據《新唐書・百官志》，校尉從七品下，旅帥從八品上，隊正正九品下，副隊正從九品下。校尉、旅帥、隊正之名起於隋。隋軍隊武官有大都督、帥都督、都督，並為散官。煬帝改大都督為校尉，帥都督為旅帥，都督為隊正。唐諸衛左右翊中郎將府及折衝都尉府皆設此數職，並置於親王親事府以掌領親事。唐制，親事由六品、七品子充任，服役於親王府。其員數，本卷目錄列為三百三十三人。編制為五十人一隊，置隊正、隊副各一人，二隊置旅帥一人，二旅置校尉一人，亦即一團。下文帳內府六百六十餘帳內，編制亦準此。⓬帳內府典軍副典軍掌領校尉已下儀衛陪從事　依上條親事府典軍副典軍職掌文例，此句當單列一行。⓭帳內掌儀衛　依上文親事府親事職掌條文例，此句末尾當補一「事」字。

【語　譯】親王親事府：典軍，定員二人，品秩為正五品上。《齊職儀》記載：「諸公如果領兵，辦事機構中設有庫典軍〔七職〕二人，倉典軍〔七職〕二人，還有船官典軍、茭箸典軍、樵炭典軍等編員」。本朝因襲「典軍」這一官名設置了此職，大都由文（武）官和流外官擔任。

副典軍，定員二人，品秩為從五品上。

執仗親事，定員十六人，品秩為正八品上。

執乘親事，定員十六人，品秩為正八品上。〔親事，定員為三百三十三人。〕以上幾種官職，都是本朝設置。

親王帳內府：典軍，定員二人，品秩為正五品上。《齊職儀》記載：「諸公若是領兵，辦事機構中有車廄典軍〔五品〕二人，馬典軍〔五品〕二人，另外還有庫（醞）倉典軍和炭屯典軍、樵屯典軍。」本朝因襲「典軍」這一官名設置了此職。

副典軍，定員二人，品秩為從五品上；府，定員一人；史，定員一（二）人；帳內，定員六百六十七人。都是本朝設置。

親事府典軍、副典軍的職掌是，統領校尉、旅帥、隊正等以及他們所帶領的親事，執行守衛和陪從親王等事務。

執仗親事的職務是守衛時執持弓箭兵仗。

執乘親事的職務是提供馬匹和車乘。

親事掌管儀衛方面的事務。

校尉、旅帥、隊正、隊副的職掌是，帶領所屬的親事，執行有關守衛和陪從等〔事務〕。

帳內府典軍、副典軍的職掌是，統領校尉、旅帥、隊正等以及他們所帶領的帳內，執行儀衛和陪從親王等事務。

帳內掌管有關儀衛〔的事務〕。

校尉、旅帥、隊正、隊副的職掌是，帶領所屬的帳內，執行有關儀衛和陪從親王等事務。

【說明】本書正文敘述大多依開元之制，原注則往往尋根探源，詳述其沿革軌跡。本章原注卻似乎有些例外：僅引錄《齊職儀》說明諸王若領兵，則其職局設有諸類典軍；既未追溯西晉初期諸王都依制擁有自己的軍隊，也未提及唐初諸王各設有頗具規模的護軍府。這種編排是出於有意的省略或無意的疏忽，我們當然不便妄加臆斷，僅僅作為一種閱讀感想倒也不妨提出來：是否與當時諸王的處境有關。本書成於開元後期，其時諸王都已在「十王宅」被「優容」起來，實際上處於被軟禁狀態（詳本卷一篇一章末說明）。他們連與王府官屬見面的權利也被取消了，遑論擁有一支軍隊！玄宗自己便是先後經過兩次武裝政變登上皇位的，他自然最懂得刀把子可以出皇權這個道理。不難想像，當時談論為諸王設置軍隊無形中已成了一個禁區。如果真是這樣，那麼原注作者繞過這個敏感地帶，似也不失為明智之舉。

但在歷史上，諸王的封國卻是曾經擁有軍隊的。《晉書・地理志》稱：「武帝泰始元年（西元二六五年）封諸王，以郡為國。邑二萬戶為大國，置上、中、下三軍，兵五千人；邑萬戶為次國，置上軍、下軍，兵三千人；五千戶為小國，置一軍，兵千五百人。王不之國。官於京師。罷五等之制，公、侯邑萬戶以上為大國，五千戶以上為次國，不滿五千戶為小國。」文中「罷五等之制」，指封號減為只有王、公、侯三等。晉時不僅大、中、小王國有軍隊、公與侯亦有：郡公領兵如小國，一千五百人；郡侯稍減，為一千一百人；縣王領兵如郡侯，亦一千一百人。當時並沒有規定諸王立即之國，王不之國而為官於京師者，則為之置守土，大國一百人，次國八十人，小國六十人。太康元年（西元二八〇年）東吳末帝孫皓被攻滅後，晉終於實現了全國大統一。晉武帝作為晉王朝的第一個皇帝，很自然地又想到了要以加強同姓諸王來支撐自己（此意詳見本篇一章末說明），而地方州郡則被視為異己力量，亟需削弱。他在詔書中把東漢末年的紛亂及三國爭強，歸因於「刺史內親民事，外領兵馬」，因而以為如今天下為一，須「悉去州郡兵，大郡置武吏百人，小郡五十人」（《資治通鑑·晉紀三》）。此時朝廷上下在考慮如何維護國運久遠時，亦有不少人想到要效仿三代，用加強王國來屏藩王室，如淮南相劉頌便是其中一個。他在奏疏中反覆闡釋只有兼建諸侯，才能「深根固蒂則祚延無窮」。他認為「今雖一國周環近將千里，然力實寡，不足以奉國典」，因而主張「宜令諸王國容少而軍容多」（《晉書·劉頌傳》），即增強諸王的軍事實力，以逐步恢復三代的封國制度。此後便出現了州郡無兵而諸王擁軍坐大這樣一種局面。晉武帝去世後，宮廷內部的權力爭奪，與諸王的相繼以武力介入相交錯，演出了一幕幕所謂「八王之亂」。而諸王所憑藉的正是他們的「國兵」，如《晉書·長沙王乂傳》：「〔楚王〕瑋既誅，乂以同母，貶為常山王。三王之舉義也，乂率國兵應之。」此時中央政權幾近瓦解，連宮廷宿衛亦只好依靠「國兵」了。如《晉書·東海王越傳》：「以東海上軍將軍何倫為右衛將軍，王景為左衛將軍，領國兵數百人宿衛。」長達十六年之久的「八王之亂」，最後導致了西晉的滅亡和晉室的南渡，但王國置軍的制度，還是被延續了下來。《宋書·百官志》稱：「宋氏以來，一用晉制，雖大小國，皆有三軍。」如柳元景，早年曾「補江夏王國中軍將軍，遷殿中將軍」（《宋書》本傳）。齊時諸王亦設「上軍、中軍、下軍三軍」（《南齊書·百官志》），有蕭景先，他的父親蕭景宗曾任「始興王國中軍」，他本人亦是「解褐為海陵王國上軍將軍，補建陵令」（《南齊書》本傳）。梁在王公國設置將軍。北魏王公國有上、中、下將軍，其品秩，太和二十三年（西元四九九年）復次職令定為從第九品上。北齊王、公國屬官中，亦設有上、中、下將軍各一人，其品秩，據《隋書·百官志》亦列從第九品上。

唐初武德時諸王領有軍隊，這自然與他們曾經帶兵為建立唐王朝而征戰的經歷有關，其所轄軍府規模之大，則是有唐一代僅見的。《新唐書·百官志》稱：「秦王、齊王府置左右六護軍府、左右親軍府、左右帳內府。左一、右一護軍府，護軍各一人，副護軍各二人，長史、錄事參軍事，倉曹、兵曹、鎧曹參軍事各一人，統軍各五人，別將各一人（『一人』似是『十人』之誤。下文二護軍、三護軍有『減統軍三人，別將六人』，則左、右一護軍別將當有『各十人』——引者）。左二、右二護軍府，左三、右三護軍府，減統軍三人，別將六人。左、右親軍府，統軍各一人，長史各一人，錄事參軍事、左別將、右別將各一人。帳內府職員，與護軍府同。又有庫直，隸親事府；驅咥直，隸帳內府。選材勇為之。」在護軍府、親軍府、帳內府這三府中，最重要的是護軍府。在秦王李世民護軍府任職者，如尉遲敬德，曾先後任右一府統軍，左二副護軍；秦叔寶，曾任右三統軍；程知節，曾任左三統軍，並領左一馬軍總管；段志玄，曾任右二護軍。後來李世民在發動玄武門政變時，軍事上所依仗的便是這批護軍府將領。政變勝利，齊王府的諸軍府自然隨之瓦解，而秦王府所屬六護軍府的將領，則隨著李世民的先後入主東宮和即皇帝位，而相繼成為十率府和諸衛的掌管者。當太宗李世民重新為諸王軍府確定建置時，他就取消了左、右六護軍府，這便是上面引過的《新唐書・百官志》接下去的記載：「貞觀中，庫直以下（似應是『以上』）皆廢。親事府有府一人，史二人；執仗親事十六人，執弓仗；執乘親事十六人，掌供騎乘；親事三百三十人。帳內府有府一人，史一人，帳內六百六十七人。」其中的變更，除不再設置護軍府外，還包括：㈠改稱親軍府為親事府；㈡親事府、帳內府不再分左、右；㈢二府內的屬官及其職掌、員額，都作了簡省或調整。變更的總的意圖是使諸王府不再具備任何實際的軍事能力，親事、帳內的職能只是親王的守衛和儀仗，而且二者加在一起不滿一千人，只相當於一個中等的折衝府的編員，而且事實上又常常是缺員的。親事、帳內又往往被轉化為親王的力祿，它與封戶同是親王收入的來源。親王有過失受處罰時，可以削減其封戶和親事、帳內。如高祖之子滕王元嬰，便曾「坐法削戶及親事及帳內之半」（《新唐書・高祖諸子・滕王元嬰傳》）。此制至玄宗，基本未變。只是玄宗時諸王不出閤，王府官屬既已成空名，所謂親事三百、帳內六百云云，自然更是「紙上談兵」。

二

親王國：國令一人，從七品下。隋置，皇朝因之[1]。

大農二人，從八品下。漢諸侯王國置大司農②。晉諸王國置大農，與郎中令、中尉為三卿③。宋、齊、梁、陳、北齊三國並有大農④，隋置一人，皇朝因之。

尉二人，正九品下。漢諸王國有王尉⑤，魏、晉、宋、齊、梁、陳、北齊並有中尉⑥，隋因為尉⑦，皇朝因之。

丞一人，從九品下；錄事一人，府五人，史十人。已上並皇朝置。

典衛八人。漢諸王國有衛士長，生衛士侍衛⑧。晉諸王國有典衛令⑨，宋、齊、梁、陳、北齊並有⑩。隋王國有典衛八人，皇朝因之。

舍人四人。陳、北齊王國皆有舍人⑪，隋王國有舍人四人，皇朝因之。

學官長一人。晉、宋、齊、梁、陳王國並有學官令⑫，隋有學官長，皇朝因之。

食官長一人，丞一人。宋、齊、梁、陳、北齊王國並有食官長⑬，隋親王國有食官長、丞各一人，皇朝因之。

廄牧長二人，丞一人⑭。漢諸侯王國有太僕，武帝改曰僕⑮。晉、宋王國置牧長，南齊、北齊為廄牧長，隋置長、丞各一人，皇朝因之。

典府長二人，丞二人。晉氏王國有典府丞⑯，梁、陳、北齊亦因之⑰。隋置長、丞各一人，皇朝因之。

國令、大農掌通判國司事。

國尉掌分判國司事。

國丞掌付事、勾稽，省署抄目，監印、給紙筆事⑱。

典衛掌守衛居宅事。

舍人掌供引納驅策事。

學官掌教授內人事。

食官掌營造膳食事。

廄牧掌知畜牧牛馬事。

典府掌知府內雜事。

【章旨】敘述王國之國令、大農、尉、丞和錄事、典衛、學官長、食官長等之定員、品秩、沿革和職掌。

【注釋】❶隋置皇朝因之　國令，新舊《唐書》官志均稱「令」。二稱隋時皆有。《隋書・百官志》：煬帝時「改國令為家令，自餘以國為名者，皆去之」。可知隋後期單稱「令」。此職沿革之淵源，可上溯至漢初諸王所置之郎中令。郎中令原為秦官，為宮廷郎中之長，漢因之，亦置於諸王國。王國郎中令為侍衛近臣，遇有大事，王常與之謀議。如《漢書》之〈高五王傳〉：齊王「與其舅駟鈞、郎中令祝午、中尉魏勃陰謀發兵」；〈文帝紀〉：周勃使人迎立代王（即後來文帝），代王與「郎中令張武等議」是否赴京師接受迎立。武帝時改郎中令為光祿勳，置於王國者如故，仍稱郎中令，唯其秩由二千石減為千石，後更為六百石，其屬官有大夫、郎、謁者等。東漢王國官亦有郎中令一人。晉時郎中令與中尉、大農合稱三卿，為王國官之長官。宋亦為三卿之一，列第六品，梁列第五班。北魏太和後制列第七品上，北齊同。隋列視從六品。唐此處列為從七品下，則是睿宗太極元年（西元七一二年）增，唐初較此更低。《舊唐書・職官志》稱：「親王國令，舊規，流內正九品，太極年改。」

❷漢諸侯王國置大司農　據《宋書・百官志》，漢時改諸侯王國之司農為「大農」。❸晉諸王國置大農與郎中令中尉為三卿　《晉書・職官志》及《宋書・百官志》皆稱：晉「有郎中令、中尉、大農三卿」。晉制承東漢，略有變更。據《後漢書・百官志》，東漢置「中尉一人，比二千石。本注曰：職如郡都尉，主盜賊。郎中令一人，僕一人，皆千石。本注曰：郎中令掌王大夫、郎中宿衛，官如光祿勳。自省少府，職皆并焉。僕主車及馭，如太僕。本曰太僕，武帝改，但曰僕，又皆減其秩。」故東漢三卿當為都尉、郎中令、僕。至晉省僕，恢復大農，這可能與西晉王國有佔田之制相關。《晉書・食貨志》稱：「及平吳之後，有司有奏：詔書王公以國為家，京城不宜復有田宅。今未暇作諸國邸，當使城中有往來處，近郊有芻藁之用。今可限之，國王公侯，京城得一宅之處。近郊田，大國田十五頃，次國十頃，小國七頃。城內無宅城外有者，皆聽留之。」這是對諸王在京城近郊可佔田數之限額，其在封國佔田之規模自當更大。諸王三卿中，以郎中令為首。《晉書》諸傳有任郎中令者之記載，如西晉末，有陸雲，曾任吳王晏郎中令；東晉末，有王鎮之、張禕，皆曾任琅邪王郎中令。及琅邪王繼位為東晉最後一個皇帝即恭帝，宋公劉裕（即後來南朝宋建立者宋武帝）「以禕帝之故吏，素所親信，封藥酒一甖付禕，密令鴆帝。禕既受命而歎曰：『鴆君而求生，何面目視息世間哉，不如死也！』因自飲之而死」。❹宋齊梁陳北齊三國並有大農　句中「三」字據廣雅本當作「王」。又近衛校正德本此句以為「『陳』下疑脫『後魏』」。宋諸王國並置三卿，大農即為三卿之一，品列第六。齊諸王國官中郎中令、中尉、大農為三卿。梁王國官亦置郎中令、中尉、大農，其皇弟、皇子國大農品列第四班，嗣王國大農為三班。陳皇弟皇子國郎中令、大農、中尉並秩六百石，第八品。北魏皇子國大農列從第六品上，王公國大農則為從第七品上。北齊皇子王國亦三卿並置，皇子國大農列從六品上，王公國大農則列從第七品上。❺漢諸王國有王尉　句末「王尉」，據《漢書・百官公卿表》，當作「中尉」。西漢諸侯王國皆設中尉，初由王國自置，景帝後改由朝廷代置。其間曾一度廢，成帝時復置，其事記於《漢書・何武傳》所載武與丞相翟方進共奏言：「『往者諸侯王斷獄治政，內史典獄事，相總綱紀輔王，中尉備盜賊。今王不斷獄與治政，中尉官罷，職并內史，郡國守相委任，所以一統信安百姓也。今內史位卑而權重，威職相踰，不統尊者，難以為治。臣請相如太守，內史如都尉，以順尊卑之序，平輕重之權。』制曰：『可』，以內史為中尉。」中尉之職，《漢書・百官公卿表》記為「掌武職」。西漢時中尉位比傅、相，秩二千石。《漢書・文三王傳》稱：「傅、相、中尉，皆輔正為職。」《漢舊儀》載：「相、中尉、傅不得與國政，輔王而已。當有為，移書告內史。」漢武帝時，改朝廷中尉為執金吾，而置於王國之中尉仍稱原名。中尉之職，亦見於封泥。如城陽中尉，見《續封泥考略》，菑川中尉、淮南中尉，見《續封

泥考略》。東漢沿置。《後漢書·百官志》：「中尉一人，比二千石。本注曰：職如郡都尉，主盜賊。」劉昭注引《東觀書》曰：「其紹封削絀者，中尉、內史官屬亦以率減。」❻魏晉宋齊梁陳北齊並有中尉 近衛校正德本此句：「『陳』下疑脫『後魏』。」《宋書·百官志》載：晉、宋並有中尉一人。《南齊書·百官志》則列中尉為國官三卿之一。《隋書·百官志》載梁之國官有中尉，皇弟皇子國中尉品列三班。陳沿梁制，其品列第八，秩六百石。北齊王國官亦置中尉一人，皇子國中尉列第七品上，王、公國中尉則為第八品。❼隋因為尉 據《隋書·百官志》隋改中尉為尉，員二人。❽漢諸王國有衛士長生衛士侍衛 句中「生」當係「主」字之訛。南宋本及《職官分紀》卷三二引《唐六典》原注此句俱作「主」。《後漢書·百官志》王國官屬中有「衛士長。本注曰：主衛士」。❾晉諸王國有典衛令 《宋書·百官志》及《晉書·職官志》皆稱：晉諸國官置典衛令一人。❿宋齊梁陳北齊並有 宋、齊沿晉制，諸王國置有典書、典祠、典衛、學官四令。梁，據《隋書·百官志》則置典書令、學官令、典衛令三令，皇弟、皇子國之三令皆列流外七班之第五班，嗣王國三令為四班，蕃王國三令為三班。陳依梁制。北魏，太和後制置有典書、典祠、學官、典衛四令，皇子典衛令從九品上，王公則無典衛令。北齊，《隋書·百官志》稱其因北魏之制，諸王國亦置典衛等四令，皇子典書令列第九品上，典衛令當亦同此。⓫陳北齊王國皆有舍人 此職始置當早於陳。如《宋書·百官志》、《晉書·職官志》皆稱晉、宋時，王國已有舍人十員，《隋書·百官志》亦有梁置王國舍人之記載。北齊王國舍人定員為十人。⓬晉宋齊梁陳王國並有學官令 此職除所列諸朝有設外，北魏、北齊亦置。《魏書·官氏志》北魏孝文帝太和二十三年（西元四九九年）復次職令，皇子學官令列從九品上。《隋書·百官志》：北齊王國有學官令一人。⓭宋齊梁陳北齊王國並有食官長 句首「宋」字疑衍。《宋書·百官志》所載晉、宋王國俱無「食官長」之名。《南齊書·百官志》王國官則有「食官、廄牧長」；《冊府元龜》卷七〇八宮臣部總序稱：齊因宋制並「增置食官、廄牧長」。可知此職為齊所增置，宋時尚無。梁因齊制。《隋書·百官志》稱梁諸王國官亦置食官長。陳因梁制。北齊亦因梁制，置食官、廄牧長各一人。⓮丞一人 本卷卷目及南宋本、《職官分紀》卷三二引《唐六典》原注此句皆作「丞二人」，新舊《唐書》官志亦同。

⓯漢諸侯王國有太僕武帝改曰僕 《漢書·百官公卿表》稱：諸侯王「群卿大夫都官如漢朝」。都官，亦稱中都官。指直屬朝廷之官署。此處則指直接侍奉諸王之官，其中包括太僕。同書又云：「武帝改太僕曰僕，秩亦千石。」武帝，西漢皇帝劉徹，在位五十三年，終年六十九歲。東漢亦稱僕。《後漢書·百官志》：「僕，主車及馭，如太僕。本注曰：太僕，比二千石，武帝改，但曰僕，又皆減其秩。」《漢書·武帝五子傳》載昌邑王賀有僕壽成。賀奉霍光召至長安，「到霸上，大鴻臚郊迎，騶奉乘輿車。王使僕壽成御，郎中令遂參乘」。⓰晉氏王國有典府丞 《晉書·職官志》稱晉王國官有典府。《宋書·百官志》

亦載晉、宋王國有典府丞各一人。⑰梁陳北齊亦因之　據《隋書・百官志》，梁、陳王國官設典府丞，北齊亦設典府丞二人。⑱國丞掌付事勾稽省署抄目監印給紙筆事　《舊唐書・職官志》作「國尉、國丞掌判國司，勾稽監印事」。付事，將公文公事發付與相關官署或官員辦理。勾稽，指糾查國司諸事有無違失或延誤日程。省署抄目，指省察和抄錄國司收發文書目錄。監印，掌管王國印信。又，此條勾稽以下諸事本屬主簿職掌，國官不設主簿，故亦由丞主之。

【語　譯】親王國：國令，定員一人，品秩為從七品下。隋朝設置，本朝因仍隋制。

大農，定員二人，品秩為從八品下。漢代諸侯王國設有大司農。晉朝諸侯王國設置大農，與郎中令、中尉並列為三卿。南朝宋、齊、梁、陳和〔北魏、〕北齊的三〔王〕國，都設有大農。隋朝亦設置，定員是一人。本朝因仍隋制。

尉，定員二人，品秩為正九品下。漢代諸侯王國設有王〔中〕尉。魏、晉和南朝宋、齊、梁、陳以及北齊，都設有中尉。隋朝因襲這一官制，職名則改為尉。本朝因仍隋制。

丞，定員一人，品秩為從九品下；錄事，定員一人；府，定員五人；史，定員十人。以上都是本朝設置。

典衛，定員八人。漢代各王國都有衛士長，生〔主〕管衛士侍衛。晉朝各王國設有典衛令，南朝宋、齊、梁、陳以及北齊亦都有典衛令。隋朝王國官有典衛八人，本朝因仍隋制。

舍人，定員四人。陳和北齊的諸侯王國官中，都有舍人。隋朝各王國亦設有舍人，定員四人。本朝因仍隋制。

學官長，定員一人。晉和宋、齊、梁、陳的王國官，都設有學官令。隋朝設有學官長，本朝因仍隋制。

食官長，定員一人；丞，定員一人。〔宋、〕齊、梁、陳和北齊的王國都設有食官長。隋親王的國官有食官長、丞各一人。本朝因仍隋制。

廄牧長，定員二人；丞，定員一〔二〕人。漢代諸侯王國設有太僕，漢武帝時改稱為僕。晉和宋的王國官設有牧長，南齊和北齊則稱廄牧長。隋的王國官有廄牧長、丞各一人。本朝因仍隋制。

典府長，定員二人；丞，定員二人。晉代的王國官設有典府丞。梁、陳和北齊亦因襲而設有此職。隋朝王國官有典府長、丞各一人。本朝因仍隋制。

國令與大農的職掌是，統管王國各官司的事務。

國尉分管王國各官司的某些事務。

國丞掌管下達具體事務以及勾檢稽失、省署公文抄目、監管印信和供給紙筆等事。

典衛負責守衛居宅方面的事。

舍人掌管引進供給親王驅使差遣人員方面的事。

學官負責教授王府內部人員方面的事。

食官掌管製作膳食方面的事。

廄牧掌管王府畜牧和牛馬方面的事。

典府負責王府勤雜事務。

【說　明】本章所言王國官屬與前已敘述的親王三府的官屬，既有聯繫又有區別。它們可說是一個主子兩套班子：王府為親王所設的府衙，而王國則是其受封地的行政建置。因而在沿革上，二者同是起始於漢初。

嬴秦失政，群雄逐鹿，最後演變為楚漢相爭。漢王劉邦為了孤立西楚霸王項羽，分封韓信、彭越、英布等非劉姓王，共有八人。待到項羽敗亡，異姓王的繼續存在只會對漢室造成威脅，因而先後被一一翦除。接著又分封同姓子弟九人為王，以拱衛初建的劉漢王朝。高祖劉邦死後不久，出現了諸呂專權的局面，同姓諸王在平定諸呂勢力中起了極重要的作用：先由齊王發難於外，又由周勃、陳平接應於內，最後迎立代王入主朝廷，即位為文帝。漢高祖在尊王子弟時，曾刑馬而盟：「非劉姓而王者，天下共擊之。」（《漢書・王陵傳》）也許在他看來，同姓的可信度總要超過異姓。事實卻是，諸呂平息，諸王勢力卻迅速膨脹，對中央政權的威脅並不亞於異姓王。單就疆域而言，諸王封國要遠遠超過朝廷直轄地區：「自雁門、太原以東，盡遼陽，為燕、代；常山以南，太行左轉，度河、濟，漸于海，為齊、趙；穀、泗以往，奄有龜、蒙，為梁、楚；東帶江、湖，薄會稽，為荊、吳；北界淮瀕，略廬、衡，為淮南；波漢之陽，亙九嶷，為長沙。」而朝廷直轄疆域則僅「有三河、東郡、潁川、南陽，自江陵以西至巴蜀，北自雲中至隴西，與京師內史，凡十五郡」，而且「公主、列侯頗邑其中」（《漢書・諸侯王表・序》）。諸王國又得以自行設置官屬，無異於在關東的中原大地上，崛起了一個個與中央分庭抗禮的小朝廷。因而終文、景二朝，如何「削藩」，也就是削減封國的疆域，抑制其勢力的發展，一直是中央政權存亡攸關的一件大事。其間發生的吳、楚七國之亂，更使西漢王朝付出了沉重的代價。削藩問題獲得實質性的解決，是在平定七國之亂以後。其措施一是削減王國疆域。辦法是主父偃提出來的所謂「推恩」之議，即令諸王將封地再「推恩」分封於自己眾子弟，實際上就是將諸封國「化整為零」。他在奏議中說：「古者諸侯地不過百里，強弱之形易制。今諸侯或連城數十，地方千里，緩則驕奢，易為淫亂；急則阻其強易合縱，以逆京師。今以法割削，則逆節萌起，前日鼂錯是也。今諸侯子弟或十數，而適（同『嫡』）嗣代立，餘雖骨肉，無尺地之封，則仁孝之道不宣。願陛下令諸侯得推恩分子弟，以地侯之。彼人人喜得所願，上以德施，實分其國，必稍自銷弱矣。」（《漢書．主父偃傳》）如果說，鼂錯的削藩之舉是一把硬刀子，因而激起七國叛亂的話，這回主父偃的「推恩」說卻是一把軟刀子，使得諸王無由不接受。武帝採納了這一建議，結果收到了成效。二是精簡王國官屬，並規定要由朝廷任命，不得自行設置。《漢書．百官公卿表》稱：「景帝中五年（西元前一四五年），令諸侯王不得復治國，天子為置吏，改丞相曰相，省御史大夫、廷尉、少府、宗正、博士官，大夫、謁者、郎諸官長丞皆損其員。武帝改漢內史為京兆尹，中尉為執金吾，郎中令為光祿勳，故王國如故。損其郎中令，秩千石；改太僕曰僕，秩千石。成帝綏和元年（西元前八年）省內史，更令相治民，如郡太守，中尉如郡都尉。」這樣，郎中令便成為國官的最高長官，王國官與地方行政分離，僅掌管理王國內部事務之職，諸侯王已無任何實質性政治權力可言，只有在接受朝廷監管的前提下，從封地獲得衣食租稅藉以生存。

魏晉以後的王國之制，大體都是上述西漢末期定制的沿襲，如晉武帝時，「非皇子不得為王，而諸王之支庶，皆皇家之近屬至親，亦各以土推恩受封」（《通典．職官十三》）。但猶如我們在上章之末的說明中已介紹的那樣，晉武帝將東漢末年的禍亂歸因於地方擁兵自大，故而又有了罷州郡之兵和為王國置軍之舉。此制宋、齊基本沿用，至梁而有所改變。《通典．職官十三．歷代王侯封爵》稱：梁「王國置傅相、郎中令、將軍、常侍、典書令、典衛長。典祠以下，自選備上。諸官多同前代。若王加將軍開府，則置長史、司馬及記室、掾屬、祭酒、主簿、錄事等官屬」。這就有了國官與加將軍號後才得以開府的州鎮幕府這樣兩個機構兩套班子。國官僅負責王國內部事務，州鎮幕府則是受朝廷委派處理軍務和地方行政事務。陳沿梁制，且作了明確規定：「凡親王起家則為侍中，若將軍，方得有佐史，無將軍則無府，止有國官。」（同上）陳文帝次子始興王伯茂，便是按上述規定做的一例。《陳書・世祖九王》載：「舊制諸王受封，未加戎號者，不置佐史，於是尚書八座奏曰：『夫增崇徽號，飾表車服，所以闡彰厥德，下變民望。第二皇子新除始興王伯茂……宜加寧遠將軍，置佐史。』詔曰：『可。』尋除使持節，都督南琅邪、彭城二郡諸軍事，彭城太守。」隋唐的國官制度，便是承襲梁、陳之制，王府僚屬和王國屬官為兩個官系，國官的地位則更為低微，以至在史著的諸列傳中，已很少能見到任此等職事者的具體記載。很可能本章所列述的這些建置，大多只停留在典籍上，人員的實際配置，不可能那麼完整和齊全。

三

公主邑司：令一人，從七品下。《漢書・百官表》❶：「宗正屬官有公主家令❷。」公主所食曰「邑❸」。晉大康中，為長山長公主置家令一人❹。宋、齊已後，時有其職❺。隋氏復置❻，皇朝因之❼。神龍初，公主府並同王府置宮屬，景雲初罷之❽。

丞一人，從八品下。《晉起居注》❾云：「太康十一年❿，詔曰：『南郡公主家令丞缺，何以不補？』」隋有其職，皇朝因之。

錄事一人，從九品下。皇朝因隋置。

公主邑司官各掌主家財貨出入、田園徵封之事⓫。其制度皆隸宗正焉⓬。

【章旨】敘述公主邑司令、丞、錄事之定員、品秩、沿革和職掌。

【注釋】❶漢書百官表　即《漢書・百官公卿表》。《漢書》，東漢班固撰，我國第一部紀傳體斷代史。〈百官公卿表〉為其八表之一，敘述秦漢官制沿革。❷宗正屬官有公主家令　宗正，秦官，兩漢沿置。掌管皇族和外戚事務之官署。《後漢書・百官志》：「宗正，卿一人，中二千石。本注曰：掌序錄王國嫡庶之次，及宗室親屬遠近。」公主家令，兩漢均有此官。同上書：「諸公主，每家令一人，六百石；丞一人，三百石。本注曰：其餘屬吏增減無常。」劉昭注引「《漢官》曰：主簿一人，秩六百石；僕一人，秩六百石；私府長一人，秩六百石；家丞一人，三百石；直吏三人，從官二人。」《東觀書》曰：「其主薨無子，置傅一人，守其家。」王先謙《後漢書集解》引李祖楙曰：「漢時長公主官屬，異于諸公主。《漢官儀》曰：長公主官屬傅一人，員吏五人，騶僕射五人，私府長、食官長、永巷令、家令各一人，所注不同。」以上記載互有詳略異同，亦可證公主屬吏「增減無常」。❸公主所食曰邑　公主食封之地稱邑。邑，原指都邑。《左傳・莊公二十八年》：「凡邑，有宗廟先君之主曰都，無曰邑。」此處則與親王封地國相對而言。邑、國古亦可通。如《左傳・桓公十一年》：「君次于郊郢，以御四邑。」杜預注：「邑，亦國也。」《漢書・百官公卿表》則用以分別指稱不同受封者之地：「列侯所食縣曰國，皇太后、皇后、公主所食曰邑。」❹晉大康中為長山長公主置家令一人　大康，據嘉靖本當為「太康」。太康，晉武帝司馬炎年號。長公主，封號名。《後漢書・皇后紀》：「漢制，皇女皆封縣公主，儀服同列侯。其尊崇者，加號長公主，儀服同蕃王。」蔡邕《獨斷》曰：「帝女曰公主，姊妹曰長公主。」❺宋齊已後時有其職　宋、齊以下置此職見於記載者，如北魏，《通典・職官十三・歷代王侯封爵》：「公主有家令丞。本注曰：「高平公主薨，欲使公主家令居廬制服。太常博士常景曰：「婦人無專國之理。婦人為君，男人為臣，古禮所不載，則家令不得純臣，公主不得為正君，明矣。」乃寢。」」北齊，《隋書・百官志》：「諸公主則置家令、丞、主簿、錄事等員。」公主家令列第九品上。❻隋氏復置　《隋書・百官志》稱隋「大長公主、長公主、公主，並置家令，丞各一人，主簿謁者、舍人各二人等員。郡主唯減主簿員。」❼皇朝因之　唐因隋制。據《舊唐書・職官志》唐公主邑司令品秩，原為正八品，睿宗太極元年（西元七一二年）改為從七品下。❽神龍初公主府並同王府置宮屬景雲初罷之　句中「宮屬」，據南宋本應為「官屬」。神龍，唐中宗李顯年號。景雲，唐睿宗李旦年號。《唐會要》卷六稱：「神龍二年（西元七〇六年）閏正月一日，敕置公主設官屬。鎮國、太平公主，儀比親王，長寧、安樂，唯不置長史，餘並同親王。宜城、新都、定安、金城等公主，非皇后生，官員減半。其金城公主，以出降吐蕃，特宜置司馬。至景龍四年（西元七一〇年）六月二十二日，停公主府，依舊置邑司。唐隆元年（西元七一〇年）六月二十六日，敕：公主置府，近有敕總停。其太平公主有崇保社稷功，其鎮國、太平公主府即宜依舊。」《通典・職官十三》同載其事，時間亦為唐隆元年（西元七一〇年）六月，本注並引酸棗縣尉袁楚客奏記於中書令魏元忠曰：「女在內，男在外，男女有別，剛柔分矣，中外斯隔，陰陽著矣，豈可相濫哉？然而幕府者，大夫之職，非婦人之事。今諸公主並開建府僚，崇置官秩，若以女家處男職，所謂長陰而抑陽也，而望陰陽不愆（違誤），風雨無爽，其可乎？竊謂非致遠之計，乖久安之策。《書》曰：『事不師古，以克永世，匪說攸聞。』此之謂也。君侯不正，誰正之哉！」引文中「唐隆」為少帝李重茂年號。景龍四年、唐隆元年、景雲元年實為同一年，即西元七一〇年。❾晉起居注　書名。《隋書・經籍志》著錄有《晉起居注》三百一十七卷，南朝宋北徐州主簿劉道會撰。《舊唐書・經籍志》著錄則有三百二十卷。❿太康十一年　太康，晉武帝司馬炎年號。太康十一年，實為永熙元年（西元二九〇年）。是年四月武帝卒，惠帝繼位，即改元永熙。⓫公主邑司官各掌主家財貨出入田園徵封之事　公主邑司官，指邑司之令、丞和錄事。公主邑司官，主掌公主家財貨出入。如睿宗時，金仙、玉真二公主在侍中竇懷貞的支持下修造二道觀，後因群臣諫書頻繁而下令停建，在詔書中便有這樣的話：「其觀便充金仙、玉真公主邑司，令竇懷貞檢校所有財物，瓦木一事已上，附公主邑司收掌。」（《唐會要》卷五〇）田園徵封，指公主所受食實封租調之徵收。鑒於封邑戶數率多虛額，唐制須加食封者，方得真戶。初期曾有限，後常以寵幸親疏遞增，幾至失去節制。如高宗永淳前，親王食實封限額為八百戶，增至千為止；公主則不過三百，因太平公主有寵於武后，加五十戶。其後不斷躍增：武周聖曆時為三千戶，公主增至四千戶。中宗神龍時更高達一萬戶。《新唐書・諸帝公主傳》稱太平公主「田園徧近甸，皆上腴。吳、蜀、嶺嶠市作器用，州縣護送，道相望也。天下珍滋譎怪充於家，供帳聲伎與天子等。侍兒曳紈縠者數百，奴伯驅監千人，隴右牧馬至萬匹」。此外宜城、定安、新都等公主，有一千三百戶，安樂公主亦增至四千戶。同書稱其曾要求將昆明池作為私沼，睿宗因「先帝未有以與人者」而不允，她很不高興，便「自鑿定昆池，延袤數里。定，言可抗訂之也」。大抵中宗、睿宗時期，是唐諸公主經濟、政治勢力發展的鼎盛期，自玄宗滅太平公主後，諸公主之政治、經濟地位便迅速下降。開元新制，對公主食實封重新作出限制：「長公主封戶二千，帝妹戶千，率以三丁為限；皇子王戶二千，主半之。左右以為薄。帝曰：『百姓租賦非我有，士出萬死，賞不過束帛，女何功而享多戶邪？使知儉嗇，不亦可乎？』於是，公主所稟殆不給車服。」（《新唐書・諸帝公主傳》）⓬其制度皆隸宗正焉　指邑司之行事，皆由宗正寺管轄。此事宣宗大中五年（西元八五一年）八月，曾下過敕令：「敕公主邑司：擅行文牒，恐多影佔，有紊朝章。今後公主除緣徵封外，不得令邑司行文書，牒府縣。如緣公事，令邑司申宗正寺，與酌量事體施行。」（《唐會要》卷六）

【語　譯】公主邑司：令，定員一人，品秩為從七品下。《漢書·百官公卿表》記載：「宗正的屬官中有公主家令。」公主所食之封地稱「邑」。晉代太康年間，曾為長山公主設置家令一人。宋、齊以後，歷代有時亦設有此職。隋朝又設置公主家令，本朝因仍隋制。中宗神龍初年，公主亦開府，官屬設置類同親王府。到景雲初年又撤銷。

丞，定員一人，品秩為從八品下。《晉起居注》說：「太康十一年有一道詔書中問：『南郡公主家令丞缺位為什麼不選不補？』」隋代亦設有此職，本朝因仍隋制。

錄事，定員一人，品秩為從九品下。此職是本朝沿襲隋制設置。

公主邑司的官屬，各掌公主家的財貨出納，以及田園和封戶租賦的徵收等事務。有關邑司的行事制度，都隸屬於宗正寺管轄。

【說　明】本章原注雖將為公主設家令追溯到漢初，但歷代公主大多默默無聞，其行跡極少見諸史著。這種情況至唐而一變，以致《新唐書》也要為諸公主專闢列傳，開中國正史為諸公主修傳先河。對此似有必要作一簡略介紹。

據《新唐書·諸帝公主傳》載錄，自高祖至昭宗，共有公主二百零一人，略少於諸王子數。唐諸帝中生女最多的，當推玄宗，有二十九女。唐代前期諸公主中頗出了幾位聰靈強悍者，特別是太平、安樂二公主，多次介入宮廷權力角逐，欲與諸王子一爭高低。此外公主寡而一嫁再嫁，亦是常事；與多名男子淫亂，亦有數例。對於這個歷史現象，宋代朱熹以為「唐源流出于夷狄，故閨門失禮之事不以為異」(《朱子語類》卷一一六)。將之一概斥之為「失禮」，這是古人習見，在此不作討論。值得注意的是，朱熹的這段話道出了一個重要事實，那就是李唐宗室確實含有鮮卑血統，其早期的后族外家亦有出身於鮮卑族者，如高祖皇后竇氏、太宗皇后長孫氏，都出身於鮮卑貴族。高祖與竇氏所生的女兒便是平陽公主，《舊唐書》專為其列傳。高祖在太原起兵時，她不僅支持其夫柴紹急赴太原，自己也在鄠縣莊所「招引山中亡命，得數百人，起兵以應高祖」，且屢建奇功，「營中號曰『娘子軍』」。在平陽公主身上，不難看到那種源於游牧族的敢作敢為、矯悍善戰的性格。

但唐代前期諸公主政治、經濟勢力的擴展，以至在宮廷權力鬥爭中扮演重要角色，卻不能單從「唐源流出于夷狄」

中去獲得解釋。這需要聯繫唐王朝前期的整個歷史背景，聯繫諸多政治動因。這樣就不能不提到諸公主以外的另一個重要女性，那就是武則天。

從武則天在高宗永徽六年（西元六五五年）被立為皇后，此後高宗在位尚有二十九年，皇后武則天與高宗共同執政；高宗去世後，武則天又先後稱制、稱帝二十年，實際在位前後長達四十九年。武則天臨終時，「遺制祔廟、歸陵，令去帝號，稱則天大聖皇后」（《舊唐書》本紀）。也就是放棄了周的國號，復歸唐統。她的這一設想是經過長時間醞釀的，大致萌發於聖曆前後。其時武則天已年逾古稀，在內外交困而又心勞日拙的情勢下，不得不採取退而求其次的妥協方針，即如何把自己所生的李氏子孫李顯、李旦和太平公主等，與武氏之近親融和為一體，在繼續李唐世系的體制下，保留武氏家族作為外戚的地位。但其時先後即過帝位的李顯、李旦，前者被她廢為廬陵王，發落在房州，後者更處於幽閉中，如何不露痕跡地轉過彎子來去啟用他們，頗費躊躇。她的這段隱秘的心曲，卻早有一人在一旁揣透，那就是她的寵臣天官侍郎吉頊。恰好另外兩個寵臣張易之、張昌宗欲求「自安之策」，於是吉頊便對他們說：「『主上春秋既高，須有付託。武氏諸王，殊非屬意。明公欲能從容請建立廬陵及相王（指李旦），以副生人之望，豈止轉禍為福，必長享茅土之重矣。』易之然其言，遂乘間奏請。則天知頊首謀，召而問之，項曰：『廬陵王及相王，皆陛下之子，先帝顧託於陛下，當有主意，唯陛下裁之。』則天意乃定。」（《舊唐書·吉頊傳》）於是在聖曆元年（西元六九八年）九月，立廬陵王顯為皇太子，次年二月，又封李旦為相王。

這一重大的政治轉折，立即在朝廷上下引起軒然大波：擁李派喜慶相賀，擁武派恐慌不安。於是諸武便將吉頊兄弟的贓狀端了出來，使之貶為安固尉。《大唐新語》卷一載錄了吉頊拜辭武則天時二人一席微妙的對話，實際上商討了如何使李、武兩大家族聯合起來的所謂兩安之計：「項辭日，得召見，涕淚曰：『臣辭闕庭，無復再謁請言事。臣疾亟矣，請坐籌之。』則天曰：『可。』項曰：『水土各一盆，有競乎？』則天曰：『無。』項曰：『和之為泥，競乎？』則天曰：『無。』項曰：『分泥為佛，為天尊，有競乎？』則天曰：『有。』項曰：『臣亦為有。竊以皇族、外戚，各有區分，豈不兩安全耶？今陛下貴賤是非於其間，則居必競之地。今皇太子萬福，而三思等久已封建，陛下何以和之？臣知兩不安矣。』則天曰：『朕深知之，然事已至是。』」武三思等諸武共十二郡王，是武則天在廢唐建周的同一年封的，顯然她此時還不想也無力去改變這個既成事實。那麼如何按照她的妥協方針使兩大家族融和起來呢？她想到了歷史上不少帝王使用過的一種頗為有效的政治黏合劑，便是「聯姻」，而能夠充當這個角色的，便是她的女兒太平公主和孫女安樂公主。

太平公主，據《新唐書·諸帝公主傳》記載，長得「方額廣頤，多陰謀」，武則天常在人前誇她「類我」，因而「愛之傾諸女」。一次，她「衣紫袍玉帶，折上巾，具紛礪」，一副男性武職打扮，歌舞在高宗、武后面前，當他們奇怪地笑著詢問時，她竟然說：「以賜駙馬可乎？」公然提出馬上要嫁男人，在當時確實是夠開放了！她先嫁薛紹，此人不久便死去。這倒正好，武則天便把她再嫁給武承嗣。正是這個武承嗣，「嘗諷則天革命，盡誅〔唐〕皇室諸王及公卿中不附己者」，「自為次當皇儲」（《舊唐書·外戚傳》）。但似乎偏是老天作梗，武承嗣生了毛病，只得罷婚。武則天在武氏家族中為太平公主物色第三任丈夫時，認為她伯父武士讓的孫子武攸暨最為合適。但攸暨其時是已有家有室，那女人往哪裡擱呀？好辦：一刀殺了，再把太平公主配給武攸暨。

安樂公主是武則天的孫女，中宗李顯的幼女。此女是李顯遭貶於房陵時出生的，那時他曾解衣權作襁褓以裹之，因而小名「裹兒」，分外珍愛，倒也人之常情。但到中宗一即位，安樂公主被嬌寵得太出格了：「嘗作詔，箝其前，請帝署可，帝笑從之」（《新唐書·諸帝公主傳》），把詔書也當作了兒戲！據《全唐文》卷九五所收〈安樂郡主出降制〉，安樂公主先已嫁符節郎弘農楊承列之子楊守文，至於這段姻緣是如何了結的，並無留下記載。無論如何武則天若要了斷，還不是小事一樁！此時又將安樂公主配與武崇訓，此人是執掌武周朝政的實權派人物武三思的兒子。

此外，武則天的另外幾個出自中宗的孫女，如新都公主、永泰公主，也相繼嫁給了武延暉和武延基。至此，李、武兩大家族成了盤根錯節的兒女親家，似乎實現了吉頊所說的「水土相和則無競」的兩全之策。

武則天晚年為身後事如此這般苦心經營，在一個短時期內是收到了某些成效的。如張柬之、桓彥範擁立中宗即位時，僅殺了張易之、張昌宗等人，並未動搖武氏家族地位。但帝王制度的本質是皇權只可獨擅，不容分享，因而「兩全」只是暫時的表面現象，實際卻是埋下了無休止的衝突以至武裝政變的種子。在這些衝突和政變中，太平、安樂二公主分別扮演了重要角色，特別是太平公主，她的機敏、果敢和飛揚的性格，得到了淋漓盡致的表演。

中宗神龍二年（西元七〇六年）立衛王重俊為皇太子。《舊唐書・高宗中宗諸子・節愍太子重俊傳》稱：「時武三思得幸中宗，深忌重俊。三思子崇訓尚安樂公主，常教公子凌忽重俊，以其非韋氏所生，常呼之為奴。或勸公主請廢重俊為王，自立為皇太女，重俊不勝忿恨。」安樂公主的驕橫恣肆以及欲取皇太子地位而代之，《舊唐書・后妃・中宗韋庶人傳》亦有載：「安樂恃寵驕恣，賣官鬻獄，勢傾朝廷。常自草制敕，掩其文而請帝書焉，帝笑而從之，竟不省視。又請自立為皇太女，帝雖不從，亦不加譴。」李重俊在屢受凌辱，太子地位又受到嚴重威脅的情況下，發動了又一次玄武門政變，依仗的是羽林兵及千騎三百多人，殺了武三思及其子武崇訓。但這些士兵在玄武門城樓很快為中宗所瓦解，結果是安樂公主以「節愍太子首致祭于三思及崇訓靈柩前」（《舊唐書・外戚・武三思傳》）。這一政變的本質是李、武兩大家族為皇位繼承權而進行的一場爭奪戰，暫時似乎是武勝而李敗，實際矛盾並沒有解決。中宗的態度大體上是執行武則天的既定方針，意欲重修李武二大家族之好。新寡的安樂公主再次充當了「黏合劑」，她的第三任丈夫是武承嗣的第二個兒子武延秀。婚禮辦得異乎尋常的隆重和宏大，遠遠超出一般公主的規格，用意顯然在製造和渲染李、武聯姻的和樂氣氛。《新唐書・諸帝公主・安樂公主傳》作了這樣描述：「是日，假后車輅，自宮送至第，帝與后為御安福門臨觀，詔雍州長史竇懷貞為禮會使，弘文學士為儐，相王障車，捐賜金帛不貲。翌日，大會群臣太極殿，主被翠服出，嚮天子再拜，南面拜公卿。公卿皆伏地稽首。武攸暨與太平公主偶舞帝壽。賜群臣帛數十萬。帝御承天門，大赦，因賜民酺三日，內外官賜勳，緣禮官屬兼階、爵。奪臨川長公主宅以為第，旁徹民廬，怨聲囂然。第成，禁藏空殫，假萬騎仗、內音樂送公主還第，天子親幸，宴近臣。」

在上述引文中，李、武二家族頭面人物均一一登場，其中太平公主與武攸暨夫婦「偶舞」的場面格外令人注目。但更不應忽略的還有一個人，就是「后」：「假后車輅」、「帝與后為御安福門臨觀」。這個后便是安樂公主的母親、當年曾與中宗在房州共危同難、情義甚篤的皇后韋氏，如今正作為李、武以外的又一支覬覦皇權的勢力在悄然崛起，暗中模仿著武則天，想把當年的故事再來演一遍。不久，中宗「遇毒暴崩」，《舊唐書》未明言，《新唐書》則說就是韋后毒死的。在倉促中，韋后讓中宗第四子年僅十三歲的重茂繼位，自尊為皇太后，臨朝攝政。這一突如其來的變故，解除了李、武二集團間的對峙狀態，雙方經過謀議，立即聯手推翻韋氏，擁立相王旦為睿宗。在這次事變中，兩大家族都十分盡力，李氏家族的代表是睿宗第三子被稱為三郎的李隆基，即後來的玄宗，其時尚為臨淄郡王；武氏家族，則以太平公主為代表。先是李隆基「與太平公主謀之，公主喜，以子崇簡從」（《舊唐書·玄宗本紀》）；接著便與「尚衣奉御王崇曄、公主府典籤王師虔、朝邑尉劉幽求、苑總監鍾紹京、長上折衝麻嗣宗、押萬騎果毅葛福順、李仙鳧、道士馮處澄、僧普潤定策討亂」（《新唐書·玄宗本紀》）。一夜的突然襲擊，這又一次宮廷政變便已告成。諸韋盡誅，韋后及安樂公主亦為亂兵所殺。剩下的是如何處置小皇帝重茂的問題。據《資治通鑑·唐紀二十五》記載，這一回由太平公主單獨出面，看她處理得何等乾脆利索：「少帝在太極殿東隅西向，相王立於梓宮傍，太平公主曰：『皇帝欲以此位讓叔父，可乎？』……時少年猶在御座，太平公主進曰：『天下之心已歸相王，此非兒座！』遂提下之。」這「遂提下之」一語頗為傳神；《新唐書·諸帝公主傳》作「乃掖王下，取乘輿服進相王」，尤妙。左手掖下小皇帝，右手扶上新皇帝，活畫出這位方額廣頤、體態矯健的公主，那種飛揚潑辣完全不受禮制束縛的性格。

相王旦即位，是為睿宗。太平公主前有參預誅張易之、擁立中宗之功，這回又有與李隆基聯手誅韋氏、擁立睿宗的大功，睿宗如何能不依仗於她。所以同書稱其「既屢立大功，益尊重，上常與之圖議大政，每入奏事，坐語移時；或時不朝謁，則宰相就第咨之。每宰相奏事，上輒問：『嘗與太平議否？』又問：『與三郎議否？』然後可之。三郎，謂太子也。公主所欲，上無不聽，自宰相以下，進退繫其一言，其餘薦士驟歷清顯者不可勝數，權傾人主；趨附其門者，如市。」

從上述簡略的敘述可知，中宗、睿宗時期，便是唐代以太平、安樂二公主為代表的諸公主政治、經濟勢力的鼎盛期。本章原注也特別點明一句：在此期間「公主府並同王府置官屬」。《通典·職官十三》更有詳記：神龍二年（西元七〇六年）「公主府設官屬。鎮國太平公主儀比親王。長寧、安樂唯不置長史，餘並同親王。宜城、新都、定安、金城等公主，非皇后生，官員減半。其金城公主以出降吐蕃，特宜置司馬。」唐諸公主開府雖只存在了四年多時間後即罷之，卻也是歷史上絕無僅有之舉。太平、安樂、長寧三公主不僅有儀比諸王的公主府，而且還「給衛士，環第十步區，持兵呵衛，僭肖宮省」（《新唐書·諸帝公主傳》）。與此同時，諸公主食實封戶數大幅度增加，安樂公主四千戶，太平公主更高達一萬戶，超過唐初限額十餘倍。二公主還各置田園，廣營宅第，侈靡過甚，而「長寧及諸公主迭相倣效，天下咸嗟怨之」（同上）。

盛極必衰。在唐以前的中國歷史上，還沒有出現過像太平、安樂二公主那樣給當時朝政以如此嚴重影響的年輕女性。公主有別於后妃。中國諸封建王朝的歷史都是由男性主宰的，后妃之所以間或也能專權，那是因為她們首先都是以各自的方式巧妙地利用了枕邊那個秉掌著至高權力的男人，而年輕的公主們注定無法獲得這個最重要的條件。如今，一個與安樂公主相同的結局，已在暗中向太平公主襲來。先天二年（西元七一三年）七月，已被立為皇太子的李隆基，經過與岐王範、薛王業以及兵部尚書郭元振、龍武將軍王毛仲等密謀策劃，向昨天的同盟者太平公主發起了猝不及防的突然襲擊，「太平公主逃入山寺，三日乃出，賜死于家。公主諸子及黨與死者數十人」（《資治通鑑・唐紀二十六》）。

太平公主的敗亡，標誌著武氏勢力的被基本鏟除。作為勝利者的皇太子李隆基，很快獲得了睿宗交出的皇權，登上了極位。從此，唐諸公主的地位急遽下降。她們不再有參預朝政的權利和機會，重新依照禮制回到帷幕重重的深宮。與此同時，作為經濟收入來源的食實封戶數，再次規定了限制。《新唐書・諸帝公主傳》載：開元新制：長公主封戶二千，帝妹戶千，率以三丁為限；皇子王戶二千，主半之。」此後，對公主的管教也漸次嚴格，同書記有多例。如德宗時將已嫁而「恣橫不法」的憲穆公主「幽之禁中」，別錮其夫於第。有門下客蔡南史等為之作《團雪散雪辭》，無非是詠嘆離曠之意，德宗怒，「捕南史等逐之」。順宗之女漢陽公主，出嫁多年，依舊穿著離宮時的老式衣裙，順宗特下詔標榜，令「宮人視主衣製廣狹，偏諭諸王，且敕京兆尹禁切浮靡」。至於太平、安樂二公主，似乎僅作為「反面教員」的形象，繼續存留於後宮諸公主的腦海裡。如距二公主死後一百多年的唐宣宗，便這樣諄諄告誡其諸女：「太平、安樂之禍，不可不戒！」並下詔：「夫婦，教化之端。其公主、縣主有子而寡，不可復嫁！」

在唐宮廷權力爭鬥變幻莫測的那些日子裡，諸公主中頭角崢嶸如太平、安樂者，自然是少數，至於多數人的表現如何，由於缺乏資料，我們不敢臆說。值得一提的是肅宗的第三女和政公主。《新唐書・諸帝公主傳》稱她的妯娌是楊貴妃的姊姊，楊「勢幸傾朝，公主未嘗干以私，及死，撫其子如所生」。既不趨炎附勢，亦不落井下石，且能以純真的愛心撫養敗亡者的遺孤，實屬難能可貴。此外，在二百零一名公主中，為道士者有十三人之多，這除了唐代特別推崇道教的原因以外，是否也反映著她們因厭惡宮廷生活而萌生的某些出世思想呢？據上書記載，睿宗之女玉真公主，原已為道士，在太平公主沉浮榮辱的遽變中，亦間接有所牽連，其後更有甘願拋棄公主稱號歸依道宗之念。她曾上書玄宗：「『先帝許妾捨家，今仍叨主第，食租賦，誠願去公主號，罷邑司，歸之王府。』玄宗不許，又言：『妾，高宗之孫，睿宗之女，陛下之女弟，於天下不為賤，何必名繫主號、資湯沐，然後為貴？請入數百家之產，延十年之命。』帝知至意，乃許之。」

最後，對所謂和親問題，也附言幾句。這實際上是把諸公主的婚嫁當作外交籌碼來使用。最著名的自然要算貞觀十五年（西元六四一年）文成公主與吐蕃贊普松贊幹布的聯姻，但文成公主實為太宗養女，因而未被列入《新唐書·諸帝公主傳》。傳中提到的有太平、永安、定安三公主。太平公主是吐蕃來使請求下嫁，武則天不捨，要了個花招拒絕了這門親事。永安公主已許嫁回鶻保義可汗，可汗忽而死去，也沒有成行。因而三公主中，只有憲宗之女定安公主才真正遠嫁了回鶻另一個崇德可汗，並於武宗會昌三年（西元八四三年）回歸。這位公主在拜陵謁廟後，「退詣光順門易服，褫冠鑷待罪，自言和親無狀。帝使中人勞慰，復冠鑷乃入，群臣賀天子」，似乎禮儀頗重。但偏是「宜城以下七主不出迎」，這說明唐代諸公主對下嫁番邦的姊妹很有點不屑。結果是「武宗怒，差奪封絹贖罪。宰相建言：『禮始中壼，行天下，王化之美也，請載于史，示後世。』詔可。」

卷三〇

三府督護州縣官吏

卷目

❶大都督府中都督下都督官吏 諸本皆如此。依義「大都督」下之「府」似應置於「下都督」之後，即為「大都督、中都督、下都督府官吏」。

卷旨

本卷敘述唐代地方行政職官，包括京兆、河南、太原三府和諸都督府、都護府以及州、縣二級行政機構的建置與相關制度。

唐上承秦漢至隋所推行的郡縣制，在地方設置州、縣二級行政機構，以州統縣。州、縣的長官分別為刺史和縣令，並各自對應朝廷三省六部，分曹設置官署和官屬。唐在地方上軍政和民政分開，故又設置與州府平行的都督府，以管轄地方和邊區的駐兵。內地要害地區設大都督府，邊區則置中、下都督府，其長官為都督。邊防駐軍設置鎮、戍，鎮和戍各分上、中、下三等，鎮的長官是鎮將和鎮副，戍的長官為戍主和戍副。在西北、北方和東北以及南方邊境內外設置都護府，有大都護和上都護之分，其長官為都護。此外在京師周圍還置有若干關津，關設關令，津置津吏；在五嶽、四瀆則有廟令，主持祭祀，其屬官有祝史和齋郎等。

雖說隋唐地方行政建置承自秦漢，但若對二者作一比較，區別還是很明顯的。如州郡的數目隋唐時要比秦漢多好幾倍，而其規模則相應地小了許多；秦漢時郡國可自行辟除屬官，且機構眾多，類似小朝廷，隋唐時官屬作了大幅度精簡，選任權收歸朝廷。唐代對州府官員更有一整套嚴密的監察和考課制度以及諸多律、令、格、式的約束，使地方行政的日常運作都處於朝廷的控制之中。這些都說明唐代的封建集權專制，比之秦漢有了進一步加強。這固然也是歷史發展使然，但郡縣制的弊病在唐代也已開始顯露。在歷史上，六國滅，四海一，秦行郡縣而廢分封，當有其必然性，但也並非萬能；柳宗元作〈封建論〉又力斥分封，大抵多為反對當時藩鎮割據而發，因而對郡縣之病未予論及。後於柳宗元八百餘年的顧炎武，對此二制各自的利弊得失就有了較為公允的評論，他在〈郡縣論〉中說：「封建之失，其專在下；郡縣之失，其專在上。今之君人者，盡四海之內為我郡縣，猶不足也，人人而疑之，事事而制之，科條文簿日多於一日，而又設之監司，設之督撫，以為如此，守令不得以殘害其民矣。不知有司之官，凜凜焉救過之不給，以得代為幸，而無肯與其民興一日之利者，民烏得而不窮，國烏得而不弱？率此不變，雖千百年而吾知其與亂同事，日甚一日者矣。」近數十年來，柳宗元〈封建論〉所貫徹的集權思想一直被強調，以為權力愈集中於中央愈進步，地方的自主權一再受到忽視。學術界對毛澤東曾寫詩給郭沫若，要他「熟讀唐人〈封建論〉，莫從子厚返文王」，都還記憶猶新。所以細讀本卷並加以思考，該是一件頗有現實意義的事。至於如何協調好地方與中央之間的權限關係，這自然要牽涉到學術以外的諸多問題，作為歷史研究，首先弄清楚集權專制的種種弊端，或許也可為解決實際問題提供某種契機吧？

京兆河南太原三府官吏・大都督中都督下都督府官吏・上州中州下州官吏

【篇旨】本篇敘述唐地方行政機構中府、州的建置。

唐初承隋制，地方行政為州、縣二級。州，隋煬帝時稱郡，唐於武德時改郡為州，置刺史；至天寶元年（西元七四二年）又改州為郡，改刺史為太守；至德元載（西元七五六年）再改郡為州，太守為刺史。本書第三卷第二篇戶部郎中職掌條記唐全國州府為三百十五，當是開元二十五年（西元七三八年）的數字；《舊唐書・地理志》則據開元二十八年（西元七四〇年）戶部計帳列為三百二十有八。唐代以雍、洛二州為京都，開元元年（西元七一三年）改雍州為京兆府，洛州為河南府；開元十一年（西元七二三年）又在北都設太原府，三府各統縣二十。此外，開元時諸州中稱府的尚有成都府、鳳翔府、河中府、江陵府、興元府、興德府。府的長官稱尹、少尹，其餘屬官的名稱與諸州同。關於都督府，因置廢升降頻頻，諸書所據不一，數字亦互異，上引本書同條記為大都督府有五，分置於潞、揚、益、荊、幽等州，中都督府十五，下都督府為二十，主要分布在邊遠地區。都督府的長官為都督。州則依照所轄戶口多少劃分其上、中、下等第，標準前後稍異，開元十八年（西元七三〇年）規定四萬戶以上為上州，二萬五千戶為中州，不滿二萬戶為下州；緣邊諸州則以三萬戶以上為上州，二萬戶以上為中州，二萬戶以下為下州。篇中原注對此解釋有一、二處錯誤，已在注釋中說明。州一般統三、五縣，上州統七、八縣，邊區下州最少的僅統二縣。此外，在上州中，又特別列出輔、雄、望三類州，輔州有四：同、華、岐、蒲，雄州有六：陝、懷、鄭、卞、魏、絳，望州有十：虢、汝、汾、晉、宋、許、滑、衛、相、洛，都在京師和東都附近，以示其地理位置特別重要。

篇中原注追溯了郡縣制的由來。秦統一後，分全國為三十六郡，後又增置四郡，共四十郡。西漢平帝時，全國除三輔外，郡國增至一百零三，其中郡八十三，國二十。東漢順帝時有郡國一百零五。漢與秦大體為二與一之比。隋統一全國後，疆域與漢相差無幾，而郡則增至一百九十，與漢亦接近二與一之比。這說明秦漢以降，郡的數目不斷增多，而其規模則日漸縮小。入唐，這種趨勢更為明顯。《舊唐書·地理志》稱：「自隋末喪亂，群盜初附，權置州郡，倍於開皇、大業之間。貞觀元年（西元六二七年），悉令併省。」武德時，全國府州多至接近四百，貞觀十三年（西元六三九年）併省為三百五十八，開元二十八年（西元七四〇年）再次併省至三百二十八。這樣唐時州（郡）的規模僅相當於漢郡的三分之一。事實上，按當時的社會發展水平，包括交通通訊等技術條件，中央政府還很難以郡縣二級制直接管理全國如此廣大的疆域。因而在漢代又對諸郡實施分區監察，武帝元封五年（西元前一〇六年）正式設置十三部刺史，奉詔以〈六條〉刺舉諸郡太守。這本來僅是一個監察機構，時間一久，就逐漸轉化為朝廷與諸郡之間的一級行政建置，亦即從二級制演變成了三級制。東漢末年，州的刺史發展成為州牧，職重位尊，形成了割據一方的霸主。這一歷史軌跡，在唐代幾乎又重演了一遍：貞觀時，先是向地方派遣諸如觀風俗、巡察、按察、巡撫等名目繁多的使者以監察諸州，繼而又把全國因山川形勢之便分為十道，依十道劃區派遣按察使。玄宗開元二十二年（西元七三四年）改為十五道採訪處置使，並各授使印，以監察諸州官人善惡，實際上已走上了漢代州刺史干預郡政，也即地方行政從二級制向三級制過渡的老路。及至節度使的出現，以節度使兼採訪處置使，由軍事擴大到管內行政，軍政合一，形成為中唐以後的方鎮制度，終於在困惑和無奈中完成了從二級制到三級制的轉變。篇中原注雖較簡略，但在諸多官署、官職置廢改易頻頻的敘述中，亦不難體察到決策者的某些困惑和無奈。

關於唐代州郡長官和僚佐的設置，亦各有所承，我們已在注釋和相關章節末尾的說明中作了介紹。本篇中對眾多官職職掌的敘述，不同於本書其他各卷隨職而列的慣例，集中於第六章一起敘述。作者此種安排，似乎並非全是為了節省篇幅，可能更多的還是考慮到如諸曹參軍事等等官職，雖三府及督、州均置，所掌其實類同。

一

京兆、河南、太原府：牧各一人，從二品。昔舜分九州為十二州，始置十二牧❶。大禹鑄鼎，貢金九牧❷。《周禮》❸八命作牧❹。秦分天下為三十六郡，京為內史❺，漢武帝改為京兆尹❻，秩二千石❼。後漢都洛陽，為河南尹❽，魏、晉因之❾。歷代所都皆為尹：江左為丹陽尹❿，北齊為清都尹⓫，後周及隋復為京兆尹⓬。始秦分天下，令御史監郡，漢省之，丞相遣史分刺諸州⓭。武帝初置部刺史十三人，掌奉詔條察州事⓮，秩六百石，類今之十道使也⓯；又置司隸校尉，部三輔、三河、弘農⓰，類今之京畿按察使也⓱。成帝更名刺史為牧，秩二千石。後漢復為刺史，後復為牧⓲。魏晉已下皆為刺史⓳。晉武帝罷司隸校尉，置司州牧⓴。江左為揚州刺史㉑，後魏、北齊皆為司州牧㉒。後周置雍州牧，隋因之㉓。大業三年，罷州置郡，京兆、河南皆為尹㉔，則兼牧之任矣。皇朝又置雍州牧㉕，洛州初為都督府，及置都，亦為牧㉖。開元初，復為京兆、河南尹㉗。

尹一人，從三品。漢京兆尹有都尉、丞，皆詔除㉘。都尉比二千石，典武職；丞秩六百石。後漢省都尉，州又置別駕、治中，皆刺史自辟除㉙。魏、晉已下皆因之㉚。隋文帝罷郡，以州統縣，改別駕、治中為長史、司馬㉛。煬帝罷州置郡。罷長史、司馬，置贊治，後改為丞；又置通守以貳太守，京兆、河南等為內史㉜。皇朝置雍州別駕，永徽中，改為長史㉝，正四品下。開元初，改長史為尹㉞。從三品。然親王為牧，皆不知事，職務總歸於尹，亦漢氏京尹之任也。

少尹二人，從四品下。魏、晉已下有治中，隋文帝改為司馬，煬帝改為贊治，後改為丞。皇朝復曰治中㉟，後避高宗諱改曰司馬㊱，開元初改為少尹，置二員㊲。

【章旨】敘述京兆、河南、太原三府牧、尹、少尹之定員、品秩和沿革。

【注釋】❶昔舜分九州為十二州始置十二牧　舜，傳說中的五帝之一。名重華，姚姓，一作嬀姓，號有虞氏，史稱虞舜。分九州為十二州，傳說禹治水後，分中原為九州。九州之名，諸書記載不一，《尚書・禹貢》為冀、兗、青、徐、揚、荊、豫、梁、雍九州。又傳舜從冀州分出幽、并二州，從青州分出營州，合而為十二州。始置十二牧，《尚書・舜典》記有舜始劃十二州疆界並規定十二州牧教民農耕、安撫蠻夷等職務之事。其文稱：「肇十二州」；「咨，十有二牧！曰：食哉惟時，柔遠能邇，惇德允元，而難任人，蠻夷率服」。❷大禹鑄鼎貢金九牧　大禹，亦稱夏禹。相傳因治水有功而受舜禪為天子，姒姓，名文命。傳說禹曾鑄造九鼎，以象徵九州。貢金九牧，指鑄鼎所需之銅，由九牧作為貢物進獻。金即銅。《尚書・禹貢》有「禹別九州」、「任土作貢」的記載，意謂以各地出產之物向朝廷進貢。鼎原為古代青銅炊器，圓形、三足、兩耳，亦有方形四足者。傳說中禹所鑄之九鼎，則被視為國器，帝王權力以至天命所歸之象徵。夏後歷代相傳，商湯時遷九鼎於商邑，周武王克商，又遷至洛邑。秦滅西周（指赧王遷都後之小西周），取九鼎，其一沉於泗水，餘八無考。❸周禮　亦稱《周官》，儒家經典之一。係搜集周王室官制和戰國時各國制度，添附以儒家政治理想，增減排比而成之彙編。❹八命作牧　言州牧之任命極重要，須由龜卜決定。八命，指八類須由龜卜決定之邦國大事。《周禮・天官・太卜》：「以邦事作龜之八命：一曰征，二曰象，三曰與，四曰謀，五曰果，六曰至，七曰雨，八曰瘳。」據鄭司農注，此八事指征戰、災變天象、賜與、謀議、事成或不成、人至與不至、求雨、病能否癒。未有「作牧」事。《周禮》此下尚有「凡國大貞，卜立君，卜大封」之語。大封指封建諸侯，或可與「作牧」相當。❺秦分天下為三十六郡京為內史　秦始皇二十六年（西元前二二一年），分全國為三十六郡，郡置守、尉、監。三十六郡之名不見於《史記》本文，裴駰《集解》記為「三川、河東、南陽、南郡、九江、鄣郡、會稽、潁川、碭郡、泗水、薛郡、東郡、琅邪、齊郡、上谷、漁陽、右北平、遼西、遼東、代郡、鉅鹿、邯鄲、上黨、太原、雲中、九原、雁門、上郡、隴西、北地、漢中、巴郡、蜀郡、黔中、長沙，凡三十五，與內史為三十六郡。」內史，《漢書・百官公卿表》稱為「周官，秦因之，掌治京師」。❻漢武帝改為京兆尹　漢武帝，西漢皇帝劉徹，在位五十四年，終年七十一歲。漢初承秦制，亦以內史掌治京師。據《漢書・百官公卿表》，景帝二年（西元前一五五年）分置左、右內史，其右內史，武帝太初元年（西元前一〇四年）更名京兆尹，仍掌治京師。《漢書注》引張晏曰：「地絕高曰京，《左傳》曰：『莫之與京』。一億曰兆，尹，正也。」顏師古曰：「京，大也，兆者，眾數。言大眾所在，故云京兆也。」京師多勳臣貴戚，號為難治，歷任京兆尹，「久者不過二三年，近者數月一歲，輒毀傷失名，以罪過罷」（《漢書・張敞傳》）。其治績卓著者，漢時有趙廣漢、張敞、王尊、王章、王駿等，「故京師稱曰：前有趙、張，後有三王」（《漢書・王吉附子王駿傳》）。京兆尹由於治地在京師，亦能參議朝政，故又帶有京官性質。如張敞為京兆尹，「朝廷每有大議，引古今，處便宜，公卿皆服，天子數從之」（《漢書》本傳）。❼秩二千石　《漢書・百官公卿表》，京兆尹與左馮翊、右扶風三輔皆列為二千石，《後漢書・百官志》則云：「京兆尹、左馮翊、右扶風三人；漢初都長安，皆秩中二千石，謂之三輔。」三輔長官皆位備九卿，故當以秩中二千石較為可信。中二千石者，月俸各一百八十斛；二千石者，則為一百二十斛。諸郡守秩二千石。故由郡守入為三輔，屬遷補；由三輔出居旁郡則為左遷，即降職。❽後漢都洛陽為河南尹　東漢遷都洛陽，治京師者即為河南尹。原西漢之三輔，因陵廟所在，仍沿舊名，唯減其秩同於郡守，即改中二千石為二千石。《漢官儀》記河南尹之沿革稱：「河南尹所治周地也。洛陽本周城，周之衰微，分為〔東〕西周，秦兼天下，置三川守河洛伊也。漢更名河南，孝武皇帝增曰太守。世祖中興，徙都洛陽，改號為尹。尹，正也。《詩》曰：赫赫師尹。」《後漢書・郡國志》注謂改稱河南尹時間為建武十五年（西元三十九年），改名乃因帝城多近臣、外戚、豪右，較州郡難治。裴松之注《三國志・傅嘏傳》引《傅子》曰：「河南尹內掌帝都，外統京畿，兼古六鄉六遂之士。其民異方雜居，多豪門大族，商賈胡貊，天下四會，利之所聚，而奸之所生。」故東漢對河南尹選任頗重，如建武時，王梁之為河南尹，因其「前將兵征伐，眾人稱賢，故擢典京師」；郭賀，因其任荊州刺史治績卓著，於「永平四年（西元六十一年）徵拜河南尹，以清靜稱」；表安，徵為河南尹，「在職十年，京師肅然，名重朝廷」（均見《後漢書》本傳）。故此職亦常為外戚權要所必爭。如和熹鄧皇后之從弟鄧豹曾任河南尹（見《後漢書・鄧騭傳》）；順烈梁皇后弟梁冀為大將軍，即以其「弟侍中不疑為河南尹」（《後漢書・梁冀傳》）。❾魏晉因之　魏、晉亦都洛陽，置河南尹。魏任此職者，如司馬芝，黃初中出任，前後十一年，政績卓著。一是杜絕私請，包括卞太后遣黃門傅令私請，亦不予通；二是整肅下屬諸吏，故史稱：「自魏迄今，為河南尹者莫乃芝」（《三國志》本傳）。又如傅嘏，司馬懿殺曹爽後出任此職。裴松之注《三國志・傅嘏傳》引《傅子》以傅嘏與歷任河南尹比較：「前尹司馬芝，舉其綱而太簡，次尹劉靜，綜其目而太密，後尹李勝，毀常法以收一時之聲。嘏立司馬氏之綱統，裁劉氏之綱目以經緯之，李氏所毀以漸補之。郡有七百吏，半非舊也。河南俗黨，五官掾功曹典選職皆授其本國人，無用異邦人者。嘏各舉其良而對用之，官曹分職，而後依次序核之。其治以德教為本，然持法有恆，簡而不可犯，見理識情，獄訟不加檟楚而得其實。不為小惠，有所薦達及大有益於民事，皆隱其端迹，若不由己出。故當時無赫赫之名，吏民久而後安之。」晉先後任河南尹者，有樂廣、庾純等。庾在任內因得罪外戚賈充，不得不上表自劾而免官。

❿江左為丹陽尹　江左，指晉室南渡後所建之東晉。東晉都建鄴（今江蘇南京市），隸丹陽郡，因改郡守為丹陽尹。晉元帝過江初，薛兼「拜丹陽太守。中興建轉尹，加秩中二千石」。不久，劉隗「代薛兼為丹陽尹，與尚書令刁協並為元帝所寵，欲排抑豪強。諸刻碎之政，皆隗、協所建。隗雖在外，萬機秘密皆豫聞之」。咸和初，又有阮孚拜丹陽尹，「王導等以孚疏放，非京尹才」，又以王曼代阮孚為丹陽尹。曼任達放縱，好飲酒。「時朝士過江初拜官，相飾供饌。曼拜丹陽，客來早者得佳設，日宴則漸罄，不復及精，隨客早晚而不問貴賤。有羊固拜臨海太守，竟日皆美，雖晚至者猶獲盛饌。論者以固之豐腆，乃不如曼之真率」（以上引自《晉書》各本傳）。南朝沿東晉，俱都建鄴，曰丹陽尹。

⓫北齊為清都尹　北齊建都於鄴（今河北臨漳西南），屬清都郡。《隋書・百官志》：「清都郡置尹，丞，中正，功曹，主簿，督郵，五官，門下督，錄事，主記，議生，及功曹、記室、戶、田、金、租、兵、騎、賊、法等曹掾，中部掾等員。」下轄鄴、臨漳、安成三縣。又，按本書原注寫作慣例，北齊前當有北魏，此處未言。北魏亦置尹，初稱代尹，第二品；遷都洛陽後置河南尹。據《魏書・官氏志》太和二十三年（西元四九九年）復次職令，河南尹列第二品。

⓬後周及隋復為京兆尹　北周、隋皆建都長安（今陝西西安市），於京兆置尹。《北周書・明帝紀》：「二年（西元五五八年）三月，改雍州刺史為雍州牧，京兆郡守為京兆尹。」《隋書・百官志》：隋「京兆郡，置尹、正功曹、主簿……等員，并佐史，二百四十四人」。北周任京兆尹者，有柳慶，「留為雍州別駕，領京兆尹」；薛善，「加授京兆尹，仍治司會。出為隆州刺史」；宇文神舉，「建德元年（西元五七二年）遷京兆尹」；宇文孝伯，「吐谷渾入寇，詔皇太子征之，軍中之事，多決於孝伯，俄授京兆尹」（以上見《周書》各自本傳）。又有宇文深，「保定初，除京兆尹，入為司會中大夫」（《周書・宇文測附弟文深傳》）；陸逞，「天和四年（西元五六九年）除京兆尹，俄遷司會中大夫」（《周書・陸通附弟逞傳》）。此外，《北史・長生道生附玄孫紹遠傳》稱紹遠曾「拜京兆尹，歷少保」；《隋書・韋世康附從父弟韋壽傳》謂韋壽

於周武帝征高氏時「拜京兆尹，委以後事」；《隋書・張威傳》記傳主在北周時，「數從征伐，位至柱國、京兆尹」。隋初任京兆尹者，有虞慶則，「開皇元年（西元五八一年），進位大將軍，遷內史監、吏部尚書、京兆尹，封彭城郡公，營新都總監」；蘇威，以納言、民部尚書「兼大理卿、京兆尹、御史大夫」（見《隋書》各自本傳）。⓭秦分天下令御史監郡漢省之丞相遣史分刺諸州　秦時分全國為三十六郡，由位僅次於左、右丞相之御史大夫監諸郡。郡置守、尉、監；此「監」便是監御史，或稱監察御史、監察史，隸屬於御史大夫，是朝廷監督諸郡之實際執行者。此職至漢初省而後又置，《通典・職官十四》敘其經過稱：「秦置監察御史，漢興省之。至惠帝三年（西元前一九二年），又遣御史監三輔郡，察詞訟，所察之事凡九條，監者二歲更之。常以十月奏事，十二月還監。其後諸州復置監察御史。文帝十三年（西元前一六七年），以御史不奉法，下失其職，乃遣丞相史出刺，並督監察御史。」刺，刺舉不法。監察御史與丞相史同時並出，只能是一種暫時性的權宜措施，由於職司重疊，勢必引起諸多矛盾，因而至武帝時又改。⓮武帝初置部刺史十三人掌奉詔條察州事　據《漢書・百官公卿表》，漢武帝於元封五年（西元前一〇六年）廢御史、丞相史監郡之制。全國分十三部州，每州置刺史一人，直隸御史中丞，以分察諸州。刺史秩六百石，位下大夫，但可監臨如郡守二千石者，秩卑而任重，也即所謂「以小制大」，帝王南面術之一。顧炎武《日知錄》卷九稱：「夫秩卑而命之尊，官小而權之重，此小大相制，內外相維之意也。」十三部州，即豫州、冀州、兗州、徐州、青州、荊州、揚州、益州、涼州、朔方、并州、幽州、交州。奉詔條察州事，意謂遵奉詔旨，按照〈六條〉監察州郡之事。〈六條〉可說是漢時地方行政法規，見於《漢書・百官公卿表》注所引《漢官典職儀》：「刺史班宣，周行郡國，省察治狀，黜陟能否，斷治冤獄，以〈六條〉問事，非條所問，即不省。一條，強宗豪右田宅踰制，以強淩弱，以眾暴寡。二條，二千石不奉詔書遵承典制，倍公向私，旁詔守利，侵漁百姓，聚斂為奸。三條，二千石不恤疑獄，風厲殺人，怒則任刑，喜則淫賞，煩擾刻暴，剝截黎元，為百姓所疾，山崩石裂，祅祥訛言。四條，二千石選署不平，苟阿所愛，蔽賢寵頑。五條，二千石子弟恃怙榮勢，請託所監。六條，二千石違公下比，阿附豪強，通行貨賂，割損正令也。」⓯類今之十道使也　此是將漢之部刺史與唐之十道使作類比。貞觀元年（西元六二七年），唐依關河近便，分全國為十道，即關內、河南、河東、河北、山南、隴右、淮南、江南、劍南、嶺南十道。並向諸道派遣簡點使，以徵簡兵壯。其後又以不同政事需要，先後向諸道派出觀風俗使、巡察使、按察使、巡撫使等，實際多屬朝廷監察地方之使職。諸受使者三月後出都，十一月終回京覆奏。監察條目初依漢時〈六條〉，後日趨苛細，反而流於形式。武周萬歲通天元年（西元六九六年），有鳳閣舍人李嶠上疏云：「竊見垂拱二年（西元六八六年），諸道巡察使科目，凡四十四件，至於別作格敕令訪察者，又有三十餘條。而巡察使率是三月之後出都，十一月終奏事，時限迫促，簿書委積，晝夜奔逐，以赴限期，而每道所察文武官，多至二千餘人，少尚一千已下，皆須品量才行，褒貶得失，欲令曲盡行能，皆所不暇。此非敢惰於職而慢於官也，實才有限而力不及耳。」（《唐會要》卷七七）⓰又置司隸校尉部三輔三河弘農　據《漢書．百官公卿表》，司隸校尉，漢武帝征和四年（西元前八十九年）始置。持有敕賜符節，初掌使役於朝廷諸官衙之隸徒，領一千二百人以捕治京師罪犯。後罷其兵，主掌糾察京師百官三輔、三河及弘農七郡犯法者，職權頗重。三輔，係京兆、右扶風、左馮翊之合稱，其治所皆在長安城中。三輔之轄區，京兆包括今陝西之西安市以及臨潼、渭南、藍田等縣；右扶風相當於今陝西西安市西北地區，包括秦嶺以北、渭水兩岸之武功、周至、興平、寶雞、隴縣、鳳翔等縣市；左馮翊轄今西安市以東、渭水以北、涇水以東，洛水中游為主地區，包括澄城、合陽、白水、蒲城、韓城、銅川、三原等縣市。三河，係河南、河內、河東三郡之合稱。河南郡治所今河南洛陽，轄區在今黃河以南，包括今河南之孟津、偃師、鞏縣、滎陽、鄭州、中牟、伊川、密縣、新鄭等縣市。河內郡治所懷縣，轄區在今河南境內黃河之北，包括濟源、孟縣、沁陽、溫縣、焦作、汲縣、安陽、鶴壁等縣市。河東郡，治所安邑，今山西夏縣以東，轄區包括今山西南部之永濟、芮城、運城、臨猗、聞邑、曲沃、臨汾、洪洞、霍縣等縣市。弘農，指弘農郡，在京兆與河南郡之間，治所弘農，今河南靈寶北部，轄區包括今河南之洛南、商縣、盧氏、洛寧、澠池、西峽等縣市。司隸校尉所轄全境，跨今陝西、河南、山西三省相毗連之廣大地區。⓱類今之京畿按察使也　此是將漢之司隸校尉與唐之京畿按察使作類比。京畿按察使亦稱京畿採訪使，主掌檢察京畿百官。《新唐書．地理志》：「開元二十一年（西元七三三年），又因十道分山南、江南為東西道，增黔中道及京畿、都畿，置十五採訪使，檢察如漢刺史之職。」若以所轄區域相較，則漢之司隸校尉大於唐京畿、都畿按察使之和。⓲成帝更名刺史為牧秩二千石後漢復為刺史後復為牧　成帝，西漢皇帝劉驁，在位二十六年，壽四十五。關於刺史職名在西漢的幾次改復，《漢書．百官公卿表》稱：「武帝元封五年（西元前一〇六年）初置部刺史，掌奉詔條察州，秩六百石，員十三人。成帝綏和元年（西元前八年）更名牧，秩二千石。哀帝建平二年（西元前五年）復為刺史，元壽二年（西元前一年）復為牧。」此職之名在東漢亦有改易。《後漢書．百官志》載：「建武十八年（西元四十二年）復為刺史，十二人各立一州，另一州為司隸校尉。諸州常以八月巡行所部之郡國，錄囚徒，考殿最，初歲盡詣京都奏事，中興但因計吏」；《後漢書．靈帝紀》：中平五年（西元一八八年），又「改刺史，新置牧」。又，原注上句刺史與司隸校尉並提，此句則僅言刺史。關於司隸校尉武帝後之沿革，《漢書．百官公卿表》稱：「元帝初元四年（西元前四十五年）去節（司隸校尉初置時持有敕賜符節——引者）。成帝元延四年（西元前九年）省。綏和二年（西元前七年）哀帝復置，但為司隸，冠進賢冠，屬大司空，比司直。」東漢時，司隸校尉無所不糾，唯不察三公，權位頗重。《後漢書・宣秉傳》記傳主於「建武元年（西元二五年）拜御史中丞，光武特詔：御史中丞與司隸校尉、尚書令會同並專席而坐，故京師號曰『三獨坐』。明年遷司隸校尉，務舉大綱，簡略苛細，百僚敬之」。由御史中丞遷司隸校尉，可見後者地位更高於前者。東漢末，此職曾一度省之。《後漢書・百官志》注引《獻帝起居注》：建安十八年（西元二一三年）「省司隸校尉，以司隸分屬豫州、冀州、雍州」。⑲魏晉已下皆為刺史　指魏晉已下，州不再置牧，皆為刺史。《通典・職官十四》載：「魏晉為刺史，任重者為使持節都督，輕者為持節，皆銅印墨綬，進賢兩梁冠，絳朝服；領兵者武冠。」宋、梁以及北魏、北齊亦置刺史；有所異者，據同書稱：「後魏天賜二年（西元四〇五年），又制：諸州置三刺史，皇室一人，異姓二人，比古之上中下三士也。」又云：「自後魏、北齊，則司州曰牧。」⑳晉武帝罷司隸校尉置司州牧　晉武帝，西晉王朝建立者司馬炎，在位二十五年，終年五十五歲。司州，《通典・職官十四》：「初以司隸官屬制置如州儀，而俗稱之司州。及魏晉，乃以京輔所部定名，置司州，以司隸校尉統之。」此處取後義，指京輔所置由司隸校尉統領之行政機構。晉武帝罷司隸校尉置司州牧事，與史著記載稍異。《晉書・地理志》稱：「魏氏受禪，即都漢宮，司隸所部河南、河東、河內、弘農，并冀州之平陽，合五郡，置司州，晉仍居魏都，乃以三輔還屬雍州。」又云：「晉初於長安置雍州，統郡國七，即京兆郡、馮翊郡、扶風郡、安定郡、北地郡、始平郡、新平郡。」故東漢之司隸校尉轄區至晉而一分為二，即司州和雍州。晉初司州仍由司隸校尉統轄，十五年後，即武帝太康元年（西元二八〇年）改置司州牧。㉑江左為揚州刺史　江左，指晉室南渡後所建立之東晉。據《晉書・地理志》，東晉建都揚州，置刺史，統丹楊、吳郡、吳興、新安、東陽、臨海、永嘉、宣城、義興、晉陵十一郡。因都城在丹陽之建鄴，故改丹陽太守為尹。又，原注晉下未言南朝。南朝宋、齊、梁、陳皆沿晉制。㉒後魏北齊皆為司州牧　北魏始都於代，設司州，後遷都於洛陽。孝文帝太和十七年（西元四九三年）所頒職員令列司州刺史第二品中，下設代尹，列第三品上。太和二十三年（西元四九九年）復次職員令，司州改置牧，列從第二品。司州下統河南郡，設河南尹，列第三品。北齊建都於鄴，置司州，《隋書・百官志》稱北齊「司州，置牧」。其下統清都郡，置清都尹。㉓後周置雍州牧隋因之　《周書・明帝紀》：「二年（西元五五八年）三月，改雍州刺史為雍州牧。」次月，即以太師晉公宇文護為雍州牧。下統京兆郡，置尹。隋承北周制。《隋書・百官志》稱其於「雍州置牧」。下統京兆郡，置尹。㉔大業三年置州置郡京兆河南皆為尹　句中「置州」，南宋本及《職官分紀》俱作「罷州」。以「罷」為是。大業三年，即西元六〇七年。大業為隋煬帝年號。據《隋書・百官志》，隋開皇三年（西元五八三年）「罷郡，以州統縣」，即已將地方行政制由原州、郡、縣三級改為州、縣二級，撤銷州、縣之間郡一級。此處所言大業時之「罷州置郡」，是指仍沿開皇二級制，唯將其中州之名稱改為郡，為郡縣二級制。京兆、河南皆為尹，指京兆郡、河南郡之上不再設置司州，二郡各置直轄朝廷之尹。故原注下文言此尹「兼〔司州〕牧之任矣」。後煬帝又置司隸臺，有大夫一人、別駕二人，分察畿內，一人按東都，一人按京師。旋又罷司隸臺，唯留司隸從事之名，不為常員，臨時選京官清明者權攝以行。㉕皇朝又置雍州牧　《通典・職官十四》：「大唐武德元年（西元六一八年），罷郡置州，改太守為刺史，而雍州置牧。」唐代前期，領雍州牧者皆為親王。如義慶元年（西元六一七年），高祖李淵受禪，其次子李世民即被封為秦王，加授雍州牧。貞觀八年（西元六三四年）太宗曾以其第四子李泰為雍州牧。其時李泰為越王，後改封魏王，貞觀末又徙封為濮王。高宗時先後領雍州牧者，為其子陳王李忠、許王李素、潞王李賢；其第七子李顯在即位為中宗前，亦曾徙封英王，授雍州牧。然親王為牧者，均不知事，其職務皆歸於尹。㉖洛州初為都督府及置都亦為牧　洛州，在隋為東都，入唐後，改易頻頻：武德四年（西元六二一年）平王世充後，廢東都，置總管府，以淮陽王李道元為之，並置洛州大行臺；不久又改為東都，至武德六年（西元六二三年）再次改東都為洛州，至九年（西元六二六年）廢去行臺，置都督府，以屈突通為都督。貞觀十一年（西元六三七年）改為洛陽宮，十七年（西元六四三年）廢都督府，復為洛陽州，以裴懷節為長史。至顯慶二年（西元六五七年）末，改洛陽州為東都，州縣官品階並依雍州。光宅元年（西元六八四年）改為神州都，神龍元年（西元七〇五年）復為東都，亦置洛州牧。任洛州牧者，如高宗第七子李顯，於顯慶二年（西元六五七年）封周王，授洛州牧，其時僅二歲；高宗第八子李旦，儀鳳三年（西元六七八年）遷洛州牧，時年十六歲。㉗開元初復為京兆河南尹　開元，唐玄宗李隆基年號。據《唐會要》，開元元年（西元七一三年）十二月，改雍州為京兆府，始置京兆長史，以張暐為之，尋改為京兆尹，同時改洛州為河南府，亦置尹，以李傑為之。㉘漢京兆尹有都尉丞皆詔除　都尉，據《漢書・百官公卿表》，原稱「郡尉，秦官，掌佐守典武職甲卒，秩比二千石。有丞，秩皆六百石。景帝中二年（西元前一四八年）更名都尉。」詔除，指須由皇帝詔書任命，京兆尹無權自行辟除。西漢不僅京兆置都尉，三輔亦皆置之，時間在漢武帝太初元年（西元前一〇四年）確定京兆尹、左馮翊、右扶風三輔名稱之後。三輔都尉治所則不在京師長安城內。《三輔黃圖》稱：「三輔郡皆有都尉，如諸郡，京輔都尉治華陰，左輔都尉治高陵，右輔都尉治郿。」京輔即京兆，左輔即左馮翊，右輔即右扶風。然《漢書・百官公卿表》所列三輔屬官無都尉，中尉條下則稱：「左右京輔都尉、尉丞兵卒皆屬焉」。故三輔之都尉、丞，當非三輔長官下屬，而直隸於中尉，此與中尉「掌徼循京師」相一致。而實際人選，三輔都尉又往往由三輔長官兼任，使之易於協調。如趙廣，「遷京輔都尉，守京兆尹」；王尊，「守京輔都尉，行京兆尹事，……遷光祿大夫，守京兆尹，後為真」；王訢，初為右輔都尉，守右扶風，後「拜訢為真」（見《漢書》各自列傳）。㉙後漢省都尉州又置別駕治中皆刺史自辟除　東漢前期曾省都尉，安帝後復置。《後漢書・百官志》記其經過稱：「中興建武六年（西元三十年）省諸郡都尉，并職太守，無都試之役……安帝以羌犯法，三輔有陵園之守，乃復置右扶風都尉，京兆虎牙都尉。皆置諸曹掾史。」別駕、治中，皆刺史屬官。《宋書・百官志》載：刺史「官屬有：別駕從事史一人，從刺史行部；治中從事史一人，主財穀簿書；兵曹從事史一人，主兵事；部從事史，每郡各一人，主察非法；主簿一人，錄閤下眾事，省署文書；門亭長一人，主州正門；功曹書佐一人，主選用；《孝經》師一人，主試經；《月令》師一人，主時節祠祀；律令師一人，平律；簿曹書佐一人，主簿書；典郡書佐每郡各一人，主一郡文書，漢制也。」州刺史設置幕僚屬員，約始於西漢後期。《漢官儀》載：「元帝時，丞相于定國條州大小為設吏員，有治中、別駕，諸部從事，秩皆百石，同諸郡從事。」東漢時，諸州刺史掾屬，皆由刺史自行辟除。如「周景為豫州刺史，辟陳蕃為別駕，不就。景題別駕輿曰：『陳仲舉（蕃字仲舉）座也。』不復更辟，蕃惶懼起視職」。其時有「陳茂，豫州刺史周敞辟為別駕從事，與俱行部」（《太平御覽》卷二六三職官部引謝承《後漢書》）。

㉚魏晉已下皆因之　指魏晉以下，諸州刺史設置佐吏，皆因漢制，雖小有更易，而大體不異。《通志・職官略・總論州佐》記其自魏晉至隋前之概況稱：「自魏晉已後，刺史多帶將軍開府，則州與府各置僚屬，州官理民，府官理戎。後魏以州牧親民，班九條之制，使前政選吏，以待後人。獻文帝革制，刺史、守宰到官之日，仰自舉擇，以為選官，若有簡任失所，以罔上論。自孝明、孝昌以後，四方多難，刺史、太守皆為當部都督，雖無兵事，皆立僚佐，頗為煩擾。高隆之乃表請，自非實在邊要，見有兵馬者，悉皆斷之。北齊上上州刺史屬官佐吏合三百九十三人，以下州遞減十人。其州之佐吏，皆州府辟除。及後主失政，賜諸佞幸賣官，分州郡，下逮鄉官，多降中旨，故有敕用主簿、郡功曹者。後周刺史府官則命於天朝，其州吏以下，並牧守自置。」㉛隋文帝罷郡以州統縣改別駕治中為長史司馬　隋文帝，隋朝皇帝楊堅，在位二十四年，終年六十四歲。其罷郡及改職名事，《隋書・百官志》繫於開皇三年（西元五八三年）。是年「罷郡，以州統縣，改別駕、贊務，以為長史、司馬」。稱「治中」為「贊務」者，因隋文帝父名忠，忠、中兼諱而改。隋初此次改制，意在使地方行政由州、郡、縣三級制變為州、縣二級制，並精簡冗員。《隋書・楊尚希傳》載其事稱：「尚希時見天下州郡過多，上表曰：『自秦并天下，罷侯置守，漢魏及晉，邦邑屢改。竊見當今郡縣，倍多於古，或地無百里，數縣并置，或戶不滿千，二郡分領，具僚以眾，資費日多，吏卒人倍，租調歲減。清幹良才，百分無一，動須數萬，如何可覓！所謂民少官多，十羊九牧。琴有更張之義，瑟無膠柱之理。今存要去閑，併小為大，國家則不虧粟帛，選舉則易得賢才。敢陳管見，伏聽裁處。』帝覽而嘉之，於是遂罷天下諸郡。」

㉜自「煬帝罷州置郡」至「京兆河南等為內史」　煬帝，隋朝皇帝楊廣，在位十四年，終年五十歲。句中所言事，《隋書・百

官志》繫於煬帝大業三年（西元六〇七年）。是年定令「罷州置郡，郡置太守。上郡從三品，中郡正四品，下郡從四品。京兆、河南則俱為尹，並正三品。罷長史、司馬，置贊務一人以貳之。本注曰：『京兆、河南從四品。』」又云：「其後諸郡各加置通守一人，位次太守，京兆、河南則謂之內史。又改郡贊務為丞，位在通守下。」隋末，有樊子蓋、裴弘基曾分別任檢校河南內史、河南贊治。大業十年（西元六一四年）煬帝征遼東，「命子蓋為東都留守，屬楊玄感作逆，來逼王城，子蓋遣河南贊治裴弘策逆擊之，反為所敗，遂斬弘策以徇……會來護兒等救至，玄感解去，子蓋凡所誅殺者數萬人，又檢校河內史」。煬帝「勞之曰：『昔高祖留蕭何於關西，光武委寇恂以河內，公其人也。』子蓋謝曰：『臣任重器小，寧可竊譬兩賢！』」（《隋書・樊子蓋傳》）

㉝皇朝置雍州別駕永徽中改為長史　永徽，唐高宗李治第一個年號。此處所言別駕改為長史時間與《新唐書・百官志》同，而與他書異。如《唐會要》卷六七京兆尹條稱：「義寧元年（西元六一八年）五月十五日，改隋京兆郡為雍州，以別駕領州事，以韋讓為之」；「貞觀二十三年（西元六四九年）七月三日，改別駕為長史，領州事，以高履行為之」。《舊唐書・高宗本紀》亦謂：「貞觀二十三年七月，諸州治中為司馬，別駕為長史。」太宗卒於是年五月，高宗即位，次年才改元為永徽。故似以《唐會要》所記為是。唐時曾任雍州長史著名者，如張說，「睿宗即位，遷中書侍郎，兼雍州長史。景雲元年（西元七一〇年）譙王重福於東都構逆而死，留守捕繫枝黨數百人，考訊結構之狀，經時不決。睿宗令說按其獄，一宿捕獲重福謀主張靈均、鄭愔等，盡得其狀，自餘枉被繫禁者，一切釋放」（《舊唐書》本傳）。

㉞開元初改長史為尹　開元初所改包括京兆、河南、太原三府之長史。《新唐書・百官志》稱：「開元元年（西元七一三年），改京兆、河南府長史為尹，通判府務，牧缺則行其事；十一年（西元七二三年），太原府亦置尹及少尹，以尹為留守，少尹為副留守；謂之三都留守。」亦見於《唐會要》諸卷，且列有首任其職者之名。其六七卷：「開元元年十二月三日，〔雍州〕改為京兆府，稱西京長史，以張暐為之」；六八卷：同年「十二月一日，改〔洛州〕為河南府，以李傑為尹」。同卷並追溯太原府之沿革稱：「武德元年（西元六一八年），置并州總管府，以竇靜為長史。七年（西元六二四年）改為大都督府，以齊王元吉為之。貞觀二年（西元六二八年）十月，去『大』字，為都督府，以李宏為之。龍朔二年（西元六六二年）二月十六日，又加『大』字。長壽元年（西元六九二年）九月七日，置北都，改為太原府，都督為長史，以崔神慶為之。神龍元年（西元七〇五年）二月四日，罷大都督府，以宋璟為之。開元十一年（西元七二三年）正月二十日，置北都，以韋湊為尹。」

㉟皇朝復曰治中　《唐會要》卷六七京兆尹條稱：「武德元年（西元六一八年）改隋京兆郡丞治中。以襄邑王神符為之。」

㊱後避高宗諱改曰司馬　指避高宗李治名諱。《通典・職官十五》：「貞觀二十三年（西元六四九年），高宗即位，遂改諸州治中並為司馬。」

㊲開元初改為少尹

置二員《唐會要》卷六七京兆尹條：「開元元年（西元七一三年），改〔司馬〕為少尹，以韋維為之。本一員，大足元年（西元七〇一年）七月二十日，加一員，分左右司馬，舊為左，新為右。以楊宏貴為之。」同書卷六八河南尹條：「顯慶二年（西元六五七年）置司馬，以許力士為之。大足元年（西元七〇一年）加一員，分為左右司馬，以孟詵為之。開元元年改為少尹，以劉迪為之。」關於太原府少尹，同書卷六八諸府尹條稱：「開元已前為司馬，與諸府同。開元十一年（西元七二三年）正月，改為少尹，以游子騫為之。」

【語　譯】京兆、河南、太原府：牧，各一人，品秩為從二品。在遠古，虞舜曾經把當時的九州也就是全國分為十二州，首次設置十二州的州牧。大禹時為了鑄造九鼎，九個州的牧都貢獻銅。《周禮》中有「八命作牧」這樣的話，就是說州牧的任命是要由龜卜來確定的邦國大事之一。秦統一後，把全國分為三十六郡，治理京城的稱內史，漢武帝時改稱京兆尹，俸秩是二千石。東漢建都於洛陽，在京城地區設置河南尹。魏晉因仍漢制，亦設河南尹。歷代的京師所在地區都設置尹，譬如東晉為丹陽尹，北齊為清都尹，北周和隋又稱為京兆尹。當初，秦分全國為三十六郡，派御史監督各個郡。漢代省去了御史，由丞相派遣史分別監督各個郡。漢武帝開始分部設置刺史十三人，職掌是遵照詔命按〈六條〉法令考察各州的政事，俸秩為六百石，類似現今十道的各種使職。又在京師附近地區設置司隸校尉，監督和管轄三輔、三河和弘農七郡，類似現在的京畿按察使。西漢成帝時，改稱刺史為州牧，俸秩是二千石。東漢起初重新稱刺史，後來又稱為牧。魏晉以下，都稱刺史。晉武帝時，撤銷了司隸校尉，正式設置司州牧。晉室南渡後的東晉是揚州刺史，北魏、北齊則都在京師地區設置司州牧。北周設雍州牧。隋因承北周，亦設雍州牧。煬帝大業三年，設置〔撤銷〕州，設置郡，京兆、河南二府的長官都稱尹，因而尹也兼有州牧的職任了。本朝初期仍設置雍州牧，而洛州開頭是都督府，待到設置東都，亦改為牧。開元初年，又恢復舊稱為京兆尹、河南尹。

尹，定員一人，品秩為從三品。漢代京兆尹設有都尉和丞，都要由皇上下詔書任命，都尉的俸秩是比二千石，職掌屬武官；丞的俸秩為六百石。東漢省去了都尉，另外在州的刺史之下，設置別駕、治中，都由刺史自行選任。魏晉以後，都因承漢制。隋文帝時撤銷了郡，由州直接統轄縣，改稱別駕、治中為長史、司馬。煬帝時，不稱州，改稱郡，廢止長史、司馬，改設贊治，後來改為丞。又，在郡設置通守，作為太守的副職。在京兆、河南等府則稱為內史。本朝起初改為雍州設置別駕，高宗永徽時期（太宗貞觀末年）改為長史，品秩是正四品下。開元初年，又改長史為尹，品秩為從三品。但實際上，親王授任雍州牧的，都不具體管事，職務歸於京兆尹，這亦就是漢代京兆尹的職掌。

少尹，定員二人，品秩為從四品下。魏晉以後，都設有治中。隋文帝時改稱治中為司馬，煬帝時先改為贊治，後來又改為丞。本朝開始恢復稱治中。後來為了避高宗的名諱，又改為司馬。開元初年改名為少尹，定員為二人。

【說　明】本章記述唐京兆、河南、太原三府長官的設置。

自秦以降，歷代地方行政首級區劃和相應的建置，或稱郡，或稱州，或稱府，其間雖變易頻頻，其實際含義，大體上還是基本一致。若就廣義而言，京輔之地亦當屬於地方，唐之京兆、河南、太原三府也屬地方行政機構；但因其為朝廷或陵廟所在地，且達官豪門會萃，因而歷來受到特別重視，無論官署的建置，官員的選任，包括行政長官的稱謂、品秩都有別於一般州郡。為了顯示這種區別，有關地方州郡建置的概況，我們將放到本篇中專敘州府的第五章之末去作介紹，此處則單就京輔行政之制作點說明。

本章原注記京置內史始於秦。但內史之職，當在秦前已有，《書》、《詩》、《左傳》都有不止一處提到，《周禮·春官》並列有內史之官。所以《漢書·百官公卿表》稱：「內史，周官，秦因之。」但此職所掌，在秦前後已發生了很大變化。《周禮·春官》稱內史「掌王之八枋（義近「柄」）之法，以詔王治。一曰爵，二曰祿，三曰廢，四曰置，五曰殺，六曰生，七曰予，八曰奪。執國法及國令之貳，以考政事，以逆國計」，是最高行政長官太宰的副職。而秦內史則僅「掌治京師」（《漢書·百官公卿表》）。漢改秦內史為尹，內史古原亦可稱尹氏。《周禮正義》卷五二敘其由來稱：「《書·洛誥》云：『王入太室祼，王命周公後，作冊尹逸誥。』此即成王命尹逸策命魯公伯禽之事。尹逸蓋即為內史，以其所掌職事言之則曰作冊，其後世為此官故又稱尹氏。《詩·大雅·常武》云：『王謂尹氏，命程伯休父。』毛傳云：『尹氏，掌命卿士』是也。」東漢遷都洛陽。這樣在漢代，除了長安所在地的京兆尹以外，又有了河南尹。在此後，歷朝大都以京師所在地設尹或牧，隋煬帝以京兆、河南為內史。在京兆、河南、太原三處設府置尹的，唯有唐代。京兆、河南二府，分別為唐代西京和東都所在地，太原府，則是武后、玄宗時新置的。《通典·職官十五》稱：

「開元以後，增置太原府為北京，官屬制置悉同兩京。本注曰：『初，武太后長壽元年（西元六九二年），以并州后之故里，改為北都，神龍初廢。開元十一年（西元七二三年），又以并州為高祖起義之始，復置太原府，號曰北京。』」

就像我們已在本章注❻至注❾中有所引錄的那樣，大概在兩漢以至魏晉時期，人們形成了一種習慣看法：京師難治，京兆官難當。《漢書・張敞傳》中便有這樣的概述：「京兆典京師，長安中浩穰（意謂盛大），於三輔尤為劇。郡國二千石以高第入守，及為真，久者不過二三年，近者數月、一歲，輒毀傷失名，以罪過罷。」文中便提到一例：「是時潁川太守黃霸，以治行第一入守京兆尹。霸視事數月，不稱，罷歸潁川。」全國第一的好太守也當不了幾個月就敗下陣來，足證其難！據說漢代在京兆尹任上政績較好的僅有五人，即所謂「前有趙、張，後有三王」（《漢書・王吉附子王駿傳》）。趙，為趙廣漢，張為張敞；三王則是王尊、王章、王駿。但五人中除王駿外，在京兆尹任上的結局都不好：趙被腰斬，張被免為庶人；王尊坐罪免職，王章被殺。說王駿是例外，那是因為他任期不長，便代薛宣做了御史大夫，因而得以徼倖免禍。此種情況，似乎亦是古今相同。君不見，近數十年來，京都長官不也壞了一任又一任嗎？所以儘管京兆尹地位、待遇遠優於諸州而頗為誘人，但誰坐上這把交椅也得捏把汗。

說京兆尹難當，難就難在其地處於帝王臥榻之側，權臣貴戚氣息之間，因而動輒得咎，左右為難。《職官分紀》卷三八引了《英雄記》中這樣一條材料：「董卓廢少帝，自公卿以下，莫不卑下，唯京兆尹蓋勳長揖爭禮，見者咸為失色。卓問王允曰：欲得快司隸，誰可者？允曰：唯有蓋京兆可。卓曰：此人明知有餘，然不可假以雄職。乃以為越騎校尉，復出為潁川太守。」似乎還是應當為蓋勳慶幸的：以他的耿介和董卓的專橫，倘若繼續留在京兆尹任上，會有什麼結局等待著他不是可想而知嗎？除了當權者的是否能容納，還有權臣貴戚的從中掣肘或作梗。東漢時頗想有所作為的鄧太后曾「詔告司隸校尉、河南尹、南陽太守曰：『每覽前代外戚賓客，假借威權，輕薄謥詷，至有濁亂奉公，為人患苦。咎在執法怠懈，不輒行其罰故也。』」（《後漢書・皇后紀》）話倒是說得不錯，但在集權專制的體制下，如果沒有帝王和權臣的支持，叫他一個京都長官又如何能執其法、行其罰呢？

唐代的情況大體亦是如此。其間亦出了幾個有所作為的京兆尹，究其原因，最重要的也還是得到皇帝支持這一條。至於如何去獲得這種支持，不僅因人因事因時而異，有的還得陪以小心，以至冒殺身之禍，帶著點苦澀味。

先說李元紘。他初為涇州司兵，累遷雍州司戶。其時正是太平公主的鼎盛期，懦弱的睿宗已到了非經公主認可不能決斷朝政大事的地步。偏在這時，發生了「太平公主與僧寺爭碾磑（利用水力的碾米設施）」一案，同僚們都勸元紘還是阿順公主的旨意，免得遭來禍殃，元紘卻硬是「斷還僧寺」。元紘的頂頭上司雍州長史竇懷貞嚇壞了，「促令元紘改斷，元紘奪之」。元紘能夠如此不畏權勢秉公斷案，除了確有正直一面外，還因為其時同樣勢傾朝堂的李隆基正與太平公主處於對峙狀態，他這樣斷案必然會得到李隆基的支持，也可說是有恃而無恐。由此悟出一點：即使在封建專制制度下，黨派的存在並不一定是壞事，有時為官者還可加以利用來為民眾做點好事。不久，李隆基以一次猝不及防的武裝政變除掉了太平公主及其黨派勢力而當上了玄宗皇帝，於是元紘得以於「開元初三遷萬年縣令，賦役平允，不嚴而理。俄擢為京兆尹，尋有詔令元紘疏決三輔。諸王公權要之家，皆緣渠立磑，以害水田，元紘令吏人一切毀之，百姓大獲其利」（以上均見《舊唐書·李元紘傳》）。

另一個在開元時期亦稍有政聲的京兆尹源乾曜，與李元紘有點不一樣。《舊唐書》載有這樣一件事：「嘗有仗內白鷹，因縱遂失所在，上令京兆切捕之。俄於野外獲之，其鷹掛於叢棘而死。官吏懼得罪，相顧失色。」這段描述，大可玩味。宮裡飛失了一隻鷹，居然要京兆尹親自「切捕」，而要在偌大一片京輔的地面和天空裡尋找一隻鷹，又無異於大海撈針，此官真難當啊！所幸是居然被找到，不幸卻已成了死鷹，於是官員們一個個「相顧失色」：皇權實在太可怕啦！正是在這種情況下，源乾曜表現了作為京兆尹特有的膽識、胸襟與才幹。他鎮靜地對官員們說：『事有邂逅，死亦常理，主上仁明，當不以此置罪。必其獲戾，吾自當之，不須懼也。』遂入，自請失旨之罪，上一切不問之。眾咸服乾曜臨事不懾，而能引過在己也。」「引過在己」，可說是源乾曜當京兆尹的要訣。正是靠了這一點才獲得玄宗容納，「在京兆三年，政令如一」。

值得一提的還有許孟容，他是在憲宗元和四年（西元八〇九年）拜任京兆尹的。當時「有左神策軍吏李昱，假（通「借」）長安富人錢八千貫，三歲不償，孟容遣吏收捕，械繫，剋日命還之。且曰：不及期當死。自興元（唐德宗年號）以後，禁軍中有功軍士益橫，府縣不能制，孟容剛正不懼，以法繩之，一軍盡驚，冤訴于上，上命中使宣旨，令送本軍，孟容繫之不遣。中使再至，乃執奏曰：臣誠知不奉詔當誅，然臣職司輦轂（代指京師），合為陛下彈壓豪強，錢未盡輸，旦不可得。上嘉其意，乃許之。自此豪右斂跡」（《唐會要》卷六七）。武宗時，又有薛元賞任京兆尹，以威嚴甚盛著聞。對此，武宗與宰相李德裕有一段對話「武宗謂宰相曰：『威風甚嚴，難為繼者。』李德裕奏：『京尹若非陛下假借，與之作主，則無由為德。』帝曰：『灼然。』」（《職官分紀》卷三八）的確，若沒有皇帝的「假借」和「作主」，又如何坐得成京兆尹這把交椅。反之，失寵於皇帝，那一個京兆尹能不栽跟斗啊！

二

司錄參軍事二人，正七品上。漢、魏已來及江左，郡有督郵、主簿，蓋錄事參軍之任也，皆太守自辟除❶。後魏、北齊、後周、隋氏，州皆有錄事參軍❷，及罷郡，以州統縣，皆吏部選除❸。煬帝罷州置郡，有東、西曹掾及主簿❹。皇朝省主簿，置錄事參軍。開元初，改為司錄參軍❺。

錄事❻四人，從九品上；隋置京兆錄事四人，皇朝因之。**府、史各三人❼。**

功曹參軍事二人，正七品下；漢、魏已下，司隸校尉及州、郡皆有功曹、戶曹、賦曹、兵曹等員❽。北齊諸州有功曹、倉曹、中兵、外兵、甲曹、法曹、士曹、左戶等參軍事❾。隋諸州有功曹、戶曹、兵曹等參軍事，法曹、士曹行參軍；郡有西曹、金曹、戶曹、兵曹、法曹、士曹等❿。及罷郡置州，以曹為名者，改曰司⓫。煬帝罷州置郡，改司功、司倉、司戶、司兵、司法、司士等為書佐⓬。皇朝因其六司，而改書佐為參軍事，開元初為功曹參軍⓭。**府六人；史十二人⓮。**

倉曹參軍事二人，正七品下；北齊諸州有倉曹參軍事⑮，隋文帝改為司倉參軍⑯，煬帝改為司倉書佐⑰，皇朝復為倉曹參軍⑱。府八人；史十六人⑲。

戶曹參軍事二人，正七品下；漢、魏已來，州、郡皆有戶曹掾，或為左右⑳。隋有戶曹參軍，文帝改為司戶參軍，煬帝為司戶書佐㉑。皇朝因為司戶參軍，開元初，為戶曹參軍㉒。府十一人；史二十二人㉓。

帳史一人㉔。景雲㉕初置。

兵曹參軍事二人，正七品下；漢、魏已下，諸州皆有兵曹，或為中兵、外兵、騎兵㉖。北齊已下，改復並與功曹同㉗。府九人；史十八人㉘。

法曹參軍事二人，正七品下；漢、魏已下，州、郡有賦曹、決曹掾，或法曹，或墨曹㉙。自隋已下，改復並與上同㉚。府九人；史十八人㉛。

士曹參軍事二人，正七品下；北齊諸州有士曹行參軍㉜。已下改復，並與上同㉝。府七人；史十四人㉞。

參軍事六人，正八品下。註見王府參軍文下。

執刀㉟十五人。

典獄十八人㊱。

問事㊲十二人。

白直㊳二十四人。

經學博士一人，從八品上；助教二人；魏、晉已下，郡、國並有文學，即博士、助教之任㊴。並皇朝置。學生八十人。皇朝置。

醫學博士一人㊵；助教一人；開元初置。醫學生二十人。貞觀初置。

【章　旨】敘述京兆等三府之佐僚，包括司錄及功、戶、法、士諸曹參軍事等定員、品秩和沿革。

【注　釋】❶自「漢魏已來」至「皆太守自辟除」　江左，指東晉。督郵，郡佐吏。漢初郡國守相多以都吏巡行屬縣，中葉後置督郵掾，簡稱督郵，原主督送郵書，漸擴大職權亦督察屬縣，奉宣教令，檢核非違，兼及訊捕稽案諸事。凡屬縣長吏、豪右、親貴之善惡及稱職與否，往往繫於其口，權任甚重。《後漢書・百官志》稱「其監屬縣，有五部督郵」。五部，指東、西、南、北、中五部。實際則常常依郡內地理或人口分佈狀況分區監臨。如西漢時田延年任河東太守，以尹翁歸為督郵，「河東二十八縣，分為二部，閎儒部汾北，翁歸部汾南，所舉應法，得其罪辜」（《漢書・尹翁歸傳》）。魏晉及南朝皆沿置。員額則隨事增減，或多至數十人。主簿，漢代公府及州郡署皆置。據《後漢書・百官志》公府屬官中有黃閤主簿，掌省署簿書和錄門下眾事。西漢時主簿地位尚低，故有「兩府高士俗不為主簿」（《漢書・孫寶傳》）之說，至東漢因其在吏職中與主府最為親近而日見器重，所掌亦不限於簿書，凡匡輔拾遺，出宣教命，奉送要函，接引賓客等皆有涉及，因而成為府主門下諸職之首。如東漢末曹操相府任主簿者，若楊修、賈逵、繁欽輩，皆著名於世。東晉及南朝沿漢魏之制，諸州郡亦置主簿。桓溫為荊州刺史時，以郄超為記室參軍，王恂為主簿，郄有美髯而王矮小，「故府中語曰：『髯參軍，短主簿，能令公喜，能令公怒。』」（《晉書・郄超傳》）漢魏之督郵、主簿所掌與唐之錄事參軍事（開元後改稱司錄參軍事）相似，故言前者「蓋錄事參軍之任也」。太守自辟除，指郡之長官有權自行選任督郵、主簿一類屬官。❷後魏北齊後周隋氏州皆有錄事參軍　《通典・職官十五・州郡》稱：「自魏晉已後，刺史多帶將軍開府，則州與府各置僚屬。州官理民，府官理戎。」如主簿屬州官，錄事參軍事屬府官，二者往往並置，北魏、北齊、北周及隋，大抵如此。北魏任州主簿者甚多，不一一列舉。任州錄事參軍者，如劉休賓之子劉季友，曾任「南青州左軍府錄事參軍」（《魏書．劉休賓傳》）；李靈之子李弼，「位至相州錄事參軍」（《魏書．李靈傳》）。北齊任錄事參軍者，如崔撝，為揚州錄事參軍，其兄崔拱，任城王湝丞相咨議參軍。當時此二職皆受人輕視，而撝父崔劼時任中書令，故其叔父崔廓之為之請曰：「『拱、撝幸得不凡，何為不在省府之中，清華之所，而並出外藩，有損家代。』劼曰：『立身以來，恥以一言自達，今若進兒，與身何異？』卒無所求。」（《北齊書．崔劼傳》）北周任州之錄事參軍事者，未見於《周書》，諸墓誌銘則略有所錄。如〈大唐故夫人竹氏墓誌銘〉，提及墓主之「祖弘實，周任青州錄事參軍」；〈大唐洛州府故隊正李表墓志〉，亦言其「祖鐘，周起家洛州錄事參軍」；〈大唐故騎都尉李君墓誌銘〉，稱其「祖突，周定州錄事參軍」等。❸及罷郡以州統縣皆吏部選除　此事《隋書．百官志》繫於開皇三年（西元五八三年）。是年「罷郡，以州統縣，改別駕、贊務，以為長史、司馬。舊周、齊州郡縣職，自州都、郡縣正已下，皆州郡將縣令至而調用，理時事。至是不知時事，直謂之鄉官。別置品官，皆吏部除授，每歲考殿最。刺史、縣令，三年一遷，佐官四年遷，佐官以曹為名，並改為司。」此次改革包含著精簡機構、處置前朝舊官等諸多內容，如：㈠改北周、北齊地方行政州、郡、縣三級制為州、縣二級制，撤去郡一級；㈡現任地方官員中留用之前朝舊官，原由州郡自行辟除屬於州都、郡縣正以下者，須有調令才可繼續視事，無調令而不再視事者，即改作鄉官；㈢以調令錄用之前朝舊官可依現任職務定其品級，成為品官，鄉官則不給品位；㈣刺史、縣令無權再自行辟除佐官，所有品官皆由吏部選授，並按規定時間進行考課和遷調。同書又稱：開皇十五年（西元五九五年）「罷州縣鄉官」。至此，曾一度留用的原北周、北齊地方官員便一律削職為民。❹煬帝罷州置郡有東西曹掾及主簿　煬帝，隋朝皇帝楊廣，在位十四年，終年五十歲。罷州置郡，即將開皇時所置之州改稱為郡。其佐官有東西曹掾及主簿以下諸員，省錄事參軍事。《隋書．百官志》記其事稱：煬帝大業三年（西元六〇七年），「罷州置郡，郡置太守。上郡從三品，中郡正四品，下郡從四品。京兆、河南俱為尹，並正三品。罷長史、司馬，置贊務一人，以貳之。次東西曹掾，主簿，司功，倉、戶、兵、法、士曹等書佐，各因郡之大小而為增減。」又云：「其後諸郡各加置通守一人，位次太守，京兆、河南則謂之內史。又改郡贊務為丞，位在通守下。」❺皇朝省主簿置錄事參軍開元初改為司錄參軍　《新唐書．百官志》稱：「武德初，改主簿曰錄事參軍事，開元元年（西元七一三年）改曰司錄。有史十人。」開元，唐玄宗李隆基年號。《通典．職官十五．州郡》總論郡佐條對歷代主簿與錄事參軍事二名改易經過有一概述：「自後漢有郡主簿官，職與州主簿官同。隋初以錄事參軍為郡官，則併州郡主簿之職矣。煬帝又置主簿。唐武德元年（西元六一八年）復為錄事參軍，開元中，改京兆尹屬官曰司錄參軍，掌府事勾稽，省署抄目，糾違部內非違，監印，給紙筆之事。乾元元年（西元七五八年）加進一品，仍升一資。」❻錄事　係司錄參軍下之屬，所掌當為府內日常例行公事。《舊唐書・陸元方附子陸象先傳》提及象先為蒲州刺史時，「嘗有小吏犯罪，但示語（指僅以口頭批評）而遣之。錄事白曰：『此例合與杖。』象先曰：『人情相去不遠，此豈不解吾言？若必須行杖，當即自汝為始。』錄事慚懼而退」。❼府史各三人　近衛校正德本此句稱：「『三』，宋本及《職官分紀》並作『二』。」❽漢魏已下司隸校尉及州郡皆有功曹戶曹賦曹兵曹等員　句中「賦」字，近衛校正德本以為「『賦』當作『賊』」。是。南宋本及《職官分紀》並作「賊」。據《後漢書・百官志》，漢代司隸校尉屬官分從事和假佐二類：「從事史十二人。本注曰：『都官從事，主察舉百官犯法者；功曹從事，主州選署及眾事；別駕從事，校尉行部則奉引錄眾事；簿曹從事，主財穀簿書。其有軍事，則置兵曹從事，主兵事。其餘部郡國從事，每郡國各一人，主督促文書，舉察非法，皆州自辟除，故通為百石云。』假佐二十五人。本注曰：『主簿，錄閤下事，省文書；門亭長，主州正；門功曹書佐，主選用；《孝經》師，主監試經；《月令》師，主時節祠祀；律令師，主平法律；簿曹書佐，主簿書。』其餘都官書佐及每郡國，各有典郡書佐一人，各主一郡文書，以郡吏補，歲滿一更。司隸所部郡七。」此十二從事史亦統稱司隸從事或簡稱從事，為司隸校尉屬下分管某一部門之長官。假佐地位低於從事史，引文中僅為例舉，尚有其他名目。上述屬官，州與郡亦置，唯略有簡省。如州，同書載：「皆有從事史、假佐。本注曰：『員職略與司隸同，無都官從事，其功曹從事為治中從事。』」郡，亦見同書：「皆置諸曹掾史。本注曰：諸曹略如公府曹，無東西曹。有功曹史，主選署功勞。有五官掾，署諸曹及功曹事。其監屬縣，有五部督郵曹掾一人。正門有亭長一人，主記室史，主錄記書，催期會。無令史。閤下及諸曹各有書佐，幹主文書。」據上述所引，可知：㈠州郡之分曹，除無東西曹外，大體與公府分曹相同，有的僅是名稱不同而已，而州郡佐僚之職名職務，又大都與司隸校尉所屬相同。此種設置，意在便於政令之上下貫通和實施對口監察。㈡曹之長官稱掾或史，掾、史同時設置者，則史在掾之下。史書多有主記掾、倉曹掾、督郵掾一類記載，而功曹既有稱掾亦有稱史者，如蕭何，早年曾為功曹掾，而《後漢書・百官志》及《宋書・百官志》則稱其為功曹史。協助掾史治事尚有多種屬吏，此等人，以其俸秩低於掾史一等，即不滿一百石，往往被稱之為「斗食」。斗食者，俸秩計日以斗為數，月為十一斛。㈢此句原注意在追溯功曹之沿革，故瞭解功曹在諸曹中之地位應是重點。漢魏以降，功曹在郡府中素居極位，因而被稱為右曹綱紀、主吏，為太守之左右手。王充《論衡・遭虎篇》稱：「功曹眾吏之率。」又云：「功曹之官，相國是也。」南朝宋曾任武帝功曹之劉湛甚至以為「今世宰相何難？此政可當我南陽郡漢世功曹耳」（《宋書・劉湛傳》）。功曹主掌選署功勞，事關全郡官員之黜陟臧否，故歷來為人所重，東漢末年，或有郡守委政於功曹者。漢魏以下，州郡置佐官之制雖小有更易，大體仍沿漢制。❾北齊諸州有功曹倉曹中兵外兵甲曹法曹士曹左戶等參軍事　北齊諸州之佐屬，分州官與府官兩類，府官理戎，如長史、司馬以下便是；州官理民，如別駕從事史、治中從事史以下便是。原注此句中所列諸曹，唯左戶屬州官，其餘皆為府官。其中甲曹即鎧曹。《隋書・百官志》稱：北齊「上上州刺史，置府，屬官：有長史，司馬，錄事，功曹、倉曹、中兵等參軍事及掾史，主簿及掾，記室掾史，外兵、騎兵、長流、城局、刑獄等參軍事及掾史，參軍事及法、墨、田、鎧、集、士等曹行參軍及掾史，右戶掾史，行參軍，長兼行參軍，督護，統府錄事，統府直兵，箱錄事等員。州屬官：有別駕從事史，治中從事史，州都官迎主簿，主簿，西曹書佐，市令及史，祭酒從事史，部郡從事，皂服從事，典籤及史，門下督，省事，都錄事及史，箱錄事及史，朝直、刺姦、記室掾，戶曹、田曹、金曹、租曹、兵曹、左戶等掾史等員」。北齊上上州之州屬官定員為三百九十三人，皆由州府辟除；齊後主賜諸佞倖賣官，亦有以中旨敕用者。❿隋諸州有功曹戶曹兵曹等參軍事法曹士曹行參軍郡有西曹金曹戶曹兵曹法曹士曹等　據《隋書・百官志》，隋初州刺史之屬官，長史、司馬以下有「錄事參軍事，功曹，戶、兵等曹參軍事，法、士曹等行參軍，行參軍，典籤，州都光初主簿，郡正，主簿，西曹書佐，祭酒從事，部郡從事，倉督，市令、丞等」；郡太守之屬官，丞、尉以下有「光初功曹，光初主簿，縣正，功曹，主簿，西曹，金、戶、兵、法、士等曹，市令等員」。⓫及罷郡置州以曹為名者改曰司　罷郡置州事，見前注❸。隋於罷郡置州同年，即開皇三年（西元五八三年），其佐官以曹為名者，並改為司。如功曹、倉曹參軍事，分別改名為司功、司倉參軍事。以「司某」為職名，北周已有。如〈大唐故上護軍龐府君墓誌銘〉：「君諱德威，曾祖隆，周任益州司倉參軍事」；〈大周故登仕郎前復州監利縣尉秦府君墓誌銘〉：「君諱朗。曾祖弁，宇文朝任蒲州司法」等。⓬煬帝罷州置郡改司功司倉司戶司兵司法司士等為書佐　煬帝及罷州置郡事，見前注❹。據《隋書・百官志》，煬帝大業三年（西元六〇七年）於罷州置郡同時，郡之屬官，在丞以下「置東西曹掾，主簿，司功、倉、戶、兵、法、士曹等書佐，各因郡之大小而增減。改行參軍為行書佐」。⓭皇朝因其六司而改書佐為參軍事開元初為功曹參軍　《新唐書・百官志》稱：「武德初，司功、司倉、司戶、司兵、司法、司士書佐，皆為司功等參軍事。」《通典・職官十五・州郡》司功參軍條稱：「唐改曰司功參軍，開元初，京尹屬官及諸州都督府並曰功曹參軍，而列郡則曰司功參軍。」高宗時，有徐太玄者，因死囚有老母而願與同受以贖，被擢授司功參軍。事見《舊唐書・李敬玄傳》：敬玄其時掌選職，「選人有杭州參軍徐太玄者，初在任時，同僚有張惠犯贓至死，太玄哀其母老，乃詣獄自陳與惠同受。惠贓數既少，遂得減死，太玄亦坐免官，不調十餘年。敬玄知而大嗟賞之，擢授鄭州司功參軍，太玄由是知名」。⓮府六人史十二人　《新唐書・百官志》作「府四人，史十人」。⓯北齊諸州有倉

曹參軍事　據《隋書・百官志》北齊諸州置府，屬官中有倉曹參軍事。⓰隋文帝改為司倉參軍　據《隋書・百官志》，隋文帝開皇三年（西元五八三年）將「佐官以曹為名者，並改為司」。但隋初諸州佐吏中未見有倉曹參軍事之記載，姑誌以存疑。⓱煬帝改為司倉書佐　據《隋書・百官志》，煬帝大業三年（西元六〇七年）諸郡置「司功、倉、戶、兵、法、士曹等書佐」。州郡六曹之定型，當即在此時。⓲皇朝復為倉曹參軍　據《新唐書・百官志》，唐於武德初，改司倉書佐為司倉參軍；開元初，京尹屬官復改為倉曹參軍，列郡則曰司倉參軍。如裴炎曾為「濮州司倉參軍」；姚崇，曾被「授濮州司倉」（見《舊唐書》各自本傳）。⓳府八人史十六人　《新唐書・百官志》作「府五人，史十三人」。⓴漢魏已來州郡皆有戶曹掾或為左右　近衛校正德本，以為此句末「左右」，據南宋本當作「左戶」。然兩漢諸郡和北齊諸州皆有左、右戶之設（詳下），容或應作「左右戶」，此處脫一「戶」字。據《後漢書・百官志》，漢代公府置「戶曹主民戶、祠祀、農桑」，郡府之戶曹亦以民戶為主，兼及獄訟和祠祀等事。《兩漢金石記》中之〈竹葉碑〉，記有左、右戶曹史，可知漢時諸郡戶曹分左、右。東漢初，有陸續「仕郡戶曹史。時歲荒民飢，太守尹與使續於都亭賦民饘粥。續悉簡閱其民，訊以名氏。事畢，興問所食幾何，續因口說六百餘人，皆分別姓字，無有差謬」（《後漢書》本傳）。因陸任戶曹史，主民戶，故令其饘粥。東漢任郡戶曹史見於記載者，尚有孟嘗、李郃等。魏晉以下，皆沿漢制。北齊諸郡屬官中有戶曹，諸州府屬官中有右戶掾史，州屬官有左戶掾史，當與度支尚書中之左戶、右戶郎中相對應。㉑隋有戶曹參軍文帝改為司戶參軍煬帝為司戶書佐　近衛校正德本此句以為「『隋』下恐脫『初』字」。隋立國初承北周之制，諸州郡皆置戶曹參軍。文帝開皇三年（西元五八三年），州郡佐官以曹為名者並改為司，故戶曹參軍亦改為司戶參軍。煬帝大業三年（西元六〇七年）復改諸司之參軍為書佐，稱戶曹書佐。㉒皇朝因為司戶參軍開元初為戶曹參軍　唐於武德初改隋司戶書佐為司戶參軍；開元初，作為京尹屬官及諸都督府之司戶參軍復改名為戶曹參軍，諸郡則仍為司戶參軍。唐代前期任此職者，如張易之父張希藏，曾任雍州司戶（見《舊唐書・張行成傳》）；李元紘，「初為涇州司兵，累遷雍州司戶」（《舊唐書》本傳）；韋暠，曾任蒲州司戶參軍，以善判事，與司兵參軍徐彥伯、司士參軍李亘，「時人謂之『河東三絕』」（《舊唐書・徐彥伯傳》）。㉓府十一人史二十二人　《新唐書・百官志》作「府八人，史十六人」。㉔帳史一人　《新唐書・百官志》作「帳史二人，知籍，按帳目捉錢」。㉕景雲　唐睿宗李旦年號。㉖漢魏已下諸州皆有兵曹或為中兵外兵騎兵　據《後漢書・百官志》，漢公府有兵曹，主兵事，秩比三百石；郡之諸曹略如公府曹，亦置兵曹，秩百石。《五曹算經》有「必資人才，故次兵曹」之說，說明兵曹所管之事為徵集、輸送兵丁。〈巴郡太守張納碑〉有兵曹掾及右兵曹史各一人，則似尚應有左兵曹史。晉初，諸公開府者，其兵曹亦分為左右。西晉末，司馬睿為鎮東大將軍開府時有中兵、外兵、騎兵、典兵、兵曹諸曹，至南朝宋時為中直兵、外兵、騎兵諸曹。郡之諸曹略如公府。㉗北齊已下改復並與功曹同　指北齊後，兵曹之沿革狀況與前功曹條原注所言略同。據《隋書·百官志》隋上上州刺史置府，其屬官有中兵、外兵、騎兵參軍事，諸郡則置兵曹。隋州、郡皆置兵曹參軍事。開皇三年（西元五八三年）改名為司兵參軍，煬帝大業三年（西元六〇七年）又改稱司兵書佐。唐於武德初年改為司兵參軍，開元元年（西元七一三年）京兆及諸州都督府並改為兵曹參軍，列郡則仍稱司兵參軍。唐任司兵參軍者，如徐彥伯，「累轉蒲州司兵參軍」；杜甫在天寶末亦曾「授京兆府兵曹參軍」（均見《舊唐書》本傳）。㉘府九人史十八人　《新唐書·百官志》作「府六人，史十四人」。㉙漢魏已下州郡有賊曹決曹掾或法曹或墨曹　近衛校正德本以為句中「『賦』當作『賊』」，南宋本正作「賊」。據《後漢書·百官志》，漢公府有法曹、賊曹、決曹。法曹主郵驛科程事，賊曹主盜賊事，決曹主罪法事。郡諸曹略如公府曹，所掌亦類同，有諸多記載可資佐證。法曹，如《太平御覽》卷四七七引《三輔決錄》有「摯茂即為郡法曹」；〈巴郡太守張納碑〉有法曹掾史各一人，間列集曹與漕曹之中。賊曹，如《漢書·薛宣傳》記宣為左馮翊守時，依制夏至、冬至日官員休假，唯「賊曹掾張扶獨不肯休，坐曹治事。宣出教曰：『蓋禮貴和，人道尚通。日至，吏以令休，所繇來久。曹雖有公事，家亦望私恩意，掾宜從眾，歸對妻子，設酒肴，請鄰里，壹笑相樂，斯亦可矣！』」又《漢書·朱博傳》亦提到博任郡守時，「姑幕縣有群輩八人報仇廷中，皆不得。長吏自繫書言府，賊曹掾史自白請至姑幕」。決曹，如《漢書·于定國傳》：「其父于公為縣獄吏，郡決曹，決獄平，羅文法者于公所決皆不恨。」又云：「父死，後定國亦為獄吏，郡決曹。」〈竹葉碑〉更記有左、右決曹史各一人。魏晉皆承漢制。據《宋書·百官志》，西晉末，司馬睿為鎮東大將軍開府時，諸曹中有長流賊曹、刑獄賊曹、城局、賊曹、法曹、墨曹等。其郡官所置諸曹亦略如公府。南朝宋齊以下皆沿東晉舊制。北齊上上州刺史置府，其屬官中有長流、城局、刑獄等參軍事，及法、墨等曹行參軍及掾史。㉚自隋已下改復並與上同　指與功曹條原注同。據《隋書·百官志》，隋將北齊諸州之長流、城局、刑獄、法曹、墨曹等與司法相關諸曹，合併為一個法曹，置法曹行參軍。郡亦設一法曹。開皇三年（西元五八三年），改稱為司法參軍事，大業三年（西元六〇七年）再改為司法書佐。唐於武德初，復改為司法參軍，開元初，京尹及諸都督府改為法曹參軍，諸郡則仍為司法參軍。唐任司法參軍者如狄仁傑，曾由河南道黜陟使閻立本推薦，「授并州都督府法曹。仁傑孝友絕人，在并州，有同府法曹鄭崇質，母老且病，當充使絕域。仁傑謂曰：『太夫人有危疾，而公遠使，豈可貽親萬里之憂！』乃詣長史藺仁基，請代崇質而行」。又如徐有功，「舉明經，累轉蒲州司法參軍，紹封東莞男。為政寬仁，不行杖罰，吏人感其恩信，遞相約曰：『若犯徐司法者，眾必斥罰之。』由是人爭用命，終於代滿，不戮一人」。再如杜佑，早年曾謁見潤州刺史韋元甫，韋「以故人子待之。他日，元甫視事，有疑獄不能決，佑時在旁元甫訊於佑，佑口對響應，皆得其要，元甫奇之，乃奏為司法參軍」（以上各據《舊唐書》本傳）。㉛府九人史十八人　《新唐書・百官志》作「府六人，史十四人」。㉜北齊諸州有士曹行參軍　據《隋書・百官志》，北齊諸州置府屬官有士曹行參軍及掾史。㉝已下改復並與上同　指士曹在北齊後之沿革，與前功曹條原注略同。據《隋書・百官志》，隋諸州皆置士曹行參軍，開皇三年（西元五八三年）改為司士參軍事，大業三年（西元六〇七年）又改為司士書佐。唐於武德初改為司士參軍，開元初，京尹及諸都督府改為士曹參軍，列郡則仍稱司士參軍。唐如李亘，曾任蒲州司士參軍，以工於翰札，與司兵徐彥伯、司戶韋暠並稱「河東三絕」（見《舊唐書・徐彥伯傳》）。㉞府七人史十四人　《新唐書・百官志》作「府五人，史十一人」。㉟執刀　持刀以為侍衛者。在南朝齊、梁亦稱御刀、捉刀。皆由百姓至州郡衙門服役者充。㊱典獄十八人　《新唐書・百官志》與此同，《舊唐書・職官志》則為十一人。典獄為管理監獄之卒吏，亦由百姓服役者為之。㊲問事　官府吏卒。亦為百姓服役充任，其職掌為行杖以訊嫌犯。㊳白直　唐制為公廨及文武官員配置之力祿，由百姓服役充當。多為侍衛，亦常從事耕作或其他勤雜勞役。也可以資代役。每月輸錢二百八文，成為所事官員俸祿收入之組成部份。㊴魏晉已下郡國並有文學即博士助教之任　文學之置當早於魏晉。漢郡國置學校，文學即郡國之學官，或稱郡文學，如韓延壽，「少為郡文學」（《漢書・韓延壽傳》）。西漢如蓋寬饒、諸葛豐、張禹，東漢如張玄、魏應等，皆以明經為郡文學。文學係簡稱，正式官名為文學掾或文學史。《漢書・鄭崇傳》有「郡文學史」；《後漢書》之〈楊倫傳〉及〈楊由傳〉為郡文學掾。《三國志・魏志・管輅傳》：「清河太守華表，召輅為文學掾」。裴松之注引《管輅別傳》曰：「輅為華清河所召，為北黌文學，一時士友無不歎慕。」又云：輅少時亦曾隨父「至官舍讀書。始讀《詩》、《論語》及《易》本，便開淵布筆，辭義斐然。於是黌上有遠方及國內諸生四百餘人，皆服其才也」。黌，即學校之所在。黌上有「諸生四百餘人」，據此可大體推知郡所置學校規模。魏晉以下，郡國設學皆承漢制。㊵醫學博士一人　據《通典・職官十五・總論郡佐》，此職置於開元十一年（西元七二三年）七月，員一人，階品同錄事，即從九品上。並載其制稱：「每州寫《本草》、《百一集驗方》與經史同貯。其年九月，御撰《廣濟方》五卷頒行天下。貞元十二年（西元七九六年）二月，御撰《廣利方》五卷頒天下：『自今後諸州府應闕醫博士，宜令長史各自訪求選試，取人藝業優長堪效用者，具以名聞。已出身人及有前資官便與正授，其未出身且令權知。四考後，州司奏與正授。餘準恆式，吏部更不領選集。』」

【語　譯】〔京兆、河南、太原三府：〕司錄參軍事，定員二人，品秩為正七品上。漢魏以來，以及東晉，郡的屬官中都設有督郵和主簿，那亦就是相當於錄事參軍的職務，當時都由太守自行選任。北魏、北齊、北周和隋朝的各個州，都設有錄事參軍，待到後來撤銷郡這一級建置，由州直接統轄縣，便改為都由吏部選授。煬帝時又改州為郡，屬官中設有東、西曹掾和主簿。本朝省去主簿，設置錄事參軍事，到開元初年，改稱錄事參軍為司錄參軍。

錄事，定員四人，品秩為從九品上；隋朝設置京兆錄事四人，本朝因仍隋制。有府、史各三人。

功曹參軍事，定員二人，品秩為正七品下；漢魏以後，司隸校尉和各州、郡，都有功曹、戶曹、賦（賊）曹、兵曹等的編員。北齊各州設有功曹、倉曹、中兵、外兵、甲曹、法曹、士曹、左（右）戶等參軍事。隋朝各州有功曹、戶曹、兵曹等參軍事，法曹、士曹行參軍，各郡則有西曹、金曹、戶曹、兵曹、法曹、士曹等；待到後來撤去郡設置了州，原來用「曹」作為官署名稱的，都改稱「司」。煬帝時又改州為郡，同時改稱司功、司倉、司戶、司兵、司法、司士等參軍為書佐。本朝因仍隋的六司而又改書佐為參軍事，開元初年又改司功參軍為功曹參軍。有府六人，史十二人。

倉曹參軍事，定員二人，品秩為正七品下；北齊各州設有倉曹參軍事，隋文帝時改為司倉參軍，煬帝時又改為司倉書佐，本朝恢復舊名稱倉曹參軍。有府八人，史十六人。

戶曹參軍事，定員二人，品秩為正七品下；漢魏以後，各州、郡都設有戶曹掾或為左、右戶。隋初有戶曹參軍，文帝時改為司戶參軍，煬帝時又改為司戶書佐，本朝因仍這一官制，職名則又改為司戶參軍，開元初年改為戶曹參軍。有府十一人，史二十二人。

帳史，定員為一人。睿宗景雲初年設置。

兵曹參軍事，定員二人，品秩為正七品下；漢魏以後，各州都設有兵曹，或為中兵、外兵、騎兵等。北齊以後，各州兵曹建置和名稱更改和恢復的情況，與前面功曹原注中說的相同。有府九人，史十八人。

法曹參軍事，定員二人，品秩為正七品下；漢魏以後，各州郡都設有賦（賊）曹、決曹掾，也有的設法曹，或者置墨曹。從隋朝以後，有關法曹的建置和名稱的更改或恢復的情況，都與前面原注中說的相同。有府九人，史十八人。

士曹參軍事，定員二人，品秩為正七品下；北齊各州設有士曹行參軍，北齊以後，這一官職的更改或復舊的情況，都與上面原注中已說過的相同。有府七人，史十四人。

參軍事，定員六人，品秩為正八品下。對此職的注釋，見上卷親王府的參軍事條下。

執刀，定員十五人。

典獄，定員十八人。

問事，定員十二人。

白直，定員二十四人。

經學博士，定員一人，品秩為從八品上；助教，定員為二人。魏晉以後，各郡國都設有文學，就相當於博士、助教的職務。州郡學校的博士、助教，都是本朝所置。學生，有八十人。本朝設置。

醫學博士，定員一人；助教一人。開元初年設置。醫學生，定員為二十人。貞觀初年設置。

【說明】本章原注對京兆、河南、太原三府列曹佐僚沿革的追述，都上溯到漢魏，這單就官署、官職而言，大體是可以找到對應的，但若從列曹的整體設置上看，二者還是有著較大的區別。譬如，官署、官吏的設置，漢代遠比隋唐複雜和眾多。據《後漢書・百官志》，漢代郡守的佐官有丞一人，郡當邊戍者，丞為長史。又有都尉一人。丞、長史，是郡守的副貳；都尉佐郡守主兵。佐官由朝廷任命。為郡守處理實際庶務的，則是一支頗為龐大的隊伍，其功曹以下，皆可由太守自行選任。這支隊伍的人數，注引《漢官》以河南尹為例，有「員吏九百二十七人」。並分曹理事，其設置大都可與公府諸曹相對應，所以《後漢書・百官志》有郡之「諸曹略如公府曹」這樣的話。漢代諸郡僚屬，按所掌職能可分為綱紀、門下、列曹、監察四類。主綱紀的是功曹和五官掾。功曹掌選舉考功賞罰，五官掾是虛職，主祭祀，若功曹缺勤，由五官代行其職。門下，通稱太守衙內郡僚，長官為主簿，對郡守有匡輔拾遺之職。其下屬有直符史，主執法；主記室史，掌書記和催期會；錄事，職與主記室相近；奏曹，主奏議；少府，掌財物；門下督盜賊及門下賊曹，皆主兵衛，郡守居則巡察，出則導從；府門亭長，主門戶、威儀；門下議曹，主謀議，列門下諸曹之末。列曹，分掌庶務：戶曹，主民戶、祠祀、農桑；時曹，主時節祠祀；田曹，主畜養、勸農；比曹，主檢閱財物民數；水曹及都水，主水利渠津等事；將作掾，主興作建造；倉曹，主徵收民租；金曹，市掾、衡官，主貨幣、鹽鐵及市租；集曹，主運集穀糧以食倉廩；漕曹，主向太倉運漕穀糧；法曹，主郵驛科程；道橋掾史、津掾，主修治道路；文學掾史、經師，主郡屬學校；兵曹、兵馬掾、監軍掾，主兵事；塞曹，掌督烽燧，守衛邊塞；尉曹，主徒卒轉運；賊曹、賊捕掾，主逐捕盜賊；辭曹、決曹、案仁恕掾，主辭訟罪法；醫曹，主治病；此外尚有獻曹、侍奉曹等。諸郡往往各有習稱，因而曹或有互異，實際上可能並非每郡諸曹全備。監察，主要有督郵，依地域分有五部督郵，主監察所屬諸縣。上述四類僚屬與朝廷公府所設諸曹的對應關係，大致是：主綱紀的功曹等對東、西曹，主選署功勞；門下對黃閣主簿，錄省眾事；列曹對公府尹、法、賊、兵等曹，分主眾事；主監察的督郵，則對應於丞相府派往各地的丞相史。至於漢代三輔屬官，還有一些不同於諸郡的設置，如京兆尹屬官，據記載尚有長安市令、丞，長安廚令、丞，都水長、丞，鐵官長、丞等。

除了官署、官吏的設置遠比隋唐複雜和眾多，漢代郡守與其屬官的關係，亦與隋唐時期存在明顯差別。漢時郡守不僅可以自行辟除功曹以下屬官，享有組織人事上的任免權，而且還有向朝廷推薦本郡的優秀人才，即一般是按二十萬人舉一人的比例，薦舉孝廉、賢良方正、茂才的選舉權。三輔的郡守這方面的權限還要更大些。如諸郡選任屬吏皆為本郡人，三輔郡守則可不受此限，對其所賞識的下屬，還可不經孝廉察舉而直接上名尚書省吏部選補。基於這些原因，漢代郡守與其直屬官之間客觀上形成君臣之名分，因而當時亦有人稱郡府為郡朝。

郡守擁有完備的下屬機構和龐大的僚屬隊伍，其與下屬的關係又存在著一定的君臣名分，這兩條，一方面說明漢代的郡是一個可以相對獨立地處理本郡政務的地方政權實體，另一方面亦說明，當時中央對地方的控制相對比較寬鬆，或者說集權專制的程度還不那麼高。隋文帝開皇三年（西元五八三年）改制有諸多內容（參見本章注❸），其核心則是要徹底解體「郡朝」，進一步加強中央集權。這就是本章原注中一再提到的「罷郡，以州統縣」，即改州、郡、縣三級制為州、縣二級制。州的長官刺史不再像漢代郡守那樣可以自行選任僚屬，規定品官以上，皆須由吏部除授，每年考課其殿最；又規定刺史、縣令三年一遷，佐官四年一遷。州屬機構則實行裁併簡省，概而言之是砍了兩刀：一是將魏晉以來，因刺史多帶軍府，在州有府官理戎、州官理民兩套僚屬班子，合併成一套班子，砍去了大量冗員；一是由於在中央，尚書省的六部和中書、門下聯合秉掌相權這種格局，已取代了原來三公開府，州亦簡省為六曹，砍去了大批多餘機構。六曹分掌兵刑錢穀等政，是與尚書省六部，和九寺五監相對應的。功曹，亦即司功，對應於尚書省的吏部、禮部，以及太常寺、宗正寺、光祿寺、鴻臚寺、國子監之職；倉曹和戶曹，約略相當於戶部和司農寺、太府寺的職掌；兵曹對應於兵部兼及衛尉寺、太僕寺的職司範圍；法曹與刑部和大理寺大致相當；士曹與工部以及將作監、少府監的所司相類；錄事參軍事則相當於尚書都省、左右丞和御史臺的職掌，地位較諸曹更重些。劉寬夫〈汴州糾曹廳壁記〉稱：「郡府之有錄事參軍，猶文昌之有左右轄，南臺之有大夫、中丞也。糾正邪慝，提條舉目，俾六聯（指判司）承式，屬邑知方，致上□于坐嘯，舉綱維之未振，俾側者不敢挾其側，奸者不敢萌其奸，法令修明，典章不紊，此其任也。」（《全唐文》卷七四〇）由於京兆府為京師所在，百物供給，夫役調遣，都較他州為重，為了防止京兆府僚屬與權貴勢要勾結，唐代規定凡達官貴戚子弟不得任京兆府佐僚。《唐會要》卷六七載：「〔代宗〕廣德三年（西元七六五年）三月十一日敕：中書門下及兩省五品以上諸王駙馬周期以上親及女婿外甥，不得任京兆府判司、畿令、赤縣丞簿尉。」從這一迴避制的規定，亦可見京兆、河南、太原三府判司的地位非同尋常。在這方面的法制建設，可能還今不如昔。

三

大都督府：都督一人，從二品。魏黃初二年，始置都督諸州軍事，或領鎮戍、總夷校尉；三年，上大將軍曹真都督中外諸軍事❶。司馬宣王征蜀，加號大都督❷。自此之後，歷代皆有。至隋，改為總管府❸。皇朝武德四年，又改為都督府❹。貞觀中，始改為上、中、下都督府❺。

長史一人，從三品。秦、漢邊郡有長史❻。魏、晉已來，諸州皆有別駕、治中❼。至北齊，八命、七命、六命州刺史各有長史❽，隋九等州亦有長史❾。開皇三年，改雍州別駕為長史❿；煬帝罷州置郡，又改為別駕，唯都督府則置長史⓫。永徽中，始改別駕為長史，大都督府長史仍舊，正四品下⓬，開元初始增其秩⓭。

司馬二人，從四品下。北齊及隋九等州各有司馬⓮。開皇三年，改雍州贊治為司馬⓯。皇朝改郡為州，各置治中一人，其都督府則置司馬⓰。永徽中，改治中為司馬⓱。

錄事參軍事⓲二人，正七品上。

錄事二人，從九品上；史四人。

功曹參軍事一人，正七品下；府四人；史六人。

倉曹參軍事二人，正七品下；府四人；史八人。

戶曹參軍事二人，正七品下；府五人；史十人；帳史一人。

兵曹參軍事二人，正七品下；府四人；史八人。

法曹參軍事一人，正七品下；府四人；史八人。

士曹參軍事一人，正七品下；府四人；史八人。

參軍事五人，正八品下。

執刀十五人。

典獄十六人。

問事十人。

白直二十二人⑲。

市令一人，從九品上；漢代諸郡、國皆有市長⑳，晉、宋已後皆因之。隋氏始有市令㉑。皇朝初，又加市丞。戶四萬已上者，省補市令㉒。丞一人，佐一人，史二人，帥三人，倉督二人，史四人㉓。北齊九等州、縣各有倉督員，隋因之㉔。

經學博士㉕一人，從八品上；助教二人；學生六十人。

醫學博士一人，從八品下；助教一人；學生十五人。

若中、下都督府戶滿四萬人已上者㉖，官員同此，唯減司馬一人。

【章旨】敘述大都督府之都督、長史、司馬以及錄事參軍事以下諸曹參軍事等之定員、品秩和沿革。

【注釋】❶自「魏黃初二年」至「都督中外諸軍事」　黃初二年，即西元二二一年。黃初為魏文帝曹丕年號。鎮戎及總夷，指管轄所在地區之戎夷，即當地的少數民族。其稱校尉，是由於這些機構都帶有軍事性，相當於今世之軍管會，如西夷校尉，西晉初置，持節，統兵，掌益州諸夷事務；此類機構往往即由所在都督兼領。上大將軍，據《三國志・魏志・曹真傳》似應為「上軍大將軍」，需補一「軍」字。曹員，據南宋本當作「曹真」。曹真，字子丹，少孤，為曹操所收養，視與諸子同，且與曹丕共進止，以功累進大將軍、大司馬。魏文帝即位後，曾先後任曹真為鎮西將軍，假節都督雍涼諸軍事，鎮長安；以曹休為鎮南將軍，假節都督諸軍事，鎮合肥；以曹仁拜車騎將軍，都督荊、揚、益州諸軍事，鎮襄陽；以臧霸為鎮東將軍，都督青州諸軍事；以其舊友吳質為北中郎將，封列侯，使持節督幽并諸州軍事，亦稱都督河北諸軍事。時魏在荊、揚、青、徐、幽、并、雍涼諸州皆設置都督，因多處於緣邊地區，故亦有統領所在地之鎮戍或西夷校尉者。這些設在四周沿邊的都督諸州軍事，實即相當於沿邊地區的大軍區司令，其中個別如曹休，則還曾兼領地方刺史。黃初三年，即西元二二二年。是年，都督雍涼州諸軍事之曹真還京都述職，文帝以其為上軍大將軍，都督中外諸軍事，假節鉞，其地位又在沿邊都督諸州諸軍事之上。❷司馬宣王征蜀加號大都督　司馬宣王，即司馬懿，字仲達，河內溫縣（今河南溫縣西）人。魏明帝太和四年（西元二三〇年），為大將軍，加大都督，假黃鉞，與大司馬曹真同伐蜀，曹真不久因疾班師，次年春即去世，故西線軍事實由司馬懿一人主持。此是大都督見於記載之始。甘露元年（西元二五六年）司馬懿次子司馬昭亦加大都督，奏事不名；旋又進號大都督加斧鉞，劍履上殿。其後大都督往往成為歷代權臣之稱號。❸至隋改為總管府　隋所承為北周之制。《通典．職官十四．州郡上》稱：「後周改都督諸軍為總管，則總管為都督之任矣。」北周改此時間為明帝武成元年（西元五五九年）。諸總管府所統州數不等，少則三四州，多者可達十餘州以至三十餘州。如侯莫陳崇弟侯莫陳瓊，「武成二年（西元五六〇年）遷金州總管、六州諸軍事、金州刺史，保定元年（西元五六一年）拜大將軍，天和四年（西元五六九年）轉荊州總管、十四州八防諸軍事、荊州刺史，建德二年（西元五七三年）拜大宗伯，出為秦州總管」（《北周書．侯莫陳崇附弟瓊傳》）。總管府屬官有長史、司馬、司錄治中、中郎、列曹參軍以及防主等。隋沿前朝軍州之制，州亦置總管。《通典．職官十四．州郡上》載：「隋文帝以并、益、荊、揚四州置大總管，其餘總管府置於諸州，列為上、中、下三等。加使持節。煬帝悉罷之。」文帝以諸子任大總管：楊廣先後任并、揚二州大總管；秦王楊俊為秦州總管，下隸隴右諸州；蜀王楊秀任益州總管，下隸二十四州諸軍事；漢王楊諒為并州總管，黃河以北、太行山以東五十二州盡隸焉。❹皇朝武德四年又改為都督府　武德四年，即西元六二一年。武德為唐高祖李淵年號。唐在武德初，先是恢復隋文帝開皇時所置之總管府。《唐會要》卷六八載：武德元年（西元六一八年），在并州置總管府，以竇靜為長史；在興元置總管府，以李安遠為之；次年，在河中置總管府，以襄陵王深為之。至原注中所言之武德四年，唐平定王世充、竇建德，曾置洛州都督府，唯旋又廢洛州都督府，置洛州大行臺。且同年有記載在江陵仍置大總管，以趙郡王孝恭為之。其後亦尚有大總管府未改為都督府者，如《舊唐書．高祖本紀》：「武德五年（西元六二二年）八月辛亥，以洛、荊、并、幽、交五州為大總管府。」據《唐會要》卷六八都督條所列，首例改大總管府為大都督府在武德七年（西元六二四年）二月十二日，此後各大總管府相繼改為大都督府：并州府二月十七日，河中江陵二府同在二月十八日，興元府二月二十八日。更改時間之差異，可能與制文到達先後有關。太極初以并、益、荊、揚為四大都督府，開元十七年（西元七二九年）加潞州，共五大都督府。《新唐書．地理志》所列大都督府則尚有靈州、陝州、魏州、鎮州和幽州。唐雖改總管府為都督府，但若在作戰時，仍設行軍總管。如貞觀十五年（西元六四一年）對突厥諸部作戰，以「兵部尚書李勣為朔方行軍總管，右衛大將軍李大亮為靈州道行軍總管，涼州都督李襲譽為涼州道行軍總管，分道以禦之」（《舊唐書・太宗本紀》）。❺貞觀中始改為上中下都督府　貞觀，唐太宗李世民年號。上、中、下之劃分，以其所轄州或戶數之多寡為標準。《唐會要》卷六八：「武德七年（西元六二四年）二月十二日，改大總管府為大都督府，管十州已上為上都督府，不滿十州則為都督府。至開元元年（西元七一三年）著令，戶滿二萬已上為中都督府，不滿二萬為下都督府。」《通典・職官十四・州郡上》：「太極初，以并、益、荊、揚為四大都督府，開元十七年（西元七二九年）加潞州為五（大都督府）焉。其餘都督定為上中下等。本注曰：『上都督府五，中都督府十三，下都督府十六。』前後制置，改易不恆，難可備敘。」《新唐書・地理志》所記十道有五十四都督府，其中大都督府七，上都督府三，中都督府二十二，下都督府二十二。設在內地之中都督府，所轄一般在二萬戶以上，邊緣地區則不按戶口數定其等第，主要依據軍事之實際需要。❻秦漢邊郡有長史　秦於郡置丞，其郡當邊戍者，丞為長史，漢因此制。《漢書・百官公卿表》稱：「郡守……有丞。邊郡又有長史，掌兵馬，秩皆六百石。」《漢舊儀》亦謂：「邊郡置長史一人，治兵馬，丞一人，治民；當兵行，長史領。」故邊郡長史主兵。東漢仍沿此制。《後漢書・百官志》：「郡當邊戍者，丞為長史。」注引《古今注》：「建武十四年（西元三十八年）罷邊郡太守丞，長史領丞職。」邊郡長史領兵作戰事，史著亦有載。如《後漢書・西羌傳》：諸羌相率為寇，「遣謁者張鴻領諸郡兵擊之，戰于允吾、唐谷，軍敗，鴻及隴西長史田颯皆沒」。又，《後漢書・南匈奴傳》：「（永平）五年（西元六十二年）冬，北匈奴七千騎入于五原塞，遂寇雲中，至南陽，南單于擊卻之，西安長史馬襄赴救，虜乃引去。」❼魏晉已來諸州皆有別駕治中　別駕治中，指別駕從事、治中從事。漢代州刺史屬官有從事史和假佐，從事史簡稱從事，常冠以所掌或所屬為具體職名，如別駕從事、治中從事、簿曹從事、兵曹從事等，其中別駕從事和治中從事為屬吏之長。二職之區別，在於別駕主外，隨刺史外出行部，奉行錄總事；治中居內，主眾曹文書。魏晉承漢制，其後歷代沿置。如宋，《宋書・百官志》稱：刺史「官屬有別駕從事史一人，從刺史行部；治中從事史一人，主財穀簿書。」❽北齊八命七命六命州刺史各有長史　近衛校正德本此句稱：「按北齊九等州有長史，後周八命、七命、六命刺史有長史。疑『北齊』下有脫誤。」陳仲夫點校本引此並加案云：「參稽下文司馬員品條原注：《隋書・百官志》及《通典・職官二十一・後周官品》，所脫疑為『九等州各有長史，後周』九字。」若補此九字，全句為：「北齊九等州各有長史，後周八命、七命、六命州刺史各有長史」。語譯仍依原文。北齊州府等第之劃分，自上上至下下共九等。上上州之屬官佐史有三百九十三人，依次遞減，下下州為二百三十二人。九等州皆設長史。北周品秩以正九命為最高，依次為九命、正八命、八命，最低為正一命、一命，以與九品制相當。諸州刺史以所轄戶口數多少為等第：戶三萬以上為正八命，二萬以上八命，一萬以上正七命，五千以上七命，不滿五千者為正六命。故諸州刺史自正八命至正六命共分為五等。各等刺史之長史其品秩亦各不相同。如任於正八命州者為六命，八命州者為正五命，正七命州者為五命，七命州者為正四命，正六命州者為四命。任此職者，北齊有韋道建，時彭城王高浟為定州刺史，「有人被盜黑牛，背上有白毛。長史韋道建謂〔治〕中從事魏道勝曰：『使君在滄州日，擒姦如神，若捉得此賊，定神矣。』浟乃詐為上府市牛皮，倍酬價值，使牛主認之，因獲其盜。建等嘆服」（《北齊書・彭城王浟傳》）。北周有韓伯儁，《隋書・于仲文傳》記其在北周時，曾有益州長史名韓伯儁者。此外，墓誌銘中亦可見多人。如〈周驃騎將軍右光祿大夫雲陽縣開國男翟君墓誌銘〉：「天和四年（西元五六九年），任豫州長史、別駕」；〈唐故歸州興山縣丞皇甫君墓誌銘〉：「曾祖寶，周冀州長史」等。❾隋九等州亦有長史　據《隋書・百官志》，隋州分上上至下下九等，上上州僚屬佐史之定員為三百二十三人，依次遞減，至下下州為一百六十五人。諸州皆置長史。州置總管者，則列為上、中、下三等。總管府亦設長史。隋任州府、總管府長史者，如敬肅，「開皇初，為安陵令，有能名，擢拜秦州司馬，轉豳州長史」，時有內史侍郎薛道衡「狀稱肅曰：『必如鐵石，老而彌篤。』」（見《隋書・敬播傳》）；趙軌，任「壽州總管府長史，芍陂舊有五門堰，蕪穢不修。軌於是勸課人吏，更開三十六門，灌田五千餘頃，人賴其利」（《隋書》本傳）。❿開皇三年改雍州別駕為長史　開皇三年，即西元五八三年。開皇為隋文帝楊堅年號。隋初，雍州置牧，其屬官有別駕、贊務、州都、郡正、主簿、錄事等，至是改諸州別駕為長史。文帝時任雍州長史者，有庫狄士文，在其任上謂人曰：「我向法深，不能窺候要貴，必死此官矣。」後因從父妹為齊氏嬪故，「為御史所劾，士文性剛，在獄數日，憤恚而死」（《隋書・庫狄士文傳》）。此時都督府尚為總管府，亦置長史，任此職者，若趙軌，「轉壽州總管府長史」（《隋書・趙軌傳》）。⓫煬帝罷州置郡又改為別駕唯都督府則置長史　此句「煬帝罷州置郡」下諸事，皆發生在入唐以後，故疑中間有脫文。煬帝罷州置郡事，《隋書・百官志》繫於煬帝大業三年（西元六〇七年）。此前，文帝開皇三年（西元五八三年）罷郡，以州統縣，即改地方行政郡、州、縣三級制為州、縣二級制，又改別駕、贊務，以為長史、司馬。煬帝罷州置郡，實為改州為郡，仍為二級制，又罷長史、司馬，置贊務一人以貳之。其後諸郡加通守一人，位次太守，又改郡贊務為丞，位在通守下。又改為別駕，指改長史為別駕。此非煬帝時所為，當在唐武德初。《舊唐書・職官志》有上州別駕列從第四品下，注引《武德令》上州別駕正五品下，可知別駕之稱《武德令》中已有。《新唐書・百官志》則稱：「武德元年（西元六一八年），改太守曰刺史，加使持節，丞曰別駕。」都督府則置長史，此亦非煬帝時所為，當是唐初武德中事。北周和隋改都督府為總管府，而大都督、帥都督、都督皆為散官。煬帝時改大都督為校尉，帥都督為旅帥，都督為隊正。唐初，諸州仍有總管府，至武德七年（西元六二四年），始改總管府為都督府，都督府置長史（詳前注❹）。綜上，若補以脫文，全句似當是：「煬帝罷州置郡，罷長史，置贊務，後又加置通守，改贊務為丞。皇朝武德初，又改為別駕，唯都督府則置長史。」語譯仍依原文。⓬永徽中始改別駕為長史大都督府長史仍舊正四品下　永徽，唐高宗李治年號。《舊唐書・高宗本紀》稱：貞觀二十三年（西元六四九年）五月，太宗去世，六月，皇太子李治即位，七月，有司請改「諸州治中為司馬，別駕為長史，治禮郎為奉禮郎，以避上名」。第二年春詔改元永徽。故諸州別駕改長史時間應是貞觀二十三年，非「永徽中」。又，大都督府長史之品秩，此處言仍舊，為正四品下，《舊唐書・職官志》則作「舊從四品上，景雲二年（西元七一一年）加秩為從三品也」。唐任大都督府長史之職者，如蘇瓌，「長安中，累遷揚州大都督府長史，揚州地當衝要，多富商大賈，珠翠珍怪之產，前長史張潛、于辯機皆致之數萬，唯瓌挺身而去」；陸象先，先天二年（西元七一三年）「出為益州大都督府長史，仍為劍南道按察使，在官務以寬仁為政，司馬韋抱真言曰：『望明公稍行杖罰，以立威名。不然，恐下人怠墮，無所懼也。』象先曰：『為政者理則可矣，何必嚴刑樹威。損人益己，恐非仁恕之道。』竟不從抱真之言」（各見《舊唐書》本傳）。⓭開元初始增其秩　開元，唐玄宗李隆基年號。增其秩，指將大都督府長史品秩自從四品上增至從三品上。然其增秩時間，《舊唐書・職官志》記為景雲二年（西元七一一年）。同書〈睿宗本紀〉稱是年「秋七月，新置都督府並停。唯雍、洛州長史，揚、益、荊、并四大都督府長史階為三品」。⓮北齊及隋九等州各有司馬　北齊諸州，自上上至下下分列九等。諸州刺史置府，其屬官中皆有司馬。其品秩，任於前三等之上州者為從第四品上，三等中州為第五品上，三等下州則為從第五品上。隋沿北齊之制，諸州亦自上上至下下分九等。諸州刺史屬官中亦各有司馬。其品秩，任於三等上州為五品下，三等中州為從五品下，三等下州為正六品下。⓯開皇三年改雍州贊治為司馬　開皇三年，即西元五八三年。據《隋書・百官志》，是年罷郡，以州統縣，改別駕、贊務以為長史、司馬。故其時所改，當不限雍州。隋初任諸州司馬見於記載者，如公孫景茂，「開皇初徵召入朝，訪以政術，拜汝南太守。郡廢，轉漕州司馬」；房恭懿，由蘇威推薦，於開皇初超授澤州司馬，尋遷德州司馬，治政被稱為「天下之最」，除授其為刺史之詔書稱：「德州司馬房恭懿，出宰百里，毗贊二藩，善政能官，標映倫伍。班條按部，實允僉屬，委以方岳，聲實俱美。可使持節海州諸軍事、海州刺史」（均見《隋書》本傳）。⓰皇朝改郡為州各置治中一人其都督府則置司馬　唐改郡為州，州置治中事，在武德元年（西元六一八年）。《唐會要》卷六八載，是年「六月十九日，改郡為州，置刺史、別駕、治中各一人」。都督府則置司馬。都督府，唐初尚沿隋舊制稱總管府，其所置司馬亦稱總管府司馬。如劉德威，武德初「判并州總管府司馬」，崔義玄「拜懷州總管府司馬」

（均見《舊唐書》本傳）。武德七年（西元六二四年）改總管府為都督府，此後任都督府司馬者，如韋挺之子韋待價，高宗時吐蕃屢為邊患，因「以沛王賢為涼州大都督，以待價為司馬」（《舊唐書．韋挺附子韋待價傳》）。⑰永徽中改治中為司馬　改諸州之治中為司馬，當在貞觀二十三年（西元六四九年）七月，非「永徽中」，說詳前注⑫。更改原因是為避高宗李治名諱。永徽後任此職者，如崔知溫，「麟德中，累轉靈州都督府司馬。州界有渾、斛薛部落萬餘帳，數侵掠居人，百姓咸廢農業，習騎射以備之。知溫表請徙於河北」（《舊唐書》本傳）。⑱錄事參軍事　此條及此下大都督府諸僚佐之沿革，參見本篇第二章京兆、河南、太原三府僚佐諸原注及我們的注釋。⑲白直二十二人　《舊唐書．職官志》作「二十四人」。⑳漢代諸郡國皆有市長　《漢書．百官公卿表》稱「京兆尹屬官有長安市、廚二令、丞」。漢在長安有東西二市，設市令；在洛陽、邯鄲、臨淄、宛、成都等大城市，則置市長。《漢書．食貨志》載：王莽時，曾「於長安及五都立五均官，更名長安東西市令及洛陽、邯鄲、臨淄、宛、成都市長皆為五均市師。（長安）東市稱京，西市稱畿，洛陽稱中，餘四部各有東、西、南、北稱，皆置交易丞五人，錢府丞一人」。東漢時，諸市之令、長，改隸郡國，秩四百石，主市政之治安及銓衡量度諸事，下有丞及諸屬吏。其餘各市置市掾。魏晉以下皆沿置。㉑隋氏始有市令　如上注所引，市令之職漢時已有，更早春秋時楚國已置，當非始於隋。據《隋書．百官志》，北齊諸州屬官中有市令及史，諸郡有市長。隋因之，州屬官中設市令及丞，郡與縣亦皆有市令。㉒皇朝初又加市丞戶四萬已上者省補市令　戶四萬已上者，指上州。唐制，戶滿四萬以上者為上州，戶滿二萬以上者為中州，戶不滿二萬者為下州。省補，指由尚書省吏部補任。新舊《唐書》官志皆載大都督府及上州有市令、丞。又，《職官分紀》引《唐六典》原注此句下尚有「貞觀十七年廢，垂拱元年復」十一字。貞觀十七年即西元六四三年，垂拱元年為西元六八五年。貞觀、垂拱分別為唐太宗和武則天年號。此事《唐會要》卷八六亦載，唯時間有異。其文稱：「（貞觀）七年（西元六三三年）七月二十三日，廢州縣市印」，至「垂拱二年（西元六八六年）十二月敕：三輔及四大都督，并衝要當路，及四萬戶已上州市令，并赤縣錄事，並宜省補。」其後此制相沿不變。同書稱：「（宣宗）大中五年（西元八五一年）八月，〈州縣職員令〉：『大都督府市令一人，掌市內交易，禁察非為，通判市事；丞一人，掌判市事；佐一人，史一人，師三人，掌分行檢察。州縣市各令，準此。』」㉓史四人　《新唐書．百官志》為「三人」。㉔北齊九等州縣各有倉督員隋因之　據《隋書．百官志》，北齊唯九等郡置倉督等員，州、縣則無此職。隋初州之屬官有倉督員，郡、縣皆未見記載。㉕經學博士　《新唐書．百官志》作「文學」。㉖戶滿四萬人已上者　近衛校正德本此句曰：「『人』恐衍。」

【語　譯】大都督府：都督，定員一人，品秩為從二品。三國魏黃初二年，方始在沿邊地區設置都督諸州軍事，有的亦統領鎮的軍事或西夷校尉；三年，由上（軍）大將軍曹員（真）都督中外諸軍事，後來又以司馬宣王為大將軍，加號大都督，帶兵征伐巴蜀。從此以後，歷代都設有這一稱號。到隋朝，改都督府為總管府。本朝武德四（七）年，又改稱都督府，到貞觀時期方始將都督府分為上、中、下三個等第。

長史，定員一人，品秩為從三品。秦漢時期，在沿邊各郡設有長史。魏晉以來，各州府的僚屬中都設有別駕和治中，到北齊，屬於八命、七命、六命等幾州的刺史，各設有長史。隋把全國的州分為九等，州府亦設有長史。文帝開皇三年，改雍州別駕為長史，到煬帝時，改州為郡，又改長史為別駕，只有都督府還是稱長史。到高宗永徽時期方始改稱別駕為長史，大都督府長史照舊，品秩為正四品下。從玄宗開元初年開始，提高了長史的品秩，就是現在的從三品上。

司馬，定員二人，品秩為從四品下。北齊和隋朝的九等州都設有司馬。隋文帝開皇三年，改稱雍州贊治為司馬。本朝初期，改郡為州，各州設置治中從事一人，在都督府則設置司馬。到高宗永徽時期，各州的治中亦改稱司馬。

錄事參軍事，定員二人，品秩為正七品上。

錄事，定員二人，品秩為從九品上；有史四人。

功曹參軍事，定員一人，品秩為正七品下；有府四人，史六人。

倉曹參軍事，定員二人，品秩為正七品下；有府四人，史八人。

戶曹參軍事，定員二人，品秩為正七品下；有府五人，史十人，帳史一人。

兵曹參軍事，定員二人，品秩為正七品下；有府四人，史八人。

法曹參軍事，定員一人，品秩為正七品下；有府四人，史八人。

士曹參軍事，定員一人，品秩為正七品下；有府四人，史八人。

參軍事，定員五人，品秩為正八品下。

執刀，定員十五人。

典獄，定員十六人。

問事，定員十人。

白直，定員二十二人。

市令，定員一人，品秩為從九品上；漢代各郡府和封國都設有市長。晉和南朝宋以後，歷代都因仍這一官制。到隋代方始改設市令。本朝初年又增設了市丞，並規定，四萬戶以上的上州的市令，要由尚書省吏部補任。有丞一人，佐一人，史二人，帥三人，倉督二人，史四人。北齊分為九等的州和縣，都有倉督的編員，隋朝沿襲這一官制。

經學博士，定員一人，品秩為從八品上；助教，定員二人；學生，定員六十人。

醫學博士，定員一人，品秩為從八品下；助教，定員一人；學生，定員十五人。

如果在中、下都督府中，有戶口滿四萬以上的，屬官的定員亦可與本章規定相同，只是減少司馬一人。

【說明】關於都督、都督中外諸軍事等官稱以及作為官署的都督府，其由來與沿革，本章原注比較簡單，需要約略作些說明。

都督之稱，秦及西漢尚未見，一般認為始於東漢。如《宋書·百官志》稱：「持節都督，無定員，前後遣使，始有持節。光武建武初，征伐四方，始權時置督軍御史，事竟罷。建安中，魏武帝為相，始遣大將軍督軍。二十一年（西元二一六年），征孫權還，夏侯惇督二十六軍是也。」從上述引文可知都督原是一個因作戰需要而臨時設置的軍職，無固定編制，更談不上設官衙、置佐僚，而是有事則置，事畢即罷。這從《後漢書·袁紹傳》的實際任職記載中亦可得到佐證：「紹乃分〔沮〕授所統為三都督，使授及郭圖、淳于瓊各典一軍。」此事的背景是，袁紹聽從郭圖的建議欲攻曹操，沮授以為不可，郭便進譖以為沮授統領著三軍，很不放心，於是袁紹就將沮授所統軍一分為三，由三都督分掌，實際上削去了沮授的三分之二軍權，後來攻曹之議也沒付諸實施，所以那三都督純粹是一種權宜性的設置。

從一個臨時性的軍職到本章所敘述的長官佐僚齊備，有時甚至軍政、民政統掌的都督府，是有一個發展演變過程的，其中具有決定意義的條件，便是魏、蜀、吳三國鼎立時期那種持續不斷的戰爭局面。長期的相互戰爭，往往會在三國的緣邊形成一個個拉鋸式的或膠著狀態的地區，因而依戰區設置相對獨立的指揮系統，便成了當時持續作戰的客觀需要，於是都督作為統率所屬戰區的軍事長官便應運而生。例如魏最先形成的關中都督區，便是因與蜀在軍事上長期對峙下形成的。先是由鍾繇在建安時任司隸校尉，持節都督關中諸軍，其後繼任者有夏侯淵、夏侯楙，至曹丕即位，又任曹真為鎮西將軍，都督雍涼諸軍事。曹真卒，這個戰區便由司馬懿指揮，他還獲得了第一個大都督的封號。在南方，魏與吳相對峙則形成了揚州都督區，曹操時以夏侯惇都督曹仁、張遼、臧霸二十六軍屯巢，後移屯壽春；曹丕時以曹休為鎮南將軍，都督諸軍事，後曹休又遷征東將軍，仍領揚州刺史。在西南的荊襄則是魏蜀吳三國軍事勢力交織的邊緣地區，曹操取得荊州後，以曹仁為征南將軍假節屯樊城，留鎮荊州；曹丕時以曹仁為車騎將軍，都督荊、揚、益諸軍事。當時益州屬劉備，揚州大部份屬孫權，而荊州則為孫、劉分割，後又歸於孫，所以魏這個都督區實際控制的地域不多，加上豫州，後來成為荊豫都督區。北方則有烏桓、鮮卑族的侵擾，曹丕即位後定都洛陽，政治重心南移，便以吳質為北中郎將，使持節都督幽并諸軍。此外在東部，還以臧霸為鎮東將軍，都督青徐諸軍事。與此同時，吳和蜀亦分別在與另兩國相互對峙的緣邊設置相對應的都督區。從這時起，都督這一官職不再是臨時性的設置，它不僅有了固定轄區，而且往往跨州連郡，成了雄踞一方的軍事長官。

都督既已成為某些特定地區的軍事長官，就必然要和所在地區的地方行政機構及其長官發生聯繫，並不可避免地引起諸多矛盾。軍事區域與行政區域在地理區劃上是存在差別的：前者的轄境往往要隨著戰爭勢態的變化而不斷作出調整，而後者的轄境則相對比較穩定。至於在職能上，一為理戎，一為理民，區別自然更加明顯。但二者之間又有著不可分割的聯繫：軍隊在這地區駐防和作戰，固然需要從當地的地區行政機構獲得諸如後勤供應、民力徵調等方面的支持，而處於戰爭環境中的地方行政機構和當地民眾，亦需要從駐軍那裡得到某種安全保障。《晉書・羊祜傳》便記有羊祜的這樣一番話：「昔魏武帝置都督，類皆與州相近，以兵勢好合惡離。」這說明曹操當初設置都督時，便是考慮到了都督與州刺史共鎮一地的好處的，並以為起決定作用的是「兵勢」：兵勢好則合，惡則離。問題是，即使軍事形勢好，駐軍都督與州府刺史是否就能相互配合、協調一致了呢？亦不見得。如都督揚州諸軍事的滿寵與揚州刺史王凌之間，就矛盾頗多，史稱「寵與凌共事不平」，以至發生了「凌支黨毀寵疲老悖謬，故明帝召之，既至，體氣康彊，見而遣還」這樣的事（見《三國志·魏書·滿寵傳》）。另一例統河北諸軍事吳質與幽州刺史崔林之間的矛盾，則反映了在分裂戰爭時期，軍事壓倒一切，軍事長官往往更易盛氣凌人。吳質初到任，地方官紛紛奉牋致敬，唯獨作為一州之長的崔林不予理會。涿郡太守王雄為此帶著威脅的口氣對崔林的屬官別駕說：吳都督「若以邊塞不修斬卿，〔崔〕使君寧能護卿邪？」受了怨氣的別駕把這些話轉告了崔林，頗有幾根傲骨的崔林說：「刺史視去此州如脫屣，寧當相累邪？」但胳膊擰不過大腿，崔林後來還是被貶了官（見《三國志·魏書·崔林傳》）。涿郡太守說的都督可以「邊塞不修」罪名殺人的話，倒也並非信口開河，而是言之有據的。如《宋書·百官志》對晉都督職權便有這樣記載：「晉世則都督諸軍為上，監諸軍次之，督諸軍為下；使持節為上，持節次之，假節為下。使持節得殺二千石以下；持節殺無官位之人，若軍事得與使持節同，假節唯軍事得殺犯令者。」由於軍事長官擁有這可怕的專殺之權，地方行政長官彷彿只能低頭以事了。但借助於這等威勢，畢竟不是協調二者關係的長策，所以同書又稱：「魏文帝黃初二年（西元二二一年），始置都督諸軍，或領刺史。」這裡用了一個「或」字，也就是並非硬性規定一律以都督兼領駐地刺史，而是如有必要，則可以這樣做。據史著記載，當時如曹休，曾以鎮東將軍兼領揚州刺史；毌丘儉，曾假節監豫州諸軍事，領豫州刺史。此制西晉因之。如衛瓘，泰始中曾以幽州都督兼領幽州刺史；王佃，以兗州都督兼領兗州刺史。大都督區通常要轄若干州，都督一般只領鎮所在本州刺史，有時也兼領其他轄州的刺史，都督不兼領刺史的轄州，則單置刺史，稱「單車刺史」，地位要低一等。

都督領刺史，軍政、民政集於一身，這對協調兩個機構間的關係固然有利，但這一地區的軍政大權操於一人之手，權力過重，對中央集權卻頗有妨礙。如果說這種情況在戰時因朝廷必須依仗於軍事將領而不能不忍受的話，那麼到了戰爭一終止，就不會讓它繼續存在了。晉武帝咸寧六年（西元二八〇年），三國紛爭留下的最後一條尾巴吳國的孫皓小朝廷被消滅了，天下復歸統一，於是改元太康，並著手解決都督權力過重的問題。這就是《南齊書·百官志》記載的：「晉太康中，都督知軍事，刺史治民，各用人。」即將軍政、民政分開，都督無權再處理民政。只是這樣分治的時間並不長，原因是西晉末，「八王之亂」後，中央對地方再次失控，各地戰亂頻仍，都督兼領刺史又成了常例。所以同書又稱：「惠帝末，乃并任，非要州則單為刺史。」東晉後南北朝對峙的一百數十年間，戰亂從未停止過，都督兼領刺史的制度，亦因仍不變。《通典・職官十四・總論州佐》對此作了這樣概括：「自魏晉以後，刺史多帶將軍開府，則州與府各置僚屬，州官理民，府官理戎。」以軍事指揮官兼領民事長官，由武人掌握地方政權，時間一久，必然導致腐敗和暴政。隋統一全國後，這個矛盾就更加突出起來。治書侍御史柳彧針對當時刺史多為武將，且多老邁不能稱職的情況，上表陳言：「方今天下太平，四海清謐，共治百姓，須任其才。昔漢光武一代明哲，起自布衣，備知情偽，與二十八將披荊棘，定天下，及功成之後，無所職任」。表文中舉了一個上柱國和平子領杞州刺史的例子：「其人年垂八十，鐘鳴漏盡，前任趙州，闇於職務，政由群小，賄賂公行。百姓吁嗟，歌謠滿道，乃云：『老禾不早殺，餘種穢良田。』古人有云：『耕當問奴，織當問婢。』此言各有所能也。平子弓馬武用，是其所長，治民莅職，非其所解」，因而建議撤去其刺史職任，不然「所損殊大」（《隋書・柳彧傳》）。隋文帝出於加強中央集權的考慮，接受柳彧建議免去了平子的職務。開皇三年（西元五八三年）便開始了本章原注中多次提到的一系列改革。

隋制多承北周，所以它的改革亦是相對北周而言。北周已將都督諸軍事改為總管，同時又設有三都督，即大都督、帥都督和都督。關於三都督，隋文帝時都轉成了散官，不再擔負實際職事。煬帝時，又改大都督為校尉，帥都督為旅帥，都督為隊正，變成了軍隊基層組織中三個等次的武官。關於總管，隋文帝時，在并、揚、益、荊四州各設大總管，其中并、益、揚三州由親王統領，只有荊州以韋世康任之。其餘總管府則置於諸州，分上、中、下三等，加使持節。行軍作戰時，另置行軍總管。如果遇有規模較大的戰事，則設立多路行軍總管，在行軍總管之上置行軍元帥以統之。如在開皇時期先後兩次籌備平陳之役，前一次以長孫覽為東南道行元帥，後一次楊廣、楊俊、楊素並為行軍元帥，此類高級軍職只是作戰需要的臨時建置，戰事結束便撤銷。煬帝時，對此作了更徹底的改革，即將大總管和置於諸州的總管府全部撤去，「舊有兵處，則刺史帶軍事以統之，至是別置都尉、副都尉」（《隋書・百官志》）。這樣地方上不再有獨立於刺史的軍事長官，諸州的職能主要也是處理民政，以與全國統一後，所謂「四海清謐，共治百姓」的形勢相適應。

經歷了隋末戰亂以後建立起來的李唐王朝，對諸州軍職的設置，所承的不是煬帝時制，而大抵是文帝開皇之制。這就是《通典・職官十四》所說的：「大唐諸州復有總管，亦加號使持節。武德元年（西元六一八年），諸州總管亦加號使持節。五年（西元六二三年），以洛、荊、并、幽、交五州為大總管府。七年（西元六二五年），改大總管府為大都督府，總管府為都督府。復有行軍大總管者，蓋有征伐則置於所征之道，以督軍事。自武德以來，亦有元帥之號：太宗為秦王，加西討元帥；中宗為周王，為洮河道元帥；睿宗為相王，為并州道行軍元帥。」其後，唐代諸朝每有改易，大體則不變。永徽以後，規定都督加「使持節」，即為節度使，不加此號者，不是節度使，但諸將的本官仍是都督。邊州置經略使。據《唐會要》卷六八載錄，睿宗時曾議擬使都督府成為監察諸州的常設機構，並於景雲二年（西元七一一年）下詔稱：「敕天下分置都督府二十四，令都督糾察所管州刺史以下官人善惡。」這二十四都督府分管州數，少則五六，多至十餘，各以所在州之名為名，即為汴、齊、兗、魏、冀、并、蒲、鄜、涇、秦、益、綿、遂、荊、夔、通、梁、襄、揚、安、潤、越、洪、潭等二十四州。其中揚、益、并、荊四州為大都督府，餘為中、下都督府。這項改制，後來眾議以為不妥，如太子右庶子李景伯、中書舍人盧補等稱：「今天下諸州，分隸都督，操糾舉之柄，典刑賞之科，若委非其人，授受有失，權柄既重，疵釁或生，豈所以強幹弱枝」，最終沒有付諸實施。同是這一年，以薛訥為幽州鎮守經略節度大使，賀拔延嗣為涼州都督充河西節度使，節度使之名首次成為正式職銜。到玄宗天寶初，沿邊已有了九節度使、一經略使。授職時賜予雙旌雙節，得以總攬一區的軍、民、財政。其後這些節度使紛紛擁兵自大，不奉朝命，並自行傳位於子孫或部屬，世稱「藩鎮」，在中唐以後諸多變亂中扮演了重要角色。

四

中都督府：都督一人，正三品。

別駕一人，正四品下。漢司隸校尉有別駕從事，校尉一人行部則奉引，主錄眾事❶。舊解以為別乘傳車，故曰別駕❷。諸州刺史亦有之。元帝時，條州大小，為設吏員，別駕、治中、諸部從事秩皆百石❸。後漢改曰別駕從事史，三國因之❹。晉代諸州各置別駕、治中從事史一人❺，宋、齊、梁、陳、後魏、周、隋因而不改❻，皇朝因之❼。永徽中，改別駕為長史❽。垂拱初，又置別駕員，多以皇家宗枝為之❾。神龍初罷，開元初復置，始通用庶姓焉❿。

長史⓫一人，正五品上。

司馬一人，正五品下。

錄事參軍事⓬一人，正七品下。

錄事二人，從九品上；史四人。

功曹參軍事一人，從七品上；府三人；史六人。

倉曹參軍事一人，從七品上；涼州皆一人⓭，仍加府一人、史二人。府三人；史六人。

戶曹參軍事一人，從七品上；府四人；史七人；帳史一人。

兵曹參軍事二人，從七品上；府四人；史八人。若管內無軍團，雖有軍團唯管三州已下者，省兵曹一人⓮。

法曹參軍事一人，從七品上；府四人；史八人。

士曹參軍事一人，從七品上；府三人；史六人。

參軍事四人，從八品上。

執刀十五人。
典獄十四人。
問事八人。
白直二十人。
市令一人，從九品上；丞一人；佐一人；史二人；帥三人；倉督二人；史四人。
經學博士一人，從八品下；助教二人；學生六十人。
醫學博士一人，正九品下⑮；學生十五人。下都督府戶滿二萬已上者，官員亦准此⑯。
下都督府：都督一人，從三品。戶不滿二萬為下都督。
別駕一人，從四品下。
長史一人，從五品上。
司馬一人，從五品下。
錄事參軍事一人，從七品上。
錄事二人，從九品上；史三人。
功曹參軍事一人，從七品下；府二人；史二人。州管戶不滿一萬者，不置功曹，其事隸入倉曹。

倉曹參軍事一人，從七品下；府三人；史六人。

戶曹參軍事一人，從七品下；府四人；史七人；長史⑰一人。

兵曹參軍事一人，從七品下；府三人；史六人。

法曹參軍事一人，從七品下。兼掌士曹事。府三人；史六人。

參軍事三人，從八品下。管戶不滿一萬者，省一人。

執刀十五人。

典獄十二人。

問事六人。

白直十六人。

市令一人，從九品上；丞一人；佐一人；史二人；帥二人；倉督二人；史三人。

經學博士一人，從八品下；助教一人；學生五十人。若邊遠僻小州不滿五千戶者，四分減一。

醫學博士一人；助教一人；學生十二人。

【章旨】敘述中、下都督府都督、別駕、長史、司馬以及錄事參軍事、諸曹參軍事等佐僚之定員、品秩和沿革。

【注釋】❶漢司隸校尉有別駕從事校尉一人行部則奉引主錄眾事　近衛校正德本以為句中「『一人』二字當在『從事』下」。

當是。司隸校尉，原係漢武帝征和四年（西元前八十九年）因巫蠱一案而臨時設置之督捕官，下統徒隸一千二百人，從事掘蠱並督捕京師奸猾，其後成為固定官職，掌督察三輔、三河、弘農七郡。別駕從事，司隸校尉屬官，員一人，秩百石。據《後漢書・百官志》，司隸校尉屬官有從事史十二人，別駕從事為其中之一。司隸校尉赴諸郡視察，由別駕從事奉行，並省錄眾事。❷舊解以為別乘傳車故曰別駕　舊解，指漢時之解說。別駕從事漢時亦為州部刺史佐吏，刺史行部時，別駕另乘傳車，侍從導引，故有此稱。《太平御覽・職官部六一・別駕》引《庾亮集・答郭遜書》：「別駕，舊典與刺史別乘，周流宣化於萬里者，其任居刺史之半，安可任非人。」❸元帝時條州大小為設吏員別駕治中諸部從事秩皆百石　元帝，西漢皇帝劉奭，在位十六年，終年四十三歲。條，逐一疏舉稱條，即條陳。元帝時條陳諸州大小以設置吏員者，為丞相于定國。應劭《漢官儀》稱：「元帝時，丞相于定國條州大小，為設吏員，有治中、別駕、諸部從事，秩皆百石，同諸郡從事。」秩百石，月俸為十六斛。❹後漢改曰別駕從事史三國因之　《後漢書・百官志》載司隸校尉屬官中有「從事史十二人」，本注稱其中有「別駕從事，校尉行部則奉行，錄眾事」。《晉書・職官志》亦稱：「州置刺史、別駕、治中從事、諸曹從事等員。」東漢任別駕者，諸書多有記。如《太平御覽・職官部六一》引謝承《後漢書》：「周景為豫州刺史，辟陳蕃為別駕，不就。景題別駕輿曰：『陳仲舉（陳蕃之字）座也。』不復更辟。蕃惶懼起視職。」其時尚有「陳茂，豫州刺史周敞辟為別駕從事，與俱行部」。又如范曄《後漢書・袁紹傳》：「袁紹領冀州，以審配為別駕，委以腹心，并總幕府。紹又以田豐為別駕，勸迎天子，紹不納。及敗曰：『吾慚田別駕。』」三國時任此職者，如《三國志・魏書・崔琰傳》：「太祖破袁氏，領冀州牧，辟琰為別駕從事，謂琰曰：『作案戶籍，可得三十萬眾，故為大州也。』琰對曰：『今天下分裂，九州幅裂，二袁兄親尋干戈，冀方蒸庶暴骨原野，未聞王師仁聲先路，存問風俗，救其塗炭，而校計甲兵，唯此為先，斯豈鄙州士女所望於明公哉！』太祖改容謝之。」《三國志》裴松之注引《管輅別傳》：冀州刺史裴徽檄召管輅為文學從事，一相見使轉鉅鹿從事，三見轉治中，四見轉為別駕。此外在吳國，有揚州牧呂範辟陸遜為別駕從事。❺晉代諸州各置別駕治中從事史一人　《晉書・職官志》稱：「州置刺史、別駕、治中從事、諸曹從事等員。」晉任別駕者，如王祥，「徐州刺史呂虔檄為別駕，祥年垂耳順，固辭不受，〔弟〕覽勸之，為具車牛，祥乃應召，虔委以州事」（《晉書・王祥傳》）。再如《晉書・顧和傳》提到有顧球者，亦曾為州別駕。顧和「總角便有清操，族叔榮雅重之，曰：『此吾家麒麟，興吾宗者，必此子也。』時宗人球亦有令聞，為州別駕，榮謂之曰：『卿速步，君孝（顧和之字）超卿矣！』」❻宋齊梁陳後魏周隋因而不改　宋，《宋書・百官志》稱：州刺史官屬「有別駕從事史、治中從事史、主簿、西曹書佐、祭酒從事史、議曹從事史、部郡從事史，自主簿以下，置人多少，各隨州，舊無定制也。」

齊，《南齊書・百官志》：「州朝置別駕、治中、議曹、文學祭酒、諸曹部從事史。」梁，《隋書・百官志》：梁「州置別駕、治中從事史各一人，主簿、西曹、議曹從事，祭酒從事，文學從事，各因其州之大小而置員」。陳沿梁制。北魏，《魏書・官氏志》：太和前制，司州別駕列第四品中；太和後制，司州別駕從事史列從第四品上。又，據本書原注寫作慣例，此句後魏下當補「北齊」二字。北齊，據《隋書・百官志》，其諸州屬官有別駕從事史、治中從事史等員。周，指北周，其諸州亦置別駕。如柳慶，《周書》本傳稱其曾任雍州別駕。又其兄子柳帶韋，亦曾以益州總管府長史領益州別駕。歐陽修《集古錄・隋鉗耳君清德頌跋尾》稱其「父康，周荊、安、寧、鄧四州別駕、安陸龍門二郡守，而前史皆不載」。隋，於雍州置牧，屬官有別駕。任州別駕者，如趙軌，隋文帝時「轉齊州別駕……在州四年，考績連最」，當文帝徵其入朝時，「父老相送者，各揮涕曰：『別駕在官，水火不與百姓交，是以不敢以壺酒相送。公清若水，請酌一杯水奉餞。』軌受而飲之」（《隋書・趙軌傳》）。❼皇朝因之　《唐會要》卷六九別駕條：「武德元年（西元六一八年）六月，置別駕。」❽永徽中改別駕為長史　永徽，唐高宗李治年號。據《舊唐書・高宗本紀》，貞觀二十三年（西元六四九年）五月，太宗去世；六月，皇太子李治即位，是為高宗；七月，改諸州治中為司馬，別駕為長史，以避高宗名諱。次年春才改元為永徽。故改別駕為長史事，當在貞觀二十三年，非「永徽中」。❾垂拱初又置別駕員多以皇家宗枝為之　垂拱，武則天稱制時年號。垂拱元年為西元六八五年。《唐會要》卷六九載：「上元二年（西元六七五年）十月十日，又置別駕，其長史如故。上州從四品，中州五品，下州從五品。止以諸王子為之。至永隆元年（西元六八〇年）又廢。至永淳元年（西元六八二年）七月八日，復置別駕官。」以皇家宗枝為別駕，如玄宗李隆基曾任潞州別駕，潞州後因此而升為大都督府。❿神龍初罷開元初復置始通用庶姓焉　神龍，唐中宗李顯年號。開元，唐玄宗李隆基年號。此事《唐會要》卷六九亦有載，唯時間略異。其文稱：「至景雲元年（西元七一〇年）始用庶姓為之。至開元六年（西元七一八年）二月十二日敕：舊例，別駕皆是諸親，近年已來，頗多諸色，先授者未能頓輟，已後者自循舊章。去冬有因計入朝，不可更令卻往，宜並量材敘用。至天寶八載（西元七四九年）八月二十六日敕：諸郡各置三司（指長史、司馬、別駕），別駕不煩更置，政存省要，豈在多員，其別駕隨缺便停，下州置長史一員。天寶後，諸州別駕仍時置時停。」又云：「（文宗）太和三年（西元八二七年）正月，宰相韋處厚奏：請復置六雄、十望、十緊、三十四州別駕。先是貞元中，宰相齊抗奏減冗員，罷諸州別駕，其京師百司合入別駕，多處之朝列。及元和已後，兩河用兵，偏裨立功者，率以儲宷王官雜補之，處厚乃復請置別駕以處焉。」由於長史、司馬、別駕三官並置，故諸州之司馬與別駕成為閒冗之官，先以安置皇家宗枝，後以安置朝廷貶官或偏裨立功者。⓫長史　長史及下一條司馬之沿革，參見本篇第三章大都督府長史、司馬之原注及注釋。⓬錄事參軍事　錄事參軍事及以下諸曹參軍事之沿革，參見本篇第二章京兆、河南、太原三府僚佐諸注文。⓭涼州皆一人　句中「皆」字，據南宋本當作「加」。唐在涼州置中都督府，州下轄五縣，為姑臧、神烏、昌松、天寶、嘉麟。有戶二萬二千餘，治所在姑臧，即今甘肅之姑臧；轄區相當於今甘肅永昌以東、天祝以西一帶。唐在涼州境內戍邊的有赤水軍、大斗軍，屬涼州都督府管轄。在其周圍尚有張掖守捉，交城守捉，白亭軍等。⓮若管內無軍團雖有軍團唯管三州已下者省兵曹一人　軍團，指境內駐守戍邊軍隊。唐初，兵之戍邊者，大曰軍，小曰守捉，曰城，曰鎮。管內無軍團，即都督府轄區內無駐軍者。唐初以都督府管轄附近諸州之軍隊，管十州以上者為上都督府，不滿十州者為都督府。此句言管內無軍團及轄區小於三州兩類都督府，其兵曹參軍事皆由二人減為一人。⓯醫學博士一人正九品下　陳仲夫點校本此句補有「助教一人」四字。其注文稱：「原本無此四字，正德以下諸本皆然。案：《職官分紀》卷三九引《唐六典》，大都督府醫學博士所屬有『助教一人』，原注曰：『中、下府同。』今據以增。」⓰下都督府戶滿二萬已上者官員亦准此　《唐會要》卷六八都督府條：「開元元年（西元七一三年）著令，戶滿二萬已上，為中都督府，不滿二萬為下都督府。」⓱長史　據南宋本當為「帳史」。

【語　譯】中都督府：都督，定員一人，品秩為正三品。

別駕，定員一人，品秩為正四品下。漢代司隸校尉的屬官有別駕從事〔一人〕，校尉〔一人〕到各郡去視察，別駕隨從導引，同時總管各種事務。以往的解說是，由於這一官職隨從校尉出行時另外乘坐傳車，所以稱「別駕」。各州刺史的屬官亦設有別駕。西漢元帝時，根據各州的大小，分別設置吏員，其中有別駕從事、治中從事以及各部從事，俸秩都是一百石。東漢改為別駕從事史。三國因仍漢制。晉代各州都設置別駕、治中從事史各一人，宋、齊、梁、陳和北魏、〔北齊、〕北周以及隋朝，因仍不改，本朝亦沿襲這一官制。在高宗永徽時期別駕改稱為長史，到武后垂拱初又恢復設置別駕，大多由皇家宗室擔任。中宗神龍初年撤去了這一官職，玄宗開元初年又恢復設置，到這時方始由尋常庶姓擔任此職。

長史，定員一人，品秩為正五品上。

司馬，定員一人，品秩為正五品下。

錄事參軍事，定員一人，品秩為正七品下。

錄事，定員二人，品秩為從九品上；有史四人。

功曹參軍事，定員一人，品秩為從七品上；有府三人，史六人。

倉曹參軍事，定員一人，品秩為從七品上；涼州都督府倉曹參軍事定員皆(加)一人，同時加府一人，史二人。

有府三人，史六人。

戶曹參軍事，定員一人，品秩為從七品上；有府四人，史七人，帳史一人。

兵曹參軍事，定員二人，品秩為從七品上；有府四人，史八人。如果都督府轄區內沒有軍團的建置，或者雖有軍團，但轄區僅有三州以下的，兵曹參軍事的定員要減去一人。

法曹參軍事，定員一人，品秩為從七品上；有府四人，史八人。

士曹參軍事，定員一人，品秩為從七品上；有府三人，史六人。

參軍事，定員四人，品秩為從八品上。

執刀，十五人。

典獄，十四人。

問事，八人。

白直，二十人。

市令，定員一人，品秩為從九品上；有丞一人，佐一人，史二人，帥三人，倉督二人，史四人。

經學博士，定員一人，品秩為從八品下；助教定員為二人，學生的定額是六十人。

醫學博士，定員一人，品秩為正九品下；〔助教定員一人，〕學生的定額為十五人。雖是下都督府，如果管轄的戶口滿二萬以上的，官屬的設置，亦按照此中都督府的標準。

下都督府：都督，定員一人，品秩為從三品。凡是在戶口不滿二萬的州設置的都督府，為下都督府。

別駕，定員一人，品秩為從四品下。

長史，定員一人，品秩為從五品上。

司馬，定員一人，品秩為從五品下。

錄事參軍事，定員一人，品秩為從七品上。

錄事，定員二人，品秩為從九品上；有史三人。

功曹參軍事，定員一人，品秩為從七品下；有府二人，史二人。在管轄戶口不滿一萬的州設置的都督府，不設功曹參軍事，它的職事併入倉曹。

倉曹參軍事，定員一人，品秩為從七品下；有府三人，史六人。

戶曹參軍事，定員一人，品秩為從七品下；有府四人，史七人；長（帳）史一人。

兵曹參軍事，定員一人，品秩為從七品下；有府三人，史六人。

法曹參軍事，定員一人，品秩為從七品下；兼管士曹的職事。有府三人，史六人。

參軍事，定員三人，品秩為從八品下。轄區戶口不滿一萬的，定員減去一人。

執刀，十五人。

典獄，十二人。

問事，六人。

白直，十六人。

市令，定員一人，品秩為從九品上；有丞一人，佐一人，史二人，帥二人，倉督二人，史三人。

經學博士，定員一人，品秩為從八品下；助教定員一人，學生的定額為五十人。如果是邊遠僻小的州，管轄的戶口不滿五千的，學生定額減少四分之一。

醫學博士，定員一人；助教定員一人，學生的定額為十二人。

【說明】唐代的中、下都督府數，由於置廢升降頻頻，諸書所載不一。本書第三卷第二篇戶部侍郎職掌條記有中都督府十五，分置於涼、秦、靈、延、代、兗、梁、安、越、洪、潭、桂、廣、戎、福諸州；下都督府二十，分置於夏、原、慶、豐、勝、營、松、洮、鄯、西、雅、瀘、茂、巂、姚、夔、黔、辰、容、邕諸州。新舊《唐書》地理志所載互不一致，且有不少註明屢廢屢置，並非每個時期都存在。若將兩志所列合在一起，除去重複和置廢過於頻繁或存在時間較短的，則有中都督府二十三，下都督府十九。其分佈的大致情況是：

關內道，有大都督府一，置於靈州；中都督府八，分置於原、慶、延、夏、秦、渭、涼、西等州；下都督府九，分置於鹽、麟、勝、豐、鄯、臨、沙、瓜、疊等州。

河南道，有大都督府一，置於陝州；上都督府一，置於兗州；中都督府一，置於登州。

河東道，大都督府二，分置於并、潞二州；中都督府一，置於代州；下都督府一，置於雲州。

河北道，有大都督府二，分置於幽、鎮二州；上都督府一，置於營州。

山南道，有大都督府一，置於荊州；中都督府一，置於梁州；下都督府二，分置於夔、利二州。

淮南道，有大都督府一，置於揚州；中都督府二，分置於壽、安二州。

江南道，有上都督府一，置於洪州；中都督府四，分置於越、福、潭、辰等州。

劍南道，有大都督府一，置於益州；中都督府四，分置於巂、戎、遂、龍等州；下都督府六，分置於雅、黎、茂、松、昌、瀘等州。

嶺南道，有中都督府二，分置於廣、桂二州；下都督府三，分置於瓊、邕、容等州。

從上列分佈情況看，唐中、下都督府大多設置於關內和劍南二道，其次是嶺南、江南二道也佔有一定比例。這些地區為唐帝國的北方和南方邊境，建置都督府的目的，或是用以統領邊防駐軍，或是由它管轄所屬的羈縻州府。唐軍制分為府兵和戍邊軍兩種。府兵是主要的，全國共有六百餘折衝府，大部份都在關內，主要任務是輪番赴京師宿衛。戍邊軍駐於邊遠地區，大的稱軍，小的稱守捉、城、鎮、戍。都督府的設置，往往就是在戍邊軍隊比較集中的地段，由其負責管理所在地區駐軍日常事務。邊遠地區另一些都督府，主要是為管轄本地區內諸多羈縻州府而設，有的都督本身便是少數族的部落首領。《新唐書・地理志》稱：「唐興，初未暇於四夷，自太宗平突厥，西北諸番及蠻夷稍稍內屬，即其部落列置州縣。其大者為都督府，以其首領為都督、刺史，皆得世襲。雖貢賦版籍多不上戶部，然聲教所暨，皆邊州都督、都護所領，著於令式。」其中「突厥、回紇、党項、吐谷渾隸關內道者，為府二十九，州九十。突厥之別部，及奚、契丹、靺鞨、降胡、高麗隸河北省，為府十四，州四十六。突厥、回紇、党項、吐谷渾之別部及龜茲、于闐、焉耆、疏勒、河西內屬諸胡、西域十六國隸隴右者，為府五十一，州百九十八。羌蠻隸劍南者，為州二百六十一。蠻隸江南者，為州五十一，隸嶺南者，為州九十二。又有党項州二十四，不知其隸屬。大凡府州八百五十六，號為羈縻云。」這也就是本書第三卷第二篇戶部郎中職掌條所說的「羈縻之州蓋八百焉」。這些羈縻州名義上隸屬于唐，實際是各族自治，類似於明清時期的土司。

此外，還有一些都督府，是應地方行政管理的某種特殊需要而設的，如唐初武德四年（西元六二一年）平定竇建德以後，在河北地區設置的鎮州大都督府，定、德、冀、魏等州的都督府，其轄區原受竇建德勢力控制，初歸於唐，治安狀況還很不穩定，設置都督府就帶有對當地州府實施暫時的軍事管制性質，到貞觀時期統治基本鞏固，社會秩序步上正軌，這些都督府也就隨之撤銷。江南地區一些都督府，多是在武德時期平定蕭銑前後權置的，其性質亦大抵類此。

五

上州：凡戶滿四萬已上為上州。刺史❶一人，從三品。秦置御史監郡，漢初省之，丞相遣史分刺諸州❷，亦不常置。至武帝元光三年，初置郡刺史十三人❸，掌奉詔條察諸州，秋冬入奏，居無常所❹。後漢則皆有定所。屬官有別駕、治中、主簿、功曹從事，諸曹掾等員，皆自辟除❺。以刺眾官及萬人非違，故謂之刺史。自漢、魏已來，或為牧，或為刺史❻，皆管郡❼。隋初，上州有刺史、長史、司馬、錄事參軍，功曹、戶曹、兵曹等參軍事，法曹、士曹等行參軍，典籤、州郡、光初主簿、郡正主簿、西曹書佐、祭酒從事、部郡從事、倉督、市令丞等員并佐史等❽；郡置太守、丞、尉、正、光初功曹、光初主簿、縣正功曹、主簿、西曹，金、戶、兵、法、事等曹，事令等佐佐史員❾。州、郡皆為九等❿。三年，罷郡，以州統縣，改別駕、贊治為長史、司馬⓫。舊州、齊州郡縣職，自州郡、縣正已下皆自調用以理事，至是不知事，直謂之鄉官，別置品官，皆吏部選除⓬；佐官以曹為名者，皆改為司⓭。十四年，改九等州、縣為四等⓮。十五年，罷鄉官⓯。煬帝三年，罷州置郡，置太守，罷長史、司馬，置贊治以貳之；後又置通守，改贊治為丞⓰。錄事已下，並見於上。

別駕⓱一人，從四品下。

長史⓲一人，從五品上。

司馬⓳一人，從五品下。

錄事參軍事⓴一人，從七品上。

錄事二人㉑，從九品上；史二人。

司功參軍事㉒一人，從七品下；佐三人；史六人。

司倉參軍事㉓一人，從七品下；佐三人；史六人。

司戶參軍事二人㉔，從七品下；佐三人；史七人；帳史㉕一人。

司兵參軍事㉖一人，從七品下；佐三人；史六人。

司法參軍事三人㉗，從七品下；佐四人；史八人。

司士參軍事㉘一人，從七品下；佐三人；史六人。

參軍事四人。

執刀㉙十五人。

典獄㉚十四人。

問事㉛八人。

白直二十人㉜。

市令一人，從九品上；丞一人；佐一人；史一人㉝；倉督二人；史四人㉞。

經學博士一人，從八品下㉟；助教二人；學生六十人。

醫學博士一人，正九品下；助教一人；學生十五人。

中州：戶三萬已上㊱。刺史一人，正四品上。

別駕一人，正五品下。

長史一人，正六品上。

司馬一人，正六品下。

錄事參軍事一人，正八品上。

錄事一人，從九品下[37]；史二人。

司功參軍事一人，正八品下；佐二人；史四人。

司倉參軍事一人，正八品下；佐二人；史四人。

司戶參軍事一人，正八品下；佐三人；史五人；帳史一人。

司兵參軍事一人，正八品下；佐三人；史四人。

司法參軍事一人，正八品下；兼掌司士事。佐三人；史六人。

參軍事三人，正九品下。

執刀十人。

典獄十二人。

問事六人。

白直十六人。

市令一人；丞一人；佐二人；史二人；帥二人；倉督二人；史三人。

經學博士一人，正九品上；助教一人；學生五十人。

醫學博士一人，從九品下；助教一人；學生十二人。

下州：戶不滿一萬者[38]為下州。刺史一人，正四品下；別駕一人，從五品上。

司馬一人，從六品上。

錄事參軍事一人，從八品上。

錄事一人，從九品下；史二人。

司曹[39]參軍事一人，從八品下；兼掌司功事。佐二人；史四人。

司戶參軍事一人，從八品下；兼掌司兵事。佐三人；史五人；帳史一人。

司法參軍事一人，從八品上[40]；兼掌司士事。佐二人；史四人。

參軍事二人，從九品下。

執刀十人。

典獄八人。

問事四人。

白直十六人。

市令一人；佐一人；史一人；帥二人；倉督一人；史二人。

經學博士一人，正九品下；助教一人；學生四十人。

醫學博士一人，從九品下；學生一十人。

【章　旨】敘述上、中、下州刺史和別駕、長史、司馬、錄事參軍以及諸曹參軍事等僚佐之定員、品秩和沿革。

【注　釋】❶刺史　此職在唐代有數次更易。《唐會要》卷六八載：「武德元年（西元六一八年）六月十九日，改郡為州，置刺史。天寶元年（西元七四二年）正月二十日，改州為郡，改刺史為太守。至德元載（西元七五六年）十二月十五日，又改郡為州，太守為刺史。」❷秦置御史監郡漢初省之丞相遣史分刺諸州　秦統一六國後，「分天下以為三十六郡，郡置守、尉、監。」此「監」即《漢書・百官公卿表》中「掌監郡」之監御史，監是其簡稱。《史記・高祖本紀》有「秦泗川監平」，即指泗川郡之監御史，其名為平。監御史隸屬於御史大夫，主監察郡政，間或亦監軍以至將兵者。漢初諸郡省監御史及丞相遣使分別刺舉諸州之經過，《通典・職官十四・州郡上》有載，其文稱：「秦置監察御史，漢興省之。至惠帝三年（西元前一九二年）又遣御史監三輔郡，察詞訟，所察之事凡九條，監者二歲更之。常以十月奏事，十二月還監。其後諸州復置監察御史。文帝十三年（西元前一六七年）以御史不奉法，下失其職，乃遣丞相史出刺，并督監察御史。武帝元封元年（西元前一一〇年）御史止不復監。」❸武帝元光三年初置郡刺史十三人　武帝，西漢皇帝劉徹，在位五十三年，終年六十九歲。元光三年，即西元前一三二年。元光為其年號。但據《漢書・百官公卿表》武帝置部刺史事，當在元封五年（西元前一〇六年）。是年「初置部刺史，掌奉詔條察州，秩六百石，員十三人」。故近衛校正德本曰：「『元光三年』當作『元封五年』。『郡』當作『部』。」漢武帝時，於元封元年（西元前一一〇年）廢郡監御史，元封五年分全國為十三部，置刺史，奉詔條察諸州所屬之郡。❹掌奉詔條察諸州秋冬入奏居無常所　此言漢時部刺史之主要職掌便是刺舉諸郡不法事，因須循行於諸郡，故無固定治所及官署，秋冬則回朝述職。《三國志・魏書・夏侯玄傳》載司馬懿報書曰：「故刺史稱傳車，其吏言從事，居無常治。」《宋書・百官志》：「前漢世，刺史乘傳，周行郡國，無適所治。後漢世所治始有定處。」其刺舉之依據是由朝廷規定的類似地方行政法規之若干條文，故稱「奉詔條察」。西漢惠帝時，遣御史監三輔不法事有〈九條〉，其內容本書第十三卷第一篇御史臺侍御史員品條原注稱：「有辭訟者，盜賊者，鑄偽錢者，獄不直者，繇賦不平者，吏不廉者，吏苛刻者，踰侈及弩力十石以上者，作非所當服者，凡九條。」漢武帝時，又規定以〈六條〉察州。《漢書・百官公卿表》顏師古注引《漢官典職儀》記其內容為：「刺史班宣，周行郡國省察治狀，黜陟能否，斷治冤獄，以〈六條〉問事，非條所問，即不省。一條，強宗豪右田宅踰制，以強淩弱，以眾暴寡。二條，二千石不奉詔書遵承典制，倍（通「背」）公向私，旁詔守利，侵漁百姓，聚斂為奸。三條，二千石不卹疑獄，風厲殺人，怒則任刑，喜則淫賞，煩擾刻暴，剝截黎元，為百姓所疾，山崩石裂，祅祥訛言。四條，二千石選署不平，苟阿所愛，蔽賢寵頑。五條，二千石子弟恃怙榮勢，請託所監。六條，二千〔石〕違公下比，阿附豪強，通行貨賄，割損正令也。」從〈九條〉到〈六條〉，其監察內容由官、民犯罪並重轉變為集中刺舉地方豪強和秩二千石者即郡之長官，重點十分突出。漢部刺史秩六百石，而其監察對象則為秩二千石者，此即所謂以小制大之術，誠如顧炎武所言：「夫秩卑而命之尊，官小而權之重，此小大相制，內外相維之意也。」（《日知錄》卷九）❺後漢則皆有定所屬官有別駕治中主簿功曹從事諸曹掾等員皆自辟除　西漢刺史之制至東漢而有較大改變。《通典．職官十四．州郡上》稱：「後漢光武建武十八年（西元四一一年）復為刺史。外十二州各一人，其一州屬司隸校尉。漢刺史乘傳周行郡國，無適所治，中興，所治有定處。舊常以八月巡行所部，錄囚徒，考殿最，初歲盡詣京都奏事；中興但因計吏，不復自詣京師。雖父母之喪，不得去職。或謂州府為外臺。靈帝中平五年（西元一八八年）改刺史，唯置牧。是時天下方亂，豪強各欲據有州郡，而劉焉、劉虞並自九卿出鎮州牧，州牧之任自此重矣。」據上述引文，東漢刺史之制與西漢相較，一是從居無定所變為有固定治所；二是從刺史親詣京師奏事變為由上計吏代行奏事；三是刺史之秩由六百石增至真二千石，位次九卿；四是刺史不僅置有屬官，且可自行辟除。《漢官儀》載：「元帝時，丞相于定國條州大小，設吏員，有治中、別駕、諸部從事，秩皆百石，同諸郡從事。」以上演變說明，東漢之刺史，既是朝廷監察官，亦是地方行政長官；此時之州既為監察區劃，亦是行政區劃。同書復稱：「舊制，州牧奏二千石長吏不任位者，事皆先下三公，三公遣掾史按驗，然後黜退。光武即位，用法明察，不復委三府，故權歸舉刺之吏。」即刺史不僅對郡守可監察，還有黜免之權。實際上州刺史已成為郡之上又一級行政長官，亦即地方行政已由郡縣二級制演變成為州、郡、縣三級制。對此種變化，顧炎武評論稱：「自刺史之職下侵，而守令殆不可為。天下之事，猶治絲而棼之矣。」（《日知錄》卷九）❻自漢魏已來或為牧或為刺史　刺史稱牧，始於東漢靈帝時。《通典．職官十四．州郡上》：「靈帝中平五年（西元一八八年），改刺史，唯置牧。」《後漢書．劉焉傳》：「時靈帝政化衰缺，四方兵寇，焉以為刺史，威輕，既不能禁，且用非其人，輒增暴亂。乃建議改置牧伯，鎮安方夏，清選重臣，以居其任。」後劉焉出「為監軍使者，領益州牧，太僕黃琬為豫州牧，宗正劉虞為幽州牧，皆以本秩居職，州任之重，自此而始。」魏晉稱刺史。晉時有東海王司馬越曾為豫州牧。宋與魏同。梁稱刺史。北魏、北齊司州稱牧。北周則雍州稱牧。亦有俗稱州長官為州牧者。❼皆管郡　州管郡，即以州為郡之上一級地方行政機構。此事諸書記載有一逐步肯定過程。如《漢書．地理志》所記載當時地方行政區劃為郡、縣二級制。《後漢書．郡國志》所記東漢地理僅在若干郡縣之後附注云：「右某州刺史部」，《晉書．地理志》亦僅在郡縣前冠以州名，不注州之治所。似乎均未將州視為正式一級行政區劃。至《宋書》、《南齊書》而明確列為〈州郡志〉，以州統領郡縣，《魏書・地形志》亦以州統郡、縣。此三志記州，均首記治所，然後是所領之郡、縣及戶口之數，這反映了州在事實上已脫離初設時的監察區劃含義而成為一級行政區劃，已是當時人們共識。隨著州、郡、縣三級行政機構的確立，州、郡、縣的數量也大量增加。《通典・州郡一》記載南朝州、郡、縣之數為：宋，有州二十二，郡二百三十八，縣一千一百七十九；齊，有州二十三，郡三百九十五，縣一千四百七十四；梁，有州二十三，郡三百五十，縣一千二十五；陳，有州四十二，郡一百零九，縣四百三十八。北魏，《魏書・地形志》記有州一百零八，郡四百九十七，縣一千一百二十七。南北朝時期，歷朝統治所及的範圍，其疆域和人口都僅為全國半數左右，但若以它們各自的郡數與秦、漢相比（據同書，秦郡四十，漢郡、國一百零三），則要高出好幾倍。事實上此時的州也僅相當於漢代的一個郡。其中有的還是僑遷州郡，有的只是為了籠絡地方豪強而委之以所在地刺史、太守、令長或給予將軍、校尉等名號，若以所轄地域、人口計算，都不應列為州郡建置。此種狀況至隋統一前，無大改變。故入隋後改州、郡、縣三級制為州、縣二級制，已勢在必行。❽自「隋初上州有」至「等員并佐史等」　魏晉以降，刺史多帶將軍開府，故長官為一，官屬則二，州官理民，府官理戎。隋所承為北齊之制，北齊仍有州、府兩套官屬。其州之屬官有別駕、治中從事史，州都、光迎主簿、主簿、西曹書佐，市令及史，祭酒、部郡從事史，阜服從事，典籤及史，門下督、省事，都錄事及史，箱錄事及史，朝直、刺姦、記室掾，戶曹、田曹、金曹、租曹、兵曹、左戶等掾史等員；府之屬官有長史、司馬，錄事、功曹、倉曹、中兵等參軍事及掾史，主簿及掾，記室掾史，外兵、騎兵、長流、城局、刑獄等參軍事及掾史，參軍事及法、墨、田、鎧、集、士等曹行參軍及掾史，右戶掾史，行參軍、長兼行參軍、督護，統府錄事、統府直兵、箱錄事等員。二者相加，上上州總數達三百九十三人。隋初將府官與州官合而為一，再作適量減省。據《隋書・百官志》，上上州定員為三百二十三人，比北齊少七十人。其僚佐職名稱多承襲兩漢、兩晉，亦有始於南北朝。其中長史、司馬、錄事和諸主簿等及諸曹參軍事，均已見於本篇前諸章原注及注釋，此處從略。另有若干官名，簡注如下：州都，據南宋本及《隋書・百官志》當作「州都」。州都，即州之大中正，執掌評定士族內部品第之官。《通典・職官十四・總論州佐》中正條：「魏司空陳群以天臺選用，不盡人才，擇州之才優有照鑒者，除為中正，自拔人才，銓定九品，州郡皆置。吳有大公平，亦其任也。晉宣帝加置大中正，故有大小中正，其用人甚重，齊梁亦重焉。後魏有之。北齊郡縣皆有，其本州中正以京官為之。隋為州都，其任亦重。」歷代任此州都之職者，如西晉之劉毅，曾任青州大中正；東晉若溫雅、羊晫，皆曾任州之大中正。南朝，梁有沈約，曾任揚州大中正；北朝北魏太武帝時，崔浩曾任冀州大中正，北齊邢劭曾與許惇競為本州之大中正。時亦有世代以此為業者。《太平御覽・職官六三・中正》引傅暢〈自序〉：「時請定九品，以余為中正，余以祖考歷代掌州鄉之論。

又兄宣，年三十五，立為州都，今余以少年復為此任，故至於上品以宿年為先，是以鄉里素滯屈者，漸得敘也。」光初主簿，北齊稱光迎主簿。專掌迎接新任州長官諸事，位在同級主簿上，且往往能優先入任。由於此職之選任多在新舊刺史交替之時，故常取決於大中正。《通考．職官十六．總論州佐》中正條注引劉毅上表曰：「刺史初臨州，中正選州里才業高者兼主簿，從事迎刺史，若吏部選用，猶下中正，問人事所在，父祖位狀。」西曹書佐，漢公府置西曹掾屬，即相當於功曹書佐，主府吏之署用。晉以後，州置西曹書佐，亦有稱西曹從事者，其地位在諸曹從事上，與主簿相等。祭酒從事，漢末諸州有從事祭酒，為尊老禮賢之散職。兩晉、南朝置為祭酒從事，省稱祭酒。《宋書．百官志》稱州「祭酒分掌諸曹：兵、賊、倉、戶、水、鎧之屬。揚州無祭酒，而主簿治事」。北朝亦置。部郡從事，漢諸州刺史屬官，每郡一人，秩百石，位在別駕、治中之下。掌督促郡國文書，察舉非法，刺史多藉以督察地方。後世諸州皆沿置。南朝齊梁時稱部傳從事，北魏、北齊皆有置。倉督，管理倉儲之佐吏。市令，掌管市政市易之佐吏，其下有丞及諸屬吏。❾郡置太守丞尉正光初功曹光初主簿縣正功曹主簿西曹金戶兵法事等曹事令等佐佐史員　據南宋本及《隋書．百官志》，句中前一「事」字當作「士」；「事令等佐佐史員」當作「市令、丞等員并佐史」。太守，戰國時為郡守之尊稱。秦置郡守，漢景帝中元二年（西元前一四八年）更名為太守。郡為諸侯王國者，置內史，以掌太守之任。職主進賢勸功，決訟檢奸，春行所屬縣，秋冬案訊諸囚，平其罪法，論課殿最，并舉孝廉；歲盡，遣上計掾、史各一人，向朝廷條陳郡內眾事，謂之計偕簿。東漢時，或尚書令、僕射出為郡守，若鐘離意、黃香、桓榮、胡廣等；或以郡守入為三公，如虞延、第五倫、桓虞、鮑昱等，皆是。魏晉以下俱沿漢制。丞，秦置郡丞以佐郡守，漢因而不改。東晉成帝時曾省，宋文帝元嘉四年（西元四二七年）復置。此後為歷代所沿。丞屬郡之佐官，由朝廷任命，故其在郡佐中地位較高。尉，亦為秦始置，佐郡守掌理武職甲兵之事及轄境內治安；遇有戰事，則領兵以戰。正，即郡之中正，避隋文帝父楊忠名諱而簡稱正。始置於魏晉，以京官兼任，掌評定士族內部品第。《太平御覽．職官部》中正條引《魏略》曰：「時苗字德胄，鉅鹿人也，為太官令，領其郡中正，定九品，至於敘人才不能寬大。」應璩《新論》稱：「百郡立中正，九州置都士。」時州有大中正，或稱州都，郡為小中正。大中正能舉小中正。如「羊晫為十郡中正，舉〔陶〕侃為鄱陽小中正」（《世說新語．賢媛篇》注引王隱《晉書》）。與光初主簿同掌迎接新任長官諸事，參見前注。縣正，縣中正之簡稱。屬郡守管轄。功曹，漢郡縣有功曹史，掌選署功勞，位居佐吏之右，為諸府綱紀之任。主簿以下諸曹及市令，均已見於本篇前諸章原注及注釋。❿州郡皆為九等　隋初州郡等第皆沿北齊之舊。北齊郡分上、中、下三等，每等又有上、中、下之差，自上上郡至下下郡凡九等。北周則以郡所轄戶口之多寡定品命，自正八命至正六命共五等。戶三萬以上之州刺史為正八命，以下至戶不滿五千之州刺史為正六命。⓫三年罷郡以州統縣改別駕贊治為長史司馬　三年，指隋文帝開皇三年，即西元五八三年。北齊州屬官有別駕從事史、治中從事史。入隋，因避文帝父楊忠名諱，改治中從事史為「贊治」。開皇三年改制，撤去郡，以州統縣，即地方行政由州、郡、縣三級改為州、縣二級，州、府屬官合併，別駕、贊治二職，則改為長史、司馬。據《隋書・楊尚希傳》，罷郡之議最初即由尚希提出。其表文稱：「竊見當今郡縣，倍多於古，或地無百里，數縣并置，或戶不滿千，二郡分領，具僚以眾，資費日多，吏卒人倍，租調歲減。清幹良才，百分無一，動須數萬，如何可覓！所謂民少官多，十羊九牧。琴有更張之義，瑟無膠柱之理。今存要去閑，併小為大，國家則不虧粟帛，選舉則易得賢才。敢陳管見，伏聽裁處。」隋文帝「覽而嘉之，於是遂罷天下諸郡」。⓬自「舊州齊州郡縣職」至「品官皆吏部選除」　句首「舊州齊」，據南宋本當為「舊周齊」。句中「州郡縣正」，據《隋書・百官志》當作「州都、郡縣正」，即州郡、縣之中正。全稱應是州都、郡正、縣正。此三職例由京官兼任，朝廷直接選除。此下之州郡佐僚，則由刺史、太守自行辟除。隋開皇三年（西元五八三年）改制，規定原由州郡刺史、太守自行辟除之佐吏（部份由北周、北齊留任下來），除有令調用可繼續留任外，其餘一概不能再視事，稱之為鄉官。鄉官之稱，秦漢已有。原指協助郡縣處理一鄉庶務之官吏，此處則僅為對編餘官吏的一種安排，不知時事。其後在職者則別設官品，皆須由朝廷選除。⓭佐官以曹為名者皆改為司　指功曹以下諸曹皆改名為司功、司倉、司戶、司兵、司法、司士等參軍。⓮十四年改九等州縣為四等　十四年，指開皇十四年，即西元五九四年。是年，「改九等州縣為上、中、中下、下凡四等」（《隋書・百官志》）。⓯十五年罷鄉官　十五年，指隋文帝開皇十五年，即西元五九五年。《隋書・百官志》亦繫此事於開皇十五年，《隋書・李德林傳》則記為開皇十年（西元五九〇年）。又，據此傳記載，隋初本已廢鄉官主事，後又對置廢鄉正問題有過兩次爭議。時李德林授內史令，奉詔參預修定律令。其間，太子少保蘇威「奏置五百家鄉正，即令理民間辭訟」。古制五家為比，五比為閭，四閭為族，五族為黨即五百家。此處則當是約數，指縣以下之鄉里單位，每五百家置一鄉正。李德林以為不可。理由是：「本廢鄉官判事，為其里閭親戚，剖斷不平。今令鄉正專治五百家，恐為害更甚。且今時吏部，總選人物，天下不過百縣，於六七百萬戶內，詮簡數百縣令，猶不能稱其才，乃欲一鄉之內，選一人能治五百家者，必恐難得，又即時要荒小縣，有不至五百家者，復不可令兩縣共管一鄉。」文帝便敕令內外百官來討論此事，最後是文帝盡依蘇威之議，下令設置鄉正。但施行結果並不好，於是又有了該不該廢的爭議。開皇十年（西元五九〇年），有吏部尚書虞慶則等，由「關東諸道巡省使還，並奏云：『五百家鄉正，專理辭訟，不便於民。黨與愛憎，公行貨賄。』」文帝欲下令廢止，李德林又持反對意見：「奏云：『此事臣以為不可。然置來始爾，復即停廢，政令不一，朝成暮毀，深非帝王設法之義。臣望陛下若於律令輒欲改張，即以軍法從事。不然者，紛紜不已。』高祖（即文帝）遂發怒，大詬曰：『爾欲將我作王莽邪？』」終廢之。⑯自「煬帝三年」至「改贊治為丞」　煬帝，隋朝皇帝楊廣，在位十四年，終年五十歲。三年，即大業三年，西元六〇七年。罷州置郡，即改州為郡，仍為郡縣二級。郡分上、中、下三等，其長官太守，上郡從三品，中郡正四品，下郡從四品。時隋全國有郡一百九十，縣一千二百五十五。贊治，《隋書・百官志》作「郡贊務」。⑰別駕　唐武德時，改郡為州，改太守為刺史；其佐官丞復一分為二：置別駕和司馬。《唐會要》卷六九記唐時別駕之沿革稱：「武德元年（西元六一八年）六月，置別駕，貞觀二十三年（西元六四九年）七月五日，改別駕為長史，上元二年（西元六七五年）又置別駕，其長史如故。上州從四品，中州五品，下州從五品，止以諸王子為之。至永隆元年（西元六八〇年）又廢，至永淳元年（西元六八二年）七月八日復置別駕官。至景雲元年（西元七一〇年）始用庶姓為之。開元六年（西元七一八年）二月十二日敕：舊例，別駕皆是諸親，近年已來頗多諸色，先授者未能頓輟，已後者自循舊章。去冬，有因計入朝，不可更令卻往，宜并量才敘用。至天寶八載（西元七四九年）八月二十六日勅：諸郡各置三官（指別駕、長史、司馬，為刺史之上佐），別駕不煩更置，政存省要，豈在多員，其別駕隨缺便停。」此後仍時置時廢，實際已成為一閒職冗官。關於別駕之升遷處分，開元六年（西元七一八年）四月敕云：「別駕錄事參軍事犯贓者，禁身推問，疾患者，準《式》解所職。不稱所職者，戶口流散者，並委本處聞奏。老耄暗弱，才不稱職者，量資考改，與員外官。」⑱長史　唐於貞觀二十三年（西元六四九年）改別駕為長史。上元二年（西元六七五年）又置別駕，長史如故。其後二職並置。京兆、河南等府之長史理府事，諸州之長史僅通判而已。刺史缺，則長史代行。⑲司馬　唐於武德初，諸州復置治中。貞觀二十三年（西元六四九年）高宗李治即位，避其名諱而改諸州治中為司馬。長安元年（西元七〇一年），洛、雍、并、荊、揚、益六州置左右司馬各一員，後又復舊，不分左右，置一員。太極元年（西元七一二年）四大都督府又置左右司馬各一員。司馬與別駕一樣，亦為優祿閒職，常用以安置貶退大臣或宗室。中宗時張柬之、敬暉等五王被貶出為外州司馬，憲宗時劉禹錫、柳宗元等八人被貶出為邊州司馬，便是其例。白居易，因言事遭忌，在元和十年（西元八一五年）先被貶為江州刺史，後又追授江州司馬。曾作〈江州司馬廳記〉云：「自五大都督府至于上中下郡，司馬之事盡去，唯員與俸在。凡內外文武官左遷、右移者，第居之，凡執役事上與給事于省寺軍府者，遙署之；凡仕久資高、耄昏軟弱不任事，而時不忍棄者，實蒞之。蒞之者，進不課其能，退不殿其不能，才不才一也。」又謂：「司馬秩五品，歲廩數百石，月俸六七萬，官足以庇身，食足以給家，州民康非司馬功，郡政壞非司馬罪。無言責，無事憂，噫，為國謀，則尸素之尤蠹者；為身謀則祿仕之優穩者」，故以為在江州「惟司馬綽綽可以從容於山水詩酒間」。雖係揶揄自嘲，從中也可看出當時司馬實已成為帶有安撫性的一種閒職。⑳錄事參軍事　晉置。本為公府官，非州之職。南北朝時，刺史為將軍而開府者，並置此職，所掌相當於州郡之主簿。隋文帝時置以為郡官，原州郡主簿之事亦併於此職，煬帝時又置主簿，唐初復為錄事參軍事。乾元二年（西元七五九年）敕令錄事參軍升判司一秩。故唐時此職地位頗高。符載〈江州錄事參軍廳壁記〉稱：「隋文州有錄事參軍，煬帝時，罷州置郡，有東西曹掾、主簿，國朝（指唐）省掾、主簿，復為錄事參軍，其於勾稽失，糾僭謬，省抄目，守符印，一州之能否，六曹之榮悴，必繫乎其人也。其人強，其務舉；其人困，其務削。循名考實，豈容易哉。」高宗時，杜景儉由殿中侍御史出為益州錄事參軍事，「時隆州司馬房嗣業除益州司馬，除書未到，即欲視事，又鞭笞僚吏，將以示威。景儉謂曰：『公雖受命為此州司馬，而州司未受命也。何藉數日之祿，而不待九重之旨，即欲視事，不亦急耶？』嗣業益怒。景儉又曰：『公今持咫尺之制，真偽未知，即欲攬一州之權，誰敢相保？揚州之禍，非此類耶？』乃叱左右各令罷散，嗣業慚赧而止。俄有制除嗣業荊州司馬，竟不如志，人吏為之語曰：『錄事意，與天通，益州司馬折威風。』景儉由是稍知名」（《舊唐書·杜景儉傳》）。㉑錄事二人　《舊唐書·職官志》作「錄事三人」。㉒司功參軍事　秦漢郡縣並置功曹史，或稱功曹掾，省稱功曹，主選署功勞，職總內外，位居佐吏之首。漢時郡守可自行辟除佐僚而實際掌選署之事即為功曹。魏晉沿置，或改作西曹書佐，主吏及選舉事。南朝宋以下軍府多置功曹參軍，掌糾駁獻替。隋罷郡置州，始稱此職為司功參軍事。其職權則因隋時已將選署郡縣屬吏之權收歸尚書省吏部而大為縮小，功曹尚能署用者僅為州縣之倉督、學校之博士、助教以及市令和嶽瀆祝史等而已。唐沿隋制，開元時定制：在府稱功曹參軍，在州稱司功參軍。㉓司倉參軍事　漢郡縣佐吏有倉曹掾、史，主倉穀之事，省稱倉曹。魏晉沿置。西晉末，司馬睿為鎮東大將軍開府時，置為官屬，後世公府、軍府及州置軍府者並置。隋罷郡置州，改稱司倉參軍。唐開元時定制：在府稱倉曹參軍，在州稱司倉參軍。唐任此職者，如姚崇起家於濮州司倉；中宗韋后之弟韋溫，曾任汴州司倉參軍，《冊府元龜·牧守部》載有蘇瓌任汴州刺史時韋溫犯贓事，「瓌繩而杖之，及溫外戚用事，義其公直，不敢中傷」。㉔司戶參軍事二人　《新唐書·百官志》同此，《舊唐書·職官志》作「一人」。漢公府及郡縣佐吏中有戶曹掾，主民戶、祠祀、農桑等事，歷代皆沿其制。東晉之公府、軍府置戶曹參軍事，州、郡、縣亦置。隋罷郡置州，改稱司戶參軍。唐開元時定制：在府稱戶曹參軍，在州稱司戶參軍。錢易《南部新書》有「韋路作相，貶不附己者十司戶」之語，韋即韋處厚，路為路隨。大抵中唐以後，諸州之司戶參軍亦常成為朝廷安置貶職者之閑職。㉕帳史　唐始置於睿宗景雲中。其職掌，《新唐書·百官志》記為「知籍，按帳目捉錢」。㉖司兵參軍事　漢公府置兵曹掾、屬，主兵事；郡縣因置為掾、史，主徵兵輸丁諸事，歷代皆沿置。西晉末，司馬睿為鎮東大將軍開府時，置為屬官，此後歷代公府、軍府及州置軍府者皆置。隋罷郡置州，改稱司兵參軍。唐開元時定制：在府稱兵曹參軍，在州稱司兵參軍。唐任此職者，若韋安石，曾「遷雍州司兵」；徐彥伯，「累轉蒲州司兵參軍」；杜甫，於天寶末「授京兆府兵曹參軍」（各引自《舊唐書》本傳）。此外，劉審禮之子劉易從，亦曾「歷任岐州司兵參軍」（見《舊唐書・劉審禮傳》）。㉗司法參軍事二人 《新唐書・百官志》同此，《舊唐書・職官志》作「一人」。漢公府置法曹掾、屬，主郵驛科程事；郡、縣因置法曹掾、史。西晉末，司馬睿任鎮東大將軍開府時，置為屬官，後世王公府、軍府及州置軍府皆置。隋罷郡置州，改稱司法參軍。唐開元時定制：在府稱法曹參軍，在州稱司法參軍。唐任此職者，若狄仁傑，曾任并州都督府法曹參軍；徐有功，曾任蒲州司法參軍；杜佑，曾為潤州司法參軍。又，韓愈〈處士盧君墓誌銘〉提到盧於陵父盧貽，「為河南法曹參軍。河南尹與人有仇，誣仇與賊通，收掠取服。法曹曰：『我官司也，我在不可以為是！』廷爭之以死。河南怒，命卒捽之，法曹爭尤強，遂併收法曹，竟奏殺仇，籍其家，而釋法曹。法曹出，經歸臥家，念河南勢弗可敗，氣憤弗食，歐血卒。東都人至今猶道之」（《韓昌黎文集》卷七）。㉘司士參軍事 晉司馬孚為太宰，所屬有士曹，掌工役之事。《宋書・百官志》：「安平獻王孚為太宰，增掾屬為十人，兵、鎧、士、營軍、刺奸五曹皆直屬。」西晉末，司馬睿為鎮東大將軍開府時，置為屬官，後世王公府、軍府及州置軍府者多有置。北魏稱司士曹參軍，北齊則置士曹行參軍。隋罷郡置州，改稱司士參軍。唐開元時定制：在府稱士曹參軍，在州稱司士參軍。唐任此職者，如李亘，任蒲州司士參軍，以工於翰札，與司兵參軍徐彥伯、司戶韋暠並稱「河東三絕」（《舊唐書・徐彥伯傳》）。㉙執刀 持刀以為侍衛者，南朝齊、梁亦有稱御刀、捉刀者。皆由百姓至州郡衙門服役者充。㉚典獄 為管理監獄之吏卒，亦由百姓服役者為之。㉛問事 官府之吏卒，亦為百姓服役者充任，其職掌為行杖以訊嫌犯。㉜白直二十人 《舊唐書・職官志》作「二十四人」。白直，唐制為公廨及文武官員配置之力祿，由百姓服役充當。多為侍衛，亦常從事耕作及其他勤雜勞役。亦可以資代役，則其錢幣成為所事官員俸祿之組成部份。天寶五載（西元七四六年）曾敕令停止，其敕文稱：「郡縣官人及公廨白直，天下約計一載破十萬丁已上，一丁每月輸錢二百八文，每至月初，當處徵納，送縣來往，數日功程，在於百姓，尤是重役。其郡縣白直，計數多少，請用料錢，加稅充用，其應差丁充白直，望請並停，一免百姓艱辛，二省國家丁壯。」（《唐會要》卷九一）㉝市令一人從九品上丞一人佐一人史一人 唐於州縣治所置市，設市令，掌市廛交易之事，有丞及佐等。唐〈州縣職員令〉規定：「大都督府市令一人，掌市內交易，禁察非為，通判市事；丞一人，掌判市事；佐一人，史一人，師三人。」（《唐會要》卷八六）㉞倉督二人史四人 此倉督專掌市易倉庫之出納。《新唐書・百官志》：垂拱元年（西元六八五年）復置，諸州有「倉督二人，顓涖出納；史二人」。《舊唐書・職官志》則記為上州有「倉督二人」，無史。㉟經學博士一人從八品下　《舊唐書・職官志》本注稱：「武德初，置經學博士及學生。德宗即位，改博士曰文學。」故其列為：「文學一人，從八品上。掌以五經授諸生。縣則州補，州則授於吏部。然無職事，衣冠恥之。」本書則因依開元時制而職名與之異。㊱戶三萬已上　南宋本及《舊唐書・職官志》均為「二萬已上」。當改。㊲從九品下　新舊《唐書》官志皆作「從九品上」。㊳戶不滿二萬者　南宋本及《舊唐書・職官志》均為「戶不滿二萬者」。㊴司曹　據南宋本當作「司倉」。㊵從八品上　南宋本及新舊《唐書》官志並作「從八品下」。

【語　譯】上州：凡是轄境戶口滿四萬以上的，列為上州。刺史，定員一人，品秩為從三品。秦代設置御史，以監察地方各郡。漢初，省去了御史，另由丞相派遣稱為史的官員，分別察舉地方各州，但並非常設機構。到漢武帝元光三年（元封五年），方始設置十三部刺史各一人，職掌是奉詔以〈六條〉監察各州。每年秋冬赴京師奏報，因需經常在各地巡行，所以沒有固定的治所。東漢時刺史都有了固定的治所。刺史的屬官有別駕、治中、主簿、功曹從事以及各曹的掾等編員，都可由刺史自行選任；因它的職務是刺舉所轄州郡官員以及民眾為非犯法等事，所以稱為刺史。從漢魏以來，有的稱牧，有的稱刺史，都要管轄所屬的若干個郡。隋初，在上等州設有刺史、長史、司馬、錄事參軍，功曹、戶曹、兵曹等參軍事，法曹、士曹等行參軍，典籤、州郡（都）、光初主簿、郡正主簿、西曹書佐、祭酒從事、部郡從事、倉督，市令、丞等編員以及他們的佐史等；在郡設有太守、丞、尉、正、光初功曹、光初主簿、縣正、功曹、主簿、西曹，金、戶、兵、法、事（士）等曹和事（市）令以及他們的佐吏等編員。州和郡都分為九等。開皇三年撤銷郡，由州直接統轄各個縣，同時改稱別駕、贊治為長史、司馬。以前，北周、北齊州、郡、縣的在職官員，凡是州郡（都）縣正以下的，都可自行選調任用，以處理各種事務；到這時不再讓他們管事，只給一個名號，稱為鄉官，在職的則另外設置品官，都須由尚書省吏部選任。佐官中凡是以曹為名的，改為司。開皇十四年，改九等州、縣為四等。十五年，又廢去了鄉官。煬帝大業三年，改州為郡，郡置太守；撤去長史、司馬，設置贊治，作為太守的副職。後來又增置通守，贊治改稱為丞。關於錄事參軍以下各職的沿革狀況，前面都已說過。

別駕，定員一人，品秩為從四品下。

長史，定員一人，品秩為從五品上。

司馬，定員一人，品秩為從五品下。

錄事參軍事，定員一人，品秩為從七品上。

錄事，定員二人，品秩為從九品上；有史二人。

司功參軍事，定員一人，品秩為從七品下；有佐三人，史六人。

司倉參軍事，定員一人，品秩為從七品下；有佐三人，史六人。

司戶參軍事，定員二人，品秩為從七品下；有佐三人，史七人，帳史一人。

司兵參軍事，定員一人，品秩為從七品下；有佐三人，史六人。

司法參軍事，定員二人，品秩為從七品下；有佐四人，史八人。

司士參軍事，定員一人，品秩為從七品下；有佐三人，史六人。

參軍事，定員為四人。

執刀，十五人。

典獄，十四人。

問事，八人。

白直，二十人。

市令，定員一人，品秩為從九品上；有丞一人，佐一人，史一人，倉督二人，史四人。

經學博士，定員一人，品秩為從八品下；助教，定員二人；學生，定額六十人。

醫學博士，定員一人，品秩為正九品下；助教，定員一人；學生，定額十五人。

中州：轄境戶口滿三(二)萬以上。刺史，定員一人，品秩為正四品上。

別駕，定員一人，品秩為正五品下。

長史，定員一人，品秩為正六品上。

司馬，定員一人，品秩為正六品下。

錄事參軍事，定員一人，品秩為正八品上。

錄事，定員一人，品秩為從九品下；有史二人。

司功參軍事，定員一人，品秩為正八品下；有佐二人，史四人。

司倉參軍事，定員一人，品秩為正八品下；有佐二人，史四人。

司戶參軍事，定員一人，品秩為正八品下；有佐三人，史五人，帳史一人。

司兵參軍事，定員一人，品秩為正八品下；有佐三人，史四人。

司法參軍事，定員一人，品秩為正八品下；兼管司士的職務。有佐三人，史六人。

參軍事，定員三人，品秩為正九品下。

執刀，十人。

典獄，十二人。

問事，六人。

白直，十六人。

市令，定員一人；有丞一人，佐二人，史二人，帥二人，倉督二人，史三人。

經學博士，定員為一人，品秩是正九品上；助教，定員一人；學生，定額五十人。

醫學博士，定員一人，品秩為從九品下；助教，定員一人，學生，定額十二人。

下州：轄境戶口不滿一（二）萬的，列為下州。刺史，定員一人，品秩為正四品下；別駕，定員一人，品秩為從五品上。

司馬，定員一人，品秩為從六品上。

錄事參軍事，定員一人，品秩為從八品上。

錄事，定員一人，品秩為從九品下；有史二人。

司曹〔倉〕參軍事，定員一人，品秩為從八品下；兼管司功的職事。有佐二人，史四人。

司戶參軍事，定員一人，品秩為從八品下；兼管司兵的職事。有佐三人，史五人，帳史一人。

司法參軍事，定員一人，品秩為從八品上（下）；兼管司士的職事。有佐二人，史四人。

參軍事，定員二人，品秩為從九品下。

執刀，十人。

典獄，八人。

問事，四人。

白直，十六人。

市令，定員一人；有佐一人，史一人，帥二人，倉督一人，史二人。

經學博士，定員一人，品秩為正九品下；助教，定員一人；學生，定額四十人。

醫學博士，定員一人，品秩為從九品下；學生，定額十人。

【說明】唐以所轄戶口多少定州縣的等第，其數額標準則前後多有變化。《武德令》規定三萬戶以上為上州，《永徽令》則是二萬戶以上為上州，顯慶元年（西元六五六年）所下的敕令仍改為戶滿三萬以上者為上州，二萬以上為中州。開元十八年（西元七三〇年）敕令以四萬戶以上為上州，二萬五千戶為中州，不滿二萬戶為下州。對一些例外情況也作了規定，如「別敕同上州，都督及畿內州并同上州。緣邊三萬戶已上為上州，二萬戶已上為中州，其親王任中州、下州刺史者，亦為上州，王去任後仍舊」（《唐會要》卷七〇）。又規定近畿之州，如同、華、岐、蒲，為四輔州；鄭、陝、汴、絳、懷、魏，為六雄州；宋、亳、滑、許、汝、晉、洛、虢、衛、相，為十望州；此外尚有十緊州，以後入緊者日多，遠不止十數。綜合以上，唐代的州，可說多到輔、雄、望、緊、上、中、下七個等次。這些等次的規定，由於牽涉到官員的品秩及遷轉的次序，在當時，自然要被州府官員視為一件十分重要的事。如同樣是刺史，上州為從三品，中州為正四品上，下州則為正四品下。

州、郡的長官，是刺史或郡守，他們政績的好壞，關係到整個王朝的基礎能否穩固。所以儘管在集權專制制度條件下，總體上重內官、輕外任是歷朝通病，但在皇權比較穩定的時期，對刺史或郡守的選任還是比較重視的。漢時，「宣帝以為太守吏民之本，數變易，則下不安，民知其將久，不可欺罔，乃服從其教化。每拜刺史守相，輒親見問，觀其所由，退而考察，以質其言，嘗稱曰：『與我共治者，唯良二千石乎？』是以漢世良吏，於斯為盛」（《通典・職官十五・州郡下》）。唐太宗亦有過類似的說法。貞觀三年（西元六二〇年），他曾對侍臣說：「朕每夜恆思百姓，閱事或至夜半不寐，唯思都督、刺史堪養百姓，所以前代帝王稱共治者，惟良二千石耳。雖文武百僚，各有所司，然治人之本，莫如刺史最重也。朕故屏風上錄其姓名，坐臥常看，在官如有善惡事跡，具列於名下，擬憑黜陟。」（《唐會要》卷六八）太宗是否真為恆思百姓之事而夜不成寐，姑且勿論，他對刺史人選和治績的關心，則反映了他皇位的穩固，因而可以分出精力來考慮地方之事。事實上當時重內輕外的傾向依然存在，刺史的人選也不如人意。同書載貞觀十一年（西元六二八年）曾有馬周上疏稱：「今朝廷獨重內官，刺史縣令頗輕其選，刺史多是武夫勳人，或京官不稱職，方始外出，邊遠之用人更輕，所以百姓未安殆由於此。」類似馬周那樣要求改善刺史選人的議論和呼聲，自高宗、武則天至中宗、玄宗時期，幾乎連綿不斷。如神龍元年（西元七〇五年）舉人趙冬曦上疏稱：刺史「為親民之職，人命所繫，故貴其位而重其人也。今則不然，京職之不稱者，乃左為外任；大邑之負累者，乃降為小邑；近官之不能者，乃遷為遠官。夫常人之心未可卒革，此之不稱，彼焉能治？率土之濱，莫非王臣，何必貴大邑而賤小邑，重近民而棄遠民耶！夫食君之祿而冒君之榮，陛下賜之死可矣，流之邊可矣，於左遷貶降之例，惡足為王者之政與。」（同上）

唐代前期為改善刺史的人選，也曾採取過一些措施，只是實際效果微微。如武則天長安中，納言李嶠、夏官尚書唐休璟鑒於「物議莫不重內官、輕外職」，「所遣外任多是貶累之人」的積習，建議「於臺閣寺監，妙簡賢良，分典大州，共康庶績」（《舊唐書・韋思謙子嗣立傳》）。這一建議，在武則天的主持下，讓內廷臺閣寺監官員自己來抽籤，抽中者即出為刺史。結果有「御史大夫楊再思等二十人各以本官簡校刺史，其後以政績可稱者，唯嘗州刺史薛謙光、徐州刺史司馬鍠二人」（《冊府元龜・牧守部・選任》）。中宗時又規定「京官中有才幹堪治人者，量與外官；外官中有清慎著稱者，量與京職」（《唐會要》卷六八）。類似這兩項措施，大陸近數十年來亦時行過一陣子，叫作「幹部上下交流」，但因總的體制未變，不僅不可能有什麼成效，亦難以堅持。在唐代，到玄宗時期還實行過幾次。如開元十二年

(西元七二四年),「王丘開以黃門侍郎為懷州刺史,崔沔以中書侍郎為魏州刺史,王易從以吏部侍郎為揚州大都督府長史,韓休以禮部侍郎為虢州刺史,張景昇以大理少卿為滑州刺史,王昱以京兆少尹為嘗州刺史」。次年又有「源光裕以大理卿為鄭州刺史,楊承令以尚書左丞為汾州刺史,許景先以吏部侍郎為虢州刺史,冦泚以兵部侍郎為宋州刺史,鄭溫琦以禮部侍郎為邠州刺史,李昇以宗正卿為邢州刺史,袁仁敬以大理少卿為杭州刺史,崔志廉以鴻臚為襄州刺史,蔣廷以國子司業為湖州刺史,裴觀以左威將軍為滄州刺史,崔誠以左司禦率府副率為遂州刺史」。這次以內官出任州官由玄宗自己挑選,同時還規定:「自今以後三省侍郎有缺,先求曾任刺史者,郎官缺,先求曾任縣令者。」(《冊府元龜·牧守部·選任》)

唐代對州縣官吏的監督考察則有一系列嚴密制度。貞觀元年(西元六二七年),因山川形勢之便,分全國為關內、河南、河東、河北、山南、隴右、淮南、江南、劍南、嶺南十道。這十道常成為自然的監察區,按此區劃,多次派出各種名目的使職,對地方進行監察。貞觀八年(西元六三四年)太宗任大臣蕭瑀、李靖等十三人為觀風俗大使,命分巡四方,「觀風俗之得失,察政刑之苛弊」。十八年(西元六四四年),議擬派十七道巡察使,後因災荒未能成行。至二十年(西元六四六年)命大理卿孫伏伽等二十二人,以〈六條〉巡察四方。此行貶黜舉奏頗多,太宗「親自臨決,牧宰以下,以能官進擢者二人,罪死者七人,流罪者以下及免黜者數百人」(《唐會要》卷七七)。貞觀以後,朝廷派遣九道巡察使、十道存撫使等名目,亦屢見於史著記載。武則天萬歲通天元年(西元六九六年),鳳閣舍人李嶠上疏云:「竊見垂拱二年(西元六八六年),諸道巡察使所奏科目,凡四十四件,至於別作格敕令訪察者,又有三十餘條。而巡察使率是三月已後出都,十一月終奏事,時限迫促,簿書填委,晝夜奔逐,以赴限期。而每道所察文武官,多至二千餘人,少者一千已下,皆須品量才行,褒貶得失,欲令曲盡行能,則皆不暇,此非敢墮於職而慢於官也,實才有限而力不及耳。」(《舊唐書·李嶠傳》)一年在七、八個月之內,要依〈六條〉考察一千到二千個文武官員吏治的情況,實在忙不過來,他的建議是:「請大小相兼,率十州置御史一人,以周年為限,使其親至屬縣,或入閭里,督察姦訛,觀採風俗,然後可以求其實效,課其成功」(同上)。武則天接受了他的建議,後因有沮議者,竟不行。到中宗神龍二年(西元七〇六年)正式派遣使職監察州部,所行大體也就是李嶠的建議。其敕令中稱:「〔御史〕左右臺內外五品已上官，識治道通明無屈撓者二十人，分為十道巡察使，二周年一替，以廉按州部。」（《唐會要》卷七七）景龍三年（西元七〇九年）又置十道按察使，分察全國。開元元年（西元七一三年）禮部侍郎張庭珪建議「十道按察使，不按年月，懲惡勸善，激濁揚清，孤窮獲安，伏望復下明制，重選使臣，秋冬之後，令出巡察，自然貪吏望風懲革，陛下視聽，恆偏於海內矣。」開元三年（西元七一五年），敕令「巡察使出，宜察官人善惡，其有戶口流散，籍帳隱沒，賦役不均者；不務農桑，倉庫耗減者；妖訛宿宵，姦滑盜賊，不事生業，為公私蠹害者；德行孝弟，才茂異等，藏器晦跡，堪應時用者；並訪察聞奏」（同上）。至「開元二十一年（西元七三三年），分天下為十五道，每道置採訪使，檢察非法，如漢刺史之職：京畿採訪使，理京師城內；都畿，理東都城內；關內，以京官遙領；河南，理汴州；河東，理蒲州；河北，理魏州；隴右，理鄯州；山南東道，理襄州；山南西道，理梁州；劍南，理益州；淮南，理揚州；江南東道，理蘇州；江南西道，理洪州；黔中，理黔州；嶺南，理廣州」（《舊唐書・地理志一》）。並規定十五道採訪使各置使印，督察所轄州縣官員善惡，三年一奏，永為常式。與此同時，又頒佈了眾多律、令、格、式條文，刺史、縣令的行事、行為受到嚴格的管束和限制。所有這一切措施，集中到一點，都是用以加強中央集權。顧炎武在《日知錄》卷九中認為郡縣本應有「辟官、涖政、理財、治軍」四權，而在唐代辟官歸吏部，治軍歸督府，而涖政、理財能留給州縣的，此時亦所剩無幾。這樣，「盡天下一切之權，而收之在上，而萬機之廣，固非一人所能操也，而權乃移於法，於是多為之法，以禁防之，雖大姦有所不能踰，而賢智之臣，亦無能效尺寸於法之外，相與兢兢奉法，以求無過而已。於是天子之權，不寄之人臣，而寄之吏胥。是故天下之尤急者，守令，親民之官，而今日之尤無權者，莫過於守令。守令無權，而民之疾苦不聞於上，安望其致太平而延國命乎？」唐代在開元末期的情況，恰似顧炎武所言。十五道採訪使初置時，對州郡規定只是「舉其大綱」，施行的結果卻是事無巨細皆決於使，刺史本已不多的權限更被侵削殆盡，而諸採訪使既有固定監察區劃，又有治所和使印，無異於在州府之上又增加了一級地方行政機構，這當然又是違反設置者初衷的。於是在天寶九載（西元七五〇年）三月不得不下了這樣的敕令：「本置採訪使，令舉大綱，若大小必由一人，豈能兼理數郡？自今已後，採訪使但訪察善惡，舉其大綱，自餘郡務所有奏請，並委郡守，不須干及。」（《唐會要》卷七八）然而事情既已發展到了這一步，豈可望單憑一紙空文便能扭轉乾坤。州縣權力被抽空，地方行政都只是被動地依賴上命，便不再有任何防禦能力可言。在這種情況下，一旦遭遇災荒或突發事變，其結果也可想而知。安祿山的軍隊得以長驅直入，直抵長安，自然有多種因素，地方行政機構的軟弱無能，亦當是一個重要原因。就體制而言，唐玄宗一味強調中央集權，到頭來卻倉皇奔蜀，自嘗苦果。安史之亂後，李唐王朝對地方的控制能力大為削弱，因而中央和地方的權力分配便發生了頗大的變化：一是節度使有了自行辟除僚屬的權力；二是河北三鎮及河南的一些藩鎮各持半獨立狀態，朝廷對其控制力已多半喪失；三是朝廷資用皆仰仗於江淮諸道，因而這些地區官員的選任極受重視，有些官員的待遇甚至高於京官，且雄藩大府極易於翰飛朝廷，士人的心理便由被迫出牧而變為主動請求外任。白居易在〈溫堯卿等授官賜緋充滄景江陵判官制〉中說：「今之俊乂，先辟於征鎮，次昇於朝廷，故幕府之選，下臺閣一等，異日入為大夫公卿者，十八九焉。」這正應了一句俗話：「此一時也，彼一時也！」地方行政機構從失權到擴權，州府官員從貶值到升值，唐代後期出現的這些變化的歷史意義自然沒有必要在這裡詳細討論，只需說明一點：這些變化都是違反王朝高層決策者意欲不斷加強中央集權的初衷的，是在他們無可奈何的情況下作出的，因而就帶有令後人深思的歷史反諷以至歷史懲罰的含義。

最後對刺史從上任到離任的相關唐制，簡略作些介紹。

唐代前期刺史任命時，要臨軒冊命，以顯示朝廷的恩禮；中葉以後，雖無冊拜，牧守受命之後，於便殿召對，賜衣服，禮亦頗重。如果此時正值休假，新除刺史可於宣政門外謝訖，同日由授官在朝堂禮謝，不必等候假滿開朝。新授刺史入閣申謝之禮，據《唐會要》卷六八所載文宗開成三年（西元八三八年）三月敕令規定為：「新授刺史如遇入閣申謝者，其日各隨本班引入，候班退，刺史便接次對官立，俟次對官班訖，通事舍人引至橫階前，通事舍人口奏云：新授某刺史某人等申謝。如喚近前，即引上龍墀；如不喚，即各自奏發日訖。通事舍人即宣某人等申謝。如去，贊拜訖，便引出。」刺史受任後，規定在十日之內必須赴任。路程的時間，則依其任所與京師間的距離而定：一千里者，限十日；二千里以內者，限十五日；三千里以內者，限二十日；三千里以外者，限二十五日。不得妄託事故逗留，若有逗留者，則量加懲責。若是貶授刺史，則依例發遣。刺使上任的第一件事，便是向本道觀察使報到，聽候指令，隨後便是交接問題。有關新舊刺史交接之制，同書載有宣宗大中五年（西元八五一年）中書門下一篇奏文，所記頗詳。

文中稱：「諸州刺史除替後，新人在遠者，動經三四箇月不到任，從便近處，亦或一兩箇月不到，舊人在任既不理務，又須一切州縣祇供，將吏依舊，衙參祇候，守分者固難自處，多端者猶能害人。自今已後，望令應諸州刺史得替已除官者，即敕到後，交割了，便赴任；如未除官者，敕到後，與知州官（新刺史未到任時，例由上佐暫知州事，即此所言「知州官」。——引者）分明交割倉庫及諸色事；如不分明交割，便令舊刺史離本任，不要更待新刺史到。交割公事後，稱有小小異同，即令勘問知州官，并任行牒聽勘問詰前刺史，如大段差謬，即委具事狀奏聞，其知州官別議推。罷郡刺史未別除官者，準會昌六年（西元八四六年）敕，令所司在州縣供給。伏恐日月久深，不遵舊制，望令所在經過州縣，準舊節文處分，勿使羈旅，州許供三日，縣許供二日。應諸州刺史初到任，準例，皆有擔什物，離任時，亦例有資送，成例已久，州司各有定額。」刺史接任後，對前任的善政不許擅自更易，對轄境的民情要作一番瞭解，「尋訪凋瘵之由，搜求疾苦之本」，然後「悉具釐革制置諸色公事，逐件分析聞奏」，即使向朝廷上報治理方案，審批認可後，著為令典，遵照執行。值得一提的是，新刺史上任，既不許像如今流行的那樣隨帶親信班子，也不准對原有官屬任意大換班。肅宗乾元二年（西元七五九年）便下過這樣一道敕令：「比來刺史之任，皆先奏州縣官屬，今後除帶使次判官外，一切不得奏改，官吏到任之後，察有罪累及不稱職者，任具狀奏聞請，然後令所由與替，其刺史非節度，但有防禦使者，副使判官，委於本州官中推擇，亦不得別奏人，並委中書門下，著為常式。」刺史任期為三年。除平時接受觀察使等督使外，每年年終要考課一次。由於州府轄區戶口的增減直接關係到朝廷的稅收，所以它成了考核刺史政績的主要標準。武宗會昌六年（西元八四六年）五月敕令規定：刺史在三年任期內，若「非因災沴，大郡走失七百戶以上，小郡走失五百戶以上者，三年不得錄用，兼不得更與治民官；增加一千戶以上者，超資遷改，仍令觀察使審勘」。刺史在任上犯法，則「降魚書停務訖，然後推勘問奏」，依罪論處。魚書，即魚符。古為虎符，唐因避高祖之祖李虎名諱而廢虎符，代以銅製魚符，又因其上刻文字，亦稱魚書。刺史之魚書為其拜授憑信物，所以須先行除去，然後勘問定罪。刺史離任後，有一套審核他政績的規定程序，據文宗七年（西元八三三年）中書門下的奏文，大致如下：「自今已後，刺史得替代，待去郡一箇月後，委知州上佐及錄事參軍，各下諸縣，取耆老百姓等狀，如有興利除害、惠及生民、廉潔奉公、肅清風教者，各具事實，申本道觀察使檢勘得實，具以事條錄奏，不得少為文飾。其薦狀仍與觀察使、判官連署。如事不可稱者，不在薦限。仍望委度支、鹽鐵分巡院內官同訪察，各申報本司錄奏。如除授後，訪知所舉不實，觀察判官、分巡院官及知州上佐等，並停見任一二年，不得敘用。如緣在郡贓私事發，別議處分，其觀察使奏取進止，敕旨依奏。」（以上均引自《唐會要》卷六八、六九）

六

京兆、河南、太原牧及都督、刺史掌清肅邦畿[1]，考覈[2]官吏，宣布德化，撫和齊人[3]，勸課農桑[4]，教諭五教[5]。每歲一巡屬縣，觀風俗，問百姓[6]，錄囚徒[7]，恤鰥寡，閱丁口，務知百姓之疾苦。內有篤學異能聞於鄉閭者[8]，舉而進之；有不孝悌，悖禮亂常，不率法令者，糾而繩之。其吏在官公廉正己[9]清直守節者，必察之[10]；其貪穢諂諛求名徇私者，亦謹而察之，皆附于考課，以為褒貶。若善惡殊尤者，隨即奏聞。若獄訟之枉疑[11]，甲兵之徵遣[12]，興造之便宜[13]，符瑞[14]之尤異，亦以上聞，其常則申於尚書省而已。若孝子順孫，義夫節婦，志行聞於鄉閭者，亦隨實申奏，表其門閭[15]；若精誠感通，則加優賞。其孝悌力田者，考使集日，具以名聞[16]。其所部有須改更，得以便宜從事。若親王典州及邊州都督、刺史不可離州局者，應巡屬縣，皆委上佐行焉。

尹、少尹、別駕、長史、司馬[17]掌貳府、州之事，以紀綱眾務，通判列曹[18]，歲終則更入奏計⑲。

司錄、錄事參軍掌付事勾稽，省署抄目⑳，糾正非違㉑，監守符印。若列曹事有異同，得以聞奏。

功曹、司功參軍掌官吏考課㉒、假使、選舉、祭祀、禎祥㉓、道佛㉔、學校㉕、表疏書啟㉖、醫藥㉗、陳設㉘之事。凡差使㉙，先差州官；不克，取縣官，率一半已上；不克，取前資官㉚。其上佐、錄事參軍縣令，不得克使出境。凡州、縣及鎮倉督，縣博士、助教，中、下州市令及縣市令㉛，嶽、瀆祝史㉜，並州選，各四周而代。州、鎮倉督，州、縣市令，取勳官五品已上㉝及職資九品㉞者；若無，通取勳官六品已下，倉督取家世重大者為之。州市令不得用本市內人，縣市令不得用當縣人。博士、助教部內無者，得於旁州通取。縣錄事通取部內勳官五品已上；若無堪任者，并佐、史通取六品已下子弟白丁㉟充之。凡貢舉人有博識高才，強學待問，無失俊選者，為秀才㊱；通二經已上者，為明經㊲；明閑時務，精熟一經者，為進士㊳；通達律令者，為明法㊴。其人正直清修，名行孝義，旌表門閭，堪理時務，亦隨賓貢為孝弟力田。凡貢人，上州歲貢三人，中州二人，下州一人㊵。若有茂才異等，亦不抑以常數。凡貢人行鄉飲酒之禮㊶，牲用少牢㊷。若州縣春、秋二社及釋奠之禮㊸，亦皆以少牢。凡諸州每年任土所出藥物可用者，隨時收採，以給人之疾患。皆預合傷寒、時氣、瘧、痢等藥，部內有疾患者，隨須給之。

倉曹、司倉參軍掌公廨㊹、度量㊺、庖廚㊻、倉庫㊼、租賦徵收㊽，田園㊾、市肆㊿之事。每歲據《青苗》徵稅，畝別二升，以為義倉(51)，以備凶年；將為賑貸，先申尚書，待報，然後分給(52)。又，歲豐，則出錢加時價而糴之；不熟，則出粟減時價而糶之，謂之常平倉(53)，常與正、義倉帳具本利申尚書省。戶曹、司戶參軍掌戶籍、計帳(54)，道路(55)、逆旅(56)，田疇(57)、六畜(58)、過所(59)、蠲符(60)之事，而剖斷人之訴競。凡男女婚姻之合，必辨其族姓，以舉其違(61)。凡井田利害之宜，必止其爭訟，以從其順(62)。凡官人不得於部內請射田地及造碾磑，與人爭利(63)。兵曹、司兵參軍掌武官選舉，兵甲器仗(64)，門戶管鑰(65)，烽候傳驛(66)之事。凡驛馬以「驛」字印印尾(67)左，地名印印項左。每歲貢武舉人有智勇謀略強力悍材者，舉而送之。試長垛、馬槍、翹關、擎重(68)，以為等第之上下，為之升黜，從文舉行鄉飲酒之禮，然後申送。法曹、司法參軍掌律、令、格、式(69)，鞫獄定刑(70)，督捕盜賊(71)，糾逖姦非(72)之事，以究其情偽，而制其文法。赦從重而罰從輕(73)，使人知所避而遷善遠罪。士曹、司士參軍掌津梁、舟車、舍宅、百工眾藝之事(74)。啟塞必從其時，役使不奪其力(75)，通山澤之利(76)以贍貧人，凡州界內有出銅、鐵處，官未採者聽百姓私採者鑄得銅及白鑞，官為市取(77)；如欲折充課役，亦聽之。其四邊，無問公私不得置鐵冶及採銅[78]。自餘山川藪澤之私[79]，公私共之。致瓌異之貨以備國用，是以官無禁利，人無稽市。凡知山澤有異寶、異木及金、玉、銅、鐵彩色雜物處堪供國用者，奏聞[80]。

參軍事掌出使檢校及導引之事。

市令、丞掌市廛交易，禁斥非違之事。

經學博士以五經教授諸生。

醫學博士以百藥救療平人有疾者。下至執刀、白直、典獄、佐使[81]，各有其職，州縣[82]之任備焉。

【章旨】敘述京兆、河南、太原三府和諸督府、州府長官及屬官之職掌。

【注釋】❶清肅邦畿　指整肅都城周圍社會秩序。邦畿，古指以國都為中心方圓千里直屬於天子之疆域。《詩・商頌・玄鳥》：「邦畿千里。」此處則指唐代京兆等三府之轄區。❷考覈　考核；考課。❸齊人　平民百姓。顏師古注《漢書・食貨志》「亂齊民」句引如淳曰：「齊，等也。無有貴賤，謂之齊民，若今言平民矣。」❹勸課農桑　勸諭和督責所轄地區之農耕和蠶桑。唐時對地方官員之考課規定：「其勸課農田，能使豐殖者，亦準見地為十分論，每加二分，各進考一等。其不加勸課，以致減損者，每損一分，降考一等。」《通志・選舉略一・考績》《唐律疏議・戶婚律》還規定：「諸部內田疇荒蕪者，以十分論，一分笞三十，一分加一等，罪止徒一年。里正一人受罰，州縣以長官為首罪，佐職官吏為從罪，減一等處罰。」❺教諭五教　教諭，南宋本作「敦諭」，《舊唐書・職官志》為「敦敷」。均可解，義亦近。五教，指父義、母慈、兄友、弟恭、子孝。據《尚書・舜典》，五教是因「五品不遜」而施。其文稱：「帝曰：契，百姓不親，五品不遜，汝作司徒，敬敷五教，在寬。」五品不遜指父不義、母不慈、兄不友、弟不恭、子不孝。《左傳・文公十八年》:「舉八元，使布五教于四方:父義，母慈，兄友，弟恭，子孝，內平外成。」五教，即父以義教之，母以慈教之，兄以友教之，弟以恭教之，子以孝教之。諸夏夷狄皆從其教，故謂之「內平外成」。❻問百姓　近衛校正德本曰:「舊唐志『姓』作『年』。」❼錄囚徒　指省察在押囚犯，有無冤假錯案。《漢書・雋不疑傳》:雋為青州刺史，「每行縣錄囚徒還，其母輒問不疑:『有所平反，治幾何人?』」顏師古注:「省錄之，知其情狀有冤滯與不也。今云慮囚。」❽內有篤學異能聞於鄉閭者　近衛校正德本曰:「據舊唐志，『內』上當有『部』字。」部內，指轄區範圍內。鄉閭，古代五家為比，五比為閭，四閭為族，五族為黨，五黨為州，五州為鄉，故閭為二十五家，鄉為一萬二千五百家。此處當係泛指，鄉閭即鄉里。❾已　當作「已」。❿必察之　近衛校正德本曰:「據舊唐志，『必』下當有『謹而』二字。」⓫獄訟之枉疑　近衛校正德本曰:「據舊唐志，『枉疑』作『疑議』。」唐刑律規定，官司虛立證據，妄構異端，捨法用情，鍛鍊成罪，若入全罪以全罪論，從輕入重，以所剩論;斷罪失於入者，各減三等，失於出者，各減五等，以處罰相關之長官。⓬甲兵之徵遣　唐代對徵調甲兵有嚴格規定。《新唐書・兵志》稱:「凡發府兵，皆下符契，州刺史與折衝勘契乃發。」若有寇賊猝至等緊急情事，允許得便調發，但須立即上報，違者將予懲處。《唐律疏議・擅興律》:「疏議曰:依令，差兵十人以上，並須銅魚敕書勘同，始合差發。若急需兵處，準程不得奏聞者，聽便差發，即須言上。若無警急，又不先言上，輒擅發，十人以上，九十九人以下，徒一年，滿百人，徒一年半，百人加一等，七百人以上流三千里，千人絞。」⓭興造之便宜　興造，指修城郭，築堤防等。便宜，適宜。《南齊書・顧憲之傳》:「愚又以便宜者，蓋謂便於公宜於民也。」此處則猶言事宜。唐制，凡興起人功，有所營造，須計人功多少，申尚書省，聽報始合役功;若不上報，或報而不待審批，擅自興造，各計所役人庸以坐贓論減一等，其庸倍論，罪止徒二年半。⓮符瑞　亦稱符應、符命、祥瑞。即某些較為異常之自然或社會現象，古代被視為上天向人間顯示符命或吉祥之徵兆，主其事者往往會依據不同時期政治需要作出不同解釋。如東漢光武帝劉秀初起事時，有所謂〈赤伏符〉之說。《後漢書》本紀:「光武先在長安時，同舍生彊華，自關中奉〈赤伏符〉曰:『劉秀發兵捕不道，四夷雲集龍鬭野，四七之際火為主。』」群臣因復奏曰:『受命之符，……昭然著聞，宜荅天神，以塞群望』」，於是劉秀便即皇帝位。唐初亦有類似情況。如《舊唐書・高祖本紀》:「有白衣老父詣軍門曰:『余為霍山神使謁唐皇帝曰:「八月雨止，路出霍邑東南，吾當濟師。」』高祖曰:『此神不欺趙無恤，豈負我哉!』」每個王朝都認為自己是天命所歸，因而在王朝既建以後，對某些較為罕見的自然社會現象只能解釋為吉祥之兆，即所謂祥瑞;倘再有符命之說，將被視為「祅書祅言」而受到嚴懲。《唐律疏議・盜賊律》中便有此類規定，其疏議曰:「造祅書及祅言者，謂構成怪力之書，詐為鬼神之語。休，謂妄說佗人及己身有休徵；咎，謂妄言國家有咎惡，觀天畫地，詭說災祥，妄陳吉凶，並涉於不順者絞。」據本書第四卷第一篇禮部郎中職掌條載錄，唐時將祥瑞分為大瑞、上瑞、中瑞、下瑞四等。各地若有大瑞，地方官要申報上聞，其鳥獸之類有生獲者，各隨其性而放之原野；其有不可獲者，若木連理之類，則由所在案驗非虛，然後具圖畫上。凡地方有大瑞奏上，京師文武百官須詣闕奉賀，柳宗元《柳河東集》中便收有多篇此類奉賀表文。若地方詐報祥瑞則將予論罪。《唐律疏議．詐偽律》規定：諸詐為瑞應者，徒二年。若災祥之類，而史官不以實對者，加二等。疏議曰：「瑞應者，陸賈云：瑞者寶也，信也，天以寶為信。應人之德，故曰瑞。其瑞應條流具在禮部之《式》。有大瑞、上、中、下瑞。今云詐為瑞應，即明不限大小，但詐為者即徒二年。若詐言麟、鳳、龜、龍無可案驗者，從上書詐不以實，亦徒二年。若災祥之類，災謂祲沴；祥謂休徵。史官不以實對者，謂應凶言吉，應吉言凶，加二等，徒三年。稱之類者，此外有善惡之事，敕問而史官不以實對者，亦加二等。」⓯若孝子順孫義夫節婦志行聞於鄉閭者亦隨實申奏表其門閭　唐代對地方官若能上報表彰當地孝子順孫及義夫節婦，亦可作為其日常政績之一。表彰孝子順孫者，如《舊唐書．列女．夏侯氏傳》：「劉寂妻夏侯氏，滑州胙城人，字碎金。父長雲，為鹽城縣丞，因疾喪明。碎金乃求離其夫，以侍終養。經十五年，兼事後母，以至孝聞。及父卒，毀瘠殆不勝喪，被髮徒跣，負土成墳，廬于墓側，每日一食，如此積年。貞觀中，有制表其門閭，賜以粟帛。」表彰義夫節婦者，如《舊唐書．列女．竇氏二女傳》：「奉天縣竇氏二女伯娘、仲娘，雖長於村野，而幼有志操，住與邠州接界。永泰中，草賊數千人，持兵刃入其村落行剽劫，聞二女有容色，姊年十九，妹年十六，藏於岩窟間。賊徒擬為逼辱，乃先曳伯娘出，行數十步，又曳仲娘出，賊相顧自慰。行臨深谷，伯娘曰：『我豈受賊汚辱！』乃投之於谷。賊方驚駭，仲娘又投於谷。谷深數百尺，姊尋卒，仲娘腳折面破，血流被體，氣絕良久而蘇，賊義之而去。京兆尹第五琦感其貞烈，奏之，詔旌表門閭，長免丁役，二女葬事官給。京兆尹曹陸海著賦以美之。」此類孝子順孫、義夫節婦歷代地方志載錄甚多，所謂旌表貞烈牌坊，全國舊時鄉閭亦比比皆是。⓰其孝悌力田者考使集日具以名聞　《舊唐書．職官志》，在「孝悌力田」下尚有「頗有詞學」四字。唐代鄉貢、常貢主要科目秀才、明經、進士、明法及書、算等，開元時，孝悌力田亦列為鄉貢科目之一。其貢舉之條件為正直清修，名行孝義，旌表門閭，堪理時務者。被舉者，可只需向朝廷具名以聞，不必隨考使進京。「開元二十六年（西元七三八年）正月敕：孝悌力田，風化之本，比來將同舉人考試辭策。今後兩事兼著，狀迹尤著者，委所由長官以時名薦，更不須隨考使例申送。」（《唐會要》卷七六）至代宗寶應二年（西元七六三年）又規定：「孝悌力田，但能熟讀一經，言音典切，即令所司舉送，試通使與出身。」（《唐會要》卷七六）考使，指諸州上計之朝集使。唐制，諸府、州以刺史或上佐赴京奏報地方官員考課情況，後規定由本州之上佐入考，即充考使，以與考官對定考第，同時進獻貢品，各地鄉貢之舉子也由其貢於尚書省，即所謂「隨物入貢」。唐代朝集使皆以十月二十五日至京都，十一月一日戶部引見，故鄉貢之舉子亦必須同期至京，先以名聞，再於來年正月一日參加朝見。關於貢人貢物之制，武周長壽二年（西元六九三年）有左拾遺劉承慶曾「上疏曰：『伏見比年以來，天下諸州所貢物，至元日，皆陳在御前，唯貢人獨於朝堂拜列，但孝廉秀異，既充歲貢，宜列王庭，豈得金帛羽毛，升於玉階之下，賢良文學棄彼金門之外，恐所謂貴財而賤義，重物而輕人。伏請貢人至元日引見，列在方物之前，以備充庭之禮。』制曰：可」（《唐會要》卷七六）。⑰尹少尹別駕長史司馬　尹、少尹，為京兆、河南、太原三府之副貳；別駕、長史、司馬則為都督府及諸州之上佐，亦稱三官。⑱通判列曹　唐在設官分職中，按官吏所司職能，分為長官、通判官、判官、主典四等。在諸州府都督、刺史為主判官，別駕、長史、司馬為通判官，諸曹參軍事為判官，亦稱司判，諸曹之佐、史，為主典。處理文案時，主典負責檢清，判官分判，通判官通判，長官定奪。通判官可以改正判司之決定，如異判有失，在法律上止坐異判之通判官。在唐代文案中，判官署名後之專用語為「白」，通判官為「咨」，長官則為「示」。「咨」者，諮詢于長官，雖非定論，但亦有為長官分擔一部份職責之意。⑲歲終則更入奏計　每年歲末，上佐要充朝集使赴京上送一年之計會文書及考課功狀。本書第三卷第二篇戶部郎中職掌條規定：「凡天下朝集使皆令都督、刺史及上佐更為之，若邊州都督、刺史及諸州水旱成分，則佗官代焉。皆以十月二十五日至于京都，十一月一日戶部引見訖，於尚書省與群官禮見，然後集于考堂，應考績之事。元日，陳其貢篚於殿庭。」朝集使在京師期間，住宿有專設邸舍，如貞觀十七年（西元六四三年）便曾「令就京城內閑坊為諸州朝集使造邸三百餘所」（《唐會要》卷二四）；參加元日朝會後，按規定應即回各自州府。安史之亂後，朝集使之制長期停廢，至德宗建中元年（西元七八〇年）「州郡不上計，內外不會同者二十五年」，是年復行此制，「凡州府計吏至者一百七十有三」（《冊府元龜·帝王部·朝集一》），次年又下令權停。其後此制實際上已不復存在。⑳司錄錄事參軍掌付事勾稽省署抄目　司錄，係京兆、河南、太原三府之屬官，錄事參軍事則為都督府及諸州府之屬官。在司錄和錄事參軍事之下，尚各有錄事一至四人。付事，指將收受之文案發付相關曹司處理。勾稽，以律令格式為依據，檢核文案處理中有無違失或超越程限。其勾稽範圍，是本官府與行政管理有關文案；勾稽程序，從現存唐代文書看，一般先由錄事檢核，若無違誤即署名並寫上「檢無稽失」，然後送由錄事參軍事以朱筆勾訖，並署名。文書有受文及行判日期。省署抄目，指往來文案皆須登錄目錄提要及收受或發送日期，以便勾檢時稽程。㉑糾正非違　司錄、錄事參軍事對府州內違法之事俱有糾舉之職責。故此二職被稱為「與一州府之政，總錄諸曹之事」。韓愈〈唐故河南令張君墓誌銘〉稱張署

為京兆府司錄時，「諸曹白事，不敢平面視；共食公堂，抑首促促就哺歠，揖起趨去，無敢闌語」，其權任之重可見一斑。㉒

考課　對官員政績進行定期考評稱考課。唐制考課每年一次稱小考，三至四年舉行一次稱大考。州縣官員之考課由所在長官主之，諸州長官則由觀察使評定考第並上報。九品以上官員之考課功狀，年終由朝集使赴京述職時送吏部考功司審核考校，然後發考牒至州以為憑據。考牒要懸於州府大門，若有升黜不當任其披陳，須改正考第者得申省。縣令以下和關鎮戍官，山嶽瀆令以及不屬於監之津，皆由州考定。㉓禎祥　吉祥之徵兆，亦即祥瑞。詳⑭注。㉔道佛　唐州縣之僧尼道士，一載一度，皆有籍，給度牒，屬功曹職掌。在京師者，則由祠部和司封管轄。㉕學校　唐州、縣、鄉皆置學。州、縣之學員、博士、助教皆有定額，其生員來源為八品以下子，亦有庶人之子者。州縣生員若有缺額，長官可為之選補，由長史及功曹主持其事。州學之博士有品者須由吏部銓選，縣學博士及諸助教，則由州選。州縣之生員入學須納束脩，各為絹一匹及酒脯，其三分入博士，二分入助教。所教授諸經，包括《孝經》、《尚書》、《論語》、《周易》、《毛詩》、《儀禮》、《周禮》、《左傳》等，以《孝經》、《論語》為先。每日要抄楷書一張，並讀《說文》、《字林》、《爾雅》等字書。開元二十一年（西元七三三年）五月，曾下敕規定：諸州縣學生年二十五以下，八品九品子，若庶人生年二十一以下，通一經以上，及雖未通經而精神通悟，有文詞史學之材者，每年酌量舉選，由所司簡試後升入國子監之四門學，充俊士。其餘學有成業者，亦可由州縣貢舉，赴京參加科舉考試。同年還規定：「許百姓任立私學，欲其寄州縣受業者亦聽。」（《唐會要》卷三五）故唐中期後，除官學外，私學也有較大發展。㉖表疏書啟　四種公文書格式。表是章表，如諸葛亮〈出師表〉、李密〈陳情表〉等，唐人文集中多收有謝恩和慶賀禎祥一類表文。疏是奏疏，為臣下分條陳述政事之文書。如《漢書・匡衡傳》：「是時有日蝕地震之變，上問以政治得失，衡上疏。」啟則是下級對上級機構或主管長官之行文。表、疏、啟皆為上行公文書。本書第一卷第三篇尚書都省條：「凡下之所以達上，其制亦有六，曰：表、狀、牋、啟、牒、辭。原注曰：『表上於天子，其近臣亦為狀。牋、啟於皇太子，然於其長亦為之，非公文所施。』」書多為平行官署或同僚間往來文書。㉗醫藥　指醫藥之學。唐於貞觀時始在諸州設置此學，至開元時，又令諸州置醫學博士和助教，並規定其生員數，須定期赴州境巡療。州府要抄錄《本草》及《百一集驗方》，與經史同貯。玄宗還親制《廣濟方》，令州縣長官抄錄於大版上，至村坊要路張榜公示，授訪使派人檢查，無令脫訛。㉘陳設　指舉行祭祀和其他禮儀活動時，依照禮制陳列和張設器物，亦包括官員依制列位。《新唐書・禮樂志一》：「陳設，其別有五：有待事之次，有即事之位，有門外之位，有牲器之位，有神席之位。」㉙差使　指臨時性公事差遣，亦即上文所言假使。《舊唐書・狄仁傑傳》載，狄在并州都督府任法曹時，「有同府法曹鄭崇質，母老且病，當充使絕域。仁傑謂曰：『太夫人有危疾，而公遠使，豈可貽親萬里之憂！』乃詣長史藺仁基請代」。所言「充使絕域」，即屬差遣。一般迎來送往之差遣，例由參軍事充當，州府若有重大土木工程以及徵發兵卒、徭役和押運租調等事，則多臨時差遣合適人選以赴。㉚前資官　前資，指官員曾經任職之資歷。前資官，此處指因考滿或其他原因停官待選而留於地方之人員。差使之次序是：先州官，次縣官，不足時，再取前資官充任。㉛下州市令及縣市令　此八字南宋本、廣池本皆為正文，非原注。語譯已據以改。㉜嶽瀆祝史　唐在五嶽、四瀆皆有寺廟，設祝史以掌祭祀陳設，宣讀祭文，以及日常行署文案等事。㉝勳官五品已上　勳官，因戰功而獲勳階者。唐制勳階分一至十二轉，相等於自從七品上至正二品上。最低一轉為武騎尉，最高十二轉稱上柱國。勳官五品亦即五轉，其名為騎都尉。此處言勳官需五轉以上，才能選任州、鎮之倉督或州、縣之市令。㉞職資九品　職資即職事官之前資，參見㉚注。職官一般須任該職經兩考以上，方算成資。故職資九品者，即任九品職事官滿二年以上者，方始具備受任州、鎮倉督或州、縣市令之資格。㉟白丁　指無功名官身之平民百姓。㊱有博識高才強學待問無失俊選者為秀才　秀才是鄉貢科目之一，其科等最高。「博識高才，強學待問，無失俊選」是舉選秀才之標準。高宗時曾一度停廢秀才科。《新唐書・選舉志》：「高宗永徽二年（西元六五一年）始停秀才科。」其後復而又廢。《通典・選舉三》記其經過稱：「初，秀才科最高，試方略五條，有上上、上中、上下、中上，凡四等。貞觀中，有舉而不第者，坐其州長，由是廢絕。本注曰：「開元二十四年（西元七三六年）以後，復有此舉。其時以進士漸難，而秀才本科無帖經及雜文之限，反易於進士。主司以其科廢久，不欲收獎，應者多落之，三十年來無及第者。至天寶初，禮部侍郎韋陟始奏請，有堪此舉者，令官長特薦，其常年舉送者並停。」自是士族所趣嚮，唯明經、進士二科而已。」此處所據當是開元末年之制，故仍列有秀才科。㊲通二經已上者為明經　明經亦為鄉貢科目之一，「通二經已上」為其舉選標準。唐時規定正經有九，分大、中、小三等。《禮記》、《左傳》為大經，《毛詩》、《周禮》、《儀禮》為中經，《周易》、《尚書》、《公羊》、《穀梁》為小經。通二經者為一大一小，或二中經。此外《孝經》與《論語》須兼習。諸州貢舉明經，通三經為起點，亦有通三經、五經者。三經為大、中、小各一，通五經者，大經並通。如武則天時，有「張嘉貞，蒲州猗氏人也，弱冠應五經舉，拜平鄉尉。」（《舊唐書・張嘉貞傳》）明經考試分三場，先帖經，然後口試，每經通問大義十條，並答時務策三道。㊳明閑時務精熟一經者為進士　進士，鄉貢科目之一，「明閑時務，精熟一經」為其舉選標準。唐進士考試科目前後有異。唐初只試策一門，高宗末始加帖一小經，並試雜文。中宗復位時，帖經，並試雜文及策。開元二十五年（西元七三七年）規定須帖一大經，通四以上。雜文則試詩賦，策問須以駢文寫成，聲律嚴格，文詞華美，通篇用典，考試側重點已轉向詩賦和策問。㊴通達律令者為明法　明法，鄉貢科目之一，「通達律、令」為其舉選標準。本書第四卷第一篇禮部侍郎職掌條規定：「凡明法試律、令，取識達義理，問無疑滯者為通。原注曰：『所試律、令，凡每部試十帖。策試十條：律七條，令三條。』」㊵上州歲貢三人中州二人下州一人　唐制諸州歲貢人選，通過州縣考試擇取。其過程是：每年五月朝廷頒格於郡縣，稱舉格。內容包括本年度國子監和各地舉送至尚書省參加明經、進士試的員額和主司擬錄取的員數，以及對舉主和主試官的要求等。州縣據此進行諸項籌備事宜，並於七、八月間舉行考試。應舉者於本籍報名，先縣考，由縣尉主持，及第者舉送於府、州；府、州考由功曹或司功參軍主持，及第者即可作為本州歲貢人選，赴京前要參加鄉飲酒之禮。韓愈〈贈張童子序〉概述此過程稱：「天下之以明二經舉於禮部者，歲至三千人，始自縣考試定其可舉者，然後升於州若府，其不能中科者，不與是數焉；州若府總其屬之所升，又考試之如縣，加詳察焉，定其可舉者，然後貢於天子而升之有司，其不能中科者，不與是數焉：謂之鄉貢。有司者摠州府之所升而考試之，加察詳焉，第其可進者，以名上於天子而藏之屬之吏部，歲不及二百人：謂之出身。能在是選者，厥維艱哉！」（《韓昌黎文集》卷四）㊶鄉飲酒之禮　此禮《禮記》、《儀禮》皆專為立篇，記敘頗詳。孔穎達疏云：鄉飲酒「凡有四事：一則三年賓賢能，二則鄉大夫飲國中賢者，三則州長習射飲酒也，四則黨正蜡祭飲酒。總而言之，皆謂之鄉飲酒。」此處州縣為貢人行鄉飲酒之禮，當類似孔氏所言「一則三年賓賢能」。《周禮・地官・鄉大夫》亦云：「三年則大比，考其德行道藝而興賢者能者，鄉老及鄉大夫帥其吏與其衆寡，以禮禮賓之。」鄉飲酒禮在五禮中屬嘉禮。漢代與西晉諸州郡皆曾行鄉飲酒禮於學校。唐貞觀時復行此禮。據《通典・禮・嘉禮十八》記載，貞觀六年（西元六三二年）鑒於連年豐稔，鄉里「朋遊無度，酣宴是耽，危身敗德」，因而詔令「可先錄《鄉飲酒禮》一卷，頒於天下。每年令州縣長官，親率長幼，依禮行之，庶乎時識廉恥，人知禮節」。唐所頒行《鄉飲酒禮》，當包括上引孔穎達所言「四事」，但實施結果，似乎除貢舉時尚能略用此禮外，其餘很難推行。為此，宣州刺史裴耀卿於開元十八年（西元七三〇年）上疏，以為「州牧縣宰，所主者宣揚禮樂」，但「外州遠郡，俗習未知，徒聞禮樂之名，不知禮樂之實。竊見以《鄉飲酒禮》頒於天下，比來唯貢舉之日，略用其儀，閭里之間，未通其事。臣在州之日，率當州所管，一一與父老百姓，勸遵行禮。」鄉飲酒禮之儀式，可見於《開元禮》。以刺史或上佐為主人，賓客有賓、介、衆賓三等。經州縣考試及第之貢士，包括秀才、明經、進士以及孝悌力田，為衆賓，依年齒列位，賓主行禮如儀。故鄉貢亦稱賓貢。㊷少牢　古時祭祀用羊、豕為少牢。用三牲，即牛、羊、豕，則稱太牢。㊸州縣春秋二社及釋奠之禮　唐制諸州、縣春秋二仲月祭祀社稷。據《通典・開元禮・吉禮十三》，其禮以刺史主祭，為初獻，上佐為亞獻，錄事參軍或判司為終獻，餘官為從祭。社神以后土、句龍氏配，稷神以后稷棄配。牲用少牢。修祭壇及瘞埳二。致祭前，刺史散齋於別寢二日，致齋於廳事一日；亞獻以下參獻之官亦須齋戒三日。由功曹參軍事引刺史及諸從祭官自北階升壇，在社神神座前南向跪奠爵，由祝史先後向社神及后土氏神座宣讀祝文(略)。隨之祭稷神及后稷棄亦如是。最後就望瘞位，垍之東西各二人，填土掩埋祭品，祝文、祝版則焚於齋所。釋奠之禮，指州縣祭奠孔子之禮。《唐會要》卷三五載貞觀二十一年(西元六四七年)中書侍郎許敬宗奏文，州縣釋奠之禮「諸州刺史為初獻，上佐為亞獻，博士為終獻；縣學令為初獻，丞為亞獻，博士既無品秩，請主簿通為終獻。若缺，並依次差攝」。釋奠日為每年春、秋二仲月之上丁日，地點在州、縣孔廟，設孔子先聖神座於堂上兩楹間，東向；先師顏回配祭，其神座則設於先聖東北。牲用少牢，樂用軒縣和六佾之舞。諸祭官各服祭服，助教儒服，學生青衿服。釋奠儀式具《開元禮》，略如前祭祀社稷之禮。其祝文曰：「維某年歲次月朔日，子刺史(縣令：下仿此)。具官姓名。敢昭告於先聖孔宣父：惟夫子固天攸縱，誕降生知，經緯禮樂，闡揚文教，餘烈遺風，千載是仰。卑茲末學，依仁游藝。謹以制幣犧齊，粢盛庶品，祗奉舊章，式陳明薦，以先師顏子配。尚饗。」㊹公廨　指州署衙舍。當亦包括與公廨相關之物品管理。《唐律疏議・廄庫律》有既充公廨及用公廨物條，其疏議曰：「即充公廨，謂以官物迴充公廨，及私用公廨之物，無文記，有文記，立判案。若官物從倉庫積儲之中，出付人將市易，其市易人私用者，各準前官物應坐之罪，皆減一等坐之；稱私用者，雖貸亦同。」若公廨失火，亦將受到處罰。《唐律疏議・雜律》：「諸於官府廨院倉庫內失火者，徒二年」；「諸故燒官府廨舍及私家舍宅，若財物者，徒三年。贓滿五匹流二千里，十匹絞。」㊺度量　指度量衡器具之平校。《唐會要》卷六六太府寺條：「武德八年(西元六二五年)九月勅：諸州斗秤，經太府校之。」又：「開元九年(西元七二一年)敕格權度量衡，京諸司及諸州各給秤尺及五尺度，斗、升、合等樣，皆銅為之。關市令：諸官私斗尺秤度，每年八月，詣金部、太府寺平校。不在京者，詣所在州縣平校。並印署，然後聽用。」未經州縣平校、署印使用於市易者，將受到處罰。《唐律疏議・雜律》：諸私作斛斗秤度不平條之疏議曰：「依令斛斗秤度等，所司每年校量，印署充用。其有私家自作，致有不平而在市執用者，笞五十。因有增減贓重者，計所增減準資論」；「其在市用斛斗秤度雖平，而不經官司印者，笞四十」。又，若州縣主其事者有誤，亦須受罰：「諸校斛斗秤度不平，杖七十；監校者不覺減一等，知情與同罪。」㊻庖廚　唐代諸州皆有公廚。《文苑英華》卷八〇六〈蔡詞立虔州孔目院食堂記〉云：「京百司至于天下郡府，有曹署者，則有公廚，亦非唯食為謀，所以因食而集，評議公事者也。」公廚還被視為評議政事所在。公廚分官廚和吏廚兩個等級，其資費部份來自「食錢」，即以公廨田為本錢所放高利貸之收入。《北京圖書館藏中國歷代石刻拓本彙編》第三十冊載〈盧士瓊墓志〉：「舊事，掾曹之下，各請家僮一人食錢，助本司府史廚附食。司錄家僮或三人或四人就公堂餘食，侵擾廚吏，弊日益長。君使請家僮二人食錢，于司錄府史廚附食，家僮終不入官廚。」所言即分別以食錢之收入，供官廚、吏廚之用。㊼倉庫　州縣所設倉庫有正倉、義倉、常平倉三種，後二倉見下文，此處僅對正倉作此說明。唐州倉縣倉受納正租，故正倉亦為州縣糧倉之統稱。正倉亦受納外官職田租粟及公廨田、設宴田之地子等收入。如開元二十九年（西元七四一年）二月敕令稱：「外官職田，委所司準例，倉中受納，納畢一時分付。縣官亦準此。」（《唐會要》卷九二）其貯糧之數，《通典・兵一・序》提到天寶時期「關輔及朔方、河、隴四十餘郡，河北三十餘郡，每郡官倉粟多者百萬石，少不減五十萬石」。正倉貯糧，主要供給州縣官吏糧祿，此外外行官俸祿、驛遞運輸丁夫口糧等，亦由正倉供給，有時還需補給部份軍餉。倉糧之收納與支給皆須簽署文案，《敦煌文書・敦煌郡倉納穀牒》錄有天寶九載（西元七五〇年）九月十三日一牒，署名者為：「史李秀玉牒；倉督張〔假〕；主簿攝司倉蘇〔汪〕；司馬□□隨仙；長史姚光庭。」從中可以看到倉糧出納過程中司倉等官員各自所負職責。㊽租賦徵收　唐朝前期租賦主要是租、庸、調。每丁租二石；調絁絹二丈，綿三兩，布二丈五尺；丁役二十日，每日折庸三尺。租賦按戶起徵。唐制以百戶為里，五里為鄉，鄉里是縣以下徵收租賦的基層組織，里正所編製的戶籍、計帳，是賦稅徵收的原始依據。賦稅徵集若有違期，從里正到州、縣長官都將受到處罰。《唐律疏議・戶婚律》部內輸課稅之物違期不充者條之疏議曰：「輸課稅之物，謂租、調及庸，地租雜稅之類。物有頭數，輸有期限，而違期不充者，以十分論，一分笞四十。假有當里之內，徵百石物，十斛不充，笞四十，每十斛加一等。全違期不入者徒兩年。州、縣各以部分內數不充，科罪準此。」若遇災年，允許報災減免，亦由里正向上逐級申報。同書部內有旱澇霜雹蟲蝗為害之處條疏議曰：「其應損免者，皆主司合言。主司謂里正以上：里正需言於縣，縣申州，州申省，多者奏聞。」開元天寶以後，諸種雜稅蠭起，直接向百姓徵收賦稅人員亦成群結隊，除里正外，又有橫催、城主、城局、坊主以及堰頭、刺頭、緤頭等等，當時人譏之為「十羊九牧」（見《吐魯番文書》九〈唐某人與十郎書牘〉）。㊾田園　唐州縣田園包括職田、公廨田和公廨園以及設宴田園等。職田為朝廷配給在職官員個人，亦即祿田，內外官皆有，依職事品給。唐初武德時外官不給祿，貞觀初評為上考才給祿，貞觀十一年（西元六三七年）後，改定外官亦給祿，依本品給。由於京畿地狹，而外官散在州縣，故職田配給數，外官多於京官。開元十一年（西元七二三年）曾一度以職田侵漁百姓，依原配給數每畝給粟二升，其田則詔給逃還貧戶，至開元十八年（西元七三〇年）仍恢復舊制。公廨田，唐時內外諸司皆有，各分等差。據《通典・職官十七・俸祿》，大都督府四十頃，中都督府三十五頃，下都督府三十頃，上、中、下州分別為三十頃、二十頃、十五頃，上、中、下縣分別為十頃、八頃、六頃。佃予農民經營，州縣收取租子，以充州縣公廚常食及月料之費。州縣職田與公廨田之籍帳，有白簿、黃籍之分。《新唐書・食貨志》：「先是州縣職田、公廨田每歲六月以白簿上尚書省覆實，至十月輸送則有黃籍。」白籍用於上報，黃籍則載有土地之四至、租佃人及租額，便於向佃戶直接繳納。《冊府元龜·邦計部·俸祿門》載開元十九年（西元七三一年）四月敕：「天下諸州縣并府鎮戍官等職田四至頃畝造帳申省，仍依原租價對定，六斗以下者依舊定，以上者不得過六斗。」公廨園、設宴田園，除少量租佃外，大多由官府直接經營，徵發百姓雜徭以耕作，其收穫物則用以為公廨常食料。㊿市肆　謂市中商肆，此處則指對其管理。唐代有關市肆之制，包括商肆建標立候、商品標價陳列，以及賣買不和、偽濫短缺諸禁，詳本書第二十卷第一篇太府寺兩京諸市署令職掌條。違反者將受到處罰。如《唐律疏議·雜律》有「若參市而規自入者」條，其疏議曰：「參市，謂負販之徒共相表裡，參合貴賤，惑亂外人。故注云：謂人有所賣買，在旁高下其價，以相惑亂，而規賣買之利入己者，並杖八十；已得利物，計贓重於八十者，計利準盜論，謂得三匹一尺以上，合杖九十，是名贓重。其贓既準盜科，即合徵還本主。」又有「諸造器用之物及絹布之屬，有行濫短狹而賣者」條，其疏議稱：「凡造器用之物，謂供公私用，及絹布綾綺之屬。行濫，謂器用之物不牢不真；短狹，謂絹匹不充四十尺，布端不滿五十尺，幅闊不充一尺八寸之屬，而賣各杖六十。故《禮》云：物勒工名，以考其誠，功有不當，必行其罪。其行濫之物沒官，短狹之物還主。」51每歲據青苗徵稅畝別二升以為義倉　義倉，為備荒賑恤而設之糧倉。漢時設常平倉，已兼有備荒賑恤之義，至隋始設義倉。《隋書·長孫平傳》：「奏令民間每秋家出粟麥一石已下，貧富差等，儲之里巷，以備凶年，名曰義倉。」唐代義倉始建於貞觀二年（西元六二八年）。據《唐會要》卷八八載錄，初由尚書左丞戴冑上言，鑒於「喪亂之後，戶口凋殘，每歲納租，未實倉廩，隨時出給，纔供常年，若有凶災，將何賑恤」？因而建議「自王公已下，爰及眾庶，計所墾田，稼穡頃畝，每至秋熟，準其見苗，以理勸課，盡令出粟，麥稻之鄉，亦同此稅，各納所在，立為義倉，若年穀不登，百姓飢饉，當所州縣，隨便取給，則有無均平，常免匱竭」。太宗以為可，由戶部議立條制。戶部尚書韓仲良據此奏議：「王公已下，墾田畝納二升，其粟麥粳稻之屬，各依土地儲之州縣，以備凶年。制可之，令窖苫宜以葛蔓為之」。畝納二升，這便是義倉稅；因按地起徵，故亦稱地稅、地子。高宗時曾一度改為按戶徵稅，如同書載永徽二年（西元六五一年）閏九月六日敕令稱：「義倉據地收稅，實是勞煩，宜令率戶出粟，上下戶五石，餘各有差。」但實行不久，又恢復按地起徵舊制。青苗，指《青苗簿》，為州、縣徵收義倉糧之依據。本書第三卷第五篇倉部郎中職掌條載：「凡王公已下，每年戶別據已受田及備荒等，具所種苗頃畝，造《青苗簿》。」《青苗簿》由戶曹編製，倉曹則據簿徵收。義倉糧雖亦貯於正倉，但單獨立帳，專用於賑恤。唯高宗永徽後，義倉稅演變成為國稅，義倉糧常被移作他用，以致至神龍時，「天下義倉費用向盡」（《舊唐書·食貨志》）。玄宗時期，此種情況仍無大改變。開元四年（西元七一六年）五月二十一日詔云：「州縣義倉，本備飢賑給，近年以來，每三年一度，以百姓義倉糙米，遠送京納，仍勒百姓私出腳錢。自今以後，更不得以義倉變造。」（《唐會要》卷八八）實際上此後變造義倉之勢卻是愈演愈烈。據統計，天寶末期，度支每年所掌握二千五百萬石稅粟，其中有四百萬石為江淮回造米轉輸入京，幾乎全是江南義倉貯糧。(52)將為賑貸先申尚書待報然後分給　此言賑貸之權歸朝廷，州縣須申報尚書省等待回覆後，才可分給賑糧。據《冊府元龜・帝王・惠民》記載，唐自太宗至文宗，以義倉賑貸共有一百零六次，賑貸區域主要在河南、河北、京畿、江南、淮南諸道。據《唐會要》卷八八載錄，賑與貸皆有定額：賑，每人量給米一石，若當戶人多，亦不得過五石；貸，三口以下給米一石，六口以下給米二石，七口以下給米三石。如給粟，準米計折。賑貸之申報程序，按開元二十九年（西元七四一年）敕令規定是：「令州縣長官與採訪使勘會，量事給訖奏聞，朕當重遣使臣宣尉按覆。」（《冊府元龜・邦計部・常平》）(53)歲豐則出錢加時價而糴之不熟則出粟減時價而糶之謂之常平倉　常平倉，始設於漢宣帝五鳳四年（西元前五十四年），用以調節糧價，備荒賑恤。後世亦或有所置。唐貞觀十三年（西元六三九年），詔於主要產糧區洛、相、幽、徐、齊、并、秦、蒲八州各置常平倉。永徽六年（西元六五五年），雨澇道塞，京師糧價騰貴，又於長安兩市置常平倉糶粟，以平抑糧價。開元二年（西元七一四年）因年豐穀賤，敕令諸州置常平倉，「加時價三兩錢糴，不得抑斂，仍交相付領，勿許懸久；蠶麥時熟，穀米必貴，即令減價出糶，豆等堪貯者熟，亦宜準此，以時出入，務在利人。其常平所需錢物，宜令所司支料奏聞」。至開元七年（西元七一九年）六月又敕：「關內隴右、河南、河北五道及荊、揚、襄、夔、綿、益、彭、蜀、漢、劍、茂等州，並置常平倉。其本上州三千貫，中州二千貫，下州一千貫。每糴具本利與正倉帳同申」（《唐會要》卷八八）。至此，全國除江南、嶺南、淮南、劍南因地下水位高不堪貯積外，其餘各州已皆設置常平倉。常平倉由道、州兩級管理，而倉之設置一直延伸至縣。常平倉之本利，諸州須每歲申報於尚書省。據《通典・食貨・常平義倉》記載，天寶八載（西元七四九年）全國常平倉貯糧為四百六十萬二千二百二十石，每州平均萬餘石。唐時詔令雖多次規定糴糶事須兩和，但強賣強買事還是時有發生。往往外有利民之名，內則常侵刻百姓。(54)戶籍計帳　唐制，戶籍三年一造，計帳每歲一造。《舊唐書・食貨志》：「男女始生者為黃，四歲為小，十六為中，二十一為丁，六十為老。每歲一造計帳，三年一造戶籍。」本書第三卷第二篇戶部郎中職掌條正文及原注對此記述頗詳。戶籍和計帳的基礎是手實，即每戶所具丁口、年歲、田宅的原記錄。手實的正確與否，不僅關係到戶籍與計帳，亦將影響戶部對來年支度國用計劃的編製。故唐代規定縣令須親自當面覆核手實，稱團貌或貌定。重點是「五九」，即十九、四十九、五十九、七十九、八十九。因為這些年齡分別是即將進入成丁或不同老年階段的界限，過此界限即須徵發或免除課役以至給予優待，更不可有誤。戶籍的編製，始於該年正月上旬，由縣司赴州彙綜手實依式勘造，每戶一張，每鄉一卷，一式三份：送戶部一份，州、縣各留一份。計帳的編製亦始於春季，彙綜手實，算出縣、州戶口及公課總數，並編纂成冊，秋冬由朝集使或計帳使遞送至京，上報尚書省戶部，戶部度支司從而推算出來年全國租調總收入，並據以編製支度國用計劃。㊺道路 包括交通管理和道路的維修保養。唐時曾多次為此頒佈敕令。如代宗廣德元年（西元七六三年）八月敕：「如聞諸軍及諸府，皆於道路開鑿營種，衢路隘窄，行李有妨，苟徇所資，頗乖法理，宜令諸道諸使及州府長史，即差官巡檢，各依舊路，不得輒有耕種，並所在橋路，亦令隨要修葺。」又如大曆八年（西元七七三年）七月敕：「諸道路不得令有耕種及斫伐樹木，其有官處，勾當填補。」（均見《唐會要》卷八六）刑律對交通事故的處理亦有規定。《唐律疏議・雜律》：「諸於城內街巷及人眾中，無故走車馬者，笞五十，以故殺傷人者，減鬥殺傷一等。」疏議曰：「有人於城內街衢巷術之所，若人眾之中，眾謂三人以上。無要速事故走車馬者，笞五十。以走車馬唐突殺傷人者，減鬥殺傷一等。」又，「若有公私要速而走者不坐，以故殺傷人者，以過失論。其因驚駭而不可禁止而殺傷人者，減過失二等。」㊻逆旅 即旅店。逆猶迎。迎止賓客之處。旅店多近官驛，且出入往來旅人眾多，故受所在州、縣戶曹或司戶參軍管轄。《舊唐書・馬周傳》記馬周「宿於新豐逆旅」，主人不識而「攸然獨酌」，後引為典故。白居易詩云：「惆悵新豐店，何人識馬周？」㊼田疇 猶田地。《禮記・月令》季夏之月「可以糞田疇」句孫希旦集解：「蔡云：『穀田曰田，麻田曰疇。』吳氏澄曰：『田疇，謂耕熟而其田有疆界者。』」此處指對州、縣所轄土地之管理。唐行均田制。據《舊唐書・食貨志》載，武德七年（西元六二四年）令：丁男、中男給田一頃，篤疾、廢疾給田四十畝，寡妻、妾三十畝。所授之田十分之二為世業，八為口分；永業田每畝須植桑五十棵，榆、棗各十棵。百姓皆給園宅地：良口三人以下一畝，三口加一畝；賤口五人一畝，五口加一畝，均不入永業，限為口分，若在京城及州縣郭下則不受此限。每年自十月起，據上述規定數額實施土地還授，至十二月內完畢。但實際上只有寬鄉（田多人少）才授足，狹鄉（田少人多）授田僅為一種名義，不可能足額。故每戶實際擁有田畝數，須以由戶曹或司戶參軍依據每戶種植青苗面積編製的《青苗簿》為準。又，可耕地的擴展直接關係到賦稅的徵收，故唐時對墾荒實施獎勵政策，規定州、縣開墾荒地數達到已有永業、口分田十分之二者，官員可進考一等。反之，若已有田疇出現荒蕪，將受到懲罰。《唐律疏議・戶婚律》規定：「諸部內田疇荒蕪者，以十分論，一分笞三十，一分加一等，罪止徒一年。戶主犯者，亦計所荒蕪五分論：一分笞三十，一分加一等。」疏議曰：「部內謂州縣及里正所管。田疇者，言田之疇類，或云疇地畔也。不耕謂之荒，不鋤謂之蕪。若部內總計準口授田，十分之中，一分荒蕪者，笞三十。假若管田百頃，十頃荒蕪笞三十。一分加一等，謂十頃加一等，九十頃荒蕪者，罪止徒一年。州縣各以長官為首，佐職為從；縣以令為首，丞、尉為從；州即刺史為首，長史、司馬、司戶為從。」㊽六畜指馬、牛、羊、豬、狗、雞。唐制，依據貨財多少定戶為九等。六畜特別是牛的頭數，亦是確定戶等的重要依據。《舊唐書・食貨志》有開元二十二年（西元七三四年）五月敕：「定戶口之時，百姓非商戶，郭外居宅及每丁一牛，不得將入貨財數。」現存敦煌唐代戶籍簿上財貨的登錄中，有「車畜」一項，其中畜之數主要為牛。

59 過所　猶今之通行證，旅人持以出入關津。《舊唐書・職官志》：「凡度關者，先經本部本司請過所，在京者則省給之，在外則州給之。而雖非所部，有來文者，所在亦給。」《新唐書・百官志》：「天下關二十有六，有上、中、下之差，度者本司給過所，出塞踰月者，給行牒，獵手所過，給長籍，三月一易。蕃客往來，閱其裝重，入一關者，餘關不譏。」過所須先由本人提出申請，若是私客，還須開列隨行奴婢或所攜帶牲畜、器物，獲准後所發給的過所上亦有此說明；凡過所未列具的器物，駐軍守捉將予以勒留。過所並非人人可以請領，如當役番期和罪譴之人，均不得度關。《唐律疏議・衛禁律》規定：「諸不應度關而給過所，若冒名請過所而度者，各徒一年。」疏議曰：「不應度關者，謂有征役番期及罪譴之類，皆不合輒給過所，而官司輒給。及身不合度關而取過所者，若冒他人名請過所而度者，合徒一年」；「若家人相冒，杖八十；主司及關司知情，各與同罪，不知情者不坐」。唐代過所實物已有出土，王仲舉有〈吐魯番出土的幾件唐代過所〉一文，介紹頗詳。

60 蠲符　指蠲免賦役租調之符文。蠲符由州府發給。現任官免課役，亦須以蠲符為憑。如《通典・食貨・賦稅下》稱：「諸任官應免課役者，皆待蠲符至，然後注免。符雖未至，驗告身，灼然實者，亦免。」據同書，唐代除諸宗親即使不任官亦「不在徭役之限」外，可免課役者，尚有「諸人居狹鄉樂遷就寬鄉者，去本居千里之外復三年，五百里以外復二年，三百里外復一年。一遷之後，不得更移。諸沒落外蕃得還者，一年以上復三年，二年以上復四年，三年以上復五年。外蕃之人投化者復十年。諸部曲、奴婢放附戶貫復三年。諸孝子、順孫、義夫、節婦志行聞於鄉閭者，申尚書省奏聞，同籍悉免課役」。諸工匠歲役滿期而「須留用者，滿十五日免調，三十日租調俱免」。又，「龍朔三年（西元六六三年）秋七月制：衛士八等以下，每年五十八放令出軍，仍免庸調」。此外，若遇「水旱蟲霜為災，十分損四分以上免租，損六以上免租調，損七以上課役俱免」。

61 凡男女婚姻之合必辨其族姓以舉其違　唐在婚姻姓氏關係上有諸多禁令，如禁止同姓為婚、尊卑為婚等，故須由戶曹辨明男女雙方各自族姓。同姓不婚，當始於周。《魏書・高祖紀》：「夏殷不嫌一姓之婚，周制始絕同姓之娶。」王國維亦謂「同姓不婚之制實自周始」（《觀堂集林・殷周制度論》）。其時同族同姓血緣甚近，故此制有一定合理性。如《左傳・僖公二十三年》即指出：「男女同姓，其生不蕃。」唐對同姓為婚者有處罰規定。《唐律疏議・戶婚律》：「諸同姓為婚者，各徒二年；緦麻以上，以姦論。」唐允許納妾，但亦禁同姓者：「買妾不知其姓，則卜之，取決蓍龜。本防同姓，同姓之人，即嘗同祖，為妻為妾，亂法不殊。《戶令》云：娶妾仍立婚契，即驗妻妾，俱名為婚，依準《禮令》，得罪無別。」如外姻有服屬而尊卑共為婚姻者，亦為非法。疏議曰：「外姻有服屬者，謂外祖父母舅姑妻之父母此等若作婚姻，是名尊卑共為婚姻。及娶同母異父姊妹，若妻前夫之女者。注云：謂妻所生者，前夫之女，後夫娶之；如非其妻所生，自從本法，餘條稱前夫之女者，準此。據《雜律》姦前夫之女，亦據妻所生者，故云亦準此。各以姦論。其外姻，雖有服，非尊卑者為婚不禁。」又規定：「其父母之姑舅兩姨姊妹，及姨若堂姨，母之姑若堂姑，己之堂姨及再從堂姨、堂外甥母，女婿姊妹並不得為婚姻。違者各杖一百，並離之。」除了姓氏的禁忌之外，唐代還禁止娶逃亡婦女為妻妾，以及諸監臨之官娶所監臨女為妾等。如開元二十二年（西元七三四年）二月敕：「諸州縣官人在任之日，不得共部下百姓交婚，違者雖會赦，仍離之。其州上佐以及縣令，于所統屬官，同其定婚在前，居官在後，及三輔內官，門閥相當情願者，不在禁限。」（《唐會要》卷八三）此外，諸工樂雜戶、官戶、公私奴婢等賤民，皆當色為婚，禁止與良人婚配，已婚者皆離之，對其所生男女則作出分別處理。仁井田陞《唐令拾遺》載開元二十五年（西元七三七年）令：「諸奴婢詐稱良人，而與良人及部曲客女為夫妻者，所生男女，不知情者並從良，及部曲客女知情者從賤；即部曲客女詐稱良人，而與良人為夫妻者，所生男女亦從良，知情者從部曲客女。皆離之。其良人及部曲客女，被詐為夫妻，所生男女，經一載以上不理者，後雖稱不知情，各同知情法。」[62]凡井田利害之宜必止其爭訟以從其順　指土地還授中若發生糾紛，戶曹須作出合理處理，平息其爭訟。《唐令拾遺》載有處理田地糾紛若干規定，如「諸受田，先課役，後不課役；先無後少；先貧後富。其退田戶內，有合進受者，雖不課役，先聽自取，有餘收授」。又如「諸田，為水侵射，不依舊流，新出之地，先給被侵之家，若別縣界新出，依收授法，其兩岸異管，從正流為斷，若合隔越受田者，不取此令。」再如「其借而不耕，經二年者，任有力者借之，即不自加功，轉分與人者，其地即迴借見佃之人；若佃人雖經熟訖，三年之外不能種耕，依式追收，改給也」。還有「諸競田，判得已耕種者，後雖改判，苗入種人；耕而未種者，酬其功力；未經斷決，強耕種者，苗從地判」等。[63]凡官人不得於部內請射田地及造碾磑與人爭利　言官員不得謀求在其管轄區域內授田及建造碾米設施。射，逐取；謀求。碾磑，設置於河渠緣邊以水力推動之碾磨。唐制，官人得授永業田。《冊府元龜．邦計部．田制》：開元二十五年（西元七三七年）制：「其永業田親王百頃，職事官一品六十頃，郡王及職事官從一品各五十頃，國公若職事官正二品各四十頃，郡公若職事官從二品各三十五頃，縣公若職事官正三品各二十五頃，郡侯若職事官從三品各二十頃，縣侯若職事官從四品各十頃，子若職事官從五品各五頃。上柱國三十頃，柱國二十五頃，上護軍二十頃，護軍十五頃，上輕車都尉十頃，輕車都尉七頃，上騎都尉六頃，騎都尉四頃，驍騎尉、飛騎尉各八十畝，雲騎尉、武騎尉各六十畝。其散官五品以上同職事給，兼有官爵及勳具應給，唯從多不並給。」又規定：「所給五品以上永業田，皆不得狹鄉（田少人多）受，任於寬鄉（田多人少）隔越射無主荒地充。其六品以下永業即聽本鄉取，還公田充，願於寬鄉取者亦聽。」官員若利用職權侵奪民田，將受到懲罰。《唐律疏議・戶婚律》規定：「諸在官侵奪私田者，一畝以下杖六十，三畝加一等。」疏議曰：「律稱在官，即是居官挾勢，侵奪百姓私田者，一畝以下杖六十。」關於不得在管轄範圍內建造碾磑，本書第七卷第四篇水部郎中職掌條規定：「凡水有灌溉者，碾磑不得與爭其利。原注曰：『自季夏及于仲春，皆閉斗門，有餘乃得聽用之。』」《唐會要》卷八九載：「開元九年（西元七二一年）正月，京兆少尹李元紘奏，疏三輔諸渠，王公之家，緣渠立碾，以害水功，一切毀之，百姓大獲其利。」

(64)兵甲器仗　唐制，諸折衝府府兵在地方者，亦受州府管轄。檢點衛士時，由州刺史與折衝府都尉一起勘契乃發。若是臨時募行的征士，則由州縣直接徵發。衛士之武器裝備，有的需自備，如隨身七事及火幕行具等細小之物；有的由官給，如甲冑、戎具等皆藏於州縣武器庫。弓、箭、刀、盾和短矛允許兵士持有，旌旗幡幟及儀仗等則不得持有，私藏甲弩者要處以重刑。州縣擁有之甲仗，由兵部之庫部司撥給。本書第五卷第四篇庫部郎中職掌條稱：「諸軍州之甲仗，皆辨其出入之數，量其繕造之功，以分給焉。」州縣武庫及兵器甲仗由兵曹或司兵參軍掌管。

(65)門戶管鑰　此項職掌包括監管城門、武庫等門戶和鎖鑰，以及啟閉時間與相關制度。《唐律疏議・衛禁律》規定：「州鎮關戍城武庫等門應閉忘誤不下鍵，若應開毀管鍵而開者，各杖八十。」疏議曰：「州鎮關戍城武庫各有禁，門應閉須下鍵，其忘誤不下鍵，若應開毀管鍵而開者，各得杖八十。」又，「錯下鍵及不由鑰而開者，杖六十。」又，「若擅開閉者，各加越罪二等，即城市無故開閉者，與越罪同。未得開閉者，各減已開閉一等。」疏議曰：「『擅』，謂非時而開閉者。州及鎮、戍、武庫門，而有非時擅開閉者，加越罪二等，處徒二年。縣城已下擅開閉者，並加越罪二等。城市無故開閉者，謂州縣鎮戍等長官主執鑰者，不依法式開閉，與越罪同。其坊正市令，非時開閉坊市門者，亦同城主之法。州縣鎮戍城門各徒一年，自縣城以下，悉與越罪同。既云城主無故開閉，即是有故許開，若有警急驛使及制敕，事速非時至州縣者，城主驗實亦得依法為開。」

(66)烽候傳驛　分別為古代邊防報警和公文書傳遞的兩個系統。烽候，亦稱烽堠、烽堡、烽臺。周時當已設有烽候，如《史記・周本紀》便有周幽王為引褒姒笑而令「數舉烽火」之記載。《通典・兵五》：「烽臺，於高山四顧險絕處置之。無山亦於孤迥平地置。下築羊馬城，高下任便，常以三五為準：臺高五丈，下闊三丈，上闊一丈。」本書第五卷第二篇職方郎中職掌條正文及原注亦有記述。唐時全國有烽候一千三百八十餘所，大抵自邊緣至京邑，每隔三十里置一烽候，上置桔皋，其端有兜零，塞以薪草，有寇即燃火，舉以相告，稱為烽。又多積薪，寇至即燔之，以升烟告警，稱為燧。晝乃燔燧，夜則舉烽。其放烽有一炬、二炬、三炬、四炬之別，隨來寇之多少而為差。每烽，置帥一人，副一人。《唐律疏議．衛禁律》規定：「諸烽候不警，令寇賊犯邊，及應舉烽燧而不舉，應放多烽而放少烽者，各徒三年。」疏議曰：「烽候，謂從邊緣置烽，連於京邑，烽燧相應，以備非常，放烽多少，具在別式。候望不舉，是名不警。若令番寇犯塞，外賊入邊，及應舉烽燧而不舉，應放多烽而放少烽者，各徒三年。」又，「若放烽已訖，而前烽不舉，不即往告者，罪亦如之，以故陷敗戶口軍人城戍者絞。」又，「即不應舉烽燧而舉，若應放少烽而放多烽，及遶烽二里內輒放烟火者，各徒一年。」傳驛，為傳遞文書及官員往來而設，此制亦由來已久。如《孟子．公孫丑上》即有「孔子曰：『德之流行，速於置郵而傳命』」之句。步遞稱郵，馬遞稱驛。據本書第五卷第二篇職方郎中職掌條記載，唐時凡三十里一驛站，全國共有驛站一千六百三十九所，其中有水驛二百六十所為唐始置。每驛設驛長一人。馬由官給。京師附近驛站有馬七十五匹，其餘地區依其忙閑確定配置馬匹多少。每三匹馬給一丁。水驛則量事之閑要配置船隻，每船一給丁三人。凡需乘驛者，須申請給卷或符，在京師由門下給，在外則由州、軍給。《唐律疏議．職制律》對傳驛有諸多規定，如關於給符或卷：「依令，給驛者給銅龍傳符，無船符處為紙卷，量事緩急，注驛數於符契上，據此驛數以為行程，稽此程者，一日杖八十，二日加一等，罪止徒二年。」關於給驛馬與驛子：「依公式令，給驛職事三品以上，若王四匹，四品及國公以上三匹，五品及爵三品以上二匹，散官、前官各遞減職事官一品，餘官爵及無品人各一匹，皆數外別給驛子。此外須將典吏者，皆臨時量給。此是令文本數，數外剩取，是日增乘，一匹徒一年，一匹加一等。應乘驛驢而乘驛馬者，又準駕部式，六品以下，前官、散官、衛官，省使、差使急速者給馬，使迴及餘使並給驢。」此外對乘驛馬枉道及齎私物者，亦有處罰規定。關於傳遞公文書：「依公式令，在京諸司有事須乘驛及諸州有急速大事，皆合遣驛，而所司乃不遣驛，非應遣驛而所司乃遣驛，若違者各杖一百。又依儀制令，皇帝踐祚及加元服，皇太后加號，皇太子立及赦，元日，刺史若京官五品以上在外者，並奉表疏賀，州遣使，餘附表，此即應遣使而不遣者，亦合杖一百。」「諸驛使受書，不依題署，誤詣他所者，隨所稽留，以行書稽程論減二等；若由題署者誤，坐其題署者。」

(67)尾　南宋本及廣池本作「附」。

(68)長垛馬槍翹關擎重　皆為武舉考試科目名。武舉始於武則天稱帝時，其制與明經、進士之法略同。《通典．選舉三》：「長安二年（西元七〇二年），教人習武藝，其後每歲如明經、進士之法，行鄉飲酒禮，送於兵部。本注曰：『開元十九年（西元七三一年），詔武貢人與明經、進士同行鄉飲酒禮。』又，『天寶六載（西元七四七年）正月制：文武之道，既惟並用，宗敬之儀，不可獨闕。其鄉貢武舉人上省，先令謁太公廟，每拜大將及行師克捷，亦宜告廟。』」長垛，試射。其法是：畫帛為五規，置之於垛。其內規廣六尺，橛廣六尺；餘四規每規內兩邊各廣三尺，懸高以三十尺為限。弓用一石力，箭重六錢。去規百有五步，令列坐引射。馬槍，試槍。其法是：斷木為四偶人，互列埒上。其木偶上版方三寸五分。槍長一丈八尺，徑一寸五分，重八斤。令馳馬入埒，運槍左右觸，必版落而不踣、偎好不失者為上。翹關，即舉重。所以稱翹關，因《列子》記有「孔子之勁，能拓國門之關，而不肯以力聞」；拓一作招，而招可與翹通。其法，《新唐書・選舉上》稱：「翹關，長丈七尺，徑三寸半，凡十舉後，手持關距，出處無過一尺。」擎重，當即負重。《新唐書・選舉三》皆無「擎重」而有「負重」。其法是負米五斛，行二十步，即為中第。又，本書第五卷第一篇兵部郎中職掌條記武舉試為七科，即長垛、騎射、馬槍、步射、材貌、言語、舉重。[69]掌律令格式　指法曹、司法參軍斷案時，必須依照律、令、格、式諸項相關規定。律、令、格、式，唐代四種法律文書形式。本書第六卷第一篇刑部郎中職掌條：「凡文法之名有四：一曰律，二曰令，三曰格，四曰式。」四種法律形式各有不同作用。《新唐書・刑法志》稱：「令者，尊卑貴賤之等數，國家之制度也；格者，百官有司之所常行之事也；式者，其所常守之法也。凡邦國之政，必從事於此三者。其有所違及令為惡而入於罪戾者，一斷以律。」《唐令》有二十七篇，多為國家制度方面法規，包括各級官署和文武百官的設置和官員選任、品秩、考課、致仕等方面制度，以及上行下達諸類公文格式的規定。《唐格》有二十四篇，多為皇帝隨時頒發的調整或補充現行法律的敕令，經整理批准後再公布就轉化為具有一般法律效力的格。格的作用在於既保證律、令、式的相對穩定，又使法律在整體上能隨時事之變易而變易。《唐式》有三十三篇，屬行政法規，是對政務活動中有關事物的規格和程限作出規定。《唐律》有十二篇，五百餘條，為正刑定罪之根據。凡違反令、格、式以及行為構成犯罪者，皆依律斷處。法曹和司法參軍斷案時，必須完整地引用相關法律適用條文，違者亦將受到懲罰。《唐律疏議・斷獄律》規定：判文「皆須具引律、令、格、式正文，違者笞三十。若數事共條，止引所犯罪者聽」。[70]鞫獄定刑　審理獄案，量刑定罪。鞫，審訊。中國古代地方州縣長期實行政法合一制，唐亦如此。州刺史即為主審長官，法曹或司法參軍則為判官，其審理範圍，限於本州發生案件。如本書第六卷第二篇刑部員外郎職掌條規定：「凡有犯罪者，皆從所發州縣推而斷之。」諸案之決斷，又以刑罰之輕重劃分不同權限。一般是杖笞刑縣可處斷，徒刑須報州決，流刑以上報尚書省刑部審決，而凡死刑判決，又須送大理寺覆核後，再呈皇帝裁定。[71]督捕盜賊　唐制，州縣司法機構接到有關劫盜、偷竊、謀殺等報案後，被告者即列為追捕對象。法律規定：「諸有盜賊及被傷害者，即告隨近官司，村、坊、屯、驛聞告之處，率隨近軍人及夫，從發處追捕。」（《唐令拾遺・捕亡令》）案發後，官司若不立即檢驗和追捕，將受到懲處。《唐律疏議・鬥訟律》：「諸強盜及殺人賊發，被害之家及同伍即告其主司。若家人同伍單弱，比伍為告。當告不告，一日杖六十，主司不即言上，一日杖八十，三日杖一百。官司不即檢校捕逐，及有所推避者，一日徒一年，竊盜各減二等。」主司指坊正、村正、里正等；官司指州、縣、鎮、戍。官司若追捕不力，亦將受罰。《唐律疏議

・捕亡律》：「諸罪人逃亡，將吏已受使追捕而不行及逗留，雖行與亡者相遇，人杖足敵，不鬥而退者，各減罪人罪一等，鬥而退者減二等；人杖不敵，不鬥而退者減三等，鬥而退者不坐。」疏議曰：「依捕亡令，囚及征人、防人、流人、移鄉人逃亡，及欲入寇賊，若有賊盜及被殺傷，並須追捕。其罪人逃亡，謂犯罪事發而亡，囚與未囚並是。將吏已受使追捕者，謂見任武官為將，文官為吏，已受使追捕罪人而不行及逗留，謂故作迴避逗留及詐為疾患不去之類。」又，「即非將吏，臨時差遣者，各減將吏一等。三十日內能自捕得罪人，獲半以上；雖不得半，但所獲者最重，皆除其罪。」疏議曰：「即非將吏，謂非見任文武官，即停家職資及勳官之類，臨時州縣差遣，領人追捕者，各減將吏罪一等；雖非將吏，奉敕差行者，亦同將吏之法，不在減一等之限。三十日內自捕得罪人獲半以上，謂十人逃亡，獲得五、六者，雖不得半，但所獲最重者，假有流徒死囚一時逃走，捕得死罪一人，雖不得徒流九人，仍除其罪，雖是一人捕得，眾共失囚之人，並同免法。」

[72]糾逖姦非 糾察和清除作姦為非。《左傳・僖公二十八年》有「糾逖王慝」句，孔穎達正義曰：「逖，遠，釋詁文。糾者，繩治之名。有惡於王者，敢繩治之，而使遠於王也。」

[73]赦從重而罰從輕 此言法曹、司法參軍斷案量刑時應遵守之原則。赦免從重，刑罰從輕，目的是使人知所規避而從善改惡，即所謂「法不在嚴，貴於知禁」。《唐律疏議・斷獄律》對此有諸多規定。如「諸赦前斷罪不當者，若處輕為重，宜改從輕，處重為輕，即依輕法。」疏議曰：「處斷刑名，或有出入，不當本罪，其事又在恩前，恐判官執非不移，故明輕坐之法，故《令》云：犯罪若斷決逢格改者，格重聽依犯時，格輕，聽從輕法。即總全無罪，亦名輕法。其處重為輕，即依輕法。假令犯十惡，非常赦所不免者，當時斷為輕罪，及全放，並依赦前斷定。」又，「其常赦所不免者，依常律。」疏議曰：「常赦所不免者，赦書云：罪無輕重，皆赦除之。不言常赦所不免者，亦不在免限。故云依常律，即犯惡逆，仍處死。」「即赦書定罪名合從輕者，又不得引律比附入重，違者各以故失論。」疏議曰：「赦書定罪名，合從輕者，假如貞觀九年（西元六三五年）三月十六日赦，大辟罪以下並免，其常赦所不免，十惡、妖言惑眾、謀叛以上道等並不在赦例。據赦，十惡之罪，赦書不免，謀叛即當十惡。未上道者，赦特從原。叛罪雖重，赦書定罪名，合從輕，不得引律科斷。若比附入重，違者以故失論。」同時又強調赦不可濫。貞觀二年（西元六二八年）唐太宗曾謂侍臣曰：「天下愚人，好犯憲章，凡赦宥之恩，唯及不軌之輩。古語曰：『小人之幸，君子之不幸』；『一歲再赦，好人喑啞』。凡養稂莠者傷禾稼，惠姦宄者賊良人。昔文王作罰，刑茲無赦。又蜀先主嘗謂諸葛亮曰：『吾周旋陳元方、鄭康成間，每見啟告理亂之道備矣，曾不語赦也。』夫小人者，大人之賊，故朕有天下已來，不甚放赦。今四海安靜，禮義興行，非常之恩，施不可數，將恐愚人，常冀僥倖，唯欲犯法，不能改過。」《舊唐書・太宗本紀》

[74]津梁舟車舍宅百工眾藝之事 津梁，泛指河津上所

架設之木橋、石橋及竹索浮橋等。本書第七卷第四篇水部郎中職掌條稱：唐全國「巨梁十有一，皆國工修之。其餘皆所管州縣隨時營葺。」十一巨梁皆設於京師與東都。州縣所管津梁提到的有宣、洪二州各大索二十餘條，常州小索一千二百餘條等。舟車，指河津渡船和水驛所用船舶，以及州縣備運所需之牛車，皆由士曹置備、營造和維修。舍宅，指州縣衙舍之營造和維修。百工，指州縣所需器物之營造。❼❺啟塞必從其時役使不奪其力　此言士曹、司士參軍職掌中須遵守的兩項原則。執行有關開放、禁止之令，必須依照四時運行之節，役使百姓不得侵奪農田勞力。❼❻通山澤之利　山澤之利，包括林木之砍伐，藥材之採集，魚蝦和禽獸之漁捕，以及銅鐵之開採與冶鑄等。銅鐵事詳下注。關於伐木，《吐魯番出土文書》八、九載有〈唐西州北館坊采車材文書〉提到西州令高昌縣之北館採伐車材木，貯於赤亭坊；〈唐天山縣長運坊狀〉提到長運坊此次共採斫木材十車，以供車坊造車。這些採伐和運輸多屬官營，而所需勞動力則役使當地百姓，故須注意不奪農田之力的問題。又，唐時山澤採伐漁捕皆有時令限制。本書第七卷第三篇虞部郎中職掌條規定：「凡採捕、畋獵，必以其時。冬春之交，水蟲孕育，捕魚之器，不施川澤；春夏之交，陸禽孕育，餧獸之藥，不入原野；夏苗之盛，不得蹂藉；秋實之登，不得焚燎。」《唐律》之〈雜律〉規定非時焚燒田野者，笞五十；〈賊盜律〉規定諸山野草木藥石之類若已刈伐積聚而輒取者，各以盜論，即計贓依盜法科罪。❼❼州界內有出銅鐵處官未採者聽百姓私採者鑄得銅及白蠟官為市取　據南宋本，句中第二「者」字當作「若」，「蠟」應為「鑞」。唐銅、鐵等礦冶官營，亦允許民採。少府寺下有諸冶監，較集中的銅鐵產地設冶監，掌鎔鑄銅鐵之事。唐各地諸冶監之數，史著記載不詳。《新唐書・食貨志》稱「凡銀、銅、鐵、錫之一百六十八」，但又與其下諸州所列數之總和不符，恐有誤。官府未採者，指尚未設置冶監之地，允許百姓私採。在已設冶監之所，若有百姓因便開採，亦允許，但須納稅。本書第二十二卷第一篇少府監掌冶署令職掌條載：「凡天下諸州出銅鐵之所，聽人私採，官收其稅。」《太平寰宇記》卷一〇七饒州德興縣條：「（高宗）總章二年（西元六六九年），邑人鄧遠上列取銀之利。上元二年（西元六七五年），因置監場，令百姓任便采取，官私什二稅之。」其後設置冶監地區逐漸擴大，開元初，又「賦晉山之鐵」（《文苑英華》卷九二三載〈安州刺史杜鵬舉神道碑〉）；「開元十五年（西元七二七年），初稅伊陽五重山銀錫」（《新唐書・食貨志》）。白鑞，錫與鉛之合金。銅與白鑞皆為鑄錢原料，唐諸朝多短缺，故百姓若私採，官府予以收購，以供諸冶監鑄錢。唐鑄錢其銅、鑞、錫之比天寶中規定為百比十七點四比二點三。❼❽其四邊無問公私不得置鐵冶及採銅　四邊，指唐帝國四周邊陲之地。古代邊陲常多爭戰，而鐵、銅又是當時製作兵器基本材料，故有此禁。本書第二十二卷第一篇少府監掌冶署令職掌條亦規定：「其西邊、北邊諸州禁人無置鐵冶及採礦。若器用所需，則具名數，科於所由，官供之；私者，私市之。」又，《唐會要》卷八三載開元二年(西元七一四年)閏三月敕令:「金鐵並不得與諸蕃互市,及將入蕃;金鐵之物,亦不得將度西北諸關。」[79]私 據南宋本當作「利」。[80]凡知山澤有異寶異木及金玉銅鐵彩色雜物處堪供國用者奏聞 唐諸州縣此類奏報史著亦有所載錄。如《新唐書・權萬紀傳》記萬紀曾於太宗時「奏言宣饒部中可鑿山冶銀,歲取數百萬」,當時雖未受採納,據前[77]注所引《太平寰宇記》卷一〇七記載,至高宗總章時這個地區還是設置了治監,並徵收課稅。再如《冊府元龜・邦計部・山澤一》載錄,大曆十四年(西元七七九年)邕州奏報發現金坑,德宗令「其金坑任人開採,官不得佔」。又如《舊唐書・李適之傳》還記有李林甫就華山發現金礦一事與李適之為爭寵而設謀施術:「林甫嘗謂適之曰:『華山有金礦,採之可以富國,上未之知。』適之心善其言,他日從容奏之。玄宗大悅,顧問林甫,對曰:『臣知之久矣,然華山陛下本命,王氣所在,不可穿鑿,臣故不敢上言。』帝以為愛己,薄適之言疏。」[81]佐使 南宋本「使」作「史」,當據以改。唐州郡之佐、史為流外官,多以色役、職役充之。王梵志《佐史非臺補》詩云:「佐史非臺補,任官州縣上;未是好出身,丁兒避征防。」佐、史因係流外官,故其任命由州縣,非臺省即尚書省補。本章功曹、司功參軍職掌條原注便有「佐、史並取六品以下子及白丁充之」之規定。佐、史皆可規避征防,並有參加流外選資格。[82]州縣 《舊唐書・職官志》作「州府」。

【語 譯】京兆、河南、太原牧,都督府的都督,以及各個州的刺史,他們的職掌是清理和整肅邦畿的社會秩序,考核和監督所屬的各級官吏,宣揚和普施道德教化,撫恤和安定境內平民百姓,勉勵和課督農耕與蠶桑,敦促和教諭親族中的倫理道德。每年都要對所屬各縣巡視一遍,觀察風俗,慰問百姓,訊錄囚徒,撫恤鰥寡,檢閱和核實丁口,務必瞭解百姓的疾苦。轄區內若有專一學問或優異技能而聞名於鄉里的,要向朝廷薦舉貢進;若有不孝不悌,悖亂禮儀倫常,不遵守法令的,要糾查出來並繩之以法。所屬官吏中,若有為官公正廉潔,能夠嚴以律己、清廉正直、堅守節操的,一定要認真訪察;若有貪贓舞弊,阿諛奉承,為名徇私的,亦要嚴肅地加以審察,都要附錄到考課功狀中去,作為表彰和貶黜的依據。如果其中有善政或惡跡特別突出的,那就要當即向朝廷奏報。再如果獄訟有枉屈疑難,甲兵需徵集調遣,工程要立項建造,以及祥瑞中有特別奇異的,亦都須向皇上奏報,至於較為常見的祥瑞,只要申報尚書省即可。倘有孝子順孫,義夫節婦,志操和事跡聞名於鄉里的,亦要隨時據實申報上奏,由朝廷表彰他們的門閭;如果能夠精誠感通,還要加以優遇和賞賜。此外,若有達到「孝悌力田」要求的學子,可由上計使在每年秋冬赴京考集時，將他們的姓名和事跡一起向上奏報。上述規定依據轄境具體情況需要作某些更改，亦可以酌情便宜從事。如果由親王出任刺史，以及是邊陲地區的都督、刺史，無法離開州的治所的，那麼巡視屬縣的任務，都不妨委託上佐代為行使。

尹、少尹、別駕、長史和司馬的職掌是，作為府州長官的副職，參預總領各項事務，統管所屬各曹；每年年末，輪番充當朝集使赴京奏報上計。

司錄、錄事參軍負責將公事發付有關曹司，省察和抄錄來往文案目錄，並句檢稽查在處理中有無錯失或延誤，糾察監督非法違紀之事，監守符文和印信。如果對所屬各曹處理政務有不同意見，可以向上奏報。

功曹、司功參軍掌管有關所屬官吏的考課、差遣、選舉和舉行祭祀、上報祥瑞以及管理道觀佛寺、學校教育，還有表、疏、書、啟各種文書和醫藥衛生、禮儀陳設等事務。凡是有各種臨時使命的差遣，先差州官，不夠再差縣官，如已佔一半以上，仍不夠，再差前資官。其中上佐、錄事參軍和縣令，都不能派遣出本州境界。凡是州、縣和鎮的倉督，縣的博士、助教，中、下州的市令以及縣的市令，嶽、瀆的祝史，都直接由州選任，都是四年滿任輪換。州、鎮的倉督，州、縣的市令，選取勳官五品以上及具有職官九品成資的擔任，如果沒有這樣的人選，可以通融擇取勳官六品以下的，其中倉督一職，要選擇家世富有的人充當。州的市令不得任用本市範圍以內的人，縣的市令不得任用當縣的人。學校的博士、助教，如果轄區內沒有適當的人選，允許從鄰近州境選取。縣的錄事可從轄區內五品以上勳官中選任，如果沒有能勝任此職的人選，包括佐、史，都可以從六品以下官吏子弟或者平民充任。在貢舉的人選中，屬於博識高才，能強學待問，操行無失，品德優秀的，可以入秀才科；能精通二經以上的，可以入明經科；能通明和嫻熟時務，精通一經的，可入進士科；通曉律令的，可入明法科。倘有為人品行正直，修身清廉，能以孝義著聞，並曾受朝廷旌表門閭，又有處理時務能力這樣的人選，可作為「孝悌力田」科亦一起隨賓貢舉。關於貢舉人選的名額，上州每年三人，中州二人，下州一人。如果確有超等優秀人才，亦可以不限此常數。每次貢舉選人，要在州舉行鄉飲酒禮，犧牲按少牢規格。包括春秋二次祭祀社神和孔廟釋奠，亦都用少牢。凡是各州每年土特產中有可用作藥材的，應隨時收穫採集，供給人們治療疾患所需。各州都要預先合成有關治療傷寒、時氣、瘧疾、痢疾等各種疾病的藥物，轄區內有患了這類疾病的，根據需要及時供給。

倉曹、司倉參軍掌管有關公廨、度量衡器具、庖廚、倉庫和徵收租賦以及管理田園、市肆方面的事務。每年要根據《青苗簿》每畝徵收二升地稅，作為義倉的貯糧，以用於災年凶歲。如果需要動用義倉積穀進行賑貸，要先向尚書省申請，等到報批後，方可發放配給。又，各州要設置常平倉，逢到年成豐收，以略高於市場的價格糴穀；如果歉收，則以略低於市場的價格糶穀，這便是常平倉平抑糧食市場價格的含義。常平倉和正倉、義倉每年收支及盈利的狀況，要做出總帳申報尚書省。戶曹、司戶參軍掌管有關戶籍、計帳和道路、旅舍、田疇、六畜以及發給過所、蠲符方面的事務，因而要對人們上述各類爭執和訴狀作出分析和判斷。凡遇有男女要求婚姻結合，必須弄清楚他們各自的姓氏族別，糾查出違反規定的。凡有關土地還授中出現的利害糾紛，必須設法制止爭訟，依照規定作出順當處理。所有官吏都不得在所管轄範圍內謀求田地及修造碾磑，與百姓爭利。兵曹、司兵參軍掌管武官的選舉，以及兵甲器仗、門戶管鑰、烽候傳驛方面的事務。凡是屬於驛站的馬匹，要在馬的左尾部烙印上「驛」字，州名則印在頸項的左側。每年貢舉武舉人，要挑選具備智勇謀略、強悍有力的，獻送於朝廷。武舉考試的科目是長垜、馬槍、翹關和擎重，依據成績，分出上下等第，從而決定升或降。武舉選人隨同文舉選人一起同行鄉飲酒禮，然後向朝廷申報獻送。法曹、司法參軍事的職掌是，依據律、令、格、式的規定，審理獄案，定罪量刑；監督吏員緝捕盜賊，糾舉和清除為非作姦之事，推究案情的真偽，按照法令作出處理。總的原則是：遇有恩赦放免從重，平時處罰量刑從輕，從而使得人們懂得該如何去規避，趨就善行，遠離犯罪。士曹、司士參軍掌管有關橋梁、舟車、舍宅和百工製作方面的事務。廣開山林水澤之利以贍濟貧苦黎民，但開放和禁止必須依照時令，役使百姓則不能影響農時侵奪農力。凡是州界內出產銅鐵的處所，官府沒有開採的，允許百姓私採。如果經過冶鑄取得了銅和白蠟（鑞），官府可依市價收購；倘有要求用銅鐵等實物折充課役，亦可以准許。至於在邊境地區，不論公私，都不得設置冶鐵設備或開採銅礦。其他地區的山川藪澤之私（利），都是公私共享。招致珍奇異寶以充國庫所用，從而做到官府不禁止於百姓有利之事，百姓也不惜售國家需用之物。凡是在山澤地區發現有出產奇寶異木、金玉銅鐵和其他珍貴雜物的地方，可供朝廷所用的，都要奏報。

參軍事負責出使、檢校和導引賓客一類事務。

市令和市丞掌管市場交易和禁止非法違規行為方面的事務。

經學博士負責以五經教授生員。

醫學博士負責用各種藥物救療患病的平民百姓。這以下直到執刀、白直、典獄、佐、使（史），各自都有相應的職掌。這樣，州縣（府）的各項政務各有其職，職任與職事已大體完備。

【說　明】古人在論述從朝廷到州縣的政令上通下達，即整個國家機器在往復運作時，常常把它看作一個完整的有機體，《呂氏春秋》還使用了一個專門概念，叫作「圜道」：「令出於主口，官職受而行之，日夜不休，宣通下究，瀸於民心，遂於四方，還周復歸，至於主所，圜道也。」（《呂氏春秋・圜道》）朝廷上下、京師內外，被視為一個具有信息反饋和自我調節的循環系統。基於這樣的整體把握，說到朝廷與州縣的關係，常比作是猶身之使臂，臂之使指。身、臂、指所以能互使，就在於有神經、脈絡為之聯繫，同樣，朝廷與州縣在官署與職官的設置上亦存在著一種對應關係。如都督、刺史與上佐，諸如長史、司馬、別駕等，對應於中書、門下的決策系統，而府州所設六曹在職能上大致與尚書省的六部以及諸寺監相當；在朝廷，承擔上下內外樞紐作用的是尚書都省，在府、州且有相似功能的則是錄事參軍和主簿。對整個國家機器而言，無論在中央的尚書省六部或九寺五監的某個官司，或在地方的某個府、州、縣，都只是局部；但在各個這樣的「局部」裡，它們各有為數不等的官署、官員，同樣是一種上下左右有機互動的關係，因而亦可被視為是一個相對獨立的整體。例如在處理某個文案或某項政務過程中，所有參預其事的官員，除了原有的明細的職務分工以外，又被分列為四類：主典、判官、通判、長官。這種區分在縱向時間上，是從主典到長官的運作程序的標識；在橫向空間上，是職責分明的指認，使與事者各盡所職，各負所責。《唐律疏議・名例律》同職犯公坐條就有這樣規定：「諸同職犯公坐者，長官為一等，通判官為一等，判官為一等，主典為一等。各以所由為首。」疏議曰：「同職者，謂連署之官，公坐謂無私曲。假如大理寺斷事有違，即大卿是長官，少卿及正是通判官，丞是判官，府史是主典。是為四等。各以所由為首者，若主典檢請有失，即主典為首，丞為第二從，少卿二正為第三從，大卿為第四從，即主簿、錄事亦為第四從。若由丞判斷有失，以丞為首，少卿為第二從，大卿為第三從，主典為第四從，主簿錄事當同第四從。」審理獄案如此，處理文案和施行各項政事也是如此；朝廷的六部、九寺、五監有此區分，地方的府、以至縣亦行此制。在州府，諸曹的府、史是主典，諸曹司的參軍為判官，上佐為通判官，刺史則為長史，亦是四級連坐。這種內外對應、上下連坐的設置，意在使這個體系有一種能夠自行協調相互動作的機制，以保證整個國家機器統一有序地運作，依據皇帝意旨制定的各項政令得到順利貫徹。歷史上常有這樣的事例：一旦中央皇朝覆滅，地方府、州等行政機構，只要有一個相對安定的生存環境，猶如蚯蚓被分為幾節後仍有再生功能那樣，便會自行複製出一個或幾個小朝廷來，漢末的三國鼎立，西晉末的十六國割據，還有後來的東晉、南朝，北方的北魏、北齊、北周，以及唐亡後的五代十國等，大多屬於這類實例。待到經過一番或長或短爭戰，各個割據政權終於又合併為一個統一王朝時，其所再造的從中央到地方的官僚行政系統，雖或有某些細節變易，但其結構的基本模式和行為的基本方式，卻彷彿受著「遺傳基因」的支配那樣，二千多年來代代相傳，未見有任何根本變化。

關於州郡佐吏，自漢代的別駕以下刺史太守皆可自行辟除，發展到隋唐的內外一命悉歸吏部，前後演變簡況，我們在本篇前幾章說明中已有所介紹。接下去該要說一說新制在實施中的得失。所以要將府州佐吏任命權收歸朝廷是為了進一步加強中央集權。應當說這一目的在唐代前期是基本達到了，但亦不能不付出代價。朝廷把一命以上的任免權限都集中於吏部，天下如此之大，如何真能做到知人善任呢？唐時光是府、州就有三百多個，要為每個府州每四年一任挑選一個稱職的都督或刺史，談何容易！即使其時「走後門」、「捅路子」的歪風還沒刮到現今的嚴重程度，單是操作上的困難，濫竽充數或拉郎配也在所難免。大抵至太宗時期這類弊病已不斷顯露，《唐會要》卷七四中有這樣一段記載：「貞觀元年（西元六一八年）正月，侍中攝吏部尚書杜如晦上言曰：比者，吏部擇人，唯取言辭刀筆，不悉才行，數年之後，惡跡始彰，雖加刑戮，而百姓已受其弊。上曰：如何可以得人？如晦曰：兩漢取人皆行著州閭，然後入用。今每年選集尚數千人，原貌飾詞，不可悉知。選司但配其階品而已，所以不能得才。」遇到矛盾便回過頭去向歷史要救治之法，這是古人的思維定式。唐太宗聽後「將依古法，令本州辟召」，只是因為「會功臣將行世封，其事遂止」。至垂拱元年（西元六八五年），天官侍郎魏元同，又以吏部選舉不得其人，把擱置了數十年的問題重新提了上來：「上表曰：漢諸侯得自置吏，四百石以下，其輔相大官，則漢為之置，州郡掾吏，督郵從事，悉任之牧守。爰自魏晉，始歸吏部，遞相祖襲，以迄於今」。但「百寮庶職，專斷於一司，不亦難乎。況今諸色入流，歲有千計，群司列位，無復新加，官有常員，人無定限，選集之始，霧積雲屯，擢敘於終，十不收一。淄澠既混，玉石難分，用舍去就，得失相半」。因而建議「依周漢之規，以分吏部之選，即望所精詳，鮮於差失」（同上）。魏元同提到的「十不收一」、「得失相半」諸種弊病，頗為精明的武則天大概不會不知道，但其時她初秉國政，當務之急自然是站穩腳跟，何暇顧及府、州之事。更何況當初所以罷州郡辟署，就是為了防止地方權力過重，以免造成尾大不掉之勢，她不會在自己地位經營未就的情況下去冒這個險，魏侍郎建議的不被採納該是情理中事。

上述杜、魏二人先後提到的地方官員任免權集中於中央後所帶來的弊病，是同一個問題，即人才資源配置和使用的不恰當。其實這只是問題的一面。這一面是他們作為京官從朝廷這一視角容易看到的。還有他們難以看到的另一面，那就是實行新制後，府、州內部佐吏間的關係也隨之發生了變化。漢時，一郡治績的優劣，責在郡守，而郡守深知要有好政績，必須為自己培植一批好班底，從而視選任、培育佐吏為己任，並主動與之親近，以期能得心應手地為其效命。如《漢書．文翁傳》記傳主為蜀郡守時，「選郡縣小吏開敏有材者張叔等十餘人，親自飭厲，遣詣京師，受業博士，或學律令」；幾年後，「蜀生皆成就還歸，文翁以為右職，用次察舉，官有至郡守刺史者」。《後漢書．欒巴傳》亦稱欒巴為桂陽太守時，「以郡處南垂，不閑典訓，為吏人定婚姻喪紀之禮，興立學校，以獎進之。雖幹吏卑末，皆課令習讀，程試殿最，隨能升授，政事明察」。由於郡守對屬吏有任免與薦舉之權，因而屬吏與長官之間，除上下級關係外，往往還懷有私恩。即使日後做了朝廷達官，與原來所事的郡守或舉主相見，依然自稱故吏，且稱郡府為本朝、郡朝，郡守與其屬吏之間，自然形成了一種君臣、主僕的名分。屬吏既視郡守如君父，故主死者為之服喪，故主有罪甘願隨同流徙，故主有罪被斬則冒死領屍，被當時社會視為符合名節的行為。在這種氛圍下，郡府在行事過程中上下左右間容易產生一種比較默契和協調。府、州人事任免權一旦集中到朝廷，長官與屬吏間上述那種溫情脈脈的相互關係也就隨之淡去，在下者怠惰、散漫漸生；在上者通常會藉嚴苛以樹威，而此法一行，離異傾向必起。韓愈〈唐故河南令張君墓誌銘〉所記墓主張署，「拜京兆府司錄，諸曹白事，不敢平面視；共食公堂，抑首促促就哺歠，揖起趨去，無敢闌語；縣令丞尉畏如嚴京兆：事以辦治」。作者原意自然是在稱譽這位張司錄，但人們卻看到他與諸曹司的關係簡直像貓和鼠一樣！一個因能參議府政得失的司錄參軍架子已搭得如此高，京兆尹、少尹自然更加威風八面。此種現象在如今號稱「公僕」的新官僚辦事房裡亦司空見慣：每每長官駕到，大小辦事員一個個屏息絕氣，整座辦事房鴉雀無聲；待到長官轉為背影，先是互示鬼臉，隨即哄堂大笑。《舊唐書·杜景儉傳》講到一個故事，其時杜景儉任益州錄事參軍，有「隆州司馬房嗣業除益州司馬，除書未到，即欲視事，又鞭笞僚吏，將以示威。景儉謂曰：『公雖受命為此州司馬，而州司未受命也。何藉數日之祿，而不待九重之旨，即欲視事，不亦急耶？』嗣業益怒。景儉又曰：『公今持咫尺之制，真偽未知，即欲攬一州之權，誰敢相保？揚州之禍，非此類耶？』乃叱左右各令罷散，嗣業慚赧而止。」這次事件總算因除授房嗣業為荊州司馬的符文尚未到達而沒有造成嚴重後果，然亦反映出鞭笞僚吏以示威，當時已成為府、州長官控制佐吏的一種常用手段。在這樣的人際關係中，地方政府機構會有怎樣的辦事效率也就可想而知。

上面提到的那個一再被擱置效法漢制的奏議，到開元前後，隨著使職差遣制度的迅速發展，作為典制雖然依舊未言可復古法，但實際上各個使府卻已紛紛自行辟署。唐代諸道觀察使的幕職有「副使、支使、判官、掌書記、推官、巡官、衙推、隨軍、要籍、進奏官各一人」（《新唐書·百官志》）。這些幕職皆由使府自辟。洪邁《容齋隨筆·三筆·唐世辟寮佐有詞》稱：「唐世節度、觀察諸使，辟置寮佐以至州郡差掾屬，牒語皆用四六，大略如告詞。」這就是辟書。隨書還要送上一些金帛以為聘禮，士人被延引入幕後，使府即署其為判官、掌書記、參謀之類幕職，然後再由本府上報朝廷的有關部門，請授某官。這一過程即所謂「辟書既至，命書繼下」。辟書是使府發出的聘書，命書是朝廷授官的敕書。在唐後期地方行政官制中，幕職成了政務的實際主事者，府州的上佐，諸如別駕、司馬之類，往往成為寄老之官，功、倉、戶、兵、法、士六曹參軍事，大多亦為徒有其名的閑職。幕職中，如行軍司馬掌軍籍符伍、號令印信，判官則分判倉、兵、騎、胄之事，而錢穀支計的事務盡歸判官，有關表奏書檄等文辭之類皆出於掌書記。幕職還經常受命巡察所屬諸州縣，儼然在刺史、縣令之上。州縣之長吏以至縣令或有缺額，使府往往派遣幕職權攝理事，其權理縣令事者即稱知縣。顧炎武《日知錄》稱：「知縣者非縣令，而使之知縣中之事，杜氏《通典》所謂檢校試攝判知之官也。唐姚合為武功尉，作詩曰：『今朝知縣印，夢裡百憂生。』唐人亦謂之知印。其名始於貞元已後，其初尚帶一權字。《白居易集》有〈裴克讓權知華陰縣令〉制曰：『華陰令卒，非選補時，原注曰：「凡選始於孟冬，終於季春。」調租勉農，政不可缺。前鎮國軍判官試大理評事裴克讓，久佐本府，頗有勤績，屬邑利病，爾必周知，宜假銅墨，試其才理，待有所立，方議正名。』是權知者，不正之名也。至於普設知縣，起於宋初。」最後竟是原為權理的知縣代替了縣令。到了五代，知州亦逐漸代替了刺史。州縣的刺史、縣令尚且以幕職取代吏部選舉，州府的僚佐自然更其如此了。正如白居易所說：「郡守之職，總於諸侯帥，郡佐之職，移於部從事。」（《江州司馬廳記》）

唐代使府的辟署制度，在體制上，還是與漢代州郡辟署有所不同。漢代長史可以直接辟署某人為某官，唐使府則需先署某職，然後由朝廷授以某官，署職是其實際幕職，授官則是表示其身份和資歷，這種官稱檢校官或憲官。職的改易由幕主也就是方鎮的長官署定，而官的升遷則要報請朝廷授命。如趙憬，出身於試江夏縣尉，德宗「建中初，擢授水部員外郎，未拜，會湖南觀察使李承請為副使，檢校工部郎中充職」（《舊唐書・趙憬傳》）。在這裡，副使是趙憬的幕職，由觀察使李承署定的；而檢校工部郎中則是官稱，須由觀察使另向朝廷奏請。因這「官」與「職」的區別，在幕職的遷轉中，便有「官」升而「職」不變，「職」改而「官」不遷，「官」降而「職」依舊，和「官」、「職」俱改遷等種種不同情況。關於使府辟署幕府的對象，《冊府元龜・幕府部・總序》稱：「幕府之職，皆奏請有出身人，及六品以下正員官為之，唯兩省供奉，尚書省、御史臺見任郎官不得奏請。其辟除未有官者謂之攝。」實際幕職辟署的對象，還要比這個規定更寬泛一些。大體上有如下幾類：一是六品以下現任官。如杜亞，在至德初授校書郎，為正九品上；「其年杜鴻漸為河西節度使，辟為從事，累授評事、御史」；郗士美，原為正八品下的陽翟丞，時「李抱真鎮潞州，辟為從事，雅有參贊之績，其後易二帥，皆詔士美佐之」（均見《舊唐書》本傳）；柳仲郢，「元和十三年（西元八一八年）進士擢第，釋褐秘書省校書郎。牛僧儒鎮江夏，辟為從事」（《舊唐書・柳公綽附子柳仲郢傳》）。亦有六品以上官員入幕的，如辛秘，以太常博士，祠部、兵部員外郎，被山陵及郊丘二禮儀使署為判官。元和初拜湖州刺史，湖州是上州，刺史的品秩為從三品；時「太原節度范希朝領全師出討王承宗，徵秘為河東行軍司馬，委以留務」（《舊唐書・辛秘傳》）。二是有出身的或待選的前資官。如李吉甫之子李德裕，以門蔭「累辟諸府從事，〔元和〕十一年（西元八一六年）張弘靖罷相，鎮太原，辟為掌書記」；段平仲，「登進士第，杜佑、李復相繼鎮淮南，皆表平仲為掌書記。復移鎮華州、滑州，仍為從事。入朝為監察御史」（均見《舊唐書》本傳）。三是以布衣入幕。如韓愈〈唐河中府法曹張君墓碣銘〉所記墓主張圓「嘗讀書，為文辭有氣，有吏才，嘗感激欲自奮拔，樹功名以見世。初，舉進士，再不第，因去，事宣武軍節度使，得官至監察御史，坐事貶嶺南；再遷至河中府法曹參軍，攝虞鄉令；有能名，進攝河東令，又有名，遂署河東從事。絳州闕刺史，攝絳州事，能聞朝廷」。張圓是因二次考進士皆落第而入幕府謀職的，由於他沒有正式的官身，先後任縣令、刺史都只能以「攝」任其職。此例說明使府為落第的布衣而又欲奮發進取者提供了一個較為便捷的入仕通道。要不然，他們得從府史一類流外官做起，不知要熬多少年才能入流，而且「流外出身」這個缺陷還會使他們今後的遷升受到種種限制。

使府辟署僚佐這種在實際中形成的職官制度，可說是對人事任免權過分集中於朝廷的一種反撥。它的出現，受到了聘用者和被聘用者兩個方面的歡迎：從聘用者藩鎮使府這方面來說，爭相延請人才入幕除了政務的需要，還可用古代明主「禮賢下士」作標榜，以美化自己形象；從被聘用者士人這方面來說，在科舉入仕愈益成為萬人爭過獨木橋的情況下，應辟入幕成了一條追求功名的「終南捷徑」，而且供職於幕府還相對地多了一點自由度，這最能投合一般士人的心理需求。舊時被舉為「文起八代之衰」的韓愈，在進士及第後，亦曾先後兩次應辟入幕，後一次為徐泗濠節度使張封建賓佐，初赴任之日，作〈上張僕射書〉，文筆從容，言辭率性，亦可見幕職與幕主的關係相當寬鬆。幕府原有猶如現今〈公務員守則〉一類規定，其中有一條每年「自九月至明年二月之終，皆晨入夜歸，非有疾病事故輒不許出」，韓愈在書中直截了當提出「非愈之所能也，抑而行之，必發狂疾」，建議將作息時間改為「寅而入，盡辰而退；申而入，終酉而退；率以為常，亦不廢事」。繼而一波三折，逞意推引：倘若幕主接受他的建議，那麼「天下之人聞執事之於愈如是也，必皆曰：執事之好士如此，執事之待士以禮如此，執事之使人不枉其性而能有容如此，執事之欲成人之名如此，執事之厚於故舊如此；又將曰：韓愈之識其所依歸也如此，韓愈之不諂屈於富貴之人如此，韓愈之賢能使其主待之以禮如此，則死於執事之門無悔也！」而如果幕主不接受他的建議，要他按規定「隨行而入，遂隊而趨」，在這種情況下，他「不敢盡其誠，道有所屈於己」，那麼「天下之人聞執事之於愈如此，皆曰：執事之用韓愈，哀其窮，收之而已耳；韓愈之事執事，不以道，利之而已耳。苟如是，雖日受千金之賜，一歲力遷其官，感恩則有之矣，將以稱于天下曰：知己知己，則未也！」就更改作息時間這麼具體一事，卻做出了如此酣暢汪洋的文章，自然也只有韓愈這樣的大手筆才寫得出。不過我們要說的卻似乎是一句題外話：文章通常是環境的產物。可以看出，韓愈在捉管為文時，所處的至少並不是動不動要挨板子的環境，或者還能呼吸到一點自由空氣。幕職吸引士人的還有物質待遇較為優厚。若是帶檢校官的幕職，其俸祿與朝廷同級正官相比，通常要高出一倍以上。以代宗大曆時為例，都團練副使月料八十貫，雜給三十貫；觀察使的判官月料五十貫，雜給二十貫。此外還有一些額外收入。這些人大都是帶郎中、員外郎的檢校官，而朝廷給予郎中、員外郎的月俸，分別僅有二十五貫、十八貫而已。也許更為受到士人青睞的是，在幕府任職嶄露頭角的機會比較多，由於不受年資限制，升遷亦相對比較快。白居易就曾說過：「今之俊乂，先辟於征鎮，次升於朝廷，故幕府之選，下臺閣一等，異日入為大夫公卿者，十八九焉。」（《白氏長慶集・溫堯卿等授官賜緋充滄景江陵判官制》）如上面已經提到過的趙憬，出身於試江夏尉，德宗建中初為湖南觀察使李承請為副使，檢校工部郎中充職，一年後因李承死而知留後事，不久即授潭州刺史兼御史中丞、湖南觀察使，兩年後受代回京師，初拜給事中，遷尚書左丞，後又與陸贄一起拜中書侍郎、同中書門下平章事。前後不過十餘年時間，便由縣尉而至人臣之極的相位，升遷是夠快的了。再如中唐諸朝重臣杜佑、裴度、柳公綽、楊嗣復、令狐楚、李德裕等，亦都曾被辟為幕職。當然這些人的平步青雲自有客觀、主觀多種因素，不能全歸因於使府辟署，這裡只是說，幕職為他們提供了歷練的好機會，是他們踏入仕途的重要一步。

唐代在代宗、德宗時期，就有人對內外一命悉歸吏部，與使府辟署僚佐這兩種官制作了分析比較，並得出了後者勝於前者的結論。事載《資治通鑑》卷二二六。大曆十四年（西元七七九年）八月，有協律郎沈既濟上選舉議，以為：「選用之法，三科而已：曰德也，才也，勞也。考校之法，皆在書判、簿歷、言詞、俯仰而已。夫安行徐言，非德也；麗藻芳翰，非才也；累資積考，非勞也。執此以求天下之士固未盡矣……今選法皆擇才於吏部，試職於州郡。若才職不稱，紊亂無任，責於刺史，則曰命官出於吏曹，不敢廢也；責於侍郎，則曰量書判、資考而授之，不保其往也；責於令史，則曰按由歷、出入而行之，不知其他也，黎庶徒弊，誰任其咎！若牧守自用，則罪將焉逃！必州郡之濫，獨換一刺史則革矣。吏部之濫，雖更其侍郎無益也。蓋人物浩浩，不可得而知，法使之然，非主司之過。今諸道節度、都團練、觀察、租庸等使，自判官副將以下，皆使自擇，縱其間或有情故，十猶七全。則辟吏之法，已試於今，但未及於州縣耳。利害之理，較然可觀。曏令諸使僚佐盡受於選曹，則安能鎮方隅之重，理財賦之殷乎！」因而他建議：「其六品以下或僚佐之屬，或許州府辟用，其牧守、將帥，或選用非公，則吏部、兵部得察而舉之，罪其私冒。不慎舉者，小加譴責，大正典刑。責成授任，誰敢不勉。」使府辟署優於吏部銓選處，主要表現在人才資源的配置上，讓供需雙方都有一定選擇餘地，而不是一切由國家大包大攬，統一安排。歷史證明在唐代吏部銓選難於得人，使府辟署能夠得人，到後來朝廷用人也只能從諸使府的僚屬中去挑選，因而唐後期宰相有三分之二出身於幕職。宋代歐陽修對此評論說：「唐方鎮以辟士相高，故當時布衣韋帶之士，或行著鄉閭，或名聞場屋，莫不為方鎮所取，至登朝廷、位將相為時偉人者，亦皆出諸侯之幕。」（《集古錄跋尾．唐武侯碑陰記》）

京縣畿縣天下諸縣官吏・大都護上都護府官吏・鎮戍嶽瀆關津官吏

【篇旨】本篇敘述唐地方行政建置中縣、都護府和鎮、戍、關、津以及五嶽四瀆所設祠宇的組織結構和職能。

按開元二十八年（西元七四〇年）的戶部帳，唐全國共有一千五百七十三縣，依其所處地理位置和所轄戶口多少，分為赤、畿、望、緊、上、中、中下、下八等。在京都城內所治為赤縣，亦稱京縣，本為六，即萬年、長安、河南、洛陽、太原、晉陽；開元十七年（西元七二九年）唐睿宗陵墓所在地奉先亦改為京縣，增為七。京兆、河南、太原三府都城之外的屬縣稱畿縣，共有七十八。本書第三卷第二篇戶部郎中職掌條稱有「望縣八十五」。《通志・職官略》則將唐全國縣數記為「六赤、八十二畿、七十八望、百一十一緊、四百四十六上、二百九十六中、五百五十四下。一千五百七十三縣」。由於縣的等第前後升降變化較多，所以諸書記載亦不一。劃分縣等第的標準是轄境內的戶口數，各個時期的規定亦有差異，我們已在本篇相關注釋中作了說明。

本篇中所敘述的縣只有京、畿和上、中、中下、下六等，未及望、緊。六等縣令的品秩亦相應有所差異，如京縣在正五品上，下縣則只有從七品下，即民間所說的「七品芝麻官」。其僚佐的配置亦有差別，如京縣九品以上的有十四人；流外的佐史，相當於臺省的令史，有七十六人；典獄以下屬於色役的有四人，此外尚有博士、助教等。其餘諸縣名依等級漸次減少，至下縣品官只有縣令、丞、主簿、尉四人，佐史十四人，典獄以下十六人。縣的機構設置，與州郡是相對應的，如司功、司倉、司戶、司法、司士、司兵諸佐史，各對應於州郡諸曹的參軍事；下等縣雖僅有司戶、司法二曹，但諸曹職能大體依然存在，只是由二曹兼掌而已。唐縣令無人事任免權。屬官中九品以上的，規定都要由吏部冬集銓選配置，錄事以下的佐史，由州取六品以下子及白丁充當，倉督和博士、助教則由州司功參軍負責銓選。至於縣令的銓選，自貞觀時起，便有令京官五品以上薦舉，然亦得經過吏部銓選的手續。且縣令不得選任本籍之人，甚至同州鄰縣的也不得任職，唯京兆、河南二府可以不受此限。

唐在北方、西北、東北及南方邊區曾設置大都護府或上都護府。本書第三卷第二篇戶部郎中職掌條載：「單于、安西、安北為大都護府，安南、安東、北庭為上都護府。」本篇僅提到安南、安西、單于、北庭四府。此外見於史著的，尚有在遼東和朝鮮的安東都護府，在內蒙地區的瀚海、安北、燕然等都護府，在西北新疆地區的濛池、昆陵都護府。都護府是邊遠和民族雜居地區帶有軍事性質的地方行政機構，其官員的設置與都督府相似。都護的職掌是安撫邊區各族，防禦外寇入侵。

唐在北方和西北邊境地區設有鎮戍，各分上、中、下三等。上鎮五百人，中鎮三百人，三百人以下為小鎮。上戍五十人，中戍三十人，不及三十人者小戍。鎮設鎮將，戍設戍主。除鎮、戍外，唐在邊防的軍事組織尚有軍和守捉，皆有使以統之。其設置隨著高宗以後邊境軍事形勢的變化而有諸多不同，我們在相關章節之末附有說明。

唐在五嶽、四瀆的祠宇設置令、社史、齋郎等員，以按時依制舉行祭祀。唐在京城周圍驛道和交通衝要之地，設有二十六關，以屏障京師。關分上、中、下三等，分別設置令、丞、錄事等員。凡行人車馬出入關者，皆須憑公文和過所。

一

萬年❶、長安❷、河南❸、洛陽❹、奉先❺、太原❻、晉陽❼：

令一人，正五品上⑧。殷、周已往，五等諸侯皆自理其人⑨。及周衰，諸侯相併，大國則別置邑、縣、鄙⑩，以君其人。齊、晉謂之大夫⑪，魯、衛謂之宰⑫，楚為令、尹⑬，秦曰令、長⑭。《漢書》⑮云：「縣長皆掌理其縣⑯。萬戶已上為令，秩千石至六百石；減萬戶為長，秩五百石⑰。皆有丞、尉，秩四百石至二百石，是為長吏⑱。百石以下，有佐史之秩，為少吏⑲。」漢京兆尹統長安令⑳，後漢河南尹統洛陽令㉑，魏、晉以後皆因之㉒。隋初，兩京置四縣，增秩為正五品㉓，皇朝因之而不改㉔。天后時，東都又置來庭、永昌二縣，以太原為北都，尋亦罷㉕。開元十一年置北都，以晉陽、太原為京縣㉖。十七年巡陵，又以奉先同京縣㉗。

丞二人，從七品上。漢氏縣丞、尉多以本郡人為之，三輔縣則兼用他郡㉘。及隋氏革選，盡用他郡之人㉙。漢以下皆一人，皇朝置京縣丞三員㉚，北京太原、晉陽各置一丞。

主簿二人，從七品上。自漢以來，主簿皆令、長辟除，周、隋長安縣令、丞已下有功曹主簿，西曹、兵曹、戶、法、士等曹主簿㉛。皇朝京縣置二人㉜，太原晉陽各一員㉝。

錄事二人㉞，**從九品下**；隋長安縣置錄事二人。**佐二人；史二人**㉟。

尉六人，從八品下。漢氏長安有四尉，分為左、右部：城東、南置廣部尉，是為左部；城西、北置明部尉，是為右部㊱。並四百石，黃綬、大冠㊲。主追捕盜賊，伺察姦非。後漢洛陽置四尉，皆孝廉作㊳，有東部、南部、西部、北部尉。魏氏因之㊴。晉洛陽置六部尉，過江亦於建康置六部尉㊵。宋、齊、梁、陳並因之。北齊鄴縣亦置三尉㊶，隋氏長安無尉，有正；煬帝後置尉㊷。

皇朝武德初，始置尉六人㊸。

司功，佐三人；史六人。

司倉，佐四人；史八人。

司戶，佐五人；史十人。

司兵，佐三人；史六人。

司法，佐五人；史十人。

司士，佐四人；史八人。

典獄㊹十四人。

問事㊺八人。

白直㊻十八人。

博士㊼一人；助教一人；學生五十人。

【章　旨】敘述萬年、長安、河南、洛陽、奉先、太原、晉陽諸京縣之令、丞、主簿、錄事、尉及諸曹司的定員品秩和職掌。

【注　釋】❶萬年　縣名。本隋之大興縣，唐武德元年（西元六一八年）改此。其後又有多次更易，據《舊唐書·地理一》

稱：「乾封元年（西元六六六年），分置明堂縣，治永樂坊。長安三年（西元七〇三年）廢，後併萬年。天寶七載（西元七四八年）改為咸寧，乾元復舊也。」在長安京城內，皇城之南大街之東五十四坊即由萬年縣領之。其縣廨位於宣陽坊之東南隅，去京兆府七里。縣之門屬為隋宇文愷所造，太平公主下嫁薛紹時，於縣廨設婚席，初以縣門狹隘，欲毀而重建，高宗下敕，以為宇文愷造作多奇，不須毀拆。又，唐制：「凡三都之縣，在城內曰京縣，城外曰畿縣。」（本書三卷二篇）故萬年縣及此下長安、河南諸縣皆為京縣，亦稱赤縣。❷長安　縣名。隋時已置。《舊唐書・地理一》稱：「乾封元年（西元六六六年），分為乾封縣，治懷直坊。長安三年（西元七〇三年）廢，復併長安。」在長安京城內，皇城之南大街之西五十四坊，即由長安縣領之。其縣廨位於長壽坊之西南隅，去京兆府六里。縣廨係隋開皇三年（西元五八三年）所立。❸河南　縣名。在東都洛陽都城之內。隋時已置。《舊唐書・地理一》記其入唐後之沿革稱：「武德四年（西元六二一年），權治司隸臺。貞觀元年（西元六二七年），移治所於大理寺。貞觀二年（西元六二八年）徙理金墉城。六年（西元六三二年），移治都內之毓德坊。垂拱四年（西元六八八年），分河南、洛陽置永昌縣，治於都內之道德坊。永昌元年（西元六八九年），改河南為合宮縣。神龍元年（西元七〇五年）復為河南縣，廢永昌縣。三年（西元七〇七年）復為合宮縣。景龍元年（西元七〇七年）復為河南縣。」《新唐書・地理二》並記其境內「有洛漕新潭，大足元年（西元七〇一年）開，以置租船。龍門山東抵天津，有伊水石堰，天寶十載（西元七五一年），尹裴迥置。有瀍水，避武宗名曰吉水，宣宗立，復故名」。❹洛陽　縣名。在東都洛陽都城內。隋時已置。據《舊唐書・地理一》其入唐後沿革之大略是：武德四年（西元六二一年）權治大理寺。貞觀元年（西元六二七年）徙治金墉城。六年（西元六三二年）移治都內之毓德坊。神龍二年（西元七〇六年）改洛陽為永昌縣，唐隆元年（西元七一〇年）復為洛陽。❺奉先　舊蒲城縣，即今陝西蒲城，屬同州。《舊唐書・地理一》記其沿革稱：「開元四年（西元七一六年），以管橋陵，改京兆府，仍改為奉先縣。十七年（西元七二九年），制官員同赤縣。寶應二年（西元七六三年），又置玄宗泰陵於縣東北。」據《新唐書・地理一》，境內除泰陵外，尚有：橋陵，在西北三十里之豐山；景陵，在西北二十里之金熾山；光陵，在北十五里之堯山；惠陵，在西北十里處。❻太原　縣名，即今山西之太原。漢晉陽縣舊址，隋太原郡治所。據《新唐書・地理三》載錄，初，境內井苦不可飲，唐貞觀中，長史李勣架汾引晉水入東城，以甘民食，謂之晉渠。武周天授元年（西元六九〇年）置北都於此。天寶元年（西元七四二年）改北都曰北京。城內有晉陽宮，宮城東有起義堂。倉城中有受瑞壇。❼晉陽　縣名。今山西省太原市內。北齊置，曰龍山，帶太原郡。隋開皇十年（西元七二二年）改縣為晉陽。有號令堂，唐高祖李淵起兵時誓師於此。❽令一人正五品上　近衛校正德本此句以為「『令』下脫『各』字」。新舊《唐書》皆為「令各一人」。隋大興（即唐之萬年）、長安縣令為從五品下。據《舊唐書・職官志》，唐武德元年（西元六一八年）改此二縣令為正五品上，七年（西元六二四年）定令，改為從五品，貞觀初復為正五品上。除萬年、長安外，其餘河南、洛陽、太原、晉陽、奉先諸京縣令亦為正五品上。又，天寶二年（西元七四三年）分新豐、萬年置會昌縣，故會昌縣令亦為正五品上。❾殷周已往五等諸侯皆自理其人　五等諸侯，指公、侯、伯、子、男。意謂諸侯各自治理其封地之百姓。《通志・職官略・王侯》：「昔黃帝旁行天下，分建萬國，至于唐虞，別為五等，曰公、侯、伯、子、男。則《虞書》所謂輯五瑞，修五玉，是其制也。夏與唐虞同。商制，天子之田方千里，公侯百里，伯七十里，子、男五十里，不能五十里者不合於天子，附於諸侯。凡四海之內九州，州方千里，州建百里之國三十，七十里之國六十，五十里之國百有二十，凡二百一十國。名山大澤不以封，其餘以為附庸閒田。凡九州千七百七十三國。」❿大國則別置邑縣鄙　邑、縣、鄙，三個地方劃區稱謂。邑，泛指城區，大曰都，小曰邑。有時亦稱封國為邑，如《左傳・桓公十一年》：「君次於郊郢，以御四邑。」縣，初為邊陲之地行政區劃，後漸行內地。《通典・職官十五》：「春秋時，列國相滅，多以其地為縣。」又，君王所居之地亦稱縣，如《禮記・主畿》：「天子之縣內。」鄙，多指小邑。如《周禮・天官・大宰》：「以八則治都鄙。」鄭玄注：「都鄙，公卿大夫之采邑，王子弟所食邑。」按：此處邑、縣、鄙當係泛指，非謂大國內有此三級地方行政區劃。又，此句《舊唐書・職官志》作「大國分置郡、邑、縣、鄙」，「邑」上尚有一「郡」字。⓫齊晉謂之大夫　指齊國、晉國治邑者稱大夫。齊國，如齊威王曾封即墨大夫；又《史記・田敬仲完世家》稱「田釐子乞事齊景公為大夫」，皆是。晉國，如《史記・趙世家》稱晉文公時，「趙衰為原大夫，居原，任國政」。⓬魯衛謂之宰　魯，如「定公以孔子為中都宰，一年，四方皆則之」。又，「使仲由為季氏宰」（《史記・孔子世家》）。衛，如右宰穀臣，衛之大夫，《呂氏春秋・表觀》：「郈成子為魯聘於晉，過衛，右宰穀臣止而觴之。」⓭楚為令尹　令、尹，《通典・職官十五》、《舊唐書・職官志》均作「公、尹」，似當據以改。《冊府元龜・令長部・總序》：「楚謂之尹，沈尹戌為方城之外，縣尹是也。亦謂之公葉、公諸梁是也。」楚前後二次滅陳，在陳地置縣。一次是楚莊王十六年（西元前五九八年）「已破陳，即縣之」；一次是楚惠王十年（西元前四七九年）「滅陳而縣之」（《史記・楚世家》）。楚縣之長官稱尹，邑之大夫則稱公。如楚平王太子建之子勝，在吳國為巢大夫，號曰白公，曾起兵攻楚惠王，後為葉公所殺。⓮秦曰令長　《漢書・百官公卿表》稱：「縣令、長，秦官，掌治其縣。」《史記・秦本紀》：孝公十二年（西元前三五〇年），「并諸小鄉聚，集為大縣，縣一令，四十一縣，為田開阡陌」。《史記・商君列傳》亦稱：「集小都鄉邑為縣，置令、丞，凡三十一縣，為田開阡陌封疆，而賦稅平。」令、長皆為縣之長官。據《雲夢秦簡》，尚有縣嗇夫、大嗇夫之稱，則為縣令、長之別名。

⑮漢書　東漢班固撰，我國第一部紀傳體斷代史。下引文字見於《漢書》之〈百官公卿表〉。⑯縣長皆掌理其縣　《漢書・百官公卿表》原文為：「縣令、長，皆秦官，掌治其縣。」此處僅有「縣長」與副詞「皆」不合。然若將「縣長」理解為複數名詞，即縣之各種稱謂長官，包括令、長，則亦勉強可通。漢時與縣大體相等之區劃稱謂尚有「列侯所食縣曰國，皇太后、皇后、公主所食曰邑，有蠻夷曰道」。侯國之長曰相，邑與道之長官，大者稱令，次者為長。其職掌，《後漢書・百官志》本注稱：「皆掌治民，顯善勸義，禁奸罰惡，理訟平賊，恤民時務，秋冬集課，上計於所屬郡國。」⑰萬戶已上為令秩千石至六百石減萬戶為長秩五百石　據《漢書・百官公卿表》原文，此句末「五百石」下尚有「至三百石」四字。此言以所轄戶口多少為區分令與長之標準。唯萬戶以上、萬戶以下當係約數，依據實際情況容有上下，不可拘泥。《後漢書・百官志》注引應劭《漢官》曰：「《漢書・百官表》云：萬戶以上為令，萬戶以下為長。三邊始孝武皇帝所開，縣戶數百而或為令。荊揚江南七郡，唯有臨湘、南昌、吳三令爾。及南陽穰中，土沃民稠，四五萬戶而為長……俗說令、長以水土為之，及秩高下，皆無明文。班固通儒，述一代之書，斯近其真。」⑱皆有丞尉秩四百石至二百石是為長史　句末「史」，《漢書・百官公卿表》原文作「吏」。漢縣丞、尉之定員，《後漢書・百官志》引應劭《漢官》曰：「大縣丞、左右尉，所謂命卿三人；小縣一尉一丞，命卿二人。」丞，亦有超過一人者，如同上所引書又曰：「雒陽令秩千石，丞三人，四百石。」丞、尉之職掌，同書本注曰：「丞署文書，典知倉獄，尉主盜賊。凡有賊發，主名不立，則推索行尋，案察姦宄，以起端緒。」⑲百石以下有佐史之秩為少吏　漢制，四百石至二百石為長吏，百石以下為少吏。《漢書・百官公卿表》：「百石以下有斗食、佐史之秩，是為少吏。」其員數，以雒陽為例，《後漢書・百官志》注引《漢官》稱有「員吏七百九十六人，十三人四百石。鄉有秩、獄史五十六人，佐史、鄉佐七十七人，斗食、令史、嗇夫、假五十人，官掾史、幹小史二百五十人，書佐九十人，脩行二百六十人」。又《古今注》曰：「永和三年（西元一三八年）初，與河南尹及雒陽員吏四百二十七人。」其職掌，《後漢書・百官志》稱：「各署曹掾史。本注曰：諸曹略如郡員，五官為廷掾，監鄉五部，春夏為勸農掾，秋冬為制度掾。」縣之分曹置掾大體與郡之諸屬吏相似。有稱為主吏或綱紀者，如功曹、廷掾等；有稱為門下者，如主簿及其下屬之記室、錄事、書佐、循行等；有分職諸曹者：戶曹、田曹、時曹、水曹等掌民政，倉曹、金曹等掌財政，集曹、法曹、郵書掾、道橋掾、廄嗇夫等掌交通運輸，兵曹、庫嗇夫、尉曹等掌軍事，賊曹、獄掾史、獄司空等掌司法治安。此外尚有傳舍、候舍吏、守津吏、市掾等等，各掌旅舍、津渡、市易，大體可與郡之諸曹司相對應。實際所置，各地自然亦互有所異，不可能劃一。《宋書・百官志》已指出：縣之「其餘眾職，或此縣有而彼縣無，各有舊俗，無定制也」。⑳漢京兆尹統長安令　京兆尹，秦稱內史，漢武帝建元六年（西元前一

三五年）分為右內史，太初元年（西元前一〇四年）更為京兆尹。下統十二縣，長安為京兆尹屬縣之一，故言京兆尹統長安令。㉑後漢河南尹統洛陽令　東漢都洛陽，治京師者為河南尹。《漢官儀》記河南尹之沿革稱：「河南尹所治周地也。洛陽本周城，周之衰微分為西（東）周，（此西周、東周係戰國時二小國名。先有西周，都河南，今河南洛陽西；後又分出東周，都鞏，今河南鞏縣西南。先後為秦所滅。——引者）秦兼天下，置三川守河洛伊也。更名河南，孝武皇帝增曰太守。世祖中興，徙都洛陽，改號為尹。尹，正也，《詩》曰：赫赫師尹。」《後漢書・郡國志》稱：「世祖都雒陽，建武十五年（西元三十九年）改曰河南尹。」洛陽為河南尹屬縣之一，故言河南尹統洛陽令。東漢任洛陽令著名者，有被稱為「強項令」之董宣：漢光武帝時，「湖陽公主蒼頭白日殺人，因匿主家，吏不能得。及主出行，而以奴驂乘，宣於夏門亭候之，乃駐車叩馬，以刀畫地，大言數主之失，叱奴下車，因格殺之。主即還宮訴帝，帝大怒，召宣，欲箠殺之。宣叩頭曰：『願乞一言而死。』帝曰：『欲何言？』宣曰：『陛下聖德中興，而縱奴殺官人，將何以理天下乎？臣不須箠，請得自殺。』即以頭擊楹，流血被面。帝令小黃門持之，使宣叩頭謝主，宣不從，彊使頓之，宣兩手據地，終不肯俯。主曰：『文叔為白衣時，藏亡匿死，吏不敢至門。今為天子，威不能行一令乎？』帝笑曰：『天子不與白衣同。』因敕彊項令出，賜錢三十萬，宣悉以班諸吏。由是搏擊豪強，莫不震慄。京師號為『臥虎』。歌之曰：『枹鼓不鳴董少平。』在縣五年，年七十四，卒於官。詔遣使者臨視，唯見布被覆屍，妻子對哭，有大麥數斛，敝車一乘。帝傷之曰：『董宣廉絜，死乃知之！』」（《後漢書》本傳）㉒魏晉已後皆因之　魏以長安、譙、許昌、鄴、洛陽為五都，洛陽為其京師，置河南尹和洛陽縣令，在長安設京兆尹及長安令。晉都洛陽，仍魏之舊。晉任洛陽令者，如曹攄，以臨淄令「入為尚書郎，轉洛陽令，仁惠明斷，百姓懷之。時天大雨雪，宮門夜失行馬，群官檢察，莫知所在。攄使收門士，眾官咸謂不然。攄曰：『宮掖禁嚴，非外人所敢盜，必是門士以燎寒耳。』詰之果復。以病去官，復為洛陽令」（《晉書》本傳）。東晉及南朝並都建業。北魏孝文帝遷都洛陽，太和二十三年（西元四九九年）復次職令，置河南尹及洛陽令，令列從第五品下。太和末，元志曾任洛陽令，史稱其「不避強禦，與御史中尉李彪爭路，俱入見面陳得失。彪言御史中尉避承華車蓋，駐論道劍鼓，安有洛陽縣令與臣抗衡。志言神鄉縣主，普天之下誰不編戶，豈有俯同眾官，避中尉？高祖曰：『洛陽我之豐沛，自應分路揚鑣，自今以後，可分路而行。』及出，與彪折尺量道，各取其半」（《魏書・神元平文諸帝子孫・元志傳》）。北周以長安為都。明帝二年（西元五五八年）「分長安為萬年縣，並治京城」（《周書・明帝紀》）。北周任長安縣令及萬年縣令者，如裴祥，「除長安令，為權貴所憚，遷司倉下大夫」（《周書・裴俠傳附子裴祥》）；李詢，「建德三年（西元五七四年），拜司衛上士，遷長安令」（《隋書・李穆傳附兄子李詢》）；劉祥，「尋領萬年令，未朞月，轉長安令。頻宰二縣，頗獲時譽」（《周書・劉璠傳附子劉祥》）。㉓隋初兩京置四縣增秩為正五品　隋文帝繼周，都長安，置京兆尹；又築新都於龍首山，在漢長安城東南，本周之萬年縣界，南直終南山子午谷，北據渭水，東臨灞、滻，西枕龍首，謂之大興縣。煬帝即位，建東都洛陽，置河南尹，都城內建河南、洛陽二縣。故隋東西二京，共置四縣。據《隋書・百官志》，文帝時大興、長安令為從五品下；煬帝大業三年（西元六〇七年），大興、長安、河南、洛陽四縣令，並增為正五品。隋任此四縣令者，如劉行本，以太子左庶子兼「領大興令，權貴憚其方直，無敢至門者，由是請託路絕，法令清簡，吏民懷之」（《隋書》本傳）。㉔皇朝因之而不改　唐因隋，在京師亦有二縣：一為長安，仍隋舊名；一為萬年，改隋大興而置。皆屬京兆尹。唐武德元年（西元六一八年）敕萬年、長安令為正五品上；七年（西元六二四年）改為從五品，貞觀初復舊。此後京縣令俱為正五品上。顯慶二年（西元六五七年）在洛陽置東都，設河南尹，置河南、洛陽二縣。京、都四縣均為京縣。唐任京縣令者，如權懷恩，曾為萬年令。「時有奉乘安畢羅，善於調馬，甚為高宗所寵，懷恩奏事，遇畢羅在帝左右戲無禮，懷恩退而杖之四十。高宗知而嗟賞之，謂侍臣曰『懷恩乃能不辟強禦，真良吏也！』即日拜萬年令，為政清肅，令行禁止，前後京縣令無及之者。」李朝隱，「三遷長安令，有宦官閭興貴詣縣請託，朝隱命拽出之，睿宗聞而嘉歎，廷召朝隱勞曰：『卿為京縣令能如此，何憂！』」（均見《舊唐書》本傳）開元初，又有裴耀卿，「累遷長安令。長安有配戶和市之法，百姓苦之，耀卿到官，一切令出儲蓄之家，預給其值，遂無姦僦之弊，公私甚以為便。在職二年，寬猛得中，及去官，縣人甚思詠之」。再如李元紘，「三遷萬年縣令，賦役平允，不嚴而理，俄擢為京兆尹」（亦見《舊唐書》各自列傳）。㉕天后時東都又置來庭永昌二縣以太原為北都尋亦罷　天后，指武則天，謚則天皇后。垂拱四年（西元六八八年）七月一日，析洛陽縣置永昌縣；天授三年（西元六九二年）三月九日，又分置來庭縣，以陸寶績為縣令，治於都內之從善坊；長安二年（西元七〇二年）六月二日二縣同廢。神龍二年（西元七〇六年）十一月二日改洛陽為永昌縣，以王晙為縣令；唐隆元年（西元七一〇年）復改為洛陽縣（見《唐會要》卷七〇）。以太原為北都事，在天授元年（西元六八九年），神龍元年（西元七〇五年）罷之。㉖開元十一年置北都以晉陽太原為京縣　開元十一年，西元七二三年。開元為唐玄宗李隆基年號。是年正月又置北都，以并州為太原府，以晉陽、太原為京縣。官吏補授一準京兆、河南二府。天寶元年（西元七四二年）改北都為北京。㉗十七年巡陵又以奉先同京縣　十七年，指開元十七年，西元七二九年。據《舊唐書・玄宗紀》，是年十一月，玄宗謁橋陵，「望陵涕泣，左右並哀感。制奉先縣同赤縣，以所管萬三百戶供陵寢，三府兵馬供宿衛，曲赦縣內大辟罪以下」。同月，玄宗還繼續進謁了定陵、獻陵、昭陵和乾陵。㉘漢氏縣丞尉多以本郡人為之三輔縣則兼用他郡　秦漢時，縣令由朝廷署置，其丞、尉諸僚屬則可由郡守於當地人中辟除。顧炎武《日知錄·掾屬》記及此制云：「《古文苑注》，王延壽桐柏廟碑人名，謂掾屬皆郡人，可考漢世用人之法。今考之漢碑皆然。蓋其時惟守相命於朝廷，而自曹掾之下，無非本郡之人，故能知一方之人情，而為之興利除害。其辟用之者，即出於守相，而不似後代之官，一命以上皆由吏部。故廣漢太守陳寵入為大司農，和帝問在郡何以為理，寵頓首謝曰：臣任功曹王渙以簡賢選能，主簿鐔顯拾遺補闕，臣奉詔而已。帝大悅。」此制自漢而至南北朝時，仍大體相沿。如《隋書·劉炫傳》記有牛弘、劉炫一次對話便曾提及。弘問：「『魏齊（指北魏、北齊）之時，令史從容而已，今則不遑寧舍，其事何由？』炫對曰：『齊氏立州不過數十，三府行臺，遞相統領，文書行下，不過十條。今州三百，其繁一也。往者州唯置綱紀，郡置守丞，縣唯令而已。其所具僚，則長官自辟，受詔赴任，每州不過數十。今則不然，大小之官，悉由吏部，纖介之迹，皆屬考功，其繁二也。省官不如省事，省事不如清心，官事不省而望從容其可得乎？』」三輔縣，漢時指京兆尹、左馮翊、右扶風所轄之縣。三輔之官高於他郡。他郡卒史秩百石，三輔卒史為二百石；他郡游徼、獄史皆不滿百石，而長安此二職秩百石。故三輔縣得以從他郡選優秀者為屬吏。㉙隋氏革選盡用他郡之人　據《隋書·百官志》，隋文帝開皇三年（西元五八三年）罷辟署之制，其州縣之長官及佐官，「別置品官，皆吏部除授，每歲考殿最。刺史、縣令，三年一遷，佐官四年一遷。佐官以曹為名者，並改為司」。依此新制，州縣佐吏盡用他郡之人。㉚皇朝置京縣丞三員　正文為二員，《舊唐書·職官志》亦為二員。「三」當是「二」之誤。㉛周隋長安縣令丞已下有功曹主簿西曹兵曹戶法士等曹主簿　句中「兵」下之「曹」字，南宋本作「倉」，《隋書·百官志》作「金」，指倉曹或金曹。句末「主簿」二字疑衍。北周長安縣令丞以下功曹、主簿及諸曹之建置，不見於記載，隋之長安縣當承北周之舊制，《隋書·百官志》稱：隋「大興、長安縣，置令、丞、正、功曹、主簿、西曹，金、戶、兵、法、士曹等員，并佐史合一百四十七人」。與隋志相較，此句中「功曹」上脫一「正」字。北齊郡縣置三尉，隋改為正；煬帝時縣尉為縣正，尋改正為戶曹、法曹，唐初復改為正，武德七年（西元六二四年）三月，再改正為尉。㉜皇朝京縣置二人　唐唯長安、萬年、河南、洛陽四京縣置主簿二人，畿縣以下皆為一人。又，長安、萬年二縣之丞及主簿，其定員前後有異。如「大歷四年（西元七六九年）三月四日，長安、萬年縣丞各減一員，主簿一員，尉兩員」（《唐會要》卷六九）。㉝太原晉陽各一員　唐任太原主簿者，如谷倚，武后長安中，與富嘉謨、吳少微「皆以文詞著名，時人謂之『北京三傑』」（《舊唐書·文苑·谷倚傳》）。㉞錄事二人　《職官分紀》卷四二引《唐六典》原注作「一人」。㉟史二人　《舊唐書·職官志》作「四人」。㊱自「漢氏長安有四尉」至「是為右部」　漢衛宏《漢官舊儀》亦記有此四尉：「長安城方六十里，中皆屬長安令。置左、右尉。城東、城南置廣部尉，城西、城北置明部尉，凡四尉。」㊲並四百石黃綬大冠　四百石俸，月四十五斛。二百石至四百石者皆佩黃綬，一采，淳黃圭，長一丈五尺，六十首。大冠，即武冠。蔡邕《獨斷》：「武冠或曰繁冠，今謂之大冠，武官服之。」尉之職與武事有關，故戴武冠。或謂由趙惠文王所造，故又名惠文冠。侍中、中常侍亦服此冠，則另加金璫，附蟬為文，貂尾為飾，黃金為竿。《晉書・輿服志》注引應劭《漢官》曰：「說者以為金取剛強，百鍊不耗；蟬居高飲清，口在掖下；貂內勁悍而外柔縟。或以為北土多寒，胡人常以貂皮溫額，後世效此，遂以附冠。」❸❽後漢洛陽置四尉皆孝廉作　孝廉，漢選舉官吏科目。初孝、廉各為科，後合二為一。郡國歲舉一至二人，大多先授以郎中一類職務，東漢順帝後改為先詣公府課試，以觀其能，然後除授。此處指被舉為孝廉者。《後漢書・百官志》注引《漢官》曰：「雒陽令秩千石，丞三人，四百石，孝廉左尉四百石，孝廉右尉四百石。」東漢任洛陽尉者，如橋玄，少為縣功曹，「舉孝廉，補洛陽左尉。時梁不疑為河南尹，玄以公事當詣府受對，恥為所辱，棄官還鄉里」（《後漢書》本傳）。又如曹操，二十歲舉孝廉為郎，除洛陽北部尉。《三國志・魏書・武帝紀》注引《曹瞞傳》曰：「太祖初入尉廨，繕治四門。造五色棒，縣門左右各十餘枚，有犯禁者，不避豪強，皆棒殺之。後數月，靈帝愛幸小黃門蹇碩叔父夜行，即殺之。京師斂迹，莫敢犯者。近習寵臣咸疾之，然不能傷，於是共薦稱之，故遷為頓丘令。」❸❾魏氏因之　曹魏因漢制，在洛陽縣亦置部尉。《三國志・魏書・曹爽傳》注引《魏末傳》：「爽兄弟歸家，敕洛陽縣發民八百人，使尉部圍爽第四角，角作高樓，令人在上望視爽兄弟舉動。」文中尉部即洛陽縣之部尉，所發之民為洛陽縣轄境內人，故以部尉統之。❹⓿晉洛陽置六部尉過江亦於建康置六部尉　《晉書・職官志》稱：「洛陽縣置六部尉，江左以後，建康亦置六部尉。」六部尉，指左、右、東、西、南、北六部尉，即洛陽分為六個區，以管理社會治安。❹❶北齊鄴縣亦置三尉　北齊都於鄴，今河北安陽；置鄴、臨漳、安成三縣。三縣中，「鄴又領右部、南部、西部三尉，又領十二行經途尉。凡一百三十五里，里置正。臨漳又領左部、東部二尉，左部管九行經途尉。凡一百一十里，置里正。安成又領後部、北部二尉，後部管十一行經途尉。七十四里，里置正」（《隋書・百官志》）。❹❷隋氏長安無尉有正煬帝後置尉　據《隋書・百官志》，隋在大興、長安縣令、丞之下，有正，無尉；煬帝大業三年（西元六〇七年），以縣尉為縣正，尋改正為戶曹、法曹。又，句中「後」，《職官分紀》卷四二引《唐六典》原注此句作「復」。❹❸皇朝武德初始置尉六人　《新唐書・百官志》稱：「武德元年（西元六一八年），改書佐曰縣尉，尋改曰正。七年（西元六二四年）改縣正復曰尉。」又據《唐會要》卷六九丞簿尉條記載，大歷四年（西元七六九年），長安、萬年二縣各減尉兩員。唐任京縣尉者，如竇參，「以門蔭累官至萬年尉。時同僚有直官曹者，將夕，聞親疾，請參代之，會獄囚亡走。京兆尹按直簿，將奏，參遽請曰：『彼以不及狀謁，參實代之，宜當罪。』坐貶江夏尉，人多義之。累遷奉先尉。縣人曹芬，名隸北軍，芬素凶暴，因醉毆其女弟，其父救之不得，遂投井死。

參捕理芬兄弟當死，眾官請倏免喪，參曰：『子因父生，父由子死，若以喪延罪，是殺父不坐也。』皆正其罪而杖殺之。一縣畏伏」（《舊唐書》本傳）。又如盧莊道，「年十六，授長安尉。太宗將錄囚徒，京宰以莊道幼年懼不舉，欲以他尉代之，莊道不從，但閑暇不之省也。時繫囚四百餘人，令、丞深以為懼。翌日，太宗召囚，莊道乃徐書狀以進，引諸囚入，莊道評其輕重，留繫日月，應對如神，太宗驚嘆」（《大唐新語》）。此外尚有苗晉卿，亦曾為奉先縣尉。㊹典獄 管理監獄之卒吏，由百姓執衙役者充當。㊺問事 行杖以訊嫌犯之卒吏，亦由百姓執衙役者充當。㊻白直 配置於縣衙之衙役，為百姓所執之力役。㊼博士 為縣學教授，授生徒以經學。

【語譯】萬年、長安、河南、洛陽、奉先、太原、晉陽七縣：各置令一人，品秩是正五品上。商、周以前，公、侯、伯、子、男五等諸侯，都各自管理他們所屬的百姓。周朝衰落後，諸侯相互兼併，一些大國就在周邊新佔領的地區另外設置邑、縣、鄙這類區域機構，用以管理那裡的百姓。這些區域機構的長官，在齊國、晉國的，稱之為大夫，魯國、衛國稱為宰，楚國稱為令（公）、尹，秦國則稱為令、長。《漢書》中說：「縣〔令或縣〕長的職掌都是負責治理他們所屬的縣。管轄區內人口有一萬戶以上的稱為令，俸秩是六百石到一千石；少於一萬戶的稱為長，俸秩是三百石到五百石。令或長都設有丞和尉，俸秩是二百石到四百石，這是縣的長吏。一百石以下為佐史的俸秩，屬於縣的少吏。」漢代由京兆尹管轄長安縣令，東漢時，由河南尹統領洛陽縣令，魏晉以後都因仍漢制。隋朝初年，在京師和東都共設四縣，縣令的品秩提高到正五品，本朝沿襲隋制沒有更改。則天皇后時，曾在東都又設了來庭、永昌二縣，並以太原為北都，不久又都撤銷。玄宗開元十一年，又設置北都，所統管的晉陽、太原二縣，都列為京縣。開元十七年御駕巡視皇陵，又把奉先提升為京縣。

丞，定員二人，品秩為從七品上。漢時，縣的丞和尉大多由本郡人擔任，三輔所屬的各縣，則可以兼用其他郡人。到了隋朝變革選制，縣的佐吏在品官以上的，改為全部選用外郡人員充當。關於丞的定員，漢以後都是一人。本朝把京縣丞的定員增為三（二）人，其中北京的太原、晉陽二縣仍各置一人。

主簿，定員二人，品秩為從七品上。從漢代以來，縣的主簿都由縣的令或長自己徵調任用。北周和隋朝，長安縣令、丞以下，設有功曹、主簿、西曹，兵、曹（倉）、戶、法、士等曹〔主簿〕。本朝在京縣設置主簿二人，太原、晉陽二縣為各一員。

錄事，定員二人，品秩為從九品下；隋長安縣亦設錄事二人。有佐二人，史二人。

尉，定員六人，品秩為從八品下。漢代長安縣設有四個尉，分為左右兩部：城東、城南設廣部尉，這是左部；城西、城北置明部尉，這是右部。俸秩都是四百石，繫黃綬，戴大冠。主管追捕盜賊，偵察作姦為非一類事。東漢在洛陽縣設置四尉，有東部尉、南部尉、西部尉、北部尉，都由孝廉充當此職。魏因承漢制。晉在洛陽縣設六部尉，過江後的東晉，亦在建康設有六部尉。南朝的宋、齊、梁、陳都沿襲晉制。北齊在鄴縣亦設右部、南部、西部三尉。隋朝在長安縣沒有設置尉，而有縣正；到煬帝時又設置尉。本朝武德初年方始設置尉六人。

司功，有佐三人，史六人。

司倉，有佐四人，史八人。

司户，有佐五人，史十人。

司兵，有佐三人，史六人。

司法，有佐五人，史十人。

司士，有佐四人，史八人。

典獄，定員十四人。

問事，定員八人。

白直，定員十八人。

博士，一人；助教，一人；學生，五十人。

二

京兆、河南、太原諸縣❶：令各一人❷，正六品上。丞一人，正八品上❸。主簿一人，

正九品上。隋九等縣丞、尉已下皆有，以本縣人為之❹，高宗始為品官，今吏部選授❺。尉二人，正九品下。後漢置尉，大縣二人，小縣一人，主捕盜賊❻。三國、晉、宋之後並因之❼。隋氏九等縣則上縣二人，中、上縣一人；煬帝改為縣正，又為書佐❽。皇朝復為縣尉，畿縣戶不滿四千者亦置二人，萬戶已上置三人❾。諸州上縣：令，從六品上❿；丞一人，從八品上⓫；簿一人，從九品下⓬；尉二人，從九品上。中縣：令一人，七品上⓭；丞一人，從八品上⓮；主簿一人，從九品上；尉一人，從九品下，縣滿四千戶增置一人⓯。中下縣：令一人，從七品上⓰；丞一人，九品上⓱；主簿一人，從九品上；尉一人，從九品。下縣：令一人，從七品下；丞一人，正九品下；主簿一人，從九品上；尉一人，從九品下。

丞一人⓲，正八品下。注見上文。

主簿一人⓳，正九品上。隋九等縣丞、尉已下皆有光初功曹、光初主簿、功曹主簿，西曹，金、戶、兵、法、士等曹佐及市令等員，正九品下⓴，皆本縣人為之。高宗始為品官，今吏部選授。

尉二人，正九品下。

錄事二人；史三人。

司功，佐三人；史五人。

司倉，佐四人；史七人。

司戶，佐四人；史七人；帳史一人。萬戶已上增置佐二人，史四人，帳史一人。

司法，佐四人；史八人。萬戶已上增置佐一人，史二人。

司士，佐四人；史八人。

典獄十人[21]。

問事四人。

白直一人。

市令一人；佐一人；史一人；帥二人。

經學博士一人；助教一人；學生四十人。

諸州上縣：令一人[22]，從六品上。

丞一人[23]，從八品下。

主簿一人[24]，正九品下。

尉二人，從九品下[25]。

錄事二人；史三人。

司戶，佐四人；史七人[26]。萬戶已上增置佐二人，史四人，帳史一人。

司法，佐四人，史八人。萬戶已上增置佐一人，史二人，餘同畿縣。

典獄十人。

問事四人。

白直十人。

市令一人；佐一人，史一人；帥二人；倉督二人。

博士一人；助教一人；學生四十人。

諸州中縣：令一人，正七品上。

丞一人，正九品上[27]。

主簿一人，從九品上。

尉一人，從九品下。

錄事一人，史二人[28]。

司法，佐三人；史五人[29]。四千戶增置佐一人，史二人，帳史一人。

司法，佐三人[30]；史六人。四千戶增置佐一人，史二人。

典獄八人。

問事四人。

白直八人。

市令一人；佐一人；史一人；帥二人；倉督一人。

博士一人；助教一人；學生二十五人。

諸州中下縣：令一人，從七品上。

丞一人，正九品上。

主簿一人，從九品上。

尉一人，從九品下。

錄事一人。

司戶，佐二人；史四人[31]；帳史一人。

司法，佐二人；史四人。

典獄六人。

問事四人。

白直八人。

市令一人；佐一人；史一人；帥一人[32]。無市則闕。

博士一人；助教一人；學生二十人[33]。

諸州下縣：令一人，從七品下。

丞一人，正九品下。

主簿一人，從九品上。

尉一人，從九品下。

錄事一人。

司戶，佐二人；史四人；帳史一人。

司法，佐二人[34]；史四人。

典獄六人。

問事四人。

白直八人。

市令一人；史一人；帥二人[35]。無市則闕。

博士一人；助教一人；學生二十人。

【章旨】敘述京兆、河南、太原三府之畿縣及諸州上、中、中下、下縣之令、丞、主簿、尉及諸司之佐、史等的定員、品秩和沿革。

【注釋】❶京兆河南太原諸縣　指三府尹所屬京縣以外其他諸縣，稱畿縣。唐制：「凡三都之縣，在城內曰京縣，城外曰畿縣。」（本書三卷二篇）據《舊唐書・地理志》京兆府除長安、萬年、奉先三京縣外，尚領有藍田、渭南、昭應、三原、高平、櫟陽、咸陽、高陵、涇陽、醴泉、雲陽、興平、鄠、好畤、盩厔、奉天、華原、美原、同官等畿縣；河南府除河南、洛陽二京縣外，尚領有偃師、鞏、緱氏、告成、登封、陸渾、伊闕、伊陽、壽安、新安、福昌、澠池、長水、永寧、密、河清、潁陽、河陽等畿縣；太原府除太原、晉陽二京縣外，尚領有太谷、文水、榆次、盂、清源、交城、陽曲、壽陽、廣陽、樂平、祁等畿縣。❷令各一人　唐任畿縣令見於記載者甚多，如李元紘由好畤令遷潤州司馬，轉萬年令（據《舊唐書》本傳）。好畤為京兆府所屬畿縣。又如蔣沇兄弟四人，「俱以幹局吏事擅能名於天寶中。長史韓朝宗、裴迥咸以推覆檢勾之任委之，處事平允，剖斷精當，動為群僚楷式。乾元後，授陸渾、盩厔、咸陽、高陵四縣令，當軍旅之後，瘡夷未平，沇竭心綏撫，所至安輯。副元帥郭子儀統兵由其縣，必誡軍吏曰：『蔣沇令清而嚴幹，供億故當有素，士眾得蔬飯見饋則足，無撓清政。』其為名人所知如此。稍遷長安令」（《舊唐書・蔣沇傳》）。所言四縣皆為畿縣，陸渾屬河南府，餘皆屬京兆府。又如盧坦，「為壽安令，時河南尹徵賦限窮，而縣人訴以機織未就，坦請延十日，府不許。坦令戶人但織而輸，勿顧限也，違之不過罰令俸耳。既成而輸，坦亦坐罰，由是知名」（《舊唐書》本傳）。壽安係河南府所領之畿縣。再如薛仁貴之子薛納，亦曾任京兆府所屬畿縣藍田之令，時「有富商倪氏於御史臺理其私債，中丞來俊臣受其貨財，斷出義倉米數千石以給之。納曰：『義倉本備水旱，以為儲蓄，安敢絕眾人之命，以資一家之產？』竟報上不與」（《舊唐書》本傳）。❸正八品上　句末「上」當係「下」之訛。《通典・職官二十二・大唐官品》及《舊唐書・職官志》總敘官品條俱作「正八品下」。又，自此句至「尉二人正九品下」共四十九字，南宋本與正德本皆如此，近衛校稱「疑衍文」。❹隋九等縣丞尉已下皆有以本縣人為之　隋諸縣自上上至下下分九等，各等縣在丞、尉之下皆置主簿一人，以本縣人任此職，但無品秩。❺高宗始為品官令吏部選授　唐時，定畿縣之主簿為正九品上，上縣、中縣之主簿為正九品下，中、下縣主簿為從九品下；品官皆由吏部選授。❻後漢置尉大縣二人小縣一人主捕盜賊　《後漢書・百官志》：「尉，大縣二人，小縣一人。本注曰：尉主盜賊。凡有賊發，主名不立，則推索行尋，案察姦宄，以起端緒。」漢任縣尉者，如張湯，初「給事內史，為甯成掾，以湯為無害，言大府，調茂陵尉，治方中」。茂陵為漢武帝陵墓，治方中即指掌管修築茂陵工程事。又如王嘉，以明經射策甲科為郎，由「光祿勳于永除為掾，察廉為南陵丞，復察廉為長陵尉」。二例皆載《漢書》本傳，茂陵、長陵俱為三輔所領之縣。又，自此句至「萬戶已上置三人」共七十五字，近衛校稱：「疑尉下注文。」❼三國晉宋之後並因之　《晉書・職官志》稱：「洛陽縣置六部尉，江左以後建康亦置六部尉，餘大縣置二人，小縣各一人。」宋沿晉制。《太平御覽・職官部六十七・縣尉》：「宋武帝詔曰：百里之任，總歸官長，縣尉實效甚微，其費不少，二品縣可置一尉而已，餘悉停省。」《宋書・百官志》：縣尉，「宋太祖元嘉十五年（西元四三八年），縣小者又省之」。故有關縣尉之置，三國晉宋只是大體因仍漢制，具體情況則不一。❽隋氏九等縣則上縣二人中上縣一人煬帝改為縣正又為書佐　句中「中上縣」南宋本作「中下縣」。隋九等縣皆置令、丞、尉；尉之員數，《隋書・百官志》未列，唯記有煬帝大業三年（西元六〇七年）改「縣尉為縣正」，諸曹掾史皆稱書佐。顏師古於隋「仁壽中，為尚書左丞李綱所薦，授安養尉。尚書左僕射楊素見師古年弱貌羸，因謂曰：『安養劇縣，何以克當？』師古曰：『割雞焉用牛刀。』素奇其對。到官果以幹理聞」（《舊唐書・顏師古傳》）。❾皇朝復為縣尉畿縣戶不滿四千者亦置二人萬戶已上置三人　《新唐書・百官志》稱：「武德元年（西元六一八年），改書佐曰縣尉，尋改曰正。七年（西元六二四年）改縣正復曰尉，開元，上縣萬戶、中縣四千戶以上增尉一人。其後畿縣戶不及四千，亦置尉二人，萬戶增一人。」唐在畿縣任縣尉者甚多，如蘇味道，「弱冠，本州舉進士，累轉咸陽尉。吏部侍郎裴行儉先知其貴，甚加禮遇，及征突厥阿史那都支，引為管記」；蕭至忠，「少仕為畿尉，以清謹稱，嘗與友人期於路隅，會風雪凍冽，諸人皆奔避就宇下，至忠曰：『寧有與人期而求安失信乎？』獨不去，眾咸嘆服」（均見《舊唐書》本傳）。又有劉延祐，「弱冠本州舉進士，累補渭南尉，刀筆吏能，為畿邑當時之冠。司空李勣嘗謂曰：『足下春秋甫爾，便擅大名，宜稍自貶抑，無為獨出人右也。』」（《舊唐書・劉胤之附弟子劉延祐傳》）京縣、畿縣之尉，往往成為一些大官出身歷練的起點。「長安二年（西元七〇二年）則天令雍州長史薛季昶擇僚吏堪為御史者，季昶以問錄事參軍盧齊卿，舉長安縣尉盧懷慎、季休光，萬年縣尉李乂、崔湜，咸陽縣丞倪若水，盩厔縣尉田崇璧，新豐縣尉崔日用，後皆至大官」（《唐會要》卷七五）。❿諸州上縣令從六品上　自此句至「尉二人從九品下」共六十字，近衛校注「疑衍」。⓫從八品上　本章此下諸州上縣丞員品係正文及《舊唐書・職官志》、《新唐書・百官志》上縣丞品秩俱作「從八品下」，《通典・職官二十二・大唐官品》、《舊唐書・職官志》總敘官品條則同此，亦為「從八品上」。⓬簿一人從九品下　南宋本句首「簿」上尚有「主」字，「九品下」上則無「從」字。據下文上縣主簿品秩當為正九品下，《舊唐書・職官志》及《新唐書・百官志》亦為「正九品下」。⓭七品上　據下文諸州中縣令品秩當補一「正」字，為「正七品上」。《舊唐書・職官志》、《新唐書・百官志》亦為「正七品上」。⓮丞一人從八品上　《通典・職官二十二・大唐官品》及《舊唐書・職官志》、《新唐書・百官志》中縣丞品秩皆為「從八品下」。此句末「上」當是「下」之訛。⓯縣滿四千戶增置一人　《新唐書・百官志》稱：「開元，上縣萬戶、中縣四千戶以上增尉一人。」又，近衛校正德本此句疑為「諸州中縣尉注文」。⓰中下縣令一人從七品上　自此句至「尉一人從九品下」共六十一字，近衛校注「疑衍」。⓱丞一人九品上　據下正文中下縣丞之品秩當為「正九品上」。⓲丞一人　唐任畿縣丞者，若劉仁軌，先為陳倉尉，「部人有折衝都尉魯寧者，恃其高班，豪縱無禮，歷政不能禁止。仁軌特加誡喻，期不可再犯，寧又橫暴尤甚，竟杖殺之。州司以聞，太宗怒曰：『是何縣尉，輒殺吾折衝！』遽追入，與語，奇其剛正，擢授櫟陽丞」（《舊唐書》本傳）。陳倉屬岐州，櫟陽屬京兆府，為畿縣。⑲主簿一人　唐任畿縣主簿見於記載者，武德時有張行成，「應制舉乙科，授雍州富平縣主簿，理有能名」；開元時有宇文融，「累轉富平主簿，明辨有吏幹」（均見《舊唐書》本傳）。富平為京兆府之畿縣。又有蘇弁，「少有文學，舉進士，授秘書省正字，轉奉天主簿。朱泚之亂，德宗倉卒出幸，縣令杜正元上府計事，聞大駕至，官吏惶恐，皆欲奔竄山谷。弁諭之曰：『君上避狄，臣下當伏難死節。昔肅宗幸靈武，至新平、安定，二太守皆潛遁，帝命斬之以徇，諸君知其事乎？』眾心乃安。及車駕至，迎扈儲備無闕，德宗嘉之，就加試大理司直。賊平，拜監察御史」（《舊唐書・儒學・蘇弁傳》）。奉天為畿縣，屬京兆府。縣令不在時，由丞、主簿、尉三人總其事，三職若有缺員，則可相互兼攝。此例即為縣令上府計事，主簿暫領縣令之事。⑳自「隋九等縣丞尉已下」至「正九品下」　《隋書・百官志》與此段文字相應之記載為：「縣置令、丞、尉、正、光初功曹、光初主簿、功曹、主簿、西曹，金、戶、兵、法、士等書佐及市令等員，合九十九人。」與之相較，此處原注：㈠「光初功曹」上缺一職名「正」，即縣正；㈡末尾多「正九品下」四字，而少「合九十九人」一句。按：原注所列屬官眾多，顯然不可能同為「正九品下」；且隋大興、長安二縣之縣正、功曹、主簿為視從九品，下縣丞為從九品上，中縣尉為從九品下，丞、尉之下諸曹佐之品位亦無高於其上之理。「正九品下」或係「合九十九人」之誤，或由他處注文錯入。㉑典獄十人　《舊唐書・職官志》作「典獄十四人」。㉒諸州上縣令一人　上縣，唐以所轄戶口多少分縣之等第。《唐會要》卷七〇量戶口定州縣等第例條：「武德令：戶五千以上為上縣，二千戶以上為中縣，一千戶已上為中下縣。」本書第三卷第二篇戶部郎中職掌條則為：「六千戶已上為上縣，二千戶已上為中縣，一千戶已上為中下縣，不滿一千戶皆為下縣。」唐曾任上縣之縣令者甚多，略舉一二，并其事蹟，以明其職掌。如韋景駿，「明經舉，神龍中轉肥鄉令。縣北界漳水，連年泛溢。前隄迫近水漕，雖修築不息，而漂流相繼。景駿審其地勢，拓南數里，因高築隄。暴水至，隄南以無患，水去而隄北稱腴田。漳水舊有架杠長橋，每年修葺，景駿又改造為浮橋，自是無復水患，至今賴焉。時河北飢，景駿躬撫合境，村閭必通贍恤，貧弱獨免流離。及去任，人吏立碑頌德。開元中，為貴鄉令。縣人有母子相訟者，景駿謂之曰：『吾少孤，每見人養親，自恨終天無分，汝幸在溫清之地，何得如此？錫類不行，令之罪也。』因垂泣嗚咽，仍取《孝經》付令習讀之，於是母子感悟，各請改悔，遂稱慈孝。累轉趙州長史，路由肥鄉，人吏驚喜，競來犒餞，留連經日。有童稚數人，年甫十餘歲，亦在其中，景駿謂曰：『計吾為此令時，汝輩未生，既無舊恩，何愍懃之甚也？』咸對曰：『此間長宿傳說，縣中廨宇、學堂、館舍、隄橋，並是明公遺跡。將謂古人，不意親得瞻覩，不覺欣戀倍於常也。』其為人所思如此」(《舊唐書・良吏・韋機附孫韋景駿傳》)。肥鄉屬洺州，為上縣；貴鄉屬魏州，為望縣，亦屬上縣。又如楊瑒，中宗時為麟遊縣令，「時御史大夫竇懷貞檢造金仙、玉真二觀，移牒近縣，徵百姓所隱逆人資財，以充觀用。瑒拒而不受，懷貞怒曰：『焉有縣令卑微，敢拒大夫之命乎?』瑒曰：『所論為人冤抑，不知計位高卑。』懷貞壯其對。又中宗時，韋庶人上表請以年二十二為丁限，及韋氏敗，省司舉徵租調，瑒執曰：『韋庶人臨朝當國，制書非一，或進階卿士，或赦宥罪人，何獨於已役中男，重徵丁課，恐非保人之術。』省司遂依瑒所執，一切免之。瑒由是知名」(《舊唐書・良吏・楊瑒傳》)。遊麟縣屬岐州，次畿，為上縣。㉓丞一人　唐曾任上縣丞見於記載者，若唐臨，其「出為萬泉丞，縣有輕囚十數人，會春暮時雨，臨白令請出之，令不許，臨曰：『明公若有疑，臨請自當其罪。』令因請假，臨召囚悉令歸家耕種，與之約，令歸繫所。囚皆感恩貸，至是畢集詣獄，臨因是知名」(《舊唐書》本傳)。萬泉屬蒲州，為上縣。又如崔日知，原任京兆尹，「坐贓為御史李如璧所劾，左遷歙縣丞」(《舊唐書・崔日用從見崔日知傳》)。歙縣，屬歙州，為緊縣，屬上縣。㉔主簿一人　唐曾任上縣之主簿者，如裴懷古，「儀鳳中，詣闕上書，授下邽主簿」；李尚隱，「弱冠明經累舉，補下邽主簿。時姚珽為同州刺史，甚禮之」(均見《舊唐書・良吏下》本傳)。下邽屬華州，望縣，為上縣。㉕尉二人從九品下　南宋本及新舊《唐書》官志皆為「從九品上」，「下」當是「上」之訛。唐曾任上縣尉見於記載者多，若崔日用，「進士舉，初為芮城尉，大足元年(西元七〇一年)則天幸長安，路次陝州，宗楚客時為刺史，日用支供頓事，廣求珍味，稱楚客之命，徧饋從官。楚客知而大加賞嘆，盛稱薦之，由是擢為新豐尉」；婁師德，「進士擢第，授江都尉。揚州長史盧承業奇其才，嘗謂之曰：『吾子台輔之器，當以子孫相託，豈可以官屬常禮待也』」；楊再思，「少舉明經，授玄武尉。充使詣京師，止於客舍。會盜竊其囊裝，再思邂逅遇之，盜者伏罪，再思謂曰：『足下當苦貧匱，至此無行。速去勿作聲，恐為他人所擒。幸留公文，餘財盡以相遺。』盜者齎去。再思初不言其事，假貸以歸。」(均見《舊唐書》本傳)上列芮城，屬陝州，望縣；新豐，畿縣；江都，屬揚州，望縣，皆為上縣。玄武，屬梓州，亦為上縣。㉖史七人　《舊唐書・職官志》此下尚有「帳史一人」。按：畿縣之佐吏，轉京縣少司兵，而諸州所屬上縣以下，唯司戶、司法而已，較畿縣又少司功與司倉。㉗丞一人正九品上　《通典・職官二十二・大唐官品》及新舊《唐書》官志中縣之丞皆列為「從八品下」。㉘史二人　《舊唐書・職官志》作「史四人」。㉙司法佐三人史五人　句中「法」係「戶」字之訛。又，《舊唐書・職官志》在「史五人」下尚有「帳史一人」。㉚司法佐三人　《舊唐書・職官志》作「二人」。㉛史四人　《舊唐書・職官志》中下縣司戶之史為三人。㉜帥一人　南宋本及《舊唐書・職官志》和《職官分紀》卷四二引

《唐六典》原文皆為「帥二人」。㉝學生二十人　南宋本及《舊唐書・職官志》和《職官分紀》卷四二引《唐六典》原文俱為「二十五人」。㉞司法佐二人《舊唐書・職官志》下縣之司法佐為「一人」。㉟市令一人史一人帥二人《舊唐書・職官志》：下縣置「市令一人，佐一人，史二人，帥二人」。與唐志相較，此句「史一人」之上缺「佐一人」，史則少一人。又，關於中下縣及下縣之市官，《唐會要》卷八六載：「大中五年（西元八五一年）八月〈州縣職員令〉：『大都督府市令一人，掌市內交易，禁察非為，通判市事；丞一人，掌判市事。佐一人，史一人，帥三人，掌分行檢察州縣市，各令準此。』其月敕：中縣戶滿三千戶以上，置市令一人，史二人。其不滿三千戶以上者，並不得置市官。若要路須置，舊來交易繁者，聽依三千戶法置，仍申省。諸縣在州郭下並置市官，又準戶部格式。其市吏壁帥之徒，聽於當州縣供官人市買。」按開元令規定，三千戶以上為中縣，中縣以上置市令為定式；三千戶以下為中下縣或下縣，其有要路須置，舊來交易繁者，申尚書省，亦能置市官。故中下縣及下縣注文皆言其市官為「無市則闕」。此外州治所所在之縣，皆置市官。

【語　譯】京兆、河南、太原三府所屬各畿縣：令，定員各一人，品秩為正六品上。丞，定員為一人，品秩是正八品上（下）。主簿，定員為一人，品秩是正九品上。隋九等中的各個縣，在丞、尉以下都設有主簿，由本縣人擔任。到唐高宗時，方始將縣主簿列為品官，統一由吏部選授。尉，定員為二人，品秩是正九品下。東漢開始在縣屬官中設置尉，大縣為二人，小縣為一人，主管追捕盜賊。三國和晉、宋以後都因仍漢制，設置縣尉。隋代九等縣中，上縣設尉二人，中下縣設一人；煬帝時改名為縣正，又為書佐。本朝恢復舊名稱縣尉。畿縣中戶口不滿四千的亦設二人，戶口在一萬以上的設置三人。各州的上縣：令，定員一人，品秩為從六品上；丞，定員一人，品秩為從八品上（下）；〔主〕簿，定員一人，品秩為從（正）九品下；尉，定員二人，品秩為從九品上。中縣：令，定員一人，品秩為〔正〕七品上；丞，定員一人，品秩為從八品下；主簿，定員一人，品秩為從九品上；尉，定員一人，品秩為從九品下，戶口滿四千的縣，尉的定員增加一人。中下縣：令，定員一人，品秩為從七品上；丞，定員一人，品秩為〔正〕九品上；主簿，定員一人，品秩為從九品上；尉，定員一人，品秩為從九品下。下縣：令，定員一人，品秩為從七品下；丞，定員一人，品秩為正九品下；主簿，定員一人，品秩為從九品上；尉，定員一人，品秩為從九品下。

丞，定員一人，品秩為正八品下。注釋見上文。

主簿，定員一人，品秩為正九品上。隋在九等縣中設置的丞、尉以下的佐吏，都有光初功曹、光初主簿、功曹主簿，西曹，金、戶、兵、法、士等曹佐和士令等編員，〔品秩為正九品下，〕都由本縣人充當。到唐高宗時方始列為品官，由吏部統一選授。

尉，定員二人，品秩為正九品下。

錄事，定員二人，有史三人。

司功，有佐三人，史五人。

司倉，有佐四人，史七人。

司戶，有佐四人，史七人，帳史一人。萬戶以上的縣，增加設置佐二人，史四人，帳史一人。

司法，有佐四人，史八人。萬戶以上的縣，增設佐一人，史二人。

司士，有佐四人，史八人。

典獄，定員十人。

問事，定員四人。

白直，定員一人。

市令，定員一人，有佐一人，史一人，帥二人。

經學博士，定員一人；助教，一人；學生，四十人。

各州所屬的上縣：令，定員一人，品秩為從六品上。

丞，定員一人，品秩為從八品下。

主簿，定員一人，品秩為正九品下。

尉，定員二人，品秩為從九品下（上）。

錄事，定員二人；有史三人。

司戶，有佐四人，史七人〔，帳史一人〕。萬戶以上的縣，增設佐二人，史四人，帳史一人。

司法，有佐四人，史八人。萬戶以上的縣，增設佐一人，史二人。其餘與前面對畿縣的規定相同。

典獄，十人。

問事，四人。

白直，十人。

市令，定員一人；有佐一人，史一人，帥二人，倉督二人。

博士，定員一人；助教，一人；學生，四十人。

各州所屬的中縣：令，定員一人，品秩為正七品上。

丞，定員一人，品秩為正九品上（從八品下）。

主簿，定員一人，品秩為從九品上。

尉，定員一人，品秩為從九品下。

錄事，定員一人；有史二人。

司法（戶），有佐三人，史五人〔，帳史一人〕。中縣滿四千戶，增設佐一人，史二人，帳史一人。

司法，有佐三人，史六人。中縣滿四千戶的，增設佐一人，史二人。

典獄，八人。

問事，四人。

白直，八人。

市令，定員一人；有佐一人，史一人，帥一（二）人，倉督一人。

博士，定員一人；助教，一人；學生，二十人（二十五人）。

各州所屬的中下縣：令，定員一人，品秩為從七品上。

丞，定員一人，品秩為正九品上。

主簿，定員一人，品秩為從九品上。

尉，定員一人，品秩為從九品下。

錄事，定員一人。

司戶，有佐二人，史四人，帳史一人。

司法，有佐二人，史四人。

典獄，六人。

問事，四人。

白直，八人。

市令，定員一人；有佐一人，史一人，帥一（二）人。轄境內無市易，此職可不設。

博士，定員一人；助教，一人；學生，二十人（二十五人）。

各州所屬的下縣：令，定員一人，品秩為從七品下。

丞，定員一人，品秩為正九品下。

主簿，定員一人，品秩為從九品上。

尉，定員一人，品秩為從九品下。

錄事，定員一人。

司戶，有佐二人，史四人，帳史一人。

司法，有佐二人，史四人。

典獄，六人。

問事，四人。

白直，八人。

市令，定員一人；有史一人，帥二人。轄境內無市易，此職可不設。

博士，定員一人；助教，一人；學生，二十人。

【說　明】唐全國州、縣之數，可能由於屢有置廢裁併，諸書所據時間不一，因而記載亦有異。如本書第三卷第二篇戶部郎中職掌條所記為：「凡天下之州府三百一十有五。」《新唐書·地理志》，據貞觀十三年（西元六三九年）簿籍，則記為共有州、府三百五十八，縣一千五百五十一；又據開元二十八年（西元七四〇年）戶部帳的統計，全國共有郡、府三百二十八，縣一千五百五十三。《通典·職官十五》據天寶中統計，全國「總三百二十七州」，「凡一千五百七十三縣」。關於各個等級的縣的數字，據《通志》稱：「唐縣有赤、畿、望、緊、上、中、下六等之差，京都所治為赤縣，京之旁邑為畿縣，其餘則以戶口多少及資地美惡為差。凡六赤，八十二畿，七十八望，百一十一緊，四百四十六上，二百九十六中，五百五十四下，一千五百七十三縣。」這個統計數字沒有把中下和下縣區分開來，與本書這一章分縣為上、中、中下、下四等稍異。

刺史、縣令，在古代官制系統中，被稱為「親人之任」，是直接治理百姓的，也就是通常說的「父母官」，因而古籍上有所謂「元元之眾，莫不懸命於縣令，宅生於刺史」的說法。若從朝廷的角度看，州縣是王朝的基礎，刺史、縣令治績的好壞，直接關係到整個統治是否穩固。在唐代，如何為如此眾多的州縣選擇足夠和稱職的官員的問題，曾一再被提出來議論，卻又一直未有妥善的解決。單以縣令來說，全國一千五百多個縣，以四年考滿計，每年亦得更選近四百個縣令，如果再加上縣丞、主簿、縣尉，合在一起，吏部銓選縣一級官員，每年就多達一千五六百人，工作量的繁重還只是問題的一面，更為困難的是如何掌握選任標準，包括德與才、名與實這樣一些問題，而真正做到知人善任。貞觀時王師明任考功員外郎，就有這樣一例：「時冀州進士張昌齡、王公理並有俊才，聲振京邑，而師明考其文策全下，舉朝不知所以。及奏等第，太宗怪無昌齡等名，因召師明問之，對曰：『此輩誠有詞華，然其體輕薄，文章浮艷，必不成令器。臣若擢之，恐後生相仿傚，有變陛下風雅。』帝以為名言，後並如其言。」（《通典·選舉五》）但事實上，當時不少縣令、刺史在才與德兩個方面都未能達到「親人之任」的要求。中書侍郎馬周上書以為「今朝廷獨重內官，縣令、刺史頗輕其選」，「邊遠之處用人更輕，其才堪宰莅，以德行見擢者，十不能一」（同上）。武則天稱制時，右拾遺陳子昂再次為縣令、刺史選人事上疏稱：「臣伏見陛下憂勤政治，而未以刺史縣令為念。臣何以知陛下未以刺史縣令為念：竊見吏部選人，補縣令，如補一縣尉耳，但以資次考第，從官滿歷即補之，不論賢良德行，何能以化民而拔擢見補者？縱使吏部郎時有知此弊，而欲超越用人，則天下小人已囂然相謗矣。所以然者，習於常也。所以天下庸流，皆任縣令，庸流一雜，賢不肖莫分。但以資次選，不以才能得職，所以天下淩遲，百姓無由知陛下聖德勤勞夙夜之念，但以愁怨，以為天子令使如是也。自有國以來，此弊最深，而未能除也。」（《唐會要》卷七四）陳子昂認為問題的癥結，在於吏部只是「以資考第」而「不論賢良德行」，即只是按資歷選任，不看實際才德如何。應當說，這類弊病是確實存在的。唐代士子明經、進士及第以後，即由吏部銓試，內容有身、言、書、判四項，身、言只是察視而已，無關緊要；著重是書、判：書，取其書法遒美；判，取其文理優長。經過書判考試及格，便可依格擬官。外官通常以縣尉為始點，稱釋褐，或解褐，意謂脫去粗陋的平民衣裳，初次穿上官服做官。在縣尉任上四年考滿，遷轉時便依尉、主簿、丞、令這樣的官次，亦有可能從尉直接遷轉縣令的，如蔣沉，「以孝廉授治陽尉，監察御史，乾元後授陸渾、盩厔、咸陽、高陵四縣令」（《舊唐書》本傳）。吏部自然也知道選授時只是「以資考第」、「不論賢良德行」帶來的一些弊病，但要改也難。依資考第有規定程序，可以具體操作；「賢良德行」則是一個抽象標準，人的賢與不肖通常需要積以時日的觀察，無法在短暫時間作出準確的考核。此外還有一個考核者本人的才識問題。品藻人物，向為難事，能夠做到像東漢許劭「月旦評」那樣的，畢竟絕無僅有。這個矛盾，早在貞觀時已由馬周等在奏疏中提出過，太宗亦有所考慮，曾對侍臣說：「刺史，朕當自簡擇；縣令，詔京官五品已上，各舉一人。」（《貞觀政要．擇官》）皇帝親自簡擇刺史，或可偶而為之，但不可能形成制度。由京官薦舉縣令事，後來也沒有真正付諸實施。開元三年（西元七一五年），左拾遺張九齡專就刺史、縣令選任事上書，針對重京官、輕外任的積習，提出州、縣「蓋甿庶所繫，國家之本」，「故臣以為欲理之本，莫若重刺史、縣令，此官誠重，智能者可行」。他的建議，主要有兩條：一是只有先歷外任，才可為京職：「宜懸以科條，定其資歷：凡不歷都督、刺史，雖有高第者，不得入為侍郎、列卿；不歷縣令，雖有善政者，亦不得入為臺郎、給、舍；雖遠處都督、刺史，至於縣令，遞次差降，以為出入，亦不十年頻任京職，又不得十年盡任外官。」二是刺史、縣令的選任採用州、縣舉送、吏部推擇之法：「今若刺史、縣令精覈其人，即每年當管之內，應有合選之色，且先委曲考其才行，堪入品流，然後送臺，臺又推擇，據所用之多少，為州縣之殿最，一則州縣慎於所舉，必取入官之才；二則吏部因其有成，無多庸人干冒。」（據《通典・選舉五》）從史著記載看，張九齡的這兩條建議，前一條似乎並未實行；後一條可以見到若干實例，恐怕亦不能說已形成了一種被切實執行的制度。如房琯，早年以門蔭補弘文館學生，以一篇〈封禪書〉受中書令張說器重，授秘書省校書郎，「調補同州馮翊尉，無幾去官，應堪任縣令舉，授虢州盧氏令，政多惠愛，人稱美之」（《舊唐書》本傳）。房琯是在開元時期受到薦舉而任盧氏縣令的，只是本傳沒有記下薦舉的細節。此外，開元四年（西元七一六年）還曾對二百多個縣令作過一次殿庭策試，起因則頗為偶然：「時有人密奏玄宗曰：『今歲吏部選敘太濫，縣令非材，全不簡擇。』及縣令謝官日，引入殿庭，問安人策一道，試者二百餘人，獨〔韋〕濟策第一，或有不書紙者。擢濟為醴泉令，二十餘人還舊官，四五十人放歸習讀，侍郎盧從愿、李朝隱貶為刺史。濟至醴泉，以簡易為政，人用稱之」（《舊唐書・韋思謙附孫韋濟傳》）。一道策問就淘汰了三分之一，這次偶然性的殿試結果，也說明縣令人選確是不如人意，主持此次選舉的吏部侍郎亦因而被貶為刺史。

安史之亂後，在使府辟除制的影響下，縣令由觀察使和刺史薦舉和吏部授任，才逐漸形成為一種制度。如代宗廣德二年（西元七六四年）六月敕：「諸州府錄事參軍及縣令，其有帶職兼官判試權知兼校等官者，自今已後，吏部不在用缺之限。」即承認觀察使、刺史所派遣的州縣官，正式任命則仍需經過朝廷的考核和認可。德宗建中初，薛珏任河南尹，「當是時，詔天下舉可任刺史、縣令者，殆有百人。有詔令與群官詢考，及延問人間疾苦，及胥吏得失，取其有惻隱、通達事理者條舉，什纔一二。宰相將以辭策校之，珏曰：『求良吏不可兼責以文學，宜以聖君愛人之本為心。』執政卒無難之，皆敘進官，頗多稱職」（《舊唐書・薛珏傳》）。到憲宗元和二年（西元八〇七年）又下敕：「江淮大縣每歲據闕，委三省御史臺長官，節度觀察使，各舉堪任縣令，不限選數。」這等於放棄了朝廷對縣令的任命權，如果照此行事，地方上方鎮尾大不掉的局面勢必更難控制，何況江淮又是朝廷賦稅的主要來源，更是不容掉以輕心的。大概決策層很快感覺到了問題的嚴重，所以過了二年又敕令加以限制：「元和三年敕書所舉縣令，皆直言其事，不得妄有文飾，吏部舉其事狀，隨事檢勘者，令主司勘資歷，未究人材。自今已後，宜委吏部精加考覈，必使詳實」。「仍令四時注擬，其觀察、刺史所舉人，不得授以本州府縣令，到任後有罪犯，其所舉主準前敕貶罰」（《唐會要》卷六九）。

如此朝令夕改，反映了這個時期朝廷對地方逐漸失控而表現在政令上的猶豫搖擺，致使主其事者無所適從，因而不得不作出第三次規定：「〔元和〕四年（西元八〇九年）正月，中書門下奏：伏准元和二年制書，舉薦縣令等前後敕文非一，有司難於遵守。今請中外所舉縣令，並隨表狀，十月三十日到省司精加磨勘，依平選人例，分入三銓注擬。平選人中，有資序事跡人才，與前舉縣令相類，即先注擬。時集望停。」注文：「令長親民之吏也。比以資授，多才不稱官，故令庶僚薦舉所知，以廣得人之路，及舉薦之才，或不屑就薦者，多不出其類，徒以未涉資序，超踐優秩，論者以為啟倖門，故稍復舊制。」這種欲放不忍，欲收又不能的搖擺政策維持了數十年，到武宗會昌六年（西元八四六年）五月又下了這樣一道敕令：「縣令員數至廣，朝廷難悉諳知，吏部注擬，只繫資考，訪問近日，多不得人。委觀察使刺史於前資官及承前攝官曾有課績人中，精加選擇，具名奏聞。中書門下勘資歷記，除本道縣令，如後犯贓違法，即連坐所舉人及判官，重加懲貶。」（同上）這樣，縣令的實際任命權已歸觀察使和刺史，吏部和中書門下則負責覆核，附加一條：所舉縣令此後若犯贓違法，即連坐薦舉者。唐代在選任縣令中暴露出種種矛盾，而又長期得不到妥善解決，恐怕既不是決策層的無能，也不應苛責主司官員的不力，而是帝王制度條件下無法避免的。只要集權專制體制存在，而當國者又總是想方設法加以維護，那就永遠不可能擺脫那種放、收兩難的尷尬。以古鑒今，可謂有過之而無不及。如今執掌人事任免權的，無論大小，都該是第一美差了。錢與權、官既可以交易，那麼用錢買到官或權的，按照市易規則，自然不僅要撈回本錢，還得賺上幾十倍以至千百倍的暴利才會稱心如意。所以，任免權的不受法律程序制約，可算是滋生腐敗的總根之一吧？

三

京畿及天下諸縣令之職，皆掌導揚風化，撫字黎氓❶，敦四人之業，崇五土之祠❷，養鰥寡，恤孤窮❸，審察冤屈，躬親獄訟❹，務知百姓之疾苦。所管之戶，量其資產，類其強弱，定為九等❺。其戶皆三年一定，以入籍帳❻。若五九❼謂十九、四十九、五十九、七十九、八十九。三疾❽謂殘疾、廢疾、篤疾。及中、丁多少，貧富強弱❾，蟲霜旱澇，年收耗實❿，過貌形狀及差科簿，皆親自注定⓫，務均齊焉。若應收受之田，皆起十月，里正勘造簿歷；十一月，縣令親自給授，十二月內畢⓬。至於課役之先後，訴訟之曲直，必盡其情理。每歲季冬之月，行鄉飲酒之禮⓭，六十已上坐堂上，五十已下立侍於堂下，使人知尊卑長幼之節⓮。若籍帳、傳驛、倉庫、盜賊、河隄、道路，雖有專當官，皆縣令兼綜焉。縣丞為之貳。主簿掌付事句稽，省署抄目⓯，糾正非違，監印，給紙筆、雜用之事。

錄事掌受事發辰⓰，檢句⓱稽失。

縣尉親理庶務，分判眾曹，割斷追徵，收率課調⓲。

博士專⓳以經術教授諸生。二分之月⓴，釋奠于先聖先師㉑。

【章　旨】敘述京畿及不同等第諸縣之令、丞、主簿、錄事、縣尉等的職掌。

【注　釋】❶導揚風化撫字黎氓　指以儒家倫理道德誘導教化百姓。字，教養；化育。黎氓，即黎民，平民百姓。黎，眾也。一說黎通「黧」，黑色。民首皆黑，故曰黎民。氓，一說野民曰氓，一說自甲地流亡至乙地之民稱氓。中國古代以儒家為代表的政治理論主張治民要以教化為本，有所謂「七教」。《大戴禮記・主言》：「孔子曰：上敬老則下益孝，上順齒則下益悌，上樂施則下益諒，上親賢則下擇友，上好德則下不隱，上惡貪則下恥爭，上強果則下廉恥。民皆有別，則政亦不勞矣。此謂七教。七教者，治民之本也。」又提倡「教而後刑」，即以德治為主，刑罰為輔。《論語·為政》：「道之以政，齊之以刑，民免而無恥；道之以德，齊之以禮，有恥且格」，便是強調道德教化更為重要。唐時縣令中，亦有遵此而受史著稱道者，如韋景駿，「開元中為貴鄉令。縣人有母子相訟者，景駿謂之曰：『吾少孤，每見人養親，自恨終天無分，汝幸在溫清之地，何得如此？錫類不行，令之罪也。』因垂泣嗚咽，仍取《孝經》付令習讀之，於是母子感悟，各請改悔，遂稱慈孝。」（《舊唐書·良吏·韋機附孫韋景駿傳》）。又如元德秀，開元二十一年（西元七三三年）進士，任魯山令，「部人為盜，吏捕之繫獄，會縣界有猛獸為暴，盜自陳曰：『願格殺猛獸以自贖。』德秀許之。胥吏曰：『盜詭計苟免，擅放歸囚，無乃累乎？』德秀曰：『吾不欲負約，累則吾坐，必請不及諸君。』即破械出之。翌日，格猛獸而還。誠信化人，大率此類」（《舊唐書·文苑·元德秀傳》）。❷敦四人之業崇五土之祠　四人之業，指士、農、工、商四業。本書第三卷第二篇戶部郎中職掌條：「辨天下之四人，使各專其業：凡習學文武者為士，肆力耕桑者為農，巧作貿易者為工，屠沽興販者為商。工商之家，不得預於士，食祿之人，不得奪下人之利。」五土之祠，據南宋本及《舊唐書·職官志》當作「五土之利」，指五種不同地勢土地之所產。《周禮·地官·大司徒》：「以土會之法，辨五地之物生。一曰山林，其動物宜毛物，其植物宜皁物，其民毛而方；二曰川澤，其動物宜鱗物，其植物宜膏物，其民黑而津；三曰丘陵，其動物宜羽物，其植物宜覈物，其民專而長；四曰墳衍，其動物宜介物，其植物宜莢物，其民晳而瘠；五曰原隰，其動物宜贏物，其植物宜叢物，其民豐肉而庳。」意謂勉勵士農工商之人，各安其業，提高各類土地所產，使之各得其利。❸養鰥寡恤孤窮　鰥寡，老而無妻稱鰥，婦人夫死為寡。孤窮，幼而無父謂孤，無以為生曰窮。《左傳·昭公十四年》「分貧振窮」句孔穎達疏：「窮謂全無生業。」全句意謂對鰥寡孤苦無所依靠之人，要予以撫養和優恤。唐代在詔書敕令中，對此亦有所提及。如高宗咸亨元年（西元六七〇年）十月壬辰詔：「雍、同、華等州百姓，有單貧孤苦不能得食，及於京城內流冗街衢，乞丐廛肆者，宜令所司檢括具錄名姓本貫，屬於故城內，屯監安置，量賜皮裘、衣裝及糧食，縣官與屯監官相知檢校。」（《冊府元龜·帝王部·惠民》）❹審察冤屈躬親獄訟　唐沿古制，司法與行政合一，雖有縣尉和司法佐分掌獄訟之事，但仍一總於縣令。縣令不僅是行政長官，亦是縣之主審官，故有審察冤屈、躬親獄訟之職掌。丞作為縣令副貳，亦參與審案。唐制刑罰有笞、杖、徒、流、死五種，縣司決斷並執行者，限杖刑以下，徒以上則由縣斷定送州，復審訖；其中徒刑、流刑應決杖、笞及應贖者，亦可由縣司付諸執行。❺所管之戶量其資產類其強弱定為九等　指縣令要為所管轄諸戶，依據其財產狀況，核定其戶等。此制始於唐初。《唐會要》卷八五載：「武德六年（西元六二三年）三月，令天下戶量其資產，定為三等，至九年（西元六二六年）三月二十四日詔：天下戶三等，未盡升降，依為九等。」九等為上、中、下三等，每等又各分上、中、下。戶等每隔三年一定。核定戶等之依據是各戶所擁有資產數，包括：一、戶內丁、中，二、奴婢、部曲，三、住宅，四、菜園，五、車、牛等，六、藏糧。唐行均田制，依每戶丁、中數授田，故資產中不含土地。核定戶等，是為了計算戶稅之多少和差科之先後。戶稅亦稱雜稅，是朝廷所規定之租庸調外又一稅種，按戶起徵，所納為錢幣或實物，以供當地官府充作郵驛傳遞、官吏俸料等費用。由於戶等的高低直接關係到戶稅的多少，故如何評定戶等常常成為官民矛盾的一個集中點，朝廷不得不為此三令五申。如開元十八年（西元七三〇年）十一月「天下戶等第未平，升降須實。比來富商大賈，多與官吏往還，遞相憑囑，求居下等，自今已後，不得更然。如有囑請者，所由牧宰，錄名封進，朕當處分。」天寶四載（西元七四五年）又敕：「自今已後，每至定戶之時，宜委縣令與村鄉對定，審於眾議，察以資財，不得容有愛憎，以為高下，徇其虛妄，令不均平，使每等之中，皆稱允當。仍委太守詳覆定後，明立簿書，每有差科，先從高等，矜茲不足，庶協彝倫」（《唐會要》卷八五）。事實上賄賂官吏以降低戶等之事，仍所在皆有，現存敦煌籍帳中亦可看到下等戶比例呈不斷上升之勢：開元前下下戶尚不到半數，天寶時已超過一半，至大歷中則大部份皆為下下戶。❻

其戶皆三年一定以入籍帳　指每隔三年核定一次戶等，並注入籍帳。本書第三卷第二篇戶部郎中職掌條：「凡天下之戶，量其資產，定為九等。原注曰：『每三年，縣司注定，州司覆之，然後注籍，而申之於省。』每定戶以仲年，原注曰：『子、卯、午、酉。』造籍以季年。原注曰：『丑、辰、未、戌。』」唐戶籍以黃麻紙製作，楷書書寫，內容包括戶口數、年齡、戶等，課或不課，應受、已受、未受田等。開元時每鄉為一卷，天寶時則有以每里為一卷者。一式三份：一份送尚書省戶部，州、縣各保存一份。造籍之費，出自諸戶，開元時每戶徵收「開元通寶」一枚。戶籍通常連續保存五次，即十五年。州設籍庫，縣有籍坊，置典一人主管其事。❼五九　指登錄戶口時須特別注意的五個逢九的年齡段，即下文原注所言十九、四十九、五十九、七十九、八十九。依唐制，此五九分別為將予課役、免課役以至某些優待的準備期：十九歲，再過兩年二十一歲，即成丁，須課役。四十九歲，一年後五十歲可免役。據開耀二年（西元六八二年）十二月七日敕：「百姓年五十者，皆免課役。」（《唐會要》卷八五）五十九歲，一年後六十歲即進入老年，土地還授時，老男有口分地四十畝。七十九歲、八十九歲，分別為八十歲和九十歲前一年，年屆耄耋，依次將給予侍丁一人和二人。❽三疾　即下文原注所言殘疾、廢疾、篤疾。《白氏六帖事類集》卷九引三疾令、戶令：「諸一目盲、兩耳聾、手無二指、足無大拇指，禿瘡無髮、久漏、下重、大癭瘇如此之類，皆為殘疾；癡瘂、侏儒、腰脊折、一肢廢，如此之類皆為廢疾；癲狂、兩肢廢、兩目盲，如此之類皆為篤疾。」丁男被認定屬三疾者，可減免課役，篤疾者，尚可給侍丁一人，限於其子孫或近親充當，侍丁亦可免役，唯仍須輸調及租。❾中丁

多少貧富強弱　皆為核定戶等之依據。中丁，唐制，十六歲為中，二十一成丁。其間亦有所變易。《通典．食貨七》：「大唐武德七年（西元六二四年）定令，男女始生為黃，四歲為少，十六為中，二十一為丁，六十為老。神龍元年（西元七〇五年），韋皇后求媚於人，上表，請天下百姓年二十二成丁，五十八免役，制從之。韋庶人誅後，復舊。玄宗天寶三載（西元七四四年）十二月制：自今以後，百姓宜十八以上為中男，二十三以上成丁。」貧富，指該戶資產狀況，包括丁中、奴婢部曲、住宅、菜園、車牛、藏糧等，參見前❺注。又據開元二十二年（西元七三四年）五月敕令，「百姓非商戶，郭外居宅及每丁一牛，不得將入貨財數」（《舊唐書．食貨志上》）。上列數項，主要為丁中多少，其次才是資產數，所謂強弱，即指丁中多者為強，少者為弱，無丁中即無課口，稱不課戶。《唐律疏議．戶婚律》諸差科賦役違法條之疏議稱：「依令，凡差科先富強後貧弱，先多丁後少丁，差科賦役違法，及不均平，謂貧富強弱先後閑要等差科不均平者，各杖六十。」❿蟲霜旱澇年收耗實　指轄境若遇所列諸災害造成歉收時，縣令須上報於州，以便酌情減免租賦。本書第三卷第二篇戶部郎中職掌條：「凡水、旱、蟲、霜為災害，則有分數：十分損四以上，免租；損六已上免租調；損七已上，課役俱免。若桑麻損盡者，各免調。」州縣申報受災之程序，亦有嚴格規定。《唐律疏議．戶婚律》有諸部內旱澇蟲蝗等災主司應言而不言及妄言者條，其疏議曰：「依令，十分損四以上免租，損六免租調，損七以上課役俱免。若桑麻損盡者，各免調。其應損免者，皆主司令言。主司謂里正已上，里正須言於縣，縣申州，州申省，多者奏聞。其應言而不言，及妄言者，所由主司杖七十，其有充使覆檢不以實者，與同罪，亦合杖七十。若不以實言上，妄有增減，致枉有所徵免者，謂應損而徵，不應損而免，計所枉徵、免，贓罪重於杖七十者，坐贓論，罪止徒三年。既是以贓致罪，皆合累倍而斷。」⓫過貌形狀及差科簿皆親自注定　過貌形狀，即所謂「團貌」：由縣令當面審視轄區諸戶人丁中須免課役或給侍丁者之年歲、狀貌，並親自注定，載於籍帳。每年一次稱小團，三年定戶等時稱大團。武周延載元年（西元六九四年）八月敕：「諸戶口計年將人丁老疾應免課役及給侍者，皆縣親貌形狀，以為定簿，一定以後不得更貌。疑有奸欺者，聽隨事貌定，以付手實。」至玄宗時，以為勞煩而有所更改：開元二十九年（西元七四一年）三月二十六日敕：「天下諸州，每歲一團貌，既以轉年為定，復有籍書可憑，有至勞煩，不從簡易，於民非便，事資釐革。自今已後，每年小團宜停，待至三年定戶日，一時團貌，仍令所司，作條件處分。」（《唐會要》卷八五）天寶四載（西元七四五年），又規定核定戶等，須縣令與村鄉審以眾議，共同對定，具結上報，以絕冒偽。今存《吐魯番出土文書》中，即有蒲昌縣為報定戶事縣向西州都督府所呈之狀文。文中稱：「本縣定戶，奉命辦理完畢。今年定戶，宜升宜降，力求公允，鄉村父老具狀前來。惟蒲昌小縣，百姓不多。明府對城鄉父老評定戶等，並無延誤，人無怨言，皆得均平。謹具狀上報。」

《文物》一九七五年第七期）差科簿，差科為州縣公務需要而徵發丁中充當的雜徭。差科有先後次序，據《唐律疏議・擅興律》諸應差丁夫而差遣不平及欠剩者條之疏議稱：「差遣之法，謂先富強，後貧弱；先多丁，後少丁。凡丁分番上役者，家有兼丁，要月家貧，單身閑月之類。違此不平，及令人數欠剩者，一人笞四十，五人加一等，罪止徒一年。」差科簿即縣署據以徵集轄區內丁中服役之名冊，亦須由縣令親自注定，通常每年編製一次，以鄉為單位，彙總於縣。從敦煌現存的唐天寶中差科簿看，其登錄內容包括該鄉人丁名數破除名數（指死亡、逃亡、廢疾和已徵為折衝衛士或土鎮兵等），然後是現在不同戶等之姓名、年齡、身份，以及差科注等。差科注中注有種種差役，其中以兵役最多。⑫自「應收受之田」至「十二月內畢」

此言每年收授土地之程序。句中「受」、「歷」，南宋本作「授」、「曆」，皆可通。里正，一里之長。里為唐地方最基層組織，約百戶。《通典・食貨三》：「大唐令：諸戶以百戶為里，五里為鄉，四家為鄰，五家為保。每里置正一人，掌按比戶口，課植農桑，檢察非違，催驅賦役。」唐代初期實行均田制，其還授田數，本書第三卷第二篇戶部郎中職掌條規定：「凡給田之制有差，丁男、中男以一頃，中男年十八已上者，亦依丁男給。老男、篤疾、廢疾以四十畝，寡妻妾以三十畝，若為戶者減丁之半。凡田分二等，一曰永業，一曰口分。丁之田二為永業，八為口分。」又據《通典・食貨二》：「應給園宅地者，良口三口以下給一畝，每三口加一畝；賤口五口給一畝，每五口加一畝，并不入永業、口分之限。其京城及州郡縣郭下園宅不在此例。」此外，「諸以工商為業者，永業、口分田各減半給之，在狹鄉者并不給」。關於授田之程序，據《唐律疏議・戶婚律》諸里正依令授人田課農桑條之疏議稱：「應收授之田，每年起十月一日，里正預校勘造簿，縣令總集應退應授之人，對共給授。又條，授田先課役，後不課役，先無後少，先貧後富。其里正，皆須依令造簿通送，及課農桑。若應合授田而不授，應合還公田而不收，應合課田農而不課，應課植桑棗而不植，如此事類，違法者，每一事有失，合笞四十。」上述還授田數及相應的法律規定，唐初在一些寬鄉（地多人少）大體尚能依照實行，其後隨著人口的增加和土地私有化的發展，土地還授之制逐漸流於形式。今存沙州敦煌縣若干唐代戶籍資料，登錄有諸戶應授土地畝數和未授土地畝數，一般戶未授田佔到應授田百分之六十以上。如武周大足元年（西元七〇一年）籍效穀鄉楊法子戶：「合應授田壹頃壹畝，未授六十二畝。」又如開元四年（西元七一六年）籍慈惠鄉余意善戶：「應授田壹頃陸拾壹畝，未授壹頃三十三畝。」此外更有應授而全未授者，如天寶六載（西元七四七年）籍龍勒鄉陰襲祖戶：「合應授田伍拾壹畝，未授」（據日本・池田溫《中國古代籍帳研究》）。⑬鄉飲酒之禮　此禮《禮記》、《儀禮》皆專為立篇，記敘頗詳；《周禮・地官》之大司徒及鄉大夫亦有所記述。常用於賓賢、敬老、習射、祭祀等多種場合。《儀禮・鄉飲酒禮》鄭玄注曾總敘其制稱：「鄉大夫以正月之吉受法于司徒，退而頒之于其鄉吏，使各以教其所治，以考其德行，察其道藝，及三年大比而興賢者能者，鄉老及鄉大夫帥其吏與其眾寡以禮，禮賓之，厥明獻賢能之書於王，是禮乃三年正月而一行焉。諸侯之鄉大夫貢士於其君蓋如此云。古者七十而致仕，老於鄉里，大夫名曰父師，士名曰少師，而教學焉。恆知鄉人之賢者，是以大夫就而謀之，賢者為賓，其次為介，又其次為眾賓，而與之飲酒，是亦將獻之以禮，禮賓之也。今郡國十月行此飲酒禮。」此處聯繫下文，當為尊長敬賢而行此禮，即同書所謂「凡鄉黨飲酒，必於民聚之時，欲見其化知尚賢尊長也」。據《通典・禮・嘉禮十八》記載，唐於貞觀六年（西元六三二年）重申諸州縣每年須行鄉飲酒禮，其詔曰：「比年豐稔，閭里無事，乃有墮業之人，不顧家產，朋遊無度，酣宴是耽，危身敗德，咸由於此。自非澄源正本，何以革茲敝俗。可先錄《鄉飲酒禮》一卷，頒於天下，每年令州縣長官，親率長幼，依禮行之，庶乎時識廉恥，人知禮節。」⑭六十已上坐堂上五十已下立侍於堂下使人知尊卑長幼之節　據《儀禮・鄉飲酒禮》及《禮記・鄉飲酒義》記述，鄉飲酒禮自選賓、迎賓、列位到陳設飲食器皿、樂工演奏樂曲等，都有嚴格的等級區別和明細的規定，不僅用以彰明尊卑長幼倫常之次序，亦有藉以宣揚安邦治國一類政治含義。此處所言依年齒列位，《禮記・鄉飲酒義》解釋為：「六十者坐，五十者立侍，以聽政役，所以明尊長也。六十者三豆（盛放食物之器皿），七十者四豆，八十者五豆，九十者六豆，所以明養老也。民知尊長養老，而後乃能入孝弟；民入孝弟，出尊長養老，而從成教，成教而後國可安也。」⑮付事句稽省署抄目為三項互有聯繫的職掌。付事，指將所受公文事項發付相關曹司處理。句稽，即句檢稽失，糾查公文公事處理過程中有無錯失或延誤規定日程。省署抄目，指省察和登錄來往公文之目錄及事由。⑯受事發辰　登錄收受公文公事之始日。此類記錄，即可作為以後句檢稽失之依據。⑰檢句　近衛校正德本此句以為「當作『句檢』」。⑱割斷追徵收率課調　此言縣尉在課調自起徵至收繳整個過程中之職責。課調，指轄境內諸戶按規定每年須輸納之賦稅，包括租、調、庸以及雜稅等。割斷，猶處分、決斷，此處指依制核定諸課戶之應繳數額。追徵，南宋本作「追催」。輸納有期限，故需追催。如白居易〈杜陵叟〉詩便對此類追催情景有所描述：「杜陵叟，杜陵居，歲種薄田一頃餘。三月無雨旱風起，麥苗不秀多黃死。九月降霜秋早寒，禾穗未熟皆青乾。長吏明知不申破，急斂暴徵求考課。典桑賣地納官稅，明年衣食將何如？」所言「長吏」，當係泛指，或即縣尉。收率，收繳並計量。《經籍纂詁》：「率者，總計之言也。」⑲專　據南宋本當作「掌」。⑳二分之月　指春分、秋分所在之月，夏曆通常為每年二月和八月。唐制，每年春秋二次釋奠孔子，時間分別在夏曆二月和八月上旬之丁日。㉑釋奠于先聖先師　釋奠，祭名。古時田獵、征伐、會同、出聘皆行此禮，後專行學館。《禮記・文王世子》：「凡學，春官釋奠於先師。」鄭玄注：「釋奠者，設薦饌酌奠而已，無迎尸以下諸事。」先聖，古以舜、禹、湯、文為先聖，魏正始至隋大業間，凡釋奠，皆尊孔子為先聖。唐武德七年（西元六二四年）釋奠，以周公為先聖，孔子配。貞觀後，罷周公，以孔子為先聖。高宗時一度又以周公為先聖，尋即復貞觀制。此處先聖指孔子。先師，自魏晉至隋，多以顏回為先師，唐貞觀二十一年（西元六四七年）制：「以左丘明、卜子夏、公羊高、穀梁赤、伏勝、高堂生、戴聖、毛萇、孔安國、劉向、鄭眾、杜子春、馬融、盧植、鄭玄、服虔、何休、王肅、王弼、杜元凱、范寧、賈逵，總二十二人，並為先師。」（《通典・禮・吉禮十二》）

【語　譯】京縣、畿縣和全國各縣縣令的職掌，都是誘導和發揚淳樸的民風教化，安撫和關懷管區的黎民百姓；勉勵士、農、工、商各安本業，提高各類土地物產；扶養鰥夫寡婦，撫恤孤苦老幼；謹慎審察無過冤屈，親自處理獄案訴訟，務必知曉百姓的疾苦。對本縣所管轄的戶口，要計量資產的多少，分辨人丁的強弱，按照九個等次分別核定戶等。每隔三年核定一次戶等，並注入籍帳。在登錄籍帳時，類似「五九」即十九歲、四十九歲、五十九歲、七十九歲、八十九歲這五個年齡段的人。三疾指患有殘疾、廢疾、篤疾這三類人。以及各戶中男、丁男的多少，資產的貧富強弱，地方上因蟲、霜、旱、澇等災害造成年成歉收的實際狀況，還有團貌所貌定的戶等和差科簿上差役的分配，都要縣令親自注定，必須做到均平劃一。關於按規定還授土地的事，都是開始于當年的十月，先由里正勘查和編製簿曆，到十一月，縣令親自給授土地，十二月以內辦理完畢。至於各戶課役的先後次序，民眾訴訟的是非曲直，必須盡量做到合情合理。每年季冬十二月，要在縣城的學校舉行鄉飲酒之禮，請六十歲以上的長者坐在堂上，五十歲以下的人們站立侍候在堂下，通過禮儀活動，使人們懂得尊卑長幼之間的禮節。再如籍帳、傳驛、倉庫、盜賊、河堤、道路等方面的事務，雖各有專職官員負責，但縣令亦都應兼管總領。縣丞做縣令的副手。

主簿的職務是，掌管向所屬各曹發付事務，審察和登錄來往公文的目錄和事由，糾查縣衙內為非違法行為，監管縣司印章，以及供給紙筆和雜用物品等一類事務。

錄事掌管登錄收受公文公事開始的日辰，糾查公文公事處理中有無錯失或延誤日程。

縣尉要親自處理各項具體事務，分管所屬各曹，包括課調的核定、追催和收繳總計等事務。

博士專一（掌管）以經術教授學生。每年春分、秋分所在的二月和八月，學校要舉行祭奠先聖、先師的禮儀。

【說　明】本章對縣令職掌的敘述頗詳，概而言之，可分為三個方面：一是施行道德教化，包括倡導禮教，扶養鰥夫寡婦，撫恤孤苦老幼，通過舉行鄉飲酒禮等方式，維護尊卑長幼的宗法秩序等。二是依照政法合一的傳統體制，縣令要親理獄訟，審察冤屈。從作者行文看，顯然重點不在這兩項上，而是在第三方面，即屬於經濟方面的職掌，包括「敦四人之業，崇五土之利」，特別是戶籍計帳的編製，多項都須縣令「親自注定」，足見其重要。

「敦四人之業，崇五土之利」，雖是提到士、農、工、商四業，但重點還在後半句，要縣令關注農業生產，在上篇六章諸牧、刺史的職掌中便逕稱為「勸課農桑」。如果要追溯一下，這項職掌當源於古代社會，那時農事往往同時也是國家政事，《禮記·月令》便是把一年四季的農事和政事都看作國事，並作了統一安排。傳說中的「稷」是專主農事的官；《詩·豳風·七月》：「饁彼南畝，田畯至喜」，田畯則是具體督管耕作的田官。國家權力機構直接干預農業耕作，須有一個前提，那就是土地的公有。中國大陸早些年行「一大二公」的人民公社，禾苗株距該是幾寸，棉鈴每株須留幾顆，都得由縣委書記（相當於縣令）說了算，原因亦是由於農民所耕種的是並非屬於自己的土地。唐代的情況卻有些不一樣。唐初雖說實行均田制，規定每年自十月至十二月，由縣令主持土地的還授，但隨著人口的增加和土地私有化的發展，到後來已不可能再有足夠的土地以供分配，還授多半徒具形式而已。在這種歷史背景下，縣令的「勸課農桑」，主要只能表現在鼓勵墾荒和不許拋荒現耕地這樣一些方面，所以這項職掌似乎繼承傳統的含義多於實際操作。經濟方面的職掌最被看重的還是後一項：徵收賦役。唐代賦役的徵集都是以戶為單位：根據戶內的中、丁數確定租、調和庸的多少，又按戶等的高低攤派雜稅和各種差役，再依每戶的墾田數起徵地稅。由於課戶和課丁的增損，直接關係到國家的財政收入，所以本章中徵收課調的具體事務列為縣尉的職掌，而編製戶籍計帳時對「五九」、「三疾」、中丁多少、貧富強弱等等，則規定縣令必須「親自注定」。縣令本人對此自然亦特別關切，因為對他考課的一項主要指標便是戶口特別課丁的增損，此外還有墾荒或拋荒；而考課等第的上下，直接關係俸秩和官位的升降。《通典·選舉三·考績》稱：「諸州縣官人，撫育有方，戶口增益者，各準見戶為十分論，每加一分，刺史、縣令各進考一等。本注曰：『增戶口，謂課丁，率一丁同一戶法。增不課口者，每五口同一丁例。其有破除者，得相折。』其州戶口不滿五千，縣戶不滿五百者，各準五千、五百戶法為分。若撫養乖方，戶口減損者，各準增戶法，亦每減一分降一等。本注曰：『課及不課，並準上文。』其勸課農田，能使豐殖者，亦準見地為十分論，每加二分各進考一等。本注曰：『此為永業、口分之外，別能墾起公私荒田者。』其有不加勸課以致減損者，本注曰：『謂永業、口分之內有荒廢者。』每損一分，降考一等。」

縣的上級機關為州，縣令要受州刺史的監督和考察。州對縣的監督考察，一是刺史直接巡視所屬諸縣，這在漢代稱行部；二是縣要上計於州，州彙總所屬各縣的上計，再奏計於臺省。唐代在州之上還有諸道觀察使，亦能直接處理州縣發生的一些較為重要的事。此外，朝廷有時還直接派遣監察御史查處縣官。《舊唐書・文苑・員半千傳》提到一件事，頗能說明縣令與刺史、諸道使之間的多頭關係。肅宗上元初，員半千授任武陟縣尉，其時因「頻歲旱饑，〔員半千〕勸縣令殷子良開倉以賑貧餒，子良不從。會子良赴州，半千便發倉粟以給饑人。懷州刺史郭齊宗大驚，因而按之。時黃門侍郎薛元超為河北道存撫使，謂齊宗曰：『公百姓不能救之，而使惠歸一尉，豈不愧也！』遽令釋之」。連年飢荒，縣尉在建議開倉賑貧縣令不聽的情況下，只好趁縣令不在自作主張「發倉粟以給饑人」。該如何看待這件事呢？先是該縣的上司懷州刺史出來干涉，以為做錯了，「因而按之」，即抓起來審訊定罪；接著是懷州的上司河北道存撫使對刺史的干涉作出再干涉，以為員半千做得對，「遽令釋之」，趕快放人！此例說明縣裡出了事，州刺史或道諸使都有權直接作出處理。此類例子頗多。如高宗咸亨時，賈敦實為洛州長史，「時洛陽令楊德幹杖殺人吏，以立威名，敦實曰：『政在養人，義須存撫，傷生過多，雖能亦不足貴也。』常抑止德幹，德幹亦為之稍減」（《舊唐書・良吏・賈敦頤附弟賈敦實傳》）。又如薛季昶為河北道按察使，「有藁城尉吳澤者，貪虐縱橫，嘗射殺驛使，截百姓子女髮以為髢，州縣不能制，甚為人吏所患，季昶又杖殺之。由是威震遠近，州縣望風懾懼」（《舊唐書・良吏・薛季昶傳》）。前一例是州長史對縣令的制約，後一例則是按察使對縣屬官的制裁。若刺史的指令有差池，縣令要提出異議或阻止，那就很困難了。《新唐書・循吏・何易于傳》提到何為益昌縣縣令時的一件事：「縣距州四十里，刺史崔朴常乘春與賓屬汎舟，出益昌旁，索民挽繂，易于身引舟，朴驚問狀，易于曰：『方春，百姓耕且蠶，惟令不事，可任其勞。』朴愧與賓客疾驅去。」為抵制刺史在農忙時節動用民力以恣遊樂，縣令不得不用了一個類似苦肉計的辦法，好得這位刺史大人倒還算知趣，倘若他硬是不肯「愧」而疾去，縣令又能奈他何？

縣令之外，縣品官以上的還有丞、主簿和縣尉。主簿和尉各有職掌，如本章所列；而丞則是縣令的副貳。韓愈〈藍田縣丞廳壁記〉對縣丞的處境有一個明晰的勾勒，文中稱：「丞位高而偪，例以嫌不可否事。文書行，吏抱成案詣丞，卷其前，鉗以左手，右手摘紙尾，鷹鶩行以進，平列睨丞曰：『當署！』丞涉筆占位署，惟謹，目吏，問『可不可？』吏曰『得』，則退，不敢略省，漫不知何事。官雖尊，力勢反出主簿、尉下。諺數慢，必曰『丞』，至以相訾謷。丞之設，豈端使然哉！」（《韓昌黎文集》卷二）在縣衙的公文簽署中，縣令為長官，丞為通判，尉為判官，諸曹的佐、史為主典。諸曹在縣的設置只保留司戶佐和司法佐，所以實際主持具體政務的通常是尉，主簿則負責管理文書。丞在韓愈文章中的形象頗有些窘迫，那是因為他是副職，而主判官是尉，因而作為主典的司法、司戶的佐、史要他簽署時，似乎可以頤指氣使，如果是請長官縣令最後簽署，主典的態度就會完全不同。這是中國官僚衙門一種習見的現象：長官或稱「第一把手」大權獨攬，實行家長式統治，副職則常常如同擺設。

縣官職掌中有許多實際事務，要通過鄉里組織去貫徹執行，本章敘述縣令授田時，便提到先須由「里正勘造簿歷」。唐代鄉里組織據《通典・食貨三》載錄為：「諸戶以百戶為里，五里為鄉，四家為鄰，五家為保。每里置正一人，掌按比戶口，課植農桑，檢察非違，催驅賦役。在邑居者為坊，別置正一人，掌坊門管鑰，督察姦非，並免其課役。在田野者為村，別置村正一人。其村滿百家，增置一人，掌同坊正。其村居如滿十家者，隸入大村，不須別置村正。」戶籍和計帳編製雖以鄉分卷，直接負責編製的則是里正。《唐律》規定，戶口若有脫漏，要追究法律責任的，首先是戶主，其次是里正，再次是縣令和州刺史。再如土地還授中出現違反〈均田令〉的事，或現耕地有拋荒以及賦役徵集違期等須依法處理時，第一責任者多是里正，然後再及縣令和刺史。所以在唐代離開了里正（在城市為坊正），縣一級行政機構便無法實施其各項職能。隨著基層事務的繁雜，里正一人不勝負荷，於是來一個因事設人，事務不斷增生，各種名目的辦事人員亦愈來愈多。如專管追催課稅的橫管或橫催，專收戶稅的刺頭，收戶稅中牒布的緤頭，在城內徵稅的城局，還有管水堰的堰頭等等。《吐魯番出土文書》有一篇〈唐某人與十郎書牘〉，其中提到基層官員之多時稱：「當城置城主四，城局兩人，坊正、里正、橫催等在城四十餘人，十羊九牧。」所以單從正式頒佈的官制看，唐代縣一級衙門人員的編制並不多，但如果加上鄉里機構和各種衍生的管理人員，那還是一支相當龐大的官僚隊伍。前幾年大陸流傳一個「笑話」，說是某縣為了應付上級交辦的種種突擊任務，成立了種種辦公室，辦公室越設越多，不得不再設一個專管各種辦公室的辦公室。上級忽又號召精簡機構，於是趕緊抽調人員成立一個新機構，名稱就叫「精簡辦公室」。

四

大都護府：大都護一人，從二品。

副大都護一人❶，從三品。

副都護二人❷，正四品上。漢武帝開西域，安其種落三十六國，置使者、校尉以領護之❸。宣帝時，鄭吉為西域都護，始立幕府❹；都護之名，自吉始也。至章帝時，廢西域都護，令戊巳校尉領之❺。魏、晉之間，有都護左右軍、都護將軍之號，遂廢都護之名❻。皇朝永徽中，始置安南、安西大都護❼。景雲二年，又置單于都護❽。開元初，置北庭都護❾。今有單于副都護❿。

長史一人，正五品上。漢宣帝置西域都護長史一人，自後不絕⓫，今單于則不置。

司馬一人，正五品下。漢武帝置護烏桓校尉、護羌校尉，各司馬二人⓬；元帝置戊巳校尉，亦置司馬一人⓭，皆都護司馬之任也。

錄事參軍事一人，正七品上。

錄事二人，從九品上；史二人。

功曹參軍事一人，正七品下；府二人；史二人。

倉曹參軍事一人，正七品下；府二人；史二人。

戶曹參軍事一人，正七品下；府三人；史三人；帳史一人。

兵曹參軍事一人，正七品下；府三人；史四人。

法曹參軍事一人，正七品下；府三人；史四人。

參軍事三人，正八品下。單于惟有兵曹、倉曹兩員。

上都護府：都護一人，正三品。

副都護二人，從四品上。

長史一人，正五品上。

司馬一人，正五品下。

錄事參軍事一人，正七品下。

錄事二人；史三人。

功曹參軍事一人，從七品上；府二人；史二人。

倉曹參軍事一人，從七品上；府二人；史二人。

戶曹參軍事一人，從七品上；府三人；史三人；帳史一人。

兵曹參軍事一人，從七品上；府三人；史四人。

參軍事三人，從八品上。

都護、副都護之職，掌撫慰諸蕃，輯寧外寇，覘候姦譎，征討攜離；長史、司馬貳焉。諸曹如州、府之職。

【章旨】敘述大都護府、上都護府正副長官及其長史、司馬和諸曹參軍事等屬官之定員、品秩、沿革與職掌。

【注釋】❶副大都護二人　《新唐書・職官志》作二人。❷副都護二人　《舊唐書・職官志》作四人。❸漢武帝開西域安其種落三十六國置使者校尉以領護之　漢武帝，西漢皇帝劉徹，在位五十四年，終年七十一歲。西域，泛指今新疆維吾爾自治區南部地區。《漢書・西域傳》謂其地大率土著，「本三十六國，其後稍分至五十餘，皆在匈奴之西，烏孫之南。南北有大山，中央有河，東西六千餘里。東則接漢，阨以玉門、陽關，西則限以葱嶺。其南山東出金城，與漢南山屬焉。」之所以稱「漢武帝開西域」，是因秦滅六國實現一統時，曾修築長城，以拒攘戎狄，與西域處於隔絕狀態。同書記漢武帝開拓西域之經過稱：「漢興，至于孝武，事征四夷，廣威德，而張騫始開西域之跡。其後驃騎將軍（指霍去病）擊破匈奴右地，降渾邪、休屠王，遂空其地，始築令居（今甘肅永登縣西）以西，初置酒泉郡，後稍發徙民充實之。分置武威、張掖、敦煌，列四郡，據兩關焉。自貳師將軍（指李廣利）伐大宛之後，西域震懼，多遣使來貢獻，漢使西域者益得職。於是敦煌西至鹽澤，往往起亭，而輪臺、渠犁皆有田卒數百人，置使者校尉領護，以給使外國者。」故最初在西域所設之使者校尉，其職即為統領和保護漢人在那裡屯田，以保障朝廷派遣出使西域使者之供應。❹宣帝時鄭吉為西域都護始立幕府　宣帝，西漢皇帝劉詢，在位二十五年，終年四十三歲。鄭吉，會稽人，以卒伍從軍，數出西域，習外國事。漢武帝通西域後，初置校尉，屯田渠黎，鄭吉於宣帝時先曾以侍郎屯田渠黎，後任西域都尉。所以稱「都護」，因既使其護鄯善以西南道，又使其護車師以西北道，南北二道並護，故曰「都」。都猶大、總。《漢書》本傳記其授任此職之經過稱：「至宣帝時，吉以侍郎田渠黎，積穀，因發諸國兵攻破車師，遷衛司馬，使護鄯善以西南道。神爵中，匈奴乖亂，日逐王先賢撣欲降漢，使人與吉相聞。吉發渠黎、龜茲諸國五萬人迎日逐王，口萬二千人，小王將十二人隨吉至河曲，頗有亡者，吉追斬之，遂將詣京師。漢封日逐王為歸德侯。吉既破車師，降日逐，威震西域，遂并護車師以西北道，故號『都護』。都護之置自吉始焉。」其立幕府事，亦在此時。同書謂：「吉於是中西域而立幕府，治烏壘城（今新疆輪臺東），鎮撫諸國，誅伐懷集之。漢之號令班西域矣，始自張騫而成於鄭吉。」西域都護秩二千石，有副校尉，秩比二千石；又有丞一人，司馬、候、千人各二人。西域都護設置時間，據《漢書·宣帝紀》為神爵二年（西元前六十年），統轄屬國初為三十六，後增至五十餘，相當於今巴爾喀什湖以東、以南和我國新疆廣大地區。西漢時歷任西域都護見諸記載者，除鄭吉外，尚有十七人，如韓宣、甘延壽、段會宗、廉褒、韓立、郭舜、孫建、但欽和李崇等。新莽時，與匈奴關係惡化，西域亦瓦解。王莽曾派李崇為西域都護，「李崇收餘士，還保龜茲，數年，莽死，崇遂沒，西域因絕」（《漢書·西域傳》）。又，《漢書·百官公卿表》則稱：「西域都護加官，宣帝地節二年（西元前六十八年）初置。」其中「加官」句，恐有誤。西域都護係正式職官，非加官；「地節二年」，又早於同書〈宣帝紀〉之「神爵二年」八年，似亦不確。❺章帝時廢西域都護令戊巳校尉領之　章帝，東漢皇帝劉炟，在位十三年，終年三十三歲。戊巳，當作「戊己」。戊己校尉，始置於西漢元帝時，主管在車師（今新疆吐魯番）漢人之屯田。其所以名「戊己」，《漢書·百官公卿表》顏師古注：「今所置校尉亦無常居，故取戊己為名也。有戊校尉、己校尉。一說戊己居中（按五行說，五方之中，中央屬戊己土。——引者），鎮覆四方，今所置校尉亦處西域之中，撫諸國也。」《漢書·西域傳》有「漢徙己校屯姑墨（今新疆阿克蘇）」句，顏師古注：「有戊、己兩校兵，此直徙己校也。」從西漢元帝時始置戊己校尉至東漢章帝廢西域都護而令戊己校尉領之，其間尚有與西域通而復絕、絕而復通，以及西域都護、戊己校尉二職並置和或不置這樣一個曲折過程。據《後漢書·西域傳》記載，西漢末及新莽時期，「西域怨叛，與中國遂絕，復役屬匈奴」；東漢初，西域諸國不堪匈奴苛刻賦稅，紛紛遣使要求內屬，但光武帝以為「天下初定，未遑外事，竟不許之」。至明帝永平中，「北虜乃脅諸國共寇河西郡縣，城門晝閉。十六年（西元七十三年），明帝乃命將帥北征匈奴，取伊吾盧地，置宜禾都尉以屯田，遂通西域，于寘諸國皆遣子入侍。西域自絕六十五載，乃復通焉。明年，始置都護、戊己校尉。及明帝崩，焉耆、龜茲攻沒都護陳睦，悉覆其眾，匈奴、車師圍戊己校尉。建初元年（西元七十六年）春，酒泉太守段彭大破車師於交河城。章帝不欲疲敝中國以事夷狄，乃迎還戊己校尉，不復遣都護」。章帝後，與西域關係仍變化多端，史稱東漢自建武至延光，與西域「三絕三通」，因而西域都護與戊己校尉亦置廢無常，如「永元三年（西元九十一年）十二月復置西域都護、騎都尉、戊己校尉」（《後漢書·和帝本紀》），「永初元年（西元一一四年）六月壬戌罷西域都護」（《後漢書·安帝本紀》）等。東漢首任西域都護是陳睦，此後有班超、任尚、段禧等人，其中班超任職時間最長，在任十一年，先後在西域達三十年。任戊己校尉者，則有耿恭、關龍等。❻魏晉之間有都護左右軍都護將軍之號遂廢都護之名　《三國志・魏書・曹洪傳》稱曹洪曾「累從征伐，拜都護將軍」；《晉書・職官志》亦載晉有都護將軍之號。西晉末，涼州地區的張駿，曾派兵進入西域。張有西域長史李柏、戊己校尉趙貞，派「其將楊宣率眾越流沙，伐龜茲、鄯善，於是西域並降」（《晉書・張軌傳》）。又，《通志・職官略・州郡上》都護條稱：「晉宋以後，有都護之官，亦其任也。《齊書》曰：廣州西南有二江，川源深遠，別置都護，專征討之。陳伯超為江西都護，沈覬為江南都護。」❼皇朝永徽中始置安南安西大都護　永徽，唐高宗李治年號。安南都護，由都督府改置。《舊唐書・地理志》記其沿革稱：「安南都督府，隋交趾郡，〔唐〕武德五年（西元六二二年）改為交州總管府，管交、峰、愛、仙、鳶、宋、慈、險、道、龍十州。其交州領交趾、懷德、南定、宋平四縣。調露元年（西元六七九年）八月，改交州都督府為安南都護府，刺史充都護，管兵四千二百，舊領縣八，戶一萬七千五百二十三，口八萬八千七百八十八」（《前唐書・地理志》）。安南都護之治所先在交趾，後改宋平，今越南民主共和國首都河內。隋末宋康縣令馮盎擊定嶺南，唐武德四年（西元六二一年），盎以南越之眾降唐，高祖封其為越國公。唐曾任安南都護者，若楊元琰，「載初中，累遷安南副都護」（《舊唐書・楊元琰傳》）；馬摠，「元和四年（西元八〇九年），兼御史中丞，充嶺南都護，本管經略使。摠敦儒學，長於政術，在南海累年，清廉不撓，夷獠便之。於漢所立銅柱之處，以銅一千五百斤特鑄二柱，刻書唐德，以繼伏波之跡。以綏蠻功，就加金紫」（《舊唐書・馬摠傳》）。又有劉延祐，亦曾任安南都護，為安南首領李嗣先所殺（見《舊唐書・良吏・馮元常傳》）。安西大都護，《舊唐書・地理志》記其建置過程稱：「貞觀十四年（西元六四〇年），侯君集平高昌，置西州都護府，治在西州（今新疆吐魯番）；顯慶二年（西元六五七年）十一月，蘇定方平賀魯，分其地置濛池、昆陵二都護府，分其種落，列置州縣，於是西盡波斯國，皆隸安西都護府。仍移安西都護府理所於高昌故地。三年（西元六五八年）五月，移安西府於龜茲國（今新疆之庫車），舊安西府後為西州。咸亨元年（西元六七〇年）四月，吐蕃陷安西都護府，至長壽二年（西元六九三年）收復安西四鎮，依前於龜茲國置安西都護府。至德後，河西、隴右戍兵皆徵集，收復兩京。上元元年（西元七六〇年），河西軍鎮多為吐蕃所陷。有舊將李元忠守北庭，郭昕守安西府，二鎮與沙陀、回鶻相依，吐蕃久攻之不下。建中元年（西元七八〇年）元忠、昕遣使間道奏事，德宗嘉之，以元忠為北庭都護，昕為安西都護。其後，吐蕃急攻沙陀、回鶻部落，北庭、安西無援，貞元三年（西元七八七年）竟陷吐蕃。」唐西域開拓於太宗時，貞觀十六年（西元六四〇年）有郭孝恪為行安西都護，西州刺史；而其間出任安西大都護而有較大影響者，當推裴行儉，其後有王方翼。時「裴行儉西討遮匐，奏方翼為副，兼檢校安西都護。又築碎葉鎮城，立四面，作十二門，皆屈曲作隱伏出沒之狀，五旬而畢。西域諸胡競來觀之，因獻方物」（《舊唐書・良吏・王方翼傳》）。垂拱中，唐休璟任安西副都護。開元時，先有郭虔瓘任安西副大都護，後「以張嵩為安西都護以代虔瓘」（《舊唐書・郭虔瓘傳》）。繼張嵩者則為杜暹，以黃門侍郎兼安西副大都護，在安西四年，「綏撫將士，不憚勤苦，甚得夷夏之心」（《舊唐書・杜暹傳》）。其後，高仙芝和哥舒翰之父哥舒道元亦曾為安西副都護（分別見《舊唐書》之〈高仙芝傳〉及〈哥舒翰傳〉）。都護則往往由親王遙領，如開元初，曾以陝王嗣昇為安西都護，充河西道及四鎮諸蕃部落大使（見《唐會要》卷七八）。❽景雲二年又置單于都護　景雲二年，西元七一一年。景雲為唐睿宗李旦年號。據《舊唐書・高宗本紀》始置單于都護府時間應是高宗麟德元年（西元六六四年）。是年「正月，甲子，改雲中都護府為單于都護府，官品同大都督府。二月，丁亥，加授殷王旭輪（即李旦）單于大都護」。此前一年，已改燕然都護府為瀚海都護府，瀚海都護府為雲中都護府。單于都護治所雲中，即定襄，今內蒙呼和浩特南部之和林格爾。《舊唐書・地理志》：「單于都護府，秦漢時雲中郡城也。唐龍朔三年（西元六六三年）置雲中都護府，麟德元年改為單于大都護府。東南至朔州三百五十七里，振武軍在城內置。」高宗時，以親王遙領單于大都護，實際任單于大都護者，為蘇定方副將蕭嗣業。其間曾有過一次對單于管內突厥反叛的大規模討伐，事見《舊唐書・裴行儉傳》：「調露元年（西元六七九年），突厥阿史德溫傅反，單于管內二十四州並叛應之，眾數十萬。單于都護蕭嗣業率兵討之，反為所敗。於是以行儉為定襄道行軍大總管，率太僕少卿李思文、營州都督周道務等，部兵十八萬，并西軍程務挺、東軍李文陳等總三十餘萬，連亙數千里，並受行儉節度，唐世出師之盛，未之有也」。阿思德溫傅敗降，被殺。此後東突厥仍叛降無常。據《唐會要》卷七八載錄，唐曾遣和逢堯出使突厥，勸說默啜可汗與唐聯姻，至景雲二年（西元七一一年），默啜可汗「遣使請和親，許之」（《舊唐書・睿宗本紀》）。唐復置單于都護府當在此時。❾開元初置北庭都護　開元，唐玄宗李隆基年號。北庭都護府，《舊唐書・地理志》記為改置於武周長安時。文中稱：「貞觀十四年（西元六四〇年），侯君集討高昌，西突厥屯兵於浮圖城，與高昌相響應。及高昌平，二十年（西元六四六年）四月，西突厥泥伏沙鉢羅葉護阿史那賀魯率眾內附，乃置庭州，處葉護部落，長安二年（西元七〇二年）改為北庭都護府。自永徽至天寶，北庭節度使管鎮兵二萬人，馬五千匹，所統攝突騎施、堅昆、斬啜；又管翰海、天山、伊吾三軍鎮兵萬餘人，馬五千匹。至上元元年（西元七六〇年），陷吐蕃。」其下領三縣：金滿，今新疆奇臺縣西；輪臺，今新疆烏魯木齊市東；蒲類，今新疆奇臺之東南。開元時，程千里曾任北庭都護，後因其入為右金吾大將軍，故又以封常清「權知北庭都護，持節充伊西節度使」（《舊唐書・封常清傳》）。此外，李嗣業和白孝德，曾分別任鎮西、北庭行營節度使和安西、北庭行營節度使。北庭都護府治所的故址在今新疆吉木薩爾縣，在烏魯木齊市東一百八十公里，現為國家重點文物保護單位。❿今有單于副都護　今，指唐開元時。其時如張知運，便曾任單于副都護之職。事見《舊唐書・郭知運傳》：「〔開元〕四年（西元七一六年）冬，突厥降戶阿悉爛、跌跌思太等率眾反叛，單于副都護張知運為賊所執，詔薛納領兵討之。叛賊至綏州界，詔〔郭〕知運領朔方兵募橫擊之，大破賊眾於黑山呼延谷，賊捨甲仗并棄張知運走。」⓫漢宣帝置西域都護長史一人自後不絕　西漢宣帝時，任西域都護長史者，如張翁，事見《漢書・西域傳》。其時漢正與西域烏孫國和親以共擊匈奴，不意發生了漢公主解憂與漢使魏如意等共謀殺烏孫狂王未遂一事，因即遣使慰問狂王而檻魏如意等至長安斬之。書中提到同時命「車騎將軍長史張翁留驗公主與使者謀殺狂王狀，主不服，叩頭謝，張翁捽主頭罵詈。主上書，翁還，坐死」。東漢任西域長史者，前有與都護班超同時的徐幹，後有班超之子班勇。安帝元初六年（西元一一九年），鄧太后召班勇詣朝堂會議，尚書問勇：「今立副校尉，何以為便？又置長史屯樓蘭，利害云何？」班勇的回答是「今置校尉以扞撫西域，設長史以招懷諸國，若棄而不立，西域絕望」。延光二年（西元一二三年），「復以勇為西域長史，將兵五百人，出屯柳中」（《後漢書・班超附子班勇傳》）。⓬漢武帝置護烏桓校尉護羌校尉各司馬二人　護烏桓校尉，有長史、司馬；《後漢書・百官志》記其秩別和職掌稱：「護烏桓校尉一人，比二千石。本注曰：主烏桓胡。」注引應劭《漢官》曰：「擁節，長史一人，司馬二人，皆六百石。并領鮮卑、客賜質子，歲時胡市焉。」其設置經過，《後漢書・烏桓傳》有載：「及武帝遣驃騎將軍霍去病擊破匈奴左地，因徙烏桓於上谷、漁陽、右北平、遼西、遼東五郡塞外，為漢偵察匈奴動靜，其大人歲一朝見，於是始置烏桓校尉，秩二千石，擁節監領之，使不得與匈奴交通。」東漢時歷任此職見於《後漢書》者，有任尚（〈和帝本紀〉）、吳祉（〈安帝本紀〉）、耿曄（〈順帝本紀〉）、徐常（〈耿夔傳〉）、文穆（〈竇固傳〉）、王元（〈應劭傳〉）、李膺（〈劉陶傳〉）、箕稠（〈劉虞傳〉）、閻柔（〈公孫瓚傳〉）、鄧遵（〈南匈奴傳〉）、夏育、邢舉（〈烏桓鮮卑傳〉）等人。護羌校尉，《後漢書・西羌傳》記其始置經過稱：西漢武帝時，「先領羌與封養牢姐種解仇結盟，與匈奴通，合兵十餘萬，共攻令居、安放，遂圍枹罕。漢遣將軍李息、郎中令徐自為將兵十萬擊平之。始置護羌校尉，持節統領焉」。護羌校尉亦有長史、司馬，《後漢書・百官志》載：「護羌校尉一人，比二千石。本注曰：主西羌。」注引應劭《漢官》曰：「擁節。長史、司馬二人，皆六百石。」又，《漢官儀》稱：「護羌校尉，武帝置，秩比二千石，持節以護西羌。王莽亂，遂罷。時（指東漢初建武時）班彪議宜復其官，以理冤結。帝從之。以牛邯為護羌校尉，設治所于隴西令居縣。」後或置或廢。歷任此職見於《後漢書・西羌傳》者，有牛邯、竇林、郭襄、吳棠、傅育、張紆、鄧訓、聶尚、貫友、史充、吳祉、周鮪、侯霸、段禧、龐參、馬賢、韓皓、馬續、趙沖、衛琚、張貢、第五訪、段熲、胡閎、泠征等；另有見於〈安帝本紀〉之任尚，〈順帝本紀〉之衛琚，〈馬融傳〉之胡疇等數人。其中鄧訓能以恩信得羌人信賴，病卒於官署，「吏人羌胡愛惜，旦夕臨者日數千人」（《後漢書・鄧訓傳》）。⑬元帝置戊巳校尉亦置司馬一人　元帝，西漢皇帝劉奭，在位十六年，終年四十三歲。戊巳，當作「戊己」。《漢書・百官公卿表》稱：「戊己校尉，元帝初元元年（西元前四十八年）置，有丞、司馬各一人，候五人，秩比六百石。」西漢任戊己校尉者，《漢書・西域傳》記有徐普、刁護、郭領等。戊己校尉所置之司馬，同書亦有所提及：「時戊己校尉刁護病，遣史陳良屯桓且谷備匈奴寇，史終帶取糧食，司馬丞韓玄領諸壁……」此「司馬丞韓玄」，即戊己校尉所置司馬，丞為其兼職。

【語譯】大都護府：大都護，定員一人，品秩為從二品。

副大都護，定員一人，品秩為從三品。

副都護，定員二人，品秩為正四品上。漢武帝時開通西域，為了安撫當地三十六城郭部落國家，設置了使者或校尉，以統領和保護它們。宣帝時，任命鄭吉為西域都護，首次設立幕府，「都護」這一名號便是從鄭吉開始的。到東漢章帝時，撤去了西域都護，由戊巳（己）校尉行使相關職事。魏、晉期間，曾設有都護左右軍、都護將軍的稱號，於是就廢除了都護這一職名。本朝高宗永徽年間，開始設置安南、安西大都護，到睿宗景雲二年，又設置了單于都護。玄宗開元初，又設北庭都護。現在設有單于副都護。

長史，定員一人，品秩為正五品上。漢宣帝時，設置西域都護長史，定員為一人。此後沿置不絕。現在的單于都護則不置長史。

司馬，定員一人，品秩為正五品下。漢武帝時，設置護烏桓校尉和護羌校尉，各有司馬一人。漢元帝時設置的戊巳（己）校尉，亦設有司馬一人，都相當於都護司馬的職任。

錄事參軍事，定員一人，品秩為正七品上。

錄事，定員二人，品秩為從九品上；有史二人。

功曹參軍事，定員一人，品秩為正七品下；有府二人，史二人。

倉曹參軍事，定員一人，品秩為正七品下；有府二人，史二人。

戶曹參軍事，定員一人，品秩為正七品下；有府三人，史三人，帳史一人。

兵曹參軍事，定員一人，品秩為正七品下；有府三人，史四人。

法曹參軍事，定員一人，品秩為正七品下；有府三人，史四人。

參軍事，定員三人，品秩為正八品下。其中單于都護只設兵曹、倉曹二員。

上都護府：都護，定員一人，品秩為正三品。

副都護，定員二人，品秩為從四品上。

長史，定員一人，品秩為正五品上。

司馬，定員一人，品秩為正五品下。

錄事參軍事，定員一人，品秩為正七品下。

錄事，定員二人；有史三人。

功曹參軍事，定員一人，品秩為從七品上；有府二人，史二人。

倉曹參軍事，定員一人，品秩為從七品上；有府二人，史二人。

戶曹參軍事，定員一人，品秩為從七品上；有府三人，史三人，帳史一人。

兵曹參軍事，定員一人，品秩為從七品上；有府三人，史四人。

參軍事，定員三人，品秩為從八品上。

都護、副都護的職掌是，撫慰所屬蕃邦，防範外來敵寇，偵候隱密奸謀，征討叛離部落。長史、司馬作為副手。所屬各曹的職掌，與上篇對州府各曹的規定相同。

【說　明】唐代設置的都護府，除本章原注中提到的安南、安西、單于、北庭諸都護府外，散見於相關史著的尚有若干處。如《舊唐書·地理志》記有安東都護府：「總章元年（西元六六八年）九月，司空李勣平高麗，高麗本五部，一百七十六城，戶六十九萬七千，其年十二月，分高麗地為九都督府，四十二州，一百縣，置安東都護府於平壤城以統之。用其酋渠為都督、刺史、縣令，令將軍薛仁貴以兵二萬鎮安東府。上元三年（西元六七六年）二月，移安東府於遼東郡故城置。儀鳳二年（西元六七七年），又移置於新城。聖曆元年（西元六九八年）六月改為安東都督府。神龍元年（西元七〇五年）復為安東都護府。開元二年（西元七一四年），移安東都護於平州置。天寶二年（西元七四三年）移於遼西故郡置，至德後廢。」薛仁貴及其子薛訥曾先後任安東都護。《舊唐書・良吏・李素立傳》提到貞觀時曾置瀚海都護府：「時突厥鐵勒部相率內附，太宗於其地置瀚海都護府，以統之，以素立為瀚海都護。又有闕泥孰部，猶為邊患，素立遣使招諭降之。夷人感其惠，率馬牛以饋素立，素立唯受其酒一盃，餘悉還之，為建立廨舍，開置屯田。」開元時曾復置瀚海都護府，後改為安北大都護府。《新唐書・地理志》稱：「安北大都護府，本燕然都護府，龍朔三年（西元六六三年）曰瀚海都督府，總章二年（西元六六九年）更名。開元二年（西元七一四年）治中受降城，十年（西元七二二年）徙治豐、勝二州之境，十二年（西元七二四年）徙治天德軍。」此外尚有鎮北大都護府，下轄大同、長寧二縣。安西大都護府屬下尚有濛池、昆陵二都護府。

都護府是中國古代中原與周邊、漢族與少數族長期交往和爭戰到了一定階段的產物，是邊陲民族雜居地區帶有軍事性質的地方行政機構。設置都護府往往以征服或所謂歸順為前提，設置後仍有一定軍事目的，並以軍事實力為支撐，所以一旦國勢衰落，原先設置的都護府亦隨之消亡。此種設置，發軔於漢代，武帝開拓西域的目的很明確，就是為了對付於漢王朝最具威脅力的匈奴。東漢安帝元初六年（西元一一九年），鄧太后為討論是放棄還是經營西域事召集郡臣朝議，時任軍司馬的班超之子班勇又將武帝開西域作為範例提了出來：「昔孝武皇帝患匈奴彊盛，兼總百蠻，以逼障塞。於是開通西域，離其黨與，論者以為奪匈奴府藏，斷其右臂。」他反對放棄西域，主張仿照中原的州牧，在西域設校尉、置長史，以切斷匈奴右臂而維護中原安寧：「今中國置州牧者，以禁郡縣姦猾盜賊也。若州牧能保盜賊不起者，臣亦願以腰斬保匈奴之不為邊害也。今通西域則虜勢必弱，虜勢弱則為患微矣。孰與歸其府藏，續其斷臂哉！今置校尉以扞撫西域，設長史以招懷諸國，若棄而不立，則西域絕望。絕望之後，屈就北虜，緣邊之郡將受困害，恐河西域門必復有晝閉之儆矣。今不廓開朝廷之德，而拘屯戍之費，若北虜遂熾，豈安邊長久之策哉！」《後漢書・班超附子班勇傳》兩漢開拓和經營西域的目的是一致的，都是為了削弱匈奴，以減少北方邊境的壓力。至於開拓中西交通，促進東西文化的交流，則是歷史發展的客觀結果。開拓和經營西域的手段，都是軍事和政治並用，這兩種功能同時亦反映在官制上。如戊己校尉的設置，便是將一支有相當實力的軍隊屯墾在車師、伊吾等地，以顯示大漢帝國在西域的軍事存在；而都護或長史則偏重於利用西域諸國與匈奴及諸國之間、諸國內部種種矛盾，通過扶植親漢勢力加以控制，擴大漢王朝在西域的影響。

唐代對西域的經營開始於太宗時，主要亦是依靠軍事力量。貞觀十二年（西元六三八年），以徵召高昌王而高昌王稱疾不至為由，詔令吏部尚書侯君集為交河道行軍大總管，帥師討伐。高昌平定後，即設置西州，又置安西都護府，並留兵以鎮之。以後安西都護郭孝恪又破龜茲，因而將安西都護府移到龜茲，並設鎮於于闐、疏勒、碎葉，連同龜茲，合稱四鎮。這四鎮便是唐王朝在西域的軍事存在。後來四鎮一度為吐蕃所攻陷，到武周時又奪回，並復置安西都護府。其事見《舊唐書・西戎・龜茲傳》：「長壽元年（西元六九二年），武威軍總管王孝傑、阿史那忠節大破吐蕃，克復龜茲、于闐四鎮，自此復於龜茲置安西都護府，用漢兵三萬人以鎮之。既徵發內地精兵，遠逾沙磧，並資遣衣糧等，甚為百姓所苦，言事者多請棄之，則天竟不許。其安西都護，則天時有田揚名，中宗時有郭元振，開元初則張孝嵩、杜暹，皆有政績，為夷人所伏。」開元時，為安西四鎮設置節度使，首任楊嘉惠，繼任者為王斛斯。四鎮與安西都護府是並存的，且常常相互兼領，如高仙芝，在開元末以安西副都護兼四鎮都知兵馬使，當他任安西節度使時，便奏請由他的傔人（猶今秘書、副官之類）封常青專知四鎮倉庫、屯田、甲杖、支度、營田事。後來封常青升任安西副大都護，又持節充四鎮節度、經略、支度、營田副大使，知節度事。開元時，安西都護逐漸分化為安西與北庭二並立的都護府，以安西都護府領四鎮及磧南地區，以北庭都護府領磧北地區。開元末，又「分置安西四鎮節度治安西大都護府，北庭、伊西節度使治北庭都護府」（《新唐書・方鎮表》）。安西主統四鎮，北庭主統伊、西、庭三州，變為安西主西、北庭主東了。在此前後，北庭節度使有三任：王正見（開元二十九年至天寶十載，西元七四一—七五一年），程千里（天寶十一載至十三載，西元七五一至七五四年），封常青（天寶十三至十四載，西元七五四—七五五年）。安西節度使有四任：夫蒙靈詧（開元二十九年至天寶元載，西元七四一至七四二年），高仙芝（天寶六載至十載，西元七四七至七五一年），王正見（天寶十載至十一載，西元七五一至七五二年），封常青（天寶十一載至十四載，西元七五二至七五五年）。其中封常青曾兼兩道節度。磧西二府衙署機構相當龐大，有些職官為《唐六典》所不載。如支度營田使，主管屯田和府中後勤雜務，著名詩人岑參佐幕安西，曾任此職。都虞侯，為整飭軍紀的司法官，安西宿將段秀實曾任此職。兵馬使，亦作刀斧兵馬使、都知兵馬使，高仙芝曾以安西副都護攝都知兵馬使。安西大都護府之下，尚設有十將軍、行軍判官等職。北庭都護府屬下三州共轄十二縣，其居民多為移居在那裡的漢人，仍以農業為主，有別當地的草原游牧諸族，而四鎮及北庭的駐軍則保留著軍屯的形態。安史之亂一起，吐蕃、突厥等周邊勢力趁機侵擾，各都護府都處在風雨飄搖之中。因河西、隴右的戍兵都被徵集去收復兩京，安西、北庭二都護府已孤立無援，苦苦堅持了一段時間後，於貞元十一年(西元七九五年)終於被吐蕃攻陷。安東都護府，前有高麗滋事，後有突厥、契丹、奚作梗，可謂腹背受敵，加上糧運困難，其治所不得不一次又一次內遷，已徒具空名。其他如單于都護府、安南都護府也難於應付，日趨衰亡。

五

上鎮：將一人，正六品下。

鎮副一人，正七品下。魏有鎮東、鎮西、鎮南、鎮北將軍之名❶，晉、宋已後皆因之❷。隋有鎮將、鎮副❸，皇朝因之❹。

錄事一人；史一人。

倉曹參軍事一人，從八品下；職同諸州司倉。佐一人；史二人。

兵曹參軍事一人，從八品下；佐二人；史二人。

倉督一人；史二人。

中鎮將一人，正七品上。

鎮副一人，從七品上。

錄事一人。

兵曹參軍事一人，正九品下；佐三人⑤；史四人。

倉督一人；史二人。

下鎮：將一人，正七品下。

鎮副一人，從七品下。

錄事一人。

兵曹參軍事一人，從九品下；佐一人；史二人。

倉督一人；史一人。

上戍：主一人，正八品下。

戍副一人，從八品下；《左傳》⑥曰，齊侯使公子無虧戍曹⑦，又使連稱、管至父戍葵丘⑧。至後魏孝文，使趙遐為梁陳戍主⑨。又王世榮為三城戍主，遇賊陷城，與戍副鄧元興等皆不屈節，被害⑩。《宋書》⑪云：「劉德願為游擊將軍，領石頭戍事⑫。」宋檀道濟以護軍領石頭戍事⑬。宋、齊已下至隋，皆有其官⑭，皇朝因之⑮。佐一人；史二人。

中戍：主一人，從八品下；史二人。

下戍：主一人，正九品下；史一人。

鎮將、鎮副掌鎮捍防守，總判鎮事。

錄事掌受事句稽⑯。

倉曹掌儀式、倉庫，飲膳、醫藥，付事勾稽，省署抄目⑰，監印⑱，給紙筆，市易、公廨之事。

兵曹掌防人名帳⑲，戎器、管鑰，差點及土木興造之事⑳。

戍主、戍副掌與諸鎮略同。

【章旨】敘述上、中、下鎮之鎮將、鎮副，上戍之戍主、戍副和中、下戍之戍主，以及各自所屬曹吏的定員、品秩與職掌。

【注釋】❶魏有鎮東鎮西鎮南鎮北將軍之名《宋書・百官志》：「鎮東將軍一人，後漢末，魏武帝居之。鎮南將軍一人，後漢末，劉表居之。鎮西將軍一人，後漢初平三年（西元一九二年），韓遂居之。鎮北將軍一人。」「魚豢曰：『鎮北，魏黃初太和中置。』」又，三國魏時任此四職者尚有：臧霸，「文帝即王位，遷鎮東將軍，進爵武安侯，都督青州諸軍事」；曹真，「文帝即王位，以真為鎮西將軍，假節都督雍、涼諸州諸軍事」；鄧艾、鍾會先後於甘露元年（西元二五六年）和景元三年（西元二六二年）相繼任鎮西將軍（以上均見《三國志・魏書》本傳）。又《職官分紀》卷三三引《魏氏春秋》：「許允，字士宗，為鎮北將軍，都督河北諸軍事。」此外，有黃權者，先在蜀任鎮北將軍，後降魏為鎮南將軍，《三國志・蜀書》本傳稱：蜀伐吳，「以權為鎮北將軍，督江北軍以防魏師」，劉備軍敗引退，「權不得還，故率將所領降于魏……魏文帝謂權曰：『君捨逆效順，欲追蹤陳、韓（指陳平、韓信，皆先事項羽，後歸劉邦。——引者）邪？』權對曰：『臣過受劉主殊遇，降吳不可，還蜀無路，是以歸命，且敗軍之將，免死為幸，何古人之可慕也！』文帝善之，拜為鎮南將軍，封育陽侯，加侍中，使之陪乘」。❷晉宋已後皆因之　晉沿魏制，亦設四鎮將軍。如《晉書・武帝紀》載：泰始六年（西元二七〇年）六月，以汝陰王駿為鎮西大將軍，都督雍涼二州諸軍事；太康三年（西元二八二年）十二月，以司空齊王攸為大司馬、督青州諸軍事，鎮東大將軍。又據《晉書・杜預傳》，咸寧四年（西元二七八年），「羊祜卒，杜預拜鎮南將軍，都督荊州諸軍事，給追鋒車，第二駙馬」。《晉書・惠帝紀》載：元康九年（西元二九九年）正月，以北中郎將、河間王顒為鎮西將軍，鎮關中；成都王穎為鎮北大將軍，鎮鄴。此外，楚王瑋曾任鎮南將軍，淮南王允曾任鎮東將軍。諸王之鎮時，皆以四鎮將軍為其名號。南朝宋亦沿此制。《宋書・文帝紀》載：元嘉九年（西元四三二年）七月，以尚書王仲德為鎮北將軍、徐州刺史；元嘉十三年（西元四三六年）三月，以中軍將軍南譙王義宣為鎮南將軍、江州刺史，五月，王仲德進號為鎮北大將軍；元嘉十五年（西元四三八年）二月，以平東將軍吐谷渾慕容延為鎮西將軍。《宋書・孝武帝紀》載：孝建元年（西元四五四年）四月，進沈慶之號鎮北大將軍。《宋書・明帝紀》載：宋明帝劉彧在大明八年（西元四六四年），曾出為使持節，都督徐、兗二州及豫州之梁郡諸軍事，鎮北將軍，徐州刺史；泰始二年（西元四六六年）正月，以左衛將軍巴陵王休若為鎮東將軍。故晉、宋時四鎮將軍多為諸王鎮守一方時所加之將軍名號。宋以下，此制仍舊。如《南齊書・百官志》稱，齊以四鎮將軍為將軍之名號。又據《隋書・百官志》，梁分四鎮為八鎮，即東西南北止施在外，左右前後止施在內，皆為重號將軍。陳沿梁制。北朝之北魏，據《魏書・官氏志》，四鎮將軍在太和前制，位列第二品下；太和後制則為從第二品。北齊，據《隋書・百官志》，四鎮將軍位列從二品。《周書・盧辯傳》及《通典・職官・後周官品》皆不言北周諸將軍名號中有四鎮將軍，唯〈唐上輕車都尉潞州長史真定郡公許行師墓誌銘〉云：「祖康，周鎮西將軍。」則北周似亦有此名號。另據《周書》及《隋書》相關記載，北周又有鎮將、鎮副之設，詳下注。按：此條原注意在追溯唐鎮將、鎮副之淵源，其實魏晉以來之四鎮將軍名號，與北朝、隋唐之鎮將、鎮副並無直接繼承關係。❸隋有鎮將鎮副　隋所沿係北齊之制。據《隋書・百官志》，北齊「三等諸鎮，置鎮將、副將，長史，錄事參軍事，倉曹、中兵、長流、城局等參軍事，鎧曹行參軍，市長、倉督等員」。北周亦設鎮將、鎮副如《周書・晉蕩公護・附馮遷傳》：馮遷之子馮恕「任伏夷鎮將，平寇縣伯」；《周書・裴果傳》：子孝仁，「出為長寧鎮將，捍禦齊人，甚有威邊之略」；《隋書・梁士彥傳》：「武帝將有事東夏，聞其勇決，自扶風郡守除九曲鎮將，進位上開府，封建威縣公」。任副鎮將者，見《法苑珠林》卷二一：「建德三年（西元五七四年），太原公王秉為襄州刺史，副鎮將上開府長孫哲。」鎮之建置相當於州一級，為軍管之地方行政機構。鎮將、鎮副之品秩：北齊，三等鎮將列第四品下，三等鎮副為從四品下。隋，上鎮將軍從四品下，上鎮副將、中鎮將從五品下，中鎮副、下鎮將正六品下，下鎮副將從六品下。❹皇朝因之　《職官分紀》卷四三引《唐六典》原注，在「皇朝因之」下尚有：「每防五百人為上鎮，三百人為中鎮，不及者為下鎮。」《新唐書．百官志》鎮將、鎮副條：「凡軍鎮，五百人有押官一人，千人有子總管一人，五千人又有府三人，史四人」；「每防人五百人為上鎮，三百人為中鎮，不及者為下鎮」。❺佐三人　南宋本及《新唐書．百官志》均作「佐一人」。❻左傳　儒家經典之一。相傳為春秋末期魯國史官左丘明撰，更大可能為戰國時人作。用事實闡釋《春秋》，起於魯隱公元年（西元前七二二年），終於魯悼公四年（西元前四六四年），比《春秋》多出十七年，其敘事更至於悼公十四年（西元前四五四年）。文字優美，記事詳明，為中國第一部史學和文學名著。❼齊侯使公子無虧戍曹　此事《左傳》繫於魯閔公二年（西元前六六〇年）。齊侯，指齊桓公，名小白。任管仲為相，曾九合諸侯，成為春秋五霸之首。無虧，又稱武孟，齊桓公之子。戍曹，駐軍守衛曹。曹，衛國之邑，今河南滑縣西南。魯閔公二年（西元前六六〇年）狄人滅衛，衛懿公戰死，「衛之遺民男女七百有三十人，益之共、滕之民為五千人」，共立戴公為新君，並以曹為臨時國都。與此同時，「齊侯使公子無虧帥車三百乘、甲士三千人以戍曹」。無虧之母為衛姬，齊、衛有姻親關係，而此時衛新敗，國無兵力，故桓公使其子助衛戍曹。❽使連稱管至父戍葵丘　此句主語承上仍為齊侯，但非齊桓公而是其兄齊襄公。原注此處意在追溯「戍」之由來，無關歷史事件，故將前後兩個齊侯合於一處。齊襄公，名諸兒，為齊國第十四位國君。連稱、管至父，皆齊國大夫。葵丘，齊國地名。杜預注：「臨淄西有地名葵丘。」此事《左傳》繫於魯莊公八年（西元前六八六年），全文為：「齊侯使連稱、管至父戍葵丘。瓜時而往，曰：及瓜而代。期戍，公問不至。請代，弗許，故謀作亂。」❾後魏孝文使趙遐為梁陳戍主　孝文，北魏孝文皇帝拓跋宏。十歲即位，在位二十三年，前十年為馮太后執政，太和十年（西元四八六年）始親政，終年三十三歲。趙遐，天水（今甘肅禮縣東）人。曾仕南朝宋，後投奔北魏。梁陳，據南宋本當作「梁城」。梁城故址在今河南臨汝縣西。趙遐為梁城戍主事，載《魏書》本傳：「遐，初為軍主，從高祖征南陽。景明初，為梁城戍主，被蕭衍將攻圍，以固守及戰功，封牟平縣開國子，食邑二百戶。」❿王世榮為三城戍主遇賊陷城與戍副鄧元興等皆不屈節被害　王世榮，據《魏書》本傳當為王榮世。館陶（即今河北館陶縣）人，三城戍主，方城縣子。其守城不屈節事，亦載本傳。《魏書．節義．王榮世》「蕭衍攻圍，力窮知不可全，乃先焚府庫，後殺妻妾。及賊陷城，與戍副鄧元興等俱以不屈被害。肅宗下詔褒美忠節，進榮世爵為伯，贈齊州刺史；元興開國子，贈洛州刺史。」⓫宋書　南朝宋梁間沈約撰，一百卷。紀傳體劉宋史。修於齊永明五年至六年（西元四八七—四八八年）間，其八志三十卷成書當已在梁代。八志上溯三代秦漢，詳於魏、晉，可補《三國志》之不足。⓬劉德願為遊擊將軍領石頭戍事　劉德願，彭城（今江蘇徐州）人，護軍將軍劉懷慎之子。石頭戍，劉宋都建康，石頭戍即建康西之石頭城，故址在今南京市清涼山。負山面江，地勢險要，為守衛建康軍事重鎮，故南朝諸帝多以親信領石頭戍事。劉德願為宋武帝所狎侮及領石頭戍事，見《宋書・劉懷慎傳》：懷慎「謚曰肅侯，子德願嗣。世祖（即宋孝武帝）大明初為游擊將軍，領石頭戍事。坐受賈客韓佛智貨，下獄，奪爵土，後復為秦郡太守。德願性粗率，為世祖所狎侮。上寵姬殷貴妃薨，葬畢，數與群臣至殷墓。謂德願曰：『卿哭貴妃若悲，當加厚賞。』德願應聲便號慟，撫膺擗踊，涕泗交流。上甚悅，以為豫州刺史。」⓭檀道濟以護軍領石頭戍事　檀道濟，高平金鄉（今山東微山縣西北）人。出身北府兵，先後事從劉宋武帝、文帝，進封武陵郡公，拜征南大將軍，江州刺史，後又進司空，鎮尋陽。其領石頭戍事在武帝劉裕初建南朝宋時：「高祖（即宋武帝）受命，轉護軍，加散騎常侍，領石頭戍事，聽直入殿省」（《宋書》本傳）。又，宋領石頭戍事者，尚有建平王劉宏，「元嘉二十四年（西元四四七年）為中護軍，領石頭戍事」（《宋書・文九王・建平宣簡王劉宏傳》）；廬江王劉禕，元嘉二十六年（西元四四九年）「以為侍中、後軍將軍，領石頭戍事」（《宋書・文五王・廬江王劉禕傳》）；始安王劉子真，大明七年（西元四六三年）「遷征虜將軍、南彭城太守，領石頭戍事」（《宋書・孝武十四王・始安王劉子真傳》）。⓮宋齊已下至隋皆有其官　宋所置之戍，見於《宋書》記載者，除前注所言石頭戍外，尚有：鵲頭戍、盆城戍（《袁顗傳》），新亭壘（《桂陽王休範傳》），梁鄒戍（《蕭思話傳》），睢陵城戍（《申恬傳》），汝南戍、大雷戍（《臧質傳》），滑臺戍（《朱脩之傳》），關城戍（《柳元景傳》），新城戍、碻磝戍（《沈慶之傳》），魚浦戍（《孔覬傳》），合肥戍（《殷琰傳》），大峴戍（《薛安都傳》），金墉小壘戍、許昌戍、鄒山戍、尉武戍、豫州戍（《索虜傳》），朱梧戍（《林邑傳》），茄蘆戍（《氐胡傳》），以及錢塘新城戍（《南齊書・周山圖傳》）等。齊、梁、陳和北魏、北齊、北周以及隋，皆有戍之設，史著對此亦有所載錄。如齊高帝建元三年（西元四八一年）敕南兗州刺史柳世隆曰：「賊猶治兵在彭城，民間若有丁多而細口少者，悉令戍，非疑也。」又敕曰：「賊已渡淮，卿好參候之，有急令諸小戍還鎮，不可賊至不覺也。」（《南齊書・柳世隆傳》）齊在這些地區由鎮統戍，戍兵則徵自民間。梁和陳皆沿宋、齊之制，在南北對峙緣邊及交通衝要設戍以為防守。北魏，從《魏書》記載看，戍主之名盛於太和之世，大抵在其北境，戍由鎮統，南境之戍則多隸於州；亦有以太守或縣令兼領戍主者，如李神以新蔡太守領建安戍主，又以陳留太守領狄丘戍主（見《魏書》本傳）；陳平玉以許昌縣令兼紵麻戍主（見《魏書・李崇傳》）等。北齊及隋，據《隋書・百官志》，戍主、副俱列有官品，如隋分上、中、下三等：上戍主正七品下，中戍主、上戍副正八品下，下戍主正九品下。歷代所置之戍，齊：見於《南齊書》的有石頭戍（《鄱陽王蕭寶夤傳〉），剛陵戍（〈劉悛傳〉），甬城戍（〈周盤龍傳〉），西陵戍（〈陸慧曉傳〉），龍亢戍（〈裴叔業傳〉），樊城戍（〈崔慧景傳〉），平昌戍、寬城戍、龍城戍（〈蠻傳〉），舞陰戍、櫟城戍、湖陽戍、赭陽戍（〈魏虜傳〉）；見於《南史》的有新城戍（〈茹法亮傳〉），浹口戍（〈虞玩之傳〉）；見於《梁書》的有泃口戍（〈馮道根傳〉）。梁：見於《梁書》的有白馬戍（〈鄧元起傳〉），阜陵戍（〈馮道根傳〉），大雷戍（〈陳伯之傳〉）；見於《陳書》的有湓口戍（〈周文育傳〉）。北魏：除上文所引數處外，尚有歷城戍、罣蘭戍、駱谷戍、仇池戍、平洛戍、疏勒戍（均見《南齊書．魏虜傳》）等。⑮皇朝因之　《新唐書．百官志》及《職官分紀》卷四三引《唐六典》原注此句皆為「五十人為上戍，三十人為中戍，不及者為下戍」。⑯受事句稽　受事，「受事發辰」之略語。指登錄公文所受之事及受事之始日。句稽，「勾檢稽失」之略語。指糾查公文公事處理中有無違反律令制度和是否延誤規定日程。⑰省署抄目　抄目，官府收發文書目錄。此處為「錄為抄目」省語，意為登錄抄目。省署，審查簽署文案，以發付實施。⑱監印　保管和使用本鎮之印章。⑲防人名帳　徵發戍邊人員之名冊。⑳差點及土木興造之事　《新唐書．百官志》作「馬驢、土木、讁罰之事」。

【語譯】上鎮：鎮將，定員一人，品秩為正六品下。

鎮副，定員一人，品秩為正七品下。三國魏設有鎮東、鎮西、鎮南、鎮北將軍的名號。晉、宋以後，都因仍這一官制。隋朝設有鎮將和鎮副，本朝因仍隋制。

錄事，定員一人；有史一人。

倉曹參軍事，定員一人，品秩為從八品下；職掌與上篇中各州司倉的有關規定相同。有佐一人，史二人。

兵曹參軍事，定員一人，品秩為從八品下；有佐二人，史二人。

倉督，定員一人；有史二人。

中鎮：鎮將，定員一人，品秩為正七品上。

鎮副，定員一人，品秩為從七品上。

錄事，定員一人。

兵曹參軍事，定員一人，品秩為正九品下；有佐三人，史四人。

倉督，定員一人；有史二人。

下鎮：鎮將，定員一人，品秩為正七品下。

鎮副，定員一人，品秩為從七品下。

錄事，定員一人。

兵曹參軍事，定員一人，品秩為從九品下；有佐一人，史二人。

倉督，定員一人；有史一人。

上戍：戍主，定員一人，品秩為正八品下。

戍副，定員一人，品秩為從八品下；《左傳》中說到，齊侯派遣公子無虧去衛戍曹地，又說到命令連稱和管至父去衛戍葵丘。到北魏時，孝文帝曾任命趙遐為梁陳（城）戍主，還有王世榮（榮世）擔任三城戍主，遭遇賊寇攻陷城池，他與戍副鄧元興等都不肯屈節投降，最後被殺害。《宋書》記載：「劉德願為遊擊將軍，並統領石頭戍的事務。」南朝宋的檀道濟以護軍將軍兼領石頭戍的事務。從宋、齊以後一直到隋朝，歷代都設有這一官職。本朝亦因襲設置。有佐一人，史二人。

中戍：戍主，定員一人，品秩為從八品下；有史二人。

下戍：戍主，定員一人，品秩為正九品下；有史一人。

鎮將、鎮副的職掌是，負責所轄區域的保衛防守，並總管本鎮內部各項事務。

錄事負責登錄接受公文公事的始日，以及糾查公文公事處理中有無錯失或延誤。

倉曹負責主持有關儀式，以及掌管倉庫、飲食、醫藥和交辦某些事務，糾查處事的錯失或延誤，登錄和省署來往公文抄目，保管和監督使用本鎮印信，供給公事用紙筆，還有市場交易和公廨管理方面等事務。

兵曹掌管防人名冊、兵戎器械和鎮戍城堡大門管鑰，以及差點士兵與營造土木工程方面的事務。

戍主、戍副的職掌與上文對各鎮將、鎮副的規定大致相同。

【說　明】本章原注追述鎮將一職由來時，提到三國魏時有鎮東、鎮西、鎮南、鎮北將軍之名，總稱四鎮將軍。兩漢和魏晉時期，有諸多將軍名號，可分為重號、小號、雜號三類，四鎮將軍即屬於重號將軍名號。與此相類的尚有征東、征西、征南、征北將軍，稱四征將軍；安東、安西、安南、安北將軍，稱四安將軍；平東、平西、平南、平北將軍，稱四平將軍等。其實，四鎮將軍與鎮將、鎮副雖職名中都有一個「鎮」字，卻並無直接沿革關係。四鎮將軍之「鎮」，是對其職能的指稱，有鎮壓、鎮服之意；鎮將、鎮副之「鎮」，則是指設置於邊境地區的軍事機構。所以隋唐時期鎮將、鎮副的設置，嚴格說來，當源於北魏的鎮戍制度。鎮的最初建置還要早於北魏，在姚秦和西涼的乞伏氏時便已有見，如：《魏書・太宗紀》：「泰常二年（西元四一七年）九月，姚泓匈奴鎮將姚成都與弟和都舉鎮來降」；《魏書・常爽傳》：「祖珍，苻堅南安太守，因世亂遂居涼州。父坦，乞伏世鎮遠將軍、大夏鎮將、顯美侯」。北魏最早設置鎮的時間是在道武帝天賜二年（西元四〇五年，據《魏書・地形志》肆州注），其後逐漸形成為一種較為嚴密的鎮戍制度。

北魏設鎮之地多屬形勝邊要。大體可分為兩類：一類在北邊及西北邊區，尚未設州、郡的，即由鎮將兼理軍民政務；另一類在南方邊境已設有州、郡的，則軍民分治：鎮將治軍，刺史、太守治民。但多數情況是鎮將兼刺史或太守之任。如楊鈞，在北魏曾任恆州刺史，又為懷朔鎮將（見《周書・楊寬傳》）。又如安豐王猛，太和中出為和龍鎮都大將，營州刺史（見《魏書・文成五王・安豐王猛傳》）。鎮與州大體是平級的，所以又可以互改。如《魏書・地形志》朔州注云：「延和二年（西元四三三年）置為鎮，後改為懷朔，孝昌中改為州」；同書光州注云：「皇興四年（西元四七〇年）分青州置〔光州〕，延興五年（西元四七五年）改為〔東萊〕鎮，景明元年（西元五〇〇年）復。」從《魏書》相關紀傳看，在孝文帝太和年間，東萊鎮與光州是並存的，東萊即光州的治所。在北邊及西北邊區設置鎮的目的，既是為了捍禦外敵入侵，亦是一種軍管措施，以控制轄區的遊牧族，一旦遇有叛亂，便於迅即鎮壓。如江陽王元繼，「高祖時除使持節安北將軍撫冥鎮都大將，轉都督柔玄、撫冥、懷荒三鎮諸軍事、鎮北將軍柔玄大將」，後「高車酋帥樹者擁部民反叛，詔繼都督北討諸軍事，自懷朔以東悉稟節度」（《魏書・道武七王・江陽王繼傳》）。北魏鎮的建置相當於州，而戍則約略與縣相等，故南部邊境的戍多隸於州，北部邊境的戍則直接由鎮統轄。《周書・楊寬傳》提到楊寬的父親楊鈞北魏時曾任恆州刺史、懷朔鎮將，當楊鈞出鎮懷朔時，楊寬「請從展效，乃改授將軍、高闕戍主」。老子為鎮將，兒子在屬下任戍主，此例頗為典型地說明了戍對鎮的隸屬關係。關於北魏鎮戍設官分職的情況，《魏書・官氏志》稱：「舊制緣邊皆置鎮，都大將統兵備御，與刺史同。城隍倉庫皆鎮將主之。」綜合紀傳所見鎮戍之官，鎮有都大將、都將、大將、將、都副將、副將和監軍、長史、司馬、錄事、參軍等，戍有戍主、戍副。鎮將有的兼都督或數州鎮諸軍事、州的刺史，戍主則有以郡太守、縣令兼任的。北魏設鎮的數目不詳，見於《魏書・地形志》著名的有肆盧鎮、吐京鎮、和龍鎮、懷朔鎮、御夷鎮、薄骨律鎮、東萊鎮、仇池鎮、抱罕鎮、高平鎮、涼州鎮、統萬鎮等，此外尚有散見於《魏書》諸紀傳及《元和郡縣志》者，今不一一列舉。北魏前期和後期，鎮將和邊兵的地位有較大變化。廣陽王元深在上書中稱：「昔皇始以移防為重，盛簡親賢，擁麾作鎮，配以高門子弟，以死防遏，不但不廢仕宦，至乃偏得復除。當時人物，忻慕為之。及太和在歷，僕射李沖當官任事，涼州士人悉免廝役，豐沛舊門，仍防邊戍，自非得罪當世莫肯與之為伍。征鎮驅使，但為虞候白直，一生推遷，不過軍主。」（《魏書・太武五王・廣陽王建附元深傳》）北魏鎮將和邊兵社會地位迅速下降的一個直接原因，是孝文帝於太和中將國都從平城（今山西大同）南遷至洛陽（今河南洛陽市東）：「自定鼎伊洛，邊任益輕，唯底滯凡才，出為鎮將，轉相模習，專事聚斂」。又「峻邊兵之格，鎮人浮遊在外，皆聽流兵捉之。於是少年不得從師，獨為匪人，言者流涕」（同上）。

唐代在北部和西北邊區的鎮戍之制，大體沿北朝和隋而來，其建置和名稱又有較多變化。《新唐書・百官志》稱：「唐初，兵之戍邊者，大曰軍，小曰守捉，曰城，曰鎮，而總之者曰道」；「其軍、城、鎮、守捉皆有使，而道有大將一人，曰大總管，已而更曰大都督」。所以鎮是戍邊軍建置中較小的單位，較大的稱軍。本書第五卷第一篇兵部郎中職掌條規定：「諸軍各置使一人，五千人已上置營田副使一人，每軍皆有倉曹、兵曹、冑曹參軍各一人。其橫海、高陽、唐興、恆陽、北平等五軍皆本州刺史為使。」又稱：「凡鎮皆有使一人，副使一人，萬人已上置司馬，倉曹、兵曹參軍各一人，五千人已上減司馬。凡諸軍、鎮每五百人置押官一人，一千人置子總管一人，五千人置總管一人。凡諸軍鎮使、副使已上皆四年一替，總管已上六年一替，押官隨兵交替。」這軍、鎮都有兵卒數千甚至萬人以上，為州一級，大致可與北魏的鎮相當，但在唐代這是大軍鎮，而非本章所敘述的鎮、戍。本章的鎮、戍，其建制單位要小得多：上鎮也只有五百人，中鎮三百人，以下者為下鎮。戍更小：上戍才五十人，中戍三十人，不及三十人者為小戍。由此看來，鎮、戍是軍、鎮的下屬或基層單位，若譬諸現代，它們是設置在邊境線上的哨所或兵站，而軍、鎮則猶如現今駐守邊防的軍區和軍分區。

據《新唐書·地理志》載錄，唐在北部和西北邊區諸州郡既有軍、鎮、城、守捉，亦有鎮、戍，從其沿革狀況多少也可知道一些它們的相互關係和升降變化。如河北道的幽州范陽郡，即今北京，「有府十四，曰呂平、涿城、德聞、潞城、樂上、清化、洪源、良鄉、開福、政和、停驂、拓河、良杜、咸寧。城內有經略軍，又有納降軍，本納降守捉城，故丁零川也。西南有安塞軍，有赫連城。有宗王、乾澗、殄寇三鎮城，召堆、車坊、蒿城、河旁四戍」。府指折衝府，是駐在邊境地區的府兵。經略軍、納降軍、安塞軍，是以軍為建制的邊防軍，其中納降軍是由納降守捉升為軍的。赫連城是以城為建制的兵站，從名稱上亦可知都是由遊牧族收編而成的邊軍。至於三鎮、四戍，即本章所言鎮、戍，相當於兵站或哨所。又如嬀州，在河北昌平以北，約位於今北京西北官廳水庫附近，「有府二，曰密雲、白檀。有清夷軍，垂拱中置。有淮北、白楊度、雲治、廣邊四鎮兵，有橫河、紫城二戍。有陽門城，又有懷柔軍」。檀州密雲郡，今河北省之密雲縣，「有威武軍，萬歲通天元年（西元六九六年）置，本漁陽，開元十九年（西元七三一年）更名。又有鎮遠軍，故黑城川也。有三叉城、橫山城、米城。有大王、北來、保要、鹿固、赤城、邀虜、石子航七鎮。有臨河、黃崖二戍」。西北地區，如鄯州寧塞郡，今甘肅化隆回族自治縣西，「西有寧邊軍，本寧塞軍。西八十里宛秀城有威勝軍，西南一百四十里洪濟橋有金天軍，其東南八十里百谷城有武寧軍。南二百里黑峽川有曜武軍。皆天寶十三載（西元七五四年）置」；達化縣，「西有積石軍，本靜邊鎮，儀鳳二年（西元六七七年）為軍。東有黃沙戍」。涼州武威郡，即今甘肅之武威，「有府六，曰明威、洪池、番禾、武安、麗水、始臧。又有赤水軍，本赤烏鎮，有赤青泉，因名之，幅員五千一百八十里，軍之最大也。西二百里有大斗軍，本赤水守捉，開元十六年（西元七二八年）為軍，因大斗拔谷為名。東南二百里有烏城守捉。南二百里有張掖守捉。西二百里有交城守捉。西北五百里有白亭軍，本白亭守捉，天寶十四載（西元七五五年）為軍」。洮州臨洮郡，今甘肅省臨潭縣，「有府一，曰安西。有莫門軍，儀鳳二年（西元六七七年）置。西八十里磨禪川有神策軍，天寶十三載（西元七五四年）置」。河東道嵐州的嵐谷縣，今山西省岢嵐縣，「有岢嵐軍，永淳二年（西元六八三年）以岢嵐鎮為柵，長安三年（西元七〇三年）為軍，景龍中，張仁亶徙其軍於朔方，留者為岢嵐守捉，隸大同」。上述記載說明，軍與鎮、守捉，可以因兵員的增減或軍事地位的變易而互相轉化。如積石軍是由靜邊鎮轉化而來，赤水軍則由赤烏鎮升格而成；而岢嵐駐軍先由鎮升為軍，後又因一部份兵員調防他處，留下的又降為守捉，隸於大同軍。軍的規模亦有大小，以赤水軍最大。除了軍、鎮、守捉、城、戍這些名稱外，還有稱為「柵」的。這些記載還從一個側面反映出，唐帝國當時在北部和西北邊境軍事對峙的形勢。如高宗儀鳳二年（西元六七七年）置軍及守捉甚少，此後便逐漸多了起來，最多是在玄宗開元期間，說明其時西部邊境要受吐蕃的威脅，而北面的奚和契丹正逐漸崛起，邊防形勢日趨嚴峻。軍、鎮、守捉、城、戍建置的增多，是唐王朝軍事上被迫處於守勢的反映。

六

五嶽、四瀆❶：令各一人，正九品上；古者，神祠皆有祝及祭酒，或有史者❷。今，蓋皇朝所置。〔祝史三人；齋郎三人❸。並皇朝所置❹。〕

廟令掌祭祀及判祠事❺。

祝史掌陳設、讀祝、行署文案❻。

齋郎執俎豆❼及灑掃之事。

【章旨】敘述五嶽四瀆之令和祝史、齋郎的定員、品秩與職掌。

【注　釋】❶五嶽四瀆　五嶽指嵩山、泰山、華山、衡山、恆山。四瀆，指淮、江、河、濟。唐代對五嶽四瀆皆立祠宇，按時祭祀。本書第四卷第三篇祠部郎中職掌條記其制稱：立春之日祭泰山於兗州，東瀆淮於唐州；立夏之日祭南嶽衡山於衡州，南瀆江於益州；季夏土王日祭中嶽嵩山於河南府；立秋之日祭西嶽華山於華州，西瀆河於同州；立冬之日祭北嶽恆山於定州，北瀆濟於河南府。玄宗時，又分別封五嶽為王，四瀆為公。據《舊唐書・玄宗本紀》，先天二年（西元七一三年）九月，封華嶽神為金天王；開元十三年（西元七二五年）玄宗登泰山行封禪禮後，封泰山神為天齊王；天寶五載（西元七四六年）正月，封中嶽為中天王，南嶽為司天王，北嶽為安天王。次年詔稱：五嶽既已封王，四瀆當昇公位：封河瀆為靈源公，濟瀆為清源公，江瀆為廣源公，淮瀆為長源公。《開元禮・序例上・神位》：「祭五嶽、四鎮、四海、四瀆，右各用四時迎氣日祭之，皆本州縣官祭。」❷古者神祠皆有祝及祭酒或有史者　意謂古代祭神時，主持祭祀者有祝、祭酒、史三類官員。祝，為太祝或大祝之簡稱。《周禮》春官宗伯之屬官，為祝官之長，其職「掌六祝之辭，以事鬼神示，祈福祥，求永貞」。祭酒，古代貴族大夫饗宴，常以長者酹酒祭神，稱祭酒。此處所言祭神，似以祭史更為確當。祭史即掌祭祀山川神祇之官。《左傳・昭公十七年》：「使祭史先用牲於雒。」史，太史或大史之簡稱。《周禮》春官宗伯之屬官，掌典籍、禮法兼祭祀、司星曆等。其祭祀之職，包括祭前「與執事卜日，戒及宿之日，與群職事讀禮書而協事，祭之日，執書以次位常」。又，古代常以司祝之官兼史官，稱祝史。❸祝史三人齋郎三人　此八字四庫本闕，據《職官分紀》卷四三引《唐六典》五嶽四瀆令員品條正文補。祝史，春秋時晉、鄭、魯、衛、齊、隨等國皆有置，掌祭祀祈禱。《左傳・桓公六年》載隨臣季梁言：「所謂道，忠于民而信于神也。上思利民，忠也；祝史正辭，信也。今民餒而君逞欲，祝史矯舉以祭，臣不知其可也。」祝史正辭，指祝史在祭祀中向鬼神獻辭時不虛稱國君之美，據實而言；矯舉以祭則相反：向鬼神矯飾虛報君主功德。一說祝、史原為二職。《左傳・哀公二十五年》有「公為支離之卒，因祝史揮以侵衛」句，楊伯駿注：「祝與史本二職，此蓋揮兼二事，故稱祝史揮。」齋郎三人，新舊《唐書》官志並為「三十人」。齋郎，祭祀時執事之吏員。唐於太常寺太廟和所屬郊社署、鴻臚寺司儀署及五嶽、四瀆皆置齋郎，據《新唐書・選舉志》，盛唐時齋郎員額達八百六十二人。其中太廟齋郎取五品以上官子孫，郊社齋郎取六品官子。太廟齋郎經六考、郊社齋郎經八考可於禮部簡試，如貢舉之法；其中第者於吏部注冬集散官，不第者番上如初，再經六試而仍不第者，亦量注散官。任齋郎年資久者可補室長或掌座，任室長十年，掌座十二年，可於吏部參選，稱「黃衣選人」。❹並皇朝所置　此五字四庫本闕，據《職官分紀》卷四三引《唐六典》五嶽四瀆令員品條原注補。❺廟令掌祭祀及判祠事　唐時五嶽、四瀆祭祀時間定於五時迎氣之日，即每年立春、立夏、季夏土王、立秋、立冬之日，由當地刺史或郡守主持，逢旱時，亦有派官祈嶽鎮海瀆於京城之北郊，或赴諸嶽瀆之所在祠廟祈求時雨。據《通典・禮八十》所載，其祝文為：「敢昭告於某方嶽鎮海瀆：久闕時雨，黎元恇懼，惟神哀救蒼生，敷降嘉液。謹以制幣清酌脯醢，明薦於某方嶽鎮海瀆，尚饗。」亦有以年成豐饒而遣官祭告嶽瀆之神者。唐開元、天寶時期此類祭祀活動甚多，如開元二十五年（西元七三七年）令尚書左丞裴耀卿等分祭五嶽四瀆，二十八年（西元七四〇年），令侍中牛仙客等分祭郊廟社稷嶽瀆等。天寶元年（西元七四二年）十二月二十八日詔：今歲收成頗為善熟，宜令光祿卿嗣鄭王希言等分祭五嶽，其四瀆名山並委所由郡長官擇日致祭。七載（西元七四八年）十一月十七日，又令工部尚書郭虛己等分祭五嶽四瀆。載年（西元七四九年）九月二十日詔：稼穡豐穰，四民樂業，恩崇聖秩，用展虔誠。宜令宗正卿褒信王璆分祭五嶽四瀆。載年（西元七五一年）二月二十一日，遣嗣吳王祇等分祭五嶽四瀆，具行冊禮。（據《唐會要》卷二二）諸嶽瀆祭祀之具體事宜，則由廟令執掌。❻祝史掌陳設讀祝行署文案　祝史之職掌，包括祭祀時神位和祭品的陳設，祝詞的宣讀，以及本嶽或本瀆日常文案的處理。❼俎豆　俎和豆皆為古代祭祀、設宴享用器具。俎用以載牲。亦稱大房、房俎。《周禮・天官・內饗》：「王舉，則陳其鼎俎，以牲體實之。」《說文解字・且部》：「俎，禮俎也。從半肉在且上。」又「且，薦也。從几，足有二橫，一其下地也。」按且、俎本一字，象俎形，中有橫隔，如左右房。豆用以盛菹醢等濡物。豆之中部曰校，底部曰鐙，高一尺，徑一尺，容量約四升。

【語　譯】五嶽、四瀆：令，定員各一人，品秩為正九品上。古代祭祀神鬼的祠廟都設有祝和祭酒或者史。今則是本朝設置。

〔祝史，定員三人；齋郎，定員三人。都是本朝設置。〕

廟令職務是掌管祭祀以及主管本祠內部日常事務。

祝史負責陳列和擺設祭祀場面，宣讀祝文，以及處理來往文書。

齋郎負責俎豆等祭器和灑掃一類事務。

七

上關：令一人，從八品下。按：《周禮》有司關上士二人❶；又有尹喜為關令❷，漢有甯成為關都尉❸，並其職也。隋代立制❹，皇朝因之❺。

丞二人，從九品上❻。皇朝置。

錄事一人；府二人；史四人；典事六人；津吏八人。

中關：令一人，正九品下。

丞一人，從九品下。

錄事一人；府一人❼；史二人；典事四人；津吏六人。

下關：令一人，從九品下。

府一人；史二人；典事二人；津吏四人。

關令掌禁末遊，伺姦慝❽。凡行人車馬出入往來，必據過所以勘之❾。

丞掌付事、勾稽❿，監印，省署抄目⓫，通判關事。

錄事掌受事發辰⓬，勾檢稽失。

典事掌巡雉鋪及雜當⓭。

津吏掌橋船之事⓮。無津則不置⓯。

【章　旨】敘述上、中、下關之令、丞和錄事的定員、品秩、沿革及職掌。

【注　釋】❶周禮有司關上士二人　《周禮》，亦稱《周官》，儒家經典之一。係搜集周王室官制和戰國時各國制度，添附以儒家政治理想，增減排比而成之彙編。《周禮》地官司徒屬官中有司關上士二人，中士四人，府二人，史四人，胥八人，徒八十人。每關下士二人，府一人，史二人，徒四人。司關之職掌為按驗出入關貨物，徵收關稅租金，查緝繞道走私者；凡內外臣民因公出入關者，發給旌節和傳，准其通行；若有境外賓客來謁，則稟告王者。❷尹喜為關令　尹喜，字公度，傳為函谷關或散關令。《列仙傳》稱其為周大夫，善內學星宿，隱德行仁，時人莫知。《史記・老子韓非列傳》載：「老子脩道德，其學以自隱無名為務。居周久之，見周之衰，迺遂去。至關，關令尹喜曰：『子將隱矣，彊為我著書。』於是老子迺著書上下篇，言道德之意五千言而去，莫知其所終。」對文中所言之關，《索隱》曰：「李尤〈函谷關銘〉云：『尹喜要老子留作二篇。』而崔浩以尹喜又為散關令是也。」《正義》曰：「《抱朴子》云：『老子西遊，遇關令尹喜於散關為喜著《道德經》一卷謂之《老子》。』或以為函谷關。《括地志》云：『散關在岐州陳倉縣東南五十二里。函谷關在陝州桃林縣西南十二里。』」《莊子・天下篇》則以關尹與老子並提稱為「古之博大真人哉」。《漢書・藝文志》著錄道家《關尹子》九篇。❸漢有甯成為關都尉　甯成，河陽穰（今河南鄧縣）人，以郎謁者事西漢景帝，遷濟南都尉，後召為中尉，武帝時徙為內史。其為人好氣，急苛任威，《史記》、《漢書》並列入〈酷吏傳〉。又，《史記》作「寧成」。關都尉，《漢書・百官公卿表》稱為「秦官」。王先謙補注曰：「此函谷關都尉也。」漢邊郡亦有關都尉，如《漢書・地理志》載，敦煌郡有陽關都尉，治陽關；玉門都尉，治玉門關等。《封泥考略》卷四第五三頁有「關都尉印章」。唯甯成為關都尉事，《史記》、《漢書》均未記，容或以其所任濟南都尉為關都尉。❹隋代立制　《隋書・百官志》稱：隋「關，置令、丞。其制，官屬各立三等之差。」❺皇朝因之　唐因隋制，關亦分三等。據本書第六卷第四篇刑部司門郎中職掌條載錄，唐共有二十六關，其中上關六：京兆府藍田關，華州潼關，同州蒲津關，岐州散關，隴州大震關，原州隴山關。中關十三：京兆府子午、駱谷、庫谷三關，同州龍門關，會州會寧關，原州木峽關，石州盂門關，嵐州合河關，雅州邛萊關，彭州蠶崖關，安西鐵門關，興州興城關，華州渭津關。下關七：梁州甘亭、百牢二關，河州鳳杜關，利州石門關，延州永和關，綿州松嶺關，龍州涪水關。關由所在州府管轄。據《新唐書・百官志》，唐初諸關曾置都尉，亦有它官奉敕監者；後復隋制，置令、丞。❻丞二人從九品上　《通典・職官二十二・大唐官品》作「正九品下」。❼府一人　《新唐書・百官志》作「府二人」。❽禁末遊伺奸慝　末遊，指從事販運工商賈。賈誼〈論積貯疏〉：

「今驅民而歸之農，皆著於本，使天下各食其力，末技遊食之民轉而緣南畮，則畜積足而人樂其所矣。」關禁商賈原是古代農業社會長期實行之制，如《左傳·文公二年》已有「廢六關」句，杜預注：「塞關、陽關之屬，凡六關，所以禁絕末遊，而廢之。」全句意謂要查禁行商販伕商賈及奸邪歹惡之徒偷度關防。此制律令上亦有相應規定。如《唐律疏議·衛禁律》諸私度關者條之疏議曰：「水陸等關兩處各有關禁。」又，已至越所而未度者條之疏議曰：「水陸關棧兩岸皆有防禁，越度之人，已至官司防禁之所，未得度者，減越度五等，合杖七十。」而私度關者為徒一年，繞關而越者則徒一年半。❾凡行人車馬出入往來必據過所以勘之　過所，為行人出入關津之憑證。漢代稱傳，唐時稱過所。《新唐書·百官志》：「天下關二十六，有上、中、下之差，度者，本司給過所；出塞踰月者，給行牒；獵手所過給長籍，三月一易。蕃客往來，閱其裝重，入一關者，餘關不譏。」行人過關除用過所外，亦可以公文為憑。《唐律疏議·衛禁律》諸私度關者條疏議曰：「行人來往，皆有公文，謂驛使驗符券，傳送據遞牒，軍防丁夫有總歷，自餘各請過所而度。若無公文，私從關門過，合徒一年。越度者，謂關不由門，津不由濟而度者，徒一年半。」❿付事勾稽　付事，指由丞依據公文向所屬官吏分派、交辦相關事務。勾稽，勾檢稽失之略語，即糾查公文公事處理過程有無違失和延誤。⓫省署抄目　抄目，指官司收發文書目錄。此處為「錄為抄目」省語，意謂登錄抄目。省署，指審查簽署文案，以發付實施。⓬受事發辰　受事，指所受之事，即公文所下達之公事。發辰，指登錄公文受事之始日，以為其後稽核處理日程之依據。⓭巡劃鋪及雜當　巡劃鋪，《新唐書·百官志》作「巡薙」。指按時巡迴劃除關禁兩邊防區內雜草，使偷度者無從藏匿，便於偵候追捕。雜當，猶雜務。⓮津吏掌橋船之事　此句係津吏職掌，依文例此前當有上、下津之員品。未知是否有脫漏抑或省略。《新唐書·百官志》本注稱：「上津置尉一人，掌舟梁之事；府一人，史二人，津長四人。下津，尉一人，府一人，史二人，津長二人。永徽中，廢津尉，上關置津吏八人。永泰元年（西元七六五年），中關置津吏六人，下關四人，無津者不置。」唐時津有以橋渡者，橋又別有浮橋、索橋等，水面寬闊者則置渡船，如渭津關、濟州津、平陰津、風陵津等各有渡船二艘。渡子皆取側近殘疾、中男解水者充當。⓯無津則不置　此五字近衛校正德本疑為原注，非正文。

【語譯】上關：令，定員一人，品秩為從八品下。按：《周禮》地官司徒屬官中有司關上士二人；又有名為尹喜的曾任關令，漢代有個甯成做過關都尉，都相當於關令這個職務。隋代正式建立關的官制，本朝因承隋制。

丞，定員二人，品秩為正九品上（下）。本朝設置。

錄事一人，府二人，史四人，典事六人，津吏八人。

中關：令，定員一人，品秩為正九品下。

丞，定員一人，品秩為從九品下。

錄事一人，府一人，史二人，典事四人，津吏六人。

下關：令，定員一人，品秩為從九品下。

府一人，史二人，典事二人，津吏四人。

關令的職掌是，查禁行商販伕和奸邪歹惡之徒偷度關防。凡是行人以及其車馬往來，必須憑過所勘驗無誤後，方可放行。

丞的職掌是，向所屬吏員交辦事務，檢查結果，省署來往公文的抄目，並統管本關內部日常事務。

錄事負責登錄受理公文公事的開始日期，並糾查處理過程中有無錯失和延誤。

典事負責按時巡迴剗除禁防區城內雜草和其他勤雜事務。

津吏掌管有關橋樑和渡船方面的事務。如果沒有渡口，就不設津吏。

【說　明】本章原注提到的「尹喜為關令」，因關聯到老子那本玄妙幽深的《道德經》的撰作，而老子西出函谷關（一說散關）後竟又「莫知其所終」（《史記》語），幾千年來曾經引起多少人的追思和遐想。有關這位關令與老子的故事，雖先秦已有，較完整的記載還是《史記》，此後則多為後人據以敷衍而成。如《類雋》卷一二引《關內尹內傳》稱：「周元年，老子將度函谷關，關令尹喜先敕門吏曰：『若有老翁從東來，乘青牛薄板車，勿聽過關。』其日果見老翁乘青牛車，求度關，吏止之，入白。尹喜曰：『公今來，我見聖人矣。』帶印綬出迎，設弟子禮。因授之《道德經》五千言。」

其實函谷關故址，就在今河南省靈寶縣東北的王垛村，倘若使用現代交通工具，可謂近在咫尺；但如果像老子那樣乘的是「青牛薄板車」，那倒確實會因其艱難遙遠而抹上一層神秘浩茫的色彩。古代的關，正是在科學技術水平還處於低落的條件下，才得以發揮間隔外寇、防範內敵以至控制人口、財貨流動等多種作用；關令雖是八品小官，亦因此而在諸多重大歷史事件中常常扮演了舉足輕重的角色。如孟嘗君逃離秦國夜半欲出關，令門客佯為雞鳴賺得關令發傳出客，而商鞅受到秦惠文公追捕時，則因無身份證明既不能過關，也無法宿店，不得不輾轉逃亡。至於伍子胥的故事可謂婦孺皆知，在民間傳說中作了極度誇張：因無計過昭關而急得一夜鬚髮皆白！

出入關者歷來皆須憑證，唐時「必據過所」（本章正文），漢及先秦稱為傳或符傳、節傳。《周禮・地官・司關》就有規定：「凡所達貨賄者，則以節傳出之。」傳的形制，《古今注・問答釋義》記為：「凡傳皆以木為之，長五寸，書符信於上，又以一板封之，皆封以御史印章，所以為信也。」桓譚《新論》記有一則軼聞：「公孫龍持曰白馬非馬，人不能屈。後乘白馬無符傳欲出關，關吏不聽此虛言，難以奪實。又，劉向云：公孫龍持白馬之論以度關。」這當然屬於杜撰的故事，用以調侃公孫龍的白馬非馬論的，但也說明：出入關者不僅本人須有符傳，其車馬及所攜財物也須在符傳上註明，否則將予截留。由於符傳在當時具有如此重要功用，就少不得有人作偽，如《漢書・酷吏・甯成傳》：甯「詐刻傳出關亡歸」；又很有可能轉化為一種特殊商品，進入賣買市場，如《後漢書》便有「南陽少從師之長安，從苑人陳洮買入關符以入函谷關」的記載。這自然是違禁行為，只能在暗底裡進行。

大抵漢代是符傳與過所並存的，鄭玄是東漢人，他注《周禮》便有「傳，如今移過所文書」這樣的話。關於過所，唐人賈公彥對上引鄭玄之注作疏稱：「過所文書，當載人年幾及物多少，至關至門皆寫一通人，關家門家乃案勘而過。其自內出者，義亦然。」洪邁《容齋隨筆・四筆・過所》載：「徐鉉《稽神錄》：『道士張謹好符法，客遊華陰，得二奴，曰德兒、歸寶，謹愿可憑信。張東行，凡書囊、符法、過所、衣服，皆付歸寶負之，將及關，二奴忽不見，所賚之物皆失之矣。時秦隴用兵，關禁嚴急，客行無驗，皆見刑戮。既不敢東度，復還。主人乃見二兒，因擲過所還之。』」這雖是筆記小說，多少也反映了那時度關驗過所還是很認真的。王仲犖〈吐魯番出土的幾件唐代過所〉一文，介紹了西州出土的有關過所的文書。給過所先得提出申請。如有個名叫唐益謙的，欲從西州去福州，他在向西州都督府申請過所牒文中，詳細開列所帶有二奴、二婢、馬八匹、驢四頭，沿途需經玉門、金城、大震、烏蘭、潼、蒲津等關，如獲批准，這些都將在過所上予以註明。另一件是史計思申請過所的牒文，由於過所上所列的人畜數和實際過關時勘查的人畜數不符，因而被扣回交西州都督府查辦。這幾件文書都是開元時期的，反映了與盛唐相適應的頗為嚴格的關津制度。安史之亂後，關津之政亦同唐王朝的政治、經濟諸多方面一樣，急遽走向衰落。在古人心目中，關塞就是邊防以至國運的象徵，因而面對故關的荒圮，敏感的詩人自然會引發存亡興衰之嘆。這是晚唐詩人孟遲的〈新安故關〉詩：「漢帝英雄重武材，崇山險處鑿門開；如今更有將軍否？移取潼關向北來。」詩中充滿著對盛唐的追戀，但詩人想到的強國之策似乎唯有加強邊關。隨著時代的發展，人們逐漸認識到這實在不是一個好辦法，特別是近一百多年來，中國人民吃足了閉關鎖國的苦頭。如今，關，或者關塞、關隘、關卡這類特殊建築物，除了若干個作為文物古跡或遺址保留下來以供人們憑弔、遊覽外，在現代社會生活中已不復存在，但無庸諱言的是，同樣由帝王制度遺留下來的無形的關卡，即思想和精神領域內的種種關卡，卻還遠不能說已經消除。科學應無禁區。學術研究只有徹底撤除種種無形的關卡以後，才會迎來真正的昌明和繁榮。——這是我們注譯《唐六典》全書終了時深深感到的一點。

附錄

《四庫全書》所作〈唐六典提要〉

臣等謹案《唐六典》三十卷舊本，題開元御撰，李林甫奉勑注。其書以三師、三公、三省、九寺、五監、十二衛，列其職司官佐，敘其品秩，以擬《周禮》。《書錄解題》引韋述《集賢記注》曰：「開元十年，起居舍人陸堅被旨修是書。帝手寫白麻紙六條，曰理、教、禮、政、刑、事，令以類相從，撰錄以進。張說以其事委徐堅，思之經歲莫能定。又委毋煚、余欽、韋述，始以令、式入六司，其沿革並入注中。後，張九齡又委苑咸。二十六年，奏草上。迄今在書院，亦不行用。」范祖禹《唐鑑》亦曰：「既有太尉、司徒、司空，又有尚書省，是政出於二也；既有尚書省，又有九寺，是政出於三也。蓋自唐、虞至周，有六官而無寺、監；自秦迄陳，有寺、監而無六官。獨此書兼之，故官多重複。」今考是書，如林甫注中，以諸州祥瑞預立條格，以待奏報之類，誠為可嗤。然一代典章，釐然具備。觀王溥《會要》所載，請事者往往援據，韋述謂不施行，未必實錄。祖禹之論，則疑以元豐官制全用是書，有激而言，亦非定論也。又《會要》載：開元二十三年，九齡等撰是書；而《唐書》載：九齡以開元二十四年罷知政事，則書成時，九齡猶在位。後至二十七年，林甫乃注成獨上之。宋陳騤《館閣錄》載：書局有「經修經進、經修不經進、經進不經修」三格說，與九齡蓋所謂「經修不經進者」。卷首獨著林甫，未為至公。今仍改題九齡名，以從其實。舊本如是，今亦姑仍之耳。

乾隆四十三年六月恭校上。

總纂官臣紀昀臣陸錫熊臣孫士毅

總校官臣陸費墀

四庫本附載南宋本跋文

《唐六典》載古者制度，備因革，成一王書，可為後世標準。比緣兵火，所在闕文。械承之永嘉，得本于州學教授張公，同以白諸太守徽學新安程公，一見肅然，曰：「周公之典，所謂設官分職，以為民極蓋具體矣。其階品有制，其尊卑有序，其名官有義，公等能廣其傳，則朝廷於焉若稽，縉紳於焉矩儀，士子於焉講究，一舉三得，不其偉歟！」因命張公校其訛闕，而棫募工鏤板，幾年有成，乃丐藏諸學，以傳久遠，資其直以養士類云。（此跋文係詹棫所撰。南宋本尚有其落款，四庫本未錄。其文為：「紹興四年，歲次甲寅，七月戊申朔。左文林郎充溫州州學教授張希亮校正，左宣教郎知溫州永嘉縣主管勸農公事詹棫題誌。」南宋高宗紹興四年即西元一一三四年。）

主要參考書目

《尚書》
《詩經》
《禮記》（戴聖）
《儀禮》
《周禮》
《大戴禮記》（戴德）
《春秋左氏傳》（左丘明）
《易經》
《老子》
《莊子》
《論語》
《孟子》
《墨子》
《管子》
《韓非子》
《呂氏春秋》
《國語》
《戰國策》
《抱朴子》（葛洪）
《史記》（司馬遷）
《漢書》（班固）
《後漢書》（范曄）
《三國志》（陳壽）
《晉書》（李世民、房玄齡等）
《宋書》（沈約）
《南齊書》（蕭子顯）
《梁書》（姚察、姚思廉）
《陳書》（姚察、姚思廉）

《南史》(李延壽)
《魏書》(魏收)
《北齊書》(李德林、李百藥)
《周書》(令孤德棻、岑文本)
《北史》(李大師、李延壽)
《隋書》(魏徵、長孫無忌)
《舊唐書》(劉昫)
《新唐書》(歐陽修、宋祁)
《資治通鑑》(司馬光)
《獨斷》(蔡邕)
《漢官六種》(孫星衍輯)
《風俗通義校注》(應劭)
《秦會要》(孫楷)
《西漢會要》(徐天麟)
《東漢會要》(徐天麟)
《三國會要》(楊晨)
《西晉會要》(朱銘盤)
《宋會要》(朱銘盤)
《齊會要》(朱銘盤)
《梁會要》(朱銘盤)
《陳會要》(朱銘盤)
《唐會要》(王溥)
《通典》(杜佑)
《文獻通考》(馬端臨)
《通志》(鄭樵)
《唐律疏議》(長孫無忌)
《大唐開元禮》(蕭嵩等)
《唐大詔令集》(宋敏求)
《全唐文》(董誥)
《唐令拾遺》(日・仁井田陞)
《初學記》(徐堅等)
《白氏六帖事類集》(白居易編,宋代孔傳文續編,
或合稱《白孔六帖》)
《冊府元龜》(王欽若)
《歷代職官志表》(黃本驥)
《職官分紀》(孫逢吉)

《玉海》（王應麟）
《太平御覽》（李昉）
《文選》（蕭統）
《文心雕龍》（劉勰）
《文苑英華》（李昉）
《水經注》（酈道元）
《洛陽伽藍記》（楊衒之）
《元和郡縣志》（李吉甫）
《太平寰宇記》（樂史）
《長安志》（宋敏求）
《河南志》（宋敏求）
《雍錄》（程大昌）
《西京城坊考》（徐松）
《讀史方輿紀要》（顧祖禹）
《九朝律考》（程樹德）
《史通》（劉知幾）
《貞觀政要》（吳兢）
《順宗實錄》（韓愈）
《大唐創業起居注》（溫大雅）
《氾勝之書》（氾勝之）
《四民月令》（崔寔）
《齊民要術》（賈思勰）
《四時纂要》（韓鄂）
《算經十書》（錢寶琮校點）
《黃帝內經素問》（王冰）
《教坊記》（劉餗）
《大唐新語》（劉肅）
《朝野僉載》（張鷟）
《唐國史補》（李肇）
《往五天竺國傳箋釋》（唐慧超原注，張毅箋釋）
《封氏見聞記》（封演）
《明皇雜錄》（鄭處海）
《東觀奏記》（裴庭裕）
《酉陽雜俎》（段成式）
《北夢瑣言》（孫光憲）
《南部新書》（錢易）

《唐語林》(王讜)
《陳子昂集》(陳子昂)
《張燕公集》(張說)
《曲江集》(張九齡)
《李太白文集》(李白)
《杜工部集》(杜甫)
《陸宣公翰苑集》(陸贄)
《韓昌黎集》(韓愈)
《柳河東集》(柳宗元)
《白氏長慶集》(白居易)
《元氏長慶集》(元稹)
《鄴侯家傳》(李蘩)
《容齋隨筆》(洪邁)
《困學紀聞》(王應麟)
《唐詩紀事》(計有功)
《日知錄》(顧炎武)
《亭林詩文集》(顧炎武)
《讀通鑑論》(王夫之)
《二十二史考異》(錢大昕)
《十七史商榷》(王鳴盛)
《二十二史劄記》(趙翼)
《觀堂集林》(王國維)
《管錐編》(錢鍾書)
《青銅時代》(郭沫若)
《中國歷史地圖集》(譚其驤)
《居延漢簡考釋》(勞榦)
《睡虎地秦墓竹簡》
《吐魯番出土文書》(第一至第十冊)
《新出吐魯番文書及其研究》(柳洪亮)
《中國古代籍帳研究》(池田溫)
《秦漢法制史研究》(大庭脩)
《唐代財政史》(鞠清遠)
《唐代財政史稿》(李錦繡)
《唐代制度史略論稿》(李錦繡)
《略論唐代尚書省之職權與地位》(嚴耕望)

《唐代六部與九寺諸監之關係》（嚴耕望）
《唐代府州僚佐考》（嚴耕望）
《唐代府州上佐與錄事參軍》（嚴耕望）
《論唐代的縣令》（王壽南）
《秦漢官制史稿》（安作章、熊鐵基）
《北周六典》（王仲犖）
《三省制略論》（王素）
《唐朝倉廩制度初探》（張弓）
《兩漢魏晉南北朝宰相制度研究》（祝總斌）
《漢魏制度叢考》（楊鴻年）
《魏晉南北朝史論集》（周一良）
《中國皇帝制度》（徐連達、朱子彥）
《漢唐職官制度研究》（陳仲安、王素）
《唐律與唐代吏治》（錢大群、郭成偉）
《唐律研究》（喬偉）
《中國法律制度史》（喬偉）
《法與中國社會》（林劍鳴）
《舊唐書刑法志注釋》（馬建石、楊育棠）
《晉書刑法志注釋》（陸心國）
《古代刑法與刑具》（徐進）
《唐代司法制度——唐六典選注》（汪潛）
《唐代科舉制度》（吳宗國）
《察舉制度變遷》（閻步克）
《唐代藩鎮研究》（張國剛）
《陳寅恪史學論文選集》（陳寅恪）
《隋唐政治制度淵源略論稿》（陳寅恪）
《唐代政治史述論稿》（陳寅恪）
《元白詩箋證稿》（陳寅恪）
《魏晉南北朝史論叢》（唐長孺）
《安西與北庭》（薛宗正）
《經學通論》（皮錫瑞）
《經學歷史》（皮錫瑞）
《中國政治制度史》（儲考山、何立平、來可泓）
《中國監察制度史》（丘永明）
《中國宦官制度史》（余華清）
《中國道教史》（任繼愈）

《唐代工商業》(張成澤)
《唐代官制》(張國剛)
《中國古代礦業開發史》(夏湘蓉、李仲均、王根元)
《中國紡織科學技術史》(陳維稷)
《中國建築史》(梁思成)
《中國古代龜卜文化》(劉玉建)
《中國古代貨幣史》(蕭清)
《中國天文學史》(陳遵嬀)
《中國古代天文學成就》(北京天文館)
《唐代教育體制研究》(宋大川)
《讖緯論略》(鍾肇鵬)
《中國音樂史略》(吳釗、劉東升)
《隋唐史》(岑仲勉)
《隋唐考古》(秦浩)
《中國古代陵寢制度史研究》(楊寬)
《隋唐文化史》(趙文潤)

後記

人的感情是很奇怪的：每當處於艱難的長途跋涉中，常常會企盼能早一日走到盡頭，待到真的抵達終點時，感奮之餘，回望那雲底林間的曲折來路，又會油然升起一種懷念，懷念那些攀巖涉水、餐風露宿的日子。此刻我們的心情正是這樣。望著那高幾等腰的書稿堆，先是鬆快地、長長地吁了口氣，但當鋪開稿紙寫這篇後記時，卻忽而心生依戀，面對書稿，彷彿有長亭送別故友之感。於是便想起了那在不停地翻檢爬梳故書堆中已不知不覺匆匆離去的五度寒暑春秋，從鼠年到龍年，從舊世紀到行將進入新世紀。依戀而至極，竟會升起折返回去再與「老友」伴行一程的念頭。

我們二人並非以訓詁為專業，但這種坐在冷板凳上埋頭「尋章摘句」的生活，回想起來，斷斷續續的，倒亦已延續了近三十個年頭。除這部《唐六典》外，大約十年前，亦是受三民書局之託，注譯了《呂氏春秋》。再往前推，那就是在七十年代初，為供毛澤東晚年閱讀及應對政事、人事的需要，我們二人，再加上一位老友王知常，三人共同受命注釋其所圈定的古文和詩賦。參預其事的多為當時學者，如譚其驤、王運熙、顧易生、章培恆、蔡尚思、楊寬和徐連達、鄒逸麟、王文楚、王守稼、董進泉、吳乾兌、劉修明、李霞芬等，我們三人則主要做些組織及後期的校閱、編排等工作。現已出版的《譚其驤日記》，詳細記錄了當時的過程。若將那些先後圈定的詩文篇目內容及下達注釋任務的時間順序，與那時的政局、人心聯繫起來，多少能從一個側面反映毛澤東晚年在文革後期那種既想力挽狂瀾，又深感大江東去、回天乏力的心態歷程以及情感軌跡。記得為注釋庾信〈枯樹賦〉事，還發生過一個小插曲，時間是在一九七四年五月前後。我們的注釋所據，主要是參考清代倪璠《庾子山集》注和近人臧勵龢的《漢魏六朝史》以及譚正璧《庾信詩賦選》的注解，即以為枯樹之所以枯萎凋零，是由於樹木在移植過程中傷了根木；作者身仕數朝，宦海沉浮，終飄零異域而難歸，因寄感慨於枯樹而為之賦。此種解釋可稱為「移植說」。注釋本上送後，毛澤東頗有不同意見，共列有七條，其中對樹之枯死，別創「外傷說」：認為是「由於受到了急流逆波的衝蕩和被人砍伐等等的摧殘所造成的，不是移植問題」。江青又把我們注釋的〈枯樹賦〉和另外兩篇〈別賦〉、〈恨賦〉送給北京、清華二校的注釋組，他們亦認為我們所取「移植說」與原賦含義有不合之處。這樣便形成了移植、外傷一南一北二說。唯北說所主為尊者，南說頗有惶恐之感。我們注釋組中青年人還為此寫了「檢討報告」，對未能跳出舊說作了「自我批評」。

兩年以後，毛澤東吟著〈枯樹賦〉西去，我們兩人的遭遇自然可想而知。但事後想來，覺得也未嘗不是幸事。「面壁」十餘年，對世事、人事有了冷靜思考的足夠時間，對自己倉皇而過的前半生亦有了清理檢點的難得機會。更為大幸的是，從此終於徹底擺脫了功名利祿的羈絆，得以賦閑之身，純淨之心，讀點書，做點事。自然亦有慚愧：生而至於過天命之年，才總算悟到這麼一點：倘想做點學問，就得六根清淨。不趨時勢，不媚流俗；權位本與真理無緣，財富亦買不到學問。幾個同有讀書、寫作癖好的老友相逢，開懷大笑過後說道：日出而作，日入而息，帝力何有於我哉！

再回頭說到有關〈枯樹賦〉的那樁公案。當年所注釋的大部份古詩文，自七二年夏至七五年秋，計八十六篇，約六十餘萬字，經劉修明等整理，已由花山文藝出版社出版，書名《毛澤東晚年過眼詩文錄》。紙張精良，裝幀精美，配以書函，著實皇皇。唯對毛公在那近三年時間裡，何以要從其豐富的藏書中陸續遴選出這些篇什來重新細讀，這與他當時所思、所憂或所悲、所懷有無關聯，均未加以說明，不免遺憾。其實從學術角度看，這些古詩文的價值，已不再是原作的歷史或審美的意義，而在於毛澤東附加上去的東西。或者說這應被看作是在缺少政治透明度的背景下，一個重要的政治人物在一段重要的歷史時期內無意間留下的一個尚遮蔽著朦朧神秘簾幕的窗口。若有人能作一番認真細緻的分析研究，撩開這片簾幕，從此窗口一窺其時處於高層的某些真實的人情世態，那將是一部很有歷史、思想價值的專著。就說毛氏對〈枯樹賦〉的「外傷說」吧，重讀當年那七條意見，確可看出他讀時很用心，很投入，所解亦頗有獨到處；若再細加玩味，「急流逆波」、「砍伐摧殘」云云，還帶有他當時自身經歷和情感的蹤影。人步入暮年，往昔楚河漢界，金戈鐵馬，一時盡入感嘆中來，其所顯露的亦當屬可以理解的人世常情。所以「外傷說」既有原作若干描寫為據，又含欣賞者自身人生況味，並非平地風波。退出這個時空範疇，再從〈枯樹賦〉這篇具體作品來說，那麼不僅移植、外傷二說可以並立，就是有人再提出三說、四說，只要能「自圓其說」，同樣有存在的權利。學術只崇尚真理，人人平等，誰也無權一言九鼎，定於一尊。既然讀解的過程亦是再創作的過程，那就得承認一萬個人注釋〈枯樹賦〉就會有一萬篇〈枯樹賦〉（草率胡說當然要除外）。對經籍的注釋，亦有所謂「我注六經，六經注我」之說。注釋不應沒有「我」。每位認真的注釋者都會有自己獨到的發現。《春秋》以左氏、公羊、穀梁三家並存，《禮記》則有大小戴氏叔姪行世，就因為它們各有千秋。一個好的注釋本，當是原著加上注釋者學養、才識化合的結晶。但六經必須還是完整的六經。倘以肢解、割裂或誤解六經以「注」我，那就不僅褻瀆先賢，亦誤人子弟，當為學者所恥。

我們這次注譯《唐六典》，便是力求做到有自己特色的嘗試。此書行世千餘年，至今仍未有一個注釋本，陳仲夫先生的校點本亦是新近才問世。故本書雖不敢說篳路藍縷，卻亦自有一番甘苦。先哲有言：揆古而察今。不妨倒過來補充一句：揆今亦有助於察古。歷史一經發生，它就永遠存在。誠然，歷史不可能重復，但它亦決不會割斷與現實的聯繫。歷史與現實有異亦有同，因為歷史畢竟主要是人的歷史，而人性無論古今中外總有相通之處。每個現存的民族以至個人，身後都連著一條長長的臍帶，通向那個我們所從由來的遠方。你無法，也沒有必要去掙脫它，卻絕對有必要認認真真地去理解它。說到理解，還得感謝那十幾年「面壁」生活，使我們有足夠時間可以靜靜地閱讀古人，體悟人生，從古今結合上重新去思考和認識歷史。《唐六典》所記述的是早已不存在的一千多年前帝王制度下的官制，從這個意義說，它亦是一棵枯死的樹。我們在注譯和寫說明時，就調動了這數十年來積累的由古及今和由今追古的理解，力圖讓它回復到當時的生存環境中去，重新長出枝葉，開出花朵，撐起茂密樹冠，引來百鳥朝鳴，然後再依照天工造物法則，在年復一年的風吹雨打、寒暑更迭中衰落、凋零、枯死，從而說明一切事物都有其發生、發展、滅亡過程，自然現象、社會現象莫不如此，國家制度亦是這樣。這絕不是悲觀論，因為有更新、更美好的事物正由此緊接著誕生。在具體操作中，盡量廣泛佔有資料，融會貫通後擇要引證，力求做到科學性和知識性，亦兼顧了可讀性。讀解《唐六典》的視角，注譯此書的方法，自然可能還有好多種，我們所採取的亦不見得就是最好的一種。加上我們學養原本淺薄，況又已近暮年，老眼昏花，粗疏以至謬誤之處在所難免。本書出版後，相信不久的將來定會有時哲後賢的新注本或新注譯本問世。後來者總是居上的。到那時，我們的注譯本若是能在諸大家中忝陪末座，亦該是一件非常榮幸的事。

但無論如何，與我們相伴五度寒暑的這位故友終究還是要送走了。老友相別，祝福幾句吧：海峽天隔，一路珍重。結束出版程序步入人世後，望能與萬千讀者廣交相知，傾心交流，我倆則將臨窗而望，期待著讀者諸君的批評指教。

二〇〇〇年九月於上海

現代人不可不讀的智慧經典
——古籍今注新譯叢書

集當代學者智識菁華
重現古人的文字魅力

【哲學類】

新譯尹文子　徐忠良注　黃俊郎校
新譯淮南子　熊禮匯注　侯迺慧校
新譯潛夫論　彭丙成注　陳滿銘校
新譯鄧析子　徐忠良注　劉福增校
新譯韓非子　賴炎元、傅武光注
新譯人物志　吳家駒注　黃志民校
新譯近思錄　張京華注
新譯傳習錄　李生龍注
新譯尸子讀本　水渭松注　陳滿銘校
新譯四書讀本　謝冰瑩等注
新譯申鑒讀本　林家驪等注　周鳳五校
新譯老子讀本　余培林注
新譯列子讀本　莊萬壽注
新譯孝經讀本　賴炎元、黃俊郎注

新譯易經讀本	郭建勳注	黃俊郎校
新譯荀子讀本	王忠林注	
新譯莊子讀本	黃錦鋐注	
新譯新書讀本	饒東原注	黃沛榮校
新譯新語讀本	王　毅注	黃俊郎校
新譯管子讀本	湯孝純注	李振興校
新譯墨子讀本	李生龍注	李振興校
新譯論衡讀本	蔡鎮楚注	周鳳五校
新譯禮記讀本	姜義華注	黃俊郎校
新譯周禮讀本	吳土法注	
新譯儀禮讀本	顧寶田等注	黃俊郎校
新譯孔子家語	羊春秋注	周鳳五校
新譯公孫龍子	丁成泉注	黃志民校
新譯老子解義	吳　怡著	
新譯莊子內篇解義	吳　怡著	
新譯呂氏春秋	朱永嘉等注	黃志民校
新譯晏子春秋	陶梅生注	葉國良校
新譯春秋繁露	朱永嘉等注	
新譯明夷待訪錄	李廣柏注	李振興校

【文學類】

新譯千家詩	邱燮友、劉正浩注	
新譯花間集	朱恒夫注	耿湘沅校
新譯幽夢影	馮保善注	黃志民校
新譯菜根譚	吳家駒注	黃志民校
新譯搜神記	黃　鈞注	陳滿銘校
新譯古詩源	馮保善注	
新譯薑齋文集	平慧善注	周鳳五校
新譯詩品讀本	成　林注	黃志民校
新譯詩經讀本	滕志賢注	葉國良校
新譯楚辭讀本	傅錫壬注	
新譯漢賦讀本	簡宗梧注	
新譯樂府詩選	溫洪隆注	
新譯人間詞話	馬自毅注	高桂惠校
新譯文心雕龍	羅立乾注	李振興校
新譯世說新語	劉正浩等注	
新譯古文觀止	謝冰瑩等注	
新譯江文通文集	羅立乾注	
新譯阮籍詩文集	林家驪注	簡宗梧等校

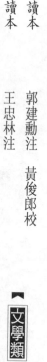

新譯明散文選　周明初注　黃志民校
新譯昭明文選　周啟成等注　劉正浩等校
新譯唐傳奇選　束　忱注　侯迺慧校
新譯曹子建集　曹海東注　蕭麗華校
新譯陶淵明集　溫洪隆注　齊益壽校
新譯陶庵夢憶　李廣柏注
新譯揚子雲集　葉幼明注　周鳳五校
新譯陸士衡集　王德華注
新譯嵇中散集　崔富章注　莊耀郎校
新譯賈長沙集　林家驪注　陳滿銘校
新譯橫渠文存　張金泉注
新譯李白全集　郁賢皓注
新譯顧亭林文集　劉九洲注　黃俊郎校
新譯元曲三百首　賴橋本、林玫儀注
新譯宋元傳奇選　姚　松注
新譯宋詞三百首　汪　中注
新譯唐人絕句選　卞孝萱等注　齊益壽校
新譯唐詩三百首　邱燮友注
新譯諸葛丞相集　盧烈紅注
新譯駱賓王文集　黃清泉注　陳全得校
新譯明傳奇小說選　陳美林等注
新譯昌黎先生文集　周啟成等注　陳滿銘等校
新譯范文正公選集　王興華等注　葉國良校
新譯王安石文集　沈松勤注　王基倫校
新譯杜牧詩文集　張松輝注　陳全得校
新譯李商隱詩集　朱恒夫注
新譯古文辭類纂　黃　鈞等注
新譯蘇軾文選　滕志賢注
新譯李清照集　姜漢椿注
新譯閱微草堂筆記　嚴文儒注

【歷史類】

新譯公羊傳　雪　克注　周鳳五校
新譯列女傳　黃清泉注　陳滿銘校
新譯越絕書　劉建國注　黃俊郎校
新譯燕丹子　曹海東注　李振興校
新譯穀梁傳　顧寶田注　葉國良校
新譯戰國策　溫洪隆注　陳滿銘校
新譯左傳讀本　郁賢皓等注　傅武光校
新譯尚書讀本　吳　璵注

新譯國語讀本　易中天注　侯迺慧校
新譯新序讀本　葉幼明注　黃沛榮校
新譯說苑讀本　左松超注
新譯說苑讀本　羅少卿注　周鳳五校
新譯史記讀本　韓兆琦等注
新譯西京雜記　曹海東注　李振興校
新譯吳越春秋　黃仁生注　李振興校
新譯東萊博議　李振興、簡宗梧注
新譯春秋穀梁傳　周　何注
新譯唐摭言　姜漢椿注
新譯唐才子傳　戴揚本注
新譯文史通義　陶梅生注

【宗教類】

新譯列仙傳　張金嶺注　陳滿銘校
新譯維摩詰經　陳引馳注
新譯抱朴子　李中華注　黃志民校
新譯妙法蓮華經　張松輝注　丁　敏校
新譯金剛經　徐興無注　侯迺慧校
新譯神仙傳　周啟成注
新譯高僧傳　朱恒夫等注　潘栢世校
新譯碧巖錄　吳　平注
新譯藥師經　宗舜法師注
新譯無量壽經　邱高興注
新譯百喻經　顧寶田注
新譯圓覺經　張運良注
新譯法句經　劉建國注
新譯華嚴經入法界品　楊維中注
新譯悟真篇　劉國樑注
新譯景德傳燈錄　顧宏義注
新譯大乘起信論　韓廷傑注　潘栢世校
新譯楞嚴經　賴永海等注
新譯六祖壇經　李中華注　丁　敏校
新譯阿彌陀經　東景南注
新譯經律異相　顏洽茂注
新譯禪林寶訓　李中華注　潘栢世校
新譯解深蜜經　王月清注
新譯老子想爾注　顧寶田等注　傅武光校
新譯周易參同契　劉國樑注　黃沛榮校
新譯黃帝陰符經　劉連朋注

新譯道門觀心經　王　卡注　黃志民校
新譯養性延命錄　曾召南注　劉正浩校
新譯冲虛至德真經　張松輝注　周鳳五校

【軍事類】

新譯司馬法　王雲路注
新譯尉繚子　張金泉注
新譯三略讀本　傅　傑注
新譯六韜讀本　鄔錫非注
新譯吳子讀本　王雲路注
新譯孫子讀本　吳仁傑注
新譯李衛公問對　鄔錫非注

【教育類】

新譯三字經　黃沛榮注
新譯爾雅讀本　陳建初注
新譯幼學瓊林　馬自毅注　陳滿銘校
新譯顏氏家訓　李振興等注
新譯曾文正公家書　湯孝純注　李振興校
新譯增廣賢文・千字文　馬自毅注　李清筠校

新譯格言聯璧　馬自毅注
新譯百家姓　馬自毅注

【政事類】

新譯唐六典　朱永嘉等注
新譯商君書　貝遠辰注　陳滿銘校
新譯鹽鐵論　盧烈紅注　黃志民校
新譯貞觀政要　許道勳注　陳滿銘校

【地志類】

新譯水經注　鞏本棟等注
新譯山海經　楊錫彭注
新譯佛國記　楊維中注
新譯大唐西域記　陳　飛等注　黃俊郎校
新譯洛陽伽藍記　劉九洲注　侯迺慧校
新譯徐霞客遊記　黃　珅注　黃志民校
新譯東京夢華錄　嚴文儒注　侯迺慧校